Saskia T
Systermans

Werner Fürst, Erik Schnauder, Konrad Schuler

Gastgewerbliche Berufe
Restaurantfachmann
Restaurantfachfrau

in Lernfeldern

6. Auflage

Bestellnummer 92650

■ Bildungsverlag EINS

Haben Sie Anregungen oder Kritikpunkte zu diesem Produkt?
Dann senden Sie eine E-Mail an 92650_006@bv-1.de
Autoren und Verlag freuen sich auf Ihre Rückmeldung.

www.bildungsverlag1.de

Bildungsverlag EINS GmbH
Hansestraße 115, 51149 Köln

ISBN 978-3-441-**92650**-4

© Copyright 2011: Bildungsverlag EINS GmbH, Köln
Das Werk und seine Teile sind urheberrechtlich geschützt. Jede Nutzung in anderen als den gesetzlich
zugelassenen Fällen bedarf der vorherigen schriftlichen Einwilligung des Verlages.
Hinweis zu § 52a UrhG: Weder das Werk noch seine Teile dürfen ohne eine solche Einwilligung eingescannt
und in ein Netzwerk eingestellt werden. Dies gilt auch für Intranets von Schulen und sonstigen
Bildungseinrichtungen.

Vorwort

Das vorliegende Werk ist für den Beruf **Restaurantfachmann/Restaurantfachfrau** als ausbildungsbegleitendes Fachbuch in der Grundstufe und den Fachstufen entwickelt worden. Es ist, entsprechend den elf Lernfeldern des Rahmenlehrplans, in elf Kapitel gegliedert.

Jedem Kapitel sind die Zielformulierungen des Rahmenlehrplans vorangestellt, dessen Inhalte die Unterkapitel bilden.

Bei den Lehrberufen **Fachkräfte in der Gastronomie** sowie **Auszubildende** der **Systemgastronomie** entsprechen die Lernfeder 1 bis 7 denen der Restaurantfachleute.

Es wurde darauf geachtet, die Ausbildungsinhalte so aufzubereiten, dass eine praxisnahe Umsetzung ermöglicht wird. Der Berufsalltag steht im Mittelpunkt. Tipps, Exkurse und ausgewählte, im Berufsschulunterricht umsetzbare Rezepturen fördern die Lernmotivation.

Die Themen und Inhalte des Buches sind in überschaubare Einheiten gegliedert:
- Texte sind die Basis der zu vermittelnden Inhalte.
- Fotos, Tabellen, Zeichnungen und Beispielrechnungen regen dazu an, die Inhalte problemorientiert und exemplarisch zu erarbeiten. Sie schaffen den Bezug zur Praxis, sorgen für Anschaulichkeit und unterstützen das Verständnis.
- Rezepturen für exemplarisch ausgewählte Gerichte ergänzen den Theorieteil unter praxisorientierten Aspekten.
- Aufgaben, den Themen zugeordnet, dienen zur Überprüfung, Festigung und Vertiefung: Sie ermöglichen es, sich auf den Ebenen
  - Reproduktion,
  - Transfer,
  - problemlösendes Denken

  mit den Inhalten des Buches auseinanderzusetzen.
- Projektorientierte Aufgaben sollen zum selbstständigen Erarbeiten bestimmter Themenbereiche animieren.
- Auf die im Hotel- und Gaststättengewerbe so wichtige Fach- und Fremdsprache wird sowohl innerhalb der Kapitel als auch in einem besonderen Abschnitt eingegangen.
- Berechnungen sind auf die Inhalte der Kapitel bezogen.
- Grundlegende Rechtsvorschriften bilden den Abschluss.

Für Hinweise und Vorschläge aus der Praxis und Theorie zur weiteren Verbesserung sind wir dankbar.

Um die Lesbarkeit zu verbessern, sind im Buchtext meist nur die männlichen Berufsbezeichnungen gewählt worden, obwohl natürlich alle Tätigkeiten sowohl von Männern als auch von Frauen ausgeübt werden.

Die Verfasser

Inhalt

	1	**Berufsausbildung im Gastgewerbe**	13
	1.1	Aufbau der Ausbildung	13
	2	**Arbeitsteilung in einem Großhotel**	14
	3	**EDV**	18
	3.1	Bedeutung der Computertechnik	18
	3.2	Grundbegriffe bei der Datenverarbeitung	19

Lernfeld 1.1 – Arbeiten in der Küche

1	**Personal-, Betriebs- und Produkthygiene**	21
1.1	Gefahr durch Mikroorganismen	22
1.2	Kleinlebewesen: Schädigungen und Gegenmaßnahmen	29
1.3	Hygiene durch Reinigen und Desinfizieren	30
2	**Umweltschutz**	32
2.1	Aspekte des Umweltschutzes	32
2.2	Maßnahmen zum Umweltschutz	33
2.3	Abfallbeseitigung und Wiederverwertung	34
2.4	Abwasserbeseitigung	34
3	**Arbeitssicherheit im Gastgewerbe**	35
3.1	Aufgaben der Berufsgenossenschaft	35
3.2	Unfallquellen und Maßnahmen zur Unfallverhütung	36
4	**Lebensmittelrechtliche Grundlagen**	37
4.1	HACCP als Hygiene- und Qualitätssicherungskonzept	37
4.2	Zusatzstoffe, Mindesthaltbarkeit, Verkehrsbezeichnung	38
4.3	Kontrolle der Einhaltung gesetzlicher Regelungen	39
5	**Technologische und ernährungsphysiologische Kenntnisse zu ausgewählten Rohstoffen**	40
5.1	Kohlenhydratreiche Rohstoffe	40
5.2	Fetthaltige Rohstoffe	45
5.3	Eiweißreiche Rohstoffe	48
5.4	Vitaminreiche Rohstoffe	53
5.5	Mineralstoffreiche Rohstoffe	54
5.6	Wasser	55
5.7	Enzyme	57
6	**Nährstoff- und Energiebedarf**	59
6.1	Stoffwechsel	63
6.2	Vollwertige Ernährung und Vollwertkost	67
6.3	Besondere Kostformen	68
6.4	Zusatzstoffe, Rückstände, Schadstoffe, natürliche Giftstoffe	69
7	**Grundtechniken der Speisenherstellung**	70
7.1	Vorbereiten der Rohstoffe	71
7.2	Bearbeitung von Rohstoffen	72
7.3	Zerkleinerungstechniken	73
7.4	Wiegen und Abmessen	75
7.5	Vermischungstechniken	76

	7.6	Weitere Bearbeitungsverfahren	77
	7.7	Gartechniken	79
	7.8	Fertigstellungstechniken	88
	8	**Qualität bei Rohstoffen und Erzeugnissen**	**90**
	8.1	Handels-/Güteklassen bei Obst und Gemüse	90
	8.2	Qualitätsbeurteilung bei Speisekartoffeln	91
	8.3	Qualitätsbeurteilung bei Eiern	91
	8.4	Qualitätsbeurteilung bei Fleisch	91
	8.5	Vorgefertigte Erzeugnisse (Convenience-Food)	92
	9	**Lagerungs- und Konservierungsverfahren**	**93**
	9.1	Lagern von Nahrungsmitteln	93
	9.2	Konservierungsverfahren	94
	9.3	Kombinierte Gar- und Konservierungsverfahren	100
	10	**Vor-, Zubereitung und Präsentation einfacher Speisen**	**101**
	10.1	Einfache Eierspeisen	101
	10.2	Belegte Brote und Sandwiches	102
	10.3	Einfache Salate und Cocktails (Rezepturen und Anrichteregeln)	103
	10.4	Kalte Speisen (Rezepturen und Anrichtevorschläge)	104
	10.5	Toast- und Käsegerichte (Rezepturen und Anrichtevorschläge)	105
	11	**Berechnung (Maße, Gewichte, Verluste, Rohstoffmengen und Nähr- und Energiewerte)**	**106**
	12	**Fachsprache, Fremdsprache (Küchenausdrücke)**	**108**
	13	**Projektorientierte Aufgabe**	**110**
Lernfeld 1.2 **Arbeiten im Service**	**1**	**Teamarbeit im Service**	**112**
	2	**Räume, Textilien, Arbeitsmittel und ihre Pflege**	**113**
	2.1	Tische, Stühle und Hocker	113
	2.2	Tischwäsche	114
	2.3	Besteck	116
	2.4	Geschirr (Porzellan)	119
	2.5	Gläser	121
	2.6	Tafelgeräte zum Servieren von Getränken und Speisen	124
	3	**Vorbereitungsarbeiten in Office und Restaurant**	**125**
	3.1	Vorbereitungsarbeiten im Office	125
	3.2	Vorbereitungsarbeiten im Restaurant	126
	3.3	Auflegen der Tischwäsche	127
	3.4	Eindecken der Tische	129
	3.5	Gedecke und Gläserstellungen	130
	4	**Tischdekoration für einfache Gedecke – Blumen**	**131**
	5	**Grundlagen des Servierens**	**132**
	5.1	Servierregeln und „Verkehrsregeln"	132
	5.2	Tragen und Abräumen von Geschirr	133
	5.3	Griffarten für Bestecke beim Vorlegen	134
	5.4	Tragen von Gläsern	135

5.5	Servieren von Portionsflaschen und Karaffen	135
5.6	Servieren von Aufgussgetränken	135
6	**Serviermethoden und Servierarten**	**136**
6.1	Serviermethoden	136
6.2	Servierarten	137
7	**Frühstückservice**	**137**
7.1	Einfaches Frühstück (Kontinental)	138
7.2	Frühstücksbüfett	139
7.3	Internationales Frühstück	139
7.4	Etagenfrühstück	140
8	**Büfettservice**	**141**
8.1	Aufbau eines Büfetts	142
8.2	Service an Büfetts	142
8.3	Verkaufsbüfetts	143
8.4	Kuchenbüfett	143
8.5	Kleines Kuchen- und Torten-ABC	145
9	**Bonieren und Rechnung erstellen**	**146**
9.1	Bonieren und Arten von Bons	146
9.2	Rechnungsstellung an den Gast	148
10	**Zahlungsmöglichkeiten im Restaurant**	**149**
10.1	Zahlungsmittel	149
10.2	Abrechnen mit dem Betrieb	150
11	**Getränkekunde I – alkoholfreie Getränke, Aufgussgetränke**	**151**
11.1	Mineral-, Quell- und Tafelwasser	151
11.2	Fruchtsaft, Fruchtnektar, Gemüsesaft, Gemüsenektar	153
11.3	Erfrischungsgetränke	154
11.4	Milch	155
11.5	Kakao	156
11.6	Kaffee	157
11.7	Tee	159
12	**Getränkeausschank am Büfett**	**162**
12.1	Getränkebüfett	163
12.2	Welches Glas für welches Getränk?	164
12.3	Bierausschank vom Fass	165
12.4	Bierzapfanlage, Reinigung	166
13	**Herstellung von Aufgussgetränken und einfachen Mischgetränken**	**167**
13.1	Herstellung von Aufgussgetränken	167
13.2	Kaffeezubereitung	167
13.3	Herstellung von Getränken mit Kaffee	168
13.4	Teezubereitung	169
13.5	Kakaozubereitung	169
13.6	Herstellung einfacher Mischgetränke am Getränkebüfett	170
14	**Umgang mit Gästen**	**171**
14.1	Kaufwünsche und ihre Ursachen	171
14.2	Verhaltensweisen von Gästen	173

	14.3	Besondere Gästegruppen	174
	14.4	Servierpersonal in der Funktion als Gastgeber, Grundlagen des Verkaufs	175
15		**Verkaufsgespräche und -techniken**	**178**
	15.1	Das Verkaufsgespräch	178
	15.2	Ablauf eines Verkaufsgesprächs	178
	15.3	Erkunden des Gästewunsches	179
	15.4	Musterablauf im À-la-Carte-Service von der Begrüßung bis zur Verabschiedung	180
16		**Erstellen von einfachen Angebotskarten**	**182**
17		**EDV**	**183**
	17.1	Leistungen eines Restaurantkassensystems	183
	17.2	Schnittstellen des Kassensystems	183
18		**Berechnungen (Schankverlust, Währungsrechnen, Gästerechnung)**	**184**
19		**Fachsprache, Fremdsprache**	**185**
20		**Projektorientierte Aufgabe**	**186**

Lernfeld 1.3 — Arbeiten im Magazin

1		**Arbeiten im Magazin**	**187**
2		**Kaufvertrag**	**188**
3		**Wareneingang, -lagerung und -ausgabe**	**190**
	3.1	Wareneingang	190
	3.2	Warenlagerung	191
	3.3	Warenausgabe	192
4		**Warenbestandskontrolle**	**193**
5		**Wareneinsatzkontrolle**	**194**
6		**Kommunikationsmedien**	**195**
7		**Verwaltung von Schriftstücken**	**196**
8		**Postbearbeitung**	**197**
9		**EDV**	**198**
	9.1	Datenverarbeitung und Datenausgabe	198
	9.2	Datensicherung	199
	9.3	Datenschutz	199
10		**Berechnungen (Lagerkennzahlen, Schwund)**	**200**

Lernfeld 2.1 — Beratung und Verkauf im Restaurant

1		**Ausgewählte Speisen (Marktangebot, Zubereitungen, ernährungsphysiologische Bedeutung, Qualitätsmerkmale)**	**201**
	1.1	Amuse gueule oder Amuse bouche	201
	1.2	Kalte Vorspeisen	202
	1.3	Suppen	207
	1.4	Soßen	213
	1.5	Warme Vorspeisen	219
	1.6	Gerichte von Fischen, Krusten- und Schalentieren	222
	1.7	Hauptgerichte von Schlachtfleisch	226
	1.8	Hauptgerichte von Geflügel	237

	1.9	Wildgerichte	241
	1.10	Eierspeisen	244
	1.11	Milch und Milchprodukte	247
	1.12	Gemüse, Pilze und Salate	252
	1.13	Sättigungsbeilagen	260
	1.14	Süßspeisen	268
	1.15	Fleisch- und Wurstwaren	281
	1.16	Feinkost	283
	2	**Getränkekunde II – alkoholische Getränke (Marktangebot, Zubereitung, ernährungsphysiologische Bedeutung, Qualitätsmerkmale)**	287
	2.1	Ernährungsphysiologische Wirkung des Alkohols	287
	2.2	Bier	289
	2.3	Wein	294
	2.4	Likörwein	313
	2.5	Weinhaltige und weinähnliche Getränke	315
	2.6	Schaumwein	316
	2.7	Spirituosen	320
	3	**Getränkeservice: Wein und Schaumwein in Flaschen**	327
	3.1	Servieren von Weiß- und Rotwein in Flaschen sowie Schaumwein	327
	3.2	Einschenken von Wein und Schaumwein	328
	4	**Tischreservierungen für das Restaurant**	328
	5	**Gastgerechtes Erklären von Speisen**	329
	6	**Reklamationen im Restaurant**	330
	7	**Berechnungen (Materialien, Preise, Mischungsrechnen)**	331
	8	**Fachsprache – Fremdsprache**	332
	9	**Projektorientierte Aufgabe**	336
Lernfeld 2.2 Marketing	1	**Gastronomisches Konzept (Betriebstypen, Unternehmensphilosophie)**	337
	1.1	Betriebstypen	337
	1.2	Unternehmensphilosophie	337
	1.3	Betriebsarten und ihre Zielgruppen	338
	2	**Ziele und Aufgaben des Marketings**	339
	3	**Verfahren der Markterkundung**	340
	4	**Marketinginstrumente und Marketing-Mix**	341
	4.1	Die Leistung	341
	4.2	Der Preis	341
	4.3	Verkaufsförderung (Salespromotion)	341
	4.4	Öffentlichkeitsarbeit Public Relations (PR)	342
	5	**Werbung und Werbemittel**	342
	6	**Überprüfen und Kontrolle der Marketing-Maßnahme**	344
	7	**EDV**	345

Inhalt

	7.1	Einsatzmöglichkeiten von EDV-Systemen im Marketing	345
	7.2	Anwendungsbeispiele für EDV im Marketing	345
8		Fachsprache, Fremdsprache	346
9		Projektorientierte Aufgabe	348

Lernfeld 2.3 Wirtschaftsdienst

1		Materialkundliche Grundlagen und entsprechende Reinigungs- und Pflegemittel	349
	1.1	Metalle	350
	1.2	Natürliche Werkstoffe	351
	1.3	Synthetische Werkstoffe	352
	1.4	Faserstoffe	355
	1.5	Textilien	357
	1.6	Wäschepflege	358
	1.7	Reinigung von Oberflächen und Bodenbelägen	361
	1.8	Gästebetten	363
2		Arbeitsvorbereitung, Arbeitsabläufe, Kontrollmöglichkeiten	367
	2.1	Arbeitsplanung zur Zimmerreinigung	367
	2.2	Musterablauf der Zimmerreinigung für einen Bleibegast	368
	2.3	Wäschebereitstellung, Wäschekontrollen	370
3		Arbeitssicherheit	371
4		Umweltschutz	372
5		Umgang mit Gästen	372
6		Berechnungen	373
7		Fachsprache, Fremdsprache	374
8		Projektorientierte Aufgabe	374

Lernfeld 2.4 Warenwirtschaft

1		Warenwirtschaftssysteme	375
2		Warenbedarfsermittlung und -beschaffung	377
	2.1	Einkaufsvorbereitungen	377
	2.2	Einkauf	377
3		Inventur und Inventar	379
4		Zahlungsverkehr	381
5		Rechtsgeschäfte	383
	5.1	Zustandekommen von Verträgen	383
	5.2	Kaufvertrag	383
6		EDV	384
7		Berechnungen (rechnerische Kontrollen, Preisvergleiche unter Berücksichtigung von Preisnachlässen, Währungsrechnen)	385
8		Projektorientierte Aufgabe	386

Lernfeld 3.1 Restaurantorganisation

1	Einsatzbereiche und Stellenbeschreibungen	387
1.1	Stellenbeschreibung und Stellenanforderung	388
2	**Organisation**	**390**
2.1	Grundlagen der Organisation	390
2.2	Aufbauorganisation	391
2.3	Ablauforganisation	395
3	**Organisationspläne**	**397**
3.1	Dienstplan	397
3.2	Vertretungsplan	398
3.3	Urlaubsplan	398
3.4	Stationspläne	398
3.5	Kontrollpläne/-listen	398
3.6	Checklisten/Kontrollformulare	399
4	**Aufbau und Gestaltung von Speise- und Getränkekarten**	**400**
4.1	Speisekarten im Tagesablauf	400
4.2	Gestalten und Erstellen von Speisekarten	401
4.3	Regeln für das Erstellen von Speisekarten	403
4.4	Klarheit und Wahrheit des Angebotes	404
4.5	Gesetzliche Verordnungen für Speise- und Getränkekarten	405
4.6	Erstellen von Getränkekarten	406
5	**Schriftverkehr**	**407**
5.1	Regeln zu Form und Inhalt von Schriftstücken	407
5.2	Papierformate	408
5.3	Beschriftung der Briefhüllen	408
5.4	Geschäftsbriefe	410
5.5	Schriftverkehr mit Lieferanten	412
5.6	Schriftverkehr mit Gästen	412
5.7	Schriftwechsel mit Behörden	412
6	**Gäste- und Lieferantenkarteien und -dateien**	**414**
6.1	Gästekarteien und -dateien	414
6.2	Lieferantenkarteien und -dateien	415
7	**EDV**	**416**
7.1	Einsatzmöglichkeiten von EDV-Systemen in der Restaurantorganisation	416
7.2	Gäste- und Lieferantendateien	416
8	**Berechnungen Restaurantorganisation**	**417**
9	**Fachsprache, Fremdsprache**	**418**
10	**Projektorientierte Aufgabe**	**418**

Lernfeld 2.4 Getränkepflege und -verkauf

1	Spezielle Getränkekunde – Weinbau in Europa	419
1.1	Deutschland – Anbaugebiete, Bereiche und wichtige Rebsorten	420
1.2	Frankreich – Anbaugebiete, Weine und wichtige Rebsorten	427
1.3	Italien – Regionen, Anbaugebiete, Weine und wichtige Rebsorten	433
1.4	Spanien – Regionen, Anbaugebiete, Weine und wichtige Rebsorten	436
1.5	Portugal – Anbaugebiete, Weine und wichtige Rebsorten	439

	1.6	Griechenland – Anbaugebiete, Weine und wichtige Rebsorten	441
	1.7	Österreich – Weinbauregionen, Weinbaugebiete, Weine und wichtige Rebsorten	443
2		**Degustation – Weinprobe**	**445**
3		**Korrespondierende Getränke**	**447**
4		**Verkaufsgespräche und -techniken**	**449**
	4.1	Im Restaurant über Wein als korrespondierendes Getränk	449
	4.2	An der Bar	449
5		**Präsentation und Service von Getränken**	**450**
	5.1	Servieren von Wein in Flaschen	450
	5.2	Servieren von Schaumwein/Sekt	452
	5.3	Servieren von Spirituosen, Longdrinks und Cocktails	452
6		**Mischgetränke (Barkunde)**	**453**
	6.1	Arten der Barführung und Barkontrolle	453
	6.2	Die Barkarte	453
	6.3	Fachausdrücke in der Bar	454
	6.4	Einrichtung der Bar	454
	6.5	Bargläser	455
	6.6	Arbeiten an der Bar	455
	6.7	Mixen, Rühren und Bauen von Mischgetränken	456
	6.8	Herstellen eines Mixgetränkes	456
	6.9	Alkoholhaltige kalte Mischgetränke	457
	6.10	Alkoholhaltige heiße Mischgetränke, heiße und kalte Bowlen	459
	6.11	Alkoholfreie kalte und heiße Mischgetränke	460
7		**Sicherung des Getränkeangebots**	**461**
	7.1	Überlegungen beim Einkauf von Getränken	461
	7.2	Sonderkaufverträge beim Getränkeeinkauf	461
	7.3	Vorratshaltung von Getränken	462
8		**Berechnungen (Rezepturen, Mengen, Kosten, Erträge)**	**464**
9		**Fachsprache, Fremdsprache**	**466**
10		**Projektorientierte Aufgabe**	**466**

Lernfeld 3.3
Führen einer Station

1		**Führen einer Station**	**467**
2		**Vorbereitungsarbeiten**	**468**
3		**Verkaufsgespräche und -techniken**	**468**
	3.1	Die Servicebesprechung	468
	3.2	Besprechen des Tagesangebotes	468
4		**Gästebetreuung**	**468**
5		**Arbeiten am Tisch des Gastes**	**470**
	5.1	Tranchieren	471
	5.2	Filetieren, Tranchieren und Zerlegen von Fischen	476
	5.3	Filetieren und Tranchieren von Obst	479
	5.4	Zubereiten und Flambieren von Speisen	480

	5.5	Spezialgedecke	486
	5.6	Servieren von Käse	494
	5.7	Servieren von Tabakwaren	495
	6	**EDV**	496
	7	**Berechnungen**	497
	8	**Fachsprache, Fremdsprache**	498
	9	**Projektorientierte Aufgabe**	500

Lernfeld 3.4 Arbeiten im Bankettbereich

1	Sonderveranstaltungen (Bankettgeschäft)	501
2	Organisationsmittel	502
2.1	Erstellen einer Bankettmappe	502
2.2	Einsatz der Organisationsmittel	502
3	Menükunde	509
3.1	Regeln zum Erstellen von Menüs	509
3.2	Menügestaltung für bestimmte Anlässe	510
4	Gerichte für Menüs regionalen deutschen Ursprungs	513
5	Verkaufsgespräche und -techniken	515
5.1	Absprache einer Sonderveranstaltung – Fallbeispiel	515
5.2	Ablauf einer telefonischen Anfrage	515
5.3	Ablauf eines Verkaufsgesprächs für Sonderveranstaltungen	516
6	Vorbereitungsarbeiten	519
6.1	CHECKLISTE für die Bereitstellung bei Sonderveranstaltungen	519
6.2	Eindecken von Festtafeln	520
6.3	Dekorieren von Festtafeln	521
7	Ablauforganisation und Teamarbeit	523
7.1	Teamarbeit im Serviceablauf	525
7.2	Abschlussarbeiten	525
8	Veranstaltungsanalyse	525
9	EDV	526
10	Berechnungen	527
11	Fachsprache, Fremdsprache	528
12	Projektorientierte Aufgabe	528

Rechtsvorschriften

Rechtsvorschriften	529
Stichwörterverzeichnis	549
Bildquellenverzeichnis	557

Gastgewerbliche Berufe

1 Berufsausbildung im Gastgewerbe

1.1 Aufbau der Ausbildung

Nach dem Berufsbildungsgesetz ist die Rechtsverordnung zur Berufsausbildung Grundlage für die Ausbildungsberufsbilder und die daraus entwickelten Pläne.
Die Vorteile der Stufenausbildung:
- Ein Berufswechsel innerhalb des Berufsfelds ist nach dem ersten Ausbildungsjahr ohne Zeitverlust möglich.
- Fachkräfte im Gastgewerbe können sich in einem Jahr zu Hotel- oder Restaurantfachleuten ausbilden lassen.
- Durch ein weiteres Ausbildungsjahr können Hotelfachleute zusätzlich Restaurantfachleute werden (und umgekehrt).

Ausbildungsplanung im Betrieb
Es ist die Aufgabe des Ausbildenden, einen Ausbildungsplan für den einzelnen Auszubildenden auf der Basis des Ausbildungsrahmenplans zu erstellen. Dabei sind die besonderen Gegebenheiten des Betriebs und des Auszubildenden zu berücksichtigen, z. B. Saisoneinflüsse, regionale Besonderheiten bzw. Blockunterricht der Berufsschule, Vorkenntnisse, Lehrzeitverkürzung. Ist ein Betrieb nicht in der Lage, alle Ausbildungsinhalte zu vermitteln, muss er für entsprechende außerbetriebliche Maßnahmen sorgen. Dieser Ausbildungsplan und der von der Industrie- und Handelskammer (IHK) dem Ausbildungsvertrag beigefügte Katalog der Mindestanforderungen sind Bestandteile des Ausbildungsvertrags und dem Auszubildenden mit dem Ausbildungsvertrag vor Beginn der Ausbildung auszuhändigen. Die Kontrolle liegt bei der IHK.

Ausbildungsplanung in der Berufsschule
Aus dem Ausbildungsberufsbild wird in Zusammenarbeit mit allen an der Ausbildung beteiligten Stellen der Rahmenlehrplan erstellt, der bundeseinheitlich festlegt, welche Ziele und Inhalte in den Berufsschulen (dem zweiten Partner im Dualen System der Berufsausbildung) zu vermitteln sind.
Die einzelnen Bundesländer leiten daraus ihre Lehrpläne ab. Die Lehrkräfte erstellen für jedes Fach und jede Klasse einen Stoffverteilungsplan, in dem die Ziele und Inhalte jeder Unterrichtseinheit festgehalten werden. In vielen Bundesländern muss der Stoffverteilungsplan zu Beginn des Schuljahres der Schulleitung zugänglich sein.

Kontrollen bei der Ausbildung
Eine laufende Kontrolle der betrieblichen Ausbildung ermöglicht der Vergleich des Ausbildungsplans (Soll-Zustand) mit dem Berichtsheft (Ist-Zustand). Wenn die Ausbildung planmäßig verläuft, sollten die Angaben in beiden Dokumenten annähernd übereinstimmen. Nur wenn diese Unterlagen korrekt erstellt und zugänglich sind, kann man feststellen, ob die Ausbildung planmäßig und systematisch verläuft. Zur regelmäßigen Durchführung dieser Kontrolle sind der Ausbildende, der Auszubildende (und seine Erziehungsberechtigten) sowie der Berufsberater der IHK aufgerufen (→ 15, Bild 1).
Auf schulischer Seite ist der Stoffverteilungsplan (Soll-Zustand) mit den Eintragungen über den tatsächlich gehaltenen Unterricht im Tagebuch (Ist-Zustand) vom Schulleiter und der vorgesetzten Behörde zu vergleichen, um die Planmäßigkeit des Unterrichts zu kontrollieren.

2 Arbeitsteilung in einem Großhotel

Die Organisation der Arbeitsteilung ist u. a. von der Größe und der Mitarbeiterzahl des Hotels sowie dem Anspruch der Gäste abhängig.

In Mittel- und Kleinbetrieben werden mehrere Funktionen zusammengefasst. Die breit angelegte Ausbildung der Hotelfachleute gestattet den flexiblen und abteilungsübergreifenden Einsatz.

Die Arbeitsteilung in einem Hotel soll beispielhaft anhand aller möglichen Einsatzorte der Hotelfachleute einschließlich der Service- und der Küchenbrigade verdeutlicht werden.

Um die Lesbarkeit zu erleichtern, wird auf Nennung beider Geschlechter bei den Funktionsbezeichnungen verzichtet. Alle Stellen sind für weibliche und männliche Personen geeignet.

Aufgaben am Empfang

Die Zimmerdisposition einschließlich der Reservierung

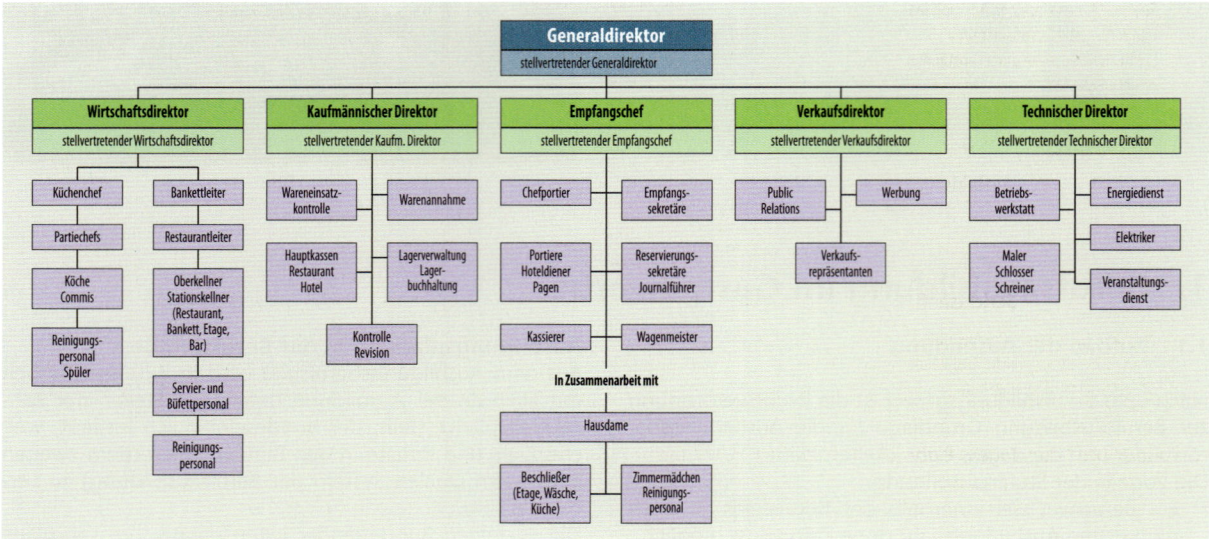

1. Organisationsmodell eines Großhotels

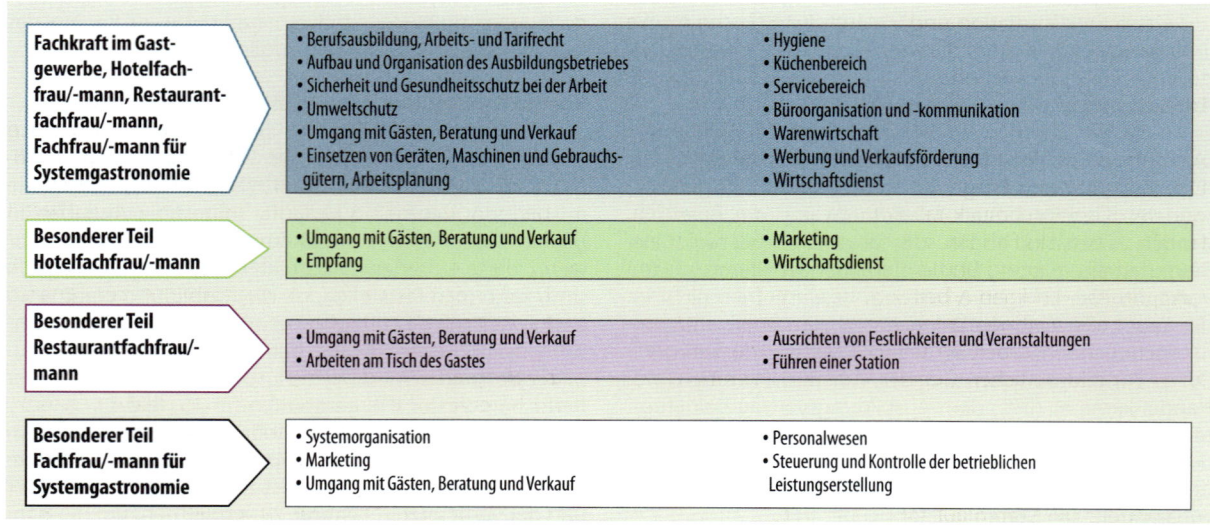

2. Inhalte der Ausbildung (Beispiele) laut Ausbildungsberufsbild

Arbeitsteilung in einem Großhotel

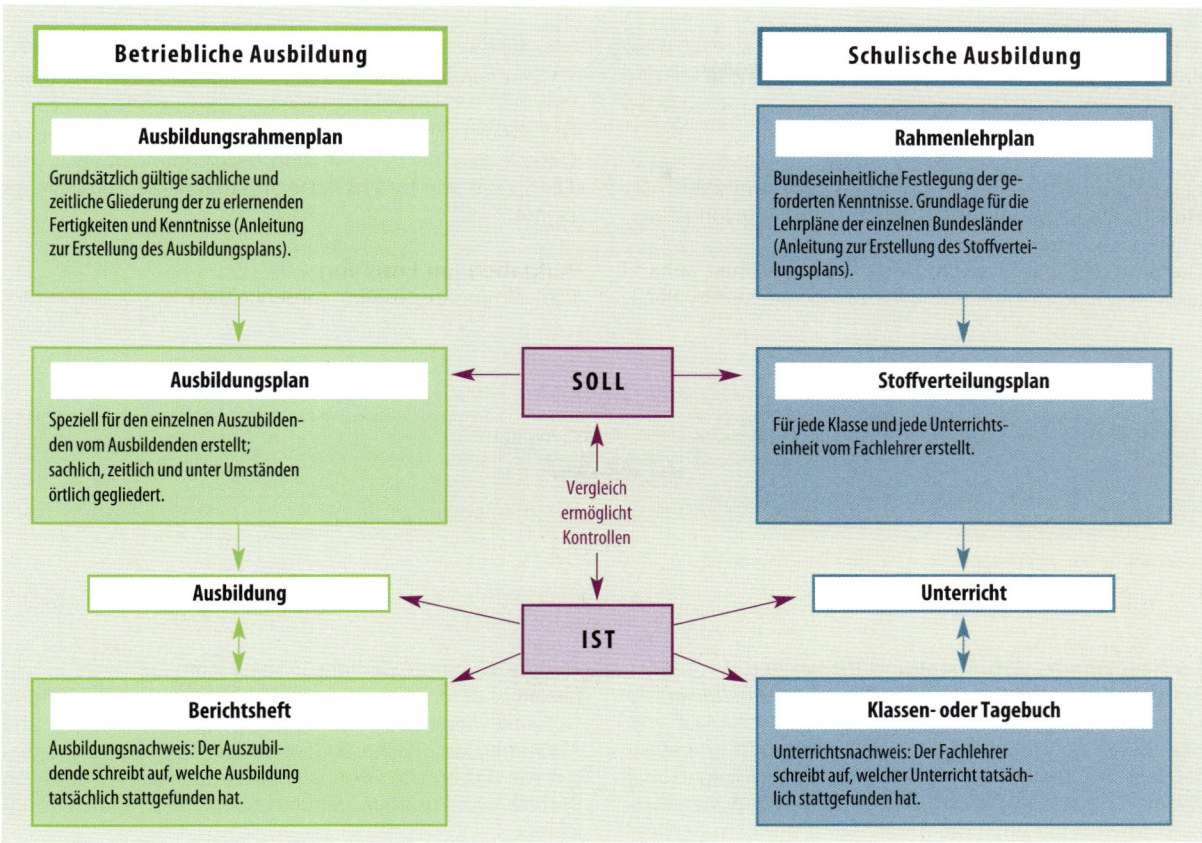

1. Gesetzliche Grundlagen, Pläne und Nachweise in der Dualen Berufsausbildung

und Vermietung und deren Korrespondenz bzw. telefonischer Abwicklung steht im Mittelpunkt der Tätigkeiten. Der direkte Kontakt mit den Gästen umfasst vor allem die Bereiche Information und Verkauf. Dazu kommen die Empfangs-Buchhaltung, die Kostenplanung sowie die Einteilung und Überwachung des Personals (Portier, Pagen, Hoteldiener).

Aufgaben auf der Etage/Hausdamenabteilung
Die Reinigung und Pflege des Hauses und der Wäsche sowie der Blumenschmuck fallen in diesen Arbeitsbereich. Hotelfachleute sind als Hausdamenassistent oder als Hausdame für die Planung und die Überwachung der Ausführung der notwendigen Arbeiten zuständig.
Sie leiten die Zimmermädchen zur rationellen und umweltschonenden Arbeit an und sorgen für die Bereitstellung aller erforderlichen Gegenstände in diesem Bereich.

Aufgaben im Magazin
- Annahme der Waren und Vergleich der Begleitpapiere mit den angelieferten Waren bzw. der Bestellliste.
- Kontrolle der Waren auf Transportschäden.
- Vergleich des Lieferscheins mit der Rechnung.
- Laufende Kontrolle des Warenbestands.
- Verbuchung des Wareneingangs und -ausgangs.
- Warenausgabe.

Aufgaben im Betriebsbüro
Die drei Haupttätigkeiten der Hotelsekretäre sind
- die Buchführung, bei der alle Geschäftsvorfälle buchhalterisch erfasst und für die Auswertung durch andere Abteilungen und das Finanzamt aufbereitet werden;
- der Schriftverkehr mit sämtlichen den Betrieb betreffenden Personen und Institutionen;
- das Personalwesen, das mit der Gesamtverwaltung aller das Personal betreffenden Vorgänge von der Personalsuche bis zur Entlassung befasst ist.

Aufgaben am Büfett
Vom Bufettier wird erwartet, dass er die heißen Getränke zubereitet und ausgibt (Kaffeeküche), die anderen Getränke temperiert und zapft oder ausschenkt, für die Reinigung und Pflege der Gläser und Schankeinrichtungen sorgt und unter Umständen das Kuchenbüfett betreut.

Bewirtungs- und Beherbergungsbetriebe

Man unterscheidet die Bereiche Bewirtungs- und Beherbergungsbetriebe. In beiden Bereichen gibt es viele Betriebsarten. Weil es kein Gesetz über deren Einteilung gibt (eine Verordnung von 1937 enthält nur grobe Angaben), ist die Abgrenzung in der Praxis ungenau. Die Betriebserlaubnis (Konzession) für alle Betriebsarten erteilt die örtliche Behörde. Die Konzessionsgebühren errechnen sich aus einer Grundgebühr, der Gastraumgröße und der Anzahl der Fremdenzimmer; die Betriebsart wird nicht berücksichtigt. Nur im Haftungs- und Pfändungsrecht spielt die Einteilung in die Bereiche Beherbergungs- bzw. Bewirtungsbetriebe eine Rolle (→ 545, Bild 1).

Bewirtungsbetriebe (Verpflegung)
- *Restaurant:* Fachlich geschultes Personal, gedeckte Tische, gut sortierte Speisen- und Getränkekarte
- *Wirtshaus (Bistro, Pub):* Meist rustikale Einrichtung, regionale Spezialitäten
- *Konditorei-Café:* Neben Kuchen und Kaffee auch Getränke und kleine Speisen
- *Bahnhofsgaststätte:* Auf bahneigenem Gelände
- *Autobahnraststätte:* Bewirtung rund um die Uhr
- *Eisdiele:* Speiseeis, Eisspezialitäten, Getränke
- *Bar:* Getränke und eventuell kleine Speisen an der Theke oder an kleinen Tischen
- *Unterhaltungsbetriebe* (z. B. Varieté, Tanzlokale, Kabarett, Nachtlokale): Meist auf Getränke beschränktes Angebot; häufig Verkürzung der Sperrzeit
- *Schankwirtschaften:* Keine Speiseabgabe

Beherbergungsbetriebe (Verpflegung und Übernachtung)
- *Hotel:* Fachlich versiertes Personal, gehobene Ausstattung, Rezeption, Restaurations- und Aufenthaltsräume für Gäste
- *Gasthof:* Im Allgemeinen schlichtere Ausstattung als im Hotel
- *Hotel garni:* Reiner Beherbergungsbetrieb, nur Frühstück, Getränke und kleine Speisen für Hausgäste
- *Fremdenheim, Pension:* Nur Voll- oder Halbpension
- *Hospiz:* Hotel einer kirchlichen Organisation
- *Motel:* „Motor-Hotel", liegt meist an Fernstraßen, ausreichend Parkplätze direkt vor der Tür
- *Kurhaus:* Gastgewerblicher Betrieb in Kur-/Badeorten

1. Betriebsarten im Gastgewerbe und ihre Besonderheiten

Servicebrigade: Arbeitsteilung im Service

Restaurantdirektor und Restaurantgeschäftsführer: Er ist verantwortlich für den gesamten Serviceablauf des Hauses. Bei Arrangements von Festlichkeiten ist er ebenso beteiligt wie bei der Neueinstellung von Servicepersonal und der Zusammenstellung der Getränke- und Menükarte. Er übernimmt auch die Abrechnung mit dem Servicepersonal. Da ihm die Betreuung der Gäste obliegt, sind in seinem Beruf sehr gute Umgangsformen und Fremdsprachenkenntnisse unentbehrlich.

Oberkellner (Maître d'hôtel): Er leitet den gesamten Service im Speisesaal oder im Restaurant. Er trifft die Arrangements für Bankette (Festessen für viele Gäste) und Empfänge (festliche Zusammenkünfte vieler Gäste, bei denen Getränke und kleine Speisen oft im Stehen eingenommen werden), regelt die Tischreservierungen, begrüßt und platziert die Gäste. Er ist ihnen bei der Menüzusammenstellung und der Auswahl der passenden Getränke behilflich. Daneben fallen die Aus- und Weiterbildung des Servicepersonals sowie die Diensteinteilung in sein Ressort.

Stationskellner (Chef de rang): Er ist für eine Station im Service, das heißt für einen aus mehreren Tischen bestehenden Teil des Restaurants, zuständig. Tranchieren, Vorlegen, Zubereiten und Flambieren von Speisen am Tisch des Gastes gehören zu seinem Aufgabenbereich.

Halbchef (Demichef de rang): Er ist dem Chef de rang zugeteilt und übernimmt vor allem das Bestellen, Bonieren und Servieren von Speisen und Getränken.

Gehilfe (Commis de rang): Seine Aufgabe ist es in erster Linie, dem Chef bzw. Demichef de rang Speisen und Getränke heranzutragen und ihm beim Aufdecken und Abräumen der Tische zu helfen. Die Vorbereitungsarbeiten wie das Brechen von Servietten oder das Polieren von Besteck und Porzellan gehören ebenfalls zu seinen Tätigkeiten.

Weinkellner (Sommelier): Dieser Getränkefachmann berät den Gast bei der Auswahl der zu den Speisen passenden Getränke. Außerdem leitet er den Weinservice bei einem Bankett oder Empfang.

Zimmerkellner (Chef d'étage, Commis d'étage): Der Chef d'étage führt alle Arbeiten im Zimmerservice durch. Er wird unterstützt vom Commis d'étage, der für das Mise en place (die Vorbereitung) zuständig ist.

Barkellner (Chef de bar, Commis de bar): Der Chef de bar organisiert den gesamten Barbetrieb. Das Mixen von Drinks macht den Hauptteil seiner Tätigkeit aus. Der Commis de bar hilft ihm und sorgt für das Mise en place.

1. Erläutern Sie den Unterschied zwischen dem Ausbildungsrahmenplan und dem Ausbildungsplan.
2. Welche Dokumente müssen geführt werden, damit die planmäßige Ausbildung belegt werden kann?
3. Worin unterscheiden sich die Ausbildungsberufsbilder der Fachkraft im Gastgewerbe und der Hotelfachfrau?
4. Wie viele weitere Ausbildungsjahre sind nötig, damit ein Hotelfachmann die Abschlussprüfung als Restaurantfachmann ablegen kann?

Arbeitsteilung in einem Großhotel

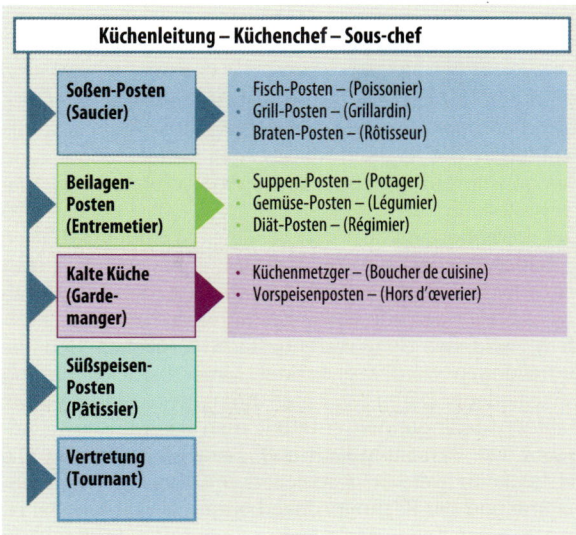

1. Küchenbrigade

Wissen Sie Bescheid?

1. Nennen Sie die Inhalte Ihres Ausbildungsberufsbildes.
2. Welchen Sinn hat die Führung eines Klassenbuchs und eines Berichtsheftes?
3. Wovon hängt es ab, wie die Aufgabenverteilung in einem Hotel organisiert ist?
4. Erklären Sie die Unterschiede zwischen
   a) Hotel, Hotel garni und Motel,
   b) Hotel und Gasthof,
   c) Restaurant und Wirtshaus.
5. Stellen Sie eine hierarchisch gegliederte Skizze der Servicebrigade auf. Tragen Sie die deutschen und die französischen Bezeichnungen ein.
6. Wie wird die Arbeit in der „warmen" Küche unter den Posten aufgeteilt?
7. Erläutern Sie die Begriffe Sous-Chef und Tournant.

Küchenbrigade: Arbeitsteilung in der Küche

In der Küchenbrigade eines großen Hotels oder Restaurants sind in der Regel alle Posten (Unterabteilungen der Küche) mit einem Postenchef (Chef de partie) besetzt. Zusätzlich können jedem Posten ein Halbchef (Demichef de partie) und ein oder mehrere Gehilfen (Commis de partie) zugeteilt sein. Eine vollständig besetzte Küchenbrigade umfasst folgende Positionen (die einzelnen Posten können, abhängig von Art und Größe der Küche, weiter untergliedert werden):

Küchenchef (Chef de cuisine): Er ist verantwortlich für den gesamten Küchenbetrieb, insbesondere für
- Wareneinkauf und Speisenherstellung
- Speisekarten- und Menügestaltung einschließlich der Preiskalkulation
- Diensteinteilung des Küchenpersonals
- Aus- und Weiterbildung

Stellvertreter des Küchenchefs (Sous-Chef): Die Vertretung des Küchenchefs wird in manchen Betrieben dem Chef-Saucier übertragen.

Soßen-Posten (Saucier): Auf dem Soßen-Posten werden Soßen und Schmorgerichte, Braten und Grillgerichte, Fischspeisen sowie warme Vorspeisen und Zwischengerichte aus Rohstoffen tierischer Herkunft zubereitet.

Beilagen-Posten (Entremetier): Ihm fällt die Zubereitung von Beilagen (Gemüsen, Kartoffeln, Reis, Teigwaren), Suppen und Eierspeisen zu.

Kalte Küche (Gardemanger): Das Personal dieses Postens führt folgende Arbeiten durch: das garfertige Vorbereiten und Portionieren von rohem Schlachtfleisch, Wild, Geflügel, Fischen, Krusten- und Schalentieren (auch für Saucier und Entremetier). Die Herstellung von Pasteten, Galantinen, Terrinen (→ 283ff.), kalten Platten und Büfetts, Salaten, Cocktails und kalten Vorspeisen fällt ebenfalls in diesen Aufgabenbereich.

Süßspeisen-Posten (Pâtissier): Alle Süßspeisen wie Cremes, Eis, Gelees, Fruchtsalate usw. werden auf diesem Posten ebenso gefertigt wie Teige und Massen und die daraus hergestellten Kuchen, Torten und Feingebäcke.

Vertretung (Tournant): Bei Abwesenheit (Krankheit, Urlaub, freien Tagen) eines Partiechefs übernimmt der Chef Tournant dessen Aufgaben. Er muss alle Posten selbstständig führen können.

Wache-Posten (Chef de garde): Er übernimmt die Küchenaufsicht, wenn die anderen Postenchefs abwesend sind (z.B. zwischen den Hauptservicezeiten und im Spätdienst).

Weitere Unterteilungen sind aus Bild 1 ersichtlich.

Bei dieser herkömmlichen Art der Arbeitsaufteilung (Zubereitung und Ausgabe von Speisekomponenten in der Hand desselben Kochs) wird die Arbeitszeit aller Köche von den Servicezeiten bestimmt. Neuere Bestrebungen gehen dahin, die Küchenarbeit in die Teile Speisenproduktion und Speisenausgabe zu unterteilen.

In der Produktionsküche, die von den Servicezeiten unabhängig ist, könnten andere Arbeitszeiten gelten als in der Ausgabeküche.

In den Ausgabeküchen werden Speisen mit kurzer Garzeit frisch zubereitet und die übrigen vorbereiteten Speisekomponenten aufbereitet und angerichtet.

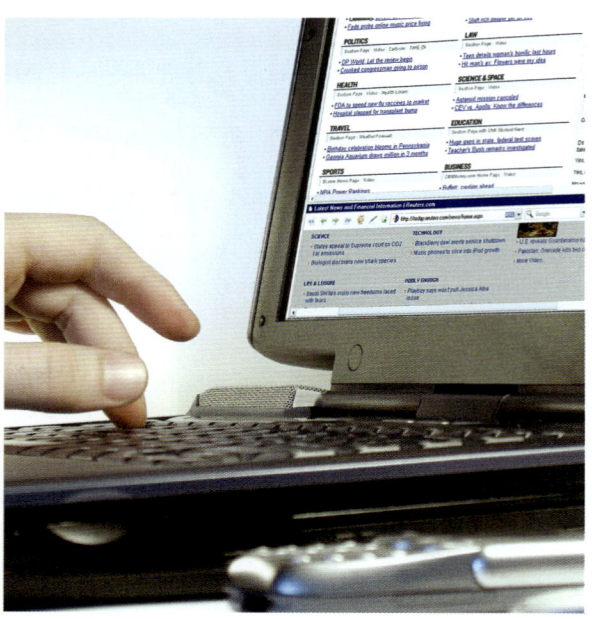

3 EDV

3.1 Bedeutung der Computertechnik

Computertechnik und Datenfernübertragung haben in nahezu allen Bereichen unserer Wirtschaft und Gesellschaft Einzug gehalten und starke Veränderungen bewirkt:
- **Computerspiele** verändern das Spielverhalten nicht nur von Kindern.
- **Homebanking** ermöglicht jederzeit die Abwicklung von Bankgeschäften über das Internet.
- **Telearbeit**, die Arbeit am Bildschirm von zu Hause aus, kann in vielen Berufssparten die Arbeitswelt grundlegend reformieren.
- **Internet** (→ 20) ermöglicht multimediale Kommunikation.

Bessere Qualität, geringere Kosten und eine höhere Produktivität sind die Ziele bei der Anwendung der neuen Technologien im Wirtschaftsleben. Vom Anwender wird die entsprechende Qualifikation gefordert. Im Hotel- und Gaststättengewerbe erleichtern elektronische Datenverarbeitungs (EDV-)Systeme die Kommunikation mit dem Gast und der Betriebsführung erheblich, wenn die **Hardware** (Geräte wie Personalcomputer (PC), Tastatur, Drucker) und vor allem die **Software** (z. B. Dienst- und Anwenderprogramme) auf die Bedürfnisse des Betriebs abgestimmt sind.
Die Verbesserung des Service für den Gast beginnt beim Check-in an der Rezeption; in seinem Zimmer wird der Gast mit seinem Namen auf dem Bildschirm und einer Melodie begrüßt. Ein Info-Kanal macht ihn mit den Leistungen des Hauses und den Freizeitmöglichkeiten in der näheren Umgebung bekannt.

3.1.1 EDV-Einsatz im Organisationsbereich

Zum Food-und-Beverage (F&B)-Bereich gehören u. a. die Ermittlung des Warenbestands, der Bestellmengen und des günstigsten Angebots sowie die Ausführung der Warenbestellung.
Der Warenbestand lässt sich bei einer computergeführten Lagerverwaltung, bei der jede Warenbewegung erfasst wird, leicht ermitteln. Der Warenbedarf, den die einzelnen Abteilungen für einen bestimmten Zeitraum anfordern, wird mit dem Warenbestand verglichen und die Bestellungen werden errechnet. Unter Berücksichtigung verschiedener Daten wie Lieferfristen, Preise, Rabatte oder Zahlungsbedingungen ermittelt man das günstigste Angebot. Die Bestellung kann z. B. per E-Mail erfolgen. Die Bestelldaten werden gespeichert und bei der Warenannahme und der Rechnungsbearbeitung abgerufen. Bei einem vorgegebenen Meldebestand wird dem PC-Benutzer eine Nachbestellung vorgeschlagen.

In der Finanzbuchhaltung erfolgt z. B. die Verwaltung der offenen Rechnungen über entsprechende Programme. Je nach Zahlungsbedingungen wird der Zeitpunkt der Bezahlung errechnet und die Überweisung durch Homebanking ausgeführt.

Bei der Kalkulation von Speisen und Getränken werden die Verkaufspreise auf der Basis der Bezugspreise berechnet. Es gibt verschiedene Kalkulationsprogramme für die Vollkosten- und die Deckungsbeitragsrechnung.

Programme für das Kontrollwesen ermöglichen einen ständigen Vergleich der Soll-Zahlen mit den Ist-Werten. Bei Abweichungen werden mögliche Gegenmaßnahmen ausgeführt.

3.1.2 EDV-Einsatz im Operationsbereich

Bei den Zimmerreservierungen werden Name, Adresse, Firma, spezielle Zimmerwünsche, An- und Abreisezeitpunkt eingegeben. Der Computer ermöglicht einen sofortigen Überblick über den aktuellen Reservierungsstand.

Bei Marketingmaßnahmen ermöglicht der Computer anhand der Gästedaten (Wohnort, Firmenzugehörigkeit, bisherige Buchungen, Vorlieben usw.) und der vorgegebenen Zielgruppe die Ermittlung der Personen, die beworben werden sollen.
Im Restaurant können mit der Computer-Registrierkasse das Bonieren, die Registrierung, das Ausdrucken der Gastrechnung und die Tagesabrechnung des Servierpersonals erfolgen.
Weitere mögliche Funktionen dieser Kassen sind:
- Übermittlung der Restaurantrechnung an den Empfang für die Erstellung der Gesamtrechnung.

- Kontrolle von Lagerverwaltung und Wareneinsatz, wenn die Rezepturen der Speisen eingegeben wurden.
- Aufstellung von verschiedenen Statistiken (Gästezahl, Umsatz, Art und Menge der verkauften Speisen und Getränke).

3.1.3 Hardware und Software als Voraussetzung der Datenverarbeitung

Computer und ihre Elemente (Monitor, Tastatur, Laufwerk, Scanner, Maus usw.) werden als **Hardware** bezeichnet. Dazu sind Arbeitsanweisungen in Form von Programmen **(Software)** notwendig.

Programme, die den Computer steuern, werden als Systemsoftware (Betriebssystem) bezeichnet. Software, die einer konkreten Anwendung dient (z. B. Textverarbeitung), nennt man Anwendersoftware.

Die Arbeit mit einem Computer läuft nach einem dreistufigen Prinzip ab:

E	1. Eingabe der Daten über Tastatur, Maus, Scanner, CD-ROM-, DVD-ROM- und Festplattenlaufwerk oder USB-Stick.
V	2. Verarbeitung der **Daten** in der Zentraleinheit (Mikroprozessor, Speicher).
A	3. Ausgabe der Daten über Bildschirm, Drucker, Lautsprecher, optische Laufwerke und Festplattenlaufwerk.

Das Verarbeiten vollzieht sich beim Computer als Rechenvorgang (engl. *to compute* = rechnen), weil die eingegebenen Daten digitalisiert, das heißt durch einen Zeichencode berechenbar gemacht wurden. Diese Umwandlung von Daten in einen Zeichencode nennt man ein Programm schreiben oder „codieren".

3.2 Grundbegriffe bei der Datenverarbeitung

Auf dem Weg zum elektronischen Büro werden die Unterlagen für Büro- und Verwaltungstätigkeiten nicht mehr mittels Karteikarten und Aktenschränken verwaltet, sondern auf Datenträgern (CDs, DVDs, Festplatten, Magnetbänder, USB-Sticks usw.) und in Datenbanken.

Anstelle von Karteikarten und Karteien ordnet man die Daten in Form von Tabellen. Dabei unterscheidet man
- **Tabellenzellen:** Sie entsprechen dem Datenfeld der Karteikarte (z. B. Name des Gastes).
- **Tabellenzeilen:** Sie beinhalten einen Datensatz (z. B. Daten eines Gastes wie Vor- und Nachname, Beruf, betriebliche und private Anschrift) und sind mit einer Karteikarte vergleichbar.
- **Tabellen:** Sie umfassen alle gleichartigen Datensätze (z. B. Tabellenzeilen aller Gäste) ähnlich einer Kartei.
- **Datenbanken:** Alle zueinander in Beziehung stehenden Tabellen (z. B. Gäste- und Lieferantentabellen), Berichte (z. B. Statistiken) und Formulare (z. B. für Bestellungen und Rechnungen) werden in Form einer Datenbank gemeinsam gespeichert und genutzt.

Weil die Daten innerhalb einer Datenbank leicht ausgetauscht werden können, ergibt sich, verglichen mit der Karteiverwaltung, ein Rationalisierungseffekt.

1. Aufbau einer Arbeitsoberfläche mit der Ordnerstruktur der Festplatte und Unterordnern

3.2.1 Datenorganisation und Datenspeicherung

Wie Geschäftsvorgänge in Ablagefächern, Akten, Ordnern und Aktenschränken nach Sachgruppen sortiert werden, wird auf den einzelnen Datenträgern des Computers ein Ablagesystem zum schnellen Wiederfinden von Informationen eingerichtet.

Wenn Dateien gespeichert werden, müssen sie einen unverwechselbaren Dateinamen erhalten, der einen sinnvollen Bezug zum Inhalt der Datei hat. Dazu legt man auf Festplatten oder anderen Speichermedien für die einzelnen Bereiche Ordner und Unterordner an und legt die dazugehörigen Daten darin ab. Das Dienstprogramm Explorer hilft beim Verwalten, Kopieren und Löschen von Ordnern und Dateien und stellt alle Komponenten der Windowsumgebung dar.

Ein wichtiges Ordnungsmittel ist das Anlegen von Ordnern oder Verzeichnissen. Vergleichbar dem Ordnen von Schriftstücken in einem Aktenordner mithilfe eines Registers (Zwischenblättern) werden die Dateien nach bestimmten Kriterien (z. B. Lieferanten, Gäste, Personal) in Verzeichnissen abgelegt. Im Windows-Explorer z. B. kopiert man die Dateien zur Datensicherung in einzelne Bereiche auf Speichermedien (CDs, DVDs, externe Speichermedien) oder bestimmte Partitionen der Festplatte.

Das Speichern von Dateien ist gleichzeitig ein Sicherungsvorgang bzw. Backup (→ 199). Deshalb ist das Speichern auch während der Bearbeitung einer Datei zu empfehlen. Nur die Daten, die gespeichert wurden, lassen sich z. B. nach einem Systemabsturz ohne großen Aufwand vom Datenträger auf den Bildschirm laden.

Ein Backup-Programm (Programm zur Sicherung und Wiederherstellung von Daten aller Art) speichert veränderte Daten selbstständig, beispielsweise eine eingegebene und bestätigte Zimmerbuchung.

Datenschutz

Durch den Datenschutz sollen personenbezogene Daten sowie Geschäfts-, Berufs- und Amtsgeheimnisse geschützt werden. Dazu gehören beispielsweise Name, Privat- und Geschäftsadresse, Geburtsdatum, Telefon- und Zimmernummer, Bankverbindungen, Anlass und Dauer der Anwesenheit, Thema und Inhalt von Tagungen und Gesprächen aller Art. Dies gebietet nicht nur die Diskretion, die jeder Gast vom Gastgeber erwartet, sondern auch das Gesetz. Der Umgang mit Daten, die bei der Bewirtung und Beherbergung anfallen, muss den Datenschutzgesetzen entsprechen, die dem Schutz der Persönlichkeitsrechte dienen.

Der Betroffene (Gast) hat folgende Rechte:
1. **Einwilligungs- und Benachrichtigungsrecht:** Er muss über die Verarbeitung und Speicherung der Daten informiert werden und einverstanden sein.
2. **Auskunftsrecht:** Er kann Auskunft über Herkunft, Art und Verwendung gespeicherter Daten verlangen.
3. **Berichtigungsrecht:** Daten sind zu berichtigen oder zu löschen, wenn sie unrichtig sind.
4. **Recht auf Löschung:** Daten sind zu löschen, wenn die Speicherung unzulässig oder nicht mehr notwendig ist.
5. **Recht auf Sperrung:** Der Betroffene kann Daten sperren lassen, wenn sie unrichtig sind oder die Richtigkeit vom Betroffenen bestritten wird.

Daraus leiten sich folgende Pflichten für den Nutzer und Anwender von personenbezogenen Daten ab:
1. **Eingabekontrolle:** Es muss überprüft werden, von wem zu welchem Zeitpunkt personenbezogene Daten eingegeben wurden.
2. **Auftragskontrolle:** Daten dürfen nur so verwendet werden, wie es vom Auftraggeber vorgegeben wurde.
3. **Zugangs- und Benutzerkontrolle:** Der Zugang und die Nutzung des Datenverarbeitungssystems für Unbefugte sind zu verhindern.
4. **Speicherkontrolle:** Unbefugte Eingabe, Veränderung oder Löschung sind zu verhindern.
5. **Zugriffskontrolle:** Der Zugriff ist auf die relevanten Daten einzugrenzen.
6. **Abgangskontrolle:** Niemand darf Datenträger unkontrolliert entfernen.
7. **Übermittlungskontrolle:** Es muss überprüfbar sein, von wem und wie Daten übermittelt wurden.
8. **Transportkontrolle:** Beim Übermitteln und Transportieren müssen Daten und Datenträger vor dem Lesen, Verändern und Löschen gesichert werden.
9. **Organisationskontrolle:** Die Organisation des Betriebs muss gewährleisten, dass alle Datenschutzbestimmungen eingehalten werden können.

3.2.2 Computernetzwerke und Datenfernübertragung

Bei modernen Netzwerken hat jeder angeschlossene Computer eine eigene Rechner- und Speicherleistung, die es ermöglicht, Bearbeitungsvorgänge unabhängig durchzuführen. Über einen Server und einen Verteiler kann jede Arbeitsstation auf die Datenbestände der anderen zugreifen. Dies soll an einem Beispiel aus der Warenwirtschaft verdeutlicht werden:

1. Über den Personal Computer (PC) der F&B-Abteilung wird Speiseöl bestellt.
2. Bei der Warenanlieferung wird die Bestellliste auf den am Wareneingang befindlichen PC geladen, mit der Ware bzw. den Angaben auf dem Lieferschein verglichen und die Korrektheit im PC bestätigt.
3. Die Daten der Lieferung werden bei der Berechnung der Lagerkennzahlen und bei der Inventurerstellung berücksichtigt.
4. Die Finanzbuchhaltung lädt die Daten zur Rechnungskontrolle und zur Erstellung der Gewinn-und-Verlust-Rechnung bzw. der Bilanz auf ihren PC.
5. Die Warenausgänge werden bei der Warenausgabe in den dortigen Computer eingegeben und verringern automatisch die Bestandszahlen.
6. Am PC der F&B-Abteilung wird, bei entsprechender Abnahme z. B. der Speiseöl-Bestände, eine Aufforderung zur erneuten Bestellung angezeigt.
7. Gegegebenenfalls kann die Zentrale direkt auf die Daten der einzelnen PCs in den Betrieben zugreifen.

3.2.3 Internet und Multimedia

Mit dem Internet ist eine weltweite, multimediale Kommunikation möglich. Multimedial heißt, dass sowohl Texte, Bilder, Grafiken und Filme als auch hörbare Signale wie Sprache und Musik übertragen werden können. Das Internet ist im Prinzip ein freiwilliger Zusammenschluss fast unendlich vieler Computer und Netze. Das Internet gehört keiner Firma oder Organisation. Auf den Computern sind die unterschiedlichsten Inhalte gespeichert, die man unter entsprechenden Internet-Adressen abrufen kann.

Den Zugang zum Internet stellt ein Provider her, der gegen eine Gebühr seine Dienste zur Verfügung stellt. Mit einem Browser (Software für das Internet) lassen sich die Informationen auf den Bildschirm laden, ansehen, anhören, ausdrucken oder speichern (herunterladen).

Für die Hotellerie und Gastronomie gewinnt das Internet zunehmend an Bedeutung, weil es einerseits als Marketing-Instrument Informationen über das Haus von jedem Ort und zu jeder Zeit zugänglich macht und andererseits den Informationsaustausch z. B. mittels **E-Mail (elektronische Post)** ermöglicht: Nachrichten an Lieferanten, Banken, Behörden usw. können kostengünstig an eine Mailbox (elektronischer Briefkasten) geschickt und dort vom Empfänger abgerufen werden.

Lernfeld 1.1
Arbeiten in der Küche

Personalhygiene

Hygienemaßnahme	Begründung
Sauberer Körper und saubere Arbeitskleidung (keine Straßenkleidung). Vor Arbeitsbeginn und nach Toilettenbesuch Hände waschen und desinfizieren	Schmutz ist ekelerregend: Lebensmittel mit Schmutzkontakt gelten als verdorben; er enthält Mikroorganismen, die Krankheiten verursachen können
Ausreichend große Kopfbedeckung tragen	Haare sind ekelerregend und mit Mikroben behaftet
Husten und Niesen auf Nahrungsmittel vermeiden	Gefahr durch Tröpfcheninfektion: Staphylokokken befinden sich im Nasen-Rachen-Raum
An Hygieneschulungen teilnehmen und Krankheiten den Vorgesetzten melden	Mindestens jährliche Schulungen klären über meldepflichtige Krankheiten auf
Wunden wasserdicht verbinden	Wunden können mit Mikroben infiziert sein

1. Maßnahmen der Personalhygiene

Zielformulierungen

Folgende Ziele sollen von den Auszubildenden im Lernfeld Arbeiten in der Küche erreicht werden:
- Sie können einfache Speisen unter Berücksichtigung von Rezepturen vor- und zubereiten sowie anrichten.
- Sie können die Arbeitsschritte nach ökonomischen und ökologischen Gesichtspunkten planen, die Arbeitsergebnisse selbstständig kontrollieren und bewerten.
- Sie verstehen lebensmittelrechtliche Forderungen und handeln danach; insbesondere begründen sie Hygieneregeln und wenden sie im Umgang mit Lebensmitteln an.
- Sie wählen die Rohstoffe für die Speisenherstellung nach sensorischen und ernährungsphysiologischen Kriterien sowie nach Verwendungszweck, Beschaffenheit und Wirtschaftlichkeit aus.
- Sie wenden geeignete Verfahren der Vor- und Zubereitung an, um die Werterhaltung von Lebensmitteln zu sichern sowie ein ausgewogenes Verhältnis von Nahrungsinhaltsstoffen und Energiewert zu erreichen.
- Sie führen Verlust-, Nähr- und Energiewertberechnungen durch.
- Sie verstehen die Bedeutung des Umweltschutzes und sind in der Lage, umweltbewusst zu handeln.
- Sie verfügen über Kenntnisse der Unfallverhütung und halten die Sicherheitsvorschriften ein.
- Sie arbeiten im Team und erkennen die Vorteile dieser Arbeitsorganisation.
- Sie wenden die Fachsprache und einfache Formulierungen in der Fremdsprache an.

1 Personal-, Betriebs- und Produkthygiene

Die strikte Einhaltung der Hygieneregeln bildet die Grundlage der gastronomischen Tätigkeit. Nur hygienisches Verhalten aller Mitarbeiter und hygienisch einwandfreie Rohstoffe, Produkte, Räume und Einrichtungen gewährleisten die Gesundheit und Zufriedenheit der Gäste. Im Hotel- und Gaststättengewerbe wird viel Aufwand betrieben, um stets einen hohen Hygienestandard zu halten; schon kleine Nachlässigkeiten können dieses Ziel gefährden. Deshalb muss jeder Mitarbeiter entsprechend motiviert, geschult und kontrolliert werden.

Betriebshygiene

Hygienemaßnahme	Begründung
Wände und Böden der Betriebsräume hell, fugendicht und wasserundurchlässig	Leichte Reinigung und Desinfektion, Mikrobenvermehrung in verschmutzten Fugen
Seifen- und Desinfektionsmittel an Handwaschbecken	Handkontakt kann Mikroben übertragen
Personal- und Gästetoiletten getrennt	Trägt zum höheren Hygienestandard bei
Trennung in reine (Zubereitung) und unreine (Vorbereitung und Spülen) Bereiche	Ekelerregend. Schmutz und Mikroorganismen erhöhen das Gesundheitsrisiko
Betriebsfremde Personen und Gegenstände sowie Tiere vom Nahrungsbereich fernhalten Schädlinge bekämpfen	Es besteht die Gefahr, dass Schmutz und Krankheitserreger eingeschleppt werden

2. Maßnahmen der Betriebshygiene

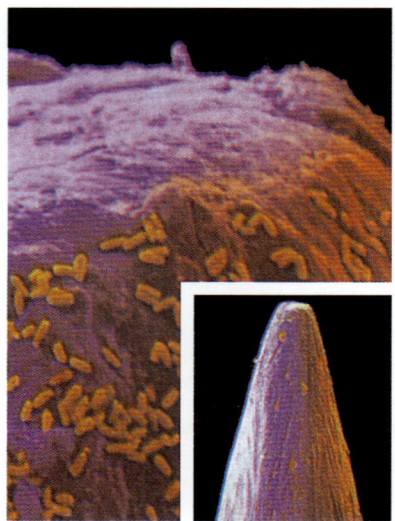
1. Stecknadelspitze mit Bakterien

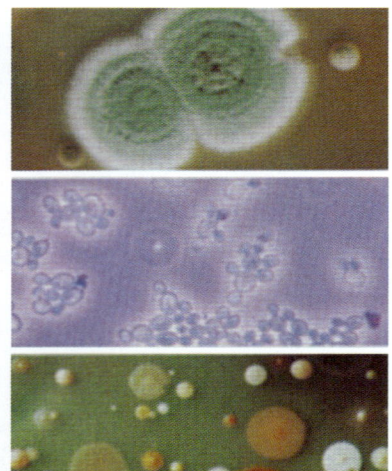
2. Kolonien von Schimmelpilzen, Hefen und Bakterien

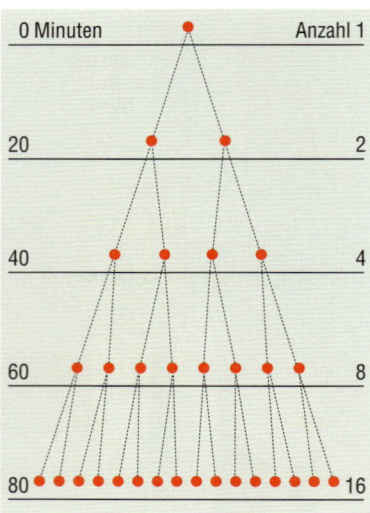
3. Vermehrung von Mikroorganismen, Generationszeit 20 Minuten

Produkthygiene	
Hygienemaßnahme	Begründung
Nur einwandfreie Lebensmittel verwenden. Durch geeignete Maßnahmen die Qualität laufend prüfen.	Mikroben, Schädlinge, zu warme Lagerung usw. können kurzfristig zum Verderb führen
Tiefkühlware vor dem Auftauen auspacken; Auftauflüssigkeit entsorgen	Mikroben vermehren sich in geschlossenen Verpackungen besonders gut
Die gegenseitige negative Beeinflussung von Lebensmitteln ist zu vermeiden	Z. B. Eier/Hähnchen dürfen keinen Kontakt zu Hackfleisch/Kartoffelsalat haben
Lebensmittel, Einrichtungen und Betriebsräume nur mit Trinkwasser reinigen	Es ist frei von Schmutz und Mikroorganismen und wird ständig kontrolliert
Verdorbene Lebensmittel unverzüglich aus den Betriebsräumen entfernen bzw. dicht schließende Abfallbehälter benutzen	Verdorbene Lebensmittel dürfen keinesfalls in die Produktion gelangen. Sie gefährden die Gesundheit und rufen Ekel hervor

4. Maßnahmen der Produkthygiene

1.1 Gefahr durch Mikroorganismen

Lebensmittel verderbende Mikroorganismen werden in **Bakterien, Hefen und Schimmelpilze** eingeteilt.
Säuerung, Fäulnis, Gärung und Schimmeln sind bekannte Verderbnisvorgänge. Mikroorganismen sind fast überall vorhanden und können wegen ihrer Winzigkeit mit bloßem Auge nicht erkannt werden. Sichtbar werden sie erst, wenn sich aus Millionen Organismen Kolonien gebildet haben. Eine Arbeitsweise frei von Mikroorganismen ist in der Gastronomie nicht möglich. Hygienische, das heißt auf Einschränkung der Mikroorganismen bedachte Arbeitsweise muss das Ziel sein. Manchmal verderben Lebensmittel ohne wahrnehmbare Veränderungen; man darf sich also nicht ausschließlich auf seine Sinne verlassen, wenn der Verdacht des Verderbs besteht. Darin liegt die eigentliche Gefährlichkeit der Mikroorganismen.

1.1.1 Vermehrung der Mikroorganismen

Mikroorganismen vermehren sich unterschiedlich schnell. Es sind Arten bekannt, die eine Generationszeit von nur 15 Minuten haben. Dies setzt jedoch ideale Bedingungen wie genügend Nahrung, Wasser und gemäßigte Temperaturen voraus.
Um die Größe der Zahlen zu verdeutlichen, einige Angaben zu den üblichen Keimzahlen von Lebensmitteln: Je Quadratzentimeter Oberfläche haften etwa 100 bis 100 000 Keime an Kopfsalat (ungewaschen), frischen Erdbeeren und mehrere Tage gelagertem Fleisch. Je Gramm enthalten angemachtes Hackfleisch 100 000 bis 30 000 000, Leberwurst 500 000, hausgemachter Fleischsalat bis 300 000 und gemahlener Pfeffer 30 000 bis 1 000 000 Keime.

Wie viele Mikroorganismen eine Vergiftung hervorrufen können, ist abhängig von
- der Art (nur wenige Arten produzieren Gift),
- der Anzahl der Mikroorganismen bzw. der Menge des gebildeten Giftes,
- der Widerstandskraft der Person; Schwache und Kranke sind von Vergiftungen eher und schwerer betroffen.

Personal-, Betriebs- und Produkthygiene

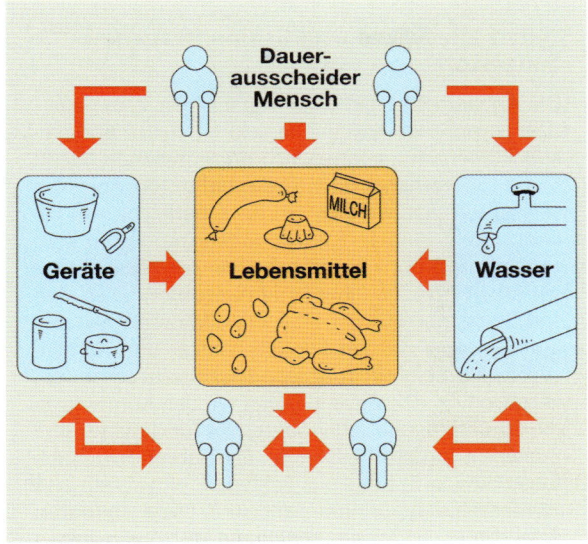

1. Übertragungswege von Salmonellen

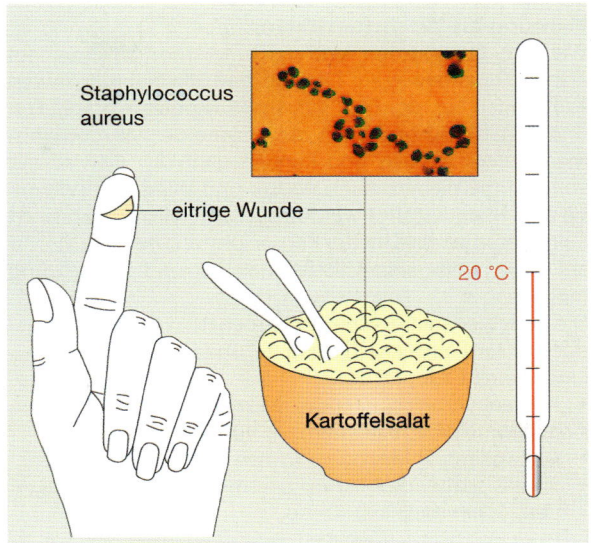

2. Übertragungsweg bei Staphylokokken

1.1.2 Arten und Übertragungswege von Mikroorganismen

Erdboden, Wasser und Luft sind die natürlichen Standorte der Mikroorganismen. Aber auch Mensch und Tier beherbergen in ihren Organen (Darm, Atmungswege) viele zum Teil gefährliche Keime. Die Hände werden von Gegenständen (Lebensmitteln, Türklinken, Geldscheinen usw.) infiziert. Wenn sie nicht gründlich gewaschen und desinfiziert werden, kommt es bei Berührungen von Nahrungsmitteln zu Übertragungen.

Bakterien kommen in sehr vielen Arten vor; sie vermehren sich durch Zellteilung. Gefährliche Bakterien-Gruppen sind Salmonellen, Staphylokokken, Fäulnisbakterien und Sporenbildner (Bazillen und Clostridien).

- **Salmonellen** kommen im Darm von Geflügel häufig vor. Beim Legevorgang (gemeinsamer Darm- und Legeausgang ist die sogenannte Kloake) werden die Eier an der Oberfläche mit Salmonellen infiziert. Beim unsachgemäßen Schlachten kann ebenfalls eine Übertragung von Salmonellen auf die Geflügeloberfläche vorkommen. Aus dem Darm von Dauerausscheidern (Personen, die Salmonellen ausscheiden, dabei aber keine Krankheitssymptome wie Schmerzen oder Durchfall zeigen) können bei unhygienischem Verhalten Salmonellen auf die Hände der Person gelangen.
- **Staphylokokken** halten sich im Nasen-Rachen-Raum von erkälteten Personen und in eiternden Wunden auf. Am sichersten ist es, Personen mit entsprechenden Merkmalen nicht im Lebensmittelbereich zu beschäftigen.
- **Fäulnisbakterien** sind überall anzutreffen. Deshalb ist der Kontakt kaum zu vermeiden.

- Besonders gefährlich sind die **Botulinus-Bakterien**, weil sie ein sehr starkes Gift bilden. Sie kommen in der Erde und damit im Staub vor. Ungünstige Lebensbedingungen (z. B. Hitze, Nahrungsmangel) überdauern sie als Sporen. Sporen enthalten alle lebensnotwendigen Bestandteile, sind aber unempfindlich und können bei günstigen Bedingungen wieder zur normalen Lebensform zurückkehren, sich vermehren und Gift bilden.

Hefen vermehren sich durch Sprossung (nach der Zellteilung bleiben die Zellen im Sprossverband; → 20, Bild 4, mittlerer Teil). Ihr Hauptstandort ist auf oder in zucker- oder stärkehaltigen Lebensmitteln. Wilde Hefen werden durch die Luft übertragen und verursachen unerwünschte Gärungen (→ 24, Bild 2).

Schimmelpilze sind sehr anspruchslos und wachsen auch auf trockenen Lebensmitteln, z. B. auf Brot. Ihre Pilzfäden bilden Sporen, die durch die Luft übertragen werden und auf geeigneten Nahrungsmitteln auskeimen. Das Pilzgeflecht breitet sich im Nahrungsmittel aus und bildet giftige Stoffe (Aflatoxine).

1.1.3 Wachstumsfaktoren von Mikroorganismen

Alle Lebewesen entwickeln sich nur bei bestimmten Lebensbedingungen. Sind sie günstig, vermehren sich die Mikroorganismen schnell, während sie bei Einschränkung einer oder mehrerer Faktoren Wachstum und Vermehrung vorübergehend einstellen oder absterben. Dies ist das Ziel der Lebensmittelhygiene und der Haltbarmachung von Nahrungsmitteln.

Nahrung als Wachstumsfaktor

Wie alle Organismen sind auch Mikroorganismen auf Nährstoffe angewiesen. Deshalb sind alle Nahrungsmittel Nährböden für sie. Die Nährstoffe (Kohlenhydrate, Fett und Eiweiß) müssen durch die Enzyme der Mikroorganismen zerlegt werden und können dann zur Gewinnung von Energie dienen. Auch Wasser und Wirkstoffe (Vitamine und Mineralstoffe) werden von den Mikroorganismen aufgenommen und in ihre Körpersubstanz eingebaut. Nur auf diese Weise sind Lebenserhaltung und Vermehrung möglich.

Die verschiedenen Mikroorganismenarten bevorzugen jedoch unterschiedliche Nährstoffe, sodass sich eine Einteilung in drei Gruppen ergibt:
- Kohlenhydrat spaltende Mikroorganismen (Hefen, Schimmelpilze, Bakterien)
- Fett spaltende Mikroorganismen (z. B. Schimmelpilze)
- Eiweiß spaltende Mikroorganismen (z. B. Fäulnisbakterien, Schimmelpilze)

Mit fortschreitender Vermehrung der Mikroorganismen werden die Lebensmittel durch die Wirkung der Enzyme so stark verändert, dass sie als verdorben anzusehen sind. Erkennbar wird der Verderb in den meisten Fällen durch Verfärbung, abweichenden Geruch, Fäulnis (z. B. schmierige Oberfläche bei Fleisch), Säuerung, Gasbildung und/oder Ranzigkeit der Fettbestandteile. Besonders gefährlich ist der Verderb von Nahrungsmitteln, der äußerlich nicht wahrnehmbar ist. Er wird hervorgerufen durch giftige Mikroorganismen wie Salmonellen oder solche, die ihr Gift in das Lebensmittel abgeben, z. B. Schimmelpilze, Fäulnis- oder Botulinus-Bakterien. In beiden Fällen kann es zu Lebensmittelvergiftungen kommen.

1. Teilen Sie die Mikroorganismen ein. Beschreiben Sie die Übertragungs- und Vermehrungsmöglichkeiten.
2. Woran kann man Lebensmittelverderb durch Mikroorganismen erkennen? Zählen Sie sechs Veränderungen auf.

Nicht alle Mikroorganismen brauchen Sauerstoff

Die Abhängigkeit der Mikroorganismen vom Sauerstoff ist unterschiedlich. Die Schimmelpilze und viele Bakterienarten können sich nur entwickeln, wenn Sauerstoff vorhanden ist. Diese **obligaten Aerobier** vermehren sich vor allem an der Oberfläche von Lebensmitteln. Andere Bakterienarten und Hefen können mit und ohne Sauerstoff aktiv sein. Man nennt sie **fakultative (wahlweise) Anaerobier**. Zum Beispiel **veratmen** Hefen bei Sauerstoffanwesenheit den Zucker, dabei werden Energie, Wasser und Kohlenstoffdioxid freigesetzt; ist kein Sauerstoff vorhanden, **vergären** sie den Zucker. Dabei werden Kohlenstoffdioxid und Alkohol oder Säuren frei und die für ihre Existenz erforderliche Energie. Die Sporen bildenden Clostridien, z. B. Botulinus-Bakterien, entwickeln und vermehren sich nur ohne Sauerstoff. Diese **obligaten Anaerobier** gedeihen nur in luftdicht verpackten Lebensmitteln oder im sauerstofffreien Inneren von Lebensmitteln.

Obligate Aerobier leben nur dort, wo es Sauerstoff gibt.  Wachsen nur auf oder in Lebensmitteln mit Sauerstoffzufuhr
- Bazillen
- Schimmelpilze

Fakultative Anaerobier leben auch in sauerstofffreier Umgebung. 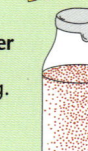 Wachsen nur auf oder in Lebensmitteln
- Hefen
- Milchsäurebakterien
- Fäulniserreger

Obligate Anaerobier leben nur in sauerstofffreier Umgebung.  Wachsen nur in Lebensmitteln **ohne** Sauerstoffzufuhr
- Clostridien

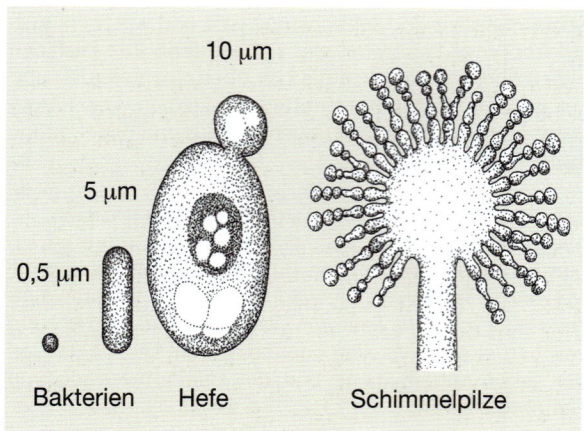

1. Mikroorganismen: Bakterien, Hefe, Schimmelpilz

Mikro-organismen	verursachen Gärung in	Art der Gattung	Wirkung
Backhefen	Hefeteig, Sauerteig, obergäriges Bier (Alt-, Malzbier)	alkoholische	+
Bierhefen	Hefeteig, Sauerteig, obergäriges Bier (Alt-, Malzbier)	alkoholische	+
Wein	Wein	alkoholische	+
Milchsäurebakterien	Rohwurst, Sauerkraut, Sauerteig, gesäuerte Milchprodukte (Joghurt, Quark)	Milchsäuregärung	+
wilde Hefen	Konfitüren, Gelee, Kompott, Fruchtsäfte	alkoholische	–
Essigsäurebakterien	Wein (offen)	Essigsäuregärung	+

2. Erwünschte (+) und unerwünschte (–) Gärungen

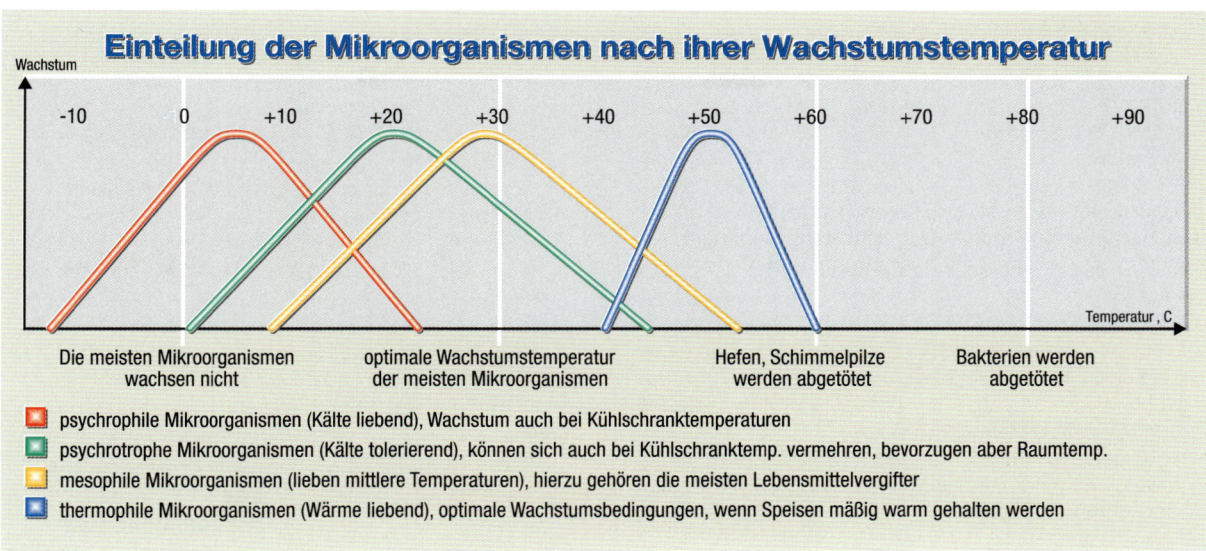

1. Einteilung der Mikroorganismen nach ihrer Wachstumstemperatur

Temperatur als Wachstumsfaktor

Die meisten Mikroorganismen vermehren sich zwischen 15 °C und 50 °C. Um die Vermehrung zu hemmen oder zu verhindern, werden Speisen gekühlt (5 °C bis 23 °C), tiefgekühlt (ca. 23 °C bis 220 °C) oder erhitzt (ca. 70 °C bis 100 °C). Temperaturen zwischen 70 °C und 6 °C sind beim Abkühlen möglichst schnell zu durchschreiten, damit die Mikroorganismen, die aus der Luft in die Speise gelangen, keine Zeit haben, sich zu vermehren. Bis 212 °C ist Mikroorganismenwachstum möglich. Durch den Gefrierprozess sterben die Mikroorganismen nicht ab.

Bei hohen Temperaturen werden Mikroorganismen abgetötet. Der Abtötungseffekt ist außerdem von der Einwirkungszeit abhängig: Beim Sterilisieren von Milch (110 °C) benötigt man bis zu 40 Minuten, beim Ultrahocherhitzen (142 °C) nur zwei Sekunden, um alle Mikroorganismen mit Sicherheit auszuschalten.

Wenn Mikroorganismen zur Verarbeitung von Nahrungsmitteln eingesetzt werden, muss man auf die Einhaltung ihrer optimalen Wachstumstemperatur achten. Beispiele: Hefeteig hält man bei 30 °C „auf Gare", Milch für die Joghurtbereitung bei 40 °C.

Osmotischer Druck als Wachstumsfaktor

Gelöste Stoffe haben das Bestreben nach Konzentrationsausgleich. Wenn in einer Mikroorganismenzelle wasseranziehende Stoffe, z. B. Salze und Zucker, in höherer Konzentration enthalten sind als in dem Lebensmittel, auf dem sie sich befindet, dann wird Wasser von dem Mikroorganismus aus dem Lebensmittel aufgenommen.

Dies ist möglich, weil die Zellwände nur für die sehr kleinen Wassermoleküle durchlässig sind. Die Salz- oder Zuckermoleküle gehen nicht durch die Zellenwände, weil sie durch das Wasser, das chemisch angelagert ist, zu groß sind. Der Ausgleichsvorgang erfolgt so lange, bis der Druck in der Zelle und außerhalb der Zelle gleich ist. Diesen Vorgang bezeichnet man als osmotischen Druck.

Bei stark gesalzenen oder gezuckerten Nahrungsmitteln müssen die Mikroorganismen ihr Zellwasser an das Lebensmittel abgeben, deshalb können sie sich nicht entwickeln und vermehren oder Gifte bilden. Sie sterben ab.

Wasser als Wachstumsfaktor

Zum Überleben und zur Vermehrung brauchen Mikroorganismen Wasser. Sie können es den Lebensmitteln entziehen bzw. Wasser, das sich darauf niederschlägt, aufnehmen. In stark gesalzenen oder gezuckerten Nahrungsmitteln liegt das meiste Wasser in immobilisierter (gebundener) Form vor und kann von den Mikroorganismen nicht genutzt werden (→ 26, Bild 1).

Der a_w-Wert (Wasseraktivität) gibt an, wie viel freies, nicht an andere Stoffe (wie Salze, Zuckerstoffe, Eiweiße usw.) gebundenes Wasser im Lebensmittel enthalten ist. Dieses Wasser nutzen die Mikroorganismen. Deshalb ist der a_w-Wert eine entscheidende Größe, wenn es um die Haltbarkeit von Nahrungsmitteln geht. Für viele Mikroorganismen sind die aw-Grenzwerte bekannt, unter denen sie sich nicht mehr vermehren bzw. keine Gifte mehr bilden. Durch eine einfache Messung lässt sich der a_w-Wert ermitteln. Daraus kann auf die Mindesthaltbarkeit eines Nahrungsmittels, beispielsweise einer Wurst, geschlossen werden. Der a_w-Wert eines Lebensmittels kann u. a. durch Salzen, Zuckern oder Trocknen verringert werden.

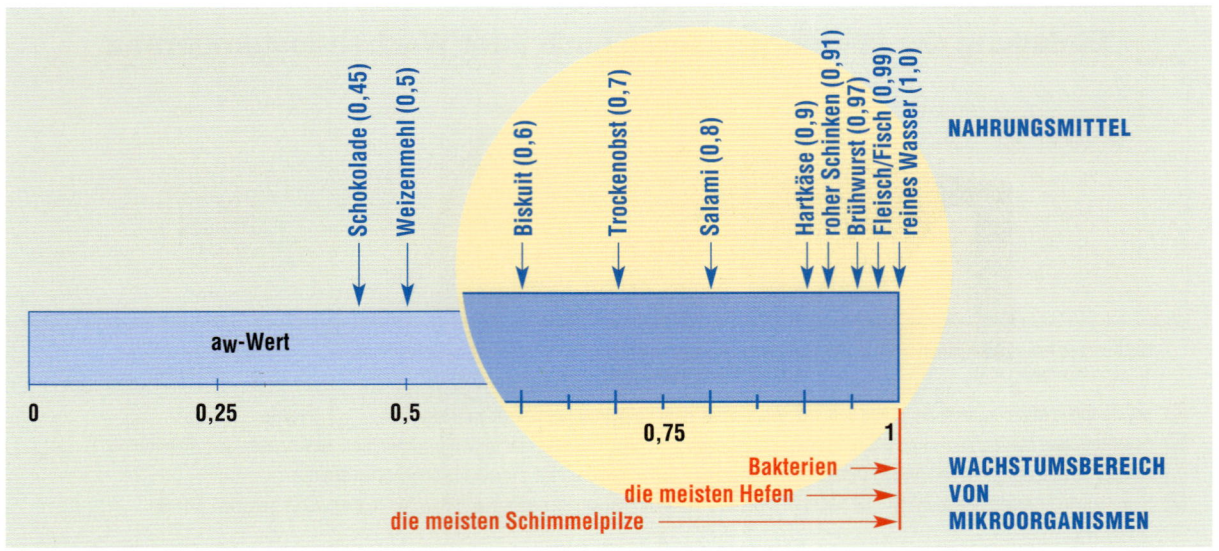

1. a_w-Wert-Skala

Die **relative Luftfeuchtigkeit** kann höchstens 100 % betragen, weil dann die Luft kein Wasser mehr aufnehmen kann. Wird mit Wasser gesättigte Luft abgekühlt, kondensiert Wasser an den kältesten Stellen des Raumes, weil kalte Luft weniger Feuchtigkeit aufnehmen kann als wärmere. Beispiel: Wenn warmer, feuchter Atem auf eine kalte Glasscheibe trifft, beschlägt sie (Wassertropfen bilden sich auf der Scheibe). Das kondensierte Wasser nutzen die Mikroorganismen:
- In den Ecken an der Küchendecke kann sich ein Schimmelbelag bilden, weil die warme und feuchte Küchenluft dort an der kälteste Stelle in der Küche kondensiert und dem Schimmel genügend Wasser liefert.
- Fleischstücke im Kühlschrank werden schmierig, weil immer wieder warme und feuchte Küchenluft beim Öffnen der Tür eindringt, auf dem Fleisch kondensiert und die Fäulnisbakterien mit Wasser versorgt.

Milieu (pH-Wert) als Wachstumsfaktor

Die Mikroorganismenarten bevorzugen einen bestimmten pH-Wert (Bild 2). Der pH-Wert ist ein Maß für den Säuregehalt einer Lösung. Man unterscheidet saures, neutrales und alkalisches Milieu.
Beim neutralen Milieu von pH 7 sind fast alle Mikroorganismen aktiv. Unter pH 3 (stark sauer) und über pH 8,5 (stark alkalisch) ist das Milieu so lebensfeindlich, dass sie nicht existieren können. Bei der Milch- und der Essigsäuregärung erzeugen die Bakterien so viel Säure, bis sie durch diese Säure absterben. Beispiele dafür sind Sauerkraut und Essig.

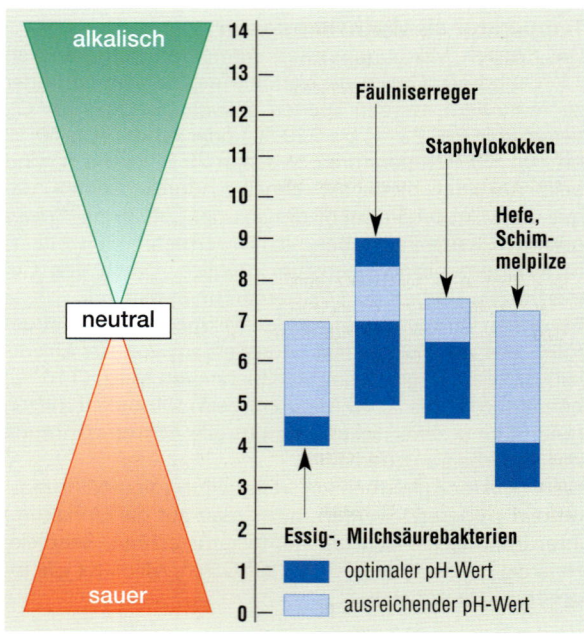

2. pH-Wert-Skala mit Wachstumsbereichen von Mikroben

1. Erläutern Sie den Zusammenhang zwischen Temperatur und Wachstum von Mikroorganismen.
2. Geben Sie drei Gründe an, warum man die Kühlhaustür nur so kurz wie möglich öffnen soll.
3. Warum können Mikroorganismen stark gesäuerte Nahrungsmittel nicht verderben?

Personal-, Betriebs- und Produkthygiene

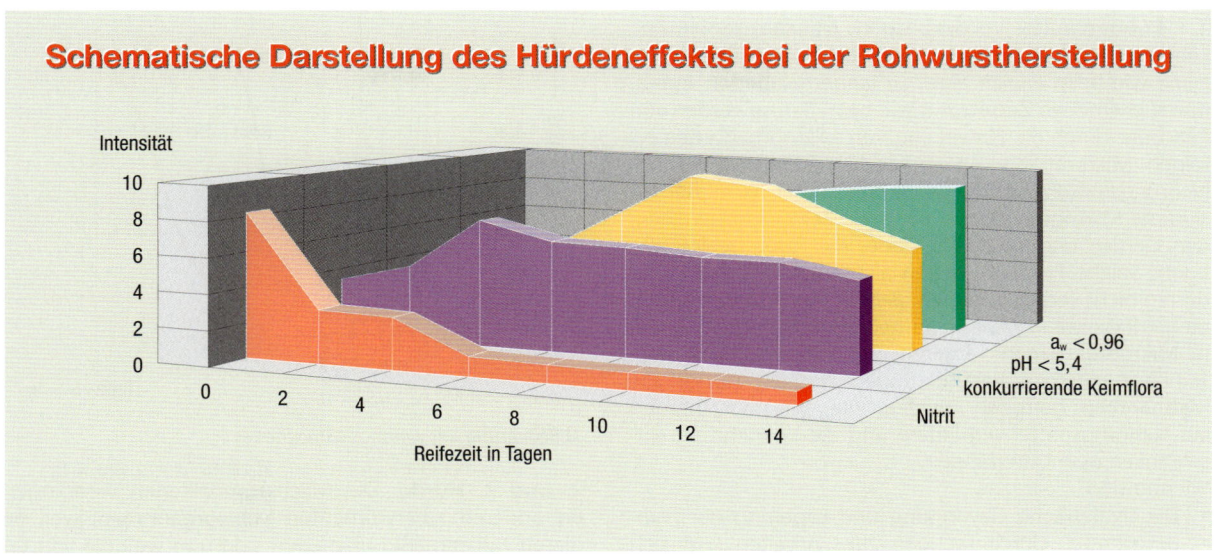

1. Schematische Darstellung des Hürdeneffekts bei der Rohwurstherstellung (Erläuterungen siehe Text Seite 28)

	Staphylokokken	Salmonellen	Schimmelpilze	Fäulnisbakterien	Botulinusbakterien
Vorkommen	Nasen-Rachen-Raum, eiternde-Wunden	im Darm von Mensch und Tier, in und auf Lebensmitteln, in verschmutztem Wasser	in und auf Lebensmitteln, an feuchten Wänden und Decken	überall	Boden, Staub, verschmutztes Wasser
Übertragung	Husten, Niesen, Spucken, Anfassen	Anfassen mit ungewaschener Hand, Kontakt mit Tieren	als Sporen in Luft, Staub, an Geräten	Lebensmittelkontakt mit Luft, Händen, Erde, Geräten	staubige Luft, verschmutzte Lebensmittel und Wasser
Verminderung einer Übertragung	kein Einsatz betroffener Personen im Lebensmittelbereich, dichter Verband	Dauerausscheider isolieren und behandeln, keine Tiere im Lebensmittelbereich, nur Trinkwasser verwenden	Betriebs-, Personal- und Produkthygiene (BPP-Hygiene)	Betriebs-, Personal-, und Produkthygiene (BPP-Hygiene)	BPP-Hygiene, Konserven kühl lagern, Vorsicht bei Selbsteingemachtem
Stark gefährdete Lebensmittel	Cremes, Tortenfüllungen, Käse, Fleisch-, Kartoffelsalate	Cremes, Speiseeis, Milch, Eier, Eiprodukte, Fleisch-, Wurstwaren	Brot, Weizenmehl, Teigwaren, Erdnüsse	Hackfleisch, Fischkonserven, Kartoffelsalat	Fleisch-, Wurst-, Gemüse-, Fischkonserven, Schinken, folienverpackte Fleisch-, Wurst- und Fischwaren
Wachstumsbedingungen	6 °C–50 °C; pH < 4,5; a_w < 0,86; Sauerstoff	6 °C–50 °C; pH < 5; a_w < 0,95; Sauerstoff	10 °C–50 °C; pH 3–6; a_w < 0,95; Sauerstoff	6 °C–50 °C; pH < 5; a_w < 0,89; mit und ohne Sauerstoff	6 °C–55 °C; pH < 4,5; a_w < 0,93: ohne Sauerstoff
Abtötung	70 °C–120 °C für 15–20 Minuten	80 °C für 3 Minuten	80 °C für 3 Minuten	80 °C für 3 Minuten	Sporen: 100 °C mehrere Stunden; 120 °C für 20 Minuten
Mögliche Erkrankungen	Übelkeit, Erbrechen Durchfall, Kräfteverfall und Kollapsneigung nach 1–6 Std.	Fieber, Erbrechen, Kopfschmerzen, Durchfall nach 6–10 Std.	Leberentzündung (Hepatitis), Leberkrebs	Erbrechen, Fieber, Durchfall, Leibschmerzen nach 6–36 Std.	Nervengift, Muskellähmungen nach 12–36 Std. bis zu 6 Tagen

2. Eigenschaften von Mikroorganismen im Überblick

1.1.4 Lebensmittelverderb durch Mikroorganismen

Lebensmittelverderb kann durch lebensmitteleigene Enzyme wie beim Faulen eines zu lange gelagerten Apfels, durch chemische Zersetzung wie beim Ranzigwerden von Fett oder durch die Einwirkung von Mikroorganismen erfolgen. Mikroorganismen verursachen 60 % bis 90 % des Nahrungsmittelverderbs. Verderbniserreger harmloser Art sind die Mikroben, die nur die Konsistenz, das Aussehen, den Geruch und Geschmack oder die Farbe beeinträchtigen. Solche Produkte gelten als genussuntauglich und dürfen nicht verkauft werden. *Beispiel:* Angesäuerte Milch, die gerinnt, wenn man sie in heißen Kaffee gießt. Andere Mikroorganismen vergiften die Nahrungsmittel zum Teil ohne merkbare Veränderungen. Deshalb müssen alle Maßnahmen getroffen werden, die eine Übertragung auf Nahrungsmittel verhindern und die Vermehrung einschränken oder unterbinden.
Wichtig sind:
- Die hygienische Gewinnung und Lagerung der Nahrungsmittel; durch sachgerechtes Arbeiten lässt sich der Anfangskeimgehalt niedrig halten. (Bild 1)
- Verhinderung der Lebensmittelkontamination (Befall durch Mikroorganismen) durch Verpacken, Abdecken.
- Die Herstellung ungünstiger Lebensverhältnisse durch Konservierungsmaßnahmen wie Kühlen, Tiefkühlen, Salzen, Trocknen, Säuern usw.

Es ist möglich, viele Lebensbedingungen der Mikroorganismen zu verschlechtern, ohne das Nahrungsmittel in seinem Charakter stark zu verändern und die Qualität zu reduzieren. *Beispiel:* Frisches Fleisch **vakuumieren** – dabei wird eine sauerstoffarme Umgebung erzeugt – **und kühlen unter 6 °C**, um die Temperatur unter einen Wert abzusenken, bei dem die meisten Mikroorganismen sich nicht mehr vermehren. Durch die Kombination verschiedener Maßnahmen bleibt der Frischecharakter des Fleisches erhalten, weil jede Maßnahme eine Hürde für die Vermehrung darstellt und das Nahrungsmittel nicht einseitig behandelt und dadurch stark verändert wird. Dies nennt man das **Hürdenprinzip** der Konservierung.

Dieses Prinzip wird bei der Herstellung von lange haltbaren Nahrungsmitteln genutzt.
Beispiel: Das Fleisch für Salami (Rohwurst) wird mit Nitrit-Pökelsalz gesalzen und dann zerkleinert. Spezielle Milchsäurebakterien werden zugegeben. Die Wurstmasse wird in Hüllen abgefüllt und bei günstiger Temperatur gereift bzw. getrocknet.

Der Hürdeneffekt (→ 27) ist, vereinfacht ausgedrückt, folgender:
1. Hürde: Das starke Bakteriengift Nitrit schützt in den ersten drei Tagen der Reifezeit die Wurstmasse vor dem Verderb; die Nitritmenge sinkt, da das Nitrit zum Teil in Bruchstücke zerfällt.

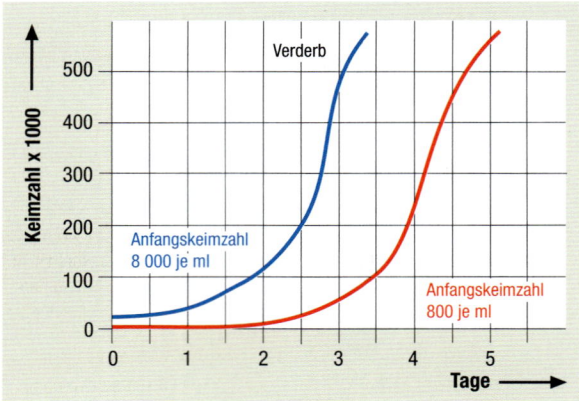

1. Bedeutung des Anfangskeimgehaltes

2. und 3. Hürde: Die Milchsäurebakterien verdrängen die anderen, unerwünschten Mikroorganismen, weil sie diesen zahlenmäßig überlegen sind und weil die von ihnen bevorzugten Lebensbedingungen geschaffen werden (Temperatur, a_w-Wert usw.). Außerdem senkt die von ihnen produzierte Säure den pH-Wert so stark, dass andere Mikroorganismen absterben.
4. Hürde: Durch das Trocknen sinkt der a_w-Wert während der Reifezeit unter einen Wert, bei dem ein Verderb durch die infrage kommenden Mikroorganismen ausgeschlossen ist (der gesunkene a_w-Wert ist als höhere Hürde für die Mikroorganismenvermehrung in Bild 1, → 27 dargestellt).

Erkrankungen und gesetzliche Bestimmungen

Eine Übersicht über die häufigsten Erkrankungen, die durch Mikroorganismen hervorgerufen werden, ist unten (→ 27, Bild 2) aufgelistet. Wie hoch die Anzahl der Erreger sein muss, damit eine Krankheit ausbricht, ist je nach Mikroorganismenart und -stamm sehr unterschiedlich. Außerdem ist die Disposition des Menschen, z. B. die gesundheitliche Verfassung, wichtig. Manchmal genügen schon wenige Keime pro Gramm einer Speise.
Durch Gesetze und Verordnungen wird versucht, die Entstehung und Ausbreitung von Krankheiten zu verhindern. Vorbeugende Untersuchungen, Einschränkung der Verwendung von rohen Eiern für manche Speisen, eine Aufbewahrungspflicht von Speiseproben und eine Meldepflicht bei Verdacht, Krankheit oder Tod sind Beispiele.
Die Einhaltung dieser Vorschriften und der Hygieneregeln wird von den Behörden überwacht. Verstöße können zur Betriebsschließung führen.

1. Wie kann Lebensmittelverderb erfolgen? Geben Sie drei Möglichkeiten an.
2. Nennen Sie drei Maßnahmen, die den Lebensmittelverderb verzögern.
3. Welche Faktoren sind für die lange Haltbarkeit von Salami ausschlaggebend?

Kleinlebewesen	Schädigungen	Bekämpfungsmöglichkeiten
Nager Mäuse, Ratten	Lebensmittelverderb durch Fraßschäden und Verunreinigungen (Kot); Übertragung von Krankheiten und Mikroorganismen; Zerstörung von Isolierungen und elektrischen Leitungen	Fallen; Giftköder; Berührungsgifte; Luftschallgeräte von hoher Intensität (unerträglicher und schmerzhafter Hochfrequenzton) auch kombiniert mit Körperschallgerät (unerträgliche Resonanzschwingungen über feste Körper in Hohlräume)
Schaben Deutsche, amerikanische und orientalische Schabe; Möbel- oder Braunbandschabe	Übertragung von Tuberkulose, Milzbrand, Wurmkrankheiten, Ruhr usw. und allergieauslösenden Stoffen; Verunreinigungen durch Ausscheidungen und verweste Tiere	Chemische Giftstoffe als Staub, Spray, Spritzpulver und Emulsion in Wasser aufgelöst und verspritzt; Lockstoffe kombiniert mit tödlichen elektrischen Lichtbögen; Schallgeräte
Andere Insekten Ameisen, Termiten, Fliegen, Wespen, Schnaken, Motten, Flöhe, Wanzen, Heimchen, Silberfischchen, Mücken, Käfer, Milben, Läuse	Übertragung von Fäulnis- und Krankheitserregern; Verderb durch Maden, die aus den in Lebensmitteln abgelegten Eiern schlüpfen	Fliegengitter; Köderdose; Plättchen, Strip; Spray; Streu-, Gieß- und Spritzmittel; UV-Lichtfallen; Luft- und Körperschallgeräte; Nebelautomaten

1. Verderb durch Kleinlebewesen

1.2 Kleinlebewesen: Schädigungen und Gegenmaßnahmen

Kleinlebewesen stellen, im Gegensatz zu den Mikroorganismen, eine sichtbare Gefahr dar. Der Befall wird erkennbar an Fraßschäden (Nager), verendeten Tieren (Schaben) oder fliegenden bzw. krabbelnden Insekten. Jeder Befall muss nach der Hygieneverordnung sofort bekämpft werden. Neben dem materiellen Schaden und dem Gesundheitsrisiko gilt:
- Kleinlebewesen sind für die meisten Menschen ekelerregend. Deshalb schädigt jedes Auftreten das Image des Betriebs. Alle Betriebsangehörigen sind zu verpflichten, jeden Schädlingsbefall sofort zu melden.
- Lebensmittel, die mit Kleinlebewesen in Kontakt kommen, sind ekelerregend und gelten als verdorben.

Die direkten Bekämpfungsmaßnahmen kann man nach ihrer Wirkungsweise einteilen:
- Mechanische Vorrichtungen wie Fliegengitter, Strips (Klebestreifen zum Aufhängen), Fallen usw.
- Chemische Stoffe wie Lockstoffe und Gifte (in Sprays, Stäuben, Spritzmitteln, Ködern).
- Elektrisch verursachte Anlockung und Tötung durch UV-Licht und elektrische Lichtbögen.
- Akustische Vertreibungsmittel mit Hochfrequenztönen, die von Menschen und Haustieren nicht wahrgenommen werden, aber Schädlingen Schmerzen verursachen.
- Resonanz-Schwingungen auslösende Körperschallgeräte, die Gebäudeteile in Schwingungen bestimmter Stärke versetzen und dadurch Schädlinge vertreiben. Sie wirken auch da, wo kein Luftschall hinkommt, und sind für Menschen und Haustiere nicht wahrnehmbar.

Chemische Mittel können bei falscher Anwendung auf Lebensmittel übergehen. Deshalb sind die Gebrauchshinweise der Hersteller genau zu beachten. Im Zweifelsfall ist ein anerkannter Schädlingsbekämpfer einzuschalten.
Durch bautechnische Maßnahmen wie geflieste Böden und Wände sowie Abdichtung auch der kleinsten Ritzen versucht man, Kleinlebewesen keinen Lebensraum zu bieten. Fliegengitter sind an allen Fenstern vorgeschrieben, die sich ins Freie öffnen lassen. Weil Insekten mit Warenlieferungen eingeschleppt werden, sollte man deren Verpackungen möglichst außerhalb der Lager- und Produktionsräume entfernen.
Abfälle und Lebensmittelreste sind eine ideale Umgebung für Kleinlebewesen. Deshalb müssen sie in geeigneten, mit Deckel verschließbaren Behältern gesammelt und mindestens täglich entsorgt werden. Die Behälter sind nach dem Leeren zu reinigen und zu desinfizieren.
Schmutz auf Tischen und an Geräten, Maschinen und Geschirr bietet den Kleinlebewesen Nahrung; er muss spätestens bei Betriebsschluss vollständig entfernt werden.
Abflüsse im Fußboden müssen nach Betriebsschluss gereinigt und mit Desinfektionslösung aufgefüllt werden.

1. Erklären Sie den Unterschied zwischen Kleinlebewesen und Mikroorganismen.
2. Nennen Sie vorbeugende Maßnahmen gegen Schädigungen durch Kleinlebewesen.
3. Wie kann man Schaben wirksam bekämpfen?

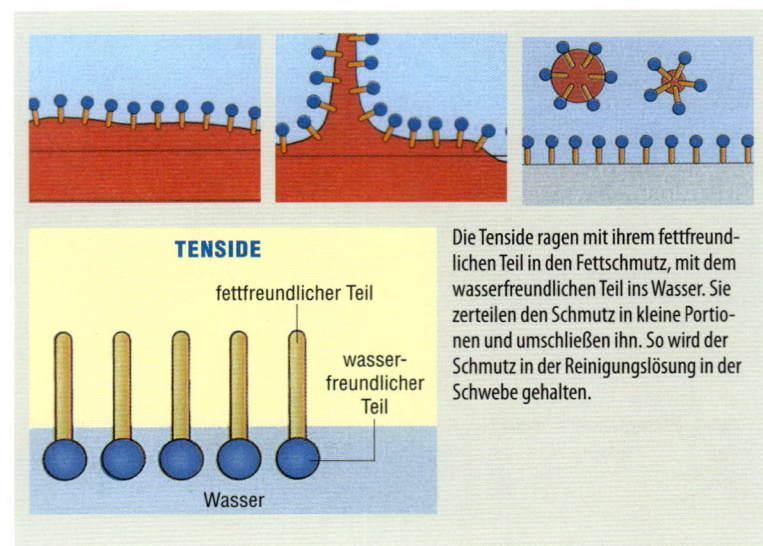

1. Tenside verringern die Oberflächenspannung des Wassers
2. Tenside tragen den Schmutz ab

1.3 Hygiene durch Reinigen und Desinfizieren

In der Gastronomie gibt es kaum Reinigungsverfahren, bei denen man ohne Wasser auskommt. Auch das Wasser zum Reinigen muss Trinkwasserqualität besitzen. Aufgrund seines chemischen Aufbaus kann Wasser Schmutz aufquellen lassen, lösen und wegspülen.

Temperatur: Sehr eiweißhaltiger Schmutz gerinnt ab etwa 60 °C und klebt dann an den Oberflächen. Deshalb werden z. B. Gegenstände mit angetrockneten Blut- oder Teigresten kalt eingeweicht und abgespült, bevor die Hauptreinigung mit heißer Reinigungslösung durchgeführt wird. Fetthaltiger Schmutz löst sich in heißer Reinigungslösung am besten. Temperaturen über 60 °C beim Spülen oder Waschen töten auch manche Keime ab.

Reinigungsmittel: Seifenartige Stoffe (Fachausdruck: Tenside) setzen die Grenzflächenspannung des Wassers herab (Bild 1). Entspanntes Wasser kann den Schmutz besser benetzen und ablösen, weil es sich leichter zwischen die zu reinigende Oberfläche und den Schmutz schieben kann. Tenside sind auch in der Lage, Fetttröpfchen und Schmutz einzuschließen und in der Reinigungslösung in Schwebe zu halten. Fett würde sonst auf der Wasseroberfläche eine Schicht bilden (Bild 2). Diese Eigenschaft der Tenside kann die Umweltverträglichkeit herabsetzen; deshalb nur so viel Reinigungsmittel wie unbedingt nötig verwenden und umweltschonende, schnell abbaubare Mittel einsetzen.

Mechanik: Um hartnäckig haftenden Schmutz zu entfernen, ist es notwendig, durch Wischen, Kratzen, Bürsten oder Scheuern oder durch Spritzen mit einem starken Wasserstrahl mechanisch auf ihn einzuwirken.

Einwirkungszeit: Je länger Wasser bzw. Reinigungslösung auf den Schmutz einwirken kann, desto leichter löst er sich. In vielen Fällen könnten die Menge des Reinigungsmittels und der mechanische Aufwand verringert werden, wenn die Einwirkungzeit verlängert würde.

Desinfektionsmittel: In vielen Reinigungsmitteln sind zusätzlich Desinfektionsmittel enthalten, die Mikroorganismen auf chemischem Weg abtöten. Wird ein spezielles Desinfektionsmittel verwendet, sind die Hinweise des Herstellers zu beachten. Vor dem Desinfizieren sind die Oberflächen gründlich zu reinigen, sonst wird die Desinfektionswirkung beeinträchtigt.

Desinfiziert werden sollten:
- Sanitärbereiche.
- Hände vor Arbeitsbeginn, nach starker Verschmutzung und nach jeder Toilettenbenutzung.
- Geschirrspülmaschinen, Fußbodenabläufe und Reinigungsgeräte nach Betriebsschluss.

1. Warum soll eine Schüssel mit Teigresten mit kaltem Wasser vorgespült werden?
2. Nennen Sie die Ziele beim Einsatz von Reinigungs- und Desinfektionsmitteln.
3. Nennen Sie zwei Gründe, warum der Verbrauch von Reinigungsmitteln reduziert werden sollte.
4. Welche Vorteile hat die Herabsetzung der Oberflächenspannung des Wassers durch Tenside für die Reinigungswirkung?

Personal-, Betriebs- und Produkthygiene

1. Lagerraum einer Hotelküche

Wissen Sie Bescheid?

1. Erläutern Sie den Begriff Hygiene. Begründen Sie, weshalb die Hygiene in der Gastronomie besonders wichtig ist.
2. Warum sind Mikroorganismen aus den Küchen nicht vollständig auszuschließen?
3. Worin liegt die Gefährlichkeit von Mikroorganismen?
4. Mit welchen Maßnahmen kann man das Wachstum von Mikroorganismen hemmen?
5. Bei welchen Nahrungsmitteln werden Mikroorganismen zur Produktion benötigt?
6. Nennen Sie zwei Gärungsvorgänge, jeweils die Ausgangs- und Endprodukte und die beteiligten Mikroorganismen.
7. Welche Wirkungen können durch Gifte von Mikroorganismen beim Menschen verursacht werden?
8. Wie sollte man die Faktoren Temperatur, Reinigungsmittel, Mechanik und Einwirkungszeit im Interesse der Umwelt kombinieren?

Reinigung und Pflege für die Gastronomie
Hygiene-Plan

Bereich: Küche			Betrieb:		Zeitraum:	
zu reinigender Gegenstand	Reinigungs-/ Desinfektionsmittel	Dosierung/ Einwirkzeit	Maßnahmen	Häufigkeit Mo/Di/Mi/Do/Fr/Sa/So	Verantwortlich	Kontrolle/ Datum
Arbeitsflächen, Türklinken, Schränke	Küchen-Rein	gebrauchsfertig	aufsprühen, gründl. nachwaschen	täglich	Reinigungs-/ Küchen-Personal	
	Sprüh-Desinfektion	gebrauchsfert. 2 Min.	aufsprühen, gründl. nachwaschen	täglich, nach Bedarf		
	Kalk-Entferner	gebrauchsfertig	aufsprühen, mit klarem Wasser nachspülen	täglich, nach Bedarf		
Anlagen, z. B. Herd, Kessel	Fett-Löser	gebrauchsfertig	kl. Flächen aufsprühen, abwaschen	täglich	Reinigungs-/ Küchen-Personal	
		100 ml/10 l Wasser	nass wischen	täglich		
Fritteusen	Fritteusen-Rein	2 x 130 ml für 30 l Wasser, 20 Min.	aufheizen, einwirken lassen, gut ausspülen	1 x wöchentlich oder nach Bedarf	Küchen-Personal	
Sahne- und Eismaschinen	Sahne- und Eismaschinen-Reiniger	15 ml/1 l Wasser	mit heißem Wasser mischen, Maschine durchspülen, nachspülen	jeweils nach Gebrauch		
Sonstige Geräte und Maschinen, z. B. Waagen, Aufschnittmaschinen, Transportwagen, Mikrowelle	Küchen-Rein	gebrauchsfertig	aufsprühen, mit klarem Wasser nachwaschen	täglich	Küchen-Personal	
	Fett-Löser	100 ml/10 l Wasser	abwaschen	täglich	Küchen-Personal	
Back-/Bratöfen, Kombigarer, Konvektomat	Fett-Löser	100 ml/10 l Wasser	abwaschen	täglich	Küchen-Personal	
	Bratkrusten-Entferner	mit Spezial-Sprühset gebrauchsfertig	kalt aufsprühen, nachwischen Wasser nachspülen	1 x wöchentlich	Küchen-Personal	
	Kalk-Entferner	gebrauchsfertig	aufsprühen, mit klarem	täglich, nach Bedarf	Küchen-Personal	
Grill	Grill-Rein	gebrauchsfertig 10–15 Minuten	kalt aufpinseln, abwaschen	täglich, nach Küchenschluss	Küchen-Personal	
Dunstabzüge	Fett-Löser	gebrauchsfertig	aufsprühen, abwaschen	täglich, nach Küchenschluss	Küchen-Personal	
	Edelstahl-Rein	gebrauchsfertig	aufsprühen, nachwischen	täglich, nach Küchenschluss		
Kühlschrank/-truhe Kühlräume/Lagerräume	Desinfektions-Reiniger	80 ml/8 l Wasser	nass wischen, gründl. nachwaschen	1 x wöchentlich	Reinigungs-Pers.	
Abfallbehälter	Desinfektions-Reiniger	80 ml/8 l Wasser	nass wischen, gründl. nachwaschen	1 x wöchentlich	Reinigungs-Pers.	
Fußboden	Desinfektions-Reiniger	80 ml/8 l Wasser	nass wischen, gründl. nachwaschen	1 x wöchentlich	Reinigungs-Pers.	
	Fett-Löser	100 ml/10 l Wasser	abwaschen	täglich	Reinigungs-Pers.	

2. Reinigungs- und Desinfektionsplan

2 Umweltschutz

2.1 Aspekte des Umweltschutzes

Luft, Boden und Wasser gehören zu den Umweltfaktoren, auf die der Mensch nicht verzichten kann. Lärm ist ein Abfallprodukt der Zivilisation. Dauernde hohe Lärmbelastung führt zu Schwerhörigkeit.

Luft: Die Luftverschmutzung ist in erster Linie eine Folge der zu viel und nicht effektiv eingesetzten Energie für Strom und Heizung, Verkehr und Industrie. Die Reinigung der Abgase reicht noch nicht aus, um Mensch und Umwelt vor Schwefel- und Kohlenstoffdioxiden, Stickoxiden und vielen anderen luftverschmutzenden Schadstoffen zu schützen. Die Atemluft ist in manchen Gegenden so stark belastet, dass vermehrt Atemwegserkrankungen festzustellen sind. Außerdem treten Schäden an Gebäuden auf; eine Beeinträchtigung des Klimas ist zu befürchten.

Boden: Durch Niederschläge gelangen die Schadstoffe in den Boden und dessen Versauerung führt zum Baumsterben. Cadmium, ein Schwermetall, gelangt über Klärschlamm und Dünger in den Boden und wird über die Wurzel von der Pflanze aufgenommen. Durch zunehmende Bebauung geht viel unversiegelte Bodenfläche verloren, dadurch steigt die Hochwassergefahr.

Wasser: Die Sorge um das Wasser als Lebensgrundlage bezieht sich auf dessen Qualität (Reinheit) und Quantität (Menge, die ohne Bedenken genutzt werden kann). Industrie, Gewerbe, Landwirtschaft und die Haushalte sind Hauptverursacher der Wasserverschmutzung. Ein Beispiel für die umweltbelastende Form der Landwirtschaft ist die Massentierhaltung, bei der die großen Mengen Nitrat aus den Tierausscheidungen das Grundwasser gefährden können. Mit großem Aufwand versucht man, in modernen Kläranlagen die Verschmutzungen so weit zu reduzieren, dass die Flüsse, Seen und Meere ihre Selbstreinigungskraft bewahren können. Ein Problem ist die Erwärmung der Gewässer, weil dadurch das Vermögen des Wassers, Sauerstoff zu binden, sinkt und manche Wasserbewohner verenden. Weitere Gefahren drohen durch giftige Stoffe, die aus Mülldeponien oder -verbrennungsanlagen ins Wasser gelangen. Abhilfe können auf lange Sicht nur eine drastische Müllvermeidung und eine Sanierung der Altanlagen schaffen.

Lärm: Schwerhörigkeit bzw. Taubheit sind die häufigsten Berufskrankheiten in Deutschland. Lärm wirkt auf das zentrale Nervensystem ein und kann Beschwerden wie Kopfschmerzen, Herzklopfen, Blutdruckerhöhung, Konzentrationsschwäche und Nervosität auslösen. Ein beträchtlicher Teil des Lärms könnte durch technische Maßnahmen wie bessere Isolierung von Motoren, schallschluckende Boden-, Decken- und Wandbeläge und vor allem durch rücksichtsvolles Verhalten eingedämmt werden. Bei besonders starker Lärmbelastung sollten z. B. Gehörschutzstöpsel getragen werden.

1. Weshalb gewinnt der Umweltschutz immer mehr an Bedeutung?
2. Wie kann Lärm in einem gastgewerblichen Betrieb eingedämmt werden?
3. Welche Beschwerden können durch Lärm verursacht werden?

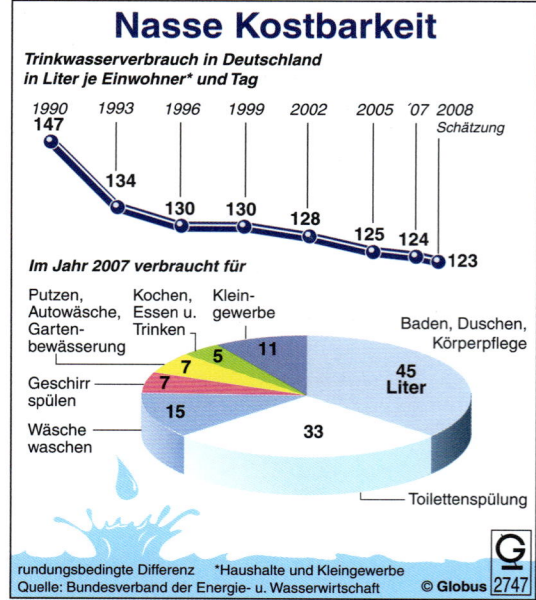

1. Trinkwasserverbrauch

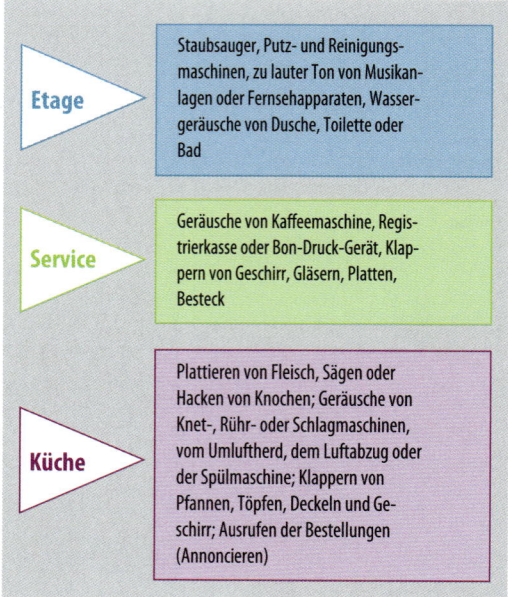

2. Lärm in gastronomischen Bereichen

Umweltschutz

1. Abfälle in Deutschland

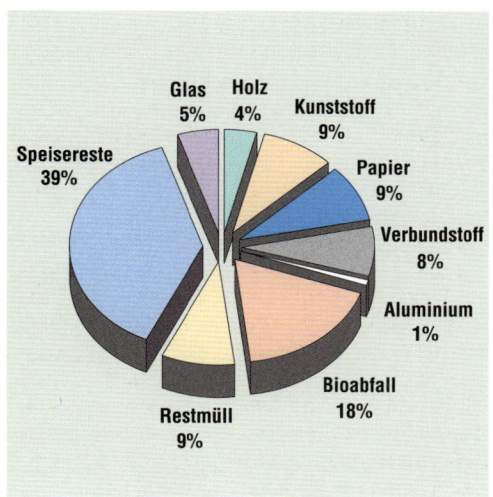

2. Wertstoff-Analyse in gewerblichen Küchen

2.2 Maßnahmen zum Umweltschutz

Jedes Produkt belastet die Umwelt, einerseits durch Rohstoffverbrauch, andererseits durch Energieverbrauch, Wasser- und Luftverschmutzung bei der Produktion, beim Transport und bei der Beseitigung.
Der blaue Umweltschutzengel kennzeichnet Produkte mit vergleichsweise geringen Auswirkungen auf die Umwelt und kann bei der Kaufentscheidung hilfreich sein.
Bezogen auf die Gastronomie kann man folgende Entscheidungen zur Verringerung der Umweltbelastungen treffen:

- Auf Einweg-Geschirr und Einmal-Backformen verzichten.
- Nicht mehr benötigte Behältnisse anderen Zwecken zuführen.
- Phosphat- und sulfatfreie Waschmittel verwenden.
- Spül-, Wasch-, Putz- und Desinfektionsmittel sparsam dosieren.
- Abflussreiniger und Backofenreiniger nicht verwenden.
- Keine Zigarettenkippen in die Toilette werfen (eine Kippe verseucht 50 l Wasser mit Nikotin).
- Lärmgedämpfte Rasenmäher und Staubsauger einsetzen.
- Auf Aluminium-Folie verzichten oder die Folie mehrfach verwenden und dem Recycling zuführen.
- Lebensmittelreste dürfen nicht für Tierfutter verwendet werden. Spezialfirmen stellen daraus Biogas her oder gewinnen durch Verbrennen Energie.
- Rohe pflanzliche Abfälle kompostieren.
- Im Winter anstelle von Salz Split streuen.
- Problem-Müll gesondert erfassen und sachgerecht entsorgen oder recyceln, z. B. Arzneimittel, Batterien, Büroabfälle wie Toner- und Kopiererrückstände (auch leere Kartuschen), Klebstoffe, Kosmetika, Kühlgeräte, Leuchtstoffröhren, Schädlingsbekämpfungsmittel, Spraydosen, Styropor.
- Sparsamer mit Wasser umgehen: Tropfende Wasserhähne oder undichte Toilettenspülungen reparieren; Wasser sparende Toilettenspülkästen nutzen; duschen statt baden; Durchflussbegrenzer bei Wasserhähnen und Duschen einbauen; Wasch- und Spülmaschinen nur ganz gefüllt benutzen; Regenwasser für die Gartenbewässerung sammeln.
- Mit Energie sparsam umgehen: Energiesparlampen einsetzen; Licht oder elektrische Geräte nicht unnötig anschalten; Fernsehgeräte ganz ausschalten (Standby-Schaltung nur für kurze Fernsehpausen nutzen); Räume nicht überheizen und nachts die Temperatur absenken; bei Spül- und Waschmaschinen Energiesparprogramme benutzen und, wenn möglich, mit 60 °C anstatt mit 90 °C waschen.
- Reparaturfreundliche, energiesparende und langlebige Geräte und Maschinen kaufen.
- Geräte mit Solarbetrieb einsetzen oder wiederaufladbare Batterien verwenden.
- Lösungsmittelarme Klebstoffe einsetzen.
- Getränke in großen Behältern (Fässern, Kanistern mit Rücknahme) oder in Mehrwegflaschen kaufen.
- Artikel aus Recycling-Papier bevorzugen.
- Im Zweifel Produkte kaufen, die den Umweltschutzengel tragen.

Müllart	mögliche Entsorgung		
Gemüseabfall	kompostieren	→	Dünger
Fett	verseifen	→	Waschmittelherstellung
Blech	pressen	→	Metallgewinnung
Glas	schmelzen	→	Glasherstellung
Kunststoff	zerkleinern	→	Kunststoffgewinnung
Papier	zerkleinern	→	Papierherstellung

1. Mülltrennung und Müllentsorgung

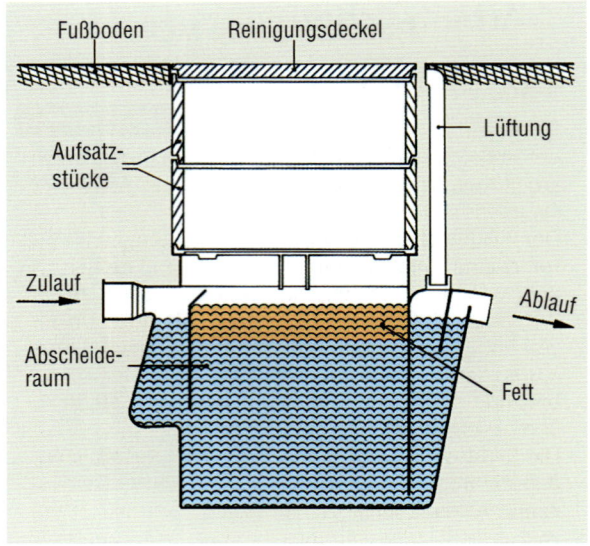

2. Funktion eines Fettabscheiders

2.3 Abfallbeseitigung und Wiederverwertung

Die Zusammensetzung des anfallenden Mülls hängt von der Konzeption des Betriebes ab. Werden etwa hauptsächlich tiefgekühlte Gemüse verwendet, ist der Anteil an Gemüseabfällen gering; nimmt man viele Konservendosen, steigt der Metallabfall.

Beim Sammeln von Müll in den Betriebsräumen ist darauf zu achten, dass keine Geruchsbelästigung, keine Brandgefahr (Aschenbecher mit glimmendem Inhalt) und keine hygienischen Risiken auftreten. Deshalb sind Mülleimer verschlossen zu halten, regelmäßig zu entleeren, zu reinigen und zu desinfizieren. Die Abfälle sind nach ihrer möglichen Weiterverwertung zu sortieren:
- Gemüseabfälle, Kartoffelschalen und Essensreste sind bis zur Abholung zu kühlen, wenn ein kurzfristiger Abholrhythmus nicht gewährleistet ist.
- Verbrauchtes, genussuntaugliches Fett, das besonders beim Frittieren anfällt, wird von Recycling-Firmen abgeholt und z. B. zu Seifen, Waschmitteln oder Schmierfetten verarbeitet.
- Die übrigen Müllsorten möglichst getrennt der Wiederverwertung oder umweltschonenden Entsorgung zuführen (Bild 1).

Presscontainer können das Müllvolumen erheblich reduzieren. Es werden auch Geräte eingesetzt, die den Müll in kleine Stücke zerreißen, entwässern und als Granulat wieder abgeben. Müllbehälter müssen bis zur Abholung so aufgestellt und verschlossen werden, dass weder üble Gerüche auftreten noch Nager oder Insekten angelockt werden.

2.4 Abwasserbeseitigung

Die Abwässer gastgewerblicher Betriebe enthalten drei problematische Stoffgruppen:
- **Chemische Substanzen,** vor allem aus Reinigungs-, Spül-, Wasch- und Desinfektionsmitteln, die ihrem Verwendungszweck entsprechend Mikroorganismen hemmen oder gar abtöten. Die biologische Reinigung der Abwässer wird durch diese Stoffe gestört.
- **Stärkehaltiges Wasser,** das in Betrieben anfällt, die große Mengen Kartoffeln maschinell schälen. Sie müssen einen Stärkeabscheider einbauen, damit die sich absetzende Stärke die Leitungen nicht verstopft.
- **Fetthaltiges Wasser,** das in großen Mengen in Betrieben mit Küchenführung anfällt. Es fließt meist im heißen Zustand in die Entwässerungsleitungen, kühlt darin ab und das Fett lagert sich an den Wänden ab. Weil es sich mit schweren Schmutzteilchen wie Sand, Schlamm, Asche verbindet, erreichen diese Verklebungen Betonhärte. Die verstopften Leitungsrohre müssen gereinigt oder ausgewechselt werden. Aus diesem Grund müssen Betriebe, die mehr als 200 Portionen warmes Essen pro Tag ausgeben, alle fetthaltigen Abwässer über einen Fettabscheider ableiten. Weil es im Fettabscheider zur Bildung von übel riechenden Fettsäuren kommen kann, sollten sie im Freien liegen. Sie müssen regelmäßig entleert und das Fett muss sachgerecht entsorgt werden.

1. Stellen Sie in einer Tabelle dar, wie der Müll in Ihrem Betrieb sortiert wird.
2. Warum sind Fettabscheider notwendig?

3 Arbeitssicherheit im Gastgewerbe

Unfälle sind teuer! Ein Fallbeispiel

Ein Auszubildender im Alter von 15½ Jahren schneidet auf der Schneidemaschine Brotscheiben. Dabei arbeitet er so ungeschickt, dass er einen Teil seines Daumens verliert.

Der Küchenchef, als Leiter der Abteilung, schreibt sofort eine Unfallmeldung an die zuständige Berufsgenossenschaft. Technische Aufsichtsbeamte stellen fest, dass die Maschine den zurzeit geltenden Unfallverhütungsvorschriften entspricht. Die Behandlungskosten belaufen sich auf etwa 3 000,00 €. Der Auszubildende erhält eine monatliche Rente von 60,00 €. Er muss einen anderen Beruf ergreifen.

Die Berufsgenossenschaft bezahlt dem Auszubildenden die Behandlungskosten und die Rente. Der Küchenchef muss ihr aber die Kosten zurückerstatten, weil er die Unfallverhütungsvorschrift „Nahrungsmittelindustrie" (§ 23 Absatz 1 und 2) nicht beachtet hat. Darin heißt es: „Die Bedienung und Reinigung von Schneidemaschinen darf nur zuverlässigen Personen übertragen werden, die damit vertraut und über 17 Jahre alt sind. Lehrlinge dürfen an diesen Maschinen zur Ausbildung unter Aufsicht beschäftigt werden, wenn sie über 16 Jahre alt sind."

1. Nennen Sie den Personenkreis, der gegen Arbeitsunfälle versichert ist.
2. Wie heißt die Institution, die die Einhaltung der Unfallverhütungsvorschriften überwacht?
3. Welche Leistungen erbringt die Berufsgenossenschaft?

3.1 Aufgaben der Berufsgenossenschaft

Alle Arbeitnehmer in Betrieben der gewerblichen Wirtschaft und der Landwirtschaft sind gegen Arbeits- und Wegeunfälle und gegen Berufskrankheiten bei einer Berufsgenossenschaft versichert, Gastronomiebetriebe bei der Berufsgenossenschaft Nahrungsmittel und Gaststätten.

Als Wegeunfälle gelten Unfälle, die sich auf dem (direkten) Weg vom und zum Betrieb ereignen. Während Berufsunfälle durch kurzfristige schädigende Einwirkungen zustande kommen, geht einer Berufskrankheit oft eine monate- oder jahrelange Einwirkung von Schädigungen am Arbeitsplatz voraus. Über 50 entschädigungs- und meldepflichtige Berufskrankheiten sind anerkannt, darunter das Bäckerasthma, eine Allergie gegen Mehlstaub.

Die Berufsgenossenschaften erlassen Unfallverhütungsvorschriften, die die Unternehmer und die Versicherten einhalten müssen. Wenn Vorschriften nicht beachtet wurden, werden den Geschädigten zwar die Behandlungskosten und gegebenenfalls eine Rente bezahlt, die für den Unfall Verantwortlichen (z. B. die Abteilungsleiter) müssen der Berufsgenossenschaft jedoch diese Kosten ersetzen.

Die Technischen Aufsichtsbeamten der Berufsgenossenschaften beraten die Unternehmen in Fragen der Arbeitssicherheit und überwachen die Einhaltung der Vorschriften. Viele Unternehmer nutzen diesen Service, wenn Neu- oder Umbauten geplant sind. Auch die Hersteller von Maschinen, Geräten und Einrichtungsgegenständen werden beraten und ihre Produkte auf Antrag geprüft. Wird eine ausreichende Sicherheit festgestellt, kann das Produkt ein Sicherheitsprüfzeichen erhalten.

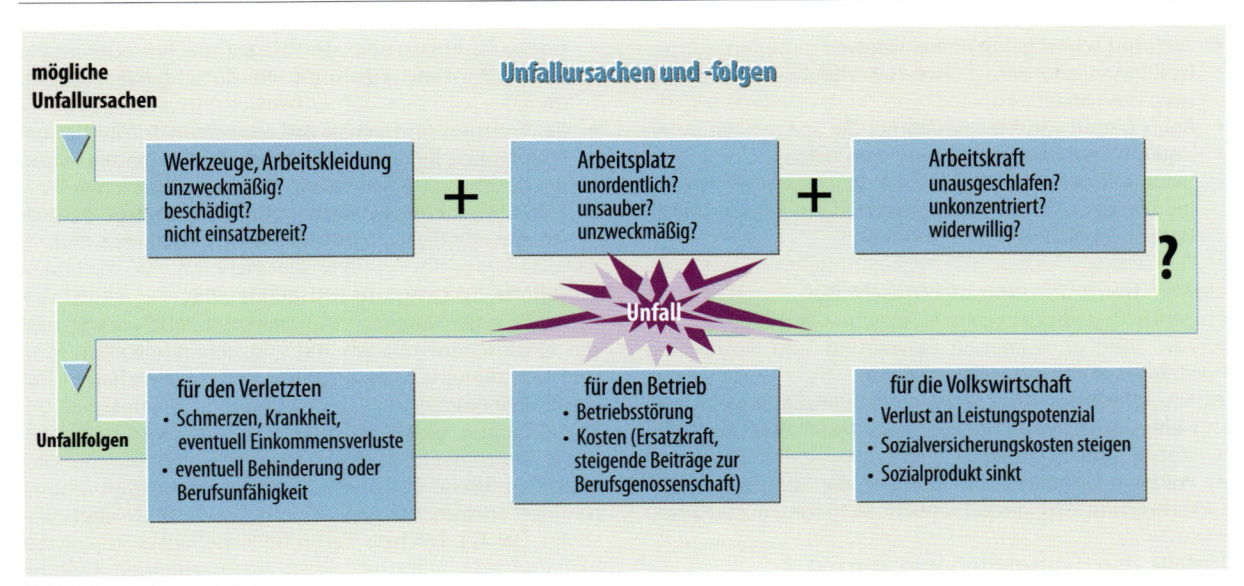

Unfallursachen und -folgen

mögliche Unfallursachen

- **Werkzeuge, Arbeitskleidung**
  - unzweckmäßig?
  - beschädigt?
  - nicht einsatzbereit?

+

- **Arbeitsplatz**
  - unordentlich?
  - unsauber?
  - unzweckmäßig?

+

- **Arbeitskraft**
  - unausgeschlafen?
  - unkonzentriert?
  - widerwillig?

= **Unfall**

Unfallfolgen

- **für den Verletzten**
  - Schmerzen, Krankheit, eventuell Einkommensverluste
  - eventuell Behinderung oder Berufsunfähigkeit

- **für den Betrieb**
  - Betriebsstörung
  - Kosten (Ersatzkraft, steigende Beiträge zur Berufsgenossenschaft)

- **für die Volkswirtschaft**
  - Verlust an Leistungspotenzial
  - Sozialversicherungskosten steigen
  - Sozialprodukt sinkt

1. Unfallursachen und -folgen

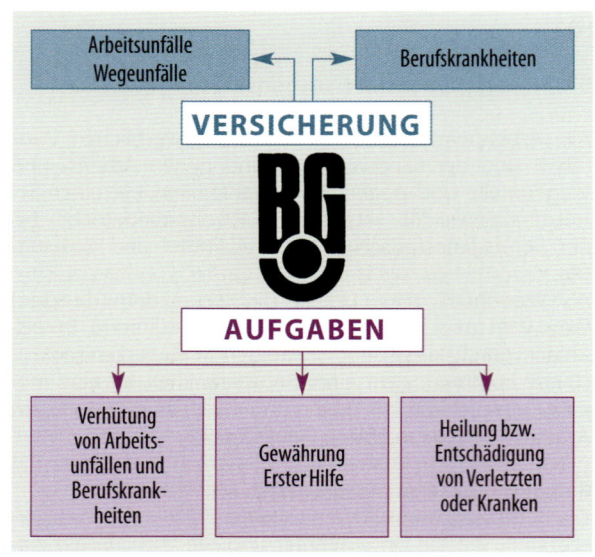

1. Tätigkeitsfeld der Berufsgenossenschaft

- Bei Arbeiten an Gargeräten keine leicht entflammbare Berufsbekleidung tragen.
- Vor Arbeitsbeginn feststellen, wo Abschaltmöglichkeiten für die Geräte sind.
- Wasserstand in Kochtöpfen nicht übermäßig hoch halten; Überkochen vermeiden! Schwere Gefäße nicht ohne Hilfe wegheben oder ruckartig zur Seite ziehen.
- Umherspritzen von heißem Fett vermeiden.
- Sicherheitsvorrichtungen an Druckkochgeräten regelmäßig auf Funktion überprüfen.
- In Druckkochgeräten genügend Luftraum für die Dampfansammlung lassen! Geräte dürfen nur zu öffnen sein, wenn zuvor Druckausgleich hergestellt wurde.
- Keine brennbaren Stoffe in Feuernähe herumstehen lassen.
- Beim Flambieren besonders vorsichtig hantieren, um ein Versengen der Haare auszuschließen.
- Vor dem Zugießen der Flambierflüssigkeit geringe Mengen Wasser oder Fruchtsaft in die Flambierpfanne geben.
- Beim Auftreten von Gasgeruch: Sofort alle Flammen löschen, sämtliche Türen und Fenster öffnen. Keine elektrischen Schalter betätigen oder Stecker ziehen! Nicht rauchen.

2. Beugen Sie Verbrennungen und Verbrühungen vor!

3.2 Unfallquellen und Maßnahmen zur Unfallverhütung

Unfälle durch Schnitte
Um solche Unfälle zu vermeiden, gelten folgende Regeln:
- Ordnung am Arbeitsplatz durch regelmäßiges Aufräumen gewährleisten.
- Messer in Aufbewahrvorrichtungen (z. B. Wandhalterungen) deponieren oder deutlich sichtbar auf dem Arbeitsplatz ablegen; nicht durch Geschirr, Lebensmittel oder andere Gegenstände verdecken.
- Nur Messer mit fettfreiem und trockenem Sicherheitsgriff verwenden.
- Stets mit scharf geschliffenen Messern arbeiten; stumpfe Klingen erfordern höheren Kraftaufwand und steigern das Unfallrisiko.
- Beim Tragen von Messern immer die Spitze nach unten und die Schneide vom Körper weg halten.
- Scharfe und spitze Gegenstände zum Reinigen niemals ins Spülbecken mit Reinigungslösung legen; im trüben Wasser werden sie leicht übersehen.

Unfälle beim Umgang mit Maschinen
Folgende Grundregeln müssen beachtet werden:
- Nie ohne ausreichende Einweisung und Ausbildung eine Maschine in Betrieb nehmen.
- Nie in laufende Maschinen greifen; immer die vorgesehenen Schutzvorrichtungen wie Restehalter, Nachfüllstöpsel usw. benutzen.
- Vor dem Umbauen und Reinigen die Stromzufuhr unterbrechen; Stecker ziehen bzw. Sicherung ausschalten.

Unfälle durch Ausgleiten und Stürzen
Feuchte und verschmutzte Fußböden, ausgetretene Treppenstufen, schadhafte Tritte und Leitern sind die Hauptursache von Sturzunfällen, deren Anteil an den Unfällen im Gastgewerbe fast ein Drittel beträgt.
Weitere häufige Unfallquellen sind ungeeignetes Schuhwerk (keine rutschhemmende Sohle) und im Wege stehende Gegenstände.
- Durch heruntergefallene Nahrungsmittel **verschmutzte Böden** sind sofort sorgfältig zu reinigen und zu trocknen. Ausstreuen von Salz auf feuchte oder fettige Fußböden kann kurzfristig die Rutschgefahr vermindern.
- Bei **Treppen** sind neben der schlechten Trittflächenbeschaffenheit fehlende oder mangelhafte Handläufe und unzureichende Beleuchtung Hauptunfallursachen.
- **Tritte und Leitern** dürfen nur zu Zwecken benutzt werden, für die sie nach ihrer Bauart bestimmt sind.

Unfälle beim Umgang mit Elektrizität
Die gefahrlose Nutzung der Elektrizität setzt voraus, dass die elektrischen Anlagen nach Vorschrift installiert sind und sich die elektrischen Geräte in betriebssicherem Zustand befinden.
Um Gefahren gering zu halten, wurden vom VDE (Verband Deutscher Elektrotechniker) Schutzbestimmungen erarbeitet. Wenn elektrische Betriebsmittel diesen Bestimmungen entsprechen, sind sie mit dem **VDE-Zeichen** versehen. Das **GS-Zeichen** (Geprüfte Sicherheit) wird von der VDE-Prüfstelle aufgrund einer entsprechenden Prüfung des Gerätes erteilt. Das **CE-Kennzeichen** zeigt an, dass die EU-Richtlinien erfüllt sind.

4 Lebensmittelrechtliche Grundlagen

4.1 HACCP als Hygiene- und Qualitätssicherungskonzept

> **HACCP** (sprich Hässep) heißt sinngemäß
> **H**azard = Gefahr(en)
> **A**nalysis = Analyse (und Überwachung)
> **C**ritical = kritischer
> **C**ontrol = Kontroll(e)
> **P**oints = Punkte

Betroffen davon sind alle Betriebe, die Lebensmittel verarbeiten und abgeben. Die Hauptforderung der EU-Richtlinie (Auszug aus Artikel 3, Absatz 2) lautet:
„Die Lebensmittelunternehmen stellen für die Lebensmittelsicherheit kritische Punkte im Prozessablauf fest und tragen dafür Sorge, dass angemessene Sicherheitsmaßnahmen nach den Grundsätzen des HACCP-Systems festgelegt, durchgeführt, eingehalten und überprüft werden."

Die Grundsätze des HACCP-Systems, die in die Gesetze und Verordnungen übernommen wurden, lauten:
- Erstellen einer Risikoanalyse der betrieblichen Gesamtsituation und der Lebensmittelbehandlungsprozesse
- Erkennen von Risiken für Lebensmittel bei allen Prozessstufen im Arbeitsablauf
- Festschreibung aller Prüf- und Überwachungsmaßnahmen
- Dokumentation der kritischen Punkte
- Regelmäßige Kontrolle der eingeleiteten Maßnahmen

Schulungen und Unterweisungen für alle Betroffenen sind dabei Pflicht. Sie sind in bestimmten Zeitabständen zu wiederholen und zu dokumentieren. Die Unterweisungen müssen so erfolgen, dass jeder sie versteht.

Risiko-/Schwachstellenanalyse und kritische Kontrollpunkte

Durch Erstellen einer Risiko-/Schwachstellenanalyse werden alle kritischen Punkte aufgezeigt. Unter kritischen Punkten versteht man alle Stellen im Verarbeitungsprozess, bei denen für Lebensmittel das Risiko besteht, genussuntauglich zu werden.
Die Kontrolle dieser Punkte kann durch Checklisten oder durch Ausdrucke von Messgeräten dokumentiert werden.
Beispiel:
- **Wareneingang:** Transportbedingungen, Temperaturen von Tiefkühlware, Mindesthaltbarkeitsdatum
- **Lagerhaltung:** Sachgemäße Behälter, Produkttrennung, Temperaturpläne, Schädlinge

Beispiele für Hygienemaßnahmen

Vorbereitung: Trennung von reinen und unreinen Arbeitsbereichen (Kreuzkontaminationen vermeiden), Raumtemperaturen, Schädlinge beachten
Zubereitung und Ausgabe: Einhaltung der Temperaturgrenzwerte für gekühlte und erhitzte Speisen
Speisenüberproduktion: Sofortige schnelle Kühlung, geeignete Gefäße, Lagerbedingungen
Spülen, Reinigen: Reinigungspläne, Reinigungs- und Desinfektionsmittel (Konzentrationen, Einwirkzeiten)
Abfälle: Trennung, Lagerung, Entsorgung, Entsorgungstermine, Schädlinge

1. Erklären Sie den Begriff HACCP.
2. Wer ist von HACCP betroffen?
3. Zählen Sie die Grundsätze des HACCP-Systems auf.

---

1. Untersuchung der Proben im staatlichen Lebensmitteluntersuchungsamt

> **Lebensmitteluntersuchungen sollen klären,**
>
> - ob die Nährstoffzusammensetzung eines Lebensmittels, z. B. der Fettgehalt, vorschriftsmäßig ist,
> - ob Lebensmittel gesundheitlich unbedenklich sind,
> - ob ein zur Täuschung von Verbrauchern nachgemachtes Lebensmittel vorliegt,
> - ob ein Lebensmittel durch Zusätze, z. B. Wasser in Fruchtsaft, verfälscht wurde,
> - ob ein Lebensmittel vorschriftsmäßig gekennzeichnet ist.

1. Angabe der Verkehrsbezeichnung

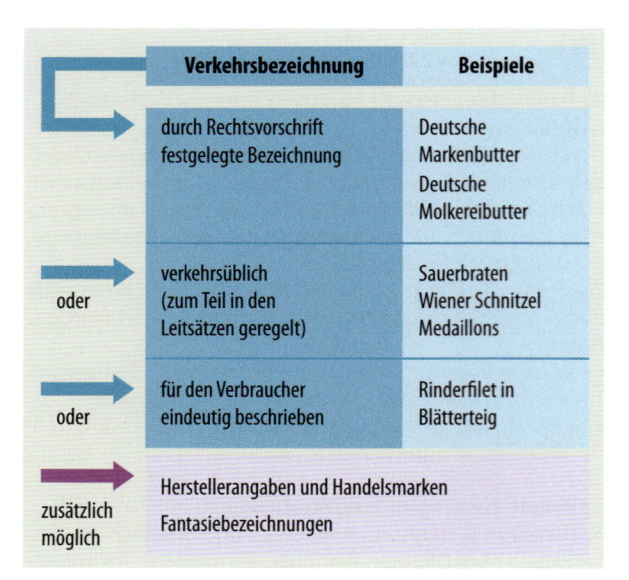

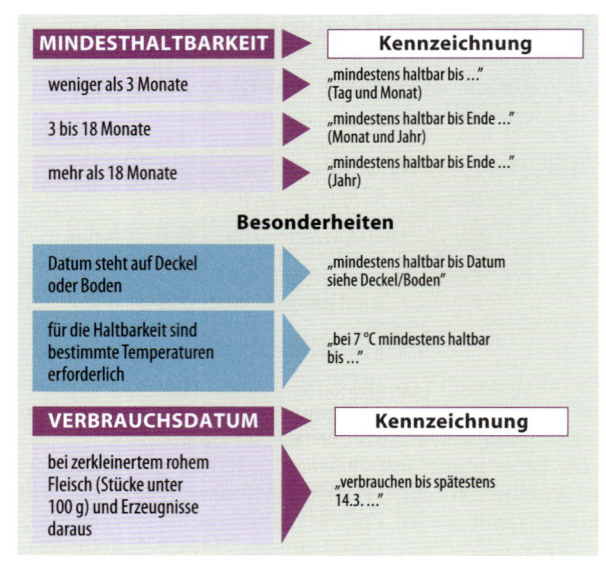

2. Mindesthaltbarkeits- und Verbrauchsdatum

4.2 Zusatzstoffe, Mindesthaltbarkeit, Verkehrsbezeichnung

Mit der Angabe des **Mindesthaltbarkeitsdatums** informiert der Hersteller den Weiterverkäufer oder Verbraucher darüber, wie lange nach seiner Auffassung das Lebensmittel bei sachgerechter Lagerung ohne Qualitätsverlust mindestens haltbar ist. Die Angabe bedeutet keine Garantie. Das Überschreiten des Mindesthaltbarkeitsdatums bedeutet nicht ohne Weiteres, dass das Erzeugnis von minderer Qualität oder gar verdorben ist und nicht mehr verkauft oder verzehrt werden darf. Entsprechende Lebensmittel sind jedoch besonders sorgfältig eingehenden Qualitätskontrollen zu unterziehen. Sollte ein Lebensmittel bereits vor Ablauf des Mindesthaltbarkeitsdatums qualitätsmäßig gemindert sein, ist die Forderung nach Ersatz durchaus berechtigt. Das **Verbrauchsdatum** gibt an, wann ein Lebensmittel als verdorben anzusehen ist.

Verkehrsbezeichnung, Mengenangabe und Mindesthaltbarkeits- bzw. Verbrauchsdatum sind in einem Sichtfeld oder auf einem Etikett in deutscher Sprache anzugeben.
Im Zutatenverzeichnis müssen alle Zutaten in absteigender Reihenfolge ihres Gewichtsanteils zum Zeitpunkt der Herstellung angegeben werden.

Zusatzstoff-Zulassungsverordnung
Alle Zusatzstoffe sind auf dem Lebensmittel-Etikett mit ihrem Klassennamen (siehe Bild 3) oder mit ihren E-Nummern („E" steht für Europa) anzugeben. Ihre Verarbeitung ist nur in gesetzlich zugelassenen Höchstmengen für ein bestimmtes Produkt erlaubt.

Klassenname	Zusatzstoff kann	enthalten sein in
Farbstoff	E 101 Riboflavin E 102 Tartrazin E 123 Amaranth E 150 Zuckerkulör E 160a Betacarotin	Teigwaren, Mayonnaise Süßwaren, Puddingpulver Pudding, Eis, Likör Essig, Pudding, Gebäck Butter, Margarine, Käse
Konservierungsstoff	E 200 Sorbinsäure E 210 Benzoesäure E 214 PHB-Ester E 220 Schwefeldioxid E 230 Biphenyl E 231 Orthophenylphenol E 250 Natriumnitrit	Margarine, Mayonnaise Mayonnaise, Salate Fischmarinaden, Süßwaren Wein, Trockenfrüchte Oberfläche von Früchten Schale von Zitrusfrüchten und Bananen Wurst, Schinken, Käse
Emulgator	E 322 Lecithin E 471 Mono- und Diglyceride	Margarine, Schokolade Margarine, Wurst, Eiskrem, Backwaren
Stabilisator	E 450 Diphosphate E 451 Triphosphat	Brühwurst, Kochkäse Schmelzkäse
Gelier-/Verdickungsmittel	E 400 Alginsäure E 406 Agar-Agar E 414 Gummi arabicum	Gelees, Puddings, Joghurt Joghurt, Speiseeis Gummibonbons
Geschmacksverstärker	E 620 Glutaminsäure E 621 Na-Glutamat	Wurst, Schinken, Fleisch Wurst, Schinken, Fleisch

3. Was verbirgt sich hinter den E-Nummern?

Lebensmittelrechtliche Grundlagen

ETAGE	• Reichen die eingesetzten Reinigungskräfte, -methoden, -mittel, -geräte und -maschinen, um die erforderliche Sauberkeit zu gewährleisten?
SERVICE UND KÜCHE	• Ist beschädigtes Geschirr im Gebrauch? • Wird zweckmäßige und saubere Arbeitskleidung getragen? • Werden bei der Speisezubereitung und beim Wiedererwärmen die nötigen Erhitzungszeiten eingehalten? • Wird ausreichend gekühlt? • Sind die Zeiten zwischen Speiseherstellung und Verzehr nicht zu lang?
BUFETT	• Kann der Gast kontrollieren, welche Getränkemenge er bekommt? • Wird das Betriebsbuch richtig geführt?
MAGAZIN	• Entsprechen die Lagerräume den Vorschriften (z. B. keine Holzregale, wenn Mehl im Raum lagert!)? • Werden die Lebensmittel sachgerecht gelagert? • Wird auf das Mindesthaltbarkeitsdatum geachtet? • Werden die Räume in kurzen Zeitabständen auf Schädlingsbefall untersucht?

Preisangaben-Verordnung

Die Position des Verbrauchers soll durch die Möglichkeit zum Preisvergleich gestärkt werden. Zur Preisangabe ist jeder verpflichtet, der Waren oder Leistungen gegenüber Verbrauchern anbietet. Es ist der jeweils gültige Endpreis einschließlich Bedienung, sonstiger Bestandteile, z.B. Konzertzuschlag, und gesetzlicher Umsatzsteuer (Mehrwertsteuer) anzugeben.

Das Speisen- und Getränkeangebot ist in Karten aufzunehmen. Die Karten müssen entweder in ausreichender Zahl auf den Tischen ausliegen oder jedem Gast vor Entgegennahme der Bestellung ausgehändigt werden. Außerdem muss neben dem Eingang zur Gaststätte ein Preisverzeichnis angebracht sein.

Zimmerpreise und andere Gebühren sind in einem Preisverzeichnis am Empfang gut sichtbar auszuhängen oder auszulegen.

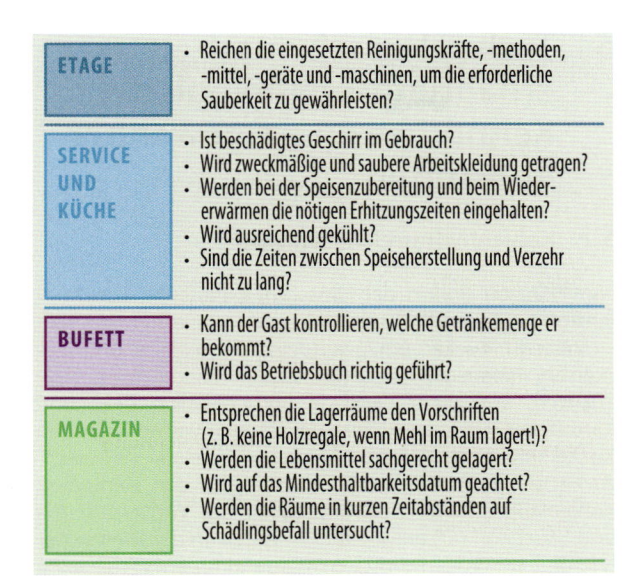

1. Betriebsinterne Kontrollen (Beispiele)

4.3 Kontrolle der Einhaltung gesetzlicher Regelungen

Lebensmittelüberwachung

Besonders ausgebildete Personen staatlicher Überwachungsorgane überprüfen die Einhaltung der Gesetze und Verordnungen. Sie sollen verhindern, dass Lebensmittel zum Verkauf gelangen, die
- mit krankheitserregenden Mikroorganismen infiziert sind,
- durch mangelnde Hygiene bei der Gewinnung, Herstellung und beim Vertrieb ekelerregend sind,
- zu stark mit Schadstoffen oder Rückständen belastet sind,
- irreführend bezeichnet sind,
- nachgemacht oder verfälscht sind.

Diese Aufgaben sind wie folgt aufgeteilt:
- Beamte der Lebensmittelpolizei bzw. des Wirtschaftskontrolldienstes führen die grundlegenden Arbeiten der Lebensmittelüberwachung durch. Ihr Tätigkeitsbereich erstreckt sich auf die Kontrolle der Einhaltung gesetzlicher Vorschriften und die Probenentnahme.
- Beamte der chemischen Untersuchungsämter untersuchen die Zusammensetzung und Genusstauglichkeit.
- Beamtete Tierärzte führen u. a. die Lebendtierbeschau und die Fleischbeschau durch.
- Amtsärzte der Staatlichen Gesundheitsämter überwachen die Mitarbeiter eines Betriebs nach dem Bundesseuchengesetz und stellen Gesundheitszeugnisse aus.
- Mitarbeiter der Staatlichen Eichämter sind mit der Kontrolle von Waagen und Gewichten und der Einfüllmengen in Verkaufspackungen beauftragt.

Diese staatlichen Organe werden entweder auf behördliche Anordnung tätig oder aufgrund von Beschwerden, die jeder Verbraucher vorbringen kann.
Meist handelt es sich um gemeinsam geplante Maßnahmen, die sich auf einen Schwerpunkt beziehen (z. B. Speiseeis, Fette in Fritteusen, Schneideunterlagen, Preisauszeichnungen, baulicher Zustand der Betriebsräume). Die Ämter beraten die Betriebe bei allen Fragen, die mit ihrem Aufgabenbereich zusammenhängen. Hauptziel der Lebensmittelüberwachung ist die vorbeugende Kontrolle.

Betriebskontrolle

Die Beamten bzw. WKD sind befugt, sämtliche Betriebsräume zu besichtigen. Der Betriebsinhaber und die Mitarbeiter sind verpflichtet, die Kontrolleure zu unterstützen. Betriebskontrollen umfassen auch „Randbereiche" des Lebensmittelrechts. So wird beispielsweise die verschmutzte Berufskleidung oder die fehlende Kopfbedeckung beanstandet. Auf die Einhaltung der Vorschriften der Preisgaben-Verordnung wird im Bewirtungs- und im Beherbergungsbereich besonders geachtet. In Speisekarten wird auf die Angabe von Zusatzstoffen Wert gelegt.

Probeentnahme

Je 10 000 Einwohner werden im Jahr mindestens 50 Lebensmittelproben (Planproben) „gezogen".
Bei der Probeentnahme muss dem Hersteller oder Verkäufer einer Ware eine Gegenprobe gleicher Art, amtlich verschlossen und versiegelt, zurückgelassen werden, wenn er nicht ausdrücklich darauf verzichtet. Sie wird mit dem Entnahme- und dem Mindesthaltbarkeitsdatum beschriftet.

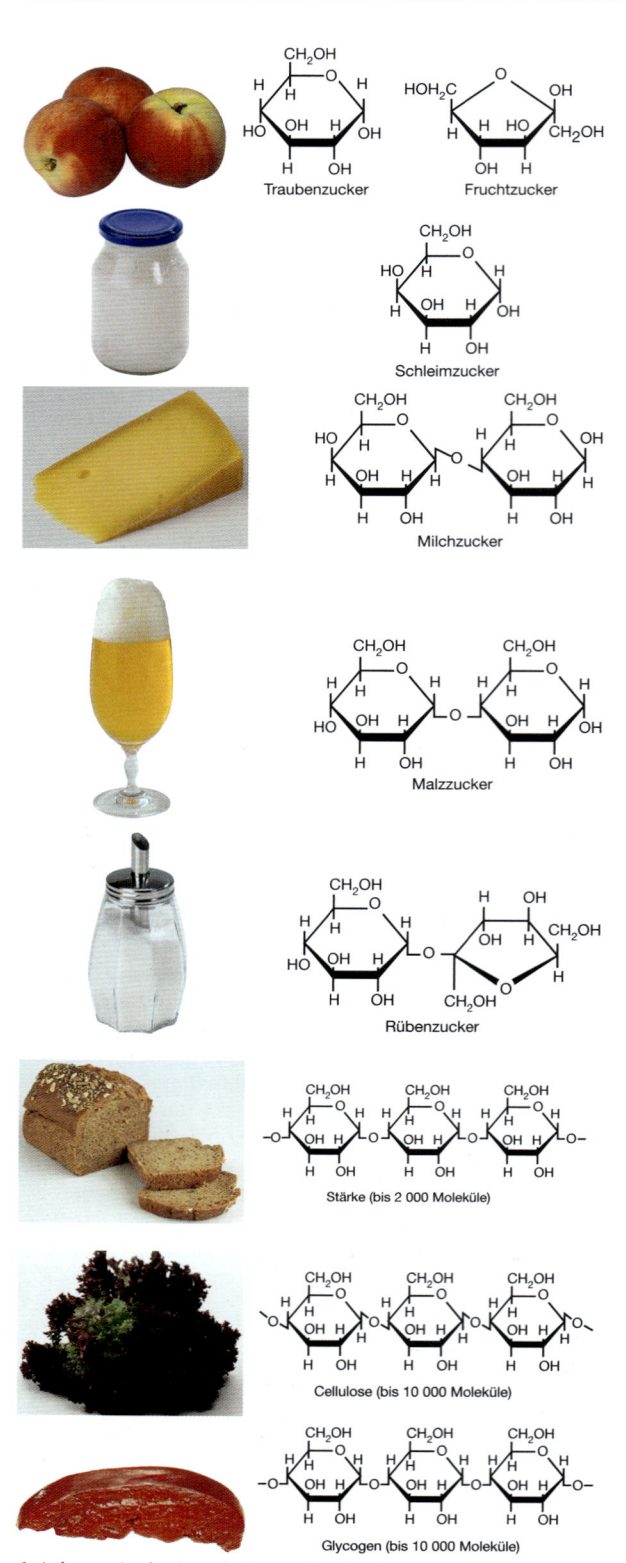

5 Technologische und ernährungsphysiologische Kenntnisse zu ausgewählten Rohstoffen

5.1 Kohlenhydratreiche Rohstoffe

Nur Pflanzen sind in der Lage, unter Nutzung von Kohlenstoffdioxid und Wasser die Lichtenergie der Sonnenstrahlen in Zucker umzuwandeln. Zuckerrübe und Zuckerrohr liefern den Haushaltszucker (Saccharose). Viele Pflanzen, vor allem Getreide (einschließlich Reis) und Kartoffeln (→ 91), speichern die Kohlenhydrate in langen Zuckerketten, der Stärke. Milch enthält relativ viel Milchzucker (→ 247). Kohlenhydrate sind aus den Elementen Kohlenstoff (chemisches Kurzzeichen C), Wasserstoff (H) und Sauerstoff (O) aufgebaut. Ihr Anteil an der Menge der Energie, die vom Menschen aufgenommen wird, sollte über 50 % betragen.

Aufbau und Eigenschaften der Kohlenhydrate
Die Bausteine der Kohlenhydrate sind **Einfachzucker** (Monosaccharide), die bei der Fotosynthese in der Pflanze entstehen. Trotz ähnlicher Summenformel gibt es verschiedene Einfachzucker, weil die einzelnen Elemente (Atome) in den Molekülen unterschiedlich angeordnet sind (Bild 1). Der Molekülaufbau mehrerer Einfachzucker ähnelt einem lang gezogenen Sechseck; bei Fruchtzucker einem Fünfeck (Bild 1 und 2). Lebensmittel enthalten die Einfachzucker
- Traubenzucker (Glucose),
- Fruchtzucker (Fructose) und
- Schleimzucker (Galactose).

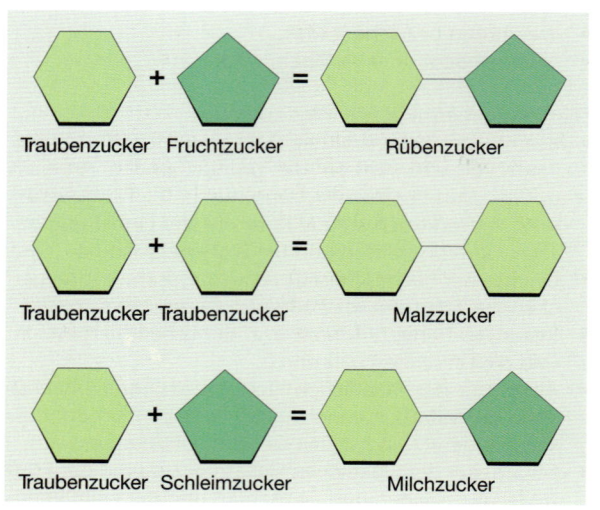

1. Lebensmittel mit typischen Kohlenhydraten

2. Einfach- und Doppelzucker

Technologische und ernährungsphysiologische Kenntnisse zu ausgewählten Rohstoffen 41

1. Cellulosereiche Produkte

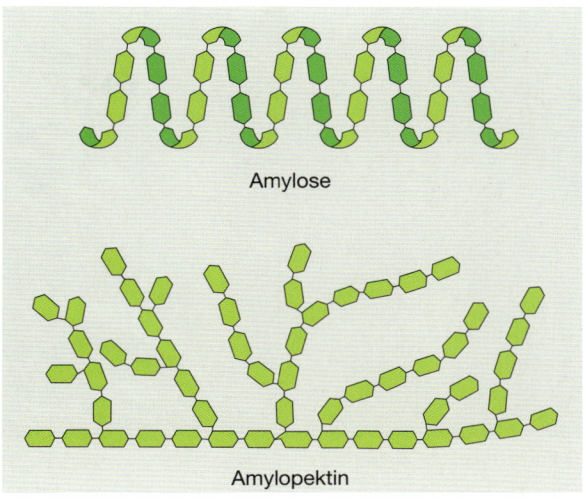

2. Struktur der Stärkebestandteile Amylose und Amylopektin

Verbinden sich zwei Einfachzucker, so bildet sich ein **Doppelzucker** (Disaccharid) unter Abspaltung von Wasser. Je nach Art der Einfachzucker ergeben sich verschiedene Doppelzucker mit unterschiedlichen Eigenschaften.
Vielfachzucker (Polysaccharide) entstehen, wenn sich viele Einfachzucker aneinander anlagern. Bei **Stärke** sind dies Traubenzucker-Moleküle (→ 40, Bild 1).
Amylose, ein Stärkebestandteil, wird aus einer Kette von etwa 300 Einfachzuckern gebildet; **Amylopektin**, der Hauptbestandteil der Stärke (ca. 80 %), besteht aus etwa 2 000 Molekülen. Während Amylose eine lang gezogene, spiralenförmig gedrehte Kette bildet, verzweigt sich das Amylopektin-Molekül (Bild 2). Beim Quellen von Stärke (Bild 3) ist bei Zimmertemperatur nur eine Benetzung mit Wasser an der Oberfläche möglich; bei der Verkleisterung (Bild 4) lagert sich das erhitzte Wasser zwischen das Netz aus Amylose und Amylopektin.
Bei der Verdauung und beim Abbau durch Hitze – ab 130 °C – entsteht aus Stärke das Polysaccharid **Dextrin**.
Glycogen ist ein Polysaccharid, dessen verzweigte Ketten aus mehreren Tausend Einfachzuckern bestehen. Es wird im tierischen und menschlichen Körper gebildet und in den Zellen gespeichert. Bei Energiebedarf wird es in Einfachzucker gespalten und verbrannt. Eine weitere Speicherstelle ist die Leber (beide Energiespeicher decken etwa einen Tagesbedarf an Energie).
Cellulose besteht aus bis zu etwa 10 000 Traubenzuckermolekülen. Cellulose ist für den menschlichen Körper ein unverdaulicher Ballaststoff, aus dem er keine Energie gewinnen kann. Sie vermittelt ein Sättigungsgefühl und regt die Verdauung an.

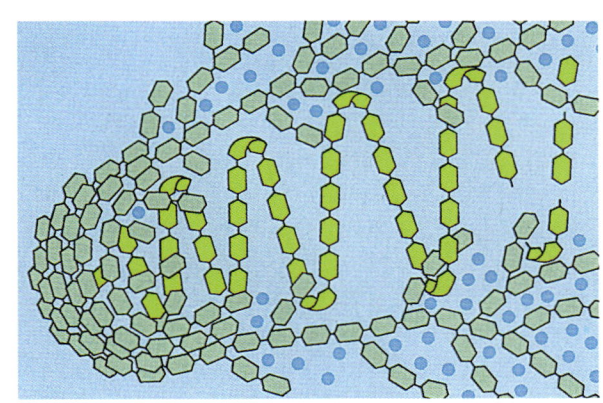

3. Stärke während der Quellung (Zimmertemperatur)

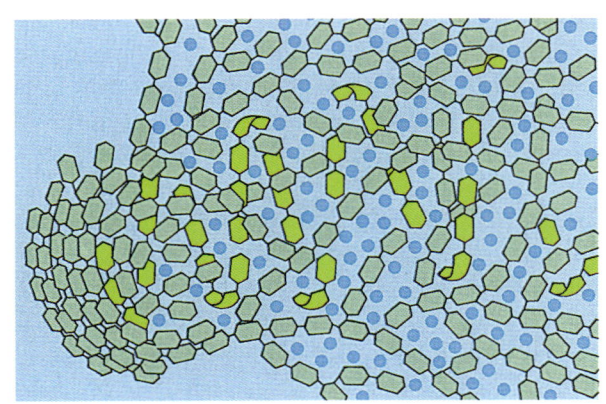

4. Stärke während der Verkleisterung (über 70 °C)

Arbeiten in der Küche

1. Zuckerrübe und Zuckerrohr

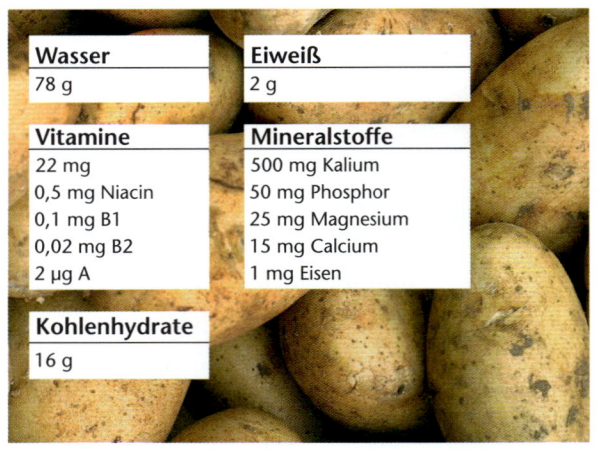

Wasser	Eiweiß
78 g	2 g

Vitamine	Mineralstoffe
22 mg	500 mg Kalium
0,5 mg Niacin	50 mg Phosphor
0,1 mg B1	25 mg Magnesium
0,02 mg B2	15 mg Calcium
2 µg A	1 mg Eisen

Kohlenhydrate	
16 g	

2. Nährstoffe in 100 g Kartoffeln/Angaben auf der Verpackung

	Kohlenhydrate	Protein	Fett	Vitamin B_1	Vitamin B_2	Eisen	Ballaststoffe
	g	g	g	mg	mg	mg	g
Weizen	59,4	11,5	2	0,5	0,1	3,3	10,6
Dinkel	62,4	11,6	2,7	0,5	0,1	4,2	8,8
Roggen	53,5	8,6	1,7	0,35	0,17	4,6	13,1
Gerste	57,7	10,6	2,1	0,43	0,18	2,8	9,8
Hafer	61,2	12,6	7,1	0,52	0,17	5,8	5,6
Hirse	59,6	10,6	3,9	0,26	0,14	9	3,8
Reis	74,6	7,4	2,2	0,41	0,09	2,6	4
Mais	65,2	9,2	3,8	0,36	0,2	1,5	9,2
Buchweizen	71,3	10,0	1,7	0,26	0,15	3,2	3,7

3. Nährstoffe verschiedener Getreidearten (pro 100 g)

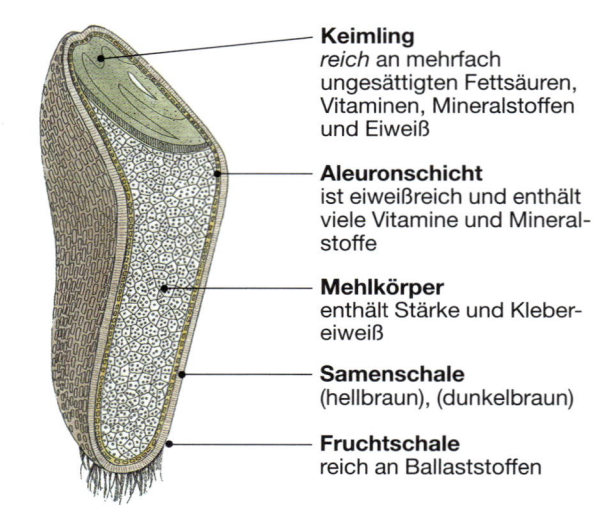

Keimling
reich an mehrfach ungesättigten Fettsäuren, Vitaminen, Mineralstoffen und Eiweiß

Aleuronschicht
ist eiweißreich und enthält viele Vitamine und Mineralstoffe

Mehlkörper
enthält Stärke und Klebereiweiß

Samenschale
(hellbraun), (dunkelbraun)

Fruchtschale
reich an Ballaststoffen

4. Aufbau eines Getreidekorns

Getreidesorte	Type	Ausmahlungsgrad
Weizen	405	40-%
	550	69-%
	812	77-%
	1050	85-%
	1700	90-%
	Schrot	100-%
Roggen	815	70-%
	997	75-%
	1150	80-%
	1370	85-%
	1800	95-%
	Schrot	Schrot

5. Typenzahl und Ausmahlungsgrad von Brotmehlen

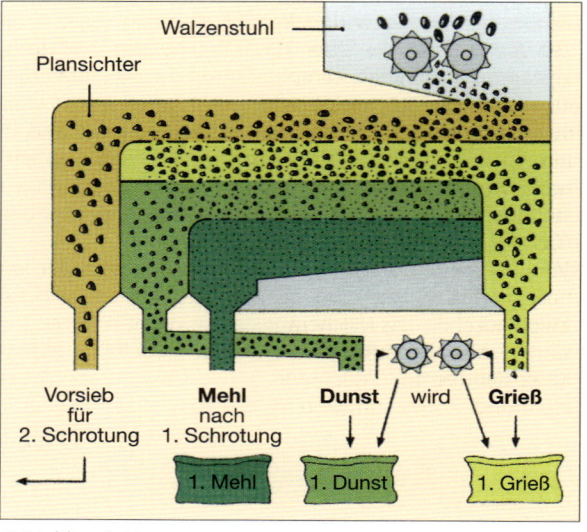

6. Mahlprodukte

1. Wasserlöslichkeit einiger Kohlenhydrate

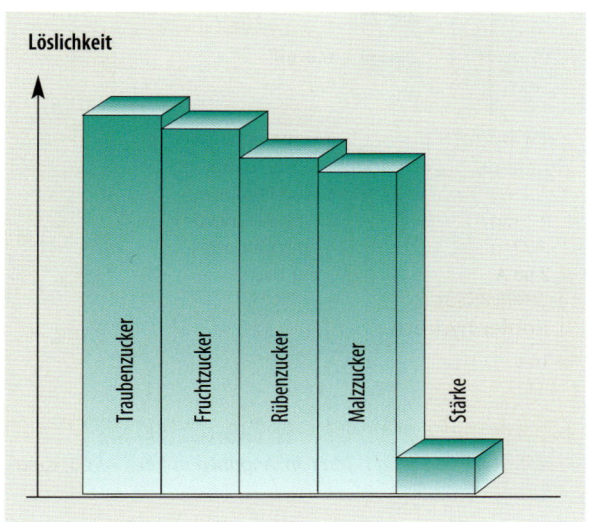

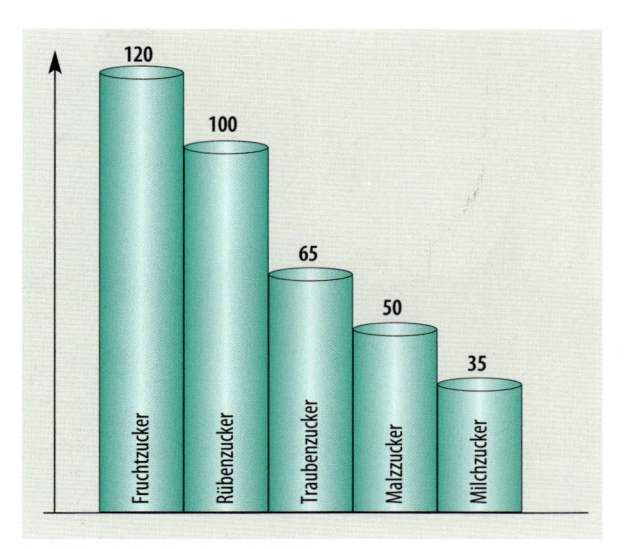

2. Süßkraft der Zucker bei 20 °C

5.1.1 Eigenschaften von Kohlenhydraten

Wasserlöslichkeit: Wie Bild 1 zeigt, sind die Einfach- und Doppelzucker – im Gegensatz zur Stärke – in kaltem Wasser gut löslich. Die Löslichkeit in Wasser wird mit zunehmender Temperatur höher. Läuterzucker, eine in der Patisserie und an der Bar benötigte Zucker-Wasser-Lösung im Verhältnis 1 : 1 bis 2 : 1, muss aufgekocht werden, damit sich der Zucker gut löst.

Süßkraft: Die einzelnen Zuckerarten unterscheiden sich stark in der Süßkraft. Nimmt man Rübenzucker als Maßstab, ist Fruchtzucker um 20 % süßer, die anderen Zucker sind dagegen weniger süß (Bild 2). Die Süßkraft von Fruchtzucker steigt stark an, wenn die Temperatur fällt; bei 0 °C hat sie den Wert 140. Um weniger energiereiche Süßspeisen herzustellen, ist, besonders bei gekühlten Speisen, Fruchtzucker zu empfehlen.

Bräunungsvermögen und Karamellisierung: Beim Erhitzen von Rübenzucker über 150 °C schmelzen die Zuckerkristalle. Bei höheren Temperaturen tritt eine Bräunung ein. Gelblicher bis leicht gebräunter Zucker, mit Wasser verkocht, nennt man Karamell (mit Mandeln oder Haselnüssen vermischt erhält man Krokant). Wird der Zucker noch weiter erhitzt, wird er schwarz. Eine Lösung aus stark gebräuntem Zucker und Wasser wird als Zuckerfarbe (Couleur) bezeichnet.

Vergärbarkeit: Bakterien und Hefen können Zucker vergären. Milchzucker wird durch Milchsäurebakterien zu Milchsäure, die das Milcheiweiß zum Gerinnen bringt. Gesäuerte Milchprodukte sind z. B. Joghurt, Crème fraîche, Käse. Kefir enthält Milchsäure und Alkohol. Auch Sauerkraut und Salami enthalten Milchsäure.

Bei der Hefeatmung, das heißt, wenn genügend Sauerstoff vorhanden ist, wird aus dem Zucker viel Energie gewonnen und Wasser und Kohlenstoffdioxid (CO_2) erzeugt. Dieser Vorgang wird genutzt, um Hefeteig aufgehen zu lassen und dadurch das Gebäck zu lockern.

Bei der Hefegärung wird aus Zucker Alkohol und CO_2; alle alkoholischen Getränke beziehen ihren Alkoholgehalt aus diesem Vorgang. Essigbakterien können den Alkohol zu Essigsäure abbauen.

Abbaubarkeit von Stärke: Enzyme, z. B. aus der Hefe oder in Verdauungssäften, bauen Stärke zu Dextrinen, Malzzucker und Traubenzucker ab, die zur Alkohol- bzw. Energiegewinnung genutzt werden.

Bindefähigkeit: Stärke kann viel Wasser binden, wenn sie in warmem Wasser quillt und (ab etwa 70 °C) verkleistert. In Hefegebäcken gibt bei etwa 65 °C das gequollene Klebereiweiß des Mehls beim Gerinnen Wasser ab. Die Stärke des Mehls nimmt es zur Quellung und Verkleisterung auf. Verkleisterte Stärke und geronnenes Eiweiß bilden das schnittfeste Porengerüst von Hefegebäck. Soßen und Suppen werden häufig mit Stärke gebunden. Der Gefahr der Klumpenbildung kann man vorbeugen, wenn Stärke in kaltem Wasser angerührt oder mit Fett vermengt und in die heiße Flüssigkeit eingerührt wird. Schon etwa 30 g Stärkepulver (40 g Mehl) können 1 l Brühe für Suppe binden.

Dextrinbildung: Erhitzt man die Stärke in Butter auf etwa 120 °C, wird sie teilweise zu Dextrinen abgebaut, die weniger klebrig binden als Stärke. Auch in der Kruste von Gebäcken werden bei trockener Hitze (bis 220 °C) Dextrine gebildet.

1. Von Karies befallene Zähne

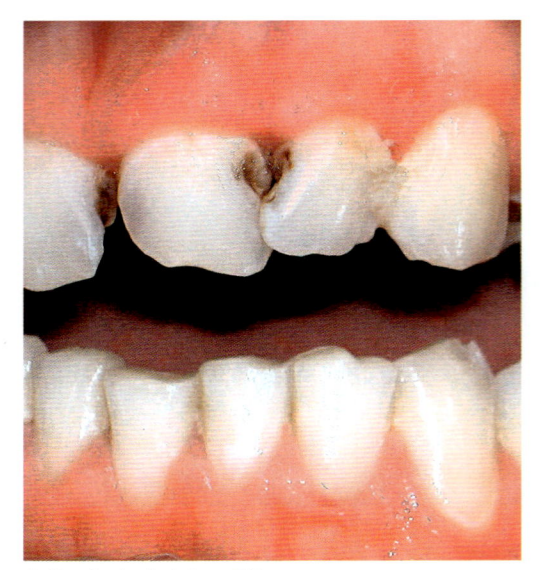

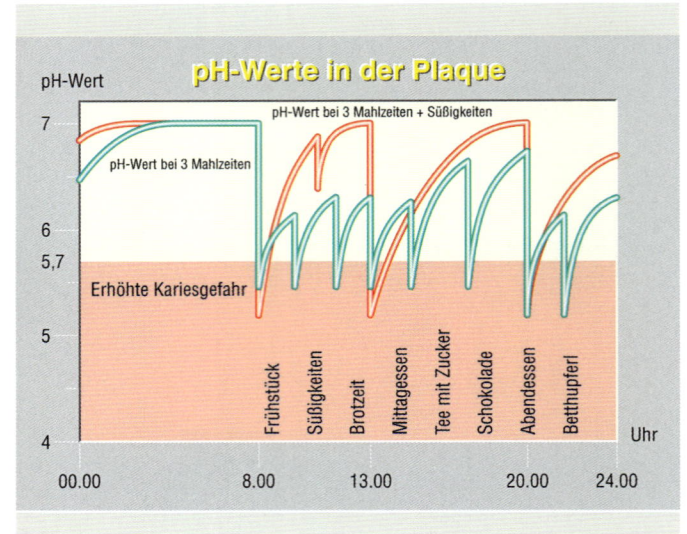

2. pH-Werte in der Plaque

5.1.2 Bedeutung der Kohlenhydrate in der Ernährung

Zucker: Einfach- und Doppelzucker gehen sehr schnell in die Blutbahn über und liefern dadurch rasch verwertbare Energie. Der Sättigungswert ist gering, deshalb besteht die Gefahr, dass zu viel Energie mit zuckerreicher Kost aufgenommen wird. Die Folgen sind Fettleibigkeit und ein erhöhtes Risiko für Herz-Kreislauf-Krankheiten. Weil Zucker keine für die heutige Ernährung wichtigen Stoffe wie Vitamine, Mineral- oder Ballaststoffe enthält, begünstigt eine zuckerreiche Kost Mangelkrankheiten. Zucker kann Karies verursachen, wenn sich bei mangelnder Mundhygiene Säuren bilden (Bild 1 und 2).

Stärke: Etwa 40 % der täglich aufgenommenen Energie sollte aus Stärke stammen. Mit Getreide und Kartoffeln lassen sich die sogenannten „Sättigungsbeilagen" herstellen, die viel gequollene und verkleisterte und damit leicht verdauliche Stärke enthalten. Der Körper benötigt einige Zeit, bis die langen Moleküle alle in Traubenzucker gespalten sind. Deshalb liefert Stärke nur nach und nach Energie durch die Darmwand ins Blut. Stärkehaltige Nahrungsmittel enthalten oft Wirk- und Ballaststoffe. Ihr hoher Sättigungswert verhindert, dass zu viel gegessen wird.

Cellulose: Dieses für den Menschen unverdauliche Kohlenhydrat ist ein wichtiger Ballaststoff. Weil es Magen und Darm füllt, ohne Energie zu liefern, kann eine cellulosereiche Kost Übergewicht vorbeugen. Ballaststoffe helfen gegen Darmträgheit und binden unerwünschte Stoffe wie etwa Giftstoffe, die sich im Darm befinden.

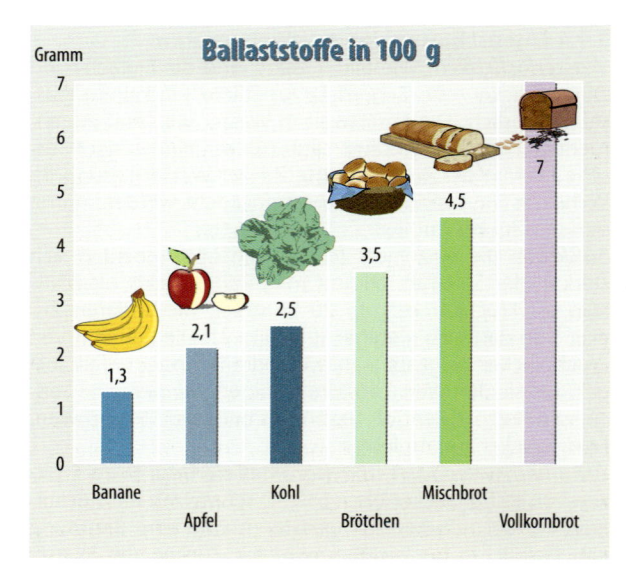

3. Ballaststofflieferanten

1. Welche Gruppen von Kohlenhydraten werden unterschieden?
2. Erläutern Sie die Eigenschaften der Kohlenhydratgruppen in technologischer und in ernährungsphysiologischer Hinsicht.
3. Nennen Sie Speisen und Getränke, die viele Kohlenhydrate enthalten.
4. Warum wird eine cellulosereiche Nahrung empfohlen?
5. Nennen Sie Gründe für die Empfehlung: „Esst weniger Zucker!"

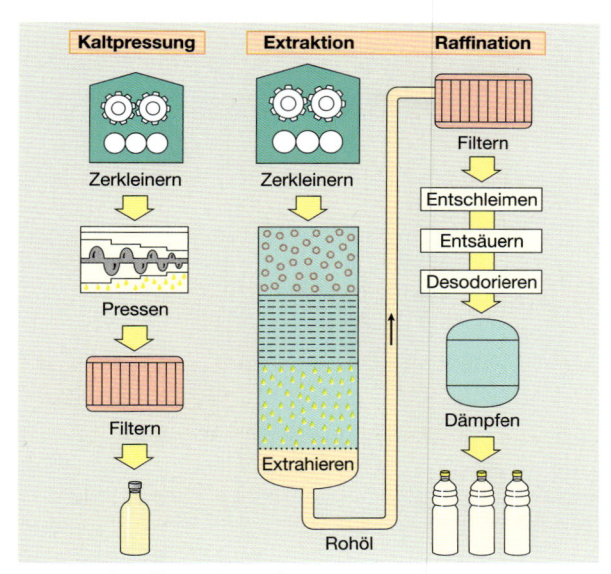

Technologische und ernährungsphysiologische Kenntnisse zu ausgewählten Rohstoffen

1. Vom Rohstoff zum Speiseöl

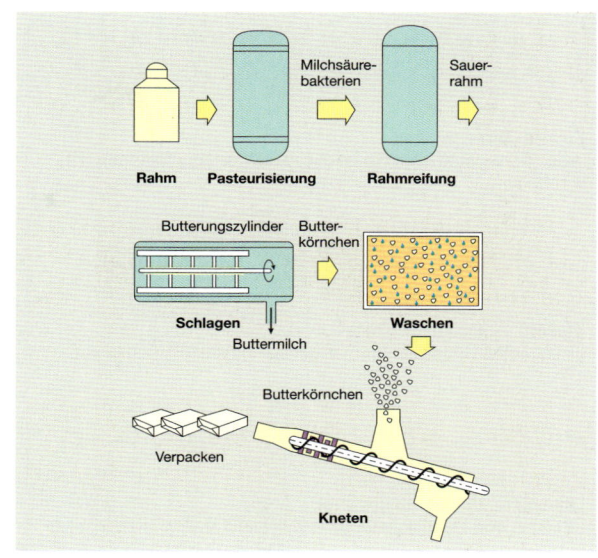

2. Butterherstellung – Schema

5.2 Fetthaltige Rohstoffe

Nach der Herkunft unterscheidet man pflanzliche und tierische Fette, nach der Konsistenz bei Normaltemperatur (20 °C bis 30 °C) flüssige (Öle) und feste Fette. Fette dienen als Energiereserve, weil ihr Brennwert mehr als das Doppelte von Kohlenhydraten und Eiweiß beträgt.
Pflanzen speichern Fette in Samen, Keimen und Früchten, Tiere als Fettgewebe, z. B. Rückenspeck beim Schwein.

Fettgewinnung

Pflanzliche Rohstoffe (Oliven, Nüsse, Ölsaaten usw.) werden kalt gepresst oder extrahiert und raffiniert, das heißt gereinigt (Bild 1). Aus dem Fettgewebe von Tieren wird Schmalz oder Talg bzw. Tran gewonnen, indem es zerkleinert, erhitzt und abgesiebt wird (= Auslassen, Ausbraten). Die Fettgewebestücke nach dem Auslassen heißen Grieben. Das Fett der Milch (ca. 4 %) wird durch Zentrifugieren in Magermilch und Sahne (30 %) getrennt. Beim Schlagen (= Buttern) erhält man Buttermilch und Butter (Bild 2).

Aufbau der Fette

Wie bei den Kohlenhydraten sind auch die Fette aus den chemischen Elementen Kohlenstoff (C), Wasserstoff (H) und Sauerstoff (O) aufgebaut. Fettmoleküle sind Triglyzeride, das heißt, ein Glyzerinmolekül ist mit drei Fettsäuremolekülen zu einem Fettmolekül verbunden. Es können drei gleiche Fettsäuren oder verschiedene Fettsäuren in jeder Kombination an das Glyzerin angelagert sein. Alle Speisefette bestehen aus unterschiedlich zusammengesetzten Fettmolekülen. Daraus ergeben sich die unterschiedlichen geschmacklichen, ernährungsphysiologischen und technologischen Eigenschaften der Speisefette.

Einteilung nach der Herkunft	
Tierische Fette	**Pflanzliche Fette**
Butter, Butterschmalz Schmalz (Schwein, Gans) Rindertalg, Fischtran	Öle Kokosfett Pflanzenmargarine

Einteilung nach der Konsistenz bei 20 °C		
Fest	**Streichfähig**	**Flüssig**
Talg Kokosfett	Butter, Schmalz, Margarine	Öle, Tran

Fettgehalt ausgewählter Rohstoffe (100 g)			
Fleisch	Fisch	Käse	Ei
3 bis 15 g	2 bis 15 g	9 bis 30 g	7 g

3. Eigenschaften ausgewählter Rohstoffe

Butter Margarine	Kokosfett	Speiseöl	Sonnenblumenöl Maiskeimöl
Maximale Erhitzungstemperatur			
150 °C	220 °C	200 °C	200 °C
Häufige Verwendungszwecke			
dünsten, backen Brotaufstrich	braten frittieren	braten frittieren	Salatsoßen

4. Verwendung von Speisefetten

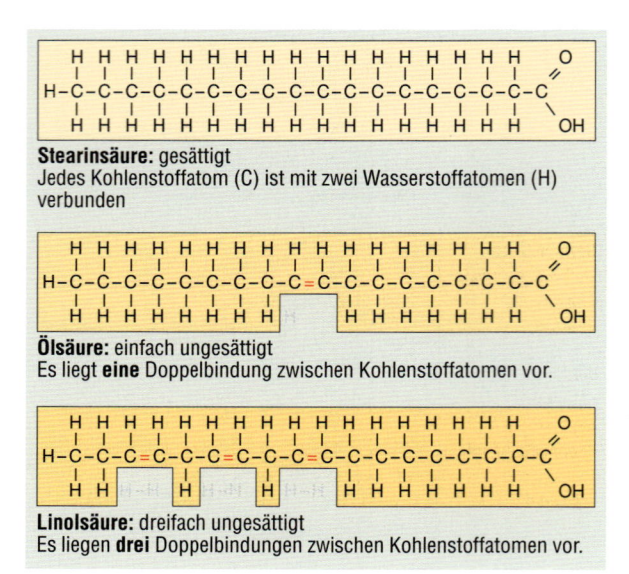

Stearinsäure: gesättigt
Jedes Kohlenstoffatom (C) ist mit zwei Wasserstoffatomen (H) verbunden

Ölsäure: einfach ungesättigt
Es liegt **eine** Doppelbindung zwischen Kohlenstoffatomen vor.

Linolsäure: dreifach ungesättigt
Es liegen **drei** Doppelbindungen zwischen Kohlenstoffatomen vor.

1. Beispiele für Fettsäuren

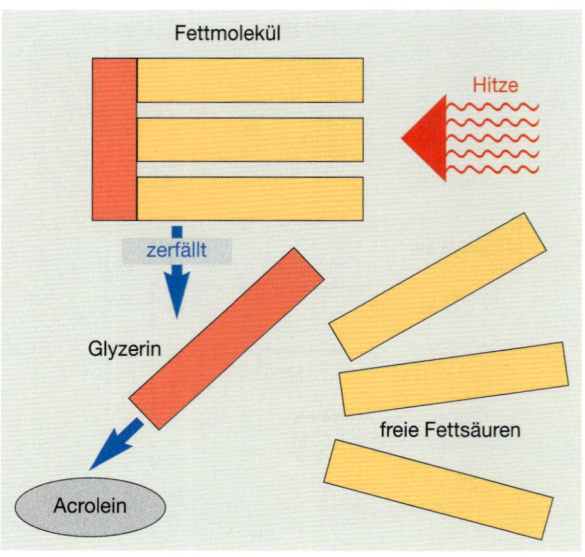

2. Fettzersetzung durch Hitze

5.2.1 Technologische Eigenschaften der Fette

Löslichkeit: Fette sind in Wasser unlöslich und schwimmen wegen der geringeren Dichte auf wässerigen Flüssigkeiten (z. B. Brühen oder Soßen). Man kann sie abschöpfen. In Fettlösemitteln wie Benzin, Benzol und Äther ist Fett löslich. Diese Eigenschaft nutzt man u. a. bei der Fettgewinnung und beim Entfernen eines Fettflecks aus der Kleidung.

Auswirkungen des Schmelz- und Erstarrungsbereichs: Weil Fette Gemische verschiedenartig aufgebauter Fettmoleküle sind, schmelzen bzw. erstarren sie über einen Temperaturbereich von mehreren Grad. Je höher der Erstarrungsbereich ist, desto größer ist die Gefahr, dass das Fett einer nicht mehr ganz heißen Speise beim Essen im Mund erstarrt. Die Geschmacksknospen im Mund werden vom Talg zugeschmiert; ein unangenehmes Gefühl entsteht. Deshalb muss man Speisen, die Talg enthalten, sehr heiß servieren.

Auswirkungen des Siede-/Rauchbereichs und Fettverderb: Wenn ein Fett beim Erhitzen zu „rauchen" beginnt, ist es an der Grenze zum Verbrennen; das heißt, höhere Temperaturen führen zum Verderb. Emulgierte Fette wie Butter oder Margarine enthalten Eiweiß als Emulgator, das ab etwa 150 °C bräunt. Deshalb sind diese Fette für höhere Gartemperaturen, wie sie beim Braten und Frittieren nötig sind, ungeeignet. Beim Überhitzen von Fetten bricht das Fettmolekül auseinander, die Fettsäuren trennen sich vom Glyzerin, und aus dem Glyzerin kann das gesundheitsschädliche Acrolein entstehen (Bild 2). Beim Ranzigwerden findet außerdem eine Spaltung der Fettsäuren statt.

Emulgiervermögen von Fetten: Fett und Wasser stoßen sich ab. Will man sie verbinden, braucht man einen Stoff mit einer wasserfreundlichen und einer fettfreundlichen Komponente; diese Stoffe eignen sich als Emulgatoren (z. B. Eiweiß, Lezithin). Zur Herstellung einer Emulsion muss man die richtige Technologie anwenden, damit eine dauerhafte Verbindung zwischen Fett und Wasser entstehen kann.

Beispiel: Bei der Mayonnaise-Herstellung sollen alle Zutaten Zimmertemperaturen haben; das Öl lässt sich dann leichter in feinen Tröpfchen im wässerigen Mayonnaiseansatz verteilen. Zu Beginn des Einrührens halten sich die feinen, vom Emulgator umschlossenen Wassertröpfchen im Öl in der Schwebe (Wasser/Fett-Emulsion). Bei der weiteren Ölzugabe werden die feinen Fetttröpfchen vom Emulgator umschlossen und schweben im wässerigen Teil (Fett/Wasser-Emulsion).

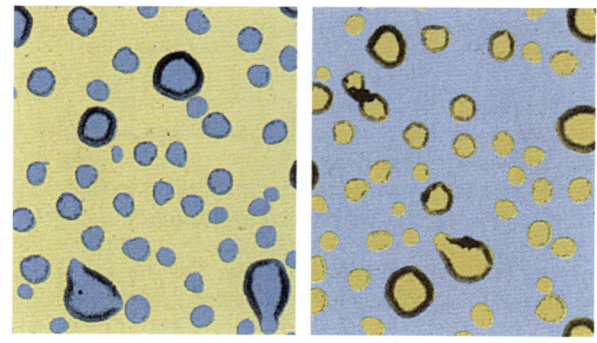

3. Emulsionen: Wasser in Fett (links) und Fett in Wasser

Technologische und ernährungsphysiologische Kenntnisse zu ausgewählten Rohstoffen

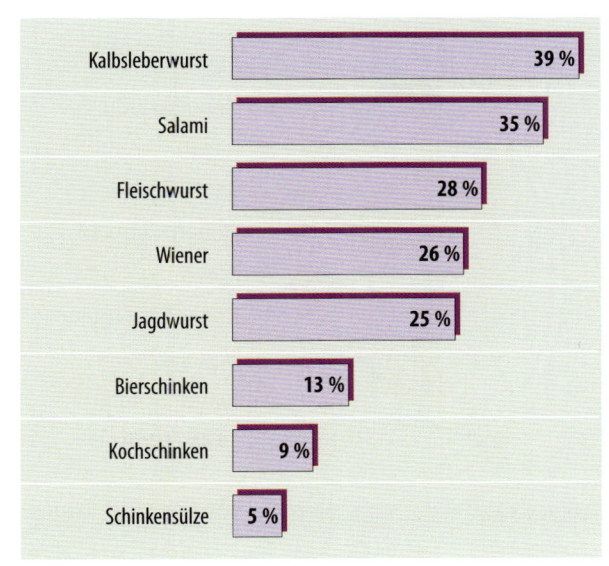

	Kalbsleberwurst	39 %
Salami	35 %
Fleischwurst	28 %
Wiener	26 %
Jagdwurst	25 %
Bierschinken	13 %
Kochschinken	9 %
Schinkensülze	5 %

1. Fettgehalte von Fleisch- und Wurstwaren

	gesättigte Fettsäuren		ungesättigte Fettsäuren			
	Palmitinsäure	Stearinsäure	Ölsäure	Linolsäure	Linolensäure	Arachidonsäure
tierische Fette						
• Schweineschmalz	27	14	45	8		
• Rindertalg	30	20	39	3		
• Butter	24	13	30	2	1	2
pflanzliche Fette						
• Erdnussöl	10	3	50	31		6
• Kokosfett	9	3	6	2		
• Sonnenblumenöl	7	5	23	63		
• Maiskeimöl	13	4	32	50	1	
• Olivenöl	15	2	71	8		
• Rapsöl	4	2	63	20	9	

2. Fettsäureanteile in Fetten und Ölen

5.2.2 Bedeutung der Fette in der Ernährung

Mit 37 kJ/g ist Fett der energiereichste Nährstoff. Die Fettaufnahme sollte etwa 25 % bis 30 % der täglichen Gesamtenergiezufuhr betragen. Je Kilogramm Körpergewicht benötigt der Mensch täglich etwa 0,7 bis 1 g Fett. Von erheblicher Bedeutung ist dabei die Fettzusammensetzung. Es sollten Fette mit ungesättigten Fettsäuren bevorzugt werden.

Bei der Ermittlung der Gesamtfettaufnahme ist zu beachten, dass neben dem Streichfett auch das Fett zum Garen und Verfeinern von Speisen sowie das in vielen Nahrungsmitteln „versteckte" Fett erfasst wird. Bild 1 zeigt, dass der Fettgehalt von Wurst 25 % und mehr betragen kann, obwohl die Wurst nicht fettig aussieht und schmeckt. Dies ist zum Teil darauf zurückzuführen, dass das Fett in der Wurstmasse (Brät) gleichmäßig fein verteilt wurde.

Auch andere Nahrungsmittel wie Käse, Sahne, Eigelb oder Schokolade sowie Cremes, Torten und Eis sind fettreich und deshalb wohlschmeckend. Mit zunehmendem Wohlstand besteht deshalb die Gefahr der (Fett-)Überernährung. Oft wird versucht, dem dadurch entstehenden Risiko an Zivilisationskrankheiten (Gefäßverkalkung, Herzinfarkt, Schlaganfall) mit generellem Fettverzicht zu begegnen. Dies ist sicherlich falsch, denn:
- Fette sind Lieferanten von Fettsäuren, insbesondere der essenziellen (lebenswichtigen) Linolsäure.
- Fette sind Träger der fettlöslichen Vitamine A, D, E, K und des Provitamins A (Carotin).
- Fette sind Träger von Geruchs- und Geschmacksstoffen, die wesentlich den Nähr- und Genusswert bestimmen.

Lezithine und Cholesterine

Lezithine sind fettähnliche Stoffe, die anstelle einer dritten Fettsäure einen wasserfreundlichen Phosphorsäurerest am Glyzerin angelagert haben. Deshalb können Lezithine als Emulgatoren wirken. Sie werden in ausreichender Menge im Körper gebildet und beim Aufbau der Zellwand benötigt. Besonders viel Lezithin ist in Gehirn- und Nervenzellen, im Knochenmark und in der Leber vorhanden.

Cholesterin ist ein Begleitstoff von Fetten tierischer Herkunft. Er wird vom menschlichen Körper in genügender Menge gebildet. Unter Verwendung von Cholesterin kann der Körper Vitamin D, Hormone und Zellwände aufbauen. Die Höhe des Cholesterinspiegels im Blut wird von der Ernährung beeinflusst. Viel tierisches Fett in der Nahrung bewirkt bei schon vorhandenem Übergewicht einen hohen Cholesterinspiegel, der zu Kreislauferkrankungen und Herzinfarkt führen kann. Pflanzenöle mit vielen ungesättigten Fettsäuren und ballaststoffreiche Nahrung können den Cholesterinspiegel senken. Cholesterin ist besonders in Kalbshirn, Eidotter und Innereien enthalten.

1. Warum sind Fettmoleküle mit vielen ungesättigten Fettsäuren leicht verdaulich?
2. Welche Fette haben einen hohen Erstarrungsbereich?
3. Warum darf überhitztes Fett nicht mehr verwendet werden?
4. Welche Stoffe benötigt man für eine Emulsion?
5. Nennen Sie vier cholesterinreiche Speisen. Welche Nahrungsmittelgruppe ist cholesterinfrei?

100 g Vollmilch enthalten
Eiweißstoffe 3,5 g
Fette 3,5 g
Kohlenhydrate 5,0 g
Mineralstoffe 0,7 g
Wasser ca. 87,0 g
Vitamin A + Karotin,
Vitamin B_1, Vitamin B_2,
Vitamin C

1. Inhaltsstoffe der Milch

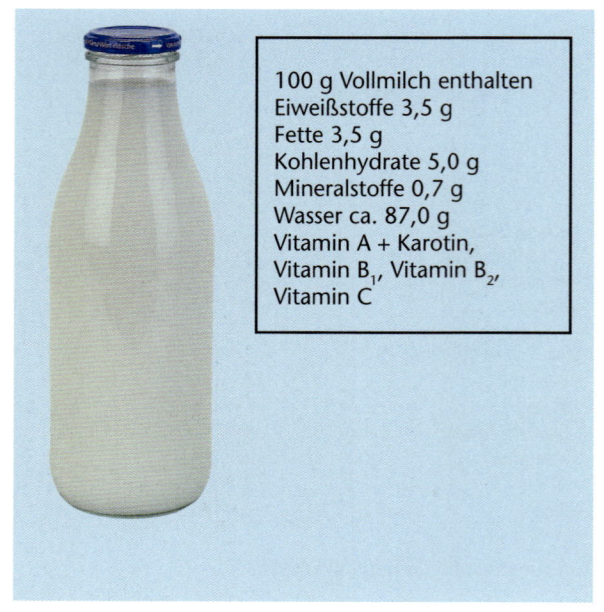

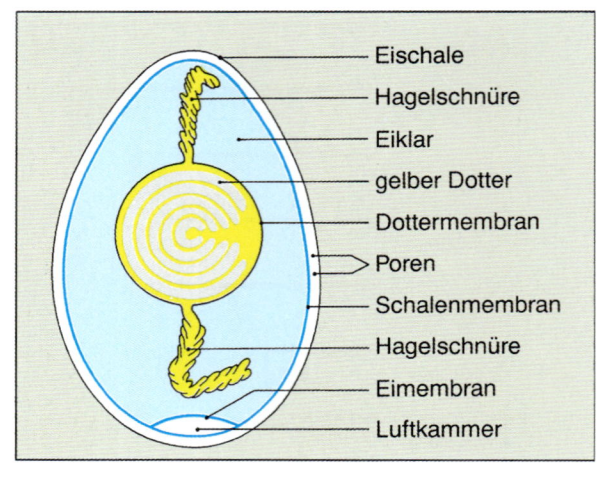

Inhaltsstoffe	Eigelb	Eiklar
Eiweißstoffe	16,6 %	10,6 %
Fette	32,6 %	Spuren

2. Aufbau des Hühnereis

5.3 Eiweißreiche Rohstoffe

Eine einfache Merkformel für die Elemente, die im Eiweiß enthalten sind, lautet „COHNS" (C = Kohlenstoff, O = Sauerstoff, H = Wasserstoff, N = Stickstoff, S = Schwefel). Eiweißstoffe mit diesen Elementen heißen **Proteine** (einfache Eiweißstoffe). Sind noch andere Elemente wie Eisen oder Phosphor enthalten, nennt man sie **Proteide** (zusammengesetzte Eiweißstoffe).

Eiweiß ist als **Baustoff** in jeder Zelle zu finden. Die Träger der Erbsubstanz, die Gene, sind aus Eiweißstoffen aufgebaut. Eiweiß ist Bestandteil der Enzyme und vieler Hormone.

Aufbau der Eiweißmoleküle

Als Grundbausteine dienen etwa 20 verschiedene Aminosäuren. Im ersten Aufbauschritt verbinden sich ca. 1 000 Aminosäuren zu einer langen Kette – Primärstruktur. Dabei können sie beliebig kombiniert werden, sodass sehr viele verschiedene Eiweißstoffe entstehen können.

Diese Kette erhält im zweiten Aufbauschritt durch innere Wechselwirkung entweder eine leicht gefaltete Form (Faltblattstruktur) oder eine spiralig gewundene (Helixstruktur) – Sekundärstruktur.

Im dritten Schritt bildet sich daraus, je nach innerer Bindung, ein kugelförmiges (globuläres) oder ein fadenförmiges (fibrilläres) Eiweißmolekül – Tertiärstruktur.

Als vierten Aufbauschritt kann es noch Bindungen zwischen mehreren kugel- oder fadenförmigen Ketten geben – Quartärstruktur. Art und Reihenfolge der Aminosäuren sowie Bindungen innerhalb und zwischen den Ketten geben dem Eiweißmolekül seine charakteristische Eigenschaft.

Arten von Eiweißstoffen

In den Lebensmitteln sind immer mehrere Eiweißarten enthalten. So enthält Fleisch u.a. Albumine, Globuline, Kollagen und Myoglobin. (→ 51, Bild 1) Die Art und die Menge der enthaltenen Eiweißarten bestimmen die technologischen Eigenschaften der eiweißhaltigen Rohstoffe.

Gerinnung (Denaturierung) von Eiweißstoffen

Bei der Gerinnung von Eiweiß, sei es durch Hitze (um 70 °C), Säure oder Salz, werden die äußeren Eiweißstrukturen aufgebrochen. Die Aminosäureketten können dann von den eiweißabbauenden Enzymen leichter in Aminosäuren gespalten werden. Deshalb ist geronnenes Eiweiß leichter verdaulich als rohes und hat den gleichen Energiewert.

5.3.1 Eigenschaften eiweißhaltiger Rohstoffe

In der **Milch** ist Milcheiweiß (Kaseinogen) gelöst, das durch Säure gerinnt und die Milch dicklegt. Dieser Eigenschaft verdanken wir u.a. Joghurt, Dickmilch, Quark und Käse (→ 247ff.). Die Säuerung entsteht durch Vergären des Milchzuckers durch Milchsäurebakterien. Bei der Käseherstellung wird die **Dicklegung** durch die Zugabe von Enzymen aus dem Kälbermagen (Lab) herbeigeführt.

Das Eiweiß der Milch hält die Fetttröpfchen für Stunden in Schwebe und verhindert, dass sie aufschwimmen und eine Rahmschicht bilden. Soll das Aufrahmen ganz verhindert werden, müssen die Fetttröpfchen stark verkleinert und vereinheitlicht (**homogenisiert**) werden.

Eier werden nicht nur als Eierspeisen (→ 244) zubereitet. Vollei, Eigelb (Dotter) und Eiklar haben auch eine breite technologische Funktion bei der Speisenherstellung.

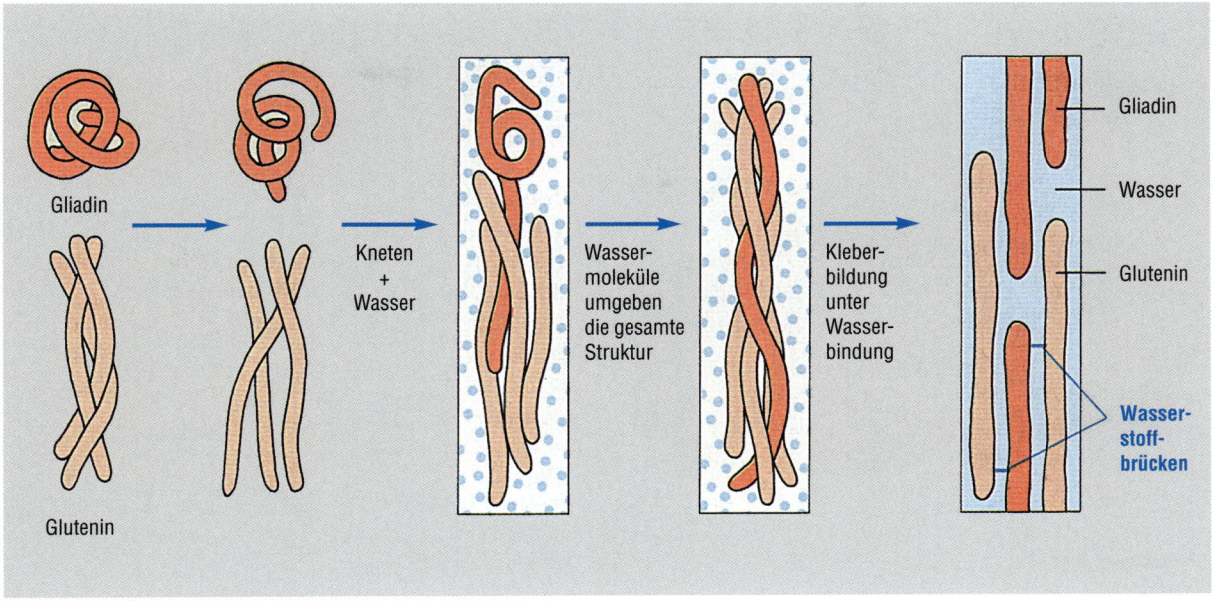

Technologische und ernährungsphysiologische Kenntnisse zu ausgewählten Rohstoffen

1. Kleberbildung mit Wasserbindung

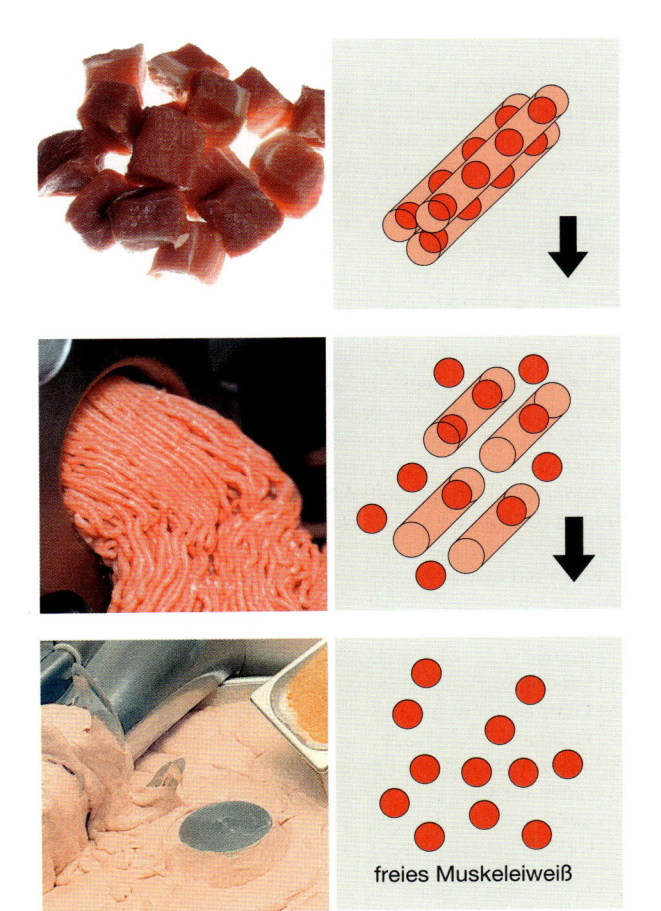

Bei der Teigbereitung für Brote muss das **Weizenmehl** mit Wasser und Salz ausgiebig geknetet werden, um aus den Eiweißgrundstoffen Gliadin und Glutenin den gasundurchlässigen Kleber (Gluten) auszubilden (Bild 1).
Hafermehl enthält keinen Kleber, deshalb zerbröckelt eine Mischung aus Hafermehl, Wasser und Salz; sie ist nicht backfähig. Im Brotteig hat der **Kleber** die Funktion, das von der Hefe gebildete Gas (CO_2) in kleinen Poren festzuhalten und dadurch den Teig aufgehen zu lassen bzw. das Gebäck zu lockern. Das Wasser, das der Kleber beim Quellen aufgenommen hat, gibt er bei der Hitzegerinnung wieder ab. Die Stärke verkleistert mit diesem Wasser. Geronnener Kleber und verkleisterte Stärke bilden das Krumengerüst des Brotes (→ 50, Bild 1).

Fleischmasse (Brät/Farce), hergestellt aus gehacktem **Fleisch**, Salz, Wasser und Fettgewebe, ist eine hitzebeständige Mischung. Das Muskeleiweiß **Globulin** wird dadurch gelöst, dass man Fleisch hackt und im Kutter mit Eisstückchen und Salz mit rotierenden Messern weiter zerkleinert und vermischt (Bild 2). Die Globuline quellen dabei auf und durchziehen fadenartig die Masse. Das zerkleinerte Schweinefettgewebe wird in diese Masse gekuttert. Die Globuline umschließen als Emulgator die Fettteilchen und verhindern, dass sich beim Garen der Wurst das Fett absetzen kann. Aus der streichfähigen Fleischmasse wird (bei etwa 65 °C) schnittfeste Wurst, weil sie sich durch die **Hitzegerinnung** des Eiweißes verfestigt. Bei höheren Temperaturen gerinnt das Eiweiß zu stark, dehnt sich aus und verliert dabei teilweise die Wasserbindefähigkeit; Ergebnis: eine geplatze Hülle und weniger saftige Wurst.

2. Muskeleiweiß bei der Herstellung von Brühwurstbrät

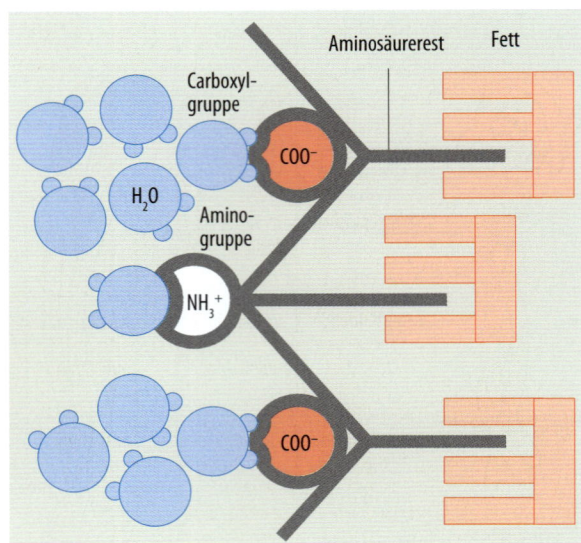

1. Porung bei Brot

2. Eiweiß als Emulgator

Die **Wasserbindefähigkeit** von Eiweiß wird auch beim Kochen eines Hühnereis deutlich. Eiklar enthält 86 % Wasser und 11 % Eiweiß. Im gekochten Ei ist das Wasser vollständig gebunden. Verdünnt man das Vollei mit Milch im Verhältnis 1 : 1 und gart diese Mischung, erhält man schnittfesten Eierstich.

Beim **Schlagen von Eischnee** zerteilen die Stahldrähte des Schneebesens das zähflüssige Eiklar und vermischen es mit Luft. Das ständige Weiterschlagen bewirkt, dass immer mehr Luft in feinen Bläschen durch die Eiweißstoffe (Albumin, Globulin) eingeschlossen wird. Ein Teil der Eiweißstoffe denaturiert und bindet dabei Wasser. Schlägt man Zucker unter das Eiklar, erhöht sich die Schaumstabilität, weil auch der Zucker Wasser bindet. Wird die Schaummasse in Formen gespritzt und bei ca. 100 °C getrocknet, erhält man lockeres poröses Schaumgebäck. Bei zu kurz geschlagenem Eischnee ist die Wasserbindung noch nicht optimal; bei zu lange geschlagenem ist das Eiweiß zu stark denaturiert und kaum noch wasserbindefähig.

Das **Klären** von Flüssigkeiten durch gerinnendes Eiweiß, vor allem durch Albumine, wird z. B. bei der Zubereitung von Kraftbrühen angewendet. Eine Fleischbrühe wird mit dem eiweißreichen Ansatz – grob gehacktes, mageres Fleisch, Eiklar, Suppengemüse und Gewürze – vermischt und erhitzt. Bei etwa 65 °C gerinnen die Eiweißstoffe und schließen alle Teilchen ein, die eine Brühe trüben. Nach dem Auslaugen der kräftigenden Inhaltsstoffe des Ansatzes wird die Kraftbrühe durch ein Tuch passiert; sie ist vollkommen klar. Nach dem gleichen Prinzip klärt man Sülzen, Aspik oder Weingelee mit Eiklar.

Durch **Legieren** werden Suppen und Soßen verfeinert und leicht gebunden. Eine Mischung aus Eigelb und Sahne wird mit wenig heißer Flüssigkeit verrührt, um sie zu temperieren. Dann rührt man sie in die heiße Suppe oder Soße und erhitzt sie bis zur optimalen Bindung. Wird zu stark erhitzt, gerinnt das Eiweiß des Eigelbs und die Bindung geht verloren.

Die **Emulgatorwirkung** von Eiweiß zeigt sich z. B. bei der Mayonnaise-Herstellung. Eiweiß aus dem Eigelb schiebt sich zwischen Fett- und Wassertröpfchen und verbindet beide Phasen, indem sich die Reste der Aminosäureketten mit den Fettsäuren und die Carboxylgruppen (COO^-) sowie die Aminogruppen (NH_3^+) des Eiweißes mit den Wassermolekülen verbinden. Dies ist möglich, weil die genannten Teile unterschiedliche elektrische Ladungen tragen (Bild 2).

1. Nennen Sie die Eiweißarten, die technologisch genutzt werden.
2. Wie kommt das lockere Krumengerüst von Brot zustande?
3. Warum setzt sich das Fett in der Wurst nicht ab?
4. Erläutern Sie die Vorgänge beim Schlagen von Eischnee.
5. Warum soll eine Suppe oder Soße nach dem Legieren nicht kochen?

Technologische und ernährungsphysiologische Kenntnisse zu ausgewählten Rohstoffen

	Albumine	Gloduline	Gluten (Kleber)	Kollagen	Hämoglobin	Myoglobin	Kaseinogen
Vorkommen	Fleisch, Fisch, Ei, Milch, Gemüse, Getreide, Hülsenfrüchte, Kartoffeln, Obst	Fleisch, Fisch, Ei, Milch, Blut, Getreide, Hülsenfrüchte, Kartoffeln	Weizen	Bindegewebe von Fleisch, Haut, Knorpel, Knochen	Blut	Fleisch	Milch
Eigenschaften	in Wasser löslich	in Salzwasser löslich		in heißem und angesäuertem Wasser löslich	gelöst	gelöst	gelöst
	wasserbindend	wasserbindend	wasserbindend	wasserbindend			
		quellfähig	quellfähig	quellfähig, gelbildend			
	schaumbildend, gashaltend	schaumbildend, gashaltend	gashaltend				
	gerinnt durch Hitze und Säure	gerinnt durch Hitze und Säure	gerinnt durch Hitze		gerinnt durch Hitze, roter Farbstoff wird grau	gerinnt durch Hitze, roter Farbstoff wird grau	gerinnt durch Säure und Lab (Enzym)
	Alle Eiweißstoffe können Fett und Wasser (unterschiedlich gut) emulgieren.						

1. Eiweißstoffe

Zum **Gelieren** von Flüssigkeiten eignet sich das Bindegewebseiweiß Kollagen, getrocknet als Gelatine erhältlich. Es wird aus Schwarten und Knochen von Schlachttieren durch Auskochen gewonnen und ist ein Eiweiß, das im vierten Aufbauschritt eine fadenförmige Struktur bildet. Die Faserstränge des Kollagens lockern sich in heißer Flüssigkeit, quellen stark auf und lösen sich. Ein Sol ist entstanden. Erstarrt die Flüssigkeit beim Abkühlen, nennt man sie Gel. Dabei wird das gesamte Wasser zwischen den erstarrenden Fastersträngen eingeschlossen. Die Zustandsveränderung ist umkehrbar, weil Kollagen durch Hitze nicht gerinnt (Gerinnung lässt sich nicht mehr rückgängig machen).
Für Sülzen und Aspik wird kollagenreiches Material, z. B. Kopf oder Füße von Kalb und Schwein, gekocht; die Brühe geliert in kaltem Zustand.
Gelatine schmeckt neutral, deshalb kann sie auch bei Süßspeisen wie Cremes, Gelees, Speiseeis und zum Steifen von geschlagener Sahne eingesetzt werden.
Die Kochwürste (Blut-, Leber- und Sülzwürste) erhalten ihre gelierende Bindung durch mitgekochte Schwarten. Bindegewebereiche Fleischteile werden durch Garen nur kaubar, wenn sie während des Garvorgangs genügend Wasser einlagern können. Es kommen dafür vor allem die Garverfahren Schmoren und Kochen infrage. Weil die Quellfähigkeit des Kollagens in säurehaltiger Flüssigkeit zunimmt, wird zähes Fleisch auch sauer eingelegt, etwa Rindfleisch für Sauerbraten.
Bindegewebearme Fleischstücke, z. B. Roastbeef, lässt man zwei bis vier Wochen reifen (abhängen), damit sich Säure bilden und das Bindegewebe gut quellen kann. Daraus lassen sich zarte und schmackhafte Steaks zubereiten.

Eiweißverderb durch Fäulnis
Fäulnisbakterien können das Eiweiß in den Lebensmitteln zu den übel riechenden und schmeckenden Aminosäure-Bruchstücken Ammoniak und Schwefelwasserstoff abbauen. Bestimmte Bakterien produzieren beim Faulen aus dem Eiweiß giftige Stoffe, die Übelkeit und Magenkrämpfe verursachen können. Besonders rasch verderben zerkleinertes Fleisch und aufgeschnittene Wurst. Der Verderb ist am widerlichen Geruch und an der grau-grünlichen Verfärbung zu erkennen. Der Verderb lässt sich durch die Einhaltung der Hygienemaßnahmen und gute Kühlung verzögern.

1. Aus welchen Elementen sind Eiweißstoffe aufgebaut?
2. Nennen Sie die kleinsten Eiweißbausteine und beschreiben Sie den Eiweißaufbau.
3. Wodurch unterscheiden sich Proteine und Proteide?
4. Welche Eiweißarten sind im Fleisch, im Ei und in der Milch enthalten?
5. Wodurch können Eiweißstoffe gerinnen?
6. Beschreiben Sie die Funktion des Kleber-Eiweißes im Brotteig.
7. Warum ist bei der Herstellung von Brät oder Farce die Salzzugabe beim Zerkleinern so wichtig?
8. Bei welchen Speisen ist das Klären üblich? Erläutern Sie den Klärvorgang.
9. Warum kann Eiweiß als Emulgator wirken?
10. Welche Eigenschaften hat Kollagen?

1. Aufbau von Körpereiweiß (Beispielzahlen)

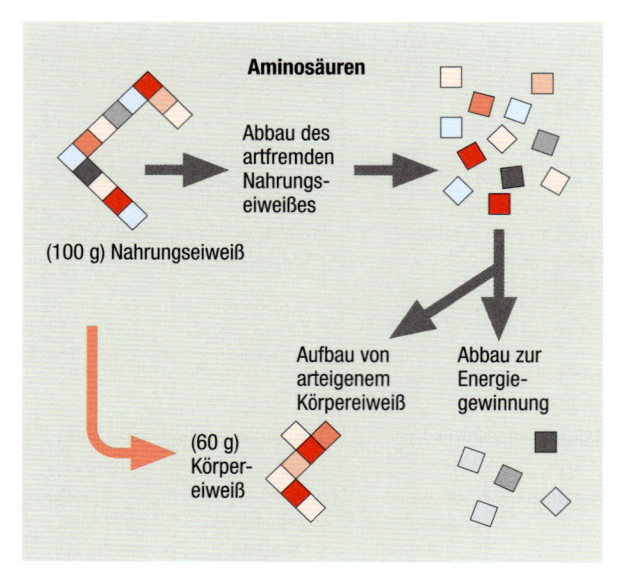

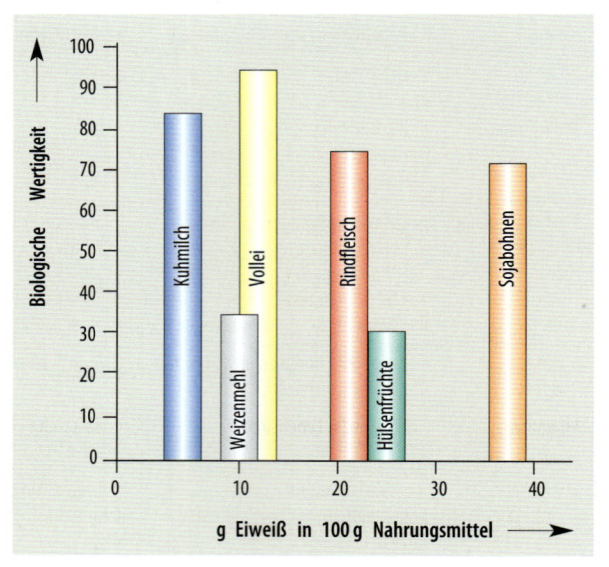

2. Biologische Wertigkeit von Eiweiß

5.3.2 Bedeutung von Eiweiß in der Ernährung

Die Eiweißarten in den Lebensmitteln unterscheiden sich sowohl in der Menge als auch in der Verwertbarkeit für den Menschen. Bedeutsame Eiweißträger sind Hülsenfrüchte 20 % bis 35 % (in getrocknetem Zustand), Fleisch und Fisch 12 % bis 22 %, Eigelb 17 %, Eiklar 11 %, Mischbrot 7 %.

Eiweiß wird zum Aufbau der Körperzellen benötigt. Es kann weder durch einen anderen Nährstoff ersetzt werden noch ist der menschliche Körper in der Lage, selbst Eiweiß aufzubauen, wenn die Eiweißbausteine nicht mit der Nahrung zugeführt werden. Bei der Verdauung werden die aufgenommenen Eiweißstoffe im Darm bis zu ihren Bausteinen, den Aminosäuren, zerlegt. In geänderter Reihenfolge werden sie, gemäß dem genetischen Programm, zu Körpereiweiß zusammengefügt (Bild 1).

Manche Aminosäuren kann der Körper teilweise aus anderen Nährstoffen selbst aufbauen. Dagegen müssen die **essenziellen Aminosäuren** unbedingt mit der Nahrung zugeführt werden. Fehlt eine essenzielle Aminosäure in der Nahrung oder ist sie in zu geringer Menge vorhanden, so kann der Körper das Nahrungseiweiß nicht vollständig zum Aufbau von Körpereiweiß verwenden; es wird in Energie umgewandelt (17 kJ/g).

Weil die Verwertbarkeit des Nahrungseiweißes nicht gleich hoch ist, dient zur Einstufung der Eiweißqualität der Begriff der **biologischen Wertigkeit**: Die biologische Wertigkeit entspricht der Anzahl von Gramm Körpereiweiß, die aus 100 g Nahrungseiweiß aufgebaut werden können.

Die Aminosäurezusammensetzung des tierischen Eiweißes kommt der des menschlichen Eiweißes sehr nahe. Deshalb hat es eine höhere biologische Wertigkeit als das Eiweiß der meisten pflanzlichen Nahrungsmittel.

Von großer Wichtigkeit ist der **Ergänzungswert** der Eiweißstoffe, die aus unterschiedlichen Lebensmitteln stammen. Durch gemischte Kost ergänzen sich die aufgenommenen essenziellen und die im Körper im Überfluss vorhandenen nichtessenziellen Aminosäuren im Idealfall zu einer biologischen Wertigkeit von 140. Deshalb ist Abwechslung innerhalb eines Menüs wichtig für die bestmögliche Nutzung der Nahrung.

Der tägliche **Eiweißbedarf** ist je nach Alter bzw. Lebensstadium und Körpergewicht unterschiedlich hoch. Die Menge an Nahrungseiweiß, die pro Tag zugeführt werden muss, bezeichnet man als physiologisches Eiweißminimum. Es liegt, je nach biologischer Wertigkeit, bei 30 g bis 40 g; das Eiweißoptimum liegt etwa doppelt so hoch. Ein zu hoher Eiweißkonsum kann zu überhöhten Harnsäurewerten im Blut führen. Wenn sich Harnsäurekristalle in den Gelenken ablagern, kommt es zu Gichtanfällen.

Rechenbeispiel:
Wie viel Gramm Körpereiweiß kann aus einem Steak von 200 g aufgebaut werden (Eiweißgehalt 20 %; biologische Wertigkeit 75)?
Berechnung des Eiweißgehalts: 20 % Eiweiß von 200 g Fleisch ergibt 40 g Eiweiß. Aus 40 g Eiweiß mit einer biologischen Wertigkeit von 75 kann 30 g Körpereiweiß (75 % von 40 g) gebildet werden.

Wie viel Gramm Körpereiweiß können aus 250 g Milch bzw. 60 g Vollei aufgebaut werden?

Technologische und ernährungsphysiologische Kenntnisse zu ausgewählten Rohstoffen

Vitamin	Vorkommen in Nahrungsmitteln	Aufgaben im Körper	Mangelerscheinungen
Vitamin A Retinole Provitamin: Carotin	Eigelb, Palmöl Leber, Lebertran Karotten, Eigelb, Spinat, Petersilie	Beeinflussung des Zellwachstums, Beteiligung am Sehvorgang	Nachtblindheit, Verhornung von Haut und Schleimhäuten
Vitamin B_1 Thiamin	Vollkornerzeugnisse Hefe, Fleisch, Innereien	Bestandteil von Enzymen, Abbau der Kohlenhydrate	Wachstumsstörungen, Nervenstörungen, Beriberi-Krankheit
Vitamin-B_2-Komplex Riboflavin Niacin Folsäure Pantothensäure	Vollkornerzeugnisse Hefe, Fleisch, Innereien, Eier Milch, Gemüse Pilze	in vielen Enzymen enthalten, Steuerung von Stoffwechselvorgängen	Schädigung der Haut und der Schleimhäute, Gewichtsabnahme
Vitamin B_6 Pyridoxin	Getreideprodukte, eiweißreiche Lebensmittel, Blattgemüse	Coenzym im Eiweißstoffwechsel	Krämpfe bei Säuglingen, beim Erwachsenen nicht bekannt
Vitamin B_{12} Colabamin	Tierische Lebensmittel	Bestandteil eines Coenzyms, Aufbau der Zellkernsubstanz, Bildung der roten Blutkörperchen	Störung der Zellbildung, Nervenstörung
Vitamin C Ascorbinsäure	Obst, Gemüse Kartoffeln	Einfluss auf den Stoffwechsel von Bindegewebe	Blutungen in der Haut, Infektionsanfälligkeit, Skorbut
Vitamin D Calciferole	Milch, Eigelb, Lebertran, Pilze	Verknöcherung des Skeletts	Rachitis, Knochenerweichung
Vitamin E Tocopherole	Getreidekeime, Keimöl, Eier, Leber	verhindert Oxidation von ungesättigten Fettsäuren	Muskelschwund

1. Vitaminauswahl (▇ fettlöslich, ▇ wasserlöslich) in ausgewählten Rohstoffen

Vitaminverluste durch	anfällige Vitamine	Regeln zur Vitaminerhaltung
(Licht)	Vitamin A Vitamin K Vitamin B_{12} Vitamin D Vitamin E Vitamin C Vitamin B_{12} Vitamin B_6	Lebensmittel dunkel und verpackt lagern; Kräuter, Gemüse und Obst erst unmittelbar vor der Zubereitung schneiden; bereits bearbeitete Lebensmittel abdecken
(Luft)	Vitamin A Vitamin D Vitamin E Vitamin C Vitamin K Vitamin B_1 Vitamin B_{12}	nicht unnötig zerkleinern; keine langen Lagerzeiten; geöffnete Behältnisse schnell wieder verschließen; ansonsten siehe oben
(Hitze)	Vitamin C Vitamin B_1 Vitamin A Vitamin K Vitamin B_2 Vitamin B_6 Vitamin B_{12}	schonend garen (dämpfen, dünsten, grillen); richtige Gar-Temperatur wählen; Garzeiten kurz halten; Warmhalten von Speisen vermeiden (aufwerten, z. B. mit Kräutern)
(Wasser)	Alle Vitamine, mit Ausnahme der fettlösenden Vitamine A, D, E, K	Lebensmittel kurz waschen; nicht stärker als notwendig zerkleinern; wenig Wasser zum Kochen verwenden; Koch- und Dosenwasser mit verwenden

2. Vitaminerhaltung

5.4 Vitaminreiche Rohstoffe

Vitamine sind lebenswichtige organische Wirkstoffe. Sie können nicht vom Körper gebildet werden. Nur von den fettlöslichen Vitaminen kann er ein kleines Depot anlegen, die wasserlöslichen müssen dauernd mit der Nahrung zugeführt werden. Vitamine haben Regler- und Schutzfunktionen: Sie regeln Stoffwechselvorgänge, wirken bei der Energiegewinnung mit und sind am Aufbau körpereigener Substanzen wie Enzyme und Hormone beteiligt. Bei der Knochenbildung, beim Wachstum und bei der Wundheilung sind sie unentbehrlich. Sie stärken die Widerstandsfähigkeit gegen Krankheiten und erhöhen die geistige Spannkraft. Provitamine sind Vorstufen von Vitaminen, aus denen der Körper selbst Vitamine bilden kann.

Vitaminbedarf: Vitamine wirken in kleinsten Mengen. Der Tagesbedarf der Vitamine ist umstritten, liegt jedoch unter 10 mg (Ausnahme: Vitamin C bei 100 mg). Er ist von der körperlichen und geistigen Belastung und von Umweltfaktoren abhängig. Der Gesamt-Vitaminbedarf wird normalerweise bei einer frisch zubereiteten, voll-wertigen Mischkost gedeckt. Vitamindefizite können bei Krankheiten, starkem Schwitzen, Nikotin- und Alko-holmissbrauch und durch Medikamente entstehen und zu Mangelerscheinungen führen (Bild 1).

Vitaminerhaltung: Vitamine sind sehr empfindliche Nährstoffe. Sie können durch Hitze, Licht, Luft (Sauerstoff) und zum Teil durch Kälte (Vitamin E) unwirksam werden. Die wasserlöslichen werden ausgelaugt. Küchentechnische Verfahren sind deshalb so zu gestalten, dass der Vitaminverlust möglichst gering ist (Bild 2).

Element	Vorkommen in Nahrungsmitteln	Aufgaben im Körper	Mangelerscheinungen
Natrium (Na)	Kochsalz, gesalzene Lebensmittel	Regulation des Wasserhaushalts, Enzymaktivierung	Muskelkrämpfe, Nervenfunktionsstörung
Chlor (Cl)	wie Natrium	Regulation des Wasserhaushalts, Magen-Salzsäure	wie Natrium
Kalium (Ka)	Gemüse, Hülsenfrüchte, Salate, Obst, Pilze, Weizenkeime	Regulation des Wasserhaushalts, Muskel- und Nervenfunktionen, Enzymaktivierung	Muskelkrämpfe, Herzrhythmusstörungen, Nieren- und Lungenversagen
Calcium (Ca)	Milch- und Milchprodukte, Eigelb, Hülsenfrüchte, Gemüse	Knochen- und Zahnbaustoff, Nervenerregung, Muskelkontraktion, Zusammenspiel mit Vitamin D und B_{12}	Muskellähmung, Knochenwachstumsstörungen, Knochenbrüchigkeit, spontane Blutungen
Phosphor (P)	Milch- und Milchprodukte, Vollkorn, Weizenkeime, Fisch, Fleisch	Knochen- und Zahnbaustoff, Energieumsatz	Störungen des Knochenstoffwechsels, Gliederschmerzen, Schwäche, Müdigkeit
Magnesium (Mg)	alle grünen Pflanzen, Milch, Hefe	Knochenaufbau, Enzymaktivierung, Nervenfunktionen	Muskelschwäche, Zittern, Schlaflosigkeit
Eisen (Fe)	Fleisch, Vollkorn, grüne Gemüse, Leber	Bildung des Blut- und Muskelfarbstoffs Sauerstofftransport	Konzentrationsschwäche, Kopfschmerzen, Müdigkeit
Jod (J)	Seefische, Meerestiere, Leber, Milch	Bestandteil des Schilddrüsenhormons, Stoffwechsel	Kropf, Wachstumsstörungen, Schwachsinn
Fluor (F)	Fisch, Fleisch, Nüsse, Gemüse, Schwarztee	Zahnfestigung, Karies-Schutz	Karies

1. Mineralstoffe in ausgewählten Rohstoffen

Um bei der Speisenzubereitung die Vitamin- und Mineralstoffverluste gering zu halten, gelten folgende Empfehlungen: Verluste treten im Wesentlichen nur durch Auslaugen bei Waschen, Weichen, Wässern und beim Garen in Flüssigkeit auf. Deshalb sollte Gemüse nur kurz in kaltem Wasser gewaschen werden. Eine Lagerung von geschältem oder gar zerkleinertem Gemüse in Wasser ist zu vermeiden. Blanchieren (kurzes Aufkochen in Wasser) ist nur in wirklich begründeten Fällen durch-zuführen. Beim Garen sind Dünsten oder Dämpfen zu bevorzugen. Wenn Gemüse gekocht wird, sollte man alle Garflüssigkeit für Soße oder Suppe verwenden.

5.5 Mineralstoffreiche Rohstoffe

Mineralstoffe sind energiefreie, lebenswichtige anorganische Wirkstoffe, die der menschliche Körper nicht selbst aufbauen kann. Sie stammen ursprünglich aus dem Erdreich, werden von Pflanzen aufgenommen und gelangen über die Nahrungskette zum Menschen. Bei der Verbrennung organischer Substanz findet man die Mineralstoffe in der Asche wieder; Hitze kann sie nicht zerstören.

Mineralstoffbedarf: Die Aufgaben der Mineralstoffe als Bau- und Reglerstoffe sind vielfältig (Bild 1). Nach dem mengenmäßigen Bedarf unterteilt man sie in Mengen- elemente (Tagesbedarf mehr als 1 g) und Spurenele- mente (Tagesbedarf in Spuren). Im Wesentlichen sind heute nur die Mengen der benötigten Mineralstoffe bekannt, die zur Vermeidung von Mangelzuständen notwendig sind. Die individuell zuzuführende optimale Menge ist sehr von der persönlichen Disposition abhängig, z. B. Alter, Geschlecht, Schwangerschaft, Stillzeit, Arbeitsleistung, körperliche und geistige Anstrengung, Ernährungsweise, Alkohol- und Medikamentenkonsum usw. Da außer mit dem Harn und dem Stuhl auch mit dem Schweiß viele Mineralstoffe ausgeschieden werden, sollte man bei starkem Schwitzen auf eine entsprechende Mineralstoffzufuhr achten.

Um Mangelerkrankungen durch Mineralstoffdefizite vorzubeugen, wird – wie auch für die Vitaminversorgung – eine frisch und sorgfältig zubereitete, vollwertige Mischkost empfohlen. Mineralwässer sind eine wichtige Mineralstoffquelle. Getreidemehle enthalten je nach Typenzahl mehr oder weniger viele Mineralstoffe. Ein helles Weizenmehl mit der Typenzahl 405 enthält maximal 500 g Mineralstoffe in 100 kg wasserfreiem Mehl. Im Weizenschrot der Type 1700 sind höchstens 2100 g Mineralstoffe pro 100 kg wasserfreiem Schrot enthalten. Mit steigender Typenzahl erhöht sich auch der Gehalt an Vitaminen und Ballaststoffen. Aus diesen Gründen sollten unbedingt Vollkornerzeugnisse, vor allem beim Frühstück, angeboten werden. (→ 42, Bild 3 und 5)

1. Welche Eigenschaften haben Vitamine und Mineralstoffe gemeinsam; wodurch unterscheiden sie sich?
2. Welche Getränke und Speisen empfehlen Sie für eine vitamin- und mineralstoffreiche Ernährung?
3. Warum sollten dem Gast Vollkornprodukte angeboten werden?

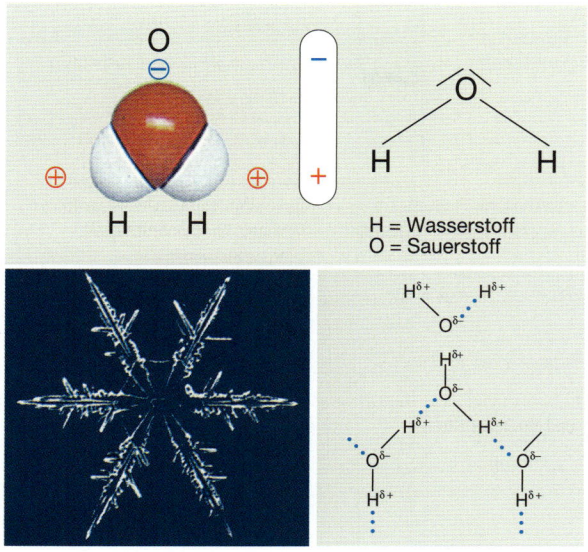

1. Chemischer Aufbau von Wasser/Wasserstoffbrückenbindung (Schema)

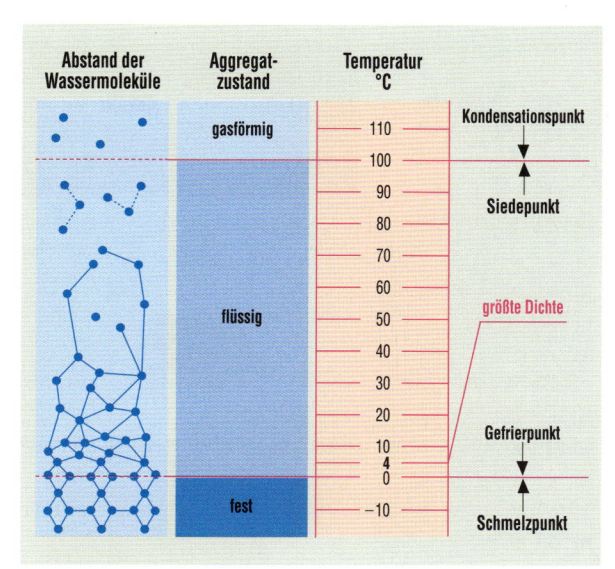

2. Zustandsform von Wasser bei 1 bar

5.6 Wasser

Ein Wassermolekül (H_2O) enthält zwei Atome Wasserstoff und ein Atom Sauerstoff. Bild 1 (oberer Teil) zeigt, dass durch die räumliche Anordnung der Atome ein Molekül mit zwei unterschiedlich elektrisch geladenen Polen (Plus und Minus) entsteht. Deshalb bezeichnet man das Wassermolekül auch als Dipol (Zwei-Pol). Dies bewirkt, dass die Wassermoleküle sich gegenseitig an den verschiedenen Polen anziehen und zusammenlagern und die sogenannten Wasserstoffbrücken bilden. Dabei entstehen Anhäufungen von Wassermolekülen innerhalb des flüssigen Wassers, die beim Gefrieren in der charakteristischen Form der Eisblume erstarren (Bild 1; unterer Teil). Auch die Tropfenbildung, die auf die Oberflächenspannung des Wassers zurückzuführen ist, lässt sich damit erklären.

5.6.1 Technologische Eigenschaften

Zustandsformen des Wassers: Der chemische Aufbau verursacht auch die Anomalie (Nichtnormalität) des Wassers. Sie besteht darin, dass Wasser nicht wie andere Stoffe mit sinkender Temperatur immer dichter wird, das heißt an Volumen verliert. Bei 4 °C sind die Anziehungs- und Abstoßungskräfte im Gleichgewicht und das Wasser hat seine größte Dichte (Bild 2). Kühlt man weiter ab, überwiegen die Abstoßungskräfte und das Wasser bzw. Eis dehnt sich aus. Deshalb platzt ein Ei oder ein mit Flüssigkeit gefülltes Glas, wenn man es einfriert. Bei über 4 °C dehnt sich Wasser ebenfalls aus und geht bei Normaldruck (1 bar) bei 100 °C in die Dampfform über.

Quellungs- und Lösungsvermögen: Von Quellung spricht man, wenn sich Wasser in große Moleküle (z. B. Stärke oder Eiweiß) einlagert und deren Volumen vergrößert. So quillt das Bindegewebe von Fleisch beim Kochen; Klebereiweiß quillt im Teig, und Stärke quillt auf, wenn man sie mit Wasser erwärmt. Beim Weichen von trockenen Lebensmitteln (Hülsenfrüchte, Pilze, Rosinen) ist Quellung das Ziel.

Das Lösungsvermögen wird bei der Zubereitung vieler Speisen und Getränke und bei der Reinigung genutzt. Die kleinen Wassermoleküle schieben sich dabei in den zu lösenden Stoff, heben die bestehenden Anziehungs-kräfte innerhalb des Stoffes auf und verteilen seine Moleküle durch Wärmebewegung im Wasser. Deshalb ist das Lösungsvermögen temperaturabhängig. Je höher die Temperatur, desto höher das Lösungsvermögen. Das Quellungs- und Lösungsvermögen von Wasser ist gering bei Fetten und fetthaltigen Stoffen, weil die Fettsäurereste an ihren freien Enden wasserabstoßend sind. Will man Fette und Wasser verbinden, sind ein Emulgator und die richtige Technologie erforderlich.

Wasserhärte: Wasser löst auf dem Weg zur Quelle Mineralstoffe aus dem Erdreich. Ist es besonders mineralstoffreich, bezeichnet man es als Mineralwasser. Je mehr Mineralstoffe gelöst sind, desto härter ist das Wasser. Der frische Geschmack des harten Wassers ist bei Trinkwasser erwünscht. Bei der Nutzung von Wasser zum Waschen, Spülen und Reinigen stören die Mineralstoffe, weil sie seifenartige Stoffe binden und ihre Reinigungswirkung verhindern. Hartes Wasser kann auch den Geschmack von Tee und Kaffee beeinträchtigen.

1. Zustandsformen von Wasser

Quellungs-vermögen	• Quellen getrockneter Lebensmittel • Kleber-Quellung bei der Teigzubereitung • Stärke-Quellung und -Verkleisterung beim Backen • Bindegewebe-Quellung bei Fleisch beim Kochen/Schmoren
Lösungs-vermögen	• Abspülen von Schmutz und Keimen von Gemüse und Obst • Auslaugen von unerwünschten Bestandteilen (Bitterstoffe bei Salatblättern, Fleischfarbstoff bei Rindermark) beim Wässern • Auslaugen von Geschmack-, Farb- und Aromastoffen bei der Zubereitung von Brühen für Suppen und Soßen • Zubereiten von Aufgussgetränken (Tee, Kaffee) • Auslaugen der Stammwürze aus dem Braugetreide • Lösen von Alkohol • Lösen von Salz und Zucker/Süßstoff
Temperatur-übertragung	• bei allen Garverfahren in feuchter Hitze • beim Kühlen von Fisch oder Getränken mit Eis • beim Frieren von Speiseeis mit Eis-Salz-Mischung

2. Wasser bei der Nahrungsmittelherstellung

Nach Art der gelösten Mineralstoffe werden unterschieden:
- **Karbonathärte (Kalkhärte)** = vorübergehende Härte: Beim Aufkochen fällt der Kalk aus und setzt sich als Kesselstein am Topfboden oder an den Heizschlangen ab. Dadurch steigt der Energieaufwand, der zum Erhitzen nötig ist, und die Heizstäbe können durch Überhitzung durchbrennen.
- **Nichtkarbonathärte (Sulfat- oder Gipshärte)** = bleibende Härte: Sie wird durch Aufkochen nicht beseitigt; um solches Wasser weich zu machen, bedient man sich chemischer oder elektrischer Verfahren.

Die Gesamthärte des Wassers ergibt sich aus der Summe von Karbonat- und Nichtkarbonathärte. Sie wird in Millimol je Liter (mmol/l) angegeben (die ältere Einheit der Wasserhärte ist die Deutsche Härte °dH).

Härtebereich	Milimol Calciumcarbonat je Liter	°deutsche Härte
weich	weniger als 1,5	weniger als 8,4
mittel	1,5 - 2,5	8,4 - 14
hart	mehr als 2,5	mehr als 14

Trinkwasser
Zur Zubereitung von Speisen und Getränken und zur Reinigung darf nur Wasser mit Trinkwasserqualität verwendet werden. Anforderungen:
- frei von Krankheitserregern (Thyphus, Parathyphus, Cholera, Salmonellen),
- keimarm (höchstens 100 Keime pro Milliliter), jedoch keine Coli-Bakterien (Darmbakterien),
- frei von gesundheitsschädlichen Stoffen (Blei, Arsen, Chrom, Quecksilber),
- klar, farblos, ohne Geruch und fremdartigen Geschmack.

5.6.2 Bedeutung des Wassers in der Ernährung
Der menschliche Körper ist nur in wassergesättigtem Zustand funktionsfähig. Nur in gelöster Form können die Nährstoffe, Sauerstoff und CO_2 und die Enzyme für den Stoffwechsel in den Körperflüssigkeiten (Blut, Lymphe, Speichel) transportiert werden. Etwa 65 % der Körpersubstanz besteht aus dem Baustoff Wasser. Sinkt der Wassergehalt, weckt dies das Durstgefühl. Besonders nach starkem Schwitzen und nach dem Genuss salziger Speisen verlangt der Körper nach Flüssigkeit. Als Ersatz für die ausgeschiedenen Flüssigkeitsmengen sollte man täglich 2 bis 3 l Wasser (in Getränken und Speisen) aufnehmen. Die Körperwärme wird über die Verdunstung von Wasser durch die Schweißdrüsen der Haut reguliert.

1. Wie werden die Eigenschaften von Eis, Wasser und Dampf in der Gastronomie genutzt?
2. Wodurch unterscheidet sich Wasser von anderen Stoffen? Welche praktischen Auswirkungen hat diese Anomalie?
3. Nennen Sie die Nachteile, die bei der Nutzung von hartem Wasser auftreten können.
4. Erläutern Sie die Bedeutung des Wassers als Nahrungsmittel und seine Aufgaben im menschlichen Körper.

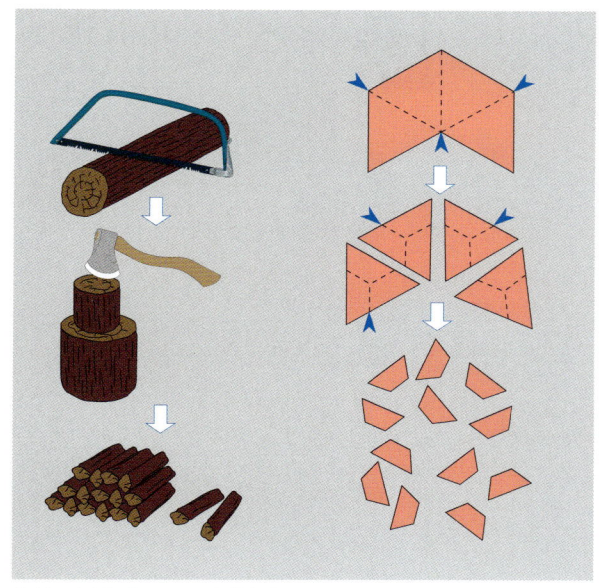

Technologische und ernährungsphysiologische Kenntnisse zu ausgewählten Rohstoffen

1. Vergleich: Enzyme als Werkzeuge

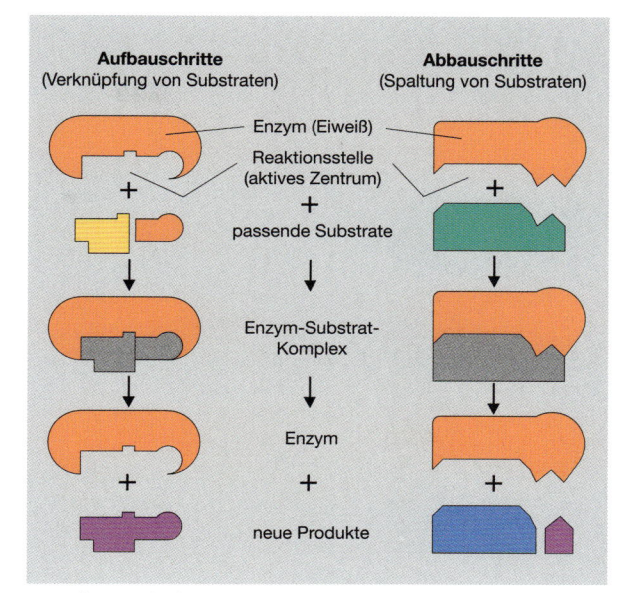

2. Aufbau und Abbau von Substraten

5.7 Enzyme

Enzyme (lateinisch: Fermente) sind Reglerstoffe, die in allen Organismen gebildet werden. Sie fügen andere Stoffe zusammen oder spalten sie in ihre Bausteine.

Beispiele für erwünschte biochemische Reaktionen:
- Bei der Reifung von Fleisch bewirken die fleischeigenen Enzyme das Mürbewerden und die Aromabildung.
- Bei der Reifung von Obst beeinflussen sie Bekömmlichkeit, Konsistenz sowie Farbe, Aroma und Geschmack.
- Die alkoholische Gärung und die Milchsäure-Gärung werden letztlich von Enzymen verursacht, die aus Mikroorganismen stammen. So werden Brot, Bier, Spirituosen, Käse, Sauerkraut und Salami hergestellt.
- Bei der Verdauung sind Enzyme wirksam, die der Körper selbst bildet, z. B. in der Bauchspeicheldrüse. Sie spalten die Nährstoffe in ihre kleinsten Bausteine, die durch die Darmwand resorbiert werden.
- Der Aufbau der körpereigenen Substanzen aus den zugeführten Stoffen ist nur mithilfe spezieller Enzyme möglich, die beispielsweise in der Leber gebildet werden.

Beispiele für unerwünschte biochemische Reaktionen:
- Eiweißverderb durch Überabbau von Eiweiß zu Ammoniak und Schwefelwasserstoff durch fleischeigene Enzyme oder Bakterienenzyme.
- Abbau von Vitaminen in Blattgemüsen bei der Lagerung und Überreife bzw. Faulen von Obst durch die von Natur aus darin enthaltenen Enzyme.
- Verderb durch Mikroorganismen, die durch ihre Enzyme Stoffe abbauen und Giftstoffe bilden können.

5.7.1 Bau- und Wirkungsweise von Enzymen

Hauptbestandteil aller Enzyme ist ein globuläres (kugelförmiges) Eiweißmolekül. Daraus folgt, dass Enzyme durch Hitze und konzentrierte Säure- und Salzlösungen denaturiert werden und dann nicht mehr wirksam sind. Enzyme, die mit der Nahrung aufgenommen werden, werden durch die Magensäure denaturiert und können im menschlichen Körper nicht wirken. Enzyme werden unterteilt in:

- **Protein-Enzyme:** Diese Enzymgruppe besteht nur aus Eiweiß mit einem aktiven Zentrum, an dem die Auf- oder Abbaureaktionen mit dem Substrat, also dem Stoff, der umgewandelt wird, ablaufen.
- **Enzyme auf der Basis zusammengesetzter Eiweißstoffe:** Sie besitzen außer dem Eiweißanteil, auch Apoenzym genannt, ein sogenanntes Coenzym mit einer Reaktionsstelle. Das Coenzym wird oft von einem Vitamin oder Spurenelement gebildet.

Enzyme werden auch Biokatalysatoren genannt, weil sie beim Ablauf der Reaktionen nicht verbraucht oder verändert werden. Sie sind in kleinsten Konzentrationen wirksam. Manche Enzyme können innerhalb einer Minute Millionen Verbindungen trennen oder zusammenfügen.

Substratspezifität: Stoffe, die von Enzymen umgesetzt werden, nennt man Substrate. Während des Auf- oder Abbauvorganges wird kurzzeitig ein Enzym-Substrat-Komplex gebildet. Weil jedes Enzym nur jeweils ein bestimmtes Substrat oder eine bestimmte Substratgruppe an sich binden kann, spricht man von der Substratspezifität. Substrat und wirksames Enzym passen wie Schlüssel und Schloss zusammen.

1. Einflüsse auf die Enzymtätigkeit

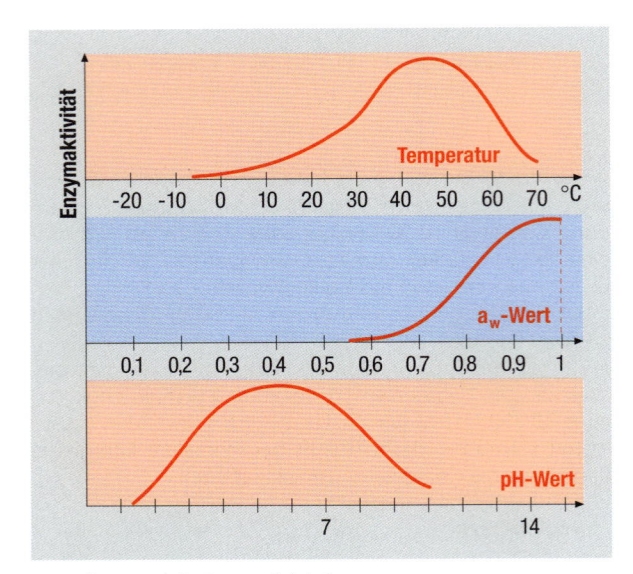

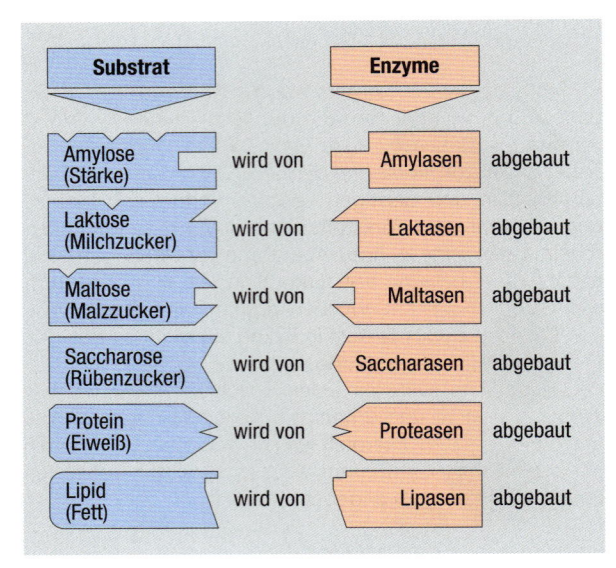

2. Substrat und wirksames Enzym

Wirkungsspezifität: Der Begriff Wirkungsspezifität von Enzymen besagt, dass ein bestimmtes Enzym nur eine bestimmte Veränderung bewirken kann: Es kann entweder den Abbau eines Substrats verursachen oder am Aufbau von Stoffen mitwirken.

Benennung der Enzyme: Traditionell werden die Enzyme nach dem Substrat benannt, mit dem sie sich verbinden. So heißt das Enzym, das Amylose (ein Stärkebaustein) abbaut, Amylase. Proteine (Eiweißstoffe) abbauende Enzyme werden Proteasen, Lipide (Fette) abbauende werden Lipasen genannt (Bild 2).

Beeinflussung der Enzymaktivität: Die Enzymaktivität ist von verschiedenen Einflüssen abhängig (Bild 1). Die **Temperatur** spielt dabei eine wesentliche Rolle. Die meisten Enzyme wirken am besten bei Körpertemperatur. Bei zunehmender Hitze lässt die Wirksamkeit nach und kommt durch die Hitzedenaturierung zum Stillstand. Dies ist endgültig und nicht mehr rückgängig zu machen.

Die Ausschaltung von Lebensmittel verderbenden Enzymen durch Hitze erfolgt beim Blanchieren, Garen, Pasteurisieren und Sterilisieren. Durch Kühlen und Tiefkühlen werden Enzyme nur gehemmt; erst bei –40 °C sind Lipasen unwirksam, die Fette in tiefgekühltem Fleisch ranzig machen und dadurch die Lagerfähigkeit von Fleisch je nach Fettgehalt auf sechs bis zwölf Monate beschränken. Beim Auftauen tiefgekühlter Lebensmittel werden die Enzyme verstärkt wirksam, weil genügend Zellwasser frei wird und der Eiweißteil der Enzyme nur bei genügend freiem Wasser ausreichend quellen kann, sodass die Reaktionsfähigkeit somit besonders hoch ist. Deshalb hängt die Enzymaktivität von der Höhe des a_w-Wertes (→ 25 f) ab: Mit sinkendem a_w-Wert wird sie beeinträchtigt; das heißt, in sehr trockenen Lebensmitteln können die meisten Enzyme keine Reaktionen auslösen. Ausnahme sind wieder die Lipasen, die z. B. Milch- oder Eipulver, Schokolade oder Kartoffelchips ranzig machen.

Eine weitere Einflussgröße ist der **pH-Wert** (→ 26). Enzyme bevorzugen unterschiedliche pH-Werte, die fast alle im leicht sauren Bereich (pH-Wert 4 bis 6,8) liegen.

5.7.2 Küchentechnische Nutzung von Enzymen

Trockenhefe besteht aus wirksamen Hefeenzymen, die bei der Herstellung von Hefeteigen lebende Hefezellen ersetzen. **Proteasen** spielen bei der Fleischreifung eine wichtige Rolle, weil sie Eiweißstoffe in kleine Bruchstücke (Peptide, Aminosäuren) spalten.

Viele Präparate, die Fleisch mürbe machen, enthalten das Enzym Papain, das auch in der Papaya-Frucht vorkommt. Diese pflanzliche Protease kann bewirken, dass relativ zähes Fleisch, wenn man es in Scheiben schneidet und einreibt, in kurzer Zeit merkbar zarter wird.

1. Welche Funktion haben Enzyme in den Nahrungsmitteln bzw. im menschlichen Körper?
2. Welche Faktoren beeinträchtigen die Enzymtätigkeit?
3. Was versteht man unter der Wirkungsspezifität von Enzymen?
4. Welche Nahrungsmittel erhalten ihre erwünschten Eigenschaften durch die Aktivität von Enzymen?

6 Nährstoff- und Energiebedarf

Im Stoffwechsel des Körpers werden laufend Stoffe abgebaut und ausgeschieden, die durch die Nahrung ersetzt werden müssen. Außerdem wird ständig Energie zur Erhaltung der Körperwärme, der Lebensfunktionen und der körperlichen und geistigen Leistung verbraucht. Eine zu geringe Nähr- und Wirkstoffaufnahme führt zu Mangelerscheinungen, eine zu hohe Aufnahme zur Überernährung; beides kann Ursache von Erkrankungen sein. Ein Stoffwechselgleichgewicht erfordert deshalb eine dem jeweiligen Bedarf angepasste Kost in Bezug auf Menge und Güte (Nährstoffzusammensetzung).

Da persönliche Faktoren jedes einzelnen Menschen wie Wohlfühlgewicht und unterschiedlicher Ausnutzungsgrad der Nahrung den Energiehaushalt beeinflussen, können für die Nährstoffzufuhr nur allgemeingültige Richtlinien (Durchschnittswerte) gegeben werden.

Energie liefernde Nährstoffe

Kohlenhydrate, Fette und Eiweißstoffe sind energiereiche Verbindungen. Durch die „Verbrennung" mit Sauerstoff in den Körperzellen zu Kohlenstoffdioxid und Wasser wird Energie frei, die in Wärme und Arbeit umgesetzt wird. Die Energieeinheit ist das Joule (J), 1 000 J = 1 kJ. Bei der Verbrennung im Organismus liefert:

1 g Kohlenhydrate	→	17 kJ
1 g Eiweiß	→	17 kJ
1 g Fett	→	37 kJ

Eiweiß: Eiweiß dient dem Körper als Baustoff. Nur überschüssige Eiweißmengen werden verbrannt, also zur Energiegewinnung genutzt.

Kohlenhydrate: Kohlenhydrate, insbesondere Zucker, setzt der Körper rasch in Energie um. Zu ihrer Verbrennung sind etwa 10 % weniger Sauerstoff als bei Fett notwendig. Bei starker und lang andauernder körperlicher Beanspruchung kann aus Kohlenhydraten auch ohne Sauerstoff Energie gewonnen werden. Sie liefern dann jedoch weniger Energie.

Fett: Fett hat im Körper u.a. die Funktion des Energiespeichers. In 1 kg Körperfett steckt die Energiemenge von etwa 30 000 kJ. Fett wird relativ langsam und nur mit Sauerstoff verbrannt, deshalb läuft bei schnellem Energiebedarf zuerst die Kohlenhydratumsetzung ab.

Energiebedarf

Wenn bei einem gesunden Erwachsenen die Energiezufuhr dem Energieverbrauch entspricht, bleibt das Körpergewicht erhalten. Regelmäßiges Wiegen ist deshalb ein wichtiges Hilfsmittel zur Kontrolle einer bewussten Ernährungsweise.

Grundumsatz: Energiemenge, die bei völliger Ruhe, im Liegen, zwölf Stunden nach der letzten Nahrungs-aufnahme, leicht bekleidet, in einem Raum mit einer Temperatur von 20 °C durchschnittlich zur Aufrechter-haltung der Lebensvorgänge nötig ist. Der Grundumsatz eines männlichen Erwachsenen beträgt 4,2 kJ je kg Körpergewicht und je Stunde, er wird für 24 Stunden berechnet, angegeben. Er ist von Geschlecht, Alter und Körpergewicht und Körperoberfläche abhängig.

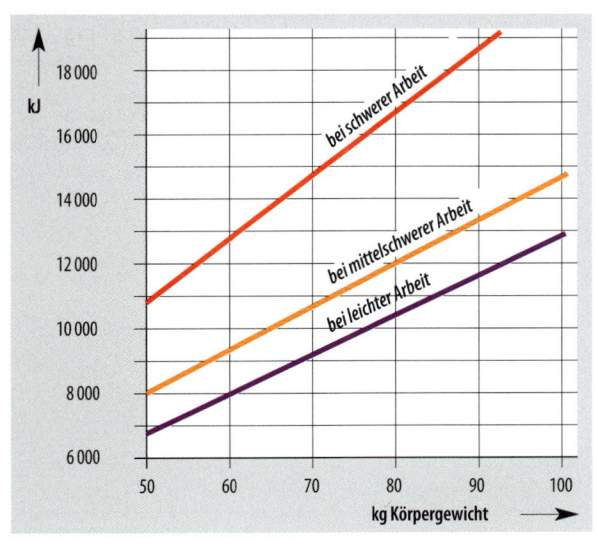

1. Energieverbrauch in Abhängigkeit von Arbeitsleistung und Körpergewicht

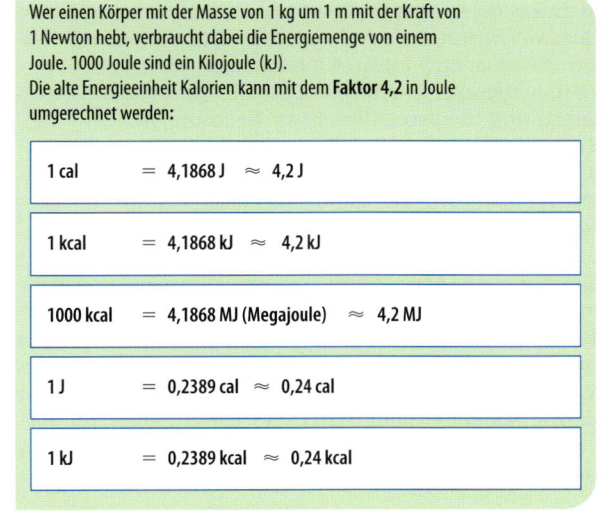

Wer einen Körper mit der Masse von 1 kg um 1 m mit der Kraft von 1 Newton hebt, verbraucht dabei die Energiemenge von einem Joule. 1000 Joule sind ein Kilojoule (kJ).
Die alte Energieeinheit Kalorien kann mit dem **Faktor 4,2** in Joule umgerechnet werden:

1 cal	=	4,1868 J	≈ 4,2 J
1 kcal	=	4,1868 kJ	≈ 4,2 kJ
1000 kcal	=	4,1868 MJ (Megajoule)	≈ 4,2 MJ
1 J	=	0,2389 cal	≈ 0,24 cal
1 kJ	=	0,2389 kcal	≈ 0,24 kcal

2. Umrechnung der Energieeinheiten

Arbeiten in der Küche

Energieaufnahme		Energieverbrauch
1 Bonbon	80 kJ	3 min. Gymnastik
100 g Kartoffeln	300 kJ	30 min. Radfahren
1 Ei (60 g)	350 kJ	30 min. Spazierengehen
0,2 l Wein	600 kJ	30 min. Tischtennisspielen
100 g Camembert (45 % Fett i. Tr)	1 300 kJ	1 h Foxtrott tanzen
0,5 l Vollmilch	1 375 kJ	2 h Staubsaugen
100 g Schokolade	2 350 kJ	1 h Waldlauf
100 g Nüsse	2 900 kJ	2 h Bügeln

1. Energieaufnahme und Energieverbrauch

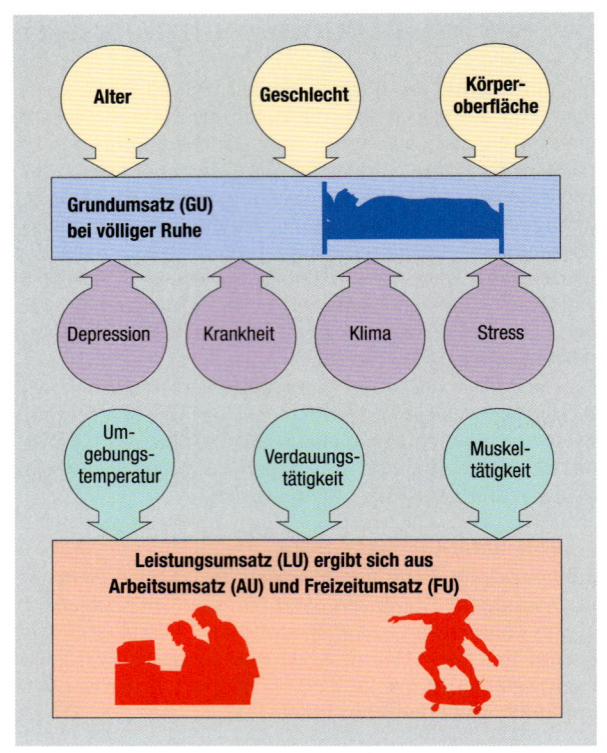

2. Beeinflussung von Grundumsatz und Leistungsumsatz

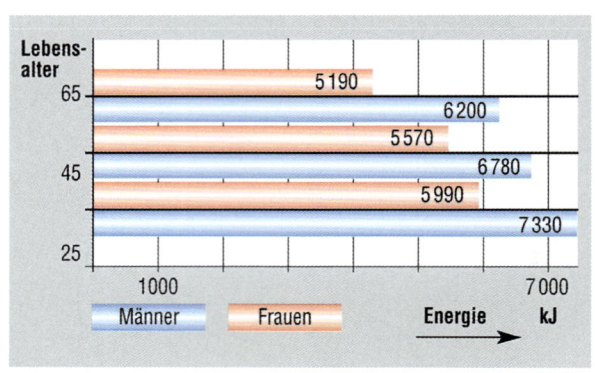

3. Grundumsatz nach Alter

Bei Frauen ist er um etwa 8 % niedriger als bei Männern, weil Männer im Durchschnitt mehr Energie verbrauchendes Muskelgewebe haben.
Mit zunehmendem Alter sinkt der Grundumsatz, da die Stoffwechselvorgänge langsamer und damit energiesparender ablaufen.
Je größer die Körperoberfläche ist, desto mehr Energie geht durch Wärmeabstrahlung verloren. Große Menschen haben daher einen höheren Grundumsatz.
Leistungsumsatz: Energiemenge, die für Arbeitsleistung, Sport und andere körperliche Beanspruchungen, z. B. auch Schwangerschaft, Stillen, nötig ist.
Man kann den Leistungsumsatz in Arbeits- und Freizeitumsatz einteilen. Bei leichter Tätigkeit beträgt der Leistungsumsatz nur etwa ein Drittel des Grundumsatzes.

Um eine Gewichtszunahme zu vermeiden, ist nach Ermittlung des Gesamtenergiebedarfs die Energie der zugeführten Nahrung zu berechnen. Aus Nährwerttabellen kann man die Energiewerte der Nahrungsmittel entnehmen. Wenn man das Gewicht der einzelnen Nahrungsmittel mit diesen Angaben multipliziert und die Energiewerte aller verzehrten Nahrungsmittel addiert werden, erhält man die Gesamtenergiemenge.

Gesamtenergiebedarf einer Frau: 30 Jahre alt, 60 kg Körpergewicht, 1,70 m groß, mittelschwere Arbeit.

- Grundumsatz: 5 900 kJ
- Arbeitsumsatz: 2 800 kJ
- Freizeitumsatz: 1 200 kJ

Gesamtenergiebedarf: 9 900 kJ

4. Berechnung des Gesamtenergiebedarfs

Nährstoff- und Energiebedarf

Nahrungsmittel (jeweils 100 g)	Nährstoffgehalt (in %)	Energiegehalt (in Kilojoule)	Nährstoffe
Rindfleisch	22 / 4 / 74	512	Eiweiße
Rotbarsch	18 / 4 / 78	441	Eiweiße
Eier	13 / 12 / 1 / 74	664	
Vollmilch	3 / 3,5 / 4,5 / 89	269	Fette
Butter	1 / 83 / 1 / 15	3 167	
Käse	26 / 30 / 1 / 43	1 613	
Vollkornbrot	7 / 2 / 42 / 49	904	Kohlenhydrate
Kartoffeln	2 / 18 / 80	301	
Spinat	3 / 4 / 93	113	Wasser
Äpfel	14 / 86	251	

1. Nährstoff- und Energiegehalt ausgewählter Nahrungsmittel

Nährstoffbedarf

Bezogen auf den Gesamtenergiebedarf wird eine Verteilung der Energie liefernden Nährstoffe **Eiweiß, Fett, Kohlenhydrate im Verhältnis 15 : 30 : 55** empfohlen. Aus Bild 1 können die entsprechenden Grammangaben je Kilogramm Körpergewicht und Tag und die tägliche Nahrungszufuhr für Erwachsene bei leichter Tätigkeit entnommen werden. Wenn viel Körpersubstanz aufgebaut werden muss, z. B. in der Jugend und bei Schwangerschaft, muss die Eiweißzufuhr pro Kilogramm Körpergewicht besonders hoch sein.

Energiefreie Nährstoffe

Wassermangel führt am schnellsten zu starken Beeinträchtigungen der Körperfunktionen. Während der Mensch 30 bis 40 Tage ohne energiehaltige Nahrung auskommen kann, verdurstet er je nach den Umgebungsbedingungen wie Temperatur und Luftfeuchtigkeit nach etwa zwei bis sieben Tagen.

Der tägliche Flüssigkeitsbedarf liegt in unserem Klima und bei leichter Tätigkeit bei etwa 2,5 l. Ein Teil dieses Wassers ist im Essen enthalten, sodass mindestens 1,5 l Flüssigkeit pro Tag getrunken werden sollten. Der Was-

Energieaufnahme durch alkoholische Getränke

Alkohol ist mit 27 kJ/g ein fast so guter Energielieferant wie Fett (37 kJ/g). Er kann zwar im Organismus nicht in Fett umgewandelt werden, da er jedoch schneller als andere Nährstoffe zur Energiegewinnung herangezogen wird, werden die anderen Nährstoffe verstärkt zur Körperfettbildung verwendet. Wird z. B. einen Monat lang 1 l Bier pro Tag getrunken, obwohl der Energiebedarf durch andere Nahrung gedeckt ist, nimmt man theoretisch um 1 kg zu.

Laut Statistik werden in der Bundesrepublik Deutschland pro Person und Jahr etwa 150 l Bier (Energiewert ca. 230 000 kJ), 20 l Wein (ca. 66 000 kJ), 4 l Sekt (14 000 kJ) und 6,5 l Branntwein (ca. 52 000 kJ) konsumiert. Dies ergibt einen Energiewert von etwa 362 000 kJ pro Person und Jahr, pro Person und Tag etwa 1 000 kJ. Berücksichtigt man, dass etwa die Hälfte der Bevölkerung keine oder nur wenig alkoholische Getränke trinkt, nimmt die andere Hälfte durchschnittlich täglich 1 000 bis 2 000 kJ über Alkohol zu sich. Diese Energiemenge entspricht 10 bis 20 % des Energiebedarfs eines Mannes bei leichter körperlicher Arbeit.

Getränk	Vol.-%	Alkohol[1]	Energie[2]
500 ml Bier	4	15,8 g	427 kJ
200 ml Wein	11	17,4 g	470 kJ
100 ml Sekt	11	8,7 g	235 kJ
20 ml Whisky	40	6,3 g	170 kJ

1 Manche Getränke enthalten noch andere energiereiche Stoffe wie Kohlenhydrate und Säuren.
2 Bei der Umrechnung von Vol.-% Alkohol in Gramm ist zu berücksichtigen, dass 100 ml nur 79 g wiegen.

	Eiweißstoffe	Fette	Kohlenhydrate	Wasser	Vitamin C	Mineralstoff (Calcium)	Ballaststoffe
Anteil an der Energieaufnahme	15 %	30 %	55 %	0 %	0 %	0 %	0 %
je kg Körpergewicht und Tag	0,9 g	0,7–0,8 g	5–6 g	30–35 g	1 mg	16 mg	0,5 g
bei 50 kg	45 g	35–40 g	250–300 g	1,5–1,8 l	50 mg	800 mg	25 g
bei 60 kg	54 g	42–48 g	300–350 g	1,8–2,1 l	60 mg	960 mg	30 g
bei 70 kg	63 g	49–56 g	350–420 g	2,1–2,5 l	70 mg	1 120 mg	35 g
bei 80 kg	72 g	56–64 g	400–480 g	2,4–2,8 l	80 mg	1 360 mg	40 g

1. Empfohlene Zufuhr von Nahrungsmittel-Inhaltsstoffen bei leichter Tätigkeit

serhaushalt wird über die Nieren geregelt. Die Niere wird durch reichliches Trinken von alkoholfreien Getränken, z. B. von Säften, Mineralwasser, Kräutertees, in ihrer Tätigkeit entlastet. Die Bedarfsmengen für **Vitamine und Mineralstoffe** sind in der *Fachliteratur* angegeben. Die empfohlenen Mengen bewegen sich im Bereich von wenigen Milligramm (Ausnahme: Vitamin C bis 100 mg). Von Zeit zu Zeit werden die empfohlenen Mengen aufgrund neuer Forschungsergebnisse korrigiert.

Sofern keine besondere Lebenssituation vorliegt, wird bei einer abwechslungsreichen Kost der Bedarf gedeckt. **Ballaststoffe** sind weitgehend unverdauliche Teile der Nahrung. Das Verdauungssystem des Menschen kann ihren Energiegehalt nicht nutzen. Sie wirken sättigend und regen die Verdauung an. Die empfohlene Menge in der täglichen Nahrung beträgt 30 bis 40 g. Der Bedarf wird durch pflanzliche Nahrung, vor allem Vollkornprodukte, Gemüse und Obst, gedeckt.

1. Warum kann jemand von einem bestimmten Nähr- oder Wirkstoff zu wenig aufnehmen, obwohl er sich täglich satt isst?
2. Warum haben Säuglinge und Kinder einen relativ hohen Eiweißbedarf?
3. Nehmen Sie Stellung zu der Aussage: „Bier macht dick!"
4. Warum ist es nicht sinnvoll, mehr als 1 g Eiweiß pro Kilogramm Körpergewicht zu sich zu nehmen?
5. Berechnen Sie den Energiegehalt folgender Speise: 3 Spiegeleier in 15 g Butter gegart, 120 g Spinat, 150 g Kartoffeln, anhand der Werte in → 61, Bild 1.
6. Wie hoch ist Ihr Eiweißbedarf? Diskutieren Sie die Frage anhand der Bilder 1 und 2.
7. Warum empfiehlt die Deutsche Gesellschaft für Ernährung eine abwechslungsreiche Kost?
8. Stellen Sie ein ballaststofffreies Menü zusammen.

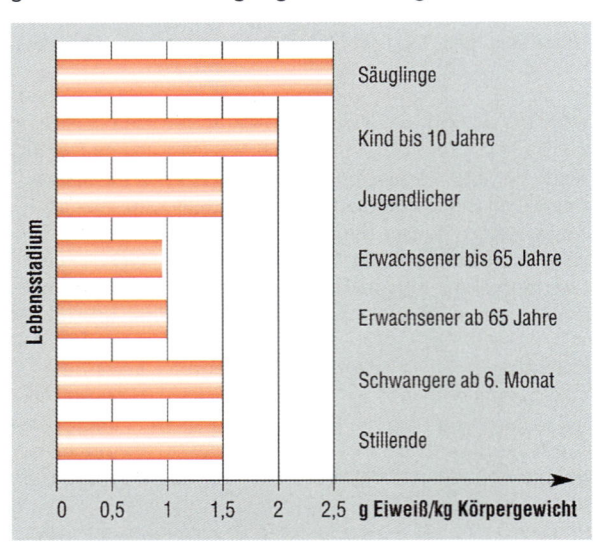

2. Empfohlene Eiweißzufuhr

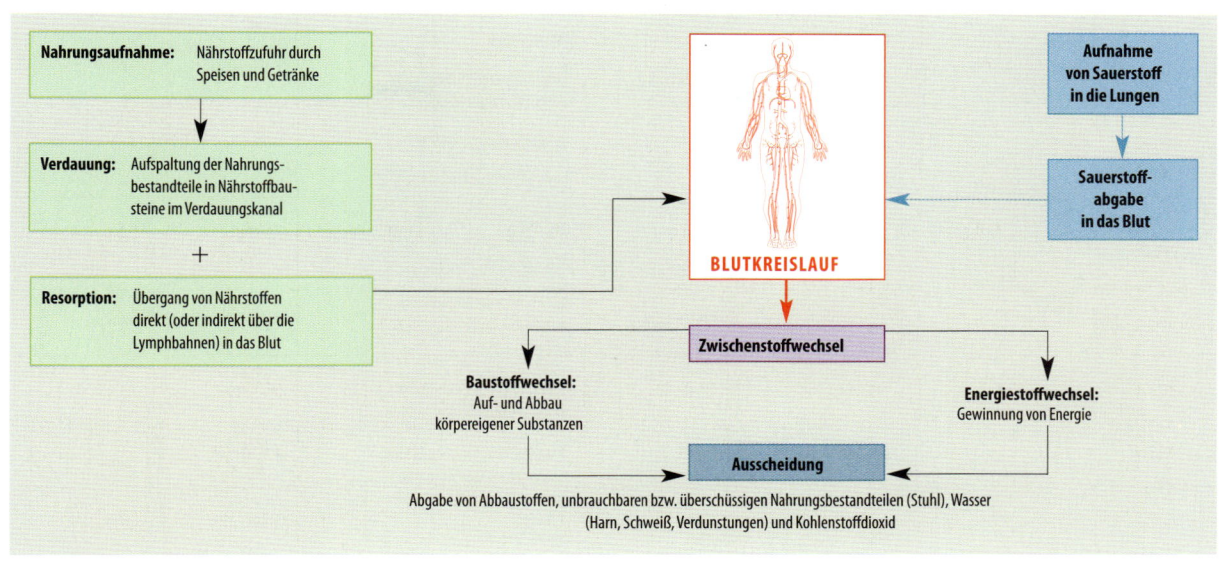

Nährstoff- und Energiebedarf 63

```
Nahrungsaufnahme: Nährstoffzufuhr durch Speisen und Getränke
        ↓
Verdauung: Aufspaltung der Nahrungsbestandteile in Nährstoffbausteine im Verdauungskanal
        +
Resorption: Übergang von Nährstoffen direkt (oder indirekt über die Lymphbahnen) in das Blut
        →  BLUTKREISLAUF  ←  Sauerstoffabgabe in das Blut  ←  Aufnahme von Sauerstoff in die Lungen
                ↓
            Zwischenstoffwechsel
         ↙                    ↘
Baustoffwechsel:          Energiestoffwechsel:
Auf- und Abbau            Gewinnung von Energie
körpereigener Substanzen
         ↘                    ↙
             Ausscheidung
Abgabe von Abbaustoffen, unbrauchbaren bzw. überschüssigen Nahrungsbestandteilen (Stuhl), Wasser
(Harn, Schweiß, Verdunstungen) und Kohlenstoffdioxid
```

1. Übersicht: Stoffwechsel

6.1 Stoffwechsel

Der menschliche Körper steht in ständigem Stoffaustausch mit seiner Umwelt: Er nimmt Lebensmittel und Sauerstoff auf und baut die daraus gewonnenen Nährstoffe im Körper nach Bedarf ein oder um. Dies dient zur Aufrechterhaltung der Lebensfunktionen und dem Energiegewinn. Ausscheidungsprodukte sind unverdauliche Bestandteile, Wasser und Kohlenstoffdioxid. Diese Vorgänge im Körper werden unter dem Begriff Stoffwechsel zusammengefasst. Beispiele für die dauernde Erneuerung des Körpers sind das Nachwachsen der Nägel und Haare, die Wundheilung, der im Rhythmus von etwa sieben Jahren erfolgende Austausch der Haut, die ständige Neuproduktion von roten und weißen Blutkörperchen, Enzymen und Hormonen.

Stoffwechsel ist somit Kennzeichen bzw. Voraussetzung für Leben. Er kann in die Abschnitte Nahrungsaufnahme, Verdauung und Resorption, Zwischenstoffwechsel und Ausscheidung gegliedert werden. Stoffwechsel ist eine fortlaufende Abfolge von chemischen Reaktionen. Damit sie nicht verzögert wird oder gar zum Stillstand kommt, müssen wir atmen, essen und trinken. Eine besondere Bedeutung bei der Umsetzung und der Steuerung des Stoffwechselgeschehens kommt den Enzymen und Hormonen zu. Beide Wirkstoffe werden im menschlichen Körper vor allem in Drüsen gebildet.

Enzyme ermöglichen den Auf- und Abbau von Stoffen, indem sie die Aktivierungsenergie herabsetzen. Das ist die Mindestenergie, die in den zu reagierenden Stoffen vorhanden sein muss, damit bei einem Kontakt eine Reaktion erfolgt.

Da alle Reaktionen bei Körpertemperatur erfolgen müssen, ist dies auch die übliche Reaktionstemperatur. Schon eine um wenige Grad erhöhte Temperatur bei Fieber kann lebensbedrohlich werden, wenn das Zusammenspiel und die Wirkung von Hormonen und Enzymen teilweise verloren gehen.

Aufgrund ihrer Wirkungs- und Substratspezifität leisten Enzyme „zielsichere" spezifische Arbeit bei den Auf- und Abbauvorgängen im Stoffwechsel (→ 57 f).

Hormone sind Verbindungen von sehr unterschiedlichem Aufbau, die aus den Drüsen ins Blut abgegeben und über den Blutkreislauf überall im Körper verteilt werden. Sie sind nicht nur für die Regulation des Stoffwechsels zuständig, sondern beeinflussen auch das Wachstum und die Psyche des Menschen (→ 64, Bild 1).

Die Reglerfunktion der Hormone im Stoffwechsel geschieht durch Hemmung oder Förderung von Stoffumsetzungen. Ob eine bestimmte Drüse Hormone produziert und abgibt, wird durch Reglerkreise gesteuert (→ 64, Bild 2).

In einem Reglerkreis wird geprüft, ob ein bestimmter Soll-Wert vorhanden ist. Wird dieser Soll-Wert über- oder unterschritten, erfolgt eine entsprechende Meldung, die weitere Abläufe in Gang setzt, mit dem Ziel, den Soll-Wert wieder zu erreichen.

Für die Drosselung bzw. Ankurbelung der Hormonproduktion kann ein anderes („übergeordnetes") Hormon oder ein bestimmtes Stoffwechselprodukt Auslöser sein. Ist eine Hormondrüse in ihrer Funktion gestört, kann dies zu erheblichen Beeinträchtigungen führen.

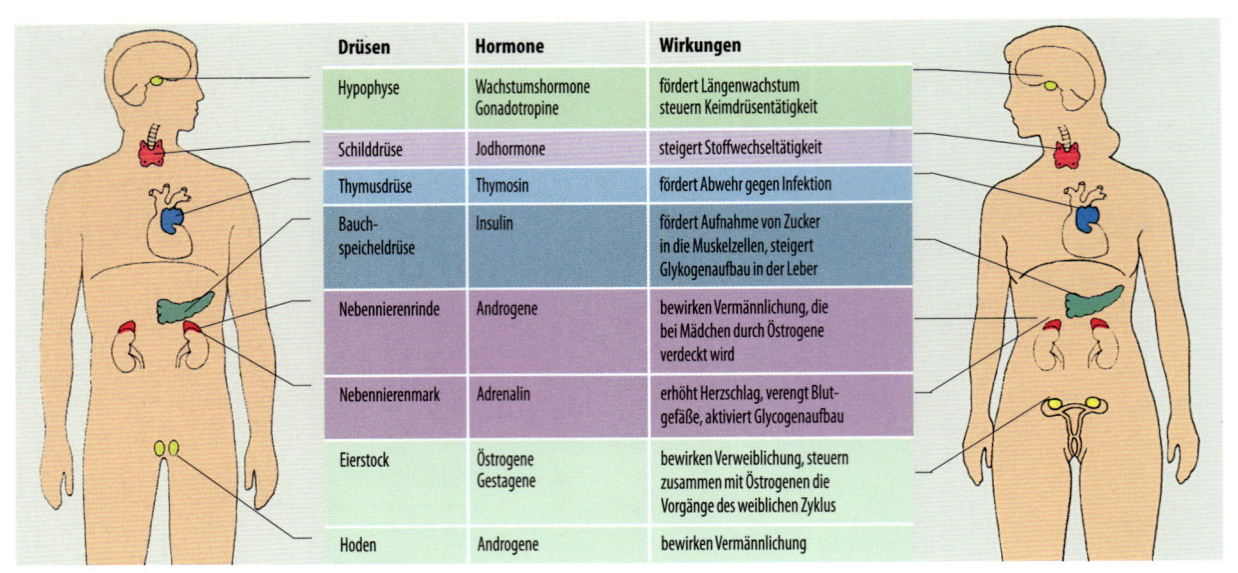

Drüsen	Hormone	Wirkungen
Hypophyse	Wachstumshormone Gonadotropine	fördert Längenwachstum steuern Keimdrüsentätigkeit
Schilddrüse	Jodhormone	steigert Stoffwechseltätigkeit
Thymusdrüse	Thymosin	fördert Abwehr gegen Infektion
Bauchspeicheldrüse	Insulin	fördert Aufnahme von Zucker in die Muskelzellen, steigert Glykogenaufbau in der Leber
Nebennierenrinde	Androgene	bewirken Vermännlichung, die bei Mädchen durch Östrogene verdeckt wird
Nebennierenmark	Adrenalin	erhöht Herzschlag, verengt Blutgefäße, aktiviert Glycogenaufbau
Eierstock	Östrogene Gestagene	bewirken Verweiblichung, steuern zusammen mit Östrogenen die Vorgänge des weiblichen Zyklus
Hoden	Androgene	bewirken Vermännlichung

1. Hormondrüsen und Wirkungen der Hormone

Verdauung der Nahrung

Aufgabe und Ziel der Verdauung ist es, durch Aufschluss der zugeführten Lebensmittel dem Körper die Nährstoffe in ihren kleinsten Bausteinen zur Verfügung zu stellen.
Wenn diese Bausteine die Darmwand durchdrungen haben, werden sie über das Blut und die Lymphe zu den Zellen transportiert, in denen sie benötigt werden.
Den Übergang durch die Darmwand nennt man **Resorption**. Die Nahrung wird durch Verfahren wie Zerkleinern, Braten, Kochen, Backen, aber auch Reifen und Gären so weit aufbereitet, dass der Verdauungsapparat wirksam werden kann.

Der Verdauungskanal besteht aus den Verdauungsorganen Mund, Speiseröhre, Magen, Zwölffingerdarm, Dünndarm, Dickdarm. In jedem Organ laufen bestimmte Verdauungsvorgänge ab:

Im **Mund** erfolgt die mechanische Zerkleinerung der Nahrung. Dabei wirken Geruchs- und Geschmacksstoffe auf Zunge und Nase ein und ermöglichen den Genuss der Nahrung. Durch appetitliche Nahrung wird die Produktion des Mundspeichels angeregt.
Das Sprichwort „Gut gekaut ist halb verdaut" deutet an, dass gründliches Kauen die weitere Verdauung wesentlich erleichtert. Je besser die Nahrung zerkleinert wird, desto besser kann sie von den Verdauungssäften angegriffen und abgebaut werden. Beim Kauen wird von den Speicheldrüsen Speichel gebildet und abgegeben, der neben Stärke abbauenden Enzymen auch den Schleimstoff für die gute Gleitfähigkeit der Speisen enthält. Das Enzym Amylase beginnt bereits im Mund mit dem Stärkeabbau (beim längeren Kauen einer Brotkruste entstehen aus Stärke und Dextrinen süßlich schmeckende Zuckerstoffe).

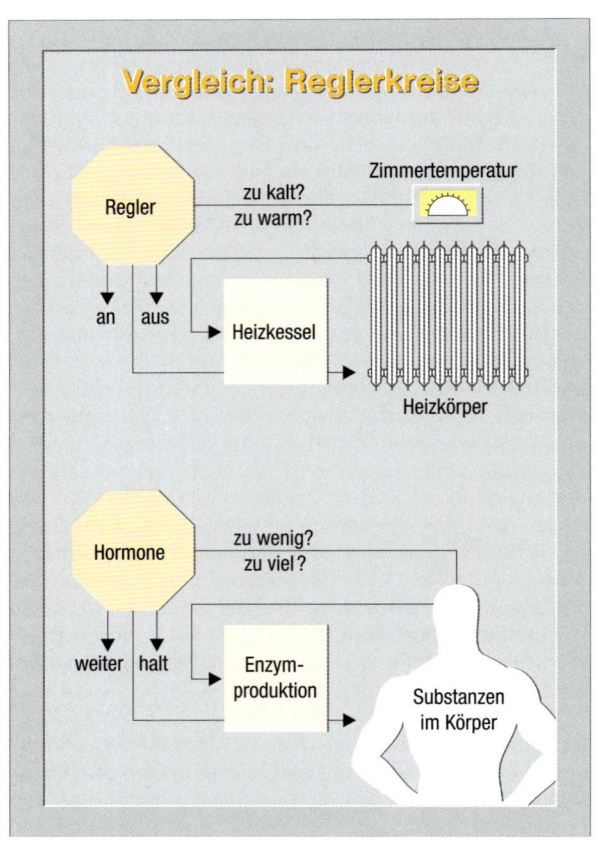

2. Vergleich: Reglerkreise

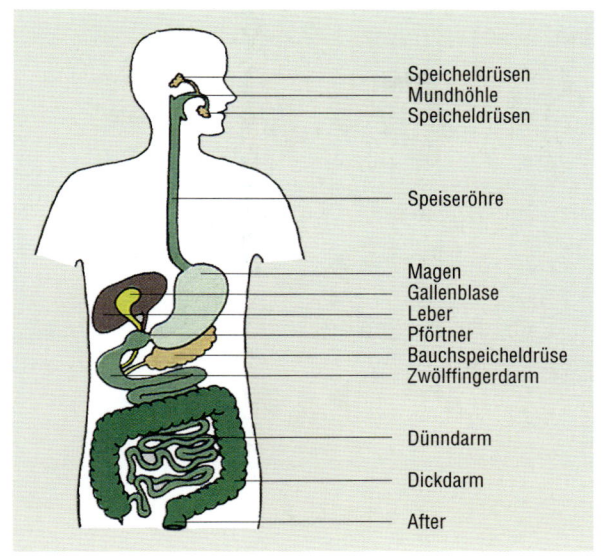

Nährstoff- und Energiebedarf

1. Verdauungskanal und -organe

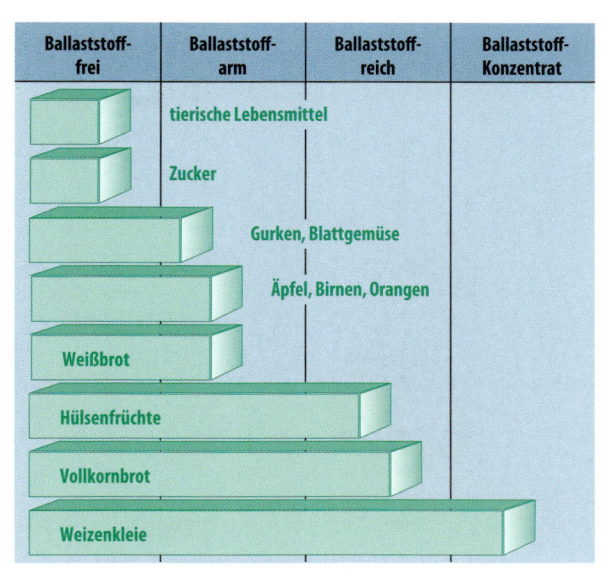

Beschriftungen:
- Speicheldrüsen
- Mundhöhle
- Speicheldrüsen
- Speiseröhre
- Magen
- Gallenblase
- Leber
- Pförtner
- Bauchspeicheldrüse
- Zwölffingerdarm
- Dünndarm
- Dickdarm
- After

2. Ballaststoffgehalt von Lebensmitteln

Ballaststoff-frei	Ballaststoff-arm	Ballaststoff-reich	Ballaststoff-Konzentrat
tierische Lebensmittel			
Zucker			
	Gurken, Blattgemüse		
	Äpfel, Birnen, Orangen		
	Weißbrot		
		Hülsenfrüchte	
		Vollkornbrot	
			Weizenkleie

Durch Schluckbewegungen gelangt der Speisebrei in die **Speiseröhre**, die die Verbindung zum **Magen** darstellt. Der Magensaft enthält u. a. 0,5-prozentige Salzsäure, die den Speisebrei ansäuert, um ihn für Eiweiß und Fett spaltende Magenenzyme leichter aufschließbar zu machen. Von Reflexen gesteuert zieht sich der Magen zusammen und entspannt sich wieder; der Inhalt wird weiter zerkleinert und gemischt. Nach einer Abbauzeit von ein bis neun Stunden (je nach Zusammensetzung und Fettgehalt der Nahrung) wird der Speisebrei schubweise durch den Pförtner (sich einseitig öffnende Klappe, die einen Rückfluss des Speisebreis in den Magen verhindert) in den Zwölffingerdarm transportiert. In ihm herrscht alkalisches Milieu (pH-Wert über 7) vor. Gallenflüssigkeit zur Fettemulgierung, die in der Leber aus Cholesterin gebildet wird, sowie der enzymreiche Bauchspeichel aus der Bauchspeicheldrüse fließen in den Zwölffingerdarm.

Die **Leber** beeinflusst den Auf- und Abbau der Nährstoffe. Um den Blutzuckerspiegel im Gleichgewicht zu halten, wandelt die Leber bei zu hohem Blutzucker Glucose (Traubenzucker) in Glycogen um und gibt bei zu niedrigem Blutzucker Glucose ab. Der Fett- und Aminosäuregehalt des Blutes wird von der Leber auf vergleichbare Weise geregelt. Das giftige Ammoniak, das beim Eiweißstoffwechsel anfällt, wird von der Leber in Harnstoff umgewandelt und über die Nieren ausgeschieden. Sie wirkt außerdem bei der Enzymbildung mit und entgiftet den Körper von vielerlei Stoffen, etwa Arzneimitteln und Alkohol.

Im **Dünndarm** erfolgt die vollständige Zerlegung der Nährstoffe in ihre Bausteine. Den Abbau bewirken Enzyme aus Bauchspeichel und Darmsaft. Mit der Resorption der Nährstoffbausteine durch die Dünndarmwand (→ 66, Bild 1) ist der Verdauungsvorgang abgeschlossen. Die resorbierten Nährstoffbausteine werden zu den Zellen transportiert, wo im Zwischenstoffwechsel körpereigene Stoffe daraus aufgebaut werden bzw. Energie gewonnen wird. Die unverdaulichen Ballaststoffe bewirken die Darmbewegung, durch die der Speisebrei durchmischt und weiterbefördert wird. Verstopfungen sind häufig auf eine ballaststoffarme Nahrung zurückzuführen.

Im **Dickdarm** wird dem Speisebrei Wasser entzogen. Mit dem Wasser werden auch einige Vitamine und Mineralstoffe resorbiert. Seine Darmflora (Gärungs- und Fäulnisbakterien) zerlegt die ballaststoffhaltigen Teile des Darminhalts und nutzt sie für ihren eigenen Stoffwechsel. Dabei entstehen Wasser, Kohlenstoffdioxid, kurzkettige Fettsäuren, Ammoniak- und Methangase. Der eingedickte Darminhalt wird durch den After ausgeschieden.

1. Teilen Sie den Stoffwechsel in fünf Schritte ein.
2. Erklären Sie die Begriffe Enzyme und Hormone.
3. Welcher Unterschied besteht zwischen Verdauung und Resorption?
4. Welche Stoffwechselstörungen treten bei Schilddrüsenüberfunktion bzw. -unterfunktion auf?

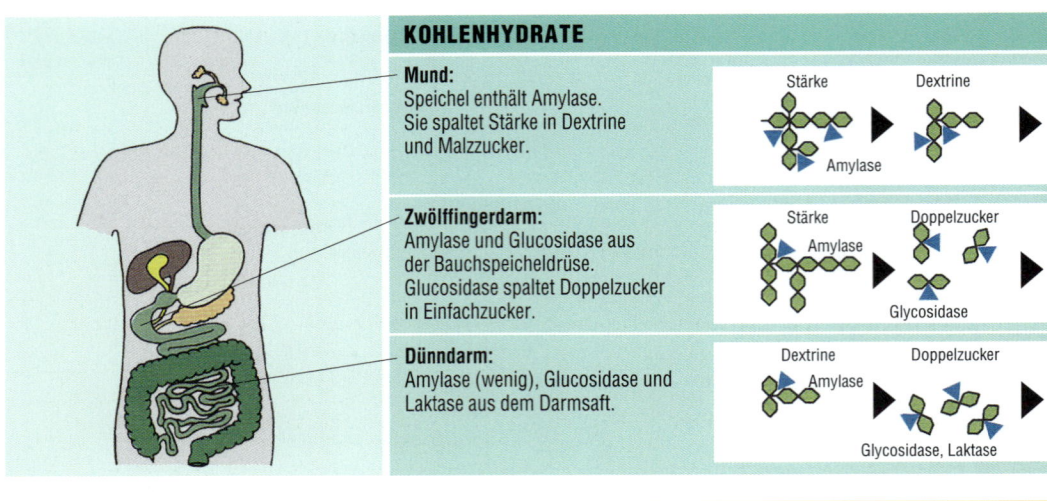

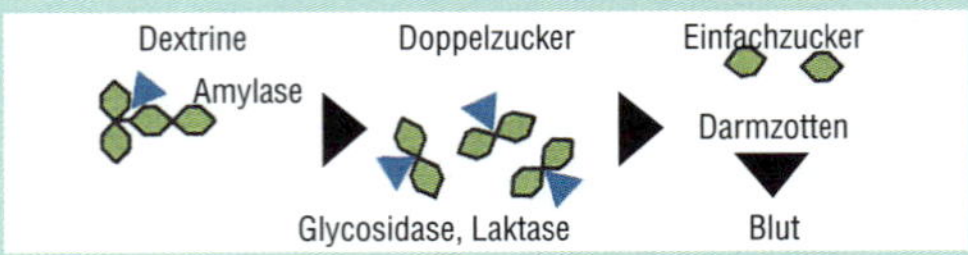

Arbeiten in der Küche

KOHLENHYDRATE

Mund:
Speichel enthält Amylase.
Sie spaltet Stärke in Dextrine und Malzzucker.

Stärke → Dextrine → Malzzucker
Amylase

Zwölffingerdarm:
Amylase und Glucosidase aus der Bauchspeicheldrüse. Glucosidase spaltet Doppelzucker in Einfachzucker.

Stärke → Doppelzucker → Einfachzucker
Amylase   Glycosidase

Dünndarm:
Amylase (wenig), Glucosidase und Laktase aus dem Darmsaft.

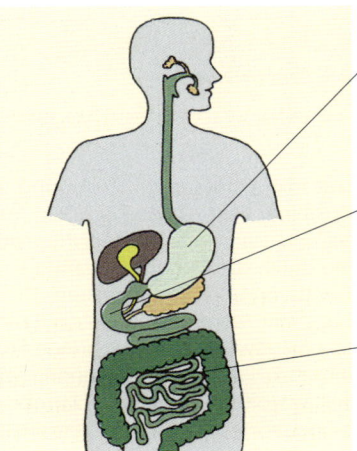

Dextrine → Doppelzucker → Einfachzucker → Darmzotten → Blut
Amylase   Glycosidase, Laktase

FETTE

Magen:
Lipasen (geringe Mengen) spalten Fettmoleküle.

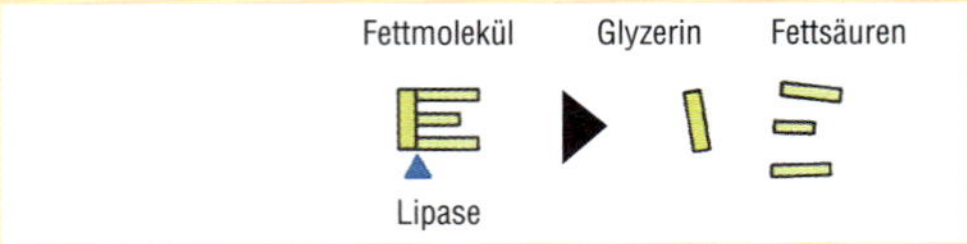

Fettmolekül → Glyzerin Fettsäuren
Lipase

Zwölffingerdarm:
Gallensaft emulgiert Fett.
Gallensäuren aktivieren Lipasen.
Lipasen beginnen mit der Fettspaltung.

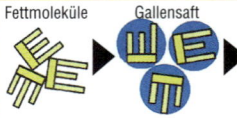

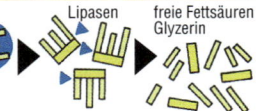

Fettmoleküle → Gallensaft → Lipasen → freie Fettsäuren Glyzerin

Dünndarm:
Lipasen spalten Fett.
Resorption kurzkettiger Fettmoleküle und Fettbausteine langkettiger Fettmoleküle.

Fettmoleküle → Resorption: Darmwand → Lymphe / Blut

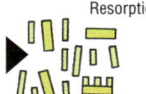

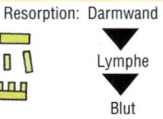

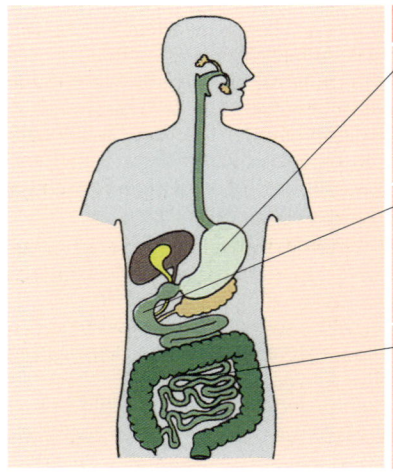

EIWEISS-STOFFE

Magen:
Salzsäure denaturiert Eiweißstoffe.
Endopeptidasen spalten Eiweiße in der Mitte.

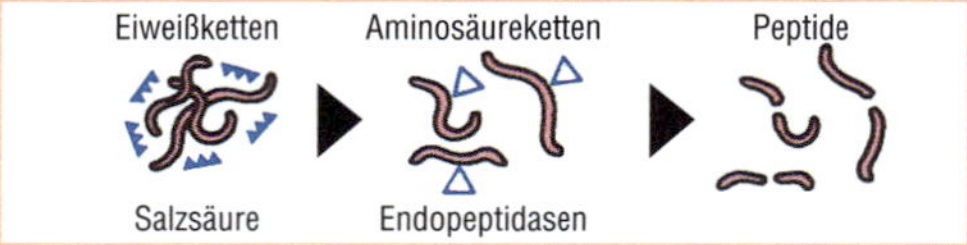

Eiweißketten → Aminosäureketten → Peptide
Salzsäure   Endopeptidasen

Zwölffingerdarm:
Endopeptidasen und Exopeptidasen aus der Bauchspeicheldrüse führen Eiweißspaltung fort.

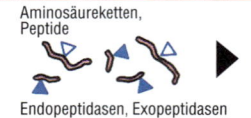

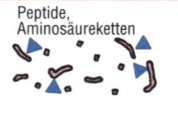

Aminosäureketten, Peptide → Peptide, Aminosäureketten
Endopeptidasen, Exopeptidasen

Dünndarm:
Exopeptidasen des Darmsaftes spalten Peptide in Aminosäuren.

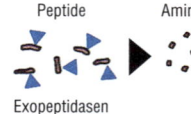

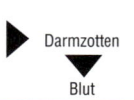

Peptide → Aminosäuren → Darmzotten → Blut
Exopeptidasen

Vitamine und Mineralstoffe
gelangen im Dünndarm bzw. im Dickdarm unverändert ins Blut

1. Verdauung der Nährstoffe

Nährstoff- und Energiebedarf

Empfehlungen	Begründungen	Umsetzung im Gastgewerbe
Vollkornprodukte bevorzugen	Vitamine, Mineral- und Ballaststoffe sowie essenzielle Fettsäuren	Vollkornbrot, -brötchen, müsli, -teigwaren, -pfannkuchen, Naturreis und spezielle Vorspeisen anbieten.
mehr Obst, Gemüse und Salate verzehren	Durch ihren geringen Energiegehalt kann ihr Verzehr zu insgesamt geringerer Energieaufnahme führen. Sie liefern Vitamine, Mineral- und Ballaststoffe.	Aus frischen oder tiefgekühlten Rohstoffen, Salate und Gemüse so nährstoffschonend wie möglich herstellen.
mehr Fisch essen	Meerestiere enthalten Jod, das eine Kropfbildung verhindern kann.	Angebot ausweiten.
mehr Milch und Milchprodukte verzehren	Sie versorgen den Körper mit Mineralstoffen (vor allem Calcium) und Vitaminen (vor allem B6).	Milchgetränke anbieten; Quark, Joghurt, Käse z. B. beim Frühstück oder als Nachtisch anbieten.
Fleischkonsum einschränken	Fleisch, Innereien und Wurstwaren enthalten viel Eiweiß und zum Teil viel Fett, Cholesterin und Purin.	Attraktive fleischlose und fleischarme Gerichte anbieten (z. B. Salate, Gemüseplatten, Teigwaren-, Kartoffel- und Pilzgerichte).
weniger salzen	Hoher Salzkonsum kann Bluthochdruck begünstigen.	Maßvoll salzen oder Salz durch Gewürze und Kräuter ersetzen.
weniger Zucker und Süßigkeiten	Karies wird auf hohen Zuckerkonsum bei mangelnder Zahnhygiene zurückgeführt.	Angebot an ungesüßten Nachspeisen erhöhen; Süßspeisenrezepte überarbeiten.
Alkoholkonsum einschränken	Alkohol kann zu Erkrankungen und Abhängigkeit führen. Er liefert viel Energie.	Alkoholfreie und alkoholarme Getränke besser herausstellen.

1. Empfehlungen für eine vollwertige Ernährung

6.2 Vollwertige Ernährung und Vollwertkost

Die zeitgemäße Ernährung ist eine vollwertige Ernährung. Davon zu unterscheiden ist die Vollwertkost.

Der Begriff „Vollwert" bezieht sich auf die Ernährung insgesamt und nicht auf einzelne Lebensmittel, weil es außer Muttermilch kein Lebensmittel gibt, das alle lebensnotwendigen Nährstoffe in den erforderlichen Mengen liefert. Eine vollwertige Ernährung sichert eine ausreichende Nährstoffzufuhr und schließt kein Lebensmittel aus, das den gesetzlichen Vorschriften entspricht.

Die Deutsche Gesellschaft für Ernährung (DGE) empfiehlt eine Kost, die gegenüber den zurzeit verzehrten Durchschnittsmengen weniger tierisches Eiweiß und Fett, Kochsalz, Zucker, Alkohol, Cholesterin und Purin (Stoffklasse, die Gicht verursachen kann), dafür mehr Stärke und Ballaststoffe enthält.

„Vollwertig" bezieht sich auf die Ausgewogenheit der Nährstoffanteile (Kohlenhydrate, Fette, Eiweißstoffe, Vitamine, Mineralstoffe) sowie auf den Ballaststoffanteil der Nahrung: Nahrungsmittel sind demnach so auszuwählen und zuzubereiten, dass sie diese Stoffe möglichst vollständig und in ihrem vollen Wert liefern. Vollwertige Ernährung kann bewirken, dass
- weniger ernährungsbedingte Krankheiten entstehen,
- manche Krankheiten günstiger verlaufen,
- der Stoffwechsel störungsfreier funktioniert und damit die Grundlage für die körperliche und geistige Entwicklung und Leistungsfähigkeit gegeben ist.

Vollwertige Ernährung kann keine Krankheiten heilen.

Vollwertkost bzw. Vollwert-Ernährung
Diese Begriffe stehen für die teilweise Abkehr von der naturwissenschaftlich begründeten Ernährungsweise. Besonderer Wert wird auf die „Naturbelassenheit" der Nahrung gelegt; „industriell gefertigte" Kost stößt auf Ablehnung. Entscheidend für die Qualität der Nahrung ist der möglichst geringe Verarbeitungsgrad und nicht der Nährstoffgehalt; die Nahrung soll aus kontrolliert biologischer Landwirtschaft stammen. Bei der Vollwerternährung werden die Nahrungsmittel in fünf Stufen eingeteilt:
- **Stufe 1:** Besonders empfehlenswert, umfasst die unveränderte Nahrung wie Vorzugsmilch/Rohmilch.
- **Stufe 2:** Sehr empfehlenswert, schließt bearbeitete Nahrungsmittel wie Joghurt ein.
- **Stufe 3:** Empfehlenswert, bezieht sich auf erhitzte Nahrungsmittel, z. B. pasteurisierte Milch.
- **Stufe 4:** Weniger empfehlenswert sind „verarbeitete" Nahrungsmittel wie homogenisierte und ultrahocherhitzte Milch (H-Milch).
- **Stufe 5:** Nicht empfehlenswert sind isolierte Nahrungsmittelbestandteile und Fertigprodukte wie Milchzucker oder Milcheiweiß, Auszugsmehl.

Für die Ernährung sollten nur Lebensmittel aus den Stufen 1 bis 3 gewählt werden, wobei etwa die Hälfte als Frischkost verzehrt werden soll. Pflanzliche Lebensmittel sind zu bevorzugen. Einheimische Nahrungsmittel der Saison sind erste Wahl. Hinter allen Vollwert-Kostformen stehen auch ökologische und soziale Aspekte: Nicht nur die Gesundheit des Einzelnen gilt es zu berücksichtigen, sondern auch die Umwelt- und Sozialverträglichkeit der Ernährung.

1. Naturbelassene Lebensmittel

2. Verarbeitete Lebensmittel

3. Genussmittel

6.3 Besondere Kostformen

Die besonderen Kostformen beruhen auf
- weltanschaulichen, religiösen oder ideellen Überzeugungen, z. B. vegetarische Ernährungsformen, und/oder
- krankheitsbedingten Zwängen (alle Diäten).

Vegetarische Ernährungsformen

Vegetarier können in drei Gruppen eingeteilt werden: Veganer, die nur pflanzliche Kost verzehren, Lacto-Vegetarier, die die vegetarische Kost mit Milch und Milchprodukten anreichern, **Ovo-lacto-Vegetarier**, die zusätzlich Eier essen.

Häufig ernähren sie sich nach den Grundsätzen der Vollwertkost, verzichten weitgehend auf Nikotin und Alkohol und streben eine gesunde Lebensweise an.

Diese Kostform setzt gutes Ernährungswissen voraus, um Versorgungsdefizite bei Vitamin B_{12}, Eisen und Jod zu vermeiden. Veganer müssen sorgfältig auf eine ausreichende Eiweißaufnahme achten, weil pflanzliches Eiweiß keine hohe biologische Wertigkeit hat.

Diäten

Diäten sind Kostformen, die sich von der frei gewählten Ernährung durch eine besondere Nährstoff- und damit Nahrungsmittelauswahl unterscheiden. Sie beschränken sich bei der Zubereitung der Speisen auf Verfahren, die auf die individuelle Verträglichkeit Rücksicht nimmt. Eine Diät soll zur Verhütung, Besserung oder Linderung einer Krankheit dienen.

Leichte Vollkost: Es wird versucht, die Organe dadurch zu schonen, dass man unverträgliche Lebensmittel und Röststoff bildende Garverfahren ausschließt.

Reduktionskost: Die Nahrungsenergie wird auf etwa 5 000 kJ pro Tag, in der gemilderten Form auf 7 000 kJ, beschränkt. Verzicht auf fett- und zuckerreiche Lebensmittel und Alkohol ist selbstverständlich. Vollkorn-Backwaren, frisches Obst und Gemüse sollen reichlich gegessen werden, um den Wirkstoffbedarf zu decken.

Diabetes-Diät: Bei Zuckerkranken ist der Kohlenhydratstoffwechsel beeinträchtigt. In der Bauchspeicheldrüse wird zu wenig oder kein Insulin produziert, das zur Steuerung des Blutzuckerspiegels nötig ist. Bei Diabetes wird kohlenhydrat- und fettarme Kost empfohlen; stärkehaltige Lebensmittel sind begrenzt erlaubt; die Menge wird vom Arzt in Broteinheiten (BE) vorgegeben. 1 BE entspricht 12 g Kohlenhydraten = 25 g Vollkornbrot. Diabetiker sollten in kurzen Abständen, aber wenig essen, damit der Blutzuckerspiegel kaum schwankt.

Kochsalzarme (natriumarme) Diät: Bei zu hohem Blutdruck und bestimmten Nieren- und Herzleiden sollte der Kochsalzkonsum eingeschränkt werden. Die durchschnittliche Kochsalzzufuhr beträgt etwa 12 g pro Tag und sollte bei dieser Diät auf etwa 3 g gesenkt werden.

Nährstoff- und Energiebedarf

	Belastete Lebensmittel	Mögliche Schadstoffe	Wie wahrscheinlich ist die Belastung?	Was kann der Verbraucher tun?
Milch und Milchprodukte	alle Käsesorten, Schmelzkäse, Kochkäse	chlorierte Kohlenwasserstoffe Phosphat	Spuren recht oft nachgewiesen immer vorhanden	Verbraucher kann mögliche Belastung nicht erkennen. Verzehr einschränken!
Getreide und Getreideprodukte	Roggen, Weizen alle Getreidearten aus Fahrbahnnähe	Cadmium Blei	Spuren manchmal nachgewiesen Spuren immer vorhanden	Verbraucher kann mögliche Belastung nicht erkennen. Getreide von Anbau in Fahrbahnnähe meiden
Fleisch, Innereien, Fleischwaren, Wurst	Schweinefleisch Kalbfleisch, Bullenfleisch Fleisch aller Schlachttiere Leber, Nieren älterer Tiere Pökelrote Wurst, Schinken Brühwurst	Psychopharmaka Anabolika, Hormone Antibiotika Cadmium Natriumnitrit Diphosphat	in seltenen Fällen vorhanden in seltenen Fällen nachgewiesen können vorkommen, aber ziemlich selten ziemlich oft nachgewiesen Nitritreste können vorhanden sein fast immer vorhanden, wird deklariert	Verbraucher kann mögliche Belastung nicht erkennen. Verzehr von Innereien älterer Tiere meiden! Auf nicht gerötete Wurst zurückgreifen! Gepökelte Nahrungsmittel nicht braten oder grillen! Verzehr von Wurst mit Phosphat einschränken!
Süßwaren	Kräftig gefärbte Konditoreiwaren, Bonbons, Gummibärchen	Azofarben wie Amaranth und Tartazin	immer vorhanden	Auf Waren mit natürlichen Farbstoffen zurückgreifen! Asthmatiker, besondere Vorsicht!

1. Überblick: Zusatzstoffe, Rückstände und Schadstoffe

6.4 Zusatzstoffe, Rückstände, Schadstoffe, natürliche Giftstoffe

Unsere Nahrungsmittel sind gesundheitlich so sicher wie noch nie zuvor in der Vergangenheit. Schlagzeilen wie „Gift auf dem Tisch" sind zugkräftige Überschriften von Beiträgen, die einzelne Missstände aufzeigen, jedoch der Gesamtsituation nicht gerecht werden.

Ein Grund für die vermehrte Diskussion über gesundheitsgefährdende Stoffe in Lebensmitteln sind u. a. die ständig verfeinerten Nachweismethoden, die auch geringste Verunreinigungen messbar machen. Grundsätzlich lassen sich Stoffe, die nicht natürlicherweise in Lebensmitteln vorkommen, in die Gruppen Zusatzstoffe, Rückstände und Schadstoffe einteilen.

Zusatzstoffe: Zusatzstoffe im Sinne des Gesetzes sind Stoffe, die dazu bestimmt sind, Lebensmitteln zur Beeinflussung ihrer Beschaffenheit oder zur Erzielung bestimmter Eigenschaften oder Wirkungen zugesetzt zu werden. Wesentliche Gründe für ihren Einsatz sind:
- Verbesserung des Nähr- und Genusswertes,
- Verlängerung der Haltbarkeit,
- Verbesserung der sensorischen Eigenschaften (Geschmack, Geruch, Aussehen, Konsistenz usw.),
- Rationalisierung der Herstellung.

Alle Zusatzstoffe werden auf ihre gesundheitliche Unbedenklichkeit hin überprüft. Die Zulassung wird nur erteilt, wenn erwiesen ist, dass neben der gesundheitlichen Unbedenklichkeit der betreffende Stoff technologisch notwendig ist und seine Anwendung den Verbraucher nicht täuscht.

Rückstände: Rückstände sind Anteile von Stoffen, die nach einer gewollten Behandlung der Vorprodukte von Lebensmitteln teilweise darin verblieben sind, z. B. Pflanzenschutz-, Schädlingsbekämpfungs- und Düngemittel. Zu den Rückständen zählen auch Stoffe, die auf Verunreinigungen zurückzuführen sind, ebenso Tierarzneimittelrückstände.

Schadstoffe: Schadstoffe sind lebensmittelfremde Stoffe, die aus der Umwelt in Lebensmittel gelangt sind und darin verbleiben, wie Schwermetalle (vor allem Cadmium, Blei, Quecksilber), polychlorierte Biphenyle (PCB), Polychlorphenole (PCP), polyaromatische Kohlenwasserstoffe (PAK). Manche essbaren Pilzsorten wie der Wiesenchampignon haben in ihren Lamellen so viel Cadmium angereichert, dass man die Lamellen vor dem Garen entfernen sollte. Ob Schadstoffe für den Menschen giftig sind, hängt von der aufgenommenen Menge und der Häufigkeit der Aufnahme ab.

Von Natur aus enthaltene Giftstoffe: Grüne Bohnen enthalten den Giftstoff Phasin, der beim Kochen zerstört wird. Dies gilt auch für Solanin, ein Gift, das in unreifen Tomaten und Kartoffeln mit grünen Stellen vorkommt. Bittermandeln, Pflaumen-, Aprikosen- und Pfirsichkerne enthalten einen Giftstoff, aus dem im Körper Blausäure entstehen kann.

1. Erläutern Sie die Begriffe Rückstand und Schadstoff.
2. Warum werden Zusatzstoffe bei der Nahrungsmittelherstellung eingesetzt? Welche Risiken will man damit verringern?

7 Grundtechniken der Speisenherstellung

Der größte Teil aller Rohstoffe zur Speisenherstellung kommt aus landwirtschaftlicher Erzeugung. Jagd und Fischerei haben nur einen geringen Anteil an der Bedarfsdeckung. Nur wenige Rohstoffe sind in ihrem ursprünglichen Zustand für den Menschen genießbar. Die meisten müssen aus unterschiedlichen Gründen einer mehr oder weniger aufwendigen Behandlung unterzogen werden, bevor sie als Speisen verzehrbar sind.

So ist z. B. Obst ein **pflanzliches Nahrungsmittel**, das erntefrisch (nach gründlichem Waschen) gegessen werden kann. Auch einige Gemüsesorten sind, wenn sie unter einwandfreien Bedingungen gezogen wurden, roh verzehrbar. Rohes Obst und Gemüse sind, wegen der hohen Wirkstoffgehalte, besonders geschätzt. Zerkleinertes Obst und Gemüse als Salat, Rohkost oder Müslibestandteil werden ebenso gern gegessen wie viele Schalenfrüchte, z. B. Nüsse, Mandeln, Pistazien.

Unter den **tierischen Nahrungsmitteln**, welche im naturbelassenen Zustand genießbar sind, ist vor allem Bienenhonig zu nennen. Auch Milch wird, wenn sie sorgfältig gewonnen wurde (tierärztlich beaufsichtigte Bestände, hygienische Stallungen, saubere Melkeinrichtungen), als nicht vorbehandelte Vorzugsmilch angeboten. Fleisch muss erst durch Schlachtung gewonnen werden, kann jedoch dann bei geeigneter Qualität als Carpaccio, Schabefleisch oder Mett roh angeboten werden. Auch rohes Fischfleisch wie Lachstatar findet bei den Gästen Anklang. Austern werden bevorzugt roh angeboten und in den Schalen serviert.

Arbeiten zur Herstellung von Nahrungsmitteln bezeichnet man als Grundtechniken, ihre Anwendung im ablaufenden Verfahren als Technologie. Die hierzu notwendigen Tätigkeiten lassen sich wie folgt unterteilen:

- Bei der **Vorbereitung** sollen alle Rohstoffteile entfernt werden, die nicht erwünscht sind, wie Schmutz, Wurzeln, welke Blätter, Kerngehäuse, Steine, Schalen, Häute, Sehnen, Schuppen, Federn, Gedärme.
- Die **Bearbeitung** umfasst alle Verfahren, mit denen ein Rohstoff verzehrfähig bzw. garfertig gemacht wird.
- Beim **Garen** werden vorbereitete und bearbeitete Rohstoffe durch Hitzebehandlung zwischen 70 °C und 350 °C in verzehrfähige Speisen umgewandelt. Die wichtigsten Vorgänge dabei sind die Eiweißgerinnung und die Stärkeverkleisterung sowie die Röststoffbildung; ein bekömmliches und wohlschmeckendes Produkt entsteht.
- Durch die **Fertigstellung** wertet man verzehrfähige Speisen geschmacklich und optisch auf.

Die einzelnen Stufen der Grundtechniken sind nicht immer exakt gegeneinander abzugrenzen. So kann Blanchieren zum Abziehen der Tomaten- oder Pfirsichhaut als Vorbereitungsverfahren, Blanchieren zum Vorgaren von Pommes frites als Bearbeitungsverfahren aufgefasst werden.

Ein Rohstoff muss auch nicht alle Stufen durchlaufen. So ist es durchaus möglich, dass ein Nahrungsmittel bereits nach der Vorbereitungsphase verzehrfertig ist (Früchte, Austern), ein anderes nach der Bearbeitung (Butter, Mayonnaise, Rohkost), während viele üblicherweise erst nach dem Garen und Fertigstellen verzehrfähig sind.

vorbereiten	bearbeiten	garen	fertigstellen
putzen	reifen	garziehen/pochieren	überglänzen/glasieren
waschen	gären	kochen/sieden	überbacken/gratinieren
schälen	zerkleinern	dämpfen	flambieren
wässern	tournieren	dünsten	verfeinern
abziehen	trennen	mikrowellengaren	abschmecken
parieren	messen	backen im Ofen	anrichten
rupfen	wiegen	backen in Fett/frittieren	garnieren
schuppen	zählen	braten in der Pfanne	
ausnehmen	vermischen	rösten	
blanchieren	lockern	schwenken/sautieren	
	formen	braten im Ofen	
	blanchieren	schmoren	
		grillen	

1. Beispiele für Zubereitungstechniken

Grundtechniken der Speisenherstellung

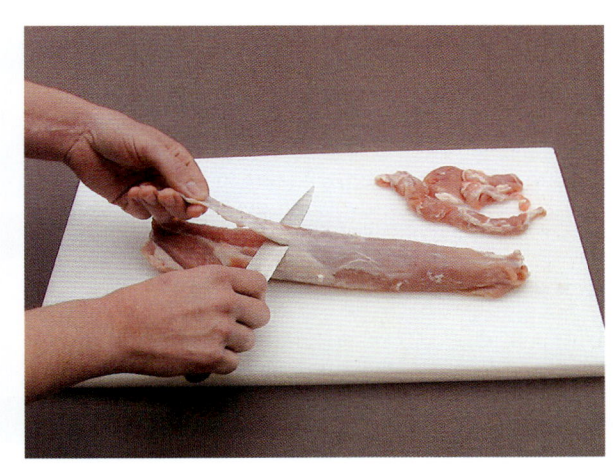

1. Lauch waschen

2. Fleisch parieren

1. Nennen Sie Gründe für die Forderung: „Alle Rohstoffe grundsätzlich waschen!"
2. Welche Tätigkeit bei tierischen Nahrungsmitteln ist mit dem Putzen bei Gemüse vergleichbar?
3. Warum soll Gemüse beim Waschen nicht lange im Wasser liegen bleiben?

7.1 Vorbereiten der Rohstoffe

Waschen

Nicht nur sichtbare Verunreinigungen wie Erde oder Kleinlebewesen, sondern auch Schadstoffe und Mikroorganismen haften an den Lebensmitteln. Intensive Reinigung ist deshalb notwendig. Wasser bringt den Schmutz zum Quellen, löst und schwemmt ihn ab. Warmes Wasser reinigt besser. Mit mechanischer Einwirkung, durch Bürsten oder Wasserstrahldruck, kann auch hartnäckig anhaftender Schmutz entfernt werden.

Mit dem Waschwasser können die unerwünschten Schwebestoffe (Schmutzteile, Mikroorganismen, Rückstände von Pflanzenschutzmitteln) weitergetragen und im Waschgut verteilt werden. Aus diesem Grund soll man in fließendem Wasser waschen oder das Wasser so oft erneuern, bis die höchstmögliche Reinheit erreicht ist. Viele Rohstoffe enthalten wertvolle wasserlösliche Substanzen wie Vitamine, Mineral-, Geschmacks-, Farb- und Duftstoffe, die sich bei langer Behandlung im Wasser lösen und beim Wegschütten verloren gehen. Deshalb soll grundsätzlich nur so lange und so warm gewaschen werden, wie es zur Reinigung unbedingt notwendig ist.

Schälen und Putzen

Gemüse, Obst und Südfrüchte werden meist geschält oder geputzt. Die Schalen vieler Pflanzen enthalten holzige Cellulosefasern oder bitter schmeckende Stoffe, die für den menschlichen Genuss nicht geeignet sind. Vor dem Schälen sollten die Lebensmittel gewaschen werden, weil sonst eventuell die Verschmutzung an die geschälten Teile weitergetragen wird. Die Schale möglichst dünn abschälen, weil dicht darunter wichtige Vitamine und Mineralstoffe konzentriert sind und weil zu viel Abfall unnötigen Verlust bedeutet. Von Putzen spricht man, wenn unerwünschte Bestandteile von Obst und Gemüse, Pilzen, Kartoffeln oder Kräutern entfernt werden. Das Waschen erfolgt meist nach dem Putzen, weil sonst die Teile, die entfernt werden, unnötigerweise mitgewaschen würden. Nach dem Entkernen oder Entsteinen von Obst sollte nicht gewaschen werden, weil sonst die Auslaugverluste an Nähr-, Farb-, Duft- und Geschmacksstoffen zu hoch wären.

Wässern

Durch Wässern werden unerwünschte Stoffe aus Nahrungsmitteln gelöst. Bei zu stark gesalzenen oder gepökelten Rohstoffen (Fisch, Fleisch) soll das überschüssige Salz ausgelaugt werden. Auch Bitterstoffe, z.B. in Endivien, Chicorée, Radicchio, können durch Wässern in lauwarmem Wasser entfernt werden. Der bei Nieren vorhandene unerwünschte Beigeschmack kann durch Einlegen in Wasser oder Milch gemildert werden. Um den Blutfarbstoff, der beim Garen durch Hitzegerinnung unerwünschte graue Stellen verursachen würde, aus Mark, Bries, Hirn usw. zu lösen, wässert man diese einige Zeit.

Parieren

Zur längeren Haltbarkeit bewahrt man die Fleischteile im anhaftenden Bindegewebe auf. Vor der Zubereitung müssen alle Bindegewebshäute, Knorpeln, Sehnen und Fettgewebe abgeschnitten und die Fleischteile in Form geschnitten werden. Diese Abschnitte werden Parüren genannt.

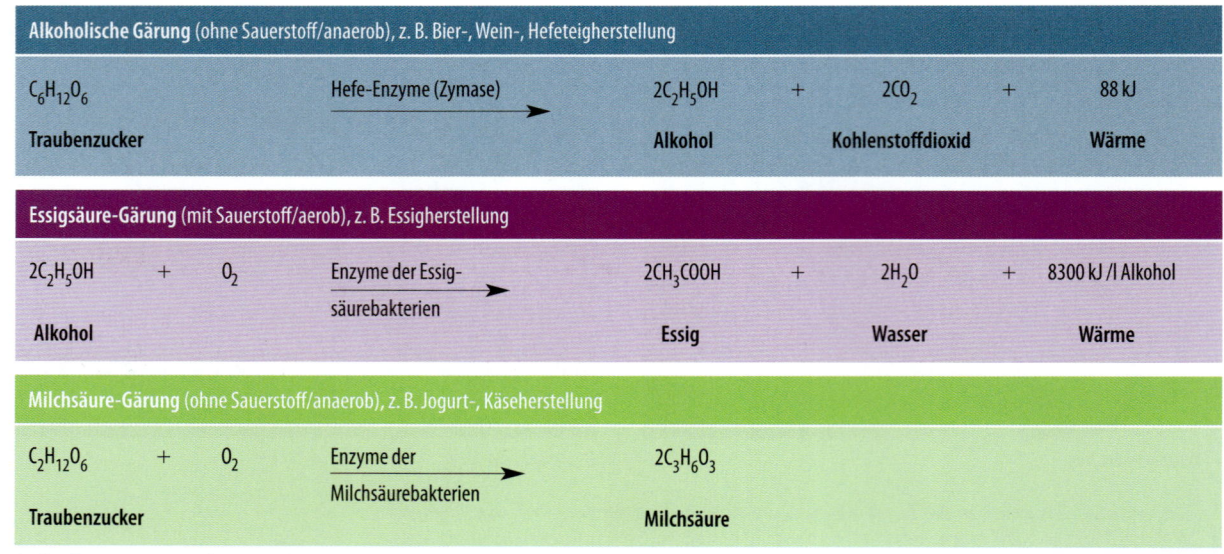

Alkoholische Gärung (ohne Sauerstoff/anaerob), z. B. Bier-, Wein-, Hefeteigherstellung							
$C_6H_{12}O_6$		Hefe-Enzyme (Zymase) $\rightarrow$		$2C_2H_5OH$	+ $2CO_2$	+	88 kJ
Traubenzucker				Alkohol	Kohlenstoffdioxid		Wärme
Essigsäure-Gärung (mit Sauerstoff/aerob), z. B. Essigherstellung							
$2C_2H_5OH$	+ O_2	Enzyme der Essigsäurebakterien $\rightarrow$		$2CH_3COOH$	+ $2H_2O$	+	8300 kJ /l Alkohol
Alkohol				Essig	Wasser		Wärme
Milchsäure-Gärung (ohne Sauerstoff/anaerob), z. B. Jogurt-, Käseherstellung							
$C_2H_{12}O_6$	+ O_2	Enzyme der Milchsäurebakterien $\rightarrow$		$2C_3H_6O_3$			
Traubenzucker				Milchsäure			

1. Stoffumsetzungen bei Gärungen (vereinfachte Darstellung)

7.2 Bearbeitung von Rohstoffen

Wenn die Vorbereitung der Rohstoffe beendet ist, erhalten sie ihre Form, werden zerkleinert, gemischt oder durch Reifung bzw. Gärung zum Verzehr oder zur Zubereitung hergerichtet.

Reifung
Lebensmitteleigene Enzyme oder Enzyme von gezielt eingesetzten Mikroorganismen können in Lebensmitteln erwünschte biochemische Vorgänge (Reifung oder Gärung) bewirken. Beispiele für die Reifung sind:
- **Fleischreifung:** Das Fleisch von Schlachttieren und Wild muss je nach Tierart, Lebensalter und Verwendungszweck Tage oder Wochen in kontrolliertem Klima (Temperatur, Luftfeuchtigkeit) reifen. Typisches Fleischaroma und zarte Fleischstruktur sind das Ziel.
- **Käse:** Alle Käsesorten benötigen zur Entwicklung ihrer spezifischen Eigenschaften eine Reifezeit unter kontrollierten Bedingungen. Je nach Käsesorte kann sie Wochen, Monate oder wie bei Parmesankäse Jahre dauern.
- **Obst und Früchte:** Manche Sorten, z. B. Äpfel, Birnen, Mangos, Avocados, Bananen, Papayas und Melonen, schmecken erst nach einer Lagerzeit (Nachreifung) am besten und haben dann die gewünschte Festigkeit. Wesentliche Reifemerkmale sind das Weichwerden, die zunehmende Süße sowie Farb- und Aromaveränderungen.

Alle Reifungsvorgänge sind von Enzymen verursacht und erreichen irgendwann ihr Optimum. Weitere Lagerung führt zur Überreife und schließlich zum Verderb.

Gärung
Bei der Gärung können je nach Rohstoff unterschiedliche Ziele angestrebt werden. So lassen sich Aussehen, Geschmack, Aroma und Konsistenz der Produkte durch die Art der zugesetzten oder von Natur aus vorhandenen Mikroorganismen bis zu einem gewissen Grad bestimmen. Auch die Steuerung der Gärung, vor allem durch die Temperatur, beeinflusst die Art und Qualität der Produkte.
Durch Gärung entsteht Alkohol oder Säure, die ab einer bestimmten Konzentration konservierend wirkt. So vergären die Enzyme der Hefen Traubensaft bis zu einer Alkoholkonzentration von höchstens 15-Vol.-%, weil sie dann unwirksam werden. Ähnlich sind die Zusammenhänge bei der Milchsäuregärung. Kohlenstoffdioxid, das bei der alkoholischen Gärung frei wird, lässt Bier frisch schmecken und lockert Hefegebäck.

Weichen und Quellen
Getrockneten Lebensmitteln muss das entzogene Wasser wieder zugeführt werden. Deshalb weicht man sie mehrere Stunden in Wasser ein und/oder gart sie in Flüssigkeit. Dadurch quellen die Lebensmittel auf und erreichen ihr ursprüngliches Volumen. Im Einweichwasser sind Nährstoffe gelöst, deshalb sollte es mitverwendet werden.

1. Erläutern Sie den Unterschied zwischen Reifung und Verderb.
2. Wodurch werden die Reifung und die Gärungen verursacht?
3. Nennen Sie vier Nahrungsmittel, bei denen eine alkoholische Gärung abläuft.

Grundtechniken der Speisenherstellung

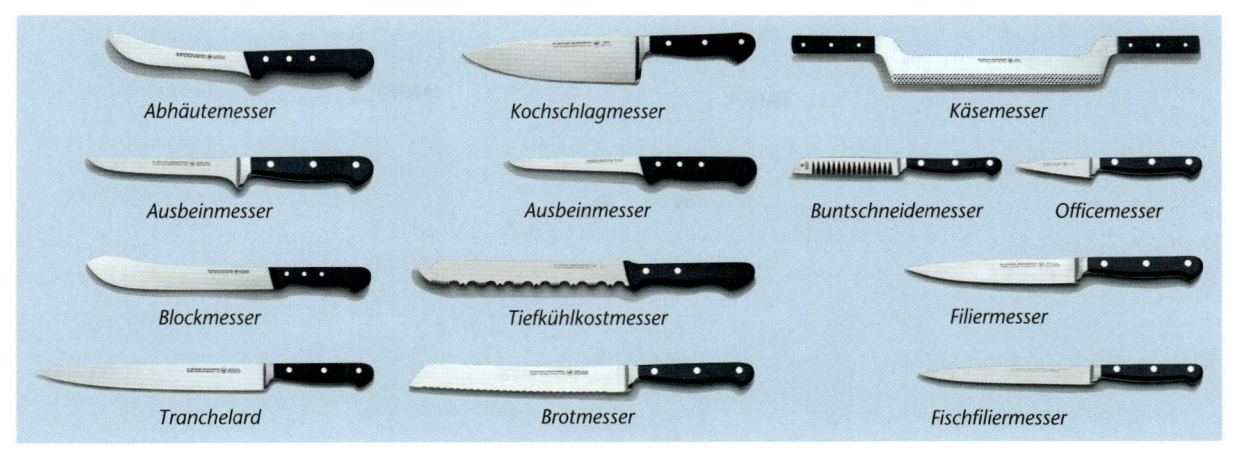

1. Messer

Abhäutemesser — Kochschlagmesser — Käsemesser
Ausbeinmesser — Ausbeinmesser — Buntschneidemesser — Officemesser
Blockmesser — Tiefkühlkostmesser — Filiermesser
Tranchelard — Brotmesser — Fischfiliermesser

1. Ordnen Sie die abgebildeten Messer bestimmten Vor- und Bearbeitungstechniken zu.
2. Warum sollen Messer gut geschärft sein? Welche Nachteile haben stumpfe Messer?
3. Bei welchen Nahrungsmitteln und Schnittformen ist eine Aufschnittmaschine dem Messer vorzuziehen?

7.3 Zerkleinerungstechniken

Schneiden ist eine häufig anfallende Arbeit in der Küche. Meistbenutztes Schneidewerkzeug ist das Messer.
Für verschiedene Anwendungszwecke werden unterschiedliche Messer benötigt, wenn exakt, rasch und sicher geschnitten werden soll. Die Schneidebewegung im Zusammenspiel mit dem Schneidedruck führt zu einem glatten Schnitt, sofern die Schneide scharf ist. Eine unverrutschbare Schneideunterlage trägt zum sicheren Schneiden bei.
Hobeln ist eine Schneideart, bei der das Schnittgut, im Gegensatz zum Schneiden, am Messer vorbeigeführt wird; ähnlich wie beim Schneiden mit der Aufschnittmaschine. Wichtiges Ziel beim Schneiden und Hobeln ist die gleichmäßige Form, um den optischen Eindruck einer Speise appetitlich zu gestalten und die gleiche Garzeit sicherzustellen.
Beim **Raspeln** wird in längliche Streifen zerkleinert, z. B. Rettiche oder Karotten für Salat.
Das **Reiben** bewirkt ein Zerreißen der Lebensmittel in kleine Fetzen; z. B. Zitronenschale, Muskatnuss.
Zum **Hacken** von Küchenkräutern kann ein Wiege- oder Hackmesser, zum Hacken von Knochen ein Hackbeil verwendet werden. Hackfleisch wird mit dem Fleischwolf nach dem Prinzip des Scherenschnitts erzeugt.
Mahlen erfolgt bei Getreide, Kaffeebohnen oder Gewürzen in den entsprechenden Mühlen.
Beim **Pürieren/Passieren** werden weiche Nahrungsmittel wie Beeren, gegarte Äpfel oder Kartoffeln durch ein Sieb oder eine Presse gedrückt und dabei fein zerkleinert, z. B. für Beerenmark, Apfelmus, Kartoffelpüree.

Beim **Mixen** oder **Kuttern** ist der Zerkleinerungsvorgang mit einem Vermischungsvorgang gekoppelt. Im Mixer entsteht bei genügend flüssiger Konsistenz der Rohstoffe ein zirkulierender Strom, sodass die Lebensmittel am Messerkreuz vorbeiziehen und dabei immer feiner zerkleinert werden. Für größere Mengen und festere Konsistenz der Lebensmittel wird der Kutter eingesetzt (siehe unten).

Maschinen zum Zerkleinern

Küchenmaschinen: Sie können mit Einsätzen zum Hobeln, Raspeln, Reiben, Mahlen und Pürieren betrieben werden. Universal-Küchenmaschinen haben zudem Vorrichtungen zum Kneten, Rühren und Schlagen.
Aufschnittmaschine: Durch den schnellen Lauf des Messers ist der Schneidedruck auf das Schnittgut gering. Deshalb lassen sich gleichmäßige Scheiben mit glatten Schnittflächen erzielen. Dies gilt beispielsweise für Fleisch, Schinken, Wurst, Käse, Gemüse und Brot.
Streifenschneider: Auf einer Walze sind im Abstand von wenigen Millimetern viele Messerscheiben angeordnet. Die Messerwalze dreht sich schnell gegen eine rotierende Riffelwalze, die das Schnittgut nach unten durch die Messer zieht. Gemüseblätter wie Endivien oder in Scheiben geschnittene Wurst kommen hierfür infrage.
Kutter: Im Gegensatz zum Mixer rotieren nicht nur die Messer, sondern auch die Kutterschüssel. Deshalb kann man auch relativ festes Material im Kutter zerkleinern und mit anderen Zutaten mischen. Im Kutter werden z. B. Fleisch- oder Fischfarcen (meist wird der Rohstoff im Verhältnis 1 : 1 mit Schlagsahne verarbeitet) für Pasteten, Terrinen oder Klößchen hergestellt.

Messerschnitt		Beispiel
Mit einer keilförmigen Klinge wird eine Schneidbewegung ausgeführt und ein Schneiddruck ausgeübt. Dem Schneiddruck muss ein Schneidwiderstand entgegenwirken.	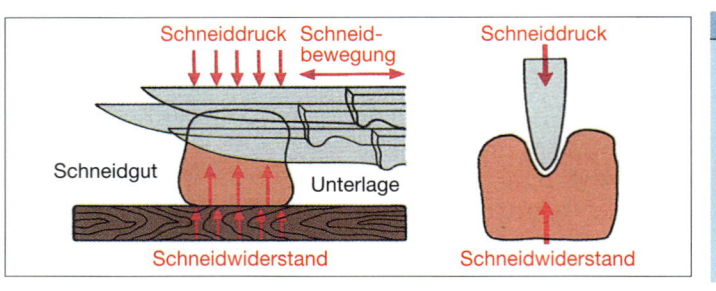 Schneiddruck – Schneidbewegung – Schneidgut – Unterlage – Schneidwiderstand	**Werkzeuge:** Messer, Spalter **Maschinen:** Aufschnittmaschine, Kutter, Mixer, Würfelschneider
Scherenschnitt		**Beispiel**
Zwei „stumpfe" Klingen arbeiten gegeneinander und üben zwei sich entgegenwirkende Schneiddrücke aus. Das Schneidgut wird durch die entstehende Scherwirkung zerkleinert.	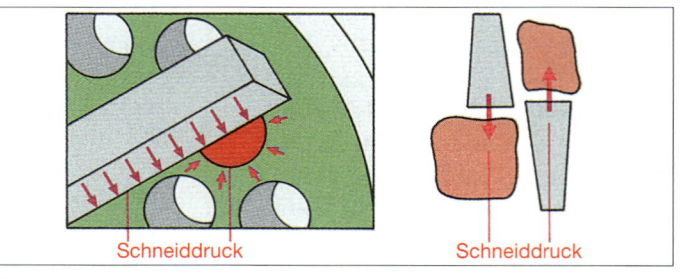 Schneiddruck	**Werkzeuge:** Tranchierschere **Maschinen:** Fleischwolf, Kutter

1. Vergleich: Messerschnitt und Scherenschnitt

Mixer: Das Messerkreuz rotiert mit sehr hoher Geschwindigkeit. Durch seine Senkrechtstellung in einem topfförmigen Gefäß und entsprechende Formung der Messer kommt es im Schneidbereich zu Druck- und Sogwirkungen. Das Schneidgut wird durch sein Eigengewicht immer wieder in den Schneidsatz zurückgeführt. Weil bei solchen Geräten nur die Messerwelle rotiert, muss die Konsistenz der Mischung relativ flüssig sein.

Fleischwolf: Darin werden die zu zerkleinernden Rohstoffe nach dem Einfüllen mit einer Förderschnecke durch Scheiben mit verschieden großen Bohrungen gepresst und unmittelbar danach von rundlaufenden, präzise eingeschliffenen Kreuzmessern geschnitten.

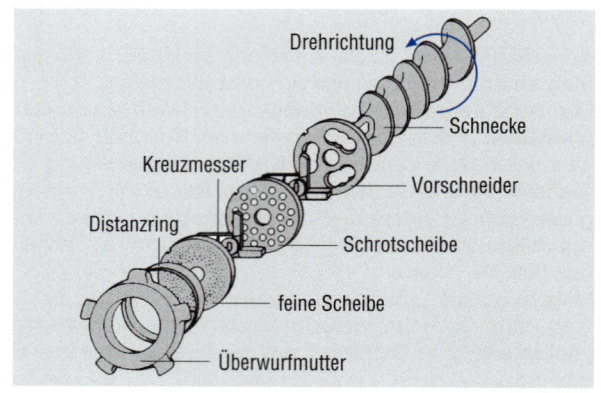

Hygiene und Arbeitssicherheit
Beim Zerkleinern bleiben an den Maschinen leicht verderbliche Rückstände haften, die umgehend zu entfernen sind. Nicht einwandfrei gereinigte Geräteteile stellen Nährböden für Mikroorganismen dar. Nach den Vorschriften der Berufsgenossenschaft müssen alle Maschinen so gebaut sein, dass die Unfallgefahr gering ist, wenn die Sicherheitsvorkehrungen funktionieren und sachgerecht mit den Maschinen gearbeitet wird. Dennoch verlangt der Umgang mit Maschinen generell erhöhte Aufmerksamkeit.
Bevor man diese Maschinen und Geräte benutzt, sollte man sich gründlich einweisen lassen, weil nicht nur die Maschinen beschädigt werden können oder die Lebensmittel anschließend nicht mehr zu gebrauchen sind, sondern auch, weil die Gesundheit auf dem Spiel steht.

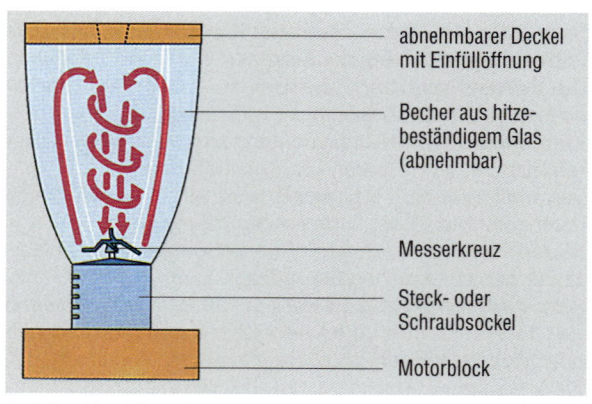

2. Schneidesatz des Fleischwolfes

3. Schneidewirkung beim Mixer

Grundtechniken der Speisenherstellung

1. Bedeutung von Mengenbestimmungen

Lebensmittel	Rohgewicht
Nudeln, getrocknet	50–70 g
Reis	50–70 g
Kartoffeln	150–200 g
Spargel	400–500 g
Blumenkohl	180–250 g
Prinzessbohnen	180–200 g
Linsen, getrocknet	60–80 g
Fleisch für Steaks bzw.	150–200 g
panierte Schnitzel	120–150 g
Gulasch	180–200 g
Kotelett mit Knochen	200–230 g
Fischfilet	125–150 g
Fische mit Gräten	200–250 g
Fische mit Kopf	250–350 g

2. Benötigte Rohstoffmengen pro Portion

1. Warum ist bei der Herstellung einer Masse die Menge der Zutaten unbedingt einzuhalten?
2. Welche negativen Folgen können eintreten, wenn zu viel oder zu wenig Portionen zubereitet werden?
3. Wie kann der Gast kontrollieren, ob er die richtige Menge eines Getränks erhalten hat?

7.4 Wiegen und Abmessen

Anlässe für das Wiegen und Abmessen sind
Kontrolle der gelieferten Mengen bei Fleisch, Fisch, Obst und Gemüse usw. bei der Warenanlieferung: Bei der Warenanlieferung muss geprüft werden, ob tatsächlich die bestellte Ware in der bestellten Menge angeliefert wurde.
Zubereitung einer Speise für eine bestimmte Personenzahl: Vor der Zubereitung von Speisen muss entschieden werden, wie viele Portionen herzustellen sind. Geschieht dies nicht, wird zu wenig oder zu viel produziert. Im einen Fall verärgert man Gäste durch Streichungen auf der Speisekarte. Im andern Fall werden Reste produziert, die während der Lagerung an Qualität verlieren oder unverkäuflich werden.
Einhaltung der Rezepturen (Verhältnis der Zutaten zueinander) bei der Herstellung von Speisen und Mischgetränken: Für Teige und Massen, Suppen, Soßen und viele garfertige Erzeugnisse müssen die Zutaten in einem bestimmten Verhältnis miteinander vermischt oder gegart werden. Nur durch genaues Abmessen und Wiegen sind Rezepturen einzuhalten und Produkte hoher Qualität zu erzielen.
Einhaltung der Portionsmengen bzw. -gewichte: Bei Speisen erwartet der Gast eine bestimmte Portionsmenge. Damit keine ungleichen Portionen ausgegeben werden, muss der Koch die Mengen durch Wiegen oder Abmessen kontrollieren. Die je Portion verwendeten Mengen der Zutaten sind von der Geschäfts- bzw. Küchenleitung festgelegt und dienen als Kalkulationsgrundlage für die Verkaufspreise.

Besondere Bedeutung kommt dem Wiegen und Abmessen bei der Zubereitung und Ausgabe von Diätkost zu. Werden hier die Mengen nicht eingehalten, verlieren die meisten Diätmaßnahmen ihren Sinn.
Auf der Getränkekarte muss die angebotene Menge stets angegeben sein. Gläser, in denen offene Getränke ausgeschenkt werden, müssen einen Füllstrich besitzen, damit der Gast kontrollieren kann, ob er die bestellte Menge erhält. Auch Originalflaschen enthalten festgelegte Mengen.
Als Geräte zum Wiegen in der Küche sind eine Waage und zum Abmessen ein Litermaß (Messbecher) erforderlich.

3. Waage

Mischungstechnik	Ziele	Anwendungsbeispiele	Produkte	Geräte/Maschinen
Maschinen/Mengen feste Stoffe	einheitliches Gemenge	Hackfleisch, Ei, Zwiebeln, Brot	für Hackmasse (Hackbraten)	Kochlöffel Küchenmaschine
Kneten feste und flüssige Stoffe	einheitliches Gemenge und Ausbildung der Kleberstruktur	Mehl, Salz, Wasser/Milch	für Teige (Hefegebäck, Brot)	von Hand Knetmaschine
Rühren feste, zähflüssige und gasförmige Stoffe	einheitliches Gemenge und Einarbeitung von Luft	Eier, Zucker, Butter, Milch, Mehl, Luft	für Rührmassen (Rührkuchen)	Schneebesen Rührmaschine
Schlagen zähflüssige und gasförmige Stoffe	einheitliches Gemenge und Einarbeitung von Luft	Eiklar oder Sahne, Luft	für Schaummassen (Meringen/Baiser)	Schneebesen, Anschlagmaschine, Sahnebläser
Emulgieren 1. flüssige oder 2. feste Stoffe	Emulsion	1. Eigelb, Essig, Zitrone, Öl/ Butter 2. Fleisch, Salz, Roheis, Fettgewebe	für aufgeschlagene Soßen für Brät/Farce (Wurst/Pastete)	Schneebesen, Anschlagmaschine, Mixer, Kutter

1. Vermischungstechniken mit Beispielen

7.5 Vermischungstechniken

Der größte Teil aller Lebensmittel, die wir herstellen und verbrauchen, besteht aus Mischungen verschiedener Produkte.
Man unterscheidet die Verfahren nach der Beschaffenheit der zu mischenden Rohstoffe:
- Feste Rohstoffe werden **gemischt**. Dies ist beispielsweise der Fall, wenn Schweine- und Rindfleisch gewürfelt und für Gulasch gerichtet werden.
- Ein bekanntes Mischgemüse besteht u. a. aus Erbsen, Karotten und Spargel: Leipziger Allerlei.
- Wenn die einzelnen Bestandteile einer Mischung nicht mehr erkennbar sind, wurde **vermengt**. So könnte man aus der Gulaschmischung mit Einsatz des Fleischwolfes ein Gemenge herstellen: Hackfleisch. Fügt man noch weitere Zutaten hinzu, so erhält man Hackmasse für Frikadellen.
- **Emulsionen** sind Mischungen von Stoffen, die sich aufgrund ihrer Beschaffenheit nicht verbinden würden wie Öl und Wasser. Eine bekannte Emulsion ist die Milch. In naturbelassenem Zustand entmischt sie sich jedoch sehr rasch, sie rahmt auf.
Um Eidotter, Öl, Essig, Salz und Würzmittel miteinander zu emulgieren, bedarf es umfangreicher Rührarbeit und des im Eigelb enthaltenen Eiweißes und Lezithins als Emulgator, bis Mayonnaise oder (mit Anteil von Stärkekleister) Salatmayonnaise hergestellt ist.
- Mischungen von festen (Mehl) und flüssigen Rohstoffen (Wasser oder Milch) werden in kaltem Zustand zu einem homogenen Teig **geknetet**. Hierbei müssen die festen Bestandteile quellende Eigenschaften besitzen, um die zugeschüttete Flüssigkeit aufzunehmen, bis eine bestimmte Stabilität erreicht wird. Dies ist besonders beim stärke- und eiweißhaltigen Mehl der Fall, wenn die Fettanteile, die man zum Teig gibt, nicht zu hoch sind.
Beim Kneten von Hefeteigen wird die Ausbildung der Eiweißstruktur (Kleber) angestrebt, die für das Gashaltevermögen des Teiges und das Volumen des Gebäckes entscheidend ist.
- Auch beim **Rühren** mischt man feste und flüssige Bestandteile. Nur werden mehr Fett, Zucker und Eier als bei einem Teig verarbeitet. Dadurch entsteht ein pastöses, streichfähiges Produkt: die Masse. Ihre Lockerung erreicht man mit eingerührter Luft, untergezogenem Eischnee und Backpulver.
- Beim **Schlagen** mit dem Schlag- oder Schneebesen wird viel Luft in eine eiweißreiche (Eiklar) oder fettreiche (Schlagsahne) Flüssigkeit geschlagen, um Eischnee oder geschlagene Sahne herzustellen.
- Das Mischen von Flüssigkeiten und Getränken bezeichnet man als **Verschneiden**. Viele französische Weine und Weinbrände wie Champagner sowie Cognac sind aus Weinen bzw. Weinbränden verschiedener Sorten und Jahrgänge gemischt.
Gegenüber sortenreinem Wein kann ein Verschnitt aus verschiedenen Weinen eine höhere Qualität erreichen; Weine aus dem Anbaugebiet Bordeaux belegen dies.

Grundtechniken der Speisenherstellung

1. Unterschiedliche Materialien, Verfahren und Produkte

2. Formgebung – Beispiele und Geräte

7.6 Weitere Bearbeitungsverfahren

Lockerung von Teigen und Massen
Die **physikalische Lockerung** wird durch Einrühren oder Einschlagen von Luft erreicht.
Die **chemische Lockerung** kann durch Zugabe von Triebmitteln wie z. B. Backpulver, Hirschhornsalz oder Pottasche erfolgen. Bei Wärme und Feuchtigkeit spalten sie Gase ab, die während des Backens im Eiweißgerüst der Massen die Poren vergrößern und so für das Aufgehen der Massen sorgen.
Die **biologische Lockerung** von Teigen durch Hefe beruht darauf, dass das bei der Hefegärung frei werdende Kohlenstoffdioxid in den Klebersträngen des Teiges festgehalten wird.
Die **Lockerung durch Zusätze**, etwa durch eingeweichte und ausgedrückte Brötchen bzw. Brandmasse in Hackfleischmasse bzw. Fischfarce verhindert, dass eiweißreiche Massen nach dem Braten oder Pochieren zu fest und zu trocken sind. Der Fachausdruck für solche Zusätze ist Panade.

Trennen
Um die Flüssigkeit bei der Herstellung von Brühen oder Soßen durch **Abseihen oder Passieren** von den übrigen Bestandteilen zu trennen, benutzt man feine Siebe oder Passiertücher.
Beim **Zentrifugieren** werden Flüssigkeiten durch Schleudern in schwere und leichtere Teile getrennt.
Beispiel: Milch wird in Schlagsahne und Magermilch getrennt.

Beim **Dekantieren** werden alte französische Rotweine von ihrem „Depot" (abgesetzte Trübstoffe) getrennt. Dazu wird der Wein aus der Flasche in eine Karaffe umgefüllt; das Depot bleibt in der Flasche.
Das **Destillieren** von Alkohol wird bei der Spirituosenherstellung angewendet. Die Maische (alkoholhaltiger Ansatz) wird erhitzt und der verdampfende Alkohol mit einem gewissen Wasseranteil und den gelösten Aromastoffen in ein anderes Gefäß geleitet. Dabei werden die Gase gekühlt, sodass sie wieder flüssig werden.

Formen
Attraktive Formen sollen den Appetit der Gäste anregen und für Abwechslung sorgen.
Teiglinge für Hefeteiggebäck sind oft kunstvoll **gerollt** oder geflochten wie Brezeln, Hörnchen, Zöpfe u. a.
Durch **Tournieren** (Zurechtschneiden) werden „fleischige" Gemüsesorten oder Kartoffeln in bestimmte Formen geschnitten, z. B. in Schiffchenform.
Mit speziellen Ausbohrern kann man verschiedene Größen von Kugeln oder olivenförmigen Stücken **ausbohren**.
Von **Kannelieren** spricht man, wenn mit einem Messer oder einem Kanneliermesser Kerben in Pilze, Möhren, Zitronen usw. geschnitten werden.
Massen können durch **Aufspritzen** mittels Spritzbeutel und Stern- oder Lochtülle dekorative Formen wie z. B. Rosetten erhalten oder durch **Abstechen** mit einem Löffel bzw. **Abdrehen** zwischen den Handflächen in Klößchen bzw. Kugelform gebracht werden.

Wärmeleitung		Beispiel
... findet immer in festen Stoffen statt. Die kleinsten Stoffteilchen können sich untereinander nicht bewegen. Deshalb wird die Wärme von Teilchen zu Teilchen weitergegeben. Die Atome in Metallen liegen dicht beieinander und können deshalb Wärme besonders gut leiten.	Pfannenboden → Stoffteilchen leiten die Wärme weiter	Pfannen- oder Topfboden, Unterhitze im Backofen, Kontaktgrill

Wärmeleitung		Beispiel
... findet in flüssigen oder gasförmigen Stoffen statt. Erwärmte Flüssigkeiten und Gase dehnen sich aus, werden spezifisch leichter und steigen nach oben. Bei ständiger Wärmezufuhr entsteht eine natürliche Wärmeströmung. Ventilatoren können sie verstärken.	Flüssigkeit	Wasser, Brühe und flüssiges Fett; Dampf und Heißluft

Wärmeleitung		Beispiel
... wird von glühenden Körpern abgegeben. Dabei handelt es sich um elektromagnetische Strahlung, die Infrarotstrahlung genannt wird. Mikrowellen haben eine andere Wellenlänge und erhitzen direkt das Wasser im Inneren des Garguts.	Gargut	Infrarotgrill, glühende Kohle, Oberhitze im Backofen; Mikrowelle

1. Überblick: Formen der Wärmeübertragung

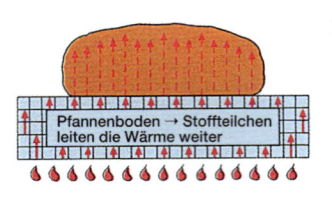

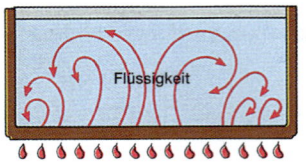

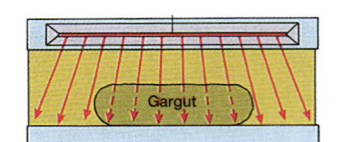

Blanchieren

Blanchieren ist der kurzfristige Einsatz von Hitze (kochende Flüssigkeit oder heißes Fett) zur Vorbereitung oder Bearbeitung (nicht garen) von Rohstoffen.

Dabei treten immer Verluste an Vitaminen und Mineralstoffen auf. Das Verfahren ist deshalb nur in begründeten Fällen anzuwenden und möglichst rasch, in wenigen Minuten, teilweise nur Sekunden, durchzuführen.

Rohstoff/Verwendung	angestrebtes Ziel	Gründe
Kohlblätter für Kohlrouladen	Biegsamkeit der Blätter zum Füllen	verarbeitungstechnische
Tomaten, Pfirsiche	leichtes Abziehen der Haut	
Knochen für Brühen	entfernen von Trübstoffen	
Kartoffelstäbchen für Pommes frites	vorgaren	
Spinat und Lauch für Gemüsegerichte	Verringerung des Volumens	
Lauch, Rosenkohl	Entfernung streng schmeckender Stoffe	geschmackliche
Gemüse zum Einfrieren	Inaktivierung von Enzymen, Abtöten von Mikroorganismen	hygienische

2. Gründe für das Blanchieren

Panieren

Viele Nahrungsmittel werden vor dem Braten oder Frittieren paniert, das heißt, ihre Oberfläche wird mit Zutaten umhüllt, die nach dem Garen eine schmackhafte, braune Schicht bilden und gleichzeitig das Gargut saftig halten.
Beispiele:
- **Wiener Art:** Mehl, geschlagenes Ei, Brösel.
- **Pariser Art:** Mehl, geschlagenes Ei.
- **Mailänder Art:** Mehl, geschlagenes Ei, Mischung aus geriebenem Käse und geriebenem Weißbrot.
- **Französische Art:** Mehl, Backteig.
- Panierungen mit Mehl, Ei, Sesam oder gehackten Nüssen, Cornflakes usw.

1. Nennen Sie pflanzliche und tierische Rohstoffe, die üblicherweise roh verzehrt werden.
2. Welche Stufen der Zubereitung muss ein Kartoffelsalat durchlaufen?
3. Weshalb sollen Obst und Gemüse möglichst dünn geschält werden?
4. Langes Wässern kann die Qualität von Nahrungsmitteln negativ beeinflussen. Begründen Sie diese Aussage.
5. Erklären Sie den Unterschied zwischen Weichen und Wässern.
6. Nennen Sie Ziele der Reifung von Nahrungsmitteln.
7. Welche Trennverfahren werden im Gastgewerbe angewendet?
8. Nennen Sie zwei Ziele, die mit dem Panieren angestrebt werden.
9. Welche Nachteile werden beim Blanchieren von Gemüse in Kauf genommen?

Grundtechniken der Speisenherstellung

Direkt pochierte Speisen	Garzeit
Verlorenes Ei	3 – 4 Minuten
Forellenfilet	4 – 5 Minuten
Forelle blau	8 – 10 Minuten
Kabeljauscheibe	8 – 10 Minuten
Fleisch- und Fischklößchen	je nach Durchmesser: 3 – 10 Minuten
Kartoffelklöße	20 – 30 Minuten

Indirekt pochierte Speisen		Garzeit
Wiener Würstchen		6 – 8 Minuten
Eierstich		15 – 20 Minuten
Karamellpudding	in Portionsförmchen	je nach Durchmesser: 20 – 60 Minuten
Gemüsepudding		
Terrinen		

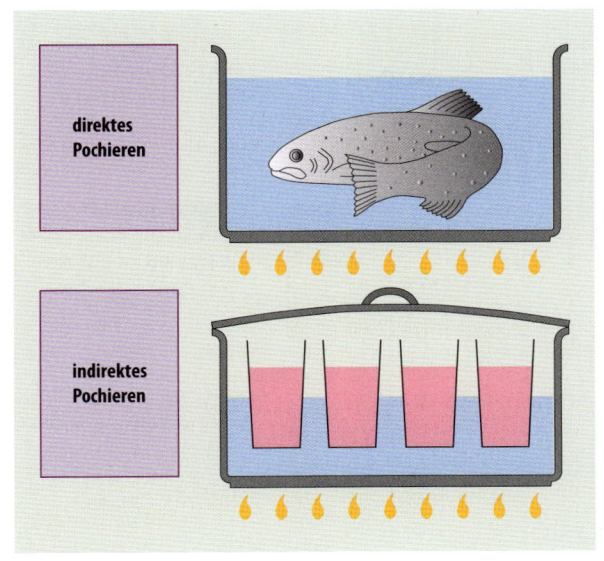

1. Direktes und indirektes Pochieren

2. Beispiele und Garzeiten pochierter Speisen

7.7 Gartechniken

Erst durch Zubereitung unter Hitzeeinwirkung erreichen viele Rohstoffe ihren Genusswert. Die Festigkeit wird durch das Auflockern der Faserstrukturen, das Aufquellen und Gerinnen von Eiweißstoffen und das Verkleistern von Stärke bestimmt. Diese Prozesse verbessern auch die Verdaulichkeit. Geschmack und Aroma werden durch die Zugabe von Salz, Zucker, Kräutern und fetthaltigen Rohstoffen wie Sahne, Crème fraîche oder Butter und Gewürzen verbessert und durch stoffliche Veränderungen intensiviert. So bilden sich

aus Eiweiß	→	Röststoffe (ab ca. 150 °C),
aus Stärke	→	Dextrine (ab ca. 120 °C),
aus Zucker	→	Karamell (ab ca. 150 °C).

Ab etwa 160 °C bräunt die Oberfläche der Speisen. Es bildet sich eine Kruste, deren Beschaffenheit ein Qualitätsmerkmal darstellt.
Garzeiten sind exakt einzuhalten, da die Inhaltsstoffe zu knapp gegarter Speisen nicht voll erschlossen, die Inhaltsstoffe übergarter Speisen teilweise zerstört werden. Der Geschmackswert übergarter Speisen ist herabgesetzt; bei vielen Speisen verblassen die Farben.
Auch Gartechniken unterliegen aus mehreren Gründen Veränderungen und Verbesserungen. Ursachen dafür sind z. B. neue oder verbesserte Gargeräte wie Niedrigtemperatur-Gargeräte, die die Temperatur auch im unteren Bereich genau einhalten, oder Kerntemperaturfühler, mit denen sich der Garpunkt und damit die Garzeit genau bestimmen lässt, sowie Induktionskochplatten, bei denen die Hitze nur entsteht, wenn man den Topf aufstellt (Induktionskochen → 89).

Garziehen oder Pochieren
Garziehen oder Pochieren ist Garen in Flüssigkeit unter dem Siedepunkt bei 65 °C bis 95 °C. Die Hitze dringt durch Wärmeleitung in das Gargut ein. Zum Pochieren eignen sich Nahrungsmittel von besonders zarter Struktur wie Fische, Gerichte mit hohem Eianteil und Massen mit hohem Eiweißgehalt. Zwei Arten von Garziehen werden unterschieden:
- **Direktes Pochieren:** Das Nahrungsmittel gart in der gewürzten Flüssigkeit. Die Flüssigkeit darf nicht kochen, damit die Speisen (besonders Fisch) nicht durch starke Dampfentwicklung im Innern zerfallen und ihre Saftigkeit verlieren.
- **Indirektes Pochieren:** Die Nahrungsmittel sind in Förmchen oder sonstige Gefäße gefüllt und werden im zugedeckten Wasserbad unter dem Siedepunkt gegart und damit gestockt. Bei zu hohen Temperaturen würden die Speisen aufgehen und nach dem Garen wieder rasch zusammenfallen. Das Innere wäre nicht glatt und saftig, sondern porös und strohig.

1. Welche Veränderungen treten auf der Oberfläche der Speisen im Temperaturbereich zwischen 120 °C und 180 °C auf?
2. Worin unterscheidet sich das direkte vom indirekten Pochieren?

Garverfahren		Technologie	Besonderheiten
Garziehen/ Pochieren		• Garen in viel Flüssigkeit unter dem Siedepunkt • ca. 70 °C - 95 °C	• Auslaugverluste entstehen (Vitamine, Mineral-, Farb-, Geschmacks- und Aromastoffe) • für eiweißreiche Rohstoffe • formschonendes Verfahren
Kochen/Sieden		• Garen in viel wallender Flüssigkeit • ca. 100 °C	• Auslaugverluste entstehen, (oder Brühe mitverwenden!) • Lebensmittelbestandteile können gut quellen
Dämpfen		• Garen im strömenden Wasserdampf bei ca. 100 °C • gut, aber nicht luftdicht schließender Deckel	• keine Auslaugverluste • formschonendes Verfahren
Dünsten		• Garen im eigenen Saft • ca. 100 °C • keine oder geringe Zugabe von Flüssigkeit und/oder Butter locker abgedeckt	• keine Auslaugverluste • Geschmacksverbesserung durch Anschwitzen in Butter (bei Gemüse) • nur für zarte Rohstoffe
Mikrowellengaren		• Garen durch Erhitzen der Zellflüssigkeit in allen Zellen der Lebensmittel • Mikrowellen erhitzen vor allem Wassermoleküle	• schonendes Garen/Erwärmen • zum schnellen Auftauen und Erhitzen von Speisen und Getränken • nur für kleine Mengen
Kurzbraten/Braten in der Pfanne		• Garen in wenig heißem Fett • ca. 160 °C - 200 °C • Pfanne nicht zugedeckt	• entstehende Röststoffe verleihen Geschmack • für kleine sehr zarte Fleischstücke
Langzeitbraten/ Braten im Ofen		• Garen in wenig heißem Fett bei Rundumhitze • ca. 160 °C - 200 °C • Wasser nur zur Soßenbereitung	• entstehende Röststoffe verleihen Geschmack • für große Fleischstücke • nur wenig Soße entsteht
Schmoren		• Anbraten in wenig Fett und Weitergaren im Ofen (abgedeckt), in Flüssigkeit (übergießen) • Anbraten bei 200 °C, dann 100 °C	• entstehende Röststoffe verleihen Geschmack • für weniger zarte große und kleine Fleischstücke • relativ viel Soße entsteht
Backen im Ofen		• Garen von Teigen und Massen unter Bildung einer Kruste bei Rundumhitze • ca. 160 °C - 240 °C	• schmackhafte Kruste (mit Röststoffen) und lockere Krume (durch Eiweißgerinnung/ Stärkeverkleisterung)
Frittieren/Backen im Fettbad		• Garen in viel heißem Fett • ca. 160 °C - 180 °C	• entstehende Röststoffe verleihen Geschmack • Speisen nehmen relativ viel Fett auf (energiereich, schwer verdaulich)
Grillen		• Garen durch Wärmestrahlung mit wenig Fettzugabe • ca. 160 °C - 220 °C	• entstehende Röststoffe verleihen Geschmack • Fett schmilzt aus

1. Überblick: Herkömmliche Garverfahren

Grundtechniken der Speisenherstellung

Fleisch wird mit Gemüse und Gewürzen gekocht, da gute Brühe eine wertvolle Grundlage für viele Speisen ist.

Teigwaren werden im offenen Topf gekocht, da sonst die Flüssigkeit überschäumt.

1. Kochen in wallender Flüssigkeit

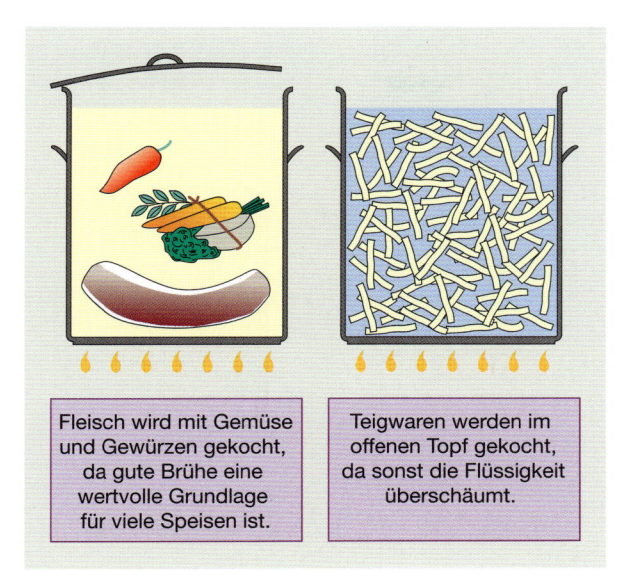

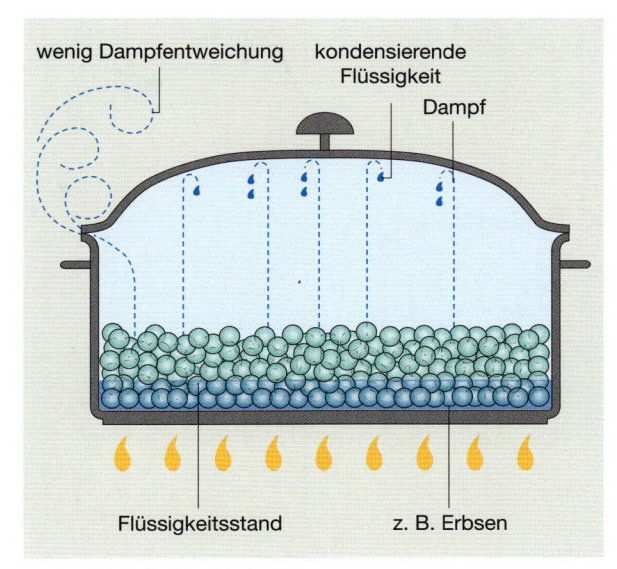

2. Flüssigkeitskreislauf beim Dünsten

Kochen oder Sieden

Kochen ist Garen in viel wallender Flüssigkeit bei etwa 100 °C. Dabei dringt die feuchte Hitze durch Wärmeleitung in das Nahrungsmittel ein und bewirkt bei bindegewebereichem Fleisch eine Lockerung, weil Flüssigkeit an das zähe Bindegewebe (Kollagen) angelagert wird, sodass daraus kaubare Gelatine entsteht. In der Anfangsphase wird Flüssigkeit aufgenommen, in der Endphase tritt Saft aus (Fleischbrühe für Suppen).

Die Kochzeiten für Fleisch schwanken je nach Größe und Qualität. Sobald das Fleisch weich ist, muss der Garvorgang beendet werden, da es sonst trocken und faserig wird. Ausgesuchte Rindfleischstücke wie Rinderbrust und Tafelspitz, aber auch Gerichte aus Schweine-, Kalb- oder Lammfleisch werden durch Kochen gegart, bei Geflügel vor allem Suppenhühner.

Bei stärkehaltigen Nahrungsmitteln (Teigwaren, Reis, Kartoffeln) kommt es zum Aufquellen und Verkleistern der Stärke. Das Eiweiß gerinnt und wird dadurch leichter verdaulich. Die Kochzeit von Teigwaren ist vom verwendeten Getreideprodukt (Mehl, Grieß) abhängig und von der Eimenge abhängig, die zur Teigherstellung eingesetzt wurden.

Bei cellulosereichen Gemüsen wird durch Kochen das feste Zellgefüge aufgelockert. Durch Kochen gart man z. B. Spargel, Artischocken, Schwarzwurzeln und Hülsenfrüchte. In der Brühe sind Nährstoffe, Farb-, Geschmack- und Aromastoffe gelöst.

Deshalb sollten Brühen von tierischen Nahrungsmitteln und Gemüsen zum Auffüllen von Soßen oder Suppen verwendet werden.

Dünsten

Dünsten ist Garen im zugedeckten Gargefäß mit wenig Fett und Flüssigkeit und bei geringer Hitze (80 °C bis 130 °C). Als Fett kommen vor allem Butter oder Margarine in Frage, weil dadurch Speisen geschmacklich aufgewertet werden.

Die Flüssigkeit muss zum Gargut passen:
- bei Gemüse: Gemüse- oder Fleischbrühe,
- bei Fisch: Wein und Fischbrühe,
- bei Obst: Läuterzucker, Wein, Fruchtsaft.

Bei Gemüse wird erst angeschwitzt (120 °C bis 130 °C), um einen besseren Geschmack zu erzielen, anschließend mit wenig Flüssigkeit angegossen und zugedeckt gegart. Das Dünstgefäß muss breit genug sein, damit das Gargut nicht zu hoch geschichtet darin liegt. Dadurch wird ein gleichmäßiges Garen erreicht und häufiges Rühren überflüssig. Die entweichende Dampfmenge ist bei richtiger Hitzezufuhr gering. Der Flüssigkeitsverlust wird durch den Saft, der aus dem Gargut austritt, fast ausgeglichen. Bei zu viel Hitze verdampft die Flüssigkeit zu schnell.

Nach dem Erreichen des Garpunktes soll wenig oder keine Flüssigkeit mehr vorhanden sein. Gedünstete Speisen werden entweder naturell angerichtet oder mit der Soße serviert, die auf der Grundlage der Dünstflüssigkeit zubereitet wurde. Gedünstet werden
- fast alle Gemüse- und Pilzarten,
- Fische, Fischscheiben und Fischfilets,
- Krusten- und Schalentiere,
- Fleischscheiben von sehr zartem und hellem Fleisch,
- eher zarte Stücke von hellem Geflügel,
- feste Obstsorten wie Birnen und Äpfel.

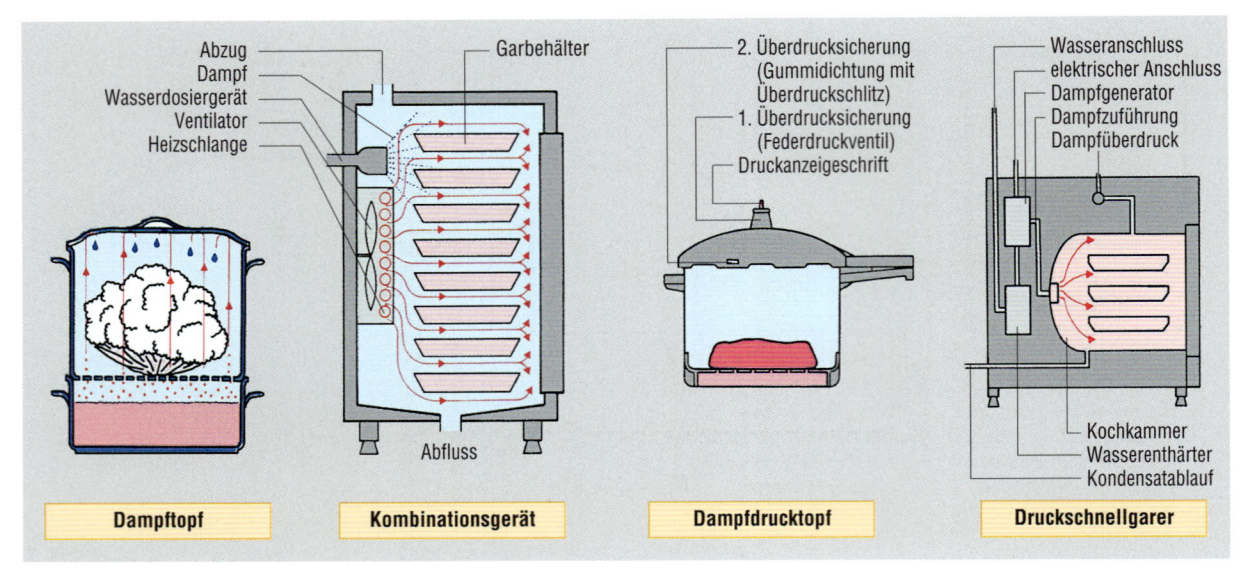

1. Dampftopf, Kombinationsgargerät, Dampfdrucktopf, Druckschnellgarer

Dämpfen

Dämpfen ist Garen in strömendem Wasserdampf bei etwa 100 °C. Das Gargut wird durch Wärmeleitung erhitzt, es nimmt jedoch weniger Flüssigkeit auf als beim Kochen. Deshalb ist dieses Garverfahren auf Nahrungsmittel beschränkt, die keiner starken Lockerung bedürfen. Im Wesentlichen sind dies Fisch, Gemüse, Kartoffeln, zarte und helle Fleischstücke.

Das Dämpfen wird im Dampftopf durchgeführt, in dem das Gargut in einem Siebeinsatz über der kochenden Flüssigkeit gart. Das Austreten des Dampfes wird durch einen gut schließenden Deckel weitgehend verhindert. Für große Rohstoffmengen sind Kombinationsgargeräte auf dem Markt. Die vorbereiteten und bearbeiteten Lebensmittel werden auf Lochbleche gesetzt und im Gerät gedämpft. Das Gargut ist zu salzen und zu würzen. Die Garzeiten sind mit denen von Kochen und Pochieren vergleichbar.

Der Vorteil des Dämpfens liegt in der weitgehenden Erhaltung von Vitaminen, Mineral-, Farb-, Aroma- und Geschmacksstoffen. Das Gargut laugt nicht aus und behält sein natürliches Aussehen.

Das Dämpfen ist ein besonders schonendes Garverfahren. Je besser bei einem Garverfahren der Eigengeschmack der Nahrungsmittel erhalten bleibt, desto weniger brauchen die Speisen gesalzen zu werden. Nach dem Dämpfen können die garen Speisen einige Zeit ohne Hitzezufuhr im Gargerät warm gehalten werden. Es tritt ein nur unbedeutender Qualitätsverlust ein.

Überdruckgaren

Überdruckgaren ist Garen (Kochen, Dämpfen, Dünsten, Schmoren) im hermetisch verschlossenen Garraum über 100 °C bis 120 °C und bei einem Druck von 1 bar bis 2 bar. Bei 1 bar, also bei Normaldruck, kocht das Wasser bei 100 °C. Führt man mehr Hitze zu, so erhöht sich die Temperatur trotzdem nicht weiter, sondern das Wasser verdampft. Verschließt man den Garraum luftdicht, kann der Dampf nicht entweichen, es entsteht Überdruck. Bei verdoppeltem Druck (2 bar) kocht das Wasser erst bei 120 °C. Durch die höheren Temperaturen werden alle Vorgänge, die beim Kochen ablaufen, verstärkt. Deshalb wird der Garpunkt in kürzerer Zeit erreicht.

Solange der Garraum unter Druck steht, ist er nicht zugänglich. Deshalb sollten die genauen Garzeiten bekannt sein, da ein Kontrollieren des Garzustandes während des Garens nicht möglich ist.

Geräte zum Überdruckgaren sind
- der Dampfdrucktopf, bei dem die Druckhöhe am Druckanzeigestift feststellbar ist,
- der Dampfschnellgarer oder Steamer, bei dem der Überdruck separat erzeugt und bei Bedarf in die Garkammer gedrückt wird. Dadurch beginnt das Garen sofort bei eingegebenem Druck bzw. Überdruck. Nach Ablauf der Garzeit schaltet das Gerät ab, der Überdruck wird abgeleitet und die Garkammer lässt sich sofort öffnen.

Bei welchem Druck man gart, hängt von der Struktur des Nahrungsmittels ab. Bei Fisch, Gemüse und zartem Fleisch darf der Druck nicht so hoch sein wie bei bindegewebereichem Fleisch.

Grundtechniken der Speisenherstellung

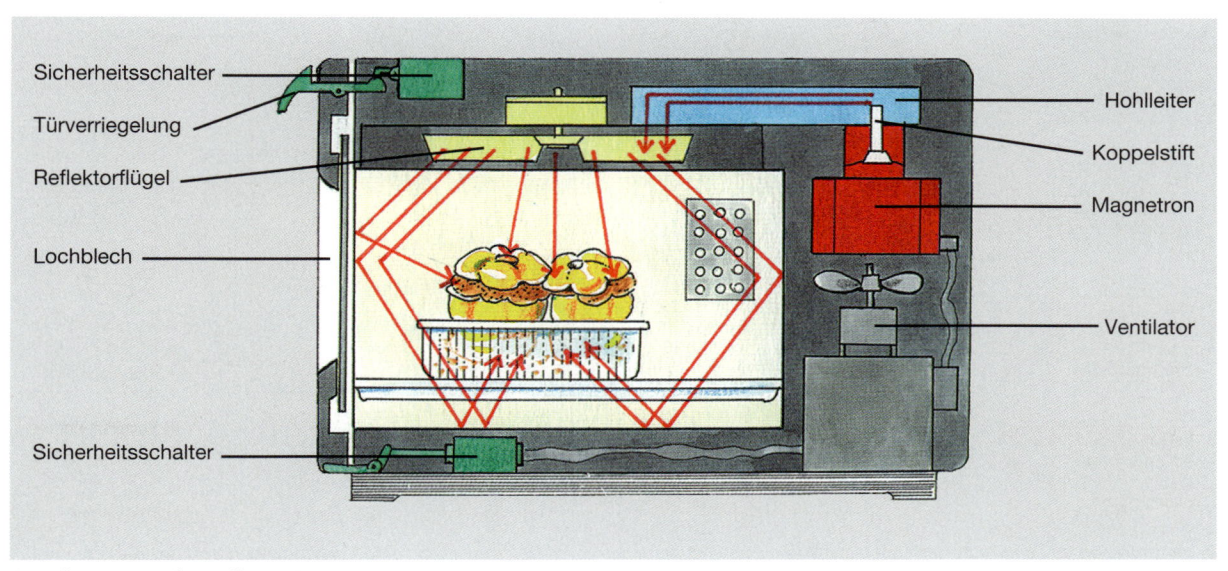

Sicherheitsschalter
Türverriegelung
Reflektorflügel
Lochblech
Sicherheitsschalter

Hohlleiter
Koppelstift
Magnetron
Ventilator

1. Aufbau eines Mikrowellengerätes

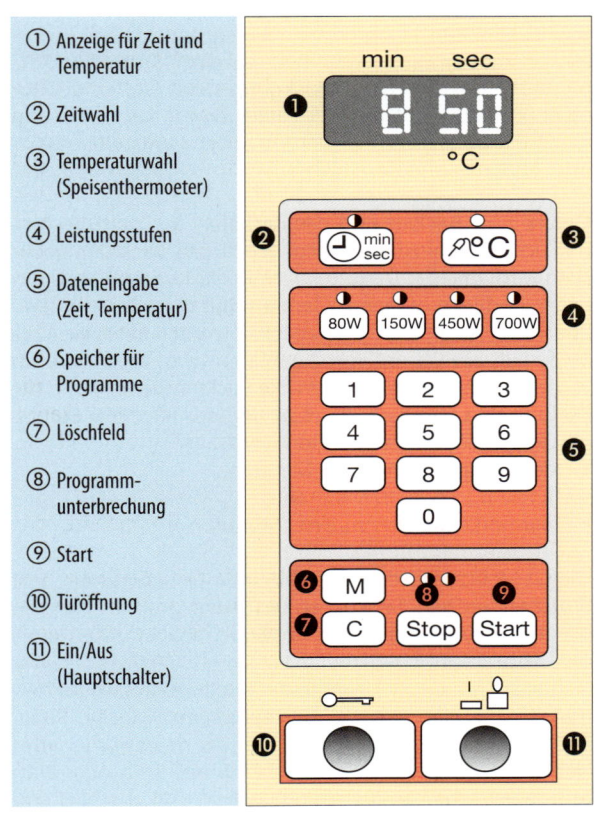

① Anzeige für Zeit und Temperatur
② Zeitwahl
③ Temperaturwahl (Speisenthermoeter)
④ Leistungsstufen
⑤ Dateneingabe (Zeit, Temperatur)
⑥ Speicher für Programme
⑦ Löschfeld
⑧ Programmunterbrechung
⑨ Start
⑩ Türöffnung
⑪ Ein/Aus (Hauptschalter)

2. Bedienungsfeld eines Mikrowellengeräts mit Mikroprozessor

Garen, Auftauen und Erhitzen mit Mikrowellen

Aufbau und Funktionsweisen von Mikrowellengeräten:
Das Magnetron erzeugt elektromagnetische Schwingungen (Mikrowellen), die durch einen Hohlleiter in den Garraum gelangen. Am Reflektorflügel werden die Mikrowellen reflektiert und in alle Richtungen im Garraum verteilt. Der Garraum ist mit Metall ausgekleidet, an dem die Mikrowellen ebenfalls reflektiert werden. Dadurch wird die Wellendichte erhöht, sodass Mikrowellen jeden Punkt auf und im Lebensmittel treffen. Das Lebensmittel wird in einem gewissen Abstand zum Boden des Gerätes auf eine Glasplatte gestellt, damit Mikrowellen auch von unten eindringen und im Lebensmittel Wärme erzeugen können.

Treffen die Mikrowellen auf Lebensmittel, werden rasche Bewegungen innerhalb der Moleküle entgegen deren Bindungskräfte erzwungen. Dadurch entsteht überall auf und im Lebensmittel Wärme. Die Mikrowellen sind bis etwa 2,5 cm tief im Lebensmittel wirksam, weil dann ihre Energie zu etwa 2/3 in Wärme umgewandelt wird.

Metall reflektiert Mikrowellen ähnlich wie ein Spiegel sichtbares Licht. Deshalb verhindert Metallgeschirr die optimale Nutzung der Mikrowellen; im rundum geschlossenen Metallgeschirr ist ein Erhitzen nicht möglich. Porzellan, Glas oder Kunststoff werden von Mikrowellen weitgehend durchdrungen, ähnlich wie Licht Glas durchdringt. Solche Stoffe werden von Mikrowellen in Gegenwart von Lebensmitteln kaum erwärmt und sind daher als Geschirr für Mikrowellengeräte gut geeignet.

Das Gehäuse des Mikrowellengeräts ist vollständig aus Metall, damit keine Wellen austreten können. Die Tür des Garraumes besitzt ein Fenster mit Metallgitter.

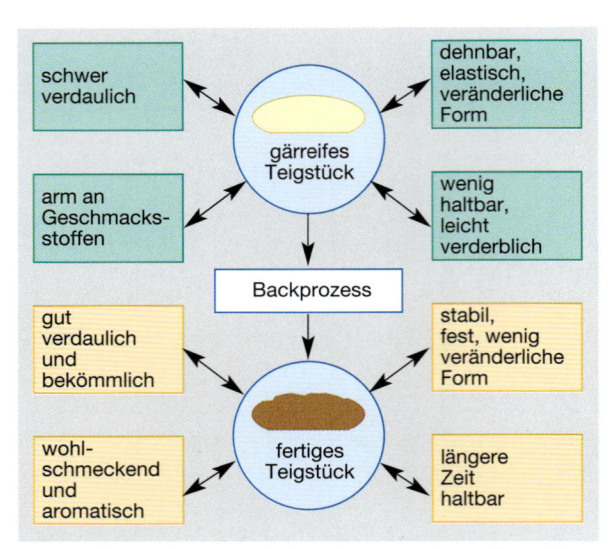

1. Veränderung der Eigenschaften des Teigstückes während des Backens

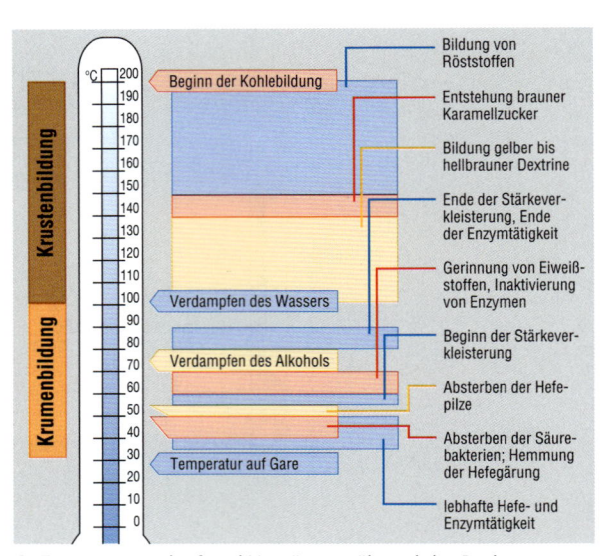

2. Temperaturverlauf und Vorgänge während des Backens

Einsatz des Mikrowellengeräts: Durch die Einwirkung von Mikrowellen werden Nahrungsmittel (in beschränkter Menge) rasch aufgetaut, erwärmt und gegart.
Beim **Auftauen** kommt es zu unterschiedlich starker Erwärmung der einzelnen Stellen im Lebensmittel. Stellen, an denen zuerst Wasser entsteht, erhitzen sich sehr schnell, während andere noch gefroren sind. Deshalb sollte bei geringer Leistungsstufe und mit Zwischenpausen, in denen sich die Hitze verteilen kann, aufgetaut werden.

Das Mikrowellengerät wird in der Gastronomie in erster Linie zum **Erwärmen** eingesetzt, weil hier bei sachgemäßer Arbeitsweise
- die Energie nur zum Erhitzen der Speisen, nicht der Heizplatte und des Topfes eingesetzt wird,
- auf dem Teller erhitzt werden kann, also kein weiteres Geschirr zur Reinigung anfällt,
- die Benutzung des Gerätes sehr einfach ist, wenn Zeit und Energiestufe bekannt sind.

Die Einschaltzeiten zum Erwärmen von Speisen sind genau einzuhalten. Schon Zeitüberschreitungen von wenigen Sekunden können eine Suppe zum Überkochen bringen, Soßen auf den Tellerrändern eintrocknen lassen.
Bessere Ergebnisse erreicht man, wenn die Speisen abgedeckt werden.

Zum **Garen** eignen sich neben Gemüse, Obst und Fisch auch bindegewebsarmes Fleisch.

Backen im Ofen

Backen im Ofen ist Garen von Teigen und Massen in trockener Rundumhitze unter Bildung einer Kruste (160 °C bis 240 °C). Im Innern des Backgutes steigt die Temperatur nicht über 100 °C. Durch die Hitze gerinnt das Eiweiß und die Stärke verkleistert; an der Oberfläche entstehen Dextrine, Karamell und Röststoffe.

Geräte zum **Backen** sind der Backofen, bei dem bei Unter- und Oberhitze auf einem Blech pro Backrohr gebacken wird, und der Umluftofen bzw. das Kombinationsgargerät, in denen in einem Garraum auf mehreren Blechen übereinander gleichzeitig gebacken werden kann, weil die heiße Luft am Gargut vorbeigeblasen wird. Meist wird im vorgeheizten Ofen gebacken. Die Backtemperatur und die Backzeit sind von der Gebäckart und der Teighöhe abhängig. Folgende Zeiten sind Richtwerte:
- Kleingebäck zehn bis 15 Minuten,
- Hefekranz etwa 40 Minuten,
- Marmorkuchen bis zu einer Stunde.

Die Gewichtsverluste sind bei kleinen Gebäckstücken wie Brötchen, Brezeln, Lebkuchen besonders groß. Sie können bis zu 20 % betragen, bei großen Gebäckstücken etwa die Hälfte.
Neben süßem Gebäck wird in der Küche auch salziges hergestellt, z. B. Käsegebäck, Zwiebelkuchen, Quiche, Pizza. Beliebt sind Speisen, bei denen um ein meist vorgegartes Nahrungsmittel ein Teigmantel (z. B. aus Brot- oder Blätterteig bei Schinken oder Filets) gelegt und anschließend gebacken wird.

Grundtechniken der Speisenherstellung

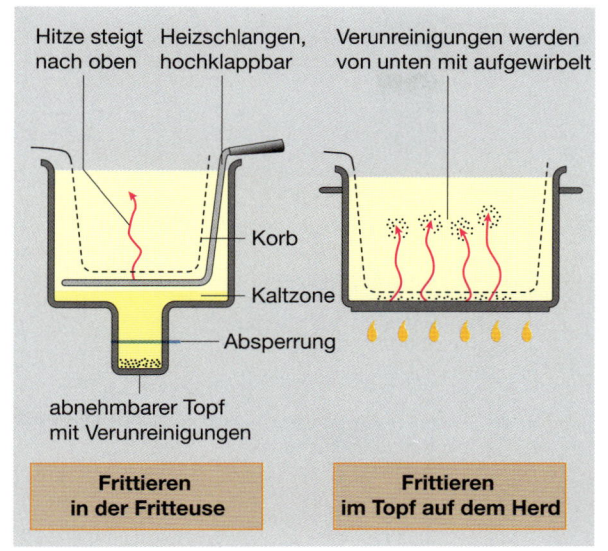

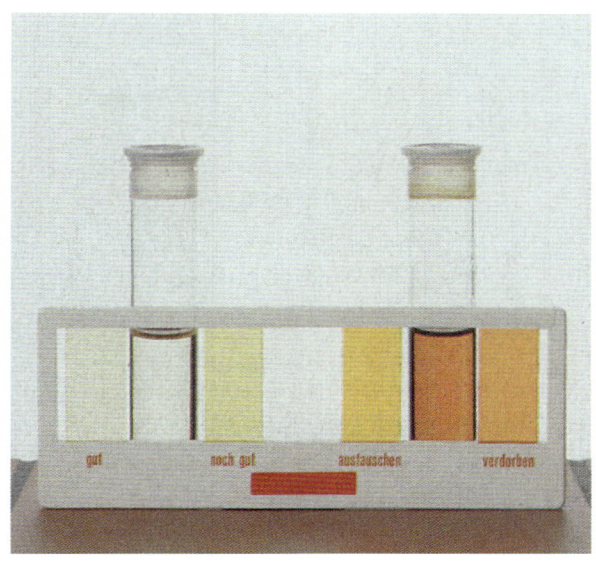

1. Frittieren in der Fritteuse

2. Qualitätstest für Frittierfette

Frittieren

Frittieren ist Garen im Fettbad unter Bildung einer Kruste bei 160 °C bis 180 °C. Durch Wärmeleitung dringt die Hitze des Backfettes in das Gargut ein.

In der Gastronomie wird meist mit elektrisch beheizten Fritteusen gegart. Der Fettinhalt der Fritteuse wird als Frittüre bezeichnet.

Wichtige Merkmale einer Fritteuse sind:
- Genügend große Heizleistung, damit beim Frittieren die Temperatur nicht unter 160 °C absinkt.
- Ein exakt arbeitender Temperaturregler, um ein einwandfreies Frittiergut zu erzielen und das Fett nicht zu überhitzen.
- Eine Kaltzone unterhalb der Heizschlangen, weil dann die Backreste nicht aufgewirbelt und mitgebacken werden. Sie würden verbrennen (dabei Giftstoffe erzeugen, die in das Fett übergehen) und als unansehnliche Punkte an den Speisen haften.

Als Backfett eignet sich wasserfreies und hitzebeständiges Fett. In der Praxis werden spezielle Frittierfette eingesetzt. Da Fett beim Frittieren in die Speisen eindringt, daran haftet und somit mitgegessen wird, muss es stets genusstauglich sein. Durch langes Erhitzen, Sauerstoffkontakt und Belastungen durch das Gargut (Feuchtigkeit, Verunreinigungen) zersetzt sich Fett. Beginnenden Fettverderb erkennt man an folgenden Merkmalen:
- deutliche Braunfärbung,
- starkes Schäumen während des Backens,
- Rauchentwicklung bei Temperaturen unter 180 °C,
- unangenehmer Geruch und Geschmack.

Mit speziellen Tests kann man die Genusstauglichkeit prüfen. Nicht mehr gebrauchsfähiges Fett ist vollständig auszuwechseln. Nachfüllen von frischem Fett ist nicht sinnvoll, da zersetztes Fett dadurch nicht verbessert wird. Zersetztes Fett ist gesundheitsschädlich. Wer es verwendet, macht sich strafbar.

Regeln, damit Frittierfett lange gebrauchsfähig bleibt:
- Über 180 °C zersetzt sich Fett sehr rasch, deshalb nicht überhitzen.
- Bei jeder Temperaturerhöhung um 10 °C verdoppelt und um 20 °C vervierfacht sich der Fettabbau. Daher in den Pausen Temperatur senken oder Gerät abschalten.
- Salz zersetzt Fett; nicht über der Fritteuse salzen.
- Fett täglich filtern; Fritteuse reinigen! Verkohlte Speiserückstände belasten das Fett.

Um Garpunkt und Bräune gleichzeitig zu erreichen, müssen Speisen mit langer Garzeit bei niedriger Temperatur (160 °C), Speisen mit kurzer Garzeit bis 180 °C frittiert werden. Bei zu hoher Hitze kann aus den Kohlenhydraten des Frittiergutes gesundheitsschädliches Acrylamid entstehen.

Meist werden Nahrungsmittel vor dem Frittieren abgetrocknet, gewürzt und paniert. Manche Rohstoffe wie Gemüse oder Kartoffeln müssen, abhängig von ihrem Durchmesser, vorgegart werden. Andere Nahrungsmittel wie dünne Stücke von Fleisch, Fisch, Geflügel und Obst sind in wenigen Minuten servierbereit.

Um die Kruste nach dem Frittieren knusprig zu erhalten, dürfen die Speisen nicht zugedeckt werden, weil der eingeschlossene Dampf die Kruste aufweicht.

Rohstoffe	Brattemperaturen	Bratfett
sehr zarte Fleischscheiben (Schnitzel) dickere Fleischscheiben (Medaillons, Steaks, Koteletts)	anbraten 200 °C–160 °C nachbraten bei 160 °C anbraten bei 200 °C, nachbraten bei 160 °C	hitzestabiles, geschmacksneutrales Fett oder Öl; zum Nachbraten: Butter
Portionsfische (Forelle, Seezunge) Fischfilets (Zander, Goldbarsch) Fischscheiben (Lachs, Heilbutt)	anbraten bei 180 °C, nachbraten bei 160 °C	Butterschmalz (geklärte Butter); zum Nachbraten: Butter
Gemüsescheiben (Auberginen, Zucchini) Pilze	konstant 160 °C	Öl, Butterschmalz oder Butter
Kartoffeln (Rösti, Würfel- und Bratkartoffeln)	konstant 160 °C	Schweineschmalz, Butterschmalz, Butter

1. Braten verschiedener Rohstoffe in der Pfanne/geeignetes Bratfett

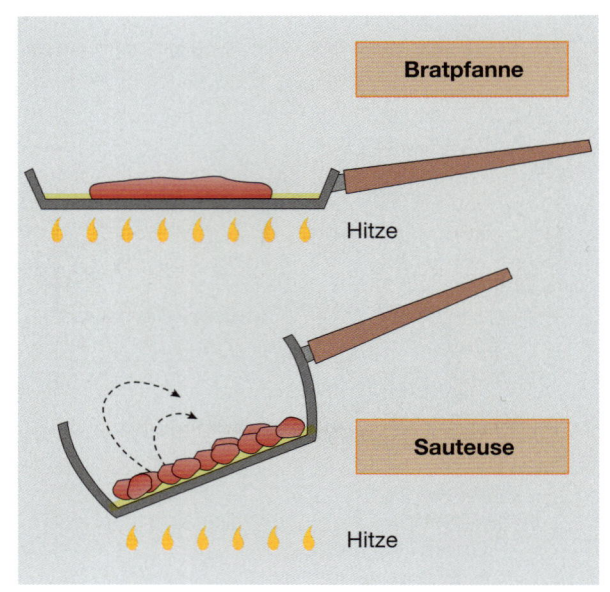

2. Braten in der Pfanne/Sautieren

Braten in der Pfanne

Braten in der Pfanne ist Garen und Bräunen in wenig heißem Fett bei 160 °C bis 200 °C. Die Hitze wird durch Metall und Fett übertragen und dringt durch Wärmeleitung in das Nahrungsmittel ein. Gebraten wird in der Bratpfanne, Kippbratpfanne oder auf der Bratplatte. Als Rohstoffe kommen vor allem Portionsstücke von sehr zartem Fleisch einschließlich Wild und Geflügel sowie Fisch und Gemüse infrage. Sie müssen eine trockene Oberfläche aufweisen, damit sie nicht am Metall ankleben. Daher wird teilweise erst nach dem Braten gesalzen, da Salz Zellsaft aus dem Nahrungsmittel zieht und so die Oberfläche feucht wird.

Helle Fleischsorten (Kalb-, Schweinefleisch), aber auch Fisch, Geflügel und Wild werden oft kurz vor dem Braten mehliert. Neben dem Schutz vor dem Ankleben wird eine bessere Krusten- und Farbbildung erreicht. Die Pfanne und das Fett müssen beim Anbraten so heiß sein, dass an der Oberfläche der Nahrungsmittel das Eiweiß sofort gerinnt und kein Saft austritt. Während des Bratens werden durch starke Hitzeeinwirkung geschmacksbildende Röststoffe erzeugt.

Helles Fleisch wird meist durchgebraten. Dunkles brät man auf Wunsch in bestimmten Garstufen: (→ 226)
- blau, im Kern roh (blau, raw)
- rosa, im Kern blutig (blutig, saignant, rare),
- innen voll rosa (rosa, à point, medium),
- innen grau, aber nicht trocken (durchgebraten, bien cuit, well done).

Je nach Lebensmittel und erforderlicher Brattemperatur wird ein geeignetes Fett gewählt (Bild 1). Butter wird aus Geschmacksgründen zum Nachbraten verwendet.

Schwenken oder Sautieren

Darunter versteht man das Braten von klein geschnittenen Nahrungsmitteln in wenig Fett bei 160 °C bis 220 °C. Man verwendet sehr zartes Schlachtfleisch, Wild, Geflügel und Fisch, das man würfelig, streifig oder blättrig schneidet und für Speisen wie Züricher Geschnetzeltes zubereitet.

Wichtig ist beim Sautieren, dass während des Anbratens nur wenig Saft austritt und somit die Stücke genügend bräunen und nicht kochen. Sie würden sonst zäh. Deshalb muss das Anbraten bei großer Hitze erfolgen. Die Stücke sind rosa zu braten. Das Wenden erfolgt durch Schwenken des Bratgefäßes. Bei Erreichen des Garpunktes wird das Bratgut sofort in ein bereitgestelltes Gefäß gegeben oder vorher mit Flüssigkeit wie Wein und Spirituosen abgelöscht. Im Bratgefäß wird die Soße bereitet. Die Stücke werden unter die heiße Soße geschwenkt, jedoch nicht weitergegart, sondern sofort angerichtet. Wenn das Fleisch in der Soße kocht, wird es zäh.

Braten im Ofen

Braten im Ofen ist Garen bei trockener Hitze und wenig heißem Fett bei 160 °C bis 220 °C. Metall und Fett leiten die Hitze in das Bratgut. Trockene Hitze wird durch Wärmestrahlung übertragen.

Es eignen sich größere Stücke von zartem Schlachtfleisch und Wild, junges Geflügel und Wildgeflügel. Um Austrocknen und Verkrusten der Oberfläche zu vermeiden, wird zum Teil gespickt oder mit Speckscheiben umwickelt. Die Bratenstücke werden gesalzen, gewürzt und im Ofen bei großer Hitze angebraten. Nach ausreichender Farbgebung wird bei niedriger Temperatur fertig gegart.

Grundtechniken der Speisenherstellung

1. Braten auf Bratplatte

2. Grillen am Spieß

Das Bratgeschirr ist so zu wählen, dass neben dem Braten keine zu große Fläche frei bleibt, da der austretende Bratensaft sonst schnell verbrennt. Während des Bratens müssen die Stücke ab und zu gewendet und mit Bratfett übergossen werden. Zur Geschmacksverbesserung werden Röstgemüse und Gewürze zugegeben. Aus dem Bratensatz wird die Bratensoße hergestellt.

Besonders zart und saftig werden die Bratenstücke, wenn nach der Garphase eine Nachzieh-Reife-Phase von über 30 Minuten eingehalten wird.

Braten bei Niedrigtemperatur
Dies ist Garen von sehr zarten Fleischstücken zwischen 70 °C und 130 °C. Diese Gartechnik ist vor allem in modernen Gargeräten möglich, in denen die Temperatur exakt eingehalten werden kann. Da beim Garvorgang keine Kruste entsteht, wird vor dem Portionieren in der Pfanne nachgebraten.

Grillen am Spieß oder auf dem Grillrost
Garen durch Wärmestrahlung bis zu 350 °C. Vor allem große, zarte Rohstoffe, die mit Fettgewebe durchwachsen oder mit einer Fettgewebeschicht umgeben sind wie Lammkeule, Spanferkel, Schweinehachse, Schweinebauch, Makrelen und Ente, werden am Spieß gebraten. Auf dem Grillrost wird die Garmethode „Rösten" angewendet.

Rösten
Rösten ist Garen durch direkten Metallkontakt bei großer Hitze (200 °C bis 300 °C). Die Hitze wird von Metall und durch Wärmestrahlung übertragen und dringt durch Wärmeleitung in das Gargut ein. Geeignete Geräte sind neben dem Bratrost die Grillplatte und der Kontaktgrill.

Portionsstücke von sehr zartem Fleisch und Geflügel eignen sich gut, vor allem, wenn sie so viel Fett enthalten, dass es beim Braten ausschmilzt. Bei mageren Stücken wird das Röstgut oder die Garfläche mit Öl eingepinselt, weil sonst das Gargut anhängt. Es wird nach dem Garen gesalzen. Portionsfische, Fischfilets eignen sich ebenfalls.

Schmoren oder Braisieren
Schmoren ist Garen durch Anbraten (180 °C) und anschließendes Weitergaren in Soße (100 °C). Geschmort werden bindegewebereiche und grobfaserige Fleischstücke. Beim Anbraten entstehen an der Oberfläche des Fleisches aromatische Röststoffe. Durch mehrmaliges Ablöschen mit wenig Flüssigkeit, dies löst den Bratensatz im Geschirr, und durch erneutes Anbraten nach dem Verdampfen werden Brataroma und braune Farbe verstärkt.

Zum Anbraten wird ein hocherhitzbares Fett verwendet, in dem Röstgemüse, Tomatenmark und eventuell Mehl zur Soßenherstellung geröstet bzw. erhitzt werden. Aufgegossen wird mit der passenden Brühe. In der gewürzten Soße werden die Fleischstücke zugedeckt bei etwa 180 °C im Ofen gegart. Während des Garens sind große Fleischstücke, die zu einem Viertel in der Soße liegen sollten, mehrmals zu wenden und zu übergießen. Die Soße wird entfettet, eingekocht, eventuell gebunden, passiert und mit Sahne oder Wein vollendet. Während des Garens in feuchter Hitze wird das zähe Bindegewebe zu weicher Gelatine. Durch Einlegen in Säuremarinade wird dieser Vorgang beschleunigt.

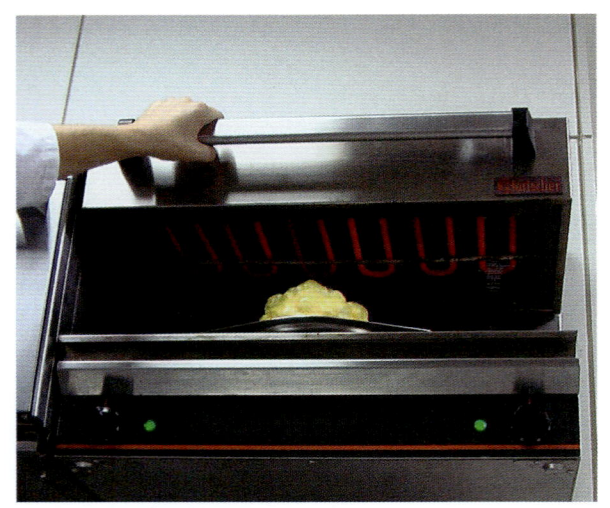

1. Gerät zum Überbacken: Salamander

geeigneter Belag	Anwendungsbeispiele
geschlagene Sahne – mit Cognac – mit Eigelb	Schneckensuppe Ochsenschwanzsuppe
Holländische Soße (eventuell mit Schlagsahne vermischt)	Fleisch- und Eierspeisen Krusten- und Schalentiere feine Gemüse Fischgerichte
weiße Käsesoße (Mornay-Soße)	Fleisch- und Eierspeisen Gemüse- und Fischgerichte
Käsescheiben	Toastgerichte
geriebener Käse, geriebenes Brot und Butterflocken	feines Ragout

2. Beispiele für gratinierte Speisen

7.8 Fertigstellungstechniken

Bereits gegarte Speisen können durch die Anwendung besonderer Techniken aufgewertet werden.

Überglänzen oder Glasieren von Gemüse: Beim Glasieren wird gedünstetes Gemüse in eingekochter Dünstflüssigkeit überglänzt. Gebräuchlich ist dieses Fertigstellungsverfahren bei Karotten, kleinen Zwiebeln, Esskastanien (Maronen) und Rübchen. Die Gemüse werden mit Butter, Zucker und wenig Flüssigkeit zugedeckt gedünstet. Vor dem Ende der Garzeit wird die Flüssigkeit eingekocht, indem man ohne Deckel weitergart. Die beim Einkochen entstehende Verbindung aus Butter, Zucker und Flüssigkeit gibt dem Gemüse einen glänzenden Überzug. Wird zu stark eingekocht, trennen sich die Komponenten und der Glanz geht verloren. Während des Einkochens darf das Gemüse nicht übergaren.

Überbacken oder Gratinieren: Gegarte Speisen werden beim Überbacken durch sehr starke Oberhitze überkrustet und gebräunt. Sie bekommen so geschmacklich und optisch eine besondere Note. Der sogenannte Salamander ist das eigens für diese Fertigstellungsart gebaute Gerät, bei dem die Hitzestrahlung von oben auf die Speisen einwirkt. Auch in der auf höchster Stufe vorgeheizten Bratröhre oder dem Backofen kann überbacken werden. Bei einigen Gerichten genügt es, sie kurze Zeit starker Oberhitze auszusetzen, um die charakteristische Bräunung herbeizuführen. Oft muss die Speise mit einem geeigneten Belag bedeckt werden (Bild 2), damit sie schnell bräunt.

Glasieren von Braten: Durch häufiges Übergießen mit Bratensaft erhält Braten von Kalb, Schwein und Hausgeflügel durch den reduzierenden (einkochenden) Fleischsaft einen glänzenden Überzug. Bei Schweinebraten mit Schwarte kann durch häufiges Übergießen mit Bier die Glanzbildung verstärkt werden. Gekochter Schinken kann durch Bestreichen der eingeritzten Fettschicht mit Sirup oder verdünntem Honig und anschließender Einwirkung von starker Oberhitze glasiert werden. Ursache sind die durch Hitze bräunenden Zuckerstoffe.

Flambieren: Beim Flambieren soll der Geschmack der Speisen aufgewertet werden. Durch das Abbrennen des unerwünschten Alkohols bleiben die in den Spirituosen enthaltenen aromatischen Stoffe in der Speise. Wenn man die Spirituose in einer Schöpfkelle über der Gasflamme erwärmt, kann man die Flamme auf die Alkoholdämpfe überspringen lassen und die brennende Spirituose über die Speise gießen. Speise und Spirituose müssen sich geschmacklich ergänzen. Oft werden folgende Kombinationen verwendet; teilweise wird mit zwei Spirituosen bei einem Gericht flambiert:
- gebratenes Fleisch – Weinbrand, Whisky, Wodka
- Krustentiere – Whisky, Weinbrand
- Kirschen – Kirschwasser, Orangenlikör
- Himbeeren – Himbeergeist
- Bananen – Rum, Arrak

1. Erläutern Sie vier Fertigstellungstechniken und nennen Sie jeweils vier Speisen.
2. Zählen Sie Spirituosen auf, die zu Kiwi, Orangen, Entenbrust und Langustenschwänzen passen.

Induktionskochen

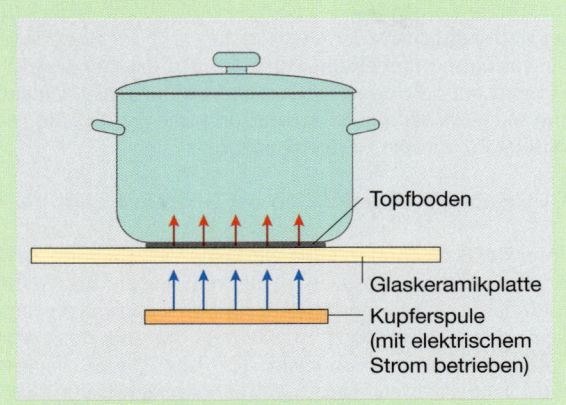

Schemazeichnung: Funktion des Induktionskochens

Induktionskochstellen

Die induktive Kochstelle besteht aus einer Kupferspule, die mit Wechselstrom gespeist wird. Dadurch bilden sich magnetische Wechselfelder, die eine Glaskeramikplatte passieren können.

Um Hitze entstehen zu lassen, muss der Boden des Kochgeschirrs aus einem magnetisierbaren Werkstoff, etwa aus Stahl, bestehen; ungeeignet sind herkömmlicher Edelstahl oder Kupfer.

Der induktiven Erhitzung liegt folgendes Prinzip zugrunde:

Wird das Kochgeschirr auf der Herdplatte dem Einfluss des elektromagnetischen Wechselfeldes ausgesetzt, so wird in ihm ein elektrischer Strom induziert, der nur in einer dünnen, der Spule zugewandten Schicht fließt. Diese Schicht wirkt wie ein ohmscher Widerstand, das heißt, das Glaskeramikkochfeld erwärmt sich nur durch den Kontakt mit dem Kochgeschirrboden. Beim Abheben des Kochgeschirrs wird die Stromzufuhr sofort abgeschaltet. Vorteile von Induktionskochstellen:

- Die Hitze wird direkt dem Kochgeschirrboden zugeleitet, dadurch entstehen wenig Wärmeverluste und ein hoher Wirkungsgrad.
- Strom wird nur verbraucht, wenn ein Topf auf der Platte steht.
- Die nicht benötigte Kochplatte bleibt kalt, dadurch ist die Erwärmung in der Küche gering und der Herd lässt sich leicht reinigen, weil nichts einbrennt.
- Die Hitzeabgabe reagiert sofort auf jede Schaltereinstellung. Dadurch erübrigt sich ein Vorheizen bzw. Heißhalten der Kochplatten. Dies führt, gerade bei schwankendem Arbeitsanfall, zu hohen Energieeinsparungen

Wissen Sie Bescheid?

1. Nennen Sie drei Arten der Wärmeübertragung und ordnen Sie jeder Art zwei Garverfahren zu.
2. Worin besteht der Unterschied zwischen Blanchieren und Kochen?
3. Welche Garverfahren können auch bei Überdruck durchgeführt werden?
4. Welche Gartemperaturen sind beim Kochen, Druckgaren und Garziehen einzuhalten? Ordnen Sie diesen Gartechniken je drei Nahrungsmittel und drei Speisen zu.
5. Welche Veränderungen treten bei etwa 70 °C im Gargut ein?
6. Weshalb verwendet man zum Garen hauptsächlich Metallgefäße?
7. Welche Vorteile hat das Dämpfen gegenüber dem Kochen aus ernährungsphysiologischer und aus technologischer Sicht?
8. Warum soll beim Dünsten der Topf zugedeckt werden?
9. Vergleichen Sie Kochen und Dünsten in Bezug auf Geschmack und Nährstofferhaltung.
10. Worin sehen Sie Vor- und Nachteile des Mikrowellengarens?
11. Warum können Mikrowellen nicht bräunen?
12. Wie hoch muss die Gartemperatur sein, damit Röststoffe gebildet werden?
13. Weshalb werden Kurzbratstücke in Butter nachgebraten?
14. In welchen wesentlichen Punkten unterscheiden sich Braten in der Pfanne und Sautieren?
15. Erläutern Sie die Vorgänge im Teig und an der Gebäckoberfläche während des Backprozesses.
16. In welchem Temperaturbereich wird frittiert? Welche Folgen haben das Unter- und das Überschreiten der Grenztemperaturen?
17. Nennen Sie vier Regeln, um Frittierfett lange gebrauchsfähig zu halten.
18. Warum sollen frittierte Speisen nicht zugedeckt werden?
19. Welche Nahrungsmittel eignen sich nicht zum Frittieren?
20. Welche Gemeinsamkeiten und welche Unterschiede gibt es beim Braten im Ofen und beim Schmoren?
21. Erläutern Sie das Prinzip des Induktionskochens. Welche Vorteile bietet diese Technik?
22. Welche Veränderungen treten an der Oberfläche der Nahrungsmittel bei Temperaturen von über 160 °C ein?
23. Welche Garverfahren werden besonders häufig angewendet? Versuchen Sie einige Gründe für diese Bevorzugung herauszufinden.

8 Qualität bei Rohstoffen und Erzeugnissen

Wer hochwertige Speisen und Getränke bieten will, kann nicht darauf verzichten, Rohstoffe, Halbfertig- oder Fertigprodukte in ausgezeichneter Qualität einzukaufen.
Qualitätsmängel bei den Ausgangsstoffen sind auch durch die beste Zubereitung und sachgerechte Behandlung oft nicht mehr auszugleichen. So kann aus einem wenig aromatischen Röstkaffee auch bei größter Sorgfalt kein aromatischer Kaffee gebrüht werden. Ein drittklassiger Wein wird auch durch optimale Lagerung, Temperierung und perfekten Weinservice nicht erstklassig.
Viele Lebensmittel werden in Handels- und Güteklassen eingeteilt, an denen sich der Käufer orientieren kann. Trotzdem bleibt ihm oft nichts anderes übrig, als die Ware mit seinen Sinnen zu prüfen und aufgrund von Erfahrung zu entscheiden.

Einkauf
Es ist nur sinnvoll, Ware zu kaufen, die von den Gästen auch verlangt und preislich akzeptiert wird. Es gibt zwei grundsätzlich verschiedene Verfahren beim Einkauf:
- Das Angebot des Marktes wird begutachtet und bei günstigem Angebot eingekauft, um dann die Artikel auf der Speise- und Getränkekarte den Gästen anzubieten.
- Bestimmte Speisen und Getränke werden auf den Karten über längere Zeit angeboten. Der Bedarf wird auf dem Markt gedeckt, indem das günstigste Angebot für diese Artikel gesucht wird.

Das erste Verfahren ist für Saisonartikel und spezielle Rohstoffe (Obst, Gemüse, Wild, Fisch, Wein), das zweite für Standardwaren (Markengetränke, Grundnahrungsmittel) zu empfehlen.

Ob frische Rohstoffe oder vorgefertigte Waren einzukaufen sind, hängt von der Qualifikation und der Anzahl des zur Verfügung stehenden Personals ab, das für die Weiterverarbeitung eingesetzt werden kann. Mitentscheidend sind auch die räumliche Ausstattung, die Ausrüstung mit Maschinen und die Gästeerwartung.

8.1 Handels-/Güteklassen bei Obst und Gemüse

Unter der Bezeichnung Obst wird eine Vielzahl von Früchten mehrjähriger Pflanzen zusammengefasst, deren Gehalt an Fruchtsäure und Zucker für den Geschmacks- und Genusswert maßgebend ist. Gemüse stammt meist von einjährigen Pflanzen und wird roh oder gegart vorwiegend als Beikost zu Hauptmahlzeiten verzehrt. Für Obst/Früchte und Gemüse sind Gütemerkmale und Mindestanforderungen festgelegt (Bild 2). Erzeuger und Vermarkter sind verpflichtet, die Ware entsprechend zu sortieren und zu kennzeichnen. Verliert eine Ware auf dem Weg zum Verbraucher an Qualität, muss sie herabgestuft werden.
Die Einteilung in Handels- (gelten nur in der Bundesrepublik Deutschland) und Güteklassen (gelten in der Europäischen Union) kann in die Klassen Extra, I, II, bei manchen Sorten auch III erfolgen. Sie wird vor allem nach dem äußeren Wert (Farbe, Größe, Frische, glatte Haut) vorgenommen. Die Klasse Extra gibt es nur bei wenigen Arten, z. B. Spargel, Äpfel, Pirsiche, für Produkte von höchster Qualität.

1. Handels-Güteklassen im Vergleich

Mindesteigenschaften	Erläuterungen
ganz	unbeschädigte Frucht (kein Vogel-, Insektenfraß u. Ä.)
gesund	frei von Krankheiten, ohne Schorf, Flecken, unvernarbte Risse, krankes Fruchtfleisch
sauber	frei von unsichtbaren Unsauberkeiten jeglicher Art
ausreichend entwickelt, reif und frisch	zur Beurteilung dieses Stadiums sind gute Kenntnisse der Sorten und der Transportbedingungen nötig
außerdem: frei von fremdem Geruch und Geschmack, von anomaler Feuchtigkeit; sorgfältig gepflückt	

2. Mindestanforderung bei Früchten (gilt für alle Güte- und Handelsklassen)

Qualität bei Rohstoffen und Erzeugnissen

Gütemerkmal	Klasse A-Extra ab Legedatum 9 Tage	Klasse A	Klasse B
		Mindesthaltbarkeit ab Legedatum 28 Tage	
Schale	sauber, normal, unverletzt		normal, unverletzt
Luftkammer	bis 4 mm	bis 6 mm	bis 9 mm
Eiklar	klar, durchsichtig, fest, frei von Fremdeinlagerungen		klar, durchsichtig
Dotter	beim Durchleuchten nur schattenhaft sichtbar		
Keim	nicht sichtbar entwickelt		
Geruch	frei von fremden Gerüchen		
Gewichtsklassen	S bis 52 g	M 53 g bis 62 g	L 63 g bis 72 g	XL über 72 g

1. Sichtprobe: Das obere Ei ist frisch

2. Gütemerkmale von Eiern/Gewichtsklassen

8.2 Qualitätsbeurteilung bei Speisekartoffeln

Nach ihren Kocheigenschaften, die von der Höhe des Stärkegehalts abhängen, unterscheidet man:
- Festkochende Sorten/Salatkartoffeln (Stärkegehalt ca. 10 %) wie Hansa und Linda, z. B. für Salz- und Bratkartoffeln oder Kartoffelsalat.
- Vorwiegend festkochende Sorten (13 %) wie Bintje, Grata und Christa, z. B. für Kartoffelkroketten-Masse.
- Mehlig-festkochende Sorten (15 %) wie Adretta, Aula und Irmgard, z. B. für Klöße, Püree, Suppen.

Qualitätsmerkmale sind
- der Geschmack, der von mild bis kräftig reichen kann,
- die Farbe, die weiß bis gelblich erscheint; weißfleischige werden als wässrig und leer empfunden.

8.3 Qualitätsbeurteilung bei Eiern

Eier werden in Güte- und Gewichtsklassen angeboten. Sie müssen im Handel spätestens am 18. Tag nach dem Legen auf 5 °C bis 8 °C gekühlt werden.
Auf jedem Ei ist ein Stempel mit einem Zahlencode. Die ersten Ziffer bezieht sich auf die Haltungsform (0 = Bio, 1 = Freilandhaltung, 2 = Bodenhaltung, 3 = Käfighaltung), es folgt das Länderkürzel (DE = Deutschland) und der Erzeugercode und die Stallnummer.
So kann die Frische am einfachsten geprüft werden:
- **Schüttelprobe:** Mit zunehmender Lagerdauer verdunstet Wasser durch die Eischale. Beim Schütteln schwappt der Eiinhalt deutlich hörbar hin und her.
- **Sichtprobe:** Bei aufgeschlagenen frischen Eiern ist der Dotter gewölbt; bei lange gelagerten Eiern ist er flach. Das Eiklar älterer Eier fließt ohne Konturen auseinander, während beim Eiklar frischer Eier deutlich unterschiedlich flüssige Teile erkennbar sind. Wird ein überlagertes Ei gekocht, befindet sich der Dotter in Schalennähe, bei frischen Eiern im Zentrum.

8.4 Qualitätsbeurteilung bei Fleisch

- **Aussehen:** Es ist abhängig von der Farbe (Farbton, Helligkeit), der Marmorierung, das heißt der Verteilung des sichtbaren Fettes in der Muskulatur, von der Größe der einzelnen Muskelpartien und von der feinen oder groben Faserung.
- **Zartheit:** Um sie zu beurteilen, muss u. a. auf die Konsistenz (Festigkeit) und einen mehr oder minder fortgeschrittenen Reifezustand geachtet werden.
- **Saftigkeit:** Sie wird weitgehend vom Safthaltevermögen des Muskeleiweißes und dem Fettgehalt der Muskulatur bestimmt. Auch das Alter des Tieres ist in diesem Zusammenhang wichtig. Fleischteile, die viel Bindegewebe enthalten, erfordern ein angemessenes Garverfahren (Kochen oder Schmoren), weil dann das Bindegewebe genügend quellen kann und kaubar wird.
- **Geruch und Geschmack:** Bei der Beurteilung von rohem Fleisch können diese beiden Faktoren kaum voneinander getrennt werden. Das für zubereitetes Fleisch charakteristische Aroma bildet sich erst unter dem Hitzeeinfluss beim Garen.

Erzeugnisse	Zusätze zur Verfeinerung und Vorbereitung	Zubereitungs- und Fertigstellungsmöglichkeiten
Brühen und Suppen (Zusätze auch bei Soßen)	Sahne, Butter, Legierung, Wein, Weinbrand, Gewürze, Gemüsestreifen, Schinken- oder Speckwürfel, Pilze, Kräuter, Tomatenfleischwürfel	• mit Kräutern bestreuen • mit geschlagener Sahne überbacken • mit Croûtons und Käse überbacken • dazu servieren: Käsestange, Croûtons
Gemüse (je nach Art)	Gewürze, Butter, Kräuter, Sahne, Crème fraîche, angeschwitzte Speck- und Zwiebelwürfel, Schinkenstreifen, Soßen, mit anderen Gemüsen oder Pilzen mischen	• mit Speck- und Schinkenscheiben umwickeln • panieren und braten oder frittieren • pürieren, glasieren oder überbacken • in andere Gemüse, z. B. Tomaten, füllen • abschmelzen (Mandeln, Bröselbutter, Eiwürfel)
Kartoffelknödel	Gewürze, Kräuter, Croûtons, angeschwitzte Speck- und Zwiebelwürfel, Schinkenwürfel, Pilzstücke untergemischt oder in die Mitte gefüllt	• in Scheiben schneiden und eventuell anbraten • mit Bröselbutter oder Speck-Zwiebel-Schmelze übergießen • mit feinen Kräutern bestreuen • als Walze garen
Speiseeis	mischen bzw. garnieren mit Sahne, Spirituosen, Sekt, Schokolade, Fruchtstückchen oder -soßen, Kleingebäck, Schalenfrüchten	• auf Teller oder in Becher anrichten • in Biskuit und Baisermasse einhüllen und überbacken • mit Schaumsoße überbacken

1. Variationsmöglichkeiten bei Halbfertigprodukten (Convenience-Food)

8.5 Vorgefertigte Erzeugnisse (Convenience-Food)

Halbfertigerzeugnis ist ein Sammelbegriff für küchen-, gar- oder mischfertige Produkte. Als Fertigerzeugnis bezeichnet man aufbereitete und verzehrfertige Erzeugnisse. Der englische Fachausdruck für beides ist Convenience-Food.

Bei guter Planung und gezieltem Einsatz vorgefertigter Ware können das Betriebsergebnis und die Arbeitszeit des Personals verbessert werden.

Erzeugnisse aus eigener Herstellung
Ein wichtiges Ziel jedes Unternehmens ist die Wirtschaftlichkeit. Auch gastronomische Betriebe müssen versuchen, die Kosten für die Leistungserstellung niedrig zu halten. Eine Möglichkeit dazu bietet die Verwendung vorgefertigter Erzeugnisse.
Im eigenen Betrieb kann man beispielsweise folgende Produkte im Voraus kostengünstiger produzieren:
- Suppen, portionsweise vakuumiert und gekühlt oder tiefgekühlt bzw. in Dosen oder Gläsern sterilisiert.
- Suppeneinlage wie Klößchen, Eierkuchenstreifen oder geschnittene Gemüse; vakuumiert und gekühlt/tiefgekühlt aufbewahrt.
- Blattsalate, die man nach dem Putzen, Waschen und Schleudern in dicht schließenden Behältern kühlt.
- Salatsoßen in Flaschen gefüllt und gekühlt.
- Fleischstücke pariert, vakuumiert und gekühlt.
- Gegarte Fleischportionen, mit oder ohne Soße vakuumiert und gekühlt bzw. tiefgekühlt.
- Sahneeis oder Eistorten, tiefgekühlt.
- Kuchen oder Torten, gekühlt oder tiefgekühlt.

Erzeugnisse aus fremder Herstellung
Die Unterscheidung zwischen Rohstoffen und Erzeugnissen ist schwierig, weil auch Lebensmittel wie Sahne, Butter, Käse, Zucker, Brot oder Fleisch- und Wurstwaren eine Vor- und Bearbeitung durchlaufen haben bzw. gegart wurden.
Man unterscheidet zwischen Erzeugnissen, die nur zur Geschmacks- und Farbverbesserung selbst produzierten Speisen zugesetzt werden wie Instantprodukte für Brühen oder Fruchtpasten, und solchen, die die Grundlagen von Speisen bilden.

Gründe für die Konkurrenzfähigkeit von Erzeugnissen fremder Herstellung können sein:
- Einsatz moderner Technologie bei geringem Arbeitsaufwand und gute Auslastung der Produktionsanlagen.
- Günstige Einkaufspreise durch hohe Abnahmemengen.
- Bessere Rohstoffqualität, weil der Erzeuger nach genauen Vorgaben produziert.
- Frischere Rohstoffe, weil Transport- und Lagerbedingungen besser kontrolliert werden.
- Gleichbleibende Qualität und hoher Hygienestandard dank genauer Kontrollen.

Verfeinerung vorgefertigter Erzeugnisse
Häufig werden vorgefertigte Erzeugnisse bewusst so produziert, dass bei den nachfolgenden Arbeitsschritten die Speisen individuell gegart, vervollständigt, verfeinert und angerichtet werden können. Wird diese Möglichkeit nicht genutzt, besteht die Gefahr, dass die Speisen in jedem Betrieb gleich aussehen und schmecken. (Bild 1)

9 Lagerungs- und Konservierungsverfahren

9.1 Lagern von Nahrungsmitteln

Zwischen Erzeugung und Verbrauch der Nahrungsmittel liegt ihre Lagerung. Deren große Bedeutung für die Nährstofferhaltung zeigt sich an den durchschnittlichen Vitamin- und Mineralstoffverlusten, z. B. für Obst, Gemüse oder Kartoffeln von 25 % bis 35 % (Bild 3).

Die Lagerhaltung muss auf Art und Zustand wie Reifegrad, Verpackung, Konservierung des Nahrungsmittels abgestimmt sein, um Verluste durch Verderb zu vermeiden.

Zur Erreichung dieses Ziels benötigt man geeignete Räume und Geräte, denn angepasste Temperatur und Luftfeuchtigkeit sind für die Haltbarkeit der Produkte entscheidend. Nahrungsmittel, die sich gegenseitig negativ beeinflussen, sind getrennt zu lagern. Lagerhaltung ist teuer. Es entstehen:

- Anschaffungskosten für Einrichtungen,
- Gewichtsverluste bei den meisten Nahrungsmitteln,
- Verluste an Rohstoffen durch Verderb und Bruch,
- Aufwand für Raum, Energie, Reinigung, Verwaltung und Wartung der Geräte,
- Zinskosten durch Kapitalbindung.

Grundsätzlich gilt, dass zuerst die Waren zu verbrauchen sind, die zuerst eingelagert wurden. Ein wichtiger Anhaltspunkt ist das Mindesthaltbarkeitsdatum bzw. das Verbrauchsdatum (→ 38).

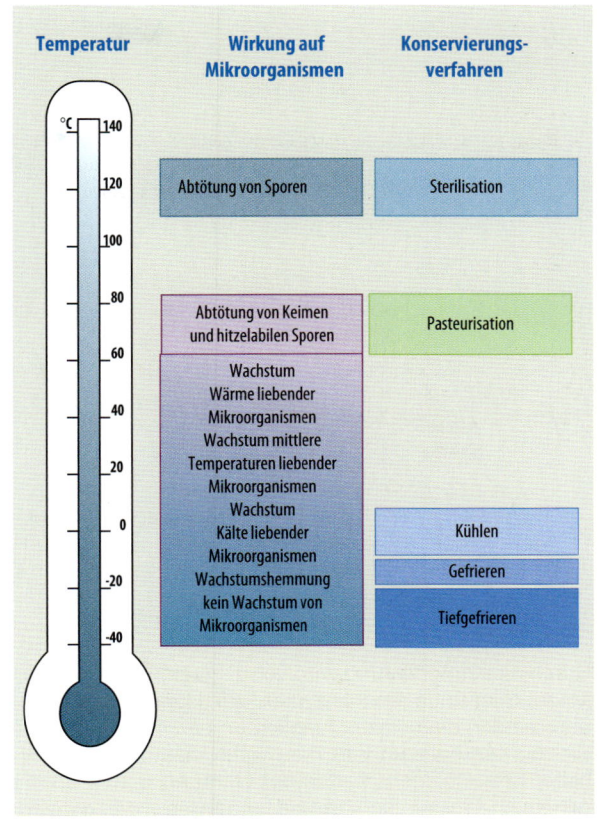

1. Wirkung verschiedener Temperaturen

Lagerraum	Temperaturen	Luftfeuchte	Beispiele
Vorratsraum	10 °C–18 °C	60–70 %	Vollkonserven, Teigwaren, Zucker, Salz, Mehl, Reis
gekühlter Vorratsraum	10 °C–14 °C	70 %	Käse, Obst, Südfrüchte
kühler Keller	4 °C–10 °C	70–75 %	Getränke, Kartoffeln, Gemüse
Kühlraum	2 °C–10 °C	70–90 %	Obst, Eier, Milchprodukte, Blattgemüse
Kühlraum	−2 °C–4 °C	80–90 %	Fleisch, Fisch, Geflügel, Wild
Tiefkühlraum	kälter als −18 °C	nahe 100 %	alle tiefgekühlten Nahrungsmittel

2. Geforderte Lagerbedingungen

Vitamingehalt in mg/100 g Lebensmittel (frisch)	Lagerdauer in Tagen	Vitamin-C-Verlust in % Lagertemperatur		
		4 °C	12 °C	20 °C
Blumenkohl 120	1	7	10	12
	7	9	23	53
Grüne Bohnen 27	1	25	38	40
	3	36	52	55
Kopfsalat 26	1	22	25	27
	7	55	69	–
Spinat 72	1	27	41	56
	2	33	51	79

3. Vitamin-C-Verluste durch Lagerung

9.2 Konservierungsverfahren

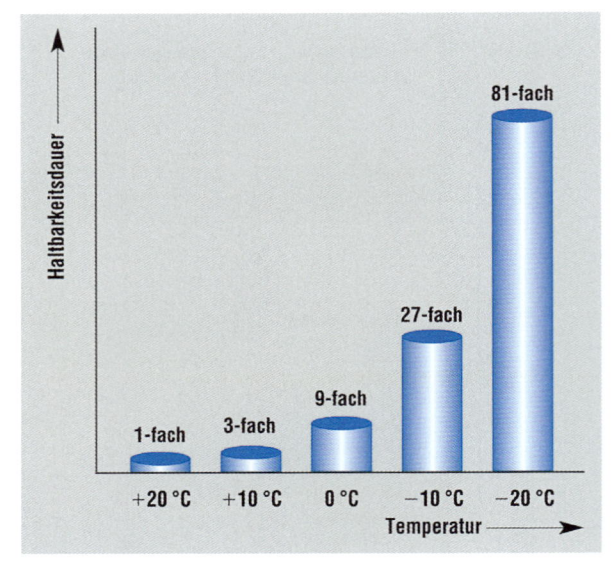

1. Konservierung durch Temperatursenkung

Kühllagerzeiten	Lebensmittelbeispiele
nicht über Nacht	Hackfleisch geschnetzeltes Fleisch gesteaktes Fleisch
wenige Tage	Fisch portioniertes Fleisch Frischgeflügel Gemüse und Obst aus Konserven aufgetaute Lebensmittel Frischgemüse gegarte Speisen
1 bis 3 Wochen	Eier Butter große Fleischstücke vakuumverpacktes Fleisch und Wild

2. Richtwerte für Lagerzeiten

Durch die Konservierung wird versucht, Einwirkungen von Mikroorganismen und Enzymen auf Nahrungsmittel zu unterbinden oder einzuschränken.
Welche Konservierungsart man wählt, hängt von den erhaltenswerten Eigenschaften des Nahrungsmittels ab. Im Allgemeinen wird ein Zustand angestrebt, der dem frischen Nahrungsmittel möglichst nahe kommt.
Bei den chemischen Konservierungsverfahren werden die Nahrungsmittel in Geschmack, Geruch und Aussehen zum Teil stark verändert. Weil man sich an diese Veränderungen gewöhnt hat, werden z. B. die Verfahren Säuern, Salzen und Räuchern heute in großem Umfang angewendet, obwohl beispielsweise Tiefgefrieren weniger aufwendig wäre und die Nahrungsmittel nach dem Auftauen frischer Ware sehr ähnlich sind.

Kühlen
Laut Hygiene-Verordnung sind verderbliche Nahrungsmittel zu kühlen. Die Verderblichkeit eiweißreicher Nahrungsmittel ist vor allem vom pH-Wert und dem a_w-Wert abhängig. Je niedriger diese Werte sind, desto haltbarer ist das Produkt, das heißt, desto weniger Kühlung ist notwendig. Die häufigste Form der Frischhaltung in gastgewerblichen Betrieben ist das Kühlen. Die Temperatur kann dabei bis zum Gefrierpunkt der Nahrungsmittel (–0,5 °C bis –3 °C) abgesenkt werden. Im Zellwasser der Nahrungsmittel sind Nährstoffe gelöst, die den Gefrierpunkt unter 0 °C senken.

Es gilt: Je tiefer die Temperatur, desto länger bleiben die Nahrungsmittel frisch, denn Kälte hemmt das Wachstum von Mikroorganismen.
Wenn beim Transport oder während der Vorbereitung und Bearbeitung die Temperatur der Nahrungsmittel stark ansteigt, ist die weitere Lagerdauer eingeschränkt.

Dazu folgendes *Beispiel*:
Bei 0 °C ist Fleisch etwa 25 Tage haltbar bzw. etwa 18 Tage verkaufsfähig. Wird nach sieben Tagen die Kühlung für zwei Tage unterbrochen und die Temperatur steigt dabei für kurze Zeit auf 20 °C an, so ist die Haltbarkeit auf 14 Tage, die Verkaufsfähigkeit auf zehn Tage zurückgegangen. Deshalb muss die Kühlkette eingehalten werden.

Folgende Regeln gelten für das Kühlen:
- Flüssigkeiten und geruchsempfindliche Nahrungsmittel verschlossen aufbewahren.
- Keine heißen Speisen in den Kühlraum stellen. Sie werden zuvor im kalten Wasserbad abgekühlt.
- Kühlräume regelmäßig reinigen und desinfizieren.
- Optimale Temperatur und Luftfeuchtigkeit einhalten.

Mit modernen Kühlanlagen lassen sich folgende, auf die Nahrungsmittel abgestimmte Klimazonen einstellen:
- 0 °C und 90 % Luftfeuchtigkeit als ideale Lagerbedingungen für Eier, Gemüse, Salate und Obst.
- 0 °C und 50 % Luftfeuchtigkeit für schnell verderbliche Ware wie Fisch, Fleisch, Geflügel, Wild, Wurst, Milch, Sahne, Feinkostsalate, vorbereitete Speisen.
- 8 °C bis 12 °C für Butter, Käse und viele Getränke.

Lagerungs- und Konservierungsverfahren

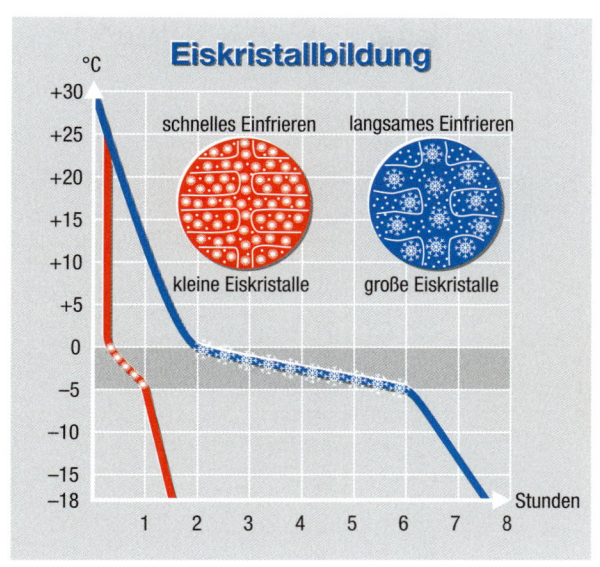

1. Eiskristallbildung bei schnellem und bei langsamem Einfrieren

2. Gefrierbrand bei Geflügel

Gefrieren – Tiefgefrieren

Unter Gefrieren versteht man allgemein eine Aufbewahrung von Nahrungsmitteln zwischen −10 °C und −15 °C. Beim Tiefgefrieren (auch: Tiefkühlen) muss mit Temperaturen unter −20 °C eingefroren und ohne Unterbrechung (Tiefkühlkette) bei mindestens −18 °C gelagert werden.

Die Tiefkühlindustrie gefriert bei Temperaturen bis unter −50 °C ein (Schockfrosten); sie verwendet dazu Kälteanlagen, die mit Kohlenstoffdioxid kühlen. Die Zeit, während der die Temperatur im Nahrungsmittel von 0 °C auf −5 °C absinkt, gilt als Maß für die Gefriergeschwindigkeit. Je langsamer dieser Temperaturbereich durchschritten wird, desto größer sind die sich bildenden Eiskristalle.

Beim langsamen Gefrieren erstarrt zuerst das Wasser zwischen den Zellen, weil dort die Konzentration an gelösten Stoffen nicht so hoch ist wie im Zellwasser und dadurch der Gefrierpunkt früher erreicht wird. Gleichzeitig tritt Zellsaft durch die Zellwände aus, lagert sich an die im Zellzwischenraum bereits gebildeten Eiskristalle an und vergrößert sie. Mit zunehmender Größe schädigen die Eiskristalle die Struktur des Gewebes, sodass beim Auftauen das Wasser nicht mehr gebunden wird. Mit dem auslaufenden Saft ist der Verlust von Gewicht, Nährstoffen, Geschmack und Saftigkeit verbunden. Beim schnellen Gefrieren bilden sich nur kleine Eiskristalle, die zu weniger Saftverlust führen.

Eine weitere Voraussetzung für die Qualitätserhaltung ist eine andauernd niedrige, gleichmäßige Tiefkühltemperatur, da es bei Temperaturschwankungen zur Umwandlung kleiner in große Eiskristalle kommt.

Bei schlecht verpacktem Gefriergut kommt es durch Wasserverlust zu Eisschneebildung und Gefrierbrand. Dabei verdunstet (sublimiert) das Wasser aus dem Lebensmittel, das heißt, es geht direkt vom festen in den gasförmigen Zustand über. Die Folgen sind grau aussehende Stellen, die nach der Zubereitung trocken und strohig sind. Außerdem können Geschmacksübertragungen und Verschmutzungen auftreten, sodass der Verpackung große Bedeutung zukommt. Von ihr, dem Fettanteil der Produkte (Fett wird auch bei tiefen Temperaturen ranzig) und der Lagertemperatur hängt die Lagerdauer ab.

Auftauen

- Größere Nahrungsmittel wie Fleisch, Geflügel oder Fisch sollten langsam im Kühlraum aufgetaut werden. Das kristallisierte Wasser wird so nach und nach flüssig und kann an die Stellen zurückkehren, von denen es beim Gefrieren zur Eiskristallbildung angelagert wurde. Ungeeignet ist das Auftauen bei Zimmertemperatur ohne Abdeckung. Dabei entsteht ein hoher Saftverlust. Durch die Erwärmung der Randschichten wird auch die Haltbarkeitsreserve herabgesetzt.
- Kleine Stücke wie Schnitzel, Fischfilets oder Pommes frites tauen beim Garen auf.
- Viele Gemüse kann man direkt in kochendes Wasser geben. Es muss genügend Flüssigkeit im Topf sein, weil sonst der entstehende Dampf am Gemüse zu Eis gefriert und das Gemüse zu einem Klumpen aneinander gefriert.
- Gefrorene Beeren können sehr schnell, etwa im Mikrowellengerät, aufgetaut und erhitzt werden.

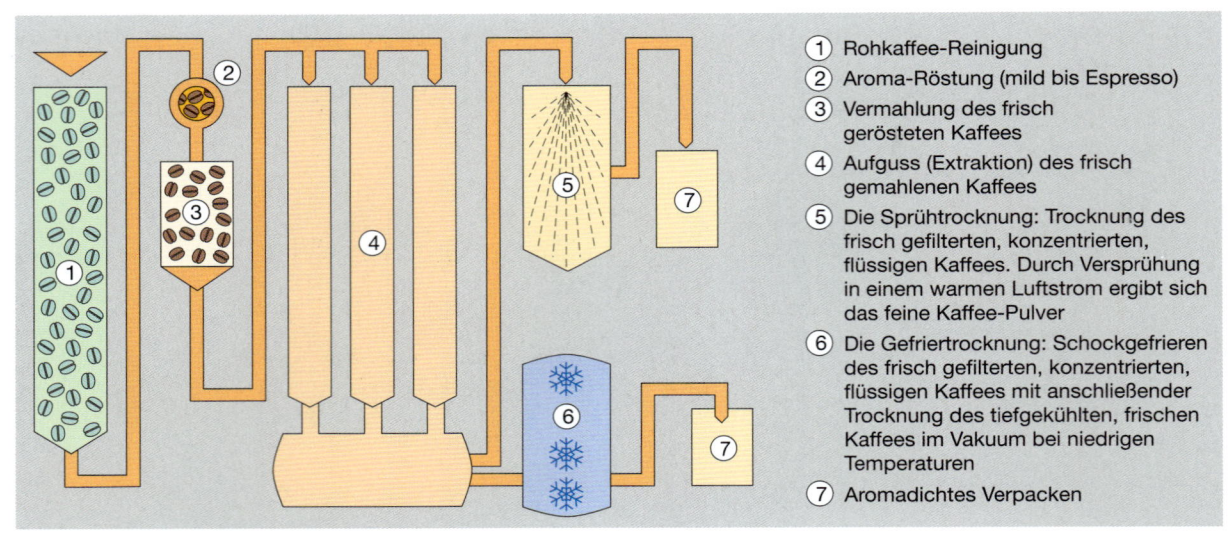

① Rohkaffee-Reinigung
② Aroma-Röstung (mild bis Espresso)
③ Vermahlung des frisch gerösteten Kaffees
④ Aufguss (Extraktion) des frisch gemahlenen Kaffees
⑤ Die Sprühtrocknung: Trocknung des frisch gefilterten, konzentrierten, flüssigen Kaffees. Durch Versprühung in einem warmen Luftstrom ergibt sich das feine Kaffee-Pulver
⑥ Die Gefriertrocknung: Schockgefrieren des frisch gefilterten, konzentrierten, flüssigen Kaffees mit anschließender Trocknung des tiefgekühlten, frischen Kaffees im Vakuum bei niedrigen Temperaturen
⑦ Aromadichtes Verpacken

1. Extraktkaffee: Herstellung durch Sprüh- oder Gefriertrocknung

Sterilisieren – Pasteurisieren

In luftdicht verschlossenen Behältnissen (Dosen, Gläser, Vakuumbeutel) werden Mikroorganismen durch Erhitzen abgetötet und Enzyme wirkungslos gemacht. Es sind relativ hohe Temperaturen erforderlich, die eine bestimmte Zeit auf die Nahrungsmittel einwirken. Am widerstandsfähigsten sind die Sporen (Überlebensformen) einiger Mikroorganismenarten. Sie werden erst bei etwa 120 °C in wenigen Minuten abgetötet. In der Konservenindustrie werden diese Temperaturen in Druckkesseln (Autoklaven) erreicht.

Durch die Hitzebehandlung verändern sich einige Nährstoffe. So gerinnt Eiweiß, Kohlenhydrate werden zum Teil abgebaut, Farb- und Aromastoffe wandeln sich um. Neben der Höhe der Temperatur ist die Einwirkungszeit der Hitze für die manchmal starke Veränderung der Nahrungsmittel verantwortlich. Sie kann verkürzt werden, wenn man die Wärmeleitung in den Gefäßen verbessert. Bei Rotationsautoklaven werden deshalb die Behältnisse während der Erhitzung dauernd bewegt. Je nach Art und Zusammensetzung des Nahrungsmittels dringt die Hitze mit unterschiedlicher Geschwindigkeit ins Zentrum vor:

- Sterilisierte, keimfreie und keimdicht verschlossene Produkte sind **Vollkonserven** (meist Obst, Gemüse, Fleisch, Wurst). Sie sind im Vorratsraum bei maximal 18 °C zwei bis vier Jahre haltbar.
- Um Hitzeveränderungen zu vermeiden, werden empfindlichere Nahrungsmittel schonender behandelt. Sie werden auf Temperaturen zwischen 65 °C und 85 °C erhitzt (pasteurisiert). Dadurch werden alle krankheitserregenden Keime abgetötet, jedoch nicht die Sporen. Diese **Halbkonserven** (Präserven) sind weniger lange haltbar und müssen gekühlt werden. Pasteurisiert werden vor allem flüssige Nahrungsmittel wie Milch, Fruchtsäfte oder Bier sowie solche mit zarter Struktur (z. B. Beeren und Fische).
- Bei Milch wird auch das Ultrahocherhitzen angewendet. Wenige Sekunden wird auf 140 °C bis 150 °C erhitzt (H-Milch).
Vorteil: weniger „Kochmilchgeschmack".

Wenn sich bei Konserven Deckel und Boden nach außen wölben (Bombage), haben Gas bildende Mikroorganismen den Inhalt zersetzt und verdorben.

Trocknen – Gefriertrocknen

Durch Wasserentzug wird den Mikroorganismen beim Trocknen die Grundlage für ihre Vermehrung genommen. Das Trocknen muss bei einer dem Trocknungsgut angepassten Temperatur durchgeführt werden. So erhält man weitgehend die Eigenschaften des frischen Produktes – Verdaulichkeit, Nährwert, Geschmack, Aroma, Aussehen.

Trocknungsverfahren

- Trocknung kann durch bewegte Luft, auf beheizten Walzen oder in Zerstäubungsanlagen erfolgen.
- Instant-Pulver aus Kaffee, Milch, Frucht- und Gemüsesäften werden in Hochvakuumtrocknern hergestellt.
- Am schonendsten ist die Gefriertrocknung, bei der in einem Hochvakuum und bei Temperaturen von etwa –30 °C durch Wärmezufuhr das gefrorene Wasser in den Nahrungsmitteln direkt in den gasförmigen Zustand überführt wird (= Sublimation). Dieses Verfahren wird z. B. bei Kräutern, Kaffee- und Fruchtsaftextrakt angewandt, weil nur wenige Aromastoffe entweichen.

Lagerungs- und Konservierungsverfahren

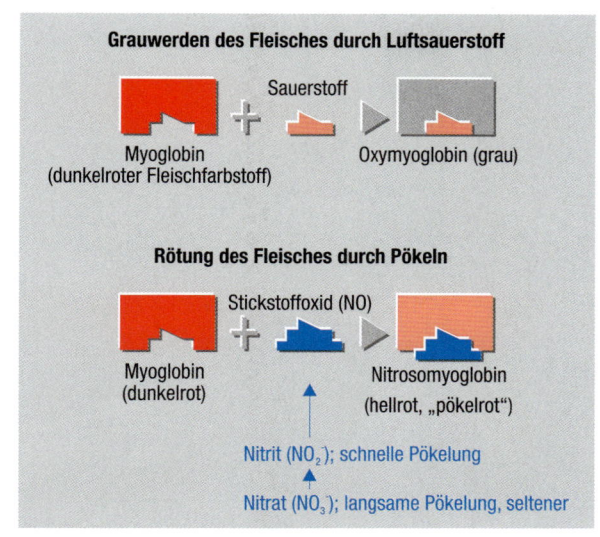

1. Abläufe bei der Umrötung

2. Wirkungen des Räucherns

Konservierung	Aroma	Aussehen
• Wasserentzug • Salzanreicherung • Ketone	• Phenole • Aldehyde	• rote Farbe durch CO-Anlagerung an Fleischfarbstoff
• keimhemmende Rauchbestandteile	▼	• Anlagerung von Rauchbestandteilen
• Eiweißgerinnung auf der Oberfläche	lockere Anlagerung und feste Bindung	• Bräunung

Salzen
Salz hat wie Zucker eine stark Wasser anziehende Wirkung. Es entzieht den Zellen und Mikroorganismen das Wasser und bindet es an sich. Dadurch sinkt der Anteil des freien Wassers (a_w-Wert-Senkung). Salzen wird als Trockensalzen und Einlegen in Salzlake (Salz-Wasser-Lösung) bei Fleisch und Fisch durchgeführt.

Pökeln
Bei diesem Salzungsverfahren wird ein Pökelstoff, meist Nitrit, eingesetzt. Nitrit bzw. das aus seinem Abbau entstehende Stickstoffoxid wirkt konservierend, farbbildend (Umwandlung der Fleischfarbe in „Pökelrot"), aromabildend (typisches Pökelaroma), antioxidativ, das heißt, die Fettranzigkeit wird verzögert. Wegen seiner Giftigkeit darf Nitrit nur in einer Mischung mit Salz (max. 0,5 % Nitrit) verwendet werden (Nitritpökelsalz). Bei Fleischwaren unterscheidet man:
- Rohpökelwaren wie Rohschneider, Schwarzwälder Schinken, Parma-Schinken, Bauernspeck.
- Kochpökelwaren wie Kochschinken, Kasseler Rippenspeer, Rippchen, Eisbein, Pökelzunge.

Räuchern
Unter Räuchern versteht man die Einwirkung von Rauch auf Fleisch- und Wurstwaren oder Fisch. Der Rauch wird durch Verglimmen von Spänen, Sägemehl oder Zweigen naturbelassener Hölzer erzeugt. Besonders geeignet sind harte Laubholzarten wie Eiche und Buche.

Zur Aromatisierung werden dem Räuchermaterial häufig Wacholderbeeren oder andere Gewürze zugesetzt. Man unterscheidet:
- Kalträuchern für Rohpökelwaren bei etwa 20 °C.
- Warmräuchern um 40 °C für Fische und zum Nachräuchern bei Dauerbrühwurst und Kochwurst.
- Heißräuchern bei 75 °C bei Brühwürsten und Kochwürsten, um Farbe und Aroma zu verbessern.

Dem Räuchern geht fast immer das Salzen oder Pökeln voraus. Kaltrauch macht die Produkte trockener und dadurch zusätzlich länger haltbar.

Konservierung durch Zucker
Weil Zucker Wasser chemisch binden kann, wirkt er in entsprechender Konzentration konservierend. Obst kann durch Zusatz von Zucker als Konfitüre, Gelee oder kandierte Früchte für längere Zeit haltbar gemacht werden. Dabei ist ein 50-prozentiger Zuckeranteil und – bei Konfitüre bzw. Marmelade – das Erhitzen auf über 100 °C notwendig. Steigt der Zuckeranteil über 70 %, bleiben Fruchtsaftkonzentrate auch ohne Erhitzen vor Verderb geschützt.

Konservierung durch Alkohol
Alkohol wird durch Hefen erzeugt. Bei Alkoholgehalten von mehr als 15 Vol.-% können Mikroorganismen nicht mehr existieren. Es ist daher möglich, durch Zusatz hochprozentigen Alkohols zu konservieren. Ein bekanntes Beispiel ist der Rumtopf, bei dem die Früchte in Zucker und hochprozentigen Rum eingelegt und somit mehrere Monate haltbar gemacht werden.

Konservieren durch Säuerung

Essig ist das am häufigsten zur Säuerung genutzte Konservierungsmittel. Durch Säuerung werden z. B. konserviert: Essiggurken, Mixed Pickles, Rote Bete, Fischpräserven. Joghurt, Sauerkraut und Sauerteig sind Beispiele für die Konservierung durch Milchsäuregärung. Die Haltbarmachung erfolgt durch Verschiebung des pH-Werts in den für das Mikroorganismenwachstum hemmenden (sauren) Bereich.

Konservieren mit chemischen Konservierungsstoffen

Chemische Konservierungsstoffe sind geprüfte und für unschädlich gehaltene Zusatzstoffe (→ 69). Sie dürfen nur in genau vorgeschriebenen Mengen für festgelegte Nahrungsmittel verwendet werden. Sie verändern die Zellwände der Mikroorganismen oder unterbinden deren wichtigste Lebensvorgänge. Ihre Verwendung muss, z. B. auf der Verpackung und in Speise- und Getränkekarten, deklariert werden.

Bestrahlen von Nahrungsmitteln

Nach der Lebensmittel-Bestrahlungs-Verordnung dürfen Nahrungsmittel nur mit ionisierenden und ultravioletten (UV-)Strahlen behandelt werden, soweit dies ausdrücklich zugelassen ist.
Zugelassen sind die UV-Entkeimung von Trinkwasser und Oberflächen von Obst- und Gemüseerzeugnissen sowie von Hartkäse bei der Lagerung. Die Entkeimung der Kühlraumluft ist gestattet, wenn die Lebensmittel dabei nicht direkt von UV-Strahlen getroffen werden und wenn keine Personen im Raum sind.
In manchen Ländern wird Bestrahlung auch durchgeführt zur Entkeimung von Gewürzen und anderen Trockenprodukten. Durch Bestrahlen wird auch das frühzeitige Auskeimen von Kartoffeln und Zwiebeln verhindert. Die teilweise Zerstörung von Vitaminen und die Beschleunigung der Fettranzigkeit nimmt man dabei in Kauf.

Vakuumverpacken/Vakuumieren

Das Nahrungsmittel wird in eine Dehn- oder Verbundfolie eingelegt. Im Vakuumiergerät wird die Luft aus der Folie herausgesaugt und die Öffnung verschweißt.
Es sind Vakuumiersysteme auf dem Markt, die das Vakuum nicht in Folien, sondern in speziellen Gastronorm-Behältern erzeugen.
Mit diesem Verfahren kann die Haltbarkeit fast aller rohen oder gegarten Nahrungsmittel wesentlich verlängert werden, wenn sie zusätzlich gekühlt werden. Es werden jedoch keine Mikroorganismen abgetötet.
Mikroorganismen, die keinen Sauerstoff benötigen, sind kälteempfindlich und bilden bei kühler Lagerung keine Giftstoffe. Bei Kühltemperaturen um 0 °C kann z. B. Frischfleisch bis zu sechs Wochen gelagert werden.

1. Verpacken von Lebensmitteln

Wissen Sie Bescheid?

1. Zählen Sie sechs Konservierungsarten für Fleisch auf.
2. Warum ist nur frische, einwandfreie Ware zur Lagerung und Konservierung geeignet?
3. Weshalb ist die Luftfeuchtigkeit der Lagerräume für die Haltbarkeit mancher Nahrungsmittel wichtig?
4. Warum sollten Nahrungsmittel schnell eingefroren werden?
5. Erläutern Sie die Regeln für das Auftauen tiefgefrorener Nahrungsmittel.
6. Wie müssen getrocknete Nahrungsmittel gelagert werden?
7. Erläutern Sie das Prinzip der Gefriertrocknung anhand eines bestimmten Nahrungsmittels.
8. Aus welchen Gründen wird das Räuchern durchgeführt?
9. Welche Nahrungsmittel werden durch Zucker konserviert?
10. Welche Eigenschaft, die für die konservierende Wirkung verantwortlich ist, haben Salz und Zucker gemeinsam?
11. Warum kann mit Alkohol konserviert werden?
12. Nennen Sie sechs Konservierungsverfahren, die bei Fisch gebräuchlich sind.
13. Bei welchen Nahrungsmittelgruppen wird das Bestrahlen angewendet? Nennen Sie zwei Ziele des Bestrahlens.
14. Zählen Sie je drei Konservierungsverfahren auf, bei denen die Mikroorganismen abgetötet werden bzw. nur ihre Ausbreitung verhindert wird.

Lagerungs- und Konservierungsverfahren

Verfahren	Eignung für Nahrungsmittel	Küchentechnische Regeln und Weiterverarbeitung	Veränderung aus Sicht der Ernährungsphysiologie	Konservierende Wirkung
Kühlen	für fast alle geeignet	Qualität ständig überprüfen, Temperatur, Luftfeuchtigkeit einhalten	mit zunehmender Lagerdauer sinkt der Vitamingehalt	Temperatursenkung
Tiefgefrieren	für fast alle geeignet	nicht länger als 3 bis 6 Monate tiefkühlen; im Kühlraum langsam auftauen oder direkt garen	beim Auftauen entsteht Saftverlust, das Nahrungsmittel wird trocken, der Nährstoffgehalt sinkt	Temperatursenkung
Pasteurisieren	Fisch, Krustentiere, Feinkost, Getränke, Milch	etwa 6 Monate kühl (max. 10 °C) aufbewahren; nicht in geöffneten Dosen lagern	Nährstoffverluste durch Erhitzen und bei zunehmender Lagerdauer	Hitze Abtötung vieler Mikroorganismen Luftabschluss
Sterilisieren	Obst, Gemüse, Pilze, Fleisch, Wurst	mehrere Jahre bei max. 18 °C lagerfähig; nicht in geöffneten Dosen lagern; Inhalt ist bereits gegart	Nährstoffverluste durch hohe Erhitzung und bei zunehmender Lagerdauer; Mineralstoffe und z. T. Vitamine sind in der Schüttflüssigkeit gelöst	Hitze Abtötung aller Mikroorganismen Luftabschluss
Ultrahocherhitzen	Milch	wie Frischmilch; ohne Kühlung haltbar	leichte Eiweiß- und Geschmacksveränderungen	Hitze Abtötung aller Mikroorganismen Luftabschluss
Trocknen	Obst, Pilze, Gemüse, Fisch	im Allgemeinen einweichen, dann wie frische Nahrungsmittel garen, Einweichwasser mit verwenden	Vitamin- und Mineralstoffverluste sind möglich	a_w-Wert-Senkung
Trocknen von Flüssigkeiten	Säfte, Milch, Eier, Eigelb, Eiklar	Pulver mit Wasser im angegebenen Verhältnis mischen	Hitze- und sauerstoffempfindliche Vitamine werden zerstört	a_w-Wert-Senkung
Gefriertrocknen	hochwertige Pilz- und Gemüsesorten, Kräuter, Säfte	nach Herstellerangaben zubereiten	Aromastoffe bleiben besser erhalten als beim Trocknen	a_w-Wert-Senkung
Salzen	Fleisch, Fisch	eventuell wässern; Fisch (z. B. Matjeshering) ist verzehrfertig	hoher Salzgehalt kann gesundheitsgefährdend sein	a_w-Wert-Senkung
Pökeln Räuchern	Fleisch- und Wurstwaren	nur in Flüssigkeit erhitzen, nicht rösten (es können Krebs erregende Stoffe entstehen!)	appetitanregend wegen Farberhaltung (Pökelrot) und Rauchgeschmack, hoher Salzgehalt	a_w-Wert-Senkung
Vakuumieren	für fast alle geeignet	Fleisch kühl lagern (unter 5 °C); nach Auspacken Farbregeneration	Fleischreifung geht weiter: Aroma und Zartheit werden besser	Sauerstoffentzug
Säuern	Sauerkraut, Essiggurken, Fisch	Sauerkraut nicht waschen (Vitaminverlust)	Vitaminverluste; Eiweiß wird denaturiert und kann ausgelaugt werden; Kohlenhydrate und Mineralstoffe laugen aus	pH-Wert-Senkung
Konservierungsstoffe	Fischkonserven, verpackte Speisen, z. B. Mayonnaise	bei Verwendung auf Speisekarten kennzeichnen	Vitaminverlust	Veränderung der Zellwände von Mikroorganismen
Alkohol	Obst und Früchte, z. B. für Rumtopf	bei über 16 Vol.-% monatelang haltbar	Alkohol kann die Gesundheit beeinträchtigen	Veränderung der Zellwände von Mikroorganismen
Zucker	Obst und Früchte, z. B. für Konfitüre	bei Konzentration über 50 % jahrelang haltbar	Erhöhung des Energiegehalts	a_w-Wert-Senkung
Bestrahlung	Gewürze, Garnelen, Kartoffeln, Zwiebeln	Kartoffeln und Zwiebeln keimen nicht aus	Umwandlung ungesättigter Fettsäuren in gesättigte; Vitaminverlust	Abtötung von Mikroorganismen

1. Konservierungsverfahren

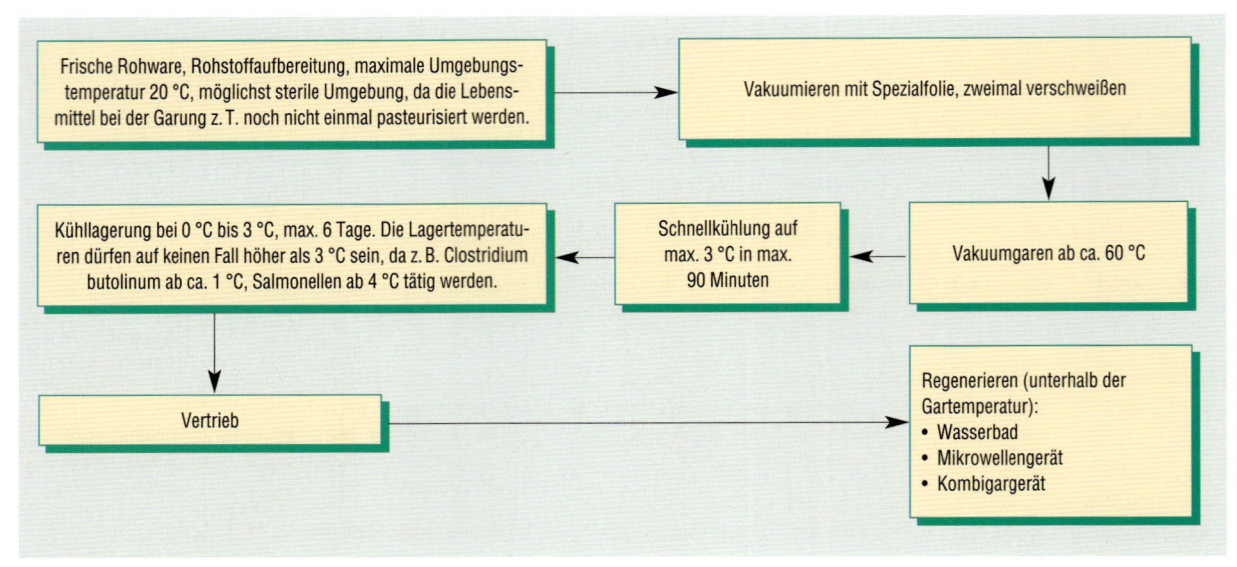

```
┌─────────────────────────────────────────────────────┐         ┌──────────────────────────────────────────┐
│ Frische Rohware, Rohstoffaufbereitung, maximale     │────────▶│ Vakuumieren mit Spezialfolie, zweimal    │
│ Umgebungstemperatur 20 °C, möglichst sterile        │         │ verschweißen                             │
│ Umgebung, da die Lebensmittel bei der Garung        │         └──────────────────────────────────────────┘
│ z. T. noch nicht einmal pasteurisiert werden.       │                             │
└─────────────────────────────────────────────────────┘                             ▼
┌──────────────────────────────────────┐  ┌──────────────────┐  ┌──────────────────────────────────────────┐
│ Kühllagerung bei 0 °C bis 3 °C,      │  │ Schnellkühlung   │  │ Vakuumgaren ab ca. 60 °C                 │
│ max. 6 Tage. Die Lagertemperaturen   │◀─│ auf max. 3 °C    │◀─│                                          │
│ dürfen auf keinen Fall höher als     │  │ in max. 90       │  └──────────────────────────────────────────┘
│ 3 °C sein, da z. B. Clostridium      │  │ Minuten          │                      │
│ butolinum ab ca. 1 °C, Salmonellen   │  └──────────────────┘                      │
│ ab 4 °C tätig werden.                │                                            │
└──────────────────────────────────────┘                                            │
                   │                                                                │
                   ▼                                                                ▼
          ┌──────────────┐                           ┌─────────────────────────────────────┐
          │ Vertrieb     │──────────────────────────▶│ Regenerieren (unterhalb der         │
          └──────────────┘                           │ Gartemperatur):                     │
                                                     │ • Wasserbad                         │
                                                     │ • Mikrowellengerät                  │
                                                     │ • Kombigargerät                     │
                                                     └─────────────────────────────────────┘
```

1. Ablauf des Vakuumgarens (Sous-Vide)

9.3 Kombinierte Gar- und Konservierungsverfahren

Sous-Vide-Verfahren (Vakuumgaren)
Durch die Kombination von Garen im Vakuum und der Anwendung schneller Abkühlverfahren (Schockkühlung) können Halbfertig- und Fertigerzeugnisse von hoher Qualität hergestellt werden. Die Rohstoffe werden in spezielle Vakuumbeutel verpackt, die Luft entzogen, der Beutel zugeschweißt und gegart. Bei entsprechender Kühlung (1 °C bis 3 °C) bleibt die Qualität mehrere Tage erhalten. Weitere Vorteile dieses Verfahrens sind:
- geringere Garverluste,
- geringe Auslaugverluste (Geschmack-, Aroma-, Farb-, Mineralstoff- und Vitaminverluste),
- der Eigengeschmack der Speisen bleibt erhalten,
- das Speisenangebot kann ausgedehnt werden und die Speisenqualität erhöht werden,
- die Produktsicherheit wird erhöht, weil sich die Mikroorganismen während der Kühlzeit kaum vermehren können.

Für das Küchenpersonal kann das Verfahren folgende Veränderungen bringen:
- gleichmäßigere Belastung, weil die Essensausgabe zeitlich unabhängig von der Speisenproduktion abläuft,
- angenehmere Arbeitszeiten (z.B. Produktion nur an Werktagen bis 16:00 Uhr), obwohl auch am Abend und am Wochenende Gäste verpflegt werden,
- um die Belastung mit Mikroorganismen zu verringern, muss besonders hygienisch gearbeitet werden, das heißt, die Regeln des Hygiene- und Qualitätssicherungskonzepts sind umzusetzen (→ 37).

Hot Fill
Hot Fill ist eine Variante des Sous-Vide-Verfahrens für flüssige Speisen, z. B. für Suppen, Soßen und Süßspeisen. Sie werden nach dem Erhitzen möglichst heiß in spezielle Beutel abgefüllt und luftdicht verschlossen. Stark gekühlt sind sie etwa eine Woche ohne merklichen Qualitätsverlust lagerfähig.
Produkte, die nach dem Sous-Vide- oder Hot-Fill-Verfahren zubereitet wurden, werden in vielen Betrieben eingesetzt, aber nicht selbst hergestellt, sondern von Fern- oder Zentralküchen oder von der Feinkost-Industrie bezogen.

Cook-Chill-Verfahren (Kochen und Kühlen)
Beim Cook-Chill-Verfahren werden die Speisen in Gastronorm-Behältern gegart, rasch auf 1 °C bis 3 °C rückgekühlt und maximal fünf Tage gelagert. Dabei kann die Kühlluft gefiltert werden, um sie mikrobenfrei zu machen. Bei Bedarf werden die Speisen portioniert und regeneriert (im Wasserbad, Mikrowellen- oder Kombigargerät).
Dieses Verfahren ist vor allem für Betriebe geeignet, die Speisen außer Haus liefern müssen.
Die EU-Gesetzgebung verlangt, dass die Kerntemperatur der ausgegebenen Speisen nicht unter 65 °C sinkt. Die im Cook-Chill-Verfahren zubereiteten Speisen werden gekühlt bei der Ausgabestelle angeliefert, dort portioniert und auf über 65 °C erhitzt; das Risiko eines mikrobiellen Verderbs ist deshalb auszuschließen.

10 Vor-, Zubereitung und Präsentation einfacher Speisen

10.1 Einfache Eierspeisen

gekochte Eier

Arbeitsgänge

Kochzeiten für Eier
weiche Eier: 4 bis 5 Minuten
wachsweiche Eier: 5 bis 7 Minuten
hart gekochte Eier: 8 bis 11 Minuten

Frische, unbeschädigte Eier verwenden, die Zimmertemperatur haben.

Behutsam in viel kochendes Wasser, evtl. mithilfe eines Drahtkorbes oder in Eierkocher einsetzen.

Wasser schnell zum Kochen bringen.

Hart gekochte Eier nach dem Ende der Kochzeit, wenn sie in der Küche Verwendung finden, kalt abschrecken.

Begründung

Die Kochzeiten sind abhängig von der gewünschten Konsistenz, der Eigröße und der Ausgangstemperatur der Eier (Normaltemperatur ca. 20 °C).

Beschädigte Eier würden auslaufen (evtl. am stumpfen Ende einstechen).

Durch das Einsetzen mit einem Drahtkorb sind alle Eier zur gleichen Zeit im Wasser.

Nur dann ist Zeitberechnung möglich.

Sie übergaren (zu erkennen am dunklen Rand um das Eigelb).

Eier im Glas

Weich gekochte Eier werden meist zum Frühstück serviert oder als **Eier im Glas**, indem die Eier vorsichtig geschält und in einem vorgewärmten Glas mit Beigaben wie Butter, heißer Sahne/Milch, Röstbrot- oder Pumpernickelwürfel serviert werden.

Spiegeleier

Arbeitsgänge

Eierpfanne, in der ausschließlich Eierspeisen bereitet werden, erhitzen, Butter zugeben.

Frische Eier aufschlagen und in einen Teller gleiten lassen.

Evtl. Spiegeleihalter in die Pfanne setzen siehe Bild.

Eier vorsichtig in die Pfanne gleiten lassen und bei mittlerer Hitze garen, bis das Eiklar fest ist; es sollte dabei nicht bräunen

Evtl. das Eiklar salzen und die Spiegeleier auf vorgewärmten Tellern anrichten.

Begründung

In Pfannen, in denen nur Eiergerichte zubereitet werden, haftet nichts an, man sagt „die Pfanne läuft".

Nur Eier mit unbeschädigtem Eigelb sollten serviert werden.

Dadurch bleibt das Eiklar gleichmäßig hoch und kann nicht zerlaufen.

Rohes Eiklar sieht unappetitlich aus, braun gebratenes Eiklar ergibt eine starke Geschmacksveränderung (nur auf Gästewunsch gebräunt zubereiten).

Wird das Eigelb mit Salz bestreut, bilden sich darauf weiße Flecken.

Spiegeleier werden meist mit Schinken oder Speck oder auch mit anderen Zutaten, wie Garnelen, Nierenscheiben, kleinen Würstchen, Pilzen usw. serviert. Diese Zutaten werden separat erhitzt und können im Eiklar mit eingebacken werden.

Rühreier

Arbeitsgänge

Eier in eine passende Schüssel aufschlagen, etwas Salz zugeben und mit einem Schneebesen gut zerschlagen. Danach etwas Sahne/Milch oder Wasser/Mineralwasser zugeben. Pfanne erhitzen, Butter zugeben und aufschäumen lassen. Evtl. fein geschnittene Zutaten, wie Schinkenstreifen, Pilze, die mit dem Ei vermischt werden sollen, darin anschwitzen.

Eimasse hineingeben und großflockig stocken lassen. Dabei die schon gestockte Eimasse in Intervallen von der Pfanne lösen, um noch flüssiges Ei mit dem Pfannenboden in Kontakt zu bringen.

Begründung

Eigelb und Eiklar müssen vollkommen vermischt sein. Zugabe von Flüssigkeit ergibt lockere Rühreier.

Die Pfanne muss genau temperiert sein, wenn sie zu kalt ist, stockt das Ei zu feinflockig, bei zu viel Hitze bräunt die Butter und der Geschmack der braunen Butter übertönt den Eiergeschmack.

Nicht ständig rühren, da sonst das Rührei zu feinflockig wird. Bei zu langsamem Rühren übergart die Eimasse teilweise und wird zu trocken.

10.2 Belegte Brote und Sandwiches

Warmes Schinkenbrot mit Spiegelei (Strammer Max)

Zutaten pro Person:

1 große Scheibe Roggen- oder Weizenmischbrot
20 g Butter
30 g feine Zwiebelstreifen
100 g Streifen von gekochtem oder rohem Schinken
1 Ei, 2 Sardellenfilets
Garniermittel: 1 kleines Salatblatt, 2 Tomatenachtel, 1 Fächer von Essiggurke

Arbeitsgänge

- Zwiebel und Schinken in Streifen schneiden
- Garnitur erstellen
- Brot toasten
- 2 Pfannen erhitzen
- Pfanne I: 15 g Butter in der Pfanne zerlassen, Zwiebeln darin glasig schwitzen, Schinken zugeben
- Pfanne II: 5 g Butter darin zerlassen, Spiegelei herstellen (→ 101)
- Getoastetes Brot auf einen Teller legen, angeschwitzte Zwiebeln und den Schinken auf dem Brot gleichmäßig verteilen
- Spiegelei daraufsetzen
- Sardellenfilets kreuzweise auf das Eigelb legen; garnieren

Frühlings-/Sommerbrot

Zutaten pro Person:

1 große Scheibe Vollkorn- oder Weizenmischbrot
10 g Butter
2 kleine Kopfsalatblätter
150 g Gemüse- oder Fleischsalat
1 hart gekochtes Ei in Scheiben
3 – 5 mittelgroße Radieschen, tourniert
1 mittelgroße Tomate in Scheiben
ca. 80 g frische Gurke in Scheiben, fein geschnittener Schnittlauch, Salz, Pfeffer
Garniermittel: je nach Verfügbarkeit garnieren

Arbeitsgänge

- Brotscheibe mit Butter bestreichen
- Salatblätter darauf verteilen, flach drücken
- Fleisch- oder Gemüsesalat gleichmäßig dick darauf verteilen
- Eischeiben in der Mitte auflegen (siehe Bild)
- Radieschen auf der einen Seite der Eischeiben, Tomatenscheiben auf der anderen Seite der Eischeiben anlegen
- Gurkenscheiben jeweils an beiden Enden aufsetzen
- Auflage leicht salzen und mit Pfeffer würzen
- Mit Schnittlauch bestreuen
- Mit einer breiten Palette auf einen flachen Teller heben

Vor-, Zubereitung und Präsentation einfacher Speisen

Hähnchenbrust-Sandwich

Zutaten pro Portion:

3 Scheiben getoastetes Weißbrot
15 g Butter/Buttermischung
80 g gebratene Hähnchenbrust
3 dünne Speckscheiben, leicht angebraten
1 Tomate, in dünnen Scheiben
4 kleine Blätter Eisbergsalat
2 EL Remouladensoße
2 Kirschtomaten oder andere Garniermittel

Arbeitsgänge 
- die Toastscheiben mit Butter/Buttermischung bestreichen
- eine Scheibe mit 2 Blatt Salat und der in Scheiben geschnittenen Hähnchenbrust belegen
- mit 1 Esslöffel Remouladensoße überziehen
- mit einer Toastscheibe bedecken
- mit Salatblättern, Tomaten- und Speckscheiben belegen
- mit 1 Esslöffel Remouladensoße überziehen
- mit der dritten Toastscheibe belegen
- diagonal halbieren und mit kleinen Spießen zusammenstecken
- Kirschtomaten daraufstecken

10.3 Einfache Salate und Cocktails (Rezepturen und Anrichteregeln)

Feldsalat putzen 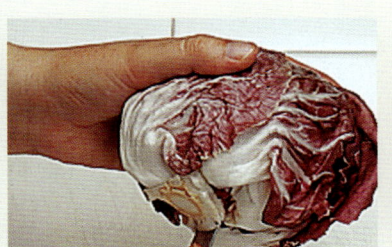 *Radicchio: Strunk herausschneiden*  *Blätter schneiden*

Salatplatte

Zutaten pro Person:

Salate von: Kopf- und/oder Eisbergsalat
Radicchio-Blätter
Tomatenscheiben
geraspelte Karotten, angemacht
Sellerie- und Apfelstreifen, angemacht
Gurkenstifte, angemacht
Kartoffelsalat, angemacht
Salatsoßen: Vinaigrette, Cocktailsoße
Garniermittel: Gartenkresse, Sprossen, geröstete Weißbrotwürfel, Eischeibe
Beilagensalate Salatsoßen (→ 258 ff.)

Arbeitsgänge 
- den Kartoffelsalat im Zentrum „erhaben" anrichten
- die übrigen Salate farblich abgestimmt um den Kartoffelsalat platzieren
- Vinaigrette über die Tomaten und den Kopf-/Eisbergsalat gießen
- Cocktailsoße über den Radicchio gießen
- die Garniermittel dekorativ verteilen (z. B. Kresse auf die Tomaten, Sprossen auf die Gurken, Brotwürfel auf die Blattsalate)

Garnelencocktail

Zutaten pro Vorspeisen-Portion:
80 g gegartes Garnelenfleisch
30 g Fruchtstücke wie Ananas, Orangenspalten und/oder Avocado
20 g Kopf- oder Eisbergsalatblätter
30 g Cocktailsoße
zum Würzen:
Zitronensaft, Salz, Pfeffer
Beispiele für Garniermittel:
1 Garnelenschwanz
Fruchtstücke
Tomatenecke
schwarze Olive
Dill- oder Kerbelzweig
Limonen- oder Zitronenscheibe

Arbeitsgänge
- Salatblätter in feinste Streifen schneiden (Chiffonade)
- würzen und in ein Cocktailglas füllen
- Garnelen und Fruchtstücke würzen und auf die Chiffonade setzen
- mit Cocktailsoße überziehen
- garnieren

Garnierregeln:
In erster Linie dekorative Teile von den Zutaten im Salat oder Cocktail verwenden; zusätzlich: farbige Lebensmittel, die geschmacklich passen und akkurat geschnitten und aufgelegt sind.

Bildbeschriftung: Garnierung, Cocktailsoße, Grundrohstoff (mariniert), Chiffonade, Cocktailglas

10.4 Kalte Speisen (Rezepturen und Anrichtevorschläge)

Matjesfilets nach Hausfrauenart

Zutaten pro Person:
2 Matjesfilets
für die Soße:
1 EL Mayonnaise
5 EL Sauerrahm (mind. 10 % Fettgehalt)
1/4 Apfel in feinen Scheiben
1/4 Zwiebel in feinen Streifen
1 kleine Essiggurke in Scheiben
evtl. einige Kapern
zum Würzen:
Salz, Pfeffer, Essig, Zitronensaft
Garniermittel:
Apfelspalten, Zwiebel- und Essiggurkenscheiben, Dillzweig, Radicchioblatt

Arbeitsgänge
- die Zutaten für die Soße vermischen und würzig abschmecken
- wenn zeitlich möglich, die Matjesfilets darin mindestens 1 Tag einlegen
- be im Anrichten die Filets mit der Soße überziehen
- garnieren mit Apfelspalten (mit Schale), Zwiebelringen (evtl. in Paprikapulver gewendet) und/oder Essigurkenscheiben
- z. B. mit Dill und Radicchioblatt farblich ergänzen
- Beilage: gekochte oder gedämpfte Kartoffeln

Vesper-/Brotzeitteller

Zutaten pro Person:
30 g roher Schinken
40 g grobe Leberwurst
40 g Blutwurst
40 g Mettwurst oder Presssack
30 g geräucherter Schweinebauch
30 g Käse
Petersilie, Tomate, Gurke usw.

Arbeitsgänge
- Mit der Aufschnittmaschine Schinken (Schnittstärke ca. 1,5) und Bauchspeck (Schnittstärke ca. 4,0) schneiden
- Wurst mit Messer portionieren, synthetische Wursthüllen entfernen
- Käse portionieren
- Anrichteweise siehe Foto

Vor-, Zubereitung und Präsentation einfacher Speisen

Anrichteweise: Perlhuhn-, Wachtel-, Geflügelleberpastete

Anrichteweise: Terrinen von Ente, Reh, Rote Bete

10.5 Toast- und Käsegerichte (Rezepturen und Anrichtevorschläge)

Toast Hawaii

Zutaten pro Person:

1 Scheibe Weißbrot

2 x 10 g Butter

50 g gekochter Schinken in 2 bis 4 Scheiben geschnitten

1 Scheibe Ananas (Dose)

40 g Emmentaler, Edamer oder Gauda in 2 Scheiben geschnitten

Garniermittel:
2 Kirschen oder Kirschtomaten

Arbeitsgänge
- Salamander oder Backofen vorheizen
- Weißbrot toasten
- mit Butter bestreichen
- Schinken- und Ananasscheiben in einer Pfanne in Butter erhitzen
- auf die Toastscheiben in der Reihenfolge Schinken-, Ananas- und Käsescheiben belegen
- im Salamander oder Ofen überbacken (der Käse soll leicht zerfließen und bräunen)
- Kirschen oder Kirschtomaten auflegen

Angemachter Käse (Obazter)

Zutaten pro Person:

100 bis 150 g Frischkäse oder Weichkäse mit Schimmelbildung oder Schmierebildung (z. B. Camembert, Limburger, Münster)

30 g weiche Butter

Salz, Pfeffer

Weitere Zugaben nach Wahl:
z. B. Zwiebelwürfel, Paprikapulver, Kümmel, Petersilie, Schnittlauch, Bärlauch, Knoblauch,
Eigelb (roh oder gegart),
Paprikawürfel (alle Farben)

Arbeitsgänge
- Käse fein würfeln oder zerdrücken und mit Butter vermengen
- Salz und Pfeffer und die gewünschten Zugaben daruntermischen und abschmecken
- anrichten und mit Zwiebelringen, Schnittlauch, Tomatenscheiben, Salzbrezeln und/oder Frühlingszwiebeln garnieren

Beigaben: z. B. Pellkartoffeln, Bauernbrot, Brezeln, Kartoffelpuffer

Gebackener Camembert

Zutaten pro Person:

100 bis 150 g nicht zu weicher Camembert

zum Panieren:
Mehl, verquirltes Ei, geriebenes Brot

Variante:
gehackte Sonnenblumen- oder Kürbiskerne unter das Brot mischen

Beigaben:
z. B. frittierte Petersilie, 1/2 Grilltomate oder Preiselbeerkompott

Arbeitsgänge

- Fritteuse auf 170 °C vorheizen
- Camembert in 1 bis 1,5 cm dicke Scheiben schneiden
- mit Mehl, Ei und Bröseln panieren
- evtl. ein zweites Mal in Ei und Bröseln wälzen und die Panierung leicht andrücken
- ca. 3 Minuten frittieren (die Kruste soll kross, der Käse innen flüssig sein)
- mit den Beigaben anrichten

11 Berechnung (Maße, Gewichte, Verluste, Rohstoffmengen und Nähr- und Energiewerte)

Maße, Gewichte, Verlust- und Rohstoffmengenberechnungen

Ztr = Zentner (50 kg)   Dz = Doppelzentner (100 kg)   t = Tonne (1 000 kg)   mg = Milligramm   kg = Kilogramm
g = Gramm   Dtzd = Dutzend (12 Stück)   Grs = gros (144 Stück)   1 Paar = 2 Stück   cl = Centiliter

Rechnen Sie in die gewünschte Einheit um	Lösung: (bitte zuordnen)
a) 0,5 kg = ? g	1 200 kg
b) 47 g = ? kg	48 Paar
c) 1,87 t = ? g	0,047 kg
d) 5 Grs = ? Dtzd	60 Dtzd
e) 24 Ztr = ? kg	1 870 000 g
f) 8 Dtzd = ? Stück	96 Stück
g) 450 mg = ? g	0,150 kg
h) 8 Dtzd = ? Paar	0,450 g
i) 150 cl = ? l	500 g

Ein Rinderfilet von 2,160 kg soll in Steaks zu je 180 g Rohgewicht aufgeschnitten werden.
Wie viele Portionen ergibt das Filet?

2,160 kg = 2160 g : 180 g = **12 Portionen**

Lösung: Das Filet ergibt 12 Portionen.

Es werden 12 Wiener Schnitzel bestellt. Jede Portion soll ein Rohgewicht von 150 g haben.
Wie viel Kilogramm Fleisch müssen vorbereitet werden?

12 Schnitzel x 150 g = 1800 g = **1,800 kg**

Lösung:
Es müssen 1,800 kg Fleisch vorbereitet werden.

Schälverlustberechnung

Es werden 50,000 kg Kartoffeln geschält. Der Schälverlust beträgt 24 %.
a) Wie viel Kilogramm geschälte Kartoffeln erhält man?
b) Wie hoch ist der Schälverlust in Kilogramm?

50,000 kg ≙ 100 %
$\quad$ x kg ≙ 24 % $\dfrac{24 \times 50{,}000}{100} = $ **12,000 kg**

50,000 kg − 12,000 kg = **38,000 kg** geschälte Kartoffeln

Lösung: a) Man erhält 38,000 kg geschälte Kartoffeln.
$\qquad$ b) Der Schälverlust beträgt 12,000 kg.

a) Wie viel Kilogramm Steinpilze müssen für eine Sonderveranstaltung gekauft werden, wenn der Küchenchef für 37 Personen je Portion 180 g Steinpilze (netto) rechnet?
b) Beim Zubereiten von Steinpilzen entsteht ein Putzverlust von 25 %, wie viel Kilogramm Steinpilze müssen gekauft werden?

a) 37 Personen x 0,180 kg = 6,660 kg
Lösung: Der Küchenchef muss mit 6,660 kg Steinpilzen rechnen:
b) 75 % ≙ 6,660 kg $\dfrac{100 \times 6{,}660}{75} = $ **8,80 kg Steinpilze**
$\quad$ 100 % ≙ x kg

Lösung: Es müssen 8,80 kg Steinpilze gekauft werden.

Berechnung

Verlustberechnung: Knochenanteile bei Schlachtfleisch

Ein Schweinerücken mit Knochen wiegt 4,265 kg.
Nach dem Auslösen wiegt das Fleisch 3,327 kg.
a) Wie viel Kilogramm wiegen die ausgelösten Knochen?
b) Errechnen Sie den Knochenanteil in %.

4,265 kg − 3,327 kg = **0,940 kg Knochenanteil**

4,265 kg ≙ 100 %
3,327 kg ≙ x % $\frac{3{,}327 \times 100}{4{,}265}$ = **78,01 %**

100 % − 78,01 % = **21,99 %**

Lösung:
a) Die ausgelösten Knochen wiegen 0,940 kg.
b) Der Knochenanteil beträgt 21,99 %.

Eine Hirschkeule wiegt 9,200 kg. Der Knochenanteil beträgt 25 %.
a) Wie viel wiegt das bratfertige Fleisch?
b) Wie viel wiegen die Knochen?

100 % ≙ 9,200 kg $\frac{75 \times 9{,}200 \text{ kg}}{100}$ = **6,900 kg Fleisch**
75 % ≙ x kg

9,200 kg
− 6,900 kg
2,300 kg Knochen

Lösung:
a) Das bratfertige Fleisch wiegt 6,900 kg.
b) Die Knochen wiegen 2,300 kg.

Verlustberechnung: Fleischabgänge (Parüren) und Bratverluste

Ein Roastbeef wiegt mit Knochen und Parüren 8,654 kg.
Auf die Knochen entfallen 28 % und die Parüren (Fleischabgänge) 19 %.
a) Wie viel kg wiegen die gesamten Knochen und Parüren?
b) Wie viel wiegt das parierte Roastbeef?

28 % Knochen + 19 % Parüren = 47 %

100 % ≙ 8,654 kg $\frac{8{,}654 \text{ kg} \times 47}{100}$ = **4,067 kg**
47 % ≙ x kg

8,654 kg − 4,067 kg = **4,587 kg**

Lösung:
a) Die ausgelösten Knochen und Parüren wiegen 4,067 kg.
b) Das parierte Roastbeef wiegt 4,587 kg.

Es werden 3 Kalbsrücken (KR) im Ganzen gebraten. Nach dem Braten haben die einzelnen Stücke folgende Gewichte:

KR 1 = 5,400 kg; KR 2 = 4,800 kg; KR 3 = 5,100 kg

Es wird mit einem Bratverlust von 21 % gerechnet. Errechnen Sie das Gewicht der Kalbsrücken vor dem Garen.

Beispielrechnung:
79 % ≙ 5,400 kg $\frac{100 \times 5{,}400}{79}$ = **6,835 kg**
100 % ≙ x kg

Lösung: KR 1: Gewicht vor dem Garen 6,835 kg.
KR 2: Gewicht vor dem Garen 6,076 kg.
KR 3: Gewicht vor dem Garen 6,456 kg.

Nähr- und Energiewerte

Im menschlichen Körper liefern	Um den täglichen Grundumsatz zu berechnen, verwendet man folgende Regel:
1 g Kohlenhydrate = 17 Kilojoule (kJ) 1 g Eiweiß = 17 kJ 1 g Fett = 37 kJ 1 g Alkohol = 27 kJ	4,2 kJ x Körpergewicht in kg x 24 Stunden

A

Berechnen Sie Ihren persönlichen Grundumsatz und Ihren täglichen Leistungsumsatz.

Beruf: Koch, ReFa, HoFa, Systemgastronom
Arbeit: mittelschwere Arbeit
Alter: Jugendlicher
Umsatz: 8,4 kJ pro Stunde und kg Körpergewicht

Berechnen Sie nun Ihren persönlichen Gesamtenergiebedarf.

B

Der Küchenchef wog mit 32 Jahren 87 kg. Er feiert nun seinen 45. Geburtstag und wiegt nach einer Diät noch 78 kg.
Um wie viel % und um wie viel kJ hat sich sein Grundumsatz pro Tag verringert?

Lösung:
4,2 kJ x 87 kg x 24 Stunden =
8 769,60 kJ Grundumsatz mit 32 Jahren

4,2 kJ x 78 kg x 24 Stunden =
7 862,40 kJ Grundumsatz mit 45 Jahren

8 769,60 kJ − 7 862,40 kJ = **907,20 kJ**

8 769,60 kJ ≙ 100 % $\frac{907{,}20 \times 100}{8\,769{,}60}$ = **10,34 %**
907,20 kJ ≙ x %

Lösung:
Der Grundumsatz des Küchenchefs hat sich um 10,34 % oder 907,20 kJ verringert.

12 Fachsprache, Fremdsprache (Küchenausdrücke)

A
Französisch	Deutsch
à minute *(à la minute)*	auf Bestellung zubereitet
à part *(à part)*	separat angerichtet
annoncieren *(annoncer)*	ausrufen von Bestellungen
der Aperitif *(l'apéritif, m.)*	Getränk zur Appetitanregung
der Aspik *(l'aspik, m.)*	durch Kollagen (Gelatine) gesulzte Flüssigkeit
au four	überbacken

B
Französisch	Deutsch
der Baba *(le baba)*	Napfkuchen aus Hefeteig
das Bain-marie *(le bain-marie)*	Wasserbad
das Baiser *(la meringue)*	Gebäck aus Schaummasse
bardieren *(barder)*	in Speckscheiben einhüllen
das Barquette *(la barquette)*	(salzige) Mürbeteigschiffchen
das Beignet *(le beignet)*	frittierte Früchte in Backteig
die Beurre manié *(le beurre manié)*	kalte Mehlbutter
blanchieren *(blanchir)*	abbrühen mit Wasser oder Fett
das Blankett *(la blanquette)*	in Flüssigkeit gekochte Würfel von weißem Fleisch, in legierter Soße angerichtet
die Boucherie *(la boucherie)*	Fleischerei
die Bouillon *(le bouillon)*	Fleischbrühe
das Bouquet garni *(le bouquet garni)*	Kräuter- und/oder Gemüsebündel
braisieren *(braiser)*	schmoren
die Braisiere *(la braisière)*	Schmorpfanne mit Deckel
bridieren *(brider)*	binden zur Formgebung
die Brunoise	kleinwürfelig geschnitten
die Bordüre *(la bordure)*	Rand, z. B. aus Kartoffelpüree oder Reis

C
Französisch	Deutsch
das Canapé *(le canapé)*	kleine, mundgerechte Häppchen
die Charlotte, russische *(le charlotte)*	Süßspeise: Creme mit Löffelbiskuit oder Scheiben von Biskuitrollen eingehüllt
der Chaudeau *(le chaudeau)*	süßer Weinschaum
die Chaud-froid-Sauce *(le chaud-froid)*	in kaltem Zustand gelierende Soße aus Velouté, Sahne und Aspik
chemisieren *(chemiser)*	Formen auskleiden, z. B. mit Aspik
das Chinois *(le chinois)*	feinmaschiges Spitzsieb
die Cloche *(la cloche)*	Metallglocke zum Zudecken von Platten und Tellern
der Cocktail *(le cocktail)*	Mischgetränk oder im Glas servierte Vorspeise
die Cocotte *(la cocotte)*	feuerfestes Geschirrporzellan
das Concassé	grob zerkleinert oder in kleine Würfel geschnitten, z. B. Tomaten
die Consommé *(le consommé)*	Kraftbrühe
das Contrefilet *(le contrefilet)*	flaches Roastbeef
die Couleur *(la couleur)*	Zuckerfarbe, schwarz-braun
der Coup *(la coupe)*	in Schale angerichtete Speise
die Crème fraîche *(la crème fraîche)*	milder Sauerrahm mit 30 % bis 40 % Fettgehalt
die Crêpe *(la crêpe)*	dünner Eierpfannkuchen
der Croûton *(le croûton)*	gerösteter Brotwürfel

D
Französisch	Deutsch
degorgieren *(dégorger)*	wässern, um unerwünschte Stoffe zu entfernen; enthefen bei Champagner
degraissieren *(dégraisser)*	entfetten bzw. abschäumen
dekantieren *(décanter)*	Trennung einer Flüssigkeit vom Bodensatz, z. B. Rotwein
das Depot *(la lie)*	Bodensatz bei alten Weinen
der Digestif *(le digestif)*	verdauungsförderndes Getränk
dressieren *(dresser)*	mit einem Faden in Form binden oder beim Anrichten eine bestimmte Form geben
das Dressing	Salatsoße

E
Französisch	Deutsch
das Eclair *(l'éclair, m.)*	längliches, gefülltes Gebäck aus Brandmasse
der Entremetier *(l'entremetier, m.)*	Beilagenkoch
das Escalope *(l'escalope, f.)*	Schnitzel
das Etamine *(l'étamine, f.)*	Gazestoff zum Passieren von Soßen und Suppen

F
Französisch	Deutsch
die Farce *(la farce)*	Masse, Füllmasse
farcieren *(farcir)*	füllen
der Flageolet *(flageolet)*	frische Bohnenkerne
flambieren *(flamber)*	mit Spirituosen übergießen und den Alkohol abbrennen; auch: Geflügel absengen
der Fleuron *(le fleuron)*	Blätterteighalbmond
die Foie gras *(le foi gras)*	Gänseleber
der Fond *(le fond)*	Saft, Brühe
die Fondue *(la fondue)*	Schweizer Gericht aus geschmolzenem Käse; Fleisch-Fondue: à la bourguignonne Fondue à la chinoise: in Fleischbrühe gegart
frappieren *(frapper)*	schnelles Abkühlen
das Frikassee *(le fricassée)*	Ragout von weißem Fleisch, in der Soße gegart
die Fritteuse *(la friteuse)*	Gerät zum Garen in heißem Fett
die Frittüre *(la friture)*	Fettbad, Inhalt der Fritteuse
der Fümet *(le fumet)*	kräftig eingekochter Fond

G
Französisch	Deutsch
die Galantine *(la galantine)*	Rollpastete
der Gardemanger *(le garde-manger)*	Abteilungskoch, zuständig für die Kalte Küche
die Glace *(la glace)*	Eis, Speiseeis
die Glace de viande *(la glace de viande)*	eingekochter Bratensaft (Fleischsaft)
glasieren *(glacer)*	überglänzen von Speisen, z. B. Braten oder Gemüse
der Gourmand *(le gourmand)*	„Vielfraß"
der Gourmet *(le gourmet)*	Feinschmecker
goustieren *(goûter)*	verkosten, probieren
gratinieren *(gratiner)*	überbacken
der Gueridon *(le guéridon)*	kleiner Serviertisch

Fachsprache, Fremdsprache (Küchenausdrücke)

H der Haut-goût *(le haut-goût)* — beim Abhängen von Wild und Wildgeflügel entstehender Geschmack

Hors d'oeuvre *(le hors d´oeuvre)* — kalte *(froid)* oder warme *(chaud)* Vorspeise

J die Julienne — in dünne Streifen geschnitten
die Jus *(le jus)* — Saft

K kandieren — mit einer Zuckerlösung durchtränken
der Karamell *(le caramel)* — hell gebräunter Zucker
die Karkasse *(la carcasse)* — Knochengerüst
das Karree *(le carré)* — längs halbierter Rücken
die Kasserolle *(la casserole)* — flacher Topf mit Deckel
der Krokant — Nüsse mit Karamell vermischt
die Krokette *(la croquette)* — Massen verschiedener Art paniert, frittiert
die Kuvertüre *(la couverture)* — Schokoladenüberzugsmasse

L der Läuterzucker — Zuckerwasser
lardieren *(larder)* — mit dicken Speckstreifen (-balken) spicken
die Liaison *(la liaison)* — Mischung aus Sahne und Eigelb
legieren *(lier)* — weiße Suppen/Soßen mit einer Mischung aus Sahne und Eigelb verfeinern

M die Menagen *(les ménages)* — bei Tisch gebrauchte Würzmittel
die Meringe *(la meringue)* — Gebäck aus Eiklar und Zucker
das Mie de pain *(la mie de pain)* — frisch geriebene Weißbrotkrume (ohne Kruste)
das Mise en place *(la mise en place)* — Vorbereiten und Bereitstellen von Zutaten und Geräten
die Mixed-pickles *(les mixed pickles)* — in Essig konserviertes Gemüse
der Molton *(le molleton)* — saugfähiges Baumwolltuch
montieren *(monter)* — aufbereiten; eine Suppe oder Soße mit Butter aufrühren

N nappieren *(napper)* — mit einer deckenden Soße überziehen

P die Panade *(la panade)* — Lockerungs- oder Bindemittel für Massen (z. B. Farcen)
panieren *(paner)* — umhüllen, einbröseln
parieren *(parer)* — zurechtschneiden, zurichten
die Parüren *(les parures)* — Stücke, die beim Parieren abgeschnitten werden
der Pâtissier *(le pâtissier)* — Küchenkonditor, Süßspeisenkoch
die Pâtisserie *(la pâtisserie)* — Küchenabteilung, für Süßspeisen
das Petit four *(le petit four)* — kleine, bunt verzierte Gebäckstücke
pikieren *(piquer)* — mit dünnen Speckstreifen spicken
plattieren *(aplatir)* — flach klopfen, z. B. Schnitzel, Koteletts

pochieren *(pocher)* — garen in Formen im Wasserbad oder in viel Flüssigkeit unter dem Siedepunkt (70 °C–95 °C)
poelieren *(poêler)* — hellbraun dünsten
der Poissonier — Fischkoch
der Porridge *(le porridge)* — Haferbrei

R die Reduktion *(la réduction)* — stark eingekochte Flüssigkeit
reduzieren *(réduire)* — Flüssigkeit stark einkochen lassen
der Rôtisseur *(le rôtisseur)* — Bratenkoch
die Roux *(le roux)* — Mehlschwitze
die Royal — Eierstich: Mischung aus Ei und Milch, indirekt pochiert

S das Sabayon *(le sabayon)* — Weinschaum
der Salamander — Gerät mit starker Oberhitze zum Überbacken
das Salmis *(le salmis)* — braunes Ragout, meist von Wildgeflügel
das Salpikon *(le salpikon)* — kleinwürfelig geschnittenes Ragout, auch von Früchten
das Sandwich *(le sandwich)* — belegte Brotscheibe, mit einer weiteren Brotscheibe bedeckt
der Saucier *(le saucier)* — Soßenkoch
sautieren *(sauter)* — 1. kleingeschnittene Stücke in einer Schwenkkasserolle (Sauteuse) oder Pfanne gebraten
2. schwenken, anschwenken, z. B. gegartes Gemüse in Butter
der Savarin *(le savarin)* — in kleinen Ringformen gebackener Hefekuchen
das Sorbet *(le sorbet)* — nicht fest gefrorenes Eis (Schnee-Eis, Kaltgetränk)
das Soufflé *(le soufflé)* — Auflauf
die Surprise *(la surprise)* — Überraschung, z. B. Omelette surprise

T das Tamis *(le tamis)* — Sieb
das Tartelette *(la tartellete)* — kleine, meist mit Früchten belegte Törtchen
die Terrine *(la terrine)* — Suppenschüssel oder kalte Schüsselpastete
das Torchon *(le torchon)* — Vorstecker (Anfasstuch) des Kochs
tournieren *(tourner)* — zurechtschneiden, in Form schneiden, formen
der Tournant *(le tournant)* — Vertretungskoch für die Abteilungsköche (Partie-Chefs)
die Tranche *(la tranche)* — Scheibe, z. B. Fleisch, Brot
tranchieren *(trancher)* — zerschneiden, in Scheiben schneiden

Z ziselieren *(ciseler)* — einritzen, einschneiden, einkerben

13 Projektorientierte Aufgabe

> **Thema: Auszubildenden-Schulung**
>
> In regelmäßigen Abständen werden in verschiedenen Betrieben „Azubi"- Weiterbildungen angeboten. Der nächste „Azubi-Tag" ist in Ihrem Betrieb geplant. Das Thema ist:
>
> **Pflanzliche Rohstoffe sachlich richtig be- und verarbeiten!**
>
> Sie sind für die Durchführung der Veranstaltung verantwortlich. Sie sind außerdem beauftragt, Schulungsunterlagen in einem sachlich korrekten Ablauf für dieses Thema zu erstellen. Beachten Sie hierbei die Reihenfolge (Terminologie) der Unterlagen, die Sie zu erstellen haben.

Lösungsvorschlag
(Lösungsvorschläge geben Anregungen, wie die Projektaufgabe bearbeitet werden kann, und sind keine fertigen Lösungen.)

Vorüberlegungen – Organisation der Veranstaltung
- Datum, Zeitrahmen und Ablauf der Veranstaltung festlegen.
- Kosten für die anfallenden Kopien festlegen.
- Teilnehmerzahl festlegen und Anmeldelisten erstellen.
- Eventuell Fristen für die Anmeldung beachten.
- Räume und benötigte Geräte im Betrieb festlegen und für die Veranstaltung freihalten.
- Sponsoren für die Lebensmittel, die verwendet werden, suchen.
- Verpflegung und Getränke für Teilnehmer und Referenten festlegen.
- Dienstplaneinteilung berücksichtigen. Festlegen, welche Person(en) als Aufsicht bzw. zur Unterstützung eingeteilt wird (werden).

Erstellen von Schulungsunterlagen
- Festlegen der Formate und der Größe der Unterlagen.
- Schriftgrößen, Schriftarten, Dateiformat festlegen.
- Layout und Lesbarkeit der Vorlagen prüfen.
- Dateigröße, Druckkosten berücksichtigen.
- Lückentext oder Tabellenform.
- Formulieren von Kontrollfragen.

Thema bearbeiten
- Hygieneregeln aufstellen und kontrollieren.
- Gesetzliche Bestimmungen beachten.
- Regeln zur Arbeitssicherheit festlegen.

Überlegungen zum Thema „Be- und Verarbeiten von pflanzlichen Rohstoffen"
- Begriffe wie z. B. Waschen definieren und Bedeutungen erklären, z. B. Putzen ist das Entfernen unerwünschter Bestandteile.
- Geeignete Zerkleinerungstechniken festlegen.
- Geräte bereitstellen und auf Funktion prüfen.
- Das Wiegen und Abmessen vorbereiten.
- Liste für Portionsmengen bereithalten.
- Vermischungstechniken den entsprechenden Lebensmitteln und Geräten und Maschinen zuordnen.
- Rezepturen erarbeiten.
- Verschiedene Möglichkeiten der Formgebung in rohem und gegartem Zustand vorbereiten.
- Geeignete Garverfahren und Fertigstellungstechniken überlegen und festlegen.
- Mögliche Gerichte auswählen und auf Durchführbarkeit achten.
- Entwerfen von Unterlagen zu sensorischen Prüfungen.

Beispiel: Erarbeiten Sie eine Tabelle, in der eine Karotte in
- verschiedenen Schnittarten zerkleinert wird,
- mit verschiedenen Garverfahren zubereitet wird,
- mit verschiedenen Fertigstellungstechniken bearbeitet wird.

Legen Sie Punkte für die sensorische Prüfung fest, z. B. Geschmack, Aussehen, Geruch, Festigkeit.

Lernfeld 1.2
Arbeiten im Service

1. Französisches Restaurant um 1850

Geschichtliche Entwicklung der Servierberufe

Soweit bekannt ist, waren die Römer die Ersten, die auf dem Gebiet des heutigen Deutschlands verfeinerte Tischsitten pflegten. Nach ihrer Vertreibung dauerte es bis zum 15. Jahrhundert, ehe an den deutschen Adelshöfen nicht mehr gewöhnliche Knechte und Mägde Speisen und Getränke auftrugen, sondern speziell angeleitetes Personal servierte. Diese Veränderungen, die in Spanien und Frankreich ihren Ursprung hatten, umfassten auch das Darbieten, Zerteilen und Aufschneiden (Tranchieren) und das Vorlegen von Speisen.

In den Schenken und Herbergen, die der einfache Bürger aufsuchte, bediente nach wie vor die Magd oder der Knecht. Erst im 19. Jahrhundert wurden im deutschsprachigen Gebiet die ersten Hotels und Restaurants im heutigen Stil gegründet. Das erforderliche geschulte Servierpersonal wurde von den Adelshöfen übernommen. Der Beruf des Kellners war entstanden.

Auf dem Kellnerkongress 1878 in Erfurt gründeten die Teilnehmer den deutschen Kellnerbund, die Union Ganymed, die bis heute besteht. Sie sollte wie eine Genossenschaft die Mitglieder und ihre Familien unterstützen, u. a. durch die Einrichtung einer Darlehns-, Spar- und Begräbniskasse.

1950 wurde ein verbindliches Berufsbild für den Kellnerberuf geschaffen, der damit vom Anlernberuf zum Ausbildungsberuf mit dreijähriger Ausbildungszeit wurde.

Seit 1980 lautet die offizielle Berufsbezeichnung „Restaurantfachfrau/-fachmann".

Auch heutzutage wird ein fachlich guter Service nur von einem Teil der Bevölkerung gewünscht und bezahlt.

Guter Service ist aufwendig und schließt einen breiten Aufgabenbereich ein. Der anspruchsvolle Gast erwartet neben geschmackvoll eingerichteten und gepflegten Räumlichkeiten sowie besten Speisen und Getränken auch Servierpersonal, das seinen Beruf beherrscht.

Dazu gehören entsprechende Umgangsformen, ein gepflegtes Aussehen, Fremdsprachen- und Warenkenntnisse, um beim Anbieten der Speisen und Getränke Auskunft und, falls gewünscht, Rat geben zu können.

Fachliches Wissen und Können sind beim Vorlegen, Filetieren, Tranchieren und beim Zubereiten von Speisen am Tisch des Gastes oder beim Dekantieren eines lange gelagerten Rotweins zu beweisen. Zum handwerklichen Geschick muss die nötige Konzentrationsfähigkeit kommen, damit auch in stark belastenden Situationen ein tadelloser und freundlicher Service gewährleistet ist.

Immer mehr Gäste schätzen es, wenn das Servierpersonal eine gastliche Atmosphäre schafft; sie sind bereit, und sei es auch nur zu bestimmten Anlässen, diese Leistung zu bezahlen.

Die Servicebrigade

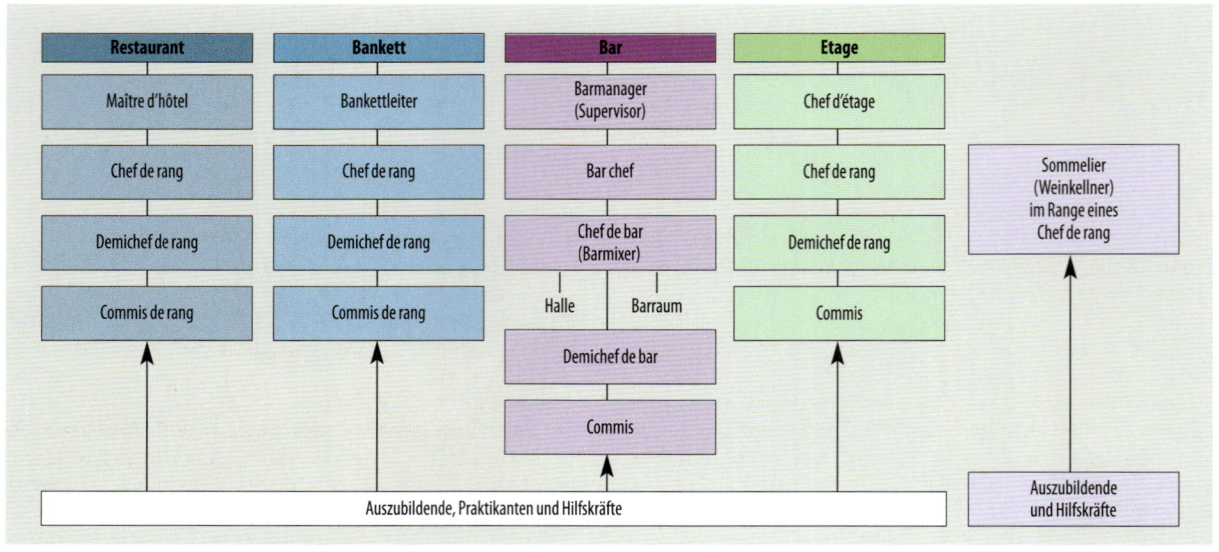

Restaurant	Bankett	Bar	Etage	
Maître d'hôtel	Bankettleiter	Barmanager (Supervisor)	Chef d'étage	
Chef de rang	Chef de rang	Bar chef	Chef de rang	Sommelier (Weinkellner) im Range eines Chef de rang
Demichef de rang	Demichef de rang	Chef de bar (Barmixer)	Demichef de rang	
Commis de rang	Commis de rang	Halle / Barraum	Commis	
		Demichef de bar		
		Commis		
Auszubildende, Praktikanten und Hilfskräfte				Auszubildende und Hilfskräfte

1. Die Servicebrigade in ihrer positionellen Einstufung

Zielformulierungen

Allen Ausbildungsberufen im Hotel- und Gaststättengewerbe wird im ersten Ausbildungsjahr die Grundlage von Arbeiten im Service vermittelt. Dabei sollten folgende Ziele erreicht werden:

- Geplante Arbeiten im Office, Restaurant und am Büfett durchzuführen.
- Sich der „Funktion als Gastgeber" bewusst zu sein.
- Die Auswirkungen des persönlichen Erscheinungsbildes und Verhaltens auf die Gäste beschreiben zu können und in der Lage sein, diese Kenntnisse gastorientiert umzusetzen.
- Verkaufsgespräche unter Einhaltung von Kommunikationsregeln zu führen und über einfache Speisen und Getränkeangebote beraten zu können.
- Einfache Angebotskarten zu erstellen.
- Gäste in der Fremdsprache auf einfachem Niveau beraten zu können.
- In der Lage zu sein, Speisen und Getränke nach verschiedenen Arten und Methoden zu servieren.
- Gästerechnungen zu erstellen und Zahlungsarten zu kennen.
- Im Team zu arbeiten und die Vorteile dieser Arbeitsorganisation zu erkennen.

1 Teamarbeit im Service

Die Einteilung der Servierbrigade, wie in obiger Abbildung dargestellt, mit klaren Aufgaben und Weisungsbefugnissen von oben nach unten, ist heutzutage auf Hotels und Restaurants mit einem bestimmten Niveau beschränkt.

Sie findet vor allem dort statt, wo die Speisen auf Platten oder in Schüsseln aus der Küche kommend, an Beistelltischen nach den Wünschen der Gäste angerichtet werden oder Speisen am Tisch des Gastes zubereitet, tranchiert, filetiert oder flambiert werden.

Durch die Umstellung der Anrichteweise von Platten auf fertig angerichtete Speisen auf Tellern in der Küche ist in den meisten Betrieben der Aufbau der Servierbrigade geändert worden.

Das in Stationen unterteilte Restaurant wird nicht mehr pro Station von einem Chef de rang mit Commis und Hilfskräften betreut, sondern jeweils ein einzelner Mitarbeiter ist für eine Station zuständig. Für die Koordination ist die Serviceleitung verantwortlich, die in vielen Fällen ebenfalls eine kleine Station betreut.

Kooperative Zusammenarbeit (Teamarbeit) ist bei dieser Serviceeinteilung von besonderer Bedeutung. Wenn z. B. in einer Station eine Arbeitsüberlastung eintritt, ist die Mithilfe der anderen Mitarbeiter erforderlich. Die Leitung des entstandenen Teams übernimmt automatisch der jeweilige Stationsinhaber.

Ein ständiges Geben und Nehmen sind das Prinzip guter Teamarbeit. Eine „Kollege kommt gleich"-Mentalität oder Aussagen wie „ist nicht meine Station" gefährden die Teamarbeit und den Ruf des Hauses.

2 Räume, Textilien, Arbeitsmittel und ihre Pflege

Die Pflege der Räume, Werkstoffe, Arbeitsgeräte und Textilien in seinen Arbeitsbereichen zählt mit zu den Aufgaben, die das Servierpersonal – unterschiedlich je nach Betrieb – auszuführen hat. Dazu gehören auch Kenntnisse über Anschaffung, Art und Einsatz (→ Lernfeld 2.3).
Die Raumpflege wird in den meisten Betrieben durch den Wirtschaftsdienst (Housekeeping) vorgenommen, während Tische, Stühle, Tischwäsche, Geschirr, Gläser und Besteck in den Verantwortungsbereich des Servierpersonals fallen.

2.1 Tische, Stühle und Hocker

Je nach Betriebstyp werden unterschiedliche Tische und Stühle für die Gäste bereitgestellt. Tische und Stühle sollten nicht nur zweckmäßig sein, sondern auch zum Charakter des Betriebes passen. Die Tische und Stühle in Restaurants oder Veranstaltungsräumen sollten sich leicht umstellen und kombinieren lassen.
Die Höhe von Tischen und Stühlen ist für Personen durchschnittlicher Größe nach ergonomischen Maßen festgelegt.

Tische

Es ist ideal, die Tischgrößen so auszuwählen, dass sie zu verschiedenen Tafelformen zusammengestellt werden können. Dazu gibt es unterschiedliche Tischformen: quadratische, rechteckige, runde, halbrunde, trapezförmige sowie Viertelkreise.
Die Beine der Tische sind entweder feststehend bzw. mit einem Mittelfuß (Konsoltische) versehen oder haben einklappbare Beine. Dies erleichtert Transport und Lagerung.
Die Tischhöhe beträgt
- bei Esstischen ca. 74 cm,
- bei Tagungstischen ca. 76 cm,
- bei Stehtischen ca. 110 cm.

Die Größe der Esstische richtet sich nach dem Angebot an Speisen und Getränken. Dabei wird pro Person ca. folgende Gedeckbreite benötigt:

- 60 cm in Fastfood-Restaurants,
- 70 cm bis 80 cm in Hotels und Gaststätten.

Tische mit gleichen Maßen erleichtern das flexible Stellen von Tafeln.
Beispiel: 80er- und 160er-Raster:
- zwei Personen 80 x 80 cm
- vier bis sechs Personen 80 x 160 cm
- sechs bis acht Personen 160 cm im Durchmesser
- Steckplatten (Allongen) dienen der Verlängerung.

Als Arbeitstische für das Servierpersonal werden Beistelltische, Servicetische und Servierschränke eingesetzt.

Stühle und Hocker

Stühle sollten stapelbar sein sowie eine Griffmulde in der Lehne besitzen, die ein Anheben und Umstellen erleichtert. Die Rückenlehne sollte nicht zu hoch sein (Ausnahme eventuell Bankettstühle), damit das Servierpersonal beim Einsetzen von Speisen und Getränken nicht behindert wird.
Die Sitzhöhe eines Stuhles beträgt ca. 45 cm, die eines Barhockers ca. 75 cm.
Kinderstühle sollten verstellbare Sitzhöhen haben und sehr standfest sein.

Lagern von Tischen und Stühlen

Da für Veranstaltungen die Räume oft umgestellt werden müssen, ist es ideal, wenn sich der Lagerraum in der Nähe befindet. Klapptische und stapelbare Stühle können auf speziellen Wagen transportiert werden.

Reinigen von Tischen und Stühlen

Bei Tischen ohne Tischwäsche und Stühlen ohne Polsterung erfolgt die Reinigung durch Abwischen (auch der Beine) und anschließendes Auftragen von Pflegemitteln.
Bei Stühlen mit Polsterung müssen die Polster regelmäßig gesaugt oder abgebürstet werden.

1. Verschiedene Tischformen

2. Verschiedene Stühle

1. Tischdeckenunterlagen *2. Skirting*

2.2 Tischwäsche

Unter Tischwäsche versteht man sämtliche Wäschestücke, die bei Tisch Verwendung finden. Dazu zählen Tischdeckenunterlagen, Tisch- und Tafeltücher, Skirtings, Deckservietten, Tischläufer, Sets und Mundservietten. Ein beachtlicher Kostenfaktor in der Gastronomie sind die Anschaffung, Sauberhaltung und Instandhaltung der Tischwäsche (→ 358). Die hohen Wäsche- und Instandhaltungskosten können reduziert werden, wenn große Aufmerksamkeit auf saubere Unterseiten der Platten und Teller, häufiges Auswechseln der Aschenbecher und vorsichtiges Einschenken der Getränke gelegt wird.

Tischdeckenunterlagen bestehen meistens aus Molton, einem aufgerauten Baumwollgewebe. Befestigungsmöglichkeiten sind ein eingenähter Gummizug (System Spannbetttuch) oder Bänder, mit denen man die Unterlage an den Tischbeinen befestigt. Synthetische Tischdeckenunterlagen sind meistens von sich aus rutschfest. Tischdeckenunterlagen sollten nicht festgeklebt oder -genagelt werden, um sie regelmäßig abnehmen und waschen zu können. Sie sollten gerollt aufbewahrt werden. Gründe für die Verwendung von Tischdeckenunterlagen:
- Die Tischdecke verrutscht nicht so leicht und wird an den Ecken und Kanten geschont.
- Das Ein- und Absetzen von Geschirr, Gläsern und Besteck kann geräuschärmer ausgeführt werden.
- Verschüttete Flüssigkeiten werden aufgesaugt.
- Die Tischoberfläche bekommt ein „volleres" Aussehen.
- Die Bruchgefahr wird verringert.

Tisch- und Tafeltücher bestehen aus Naturfasern wie Leinen und Baumwolle oder Chemiefasern, z. B. Viskose (Modal), sowie gemischten Fasern wie Leinen und Baumwolle (Halbleinen) oder Baumwolle mit Modal. Elegante, vornehm wirkende Tischwäsche wird in Restaurants und bei Festtafeln verwendet. In Räumen mit rustikaler Einrichtung bieten sich grobere Gewebe an. Auf der Terrasse sollte keine glänzende Tischwäsche verwendet werden, da diese bei Sonnenschein blendet. Die Tischdecke soll allseitig 25 bis 30 cm über die Tischkanten hängen und nicht weiter als 5 cm über der Sitzoberkante des Stuhles enden.

Skirtings sind am Rand eines Tisches befestigte faltenrockartige, bis zum Fußboden fallende Umrandungen. Befestigt werden sie mit Klammern oder Klettverschluss. Man verwendet sie zum Verkleiden von Büfetts und Schautischen oder auf der Innenseite von U-Tafeln, wenn diese nur außen bestuhlt werden.

Deckservietten sind in der Regel immer quadratisch (Ausnahme: runde Deckservietten auf runden Tischen). Das Material entspricht dem der Tischdecken. Eine Deckserviette kann, muss aber nicht aufgelegt werden. Gründe für die Verwendung von Deckservietten sind:
- Senkung der Wasch- und Anschaffungskosten,
- Abdecken von kleinsten Verschmutzungen,
- Verdecken von Nahtkanten,
- schneller ausgewechselt als Tischdecken.

Normgrößen von Deckservietten sind beispielsweise 80 cm x 80 cm, 90 cm x 90 cm, 100 cm x 100 cm.

Räume, Textilien, Arbeitsmittel und ihre Pflege

1. Tischläufer als Dekorationsunterlage

2. Tischläufer als Gedeckunterlage

Platzdeckchen (Set): Man versteht darunter eine kleine Unterlage für ein Gedeck. Neben dem üblichen Material, aus dem Tischwäsche besteht, sind Platzdeckchen auch oft aus Kunststoff, Leder oder Holz. Voll waschbare Platzdeckchen sind aus hygienischen Gründen vorzuziehen. Platzdeckchen werden als Tischdeckenersatz auf Tischen aus Glas, Marmor und Holz sowie am Bartresen verwendet, für Kinder auch auf Tischen mit Tischwäsche.

Mundservietten dienen zum Abtupfen der Fett- und Speisereste von den Lippen vor dem Trinken und nach dem Essen.
Je nach Preisgefüge, Tagesmahlzeit und Anlass werden Servietten aus Leinen, Halbleinen, Baumwolle, Zellstoff oder Papier dem Gast gereicht.
Da der Verbrauch an Mundservietten sehr groß ist, sollten aus Kostengründen verschiedene Größen und Materialien verwendet werden.

Mit **Tischbändern** werden vor allem Festtafeln dekoriert. Die Bänder werden glatt oder gedreht aufgelegt und sollten nicht länger sein als der Saum des Tafeltuches.

Tischläufer werden auf zwei verschiedene Arten eingesetzt:
1. Als Dekoration, dabei sind sie oft mit Stickerei oder Spitzen verziert. Ihre Breite beträgt bis zu 30 cm. Sie werden in der Mitte von Festtafeln aufgelegt, um die Eintönigkeit des Tafeltuches bei breiten Festtafeln zu unterbrechen. Die Mindesttafelbreite sollte dabei nicht unter 120 cm liegen.

Auf ihnen werden Dekorationsgegenstände wie Blumen, Kerzenleuchter, Spiegel oder Sonstiges platziert. Die Dekorationsgegenstände sollten nicht über den Rand des Tischläufers hinausragen.
2. Als Gedeckunterlage jeweils für zwei sich gegenüber liegende Gedecke (Breite ca. 50 cm). Der Überhang schließt mit dem Saum der Tischdecke ab. Sie erfüllen dabei die Funktion der Dekoration sowie der Deckserviette.

Größe (ca.)	Material	Verwendung
20 cm x 20 cm	Papier, Zellstoff	Cocktails, Eis, Kakao
33 cm x 33 cm	Papier, Zellstoff	Zwischenmahlzeiten
40 cm x 40 cm	Papier, Zellstoff Leinen	Frühstück
50 cm x 50 cm und größer	Zellstoff Leinen Halbleinen	Festliche Hauptmahlzeiten Spezialgedecke

3. Serviettengrößen/Verwendung

Die Geschichte des Bestecks

Messer, Löffel, Gabel – in dieser Reihenfolge entwickelten sich die einzelnen Besteckteile völlig unabhängig voneinander.
- Messer stammt von dem urgermanischen Wort „mezzir-sahs", dies bedeutet „Speiseschwert".
- Löffel stammt von den althochdeutschen Worten „Laffan" und „Leffil" und bedeutet „lecken".
- Gabel leitet sich vom lateinischen „gabalus" = gabelförmiger Galgen ab.

Bis ins 15. Jahrhundert wurde bei Tisch mit der Hand gegessen. Erst gegen Ende des 16. Jahrhunderts wurde es an italienischen Fürstenhöfen Sitte, Besteck zu verwenden, das sich jeder Gast in speziellen Besteckköchern, die man am Gürtel trug, mitbrachte (die Köcher wurden „besteckt"). Im 18. Jahrhundert wurde es Sitte, dass der Gastgeber jedem Gast Besteck an seinen Platz legte. Erst zu Beginn des 20. Jahrhunderts setzten sich Besteckgarnituren in der Gesamtbevölkerung durch.

1. Essbesteck aus dem 17. Jahrhundert

2.3 Besteck

Beim Kauf von Besteck sollte auf gediegene Verarbeitung geachtet werden:
- Die Klinge muss gerade im Heft (Griff) sitzen.
- Zwischen Heft und Klingenkropf soll kein Spalt sein, in den Flüssigkeit eindringen kann.
- Löffel- und Gabelrand sollen nicht scharf sein.
- Zwischen den Zinken der Gabel darf kein Schneidegrat mehr sichtbar sein.
- Die Oberfläche soll glatt und porenfrei sein, um Speisesäuren und Spülmitteln keine Angriffsfläche zu bieten.

Besteckgruppen
Bestecke werden unterteilt in Grundbestecke, Spezialbestecke sowie Hilfs-, Vorlege- und Tranchierbestecke.

Materialien und Ausführungen
Es gibt Heftbesteck, Edelstahlbesteck, versilbertes Besteck und Silberbesteck. Für besondere Anlässe wird auch manchmal Material wie Perlmutter, vergoldetes Edelstahl oder Echtsilberbesteck (Aurodurbesteck) verwendet.

Heftbesteck hat Griffe aus nichtmetallischen Werkstoffen wie Holz, Kunststoff, Horn.

Edelstahlbesteck gibt es in folgenden Qualitäten:
- Chromstahlbesteck (einfachste Qualität) ist magnetisch, aber gegen Rost und im Gastgewerbe vorkommende Säuren beständig. Gekennzeichnet ist es häufig mit „rostfrei", „stainless" oder „INOX".
- Chromnickelstahlbesteck ist silbrig glänzend und nicht magnetisch. Es wird oft mit der Zahlenkombination 18/8 oder 18/10 gekennzeichnet. Dies gibt den Anteil von 18 % Chrom und 8 % bzw. 10 % Nickel in der Legierung an. Je höher der Nickelgehalt, umso härter ist der Edelstahl.
- Chrommanganstahl hat die gleichen Eigenschaften wie Chromnickelstahl, ist jedoch noch stabiler.

Versilbertes Besteck besteht aus einem Metallkern und wird mit Ausnahme der Messerklingen mit einer Silberauflage überzogen (Elektrolyseverfahren).
Einfache Qualitäten bestehen aus einem Metallkern von niedrig legiertem Stahl, minderwertigem Alpaka (Kupfer-Nickel-Zink-Legierung) oder Chromstahl. Hochwertige Qualitäten haben einen Kern aus Chromnickelstahl. Der Aufdruck, z. B. 90, 100, 120, 150, gibt die Silberauflage in Gramm auf 24 dm² Besteckoberfläche an, der Aufdruck 90/18 gibt die Silbermenge pro Stück, in diesem Fall 18 g pro Stück, an.

Silberbesteck (Feinsilber) wird in der Gastronomie selten verwendet, da die Anschaffungskosten sehr hoch sind.
Silberbesteck ist in folgenden Silberlegierungen auf dem Markt:
- **800:** 800 Teile Silber und 200 Teile Kupfer.
- **925:** 925 Teile Silber und 75 Teile Kupfer (Sterlingsilber).

Silberbesteck mit einem höheren Silberanteil wird nicht eingesetzt, da es sich leicht verformt.

Räume, Textilien, Arbeitsmittel und ihre Pflege

1. Herkömmliches Grundbesteck

2. Systembesteck

Herkömmliches Grundbesteck – Verwendung

■ **Großes Grundbesteck**
① Löffel: Suppen in tiefen Tellern
② Gabel: Hauptgerichte (Ausnahme Fisch)
③ Messer: Hauptgerichte, die geschnitten werden müssen (Ausnahme Fisch)
Löffel/Gabel: Vorlegebesteck und spezielle Gerichte: Spaghetti, Eintöpfe

■ **Mittelbesteck des Grundbestecks**
④ Löffel: Suppen in großen Tassen
⑤ Gabel: Salatgabel
⑥ Messer: Frühstücksmesser, Brotmesser
Löffel/Gabel: Süßspeisen auf Tellern
Messer/Gabel: Frühstück, Vorspeisen und Zwischengerichte, grätenfreie Räucherfische und Fischmarinaden, Käsedessert
⑦ Fischgabel/ Warme Fischgerichte sowie auch kalte,
⑧ Fischmesser: wenn diese Gräten enthalten bzw. filetiert werden müssen

■ **Kleines Besteck des Grundbestecks**
⑨ Kleiner Löffel: Suppen in kleinen Spezialtassen
⑩ Kleiner Löffel/ Kaffee oder Kuchen sowie zusammen
⑪ kleine Gabel: für kleine Gerichte (Vorspeisen oder Süßspeisen), die in Schälchen oder Gläsern angerichtet sind
⑫ Mokkalöffel: Mokka

Systembesteck (Grundbesteck) – Verwendung

Jedes Besteckteil kann vielseitig verwendet werden, da die Unterschiede zwischen großem und mittlerem Besteck nicht bestehen.

■ **Großes Besteck des Systembestecks**
Löffel: Suppen in Tellern und Tassen
Gabel: Vorspeisen, Zwischengerichte, Hauptgerichte (auch für Fisch)
Messer: Vorspeisen, Zwischengerichte, Hauptgänge (nicht für warme Fischgerichte)
Löffel/Gabel: Vorlegebesteck und sämtliche Hauptgerichte, die mit Löffel und Gabel gegessen werden
Fischmesser: Warme Fischgerichte sowie auch kalte nicht grätenfreie Fischgerichte

■ **Kleines Besteck des Systembestecks**
Löffel: Spezialsuppen in kleinen Tassen
Gabel: Kuchen-, Austerngabel
Messer: Brotmesser, Obstmesser
Löffel/Gabel: Süßspeisen und Vorspeisen in Gläsern und Schalen
Messer/
Gabel/Löffel: Als Bestecksatz für Kinder geeignet
Kaffeelöffel: Kaffee, Frühstück (Ei, Joghurt usw.)

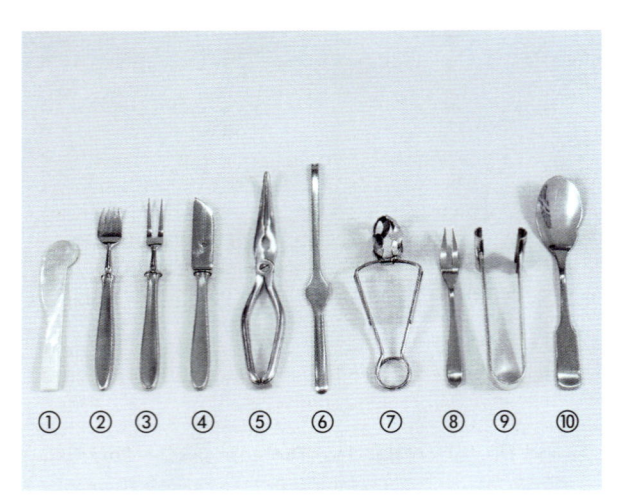

1. Spezialbestecke (von links nach rechts wie im Text unten)

2. Vorlege-, Tranchier- und Hilfsbestecke

Spezialbestecke – Verwendung

Spezialbestecke werden bei bestimmten Gerichten eingedeckt.

- ① **Kaviar**messer: stumpfes Messer zum Verteilen des zarten Kaviars auf Toast oder Blinis (Buchweizenpfannkuchen)
- ② **Austern**gabel: zum Entfernen des Austernbartes und Lösen des Fleisches aus der Schale
- ③ **Krebs**gabel: zum Festhalten des Krebses, wenn der Krebsschwanz geteilt wird; zum Verspeisen des Krebsfleisches
- ④ **Krebs**messer: zum Zerteilen der Krebsschwänze; zum Knacken der Scheren und Beine werden diese durch das Loch in der Mitte der Messerklinge geschoben
- **Hummer**
  ⑤ -zange: zum Knacken von Scheren und Beinen;
  ⑥ -gabel/-spatel: vorne befindet sich die Gabel, hinten der Spatel – damit wird das Fleisch aus den Scheren und Beinen gezogen.
- **Schnecken**
  ⑦ -zange: zum Festhalten des Schneckenhauses
  ⑧ -gabel: zum Herausholen des Fleisches
- ⑨ **Spargel**zange: zum Halten am hinteren Spargelende
- ⑩ **Soßen**löffel: zu Speisen mit Soße (Gourmetlöffel)

Besteckpflege, Besteckreinigung, Besteckaufbewahrung

Edelstahlbestecke sind in der Pflege anspruchslos. Anlaufverschmutzungen lassen sich mit Essigwasser oder durch Putzmittel auf Schlämmkreidebasis entfernen.

Versilbertes und Silberbesteck ist in der Pflege sehr zeitaufwendig. Ein Anlaufen ist nicht zu vermeiden. Die Ursache dafür ist die Reaktion des Metalls mit Schwefelwasserstoff in der Luft oder in Nahrungsmitteln (Ei, Senf).

Geeignete Reinigungsmöglichkeiten sind:
- **Umweltfreundliche Poliermittel:** Sie sind auf der Basis von Schlämmkreide hergestellt, frei von Giftstoffen und hautverträglich.
- **Silberpoliermaschine:** Die Trommel der Silberpoliermaschine ist mit kleinen Stahlkügelchen und Spezialpolierseife etwa zur Hälfte gefüllt. Durch Drehen der Trommel werden die Silberteile poliert.
- **Silberbad:** Es setzt sich zusammen aus einem Aluminiumtopf, Scheiben aus Aluminium, heißem Wasser sowie je 1 Teelöffel Soda und Salz pro 2 l Wasser. Die eingelegten Silbergegenstände sollten mit dem Aluminium in Berührung kommen. Nach etwa drei bis vier Minuten werden sie herausgenommen und abgespült.

Nach jedem Kontakt mit Reinigungsmitteln muss das Besteck gründlich abgespült und poliert werden. Die Aufbewahrung erfolgt sortiert in Fächern, wobei die Laffen ineinander liegen sollten. Dies verhindert starkes Zerkratzen und das Besteck kann besser entnommen werden.

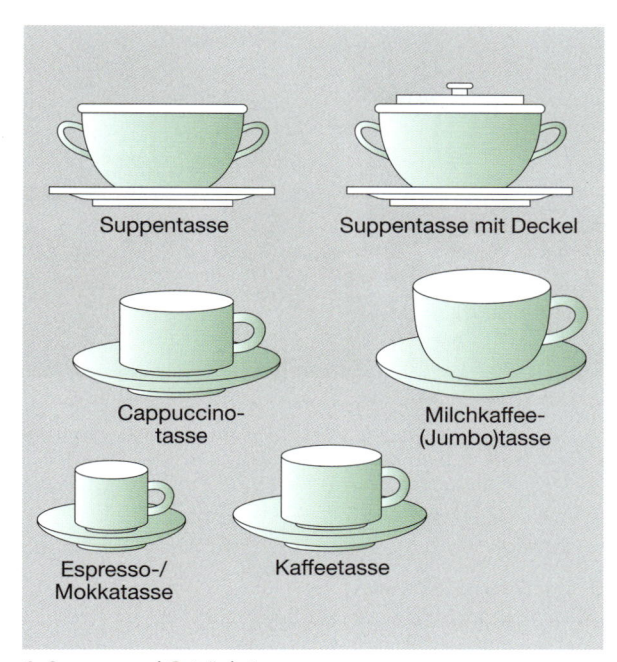

Räume, Textilien, Arbeitsmittel und ihre Pflege

1. Suppen- und Getränketassen

Die Geschichte des Porzellans

Porzellan ist in China seit ca. 1000 v. Chr. bekannt. Seit dem 13. Jahrhundert erreichten einzelne Stücke, von Kaufleuten mitgebracht, Europa. Marco Polo war einer von ihnen. Er soll dem Material auch den Namen gegeben haben („porcelle" nach einer wie Porzellan aussehenden Muschel). Mehr oder weniger geglückte Nachahmungsversuche wurden jahrhundertelang in Europa unternommen. 1708 gelang es J. Fr. Böttger in Dresden, weißes Hartporzellan herzustellen. 1710 wurde die Porzellanmanufaktur Meißen gegründet. Meißen behauptete jahrzehntelang seine führende Stellung, auch noch als andere Manufakturen wie z. B. Fürstenberg, Nymphenburg und Höchst entstanden. Die europäische Porzellankunst des 18. Jahrhunderts stand in engstem Zusammenhang mit der verfeinerten Kultur der Adelshöfe. Hervorragende Erzeugnisse in Gefäßkeramik und figürlichen Darstellungen wurden von Künstlern und Handwerkern geschaffen. Ein weiterer künstlerischer Aufschwung ging im 20. Jahrhundert von Kopenhagen aus.

Gerschirrteile und ihre Verwendung

- **Kannen:** Kaffee, Tee, Mokka, Schokolade
- **Getränketassen:** Kaffee, Tee, Mokka, Espresso, Schokolade, Cappuccino
- **Suppentassen:** zweihenkelige Schwenktassen (ca. 0,2 l) für Brühen und gebundene Suppen; einhenkelige Tassen (ca. 0,1 l) für Spezialsuppen, doppelte Kraftbrühen
- **Tiefe Teller**
  - 13–18 cm Ø: Kompott, Süßspeisen, Salate
  - 24 cm Ø: Suppen und Eintöpfe, Nudelgerichte, Frühstück (Müsli, Porridge, Cereals)
- **Flache Teller**
  - 13–17 cm Ø: Brotteller, kleine Süßspeisen, Amuse gueule
  - 18–21 cm Ø: Frühstück, Obst, Kuchen, Salate
  - 22–26 cm Ø: Vorspeisen-, Zwischengerichte sowie Speisen, die vor- und nachgelegt werden
  - 27 cm Ø und größer: Für Tellergerichte und Speisen, die viel Platz benötigen, z. B. T-Bone-Steak, Scholle, Stangenspargel

2.4 Geschirr (Porzellan)

Man unterscheidet Hart- und Weichporzellan. **Hartporzellan** besteht aus 50 % Kaolin, 25 % Feldspat und 25 % Quarz. **Weichporzellan** hat einen niedrigeren Kaolinanteil. Kaolin (Porzellanerde) ermöglicht die Bildsamkeit, Quarz und Feldspat machen es hart, hitzebeständig und chemisch widerstandsfähig. Nach der Aufbereitung der Rohstoffe zur Porzellanmasse erfolgt die Formgebung durch Gießen, Drehen oder Spritzgießen. Nach dem Trocknen der Porzellanrohlinge werden diese gebrannt und glasiert.

Porzellan wird in der Gastronomie zum Kochen und Servieren von Speisen verwendet. Auch das Essgeschirr besteht überwiegend aus Porzellan. Es hat gegenüber anderen Materialien, von denen auch gegessen wird, wie Kunststoff, Pappe, Holz, Metall, viele Vorteile. Es ist
- wiederverwendbar und daher umweltfreundlich,
- unempfindlich gegen die in Nahrungsmitteln vorkommenden Laugen und Säuren,
- geruchs- und geschmacksneutral,
- kratzfest, durch seine glasierten harten, glatten Oberflächen leicht zu reinigen und deshalb hygienisch,
- ein schlechter Leiter und kann deshalb Hitze oder Kälte gut speichern.

Seine Formbeständigkeit und Korrosionsfestigkeit sind weitere Eigenschaften. Beinahe unbegrenzte Möglichkeiten der Form- und Farbgebung gestatten eine dem Stil des Hauses entsprechende Auswahl.

1. Feuerfestes Geschirr

2. Stapelbares Hotelgeschirr

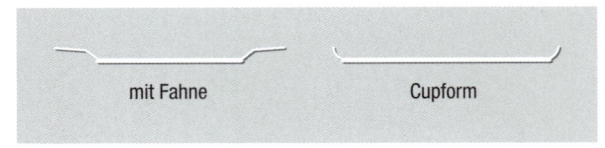

3. Grundformen von Tellern — mit Fahne / Cupform

Einkaufskriterien bei Hotelporzellan
- Die Serie sollte mindestens zehn bis 15 Jahre nachkaufbar sein (keine Auslaufmodelle kaufen).
- Das Geschirr sollte stapelbar sein. Dies verringert die Bruchgefahr, erleichtert das Abräumen und ist platzsparend bei der Aufbewahrung.
- Es muss spülmaschinenfest, salamanderfest (zum Überbacken von Speisen) und mikrowellengeeignet sein.
- Kannen und Krüge müssen Flüssigkeiten gut ausgießen lassen, ohne nachzutropfen.
- Henkel von Kannen und Tassen müssen so ausgebildet sein, dass bequemes Handhaben möglich ist.
- Die Reinigung der Geschirrteile soll nicht durch Ecken, Kanten oder Rillen erschwert werden.

Tellerarten gibt es in zwei Grundformen, in Cupform oder mit Fahne. Teller in Cupform bieten bei gleichem Durchmesser eine größere Anrichtefläche.

- Platzteller (Deckteller) sind dekorative Unterteller, von denen nicht gegessen wird (Durchmesser 30 cm und mehr). Sie werden beim Eindecken des Tisches eingesetzt.
  Die jeweiligen Teller der verschiedenen Gänge, die daraufgestellt werden, müssen kleiner sein und dürfen den Dekor der Platzteller nicht verdecken. Ausgehoben werden sie meist vor dem Servieren der Süßspeise.
- Gedeckteller (Speiseteller) wird der Teller genannt, der unmittelbar vor dem Gast steht und von dem der Gast speist. Dies gilt für alle Tagesmahlzeiten, vom Frühstück bis zum Mitternachtsimbiss.
- Beiteller werden benutzt als
  - Beilagenteller für Toast, Butter, Salat,
  - Ablageteller für Gräten, Knochen, Schalen, Blätter usw.; Größe variiert je nach Verwendungszweck und Menge der Ablage.
- Unterteller in verschiedenen Größen. Auf sie werden Teller, Tassen, Cocktailgläser, Glasschalen usw. aufgesetzt. Sie erleichtern beim Servieren das Tragen und dienen zum Auffangen von leicht verschüttbaren Speisen.

Feuerfestes Porzellangeschirr ist Spezialgeschirr, das zum Anrichten, Servieren und auch zum Kochen, z. B. von Käsefondue, verwendet wird. Der Vorteil dieses Geschirrs liegt auch darin, dass es Speisen, die in ihm serviert oder aus ihm gegessen werden, lange Zeit warm hält.

Reinigung und Pflege von Porzellangeschirr
Porzellan ist in der Geschirrspülmaschine schnell und hygienisch zu reinigen. Tüllen von Kännchen müssen in regelmäßigen Abständen mit einer Bürste gesäubert werden. Nicht gut zugängliche Teile wie Deckelunterseiten sowie Henkel müssen überprüft werden. Nach dem Reinigen ist das Porzellan zu polieren und vor Gebrauch nachzupolieren. Beschädigte Geschirrteile müssen aussortiert werden. Getränke und Speisen, die darin serviert werden, gelten als verdorben.

1. Schildern Sie die Geschichte des Porzellans.
2. Aus welchen Materialien wird Porzellan hergestellt?
3. Nennen Sie die wichtigsten Punkte, auf die beim Kauf von Hotelporzellan zu achten ist.

| Rotweinglas | Weißweinglas | Dessertweinglas | Sherryglas | Bordeauxglas | Rosé- und Weißherbstglas | Burgunderglas |

1. Weingläser

2.5 Gläser

Der Ursprung des Glases ist im Vorderen Orient zu suchen. Glas besteht aus Quarz, Quarzsand, Soda oder Pottasche und Kalk. Dazu kommen je nach Verwendungszweck Zusätze wie Borsäure zur Erhöhung der Temperaturwechselbeständigkeit, Metalloxide zur Färbung oder Bleioxide zur Senkung des Schmelzpunktes. Die in der Gastronomie verwendeten Gläser sind fast ausnahmslos durchsichtig, farblos und ohne Schliff. Für den Weinkenner ist dies besonders wichtig, da in einem ungeschliffenen Glas sehr gut die Farbe des Weines, seine Klarheit und der eventuell vorhandene Kohlensäuregehalt geprüft werden können.

Glas ist
- lichtdurchlässig, wenn es klar, rein und farblos geschmolzen wurde,
- geschmacksneutral,
- wegen seiner glatten, porenfreien Oberfläche schnell und einfach zu reinigen,
- empfindlich gegen hohe und wechselnde Temperaturen und leicht zerbrechlich.

Glassorten
Gebrauchsglas (Natronkalkglas) wird meist für einfache Gläser, Flaschen und Einmachgläser verwendet. Es ist oft etwas grau und stumpf und meist nicht besonders rein.
Kristallglas zeichnet sich durch warmen Glanz, hohe Lichtbrechung und Farblosigkeit aus. Beim Anstoßen geben diese Gläser einen glockenartigen Klang von sich. Kristallglas ist spülmaschinengeeignet, da es härter und chemisch widerstandsfähiger als Gebrauchsglas ist. Dabei unterscheidet man:

Bleihaltige Glassorten
- Kristall mit mehr als 5 % Bleioxid,
- Bleikristall mit 24 % Bleioxid,
- Hochbleikristall mit 30 % Bleioxid.

Blei- und bariumfreie Kristallgläser (Tritan) sind fast bruchfest und spülmaschinengeeignet.

Feuerfestes Glas wird durch den Zusatz von Borsäure hergestellt. Sie verringert das Zusammenziehen und Ausdehnen des Glases bei Temperaturschwankungen.

Gläserformen
Sie wurden für einzelne Getränkearten speziell entwickelt und sollten dementsprechend eingesetzt werden. Die Formen der meisten Gläser sind so gestaltet, dass sie sich nach oben hin verjüngen, um ein Entweichen der Aromastoffe zu vermindern. Typische Beispiele hierfür sind die bauchigen Wein- und Weinbrandgläser. Schlanke, hohe Gläser, die zum Ausschank von Bier und Sekt benutzt werden, haben den Vorteil, dass aus ihnen die Kohlensäure nur langsam entweichen kann.
Bechergläser sind zum Ausschank für Wasser, Säfte, Erfrischungsgetränke, Longdrinks sowie Bier gut geeignet.
Henkelgläser eignen sich zum Ausschank für Schoppenweine, Bowlen und heiße Punsche.
Stielgläser sind oft von besonders zarter, eleganter Form. Dies macht sie besonders geeignet, aus ihnen hochwertige Weine, Weinbrände und Sekt zu trinken. Ein gutes Sektglas erkennt man an einem Moussierpunkt, einer aufgerauten oder erhabenen Stelle unten im Glas, von wo aus die Kohlensäure spiralförmig nach oben perlt.

| Bierbecher | Bierkugel | Biertulpe | Bierstange | Weizenbierglas | Weißbierglas (Berliner Weiße) | Bierkrug | Bierstiefel |

1. Biergläser

| Whiskyglas | Schnapsglas | Longdrinkglas | Martiniglas | Cocktailschale | Likörschale | Likörkelch | Cognacschwenker |

2. Spirituosengläser

3. Gläser für heiße und kalte Getränke

Räume, Textilien, Arbeitsmittel und ihre Pflege 123

| Schnittchen | Römer | Henkelglas (Kandel) | Pokalglas |

| Champagner-kelch | Sekt-flöte | Sekt-kelch | Sekt-spitz | Sekt-schale |

1. Gläser für Schankweine (oben) und Sekt (unten)

Wissen Sie Bescheid?

1. Zählen Sie die verschiedenen Besteckgruppen auf.
2. Beschreiben Sie Spezialbestecke und erklären Sie ihre Verwendung.
3. Nennen Sie Reinigungsmöglichkeiten für Silberbesteck.
4. Welche Vorteile hat Porzellan als Essgeschirr gegenüber anderen Materialien?
5. Zählen Sie Grundformen von Gläsern auf.
6. Welche Auswirkungen hat die Glasform auf die Entfaltung des Buketts und das Entweichen der Kohlensäure?
7. Auf welche Punkte ist bei der Bestückung von Gläserspülmaschinen zu achten?
8. Erklären Sie das Polieren von Gläsern.

Reinigen von Gläsern und Karaffen

Maschinelle Glasreinigung: Die Glasreinigung in Spülmaschinen ist die heute am meisten angewandte Methode. Glas ist ein sehr empfindliches Spülgut, deshalb sind folgende Regeln zu beachten:
- Keine Mischbestückung zusammen mit anderen Materialien (Geschirr, Besteck).
- Gläserkörbe sind der beste mechanische Schutz gegen Bruch. Trinkgefäße sollten stets schräg in die Gläserkörbe der Maschine eingestellt werden, da auch kleinste Wasserreste auf der Standfläche einen Klartrockeneffekt zunichte machen. Henkelansätze von Krügen dürfen beim Spülen nicht gegeneinander schlagen.
- Gläserreinigung sollte nur durch spezielle Spülmittel erfolgen, da organische Säuren wie Zitronensäure Glasoberfläche und Dekore angreifen. Hinsichtlich der Dosierung sind die Angaben der Hersteller zu beachten.
- Mit einer Spültemperatur von maximal 55 °C und Nachspültemperaturen von maximal 65 °C erzielt man die besten Ergebnisse. Höhere Spültemperaturen führen zu Glasschäden, wie z. B. Trübungen.
- Die Spülgänge sollten nicht länger als 150 Sekunden dauern, da sonst Glasoberfläche und Dekor stark angegriffen werden.
- Der Wasserdruck im Zulauf sollte zwischen 3 und 6 bar liegen, da sonst die Gläser in der Maschine „tanzen".
- Härtegrade des Wassers sollten nicht über 6 °dH liegen.

- Gläser sollten nach der Entnahme aus der Spülmaschine auf Raumtemperatur abkühlen, bevor sie benutzt werden, da Kälteschocks zur Verkürzung der Gebrauchsdauer führen.

Manuelle Glasreinigung: Vor Spülbeginn ist es ratsam, die Gläser nach Verschmutzungsgrad und Art zu sortieren. Am besten lassen sich Gläser in zwei nebeneinanderliegenden Becken reinigen. Das erste Becken enthält eine Gläserbürste, heißes Wasser und spezielles Glasspülmittel, das zweite fließendes Wasser. Im ersten Becken werden die Gläser gereinigt und im zweiten Becken nachgespült. Zum Abtropfen werden sie kopfüber auf ein Gitter gestellt. Das Wasser soll ohne Tropfenbildung in einem geschlossenen Film ablaufen.

Karaffen werden nach Gebrauch ausgespült und gelegentlich mit einer Mischung von rohen Kartoffelwürfeln, Essig und Salz ausgeschwenkt und danach gründlich gespült.

Polieren und Nachpolieren der Gläser

Bevor die Gläser in die Schränke gestellt werden, sind sie mit einem Gläsertuch zu polieren. Zur Kontrolle wird stets gegen eine Lichtquelle poliert. Um Fingerspuren zu vermeiden, dürfen die Gläser nicht mit der bloßen Hand angefasst werden. Um ein „Abdrehen", das heißt ein Abbrechen des Stieles bei zarten Gläsern, zu vermeiden, sollte beim Polieren immer am Stiel und nicht am Fuß angefasst werden. Das Nachpolieren von aus dem Schrank entnommenen Gläsern erfolgt, indem man sie über dampfendes Wasser hält. Sobald sie beschlagen, werden sie nachpoliert.

2.6 Tafelgeräte zum Servieren von Getränken und Speisen

Wein-/Sektkübel halten die Temperatur von Getränken konstant. Es gibt sie als Thermo- oder Tonkühler oder mit Wasser und Eis.
In **Gestellen** oder **Körben** werden alte Rotweine mit Depot (Ablagerungen) serviert und in **Karaffen** umgeleert (dekantiert).

Weinheber werden, mit Wein gefüllt, auf dem Tisch der Gäste eingesetzt. Ein mit Eis gefüllter Einsatz hält den Wein kühl.
Die Gäste füllen sich ihre Gläser selbst, indem sie das Glas unter den Ablauf halten und dabei das Ventil nach oben drücken.

In einen **Schinkenbock** werden ganze Schinken eingespannt, die Hachse wird mit einer Serviette umwickelt. Am Tisch des Gastes oder am Büfett wird die gewünschte Portionsmenge abgeschnitten.

Fingerbowlen werden zu 2/3 mit Wasser gefüllt. Dabei wird warmes Wasser bei fettigen, geruchsintensiven Speisen verwendet, kaltes, wenn nur Zuckerstoffe zu lösen sind. Sie werden zu Speisen gereicht, bei denen der Gast beim Essen die Finger zu Hilfe nimmt.

Chillcups (chill = kalt, frostig) sind Gefäße in Cupform, die gestoßenes Eis enthalten. In das Eis wird wiederum ein Gefäß eingesetzt, das Butter, Kaviar oder Meeresfrüchte enthalten kann.

Rechauds, Warmhalteplatten, werden beheizt durch Kerzen, Gas, Spiritus, Strom und dienen zum Warmhalten von Speisen. Unter **Clochen** (Glocken) werden Speisen warm gehalten, die jedoch nicht knusprig sein dürfen, da sie sonst aufweichen.

1. Dekantierkaraffe im Thermobehälter

2. Schinkenbock

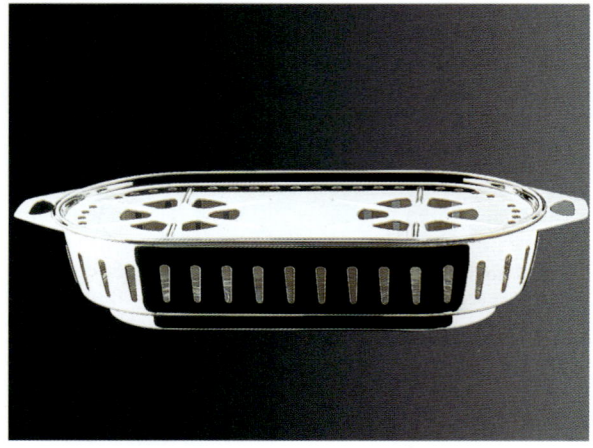

3. Rechaud (Kerzenrechaud)

4. Cloche (Speiseglocke)

3 Vorbereitungsarbeiten in Office und Restaurant

3.1 Vorbereitungsarbeiten im Office

Das Office ist die „Werkstatt" des Servierpersonals. Hier sind Laufzettel und Bekanntmachungen angeschlagen, an denen sich die täglichen Vorbereitungen orientieren. Im Office werden die Bereitstellungen (Mise-en-place) erledigt, die vor den Augen des Gastes nicht gemacht werden können. Je nach Tagesmahlzeit, dem Angebot auf der Speisekarte und der zu erwartenden Gästezahl sind die Vorbereitungsarbeiten unterschiedlich. Der größte Teil dieser Aufgaben entfällt auf den Vormittag. Dazu zählt:
- Polieren und Warmstellen der benötigten Geschirrteile,
- Polieren der Gläser und benötigten Bestecke,
- Reinigen von Untersetzern und Serviertabletts,
- Reinigen und Erneuern von Kerzen in Ständern,
- Abgabe der benutzten und Anforderung der frischen Tischwäsche,
- Brechen von Servietten,
- Reinigen und, wenn nötig, Auffüllen der Menagen,
- Reinigen und Auffüllen der Flambier-, Aperitif- und Käsewagen,
- Bereitlegen der Getränke- und Speisekarten,
- Reinigen und Bereitstellen von Aschenbechern und Tischvasen,
- Putzen von Silberbesteck und Messinggeräten,
- Reinigen von Rechauds, Clochen, Wein- und Sektkühlern,
- Auffüllen der Tabakwaren und Prüfen der Luftfeuchtigkeit in der Klimabox (Humidor).

Bereitstellung der Menagen

Sie richtet sich nach dem Angebot von Speisen und Getränken. Sie erfolgt in
- Streuern bei Salz, Zucker, Pfeffer, Cayenne-Pfeffer, Kümmel, Paprika, Curry,
- Mühlen bei Muskatnuss, Pfeffer, Steinsalz,
- Flakons für Essig, Öl, Mintsoße,
- Flaschen bei Worcestershire-Soße, Tabasco,
- Gläsern oder Steintöpfchen für Senf (süß, mittelscharf, scharf), Chutney, Ingwer in Sirup, Tomatenketchup, Sambals, Gelees, Preiselbeeren, Cumberlandsoße,
- in manchen Betrieben auch in Portionstütchen.

Pflege der Menagen

- Streuer sind öfter zu leeren, zu waschen und auszutrocknen. Sie sollten nur halb gefüllt werden, damit dem Gast die Dosierung leichter fällt. In Salzstreuer gibt man einige Reiskörner; sie halten das Salz streufähig. Da Salz Feuchtigkeit anzieht, sollte die perforierte (gelochte) Oberfläche des Streuers nicht mit der Handfläche berührt werden.
- Pfeffermühlen aus Holz sind nur trocken zu reinigen, Mühlen aus Glas oder Acryl auch feucht.
- Senfgläser und -töpfchen, Öl- und Essigflakons, Würzflaschen und Gläser mit besonderen Soßen und Gelees werden vor Servicebeginn gereinigt, aufgefüllt und sofort nach Gebrauch wieder in einen servierfähigen Zustand versetzt.

Zum Entnehmen der Gewürze, Soßen und Gelees dürfen keine Silberlöffel verwendet werden, da es zum Anlaufen durch Oxidation kommen kann.

1. Vorbereitungsarbeiten im Office

Speisen/Getränke	Menagen
frische Austern auf Eis	Pfeffermühle, Tabascosoße
Tatar	Essig, Öl, Paprika, Senf, Tomatenketchup
Weißwürste	Bayerischer Senf (süß)
roher Schinken	Pfeffermühle
feine, weiße Ragouts	Worcestershire-Soße
Wildpasteten	Cumberlandsoße, Preiselbeeren
Lammbraten	Mintsoße, französischer Senf
exotische Gerichte	Sambals, Chutneys, Ingwer, Curry
Camembert	Kümmel, Paprika
Tomatensaft	Pfeffermühle, Worcestershire- und Tabasco-Soße
Egg-nogg	Muskatmühle

Zutaten wie Zitrone, Kapern usw. werden von der Küche oder vom Büfett bereitgestellt.

2. Beispiele von Speisen und dazu benötigte Menagen

1. Servant, die fahrbare Servicestation

2. Servicetisch für den Mittagsservice

1. Wonach richtet sich die Bereitstellung der Menagen?
2. Erstellen Sie für Ihren Betrieb eine Checkliste für den Vorbereitungsdienst zwischen 10:00 und 12:00 Uhr.
3. Beschreiben Sie, wie Menagen zu pflegen sind.
4. Zählen Sie Gründe für den Einsatz von Servicetischen auf und erklären Sie, wie die Oberfläche eingeteilt wird.

3.2 Vorbereitungsarbeiten im Restaurant

Nach dem Abschluss der Arbeiten im Office wird mit den Vorbereitungsarbeiten im Restaurant begonnen. Eine vollständige und rechtzeitig abgeschlossene Vorbereitung ist dabei sehr wichtig und gewährleistet einen ruhigeren Serviceablauf, da alles griffbereit zur Verfügung steht. Je nach Betrieb wird ein Teil der Vorbereitungsarbeiten im Restaurant auch von anderen Abteilungen des Betriebes übernommen. Zu den Vorbereitungsarbeiten im Restaurant gehören:
- Saugen und Wischen der Böden,
- Saugen der Sitzpolster,
- Reinigen der Tisch- und Stuhlbeine,
- Reinigen der Fenster und Fensterbretter und Richten der Vorhänge in eine korrekte Stellung,
- Stellen der Tische, je nach Reservierungen,
- Eindecken der Tische mit Tischwäsche, Besteck, Gläsern und Menagen,
- Einsetzen der Dekoration,
- Anstellen der Stühle und korrektes Ausrichten,
- Tische mit den Reservierungskarten versehen,
- Richten der Servicetische mit Vorlegebesteck, Servietten, Gläsern, Tellern, Menagen,
- Bereitlegen der Speise- und Getränkekarten,
- Auswechseln der Tageskarten,
- Prüfen von Raumluft, Raumtemperatur und Lautstärke der Musik.

Servicetische dienen zur Bereitstellung schnell benötigter Serviceartikel und werden in den einzelnen Stationen vorbereitet, um sich den oft weiten Weg ins Office zu ersparen. Auf ihnen werden die für die nächste Servicezeit benötigten Geräte und Menagen bereitgestellt. Der Servicetisch wird in drei Zonen unterteilt:
- Die hintere Zone ist für Teller, Menagen, Tischgeräte und Tischwäsche bestimmt.
- Die mittlere Zone dient der Bereitlegung der Bestecke.
- Die vordere Zone bleibt frei für letzte Handgriffe vor dem Servieren, z. B. zum Anlegen von Besteckteilen an Vorspeisen (Cocktails), und darf keinesfalls Sammelplatz für benutztes Geschirr, Gläser und sonstige Gegenstände werden.

Servanten sind fahrbare Servicestationen, in denen alles – vom Gast nicht einsehbar – aufbewahrt wird. Sie erfüllen den gleichen Zweck wie Servicetische.

Beistelltische (Gueridons) sind der Arbeitsplatz des Servierpersonals am Tisch des Gastes. Sie werden mit einer Serviette und ausreichend Vorlegebesteck versehen. Die Besteckteile werden so zurechtgelegt, dass sie mit der rechten Hand gegriffen werden können. Die Öffnungen zeigen nach links. Der Beistelltisch wird im Restaurantservice im Bedarfsfall an den Tisch des Gastes gestellt. Auf ihm wird tranchiert und angerichtet; hier werden auch die Speisen für den Nachservice warm gestellt. Er dient aber auch dazu, die Tische der Gäste zu deren Bequemlichkeit zu entlasten, indem er zum Abstellen von Wein-, Sektkühlern oder Flaschen genutzt wird.

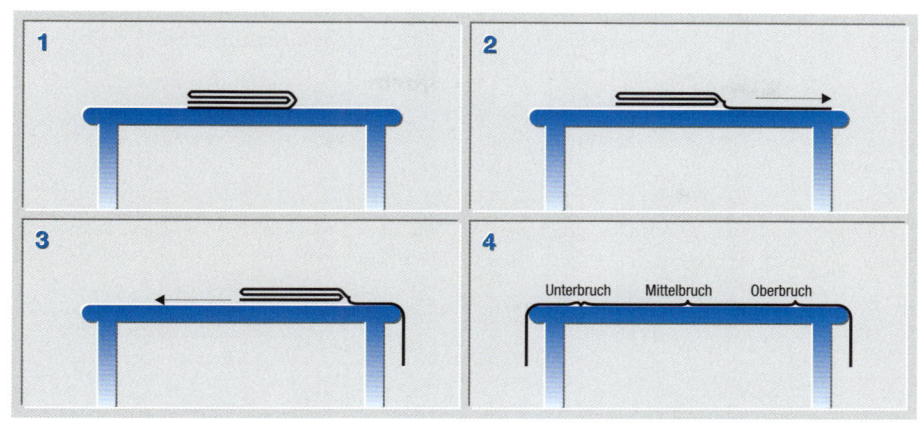

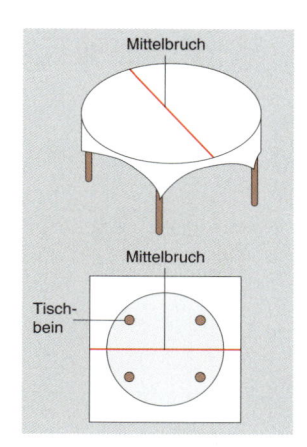

Vorbereitungsarbeiten in Office und Restaurant

1. Auflegen der Tischwäsche

3.3 Auflegen der Tischwäsche

Zunächst werden die Tischplatten mit Tischdeckenunterlagen überzogen.

Tischdecken
Entfaltet man eine richtig gebügelte Tischdecke, so zeigen sich drei durchgehende Falten (Längsbrüche). Die Querbrüche sind unterbrochen. Da diese Brüche Schatten werfen, nach Möglichkeit jedoch schattenfrei eingedeckt werden soll, legt man die Tischdecke so auf, dass der Oberbruch so nahe wie möglich an der Lichtquelle ist oder mit dem Lichteinfall parallel verläuft. Die Tischdecke wird folgendermaßen aufgelegt:
- Tischdecke so entfalten, dass der Mittelbruch zum Auflegenden hin oben liegt.
- Auf Tischkantenhöhe (1) mittleres, loses Teil mit Zeige- und Mittelfinger, den Mittelbruch zwischen Daumen und Zeigefinger halten.
- Tischdecke anheben (2), freiliegende Kante in angemessener Länge über entgegengesetzte Tischkante schwingen.
- Etwas zurücktreten, dabei den Mittelbruch freigeben; mit Zeige- und Mittelfinger Decke ziehend ausbreiten (3).
- Ist eine Korrektur nötig, geschieht dies durch kurzes Anheben des Tischtuches, wobei Luft unter die Decke gebracht wird.

Beim Auswechseln einer verschmutzten Tischdecke vor den Augen des Gastes wird die frische Tischdecke ebenfalls so aufgelegt und die verschmutzte Tischdecke beim Auflegevorgang mit Ringfinger und kleinem Finger unter der frischen Tischdecke hervorgezogen.

Werden auf runde Tische eckige Tischtücher aufgelegt, so muss darauf geachtet werden, dass die Tischbeine von den herabhängenden Tischtuchecken verdeckt werden. Dies ist auf jeden Fall gewährleistet, wenn die Längsbrüche so gelegt werden, dass sie parallel zu den Tischbeinpaaren verlaufen.

Tafeltücher
Sie müssen ihrer Größe wegen von mindestens zwei Personen aufgelegt werden. Benötigt man für eine Tafel mehrere Tücher, so ist auf folgende Punkte zu achten:
- Um Schattenwürfe der Nahtkanten zu vermeiden, wird mit dem Eindecken immer bei der Lichtquelle bzw. an der Fensterseite begonnen (wie beim Tapezieren).
- Die Überlappungen müssen mindestens eine Handbreite betragen. Dabei ist darauf zu achten, dass Nahtkanten nicht durch ein Gedeck verlaufen.
- Die Brüche müssen genau ineinander verlaufen.
- Die Überhänge müssen gleich lang sein.

2. Auflegen von Tafeltüchern

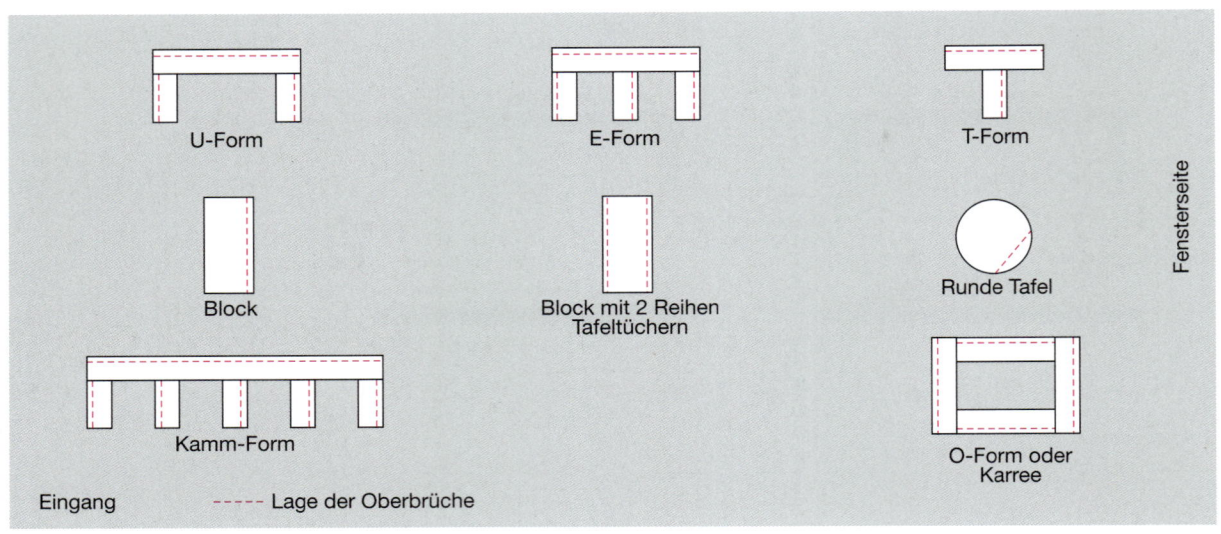

1. Lage der Tafeltücher und Oberbrüche bei verschiedenen Tafelformen

2. Brechen von Servietten

Deckservietten
Sie können auf zwei Arten aufgelegt werden:
- **Diagonal:** Die Ecken der Deckservietten dürfen nicht länger als der Überhang der Tischdecke sein.
- **Parallel:** Mit der Tischkante abschließend oder leicht überhängend, die gesamte Tischoberfläche bedeckend.

Mundservietten
Sie werden für die normalen Tagesmahlzeiten in einfache Formen gelegt. Kunstvolles Brechen der Mundservietten ist nur noch bei festlichen Anlässen üblich und sollte der Hygiene wegen mit Handschuhen durchgeführt werden.

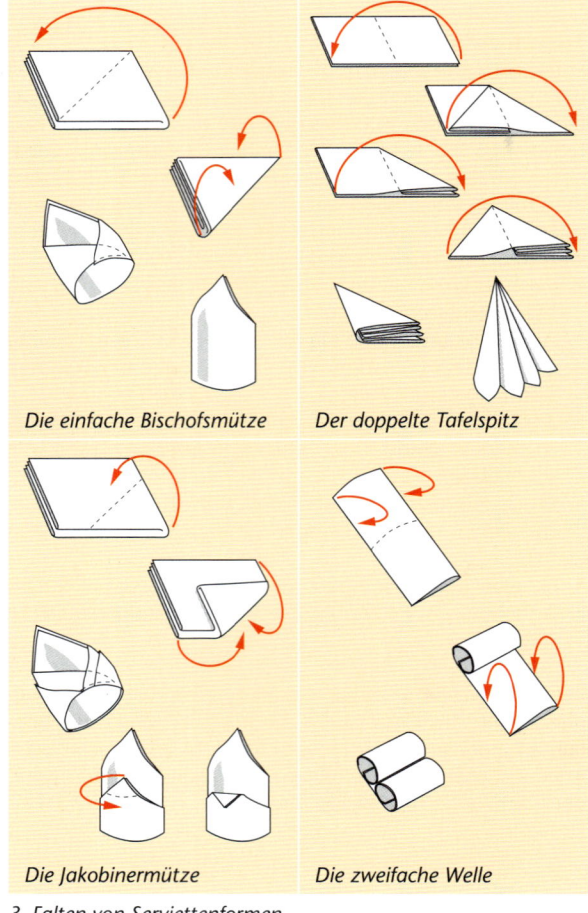

Die einfache Bischofsmütze

Der doppelte Tafelspitz

Die Jakobinermütze

Die zweifache Welle

3. Falten von Serviettenformen

Vorbereitungsarbeiten in Office und Restaurant

3.4 Eindecken der Tische

Je nach Tagesmahlzeit (Frühstück, Mittag-, Abendessen oder aus mehreren Gängen bestehende Menüs) werden verschiedene Geschirr-, Besteckteile und Gläser eingedeckt. Die grundlegenden Arbeitsgänge sind jeweils gleich.

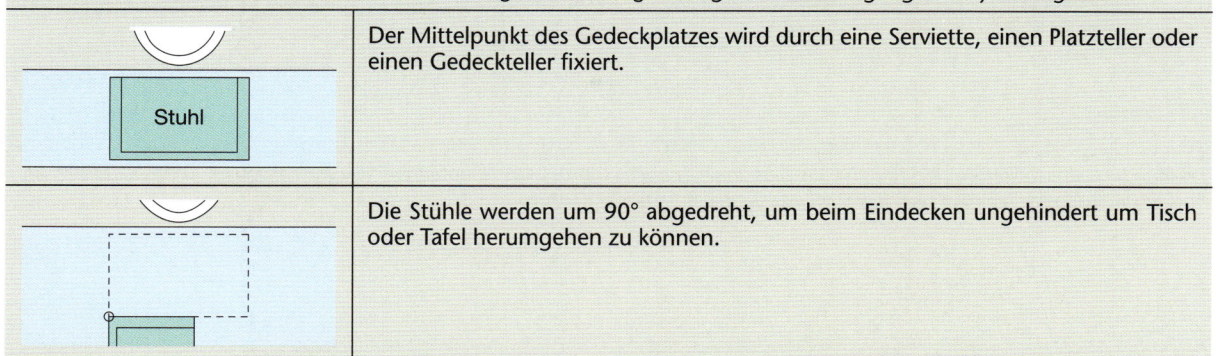

(Stuhl)	Der Mittelpunkt des Gedeckplatzes wird durch eine Serviette, einen Platzteller oder einen Gedeckteller fixiert.
	Die Stühle werden um 90° abgedreht, um beim Eindecken ungehindert um Tisch oder Tafel herumgehen zu können.

Besteck- und Geschirrteile, die rechts oder in der Mitte eingedeckt werden, werden in der linken Hand auf einer Handserviette oder einem Teller getragen und mit der rechten Hand aufgelegt.
Besteck- oder Geschirrteile, die links im Gedeck ihren Platz haben, werden entsprechend umgekehrt gehandhabt. Dadurch steht man beim Eindecken stets vor dem Gedeck und hat eine bessere Übersicht. Die Bestecke werden von innen nach außen aufgedeckt.

	Begonnen wird meist mit dem **Messer** für den Hauptgang. Der Abstand von der Tischkante beträgt eine Fingerbreite. Die Messerschneiden zeigen immer nach links.
	Der Abstand zwischen Messer und **Gabel** muss so groß sein, dass die Teller bequem dazwischen Platz haben und das Besteck weder verdecken noch auf ihm stehen. Liegen sich Gedecke gegenüber, müssen die Gabel und das gegenüberliegende Messer eine Linie bilden. Weitere Gabeln werden versetzt eingedeckt. Links dürfen maximal drei Besteckteile liegen, sowie zusätzlich das Brotmesser.
	Der **Suppenlöffel** und alle weiteren Besteckteile auf der rechten Seite werden mit dem gleichen Abstand von der Tischkante wie das Messer eingedeckt. Maximal dürfen rechts vier Besteckteile aufgelegt werden.
	Das **Süßspeisenbesteck** wird oben quer eingedeckt. Es soll zur Tischkante einen Abstand haben, der größer ist als der Abstand zwischen Messer und Gabel.
	Der **Brotteller** mit Messer kann in verschiedenen Höhen eingesetzt werden: 1. An der linken Einbuchtung der Gabel. 2. Eine Fingerbreite von der Tischkante entfernt. 3. Der obere Rand schließt mit der Gabelspitze des Hauptganges ab.
	Beim Einsetzen der **Gläser** wird mit dem Richtglas begonnen. Richtglas ist das Glas, in dem das Getränk für den Hauptgang eingeschenkt wird. Es steht in einer gedachten verlängerten Linie oberhalb der Messerspitze des Messers, das für den Hauptgang bestimmt ist. Es dürfen maximal vier Gläser eingedeckt werden.

3.5 Gedecke und Gläserstellungen

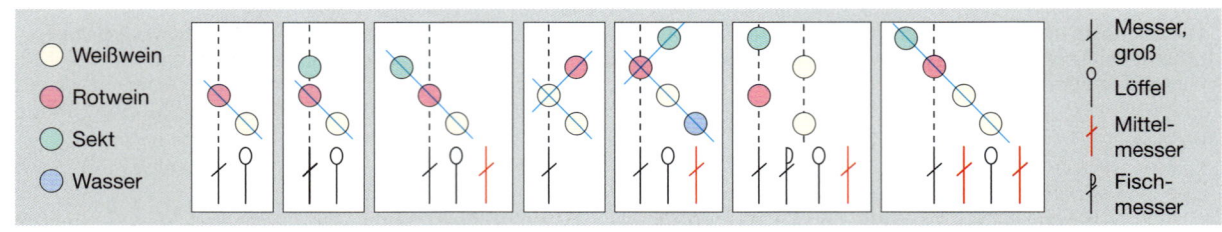

- ○ Weißwein
- ● Rotwein
- ● Sekt
- ● Wasser

Messer, groß | Löffel | Mittelmesser | Fischmesser

1. Mögliche Gläserstellungen: Richtglas ist das Glas, in welches das Getränk des Hauptganges eingeschenkt wird. In den Beispielen ist es das Rotweinglas. Es steht über der Messerspitze des Hauptgang-Messers

2. Einfaches Gedeck: Suppe, Hauptgang und Süßspeise mit einem Universalglas

3. Vorgedeckt für À-la-Carte-Service mit einem Weißwein- und einem Rotweinglas

4. Suppe – Weißwein I Hauptgang – Weißwein II
   Fisch   Käse – Rotwein

5. Cocktail – Weißwein Hauptgang – Rotwein
   Suppe   Süßspeise – Sekt

6. Cocktail – Weißwein I Hauptgang – Rotwein
   Suppe   Süßspeise
   Fisch – Weißwein II   Käse

7. Vorspeise – Weißwein I Hauptgang – Rotwein
   Suppe   Käse
   Fisch – Weißwein II   Süßspeise – Sekt

4 Tischdekoration für einfache Gedecke – Blumen

Für die normalen Tagesmahlzeiten Frühstück, Mittag- und Abendessen werden die Tische mit schönen, aber einfachen Dekorationen versehen:
- Zum Frühstücksservice erhalten die Tische als Dekoration einfache, kleine Vasen mit Blumen.
- Mittagstische im À-la-Carte-Service werden mit etwas aufwendigeren Blumengestecken dekoriert.
- Beim Abendessen im À-la-Carte-Service werden diese Blumengestecke durch einen Kerzenständer mit meist einer Kerze ergänzt.

Die hierfür verwendeten **Blumen** müssen in ihrer Farbe zu Raum, Tischwäsche und Geschirr passen.

Blumen können als Schmuck einen Tisch oder eine Tafel auf ganz unterschiedliche Weise beleben. Blumen sind die traditionellste Art, einen Tisch zu dekorieren. Sie können in Vasen, als Gestecke und Girlanden oder auch als einzelne Blüten auf dem Tisch angeordnet werden. Ein elegantes oder auch üppiges Gesteck, farblich passend zur Dekoration, wirkt festlich. Zu einer rustikalen Festtafel eignen sich auch bunte Wiesenblumen in Vasen.

Bei der Wahl der Blumen ist außer auf Farbe und Anlass auch darauf zu achten, dass sie nicht aufdringlich duften und keinen bzw. nur wenig Blütenstaub absondern, da dieser die Tischwäsche verunreinigt oder allergische Reaktionen bei den Gästen verursachen kann.

Behandlung und Pflege von Schnittblumen
- Frisch geschnittene Blumen zunächst bis zu den Blüten in einen Eimer mit kaltem Wasser stellen.
- Blumen (unter Wasser) mit einem scharfen Messer gerade anschneiden; dadurch bleiben die Blumen länger frisch. Für diese Arbeit keine Schere benutzen, da hierdurch die Leitgefäße der Blumen gequetscht werden und kein Wasser mehr aufnehmen können.
- Zweige schräg anschneiden; die Schrägung ist der Vasenwand anzupassen.
- Blütenstiele dürfen nie gebrochen oder gequetscht werden; Ausnahmen sind holzige Stiele, etwa von Rosen und Flieder, die leicht geklopft werden.

Blumen in Vasen
- Eine passende Vase bereitstellen; das Verhältnis Vase und herausragende Blumen soll ungefähr 1:1, höchstens 1 : 2 (Vase : Blumen) betragen.
- Die Befestigungen wie Blumenigel oder -kreuz müssen sich ca. 3 cm unterhalb des inneren Vasenrandes befinden.
- Die Blumen werden angeschnitten; die Blätter so weit von den Stielen entfernt, dass sie nicht mit dem Vasenwasser in Berührung kommen, da sie sonst faulen.
- Die längste Blume oder der längste Zweig wird zuerst in die Vase gestellt.
- Die kürzeren Blumen, Gräser, Rispen, Zweige werden so gesteckt, dass sie scheinbar aus einem Punkt herauswachsen.
- Die niedrigsten Zweige/Blätter sollen eine Verbindung zur Vase schaffen und den Vasenrand umspielen.
- Dem Wasser wird Frischhaltemittel zugegeben.
- Die Blumen müssen nachts kühl und dunkel stehen.
- Das Wasser ist täglich zu erneuern.

1. Kleine Tischdekoration für das Abendessen à la Carte

2. Blumenvasengesteck

5 Grundlagen des Servierens

1. Einschenken von rechts

2. Salatbeilagen einsetzen von links

5.1 Servierregeln und „Verkehrsregeln"

Um einen reibungslosen Arbeitsablauf zu gewährleisten, wurden Regeln aufgestellt.

„Verkehrsregeln" beim Arbeiten im Service:
- Der Gast hat immer „Vorfahrt".
- Unter Mitarbeitern gilt *rechts vor links* und *Last vor Hast*.
- Zu vermeiden ist, plötzlich stehen zu bleiben, rückwärts zu gehen oder überraschend die Richtung zu wechseln.
- Der Rückweg von Gästetischen sollte stets dazu genutzt werden, irgendwo etwas abzuräumen.

Servierregeln beim Arbeiten im Service:
Serviert wird von der rechten oder von der linken Seite des Gastes (Bild 3). Nach Möglichkeit wird dabei stets in Blickrichtung weitergegangen; wird z. B. von rechts eingesetzt, wird im Uhrzeigersinn weitergegangen, wird von links vorgelegt, entgegengesetzt. Ausnahmen gibt es im Bankettservice. Diese Regeln sind nur einzuhalten, wenn der Tisch rundum begehbar ist.

Reihenfolge des Servierens:
Ehrengäste, Jubilare usw. werden immer zuerst bedient. Bei einem kleineren Personenkreis gilt zusätzlich:
- sehr alte vor sehr jungen Gästen,
- Damen vor Herren,
- Besteller, wenn nicht Ehrengast/Jubilar zuletzt.

Sitzen kleinere Kinder mit am Tisch, sollten sie vor den Erwachsenen ihre Speisen und Getränke erhalten.

Ausschließlich von links:

- ❏ Vorlegen
- ❏ Anbieten

Alle Artikel, die sich vor der linken Seite des Gastes befinden, werden von links eingesetzt, ausgehoben bzw. eingedeckt; z. B. Salat, Brotteller mit Messer, Gabeln.

Überwiegend von rechts:

- ❏ Einsetzen
- ❏ Einschenken
- ❏ Ausheben bzw. Eindecken

Alle Artikel, die sich direkt vor dem Gast oder vor der rechten Seite des Gastes befinden, werden von rechts eingesetzt, ausgehoben und eingedeckt.

3. Servierregeln

Grundlagen des Servierens

5.2 Tragen und Abräumen von Geschirr

Beim Tragen von Speisen auf Tellern oder beim Abräumen von Tellern und Tassen ist darauf zu achten, dass nicht zu viel Geschirr auf einmal getragen wird, da dies überladen und unästhetisch wirkt. Die linke Hand ist dabei immer die Tragehand, die rechte Hand die Arbeitshand, in der nur in Ausnahmefällen etwas getragen werden sollte.

Mit dem Abräumen kann begonnen werden, wenn der letzte Gast am Tisch seine Mahlzeit beendet hat. Dies ist meist daran erkennbar, dass er sein Besteck auf die rechte Seite des Tellers gelegt hat. Gekreuzt liegendes Besteck kann bedeuten, dass er noch weiteressen möchte oder Nachservice wünscht.

Das Ausheben, Stapeln und Zusammenstellen der Geschirr- und Besteckteile sollte so geräuscharm wie möglich erfolgen. Werden beim Abräumen Speisereste von einem auf den anderen Teller geschoben, wendet sich das Servierpersonal dabei diskret etwas von den Gästen ab. Sauberes Zusammenstellen vermeidet Bruch beim Abräumen am Tisch und spart Platz beim Abstellen in der Spülküche. Speisereste und Besteckteile werden durch exaktes Abräumen nicht in Abfall- bzw. Besteckammelbehältern vermischt.

1. Tragen von Tellern im Restaurant: links wenige, rechts viele Teller

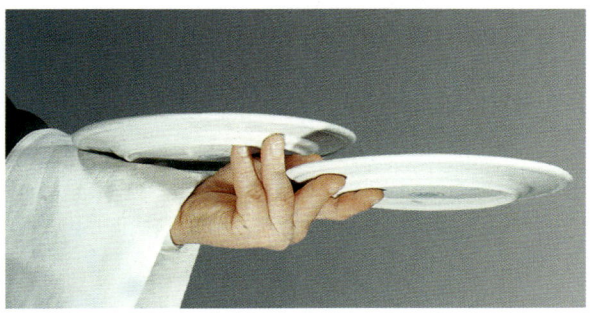

2. Zweier-Obergriff: sehr gut für das Servieren von Tellergerichten geeignet

3. Dreier-Untergriff: lediglich für flach angerichtete Speisen gut geeignet

4. Abräumen von Tellern ohne Speisereste

5. Abräumen von Tellern mit Speiseresten im Dreier-Untergriff

6. Abräumen von Suppentassen im Zweier-Obergriff bei stapelbarem Geschirr

5.3 Griffarten für Bestecke beim Vorlegen

Werden Speisen am Beistelltisch vom Servierpersonal auf Tellern angerichtet, wird grundsätzlich das Vorlegebesteck (Gabel und Löffel) in jeweils einer Hand gehalten.
Werden von Platte oder Schüssel Speisen direkt auf den vor dem Gast stehenden Teller vorgelegt, müssen die Besteckteile zum Vorlegen in der rechten Hand gehalten werden.

- Die nach oben zeigende linke Handfläche und der Unterarm werden mit einer länglich schmal gefalteten Serviette abgedeckt. Darauf wird die Platte mit Speisen gestellt.
- Das Vorlegebesteck wird in die rechte Hand genommen.
- Vorgelegt wird von links. Dabei muss, um nichts zu beschmutzen, der Plattenaußenrand, in senkrechter Linie gesehen, einen Abschluss mit dem Tellerinnenrand bilden.
    - Fleisch, Fisch usw. werden auf die Stelle des Tellers direkt vor dem Gast unten angerichtet,
    - Gemüse oben rechts,
    - Sättigungsbeilage oben links, da der Gast diese Beilage beim Essen oft mit der Gabel zerteilen muss.

Normalgriff: zum Vorlegen von flachen, gut greifbaren Speisen wie Bratenscheiben, Steaks usw.

Zangengriff: zum Vorlegen von großen, unförmigen Speisen wie Knödel oder Speisen, die locker aufgehäuft angerichtet werden wie Blattspinat, Pommes frites.

Spreizgriff: zum Vorlegen von Soßen oder stark soßenhaltigen Speisen. Mit zwei Gabeln anstatt Löffel und Gabel für längliche Speisen wie Fischfilets oder Stangenspargel.

Seitengriff: Um zarte Speisen nicht zu deformieren und die auf der Speise befindliche Garnierung nicht zu zerstören, wird der Löffel vorsichtig unter die Speise geschoben und mit der Gabel seitlich abgestützt.

Wissen Sie Bescheid?

1. Erklären Sie die Servierregeln.
2. Unterscheiden Sie die verschiedenen Serviermethoden in ihrer Arbeitsweise und in ihren Vor- und Nachteilen.
3. Zählen Sie verschiedene Möglichkeiten auf, wie mehrere Teller in einer Hand getragen werden können.
4. Demonstrieren Sie die verschiedenen Griffarten für das Vorlegebesteck, wenn Sie es in einer Hand halten.
5. Erklären Sie, wann und wie Sie Teller und Tassen abräumen.

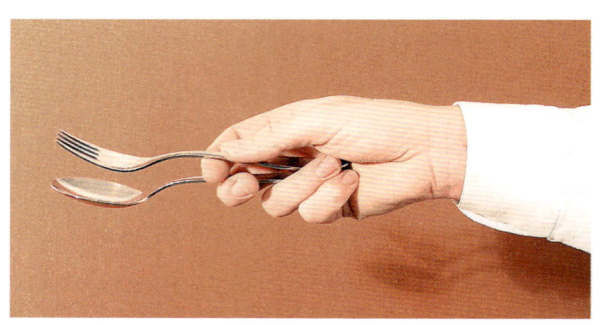

1. Normalgriff: gängigste Griffart für alle festen und flachen Speisen

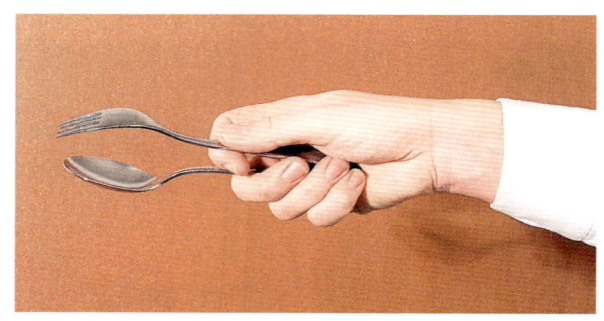

2. Zangengriff: guter Halt für große Speisen

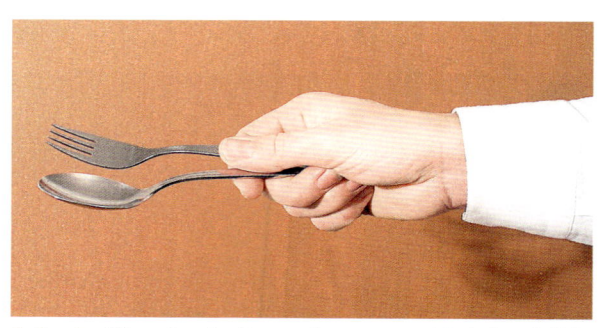

3. Spreizgriff: auch unter Verwendung von zwei Gabeln möglich

4. Seitengriff: für zarte Gerichte, die platzen könnten (z. B. pochierte Eier)

Grundlagen des Servierens

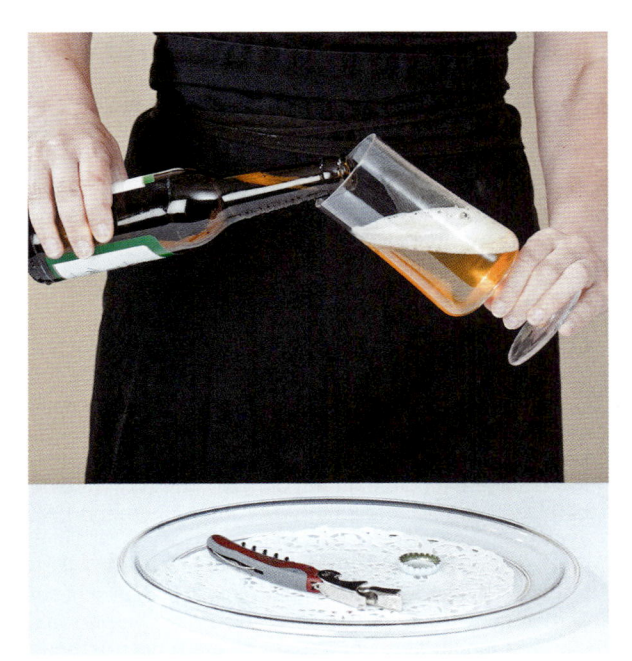

1. Tragen von Gläsern

2. Servieren von Portionsflaschen; Einschenken von Bier

5.4 Tragen von Gläsern

Gläser können, wenn sich keine Gäste im Restaurant befinden, am Stiel getragen werden, ansonsten werden sie immer auf einem Tablett transportiert.
Das Einsetzen geschieht von der rechten Seite; bei Henkelgläsern wird der Henkel nach rechts ausgerichtet. Gravuren oder Firmenzeichen müssen zum Gast zeigen. Bei Tischen ohne Tischwäsche werden Untersetzer benutzt.
Gläser müssen beim Einsetzen immer im untersten Bereich des Stiels oder am Henkel angefasst werden, beim Abräumen darf nie mit den Fingern in die Gläser gefasst werden. Getränke erhält das Servierpersonal durch Abgabe von Bons am Getränkebüfett oder durch Selbstbedienung an einer automatischen Schankanlage, wobei eine Registrierung der Menge automatisch erfolgt. Auf Sauberkeit der Gläser, Flaschen und Karaffen hat das Servierpersonal zu achten.

5.5 Servieren von Portionsflaschen und Karaffen

Portionsflaschen und Karaffen werden mit den dazugehörenden Gläsern auf einem Serviertablett zum Tisch des Gastes gebracht. Flaschen können erst am Beistelltisch geöffnet werden. Nach dem Einsetzen der Gläser werden die Getränke maßvoll eingeschenkt. Bei Getränken in Karaffen sollte vor dem Einschenken die Bestellung wiederholt werden. Bei Bier kann das Glas zum besseren Einschenken in der Hand gehalten werden.
Nach dem Einschenken werden Karaffen oder Flaschen auf Untersetzer rechts oberhalb des Glases eingesetzt. Das Etikett auf der Flasche muss dabei zum Gast zeigen.

5.6 Servieren von Aufgussgetränken

Beim Abholen der Getränke ist darauf zu achten, dass die Tabletts richtig angerichtet sind und gewärmte Tassen verwendet werden. Die Zugaben wie verschiedene Zuckersorten, Feingebäck usw. sind von Betrieb zu Betrieb unterschiedlich (→ 168).

Servieren von Aufgussgetränken in Kännchen
- Die Kännchen und Tassen werden mit den Zutaten auf einem kleinen Tablett zum Tisch des Gastes gebracht.
- Bei einfacherem Service werden die Tabletts rechts vom Gast mit ca. 45° Schrägung, Tasse links unten, Kännchen rechts oben, eingesetzt.
- Bei einem aufwendigeren Service werden die Tasse eingesetzt, das Getränk nach Befragen des Gastes eingeschenkt, das Kännchen rechts oberhalb der Tasse eingesetzt und die Zutaten dahinter oder rechts davor platziert.
- Bei Tee können ein kleines Kännchen heißes Wasser und ein Stövchen (Kerzenrechaud) mit eingesetzt werden.

Servieren aus großen Kannen an Tafeln
- Um ein Ablaufen der Tropfen beim Eingießen zu verhindern, sollte um die Kanne eine zusammengerollte Stoffserviette gebunden werden.
- Die Kanne wird in der linken Hand gehalten, dies erleichtert das Ausheben der Tassen und das Einschenken.
- Mit der rechten Hand wird die Untertasse mit der Tasse ausgehoben und diese mit dem Getränk bis ca. 1 cm unter dem Rand gefüllt.

6 Serviermethoden und Servierarten

6.1 Serviermethoden

Zum Servieren von Speisen gibt es verschiedene Möglichkeiten. Die angewandte Methode richtet sich nach
- dem Stil des Hauses,
- der Art und dem Ort der Veranstaltung,
- der Anrichteweise und der Anrichtemenge,
- der Art der Speisen,
- der Ausbildung und der Anzahl der Servierkräfte.

Welche Methode auch immer angewandt wird, die Servierregeln behalten stets ihre Gültigkeit.
Die Anrichteweise der Teller ist bei jeder Serviermethode die gleiche (→ 137, Bild 1) und geschieht in der Reihenfolge: Fisch, Fleisch usw. 6:00 Uhr, Gemüse 2:00 Uhr, Sättigungsbeilagen, da diese oft mit der Gabel zerteilt werden, 10:00 Uhr, Garnitur meistens 12:00 Uhr.

Tellerservice – amerikanische Serviermethode
Alle Gerichte werden an den Ausgabestellen gleich auf Tellern angerichtet und diese werden vom Servierpersonal beim Gast eingesetzt. Der Einsatz dieser Serviermethode bietet sich an bei eiligen Gästen, Reisegesellschaften, Tagungen sowie bei kleinen Gerichten und verschiedenen Gängen im Menü.
Vorteile:
- Diese Methode ist personal-, zeit- und geschirrsparend.
- Sie ist gut kalkulierbar in der Materialmenge.

Nachteile:
- Der Gast hat wenig Einfluss auf die Portionsgröße.
- Sie ist unpersönlich, da nur ein kurzfristiger Kontakt zwischen Gast und Servierpersonal zustande kommt.

Plattenservice – französische Serviermethode
Bei dieser Methode werden dem Gast die Speisen von der Platte/Schüssel aus angeboten; er kann sich selbst bedienen oder es wird ihm vorgelegt. Diese Serviermethode ist gut für ein einheitliches Essen bei einer geschlossenen Tafelrunde geeignet.
Vorteile:
Bei diesem eher persönlichen Service kann der Gast die Portionsgröße, die Anrichteweise auf dem Teller und – bei Auswahlmöglichkeit – die Art der Speise bestimmen.
Nachteile:
Der Gast wird verhältnismäßig oft „gestört", vor allem, wenn die Breite der einzelnen Gedecke zu knapp bemessen wurde.

Service vom Beistelltisch oder Wagen – englische Serviermethode
Bei der englischen Serviermethode sind die Speisen auf Platten angerichtet, diese werden präsentiert und nach den Wünschen der Gäste auf Teller angerichtet. Oft sind die Speisen noch nicht zerlegt und müssen tranchiert oder filetiert werden. Diese Serviermethode eignet sich nur für einen kleinen Personenkreis.
Vorteile:
- Der Service ist sehr persönlich und individuell.
- Der Gast hat eine Wahlmöglichkeit und kann bei Speisen, die am Tisch zubereitet werden, Wünsche äußern.

Nachteile:
- Diese Methode ist zeitraubend, erfordert großen Personal- und Geschirreinsatz und ist daher teuer.
- Sehr gut ausgebildetes Personal ist nötig.

1. Tellerservice (amerikanisch)

2. Plattenservice (französisch)

3. Service vom Beistelltisch oder Wagen (englisch)

Serviermethoden und Servierarten

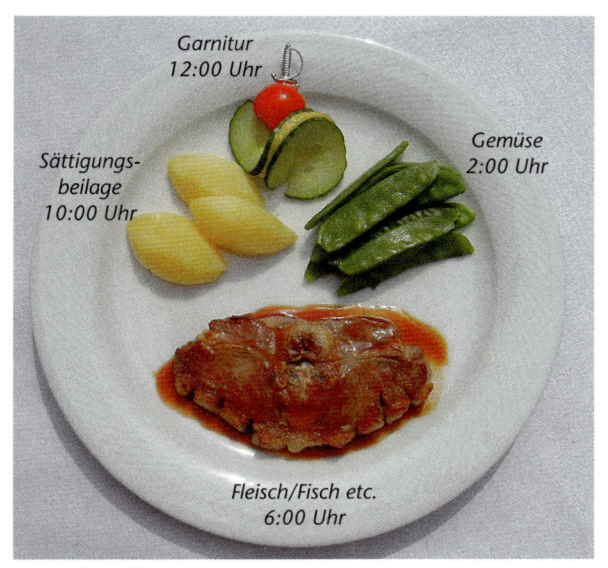

1. Anrichteweise von Tellern
- Garnitur 12:00 Uhr
- Sättigungsbeilage 10:00 Uhr
- Gemüse 2:00 Uhr
- Fleisch/Fisch etc. 6:00 Uhr

2. Mahlzeiten im Tagesverlauf

Hauptmahlzeiten			Zwischenmahlzeiten
Frühstück	Breakfast	Petit déjeuner	
			2. Frühstück, auch Brotzeit genannt
Mittagessen	Lunch	Déjeuner	
			Nachmittagskaffee, Vesper
Abendessen	Dinner	Diner	

Besondere Arten von Mahlzeiten	
Gabelfrühstück	ca. 10–12 Uhr
Brunch	ca. 11–14 Uhr
Souper	nach 22 Uhr
Büfetts je nach Art von morgens bis nachts	

Besondere Formen
Festessen, Banketts, Arbeitsessen
Diner amical (Freundschaftsessen)
Diner maison (Hausessen)

6.2 Servierarten

Je nach Tagesmahlzeit und Anlass werden den Gästen auf verschiedene Arten Speisen und Getränke angeboten. Die Methode, wie die Speisen und Getränke serviert werden (→ 136), behalten ihre Gültigkeit, unabhängig von der Servierart.

À-la-Carte-Service: Die Gäste erscheinen zu jeder Tagesmahlzeit und wählen nach der Karte das von ihnen Gewünschte aus.

Büfettservice: Ein Angebot in Büfettform ist für jede Tagesmahlzeit möglich. Der Gast bedient sich selbst, Küchen- oder Servierpersonal ist ihm dabei oft beratend behilflich. Der Preis richtet sich nach der Entnahmemenge oder wird pauschal erhoben.

Bankettservice: Zu einem festgelegten Zeitpunkt wird ein vorbestelltes, abgesprochenes Essen einem größeren Personenkreis an großen, festlichen Tafeln serviert.

Table-d'hôte-Service: Wie beim Bankettservice wird zu einer bestimmten Uhrzeit das gleiche Menü für alle serviert. Die Gäste sitzen jedoch an Einzeltischen oder in kleineren Gruppen.
Dieser Service ist z. B. üblich in Sanatorien, Heimen oder bei Reisegesellschaften.

À-part-Service: Dieser Service entspricht dem Table-d'hôte-Service; die Gäste erscheinen jedoch nicht zur gleichen Zeit.

7 Frühstückservice

Eine angenehme Frühstücksatmosphäre ist besonders wichtig. Für den abreisenden Gast ist es der letzte Eindruck, den er von dem Haus mitnimmt; der „Bleibegast" wird damit auf den Tag eingestimmt. Ein schneller, reibungsloser Ablauf muss besonders für Tagungsgäste, Geschäftsleute usw. gewährleistet sein, da sie oft unter Zeitdruck stehen.

Frühstücksraum: Ideal ist ein Raum, der nur für das Frühstück genutzt wird. Steht solch ein Raum nicht zur Verfügung und wird im Restaurant gefrühstückt, so muss gut gelüftet werden, da dem Raum vom Abend vorher viele Gerüche anhaften.

Frühstückstisch: Um nicht gleich nach dem Frühstück alle Tischdecken erneuern zu müssen, sollten stets Deckservietten oder Sets aufgelegt werden. Als **Menagen** werden Salz- und Pfefferstreuer eingedeckt. Weitere Menagen müssen je nach Angebot bereitstehen. **Aschenbecher** sollten erst dann eingesetzt werden, wenn der Gast danach verlangt oder zu rauchen beginnt.

Servicetische: Sie müssen, wenn kein Frühstücksbüfett angeboten wird, mit allem bestückt sein, was der Gast für das zusätzliche Angebot aus der Frühstückskarte benötigt:
- Messer, Gabeln für Eierspeisen, Früchte,
- Suppenlöffel für Cornflakes, Porridge, Müsli,
- kleine Löffel für gekochte Eier, Joghurt, Grapefruit,
- Zuckerstreuer, Pfeffermühle, Worchestershiresoße,
- Gläser für Säfte und Milchgetränke.

1. Vorgedecktes, einfaches Frühstück

2. Vorgedecktes, erweitertes Frühstück

1. Zählen Sie alle Mahlzeiten auf, die im Verlauf eines Tages in gastronomischen Betrieben angeboten werden.
2. Nennen Sie besondere Arten von Mahlzeiten.
3. Wie sollte der ideale Frühstücksraum beschaffen sein?
4. Aus welchen Gründen ist es besonders wichtig, eine angenehme Frühstücksatmosphäre zu schaffen?

7.1 Einfaches Frühstück (Kontinental)

Das einfache Frühstück besteht aus einem Heißgetränk (Kaffee, Tee, Schokolade), Brötchen, Brot, Butter, Marmelade, Konfitüre, Honig, manchmal auch etwas Wurst oder einem gekochten Ei. Durch das Angebot aus der Frühstückskarte kann das Frühstück erweitert werden.

Servieren eines Frühstücks:
- Fruchtsäfte und Obst werden vor dem Frühstück serviert da sie erfrischend sind, Magen- und Darmtätigkeit anregen und den Blutzuckerspiegel anheben.
- Butter, Marmelade, Konfitüre und Honig werden oberhalb des Frühstückstellers platziert.
- Brötchen und Brot werden links, schräg oberhalb des Frühstückstellers eingesetzt.
- Das heiße Frühstücksgetränk wird zusammen mit einer angewärmten Tasse an den Tisch gebracht, die Tasse auf die Untertasse gestellt, das Kännchen schräg rechts darüber, Henkel nach rechts.
- Sahnekännchen und Zucker werden deutlich sichtbar dahintergestellt.
- Gekochte Eier werden mit dem heißen Getränk serviert und oberhalb des Tellers auf der linken Seite eingesetzt.

Bestellt ein Gast zu einem einfachen Frühstück Gerichte von der Frühstückskarte wie Spiegeleier mit Speck, Steaks, Cornflakes, Fischgerichte, Aufschnitt, so wird der Frühstücksteller mit Messer nach links gestellt und wird zum Brotteller mit Messer. Die auf Teller angerichteten zusätzlich bestellten Speisen werden vor dem Gast eingesetzt und das dazu benötigte Besteck wird eingedeckt.

Zusätzlich benötigte Besteckteile, Menagen und Zutaten bei einem erweiterten Frühstück		
Gericht	**Besteck**	**Menagen/Sonstiges**
Rühreier	Gabel	Salz, Pfeffer
Spiegeleier mit Speck/ Schinken	Mittelmesser Mittelgabel	Salz, Pfeffer, eventuell Tomatenketchup
Haddock/ Kipper	Fischmesser Fischgabel	Worchestershiresoße, eventuell braune Butter
Cornflakes/ Cereals	Suppenlöffel	Milch/Säfte, Zucker im Streuer, Honiggießer
Porridge	Löffel eventuell Gabel	heiße Milch Streuzucker
Grapefruit	Grapefruitlöffel Grapefruitmesser	Zucker im Streuer
Orange/ Pfirsich/Melone Apfel/Birne	Obstmesser eventuell Gabel	Fingerbowle
Tomatensaft/ Gemüsesäfte	langer Rührlöffel	Salz, Pfeffermühle Worchestershiresoße Tabasco

Serviermethoden und Servierarten 139

Vorteile für …	Gast	Nachteile für …
den Gast • umfangreiches Speisen- und Getränkeangebot • der Gast kann sich nehmen, was und so viel er will • keine Wartezeiten • Zwischenmahlzeit (2. Frühstück) erübrigt sich meist		**den Gast** • erhöhter Einzel- und Pauschalpreis • Unruhe im Frühstücksraum • manchmal Gedränge am Frühstücksbüfett • vergisst man etwas, muss man das Frühstück unterbrechen und es sich selbst holen
das Hotel • personalsparend • Einsatzmöglichkeit von Hilfskräften • ruhigerer Küchenbetrieb, da kaum Extrabestellungen anfallen • Rückgang der Frühstücksbestellungen beim Etagenservice	Hotel	**das Hotel** • Gäste weichen auf Halbpension aus, da durch das reichhaltige Frühstücksangebot oft auf das Mittagessen verzichtet wird • Speisen werden mitgenommen • größerer Geschirr-, Besteck- und Gläserbedarf

1. Vor- und Nachteile eines Frühstücksbüfetts

7.2 Frühstücksbüfett

Oft kommen viele Gäste, die es eilig haben, innerhalb einer kurzen Zeitspanne in den Frühstücksraum, um ihre Frühstücksbestellungen und Extrawünsche aufzugeben. Gleichzeitig treffen meist dann auch noch Frühstücksbestellungen von der Etage ein. Hektisches Treiben in der Küche, am Büfett und im Servierraum ist die Folge.
Hier bringt der Einsatz eines Frühstücksbüfetts Vorteile, das einerseits das Personal entlastet, andererseits bei den Gästen wegen des individuell zusammenstellbaren Frühstücks beliebt ist (Vor- und Nachteile siehe oben).

7.3 Internationales Frühstück

Man kann davon ausgehen, dass ausländische Gäste bei den Mittags- und Abendmahlzeiten deutsche oder regionale Spezialitäten kennenlernen möchten. Beim Frühstück verzichten sie jedoch ungern auf ihre heimatlichen Gepflogenheiten. Wenn möglich, sollte man ihnen entgegenkommen. Dies gilt insbesondere, wenn ein Haus von Personen bestimmter Nationalität stark frequentiert wird. Säfte, Getränke, Obst, Butter, Brötchen, Konfitüre, Eierspeisen usw. gleichen sich in allen Ländern mehr oder weniger, wenn sich auch die Zubereitung manchmal unterscheidet. Zusätzliche Angebote können sein für
- **Nordamerikaner, Briten**
  Sie schätzen ein kräftiges Frühstück; Engländer auch Early-morning-tea (Tee, der kurz nach dem Aufstehen auf dem Zimmer getrunken wird).
  – Orangen-Zimt-Toast, Rosinenbrot
  – Bagel, ein leicht gesüßtes Hefeteiggebäck in Ringform, das mit unterschiedlichem Belag gegessen wird
  – Griddlecakes (kleine Pfannkuchen mit Ahornsirup)
  – Porridge (dickflüssiger, mit Wasser gekochter Haferflockenbrei, dazu Milch und Streuzucker). Der Gast bestimmt die Konsistenz durch Beigabe von heißer Milch selbst.
  – Cereals, Cornflakes
  – Haddock (geräucherter Schellfisch)
  – Kipper (geräucherter Hering ohne Gräten)
  – Steaks, Chops, Grillwürstchen, Speck (Bacon)
  – Pies (kleine Blätterteig- oder Mürbeteigpasteten mit verschiedenen Füllungen)
  Abgesehen davon, ob diese Gerichte Bestandteil des Angebots sind, sollte man diesem Gästekreis auf jeden Fall Eiswasser in der Karaffe mit Gläsern anbieten.
- **Franzosen**
  – Croissants (Plunderteighörnchen)
  – Brioches (Hefeteiggebäck)
  – Flute, Vissel oder Baguette (Stangenweißbrot in verschiedenen Stärken)
- **Niederländer**
  – Holländischer Zwieback (mit Anisgeschmack)
  – Pfannkuchen in allen Variationen (z. B. mit Äpfeln, Tomaten, Speck oder Schinken)
  – Borkenschokolade (grob geraspelte Schokolade)
- **Skandinavier**
  – Eiweißreiches Frühstück mit Fleisch- und Fischgerichten

1. Beschreiben Sie gastgerecht folgende Frühstücksgerichte: Haddock, Pies, Croissants.
2. Wie servieren Sie einem Gast einen Porridge?

1. Tragen von großen Tabletts (Schlitten) mit Geschirr auf der Etage

Verhaltensregeln beim Etagenservice

- Anklopfen und nach Aufforderung eintreten. Unterbleibt die Aufforderung zum Eintreten nach wiederholtem Anklopfen, ist über das Haustelefon nachzufragen.
- Beim Eintreten und während des Aufenthaltes keine prüfenden Blicke durch das Zimmer schweifen lassen.
- Ein freundlicher Tagesgruß ist ausreichend; weitere Gesprächsinitiativen müssen vom Gast ausgehen.
- Den Gast fragen, wo er zu frühstücken wünscht, z. B. im Zimmer, auf dem Balkon oder im Bett.
- Gewünschte Sonderbestellungen aufzählen.
- Das Frühstück, falls es sich nicht auf einem eingedeckten, fahrbaren Frühstückstisch befindet, dort eindecken, wo der Gast zu frühstücken wünscht.
- Extras, falls nötig, abzeichnen lassen.
- „Guten Appetit" wünschen und mit einem Gruß das Zimmer verlassen.

Diskretion ist beim Etagenservice unabdingbar!

7.4 Etagenfrühstück

Da beim Etagenfrühstück meist weite Wege zurückgelegt werden, ist eine gute Vorbereitung erforderlich.
Erleichterung bieten technische Gegebenheiten wie Speiseaufzüge oder Personalaufzüge sowie fahrbare, kleine Frühstückstische. Um morgens die Bestellungen schnell und exakt ausführen zu können, werden auf die Zimmer Frühstückskarten gelegt, auf denen der Gast vor dem Zubettgehen seine Wünsche ankreuzt und diese Karte dann außen an seine Zimmertür hängt. Zur Einhaltung des Zeitplanes bieten sich auf der Karte zeitliche Angaben an, die dem Servierpersonal größeren Freiraum für die Ausführung der Bestellungen lassen.

Die Grundgedecke werden (wie im Frühstücksraum) am Vorabend hergerichtet. Je nach dem voraussichtlichen Bedarf werden Einer- und Zweier-Tabletts vorbereitet. Dies kann auf zwei Arten geschehen:
- Die Tabletts werden wie der Frühstückstisch vorbereitet; der Gast frühstückt vom Tablett.
- Die Tabletts werden bestückt; das Frühstück wird auf dem Tisch des Zimmers oder Balkons eingedeckt.

Auf der Etage werden im Office Zusatzgeschirr und -besteck, Gläser und Menagen für das Etagenfrühstück bereitgestellt.
Servierwagen und fahrbare Tische werden vorgedeckt. Nachdem die Anhänger mit den Frühstücksbestellungen morgens eingesammelt wurden, werden sie nach Uhrzeit und Etage geordnet. Je eine Aufstellung darüber erhalten die Ausgabestelle und der Etagenservice.

2. Frühstückskarte als Türanhänger für die Bestellung des Frühstücks auf das Zimmer

8 Büfettservice

Büfetts können zu jeder Tagesmahlzeit aufgebaut werden. Attraktiv aufgebaute Verkaufsbüfetts animieren den Gast, sich zusätzlich zu dem von ihm bestellten Essen etwas auszusuchen. Von warmen bis kalten Gerichten, von Salaten bis Getränken kann alles in Büfettform angeboten werden.

Vorteile:
- Manche Gäste schätzen die zwanglose Art des Auswählens und Einnehmens von Speisen nach individuellen Wünschen.
- Durch Schauplatten können Leistung und Können der Küche besonders gut dargestellt werden.
- Durch die Selbstbedienung der Gäste können die Wünsche vieler schnell befriedigt werden.

Nachteile:
- Das vielfältige Angebot verleitet oft zur Entnahme größerer Mengen, die nachher nicht vollständig verzehrt werden.
- Das Vorlegebesteck wird von den Gästen oft wahllos ausgetauscht. Dies führt zu Geschmacksbeeinträchtigungen bei den einzelnen Speisen.
- Durch ungeschickte Handhabung der Vorlegebestecke werden die Speisen derangiert (in Unordnung gebracht) und sehen unappetitlich aus.

Büfetts werden grundsätzlich eingeteilt in:
- **Verkaufsbüfetts:** Der Gast bezahlt die von ihm entnommene Menge nach Stückzahl oder nach Gewicht.
- **Büfetts mit einem Festpreis**, bei denen die Entnahmemenge nicht begrenzt ist.

Vorschriften für den Aufbau von Büfetts zur Selbstbedienung

- Die Theken müssen mit einer Abschirmung versehen sein (z. B. aus Glas), die ein Anhusten, Anniesen und Berühren der Ware weitgehend verhindert.
- Salate und Soßen (Salatsoßen, Dressings, Marinaden) sollten stets unter Kühlung gehalten werden.
- Schüsseln und Platten sind so anzuordnen (im Allgemeinen in einer Reihe), dass eine Berührung der Lebensmittel während ihrer Entnahme durch den Gast vermieden wird.
- Das Entnahmebesteck soll so lang sein, dass es nicht in die Schüssel fallen kann. Der Handgriff muss den Schüsselrand deutlich überragen.
- Gerätschaften aus Holz (Schüsseln, Bestecke, Teller) sind ungeeignet, weil sie sich schon nach kurzer Gebrauchsdauer nicht mehr einwandfrei reinigen lassen.
- Die Angebotsmenge muss dem jeweiligen Bedarf angepasst sein. Deshalb ist nur der Bedarf für einige Stunden bereitzustellen und die Reserve im Kühlschrank aufzubewahren.
- Lebensmittel, die bei Betriebsschluss noch in der Theke vorhanden sind, sollten am nächsten Tag nicht mehr angeboten werden.
- Ein Betriebsangehöriger muss für die saubere Wartung und sachgemäße Entnahme verantwortlich sein.

1. Büfett

2. Werbung zum Brunchbüfett

Brunchbüfett
Familien-Brunch im **Hotel Mummelsee**

Jeden Sonntag und an Feiertagen von 11.00 bis 14.00 Uhr. Auf unserer Gartenterasse, im Wintergarten oder in der Schwarzwaldstube.

Üppiges Brunchbüfett
- leckere Vorspeisen
- knackige Salate
- ausgesuchte Suppen
- delikate Fleisch- und Fischgerichte
- interessante Beilagen
- verführerische Desserts

Jede Woche aus einem anderen Land.

Erwachsene 19,50 €
Kinder bis 12 Jahre umsonst

Zeit zum Brunchen, Zeit zum Feiern!

Schwarzwaldhotel Mummelsee · 77365 Hochschanz · Tel. (7652) 4231 · Fax (7652) 4251

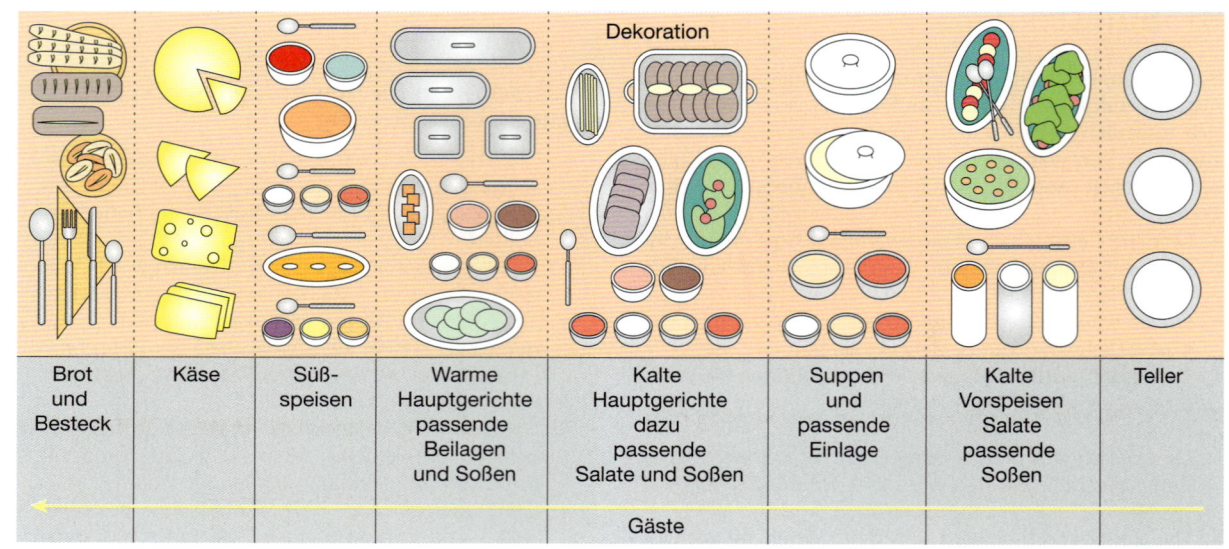

Brot und Besteck	Käse	Süß-speisen	Warme Hauptgerichte passende Beilagen und Soßen	Kalte Hauptgerichte dazu passende Salate und Soßen	Suppen und passende Einlage	Kalte Vorspeisen Salate passende Soßen	Teller
				Dekoration			
				Gäste			

1. Aufbau eines Büfetts für Hauptmahlzeiten

8.1 Aufbau eines Büfetts

Bei einem Büfett werden die Tische bis zum Boden mit Tafeltüchern oder Skirtings eingekleidet. Das Dekorationsmaterial richtet sich nach der Art des Büfetts. Dekorationsmaterial, das mit Lebensmitteln nicht in Berührung kommen darf, sollte nicht verwendet werden. Bei einem großen Gästekreis ist es ratsam, mehrere Büfetts (für jeweils etwa 100 Personen) im Raum verteilt aufzubauen.

Aufbau der Speisen bei Hauptmahlzeiten:
- Die Speisen werden wie in einer Menüfolge von rechts nach links aufgebaut.
- Die Platten werden mithilfe von Untersetzern auf der dem Gast abgewandten Seite unterlegt (Blickfang).
- Das Vorlegebesteck wird, vom Gast aus gesehen, am unteren Plattenrand nach rechts zeigend aufgelegt.
- Soßen und Salate zu den passenden Speisen stellen.

8.2 Service an Büfetts

Aufgaben des Personals sind:
- Gäste zu beraten und, wenn sie es wünschen, appetitlich aussehende Teller anzurichten,
- ganze Fleischstücke, Eisbomben usw. zu tranchieren sowie Käse am Käsebrett aufzuschneiden,
- fast geleerte Platten und Schüsseln wieder attraktiv zu gestalten, um neue Blickpunkte zu schaffen,
- Gästen benutzte Teller abzunehmen und neue anzubieten (sie werden sonst oft auf dem Büfett abgestellt),
- auf den Gästetischen benutztes Geschirr abzuräumen.

Büfetts als pauschales Angebot
Im Tagesverlauf werden den Gästen von morgens bis spät in die Nacht Büfetts zu einem pauschalen Preis angeboten.

Das Frühstücksbüfett, als erstes Angebot des Tages, wird von den meisten Gästen mit seiner oft sehr reichhaltigen Auswahl geschätzt (→ 139).

Das Brunchbüfett, eine Kombination aus Frühstück (Breakfast) und Mittagessen (Lunch), findet auch in Europa immer mehr Liebhaber. Es wird in der Regel zwischen 11:00 und 14:00 Uhr eingenommen.
Das Angebot richtet sich nach dem kalkulierten Preis, der pauschal entrichtet wird. Getränke werden meist extra in Rechnung gestellt.
Das Angebot besteht einerseits aus dem des Frühstücksbüfetts und andererseits aus Gerichten, die zum Mittagessen angeboten werden, wie verschiedene Suppen, Würstchen, Gulasch, Fisch, Braten kalt und warm, diverse Salate, Süßspeisen und Käse.

Mittags- und Abendbüfetts werden Pensionsgästen, vor allem in Ferienhotels, angeboten. Im À-la-Carte-Bereich beschränkt sich das pauschale Angebot meistens auf Salat- und Dessertbüfetts.

Galabüfetts zu festlichen privaten und geschäftlichen Anlässen runden das Angebot der pauschal zu bezahlenden Büfetts ab. Der Endpreis kann auch die Getränke beinhalten (à la discretion), wie bei Silvesterbällen oft üblich.

Büfettservice

1. Fahrbarer Verkaufswagen für warme Gerichte

2. Fahrbarer Kuchenverkaufswagen mit Kühlung

8.3 Verkaufsbüfetts

Die Gäste bedienen sich an den Büfetts selbst, an der Kasse wird die Ware gezählt oder gewogen und der sich daraus ergebende Preis kassiert. In Hotels werden Verkaufsbüfetts bei Veranstaltungspausen von Schulungen, Diskussionsrunden und auch bei Abendveranstaltungen angeboten. Für die meist kurzen Pausen wird in einem separaten Raum ein Verkaufsbüfett aufgebaut, welches Getränke und Speisen enthält, die meist ohne oder mit nur einem Besteckteil verzehrt werden können, z.B. belegte Brote, Sandwiches, Pies, Canapés auf Tellern angerichtet, Salate, Suppen oder kleine Gerichte wie Risotti.

Das Personal der Ausgabestelle errechnet den Endpreis der Bestellung sofort und kassiert bei der Abgabe der Ware.

Verkaufswagen im Restaurant
- Wagen für Aperitif und Digestif,
- Wagen mit Kühleinrichtungen für Vorspeisen und Nachspeisen (Sweet trolley),
- Wagen, beheizt mit Spiritus, Gas oder Strom für warme Hauptgerichte wie Braten, gekochtes Rindfleisch.

Die Ware wird vom Servierpersonal – bei Wagen mit Speisen oft auch durch Küchenpersonal – dem Gast am Tisch präsentiert und angeboten. Danach wird das vom Gast Gewünschte auf dem Wagen angerichtet und serviert. Zusätzliche Beilagen zu warmen Speisen, die das Warenangebot des Wagens nicht enthält, werden auf Abruf aus der Küche geliefert. Nach dem Servieren muss umgehend boniert werden. Kassiert wird mit der Gesamtrechnung.

8.4 Kuchenbüfett

Das Kuchenbüfett dient mit seinen Schauvitrinen als Blickfang der Verkaufsförderung. Die hier arbeitende Büfettkraft kommt mit vielen Gästen in Kontakt.

Grundvorausetzungen sind:
- gute Umgangsformen,
- freundliche, sympathische Wesensart,
- adrettes Aussehen,
- saubere, hygienische Arbeitsweise,
- Kenntnis über die angebotene Ware.

Die Sauberhaltung der Kühlvitrinen, der Sahnedosiergeräte, der Geräte und Handwerkszeuge ist erstes Gebot. Besonders wichtig sind das exakte Portionieren und Schneiden der Ware, denn nur glatte, saubere Schnittflächen ergeben ein appetitliches Aussehen. Tortenmesser zum Schneiden sollten in einem Behälter mit fließendem Wasser stehen. Ist dies nicht möglich, sollte mit zwei Wasserbehältern gearbeitet werden, denen 1% Zitronensäure zugegeben wird (ein Behälter für Creme- und Sahnetorten, ein Behälter für Kuchen).

Besonders für Anfänger an diesem Arbeitsplatz ist es wichtig, ihre Arbeitsweise und ihre Handgriffe zu kontrollieren, da ihr Arbeitsplatz ständig von Gästen eingesehen und beobachtet wird.

Es ist für den Gast ein unappetitlicher Anblick, wenn
- fast leere Torten- und Kuchenplatten mit Krümeln bestreut in der Vitrine stehen,

1. Kuchenbüfett *2. Fachgerechtes Verpacken bei Außer-Haus-Verkauf*

- Schneidwerkzeug und Tortenheber verschmiert auf dem Büfett herumliegen,
- trockenes Gebäck mit der Hand statt mit der Gebäckzange angefasst wird,
- unbewusst Sahne- oder Zuckerreste von den Fingern abgeleckt werden.

Fliegen, Mücken oder Wespen müssen durch geeignete Maßnahmen von süßen Speisen ferngehalten werden.

Portionieren von Torten und Kuchen
Bei Torten und Kuchen sind die Portionen meist markiert, z. B. 4er-, 6er-, 12er-, 16er-, 18er-Portionen.
Vorgehensweise bei Sahne- und Cremetorten:
- Tortenmesser in das Wasser tauchen und abstreifen,
- Messerspitze in der Mitte der Torte ansetzen und fast senkrecht einstechen,
- durch gefühlvolles Hin- und Herbewegen (nicht Quetschen) die Torte bis zum Boden durchschneiden,
- Tortenheber unter das abgeschnittene Stück schieben und dieses aufrecht stehend auf dem Kuchenteller anrichten.

Verkaufsweisen am Kuchenbüfett
- Der Gast sieht sich die Auswahl an, erkundigt sich beim Büfettpersonal manchmal noch nach den Besonderheiten der einzelnen Torten und Kuchen, begibt sich an seinen Tisch und bestellt beim Servierpersonal.
- Der Gast bestellt die Ware bei der Büfettkraft und erhält von ihr eine mit einer Nummer versehene Marke. Der angerichtete Kuchenteller wird von der Büfettkraft mit der gleichen Nummer versehen. Das Servierpersonal erhält vom Gast die Marke, boniert und bekommt gegen Abgabe von Marke und Bon am Kuchenbüfett die Ware.
- Am Kuchenbüfett wird der Kuchen portioniert, zum Teil auf Platten, zum Teil schon auf Tellern angerichtet. Die Mengen werden notiert und dem Servierpersonal auf fahrbaren Wagen übergeben.
Das Servierpersonal fährt von Tisch zu Tisch und verkauft. Danach wird die verkaufte Ware vom Servierpersonal boniert (Anfangsbestand minus Endbestand = Verkauf).
- Fahrbare gekühlte Verkaufswagen werden mit ganzen Kuchen, Besteck, Schneidwerkzeug und Geschirr versehen. Das Servierpersonal portioniert am Tisch des Gastes und rechnet mit Büfett oder Patisserie ab.

Außer-Haus-Verkauf
Im Gegensatz zu Konditoreien ist der Außer-Haus-Verkauf in der Gastronomie meist gering. Manchmal nehmen abreisende Gäste von Tagungen usw. regionale Spezialitäten oder Spezialitäten des Hauses mit. Der abreisende Gast muss (vor allem im Sommer) über die Haltbarkeit der Ware informiert werden.
Zur fachgerechten Verpackung müssen Tortenschachteln, Tragetaschen, Gebäckbeutelchen, festes Papier (welches nicht durchfettet oder durchnässt), Geschenkpapier und Schleifenband bereitstehen.
Wird die Ware nicht auf die Hotelrechnung gesetzt oder vom Servierpersonal boniert und kassiert, muss dies die Büfettkraft tun (Registrierkasse oder Bonbuch).

8.5 Kleines Kuchen- und Torten-ABC

Um Kuchen, Torten und Gebäck dem Gast am Kuchenbüfett erklären zu können, ist es notwendig, die wichtigsten Zutaten, wie Art des Teiges bzw. der Masse, der Füllung und der Geschmacksrichtung zu kennen.

Amerikaner: Rührmasse in kreisförmiger Form, an der Unterseite mit Zuckerglasur, manchmal auch halb Zucker-, halb Schokoladenglasur.
Apfelstrudel: Mischung aus Apfelscheiben, Rosinen, Mandeln, Zucker, Zimt und etwas Rum in dünnem Strudelteig (Mehl, Wasser, Ei) eingerollt und gebacken.
Baumkuchen: Dünne Masse aus Sahne, Butter, Mehl, Eiern und Zucker, hauchdünn lagenweise, nur durch Oberhitze gebräunt, auf sich drehenden Rollen gebacken; meist mit Schokoladen- oder Fondantüberzug (Zuckerglasur).
Berliner Pfannkuchen: Ballförmiges Hefeteiggebäck, in Fett schwimmend gebacken, mit Konfitürenfüllung.
Bienenstich: Hefeteigkuchen mit Zucker und Mandeln glasiert, Sahne- oder Cremefüllung.
Butterkuchen: Flacher Hefe-Blechkuchen, vor dem Backen mit vielen Butterstückchen belegt und mit Zimt-Zucker bestreut.

Eclair (Liebesknochen): Längliches Gebäck aus Brandmasse, meist glasiert, mit Sahne- oder Cremefüllung.
Eierschecke: Flacher Hefekuchen überbacken mit einer Creme aus Sahne, Eiern und Butter mit Rosinen und Mandeln.
Englischer oder Königskuchen: Schwere Sandkuchenmasse mit Einlage von kandierten Früchten, leicht mit Rum getränkt, aprikotiert, mit Mandeln und kandierten Kirschen garniert.
Frankfurter Kranz: Rührkuchen in Kranzform gebacken mit Füllung von Buttercreme und Aprikosenkonfitüre, mit gehackten Haselnüssen bestreut.
Gugelhupf (Gugelhopf): Zarter Napfkuchen aus Hefeteig mit Rosinen und Mandeln in der typischen Gugelhupfform (Gugel = Haube) gebacken.
Holländer Kirschschnitte: Glasiertes Blätterteiggebäck mit Kirschen und Sahne- oder Cremefüllung.
Linzer Torte: Flacher, würziger (Nelken-)Mandelkuchen, mit Johannisbeerkonfitüre bedeckt gebacken.
Petit Fours: Kleine, zarte, gefüllte Gebäckteilchen, meist aus Biskuit, mit Fondantüberzug, bunt verziert.
Prasselkuchen: Blätterteig bestrichen mit einer Masse aus Eischnee und gemahlenen Mandeln und mit Streuseln bestreut.
Prinzregententorte: Biskuitboden, mit Schokoladenbuttercreme gefüllt, Schokoladenüberzug.
Sachertorte: Saftiger Schokoladenkuchen mit Mandeln, glasiert mit Aprikosenkonfitüre, Schokoladenüberzug.
Schwarzwälder Kirschtorte: Mit Kirschwasser getränkter heller und dunkler Biskuitboden, lagenweise mit gebundenen Sauerkirschen und mit Kirschwasser abgeschmeckter Schlagsahne eingestrichen, bestreut mit Schokoladenspänen.
Schweinsohren: Blätterteiggebäck mit hohem Zuckeranteil, der beim Ausrollen eingearbeitet wird.
Zuger Kirschtorte: Mit Läuterzucker und Kirschwasser getränkter Biskuitboden mit etwas Buttercreme, Deckel und Boden der Kirschtorte bestehen aus einer dünnen Mandelbaisermasse. Puderzucker, Pistazien zum Garnieren.
Zwiebelkuchen: Flache Kuchenform mit Hefeteig dünn ausgelegt mit einer Füllung aus angeschwitzten Zwiebelstreifen, Sauerrahm, Ei und Salz, eventuell Speck und einer Prise Kümmel gebacken.

Wissen Sie Bescheid?

1. Beschreiben Sie den Serviceablauf für ein À-la-Carte-Frühstück.
2. Zählen Sie je drei Vor- und Nachteile auf, die ein Frühstücksbüfett für Gäste, Betrieb und Personal hat.
3. Nennen Sie Frühstücksspezialitäten verschiedener Nationen.
4. Beschreiben Sie, wie Sie sich beim Servieren eines Frühstücks auf der Etage verhalten sollten.
5. Nennen Sie die wichtigsten Vorschriften für den Aufbau von Selbstbedienungsbüfetts.
6. Zeichnen Sie den richtigen Aufbau eines kalt/warmen Büfetts auf.
7. Bei welchen Gelegenheiten können Büfettangebote pauschal, stückweise oder nach Gewicht berechnet werden?
8. Welche Aufgaben fallen dem Servierpersonal bei Arbeiten am Büfett zu?
9. Nennen und erklären Sie verschiedene Abrechnungsmethoden und -möglichkeiten bei Verkaufsbüfetts.
10. Stellen Sie ein Angebot zusammen, das Sie Ihren Gästen bei einem Brunchbüfett anbieten würden. Gestalten Sie eine Anzeige dafür.

9 Bonieren und Rechnung erstellen

9.1 Bonieren und Arten von Bons

Wertbons gibt es in Form von Münzen oder Abrissrollen. Die Wertbons können vor Servicebeginn vom Betrieb an das Servierpersonal verkauft werden. Dadurch erübrigt sich das Bonieren. Der Einsatz der Wertbons ist oft in Bierlokalen üblich. Wertbons werden auch bei Firmenfeiern von den Firmen an die Mitarbeiter ausgegeben, mit denen diese dann ihren Verzehr bezahlen.

Bonbücher gibt es mit Einzel- oder Doppelbons. Der Unterschied besteht darin, dass der Doppelbon noch einen zusätzlichen Abriss (Talon) hat. Bonbücher mit verschiedenen Farben, fortlaufenden Bon- und Kellnernummern erleichtern die Kontrolle.
Bonieren mit Bonbüchern:
- Zwischen perforierte Bonblätter und den Durchschlag wird Durchschreibepapier eingelegt.
- Bei Dienstbeginn wird der erste Bon mit Datum und Namen versehen. Dieser Bon verbleibt im Bonbuch.
- Bei Bestellungen werden auf jeden Bon Warenmenge, -art und -preis handschriftlich eingetragen, wobei jeder Bon nur mit einer Warenart beschriftet werden darf.
- Der Bon wird entnommen, der Durchschlag verbleibt im Buch.

Vorteile: Bonbücher sind gut geeignet für Kleinbetriebe, Veranstaltungen außer Haus sowie für Aushilfskräfte.
Nachteile: Die Beschriftung ist zeitraubend. Eine Bonkontrolle ist unerlässlich, wobei der Originalbon mit dem Durchschlag verglichen werden muss.

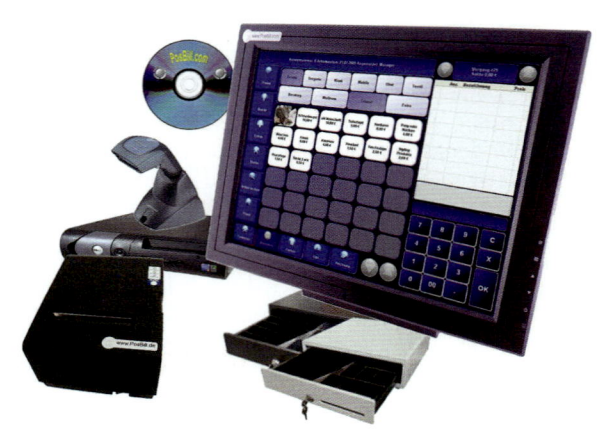

1. Modernes Kassensystem

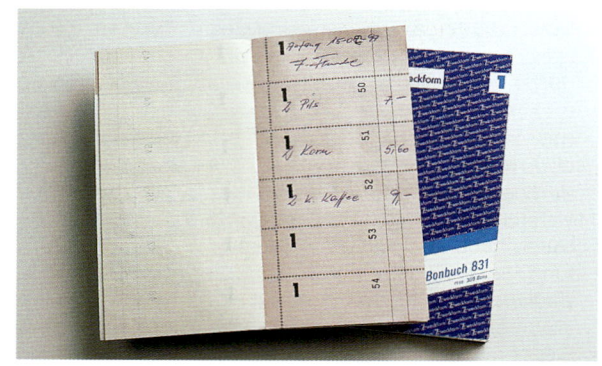

2. Bonbücher

Was ein Bon enthalten muss	Was der Bon enthalten kann
• Laufende Bonnummer	• Uhrzeit
• Datum	• Stations- und Tischnummer
• Warenart, Warenmenge	• Zimmernummer
• Warenpreis	• Sonderwünsche
• Nummer oder Zeichen der ausstellenden Person	• Gangfolge

Ein Bon (Gutschein) ist wie Bargeld zu behandeln.
Je nach Betriebsart oder Veranstaltung werden verschiedene Arten von Bons eingesetzt. Nach der Ausgabe von Ware für den Bon muss der Bon entwertet und aufbewahrt werden, damit er nicht wieder zum Einsatz gelangen kann.

```
Tisch     3 / 01      Bon #001
Datum: ... -05-14   Zeit: 11:03:28
Service:  Herr Kellner 1( 1 )


1 Montepulciano 0,2   ( 110)
1 x  €   5,00  = €    5.00

1 Montepulciano 0,1   ( 109)
1 x  €   2,80  = €    4.50

2 Els. Schnäpse 2 cl  ( 110)
2 x  €   3,20  = €    6.40
```

3. Angaben auf einem Bon

Bonieren und Rechnung erstellen

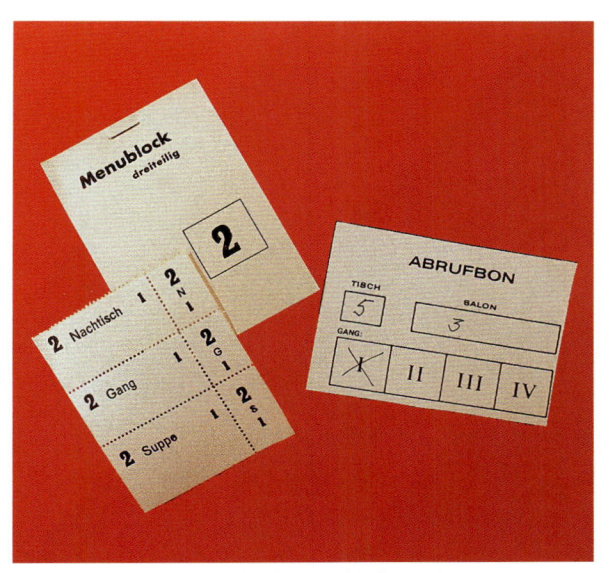

1. Begleit- und Abrufbon für die verschiedenen Gänge

2. Einzel- und Sammelbon einer programmierbaren Kasse

Ein **Bonblock**, auch Captain- oder Parabonblock genannt, wird vor allem in Restaurants verwendet, wo ein Kassierer an einer Kasse die Rechnungen erstellt. Der Bonblock enthält Originalbons mit jeweils zwei Durchschlägen.
Bonieren mit dem Bonblock:
- Eine Durchschrift verbleibt als Gedächtnisstütze in der Station; der Originalbon und der zweite Durchschlag werden an der Kasse abgestempelt.
- Der Originalbon wird an der entsprechenden Ausgabestelle abgegeben.
- Der Durchschlag verbleibt zur Rechnungsstellung an der Kasse.

Vorteil: Das Servierpersonal ist von der Rechnungsstellung entlastet.
Nachteil: Das Verfahren ist aufwendig.

Der **Begleitbon** (Abrufbon) wird hauptsächlich in Hotels mit Pensionsgästen eingesetzt.
Bonieren mit Begleitbons:
- Um die einzelnen Gänge in der Küche abzurufen, werden diese auf dem Bon angekreuzt und mit Tisch- und Zimmernummer des Gastes versehen.
- Stehen in den einzelnen Menügängen mehrere Speisen zur Wahl, muss der Bon entsprechend beschriftet werden.

Vorteil: Das Verfahren ermöglicht eine gute Kontrolle über die ausgegebenen Gänge während der Servicezeit.
Nachteil: Keine Kontrolle, ob die Zahl der in der Küche eingegangenen Bons mit der Anzahl der verpflegten Gäste übereinstimmt.

Der **Kassenbon** kommt bei mechanischen Kassen und bei vollautomatischen, programmierten Kassen zum Einsatz.
Bonieren mit mechanischen Kassen:
- Schlüssel in die Registrierkasse einführen
- Spartennummer und Warenpreis eintippen
- Bonausgabe drücken
- Bon mit Warenmenge, Warenart, Tischnummer und Sonderwünschen von Hand beschriften

Die Beschriftung mit fortlaufender Bonnummer, Personalnummer und Datum erfolgt durch die Kasse.
Vorteil: Die Kasse ist auch manuell ohne Strom bedienbar; die Endabrechnung geht schneller als bei Bonbüchern; der Umsatz der einzelnen Sparten ist jederzeit abrufbar.
Nachteil: Eingabefehler sind möglich; Sparten können verwechselt werden, etwa eine Küchenbestellung wird auf Büfett boniert; die Bonkontrolle ist unerlässlich.

Bonieren mit **vollautomatischen, programmierten Kassen**:
- Schlüssel oder Karte in die Kasse einführen
- Stations- bzw. Tischnummer eingeben
- Art des Bons (Einzel-, Sammelbon) eingeben
- Menge eingeben
- Code-Nummer des Artikels eingeben oder scannen
- Bonausgabetaste drücken

In die Kasse können alle Speisen, Getränke sowie die Preise einprogrammiert werden. Die einzelnen Artikel sind auf der Speisekarte mit einer Codenummer oder Codierung versehen. Weniger gängige Artikel können wie bei der mechanischen Kasse boniert werden.

1. Gastrechnung, den gesetzlichen Bestimmungen entsprechend

Seeburg
Am Hafen 3
24320 Neustadt — Name und Adresse

Frau
Rita Zeil, Frankfurt — Name und Wohnort

5. Sept. ... — Tag der Bewirtung

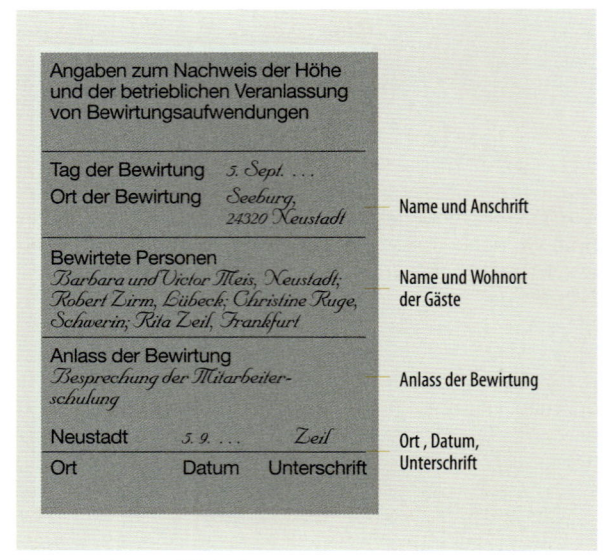

5 x Mineralwasser	20,00 €
3 x Vorspeisenteller „Seeburg"	60,00 €
3 x Pilzpfanne	63,00 €
2 x Lachsomelette	36,00 €
5 x Rote Grütze	45,00 €
5 x Cappuccino	20,00 €
Summe	**244,00 €**

— Auflistung aller Speisen und Getränke
— Gesamtpreis

darin enthalten sind
19% Mehrwertsteuer¹ = 46,36 € — Mehrwertsteuerbetrag

2. Gastrechnung, Rückseite

Angaben zum Nachweis der Höhe und der betrieblichen Veranlassung von Bewirtungsaufwendungen

Tag der Bewirtung 5. Sept. ...
Ort der Bewirtung Seeburg, 24320 Neustadt — Name und Anschrift

Bewirtete Personen
Barbara und Victor Meis, Neustadt; Robert Zirm, Lübeck; Christine Ruge, Schwerin; Rita Zeil, Frankfurt — Name und Wohnort der Gäste

Anlass der Bewirtung
Besprechung der Mitarbeiterschulung — Anlass der Bewirtung

Neustadt   5. 9. ...   Zeil — Ort, Datum, Unterschrift
Ort   Datum   Unterschrift

Der Bondrucker druckt einen Bon mit allen Angaben aus. Er befindet sich entweder direkt an der Kasse selbst oder an den Produktions- bzw. Ausgabestellen und ist mit der Kasse verbunden. Gleichzeitig kann mit der Anlage die Gastrechnung erstellt werden. Die gespeicherten Daten werden auf das Rechnungsformular gedruckt. Endsumme und Mehrwertsteuer werden automatisch ausgewiesen.
Vorteil: Rechenfehler und Verwechseln der Sparten sind ausgeschlossen. Eine Kontrolle über die Menge der einzelnen ausgegebenen Artikel ist jederzeit möglich. Die Bonkontrolle kann entfallen.
Nachteil: Aushilfspersonal benötigt oft lange Einarbeitungszeit und blockiert die Kasse. Die Anschaffungs- und Wartungskosten sind verhältnismäßig hoch.

Portable Terminals
Neben programmierbaren Kassen und netzgebundenen Terminal-Versionen gibt es auch handliche, drahtlos arbeitende portable Terminals, über die das Servierpersonal direkt am Tisch des Gastes die Gastbestellung numerisch (durch Eingabe von Code-Nummern) aufnimmt. Per Funk wird der Bestellbon an der Ausgabestelle ausgedruckt.
Vorteil: Portable Terminals sind sehr gut einsetzbar im Saal- und Terrassengeschäft, sie sparen Wege.
Nachteil: Nur sehr gut geschultes Personal kann diese Terminals effektiv nutzen.

1. Nennen Sie Gründe, die bei manchen Bonierungsarten eine Bonkontrolle erfordern.
2. Geben Sie an, wann der Einsatz von Begleitbons sinnvoll ist.

9.2 Rechnungsstellung an den Gast

Grundlage für die Erstellung der Rechnung sind die Bonierungen.
Die Rechnungsstellung kann erfolgen
- **mündlich,** z. B., wenn ein Gast ein Bier getrunken hat,
- in **einfacher, handschriftlicher Form** mit Notizblock,
- durch einen **Registrierkassenbeleg,** wenn die Rechnung als Nachweis benötigt wird (Bewirtungskosten/Finanzamt).

Die Rechnung durch einen Registrierkassenbeleg muss folgende Angaben enthalten:
- Name und Anschrift des gastronomischen Betriebes
- Name und Wohnort des Gastgebers
- Tag der Bewirtung
- Verzehrte Speisen, Getränke usw. einzeln aufgeführt und jeweils mit dem Endpreis versehen. Abkürzungen (Spätb.) und Bezeichnungen (Tagesgericht 3) sind erlaubt.
- Summe
- Mehrwertsteuerprozentsatz/-betrag in Euro

Bei Barzahlung erhält der Gast die quittierte Rechnung. Wird die Rechnung erst später bezahlt (Hausgast, Firmen usw.), ist die Rechnung vom Gast zu unterschreiben und für die Tagesabrechnung einzubehalten.
Bei Rechnungen (z. B. für Sonderveranstaltungen), die zu einem späteren Zeitpunkt in Rechnung gestellt und nicht bar bezahlt werden, kann die Rechnung mit Computer oder Schreibmaschine erstellt werden.

10 Zahlungsmöglichkeiten im Restaurant

10.1 Zahlungsmittel

Bargeld: in inländischer Währung ist das problemloseste Zahlungsmittel. In ausländischer Währung wird nach dem vom Betrieb vorgegebenen Tageskurs abgerechnet.

Gutscheine (Vouchers): die auf den Betrieb ausgestellt sind, werden wie Bargeld behandelt. Sie können von Reisebüros, aber auch vom Betrieb selbst ausgestellt sein.

Wertbons: können meist nur bis zur Höhe des Rechnungsbetrages angenommen werden (keine Wechselgeldrückgabe).

Reisescheck (Travellercheque): Auf einem Reisescheck ist die Höhe des Betrages in einer bestimmten Währung aufgedruckt. Die Unterschrift auf der Vorderseite des Reisescheks ist beim Kauf unter Bankaufsicht zu leisten.
- Der Gast muss vor den Augen des Personals den Reisescheck ein zweites Mal unterschreiben.
- Die geleistete Unterschrift muss mit der Erstunterschrift verglichen werden.
- Im Zweifelsfall muss um einen Ausweis gebeten werden.

Scheck:
- Vorderseite des Schecks prüfen. Sie muss enthalten: Rechnungsbetrag in Zahlen und Worten, Ausstellungsort und -datum, Unterschrift des Ausstellers.
- Rückseite prüfen: Die eingetragene Nummer muss mit der Nummer auf der Scheckkarte übereinstimmen.
- Scheckkarte prüfen: Unterschrift sowie Kontonummer auf Scheck und Karte müssen übereinstimmen; das Ausstellungsdatum des Schecks muss innerhalb der Gültigkeitsdauer der Scheckkarte liegen.

Kreditkarte:
- Als Erstes prüfen, ob das Haus mit dem auf der Karte angegebenen Kreditinstitut zusammenarbeitet.
- Gültigkeit der Kreditkarte prüfen: Steht sie eventuell auf der Sperrliste (nur bei Handmaschinen nötig)?
- Prüfen, ob die codierte Kartennummer mit der eingeprägten Nummer übereinstimmt (dies ist nur auf Terminals mit entsprechender Anzeige möglich).

Handmaschine	Elektronisches Terminal
• Karte einlegen	• Kreditkarte durch das Gerät ziehen
• Beleg einlegen	• Betrag eingeben
• Beleg durchziehen	• Beleg entnehmen und unterschreiben lassen
• Beleg ausfüllen	• Unterschrift mit Unterschrift auf der Kreditkarte vergleichen
• Beleg unterschreiben lassen	• Beleg an den Gast
• Unterschrift mit Unterschrift auf der Kreditkarte vergleichen	• Belegdurchschrift zur Abrechnung aufbewahren
• Durchschrift an den Gast	
• Original zur Abrechnung aufbewahren	
• Im Zweifelsfall telefonisch Genehmigungsnummer einholen	

Risiken und Kosten der Zahlungsmittel

Risiken

Die Annahme von Zahlungsmitteln ist ein Vorgang, bei dem ein Fehler Verärgerung und Geldverlust für alle Beteiligten bedeuten kann. Mangelnde Aufmerksamkeit beim Servierpersonal und beim Gast können ebenso die Ursache sein wie ungenügende Kenntnisse über betriebsinterne Regelungen und die rechtliche Situation. Daraus können sich beim Kassiervorgang unangenehme Situationen entwickeln. Der Gast wird verärgert, weil das Servierpersonal das Zahlungsmittel auffällig prüft oder nicht annimmt.

Um diese Schwierigkeiten zu lösen, muss der Kassierende wissen, welche Zahlungsmittel er annehmen bzw. ablehnen muss und wie er die Echtheit eines Zahlungsmittels sowie den rechtmäßigen Besitz unauffällig überprüfen kann. Nach dem Gesetz muss nur inländische Währung (Bargeld) angenommen werden. Der Betrieb legt fest, welche ausländischen Währungen, Schecks, ec- und Kreditkarten anzunehmen sind.

Bei Bargeld kann man die Echtheit durch Betrachten und Befühlen (besser durch ein Infrarot-Testgerät) prüfen. Die Prüfmöglichkeiten bei Schecks und Kreditkarten ergeben sich aus dem nebenstehenden Text. Ein zusätzliches Risiko kann sich für den Betrieb bei der Annahme von instabilen ausländischen Währungen ergeben, wenn diese plötzlichen starken Kursschwankungen unterliegen.

Kosten

Die Kosten für den Verwaltungsaufwand bei der Abrechnung und Umwechslung von Schecks und ausländischem Bargeld können unterschiedlich hoch sein. Gutscheine und Wertbons müssen gekauft, ausgegeben, angenommen und verrechnet werden.

Beim Bezahlen mit Kreditkarten entstehen dem Betrieb Kosten für die Handmaschine bzw. das Terminal (Einrichtung zur elektronischen Zahlung). Außerdem wird vom Kartenaussteller der Kreditkarten ein gewisser Prozentsatz des Rechnungsbetrags (Agio) einbehalten, der ca. 2,5 bis 4,5 Prozent betragen kann. Diese Kosten müssen bei der Kalkulation der Preise berücksichtigt werden, denn diese Zahlweise ist ein Serviceangebot an den Gast.
Es spricht vieles dafür, dass sich der elektronische Zahlungsverkehr ausweiten wird. Einerseits werden die Mehrkosten für elektronische Zahlungssysteme sinken, andererseits wird ihre Sicherheit verbessert: Die Karten werden mit einem Chip ausgerüstet, der sie fälschungssicher macht; ein Farbfoto des Karteninhabers auf der Karte schränkt den Missbrauch ebenfalls ein.

10.2 Abrechnen mit dem Betrieb

Bei Dienstschluss füllt das Servierpersonal ein Abrechnungsformular aus und rechnet mit dem Betrieb ab.

Abrechnen mit Bonbüchern
- Die erste Durchschlagseite des Bonbuchs wird addiert.
- Diese Summe wird auf die Rückseite des ersten Durchschlagblattes übertragen.
- Die Addition der zweiten Seite wird zu der Summe der ersten Seite hinzugezählt und diese Summe auf die Rückseite des zweiten Durchschlagblattes übertragen usw.

Abrechnen mit Restaurantkassen
Hier entfällt eine Abrechnung durch das Servierpersonal. Wünscht ein Gast zu zahlen, holt das Servierpersonal die ausgestellte Rechnung an der Kasse ab und liefert die Zahlungsmittel unmittelbar nach Erhalt beim Kassierer ab. Dieser trägt jede Rechnung (aufgespartet) in ein Restaurantjournal ein. Die Endabrechnung mit dem Betrieb fällt dem Kassierer zu.

Abrechnen mit mechanischen und vollautomatisch programmierten Kassen
Hier ist die Abrechnung wesentlich vereinfacht. Je nach Ausführung der Geräte werden die Tagesumsätze mit sogenannten X- oder Z-Schlüsseln für das Servierpersonal einzeln abgerufen und ausgedruckt. Der jeweilige Endbetrag sowie eventuelle Stornos erscheinen auf dem Ausdruck. Zum Abschluss wird eine Abrechnung erstellt, die je nach Betriebsart unterschiedlich gestaltet ist.

Abrechnungsvorgang mit dem Betrieb
Der durch Addieren des Bonbuchs ermittelte Endbetrag oder durch Kassenabschlag ausgedruckte Endbetrag ist der Umsatz, den das Servierpersonal bei Dienstschluss an das Hotel zu entrichten hat.
Zahlungsmöglichkeiten an das Hotel sind vom Gast erhaltene Wertbons oder Gutscheine, Bargeld, Schecks, Originale der Abrechnungsformulare von Kreditinstituten, Restanten (offene Rechnungen) von Hotelgästen, die mit der Hotelrechnung bezahlt werden, oder von Gästen, denen die Rechnung zugesandt wird.

Ausfüllen des Abrechnungsformulars:
- Kassennummer des Servierpersonals eintragen,
- Name des Servierpersonals,
- Datum,
- Endsumme des Kassenabschlags eintragen,
- Restanten, Kreditkarten, Wertbons, Schecks von der Endsumme abziehen,
- Restbetrag errechnen (er ist in bar zu entrichten),
- Restanten gesondert aufführen.

Es folgt die Unterschrift des Servierpersonals.

Kellner-Abrechnung		Name:	Knon, Fritz
Kasse ③		Datum:	..-03-14
Restanten	**Betrag €**	**Kassenabschlag**	**€**
Münster, Zi. Nr. 241	86,40	(x-Abschlag)	2 402,23
Fa. Meyer, Karlsruhe	113,90	./. Restanten	445,20
Frei, Zi. Nr. 408	90,85	Zwischensumme	1 957,15
Graf, Cals	154,05	./. Kreditkarten	312,30
		Zwischensumme	1 644,85
		./. Schecks	173,85
		Bargeld	1 471,-
	445,20		
		Knon Unterschrift	

1. Abrechnung des Restaurantpersonals

Wissen Sie Bescheid?

1. Zählen Sie auf, welche Angaben ein Bon enthalten muss und welche er zusätzlich enthalten kann.
2. Erklären Sie die Begriffe Wertbon, Begleitbon, Kassenbon.
3. Beschreiben Sie das Bonieren mit Bonbüchern.
4. Nennen Sie zwei Vor- und zwei Nachteile, die beim Einsatz von Bonbüchern entstehen.
5. Aus welchen Gründen ist beim Einsatz von Bonbüchern eine Bonkontrolle unerlässlich?
6. Wie wird eine Bonkontrolle durchgeführt?
7. In welchen Restaurants bietet sich der Einsatz von Bonblocks (Parabonblocks) an?
8. Beschreiben Sie das Bonieren a) mit mechanischen Kassen, b) mit vollautomatischen Kassen.
9. Wie muss eine Rechnung für einen Gast ausgestellt werden, die er als Nachweis von Bewirtungskosten für das Finanzamt benötigt?
10. Beschreiben Sie, wie Sie bei der Annahme folgender Zahlungsmittel zu verfahren haben: Bargeld in Euro, Gutscheine, Wertbons, Reiseschecks, Kreditkarten.
11. Zählen Sie Risiken und Kosten auf, die bei folgenden Zahlungsmitteln möglich sind: Bargeld in Euro und in Fremdwährung, Kreditkarten.
12. Erläutern Sie den Begriff Restanten.
13. Erklären Sie den Abrechnungsvorgang bei Dienstschluss.

11 Getränkekunde I – alkoholfreie Getränke, Aufgussgetränke

Unter der Bezeichnung alkoholfreie Getränke werden alle Getränke zusammengefasst, die keinen Alkohol enthalten. Dazu zählen folgende Gruppen:
- Wässer wie Mineral-, Quell- und Tafelwässer,
- Fruchtsäfte, Fruchtnektare,
- Gemüsesäfte und Gemüsenektare,
- Erfrischungsgetränke wie:
    - Fruchtsaftgetränke,
    - Limonaden,
    - Brausen,
    - Mineralstoffgetränke (z. B. isotonische Getränke),
    - Diät-Erfrischungsgetränke,
    - brennwertverminderte Getränke,
    - brennwertarme Getränke.

Im weitesten Sinne kann man auch Milch, Kaffee und Tee zu der Gruppe der alkoholfreien Getränke zählen. Alkoholfreie Getränke werden von vielen Menschen gegenüber alkoholhaltigen bevorzugt. Die Bevölkerung ist gesundheitsbewusster geworden. Im Zuge dieses Trends sind alle Produkte gefragt, die das sportlich-aktive Leben unterstützen.

Besonders Mineralwasser vereint fast alle Attribute, die diesem Trend gerecht werden, und ist in der Gunst des Verbrauchers sehr stark gestiegen. Als mögliche Erklärung lassen sich stichwortartig angeben: Kalorienfreiheit (es enthält keine Energie), gestiegenes Ernährungs- und Gesundheitsbewusstsein, Einhalten der Promillegrenze und die kritische Beurteilung der Trinkwasserqualität. Die Beliebtheit alkoholfreier Getränke zeigt sich im Anstieg des Pro-Kopf-Verkaufs vom 3,8 l im Jahr 1950 auf fast 100 l heute.

11.1 Mineral-, Quell- und Tafelwasser

Mineralwasser
Natürliches Mineralwasser ist als einziges Lebensmittel in Deutschland „amtlich". Um diese amtliche Anerkennung zu erreichen, muss es
- seinen Ursprung in einem unterirdischen, vor Verunreinigungen geschützten Wasservorkommen haben und aus einer oder mehreren natürlichen oder künstlich erschlossenen Quellen gewonnen werden;
- am Quellort abgefüllt werden und mit einem Verschluss versehen sein, der Verfälschungen oder Verunreinigungen unmöglich macht. Es darf nicht offen (glasweise), sondern nur in Originalbehältnissen verkauft werden;
- sich einer Analyse unterwerfen, die etwa 200 chemische Substanzen umfasst;
- eine ernährungsphysiologische Wirkung haben.

Für Wasser mit weniger als
- 1 000 mg gelösten Bestandteilen (Mineralstoffen),
- 150 mg Calcium, 50 mg Magnesium,
- 250 mg freier Kohlensäure oder 1 mg Fluorid in 1 l

ist eine zusätzliche Überprüfung unter ernährungsphysiologischen Gesichtspunkten erforderlich.

Aus optischen und geschmacklichen Gründen sind das Entfernen von Eisen- und Schwefelverbindungen, Filtrieren oder Dekantieren (Abgießen von Bodensatz) erlaubt. Kohlensäure darf entzogen oder zugesetzt werden. Eine Nutzungsbescheinigung bestätigt die einwandfreie Beschaffenheit aller Anlagen.

1. Alkoholfreie Getränke

2. Etikett eines Mineralwassers

Entstehung und Wirkung von Mineralwasser

Mineralwasser ist Regenwasser, welches vor vielen, vielen Jahren in die Erde eingesickert ist und unterschiedliche Gesteinsschichten durchwandert hat. In bis zu 1 000 m Tiefe sammelt es sich wieder an einer wasserdichten Gesteinsschicht. Auf dem Weg nach unten lösen sich Mineralstoffe aus dem Gestein, die dem Wasser seine unverwechselbare Geschmacksnote geben. So schmecken calcium- und magnesiumreiche Wässer frisch, Wässer mit einem hohen Anteil von Natrium und Chlorid kräftig und würzig und hydrokarbonathaltige Wässer erdig.

Die gelösten Mineralien sind Wirkstoffe und Bausteine für den menschlichen Organismus, wie Natrium und Kalium für die Bewegung der Muskeln, Chlorid für die Verdauung, Calcium als Baustein für Knochen und Zähne, Magnesium für die Koordination von Muskeln und Nerven sowie die Verbesserung der Konzentration. Sulfat wirkt entgiftend im Leberstoffwechsel. Eisen trägt bei zur Bildung der für den Sauerstofftransport verantwortlichen roten Blutkörperchen.

1. Welche Behandlungsmethoden sind aus optischen oder geschmacklichen Gründen bei Mineralwässern erlaubt?
2. Erklären sie gastgerecht den Unterschied zwischen Säuerling und Heilwasser.

Säuerling oder Sauerbrunnen darf sich ein natürliches Mineralwasser nennen, wenn der natürliche Kohlensäuregehalt über 250 mg liegt. Diese Bezeichnung kann durch die Benennung **„Sprudel"** ersetzt werden, wenn das Wasser unter natürlichem Kohlensäuredruck hervorsprudelt.

Flavored Water ist eine Bezeichnung für natürliches Mineralwasser, welches mit Auszügen von Zitrone, Limone oder Apfel aromatisiert wird. Künstliche Geschmacks-oder Farbstoffe sowie Zucker dürfen nicht zugesetzt werden. Das Wasser erhält dadurch einen kräftigeren Geschmack, liefert jedoch keine Energie.

Heilwässer sind Mineralwässer, denen nach längerer Erprobungszeit heilende Wirkung zuerkannt wurde. Heilwässer sind für den dauernden Gebrauch ohne ärztliche Beratung nicht geeignet. Für Heilwässer – ein natürliches Heilmittel des Bodens – gilt nicht das Lebensmittel-, sondern das Arzneimittelgesetz. Wird Kohlensäure entzogen, werden sie mit dem Hinweis „still", „leicht", „medium" und ähnlich gekennzeichnet.

Das **Etikett** für Mineralwasser enthält folgende Angaben:
- Herkunft (Quellenname, Name des Abfüllers),
- die Zusammensetzung, das Analyseinstitut,
- die Mindesthaltbarkeit,
- die Angaben „natürlich kohlensäurehaltig", „Kohlensäure ganz entzogen" oder „Kohlensäure teilweise entzogen", „mit Kohlensäure versetzt", „enteisent", „entschwefelt",
- die Bezeichnung „fluoridhaltig" bei über 1,5 mg/l,
- für Heilwässer die Angabe der Zusammensetzung, Gegenanzeigen und Anwendungsgebiete.

Quellwasser
Vorkommen wie Mineralwasser. Die Quellen müssen nicht vor jeder Verunreinigung geschützt sein, keine bestimmten ernährungsphysiologischen Wirkungen haben und nicht amtlich anerkannt werden. Quellwasser darf nicht mit Bezeichnungen versehen werden, die zu Verwechslungen mit natürlichem Mineralwasser führen können. Geografische Bezeichnungen und Hinweise auf seine chemische Zusammensetzung sind als Angaben nicht erlaubt.

Tafelwasser
Es wird aus Wasser, das wie Trinkwasser behandelt (Ozonisieren, Chlorieren usw.) werden darf, hergestellt. Sole, Meerwasser, Mineralsalze oder Kohlendioxid dürfen einzeln oder in Kombination zugesetzt werden. Mit Meerwasser hergestelltes Tafelwasser darf nur in Verkehr gebracht werden, wenn es mit der Angabe „mit ... % Meerwasser" gekennzeichnet ist. Die mikrobiologischen Anforderungen an Tafelwasser sind dieselben wie für Mineralwasser. Für Quellwasser nicht zulässige irreführende Bezeichnungen dürfen auch für Tafelwasser nicht verwendet werden. Sodawasser darf sich ein Tafelwasser nennen, das mindestens 570 mg Natriumhydrogencarbonat sowie Kohlenstoffdioxid enthält.

Verwendung der Wässer
- als Durstlöscher oder als Begleiter zu allen Speisen,
- zum Mischen mit anderen Getränken,
- zum Kaffee, um die Röststoffe verträglich zu machen,
- zur Neutralisierung des Geschmacks bei Weinwechsel,
- zum Garen von Speisen (Vichy-Karotten).

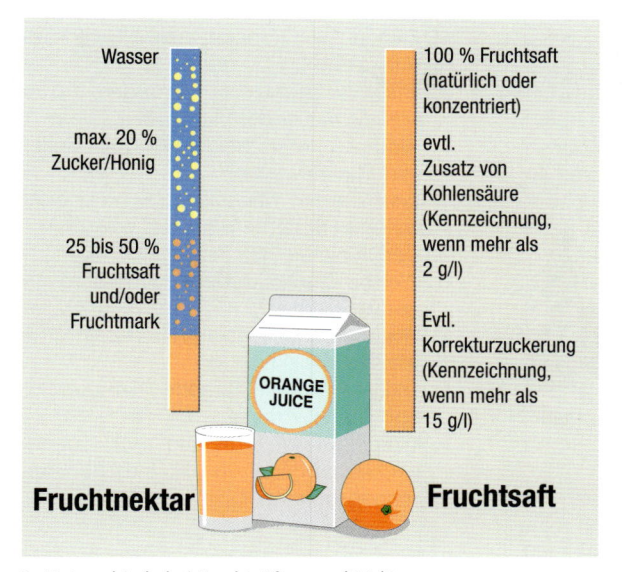

Getränkekunde I – alkoholfreie Getränke, Aufgussgetränke

1. Unterschiede bei Fruchtsäften und Nektaren

2. Etikett bei Fruchtsäften, Pflichtangaben

11.2 Fruchtsaft, Fruchtnektar, Gemüsesaft, Gemüsenektar

Fruchtsäfte
Fruchtsäfte sind die gärfähigen, aber nicht gegorenen Säfte aus frischem oder durch Kälte haltbar gemachtem Kern-, Beeren- oder Steinobst, Wildfrüchten, Trauben oder Südfrüchten. Die Früchte müssen gesund, im zweckentsprechenden Reifezustand und zum Verzehr geeignet sein. Säfte werden auf mechanischem Weg durch Zerkleinern, Pressen, Zentrifugieren gewonnen. Sie müssen die Farbe, das arteigene Aroma und den arteigenen Geschmack der Früchte aufweisen, von denen sie stammen. Fruchtsäfte müssen ohne Farbstoff und Konservierungsmittel hergestellt werden. Die Haltbarmachung erfolgt durch Pasteurisieren (Kurzzeiterhitzung auf ca. 80 °C) und Entkeimungsfiltrationen (bei blanken Säften).

Als Fruchtsaft gilt auch das aus Fruchtsaftkonzentrat hergestellte Getränk, dem die Wassermenge zugefügt wurde, die bei der Konzentrierung entzogen wurde. Fruchtsäfte dürfen auch auf der Basis von Fruchtmark hergestellt werden; dies ist üblich bei Mehrfruchtsäften. Fruchtart- oder wetterbedingt darf Zucker bei Mangel zugesetzt werden (jedoch ist im Zutatenverzeichnis darauf hinzuweisen):
- bis 15 g pro Liter erlaubt bei jedem Fruchtsaft,
- bis 100 g pro Liter, mit Ausnahme von Apfelsaft,
- bis 200 g pro Liter bei Zitronen, Limetten, Bergamotten, Johannisbeersaft, außerdem:
- Zitronensäure bis 3 g pro Liter bei Ananassaft,
- Kohlensäure, soweit seine Menge 2 g pro Liter übersteigt, ist eine Kenntlichmachung erforderlich.

Fruchtnektare
Fruchtnektare sind Getränke
- aus frischem oder konzentriertem Fruchtsaft,
- aus frischem oder konzentriertem Fruchtmark oder
- ein Gemisch beider Erzeugnisse mit Zusatz von Wasser und Zucker.

Der Zuckerzusatz darf höchstens 20 % auf die Trockenmasse bezogen betragen. Bei Fruchtnektaren aus Fruchtmark oder konzentriertem Fruchtsaft ist ein Zusatz von bis zu 20 % Bienenhonig erlaubt, sofern keine Zuckerarten verwendet werden. Sie müssen, je nach Säuregehalt der Fruchtart, 25 % bis 50 % Fruchtanteil enthalten. Auf dem Etikett vorgeschriebene Angaben sind:
- Mindestgehalt an Fruchtbestandteilen in Prozent,
- prozentualer Zusatz von Fruchtmark, Honig, Zitronensaft, Wein- oder Milchsäure.

Gemüsesäfte
Gemüsesäfte sind die unverdünnten, aus Gemüse oder aus konzentriertem Gemüsesaft hergestellten Erzeugnisse. Zur Geschmacksabrundung dürfen Gemüsesaft, Speisesalz, Genusssäuren, Essig, Zuckerarten, Gewürze und Kräuter zugesetzt werden (Kennzeichnungspflicht!).

Gemüsenektare (Gemüsetrunk)
Gemüsenektare sind die über die ursprüngliche Saftstärke hinaus verdünnten Zubereitungen aus Gemüsesaft, -mark und/oder konzentriertem Gemüsesaft, -mark. Bei Gemüsetrunken beträgt der Gemüse- bzw. Gemüsemarkanteil mindestens 40 % (Rhabarber 25 %); der Rest ist Wasser.

Isotonische Getränke für Sportler

Sportler müssen viel trinken, denn der Verlust an Flüssigkeit, Mineralstoffen und Vitaminen muss ausgeglichen werden, zusätzlich müssen Kohlenhydrate zur Energiegewinnung aufgenommen werden. Dafür gibt es spezielle, „isotonische" Getränke auf dem Markt.

Isotonische Getränke enthalten gleich viele gelöste Teilchen (Kohlenhydrate, Vitamine, Mineralstoffe) wie die Flüssigkeiten des menschlichen Körpers. Dadurch können diese Teilchen sowie das Wasser besonders schnell vom Organismus aufgenommen werden. Auch die Mischung von einem Teil Orangen- oder Apfelsaft mit einem bis vier Teilen Mineralwasser (mit mindestens 200 mg Natrium pro Liter) ergibt ein isotonisches Getränk.

1. Zählen Sie Gruppen alkoholfreier Getränke auf.
2. Erläutern Sie die Anforderungen, die an Mineralwasser gestellt werden.
3. Wodurch unterscheidet sich Tafelwasser von Mineralwasser?
4. Weshalb darf Mineralwasser nicht glasweise im Restaurant serviert werden?
5. Definieren Sie den Begriff Fruchtsaft.
6. Welche Zusätze dürfen Fruchtsäften zugesetzt werden?
7. Wodurch unterscheiden sich Fruchtsäfte von Fruchtnektaren?
8. Erklären Sie die Begriffe Gemüsesäfte und Gemüsetrunke.
9. Wodurch unterscheiden sich brennwertverminderte und diätetische Erfrischungsgetränke?

11.3 Erfrischungsgetränke

Dazu zählen vorwiegend die traditionellen Erfrischungsgetränke wie Fruchtsaftgetränke, Limonaden, Brausen und Getränke besonderen Typs wie isotonische und Diätgetränke. Nicht dazu zählen Fruchtsäfte und Fruchtnektare.

Fruchtsaftgetränke werden aus Fruchtsäften oder Fruchtsaftgemischen oder Fruchtsaftkonzentraten, Trink- oder Tafelwasser und Zucker hergestellt. Ein Zusatz natürlicher Aromen ist erlaubt. Der Fruchtsaftanteil beträgt bei
- Kernobst oder Traubensaft mindestens 30 %,
- Saft von Zitrusfrüchten mindestens 6 %,
- anderen Fruchtsäften mindestens 10 %.

Limonaden werden aus natürlichen Essenzen, Zucker, Genusssäuren, Trink- oder Tafelwasser, mit oder ohne Kohlensäure, hergestellt. Auch Fruchtsäfte können enthalten sein. Limonaden dürfen mit natürlichen Farbstoffen gefärbt sein. Dies ist jedoch kennzeichnungspflichtig. Limonaden werden unterteilt in:
- Limonaden mit Fruchtsaft (meist von Zitrusfrüchten); sie müssen mindestens die halbe Menge an Fruchtsaft, wie es für Fruchtsaftgetränke gilt, enthalten.
- Essenz-Limonaden wie klare Limonaden mit Zitronenessenz.
- Cola-Limonaden, enthalten zwischen 6,5 mg und 25 mg Coffein pro Liter.
- Chininhaltige Limonaden wie Tonic-Water, Bitter-Lemon, enthalten höchstens 85 mg Chinin pro Liter.
- Kräuter-Limonaden, z. B. Ginger-Ale.

Brausen sind nachgemachte Fruchtsaftgetränke und Limonaden. Dabei werden zum Teil künstliche Süßstoffe (Saccharine) und künstliche Aromen verwendet. Auf die Geschmacksrichtung wird durch Angaben wie „Himbeeraroma", „Fruchtaroma" usw. hingewiesen. Färben mit künstlichem Farbstoff ist unter Kenntlichmachung erlaubt. Brausen, denen keine Kohlensäure zugesetzt ist, werden als „Künstliches Heißgetränk" oder „Künstliches Kaltgetränk" bezeichnet.

Brennwertverminderte Erfrischungsgetränke (Fruchtsaftgetränke, Limonaden, Brausen) werden hergestellt durch den Austausch von Zucker gegen Süßstoffe. Der Brennwert muss gegenüber vergleichbaren herkömmlichen Getränken um 40 % vermindert sein. Häufig wird zusätzlich der nicht geschützte Begriff „light" verwendet. Diese Getränke unterliegen nicht der Diätverordnung.

Brennwertarme Erfrischungsgetränke dürfen höchstens einen Brennwert von 84 kJ (20 kcal) pro 100 ml haben.

Isotonische (Mineralstoff-)Getränke werden durch Zusatz von Mineralstoffen, zuweilen auch Vitaminen hergestellt. Sie sollen Mineralstoffverluste nach sportlicher Betätigung (Schwitzen) ausgleichen.

Diätetische Erfrischungsgetränke sind vorwiegend für Diabetiker und krankhaft Übergewichtige geeignet. Sie unterliegen den Bestimmungen der Verordung über diätetische Lebensmittel. Zur Süßung wird ausschließlich Saccharin oder Cyclamat zugesetzt.

Getränkekunde I – alkoholfreie Getränke, Aufgussgetränke

1. Milchmischgetränke

Milch kann pur kalt und warm getrunken werden. Wer sie pur nicht gut verträgt oder sie nicht mag, kann sie mit Obst oder Obstsäften mischen bzw. mixen. Damit die Milch nicht gerinnt, ist es wichtig, erst die Milch und dann die Geschmackszutaten in das Gefäß zu geben, gut zu schütteln oder mit dem Mixer zu schlagen. Auch in Verbindung mit Spirituosen oder erhitzt mit Gewürzen wie Majoran, Thymian oder Muskatnuss wird Milch gern getrunken. Bekannte Milchmischgetränke sind:

Milchshakes
kalte Mixgetränke, meistens auf der Basis von pürierten Früchten, Zucker und Milch, manchmal auch unter Zugabe von etwas Speiseeis.

Flips
auf der Grundlage von Eigelb, Fruchtsirup, kalter Milch und Fruchtsäften, mit Eiswürfeln im Shaker kräftig geschüttelt und in ein Glas passiert.

Heiße Milchgetränke
wie Malz-, Honig-, Vanille- oder Gewürzmilch sowie Milchpunsch, wobei man heiße Milch mit zerstoßenen Pimentkörnern 5 Minuten ziehen lässt, abpassiert und mit Zucker und Weinbrand abschmeckt.

2. Getränke von und mit Milch

11.4 Milch

Milch ist neben Wasser das älteste Getränk der Menschheit. Unter Milch wird landläufig Kuhmilch verstanden. Sie besitzt eine ideale Nährstoffzusammensetzung und wird wegen ihrer leichten Verdaulichkeit sehr geschätzt. 1 l Milch deckt die Hälfte des täglichen Bedarfs an Eiweiß und Fett sowie den ganzen Bedarf an Calcium, Kalium und Phosphor eines Erwachsenen.

Handelssorten
Rohmilch ist weder erhitzt noch molkereimäßig bearbeitet. Sie darf wegen eventuell vorhandener krankheitserregender Mikroorganismen und der daraus bestehenden gesundheitlichen Gefahr nur unter besonderen Bedingungen direkt vom Hof an den Verbraucher abgegeben werden.
Vorzugsmilch kommt ausschließlich in verkaufsfertiger Verpackung in den Handel und ist eine amtlich besonders überwachte Milchsorte in natürlicher Beschaffenheit mit unverändertem Fettgehalt, roh und nicht erhitzt.
Rohmilch und Vorzugsmilch sollten für Säuglinge erhitzt werden.
Konsummilch ist molkereimäßig behandelt und pasteurisiert, ultrahocherhitzt oder sterilisiert.

Nach Fettgehalt eingeteilt gibt es folgende Sorten:
- **Vollmilch** mit natürlichem Fettgehalt (mindestens 3,5 % Fett) oder mit eingestelltem Fettgehalt (3,5 % Fett),
- **Teilentrahmte (fettarme) Milch** mit 1,5 % bis 1,8 % Fettgehalt,
- **Entrahmte Milch (Magermilch)** mit höchstens 0,3 % Fettgehalt.

Kennzeichnung von verpackter Milch:
- Verkehrsbezeichnung (z. B. Vollmilch, fettarme Milch oder Magermilch),
- Name (Firma) und Anschrift des Herstellers, Einfüllers oder eines in der EU ansässigen Verkäufers,
- Mindesthaltbarkeitsdatum und Lagertemperatur,
- Verbrauchsdatum bei Vorzugsmilch „Rohmilch – verbrauchen bis … – aufbewahren bei höchstens +8 °C". Dabei darf das späteste Verbrauchsdatum eine Frist von 96 Stunden nach der Gewinnung nicht überschreiten,
- Art der Wärmebehandlung, z. B. pasteurisiert, ultrahocherhitzt zusätzlich mit dem Buchstaben H, sterilisiert oder Sterilmilch,
- Füllmenge in Liter,
- Fettgehalt,
- bei homogenisierter Milch „homog." oder „homogenisiert" (Vereinheitlichung der Fetttröpfchengröße),
- Verzeichnis der Zutaten bei teilentrahmter oder entrahmter Milch, wenn sie mit Milcheiweißerzeugnissen angereichert worden ist.

Lagerung von ungeöffneten Packungen
H-Milch sowie Sterilmilch ohne Kühlung bis zum Mindesthaltbarkeitsdatum. Überlagerte Milch kann sauer werden. H-Milch und Sterilmilch verderben ohne Säuerung. Geöffnete Packungen oder offene Milch sollten innerhalb von zwei bis drei Tagen verbraucht und verschlossen, kühl und dunkel bei maximal 8 °C gelagert werden.

1. Früchte des Kakaobaumes

Kakao	(Kakaopulver) mindestens 20 % Kakaobutter und höchstens 9 % Wasser
Fettarmer Kakao	(fettarmes Kakaopulver) mindestens 8 % Kakaobutter
Gezuckerter Kakao	(Schokoladenpulver) Saccharose (Rübenzucker) und mindestens 32 % Kakaopulver
Gezuckerter Haushaltskakao	(Haushaltsschokoladenpulver) Saccharose und mindestens 25 % Kakaopulver
Fettarmer, gezuckerter Kakao	Saccharose und mindestens 32 % fettarmes Kakaopulver
Kakaohaltige (Instant-) Getränkepulver	Diese Pulver sind leicht mit Milch mischbar. Sie enthalten einen hohen Anteil (bis zu 80 %) an Zucker (meist Saccharose und Traubenzucker)
Fertiger Kakaotrunk	wird aus Milch unter Zusatz von Kakaopulver und Zucker hergestellt und ist als pasteurisiertes, ultrahocherhitztes (H-Kakao) oder sterilisiertes Produkt erhältlich

2. Im Handel erhältliche Kakaopulver und -getränke

11.5 Kakao

Ausgangssubstanz für kakaohaltige Getränke ist das Kakaopulver. Die übliche Zubereitung erfolgt durch Vermischen mit Milch. Das Kakaopulver löst sich dabei allerdings nicht in der Flüssigkeit, sondern wird nur aufgeschlämmt (suspendiert). Im Gegensatz zur Zubereitung von Tee oder Kaffee wird das Kakaogetränk nicht gefiltert, sondern das Kakaopulver wird mitverzehrt. Kakao wirkt aufgrund seiner Aromastoffe und des Theobromins (geringere Wirkung als Coffein) anregend und belebend, jedoch in geringerem Maß als Kaffee oder Tee. Wegen des hohen Anteils an Kakaobutter und der Gehalte an Kohlenhydraten (ca. 17 %) und Eiweiß (ca. 13 %) zählen Kakaogetränke zu den energiereichen Getränken.

Anbauländer für Kakao sind in Südamerika vor allem Ecuador, die Dominikanische Republik und Brasilien sowie im tropischen Westafrika die Elfenbeinküste, Ghana und Kamerun.

Gewinnung der Kakaobohne
Kakao wird aus den Samenkernen (= Kakaobohnen) des Kakaobaumes gewonnen. Die baseballförmigen Früchte sind 10 bis 20 cm lang, gelb oder rotbraun. Eine Frucht des Baumes enthält 25 bis 60 in Längsreihen angeordnete weißliche Samen (Kakaobohnen). Ihre Hauptbestandteile sind rund 50 % Fett (Kakaobutter), 15 % Eiweiß, 8 % Stärke, 7 % Gerbstoffe sowie Alkaloide, 1 % bis 2 % Theobromin und 0,2 % bis 0,3 % Coffein. Die Früchte werden nach dem Ernten geöffnet, um ein Keimen der Samen zu verhindern.

Herstellung des Kakaopulvers
Das **Gären** (Rotten) der weißen Bohnen, das einige Tage lang dauert, mildert den ursprünglich herben Geschmack. Dabei entwickeln sich Aromastoffe und das typische Kakaobraun entsteht. Danach werden die Bohnen **gewaschen** und **getrocknet**.
Nach dem **Reinigen** und **Rösten** werden die Bohnen gebrochen, von Schale und Keimling befreit und in Mühlen zu einer **Kakaomasse** vermahlen. Dieser Kakaomasse wird ein Teil des Fettes abgepresst.
Der **Kakaopresskuchen** (fettarmer Pressrückstand) wird zu Kakaopulver vermahlen, gesiebt und zum Teil auch gewürzt. Je nach Restmenge an Kakaobutter unterscheidet man zwischen schwach und stark entöltem Kakao.

Lagerung von Kakaopulver
Die Lagerung von Kakaopulver soll trocken, in gut verschlossenen Behältnissen und ohne Geruchseinwirkung erfolgen. Ein durch schlechte Lagerung feucht gewordenes Kakaopulver bildet Klümpchen, die sich mit Flüssigkeit schlecht mischen lassen. Feuchtes Kakaopulver kann leicht schimmeln und entwickelt dabei einen unangenehmen, muffigen Geruch (Zubereitung von Kakaogetränken → 169).

1. Milch trinken ist gesund! Begründen Sie diese Aussage.
2. Erklären Sie die Herstellung eines Milchshakes.
3. Nennen Sie einige im Handel erhältliche Kakaopulver und Kakaogetränke.

Getränkekunde I – alkoholfreie Getränke, Aufgussgetränke

Woher stammt der Kaffee?

Die Geschichte des Kaffees ist sagenumwoben. Wahrscheinlich war er schon im 9. Jahrhundert bekannt. Sicher ist, dass im arabischen Raum bereits im 15. Jahrhundert Kaffee getrunken wurde. 1440 lernten Mönche in Kaffa (Äthiopien) die anregende Wirkung von einem Hirten kennen und nutzten diesen Trank, um sich bei den nächtlichen Gebeten wachzuhalten. Von dort aus gelangte der Kaffee in den Jemen und im 16. Jahrhundert auch nach Mekka. Von Mekka aus verbreitete er sich in der ganzen islamischen Welt. Der erste verbriefte Bericht eines Europäers über Kaffee stammt von dem Augsburger Arzt L. Rauwolf, der um 1570 den Vorderen Orient bereiste. 1626 kam der Kaffee nach Rom und Venedig. Einige Jahre später war Kaffee in allen europäischen Seehandelsstädten erhältlich. Durch die niederländische Ostindische Kompanie gelangte die Kaffeepflanze in der Mitte des 17. Jahrhundert nach Java, Sri Lanka und Surinam. In der Mitte des 18. und seit dem 19. Jahrhundert breitete sie sich über weite Gebiete Lateinamerikas aus.

KAFFEE Coffein (50–150 mg pro Tasse) wirkt anregend auf das Zentralnervensystem, verstärkt u. a. die Herztätigkeit, steigert die geistige und auch körperliche Leistungsfähigkeit. Chlorogensäure beschleunigt die Darmtätigkeit, regt die Salzsäurebildung des Magens an, erhöht die Gallenausscheidung und wirkt zentralerregend. Chlorogensäure und „ätherisches Röstöl" wirken lokal reizend, vor allem auf die Magenschleimhäute.

TEE Coffein (Teïn) (50–100 mg pro Tasse) belebt das Zentralnervensystem, wird vor allem in den ersten zwei Minuten des Ziehenlassens abgegeben und wirkt anregend und leistungssteigernd. Gerbstoffe bremsen bzw. steuern den Coffeineinfluss, somit langsames Einsetzen, aber Anhalten der belebenden Wirkung. Je länger das Getränk „zieht" (3–5 min.), umso höher wird auch sein Anteil an Gerbstoffen, die u. a. auch Magen und Darm beruhigen.

KAKAO Coffein (5–50 mg pro Tasse) bleibt weitgehend wirkungslos; vorwiegend der Gehalt an Theobromin bewirkt, dass Kakao eine weniger anregende Wirkung hat; Gerbstoffgehalt des Getränks kann Darmtätigkeit schwächen und somit stopfende Wirkung hervorrufen.

1. Wirkung der Alkaloide und Inhaltsstoffe von Kaffee, Tee und Kakao

11.6 Kaffee

Kaffee ist neben Alkohol und Tabak das weitverbreitetste Genussmittel unseres Kulturkreises. Üblicherweise wird zum Frühstück Kaffee getrunken, dann wieder am Nachmittag. Außerdem ist es vielfach bereits Sitte, die Mahlzeiten mittags und abends mit einer Tasse Kaffee zu beschließen. Die Gründe für den Kaffeegenuss sind vielfältig: Während er vielen Menschen bei der Überbrückung der Mittags- oder Nachmittagsmüdigkeit hilft, dient er anderen als Mittel zur Förderung zwischenmenschlicher Beziehungen. Die Wirkung des Kaffees tritt etwa 20 bis 30 Minuten nach dem Genuss ein. Sie ist in erster Linie eine Wirkung des Coffeins. Außer der Überwindung von Müdigkeit erhöht Kaffee das Leistungsvermögen, stimuliert die Magensäuresekretion und wirkt harntreibend. Zu hoher Kaffeekonsum (Menge individuell unterschiedlich) führt u. a. zu Unruhe, Herzklopfen und Schlaflosigkeit. Herkömmlicher Kaffee kann eine starke Reizwirkung auf den Magen ausüben und wird bei Erkrankung der Gallenwege häufig schlecht vertragen.

Anbauländer befinden sich in Zentralamerika, Südamerika, Afrika und Asien (→ 158, Bild 2).
- Hochlandkaffee (meistens der Sorte Arabica), Anbauhöhe 600 m bis 1 800 m, reift langsam, ist aromatisch, würzig, voll im Geschmack; sein Preis ist hoch.
- Tieflandkaffee (meistens der Sorte Robusta), Anbauhöhe bis 600 m, hat ein rasches Wachstum, jedoch eine Tendenz zum „harten, erdigen" Geschmack; sein Preis ist niedriger.

Gewinnung der Kaffeebohnen

Die Kaffeepflanze ist ein Strauch, aus dessen weißen Blüten sich in etwa neun Monaten kirschähnliche Früchte entwickeln. Das „Herz" der Kirsche enthält zwei Samen, die Kaffeebohnen.

Geerntet wird Kaffee in den Anbaugebieten zu den unterschiedlichsten Jahreszeiten mit ein bis zwei Haupterntezeiten. Reif sind die Früchte, wenn die Kaffeekirsche eine tiefrote bis violette Farbe aufweist.

Nach der Ernte werden die Samen vom Fruchtfleisch befreit. Gebräuchlich sind zwei Methoden der Aufbereitung. Die **trockene Aufbereitung** bringt eine einfachere Kaffeequalität. Die Kirschen werden in der Sonne getrocknet und anschließend das Fruchtfleisch, meist auch die Pergament- und Silberhaut, von den Samen entfernt.

Die **nasse Aufbereitung** verwendet man für hochwertigeren Kaffee. In einem Wassertank werden die Kirschen sortiert. Die reifen, guten Früchte sinken dabei auf den Grund; alles andere wird abgeschöpft. Die Kaffeekirschen werden anschließend maschinell gequetscht und dabei vom Fruchtfleisch befreit (entpulpt). Bei der anschließenden Fermentation in Behältern beginnen die noch anhaftenden Fruchtfleischreste zu gären und lösen sich innerhalb von ein bis zwei Tagen vollständig ab. Die Samen werden gewaschen und getrocknet. Mit einer Maschine werden die Pergament- und Silberhaut abgeschält.

Das **Ergebnis** beider Aufbereitungsverfahren sind grüne Kaffeebohnen, die sortiert und verpackt zu Kaffeeröstern in alle Welt verschickt werden.

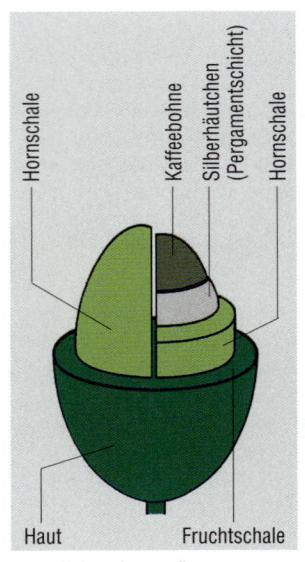

Zentralamerika:
Costa Rica
Dominikanische Republik
El Salvador
Guatemala
Haiti
Honduras
Kuba
Mexiko
Nicaragua

Südamerika:
Brasilien
Ecuador
Kolumbien
Peru
Venezuela

Afrika:
Angola
Äthiopien
Elfenbeinküste
Burundi
Kamerun
Kenia
Madagaskar
Tansania
Uganda
Kongo

Asien:
Indien
Indonesien
Jemen
Neu-Guinea
Philippinen

Kaffeebohne – Silberhäutchen (Pergamentschicht) – Hornschale – Hornschale – Haut – Fruchtschale

1. Kaffekirschenaufbau
2. Weltkarte des Kaffeeanbaus 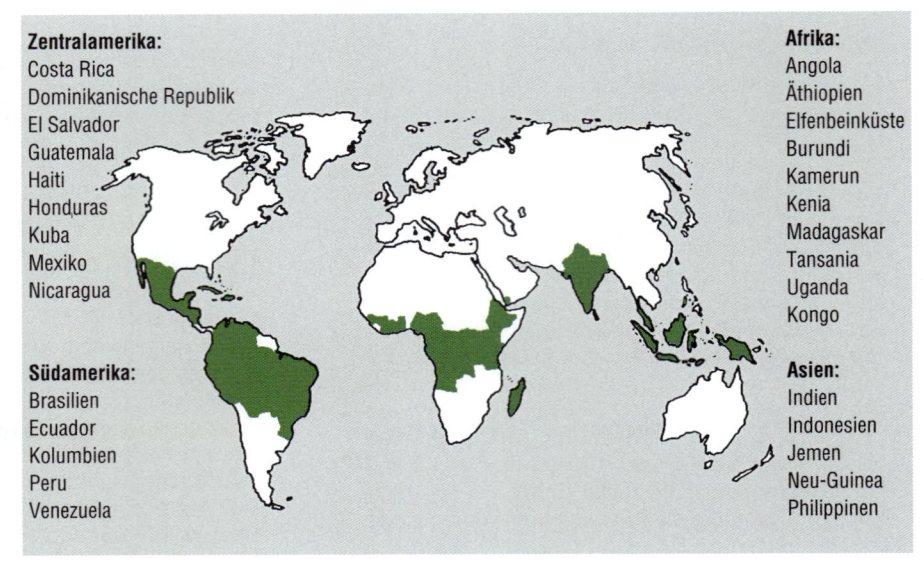

Rösten des Rohkaffees

Das Rösten des Rohkaffees erfolgt in den Verbraucherländern. Dies geschieht bei Temperaturen zwischen 200 °C und 250 °C im Heißluftstromverfahren oder im Aerothermverfahren (Wirbelstrom) oder in sich drehenden Rösttrommeln.
Dabei entstehen folgende Veränderungen:
- Das Wasser in den Bohnen verdampft.
- Die Kaffeebohnen vergrößern sich.
- Durch die Hitze erhalten sie ihre braune Farbe.
- Geschmacks- und Aromastoffe entwickeln sich.
- Die Bohnen werden gut mahlbar.

Nach dem Röstvorgang erfolgt das Verlesen der Kaffeebohnen, wobei besonders die Fehlbohnen aussortiert werden. Um eine gewünschte Geschmacksrichtung des Endproduktes zu erzielen, werden Kaffees aus mehreren Anbaugebieten gemischt.

Einkauf und Lagerung

Röstkaffee ist sauerstoff- und feuchtigkeitsempfindlich und sollte daher trocken, kühl und geruchsfrei gelagert werden. In handelsüblicher Verpackung hält sich Röstkaffee etwa zwei Monate frisch. Gemahlener, vakuumverpackter Kaffee ist sechs bis acht Monate haltbar.
Nach dem Öffnen muss Kaffee luftdicht aufbewahrt und rasch verbraucht werden. Bereits nach einer Woche tritt ein Alterungsprozess, verbunden mit Aroma- und Qualitätsverlust, ein. Bei Lagerung im Kühl- oder Gefrierschrank ist darauf zu achten, dass sich keine Feuchtigkeit auf dem Kaffeemehl niederschlägt.

Im Handel erhältlich

Röstkaffee: als ganze Bohnen oder beim Kauf frisch gemahlen oder gemahlen und vakuumverpackt.
Spezialkaffee: Behandelter Kaffee, dem bestimmte Inhaltsstoffe entzogen oder zugesetzt worden sind:
- **Entcoffeinierte Kaffees:** Durch spezielle Verfahren wird aus diesen Röstkaffees das Coffein weitgehend entfernt. Sie dürfen höchstens 1 g Coffein pro Kilogramm Kaffeetrockenmasse (= 0,1 %) enthalten. Sie sind besonders für herz- und kreislaufempfindliche Kaffeetrinker bekömmlicher.
- **Reizstoffarme Kaffees:** Sie werden sowohl entcoffeiniert als auch coffeinhaltig angeboten. Durch den Entzug von Gerbstoffen und anderen Reizstoffen wird die Bekömmlichkeit, vor allem für magen-, galle- und leberempfindliche Konsumenten, verbessert.
- **Aromatisierte Röstkaffees:** Diese Kaffees werden nach dem Mahlen z. B. mit Vanille aromatisiert.

Kaffee-Extrakt (Instant): Kaffee wird dazu in großen Mengen auf die herkömmliche Art hergestellt. Der reine, flüssige Kaffee wird dann getrocknet. Dazu gibt es zwei Verfahren: die Sprühtrocknung und die Gefriertrocknung (→ 96).
Kaffee-Ersatzprodukte: (Kaffeesurrogate bzw. Landkaffee), die durch Rösten von stärke- und zuckerhaltigen Pflanzenteilen (Getreidemalz, Zichorie usw.) erzeugt werden, sind coffeinfrei.
(Zubereitung von Kaffeegetränken → 167, 168.)

1. Schildern Sie die Geschichte des Kaffees.
2. Beschreiben Sie die Wirkung der Alkaloide und Inhaltsstoffe von Kaffee, Tee und Kakao.

Getränkekunde I – alkoholfreie Getränke, Aufgussgetränke

Südamerika:
Argentinien
Brasilien
Ecuador

Afrika:
Kenia
Malawi
Tansania
Mosambik
Ruanda
Mauritius
Uganda
Zaire

Asien:
Indien
China
Indonesien
Bangladesh
Papua-Neuguinea
Vietnam

1. Weltanbaukarte des Tees

2. „Two leaves and a bud" (zwei Blätter und die Knospe)

11.7 Tee

Nur der Aufguss aus Blättern der Teepflanze darf als Tee bezeichnet werden. Die Teepflanze, eigentlich ein Baum, den man jedoch regelmäßig auf Buschhöhe zurückschneidet, ist ein tropisches bis subtropisches Gewächs und wird heute ausschließlich in Plantagen in einer Höhe von etwa 80 cm bis 90 cm gezogen, um die Ernte zu erleichtern. Je jünger diese Baumsträucher sind und je langsamer diese wachsen, desto wertvoller ist die Teequalität. Aus diesem Grund ist gerade der langsam wachsende Tee Nordostindiens aus der Anbauzone Darjeeling, die sich in 2 000 bis 3 000 m Meereshöhe befindet, von besonderer Qualität. Heute sind Indien mit seinen bekannten Anbaugebieten Darjeeling und Assam sowie Sri Lanka (Ceylon-Tees) die wichtigsten Anbauländer.

Je nach Erntezeit erhalten die nordindischen Tees verschiedene Bezeichnungen:
- „First flush" (erster Trieb) nennt man die ersten Tees nach der Winterperiode. Sie sind hell und haben ein herb-bitteres Aroma.
- „Second flush" (zweiter Trieb) wird die Ernte von Mai bis Mitte Juli genannt. Sie ergibt einen dunklen Tee mit würzigem Aroma.
- „Bread and butter tea" ist der in der Regenzeit von August bis Oktober geerntete Tee, der eine gute Gebrauchsqualität ergibt.

Die anderen Tee produzierenden Länder haben – mit Ausnahme von China – für den Import wenig Bedeutung, weil sie einen hohen Eigenverbrauch haben.

Ernte und Aufbereitung der Teeblätter

Die Teeernte wird auch heute noch zum großen Teil von Hand durchgeführt. Gepflückt werden in der Regel die jüngeren Triebe mit den Blattknospen und die oberen Blätter („two leaves and a bud"). Bei der Ernte sind die Teeblätter grün und völlig geruchlos.

Das **Welken** der grünen Blätter auf Netzen oder in speziellen Welktrögen, wobei sie ca. 30 % Feuchtigkeit verlieren, ist der erste Arbeitsgang. Er dauert ca. 14 bis 18 Stunden und wird oft mithilfe von Ventilatoren auf ca. zehn Stunden verkürzt.

Das **Rollen** der welken Blätter bewirkt, dass die Blattzellen aufbrechen und der Zellsaft mit dem Luftsauerstoff in Berührung kommt. Es beginnt ein chemischer Vorgang, die Fermentation, die danach im Fermentationsraum fortgesetzt wird. Das Rollen wird heutzutage oft durch das CTC-Verfahren (crushing, tearing, curling = zermalmen, zerreißen, rollen) ersetzt, wobei die Blätter zwischen gedornten Walzen zerrissen werden. Stängel und Blattgerippe werden ausgeschieden, nur das „Fleisch" der Blätter kommt zur Weiterverarbeitung.

Das **Fermentieren** (Vergären des Zellsaftes) wird im Fermentationsraum bei hoher Luftfeuchtigkeit fortgesetzt und ist nach zwei bis drei Stunden beendet. Die Blätter sind kupferrot. Durch die Vergärung entwickeln sich Geschmacksstoffe, die enthaltenen Bitterstoffe werden abgebaut.

Durch **Trocknen** wird dem kupferroten Tee das Wasser entzogen, wobei sich die Blätter dunkel verfärben.

Durch **Sieben** wird der Tee nach Blattgrößen sortiert (nicht beim CTC-Verfahren) und danach verpackt.

Das **Mischen** der Tees erfolgt im Bestimmungsland.

Tee auch als Speise?

Am Anfang war der gekochte Tee eigentlich mehr Speise bzw. Gewürz als Trank. Die Blätter wurden gedämpft, zerstampft, zu Fladen geformt und dann mit Reis, Ingwer, Orangenschalen, Salz, Gewürzen, Milch und manchmal auch noch mit Zwiebeln gekocht. Ähnliche Zubereitungsarten existieren noch heute in Tibet und bei den mongolischen Steppenvölkern. Als Getränk wird er schon etwa 2700 v. Chr. in China, zunächst als Heil- und Genussmittel, im Buch „Ben-Cao" erwähnt. Über 3000 Jahre blieb der Anbau des Teestrauchs ein Privileg der Chinesen. Erst im 5. und 6. Jahrhundert n. Chr. brachten buddhistische Mönche den Tee nach Japan. Noch heute erinnern die Zeremonien, die das Teetrinken in Japan begleiten, an den einstigen Kult mit religiösem Hintergrund. Über Japan kam der schwarze Tee schließlich nach Europa. Der wichtigste Teelieferant war bis ins vorige Jahrhundert China. Doch dann zogen die europäischen Verbraucher die aromatischeren Sorten aus Indien und Sri Lanka dem weichen, rauchig schmeckenden Tee aus China vor.

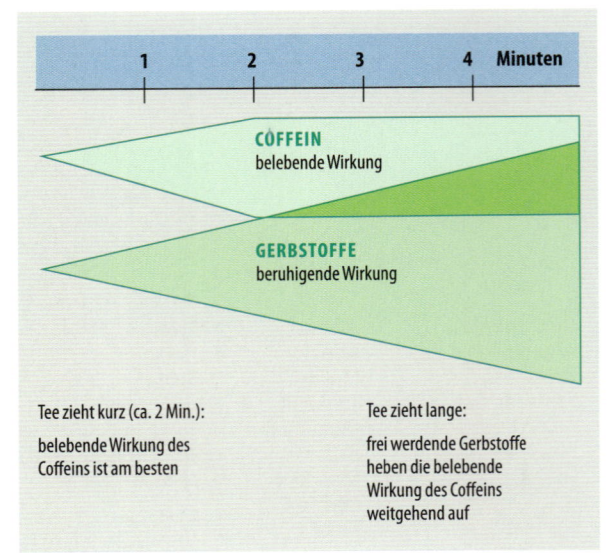

1. Wirkung des Tees

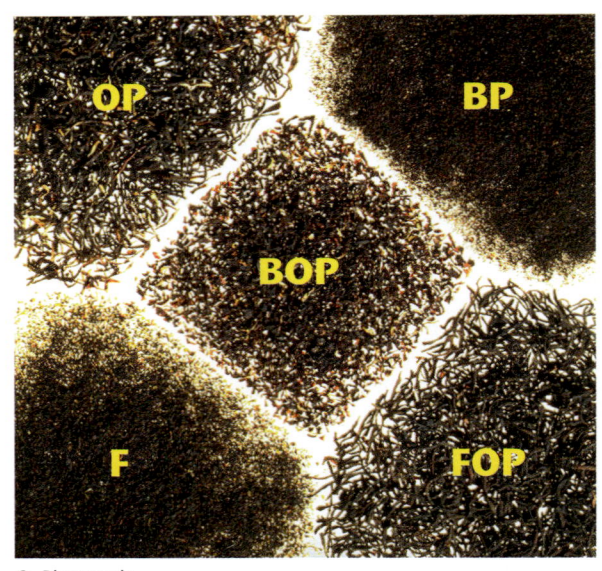

Teesorten

Je nach Fermentationsgrad wird zwischen grünem Tee, Oolongtee oder schwarzem Tee unterschieden.

Grüner Tee wird hergestellt, indem nach dem Welken die in den Blättern vorhandenen Fermente (Enzyme) noch vor dem Rollen durch starke Dampferhitzung zerstört werden. Die Teeblätter bleiben olivgrün. Grüner Tee enthält noch alle Bitterstoffe und hat deshalb einen sehr herben Geschmack.

Oolongtee (gelber Tee) ist ein halbfermentierter Tee und wird in China und Japan gerne getrunken.

Schwarzer Tee ist ein ganz fermentierter Tee und vor allem in Europa sehr beliebt.

Teemischungen

Gemischt wird der Tee in den jeweiligen Bestimmungsländern von den Teefirmen. Gründe für das Mischen:
- Der Konsument verlangt einen gleichbleibenden Geschmack, unabhängig von den jahreszeitlichen Qualitätsschwankungen der Ernten.
- Preisschwankungen können ausgeglichen werden.
- Typische Geschmacksrichtungen werden erzielt.

Beispiele für Mischungen sind:
- englische Mischung aus Darjeeling-, Assam- und Ceylon-Tees,
- ostfriesische Mischung aus Assam- und Sumatra- oder Javatee,
- russische Mischung (Herkunftsbezeichnung) – diese Mischung gibt es mit und ohne Rauchgeschmack,
- chinesische Mischung (Herkunftsbezeichnung).

2. Blattgrade

Aromatisierte Tees

Hierfür werden Schwarztees einfacher Qualität verwendet. Bei der Aufbereitung werden sie mit ätherischen Pflanzenölen besprüht oder mit getrockneten Blüten, Frucht- oder Schalenstücken versetzt. Sie werden unterteilt in Tees mit
- natürlichen Aromen wie Lavendelöl oder Bergamotteöl, mit dem der klassische Earl-Grey-Tee aromatisiert wird;
- naturidentischen Aromen wie Zimt, Vanille, Anis, Aroma gebenden Pflanzenteilen, Jasmin, Rosen;
- Rauchgeschmack.

Blatt-Tees (ganze Blätter)

Flowery Orange Pekoe – FOP
Die jüngsten Blätter des Zweiges.

Golden Flowery Orange Pekoe (Darjeeling) – GFOP
Im Tee sind goldbraunfarbene Blätter enthalten.

Tippy Golden Flowery Orange Pekoe (Darjeeling) – TGFOP
Es werden junge, zarte Blattknospen verwendet und besonders sorgfältig verarbeitet. Die jüngsten Blätter werden dabei goldgelb.

Orange Pekoe – OP
Lange, drahtige Blätter, größer als beim FOP.

Pekoe – P
Kurze, grobe Blätter, oft nicht fein gerollt.

Pekoe Souchong – PS
Pekoe (chin.): behaarte Blattknospen,
Souchong: gröbste Ware

Kleinblättrige Tees (gebrochene Blätter)

Flowery Broken Orange Pekoe – FBOP
Golden Flowery Broken Pekoe – GFBOP
Tippy Golden Flowery Broken Orange Pekoe – TGFBOP
Relativ teure Tees. Tippy ist der Anteil der Spitzen,
Golden bezieht sich auf die Farbe,
Flowery Orange Pekoe auf die Größe der Blätter.

Broken Orange Pekoe – BOP
Kräftiger als FBOP.

Broken Pekoe – BP
Einfacher Tee, dünner Aufguss.

Broken Pekoe Souchong – BPS
Bezeichnung für nordindischen Tee.

Fannings und Dust (feinste Aussiebungen)

Fannings – F
Dust – D
meist stark, nur für Teebeutel geeignet.

Orange Fannings – OF
Broken Orange Pekoe Fannings – BOPF
Pekoe Fannings – PF
Dunkel färbende Tees mit vorzüglichem Aroma, vor allem bei Hochlandsorten.

1. Blattgradbezeichnungen

Teeähnliche Erzeugnisse

Unter diesen Begriff fallen etwa 500 Heil- und Genusskräuteraufgüsse, ebenso Mischungen aus verschiedenen Sorten, z. B. Hagebutte mit Hibiskus. Kräutertees enthalten kein Coffein und keine Gerbstoffe. Der coffeinhaltige Matétee wird aus einer südamerikanischen Stechpalmenart gewonnen. Einigen Tees wird lindernde Wirkung bei körperlichen Beschwerden zugeschrieben wie
- Hagebutte bei Blasen- und Nierenbeschwerden,
- Pfefferminz bei Magenbeschwerden.

Einkauf und Lagerung

Tee wird lose in feuchtigkeitsdichten Weichpackungen oder Dosen, verpackt in Papierumhüllungen, als Teeaufgussbeutel oder als Tee-Extrakt (Instant-Tee) angeboten. Luftdicht verschlossener Tee kann bis zu zwei Jahre gelagert werden, aromatisierte Tees nur kurzfristig. (Zubereitung von Tee → 169.)

Wissen Sie Bescheid?

1. Zählen Sie die Handelssorten von Milch auf.
2. Beschreiben Sie die Lagerung von H-Milch und Sterilmilch in geöffneten und ungeöffneten Packungen.
3. Zählen Sie Milchmischgetränke auf und erklären Sie die Herstellung eines dieser Getränke.
4. Nennen Sie die Hauptanbaugebiete für Kakao, Kaffee und Tee.
5. Schildern Sie die Verarbeitung der Kakaobohne bis zur Herstellung des Kakaopulvers.
6. Durch welche Kriterien unterscheiden sich Hoch- und Tieflandkaffee?
7. Beschreiben Sie die trockene und nasse Aufbereitung der Kaffeebohnen.
8. Welche Veränderungen treten durch das Rösten des Rohkaffees in der Kaffeebohne ein?
9. Welchem Gästekreis empfehlen Sie folgende Spezialkaffees: a) entcoffeinierten Kaffee, b) reizstoffarmen Kaffee?
10. Erklären Sie folgende Begriffe der Tee-Ernte: „first" flush", „second flush", „bread and butter tea".
11. Beschreiben Sie Ernte und Aufbereitung der Teeblätter.
12. Begründen Sie, weshalb Teemischungen hergestellt werden.
13. Welche Bedeutung haben folgende Blattgradbezeichnungen: FOP, GFOP, F, D?
14. Wodurch unterscheiden sich Tee und teeähnliche Erzeugnisse?
15. Worauf ist bei Einkauf und Lagerung von Kaffee und Tee zu achten?

12 Getränkeausschank am Büfett

Das Büfett ist im Restaurant der Dreh- und Angelpunkt. Im Kleinbetrieb läuft alles über die Ausgabe eines Büfetts, in größeren Betrieben wird die Ausgabe auf mehrere Büfetts verteilt, wie Getränke-, Kaffee-, Kuchenbüfett. Je nach Betriebsart wird die Ware an das Servierpersonal oder direkt an den Gast übergeben. Büfettkräfte müssen flexibel für den Einsatz an verschiedenen Ausgabestellen sein. Das tischweise Herrichten aller bestellten Artikel zum gleichen Zeitpunkt ist Voraussetzung für einen reibungslosen Ablauf der Warenausgabe.

Büfettkontrolle

Im Vergleich zur Wareneinsatzkontrolle für Speisen ist die Kontrolle – vor allem am Getränkebüfett – viel einfacher, da es sich um länger haltbare Produkte handelt und ein Schwund durch Verderb kaum eintreten kann. Die Kontrollen können täglich oder wöchentlich, müssen jedoch mindestens einmal monatlich erfolgen. Bei nur monatlichen Kontrollen sind zwischenzeitliche Stichproben bei einzelnen Artikeln zu empfehlen.

Durch Kontrollen soll erreicht werden,
- dass Ware nicht verschenkt, vom Personal verzehrt oder vertauscht wird,
- dass der tägliche Durchschnittsverbrauch besser kontrollierbar wird,
- dass der Sollbestand für die einzelnen Artikel gegenüber dem Verkauf nicht zu hoch ist und dadurch Überbestellungen im Warenlager erfolgen.

Eine monatliche Inventur, in der alles erfasst wird, ist am Büfett unerlässlich und leicht durchzuführen.

Warenanforderung am Büfett

Um eine Warenanforderung am Büfett durchführen zu können, muss ein bestimmter Sollbestand für die einzelnen Artikel festgelegt werden.

Beispiel:
Sollbestand Artikel 9 (Pils) = 100 Flaschen
Istbestand Artikel 9 = 40 Flaschen
Um wieder den Sollbestand zu erreichen, müssen 60 Flaschen Artikel 9 (Pils) angefordert werden.

Durch die heute fast überall verwendeten elektronischen Registrierkassen im Service besteht die Möglichkeit, den Kassenausdruck des Vortages mit dem tatsächlichen Verbrauch und der Warenanforderung zu vergleichen oder als Vorlage für die Warenanforderung zu benutzen.

Warenausgabe am Büfett

- Bei der Ausgabe der Ware ist auf Sauberkeit von Gläsern, Flaschen und Geschirr zu achten.
- Die Artikel müssen tischweise ausgegeben werden.
- Erst nach Erhalt eines Bons darf die Ware angerichtet und ausgegeben werden!
- Es darf nur die Warenmenge ausgegeben werden, die auf dem Bon steht. Die auszugebende Menge ist bei Getränken aus der Getränkekarte zu ersehen.
    - Nicht über den Füllstrich eingießen (Schankverlust),
    - vorgegebene Portionierung, z. B. bei Kuchen, beachten.
- Jeder Bon muss sofort nach dem Herrichten der Ware entwertet und aufbewahrt werden.
- Abrisse der Bons (Talons) werden zu den bestellten Waren gelegt.

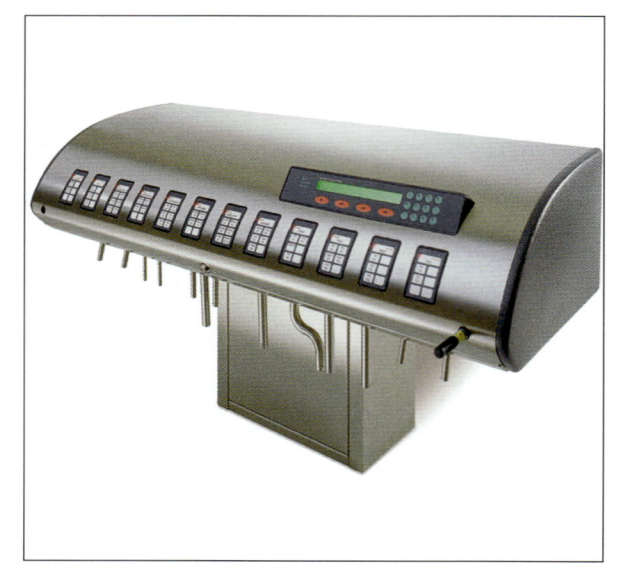

1. Computergesteuerte Schankanlage

2. Warenausgabe am Büfett

Getränkeausschank am Büfett 163

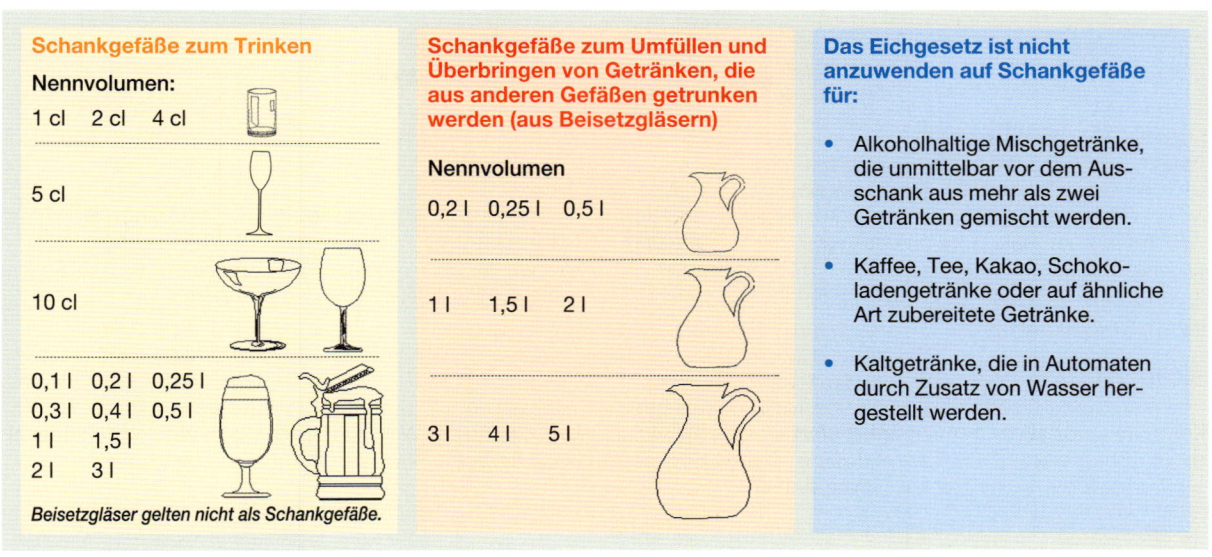

Schankgefäße zum Trinken	Schankgefäße zum Umfüllen und Überbringen von Getränken, die aus anderen Gefäßen getrunken werden (aus Beisetzgläsern)	Das Eichgesetz ist nicht anzuwenden auf Schankgefäße für:
Nennvolumen: 1 cl 2 cl 4 cl		• Alkoholhaltige Mischgetränke, die unmittelbar vor dem Ausschank aus mehr als zwei Getränken gemischt werden.
5 cl	Nennvolumen 0,2 l 0,25 l 0,5 l	
10 cl	1 l 1,5 l 2 l	• Kaffee, Tee, Kakao, Schokoladengetränke oder auf ähnliche Art zubereitete Getränke.
0,1 l 0,2 l 0,25 l 0,3 l 0,4 l 0,5 l 1 l 1,5 l 2 l 3 l	3 l 4 l 5 l	• Kaltgetränke, die in Automaten durch Zusatz von Wasser hergestellt werden.
Beisetzgläser gelten nicht als Schankgefäße.		

1. Einteilung von Schankgefäßen im Sinne des Eichgesetzes

12.1 Getränkebüfett

Der Standort des Getränkebüfetts sollte so gelegen sein, dass es dem Gast möglich ist, das Einschenken und Bereiten der Getränke zu beobachten.

Technische Geräte und Maschinen am Getränkebüfett:
- Zapfanlage für Bier und alkoholfreie Getränke,
- Manometer (nicht absperrbarer Druckmesser, auf dem der höchstzulässige Überdruck rot markiert ist),
- Hebelkorkenzieher für Ausschankflaschen,
- Mixmaschine mit fest montierten Quirlen,
- Schrankspülmaschine für Gläser,
- Eiswürfelbereiter, Frostapparat.

Die Einrichtung des Getränkebüfetts umfasst:
- Kühleinrichtung mit Fächern und Schränken mit verschieden einstellbaren Temperaturen,
- Schauvitrinen, Gläser- und Schauschränke,
- Gläserspülbecken sowie Ausgabestellen.

Eichgesetz (Getränkeausschank)
Um den Verbraucher vor Betrug zu schützen, wurde das Eichgesetz erlassen. Die bei dem jeweiligen Getränk auf der Getränkekarte angegebene Maßeinheit ist von der Büfettkraft als Mindestmaß (Füllstrich) einzuhalten.
Es werden unterschieden
- Schankgefäße, aus denen getrunken wird,
- Schankgefäße zum Umfüllen; sie dienen zum Überbringen von Getränken, die aus anderen Gefäßen getrunken werden.

Die Bereitstellung (Mise en place)
Die Warenanforderung bzw. Warenannahme oder -übergabe ist eine der ersten Tätigkeiten bei Arbeitsbeginn (Warenanforderung → 162).
Vor dem Einräumen der neuen Ware sind die dafür vorgesehenen Kühlschränke und Regale in regelmäßigen Abständen zu reinigen und, falls nötig, zu enteisen.

Annahme und Einräumen der Ware:
- Die angelieferte Ware muss mit der Warenanforderung verglichen werden.
- Zu kühlende Getränke müssen in die dafür vorgesehenen Kühlschränke verstaut werden, die angelieferte, noch nicht temperierte Ware nach hinten.
- Von Bier, Limonade usw. bleiben einige Flaschen ungekühlt, da nicht jeder Gast gekühlte Getränke wünscht.
- Das für Extraveranstaltungen angeforderte Material wird separat eingeräumt, damit es bei Gebrauch jederzeit griffbereit ist.
- Das Leergut ist zu sortieren und in die dafür vorgesehenen Container oder Lagerräume zu bringen.

Anrichte- und Hilfsmittel der Bereitstellung:
- Tabletts in verschiedenen Größen,
- Trinkhalme, Cocktailsticks,
- Gläser, Karaffen, Krüge,
- Wein- und Sektkühler,
- Eiswürfel,
- Gläsertücher, Spülmittel,
- Beigaben und Zutaten wie Zitronenscheiben, Kirschen, Oliven und Früchte für Säfte.

Getränke		Serviertemperatur
Wasser und Säfte	• Stille Wasser • Mineralwasser, Fruchtsäfte • Limonaden	Zimmertemperatur 10 °C bis 12 °C
Bier	• Helle Biere • Dunkle Biere	8 °C bis 10 °C 10 °C bis 12 °C
Spirituosen	• z. B. Cognac, Whisky, Calvados, Weinbrand, Rum • Obstbrände und -geiste • Spirituosen auf Basis Ethanol landw. Ursprungs, z. B. Gin, Aquavit, Genever	18 °C bis 20 °C ca. 10 °C eisgekühlt
Wein und Schaumwein/Sekt	• Junger, leichter Weißwein, z. B. Müller Thurgau Kabinett • Reife, kräftige Weißweine, z. B. Ruländer Spätlese • Roséweine, Weißherbst, Rotling • Junge leichte Rotweine, z. B. Portugieser, Trollinger • Reife gehaltvolle Rotweine, z. B. Spätburgunder Spätlese • Gehaltvolle und gerbstoffbetonte Rotweine, z. B. Barrique • Schaumwein/Sekt	8 °C bis 11 °C 11 °C bis 13 °C 9 °C bis 13 °C 14 °C bis 16 °C 17 °C bis 19 °C 6 °C bis 10 °C
Likörweine	• Trockene Likörweine, z. B. Sherry fino • Süße Likörweine, z. B. Cream Sherry	ca. 10 °C 16 °C bis 20 °C

1. Serviertemperaturen von Getränken

12.2 Welches Glas für welches Getränk?
(Gläserarten → 121–123)

Wein
- Römer: grün Moselweine, braungelb Rheinweine
- Henkelglas (Kandel): Rot- und Weißweine, Schorle
- Trevirisglas (Treviris = römisch Trier): Weißweine

Weitere Gläser tragen den Namen des Weines, der in ihnen serviert wird, z. B. Burgunderglas.

Schaumwein
- Sektflöte, Sektkelch: für Sekt und Champagner
- Spitzkelch (geeicht): oft für einfacheren Schaumwein
- Sektschale (Astischale): für Sektsorten, die eine große Oberflächenentwicklung benötigen wie Asti spumante

Bier
- Bierbecher, Krug, Stiefel: überwiegend Exportbiere
- Kugel, Tulpe, Bierstange: überwiegend Pils

Weitere Gläser tragen den Namen des Bieres, das in ihnen serviert wird, z. B. Weizen, Alt, Berliner Weiße.

Spirituosen
- Schwenker (Snifter): Weinbrände, Branntweine (Cognac, Armagnac), Calvados
- Stamper mit Stiel: Genever, Wodka, Aquavit
- Stamper ohne Stiel: einfachere Obstwässer und -geiste
- Tumbler mittel: Whisky/-ey, Campari, Pernod

Alkoholfreie Erfrischungsgetränke
- Tumbler groß/mittel oder Limonadengläser

Ausgabe von Getränken in Flaschen oder Karaffen
In vielen Restaurants werden Bier und alkoholfreie Getränke in Flaschen an den Tisch des Gastes gebracht. Bei der Ausgabe von Getränken in Flaschen hat die Büfettkraft auf folgende Punkte zu achten:
- Die Flaschen (einschließlich Flaschenboden) müssen sauber sein.
- Werden die Flaschen schon am Büfett geöffnet, muss bei Verschlüssen mit Kronkorken darauf geachtet werden, dass beim Öffnen keine Glassplitter vom Flaschenmund absplittern (in einem solchen Fall ist die Flasche aufzubewahren und als Bruch gutzuschreiben).
- Beim Ausschank in Karaffen ist auf die vorgegebene Füllmenge zu achten.
- Die jeweils zu dem Getränk passenden Gläser müssen für das Servierpersonal bereitgestellt werden.

Ausschank von Getränken in Gläsern
Der Ausschank in Gläser erfolgt durch das Büfettpersonal durch Einfüllen des bestellten Getränkes aus Flaschen in Gläser oder durch Zapfen aus der Schankanlage.
Automatische Büfettanlage: Bei einer computergesteuerten Schankanlage kann das Servierpersonal nach Identifizierung mittels Schlüssel die Getränke am Büfett selbst einschenken. Die auszugebende Menge ist programmiert. Statt einen Bon abzugeben, wird die auszugebende Menge sofort von der computergesteuerten Schankanlage als Umsatz des entsprechenden Servierpersonals registriert.
Vorteil computergesteuerter Schankanlagen: geringer Schankverlust durch exakte Portionierung.

Getränkeausschank am Büfett

Störung			
Bier läuft nicht	**Bier läuft trübe**	**Bier schäumt zu stark**	**Bier schäumt nicht**
• Bierleitungshahn aufgedreht? • Bierleitung geknickt? • Bierleitung gequetscht? • Bierleitung verstopft? • Kohlensäureleitung aufgedreht? • Kohlensäureflasche leer? • Druck falsch eingestellt? • Leitung undicht? • Sitzen die Dichtungen richtig?	• Bierleitung sauber? • Neue Zinnleitung eingebaut? • Zu starker Kohlensäuredruck? • Druckminderventil in Ordnung? • Bierkühlung in Ordnung? (nicht unter 3 °C) • Zu lange Lagerdauer? (7–14 Tage) • Wie lange im Anstich? (normal 2 Tage) • „Nachtwächter" (nach 2 Gläsern weg)	• Kohlensäuredruck in Ordnung? • Bier zu warm gelagert? • Druckminderventil in Ordnung? • Bierleitung gequetscht? • Bierschläuche durchhängend?	• Bier unter 5 °C? • Liegt es am Gläserspülmittel? • Liegt es an der Gläserpflege? • Kohlensäuredruck hoch genug?

(mögliche Ursache)

1. Beseitigung von Zapfstörungen

12.3 Bierausschank vom Fass

Damit ein Bier höchsten Ansprüchen von Auge und Gaumen gerecht wird, muss Folgendes beachtet werden:
- Die ersten Gläser Bier, die bei Servicebeginn gezapft werden, sind schal und ohne Kohlensäure, da das Bier nachts in der Leitung stand (sogenannte „Nachtwächter"). Diese Gläser Bier können nicht verkauft werden.
- Vor der Verwendung sind die Biergläser kurz mit kaltem Wasser auszuschwenken oder auf eine Gläserdusche zu halten, um sie auf „bierfreundliche" Temperatur abzukühlen (anschließend nicht abtrocknen). ① ②
- Bierglas beim Anzapfen schräg halten. ③
- Bierhahn ganz öffnen.
- Bier an der Glasinnenwand herunterlaufen, nicht in das Glas klatschen lassen; dies führt zu Kohlensäureverlust. ④
- Glas beim Anzapfen so gut wie möglich füllen; ca. eine Minute stehen lassen. ⑤
- Ein- bis zweimal kurz nachzapfen, ohne dabei den Hahn einzutauchen; sonst wird Luft in das Bier gedrückt und die Kohlensäure ausgetrieben.
- Nach etwa einer weiteren Minute durch halbes Öffnen des Zapfhahnes eine feste Schaumkrone aufsetzen. ⑥

Schankverlust durch Überlaufenlassen der Gläser und Abstreichen des Schaumes ist zu vermeiden.

Die Zapfzeit – auch bei Pils – sollte zwei bis drei Minuten nicht übersteigen. Bei Kompensationshähnen zum Druckausgleich beträgt die Zapfzeit ca. 20 Sekunden.

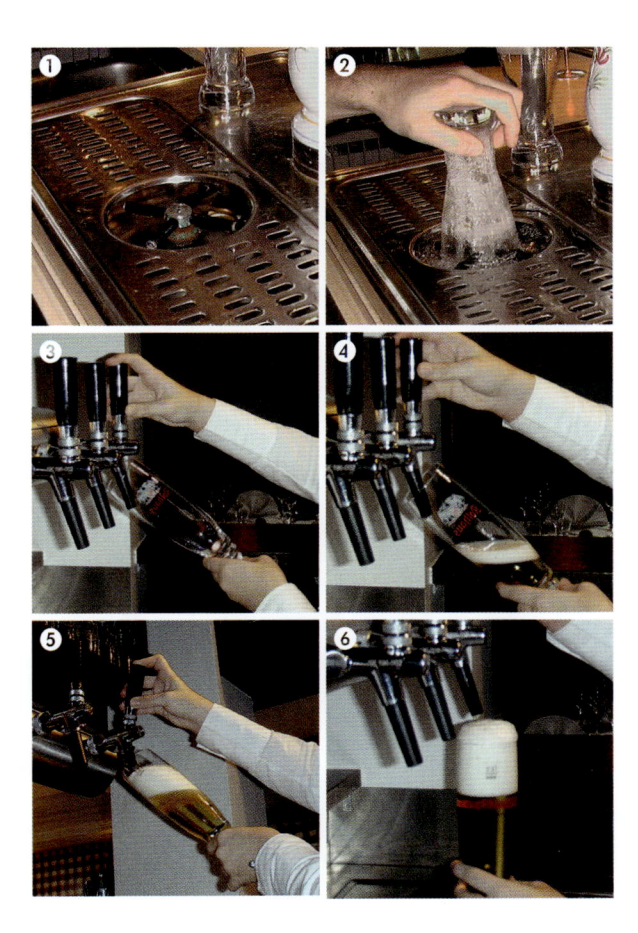

12.4 Bierzapfanlage, Reinigung

Die Bierzapfanlage besteht aus:
- einem Drucksystem, bei dem als Druckmittel nur Kohlenstoffdioxid erlaubt ist. Die technische Einrichtung dafür beinhaltet:
  - Kohlenstoffdioxidflasche in einer Halterung
  - Druckminderungsventile zur Herabsetzung des Druckes
  - Sicherheitsventil, verplombt, damit eine unerlaubte Veränderung der Höchstdruckeinstellung (3 bar) nicht möglich ist
  - Druckmesser zur Prüfung der Druckhöhe. Der Betriebsdruck richtet sich nach der Biersorte und dem Höhenunterschied, den das Bier in der Leitung zurücklegen muss.
- Bierleitungen und Zapfsäulen.
- Schankhähnen, je nach Bierart und Zapfmethode (Pils, Export), Kompensator oder Degenhahn.

Reinigung der Anlage (siehe auch Rechtsvorschriften)
Die Reinigung der Getränkeleitungen geschieht, indem die Schläuche durch ein Verbindungsstück zusammengeschlossen werden. Danach wird die Leitung durchgespült. Gummischwammkugeln unterstützen die Reinigungswirkung. Möglich ist auch eine chemisch-mechanische Reinigung. Grundsätzlich muss mit Trinkwasser nachgespült werden.

Anstich
Beim Einstoßen des Korkens darf nie Gewalt angewendet werden. Zapfloch und Zapfrohr sind vor dem Anstich sorgfältig zu reinigen.
Einfacher ist das Anschließen des Fasses beim Keg-System: Die Fässer aus rostfreiem Stahl besitzen ein eingebautes Steigrohr mit Zapfknopf. Auf diesen Knopf werden Bier- und CO_2-Leitung aufgesetzt und angeschlossen. Durch Drücken des Handhebels ist das Bier zapffähig.

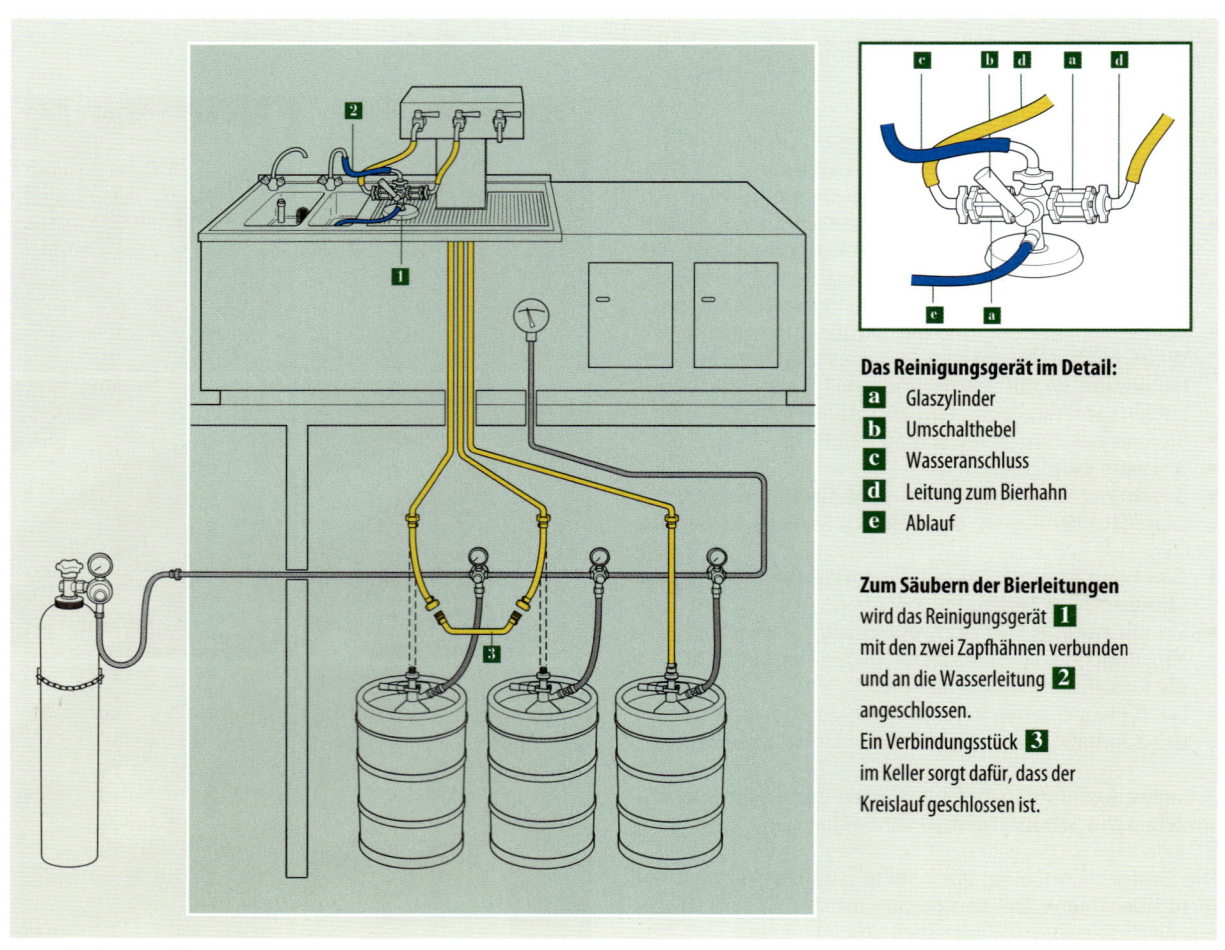

Das Reinigungsgerät im Detail:
- **a** Glaszylinder
- **b** Umschalthebel
- **c** Wasseranschluss
- **d** Leitung zum Bierhahn
- **e** Ablauf

Zum Säubern der Bierleitungen
wird das Reinigungsgerät **1** mit den zwei Zapfhähnen verbunden und an die Wasserleitung **2** angeschlossen.
Ein Verbindungsstück **3** im Keller sorgt dafür, dass der Kreislauf geschlossen ist.

1. Zapfanlage und Reinigung

13 Herstellung von Aufgussgetränken und einfachen Mischgetränken

13.1 Herstellung von Aufgussgetränken

Wenn es die Größe der Betriebsräume erlaubt, sollte ein separates Büfett für die Herstellung der Heißgetränke eingerichtet werden. Die Hauptaufgabe, die an diesem Büfett zu erfüllen ist, ist die Bereitstellung der Frühstücksgetränke sowie anderer Zutaten zum Frühstück und für das Nachmittagsgeschäft mit Kaffee und Kuchen. Geringerer Personaleinsatz ist bei den Hauptmahlzeiten mittags und abends nötig.

Technische Geräte und Maschinen:
- Maschine zur Herstellung von Kaffee, Tee, Kakao und anderen Aufgussgetränken,
- elektrische Saftpresse, eventuell mit Kühlung und Rührwerk,
- Eierkocher,
- Mikrowellengerät,
- Toaster und Aufbackgeräte,
- Sahnespender,
- Eiswürfelbereiter.

Die Einrichtung umfasst:
- Wärmeschränke für Kannen und Tassen,
- Regale für Geschirr und Gläser,
- Regale für die Tabletts für das Etagenfrühstück,
- Kühlschränke für Milch, Joghurt, Sahne, Butter, Konfitüre und Honig,
- Aufbewahrungsmöglichkeiten für Kaffee, Tee, Kakao, Feingebäck und verschiedene Zuckersorten.

13.2 Kaffeezubereitung

Die Qualität eines Kaffeegetränkes hängt ab von
- Bohnenqualität, Sortenwahl und Röstgrad,
- Wasserhärte (mittelhart 7° bis 12° d. H. (→ 56)),
- Pulvermenge, Mahlungsgrad,
- Brühmethode, Brühtemperatur, Brühzeit.

Bei der Kaffeeherstellung unterscheidet man drucklose Brühung und Brühung mit Druckanwendung. Letztere nutzt das Pulver am besten aus. Die ideale Brühtemperatur liegt bei 90 °C bis 95 °C. Höhere Temperaturen fördern die Freisetzung bitterer Gerbstoffe.

Druckloses Brühen erfolgt mit
- Filterverfahren durch Handaufguss oder in Kaffeemaschinen (Mahlgrad mittelfein).
- Perkolator, in dem durch Hitzeeinfluss das im unteren Behälter befindliche Wasser zum Kaffee nach oben steigt und nach Abstellen der Hitzezufuhr wie beim Filtern als Kaffee wieder abläuft (Mahlgrad mittelgrob).
- Frischbrühautomat, meist bei Selbstbedienung.

Druckbrühverfahren erfolgt durch
- Dampfdrucksystem ca. 0,45 bar (Mahlgrad mittelfein).
- Kolben- oder Espressosystem; Letzteres mit extra stark geröstetem Kaffeepulver, Mahlgrad sehr fein. Erhitztes Wasser wird unter hohem Druck (8 bis 12 bar) durch das „Kaffeebett" gepresst und sorgt für Schaumbildung (Crema) auf dem Kaffee, Schümlikaffee oder Espresso.

1. Kaffeemaschinen

Nicht immer liegt es am Kaffee, wenn er nicht schmeckt!

- Das Wasser kann zu hart sein.
- Es wurde abgestandenes Wasser aus dem Leitungsnetz verwendet.
- Tee- und Kaffeekannen wurden verwechselt.
- Kannen und Warmhaltebehälter haben innen Haarrisse, in denen sich Rückstände ablagern, die den Geschmack beeinflussen können.
- Die Kaffeemaschine wurde nicht gründlich gereinigt. Fette aus Kafferückständen, die ranzig wurden, lösten sich beim Brühvorgang.
- Einfülltrichter, Dosiergerät, Auffangbehälter oder Kaffeemühle sind mit alten, ranzig gewordenen Kaffeefetten behaftet.
- Metallkännchen sind oxidiert.
- Der Kaffee wurde zu lange warm gehalten.
- Die Warmhaltetemperatur (normal 75 °C bis 80 °C) war zu hoch oder der Kaffee hatte Luftkontakt.

Mengenverhältnisse bei der Kaffeezubereitung

Die angegebenen Mengen schwanken je nach Art der Brühsysteme.

Bei gewerblichen Kaffeemaschinen in der Gastronomie können die niedrigeren Mengenangaben als Anhaltspunkte genommen werden:

Tasse Kaffee	125 ml = 1/8 l	→	6 g bis 8 g
Portion Kaffee	250 ml = 1/4 l	→	10 g bis 15 g
1 l Kaffee	1000 ml = 1 l	→	35 g bis 50 g
Tasse Mokka	60 ml	→	6 g bis 7 g
Espresso	30–40 ml	→	6 g bis 7 g
Tasse Instantkaffee	125 ml = 1/8 l	→	1,5 g bis 2 g

(Einkauf, Lagerung, siehe Getränkekunde → 158)

Anrichten der Kaffeetabletts

Zur Aufgabe der Büfettkraft gehört nach dem Zubereiten der Kaffeegetränke das Anrichten auf Tabletts. Lediglich beim Frühstück entfällt diese Arbeit.

Bereitstellung und Anrichteweise
- Kaffeetablett mit Manschette
- Untertasse mit Manschette und Kaffeelöffel
- Warme Kaffeekanne und Tasse
- Zucker, Süßstoff, Kaffeesahne
- Je nach Gepflogenheit des Hauses ein Glas Wasser, da das Wasser die Röststoffverträglichkeit erhöht
- Eventuell Feingebäck

Da das Tablett in einem Winkel von 45° vom Gast aus gesehen eingesetzt wird, ist darauf zu achten, dass alles für den Gast übersichtlich angeordnet wird (Bild 1).
- Tasse auf Untertasse mit Löffel vorne
- Kaffeekännchen mit Kaffee hinten rechts
- Sahne und Zucker dazwischen

1. Vorbereitetes Kaffeegedeck für den Service

13.3 Herstellung von Getränken mit Kaffee

Espresso (I)
▶ Circa 7 bis 8 g fein gemahlenes Kaffeepulver mit 30 bis 40 ml Wasser im Druckbrühverfahren (→ 167)
  – macchiato: mit kleiner Haube Milchschaum
  – ristretto: mit nur 20 ml Wasser zubereitet
  – romano: mit Zitronenscheibe

Capuccino (I)
▶ Espresso mit heißer Milch und Milchschaum

Latte Macchiato (I)
▶ Circa 90 ml heiße Milch und Milchschaum von 60 ml Milch in ein Glas füllen, am Innenrand langsam den Espresso hineingießen, damit die Schichten sichtbar sind. (Evtl. auch mit Amaretto, Baileys usw.)

Fiaker (A)
▶ Doppelter Espresso mit Sahne und Kirschwasser

Melange (A)
▶ Halb Milch, halb Kaffee
  – Wiener Melange: halb aufgeschäumte Milch, halb Kaffee

Kapuziner (A)
▶ Espresso, heiße Milch und dicke Sahnehaube

Eiskaffee
▶ 2 Kugeln Vanilleeis im Eiskaffeeglas anrichten, mit 1/8 l eiskaltem, starkem Kaffee übergießen, mit Schlagsahne ausgarnieren, mit etwas Mokkalikör beträufeln, Garnitur Waffel/Hippe.

Pharisäer (D)
▶ 4 cl erwärmten Rum mit 1 Kaffeelöffel Zucker verrühren, mit starkem Kaffee auffüllen, mit halbfester Schlagsahne bedecken.

Schwaten/Schwatten (D)
▶ Schwacher Kaffee mit Zucker und 2 cl Korn.

Irish Coffee
▶ 4 cl erwärmten Irish Whiskey mit 2 Kaffeelöffeln braunem Zucker im Irish-Coffee-Glas verrühren, mit starkem heißem Kaffee zu 3/4 auffüllen, behutsam mit halbsteifer Schlagsahne bedecken.

Kahve (T)
▶ Kaffeepulver, Wasser und Zucker werden im Cezve (Kännchen mit Stiel) auf kleiner Flamme erhitzt, wenn die Flüssigkeit schäumend aufkocht, serviert man sie in kleinen Mokkatassen.

Herstellung von Aufgussgetränken und einfachen Mischgetränken 169

13.4 Teezubereitung

Damit das Teearoma voll zur Geltung kommt, sind alle Teegefäße vorzuwärmen. Bei der Bereitung von Einzelportionen bietet sich der Einsatz von Teebeuteln an. Bei losem Tee benötigt man pro Tasse 1 g bis 2 g Tee.
- Teebeutel oder losen Tee (im Teenetz) in ein vorgewärmtes Kännchen geben; bei losem Tee in Gläsern ein Tee-Ei verwenden;
- mit sprudelnd kochendem Wasser aufgießen, grünen Tee mit ca. 80 °C heißem Wasser;
- auf Tablett mit Untertasse, Tasse, Löffel, Ablageteller, bei losem Tee auch Teesieb, anrichten;
- bei Portionen ein Kännchen heißes Wasser und ein kleines Stövchen zusätzlich anrichten.

Als Beigaben zu Tee eignen sich kalte Milch, frische Sahne, Zitrone, Zucker (auch Kandis oder brauner Zucker).

Ziehzeiten und Wirkung von Tee
- **Schwarzer Tee:** In den ersten zwei Minuten löst sich das anregende Tein (Coffein), ab der dritten Minute die beruhigend wirkenden Gerbstoffe. Ab fünf Minuten wird er bitter.
- **Grüner Tee** (bis 6 Minuten): Er ist auch dann noch heller als schwarzer Tee; man trinkt ihn meist ohne jede Zugabe.
- **Teeähnliche Erzeugnisse wie Hagebutte, Malve:** fünf Minuten; manche Teemischungen bis 30 Minuten.

13.5 Kakaozubereitung

Bei der Herstellung von Kakaogetränken werden heiße Milch und Kakaopulver oder Milch und kakaohaltige (Instant-) Getränkepulver verwendet:

Tasse	125 ml = 1/8 l	→	6 g bis 10 g Kakaopulver
Portion	250 ml = 1/4 l	→	10 g bis 16 g Kakaopulver
Tasse	125 ml = 1/8 l	→	15 g Instantpulver
Portion	250 ml = 1/4 l	→	30 g Instantpulver

Herstellung von Kakaogetränk mit Kakaopulver
- 3/4 der Milchmenge zum Kochen bringen,
- Kakaopulver mit der restlichen Milch anrühren und zur kochenden Milch geben,
- durchkochen, anrichten und mit Streuzucker servieren.

Herstellung von Kakaogetränken mit kakaohaltigem (Instant-)Getränkepulver
- Kakao-Instantpulver in kalte Milch einrühren,
- falls das Getränk heiß gewünscht wird, erhitzen,
- anrichten, Zuckerzugabe ist nicht mehr nötig.

Trinkschokolade wird mit Getränkepulver hergestellt, welches mindestens 32 % Kakaoanteile enthält.
Fertiger Kakaotrunk ist ein gezuckertes Milchmischgetränk mit Kakao und kann auf Wunsch erhitzt werden.

Herstellung von Getränken mit Tee

Eistee

Zutaten für 1 l

ca. 16 g Assamtee (8 Teelöffel),
500 g Eiswürfel,

Saft einer Zitrone,

Zucker nach Geschmack,
1/2 l Wasser

▶ Tee mit 1/2 l Wasser aufbrühen, 3 Minuten ziehen lassen, Tee auf die Eiswürfel, den Zucker und den Zitronensaft passieren. Der Kälteschock verhindert, dass sich auf dem Tee eine Schicht absetzt; er bleibt klar.

Gewürztee

Zutaten für 1 l

10 g Assamtee, etwas Muskatblüte, 3 Nelken, eine kleine Zimtstange, 1/2 l Milch, 1/2 l Wasser, Zucker nach Geschmack

▶ Alle Zutaten zusammen kalt aufsetzen, zum Kochen bringen, ca. 10 Minuten köcheln lassen, abseihen.

Ostfriesentee

▶ Tee von Ostfriesenmischung herstellen, etwa 5 Minuten ziehen lassen, in jede Tasse 5 würfelzuckergroße Stücke Kandiszucker (Klüntjes) geben, Tee darübergießen und frische Sahne zugeben, nicht umrühren, es wird schichtweise abgetrunken.

Der Gast gießt auf die nicht aufgelösten Stücke Kandiszucker Tee und Sahne auf („Ostfriesenrecht" = 3 Tassen).

Teepunsch

Zutaten für 1 l

10 g Darjeelingtee, Saft von 1 bis 2 Zitronen, 100 g Zucker, 0,2 l Arrak, 3/4 l Wasser

▶ Tee mit 3/4 l Wasser aufbrühen, 3 Minuten ziehen lassen, Arrak mit Zucker erhitzen, Tee auf Arrak und Zucker passieren, Zitronensaft unterrühren.

13.6 Herstellung einfacher Mischgetränke am Getränkebüfett

Cocktails

Kir
1/2 cl Cassislikör
5 cl trockenen Weißwein

1/2 cl = 1 Barlöffel Cassislikör in ein Sektglas oder kleines Weinglas geben, mit gut gekühltem Weißwein aufgießen.

Martinicocktail
4 cl Gin
2 cl Wermut weiß, trocken
1 Olive, Eiswürfel

Eiswürfel in ein Rührglas geben, Gin und Wermut zugießen, kaltrühren, mithilfe eines Barsiebes (Strainer) in ein Martiniglas passieren, mit Olive auf Spieß ausgarnieren.

Alexander
2 cl Crème de cacao
2 cl Brandy
2 cl Sahne
Eiswürfel

Eiswürfel in den Shaker (Schüttelbecher) geben, Brandy, Crème de cacao und Sahne dazugeben, kurz shaken, mithilfe des Barsiebes in ein Cocktailglas passieren.

Mischgetränke mit Bier

Radler bzw. Alsterwasser
1/2 Exportbier
1/2 Zitronenlimonade

Becherglas kalt ausspülen, mit Exportbier halb füllen, mit Limonade auffüllen.

Berliner Weiße
0,33-l-Flasche Berliner Weiße
2 cl Himbeer- oder Waldmeistersirup

Berliner-Weiße-Glas kalt ausspülen, je nach Bestellung Himbeer- oder Waldmeistersirup in das Glas geben, mit Berliner Weiße auffüllen, auf Untertelller stellen, Trinkhalm anlegen.

Herrengedeck
1 Flasche Pils
1 Piccolo

Als Gedeck mit Pilsglas auf Tablett anrichten, wird vom Gast meist selbst gemischt.

Mischgetränke mit Wein

Weinschorle sauer (Gespritzte)
1/2 Rot-/Weißwein
1/2 kohlensäurehaltiges Wasser

Henkelglas 0,2 l/0,25 l zur Hälfte mit Weißwein oder Rotwein füllen, mit kohlensäurehaltigem Wasser auffüllen.

Weinschorle süß

Zubereitung wie Schorle sauer, jedoch mit Zitronenlimonade auffüllen.

Mischgetränk mit Sekt

Kullerpfirsich
1 kleiner Pfirsich
0,2 l Sekt

Pfirsich waschen, mit einer Gabel rundherum einstechen, in ein stabiles, bauchiges Stielglas legen, mit Sekt auffüllen auf Untertelller anrichten, Gabel und Löffel anlegen.

Alkoholfreie Mischgetränke

Russisches Feuer
4 cl Sauerkrautsaft
2 cl Sangrita
1 Scheibe Salzgurke, Eiswürfel

Eiswürfel in den Shaker (Schüttelbecher) geben, Sangrita und Sauerkrautsaft dazugießen, kurz shaken, mithilfe des Barsiebes in Cocktailglas passieren, mit Salzgurke auf Spieß ausgarnieren.

Saftschorle

Herstellung siehe Weinschorle; statt Wein werden klare Säfte verwendet, z. B. Apfelsaft, Traubensaft, Johannisbeersaft.

Eiscreme-Soda
3 cl Himbeersirup
2 cl Sahne
2 Kugeln Vanilleeis
kohlensäurehaltiges Wasser

Himbeersirup, Sahne und Vanilleeis in einen hohen Tumbler geben, mit kohlensäurehaltigem Wasser langsam auffüllen, auf Untertelller anrichten, Trinkhalm und Löffel anlegen.

Grapefruit Highball
2 cl Grenadine
8 cl Grapefruitsaft
Ginger Ale
eventuell Eiswürfel

In hohem Tumbler Grenadine mit gut gekühltem Grapefruitsaft und Ginger Ale auffüllen, eventuell 2–3 Eiswürfel zugeben.

Erdbeer-Shake
100 g Erdbeeren
2 Teelöffel Puderzucker
1/8 l eiskalte Milch

Gewaschene, geputzte Erdbeeren mit dem Puderzucker (falls vorhanden 1 Kugel Erdbeereis) im Mixer pürieren, eiskalte Milch langsam dazugießen, im hohen Tumbler anrichten.

14 Umgang mit Gästen

14.1 Kaufwünsche und ihre Ursachen

Jedem Kaufwunsch liegt ein Beweggrund (Motiv) zugrunde. Wenn ein Jogger am Kiosk „etwas zu trinken" verlangt, ist sein Durst das Kaufmotiv. Hier sind keine besonderen Verkaufskenntnisse nötig, um dem Kunden das richtige Getränk anbieten zu können.

Wenn ein Unternehmer seine Geschäftspartner zu einem Bankett einlädt, stehen Hunger und Durst des Gastes sicherlich nicht im Vordergrund, wenn er um Vorschläge für „ein besonderes, vielleicht nicht alltägliches Abendmenü" bittet. Vielleicht will er imponieren, bewundert werden oder originell sein. Im Vordergrund des Kaufwunsches stehen also bestimmte, in diesem Fall eher exklusive Speisen und Getränke. Das Kaufmotiv („besonderes, ... nicht alltägliches") deutet an, welchen Nutzen oder Vorteil der Gast von dem Produkt oder der Dienstleistung erwartet.

Insbesondere, wenn ein Gast unschlüssig ist und Beratung erwartet, ist die Erforschung von Kaufmotiven wichtig. Wird ein Motiv erkennbar, können Angebot und Beratung darauf ausgerichtet werden. Nicht selten stehen hinter einem Wunsch vernunft- als auch gefühlsbetonte Motive.

Neben **vernunftmäßigen (rationalen)** Gründen für eine Kaufentscheidung können auch irrationale Argumente zum Kauf einer Ware oder deren Ablehnung führen. Dazu zählen Hoffnungen, Träume, Wünsche und Ängste eines Menschen, deren Anregung für den Kauf mitentscheidend sind.

So können bestimmte Erlebnisse wie Hausbrand, Diebstahl, Eigenschaften, z. B. Aberglaube bei der Zahl 13, oder negativ empfundene Erlebnisse wie eine zurückliegende Auseinandersetzung mit dem Partner, dazu führen, dass ein Gast ein bestimmtes Zimmer oder einen bestimmten Tisch nicht akzeptiert. In solchen Fällen muss der Wunsch des Gastes respektiert werden, auch wenn die Gründe für eine Ablehnung nicht rational erscheinen.

Die Gründe für Kaufentscheidungen sind vielfältig. Sie sind den wenigsten Gästen und Kunden bewusst. Wenn jedoch der Verkäufer diese Zusammenhänge kennt, kann er ein Verkaufsgespräch entsprechend steuern.

So stellt z. B. auch die Beratung über die Zusammenstellung eines Menüs ein Verkaufsgespräch dar. Je nach Einschätzung des Gastes müssen unterschiedliche Empfehlungen ausgesprochen werden, um ihn zufriedenzustellen. Entscheidend ist hierbei meistens, mit **welchen Formulierungen** gezielt, aber vom Gast unbemerkt, bestimmte Gefühle oder Bedürfnisse angesprochen werden. Jedem Kauf liegt ein **Bedürfnis** zugrunde. Dabei ist es unwesentlich, ob dieses Bedürfnis echt ist oder ob es z. B. durch Werbung geweckt wurde. Nicht alle Menschen haben jedoch gleiche Wünsche und Bedürfnisse, auch wenn dieselbe Werbung auf sie einwirkt. Die Art der Bedürfnisse hängt vielmehr von der Umwelt, in der die Menschen leben, von ihrer eigenen sozialen Situation (arm oder reich, niedriger oder hoher Bildungsstand) und von ihren jeweiligen Interessen ab.

Kaufmotive		
triebmäßige Kaufmotive	gefühlsmäßige Kaufmotive	verstandesmäßige Kaufmotive
• Selbsterhaltung (z. B. Essen, Trinken, Schlafen, Kleidung) • Nachahmung • Neugierde • Geltungsbedürfnis • Sammellust • Betätigungslust	• Genusssucht (z. B. zur Erhöhung der Lebensfreude) • Schönheitsempfinden • Geruch • Geschmack	• Preiswürdigkeit (z. B. geringes Einkommen, Sparsamkeit) • Zweckmäßigkeit (z. B. Zeitersparnis, Haltbarkeit, Bequemlichkeit) • Gesundheitsstreben

1. Kaufmotive (Auswahl)

überwiegend vernunftbetont	überwiegend gefühlsbetont
• Geldersparnis	• Bequemlichkeit
• Preiswürdigkeit	• Neugierde
• Zeitersparnis	• Nachahmungsdrang
• Arbeitsersparnis	• Genusssucht
• Zweckmäßigkeit	• Konsumdrang
• Sicherheitsbestreben	• Vergnügungssucht
• Gesundheitsbewusstsein	• Sammellust
• Umweltbewusstsein	• Geltung, Ansehen
	• Schönheitsempfinden

2. Einteilung von Kaufmotiven

Lebensstile, Kaufmotive

Eine Studie über die als Trendsetter gepriesenen „Oberen Zehntausend", wo und was beim Ausgehen, Essen und Trinken „in" ist, ergab Folgendes: Wer es sich leisten kann, stilisiert die Nahrungsaufnahme hoch zum theatralen Bestandteil seiner Alltagskultur. Essen und Trinken erfüllen als Statussymbole ihren Zweck ebenso wie edle Designer-Mode. Vor allem das identitätsstiftende „Drumherum" (Ambiente) muss stimmen. Welches Restaurant „in" ist, ist fast wichtiger als die Frage, wo es gut schmeckt; denn darin liegt ein gewichtiger statusdifferenzierender Lifestyle-Faktor. Das Image, die Inszenierung des Essens, wird in dieser Studie in der Upper-Class sehr hoch eingestuft; das Essen als solches rückt in den Hintergrund. Die Auswertung dieser Studie dürfte für Gastronomen sehr interessant sein.

soziale Anerkennung	„Für Sie reservieren wir das schönste Zimmer."
Sicherheit	„Wir garantieren Ihnen einen harmonischen Verlauf Ihres Festessens."
Geborgenheit	„Wir bieten Ihnen in unserem Haus eine familiäre Atmosphäre."
Vertrauen	„Selbstverständlich können Sie den Hausschlüssel mitnehmen."
Selbstachtung	„Ich finde, diese Art des Empfangs steht Ihnen unbedingt zu."
Unabhängigkeit	„Wir richten uns ganz nach Ihnen."

1. Ansprechen sekundärer Kaufmotive

Ein Bedürfnis lässt sich immer auf einen Mangelzustand zurückführen. Wer Hunger hat, möchte etwas essen. Minderwertigkeitsgefühle gleichen manche Menschen durch auffallende Kleidung aus. Sind solche Bedürfnisse erfüllt, fühlt sich der Mensch zufrieden. Der Organismus ist dann im Gleichgewicht, bis sich das nächste Bedürfnis einstellt. Die Verhaltenslehre spricht von der **Bedürfnishierarchie**. Ein hungriger und müder Mensch wird zuerst essen und schlafen wollen, bevor er Kontakt zu anderen sucht oder Unabhängigkeit und Eigenverantwortung anstrebt.

Bedürfnisse, die nicht auf einen echten Bedarf zurückgehen, sogenannte **Luxusbedürfnisse**, gehören zu den Sekundärbedürfnissen. Gerade diese Bedürfnisse werden in der **Erlebnisgastronomie** gezielt geweckt und befriedigt.

Wer mit Kunden und Gästen umgeht, kann sie bei Kenntnis oder richtiger Einschätzung ihrer Situation (Lebensbereich, Bildungsniveau) in die entsprechenden Stufen der Bedürfnishierarchie einordnen. Es müssen dann im Verkaufsgespräch solche Argumente gewählt werden, die den Kunden oder Gast auch ansprechen.

Auch durch **Werbung** werden Kaufmotive erzeugt. Werbung weckt neue Bedürfnisse, die zuvor verdeckt oder gar nicht vorhanden waren. Dabei spielt die Verknüpfung von (An-)Trieben mit bestimmten Reizen eine große Rolle. Gute Werbung ist so angelegt („aufgemacht"), dass sie beim Kunden gerade solche Instinkte anspricht, die Bedürfnisse erzeugen und so Kaufmotive entstehen lassen.

Lob und Bestätigung als Verstärker für Kaufmotive
Jeder Mensch strebt danach, belohnt zu werden. Besucht ein Gast einen gastronomischen Betrieb, löst dies positive Gefühle aus, wenn er den Besuch als angenehm empfindet und wenn Ware oder Dienstleistung ihm außerdem noch die Erfüllung bestimmter Wünsche wie Glück, Wohlbehagen, Anerkennung, gutes Gewissen, gehobenes Niveau vermitteln. Ware oder Dienstleistung bleiben dem Gast im Gedächtnis, sie werden als eine Art **Belohnung** empfunden.

Auch das Personal in der Gastronomie kann beim Gast durch Zuhören, Lob und Bestätigung diese Kaufmotive an sprechen; denn gerade in der Gastronomie sind Lob und Bestätigung als Verstärker von Kaufmotiven wichtig. Zum Beispiel kann das Restaurantpersonal durch Hilfsbereitschaft bei der Auswahl von Speisen und Getränken **positive Reize** aussenden, die der Gast als „Belohnung" empfindet. „Belohnung" ist nicht nur eine Belobigung des Gastes für seine gut getroffene Wahl, die ihn als Gourmet auszeichnet, sie schließt auch Anerkennung und das Entgegenbringen von Vertrauen ein. Die allzeitige Dienstbereitschaft ist grundlegende Voraussetzung zur Schaffung einer ansprechenden Atmosphäre. Durch Vergesslichkeit, Missachtung oder Unfreundlichkeit sendet das Personal negative Reize dem Gast gegenüber aus. Der Gast empfindet dies als Missachtung seiner Person, als „Bestrafung".

1. Nennen Sie verschiedene Arten von Kaufmotiven.
2. Geben Sie Kaufwünsche und ihre Ursachen an.
3. Weshalb verstärken Lob und Bestätigung Kaufmotive?

Umgang mit Gästen

Es hat sich die Erkenntnis durchgesetzt, dass das jeweils beobachtbare Verhalten eines Menschen durch persönliche Merkmale und Erfahrungen bzw. durch die Situation beeinflusst wird, in der sich der Mensch befindet. Wer also Aussagen, Mimik und/oder Gestik eines Gastes gut beobachtet, sie richtig einschätzen (deuten) kann, ist in der Lage, sein eigenes Verhalten entsprechend einzustellen. Persönlichkeitsmerkmale sind Eigenschaften oder Verhaltensweisen, die nicht situationsbedingt beobachtbar, sondern – wie der Begriff dies ausdrückt – (häufig auftretende) persönliche Merkmale sind. Sicher ist es aber falsch, einen Gast als redselig einzustufen, wenn er bei der Aufgabe seiner Bestellung über das Thema Wetter in seinem letzten Urlaub zu sprechen kommt. Möglicherweise liegt dieser erst kurz zurück und ist ihm noch in positiver Erinnerung.

Für die Einschätzung von Verhaltensweisen ist es deshalb wichtig, nicht nur bestimmte Konstanten (Persönlichkeitsmerkmale), sondern auch Variablen, das heißt die aktuelle Situation, in der sich der Gast befindet, in Betracht zu ziehen.

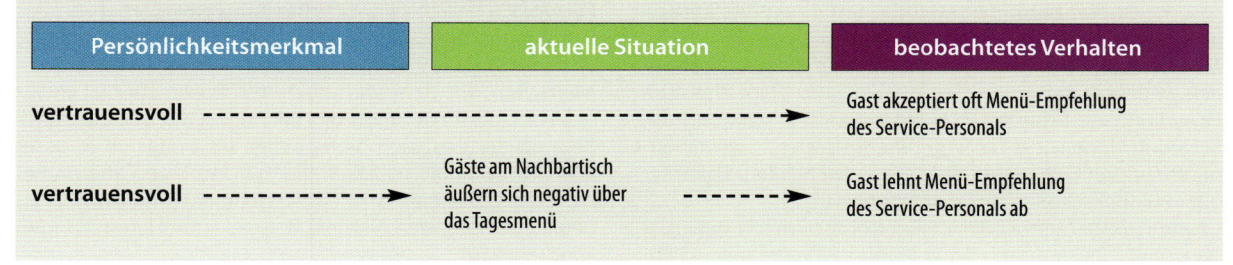

Persönlichkeitsmerkmal	aktuelle Situation	beobachtetes Verhalten
vertrauensvoll --→		Gast akzeptiert oft Menü-Empfehlung des Service-Personals
vertrauensvoll ---------------→	Gäste am Nachbartisch äußern sich negativ über das Tagesmenü -------→	Gast lehnt Menü-Empfehlung des Service-Personals ab

1. Verhalten in Abhängigkeit von Persönlichkeitsmerkmalen und aktueller Situation

14.2 Verhaltensweisen von Gästen

Unter den Gästen, mit denen man im Laufe eines Arbeitstages in Kontakt kommt, gibt es viele verschiedene Menschen mit unterschiedlichen Eigenschaften und Verhaltensweisen. Dennoch gibt es Verhaltensweisen, in denen sich Gäste gleichen. Wenn eine Person einen Raum betritt, gibt sie durch Haltung, Mimik, Gesten, Kleidung und Sprache ungewollt Auskunft über sich. In manchen Situationen sind Gäste leicht einschätzbar: Wer es eilig hat, sendet oft ebenso eindeutige Signale aus wie jemand, der guter oder schlechter Laune ist. Auf solches Verhalten kann man sich leicht einstellen. Ob jedoch der eilige Kunde für Empfehlungen aufgeschlossen oder verschlossen ist, wird sich bestenfalls im Gesprächsverlauf herausstellen.

Vieles wird instinktiv richtig gehandhabt – „man hat es im Gefühl". Aber das Beobachten und Interpretieren (Einschätzen) von Verhaltensweisen können auch geübt und gelernt werden. Grundsätzlich muss man sich aber der Gefahr bewusst sein, ein Verhaltensmerkmal isoliert zu betrachten und das eigene Verhalten alleine daran auszurichten. Unter diesem Gesichtspunkt sind auch die folgenden Verhaltensregeln zu betrachten; sie können nur Orientierungshilfe sein.

Redselig: Solche Gäste haben ein großes Mitteilungsbedürfnis. Eine Beratung kann sich schwierig gestalten, weil man den Gast nicht schroff unterbrechen bzw. abrupt zum eigentlichen Thema zurückführen kann. Keinesfalls sollte man sich an Klatsch beteiligen oder gar Fragen stellen, die den Redefluss des Gastes weiter fördern.

Geltungsbedürftig, rechthaberisch, überheblich, arrogant: Diese Verhaltensweisen sind verwandt und erfordern größte Disziplin vonseiten des Personals. Es wäre falsch, in gleicher Weise oder schnippisch zu reagieren. Ebenso falsch ist es, den Gast zu belehren oder zurechtzuweisen, weil man damit Widerspruch herausfordert und so die unerwünschten Verhaltensweisen noch fördert.

Anerkennende Äußerungen und Bestätigung sind gesprächsfördernde Elemente im Beratungsgespräch, weil sie als Anerkennung interpretiert werden.

Eine besondere Variante dieser Gruppe von Verhaltensweisen stellt der „Besserwisser" („Auch-Fachmann") dar. Er versucht, das Personal mit Fragen über Speisen und Getränke in die Enge zu treiben, um mit seinen Fachkenntnissen glänzen zu können. Um nicht selbst in Gefahr zu geraten, belehrend auf den Gast zu wirken, sollte man Diskussionen über Fachthemen vermeiden und zu unverbindlichen Gesprächsthemen wechseln. Empfehlungen, gegebenenfalls fachlich begründet, nehmen solche Gäste gerne an.

Eilig, hektisch, nervös: Solche Gäste sind oft ungewollt unhöflich und merken es selbst gar nicht. Man sollte solches Verhalten nicht auf sich beziehen und beleidigt sein. Richtig verhält man sich auf jeden Fall, wenn man Gerichte mit kurzer Zubereitungszeit empfiehlt und den Gast mit besonderer Aufmerksamkeit und zügig bedient.

Misstrauisch, kritisch: Gäste mit diesen Verhaltensweisen sind manchmal am skeptischen Gesichtsausdruck, aber auch an ihrer Wortkargheit zu erkennen. Sofern solches Verhalten nicht ein Persönlichkeitsmerkmal des Gastes ist, wurde er vielleicht bei einem früheren Besuch enttäuscht.

Mangelnder Entscheidungsfreude darf nicht mit Überredungsversuchen begegnet werden. Empfehlungen müssen der Qualitätserwartung des Gastes entsprechen. Bei der Auswahl des Weines kann der Gast z. B. durch Kostprobe zweier zur Wahl stehender Weine zu einer Entscheidung geführt werden.

Schüchtern, gehemmt: Dieses Verhalten ist oft bei Gästen anzutreffen, bei denen „groß ausgehen" nicht zu ihrem gewohnten Lebensstil zählt. Freundliche, einfühlsame Ansprache ist hier besonders wichtig, um ihnen die Schwellenangst zu nehmen.

Ernährungsbewusst, gesundheitsbewusst, weltanschaulich geprägt: Bei einem Teil dieser Gäste zeigt sich ihre Einstellung zu bestimmten Nahrungsmitteln während der Beratung, indem sie Gerichte wie Innereien, Schwalbennestersuppe, Gänsestopfleber, Froschschenkel, Hummer oder alkoholische Getränke ablehnen.

Gründe können entweder in einem besonderen Bewusstsein, einer bestimmten Überzeugung (Vegetarier, Glauben, Antialkoholiker) oder in einer Krankheit liegen, die den Verzehr bestimmter Nahrungsmittel und Getränke ausschließt. Die Beratung muss entsprechend differenziert erfolgen.

Betrunken: Ein Sonderfall bei den Verhaltensweisen stellt die Trunkenheit dar. So leicht sie zu erkennen ist, so schwer ist damit umzugehen, weil betrunkene Gäste verschieden reagieren. Oft missachten sie die Gefühle ihrer Mitmenschen. Über Taktlosigkeit und Beleidigungen solcher Gäste muss man erhaben sein und sie, wenn es zu vertreten ist, aus Höflichkeit und Geschäftsinteresse übersehen. Die Kontakte sind auf das Nötigste zu beschränken. Vor dem Servieren weiterer alkoholischer Getränke ist vorgesetztes Personal zu befragen. Bei einem volltrunkenen Gast ist es Aufgabe des Hauses, für einen sicheren Heimweg zu sorgen.

14.3 Besondere Gästegruppen

Kinder, Senioren, Behinderte, Ausländer können als besondere Gästegruppen betrachtet werden, weil die jeweilige Gruppe jeweils besondere Verhaltensweisen zeigen kann. Auch hier sei vor einer Typisierung gewarnt.

Kinder als Gäste: Kinder wissen meist genau, was sie wollen. Oft sind ihre Wünsche jedoch ernährungsphysiologisch zu einseitig und man kann die Eltern gut dabei unterstützen, den Kindern etwas anderes zu empfehlen. Gerade bei Kindern kann das Personal mitwirken, eine neue Generation gastronomisch zu „erziehen", um aus Kindern verständige Gäste zu machen.

Um Unruhe zu vermeiden, sollte Kindern das Essen vor dem der Erwachsenen serviert werden.

Senioren als Gäste: Vermindertes Hör- und Sehvermögen oder körperliche Gebrechen machen manche Senioren unsicher. Andere erhalten bis ins hohe Alter ihre Vitalität. Deshalb können auch Senioren nicht nach einem bestimmten Muster behandelt werden.

Manche ältere Gäste haben mit den heutigen Angebotsformen (wie Frühstücks-, Salat-, Dessertbüfett) Schwierigkeiten, sei es aus Gebrechlichkeit oder weil sie es gewohnt sind, sich bedienen zu lassen. In diesen Fällen sollte das Personal behilflich sein. Eine Beratung erfordert oft großes Einfühlungsvermögen und Geduld, wenn es um Auswahl und Erläuterung von Speisen geht.

Menschen mit Behinderungen als Gäste: Hier ist es für das Hotelpersonal besonders wichtig, schnell herauszufinden, ob der Gast sich gerne helfen lässt oder ob er unter allen Umständen selbstständig sein möchte. Übertriebene Hilfsbereitschaft ist nicht angebracht und könnte als peinlich empfunden werden. Beispiele von Hilfestellungen könnten sein:

- Rollstuhlfahrern leicht zugängliche Tische oder Zimmer zuweisen;
- Armbehinderte, vor allem wenn sie ohne Begleitung sind, fragen, ob man die bestellten Speisen zerteilen darf;
- Sprechbehinderten geduldig zuhören und ihnen nicht ins Wort fallen;
- Blinde, wenn sie ohne Begleitung sind, zum Platz führen und die Karte vorlesen; im Übrigen die Speisen, vor allem Salate, Vor- und Nachspeisen, in Schalen oder hochrandigen Tellern anrichten lassen.

Ausländer als Gäste: Für sie sollten Speisekarten in englischer und französischer Sprache zur Verfügung stehen. Das Personal sollte auch bei der Tageskarte in beiden Sprachen beraten können.

Wenn es vorkommt, dass die Frau ausschließlich über den Mann bestellt, auch wenn sie sich verständigen könnte, sollte man dies nicht als Beleidigung auffassen. Auch Tonstärke sowie Gestik sollten nicht als befehlend oder herablassend interpretiert werden. Die Tischmanieren anderer Nationalitäten sind ohne sichtbare Reaktionen vom Personal zu tolerieren.

Wissen Sie Bescheid?

1. Nennen Sie gefühlsbetonte Kaufmotive.
2. Geben Sie zwei Beispiele an, wie Sie an Ihrer Arbeitsstelle sekundäre Kaufmotive einsetzen.
3. Schildern Sie aus Ihrer Erfahrung einen Vorfall, wie eine aktuelle Situation das Verhalten eines Gastes beeinflusst hat.
4. Nennen Sie Verhaltensweisen von Gästen und wie Sie reagieren sollten.
5. Wie sollte man sich gegenüber Kindern, wie gegenüber behinderten Menschen verhalten?

Umgang mit Gästen

Wünschenswerte Kenntnisse über ...	Wünschenswerte Eigenschaften
• das betriebliche Angebot des Hauses (Zimmer, Räumlichkeiten, Betriebsabläufe, technische und personelle Möglichkeiten) • Herstellung und Zusammensetzung von Speisen • Arten, Sorten und Geschmacksrichtungen von Getränken • Zusammenstellung von Menüs und den dazu passenden Getränken	• psychologisches Einfühlungsvermögen • gleichbleibende Höflichkeit • Geduld beim Zuhören • Verzicht auf Widerspruch • Diskretion • Toleranz und Nachsichtigkeit gegenüber Agressionen und Ungerechtigkeiten • sprachliches Geschick • gute Allgemeinbildung • Fremdsprachenkenntnisse • schnelle Auffassungsgabe • gute Merkfähigkeit

1. Wünschenswerte Eigenschaften und Kenntnisse eines Verkäufers in der Gastronomie

14.4 Servierpersonal in der Funktion als Gastgeber, Grundlagen des Verkaufs

Wer in der Gastronomie mit Gästen Kontakt hat, muss damit rechnen, dass alle seine Äußerungen, auch die Körpersprache, von den Gästen aufgenommen und gedeutet werden. Der Erfolg eines Verkaufsgesprächs oder einer Beratung wird durch die Beziehung zwischen dem Verkäufer und dem Gast bestimmt. Die Sympathie, das Fachwissen und die Überzeugungskraft sind genauso wie Erscheinungsbild, Mimik, Gestik und die Art und Weise der Ansprache des Verkäufers entscheidend für den geschäftlichen Erfolg dieser meist kurzen Beziehung.

Die Sympathie
Grundlage für Sympathie ist ein positives äußeres Erscheinungsbild, das der Gast als Erstes wahrnimmt. Dies soll jedoch nicht zu der irrigen Annahme führen, dass adrettes, gutes Aussehen allein genügt. Wichtig ist es ebenfalls, seine Individualität zu behalten. Künstlich anerzogene Verkaufsgewohnheiten wie gezierte Sprechweise, übertriebene Freundlichkeit oder butlerhaftes Benehmen (Pokerface) sind nicht angebracht. Ebenso wenig schätzt der Gast Geschwätzigkeit, Unterwürfigkeit und Vertraulichkeit. Wirkung und Ausstrahlung können nur durch Individualität erreicht werden, wobei natürlich davon ausgegangen wird, dass ein Verkäufer von Natur aus freundlich ist.

Das Fachwissen
Ein Verkäufer, der seine Ware nicht kennt, kann nicht verkaufen. Fachwissen soll jedoch keinesfalls prahlerisch oder belehrend geäußert werden. Fachjargon – für den Gast oft unverständlich – ist zu vermeiden. So kann beispielsweise ein Gast mit der Aussage „Bei uns bekommen Sie alles supplement" nichts anfangen. Um nicht für ungebildet gehalten zu werden, scheut sich der Gast nachzufragen und ist verunsichert.

Die Überzeugungskraft
Das Wissen muss geschickt und überzeugend angebracht werden. Sprachliches Geschick und Einfühlungsvermögen, feines Gespür und die Fähigkeit, das Wesentliche rasch zu erkennen, sind dabei sehr wichtig.

Die Stimme
Folgendes ist zu beachten:
• Richtig atmen – ohne Atem keine Stimme.
• Lautstärke der Geräuschkulisse anpassen, jedoch auf Diskretionsbedürfnis des Gastes Rücksicht nehmen.
• Richtig betonen.
• Sprechtempo wechseln. Spricht man zu schnell, nimmt der Gast wenig Notiz; bei zu langsamem Sprechen wird er unkonzentriert.
• In Sprechpausen den Mund schließen: Dadurch vermeidet man Stör- oder Verlegenheitslaute, wie „ä-ä".

Die Mimik
Die Mimik ist vorwiegend emotional bedingt. Ein Verkäufer sollte eigentlich nur eine Art der Mimik kennen: das lächelnde Gesicht. Lächeln wirkt motivierend und entwaffnend. Negative, provozierende oder skeptische Mimik wirkt auf den Gast abstoßend.

1. Unterschiedliche Berufskleidung für Servierpersonal: klassisch, traditionell, modern

Auszüge aus den vergilbten Blättern eines Fachbuchfragmentes, dessen Fund keinen Aufschluss über Titel, Verleger und Jahr gibt. Gleiches wird heute in ausgefeilter, psychologischer Schulung vermittelt. Auf jeden Fall war der Autor jener Tage nicht von zimperlicher Art:

Die Haartracht sei immer in Ordnung, doch ist das übermäßige Einölen mit stark riechender Flüssigkeit zu vermeiden. Andererseits müssen die Haare fest anliegen und nicht etwa herunterhängen. Der Körper muss sauber gewaschen sein und wohl riechen. Mundgeruch ist abstoßend und daher der Mund öfter zu spülen. Die Kleidung muss sauber und darf nicht abgewetzt sein. Auffallende Schmucksachen dürfen nur Gäste tragen.
Als grobe Verstöße im Lokal sind anzusehen:

Die Fingernägel zu putzen, den Schweiß mit der Handserviette abzuwischen, in der Nase zu bohren, sich zu kratzen und zu jucken, zu kauen oder zu schnäuzen;

Im Vertrauen auf die Einförmigkeit der Gäste in eine unpersönliche, gleichgültige Verkaufsleier zu verfallen, in der unlustig auf die Fragen der Gäste geantwortet wird.

Der Blickkontakt

Der Blickkontakt ist das optische Hauptsignal. Der Blick sollte nicht starr auf einen Punkt oder eine Person gerichtet sein, sondern lebendig (nicht gelangweilt!) kreisen. Erfolgt ein Blickkontakt, sollte dieser nicht länger als zwei bis drei Sekunden aufrechterhalten werden, da er sonst aufdringlich wirkt.

Die Gestik

Die Gestik wird durch den Kopf (Nicken, Kopfschütteln), durch den Oberkörper (Schulterzucken usw.) und durch die Hände ausgeführt. Grundsätzlich soll die Geste dem gesprochenen Wort etwas vorausgehen, vom Verkäufer in der Gastronomie jedoch sparsam eingesetzt werden.

Um nicht Gefahr zu laufen, mit den Händen oder Armen zu gestikulieren, sich zu kratzen oder sich vielleicht sogar am Tisch oder Stuhl des Gastes aufzustützen, sucht man einen „Halt". Am Empfang oder an der Bar kann man die Hände auf die Arbeitsfläche legen. Im Restaurantservice bietet es sich an, die Hände auf dem Rücken zu verschränken oder Aufnahmeblock und Schreibgerät in die Hand zu nehmen. Die Arme dürfen nicht vor der Brust verschränkt werden. Die Hände haben beim Sprechen nichts vor dem Gesicht zu suchen.

1. Zählen Sie Verhaltensbeispiele auf, die im Umgang mit Gästen beim Verkauf zum Erfolg führen.
2. Nennen Sie verkaufshemmende Eigenschaften und wie man sie beheben oder vermeiden könnte.

Persönliche „Eigenheiten"
z. B. Mundgeruch, „feuchte Aussprache", unruhiger Blick, ungeschickte Gestik

Ungleiches Sprach- bzw. Verständigungsniveau
z. B. Hochsprache – Dialekt
Gast: „Entschuldigung, Herr/Frau …"
Personal: „Kriaget Se no ebbes?"
Gast: „Wie bitte …?"

Missverständnisse
z. B. durch Hörfehler, Irrtum, mangelnde Fachkenntnisse des Verkaufspersonals
Personal: „Was wünschen Sie zu trinken?"
Gast: ‚'n dry Martini, bitte!"
Personal: „Erwarten Sie noch jemanden?"

Herablassendes Verhalten
z. B. in Mimik oder Ausdrucksweise
Gast: „Ich möchte gerne eine kleine Salatplatte und ein Fläschchen Mineralwasser!
Personal (hochnäsig): „Ist das alles?"

Schnippisches, spöttisches Verhalten
Gast: „Haben Ihre Zimmer Bad oder Dusche und WC?"
Personal: „Glauben Sie, wir sind eine Jugendherberge?"

Mangelhafte Rhethorik (Sprachgeschick)
Das Verkaufspersonal macht lange, schwer verständliche Aussagen.

2. Verkaufshemmende Eigenschaften

Umgang mit Gästen

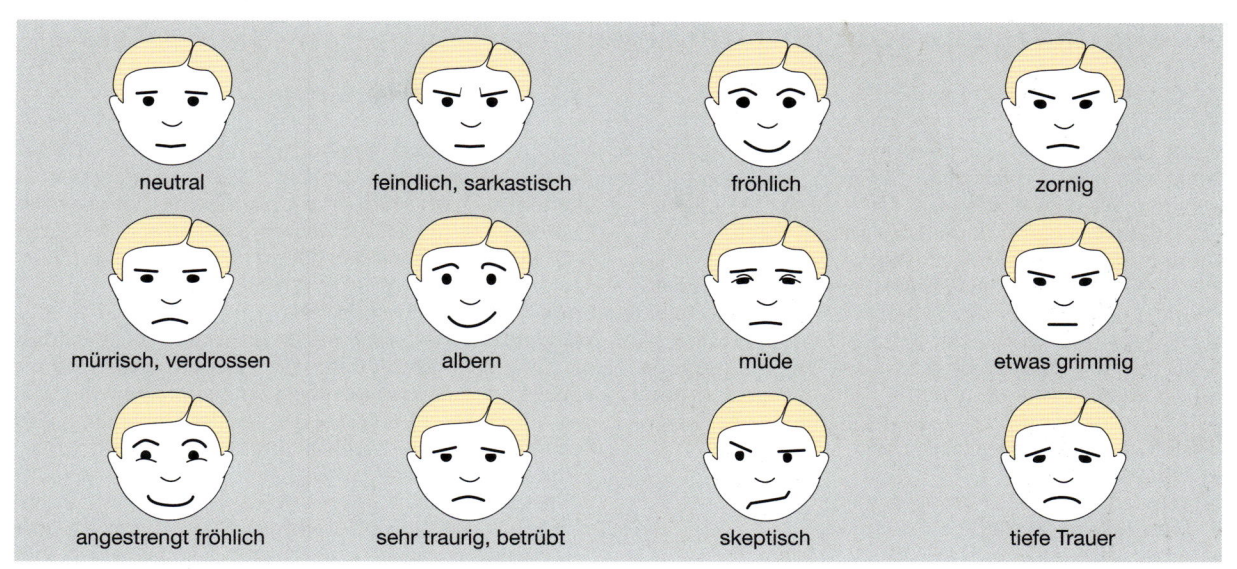

1. Beispiele für Stellung der Augenbrauen und des Mundes

(neutral – feindlich, sarkastisch – fröhlich – zornig – mürrisch, verdrossen – albern – müde – etwas grimmig – angestrengt fröhlich – sehr traurig, betrübt – skeptisch – tiefe Trauer)

Die Körpersprache des Gastes

Auch der Gast sendet durch die Körpersprache Signale aus. Die Körpersprache ist die einzige Sprache, die alle Menschen sprechen; sie verrät mehr als alle Worte.

Die Körpersprache umfasst Bewegungen, Körperhaltung, Sitzposition, Armhaltung, Gesichtsausdruck, Augenbewegungen, Händedruck, Gangart, Abstand zum anderen, Kleidung und anderes mehr.

Vorsicht bei der Deutung der Körpersprache

Bei der Deutung der Körpersprache darf man sich nicht auf einzelne Details beschränken und Schlüsse daraus ziehen.

Wenn sich jemand z. B. an die Nase fasst oder den Mund beim Sprechen halb bedeckt, fasst man diesen Teil der Körpersprache normalerweise als Ausdruck von Unsicherheit auf; aber worauf bezieht sich die Unsicherheit? Auf das, was er sagen will oder welchen Eindruck das Gesagte auf den Empfänger macht, oder unterdrückt er ein Niesen?

Kommen jedoch mehrere Details zusammen wie verschränkte Arme, hochgezogene Schultern, herabgezogene Mundwinkel, gesenkter Kopf, womöglich noch lauernder Blick und die Augenbrauen in V-Stellung, dann können Sie mit recht großer Sicherheit davon ausgehen, dass der Gast mit Ihnen oder der ganzen Situation ausgesprochen unzufrieden ist.

Die Arme und Beine

- Verschränkte Arme: Ablehnung
- Füße um Stuhlbeine geklammert: Unsicherheit

Der Kopf und die Schultern

- Erhobener oder seitlich geneigter Kopf, gesenkte Schultern können bedeuten: Offenheit, Interesse.
- Gesenkter Kopf und hochgezogene Schultern können bedeuten: Unzufriedenheit, Verschlossenheit, Unsicherheit.

Das Gesicht als ausdrucksvollster Körperteil

Die verschiedenen Kombinationen von Mundstellung, Stellung der Augenbrauen und dem Ausdruck der Augen vermitteln einen wesentlichen Einblick in die Stimmung eines Gastes.

- Augenbrauen
    - V-förmig, Stirn gerunzelt können bedeuten: sarkastisch, zornig, verdrossen, mürrisch,
    - Augenbraue hochgezogen kann bedeuten: zweifelnd, skeptisch.
- Pupillen
    - Große Pupillen können bedeuten: schwaches Licht, großes Interesse, Ehrlichkeit, Offenheit, Einnahme von Alkohol oder anderen Drogen, Entspannung, Wohlbefinden.
    - Kleine Pupillen können bedeuten: starkes Licht, geringes Interesse, Misstrauen, Feindseligkeit, Müdigkeit, Stress, Trauer, Kater, Einnahme bestimmter Stoffe.
- Mund
    - Heruntergezogene Mundwinkel können bedeuten: schlecht aufgelegt, müde, traurig, mürrisch, verdrossen.
    - Nach oben gezogene Mundwinkel können bedeuten: in guter Stimmung, fröhlich, albern, zum Scherzen aufgelegt.

15 Verkaufsgespräche und -techniken

15.1 Das Verkaufsgespräch

Bedienen ist nicht verkaufen und ein guter Redner ist noch lange kein guter Verkäufer. Als Verkäufer wird man nicht geboren, Verkaufen ist lernbar. Der wirtschaftliche Erfolg eines Betriebes hängt unmittelbar mit erfolgreichen Verkaufsgesprächen zusammen.
Was ist Verkauf? Bei jedem Kontakt, den ein Gast mit dem Personal oder mit dem Haus hat, wird etwas „verkauft", auch wenn sich nicht jeder freundliche Guten-Morgen-Gruß sofort in höhere Umsätze verwandelt. Grundlage für ein gutes Verkaufsgespräch ist die Unterstützung einer perfekten materiellen Leistung des Betriebes. Zu diesen betrieblichen Leistungen zählen z. B.
- Ausstattung,
- Verpflegungs- und Getränkeangebot,
- personelle Besetzung,
- Arbeitsmethoden und -abläufe,
- technische Hilfsmittel.

Ist diese Grundlage gegeben, fällt es einem Verkäufer in der Gastronomie viel leichter, seine Persönlichkeit, seine persönliche immaterielle Leistung als zweite Grundlage in ein erfolgreiches Verkaufsgespräch einzubringen. Dabei muss sich ein Verkäufer darüber klar sein, dass er durch die Art und Weise, wie er sich dem Gast gegenüber verhält, die Grundlage, die das Haus bietet, im Verkaufsgespräch fördern oder zerstören kann. Um ein Verkaufsgespräch erfolgreich zu führen, ist es wichtig, den Gast in eine gute Stimmung zu versetzen, damit er das Kauferlebnis als angenehm empfindet.

15.2 Ablauf eines Verkaufsgesprächs

Nachdem der Gast empfangen, begrüßt und platziert wurde, werden ihm zunächst Speise-/Getränkekarten überreicht. Dabei sollte jedoch nicht unmittelbar das Verkaufsgespräch eingeleitet werden, sondern erst, wenn der Gast beginnt, sich mit den Karten zu befassen.

Empfehlungen aussprechen
Während des Verkaufsgesprächs ist darauf zu achten, dass das Gespräch nicht zu sehr vom eigentlichen Thema abschweift, da man dadurch gehindert wird, Empfehlungen und Vorschläge zu unterbreiten. Bei der Empfehlung und Beratung ist die Wortwahl von größter Bedeutung.
- Negatives Beispiel: „Wünschen Sie einen Aperitif?" Hier könnte der Gast aus verschiedenen Gründen ablehnen: Vielleicht weiß er nicht, was ein Aperitif ist, oder er meint, er müsste einen Aperitif nennen; es fällt ihm aber keiner ein.
- Positives Beispiel: „Als Aperitif empfiehlt unser Barchef heute …"

Wirtschaftliche Erwartungen des Betriebes sollten berücksichtigt werden, jedoch im Verkaufsgespräch nicht ausschließlich im Vordergrund stehen.
Keine Überrumpelungstaktiken anwenden, wie: „Nehmen Sie als Aperitif einen trockenen Sherry oder ein Glas Champagner?", „Ich bringe Ihnen noch eine Flasche Wein!" oder die kurze bündige Frage: „Mokka oder Kaffee?" Der Gast stellt im Nachhinein fest, dass er überfahren wurde, und ist unzufrieden.

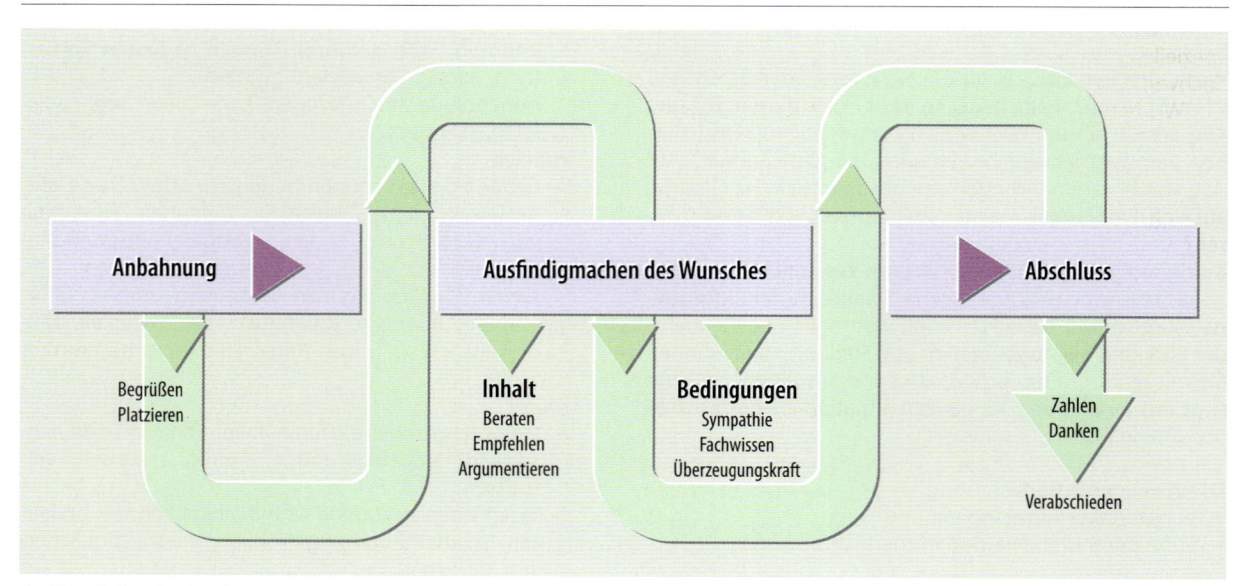

Anbahnung	Ausfindigmachen des Wunsches		Abschluss
Begrüßen Platzieren	Inhalt Beraten Empfehlen Argumentieren	Bedingungen Sympathie Fachwissen Überzeugungskraft	Zahlen Danken Verabschieden

1. Ablauf eines Verkaufsgesprächs (schematisch)

Verkaufsgespräche und -techniken 179

Dies führt zum Erfolg	Dies führt zu Misserfolg
▲ Lächeln	▼ Belästigung der Gäste mit situationsbedingten, betrieblichen Unstimmigkeiten
▲ Augenkontakt halten	▼ abfällige Bemerkungen über Mitarbeiter, Gäste oder die Konkurrenz machen
▲ dem Gast ungeteilte Aufmerksamkeit widmen	▼ Untergebene im Beisein von Gästen tadeln
▲ sich positiv äußern über die Einstellung des Gastes, seine Person und Handlungen	▼ einen Gast so beraten, dass es einer Belehrung gleichkommt
▲ den Gast als Mensch, ohne Rücksicht auf Rasse, Kultur, Religion, Geschlecht akzeptieren und respektieren	▼ sich in den Mittelpunkt des Verkaufsgeschehens stellen
▲ dem Gast zeigen, dass Sie Ihr Unternehmen und Ihre Kollegen respektieren	▼ Bloßstellung eines Gastes vor anderen Gästen, weil er etwas nicht wusste oder sich falsch verhalten hat
▲ durch Auftreten und Körperhaltung zeigen, dass Sie ein fröhlicher, positiver Mensch sind, der mit sich und seiner Umgebung im Einklang ist	▼ Aufzählung von Vorschlägen, ohne den Gast zu Wort kommen zu lassen, statt gemeinsamer Vorschlagserarbeitung
▲ ruhig, gepflegt und entspannt auftreten	▼ unhaltbare Versprechungen machen
▲ situations- und gastbezogen argumentieren	▼ Geschäftsinteresse deutlich in den Vordergrund stellen
▲ nicht überreden – überzeugen	▼ für den Gast unverständliche Fachausdrücke verwenden
▲ den Gast in den Mittelpunkt des Verkaufsgeschehens stellen	▼ eigene Meinung, vor allem religiöser und politischer Art, mit in das Verkaufsgespräch einbringen

1. Erfolg und Misserfolg im Verkaufsgespräch

15.3 Erkunden des Gästewunsches

Offene Fragen: Beim Ausfindigmachen des Gästewunsches bietet sich die offene Fragestellung an. Sie bringt den Gast dazu, seine Wünsche, Ansichten und Vorstellungen zu äußern, und ist stets ein guter Einstieg in ein Verkaufsgespräch:
- „Was wünschen Sie zu speisen?"
- „Was darf ich Ihnen zu trinken anbieten?"

Geschlossene Fragen: Durch diese Fragestellung wird eine spezielle Antwort erwartet, um dadurch einen bestimmten Sachverhalt zu klären oder zu bestätigen:
- „Wünschen Sie Ihr Steak blutig, rosa oder durchgebraten?"
- „Ein Pils, wie immer leicht gestaucht?"

Alternativfragen, auch als Entscheidungsfragen bezeichnet. Sie werden gestellt, wenn der Gast sich schon für etwas entschieden hat, sich jedoch bei seiner Bestellung undeutlich äußert, z. B.: „Eine kleine Flasche XYZ-Mineralwasser."
- „Mit viel oder wenig Kohlensäure?"

Äußert ein Gast Wünsche, die nicht erfüllt werden können, da der Artikel leider nicht mehr zur Verfügung steht, muss versucht werden, ein ähnliches, gleichwertiges Angebot zu machen. Sollte der Preis wesentlich von dem vom Gast gewünschten abweichen, ist es wichtig, dies zu begründen.

Formulierungen im Verkaufsgespräch

Angebot der Karte	Beschreibung durch den Verkäufer
Zartes T-Bone-Steak nach Ihren Wünschen zubereitet.	„Unsere Steaks sind deshalb so zart, weil wir das Fleisch in einem speziellen Kühlraum lange reifen lassen."
Frisch geräucherte Forelle mit Meerrettich, Landbrot und Butter (30 Min.)	„Wir räuchern jede Forelle erst auf Bestellung, denn heiß und frisch geräuchert schmecken sie doch am besten."

Nicht erfüllbarer Gästewunsch	Alternativvorschlag
„Haben Sie wirklich keine Flusskrebse aus dem Sud mehr?"	„Nein, leider sind schon alle verkauft; aber die Küche kann Ihnen, wenn Sie es wünschen, Riesengarnelen auf die gleiche Art zubereiten."

Nicht verkaufsfördernd	Verkaufsfördernd
„Was möchten Sie dazu trinken?"	„Zu Rehnüsschen kann ich Ihnen diesen ...-Rotwein empfehlen."
„Nehmen Sie eine Nachspeise?"	„Unsere Erdbeeren werden jeden Morgen frisch gepflückt angeliefert."

15.4 Musterablauf im À-la-Carte-Service von der Begrüßung bis zur Verabschiedung

Ablauf	Verhalten des Servierpersonals	Ansprache
Empfangen und Begrüßen	• Dem Gast entgegengehen und begrüßen. Ein Handschlag muss vom Gast ausgehen. • Garderobe abnehmen.	Je nach Tageszeit oder ortsüblicher Gruß. Bekannte Gäste mit Namen ansprechen. Unbekannte Gäste fragen, ob sie reserviert haben. Bei Gästen, die reserviert haben, fragen, ob es bei der angegebenen Personenzahl geblieben ist.
Zum Tisch geleiten und platzieren	• Reservierten Tisch zeigen oder bei der Wahl des Tisches behilflich sein. • Zum Tisch vorausgehen. • Am Tisch stehen bleiben. • Beim Platznehmen behilflich sein, indem der Stuhl leicht zurückgezogen wird.	„Einen Tisch für ... Personen, da kann ich Ihnen ... anbieten." „Wenn Sie mir bitte folgen würden." „Ist es Ihnen recht?" „Bitte schön."
Vorlegen der Karten	• Karten vorlegen, Speisekarte dabei geöffnet vorlegen. • Sich kurz zurückziehen und den Tisch beobachten, bis die Gäste beginnen, sich mit den Karten zu beschäftigen.	„Hier, unsere Speise- und Getränkekarten."
Angebote machen	• An den Tisch treten und dem Gast Angebote unterbreiten. • Aperitif- und eventuelle Getränkebestellungen entgegennehmen und servieren. • Zurückziehen und dem Gast Zeit zum Wählen geben, dabei den Gast beobachten.	„Als Aperitif empfehlen wir heute ..." „Unsere Tagesspezialität ist ..." „Zum Wohl!"

Aufnehmen der Bestellung und Beratung	• An den Tisch treten.
	  – aufrecht und ruhig stehen
	  – sich nicht auf Gästetisch, Beistelltisch oder Stuhllehnen aufstützen
	  – sich jeweils dem sprechenden Gast zuwenden
	  – Anbieten und Beraten je nach Bestellung
	• Bestellung aufnehmen (je nach Betrieb im Aufnahmeblock im Uhrzeigersinn oder mit Tischzeichnung).
	• Bestellungen durch Wiederholung absichern.
		„Haben Sie etwas gefunden? Darf ich Ihnen behilflich sein?"
		
		„Sie bekommen ..."

Verkaufsgespräche und -techniken 181

Ablauf	Verhalten des Servierpersonals	Ansprache
Servieren der Speisen und Getränke	• Umdecken, je nach Bestellung.	
	• Getränke zuerst servieren.	„Darf ich Ihnen Ihr … einschenken?"
	• Bei alkoholischen Getränken.	„Zum Wohl!"
	• Bei Flaschenwein.	„Möchten Sie den Wein verkosten?"
	• Schön angerichtete Speisen auf Platten präsentieren und erklären.	z. B.: „Ihr Seeteufel in Safransoße mit Artischockenherzen und Steinpilznudeln."
	• Beim Vorlegen fragen.	„Wie viel darf ich Ihnen … auflegen?"
	• Beim Servieren der Speisen die Speisen beim Namen nennen. Reihenfolge: Kinder oder Jubilare immer zuerst, danach sehr alt vor sehr jung, Damen vor Herren, Gastgeber, wenn nicht Ehrengast/Jubilar, zuletzt.	Z. B.: „Ihr Rumpsteak mit Bohnen statt Salat, Ihr Hasenrückenfilet, usw."
	• Nach dem Einsetzen.	„Ich wünsche Ihnen einen guten Appetit."
	• Speisen nachservieren.	„Darf ich Ihnen noch etwas nachlegen?"
	• Getränke nachschenken.	„Darf ich Ihnen nachschenken?"
	• Generell Worte benutzen, wie	„Darf ich …", „wünschen Sie …", „bitte sehr …", „danke schön …", „selbstverständlich gern …" usw.
	• Während die Gäste speisen, nachfragen.	„Ist alles in Ordnung?"
	• Wenn die Gäste die Hauptmahlzeit beendet haben.	„Hat es Ihnen geschmeckt?"
	• Abräumen der Ess- und Brotteller, Platzteller, Menagen und Butter ausheben. Tischdecke von Krümeln reinigen.	
	• Nachspeisen, Käse, Kaffee, Digestif anbieten.	„Wünschen Sie noch ein Dessert? Ich kann Ihnen heute besonders … empfehlen."
Abrechnung	• Wenn der Gast die Rechnung wünscht, Rechnung verdeckt auf Teller, im Kästchen oder Kuvert überreichen.	„Ihre Rechnung, bitte schön!"
	• Zurückziehen und Tisch im Auge behalten.	
	• Rechnung vom Tisch des Gastes holen und je nach Zahlungsweise abrechnen und zurück an den Tisch bringen.	„Vielen Dank!"
Verabschiedung	• Wenn die Gäste aufbrechen, zum Tisch gehen und den Tisch unauffällig auf liegen gebliebene Sachen überprüfen.	„Auf Wiedersehen, vielen Dank, wir hoffen, Sie waren zufrieden."
	• Beim Begleiten zur Garderobe/Ausgang.	„Darf ich Sie noch auf unsere Wildwoche vom … bis … hinweisen? Auf Wiedersehen."
	• Garderobe.	

16 Erstellen von einfachen Angebotskarten

Die Zielformulierungen der Grundstufe geben vor, einfache Angebotskarten für Mahlzeiten, z. B. Frühstück, Nachmittagskarte, oder kleine Getränkekarten zu erstellen.
Zu den wichtigsten Punkten beim Erstellen von Angebotskarten gehören Klarheit für den Gast, damit er das Angebot versteht, sowie ein Angebot, das der Tageszeit, der Saison und dem Gästekreis gerecht wird. An gesetzlichen Bestimmungen sind die Angabe der Zusatzstoffe, der Mengenangaben bei Getränken sowie die Angabe von Inklusivpreisen (Endpreisen) erforderlich.

Um Speise- und Getränkekarten erstellen zu können, sind Kenntnisse über Aufbau, Gestaltung sowie Rechtsvorschriften zu beachten.
Die Regeln hierfür werden im Lernfeld 3.2 (Hotelfachleute → 443) und im Lernfeld 3.4 (Restaurantfachleute → 400) erläutert.
Um den Gast auch fremdsprachlich über Angebote von Speisen und Getränken beraten zu können, sollten Karten auch in englischer und französischer Übersetzung vorhanden sein. Dazu dient unten stehendes Vokabular.

Deutsch	Englisch	Französisch
Frühstück	**Breakfast**	**Petit déjeuner**
Rühreier	scrambled eggs	les oeufs brouillés
Gekochte Eier 4 Minuten/ 6 Minuten	boiled eggs/ soft boiled eggs	les oeufs à la coque/ les oeufs mollets
Spiegeleier	fried eggs (Am E = eggs sunny side up)	Les oeufs sur le plat
Speck	bacon	lard fumé
Schinken gekocht	boiled ham	jambon cuit
Brot, Brötchen, Plunderteighörnchen	bread, roll, crescent pain	Pain, petit pain, croissant
Butter	butter	beurre
Konfitüre, Honig	jam, honey	confiture, miel
Müsli	pure, cereals	muesli
Imbiss	**Snack**	**Collation (casse-croûte)**
Champignons auf Toast	mushrooms on toast	croûte au champignons
Garnelencocktail	shrimp cocktail	cocktail de crevèttes
Matjeshering in Sahne	creamed white herring (matie)	hareng vièrge à la crème
Gulaschsuppe	goulash soup	potage hongrois
Zwiebelsuppe überbacken	baked onion soup	soupe à l'oignon gratinée
Kürbissuppe	pumpkin soup	soupe au potiron
Käsebrot	cheese sandwich	sandwich au fromage
Schinkenbrot	ham sandwich	sandwich au jambon
Wurstplatte	assorted sausages, cold cuts	assiette de charcuterie
Wurstsalat	saveloy salad	salade de cervelas
Getränke	**Beverages**	**Boissons**
Mineralwasser	mineral water	eau mineral
Zitronenlimonade	lemonade	lemonade
Orangensaft	orange juice	jus d'orange
Bier – hell/dunkel	beer – light/dark	bière – blonde/brune
Flasche/vom Fass	bottle/draught	bouteille/à la pression
Wein – weiß, rosé, rot	wine – white, rosé, red	vin – blanc, rosé, rouge
Weinbrand	brandy	eau-de-vie de vin
Likör	liqueur	liqueur
Kaffee, Tee, Kakao, Milch	coffee, tea, cocoa, milk	café, thé, cacao, lait

17 EDV

17.1 Leistungen eines Restaurantkassensystems

Funkkasse (z. B. Pocket-PC) mit Basisstation (Access Point) und stationärem Kassensystem
- Standardbuchungen von Speisen- und Getränkeverzehr auf das Gastkonto.
- Umbuchungen bei Tischwechsel oder Splitten von Rechnungen.
- Stornierungen im Moment der Eingabe und bei bereits boniertem Artikel.
- Erfassung der Rechnungsposten als Debitor (= ein ausstehender Rechnungsposten, der verbucht wird) oder beim Bezahlen mit einer Kreditkarte.
- Spezifikationen der einzelnen Kreditkartenfirmen können abgespeichert und bei Bedarf angewendet werden.
- Automatische Rechnungserstellung mit vermindertem Mehrwertsteuer-Satz bei Außer-Haus-Verkauf.
- Erfassung der Arbeitszeit der Servicemitarbeiter.
- Erfassung der Kosten für die Personalverpflegung (Rabatte für das Personal können festgelegt werden und verbucht werden).
- Verwaltung von Trinkgeldern.
- Tägliche Kassenabschläge für Umsatzberichte, Statistiken, Berechnung des Deckungsbeitrages als Summe oder in Prozent.
- Mittelwert für die Verweildauer der Gäste.
- Tischanzeige mit grafischer Markierung bei längerer Nichtbearbeitung der einzelnen Tische.
- Erstellen von Gästekarteien und Eintragen von Reservierungen.

17.2 Schnittstellen des Kassensystems

Bondrucker: Ausdruck von Bons (Gutscheinen) an allen Ausgabestellen wie Büfetts, Bar oder den einzelnen Küchenabteilungen (→ 147).
Die Übertragung der Bestelldaten erfolgt durch Kabel, Funk oder Infrarot an die jeweiligen Bondrucker.

Guestcheckdrucker: Rechnungserstellung auf einem vorgefertigten Formular mit den gesetzlichen Vorgaben.

Warenanforderung – Magazin: Der tägliche Kassenabschlag kann von der Warenausgabe für den Normalbetrieb als Warenanforderung genutzt werden. Falls am Büfett ein Soll-Bestand festgelegt wurde, ist eine tägliche körperliche Inventur möglich, um Fehlbestände zu ermitteln.

Büroarbeitsplatz in der Verwaltung: Pflege der Gästedateien, Erfassung der Gästezahlen nach Kriterien wie Uhrzeit, Standort der Tische. Erstellen einer Renner- Penner-Liste des Angebotes (welche Speisen und Getränke werden häufig = Renner oder seltener = Penner verkauft?). Als Grundlage zur Planung von Sonderaktionen.

Empfang: Buchung von Restaurant- oder Barumsätzen bei Hausgästen.

Warenbestellung – F-&-B-Abteilung: Erstellen der Inventurunterlagen nach Vorgaben des Hauses.

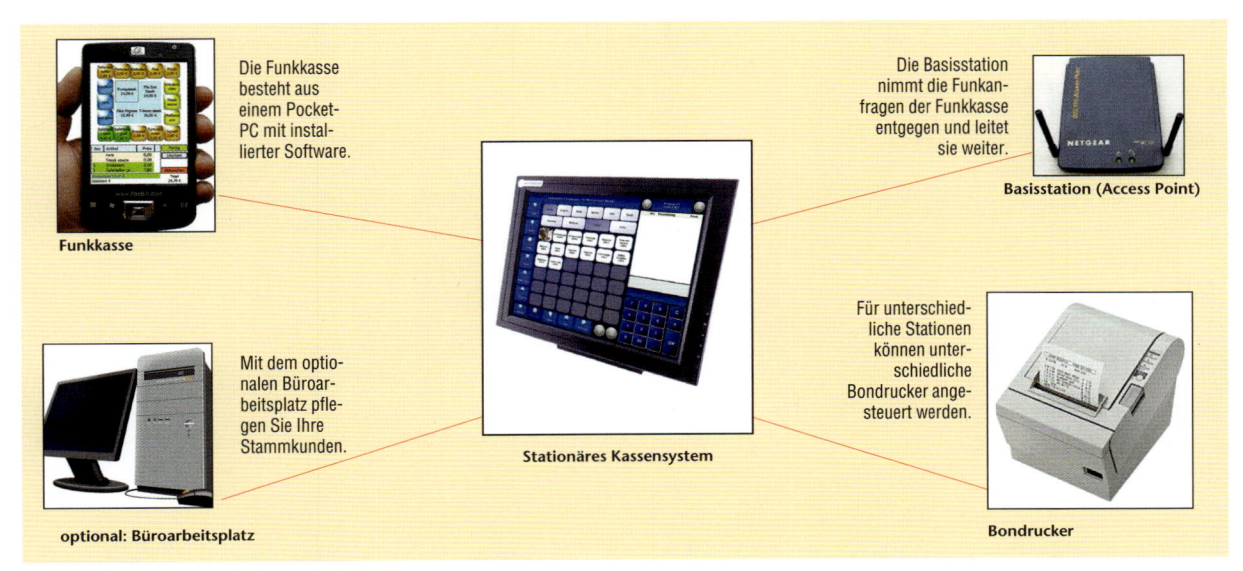

Die Funkkasse besteht aus einem Pocket-PC mit installierter Software.

Funkkasse

Mit dem optionalen Büroarbeitsplatz pflegen Sie Ihre Stammkunden.

optional: Büroarbeitsplatz

Die Basisstation nimmt die Funkanfragen der Funkkasse entgegen und leitet sie weiter.

Basisstation (Access Point)

Für unterschiedliche Stationen können unterschiedliche Bondrucker angesteuert werden.

Stationäres Kassensystem

Bondrucker

1. Möglichkeiten einer EDV-gestützten Kassenanlage

18 Berechnungen (Schankverlust, Währungsrechnen, Gästerechnung)

Schankverlustberechnung

Ein Fass Pils enthält 50,00 l. Beim Zapfen beträgt der Verlust 4 %. Wie viel Gläser je 0,2 l können ausgeschenkt werden? Auf volle Gläser abrunden!	Für eine Party werden zum Aperitif 66 Gläser Sekt à 0,1 l benötigt. Wie viele Flaschen à 0,75 l müssen geöffnet werden, wenn mit einem Schankverlust von 6 % gerechnet wird?
100 % – 4 % = 96 % 100 % ≙ 50,00 l 96 % ≙ x l $\frac{50,00\,l \times 96}{100} = 48,00\,l$ 48,00 l : 0,2 l = **240 Gläser**	66 Gläser x 0,1 l = 6,6 l 100 % – 6 % = 94 % 94 % ≙ 6,6 l 100 % ≙ x l $\frac{6,6\,l \times 100}{94} = 7,02\,l$ 7,02 l : 0,75 l/Flasche = 9,36 Flaschen ≙ **10 Flaschen**
Lösung: Es können 240 Gläser zu je 0,2 l ausgeschenkt werden.	**Lösung:** Es müssen 10 Flaschen Sekt à 0,75 l geöffnet werden.

Währungsrechnen

Als Währung bezeichnet man das Geldwesen eines Landes. Der Umtausch richtet sich nach einem Wechselkurs, der täglich neu von den Banken festgelegt wird. Es wird unterschieden in Ankaufs-Kurs und Verkaufs-Kurs.

Land	Isocode	Münzeinheit	Ankauf Fremdwährung 1,00 € =	Verkauf Fremdwährung 1,00 € =
USA	USD	Dollar	1,0350	0,9790
Australien	AUD	Dollar	1,6950	1,4900
Kanada	CAD	Dollar	1,5060	1,4130
Japan	JPY	Yen	110,3000	103,5000

An- und Verkaufskurse werden immer aus der Sicht der Bank oder des Betriebes gesehen.

Ein Kunde wechselt in Deutschland 250,00 € in CAD. Wie viel CAD zahlt die Bank bei obigem Tageskurs aus?	Wie viele € bekommt ein Tourist, wenn er 325,00 USD in einer deutschen Bank bei obigem Tageskurs tauscht?
1,00 € ≙ 1,4130 CAD 250,00 € ≙ x CAD $\frac{1,4130 \times 250}{1} = 353,25\,CAD$	1,0350 USD ≙ 1,00 € 325,00 USD ≙ x € $\frac{1 \times 325,00}{1,0350} = 314,01\,€$
Lösung: Der Kunde bekommt 353,25 CAD ausbezahlt.	**Lösung:** Der Tourist bekommt 314,01 € ausbezahlt.

Gästerechnungen

Der Nettoverkaufspreis eines Vier-Gang-Menüs beträgt 74,00 €. Errechnen Sie den Inklusivpreis. Nettoverkaufspreis 100 % = 74,00 € + MwSt. 19 % = 14,06 € = Inklusivpreis 119 % = 88,06 € **Lösung:** Der Inklusivpreis beträgt 88,06 €. Rückrechnung zum Ermitteln des Mehrwertsteuerbetrages: 119 % ≙ 88,06 € 19 % ≙ x € $\frac{88,06 \times 19}{119} = 14,06\,€$ **Lösung:** Der Mehrwertsteuerbetrag beträgt 14,06 €.	An Tisch 5 wurden folgende Speisen und Getränke verzehrt: 2 x geräucherter Lachs .... 9,80 € = 19,60 € 1 x Seeteufel mit Safranreis .... 21,50 € = 21,50 € 1 x Rinderfilet mit Salatteller .... 22,80 € = 22,80 € 2 x Erdbeeren Romanoff .... 8,50 € = 17,00 € 1 x Flasche Spätburgunder 0,75 l .... 20,60 € = 20,60 € 1 x Flasche Wasser 0,7 l .... 4,50 € = 4,50 € Gesamtbetrag ....= A: Wie lautet der Rechnungsbetrag in Euro? B: Errechnen Sie die MwSt im Rechnungsbetrag. **Lösung:** A: Der Rechnungsbetrag lautet 106,00 €. 119 % ≙ 106,00 € 19 % ≙ x € $\frac{106,00 \times 19}{119} = 16,92\,€$ **Lösung:** B: Die enthaltene Mehrwertsteuer beträgt 16,92 €.

19 Fachsprache, Fremdsprache

Deutsch	**Englisch**	**Französisch** (m. = maskulin, le; f. = feminin, la; Mehrzahl = les)
Räume, Textilien, Arbeitsmittel	rooms, linen, work(ing) material	locaux, linge, matérial de travail

Einrichtungsgegenstände / Furniture / Mobilier m.

Deutsch	Englisch	Französisch
Hocker	stool	tabouret m.
Kinderstuhl	highchair (baby)	une chaise pour enfants f.
Kühlschrank	refrigerator	réfrigérateur m.
Serviceschrank	service cupboard	amoire de service f.
Serviertisch/Beistelltisch	side-table/service tables	guéridon m./table de service f.
Stuhl	chair	chaise f.
Tisch	table	table f.
Wärmeschrank	heat storage	réchaud m.

Tischwäsche / Table-linen / Linge de table f.

Deutsch	Englisch	Französisch
Deckservietten	table mats	napperons m.
Handservietten	serviettes/napkins	serviettes de service f.
Mundserviette	napkins/serviettes	serviettes f.
Skirtings	skirtings	bordures f.
Tischläufer	table centre	chemin de table
Tischtücher	tablecloth	nappe f.
Tischtuchunterlage (aus Baumwolle)	flannel underlay/felting	molleton m.

Besteck / Cutlery/table silver / Couverts m.

Deutsch	Englisch	Französisch
Großes Besteck	large cover	grand couvert m.
Grundbestecke (Messer, Gabel, Löffel)	basic table plates (knife, fork, spoon)	couverts de base (couteau, fourchette, f. cuiller) m.
Kleines Besteck/Dessertbesteck	dessert cover	couvert à dessert m.
Mittelbesteck	medium cover	couvert moyen m.

Spezialbestecke / Special cutlery / Couverts spéciaux m.

Deutsch	Englisch	Französisch
Austerngabel	oyster fork	fourchette à huîtres f.
Buttermesser	butterknife	couteau à beurre m.
Fischmesser/-gabel	fishknife/-fork	couteau et fourchette à poisson m.
Hummergabel	lobster fork	fourchette à homard f.
Hummerzange	lobster crack	pince à homard f.
Krebsmesser/-gabel	crawfish knife/-fork	couteau/fourchette à écrevisse m./f.
Schneckengabel	snail fork	fourchette à escargots f.
Schneckenzange	snail tongs	pince à escargots f.
Soßenlöffel (Gourmetlöffel)	French sauce spoon	cuillère à sauce française f.

Arbeitsbesteck/-geräte / Service tools / Outils de service m.

Deutsch	Englisch	Französisch
Flaschenöffner	bottle opener	décapsuleur m.
Korkenzieher	cork-screw	tire-bouchon m.
Schinkenbock	ham holder	porte-jambon m.
Schöpfkelle	ladle	louche f.
Tischroller	crumb scraper	ramasse-miettes roulante f.
Tortenheber	cake server	pelle à tarte f.
Tranchierbrett	carving/cutting board	planche à découper f.
Tranchiergabel	carving fork	fourchette à découper f.
Tranchiermesser	carving knife	couteau à découper m.
Traubenschere	grape scissors	ciseaux à raisin m.

Deutsch	Englisch	Französisch (m. = maskulin, le; f. = feminin, la; Mehrzahl = les)
Geschirr	**Tableware**	**Vaisselle f.**
Eiswasserkanne	water pitcher	carafe à eau glacée f.
Kaffeekanne	coffee pot	cafetière f.
Kanne/Kännchen	pot/small pot	pot/burette m.
Platte oval (feuerfestes Porzellan)	baking mould	plat russe m.
Platzteller	show plate	assiette de présentation f.
Schüssel rund/hoch (feuerfestes Porzellan)	cocotte	cocotte f.
Suppentasse	soup cup	tasse à consommé f.
Teekanne	tea pot	théière f.
Teller (groß, mittel, klein)	plate (large, medium, small)	assiette (grande, moyenne, petite) f.
Teller tief	soup plate	assiette creuse f.
Untertasse	saucer	soucoupe f.
Gläser	**Glasses**	**Verres m.**
Bargläser	bar-drink glasses	verres pour boissons de bar m.
Biergläser	beer glasses	verres à bière m.
Schaumweingläser	sparkling-wine glasses	verres pour vin mousseux m.
Weingläser	wine glasses	verres à vin m.
Tafelgeräte	**Table utensils**	**Service de table**
Aschenbecher	ashtray	cendrier m.
Brotkorb	bread basket	corbeille à pain f.
Butterdose	butter dish	beurrier m.
Gebäckständer	pastry stand	porte-petits-fours m.
Kühler (Wein, Schaumwein)	bugget/cooler (wine, champagne)	seau à champagne m.
Leuchter	candelabra	chandelier m.
Menage	cruet stand	menagère f.
Pfefferstreuer	pepper shaker	poivrière f.
Salzstreuer	salt shaker	salière f.
Tablett	tray	plateau m.
Teesieb mit Abstellschale	tea strainer with drip stand	passoire à thé avec réceptacle
Warmhaltewanne	shaving dish	réchaud bain-marie m.
Zahnstocherspender	toothpick dispenser	porte cure-dents f.
Zuckerdose	sugar bowl	sucrier m.

20 Projektorientierte Aufgabe

Thema: Frühlingsfest
Als Mitglied eines Jugendclubs werden Sie gebeten, für ein Frühlingsfest, das in den Räumen des Jugendclubs stattfinden soll, die Organisation des Getränkeangebots zu übernehmen.
Das Angebot soll aus alkoholfreien kalten und warmen Getränken bestehen und einen großen interessierten Gästekreis in der Öffentlichkeit ansprechen.
Das Frühlingsfest findet an einem Freitagabend von 18:00 Uhr bis 22:00 Uhr statt.

Lösungsvorschlag
(Lösungsvorschläge geben Anregungen, wie die Projektaufgabe bearbeitet werden kann und sind keine fertigen Lösungen.)
- Größe der vorhandenen Gasträume ermitteln.
- Die vorhandenen Einrichtungen und daraus die maximal zu bewirtende Gästezahl berechnen.
- Anzahl und Einsatzplan für die benötigten Helfer (eventuell Wunschliste für Tätigkeit und Einsatzort auslegen).
- Sponsoren für Getränke und Ausstattung suchen.
- Dekorationspläne entwerfen.
- Werbemöglichkeiten und Öffentlichkeitsarbeit (→ 342).
- Gesetzliche Bestimmungen und das Inventar daraufhin überprüfen, ob es den Anforderungen entspricht (Anzahl, Qualität, Ausführung usw.).
- Rezepturen für Getränkespezialitäten erstellen.
- Preise kalkulieren.
- Kühlmöglichkeiten bereitstellen.
- Warenbedarf ermitteln.
- Lagermöglichkeiten für verschiedene Lebensmittel und Non-Food ausfindig machen.
- Im Umgang mit Lebensmitteln und beim Verkauf die gesetzlichen Bestimmungen beachten und Verantwortlichkeiten festlegen.
- Angebotskarten erstellen (→ 400).

3. Erstellen Sie eine Pro- und Kontraliste in Bezug auf Einweggetränkeverpackung und Mehrweggetränkeverpackung.

Lernfeld 1.3
Arbeiten im Magazin

Warenbeschaffung
- Bedarf ermitteln.
- Markt beobachten.
- Angebote einholen und auswerten.
- Mit Lieferanten verhandeln.
- Lieferanten bestimmen und Bezugsquellendatei anlegen.
- Einkaufszeitpunkt festlegen.
- Verträge abschließen und Waren bestellen.
- Einhalten der Vertragsbestimmungen überwachen.

Magazinverwaltung
- Menge, Packungsgröße, Qualität und Unversehrtheit der Waren bei der Anlieferung kontrollieren.
- Lieferscheine und Rechnungen auf sachliche und rechnerische Richtigkeit überprüfen und gegebenenfalls reklamieren.
- Lager-Karteien/-Dateien einrichten und führen.
- Waren sachgerecht lagern.
- Lagerbedingungen kontrollieren (Temperatur, Luftfeuchtigkeit).
- Waren ausgeben (auf Warenanforderungen der Abteilungen bzw. Stellen).
- Lagerkennzahlen ermitteln und auswerten.
- Wareneinsatzkontrolle durchführen.
- Lagerbestandskontrolle (Inventur) durchführen.

1. Warenbeschaffung und Magazinverwaltung

Zielformulierungen

Folgende Ziele sollen von den Auszubildenden im Lernfeld Arbeiten im Magazin erreicht werden:
- Sie können die Aufgaben eines Magazins für gastronomische Betriebe beschreiben.
- Sie können die Arbeitsabläufe erklären.
- Sie können die Waren auf Gewicht, Menge und sichtbare Schäden prüfen.
- Sie können Bestellungen und Lieferscheine kontrollieren.
- Sie sind in der Lage, Waren einzulagern, und verstehen die Notwendigkeit, Warenbestände zu kontrollieren.
- Sie bearbeiten Warenanforderungen.
- Sie können arbeitsplatzbezogene schriftliche Arbeiten ausführen.
- Sie begründen, weshalb der Umgang mit Schriftstücken organisiert sein muss, und sind fähig, Unterlagen zu registrieren und abzulegen.
- Sie führen Karteien und Dateien.
- Sie unterscheiden Formen des Kaufvertrags, erkennen Störungen bei dessen Erfüllung und reagieren angemessen.
- Sie begründen, weshalb Daten gesichert werden, und wenden Möglichkeiten der Datensicherung an.
- Sie erläutern die Notwendigkeit des Datenschutzes.
- Sie sind fähig, Kommunikationsmedien zu nutzen.

1 Arbeiten im Magazin

Als Magazin oder Lager bezeichnet man Vorratsräume für Lebensmittel und Lagerräume für Gebrauchsgegenstände wie Wäsche und Geschirr sowie für Möbel. Der Umfang der Lagerhaltung hängt von Größe und Art des Betriebs ab. Da jede Lagerhaltung Kosten verursacht, sind unnötige Lagerbestände abzubauen.

Lagerhaltung von Lebensmitteln
Neben der sachgerechten Aufbewahrungsweise sind vor allem Kontrolltätigkeiten durchzuführen.
Entscheidende Bedeutung bei der Lagerhaltung von Lebensmitteln kommt der Kostenerfassung zu. Die Verbrauchszahlen, die von der Lagerbuchhaltung ermittelt werden, sind Grundlage für die Kalkulation in vielen Bereichen des Hotels.
Die Küchenverbrauchs- und Küchenergebniskontrolle ist nur mit ihrer Hilfe möglich. Gleiches gilt für den Büfett- bzw. Servicebereich.

Anforderungen an Magazinverwalter
Die Magazinverwaltung ist eine verantwortungsvolle Tätigkeit. Bei unsachgemäßer Arbeitsweise wie Unachtsamkeit bei der Warenannahme und -ausgabe und bei der Bestandsüberwachung, mangelhaftem Hygieneverhalten oder bei Bestechlichkeit und Unehrlichkeit können beträchtliche Verluste für den Betrieb entstehen.
Die Führung der Lagerbuchhaltung erfordert kaufmännisches Grundwissen und, beim Einsatz von Computern, Kenntnisse in elektronischer Datenverarbeitung.

2 Kaufvertrag

Beim Wareneinkauf kommt es immer zum Abschluss eines Kaufvertrages. Dazu sind das Angebot des Verkäufers an eine bestimmte Person und die Willenserklärung des Käufers, die Ware unter den angegebenen Bedingungen zu kaufen, notwendig. Liegt kein auf eine bestimmte Person bezogenes Angebot vor wie im Fall einer Preisliste oder bei Ware im Schaufenster, bedarf es der Bestellungsannahme durch den Verkäufer. Ein Kaufvertrag kommt immer durch zwei übereinstimmende Willenserklärungen zustande.

Pflichten der Vertragspartner
- Der Verkäufer muss
  - dem Käufer die Ware mangelfrei und rechtzeitig übergeben und ihm das Eigentum an der Ware verschaffen sowie
  - den Kaufpreis annehmen.
- Der Käufer muss
  - den vereinbarten Kaufpreis rechtzeitig zahlen,
  - die Ware abnehmen.

Erfüllt ein Vertragspartner seine Pflichten nicht, kann der andere seine Rechte gerichtlich durchsetzen.

Einholen von Angeboten (Anfrage; rechtlich unverbindlich)
Durch die Anfrage soll erkundet werden, ob und zu welchen Bedingungen eine Ware bezogen werden kann. Da die Anfrage stets ohne Kaufverpflichtung bleibt, kann gleichzeitig bei mehreren Lieferanten angefragt werden, um die günstigste Bezugsquelle zu ermitteln.

Vergleich der Angebote
Neben den Preisen, Lieferungs- und Zahlungsbedingungen (Konditionen) sind die eingegangenen Angebote hinsichtlich der Warenqualität und der für den Betrieb wirtschaftlichen Verpackungsgrößen zu vergleichen. Nachdem die infrage kommenden Lieferanten ermittelt sind, ist es sinnvoll, über günstigere Vertragsbedingungen zu verhandeln. Bestellt wird die unter allen Gesichtspunkten günstigste Ware.

Bestellung (Annahme des Angebots)
Bei der Bestellung werden die entsprechende Warenart und -menge angefordert. Der Kaufvertrag wird rechtsgültig. Wird ohne ein konkret vorliegendes Angebot bestellt, bedarf es der Bestellungsannahme durch den Verkäufer, damit ein rechtsgültiger Kaufvertrag zustande kommt. Dies gilt auch, wenn bei der Bestellung in einem oder mehreren Punkten (z. B. Mindestmenge, Lieferfrist oder Preis) vom konkreten Angebot abgewichen wurde. (Fern-) Mündliche Bestellungen werden schriftlich bestätigt, um Irrtümer zu vermeiden und um bei der Warenannahme die Lieferung kontrollieren zu können.

Widerruf der Bestellung
Eine Bestellung kann geändert oder rückgängig gemacht, das heißt für ungültig erklärt werden. Voraussetzung ist, dass der Widerruf vor Eingang der Bestellung oder zur gleichen Zeit den Verkäufer erreicht. Nur dann besteht ein rechtlicher Anspruch auf Anerkennung des Widerrufs, das heißt, die Ware muss nicht abgenommen und bezahlt werden. Aus rechtlicher Sicht bleibt die Ware bis zur vollständigen Bezahlung Eigentum des Verkäufers.

Verkäufer	Aktion	Käufer	Rechtliche Konsequenzen
→	Anzeigen, Werbesendungen, Schaufensterauslagen, Preisverzeichnisse (z. B. Speisekarte im Aushang)		kein Angebot, da es sich nicht direkt an eine bestimmte Person richtet
←	Anfrage Einholen von Angeboten	←	keine rechtliche Bindung

1. „Aktionen" ohne rechtliche Folgen

Verkäufer	Aktion	Käufer	Rechtliche Konsequenzen
→	Angebot		für den Verkäufer rechtlich bindend
←	Bestellung		für den Käufer rechtlich bindend
←	Anfrage		Für den Verkäufer und den Käufer rechtlich bindend. Der Kaufvertrag ist zustande gekommen.
→	Angebot		
←	Bestellung		
→	Bestellungsannahme		

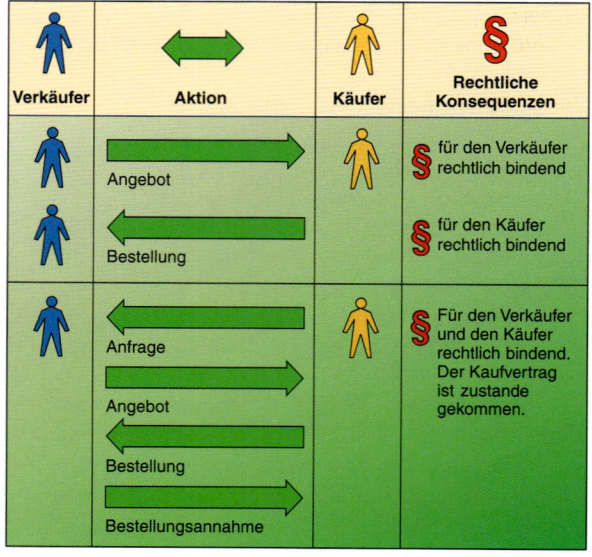

2. „Aktionen" mit rechtlichen Folgen

Kaufvertrag

- Adressat (Empfänger des Angebots)
- Gültigkeitsdauer (z.B. bis 30.04.20..)
- Lieferzeiten (z.B. 5 Kalendertage)
- Art und Beschaffenheit (Artikelnummer, Typ, Farbe, Handelsklasse, Jahrgang usw.)
- Menge (Einheiten, Stückzahl, Gewicht usw.)
- Preis (Netto- und/oder Bruttopreis)
- Rabatte (Mengen-, Treuerabatt usw.)
- Skonto (Preisnachlass für frühzeitige Zahlung)
- Verpackungskosten
- Transportkosten (Porto, Fracht, Rollgeld)
- Transportbedingungen (frei Haus, frachtfrei, ab Werk, ab Lager usw.)
- Zahlungsbedingungen (Überweisungen, bar, gegen Nachnahme, Vorauszahlung)
- Bestimmungen zur Eigentumsübertragung (Ware bleibt bis zur vollständigen Bezahlung Eigentum des Verkäufers)
- Erfüllungsort und Gerichtsstand

1. Angaben in einem Angebot oder einer Bestellung

Rechte bei
mangelhafter Ware: Käufer kann wählen
- Wandelung (Rückgängigmachung des Kaufvertrags)
- Umtausch (Neulieferung einwandfreier Ware)
- Minderung (Preisnachlass)
- Schadenersatz (wenn zugesicherte Eigenschaft fehlt oder Mangel arglistig verschwiegen wurde)

Nicht-rechtzeitig-Lieferung: Käufer muss mahnen
- nachträgliche Lieferung oder Schadenersatz
- nach angemessener Nachfrist: Rücktritt vom Vertrag und Schadenersatz

Gläubigerverzug des Käufers:
- Ware auf Kosten des Käufers einlagern und auf Abnahme und Erstattung der Kosten klagen
- Versteigerung androhen und durchführen

Nicht-rechtzeitig-Zahlung: Verkäufer muss mahnen
- Verzugszinsen und entstandene Kosten berechnen
- Mahn- und Klageverfahren durchführen

2. Rechte bei Kaufvertrags-Störungen

Sonderformen des Kaufvertrags

Kauf nach Probe: Eine Warenprobe wird bei einem Test für gut befunden und bestellt. Sollte die Lieferung in wesentlichen Punkten vom Muster abweichen, können Gewährleistungsansprüche geltend gemacht werden.

Kauf auf Probe: Wenn ein Käufer z.B. eine Maschine im Betrieb ausprobiert und nach einer vereinbarten Zeit die Zustimmung zum Kauf gibt, hat ein Kauf auf Probe stattgefunden. Stillschweigen über den vereinbarten Zeitpunkt hinaus gilt als Annahme des Angebots.

Kauf auf Abruf: Es wird eine große Menge einer Ware bestellt, die jedoch nicht auf einmal, sondern in Teilmengen geliefert wird. Der Käufer ruft die Teilmenge bei Bedarf ab.

Fixkauf: Es wird ein Vertrag geschlossen, der einen genau festgelegten Lieferzeitpunkt in den Mittelpunkt stellt. Formulierungen wie „Liefern Sie zum 30.07. d. J. um 9:00 Uhr fix" werden verwendet, wenn der Käufer bei der Bestellung deutlich machen will, dass eine frühere und vor allem eine spätere Lieferung für ihn wertlos ist (Lieferverzug ohne Mahnung des Käufers).

Zielkauf (Kreditkauf): Der Käufer zahlt erst, wenn eine vereinbarte Frist (Zahlungsziel) abgelaufen ist.

Ratenkauf: Der Preis wird in Teilbeträgen (Raten) bezahlt. Ratenhöhe und das Datum der Zahlungen werden zwischen Käufer und Verkäufer vereinbart.

Kommissionskauf: Der Käufer (Kommissionär) übernimmt die Ware und rechnet mit dem Verkäufer (Kommittent) ab, wenn die Ware weiterverkauft ist.

Störungen des Kaufvertrags

Mangelhafte Lieferungen:
1. Falschlieferungen: z.B. die falsche Ware, Menge oder Packungsgröße bzw. Ware, die die versprochenen Eigenschaften nicht besitzt.
2. Qualitätsmängel: z.B. verdorbene oder beschädigte Ware oder Ware mit versteckten oder arglistig verschwiegenen Mängeln.

   In allen Fällen muss dem Lieferanten der Mangel sofort angezeigt werden (Ausnahmen: versteckter Mangel erst nach dessen Entdeckung).

   Ein arglistig verschwiegener Mangel, bei dem absichtlich Ware mit versteckten Mängeln geliefert wurde, kann bis zu 30 Jahre nach der Lieferung gerügt werden.

Nicht-rechtzeitig-Lieferung: Wenn zu spät, zu wenig oder gar nicht geliefert wird, liegt Nicht-rechtzeitig-Lieferung vor. Bei unverschuldetem Verzug wie höherer Gewalt durch Unfall oder Unwetter kann der Lieferant nicht haftbar gemacht werden.

Gläubigerverzug: Wenn der Käufer die termin- und ortsgerecht gelieferte Ware nicht annimmt, kommt es zum Gläubigerverzug.

Nicht-rechtzeitig-Zahlung: Wenn der Käufer die angenommene Ware nicht fristgerecht und vollständig bezahlt, tritt die Nicht-rechtzeitig-Zahlung ein. Die Reaktion ist im Allgemeinen folgende:
1. Mit einem Erinnerungsschreiben wird er um die Begleichung der Rechnung gebeten.
2. Bei Nichtzahlung folgt die erste bzw. zweite Mahnung.
3. Die dritte Mahnung wird per Einschreiben zugestellt.
4. Wird dennoch nicht bezahlt, wird ein Mahnbescheid beim Amtsgericht beantragt.

3 Wareneingang, -lagerung und -ausgabe

3.1 Wareneingang

Um den Betrieb vor Nachteilen zu schützen, muss jede Lieferung geprüft werden. Bei den Kontrollen und Tätigkeiten des Wareneingangs unterscheidet man vier Stufen:

Stufe 1: Abnahme
(in Anwesenheit des Lieferanten durchzuführen)
Wichtige Regel: Ohne Lieferschein kein Wareneingang! Im Notfall muss die Person, die die Lieferung annimmt, selbst einen Lieferschein ausstellen.
- Die Angaben auf dem Bestellschein und dem Lieferschein werden verglichen.
- Anhand der Begleitpapiere (Lieferschein, Frachtbrief) werden Anzahl und Richtigkeit der Stücke (Aufschrift, Gewicht) kontrolliert.
- Es wird die Verpackung, bei unverpackter Ware die Ware selbst, auf Unversehrtheit geprüft. Festgestellte Mängel lässt man sich vom Lieferanten oder Überbringer schriftlich bestätigen.

Stufe 2: Auspacken und Prüfen der Ware
Die eingegangenen Waren sind unverzüglich zu prüfen. Dies geschieht anhand der Bestellungsunterlagen. Kontrolliert werden Art, Menge, Verpackungsgröße, einwandfreie Beschaffenheit (Temperatur [→ Bild 1]), Einhaltung der Lieferungsbedingungen und das Mindesthaltbarkeitsdatum (MHD). Bis zum MHD geht der Hersteller eines Lebensmittels davon aus, dass die Qualität unter den vorgeschriebenen Lagerbedingungen voll erhalten bleibt. Eine Kontrolle, ob die Ware noch genussfähig ist, ist auch bei noch nicht abgelaufenem Mindesthaltbarkeitsdatum unerlässlich. Eine Qualitätskontrolle ist häufig erst beim Verbrauch der Ware möglich, weil z. B. Wein, Konserven oder Tiefkühlware erst dann genau kontrolliert werden können. Sollte sich ein Mangel zeigen, ist man verpflichtet, den Verkäufer umgehend – ohne schuldhafte Verzögerung – zu informieren.

Stufe 3: Prüfung des Lieferscheins und der Rechnung
- Lieferschein und Rechnung werden mit den Bestellungsunterlagen verglichen.
- Dabei wird die rechnerische Richtigkeit der Einzelpreise und des Gesamtpreises unter Einbeziehung aller ausgehandelten Konditionen wie Frachtkosten, Rabatt, Skonto und der Mehrwertsteuer kontrolliert.

Stufe 4: Verbuchung des Wareneingangs
Die erfassten Daten werden in Wareneingangsbücher (bzw. Computerprogramm) eingetragen. Es ist dafür zu sorgen, dass sämtliche Waren, auch solche, die sofort weiterverarbeitet werden, auf die beschriebene Weise angenommen werden, da spätere Kontrollen nicht möglich sind. Nach der Warenannahme werden die Waren auf die Lagerstellen verteilt, die Lagerkarten berichtigt und die Waren hinter den Altbeständen einsortiert. Damit soll sichergestellt werden, dass Restbestände vor den frisch angelieferten Waren verbraucht werden. Die Bestände sind ständig daraufhin zu kontrollieren, dass Waren nicht überlagert und damit im Wert gemindert oder gar wertlos werden. Gegebenenfalls ist ein drohender Verderb den verantwortlichen Personen rechtzeitig mitzuteilen.

Kühlpflichtige Frischwaren	Anlieferungstemperatur
Frischfleisch, Fleisch- und Wurstwaren, Feinkost	maximal 7 °C
Frischgeflügel	maximal 4 °C
Frischgeflügel	maximal 4 °C
Hackfleisch	maximal 4 °C
Innereien	maximal 3 °C
Frischfisch auf gestoßenem Eis	maximal 2 °C
Tiefkühlware („Schnee", auf der Verpackung ist ein Hinweis auf Antauen; Gefrierbrand ist ein erheblicher Qualitätsmangel)	mindestens −18 °C (beim Transport darf sich die Temperatur an der Außenschicht auf maximal −15 °C erhöhen)

Hinweis: Temperaturüberschreitungen sind ein erheblicher Mangel (die Annahme der Ware kann abgelehnt werden); die gemessenen Temperaturen werden als Beweismittel dokumentiert.

1. Temperaturkontrolle bei der Warenannahme

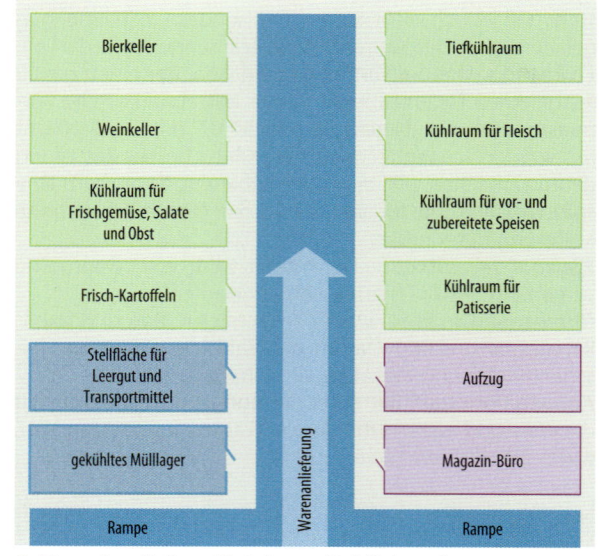

2. Magazinaufteilung für Lebensmittel (Schema)

Wareneingang, -lagerung und -ausgabe

LAGERKARTEIKARTE

Warengattung: Obstkonserven Artikel: Kaiserkirschen Kartennummer: 5/19
Lagerstelle: Magazin Einheitsmenge: 1/1 Dose Bestellmenge: 24
Lagerfach: 10/1 Richtpreis: 4,00 € Meldebestand: 24
Lieferant: Fa. Holzmann / Fa. Böhm   Mindestbestand: 12

Datum	Vorgang	Menge			Preis	Wert						Bemerkung
		Eingang	Verbrauch	Bestand		Eingang	Verbrauch				Bestand	
							Küche	Kond.	Büfett	Bar	Sonstige		
1.2.	Anfangsbestand	–	–	34	4,00	–	–	–	–	–	–	136,00	
4.2.	laut Bon	–	3	31	4,00	–	12,00	–	–	–	–	124,00	
9.2.	laut Bon	–	7	24	4,00	–	–	28,00	–	–	–	96,00	
12.2.	laut Bon	–	2	22	4,00	–	–	–	–	8,00	–	88,00	
19.2.	Holzmann	24	–	46	4,00	96,00	–	–	–	–	–	184,00	
19.2.	laut Bon	–	2	44	4,00	–	8,00	–	–	–	–	176,00	
21.2.	laut Bon	–	1	43	4,00	–	–	–	–	–	4,00	172,00	Privat
24.2.	laut Bon	–	6	37	4,00	–	–	24,00	–	–	–	148,00	
25.2.	laut Bon	–	2	35	4,00	–	–	–	–	8,00	–	140,00	
28.2. Monatsabschluss		24	23	35		96,00	20,00	52,00	–	16,00	4,00	140,00	
1.3.	Anfangsbestand	–	–	35	4,00	–	–	–	–	–	–	140,00	

1. Muster einer Lagerkarteikarte

3.2 Warenlagerung

Die Lagerhaltung soll sicherstellen, dass stets genügend Waren für den Verkauf und die Fertigung bereitstehen. Die Lagerhaltung erfüllt folgende Funktionen:
- Ausgleich möglicher Unregelmäßigkeiten auf dem Beschaffungsmarkt, etwa im Hinblick auf saisonale Schwankungen bei der Gütererzeugung (Ernten) und bei Preisen.
- Erschließung günstiger Einkaufsmöglichkeiten durch Großeinkauf.
- Optimale Ausreifung (z. B. bei Fleisch, Wein, Obst).
- Bereithaltung eines ausreichend breiten Angebots.

Geeignete Räume für die Lagerhaltung
- Trockene Räume für die Lagerung von feuchtigkeitsempfindlichen Nahrungsmitteln wie Salz, Zucker und Mehl. Von Nahrungsmitteln getrennt aufzubewahren sind Putz- und Reinigungsmittel sowie Wäsche, Möbel und Einrichtungsgegenstände, Besteck, Porzellan, Platten, Gläser.
- Separate Abstellräume für Leergut und Aufbewahrungsmöglichkeiten für Abfälle.
- Kellerräume oder gekühlte Räume für Wein, Schaumwein, Kartoffeln und Konserven.
- Kühlräume für Bier und Erfrischungsgetränke.
- Getrennte Kühlräume für Nahrungsmittel pflanzlichen und tierischen Ursprungs.
- Tiefkühlräume.

In gekühlten Räumen sind Thermometer und Luftfeuchtigkeitsmessgeräte (Hygrometer) anzubringen.

In vollklimatisierten Räumen wird neben der Temperatur auch die Luftfeuchtigkeit automatisch geregelt. Die günstigste relative Luftfeuchtigkeit für Nahrungsmittel liegt zwischen 75 % und 90 %.
Zu niedrige Luftfeuchtigkeit führt durch Austrocknung zur Verhärtung der Warenoberflächen und zu Gewichtsverlusten. Bei zu hoher Luftfeuchtigkeit kann sich auf der Oberfläche von Waren und Gegenständen Wasser niederschlagen, das die Vermehrung von Mikroorganismen und dadurch den Verderb beschleunigt.
Alle Räume müssen abschließbar sein.

Geeignete Lagereinrichtungen
- Waagen für die Warenannahme und -ausgabe.
- Transportmittel (Wagen, Karren).
- Regale und Lagergestelle.
- Hilfsmittel zur Gliederung nach Warengruppen und Warenartikeln und ihrer Kennzeichnung durch Lagerfachkarten. Häufig gebrauchte Waren sollten ihr Fach in der Nähe der Warenausgabe haben.
- Schreibtisch, Computer und Aktenschrank für Schreibarbeiten.

Kosten und Verluste bei der Lagerhaltung
Bei jeder Lagerhaltung entstehen Kosten und Verluste, die mit dem Umfang der Lagerhaltung steigen. Sie sind bei der Kalkulation den Gemeinkosten zuzurechnen.
- Kosten für die Lagerräume und die Lagereinrichtung: Dazu gehören Pacht, Instandhaltung, Abschreibung, Verzinsung des investierten Kapitals, Reinigung, Heizung, Kühlung, Beleuchtung, Schädlingsbekämpfung, Versicherungsprämien (Feuer- und Wasserschäden).

Die Geschäftsleitung legt zur Vermeidung zu hoher oder zu niedriger Bestände folgende Mengen fest:
- **Mindestbestand (R):** Diese Menge muss stets als „eiserne Reserve" im Lager sein.
- **Höchstbestand:** Er ist nach dem Eintreffen der Bestellung erreicht und hängt von der Bestellmenge und dem Meldebestand ab.
- **Meldebestand (MB):** Sobald er erreicht ist, muss der Artikel bestellt werden. Seine Höhe hängt von der Lieferzeit und der Absatzmenge des Artikels ab.

Beispiel:
Bei einem Tagesabsatz (A) von 2 Flaschen Cognac, einer Lieferzeit von 6 Tagen (T) und einem Mindestbestand (R) von 10 Flaschen ist der Meldebestand (MB):
$MB = (A \times T) + R = (2 \times 6) + 10 = 22$ *Flaschen.*

1. Mindest-, Höchst- und Meldebestand

MAGAZIN-Anforderungsschein

Abteilung: Küche   Name: K. Maier   Datum: ... – 07 – 22

Artikel	Einheit	Ange-forderte Menge	Erhaltene Menge	Einzel-preis €	Gesamt-preis €
Bohnen (rot)	1/1	3	3	2,80	8,40
Steinpilze	1/1	2	2	18,40	36,80
Maiskörner	1/2	6	6	1,48	8,88
Maiskolben	1/1	4	4	3,98	15,92
Pfifferlinge	1/1	4	4	12,20	48,80
Genehmigt:	Name:	Müller			118,80
Ausgeliefert:	Name:	C. Wälde	Datum:	... – 07 – 22	

2. Magazin-Anforderungsschein

- Zinsen für in den Waren gebundenes Kapital.
- Kosten für Wertverluste durch Preissenkungen auf dem Beschaffungsmarkt, Änderung des Gästegeschmacks, Beschädigung, Verderb, Überlagerung.
- Kosten für Mengenverluste durch Schwund (Gewichtsverluste durch Vorgänge bei der Reifung).
- Bruch und Diebstahl.
- Lagerverwaltungskosten (z. B. Kosten für Personal, Büroeinrichtung und Materialien).

Einige Maßnahmen zur Senkung der Lagerkosten
- Geringe Lagerhaltung anstreben z. B. durch Just-in-time-Warenwirtschaft: Im Idealfall wird die Ware so angeliefert, dass sie ohne Lagerung verarbeitet oder verkauft werden kann.
- Geeignete Einrichtungen und Kontrollen, um Schwund (Kühlräume mit einem auf das Kühlgut abgestimmten Idealklima von Temperatur und Luftfeuchtigkeit), Verderb und Diebstahl zu reduzieren.
- Effektive Lagerhaltung und Lagerverwaltung, um Personalkosten zu sparen.
- Kosten für die Müllabfuhr sparen, z. B. Umverpackungen vermeiden (durch die Einführung eigener Mehrwegbehälter) oder zurückgeben.

Sicherheitsvorkehrungen im Magazin
- Breite Verkehrswege, rutschsichere Fußböden.
- Gute Beleuchtung, eventuell Notbeleuchtung.
- Feuerlöscher, Rauch- und Feuermelder.
- Stets von innen zu öffnende Türen in Kühl- und Tiefkühlräumen (eventuell Notrufanlage).

3.3 Warenausgabe

Sämtliche Waren dürfen nur gegen Quittung bzw. Anforderungsschein ausgegeben werden. Bei Entgegennahme der Scheine ist zu prüfen, ob sie von einer berechtigten Person (meist dem Abteilungsleiter) unterschrieben sind und ob die Waren in Art und Menge genau bezeichnet sind (→ Bild 2).
Alle ausgegebenen Waren sind in die Lagerkarteikarten und gegebenenfalls Lagerfachkarten (bzw. Computerprogramme) einzutragen (→ 193, Bild 1). Die Warenausgabe sollte möglichst täglich erfolgen, damit in den Abteilungen nur kleine Vorräte gehalten werden. Für Ausnahmefälle, z. B. bei unerwartet hohem Gästeandrang, sollte das Magazin für bestimmte Personen jederzeit zugänglich sein.

Magazine in den Abteilungen
Für den Tagesbedarf sind die Waren aus dem Magazin, soweit sie nicht sofort gebraucht werden, in den Abteilungen zu lagern. Zu große Tagesvorräte verführen zu gedankenlosem Verbrauch und zum Diebstahl. Zu geringe Vorräte können Störungen im Betriebsablauf verursachen.
- In der Küche und den Nebenräumen lagern konservierte und frische Lebensmittel wie Fleisch, Fisch, Obst und Gemüse.
- Am Büfett und in der Bar lagern Getränke in Flaschen.
- Im Restaurant-Office sind Tischwäsche, Bestecke und sonstige Geräte zum Eindecken oder Servieren vorrätig.
- Die Etage benötigt einen Vorrat an Bettwäsche, Handtüchern und Verbrauchsartikeln für den Gast.

4 Warenbestandskontrolle

Kaufmännische Grundlagen
Zu den Hauptaufgaben der Lagerhaltung gehören:
- Erfassung von Wareneingang und Warenausgang,
- Bestandsüberwachung und Verbrauchsfeststellung.

Hierzu verwendet die Lagerbuchhaltung die Lagerfachkarte, in der die mengenmäßige Erfassung an der Lagerstelle (im Lagerfach) erfolgt, und die Lagerkarteikarte (→ 191), in der zusätzlich der Warenwert festgehalten wird. Der notwendige Vergleich zwischen den Zahlen in den Lagerkarten, dem Soll-Bestand und dem tatsächlichen Bestand, dem Ist-Bestand, wird bei der Inventur (Bestandsaufnahme) vorgenommen. Dieser Vergleich dient gleichzeitig der Kontrolle der Lagerbuchhaltung. Treten Differenzen zwischen Ist- und Soll-Bestand auf, so sind die Ursachen zu klären.
Je kürzer die zeitlichen Abstände zwischen den Inventuren sind, umso früher werden Differenzen entdeckt und umso schneller können die Missstände abgestellt werden. Der festgestellte Ist-Bestand wird als neuer Anfangsbestand in die Lagerfachkarten übernommen. Der Verbrauch an Waren ergibt sich aus dem Abschluss der Lagerkarteikarten.

Inventur
Jeder Betrieb hat einmal jährlich eine Bilanz als Grundlage für die Besteuerung zu erstellen. In ihr sind die Lagerbestände als Vermögen enthalten. Dazu ist der Ist-Bestand durch Zählen, Wiegen und Messen festzustellen und zu bewerten. Die Aufnahme des Vermögens und der Schulden nennt man Inventur. Man unterscheidet die Stichtagsinventur, das ist die Bestandsaufnahme am Bilanzstichtag, und die laufende oder permanente Inventur, die Bestandsaufnahme über den gesamten Abrechnungszeitraum.

Voraussetzung für die permanente Inventur ist eine Lagerkartei, die eine Rückrechnung der Bestände auf den Bilanzstichtag erlaubt. Als Kontrolle für die Lagerbuchhaltung kann nur die Stichtagsinventur angesehen werden.

Lagerkennzahlen
Neben dem durchschnittlichen Lagerbestand sind die Umschlagshäufigkeit und die durchschnittliche Lagerdauer die wichtigsten Lagerkennzahlen (→ 194).
Die Umschlagshäufigkeit der Waren wird in einer Zahl, dem Umschlagskoeffizienten, ausgedrückt und zu Vergleichszwecken herangezogen. Er gibt an, wie oft innerhalb eines Jahres der Wert oder die Menge des durchschnittlichen Lagerbestandes umgesetzt wird.
Der Umschlagskoeffizient lässt sich für einen Artikel, eine Warengruppe oder für das gesamte Lager errechnen. Angestrebt wird eine hohe Umschlagshäufigkeit, weil dadurch die Kosten pro Wareneinheit gesenkt werden.

Umfang des Lagerbestandes
Der durchschnittliche Lagerbestand gibt den Durchschnitt der tatsächlichen Lagerbestände eines Artikels im Laufe einer Geschäftsperiode an. Man kann ihn aufgrund der Jahres-Inventurzahlen oder anhand der Monats-Inventurzahlen errechnen (→ 194).
Die Lagervorräte müssen so groß sein, dass ein reibungsloser Verkauf und eine störungsfreie Produktion gewährleistet sind. Zu kleine Lagerbestände behindern die Fertigung und verärgern die Gäste, weil der gewünschte Artikel nicht vorhanden ist. Sie erfordern unter Umständen teure Eilbestellungen.

LAGERFACHKARTE

Lieferant: Geflügelhof Ruf Artikel: Frischeier Kartennummer: 001
Anschrift: Ostweg 3, Kehl Lieferfrist: 1 Tag Bestellmenge: 180
Telefon: 63520   Mindestbestand: 102
     Mindestbestand: 60

Datum	Anfangs-bestand	Zugang Menge	Preis €	Ausgabe Menge	Abteilung	End-bestand	Bemerkung
1.2.	210	–	0,25	90	Küche	120	
2.2.	120	–	0,25	30	Büfett	90	
3.2.	90	180	0,25	–	–	270	
3.2.	270	–	0,25	90	Konditorei	180	
3.2.	180	–	0,25	30	Büfett	150	
4.2.	150	–	0,25	5	–	145	Brunch
4.2.	145	–	0,25	25	Büfett	120	
5.2.	120	–	0,25	40	–	80	Privat
5.2.	80	180	0,25	–	–	260	

1. Muster einer Lagerfachkarte

Inventurliste Nr. ...

Halbjahr ...	31. Jul.	31. Aug.	30. Sep.	31. Okt.	30. Nov.	31. Dez.
Gemüsekonserven						
Artischockenböden	20	15	13	9	19	14
Artischockenherzen	8	16	12	10	6	16
Bohnenkerne (rot)	28	20	38	29	23	18
Bohnenkerne (weiß)	14	12	11	8	20	14
Champignons (Köpfe)	22	14	33	25	16	10
Champignons (Scheib.)	18	10	40	32	22	16
Karotten	8	24	16	12	6	16
Maiskörner	15	10	20	15	15	6
Maiskolben	12	9	19	15	13	9
Maronen	5	5	29	9	12	4
Pfifferlinge	16	10	17	17	13	6
Sojakeimlinge	21	15	9	22	14	9
Steinpilze	6	14	7	13	5	8

2. Inventurliste (Auszug)

5 Wareneinsatzkontrolle

Die **Auswertung der Lagerkennzahlen** eröffnet die Möglichkeit, die wirtschaftliche Arbeitsweise eines Betriebes rechnerisch darzustellen und zu kontrollieren. Die grundsätzlichen Vorgehensweisen werden am Beispiel der Küche dargestellt.

Küchenverbrauchskontrolle

Der Materialverbrauch der Küche ist neben den Personalkosten der größte Kostenfaktor. Es lohnt sich deshalb, ihn zu kontrollieren. Bei der Festlegung der Verkaufspreise wird mit einem bestimmten Wareneinsatz kalkuliert. Der Durchschnittswert für alle Speisen in Prozent ergibt den Soll-Wert des Wareneinsatzes.

Beispiel 1: Einzelspeise
Verkaufspreis . . . . 100 %
Wareneinsatz (Soll-Wert) . . . . 30 %
(Wird dieser Soll-Wert überschritten, ist der geplante Gewinn nicht erreichbar oder es ist sogar ein Verlust hinzunehmen.)

Verkaufspreis . . . . 32,00 € = 100 %
Wareneinsatz (Ist-Wert) . . . . 8,00 € = 25 %
(Der Ist-Wert ist günstiger als der Soll-Wert, das heißt, es wurde wirtschaftlicher als geplant gearbeitet.)

Verkaufspreis . . . . 24,00 € = 100 %
Wareneinsatz (Ist-Wert) . . . . 8,00 € = 33,33 %
(Der Soll-Wert ist günstiger als der Ist-Wert, das heißt, es wurde unwirtschaftlicher/mit zu hohem Wareneinsatz gearbeitet.)

Zur Überprüfung des Warenverbrauchs in der Küche wird der Wert der Waren, die laut Anforderungsschein in der Küche ausgegeben wurden, errechnet. Die noch im Tagesmagazin vorhandenen Bestandswerte werden von dieser Summe abgezogen. Das Ergebnis ist der Küchenverbrauch in einer bestimmten Zeit (Tag, Woche, Monat, Jahr).

Beispiel 2: Gesamt-Küchenumsatz
Warenverbrauch laut
Magazinabrechnung im Juli . . . . 102 000,00 €
Bestand im Tagesmagazin (31. Juni) . . . . . . 2 000,00 €
Küchenverbrauch an Waren im Juli: . . . . . . 100 000,00 €

Nun wird der Küchenumsatz mit 100 % vorgegeben und der Küchenverbrauch dazu in Prozent ausgerechnet. Die ermittelte Prozentzahl wird mit dem Soll-Wert verglichen, der bei der Kalkulation verwendet wurde.

Küchenumsatz laut Buchhaltung . . . . 300 000,00 €
Küchenverbrauch an Waren . . . . 100 000,00 €
Wareneinsatz . . . . = 33,33 %

Die ermittelte Prozentzahl wird mit der Zahl verglichen, die bei der Kalkulation verwendet wurde (Wareneinsatz = Ist-Wert = 33,33 % im Vergleich zum Soll-Wert = 30 %).

Lag der Verbrauch zu hoch, sind die Ursachen zu ermitteln (z. B. gestiegene Materialkosten, Nichteinhaltung der vorgegebenen Portionsgewichte, unrealistische Kalkulation) und entsprechende Korrekturen sobald wie möglich vorzunehmen.

- **durchschnittlicher Lagerbestand auf der Basis der Jahresinventur:**

$$= \frac{\text{Jahresanfangsbestand} + \text{Jahresendbestand}}{2}$$

z. B.:

$$\frac{350 + 550}{2} = 450 \text{ Flaschen}$$

- **durchschnittlicher Lagerbestand auf der Basis der 12 Monatsinventuren:**

$$= \frac{\text{Jahresanfangsbestand} + \text{12 Monatsinventuren}}{13}$$

z. B:

$$\frac{350 + 4850}{13} = \frac{5200}{13} = 400 \text{ Flaschen}$$

1. Berechnung des durchschnittlichen Lagerbestandes (Lagerkennzahlen)

- **Umschlagshäufigkeit**

$$\text{Umschlagshäufigkeit} = \frac{\text{Wareneinsatz}}{\text{durchschnittl. Lagerbestand}}$$

z. B.:

$$\frac{280\,000\,€}{40\,000\,€} = 7 \text{ (Umschlagshäufigkeit pro Jahr)}$$

- **durchschnittliche Lagerdauer**

$$\text{durchschnittl. Lagerdauer} = \frac{360 \text{ (Tage des Jahres)}}{\text{Umschlagshäufigkeit}}$$

z. B.:

$$\frac{360}{7} \approx 51 \text{ (durchschnittliche Lagerdauer in Tagen)}$$

2. Berechnung der Umschlagshäufigkeit und der durchschnittlichen Lagerdauer (Lagerkennzahlen)

6 Kommunikationsmedien

Kommunikation nennt man die Verständigung und den Informationsaustausch innerhalb und außerhalb eines gastgewerblichen Betriebs. Sie findet mündlich, schriftlich oder in Bildern statt. Technische Hilfsmittel wie Rufanlagen, Telefon, Anrufbeantworter, Telefax und elektronische Datenübertragung, z. B. Internet (→ 20), erleichtern und beschleunigen den Kommunikationsablauf. Die Magazinverwaltung als „Zulieferer" für die anderen Abteilungen benötigt präzise Meldungen über deren Bedarf, damit sie die Waren rechtzeitig bestellen und ausgeben kann.

Telefon/Mobiltelefon (Handy)

Die schnelle, direkte und weltweite Kommunikation in Sprache (Rede und Gegenrede) und Bild ist für die Gastronomie als Dienstleistungsgewerbe lebensnotwendig. Beispiele für den Telefoneinsatz sind:
- Gäste über aktuelle Angebote und Veranstaltungen zu informieren oder Fragen schnell zu beantworten.
- Bei Lieferanten kurzfristig Bestellungen aufzugeben, abzuändern oder besondere Angebote wahrzunehmen.
- Innerhalb des Betriebs außergewöhnliche Situationen zu klären und Probleme rasch zu lösen, um für einen reibungslosen Ablauf zu sorgen.

Um das Telefon bei der Magazinverwaltung effektiv einzusetzen, sind u. a. folgende Unterlagen hilfreich:
- Telefon- und Branchenbücher
- Telefonlisten von Gästen und Lieferanten sowie Anschlüssen und Handynummern im Betrieb
- Buchstabiertafel (→ Bild 1), um ungewöhnliche Bezeichnungen und Namen eindeutig übermitteln zu können
- Formular für die Telefonnotiz (→ Bild 2)

Regeln für das Verhalten beim Telefonieren
- Beim Klingeln möglichst rasch melden (Betriebsname, Tagesgruß, eigener Name).
- Sich um freundliche und deutliche Sprache bemühen.
- Den Namen des Anrufers merken (eventuell rückfragen und buchstabieren lassen) und verwenden.
- Nach den Wünschen fragen und sie zu seiner Zufriedenheit und im Interesse des Betriebs erfüllen.
- Den Gesprächsinhalt kurz zusammenfassen.
- Eventuell eine Telefonnotiz schreiben (→ Bild 2).
- Beim Weiterverbinden den Anrufer anmelden.
- Falls ein weiteres Gespräch erforderlich ist, einen Rückruf anbieten.
- Für den Anruf bedanken und mit einem freundlichen Gruß verabschieden.

Telefax (Fax)/Fernkopierer

Telefax nutzt das Telefonnetz, um von einem Faxgerät zum anderen eine Kopie (Schriftstück, Grafik, Foto usw.) weltweit in sehr kurzer Zeit zu übermitteln. Ist das Gerät an einen Computer angeschlossen, kann die Kopie damit bearbeitet werden. Bei der Magazinverwaltung sind folgende Anwendungen gebräuchlich:
- Einholen und versenden von Anfragen und Angeboten.
- Absenden von Bestellungen und Reklamationen.
- Empfang von Rechnungen.

Vorteil gegenüber dem Telefon:
- Im Streitfall existiert ein Beweismittel.

Vorteile gegenüber der Briefpost:
- Es entfällt das Falten, Kuvertieren und Frankieren.
- Der günstigere Nachttarif kann genutzt werden.

national	International	national	international
A = Anton	Amsterdam	O = Otto	Oslo
Ä = Ärger		Ö = Ökonom	
B = Berta	Baltimore	P = Paula	Paris
C = Cäsar	Casablanca	Q = Quelle	Québec
CH = Charlotte		R = Richard	Roma
D = Dora	Danemark	S = Samuel	Santiago
E = Emil	Edison	SCH = Schule	
F = Friedrich	Florida	T = Theodor	Tripoli
G = Gustav	Gallipoli	U = Ulrich	Upsala
H = Heinrich	Havana	Ü = Übermut	
I = Ida	Italia	V = Viktor	Valencia
J = Julius	Jérusalem	W = Wilhelm	Washington
K = Kaufmann	Kilogramme	X = Xanthippe	Xanthippe
L = Ludwig	Liverpool	Y = Ypsilon	Yokohama
M = Martha	Madagaskar	Z = Zacharias	Zürich
N = Nordpol	New York		

1. Buchstabiertafel national und international

Telefonnotiz

Aufgenommen von: ....

Datum: ....Uhrzeit: ....

Anruf von Frau/Herrn: ....

Firma: ....

Anschrift: ....

Telefon/Fax: ....

Gesprächsinhalt: ....
....
....
....

Unterschrift: ....

2. Formular für die Telefonnotiz

7 Verwaltung von Schriftstücken

Unter Schriftstücken versteht man in der Buchhaltung alle Unterlagen, die für die betriebliche Arbeit wichtig sind. Nach ihrer Bearbeitung wird entschieden, ob sie vernichtet werden oder geordnet, als sogenannte Akten, aufzubewahren sind. In Bild 1 erfolgt eine Einteilung nach der Aufbewahrungszeit.

Ablegen und Registrieren
In Ordnern, Mappen, Schnellheftern, Karteikästen usw. werden die Akten an bestimmten Stellen im Betrieb (Registraturen) gesammelt, nach festgelegten Ordnungsprinzipien abgelegt (→ Bild 2) und stehen zur Benutzung für Befugte bereit.

Im Magazinbüro gelten die genannten Prinzipien für Bestellungsunterlagen, Lieferscheine, Quittungen, Reklamationen, Mahnungen usw. Das Magazinpersonal muss rasch und sicher über die benötigten Unterlagen verfügen können, um mit Lieferanten zu kommunizieren bzw. die Betriebsleitung mit den geforderten Schriftstücken und Daten zu versorgen.

Archivieren
Gilt ein Schriftstück als bearbeitet, z. B. wenn ein Geschäftsvorgang beendet ist, muss aber laut Vorgaben noch aufbewahrt werden, kommt es zur Altablage, in das sogenannte Archiv. Auch dort muss sichergestellt sein, dass die Schriftstücke jederzeit aufzufinden sind und dass die Aufbewahrungsfristen eingehalten werden.

Die Aufbewahrungspflichten sind im Handelsgesetzbuch (§§ 38 und 44) und in der Abgabenordnung (§§ 146 und 147) geregelt. Die Fristen beginnen jeweils am Jahresende. Schriftstück-Beispiele für bestimmte Aufbewahrungsfristen sind:
- Zwei Jahre: Meldescheine
- Sechs Jahre: Geschäftsbriefe (das Original beim Posteingang, die Kopie vom Postausgang), Rechnungen, Belege, Reklamationen, Auftragsbestätigungen und Lohnkonten
- Zehn Jahre: Jahresabschlüsse (Bilanzen), Geschäftsbücher wie Wareneingangs-, Kassen-, Inventur-, Bilanzbuch. Eventuell Bier-, Wein-, Wildhandelsbuch, Betriebsbuch für Getränkeschankanlagen, Hoteljournal und Fremdenstatistik

Mit der elektronischen Datenverarbeitung lassen sich Daten und Dokumente, z. B. auf CD-ROM oder USB-Stick, speichern und verwalten (→ 19).

Vernichten
Wertlose Schriftstücke werden vernichtet. Prospekte und Ähnliches werden dem Recycling zugeführt. Schriftstücke, die nicht in die Hände Unbefugter geraten sollen, werden vorher im Aktenvernichter (Reißwolf) unleserlich gemacht.

2. Aktenvernichter

Zeitwert des Schriftstücks	Eigenschaften der Schriftstücke	Beispiele
Kurzwert	aktuell und informativ, nach Gebrauch wertlos	Werbeprospekte, Zeitungsinserate
Prüfwert	für eine festgelegten Zeitraum bedeutsam, Änderungen sind abzusehen	Bestellungen, Warenangebote, Kataloge, Preislisten, Umsatzstatistiken
Gesetzeswert	in Gesetzen und Verordnungen festgelegte Fristen	Rechnungen, Quittungen, Geschäftsbriefe und -bücher, Inventur- und Inventarlisten, Bilanzen
Dauerwert	Urkunden, die Eigentumsverhältnisse rechtlich dokumentieren	Kauf-, Pacht-, Miet-, Leasing- und Franchising-Verträge

1. Einteilung der Schriftstücke nach ihrer zeitlichen Wertigkeit

Ordnungsprinzip	Kennzeichen des Ordnungsprinzips
Chronologisch (nach zeitlichem Ablauf)	Ordnen nach der Uhrzeit bzw. nach Stunden, Tagen, Wochen, Monaten, Saison, Jahren
Alphabetisch	Ordnen nach Anfangs- und Folgebuchstaben
Numerisch	Ordnen nach Nummern; z. B. Kunden- oder Rechnungsnummern
Alphanumerisch	Ordnen nach einer Kombination von alphabetischem und numerischem Prinzip, z. B. Lieferanten alphabetisch, deren Rechnungen numerisch
stichwortartig	Ordnen nach Vorgängen oder Zwecken, z. B. Sonderaktionen, Bankettveranstaltungen, betrieblichen Statistiken, Instandhaltung, Bauvorhaben

3. Ordnungsprinzipien beim Verwalten von Schriftstücken

8 Postbearbeitung

In gastgewerblichen Betrieben werden Briefe, Päckchen, Pakete usw. angeliefert und verschickt. Dieser Schrift- und Güterverkehr wird als „Post" bezeichnet; „Hauspost" ist die Post innerhalb eines Betriebs oder Unternehmens.
Die Postbearbeitung verlangt eine gewissenhafte Arbeitsweise, da Fehler und Unregelmäßigkeiten finanziellen Schaden sowie ein negatives Bild bei den betroffenen Personen und Institutionen hervorrufen können.

Eingehende Post
Das Öffnen der Post wird ausschließlich von den damit beauftragten Mitarbeitern vorgenommen, sie wird ins Posteingangsbuch → Bild 1) eingetragen; Schriftstücke erhalten einen Eingangsstempel mit Datum und Unterschrift.

Ausgehende Post
Sie wird ins Postausgangsbuch (→ Bild 1) eingetragen, adressiert und frankiert. Das Postausgangsbuch dient als
- Nachweis, dass die Post bearbeitet und verschickt wurde, sowie als
- Grundlage der Kontrolle der Portokasse.

Adressieren und Frankieren
Korrekt ausgeführtes Adressieren und Frankieren ist Voraussetzung für rasche Zustellung. Fehler verzögern die Laufzeit oder führen im Extremfall zum Verlust der Sendung. Die Höhe des Portos ist abhängig vom Format und vom Gewicht (genaue Auskünfte erteilen die Beförderungsunternehmen). Das Frankieren kann man mit einer Frankiermaschine rationalisieren.

Besondere Versendungsarten
Einschreiben: Bei allen Einschreiben erhält der Absender einen Einlieferungsschein als Nachweis der Absendung. Man unterscheidet:
- Einwurf-Einschreiben,
- Übergabe-Einschreiben,
- Eigenhändiges Übergabe-Einschreiben,
- Übergabe-Einschreiben mit Rückschein.

Express-Sendungen: Sie werden, gegen höheres Porto, besonders schnell zugestellt; Expressbriefe auch an Sonn- und Feiertagen.
Infopost (Drucksache): Sie eignet sich für Rundbriefe und wurde früher als Drucksache bezeichnet (ab 50 Briefe gleichen Inhalts; geringere Gebühren als „normales" Briefporto).
Nachnahme: Eine Sendung wird dem Empfänger nur gegen Bezahlung des Nachnahmebetrags (oft Warenpreis plus Gebühr) ausgehändigt.
Warensendung: Zum Beispiel kleine Proben oder Muster kann man in unverschlossener Verpackung (ohne Briefe oder sonstige Mitteilungen) günstig verschicken.

Große Transportgüter/Fracht: Diese Güter werden von einem Frachtbrief (→ Bild 2) begleitet. Er informiert über Inhalt des Frachtvertrags sowie über das Frachtgut und den Empfänger. Außerdem ist er Unterlage bei Kontrollen von Behörden wie Polizei und Zoll.

POSTEINGANGSBUCH				
März 20..	Adressat	Absender	Bearbeiter	Vorgang
01.	Fr. Walther	Fa. Krötz	Schnell	Brief
01.	Hr. Weber	Fa. Krebs	Schnell	Nachnahme
02.	Fr. Rehberg	Hr. Schlaich	Grün	Einschreiben

POSTAUSGANGSBUCH				
März 20..	Adressat	Art der Sendung	Porto (Übertrag)	Unterschrift
			135,60	Schnell
01.	Fa. Volle	Brief C4	2,20	Schnell
02.	Fa. Bleich	Paket	… 6,50	Grün

1. Auszug aus den Postbüchern

2. Beispiel für einen Frachtbrief (Auszug)

9 EDV

Für die elektronische Datenverarbeitung im Magazin werden spezielle Warenwirtschaftssysteme angeboten. Sie können alle Lagerbewegungen erfassen und erleichtern dadurch die Inventur und helfen bei der Kostenkalkulation.

Ziele einer EDV-gestützten Magazinverwaltung:
- Erfassung der Lagerbewegung
- Hilfe bei Inventuren
- Erleichterung bei Bestellungen
- Kostenkontrolle durch Ermitteln von Kennzahlen
- Kostenkalkulation

Dateneingabe
Neue Waren zur Einlagerung im Magazin können wie folgt verbucht werden:
- Manuelles Ein- und Austragen auf Lagerkarteikarten und Lagerfachkarten.
  Nachteile: fehleranfällig, zeitaufwendig
- Eingabe über PC-Tastatur: Die entsprechenden Daten in ein bestehendes Warenwirtschaftssystem eingeben.
  Nachteil: fehleranfällig
- Barcode-Erfassungssystem: Die Erfassung der entsprechenden Daten der Ein- und Ausgänge im Magazin erfolgt über einen Barcode. Alle eingehenden Waren sind mit einem Strichcode versehen, dessen Daten über ein Lesegerät direkt ins Warenwirtschaftsprogramm übertragen und gespeichert werden. Bedingung: Waren müssen mit Barcode ausgezeichnet sein.

Die Warenausgabe an verschiedene Abteilungen eines Betriebes kann ebenfalls über ein Barcode-System erfolgen; somit entfällt die Dateneingabe über die Tastatur.

9.1 Datenverarbeitung und Datenausgabe

Bei der EDV-gestützten Magazinverwaltung werden Zu- und Abgänge von Waren als Computerdateien anstelle von Lagerkarteikarten gespeichert. Es ist jederzeit möglich, den aktuellen Lagerbestand zu überprüfen. Wenn der Meldebestand einer Ware erreicht ist, kann automatisch eine Bestellung an einen Lieferanten gesendet werden. Mögliche Bestellvorgänge können so automatisiert werden, dass ein Angebotsvergleich von mehreren Lieferanten erleichtert wird.

Die Permanentinventur (kontinuierliche elektronische Erfassung aller Veränderungen von Warenbeständen) kann durch ein Warenwirtschaftsprogramm erfolgen. Inventurlisten für Jahres- oder Monatsinventur können bei Bedarf mit den jeweiligen zum Stichtag gültigen Soll-Beständen ausgedruckt werden. Bei der Bestandsaufnahme durch Zählen, Messen oder Wiegen werden die Ist-Bestände eingegeben, und das System errechnet und analysiert die Plus- und Minusdifferenzen zwischen rechnerischem und tatsächlich vorhandenem Bestand. Die Lagerkosten, der Wareneinsatz und der Verbrauch können im Gesamten, nach Abteilungen oder nach Artikeln geordnet erfasst werden. Alle Daten einzelner Waren können übersichtlich und gezielt abgefragt werden, z. B. sortiert nach Warenbestand, Artikelnummer, letzter Bestellung, Lieferant usw. Zur Kalkulation zukünftiger Kosten wird automatisch der voraussichtliche Bedarf ermittelt.

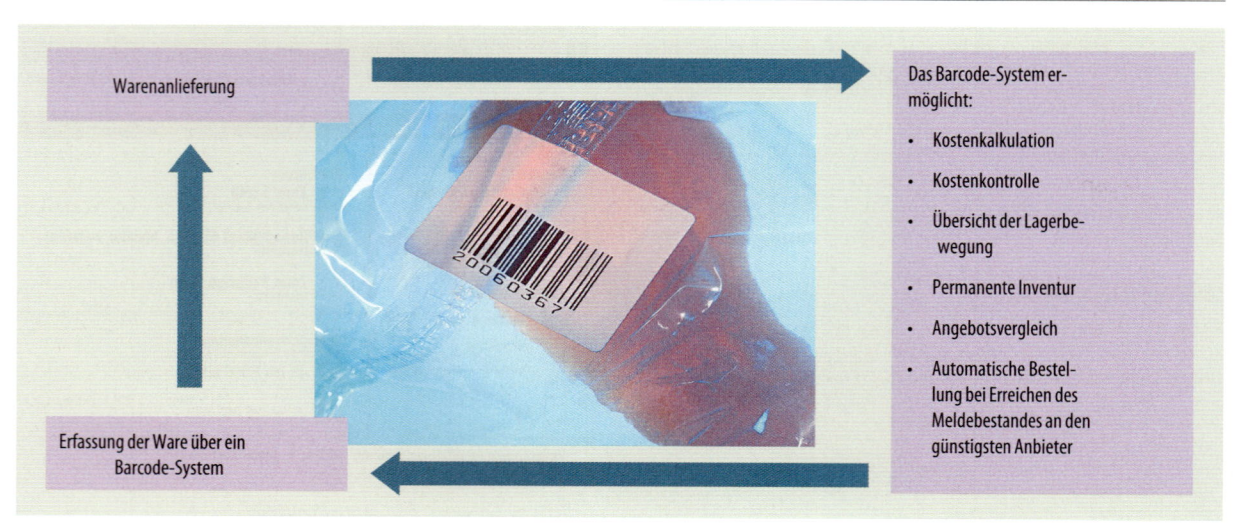

1. Möglichkeiten einer EDV-gestützten Magazinverwaltung

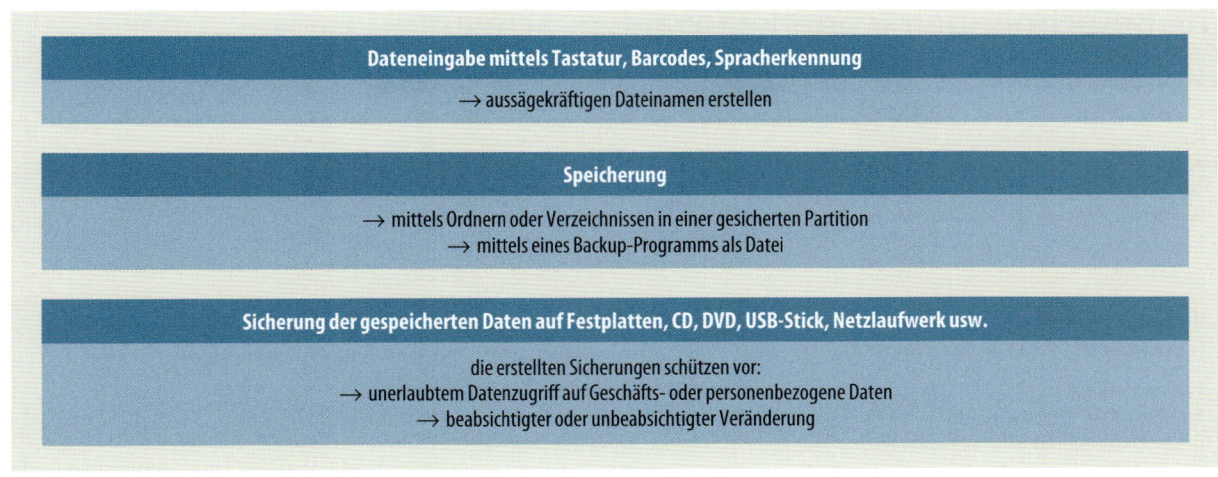

Dateneingabe mittels Tastatur, Barcodes, Spracherkennung
→ aussägekräftigen Dateinamen erstellen

Speicherung
→ mittels Ordnern oder Verzeichnissen in einer gesicherten Partition → mittels eines Backup-Programms als Datei

Sicherung der gespeicherten Daten auf Festplatten, CD, DVD, USB-Stick, Netzlaufwerk usw.
die erstellten Sicherungen schützen vor: → unerlaubtem Datenzugriff auf Geschäfts- oder personenbezogene Daten → beabsichtigter oder unbeabsichtigter Veränderung

1. Datensicherung auf verschiedenen Medien

9.2 Datensicherung

Unter Datensicherung versteht man alle Maßnahmen zum Schutz von gespeicherten oder übertragenen Daten vor unbeabsichtigter oder beabsichtigter Veränderung.

Beim Speichern müssen Dateien einen Namen erhalten. Der Dateiname sollte einen sinnvollen Bezug zum Inhalt der Datei haben. Ziel ist ein schnelles Wiederfinden von Informationen.
Ein wichtiges Ordnungsmittel ist das Anlegen von Ordnern oder Verzeichnissen. Die Dateien werden nach bestimmten Kriterien (z. B. Lieferanten, Gäste) in Verzeichnissen abgelegt. Das Speichern von Dateien ist gleichzeitig ein Sicherungsvorgang. Deshalb ist das Speichern auch während der Bearbeitung einer Datei zu empfehlen. Nur die Daten, die gespeichert wurden, lassen sich z. B. nach einem Systemabsturz ohne großen Aufwand vom Datenträger wieder aufrufen.

Ein Backup-Programm speichert veränderte Daten selbstständig, beispielsweise eingegebene und bestätigte Warenannahmen oder verschiedene Warenein- und -ausgänge. Um gesicherte Daten vor Verlust zu schützen, können diese als Sicherungskopie auf CDs, DVDs, Netzwerken usw. gesichert werden.
Ein integrierter Stromausfallschutz sorgt in einem Netzwerk dafür, dass die Stromversorgung der EDV-Anlage, durch Umschalten auf Batteriestrom oder ein Stromaggregat, ständig gewährleistet ist.

Zum Schutz der sensiblen Daten müssen diese gegen Zugriffe von innen (z. B. unbefugte Anwender) und außen (z. B. Viren aus dem Internet) geschützt sein. Die gesamte Computeranlage muss vor Datenmissbrauch und Datenzerstörung bewahrt werden. Damit nur zuständige Personen an die Dateien gelangen, die sie für ihre Arbeit benötigen, werden Passwörter benutzt. Die Vergabe und der regelmäßige Wechsel von Passwörtern werden vom Systemadministrator festgelegt.
Alle Geschäftsdaten und Daten mit personenbezogenen Angaben müssen vor Missbrauch geschützt werden.

9.3 Datenschutz

Zur Sicherstellung, dass Betriebsdaten nicht manipuliert werden, sollten folgende Regeln festgelegt werden:
- Eingabekontrolle: Von wem werden die Daten eingegeben?
- Speicherkontrolle: Unbefugte Eingaben, Veränderungen, Löschung einzelner Daten oder ganzer Dateien verhindern.
- Zugriffskontrolle: Vergabe von Berechtigung zum Lesen, Eingeben, Ändern und Speichern für die vom Benutzer bzw. Anwender zur Arbeit benötigten Daten.
- Abgangskontrolle: Verbot von unkontrolliertem Erstellen und Entfernen von Datenträgern aus dem jeweiligen Zuständigkeitsbereich.
- Transportkontrolle: Beim Übermitteln oder Transport von Daten und Datenträger müssen diese vor unbefugtem Lesen, Verändern und Löschen gesichert werden.

10 Berechnungen (Lagerkennzahlen, Schwund)

Lagerkennzahlen und Lagerverluste im Lagerwesen (Beispielrechnungen mit Lösungen)

Mindestbestand oder eiserne Reserve ist die Menge einer Ware, die, um den Betriebsablauf nicht zu beeinträchtigen, im Lager vorhanden sein muss. Die Art und Größe des Mindestbestandes legt die Geschäftsleitung fest. **Mindestbestand =** durchschnittlicher Tagesverbrauch x Sicherheitszuschlag in Tagen	In einem Restaurant werden täglich 12 Liter Milch verarbeitet. Der Sicherheitszuschlag beträgt 2 Tage. Wie hoch ist der Mindestbestand? 12 Liter Milch x 2 Tage = **24 Liter Milch** Lösung: Der Mindestbestand beträgt 24 Liter Milch.
Melde- oder Bestellbestand ist der Lagerbestand, bei dem neue Ware bestellt werden muss. **Melde- oder Bestellbestand =** durchschnittlicher Tagesverbrauch (in Tagen/Monaten) x Lieferzeit (in Tagen/Monaten) + Mindestbestand	Errechnen Sie den Meldebestand bei einem durchschnittlichen Tagesverbrauch von 15 Liter Sahne, einem Mindestbestand von 30 Liter Sahne sowie einer Lieferzeit von 3 Tagen. 15 Liter Sahne x 3 Tage + 30 Liter Sahne = **75 Liter Sahne** Lösung: Der Meldebestand liegt bei 75 Liter Sahne.
Höchstbestand **Höchstbestand =** tatsächlicher Lagerbestand (Ist-Bestand) + gelieferte Ware	Im Kühlhaus lagern 75 Liter Sahne. Es werden 45 Liter Sahne geliefert. Geben Sie den Höchstbestand an. 75 Liter Sahne + 45 Liter Sahne = **120 Liter Sahne** Lösung: Der Höchstbestand beträgt 120 Liter Sahne.
durchschnittlicher Lagerbestand (bezogen auf 12 Monatsinventuren) $$\frac{\text{Anfangsbestand} + 12 \text{ Monatsinventuren}}{13}$$	Beispiel: $\frac{320 \text{ Dosen} + 2\,280 \text{ Dosen}}{13} = 200 \text{ Dosen}$ Lösung: Der durchschnittliche Lagerbestand beträgt 200 Dosen.
Lagerumschlagshäufigkeit $$\frac{\text{jährlicher Wareneinsatz in €}}{\text{durchschnittlicher Lagerbestand in €}}$$	Beispiel: $\frac{45.000,00 \text{ €}}{3.000,00 \text{ €}} = 15$ Lösung: Die eingelagerte Ware wird im Jahr 15-mal erneuert.
Durchschnittliche Lagerdauer $$\frac{365 \text{ Tage}}{\text{Lagerumschlagshäufigkeit}}$$	Beispiel: $\frac{365 \text{ Tage}}{15} = 24,33 \text{ Tage}$ Lösung: Die Ware lagert im Jahresmittel 24,33 Tage im Magazin.

Lagerverluste/Schwund

Im Kühlhaus für Molkereiprodukte lagern 65 Becher Joghurt. Der Zukauf in diesem Monat beträgt 30 Becher Joghurt. Durch falsches Einräumen der neu gelieferten Joghurtbecher sind am Ende des Monats 18 Becher Joghurt wegen Überlagerung verdorben. **Aufgabe:** Berechnen Sie den Lagerverlust in Prozent. 65 Joghurt + 30 Joghurt = 95 Joghurt 95 Joghurtbecher ≙ 100 % 18 Joghurtbecher ≙ x % $\quad \frac{18 \text{ Joghurt} \times 100 \text{ \%}}{95 \text{ Joghurt}} = \mathbf{18,95 \text{ \%}}$ Lösung: Der Lagerverlust bei Joghurt beträgt 18,95 %.	Ein Rinderfilet wiegt bei der Lieferung 3,6 kg und kostete im Einkauf 34,00 €. Es wird zum Reifen im Kühlraum gelagert. Nach zwei Wochen wiegt das Filet nur noch 3,28 kg. a) Berechnen Sie den Lagerverlust in Kilogramm und Prozent. b) Berechnen Sie den Preis für 1 kg gereiftes Rinderfilet. a) 3,60 kg − 3,28 kg = 0,32 kg 3,60 kg ≙ 100 % 0,32 kg ≙ x % $\quad \frac{0,32 \text{ kg} \times 100 \text{ \%}}{3,60 \text{ kg}} = \mathbf{8,89 \text{ \%}}$ b) 34,00 €/kg : 3,28 kg = 10,37 € **Lösung:** a) Der Lagerverlust beträgt 8,89 % oder 0,32 kg. b) Ein Kilogramm gereiftes Rinderfilet kostet 10,37 €.

Lernfeld 2.1
Beratung und Verkauf im Restaurant

1. Amuse gueule – Mini-Lamm-Pastete

1 Ausgewählte Speisen (Marktangebot, Zubereitungen, ernährungsphysiologische Bedeutung, Qualitätsmerkmale)

Zielformulierungen

Folgende Ziele sollen von den Auszubildenden im Lernfeld Beratung und Verkauf im Restaurant erreicht werden:

- Sie sind in der Lage, anhand der Speisen- und Getränkekarte Verkaufsgespräche zu führen. Dabei spielen ernährungsphysiologische und sensorische Gesichtspunkte eine besondere Rolle.
- Es werden Kommunikationsregeln, verkaufspsychologische und produktbezogene Kenntnisse angewandt.
- Sie verstehen die Materialberechnung und Preisgestaltung.
- Sie können Reservierungen bearbeiten.
- Im Interesse des Unternehmens werden Reklamationen gastorientiert bearbeitet.
- Sie sind fähig, eine Fremdsprache beim Verkauf von Speisen und Getränken anzuwenden

1.1 Amuse gueule oder Amuse bouche

Um die Zeit zu überbrücken, die bis zum Servieren des ersten Ganges eines Menüs vergeht, und um die Gäste auf das Menü einzustimmen, wird in vielen Restaurants ein Amuse gueule bzw. Amuse bouche (französisch: amuser = unterhalten; gueule = Maul; bouche = Mund) gereicht. Dabei gelten keine Einschränkungen in Bezug auf Rohstoffe und Zubereitungsarten; das Amuse gueule muss nur klein portioniert sein sowie optisch und geschmacklich den Appetit wecken. Es kann heiß, lauwarm oder kalt angeboten werden.

Ursprünglich steht die Idee dahinter, dem Gast schon vor dem Essen eine Kleinigkeit, die bei der Zubereitung sozusagen „nebenher anfällt", spontan zukommen zu lassen. Vor diesem Hintergrund ist es verständlich, dass z. B. kleine Teile eines Tieres wie Innereien oder Filets als Rohstoff eingesetzt werden, deren Menge nicht ausreicht, um daraus Vorspeisen herzustellen.

Bei der zweiten Variante wird das Amuse gueule wie ein weiterer Gang im Menü geplant und zubereitet, das heißt, es muss in das Menü passen.

Der dritte Weg besteht darin, dass man für einen längeren Zeitraum festlegt, was der Gast als Amuse gueule serviert bekommt, unabhängig davon, welches Menü er bestellt. Dafür eignen sich gut vorzubereitende Speisen wie Terrinen, Galantinen oder Salate verschiedener Arten.

1.2 Kalte Vorspeisen

Kalte Vorspeisen sind leichte und delikate Gerichte, für die fast alle Rohstoffe verwendbar sind. Sie werden stets gut gekühlt serviert. Ihre Stellung als erster Gang der Speisefolge erfordert ein besonders appetitanregendes Würzen und Anrichten. Sie sind maßvoll zu portionieren, da eine zu üppige Vorspeise den Genuss am Verzehr der nachfolgenden Speisen mindert. Aufgrund der geringen Portionsmengen und des feinen Geschmacks bieten sich relativ teure Rohstoffe wie Lachs, Kaviar und Austern, Hummer oder Langusten für Vorspeisen an.

1.2.1 Canapés (Appetithäppchen)

Auf kleinen Brotscheiben angerichtete Zutaten nennt man Canapés. Die Brotscheiben werden mit Butter oder einer Buttermischung dünn bestrichen und mit einem feinen Belag bedeckt. Alle bei kalten Vorspeisen genannten Rohstoffe kommen als Belag in Betracht, sofern sie das Brot nicht aufweichen. Eine passende Garnierung vollendet die Appetithäppchen

1. Canapés

Rohstoffbeispiele	Garniervorschläge
geräucherte Fische • Aalfilet (in Scheiben) • Forellenfilet (passendes Stück) • Lachs (feinste Scheiben) • Stör (feinste Scheiben)	auf Radicchio, halbe Eischeibe und schwarze Olive auf Friséeblatt, Sahnemeerrettichtupfen, Olivenscheibe oder Krebsschwanz auf Kopfsalat, Sahnemeerrettichtupfen, Dillzweig oder Kaviar Kaviar rot oder schwarz
Fischkonserven • Ölsardine (Filets) • Sardellen (Filetstreifen)	auf Kopfsalat, Tomatenscheibe, Eigelbkremtupfen und schwarze Olive auf Eischeiben gitterartig gelegt, Kapern
Kaviar • Kaviar (rot oder schwarz, dünn auf hellem Brot verteilt)	bei schwarzem Kaviar: geschälte, geviertelte Zitronenscheiben bei rotem Kaviar: halbes Wachtelei, Kresse
Fleischwaren • roher Schinken (hauchdünn geschnitten und locker aufgelegt oder fein gewürfelt) • gekochter Schinken (glatt oder locker aufgelegt oder gefüllt und gerollt oder zur Tüte gedreht) • Roastbeef (dünne Scheiben locker aufgelegt oder gefüllt und gerollt) • Tatar (pikant angemacht und exakt aufgestrichen)	Cornichonscheiben oder halbiertes Maiskölbchen Röllchen: mit fein geschnittenem Salat oder mit marinierten Spargelspitzen gefüllt, Mayonnaisetupfen und rund ausgestochenes Tomatenfleisch Röllchen: gefüllt mit Maiskölbchen, Spargel oder mit feinem Salat; Mayonnaisetupfen, Scheiben gefüllter Oliven 1/2 Eischeibe und in gehackter Petersilie gewälzte Perlzwiebeln
Käse • Käsescheiben (dünn geschnitten und glatt gelegt) • Käsekrem (Frischkäse oder passierter Gorgonzola oder Roquefort mit Butter würzig angemacht und aufgestrichen oder -gespritzt)	Radieschenscheiben, Salzbrezeln oder halbierte, entkernte Trauben Tomatenecke und Petersilienzweig oder tourniertes Radieschen oder eine blaue Traube oder Salzmandeln
vegetarischer Belag • Avocadokrem (passiertes Avocadofleisch mit Salz und Pfeffer würzig angemacht und aufgestrichen) • Ei und Tomate (abwechselnd Ei- und Tomatenscheibe, leicht gesalzen und gepfeffert)	Tomatenfleischstreifen oder -rauten Schnittlauch oder Kresse

1. Beispiele und Garniervorschläge für Canapés

Ausgewählte Speisen

1. Avocadococktail

2. Hummercocktail

1.2.2 Cocktails und Vorspeisensalate

Für Vorspeisen dieser Art werden die ausgewählten Nahrungsmittel zerkleinert und gewürzt. Einen pikanten Geschmack erzielt man durch sorgfältige Kombination von Würzmitteln unterschiedlicher Geschmacksrichtungen (sauer, scharf, süß und salzig). Frische Kräuter erhöhen den Geschmack und den gesundheitlichen Wert. Mayonnaise oder Salatöl wird oft durch Joghurt, Sahne oder Crème fraîche ersetzt, um den Energie- und Sättigungswert herabzusetzen. Beim Anrichten und Garnieren sind folgende Regeln zu beachten:

- Teller- und Plattenrand nicht belegen.
- Teller bzw. Platten nicht überladen.
- Grundsätzlich ausgesuchte Teile der Zutaten zum Garnieren mitverwenden, wie Geflügelbrustscheiben, Champignonköpfe, Spargelspitzen für Geflügelsalat.
- Frische, farbintensive Garniermittel bevorzugen, z. B. Ei, Tomaten, Oliven, Trüffel, Zitronen, Petersilie, Dill, Paprikaschoten.

Cocktails werden in Gläsern, Salate auf Tellern oder in großen, weiten Gläsern (Salatpokalen), beides aber auch in ausgehöhlten Früchten oder Gemüsen angerichtet.

Bezeichnung	weitere Zutaten	Vorbereitung	Soßenherstellung	Garnierung
Krusten- und Schalentiere Hummer Languste Garnelen Krabben Krebsschwänze Austern Muscheln	Salatblätter oder -streifen zum Auslegen der Gläser; Spargel, Champignons, Tomatenfleischwürfel, Artischockenböden oder -herzen	Zutaten zerkleinern und schöne Teile für die Garnierung reservieren. Mit Salz, Zitronensaft und Worcestershiresoße marinieren, gut abtropfen lassen und 1/3 der Cocktailsoße untermischen; in Gläser füllen	Coktailsoße: 2 Teile Mayonnaise, 1 Teil Schlagsahne, Tomatenketchup, geriebener Meerrettich, Zitronensaft, Weinbrand, Tabasco, Salz; Zutaten mit Soße nappieren	am Glasrand Zitronenscheiben oder -ecke; Cocktail mit reservierten Stücken der Zutaten, Dill- und Petersilienzweigen, Tomatenecke, Oliven-, Trüffel- oder Eischeibe, Radicchioblatt garnieren
Tomatencocktail		abziehen, entkernen, in Streifen schneiden; mit Salz, Zitrone marinieren	Joghurt, Schnittlauch oder Dill, Salz und Pfeffer verrühren	ein Löffel Joghurt, Tomatenfleischstreifen, Dillzweig oder Olive
Matjesfiletcocktail	Äpfel, Dill, Petersilie	Filets in Streifen schneiden, mit Apfelscheiben, Kräutern, Zitronensaft marinieren und 1/3 der Soße untermischen; in Gläsern anrichten	Jogurt mit saurer Sahne (30 % Fettgehalt) 1 : 1 mischen und mit Salz, Pfeffer, Zitronensaft abschmecken; Zutaten mit Soße nappieren	Schleifchen von längs halbiertem Matjesfilet, Apfelspalte von rotem Apfel, Dillzweig, Tomatenrose
Avocadococktail	eventuell Tomatenfilets schwarze Oliven	halbieren, aushöhlen, in Scheiben schneiden; mit Salz, Pfeffer und Öl marinieren	Cocktailsoße eventuell mit passiertem Avocadofleisch vermischt	halbe Avocadoscheibe, Tomate/Olive

3. Anrichteweisen von Cocktails (Rezeptbeispiele)

1. Salat nach Nizzaer Art

2. Geflügelsalat mit Früchten

Bezeichnung	Zutaten und Schnittform	Fertigstellung	Anrichteweise/Verwendung
Geflügelsalat	gekochtes und gebratenes Geflügelfleisch, Champignons, Spargel, Ananas in nicht zu kleine Stücke schneiden; mit Salz, Zitrone und Worcestershiresoße marinieren	die gut abgetropften Zutaten mit einer pikant abgeschmeckten Soße aus Mayonnaise, Schlagsahne, Curry, Salz und Zitronensaft anrichten	eventuell in Orangenschale anrichten und mit Scheiben von Geflügelbrust, Teilen von Ananasscheiben, Spargelspitzen, Champignonköpfen, Orangenspalte, Kaiserkirschen und Petersilienzweigen garnieren
Salat nach Nizzaer Art	Tunfischstücke (in Öl) oder Sardellenfilets, Kartoffelwürfel und grüne Bohnen (beides gegart), Scheiben von Tomaten und Salatgurken, gesalzen und gepfeffert, vermischen oder lagenweise anrichten	mit French-Dressing (Senf mit 1 Teil Essig glatt rühren, 2–3 Teile Öl, Salz und Pfeffer darunterrühren) anmachen bzw. überziehen	auf Salatblättern anrichten, mit gefüllten oder schwarzen Oliven und Eierscheiben garnieren
Gemüsesalat	Würfel von Karotten und Sellerie, Stücke von Spargel und Bohnen sowie feine Erbsen und eventuell Essiggurkenwürfel mit Essig, Salz und Worcestershiresoße marinieren	die gut abgetropften oder ausgepressten Zutaten mit fester Majonäse anmachen und mit Senf abschmecken	mit Karottenscheiben, Spargelspitzen, Tomatenfleischstreifen, Eischeiben und Essiggurken garnieren/auch als Sockel bei kalten Eiervorspeisen oder in ausgehöhlte Tomaten füllen
Salat Waldorf	Äpfel und Sellerieknollen in feinste Streifen oder Würfel schneiden und grob gehackte Nüsse daruntermischen	mit einer Soße aus Mayonnaise, geschlagener Sahne, Salz, Zitronensaft und Worcestershiresoße anmachen	mit Radicchio- oder Schikoreeblättern umlegen und mit Nüssen, Mandarinenspalten und Kaiserkirschen garnieren/auch in ausgehöhlte Tomaten- oder Ananashälften gefüllt
Tofusalat auf Schwedische Art	Ungewürzter Tofu, säuerliche Äpfel, Gewürzgurken, gekochte Rote Bete, Zwiebeln in Würfel schneiden	mit einer Soße aus Mayonnaise, Joghurt, Salz, Zucker, Zitrone anmachen	in einer passenden Schüssel anrichten, dick mit Kresse bestreuen und mit Radieschenscheiben garnieren

3. Anrichteweisen von Vorspeisen-Salaten (Rezeptbeispiele)

Ausgewählte Speisen

1. Verschiedene Räucherfische

1.2.3 Vorspeisen der europäischen Küche

Italienische Vorspeisen (Antipasti)
Diese pikanten Vorspeisen umfassen meist
- Mortadella, Salami, Parmaschinken,
- raffiniert zubereitete Fischgerichte von Sardellen, Sardinen und Thunfisch sowie Krusten- und Schalentieren (auch als Salat),
- Früchte und Gemüse wie Melonen, Tomaten (z. B. mit Mozarella), Artischocken, Oliven, Pilze, Auberginen, Zwiebeln und Paprikaschoten, häufig in Marinade eingelegt,
- rohe, hauchdünne Scheiben von Fleisch, Fisch oder Gemüse, die mariniert als Carpaccio bezeichnet werden.

Französische Vorspeisen (Hors d'oeuvres)
Typisch sind aus unterschiedlichen Rohstoffen hergestellte Massen (Farcen), die auf verschiedene Weise gegart wurden.
Zu unterscheiden sind:
- Terrinen (in einer Terrinen-Form gegarte Farce)
- Pasteten (in Teig gebackene Farce mit Kruste)
- Galantinen („Rollpastete"– die Farce wird eingewickelt, gerollt und in Flüssigkeit gegart)
-

Weitere Vorspeisen sind:
- Krusten- und Schalentiere (roh und gegart),
- Fischspezialitäten, Räucherfische,
- Eier- und Käsezubereitungen.

Russische Vorspeisen (Sakuski)
Bevorzugte Rohstoffe sind
- verschiedene Kaviarsorten,
- gesalzene und geräucherte Edelfische, besonders Lachs und Stör, sowie Fischmarinaden,
- eine Vielzahl an Salaten von Fisch, Wild, Geflügel und Gemüsen,
- Gerichte von Gänsen,
- marinierte Früchte, Gemüse und Pilze,
- würzige Soßen.

Schwedische Vorspeisen (Smörgas)
Das schwedische Vorspeisenbüfett besteht aus kalten und warmen Gerichten, z. B. aus
- Fischen (gesalzen, geräuchert), einer großen Auswahl an Fischmarinaden sowie Krusten- und Schalentieren,
- geräucherten, gesalzenen oder gebratenen Speisen von Schweinefleisch und Wild,
- eingelegten Gemüsen, Salaten sowie pikanten Soßen.

Dänische Vorspeisen (Smörrebröd)
Smörrebröd bedeutet Butterbrot. Aus einer sehr umfangreichen Auswahl belegter Brote kann sich der Gast in dänischen Restaurants seine Vorspeisen servieren lassen.
Als Brotbelag kommen in Betracht:
- Käse und Eier,
- verschiedene Schinken- und Wurstsorten,
- gesalzene oder geräucherte Fische,
- Krustentiere, vor allem Nordseekrabben,
- Kaviar verschiedener Fischarten.

Rohstoffe	passende Beigabe	Anrichteweisen/Garniermittel
Gänseleber (Pastete)	Toast	in Original-Terrine oder in Scheiben auf gekühltem Teller oder als Canapé-Belag
Austern (geöffnet)	Toast oder Schwarzbrot, Zitrone, Pfeffermühle	auf gestoßenem Eis, mit gebrühtem Seetang umlegt
Kaviar	gekochtes Eigelb und Eiklar (kleine Würfel), Toast und Butter	in Original-Dose auf Eis oder Eissockel oder als Canapé-Belag
Hummer, Languste	Mayonnaisesoße, Toast und Butter	halbiert, Hummerscheren aufgebrochen, als Cocktail oder Salat und als Canapé-Belag
Kaisergranat (Scampi), Garnelen (Crevetten), Krebse	Mayonnaisesoße, Toast und Butter	vor allem als Cocktail und Salat, auch als Canapé-Belag
geräucherte Fische wie Lachs, Stör, Forelle	Toast und Butter, Sahne-Meerrettich	Lachs und Stör in dünne Scheiben geschnitten, garniert mit Zitronenscheibe, Ei, Tomaten, Dillzweigen, auch als Canapé-Belag
gekochter oder roher Schinken, Parmaschinken, Roastbeef, kalter Braten	Brot und Butter, Cornichons, Mixed Pickles	in dünne Scheiben geschnitten, auch als Röllchen gefüllt oder zu Tüten geformt, als Canapé-Belag
Pasteten, Terrinen, Galantinen von Fleisch, Wild, Geflügel und Fisch	Toast und Butter, Cumberlandsoße bei Wild, Waldorf-Salat	in Scheiben geschnitten, Galantine und Terrine auch als Canapé-Belag
Früchte wie Melonen, Grapefruit, Feigen, Avocado	mariniert mit Likörwein	gefüllt auf Eis, als Cocktail und Salat, garniert mit Kirschen und Trauben
Gemüse wie Artischocken, Tomaten, Gurken, Staudensellerie	Toast und Butter	gefüllt mit Salat und Creme, als Cocktail oder Salat
gefüllte Eier	Toast und Butter	oft auf Salat, garniert mit Tomatenstreifen, Kaviar, Lachsstreifen, Garnelen, Radieschen
kombinierte Vorspeisen aus verschiedenen oben genannten Rohstoffen	Toast und Butter	als Vorspeisenteller, als gemischte Platte auf Silberplatte oder Platte mit Glaseinsätzen, als Vorspeisen-Büfett auf Vorspeisenwagen

1. Bekannte kalte Vorspeisen

2. Minipasteten

3. Vorspeisenbüfett

Wissen Sie Bescheid?

1. Wie lautet die deutsche Bezeichnung für Canapés?
2. Nennen Sie Zutaten, mit denen der Fettgehalt von Cocktails und Salaten gesenkt werden kann.
3. Welche Räucherfische werden bei russischen Vorspeisen bevorzugt?
4. Erklären Sie die Besonderheiten der italienischen, schwedischen und dänischen Vorspeisen.
5. Nennen Sie acht kalte Vorspeisen mit den wichtigsten Zutaten, Beigaben und Anrichteweisen.
6. Worin unterscheiden sich kalte Vorspeisen und Amuse gueule?
7. Weshalb ist Fisch als kalte Vorspeise sehr beliebt?
8. Beschreiben Sie die unterschiedlichen Anrichteweisen von Kaviar.
9. Welche Beigaben reichen Sie zu Pasteten, Terrinen und Galantinen?
10. Nennen Sie vier unterschiedliche Präsentationsweisen von kalten Vorspeisen und diskutieren Sie die jeweiligen Vor- und Nachteile.
11. Welche Vorspeisen-Rohstoffe sind für Carpaccio geeignet?
12. Stellen Sie eine Platte mit acht Canapé-Sorten zusammen. Legen Sie die jeweilige Garnierung fest.

Ausgewählte Speisen

1.3 Suppen

Suppen stellten in den Küchen früherer Zeiten vollständige Mahlzeiten dar. Sie enthielten neben Gemüse auch Fleisch, Geflügel oder Fisch und dienten der Sättigung. Bei einigen Regional- und Nationalsuppen ist dies noch deutlich erkennbar. Heute haben Suppen innerhalb der Speisefolge die Aufgabe, den ersten Hunger zu stillen und gleichzeitig den Appetit auf die nachfolgenden Gänge zu erhöhen. Daher werden bei Menüs mit mehr als drei Gängen klare Suppen bevorzugt, da sie weniger sättigen. Suppen dienen auch als Zwischenmahlzeit.

Einteilung der Suppen

Klare Suppen	Gebundene Suppen	Gebundene Suppen
– Grundbrühen – Kraftbrühen – doppelte Kraftbrühen	– Samtsuppen – Rahmsuppen – Püreesuppen – braune Suppen	klein geschnittene Gemüse in Brühen gekocht
Sonstige Suppen: Dazu zählen National-, Regional-, Spezial- und exotische sowie kalte Suppen, die sich je nach ihren Zutaten und ihrer Herstellung in die oben genannten Gruppen eingliedern.		

1.3.1 Grundbrühen für Suppen und Soßen

Grundbrühen sollten besonders gewissenhaft hergestellt werden, da sie einerseits als eigenständige Suppen – mit einer passenden Einlage – gereicht werden und andererseits von ihrer Qualität die Güte aller daraus zubereiteten Speisen beeinflusst wird.

Für helle Brühen sind die Rohstoffe mit kaltem Wasser anzusetzen und aufzukochen. Der sich beim Kochen bildende Schaum und das Fett werden abgeschöpft. Brühen werden bei geringer Hitze kochend gehalten (Fischbrühe 20 Minuten, andere Brühen ein bis drei Stunden).
Helle Brühen dürfen keinesfalls zu dunkel geraten, da sie sonst zum Auffüllen heller Soßen und Suppen nicht mehr geeignet sind. Fleischbrühe, die als klare Brühe mit Einlage serviert wird, sollte jedoch getönt sein.
Für braune Brühen werden die Rohstoffe angebraten und mit Wasser verkocht. Zugaben an Gemüsen und Gewürzen dienen dem Geschmack und der Farbgebung.

Klare Suppen

Außer den Grundbrühen – vor allem Fleischbrühe – sind Kraftbrühen und doppelte Kraftbrühen Vertreter der klaren Suppen.
Um „Kraft" in den Brühen zu erzielen, werden die kalten, entfetteten Brühen der entsprechenden Geschmacksrichtung mit grob gehacktem Rind-, Geflügel- oder Wildfleisch bzw. Fisch (Kraftbrühe: 200 g/l, doppelte Kraftbrühe: 400 g/l) vermischt, erhitzt und ganz schwach gekocht. Gleichzeitig werden durch die Hitzegerinnung des Fleischeiweißes alle in der Brühe vorhandenen Trübstoffe gebunden; die Brühe wird geklärt. Eiklar verstärkt die Klärwirkung. Geschmack und Farbe lassen sich mit Zusätzen von Gemüsen und passenden Gewürzen verbessern.
Kraftbrühen werden durch ein Passiertuch abgeseiht, vollständig entfettet, abgeschmeckt und mit Einlage in Tassen aufgetragen.
Doppelte Kraftbrühen können mit trockenem Likörwein oder Cognac verfeinert werden.

Grundbrühen (Fonds)	Rohstoffe (außer Wasser)	geschmacks- und farbgebende Zutaten	Verwendung
Knochenbrühe Bouillon ordinaire	Rinderknochen	großes Bouquet garni, gebräunte Zwiebeln, Gewürze und Salz	Braune Brühe, auch als Ersatz für Fleischbrühe
Fleischbrühe Bouillon	Rindfleisch, Rinderknochen	wie Knochenbrühe	Kraftbrühe, Suppen und Soßen
Kalbsbrühe Fond de veau	Kalbfleisch, Kalbsknochen	gespickte Zwiebel, Gewürze und Salz	Suppen und Soßen (Velouté de veau)
Geflügelbrühe Fond de volaille	Geflügel (Huhn), Geflügelklein	großes Bouquet garni, gebräunte Zwiebeln, Gewürze und Salz	Geflügelkraftbrühe, Suppen und Soßen (Velouté de veau)
Fischbrühe Fond de poisson	Fisch, Gräten, Abschnitte	Weißwein, Gewürze und Salz	Fischkraftbrühe, Suppen und Soßen (Velouté de poisson)
Gemüsebrühe Fond de légumes	Gemüse (ohne Kohl)	Salz	Suppen und Soßen
Wildbrühe (braun) Fond de gibier	Wildfleisch, Wildknochen	Rotwein, Mirepoix, Gewürze und Salz	Wildkraftbrühe, Suppen und Soßen
Braune Brühe, Fond brun (Jus ordinaire)	Kalbs- und Schweineknochen	Mirepoix, Tomatenmark, Gewürze und Salz	Suppen und Soßen (Jus oder Demiglace)

1. Grundbrühen zur Herstellung von Kraftbrühen, hellen und braunen Suppen und Soßen

Bezeichnung	Grundbrühen (Fonds) zum Auffüllen	Zutaten zur Kräftigung und Verfeinerung	Beispiele für Einlagen
Rinderkraftbrühe Doppelte Rinderkraftbrühe	Fleischbrühe	zerkleinertes Rinderklärfleisch; Kerbelblätter, gehackte Petersilie; Likörwein (Madeira, Portwein, Sherry); Weinbrand (Armagnac, Cognac); Auszüge von Kräutern und Pilzen; angebratenes Wildgeflügel (Rebhuhn, Fasan, Wachteln)	Klößchen aus Grieß, Mark; Kalbfleisch; Eierstich; Profiteroles; Gemüsestreifen; Tomatenfleischwürfel; Trüffelstreifen; Morchelbiskuit
Geflügelkraftbrühe Doppelte Geflügelkraftbrühe	Geflügelbrühe	zerkleinertes Geflügelklärfleisch; angeröstetes Geflügelfleisch	Geflügelfleischklößchen; Geflügelbruststreifen; pochiertes Ei; Spargelspitzen
Wildkraftbrühe Doppelte Wildkraftbrühe	Wildbrühe	zerkleinertes Wildklärfleisch; Wildfleisch; Wildgeflügelteile; Weinbrand oder Likörwein; Pilzauszüge	Klößchen von Wild oder Wildgeflügel; gegartes Wildfleisch; Pilze
Fischkraftbrühe Doppelte Fischkraftbrühe	Fischbrühe	zerkleinertes Fischfleisch; Fischabschnitte; Weißwein	Fischklößchen; Krebse; pochierte Austern; grüne Spargelspitzen

1. Arten von Kraftbrühen

großes Bouquet garni **1**		Bündel von Wurzelgemüse wie Möhren, Sellerie, Lauch, Petersilie
kleines Bouquet garni **2**		Kräutersträußchen aus Petersilie, Thymian, Lorbeerblatt, eventuell Knoblauch
Mirepoix (Röstgemüse) **3**		grob gewürfelte Zwiebeln, Möhren, Sellerie, Lauch (Größe je nach Garzeit der Speisen) Verhältnis: 2/3 Zwiebeln, 1/3 anderes Gemüse, beim Anbraten Lauch später zugeben
gespickte Zwiebeln **4**		geschälte Zwiebel, an der ein Lorbeerblatt mit Gewürznelken befestigt ist
gebräunte Zwiebeln **5**		Zwiebelhälften, deren Schnittflächen in einer trockenen Pfanne stark gebräunt wurden
Gewürzbeutel **6**		der Speise entsprechende Gewürze wie Lorbeerblätter, Gewürznelken, zerdrückte Gewürzkörner (Pfeffer, Piment, Wacholderbeeren), Majoran und Thymian werden in ein kleines Tuch gebunden

2. Standardzugaben für Grundbrühen

Suppeneinlagen (Rezepte für 10 Portionen)

Kleine Windbeutel
(Profiteroles)

0,1 l Milch, 20 g Butter, 60 g Mehl, Salz, Muskat, 1 Ei, 10 g geriebener Käse

- Milch mit Butter, Salz und Muskat aufkochen
- das gesiebte Mehl auf einmal hineinschütten
- abbrennen (mit dem Kochlöffel rühren, bis sich die Masse vom Topf löst)
- vom Herd nehmen, kurz abkühlen, Ei und Käse einrühren
- erbsengroße Kugeln auf ein Blech mit Backpapier spritzen
- bei etwa 200 °C etwa 7 Minuten backen
- beim Anrichten auf die Brühe oder Suppe legen

Butterklößchen
(Noques de beurre)

100 g Butter, 250 g Weißbrot ohne Kruste (oder 100 g getrocknete Weißbrotkrumen), 2 Eier, Salz, Muskat, gehackte Petersilie

- Butter vorsichtig schmelzen, sie darf keine Farbe nehmen
- Weißbrot in Würfel schneiden, die zerlassene Butter darauf seihen und mit den übrigen Zutaten vermengen und abschmecken
- 20 Minuten zum Durchkühlen in den Kühlschrank stellen
- zu kleinen Kugeln formen (dabei die Handflächen mit geriebenem Brot bestreuen oder mit Wasser befeuchten)
- die Kugeln in Salzwasser oder Brühe etwa 15 Minuten gar ziehen lassen

Schinkenbiskuit
(Bisquit de jambon)

50 g gesiebtes Mehl, 50 g fein geschnittener Schinken, 3 Eigelb, 3 Eiklar, Salz, Muskat, Schnittlauch, gehackte Petersilie

- Eigelb mit Salz und Muskat schaumig rühren
- Mehl, Schinken und Kräuter mischen
- Eiklar zu Schnee schlagen
- Mehl-Schinken-Mischung und Eischnee abwechselnd unter den Eigelbschaum heben
- Backblech mit Backpapier auslegen und die Masse 2 cm hoch aufstreichen
- bei 200 °C etwa 10 Minuten im vorgeheizten Ofen backen
- abkühlen lassen und in Rauten schneiden oder ausstechen

Pfannkuchenstreifen
(Celestine)

0,1 l Milch, 80 g Mehl, 2 Eier, Salz, wenig Muskat, Schnittlauch, gehackte Petersilie, 20 g Butter

- Mehl in Milch sowie Salz und Muskat glatt rühren
- Eier und die Kräuter darunter rühren
- den Teig 10 Minuten ruhen lassen
- in einer heißen Pfanne wenig Butter erhitzen und mehrere dünne Pfannkuchen ausbacken
- nach dem Abkühlen in feine, ca. 5 cm lange Streifen schneiden
- beim Anrichten die warmen Eierkuchenstreifen in die Suppentassen geben und mit heißer Brühe auffüllen
- mit Schnittlauch bestreuen

Grießnocken
(Noques de semoule)

30 g Butter, 1 Ei (beides Zimmertemperatur), 60 g Grieß, Salz, Muskat

- Butter mit dem Ei, Salz und Muskat schaumig rühren
- anschließend den Grieß unterheben (der Grieß darf nicht mit purer Butter vermischt werden, weil er dann nicht mehr quillt)
- die Masse abschmecken und im Kühlschrank 20 Minuten durchkühlen
- mit 2 Kaffeelöffeln Nocken formen, die 3 gleiche Seitenflächen haben
- in 1 l kochendes Salzwasser legen und unter dem Siedepunkt mindestens 30 Minuten gar ziehen und quellen lassen, sie vergrößern sich um das Dreifache
- Klößchen abtropfen lassen und in der Brühe anrichten

Klößchen von Kalb, Wild, Geflügel oder Fisch

250 g sehnenfreies Fleisch bzw. Fischfleisch ohne Haut und Gräten, Salz, Pfeffer, 100 g Weißbrot ohne Kruste, 1 Eiklar, 0,2 l Schlagsahne

- Fleisch/Fisch klein schneiden, salzen, pfeffern und zum Kühlen 10 Minuten tiefkühlen
- Weißbrot in Würfel schneiden und mit dem Eiklar und wenig Sahne vermischen; 5 Minuten tiefkühlen
- Brot und Fleisch/Fisch zweimal durch die feinste Scheibe des gekühlten Fleischwolfes drehen
- die restliche gekühlte Sahne darunterrühren und abschmecken
- kleine Klößchen abstechen und in Salzwasser pochieren

Geflügelsamtsuppe

Zutaten für 10 Personen

60 g Butter	
50 g Mehl	
80 g helles Mirepoix	
1 l gewürzte Geflügelbrühe	
0,1 l Sahne	
2 Eigelb	
10 dünne Geflügelbrustscheiben	
als Einlage: kleine, gedünstete Karottenkugeln; kleine, gedünstete Zucchinikugeln	
zum Abschmecken: Weißwein, Zitronensaft, Salz	

Arbeitsgänge

- Mirepoix in Butter farblos anschwitzen, Mehl zugeben und ebenfalls anschwitzen; abkühlen
- mit heißer Brühe auffüllen und mit einem Schneebesen glatt rühren
- bis zum Aufkochen mit dem Kochlöffel am Topfboden rühren
- nach 20 Minuten Kochzeit durch ein feines Sieb seihen; erneut aufkochen
- Sahne und Eigelb mit einem Schöpflöffel heißer Suppe verrühren
- diese Mischung in die heiße, aber nicht kochende Suppe rühren
- bis zur Bindung erhitzen, aber nicht kochen lassen; abschmecken
- die vorgewärmten Geflügelbrustscheiben auf die angerichtete Suppe legen und mit Gemüsekugeln verzieren

1.3.2 Gebundene Suppen

Zur Bindung der meisten Suppen wird entweder eine Mehlschwitze (Roux) oder das fein passierte Püree des Suppenrohstoffes verwendet. Auch die Kombination beider Möglichkeiten ist gebräuchlich.

Für die Mehlschwitze sind 50 g Mehl in 60 g Butter farblos anzuschwitzen; sie wird für Suppen mit 1 l entsprechender Brühe verkocht. Das Ergebnis nennt man Velouté. Die Verfeinerung erfolgt durch Zugabe von Rahm, Eigelb, Butter und Wein. Einlage: klein geschnittene Stücke des entsprechenden Rohstoffes.

Samtsuppen (Potages veloutés)
Sie sind mit Mehlschwitze gebunden und mit einer Mischung aus Eigelb und Rahm (Legierung: Liaison) verfeinert. Samtsuppen sollen nicht kochen, weil sonst das Eigelb gerinnt und die samtige Bindung verloren geht.

Rahmsuppen (Potages crèmes)
Wie Samtsuppen, jedoch mit Rahm und Butter vollendet.

Püreesuppen (Potages purées)
Die Bindung dieser Suppen erfolgt durch das Pürieren des Rohstoffes. Falls dessen Bindekraft nicht ausreicht, wird mit Mehlschwitze oder Velouté oder durch Mitkochen und Passieren von Kartoffeln oder Reis gebunden. Sie können mit Rahm und Butter verfeinert werden. Die bekanntesten Püreesuppen sind Kartoffel- und Erbsensuppe. Auf eine Einlage wird oft verzichtet, dafür bestreut man sie mit gerösteten Weißbrotwürfeln (Croûtons).

Braune gebundene Suppen
In diese Gruppe gehören die Wildsuppen und Suppen von besonderen Fleischstücken wie Ochsenschwanz und Kalbskopf. Sie werden mit einer braunen Mehlschwitze gebunden und mit braunem Fond aufgefüllt und verkocht. Wildpüreesuppen können mit Linsenpüree gebunden sein. Zur Verfeinerung dienen Wein oder Likörwein und als Einlage Klößchen oder Würfel des entsprechenden Fleisches und gedünstete Pilze oder Pilzstücke.

Benennung
Sie richtet sich bei gebundenen Suppen nach dem für die Brühe verwendeten Rohstoff oder dem geschmackgebenden Püree. Für die Bezeichnung vieler Suppen gibt es feste Namen, die in Küchenlexika aufgelistet und beschrieben sind:

- Agnes Sorel: Rahm- oder Samtsuppe vom Huhn mit Streifen von Champignons, Hühnerfleisch und Pökelzunge.
- Aurora: Rahmsuppe von Geflügel und Tomaten mit Geflügelklößchen.
- Parmentier: Püreesuppe von Kartoffeln und Lauch mit gerösteten Weißbrotwürfeln.

1. Nennen Sie je drei passende Suppeneinlagen für Fleischbrühen, doppelte Kraftbrühen, Rahm-, Samt- und Püreesuppen.
2. Welche Rohstoffe eignen sich für Rahmsuppen, für Samtsuppen oder für Püreesuppen?
3. Warum darf eine Samtsuppe nach der Fertigstellung nicht mehr aufkochen?

Gazpacho Andaluz
(kalte spanische Gemüsesuppe)

Zutaten für ca. 10 Portionen

750 g reife Tomaten	
300 g Salatgurke	
150 g Zwiebeln	
200 g Paprikaschote	
100 g Weißbrot ohne Kruste	
je 0,5 l Tomatensaft/Fleischbrühe	
3 große Knoblauchzehen	
3 EL Olivenöl	
1 EL Essig 5%	
Salz, Pfeffer, Oregano	
Kräuter zum Bestreuen: Schnittlauch, Petersilie	

Arbeitsgänge

- Tomaten abziehen und entkernen
- Gurke schälen
- Paprika putzen
- je 1/3 der Menge von Tomaten, Gurken, Paprika in kleine Würfel schneiden und jeweils in ein Schälchen füllen
- Zwiebeln und Knoblauch grob schneiden und Öl leicht anschwitzen
- die übrigen 2/3 von Tomate, Gurke, Paprika und Weißbrot in grobe Stücke schneiden und mit Zwiebeln, Knoblauch, Tomatensaft, Fleischbrühe und den Würzmitteln fein mixen
- würzig abschmecken
- kühl stellen
- zum Anrichten in gekühlte Suppenterrine geben, mit Kräutern bestreuen und Schälchen mit den Gemüsewürfeln dazu platzieren

Abwandlungen

- einen Teil des Tomatensaftes durch kräftige, entfettete Fleisch- oder Hühnerbrühe und/oder Sahne ersetzen
- einen Teil des Weißbrotes als Röstbrotwürfel separat dazu servieren

1.3.3 Gemüsesuppen

Charakteristisch ist ihr Gehalt an Gemüsen (hauptsächlich Möhren, Lauch, Sellerie, Weißkraut, Zwiebeln) in gleichmäßig zerkleinerter Form. Die Würfel, Streifen oder Blättchen werden in Butter oder Schmalz angeschwitzt und in Fleischbrühe gegart. Mit Kartoffeln oder Suppennudeln verkochte Gemüsesuppen haben einen höheren Sättigungswert. Erfolgt zusätzlich eine Geflügel- oder Fleischzugabe, spricht man vom Suppentopf (Marmite).
Gemüsesuppen werden gern in Suppenterrinen angerichtet.

1.3.4 Spezielle Suppen

Zu den **Spezialsuppen** zählen vor allem Suppen von Krustentieren – auch als Bisque bezeichnet – und von Schalentieren.
Unter **exotischen Suppen** versteht man meist doppelte Kraftbrühen, die mit Auszügen exotischer Zutaten verfeinert sind, wie Haifischflossen und Schwalbennester.
Doppelte Kraftbrühen werden oft mit Auszügen aus einheimischen Rohstoffen, z. B. Morcheln, Fasanen, verfeinert. Spezialsuppen, exotische Suppen und doppelte Kraftbrühen werden meist in kleinen Tassen serviert.
Regionalsuppen stammen aus deutschen Regionen und werden aus Rohstoffen hergestellt, die es dort gibt.
Die international bekannten **Nationalsuppen** aus verschiedenen Ländern sind durch typische Zutaten der dortigen Küchen gekennzeichnet.

1.3.5 Kalte Suppen

Kalte Suppen sollten in gut gekühlten Tassen eiskalt serviert werden. Da bei kalten Suppen der Geschmack weniger stark empfunden wird, sind sie intensiver zu würzen.
Kalte Kraftbrühe soll leicht gelieren. Daher gibt man bei der Zubereitung Kalbsfüße oder Geflügelknochen in die Brühe. Sie muss absolut klar und fettfrei sein, um appetitlich auszusehen. Als Einlage kommen gedünstete Pilz- oder Gemüsestreifen infrage. Der Geschmack kann durch Wein, Likörwein oder Weinbrand sowie durch Pilz- oder Wildgeflügelauszüge variiert werden.
Kalte gebundene Suppen. Dies sind meist Püreesuppen von Kartoffeln oder Gemüse, wobei Gemüsepüree auch roh Verwendung findet. Farbe und Geschmack lassen sich durch Zugabe frischer Kräuter, Sahne oder Joghurt verbessern. Ein Beispiel ist die Gazpacho Andaluz, eine spanische Gemüsesuppe, die aus Tomaten, Salatgurken, Paprikaschoten, kalter, sehr kräftiger Fleischbrühe, Olivenöl und Knoblauch zubereitet wird.
Kaltschalen sind besonders in der deutschen Küche zu Hause. Die Materialien für die Herstellung – vorwiegend Früchte – sollten möglichst roh belassen werden, weil dann ihr Geschmack intensiver und erfrischender ist.

1. Erklären Sie den Unterschied zwischen einer Gemüsesuppe und einer Gemüserahmsuppe.
2. Was versteht man unter einer Bouillabaisse?
3. Welche Suppen werden in kleinen Tassen serviert?
4. Zählen Sie die Hauptbestandteile von drei Regional- und drei Nationalsuppen auf.

Apfelkaltschale

Zutaten für ca. 10 Portionen

1,2 l Wasser
80 g Zucker
ein kleines Stück Zimtstange
600 g Apfelstücke
Saft einer Zitrone
0,2 l Weißwein oder Apfelsaft
zum Binden: 30 g Sago oder Stärkepulver
Einlage: 150 g gedünstete Apfelwürfel und 40 g eingeweichte Rosinen
zum Bestreuen: kleines Baiser- oder Makronengebäck

Arbeitsgänge

- Wasser, Zucker und Zimt aufkochen
- 1 l davon mit Sago 10 Minuten verkochen oder mit kalt angerührter Stärke binden
- das übrige Zuckerwasser mit Apfelstücken, Zitronensaft und Wein mixen und in die abgekühlte Zuckerlösung passieren
- die Einlage hinzufügen
- gut durchkühlen und abschmecken
- mit Gebäckstücken bestreut anrichten

Abwandlungen

- Anstelle von Apfelstückchen Beeren, Birnen- oder Ananasstücke verwenden.
- Einlagen passend zum Rohstoff hinzufügen.

Bezeichnung	Typische Rohstoffe
Minestra Gemüsesuppe nach italienischer Art	Fleischbrühe, alle frisch verfügbaren Gemüse, Reis oder Spaghetti, Knoblauch
Borschtsch Gemüse-Fleischsuppe auf russische Art	Fleischbrühe, Rind-, Schweine - oder Entenfleisch, Speck, Gemüsestreifen, Rote Bete, Sauerrahm
Bouillabaisse Fisch-Gemüse-Suppe auf französische Art	Fischbrühe, Mittelmeerfische, Krusten- und Schalentiere, Lauch, Knoblauch, Safran, Fenchel, Tomaten
Zwiebelsuppe auf französische Art	Fleischbrühe, Zwiebelstreifen, Weißwein, Knoblauch, Käse, Weißbrot
Mutton-Broth Hammel-Graupen-Suppe auf schottische Art	Hammelbrühe, Hammelfleisch, Perlgraupen, Gemüsewürfel
Clear Oxtail Soup Klare Ochsenschwanzsuppe nach englischer Art	braune Brühe, Ochsenschwanzstücke, Klärfleisch, spezielle Gewürzmischung, Sherry

1. Nationalsuppen

Bezeichnung	Rohstoffe/Einlagen
Schwäbische Riebelesuppe	Fleischbrühe, mit geriebenem Nudelteig verkocht
Berliner Löffelerbsensuppe	Fleischbrühe, getrocknete gelbe Erbsen, Kartoffel- und Speckwürfel
Badische Grünkernsuppe	Fleischbrühe, Grünkern, Gemüsewürfel, Markklößchen
Hamburger Aalsuppe	Fleischbrühe, Aal, Gemüsewürfel, Birnen, Backpflaumen, Schwemmklöße, Speck

2. Regionalsuppen

Milchkaltschale	Fruchtkaltschale	Bierkaltschale
Rohstoffbasis Milch, Zucker	Früchte, -püree, Mineralwasser, Wein, Zucker	Bier, Zucker
Bindung Eier oder Stärkemehl	Sago oder Tapioka	geriebenes Schwarzbrot
Geschmacksverbesserung, -abwechslung Zitronen- und Orangenschale, Vanille, Nüsse, Pistazien	Zitronensaft	Zitronenschale und Zitronensaft
Einlage Beeren oder Fruchtwürfel	Beeren oder Früchtewürfel, Biskuitwürfel	Rosinen

3. Kaltschalen

Ausgewählte Speisen

Grundsoßen					
Demiglace	Wildsoße	Velouté	Béchamel	Hollandaise	Mayonnaise
Art des Rohstoffes					
Kalb, Schwein	Wild	Kalb, Geflügel, Wild			
Aufgussflüssigkeit					
brauner Fond	heller Fond		Milch und Fond		
Art der Zubereitung					
gekocht				warm geschlagen	kalt geschlagen
Art der Bindung					
mit Stärke gebunden (Mehlschwitze)				Emulsion aus gewürzter Flüssigkeit (Reduktion), Eigelb und gekochter Butter	Emulsion aus Essig, Senf, Eigelb und Öl
Farbe					
dunkel oder braun			hell oder weiß		
Serviertemperatur					
warm					kalt

1. Übersicht: Grundsoßen und ihre Einteilung nach verschiedenen Gesichtspunkten

1.4 Soßen

Soßen sollen Speisen geschmacklich und optisch aufwerten. Sie werden grundsätzlich aus dem beim Garen der Rohstoffe anfallenden Saft oder Fond (Brühe) hergestellt und nach der Verfeinerung zur entsprechenden Speise serviert. Falls kein Saft oder Fond anfällt wie beim Kurzbraten, Grillen, Frittieren, Dämpfen, wird auch keine Soße gereicht oder man gibt
- eine Ableitung der Demiglace,
- eine weiße Soße, mit Milch zubereitet (Béchamel) und deren Ableitungen,
- eine warm aufgeschlagene Soße (Hollandaise) und deren Ableitungen,
- eine kalt aufgeschlagene Soße (Mayonnaise) und deren Ableitungen,
- zerlassene, geklärte oder gebräunte Butter,
- eine Buttermischung dazu.

Auch die eigenständigen Soßen finden hier ihre Anwendung wie z. B. Tomatensoße, Curry-Fruchtsoße, Englische Meerrettichsoße, Cumberlandsoße. Die Vielzahl der Soßenableitungen gewährleistet Abwechslung im Speisenangebot. Soßen werden nach den jeweiligen Zusätzen benannt wie Senf-, Trüffel-, Kapern-, Rahmsoße oder haben festgelegte Bezeichnungen:
- Soubise für Zwiebelzusatz,
- Mornay für Käsezusatz,
- Bigarade für Zusatz von Zitrusfrüchten.

Die Zusammensetzung klassischer Soßen wie Italienische Soße, Pächterin- oder Walewskasoße ist in Küchenlexika beschrieben.

Die meisten Soßen haben durch ihren Gehalt an Stärke, Eiweiß und Fett einen beträchtlichen Energiewert. Sie sind möglichst leicht zu halten, weil sie sonst zu stark sättigen. Damit keine störenden Bestandteile die Soßenqualität beeinträchtigen, müssen viele Soßen möglichst fein passiert werden. Dazu verwendet man Passiertücher aus kochbarem Baumwollgewebe (Nessel) oder feine Siebe, sogenannte Haarsiebe.

Vor allem Soßen, die von ihrer Konsistenz her als Überzug auf den Speisen bleiben, etwa Holländische Soße oder Mayonnaise, werden über die Speisen gegeben (nappiert).
Dünnflüssige Soßen werden als sogenannter Soßenspiegel auf den Teller oder die Platte gegeben, bevor man die Speise darauf anrichtet.
Alle Soßen können auch in einer Sauciere à part serviert werden.

1. Nach welchen Gesichtspunkten werden die Soßen eingeteilt?
2. Welche Soßen reicht man zu Speisen, bei deren Garen kein Saft oder keine Brühe anfällt?
3. Versuchen Sie, das System zu erklären, das es ermöglicht, die Vielzahl verschiedener Soßen herzustellen und einzuteilen.
4. Wie unterscheiden sich Grundsoßen von Soßenableitungen?
5. Warum werden Soßen am besten durch Passiertücher passiert?
6. Wie beurteilen Sie die Zugabe von Butterflocken unter ernährungsphysiologischen Gesichtspunkten?

Weiße Grundsoße (Velouté)

Zutaten für 10 Portionen

60 g Butter
30 g Zwiebeln
30 g Weißes vom Lauch
70 g Mehl
1 l Kalbs-, Geflügel- oder Fischbrühe
1 kleines Lorbeerblatt
3 zerdrückte Pfefferkörner
1 Gewürznelke

Arbeitsgänge

- Zwiebeln und Lauch in Stücke schneiden und in Butter anschwitzen
- Mehl zugeben und farblos anschwitzen (durch das Anschwitzen des Mehls in Fett bei ca. 130 °C wird der Stärkeanteil teilweise zu Dextrinen gespalten. Die Soße wird dadurch weniger zähflüssig und klebrig und verliert den Mehlgeschmack)
- mit Brühe auffüllen und mit einem Schneebesen glatt rühren; die Mischung aus Mehlschwitze und Brühe sollte nicht mehr als 60 °C haben, damit sich die Mehlschwitze klumpenfrei in der Brühe verteilen lässt
- bis zum Aufkochen mit dem Kochlöffel am Topfboden rühren (bis die Stärke ab etwa 70 °C verkleistert, hat sie die Tendenz, sich am Topfboden abzusetzen; die Soße brennt in dieser Zubereitungsphase leicht an)
- die Gewürze zugeben
- 20 Minuten kochen lassen – durch die relativ lange Kochzeit werden Konsistenz und Geschmack verbessert; eventuell muss die dabei verdampfende Flüssigkeit ersetzt werden; ab und zu am Topfboden rühren und abschäumen
- durch ein Passiertuch oder sehr feines Sieb passieren und abschmecken; die Soße ist erst nach der Verfeinerung servierfähig

1.4.1 Helle Soßen

Samtsoßen (Sauces Veloutés)
Grundlage einer Velouté ist der jeweilige Fond, der mit Mehlschwitze (60 g Butter, 60 g Mehl/1 l Flüssigkeit) gebunden wird.
Die wichtigsten Geschmacksrichtungen der Grundsoßen sind Kalb (velouté de veau), Geflügel (velouté de volaille) und Fisch (velouté de poisson). In der verfeinerten Form sind sie zum Servieren geeignet:

Grundsoße	Verfeinerung	servierbare Soßen
Velouté de veau	Eigelb und Sahne	Deutsche Soße (Sauce allemande)
Velouté de volaille	Sahne und Champignonfond	Geflügelrahmsoße (Sauce suprême)
Velouté de poisson	Eigelb, Sahne, Weißwein	Fisch-Weißwein-Soße (Sauce au vin blanc de poisson)

Aus den servierfertigen Soßen können durch vielerlei Zutaten weitere Soßen abgeleitet werden. Bekannte Ableitungen der Deutschen Soße (zu gekochten bzw. gedünsteten Kalbfleischgerichten):
- Kapernsoße, leicht säuerlich abgeschmeckt, mit Kapern als Einlage,
- Kräutersoße, verfeinert mit gehacktem Kerbel, Schnittlauch, Petersilie und Zitronensaft.

Wichtige Ableitungen der Geflügelrahmsoße (zu gedünstetem, gekochtem und pochiertem hellem Hausgeflügel):
- Pächterinsoße mit gedünsteten Gemüsestreifen,
- Andalusische Soße mit gedünsteten grünen Paprikaschotenwürfeln,
- Trüffelsoße mit Trüffelstreifen und Madeira.

Ableitungen der Fisch-Weißwein-Soße (zu gedünsteten und pochierten Fischgerichten):
- Diplomatensoße mit Hummerbutter, Hummerfleisch und Trüffel,
- Joinville-Soße mit Krebsbutter.

Currysoße kann von Samtsoßen aller Geschmacksrichtungen abgeleitet warden.

Milchgrundsoße (Sauce Béchamel)
Die Mehlschwitze für die Sauce Béchamel wird mit Milch aufgefüllt und verkocht. Ihre Ableitungen, die vor allem zum Binden, Nappieren und Überbacken dienen, werden oft mit einem geschmackgebenden, eingekochten Fond verkocht und mit weiteren Zusätzen verfeinert, z. B.:
- Kardinalsoße mit Fischfond, Trüffelfond, Sahne und Hummerbutter,
- Mornaysoße mit Eigelb, Sahne, geriebenem Käse und Butterflocken,
- Walewskasoße (Mornaysoße auf Fischfond-Basis),
- Soubisesoße mit Zwiebelmus und Sahne.

1. Wie werden helle Soßen gebunden?
2. Erklären Sie den Begriff Mehlschwitze.

Ausgewählte Speisen

Braune Kraftsoße
(Sauce demiglace)

Zutaten für 2 l Soße

120 g Bratfett
1,5 kg Schweine- oder Kalbsknochen
200 g Mirepoix
1 Esslöffel Tomatenmark
120 g Mehl
1 Kaffeelöffel Rosenpaprikapulver
0,1 l Rotwein
3 l braune Brühe (Grand jus)
10 g Salz
5 zerdrückte Pfefferkörner
3 Pimentkörner, 1 Knoblauchzehe
1 Lorbeerblatt
1 Thymianzweig

Arbeitsgänge

- die Knochen in Fett braun anbraten
- Mirepoix zugeben und ebenfalls anbraten (den Lauch erst später zugeben, weil er in dünne Blättchen zerfällt und rasch verbrennt)
- Tomatenmark einrühren und anrösten
- mit wenig Wasser (1/2 Kaffeetasse) ablöschen und dieses Wasser bei starker Hitze vollständig einkochen (reduzieren)
- diesen Reduziervorgang zweimal wiederholen, um genügend braune Farbe zu erzeugen
- nach dem letzten Einkochen das Mehl unter das Fett mengen und etwa 5 Minuten anschwitzen, damit die Stärke im Mehl durch die Hitze in Dextrine gespalten wird
- Paprikapulver unterrühren und sofort (Paprikapulver verbrennt sehr rasch) mit kalter Brühe auffüllen
- glatt rühren und unter Rühren aufkochen
- abschäumen und entfetten
- 1 Stunde vor dem Ende der Kochzeit die Gewürze und das Salz zugeben
- die Soße durch ein Tuch oder ein feines Sieb passieren
- entsprechend der Bezeichnung (Bild 1) verfeinern

1.4.2 Braune Soßen

Braune Kraftsoße (Sauce demiglace)
Für die Grundsoße werden Schweine- und Kalbsknochen, Röstgemüse und Tomatenmark angebraten, mit Mehl versetzt und mit braunem Fond und Gewürzen verkocht. Nach einer Kochzeit von vier Stunden wird durch ein feines Tuch passiert.
Wird die Demiglace bei einer Speise eingesetzt, bei deren Zubereitung Bratensaft oder -satz anfällt, wird sie damit verkocht.
Die Demiglace bildet die Grundlage servierfähiger Ableitungen, die meist mit einer Reduktion (Flüssigkeit auf 1/3 der ursprünglichen Menge eingekocht) und einer Einlage verfeinert und mit der Grundsoße verkocht werden.

Wildsoße (Sauce gibier)
Wildsoße wird wie die Demiglace hergestellt. Kalbsknochen und brauner Fond werden jedoch durch Wildknochen und Wildfond ersetzt. Die Soße wird mit Rotwein und Gewürzen verkocht. Zu Wild und Wildgeflügelgerichten reicht man folgende Ableitungen:
- Wildrahmsoße mit Sahne und Zitronensaft,
- Wildpfeffersoße mit einer Reduktion aus Speck, Zwiebeln und Pfefferkörnern,
- Dianasoße auf Grundlage der Wildpfeffersoße mit saurer Sahne, Trüffel- und Eiweißwürfeln,
- Wacholdersoße, mit einer Reduktion aus Wacholderbeeren und Rotwein mit Zitronensaft und Wacholderbranntwein abgeschmeckt.

Soße	Zutaten	häufige Verwendung
Soße auf **Jägerart** (Sauce chasseur)	angedünstete Champignons mit Weißwein eingekocht (reduziert), Tomatenmark	zu gegrillten, gebratenen, kurz gebratenen und sautierten Kalb- und Schweinefleischgerichten
Soße auf **Burgunder Art** (Sauce bourguignonne)	Reduktion von angebratenen Schinkenschwarten und Zwiebeln mit Burgunder Rotwein	zu gepökelter Rinderzunge und gekochtem Schinken
Soße auf **Bordelaiser Art** (Sauce bordelaise)	Reduktion von Bordeauxer Rotwein mit Gewürzen; Einlage: Rindermarkwürfel	zu Rinderbraten und Steaks, zu geschmortem Fenchel, Chicorée und Staudensellerie
Esterhazysoße (Sauce Esterhazy)	gedünstete Gemüsestreifen, Wein, saure Sahne sowie der anfallende Bratensaft oder Schmorfond	zu kurz gebratenen und geschmorten Rind- und Hackfleischgerichten, evtl. Rostbraten
Robertsoße (Sauce Robert)	Reduktion aus Zwiebeln, Essig und Wein; Senf unter nicht mehr kochende Soße mischen	zu Steaks und Koteletts von Schweinefleisch
Soße auf **provenzalische Art** (Sauce provençale)	Einlage: Tomatenfleischwürfel mit Knoblauch in Olivenöl gedünstet, Petersilie	zu Teigwaren, Steaks und Braten von Schlachtfleisch, Eier- und Fischgerichten
Morchelsoße (Sauce aux morilles)	angedünstete Morchelstücke mit Rotwein eingekocht (reduziert)	zu sautierten Gerichten, kurz gebratenen Kalb- oder Wildfleisch, gebratenem Geflügel

1. Ableitungen der Sauce demiglace

Holländische Soße
(Sauce hollandaise)

Zutaten für 0,25 l oder 4 Portionen

2 Eigelb, Salz, 4 Esslöffel Reduktion (1 Teelöffel Essig, 1 Esslöffel Schalottenwürfel, 0,1 l Wasser, 4 zerdrückte Pfefferkörner), 160 g Butter

zum Abschmecken: Salz, Zitronensaft

Arbeitsgänge
- Butter erhitzen, bis der Wasseranteil ausgekocht ist; die Eiweißflocken durch Passieren entfernen
- Zutaten für die Reduktion auf 4 Esslöffel Flüssigkeit einkochen und in eine kleine Metallschüssel passieren
- Eigelb und Salz dazugeben und im heißen Wasserbad bis zur Bindung schaumig schlagen (bis die Masse nicht mehr vom Schneebesen tropft)
- etwa 60 °C heiße Butter tropfenweise darunterschlagen; abschmecken

Mayonnaise
(Sauce mayonnaise)

Zutaten für 1/2 l oder 10 Portionen

2 Eigelb, 1 Esslöffel Essig, 1 Esslöffel Zitronensaft, 1 Teelöffel Senf, Salz, 0,5 l Öl (ca. 25 °C)

Arbeitsgänge
- in einer Schüssel alle Zutaten außer Öl mit einem Schneebesen aufschlagen
- das Öl anfangs tropfenweise, wenn eine gute Bindung erreicht ist, löffelweise unter die Eigelbmasse schlagen (sollte die Soße gerinnen, gibt man in eine andere Schüssel ein Eigelb und schlägt die geronnene Mayonnaise tropfenweise darunter)
- abschmecken und gekühlt aufbewahren
- zur weiteren Verwendung eventuell verdünnen oder eine Ableitung daraus zubereiten

1.4.3 Holländische Soße (Sauce hollandaise)

Die Bindung der warm aufgeschlagenen Soßen entsteht durch das Erwärmen von Eigelb in wenig Flüssigkeit unter stetigem Schlagen mit dem Schneebesen. Als Flüssigkeit dient eine Reduktion aus Zwiebeln, Pfefferkörnern, Essig und Wasser. Unter die gebundene, schaumige Eigelbmasse wird warme, ausgekochte bzw. geklärte Butter geschlagen. Holländische Soße wird zu feinem Gemüse und zu Eierspeisen gereicht.

Soße	Zutaten	häufige Verwendung
Schaumsoße (Sauce mousseline)	geschlagene Sahne und Zitronensaft	zu gedünstetem und pochiertem Fisch, Krustentieren und Gemüse und zum Überbacken
Soße auf **göttliche Art** (Sauce divine)	Sherry, Trüffelfond, Geflügelextrakt und geschlagene Sahne	Hummer und Languste, Spargel und Artischocken
Soße auf **maltesische Art** (Sauce maltaise)	Saft und abgeriebene Schale von Blutorangen	zu Spargel
Soße auf **venezianische Art** (Sauce vénetienne)	Kräuterpüree	zu gedünsteten und pochierten Fischgerichten und pochierten Eiern
Soße auf **Béarner Art** (Sauce béarnaise)	Reduktion aus Weißwein, Estragon, Kerbel und Pfefferkörnern; Einlage: gehackter Estragon und Kerbel,	zu gegrillten und kurzgebratenen Fleisch- und Fischgerichten und pochierten Eiern
Choron-Soße (Sauce Choron)	Béarner Soße tomatisiert	wie Soße Béarner Art

1. Ableitungen der Holländischen Soße

1.4.4 Mayonnaise (Sauce mayonnaise)

Eine Verbindung (Emulsion) aus Pflanzenöl, Eigelb, Essig und Zitronensaft wird als Mayonnaise bezeichnet. Die Verbindung kommt nur zustande, wenn das Öl in den übrigen Zutaten nach und nach sehr fein verteilt wird. Dabei wirken das Eiweiß und das Lezithin des Eigelbs als Emulgatoren, indem sie sich zwischen die einzelnen Öltröpfchen lagern und so ihr Zusammenfließen verhindern. Die Zutaten sollten Zimmertemperatur haben.

Soße	Zutaten	häufige Verwendung
Chantilly-Soße (Sauce Chantilly)	geschlagene Sahne, Zitronensaft und Cayenne-Pfeffer	zu Spargel und Artischocken
Remouladensoße (Sauce rémoulade)	Senf, fein gehackte Gewürzgurken, Kapern, Sardellen, Petersilie, Kerbel u. Estragon	zu frittierten Fischen, kaltem Braten und Eierspeisen
Soße auf **Tartarenart** (Sauce tartare)	gehacktes Ei und Schnittlauch pikant gewürzt	zu frittierten Fischen, kaltem Braten und Eierspeisen
Soße auf **Moskauer Art** (Sauce moscovite)	Hummerfleischwürfel, Kaviar und wenig geschlagene Sahne	zu pochierten Edelfischen und Krustentieren
Soße auf **Tiroler Art** (Sauce tyrolienne)	Chili, Tomatenfleischwürfel, gehackte Schalotten, Estragon und Petersilie	zu Fischen, Krustentieren, Eiern und kaltem Braten
Grüne Soße (Sauce verte)	Püree von Kräutern	zu Eiern, frittiertem Fisch und pochierten Edelfischen, zu kalten Fleischspeisen

2. Ableitungen der Mayonnaise

Garverfahren	Soßenableitungen/Buttermischung	Beispiele
Kochen	Velouté von der anfallenden Brühe Béchamel Hollandaise	Blumenkohl, Frikassee Meerrettichsoße zur Rinderbrust Spargel, Artischocken
Garziehen/Pochieren	zerlassene Butter Béarnaise	Forelle blau verlorene Eier
Dämpfen	Béchamel/Hollandaise	Blumenkohl und Brokkoli
Dünsten	Velouté vom Dünstfond	Gemüse und Fisch
Kurzbraten, Rösten oder Grillen	Buttermischungen oder Béarnaise	Steaks
Braten im Ofen und am Spieß	Bratenjus des jeweiligen Gargutes	Schweine- und Kalbsbraten, Gänse- und Entenbraten
Schwenken/Sautieren	Demiglace	Saure Leber
Schmoren	Demiglace	Rouladen, Schmorsteaks
Frittieren	Tomatensoße Mayonnaise Buttermischungen	Fisch, in Bierteig gebacken Scampi, Goldbarsch Seezunge Colbert
Überbacken (gegarte Speisen)	Béchamel Hollandaise	Sauce Mornay bei Blumenkohl Spargel, Blumenkohl

1. Abhängigkeit der Soßenzugabe vom Garverfahren

1.4.4 Eigenständige Soßen
Als eigenständige Soßen werden die Soßen bezeichnet, die nicht von Grundsoßen abgeleitet sind und nicht als Grundsoßen angesehen werden.

Bratenjus
Bratenjus wird beim Braten großer Fleischstücke oder Geflügel zubereitet, indem der austretende Fleischsaft, der während des Bratvorgangs bräunt (Bratensaft/Jus), mit brauner Brühe (grand jus oder jus ordinaire), Röstgemüse und Gewürzen verkocht wird. Die Soße wird entfettet und passiert, eventuell leicht mit Stärke gebunden und klar gekocht. Sie wird zu Braten oder Geflügel gereicht, findet aber auch bei sautierten Gerichten Verwendung. Gebundene Kalbsjus kann durch Zusatz von Sahne zur Kalbsrahmsoße verwandelt werden. Sie wird mit Zitronensaft abgeschmeckt und zu Kalbsbraten bzw. -schnitzel serviert.

Tomatensoße
Zur Herstellung einer Tomatensoße wird eine helle Mehlschwitze mit Röstgemüse, frischen Tomaten und Tomatenmark sowie kräftiger heller Brühe der entsprechenden Geschmacksrichtung verkocht. Speck, Knoblauch und ein kleines Bouquet garni verstärken den Geschmack (Tomatensoße für Fisch ohne Speck). Zum Abschmecken und Verfeinern werden nach dem Passieren Zucker, Salz, Essig, Pfeffer und einige Butterflocken hinzugefügt. Aufgrund ihres würzigen Geschmacks und ihrer intensiven Farbe passt Tomatensoße zu Teigwaren, Eiern, Fleisch- und Geflügelgerichten, Fischen und Gemüsen.

Curry-Fruchtsoße
Aus Zwiebeln, Äpfeln, Bananen, Ananas und Mango kocht man mit Currypulver, kräftiger heller Brühe und Kokosmilch ein Mus, das gemixt und/oder durch ein Sieb gestrichen wird. Kokosmilch wird zubereitet, indem man 30 g Kokosflocken in 100 g Milch aufkocht, 30 Minuten ziehen lässt und passiert. Die Soße wird mit geschlagener Sahne erhitzt und mit Zitronensaft, Sojasoße und Salz geschmacklich vollendet. Sie passt zu gekochtem Fleisch und Geflügel, pochiertem Fisch und zu Fleisch-Fondue.

Meerrettichsoße auf englische Art (Sauce au raifort)
Meerrettichsoße auf englische Art wird nicht von der Sauce Béchamel abgeleitet, sondern als eigenständige Soße hergestellt. Dabei werden heiße Milch und etwas Fleischbrühe mit frisch geriebenem Weißbrot ohne Kruste gebunden und mit Meerrettich, Salz, Zucker, Essig und Worcestershiresoße abgeschmeckt. Frisch geriebene Weißbrotkrume bindet erst nach einer gewissen Quellzeit; deshalb besteht die Gefahr, dass man zu viel Brot zugibt. Meerrettichsoße passt zu gekochtem Rindfleisch.

Cumberlandsoße (Sauce Cumberland)
Die Basis dieser kalten Soße bildet Johannisbeergelee, das nicht zu süß sein sollte. Es wird mit englischem Senfpulver, Orangen- und Zitronensaft, Portwein und Cayenne-Pfeffer abgeschmeckt und erhält eine Einlage aus in Rotwein gekochten Streifen von ungespritzter Orangen- und Zitronenschale. Cumberlandsoße passt besonders zu kaltem, gebratenem Wild und Wildgeflügel sowie zu kalten Pasteten, Terrinen und Galantinen.

Buttermischungen	Zutaten zur Herstellung
Kräuterbutter	vermengt mit allen gehackten Kräutern, Salz, Pfeffer und Zitronensaft
Colbertbutter	vermengt mit Fleischextrakt, Zitronensaft, Pfeffer und wenig Salz
Café-de-Paris-Butter	schaumig gerührte Butter mit Kräutern, Cognac, Knoblauch, Paprika, Sardellen und Zitronensaft
Hummerbutter* Krebsbutter* Lachsbutter Trüffelbutter Sardellenbutter	schaumig gerührte Butter mit Hummerfleisch Krebsfleisch Räucherlachs gehackten Trüffeln gehackten Sardellenfilets
Schneckenbutter	vermengt mit Kräutern und Gewürzen, häufig mit Knoblauch

* Farb- und Geschmackstoffe werden durch Erwärmen der zerkleinerten Krusten in Butter gelöst.

1. Anwendungsbereich von Buttermischungen

2. Buttermischungen (dressiert)

Sahne-Meerrettich (Crème de raifort)
Geschlagene Sahne wird mit geriebenem Meerrettich vermischt und mit Zitronensaft, Salz, Zucker und Worcestershire-Soße abgeschmeckt. Sie wird vor allem zu geräucherten Fischen und Rindfleischgerichten gereicht.

Essigkräutersoße (Sauce vinaigrette)
Eine Mischung aus Essig und Salatöl im Verhältnis 1 : 2, feinen Zwiebelwürfeln, gehackten Salatkräutern, Salz und Pfeffer heißt Sauce vinaigrette. Sie wird als Salatsoße, auch bei Sülzen und warmen Fleischspeisen verwendet

1.4.5 Butter und Buttermischungen
Butter verfeinert den Geschmack fast aller Speisen und kann somit eine Soße ersetzen. Zerlassene oder gebräunte Butter kann zu pochierten Fischen oder feinem Gemüse serviert werden. Erhitzte Butter mit gebräunten Weißbrotkrumen wird über Gemüse, Teigwaren oder Klöße gegeben. Frische Butter hat ein besonders feines Aroma und kann durch Untermischen von frischen, hochwertigen Rohstoffen geschmacklich variiert warden.
Grundlage von Buttermischungen kann auch schaumig geschlagene Butter sein. Sie hat einen zarteren Schmelz und ist streichfähiger.
Neben Fett und Wasser enthält Butter etwa 0,8 % Eiweiß. Beim Erhitzen verdampft das Wasser, das Eiweiß gerinnt und ist durch Flockenbildung sichtbar. Für geklärte Butter passiert man die Eiweißflocken mit einem Tuch heraus. Durch Erhitzen entsteht gebräunte Butter.

Wissen Sie Bescheid?

1. Welche Bedeutung haben Grundbrühen für die Qualität der Soßen? Begründen Sie Ihre Antwort.
2. Nennen Sie je drei Ableitungen der Fisch-Weißwein-Soße, der Deutschen Soße und der Geflügelrahmsoße.
3. Zählen Sie die Gemeinsamkeiten bei der Zubereitung von Sauce Velouté und Sauce Demiglace auf.
4. Nennen Sie die Verwendungsmöglichkeiten der Sauce Béchamel.
5. Die Mornay-Soße ist eine Ableitung der Béchamel-Soße. Wie heißt die Ableitung auf Fischbasis?
6. Wie bereitet man eine Lamm-Jus im Gegensatz zu einer Gänse-Jus zu?
7. Wie bereitet man eine Kalbsrahmsoße zu? Wozu wird sie serviert?
8. Welcher Unterschied besteht zwischen der Sauce Hollandaise und der Sauce Béarnaise?
9. Geben Sie drei Soßen an, die Sie zu Artischocken empfehlen würden.
10. Zu welchen warm servierten Speisen passen die Ableitungen der Mayonnaise?
11. Zählen Sie vier eigenständige Soßen auf und nennen Sie ihre Hauptbestandteile.
12. Welche eigenständigen Soßen kombinieren Sie mit kaltem Rehrücken, gekochter Lammkeule, gekochter Rinderbrust, Gänsebraten, Tortellini, Sülze?
13. Erklären Sie den Begriff „geklärte" Butter.

Pastetchen auf Königin- Art
(Petits pâtes à la reine)

Zutaten für 5 Vorspeisenportionen

5 Blätterteigpastetchen
350 g gekochtes Kalbfleisch
150 g gekochtes Geflügelfleisch
10 g Butter
150 g geviertelte Champignons
0,1 l Weißwein
0,5 l Kalbsvelouté (→ 214)
0,1 l Sahne
1 Eigelb
Salz
Zitronensaft
Worcestershiresoße
zum Garnieren: Zitronenspalten, Petersilienzweige oder Gartenkresse

Arbeitsgänge
- Kalb- und Geflügelfleisch in 0,5 cm große Würfel schneiden
- die Champignons in Butter anschwitzen
- die Fleischwürfel zugeben und mit Weißwein ablöschen
- 3 Minuten leicht erhitzen
- mit Soße auffüllen und aufkochen
- Eigelb und Sahne verrühren
- hitzen (nicht kochen lassen)
- würzig abschmecken
- in die erwärmten Pastetchen füllen
- mit Zitronenspalten und Kressesträußchen garnieren

Abwandlung
- Blumenkohl, Kohlrabi, Erbsen, Karotten und Bohnen klein schneiden und in Butter mit Gemüsebrühe knackig dünsten
- Béchamelsoße herstellen
- Gemüse und Soße mischen, aufkochen und in die erwärmten Pasteten füllen

1.5 Warme Vorspeisen

Rohstoffe für warme Vorspeisen können auf vielfältige Art zu Speisen verarbeitet, gegart und angerichtet werden. Bei Fischen, Krusten- und Schalentieren, Pilzen und feinen Gemüsen unterscheiden sich die Herstellungsverfahren warmer Vorspeisen selten von denen der Hauptgerichte, lediglich die Portionsgrößen sind reduziert. Da die heutige Küche das Prinzip der leichten Kost verfolgt, können auch Rohstoffe für Hauptgerichte zu Vorspeisen verarbeitet warden.

1.5.1 Anrichteweisen warmer Vorspeisen
In vorgebackenen Teigförmchen angerichtet: Törtchen (Tartelettes), Schiffchen (Barquettes) und Pastetchen (Bouchées) werden mit einem feinen Ragout aus Pilzen, Innereien, Schlachtfleisch, Geflügel oder Meeresfrüchten gefüllt, mit passender Soße überzogen.
Als Masse paniert und frittiert (Kroketten): Feine Ragouts von Fleisch, Geflügel, Pilzen oder Fisch werden stark gebunden und gut durchgekühlt, geformt, paniert, frittiert und mit passender Soße serviert, etwa Tomatensoße, Trüffelsoße oder Mayonnaise.
Gefüllte Krapfen (Beignets oder Fritots): Vorgegartes Gemüse, Fleisch, roher Fisch und Pilze, Hirn und Bries warden durch Backteig gezogen, frittiert und mit Tomaten- oder Tatarensoße gereicht.
Kleine Aufläufe (Petits soufflés): Unter eine Auflaufmasse aus dick gehaltener Béchamelsoße (mit Eigelb gebunden) wird der Rohstoff als Püree oder klein geschnitten gemischt. Die Masse wird mit Eischnee gelockert, in Förmchen gefüllt und gebacken. Als Rohstoffe eignen sich besonders Käse, Gemüse, Schinken, Krustentiere und Fische.
In kleine Pfannkuchen gefüllt (Pannequets): Man unterscheidet drei Arten, die alle mit Ragout oder Püree verschiedenster Rohstoffe gefüllt sind:
- heiß gefüllt und mit Schaumsoße überbacken (nur mit gegarter Füllung möglich),
- in einer Mischung aus Ei und Milch pochiert,
- kalt gefüllt oder bestrichen, gerollt und durchgekühlt, paniert und frittiert und mit Soße serviert.

Auf Weißbrotschreiben (Toasts): Getoastete Weißbrotscheiben können mit kurz gebundenem Ragout aus Pilzen, Eiern, Schinken, Käse, Krustentieren und Mischungen daraus bestrichen, mit geriebenem Käse bestreut oder mit Holländischer Soße nappiert und überbacken warden.
In Näpfchen angerichtet (Cassolettes): Ragouts oder Pürees aus Geflügelleber, Gemüsen, Pilzen, Fleisch und Fisch lassen sich ansprechend in Näpfchen anrichten und verzieren. Als Dekor eignet sich je nach Inhalt eine Trüffel-, Gänseleber- oder Schinkenscheibe oder ein Champignonkopf. Gerichte in Näpfchen werden oft überbacken.
In Teig gebacken (Quiche): Eine mit ungesüßtem Mürbeteig, Quark-Öl-Teig oder Blätterteig ausgelegte Form erhält eine Füllung verschiedener klein geschnittener Rohstoffe (Schinken, Speck, Käse, Pilze, Fisch, Krusten- und Schalentiere, Lauch oder Spinat) und wird mit einem gewürzten Gemisch aus Ei und Milch oder Sahne aufgegossen und im Ofen gebacken.

Quiche lorraine
(Lothringer Speckkuchen)

Zutaten für 6 Vorspeisenportionen

120 g Mehl
60 g Butter
1 Ei
1 Esslöffel Wasser, Salz
100 g hauchdünne Speckscheiben
100 g hauchdünne Käsescheiben
150 g Lauchstreifen
20 g Butter
3 Eier
0,2 l Sahne
0,1 l Milch
Salz, Pfeffer, Muskat, Knoblauch

Arbeitsgänge

- Mehl, Butter, Salz, 1 Ei und Wasser rasch verkneten, 30 Minuten kühlen
- dünn ausrollen
- Backblech mit schrägem Rand ausbuttern, mit dem Teig auslegen
- mit einer Gabel Löcher in den Teig stupfen
- erst mit Speckscheiben, dann mit Käsescheiben bedecken
- die Lauchstreifen in Butter anschwitzen und darauf verteilen
- 3 Eier, Sahne und Milch verrühren, abschmecken und die Backform damit zu 2/3 füllen
- im vorgeheizten Ofen bei 200 °C etwa 25 Minuten backen
- portionieren und warm servieren

In Muschelschalen überbacken (Coquilles au gratin): Große Muschelschalen eignen sich zur dekorativen Aufnahme von feinen Ragouts oder gegarten, in Scheiben geschnittenen Speisen. Sie werden mit einer passenden Soße oder mit Käse und Butterflocken überbacken. Als Rohstoffe kommen vor allem Bries, Fisch-, Muschel-, Geflügel- und Pilzragouts infrage.

In Becherformen gegart (Timbales): Ausgebutterte Förmchen werden mit einem Dekor ausgelegt und mit einer ungegarten Masse (Farce) gefüllt. Sie werden im Wasserbad pochiert, beim Anrichten gestürzt und mit passender Soße umkränzt.

Pochierte Klößchen (Quenelles): Feine Farcen aus Kalbfleisch, Geflügel und Fisch können mit einem Löffel zu Klößchen geformt und in einem hellem Fond direkt pochiert werden. Die Soße wird aus dem Fond zubereitet und die Klößchen damit nappiert.

1.5.2 Arten von warmen Vorspeisen

Warme Vorspeisen von Schlachtfleisch, Geflügel, Wild und Wildgeflügel

Vor allem zarte und fettarme Teile von **Kalb** und **Lamm** kommen als Vorspeisenrohstoff in Betracht. Daneben kann auch fein gehacktes Schweinefleisch in Fleischmassen und mageres Rindfleisch in Fleischpasteten (Pies oder Pasties) Verwendung finden.

Ragouts aus gekochtem Fleisch, Klößchen und sautierte Gerichte aus den zartesten Teilen können u. a. als Füllungen für Pastetchen, Schiffchen, Tartelettes, Reisrand, Pfannkuchen oder Muschelformen dienen. Besonders **Bries, Zunge, Leber und Nieren** sind vielseitig verwendbar und ergeben schmackhafte Vorspeisen, vor allem in Verbindung mit Pilzen und feinen Gemüsen. Junges oder gemästetes **Geflügel** wie Stubenküken und Hähnchen eignen sich gebraten, gekocht und gedünstet zu Vorspeisengerichten. Ragouts oder Farcen – als Klößchen oder in Becherform – lassen sich daraus abwechslungsreich zubereiten und anrichten.

Die **Leber** der Geflügelarten, besonders Gänse- und Entenleber, ist für jede Zubereitungsart ein hoch geschätzter, aber teurer Rohstoff. Das Zwangsmästen (Stopfen) von Geflügel ist in Deutschland verboten.

Wildfleisch ist eiweißreich und fettarm. Zu warmen Vorspeisen lassen sich Reh- und Hasenrücken als gebratene Steaks (Medaillons) oder als geschnetzelte Speise in Pastetchen, Näpfchen oder Pfannkuchen gefüllt anrichten. Pilze sind häufig Bestandteil von Wildvorspeisen. Garniert wird gern mit Birnen oder Äpfeln, die mit Gelee oder Preiselbeeren gefüllt werden.

Zur Verarbeitung von Wildgeflügel für Vorspeisen werden junge Wachteln oder Rebhühner und zarte Teile von Fasanen und Tauben bevorzugt. Meist werden sie gebraten zubereitet und mit Jus serviert. Zur Füllung sind Massen mit Gänseleber oder Pilzen geeignet. Als Bestandteil von Ragouts oder Pürees findet Wildgeflügel ebenfalls Verwendung.

Die **Soßen** für warme Vorspeisen werden häufig mit Wein oder Spirituosen verfeinert und besonders würzig abgeschmeckt.

Gefüllte Champignonköpfe (Champignons farcis)

Zutaten für 4 Vorspeisenportionen

16 große Champignonköpfe
20 g Butter
3 Esslöffel Zwiebelwürfel
80 g gekochter Schinken
2 Scheiben Toastbrot ohne Kruste
Salz, Pfeffer, Knoblauch
1 Kaffeelöffel gehackte Petersilie
2 Esslöffel geriebener Emmentaler Käse
20 g Butter für Butterflocken

Arbeitsgänge

- Champignons waschen und entstielen
- die Pilze mit der Vertiefung nach oben auf ein Backblech setzen und mit Salz und Pfeffer bestreuen
- Stiele in feine Würfel schneiden
- Zwiebel- und Champignonwürfel in Butter anschwitzen, 3 Minuten dünsten, abkühlen lassen
- Toastkrume reiben
- Zwiebel-Pilz-Masse mit den übrigen Zutaten mischen, abschmecken
- die Champignonköpfe mit dieser Masse füllen und mit je einem kleinen Butterstückchen belegen
- im vorgeheizten Ofen bei 180 °C etwa 10 Minuten garen
- mit einem Salatbukett garnieren

Warme Vorspeisen aus stärkehaltigen Rohstoffen

Stärkehaltige Speisen wirken rasch sättigend. Sie sind deshalb als Vorspeise nur geeignet, wenn die nachfolgenden Gänge des Menüs besonders leicht sind, etwa Fisch als Hauptgericht und Früchte als Dessert.

Teigwarengerichte: Nudeln, Spaghetti, Makkaroni oder Lasagne werden in Salzwasser gekocht und mit Soße (Béchamel- oder Tomatensoße), Käse, Schinken, Pilzen oder Tomaten kombiniert. Der Teig kann mit Spinat grün gefärbt werden. Teigwarengerichte werden oft mit Käse serviert oder überbacken. Nudelteig eignet sich auch zum Füllen mit Massen unterschiedlichster Rohstoffe wie Fleisch, Geflügel, Leber, Hirn und Pilze. Ravioli, Cannelloni, Lasagne und Maultaschen sind Speisen dieser Art.

Reisgerichte: Pilaws sind gedünstete, nach dem Garen trockene Speisen aus Langkornreis. Sie werden meist in Ringform angerichtet (Reisrand) und mit einem Ragout aus Geflügelleber, Fleisch, Meeresfrüchten oder Pilzen gefüllt. Risotto ist ein saftig gehaltener gedünsteter Reis. Er wird nicht zu weich gegart und mit geriebenem Parmesankäse und Butter vermischt. Stücke von Scampi, Geflügel, Kalbfleisch und Pilzen werden beim Anrichten darüber gegeben oder darunter gemischt.

Warme Vorspeisen von Gemüsen und Pilzen

Gemüse und Pilze sind energiearme Lebensmittel. Ihr Einsatz als warme Vorspeise ist deshalb günstig, z. B.:
- gekochter Spargel und Artischocken,
- gefüllte Auberginen, Zucchini, Tomaten und Gurken,
- gedünsteter Chicorée, Bleichsellerie und Spinat, auch mit einer passenden Soße oder mit Käse überbacken.

Sie sind beliebt in der Kombination mit Fischen, Krusten- und Schalentieren, Eiern und Schinken. Pilze, besonders Edelpilze wie Trüffel, Morcheln, Champignons, Steinpilze und Pfifferlinge, werden in vielerlei Zubereitungen als Vorspeise gewünscht. Sie können gedünstet, gebraten, sautiert, frittiert sowie mit einer Füllung versehen und gebacken auf den Tisch kommen.

Warme Vorspeisen von Eiern

- Verlorene/pochierte Eier auf Toast, Törtchen oder Schiffchen mit Ragout, Gemüsen oder Pilzen kombiniert und mit passender Soße nappiert.
- Eier in Näpfchen mit Pürees oder Ragouts aus Gemüsen, Pilzen, Schinken, Geflügel oder Krustentieren.
- Rühreier können mit Kräutern, Pilzen, Gemüsen wie Artischocken und Tomaten, Krustentieren, Innereien (vor allem Leber, Bries und Nieren) sowie Schinken und Räucherlachs zubereitet werden.

Vorspeisen von Fischen, Krusten- und Schalentieren

Gerichte aus diesen Rohstoffen sind auf den folgenden Seiten beschrieben. Kleine Portionen eignen sich besonders gut als warme Vorspeisen, weil sie, fettarme Zubereitung vorausgesetzt, wenig sättigen.

1. Nennen Sie fünf Rohstoffgruppen, die für warme Vorspeisen gut geeignet sind. Begründen Sie.
2. Stellen Sie die Anrichteweise warmer Vorspeisen in einer Tabelle unter folgenden Gesichtspunkten zusammen: dekorativ; energiearm; sättigend; für viele Personen leicht zuzubereiten.

1.6 Gerichte von Fischen, Krusten- und Schalentieren

Der Wert der Fische für eine gesunde Ernährung liegt an ihrem hohen Gehalt an Mineralstoffen (Jod bei Fischen aus Salzwasser) sowie an fettlöslichen Vitaminen, vornehmlich A und D. Das Fett der Fische ist reich an essenziellen Fettsäuren, das Eiweiß ist hochwertig und leicht verdaulich. Fische werden unterteilt:
- nach der Körperform in Rundfische wie Forelle, Lachs, Dorade oder Plattfische wie Steinbutt, Seezunge, Scholle;
- nach der Qualität des Fleisches, z. B. gute Qualität wie Seezunge, Seewolf, Lachs oder geringere Qualität wie Seelachs, Scholle;
- nach der Herkunft aus Süß- oder Salzwasser, wobei Fische wie Lachs oder Aal, die sowohl im Süß- als auch im Salzwasser leben, zu den Süßwasserfischen gezählt werden. Bekannte Süßwasserfische sind Forelle, Lachs, Wels, Renke (Felchen), Hecht, Karpfen, Tilupia und Pangasius. Zu den bekannten Salzwasserfischen gehören Seelachs, Makrele, Hering, Kabeljau, Rotbarsch, Dorade, Seewolf, Seezunge, Steinbutt, Scholle, Heilbutt.

1.6.1 Zubereitungsarten von Fisch

Bei pochiertem, gedämpftem und gedünstetem Fisch ist der Eigengeschmack sehr ausgeprägt und wird durch Butter oder eine passende Soße abgerundet. Gebratene und gegrillte Fische erhalten durch die Bräunung einen kräftigen Geschmack. Panierte und frittierte Fische besitzen eine schmackhafte Kruste. Sehr aromatisch schmecken heiß geräucherte und servierte Fische wie Forellen oder Karpfen. Kalte Speisen aus Fisch und ihre Anrichteweisen sind im Abschnitt „Kalte Vorspeisen" (→ 202) beschrieben.

Fischart	Herrichtungsform	Bezeichnung	Garniturbestandteile	Beilage
❶ **Seezunge** (sole)	ganz	auf Müllerinart (gebraten)	Zitronensaft, gehackte Petersilie, mit schäumender Butter	gedämpfte Kartoffeln und Blattsalate
		Colbert (frittiert), angerichtet auf Platte mit Manschette	gefüllt mit Colbertbutter	Salatblatt
	Filets	Doria (gebraten)	olivenförmige, gedünstete Gurkenstücke und braune Butter	Pariser Kartoffeln
		Dugléré (gedünstet) als Schleifchen oder Röllchen	Weißweinsoße, gehackte Petersilie und Tomatenfleischwürfel	gedämpfte Kartoffeln oder Reis
Steinbutt (turbot)	Filets	nach Florentiner Art (pochiert)	auf Blattspinat mit Mornaysoße und Käse überbacken	gedämpfte Kartoffeln
Kabeljau (cabillaud)	Scheiben	pochiert	mit Senf- oder Kräutersoße und Zitronensaft	Salzkartoffeln
❷ **Lachs** (saumon)	Filets in Scheiben	Walewska (gedünstet)	Walewskasoße, mit Käse überbacken, Béarner Soße	Reis, Kartoffeln, Schlosskartoffeln
Aal (anguille)	in Stücken	vom Rost (gegrillt)	Zitronenstücke, Mayonnaiseableitung	Petersilienkartoffeln, Gurkensalat
		Orly (in Bierteig frittiert)	Zitronenstücke, gebackenen Petersilien, Tomatensoße	Salatplatte
❸ **Forelle** (truite)	ganz	blau (pochiert)	Zitronenecke, zerlassene Butter	Dampfkartoffeln
	Klößchen	in Kressesoße	Kressezweig, Krebsschwanz, -nase	Reis, Kartoffeln oder Nudeln
Zander (sandre)	ganz oder Filets	in Mandeln (gebraten)	gehobelte Mandeln, gebräunte Butter, Zitronenecke	gedämpfte Kartoffeln
Karpfen (carpe)	halbiert	auf polnische Art (gedünstet) in Bier oder Rotwein	Fond mit Schwarzbrot binden, Sultaninen und Mandeln	Salzkartoffeln
Hecht (brochet)	Klößchen	Nantua (pochiert)	Krebssoße, Krebsschwänze, Trüffelscheiben	Nudel oder Reis

1. Garnituren, Beilagen und Anrichteweisen von Fischgerichten (❶ Salzwasserfische; ❷ sowohl in Salz- als auch in Süßwasser lebende Fische; ❸ Süßwasserfische)

Ausgewählte Speisen

Muschelarten
① Jakobsmuschel
② Sandklaffmuschel
③ Felsenaustern
④ Clams
⑤ Meermandel
⑥ Herzmuscheln
⑦ Miesmuscheln

Flachschalige Austern	Rauschalige Austern
Imperial (Holland)	**Portugaise** (ganze Atlantikküste)
Natives (England)	**Fine claire** (französische Atlantikküste)
Belon (Frankreich)	**Royal** (Sylt)
Limfjord (Dänemark)	

1. Austernarten (Herkunft)

Austern	Zubereitung/Anrichteweise
auf Eis mit Chesterecken	geöffnete Austern mit halber Zitrone und Seetang auf gestoßenem Eis anrichten; Beilage: Chesterecken (wechselnde Lagen von Vollkornbrot und Chester in Ecken geschnitten)
Angel on horseback	Fleisch von großen Austern mit hauchfeinen Speckstreifen umwickeln und auf einem Spieß grillen
Lucca-Auge	dreieckiges Tatarhäppchen mit russischem Kaviar umkränzen, rohes Austernfleisch als Mittelpunkt

2. Austernspeisen

1.6.2 Krusten-, Schalen- und Weichtiere

Die wichtigsten in der Gastronomie verwendeten Arten von Krustentieren sind die Tiefseekrebse Hummer, Langusten und Scampi, Garnelen (große: Prawns, Gambas; kleine: Shrimps, Crevetten) und Flusskrebse. Weil das Fleisch von Krustentieren rasch verdirbt, werden sie lebend oder konserviert (meist tiefgekühlt oder pasteurisiert) eingekauft. Lebende Tiere dürfen nur durch Einlegen in kochendes Wasser getötet werden. Krustentierfleisch ist eiweiß-, vitamin-, mineralstoffreich und fettarm.

Schalentiere sind Weichtiere mit kalkhaltigem Gehäuse, z. B. Muscheln, Austern und Schnecken. Von Weichtieren ohne Gehäuse werden vor allem Tintenfische und Kraken verwendet. Schnecken werden meist in vorbereitetem Zustand eingekauft, entweder als Konserve – die Häuschen separat verpackt – oder mit einer Buttermischung in Häuschen gefüllt und tiefgefroren. Austern werden von der Gastronomie ausschließlich aus Austernzuchten bezogen. Sie sind das ganze Jahr über im Angebot, sind jedoch während der Laichzeit, die in den Sommermonaten liegt, nicht sehr wohlschmeckend. Austern werden in erster Linie roh serviert. Für warme Gerichte werden noch lebende Muscheln, Austern und Schnecken gegart und in Soße oder im Sud, Schnecken oft in einer Buttermischung, angerichtet. Junge Tintenfische bereitet man gebraten, gefüllt und geschmort oder paniert und frittiert zu.

1. Welche Einteilung von Fischen kennen Sie? Geben Sie die Einteilungskriterien an.
2. Welche Beilagen passen zu gebratenem Fisch?

Überbackene Jakobsmuscheln
(Coquilles Saint-Jacques gratinées)

Zutaten für 4 Vorspeisenportionen

300 g Fleisch von Jakobsmuscheln mit Corail (rötlicher Rogen)
Salz, Zitronensaft
20 g Butter
1 Esslöffel Schalottenwürfel
1 kleiner, geschälter Apfel
1 Messerspitze Currypulver
0,1 l Sahne
1/8 l Fisch-Weißwein-Soße
4 Esslöffel Holländische Soße
Beigabe: Toast

Arbeitsgänge

▶ Corail vom Muschelfleisch abschneiden, würzen und kühl stellen
▶ das Muschelfleisch in Scheiben schneiden und würzen
▶ Schalotten in Butter anschwitzen, das Muschelfleisch darin erhitzen
▶ den Apfel ausstechen
▶ in 0,5 cm große Würfel schneiden
▶ Apfelwürfel in Butter anschwitzen
▶ Currypulver darunterrühren
▶ sofort mit Sahne und Fischsoße auffüllen und aufkochen
▶ Muschelfleisch und Corail zugeben und unter dem Siedepunkt garen
▶ würzig abschmecken
▶ in die Muschelschalen füllen
▶ je einen Esslöffel Holländische Soße darüberziehen und überbacken

1. Garnelen

2. Hummer

3. Meeresschnecken

4. Scampi

5. Miesmuscheln

6. Languste

7. Auster

Ausgewählte Speisen

Scampischwänze in Cognacsoße

Zutaten für 4 Portionen

16 bis 24 rohe Scampischwänze
20 g Öl
2 Esslöffel Schalottenwürfel
0,1 l trockener Weißwein
0,1 l Sahne
100 g Tomatenfleischwürfel
2 cl Cognac
Salz, Zitronensaft, Paprikapulver, wenig geriebener Knoblauch
zum Mehlieren: 20 g Mehl

Arbeitsgänge

- Scampischwänze schälen und den Darm entfernen
- würzen und durchziehen lassen
- in Mehl wenden und gut abklopfen
- in heißem Öl anbraten
- Schalottenwürfel zugeben und anschwitzen
- mit Cognac flambieren
- mit Wein und Sahne auffüllen und die Scampischwänze kurze Zeit gar ziehen lassen (nicht kochen)
- Scampischwänze auf einen Teller legen und warm stellen
- Garflüssigkeit bis zur gewünschten Soßenmenge einkochen
- das Tomatenfleisch zugeben, erhitzen und die Soße abschmecken
- Scampischwänze anrichten und mit der Soße übergießen

Krustentiere	Gerichte und Anrichteweisen	Zubereitung	Beilagen
Hummer (homard) **Languste** (langouste)	als Ragoutbestandteil meist in die Kruste gefüllt und gratiniert	in gewürztem Sud gekocht oder gedünstet	Weißbrot
Flusskrebs (écrevisse)	als Ragoutbestandteil in vielfältiger Form verarbeitet und angerichtet in Dillsoße im Reisrand im Sud in der Terrine (Schüssel)	gedünstet oder im gewürzten Sud gekocht	Weißbrot Reis
Scampi (langustines) **Garnelen** (crevettes)	als Ragoutbestandteil in der Kruste paniert (mit Mayonnaiseableitung)	gedünstet oder gebraten frittiert	Reis Nudeln Weißbrot

1. Gerichte von Krustentieren

Rohstoffe	Gerichte und Anrichteweisen	Zubereitung	Beilagen
Schalentiere Austern (huîtres)	als Ragoutbestandteil oder in der Schale mit passender Soße überbacken	in eigener Flüssigkeit kurz und wenig erhitzt; zur Fertigstellung überbacken	Weißbrot
Jacobsmuscheln (coquilles Saint-Jacques)	als Ragout in Muschelschalen angerichtet paniert (mit Mayonnaiseableitung)	überbacken, gebraten oder frittiert	Weißbrot
Mies- oder Pfahlmuscheln (moules)	als Ragoutbestandteil oder im Sud in der Terrine	gedünstet	Reis, Brot
Weichtiere Tintenfische (calmars)	in Streifen geschnitten, gewürzt und paniert, auf Platte mit Manschette angerichtet, Tomatensoße	gebraten oder frittiert	frittierte Petersilie Zitronenecke
Weinbergschnecken (escargots)	im Häuschen mit Schneckenbutter im Näpfchen	vorgekocht, in Butter, Soße oder Wein erhitzt	Weißbrot

2. Gerichte von Schalen- und Weichtieren

Garzustand	Bezeichnung deutsch	französisch	englisch
außen gegart, Kern roh	Kern: 45 °C / blau	bleu	raw
innen rosa, Kern rot	Kern: 48 °C–55 °C / blutig	saignant	rare bzw. underdone
innen durchgehend rosa	Kern: 58 °C–63 °C / rosa	à point	medium
innen durchgehend grau, aber saftig	Kern: 75 °C–85 °C / durchgegart	bien cuit	well done

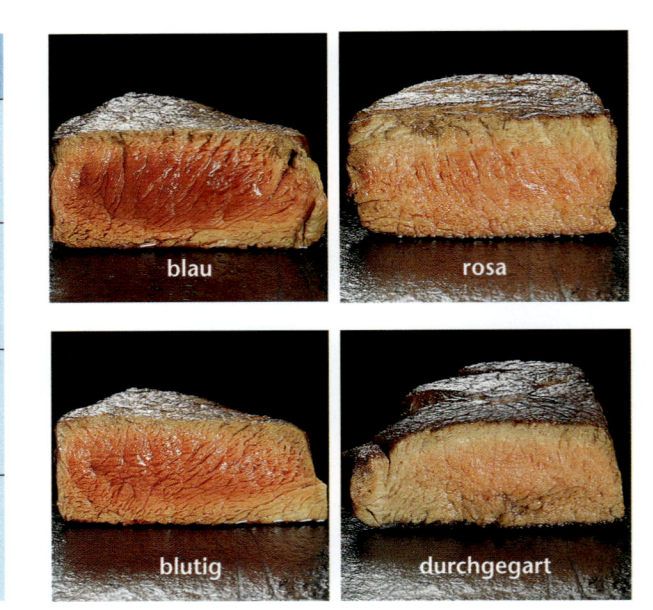

1. Garpunkte von Fleisch/Bezeichnungen

2. Garpunkte bei Fleisch

1.7 Hauptgerichte von Schlachtfleisch

Aufgrund seiner Nährstoffzusammensetzung, dem hohen Anteil an hochwertigem Eiweiß, dem Gehalt an wichtigen Vitaminen und Mineralstoffen sowie dem erkennbaren Fettanteil und seinem kräftigen, arttypischen Geschmack ist Fleisch sehr geschätzt. Mit Soße, Garnitur, kohlenhydrathaltiger Sättigungsbeilage und Salat- oder Gemüsebeilage mit ergänzenden Vitaminen und Mineralstoffen und wichtigen Ballaststoffen bildet Fleisch oft den Mittelpunkt eines Menüs.

Unter **Schlachtfleisch** versteht man die Skelettmuskulatur der Schlachttiere (Rind, Kalb, Schwein, Schaf und Pferd). Zur Herstellung von Speisen werden außerdem Leber, Nieren, Herz, Zunge, Bries (Wachstumsdrüse), Kutteln (Magenwand), Hirn, das Blut und die Knochen (für Brühen, Soßen) verwendet.
Die **Fleischqualität** ist abhängig von Tierart, Rasse, Geschlecht, Alter, Fütterung und Haltung (Weide oder Stall). Aber auch Verfahrens- und Hygienefehler vor, während und nach dem Schlachten können die Fleischqualität beeinflussen. Für Geschmack und Zartheit des Fleisches ist die Fleischreifung entscheidend. Fleisch ist ein teurer Rohstoff, der sachgemäß bearbeitet und zubereitet werden muss. Jedes Fleischteil hat bestimmte Eigenschaften wie
- einen mehr oder weniger hohen Bindegewebsanteil,
- einen mehr oder weniger hohen Fettanteil und
- eine unterschiedliche Art der Fettverteilung im Fleisch.

Daraus ergibt sich die optimale Zubereitungsart für ein bestimmtes Stück (Fleischteil).

Garnituren für Fleischgerichte
Garnituren sind ergänzende Speiseteile, deren Zusammensetzung sich im Lauf der Zeit herausgebildet hat und die in Fachbüchern und Küchenlexika festgeschrieben wurden. Ständig werden neue Garnituren für Speisen aus allen erdenklichen Rohstoffen entwickelt, von denen ein Teil ebenfalls Anklang findet und Allgemeingut wird.
Durch eine Garniturbezeichnung werden bei einer Speise die Garmethode, die Beigaben (teilweise auch die Beilagen) und die Soße festgelegt. Bestimmte Garnituren passen nur zu bestimmten Rohstoffen, die auf festgelegte Weise zubereitet wurden.
Die Garniturbestandteile sollen die Speise optisch und geschmacklich vervollständigen. Wichtigstes Kriterium für eine Kombination bleibt jedoch die geschmackliche Harmonie mit der Speise. Häufig gebrauchte Rohstoffe für Garnituren:
- Gemüse aller Art, vielfältig geschnitten, geformt und gegart, sowie Edelpilze,
- Innereien wie Bries, Niere und Zunge,
- Eier, Kräuter, Früchte.

Garpunkte von Fleisch
Zartes Fleisch von Rind und Schaf sowie Leber und Nieren müssen nicht so lange gegart werden, bis im Innern die rote Fleischfarbe durch die Hitze in Grau umschlägt. Der Kern kann mehr oder weniger rot bleiben.
Dadurch kommt der typische Fleischgeschmack noch intensiver zur Geltung und das Stück ist sehr saftig. Helle Fleischsorten und bindegewebsreiches Fleisch werden grundsätzlich durchgegart.

Ausgewählte Speisen

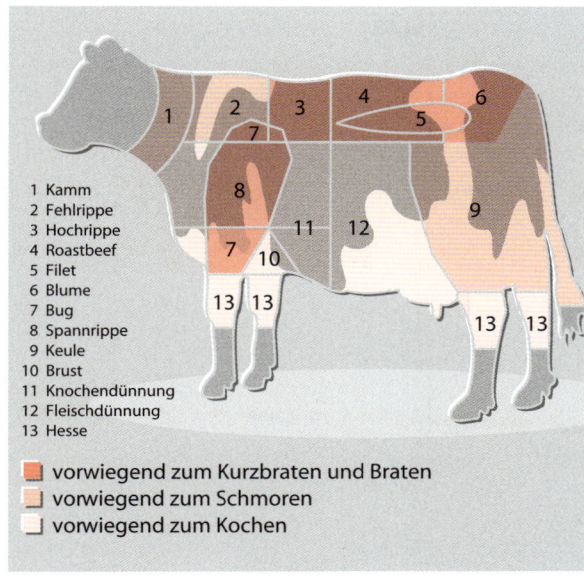

1 Kamm
2 Fehlrippe
3 Hochrippe
4 Roastbeef
5 Filet
6 Blume
7 Bug
8 Spannrippe
9 Keule
10 Brust
11 Knochendünnung
12 Fleischdünnung
13 Hesse

▪ vorwiegend zum Kurzbraten und Braten
▪ vorwiegend zum Schmoren
▪ vorwiegend zum Kochen

1. Qualitätsstufen und Benennung der Fleischteile beim Rind

Teilstück	Kurzbraten/Braten	Schmoren	Kochen
Filet	✻✻✻		
Roastbeef	✻✻✻		
Fleischdünnung			✻✻✻
Knochendünnung			✻
Brust (ganz)		✻	✻✻✻
Hochrippe	✻✻✻	✻✻	✻
Spannrippe		✻	✻✻✻
Fehlrippe	✻	✻✻	✻✻✻
Keule:			
Hinterhesse		✻✻	✻✻✻
Schwanzstück		✻✻✻	✻✻✻
Oberschale		✻✻✻	
Kugel		✻✻✻	
Blume (Hüfte)	✻		✻✻✻
Bug:			
Vorderhesse		✻	✻✻✻
Falsches Filet		✻✻✻	
Schaufelstück		✻✻	✻
Dickes Bugstück		✻✻✻	✻
Kamm		✻✻	✻✻

✻ möglich   ✻✻ gut möglich   ✻✻✻ sehr gut möglich

1.7.1 Hauptgerichte von Rindfleisch
Rindfleisch wird je nach Teilstück und Zuschnitt als Braten oder Steak sowie geschmort, gekocht oder sautiert serviert. Auch die Innereien wie Leber, Nieren, Herz, Hirn, Bries, Zunge und Kutteln finden in vielerlei Zubereitungen ihren Platz auf der Speisekarte. Rinderbrühe bildet die Basis vieler Suppen. Gehacktes Rindfleisch wird zu Frikadellen, Hacksteaks, Hackbraten oder Hamburgern verarbeitet.

Geschmorte Gerichte aus Rindfleisch
Geschmort wird vor allem das bindegewebsreiche und mit Sehnen durchzogene Fleisch aus Keule und Bug. Es muss in feuchter Hitze garen, um genügend Flüssigkeit zur Lockerung und Quellung aufzunehmen. Beim Schmoren wird das Fleisch meist angebraten und in Soße, Wein oder Fond oder Mischungen daraus fertig- gestellt. Bekannte Schmorgerichte sind:
- Schmorbraten (boeuf braisé), auch als Spickbraten;
- Sauerbraten, der durch Einlegen in saure Flüssigkeit (meist Essig, Wein, Mirepoix und Gewürze) geschmacklich beeinflusst und dessen Bindegewebe dadurch gelockert wurde;
- Gulasch (goulash), bei dessen Herstellung Fleischwürfel zusammen mit Zwiebeln in Fett angeschwitzt, gewürzt und in wenig Flüssigkeit gegart werden;
- Ragout: angebratene, in Soße geschmorte Fleischwürfel (Ochsenschwanzragout wird mit Knochen zubereitet);
- Rouladen (paupiettes de boeuf): Fleischscheiben mit würziger Füllung, gerollt und geschmort;
- Rostbraten, die teilweise geschmort und mit passender Garnitur angerichtet werden;
- Schmorsteak, aus der Keule geschnitten.

Bei Schmorgerichten wird eine kräftige Soße erzeugt, die eine Beilage aus Kartoffeln (gekochte Kartoffeln, Kartoffelpüree, Klöße), Semmelknödeln, Teigwaren oder Reis ermöglichen. Gemüse oder Salate mit intensivem Geschmack wie Rotkraut, Rosenkohl, grüne Bohnen, Chicorée oder Feldsalat passen dazu.

Gekochte Rindfleischgerichte
Beliebte Fleischstücke zum Kochen sind die Rinderbrust (poitrine de boeuf), der Tafelspitz (ein Stück aus der Keule), die Hesse und Teile des Bugs. Sie werden in kochendes Wasser gelegt und mit Bouquet garni und Gewürzen gekocht. Beim Anrichten kann man die Fleischscheiben mit in Brühe gedünsteten Gemüsen wie Möhren, Sellerie, Lauch und Weißkohl umlegen. Salz- oder Bouillonkartoffeln eignen sich als Sättigungsbeilage.
Als pikante kalte Beilagen sind Preiselbeeren, Essiggurken oder Rote Bete, als Soße Meerrettich- oder Kräutersoße gebräuchlich, als Salatbeilage Rettich-, Gurken-, Sellerie- oder Bohnensalat.

1. Welche Garverfahren können bei Rindfleisch angewendet werden?
2. Nennen Sie vier Rindfleischspeisen, die in der Pfanne gebraten werden.
3. Erklären Sie den Unterschied zwischen einem Porterhouse-Steak und einem Rinderkotelett.

Filetspitzen/Filetgulasch Stroganow

Zutaten für 1 Portion

160 g Rinderfiletstreifen	
10 g Öl oder Bratfett	
Salz, Pfeffer	
10 g Butter	
1 Esslöffel Zwiebelwürfel	
20 g gegarte, geschnittene Steinpilze	
10 g Gewürzgurkenstreifen	
1/2 Kaffeetasse Burgundersoße	
2 Esslöffel saurer Rahm (30 % Fettgehalt)	

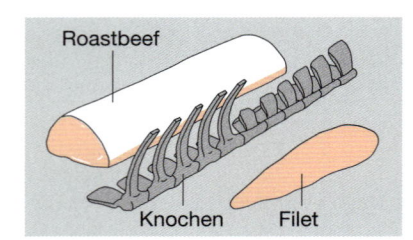

Arbeitsgänge

- Sauteuse (Stielkasserole) erhitzen
- in heißem Öl die Filetstreifen auf allen Seiten rasch anbraten (innen sollen die Streifen noch rosa sein)
- salzen und pfeffern und durchschwenken
- die Filetstreifen auf einen Teller geben
- Butter in die Sauteuse geben und die Zwiebelwürfel darin anschwitzen
- Pilze, Gurkenstreifen, Soße und 1 Esslöffel Rahm dazugeben und aufkochen; abschmecken
- die Sauteuse vom Feuer nehmen, das Fleisch darin erhitzen, aber nicht mehr aufkochen lassen
- den Filetgulasch anrichten und mit einem Esslöffel Rahm garnieren

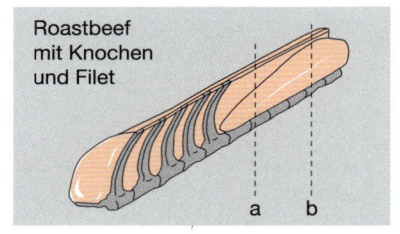

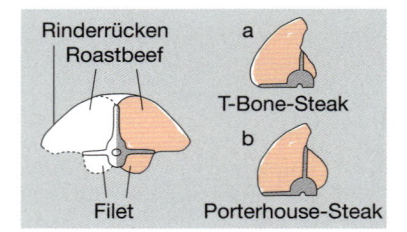

1. Aufteilung von Roastbeef mit Knochen und Filets (aloyau de boeuf)

Zubereitung	Garnituren, Soßen, Beilagen
Hochrippe (hohes Roastbeef) mit Knochen, am Stück gebraten **Roastbeef** ohne Knochen (Contrefilet), gebraten	• **englische Art:** Yorkshire-Pudding und Bratenjus, gekochte Gemüse und Kartoffeln • **Bristol:** grüne Bohnenkerne mit Velouté gebunden, kugelförmige Reiskroketten, Pariser Kartoffeln • **andalusische Art:** mit Reis gefüllte kleine Paprikaschoten, frittierte Auberginenscheiben und Tomatenfleischwürfel,
Roastbeef oder **Hochrippe** kalt angerichtet	• **moderne Art:** mit kaltem, mariniertem Gemüse umlegt, Fleischgeleewürfel; Mayonnaiseableitung
Ganzes Roastbeef mit Knochen und Filet: Porterhouse-Steak (großer Filetanteil) – für 2–3 Personen – **T-bone-Steak** (geringer Filetanteil) – für 1–2 Personen –	• **elsässische Art:** gedünstete Weißkohlköpfchen oder Sauerkraut, gebratenen Speckscheiben, Schmelzkartoffeln; Bratenjus oder Demiglace-Ableitungen • **Lyoner Art:** gefüllte, geschmorte Zwiebeln oder glasierte Zwiebelchen, Nusskartoffeln, Bratenjus • **Dubarry:** umlegt mit Blumenkohlröschen, die mit Mornaysoße überbacken wurden; gebundene Kalbsjus; Kartoffelzubereitung
Rinderkotelett (Côte de bœuf) – für 2–3 Personen – (Roastbeef ohne Filet, mit Knochen) **Doppeltes Zwischenrippenstück** (Entrecôte double) – für 2–3 Personen – **Zwischenrippenstück** (Entrecôte/Rumpsteak) – für 1 Person –	• **Tiroler Art:** mit Knoblauch gewürzte, sautierte Tomatenfleischwürfel, gebackene Zwiebelringe, Kartoffeln • **Béarner Art:** Béarner Soße mit Fleischglace beträufelt, Schloss- oder aufgeblähte Kartoffeln • **Choron:** Artischockenböden mit grünen Spargelspitzen oder Erbsen gefüllt; Choronsoße, Nusskartoffeln • **Bordelaiser Art:** mit blanchierten Ochsenmarkscheiben belegt und Bordelaiser Soße überzogen; frittierte Kartoffeln
Rostbraten (aus dem hohen Roastbeef oder der Blume, kurzgebraten oder geschmort) – für 1 Person –	• **Esterhazy-Rostbraten:** geschmort, mit brauner gebundener Rahmsoße und Gemüsestreifen angerichtet; Nudeln oder Reis • **Zwiebel-Rostbraten:** gebraten, mit gebackenen oder gebratenen Zwiebelringen bedeckt • **Westmoreland-Rostbraten:** in Rotwein mit Mixed Pickles, Tomaten und Kapern geschmort und angerichtet

2. Gebratene und kurzgebratene Gerichte vom Rind

Ausgewählte Speisen

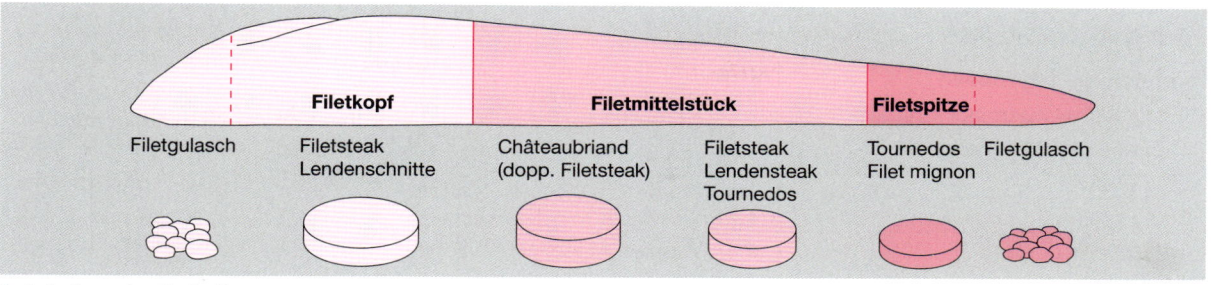

1. Aufteilung des Rinderfilets

Filetkopf — Filetmittelstück — Filetspitze

- Filetgulasch
- Filetsteak / Lendenschnitte
- Châteaubriand (dopp. Filetsteak)
- Filetsteak / Lendensteak / Tournedos
- Tournedos / Filet mignon
- Filetgulasch

Zubereitungen	Garnituren und Soßen	Beilagen
Rinderfilet (Filet de bœuf rôti) am Stück gebraten	**Gärtnerinart:** mit Gemüse umlegt; Bratenjus	Kartoffelzubereitung
angebraten und in Teig im Ofen gebacken	**Wellington:** angebratenes Filet mit Pilzfüllsel und Blätterteig eingehüllt und gebacken; Madeirasoße	Gemüse, Salat, Kartoffelzubereitung
Filetstücke kurzgebraten oder gegrillt	**Haushofmeisterart (à la maître d'hôtel):** mit Kräuterbutter	frittierte Kartoffeln, Salat
Doppeltes Filetsteak (Châteaubriand)	**Richelieu:** gefüllte Tomaten und Champignonköpfe, gedünsteter Kopfsalat; Kalbsjus	Schlosskartoffel
Filetsteak/Lendenschnitte (Tournedos)	**Othello:** mit verlorenem Ei und Trüffelsoße bedeckt; grüne Erbsen	Strohkartoffeln
Filet mignon (2 Stück pro Person)	**Rossini:** mit einer Scheibe gebratener Gänsestopfleber und Trüffel belegt; Madeirasoße mit Trüffelessenz	Kartoffelzubereitung, Gemüse, Salat
klein geschnittene Filetstücke/ Filetgulasch/Filetspitzen (Filet de bœuf sauté)	**Stroganow:** sautiert mit Steinpilzen in Soße mit saurem Rahm, Gewürzgurken	Bratkartoffeln, Salat

2. Rinderfiletgerichte

Fleischteil/Garmethode	Garnituren	Beilagen (zur Garnitur gehörend)
Kalbsrücken am Stück gebraten	• **Prinz Orlow:** Zwiebelmus und Trüffelscheiben zwischen den Fleischscheiben, mit Mornaysoße überbacken • **Romanow:** gebundene Steinpilze zwischen den Fleischscheiben, mit einem Gemisch aus Béchamelsoße und Krebsbutter überzogen	• Spargelspitzen, sonstige feine Gemüse, frittierte oder im Ofen gegarte Kartoffeln • gedünsteter Fenchel, frittierte oder im Ofen gegarte Kartoffeln, Schloss- oder Pariser Kartoffeln
Kalbsrücken/-keule geschnitten in Medaillons Steaks, Koteletts, Schnitzel, naturell kurz gebraten	• **au four:** mit Ragout fin, geriebenem Käse und Butterflocken überbacken • **Holstein:** mit Spiegelei belegt und mit Kapern bestreut, umlegt mit Sardellen-, Sardinen- und Räucherlachs-Canapés • **auf ungarische Art:** mit Paprikasoße überzogen und mit dünnen Zitronenscheiben belegt	• feine Gemüse, frittierte oder im Ofen gegarte Kartoffeln • Bratkartoffeln, Scheiben von Pfeffergurken und Roten Beten • Nudeln oder Spätzle, Salate
paniert kurzgebraten	• **Wiener Art:** in Mehl, Ei und Panierbrot paniert, mit Zitronenecken und Petersilie garniert • **Cordon bleu:** mit gekochtem Schinken und Schweizer Käse gefüllt und paniert • **Mailänder Art:** in Mehl, Ei und geriebenen Weißbrotkrumen, mit Käse vermischt, paniert • **Piccata nach Mailänder Art:** in einer Mischung aus Ei und Parmesankäse paniert	• Salatplatte oder frittierte/gebratene Kartoffeln, Gemüse/Salat • frittierte oder gebratene Kartoffeln, Salate oder feine Gemüse • Mailänder Spaghetti (Streifen von Schinken, Zunge, Champignons, Trüffel), Tomatensoße • Mailänder Spaghetti, Tomatensoße

3. Zubereitungen, Garnituren, Soßen und Beilagen von Kalbfleischgerichten

Blankett vom Kalb

Zutaten für 4 Portionen

0,8 kg Kalbsschulter oder -nacken
1 l Brühe (wenn vorhanden)
0,1 l Weißwein
100 g großes Bouquet garni (→ 230)
1/2 Zwiebel gespickt (→ 230)
50 g Butter/Margarine
40 g Weizenmehl
0,1 l Sahne
1 Eigelb
1/2 Zitrone
100 g gedünstete Gemüsestreifen von Lauch, Sellerie, Karotten
Salz, Muskatnuss, Zitronensaft, Worchestershire

Arbeitsgänge

- Fleisch in Würfel von ca. 2,5 cm Kantenlänge schneiden
- Fleisch in einen Durchschlag (Sieb) legen
- 2 l Wasser zum Kochen bringen und das Fleisch mit dem kochenden Wasser übergießen, abspülen
- Brühe mit Wein aufkochen, Fleisch zugeben
- aufkochen, abschäumen, abschmecken
- Bouquet garni und Spickzwiebel zugeben
- köcheln lassen, bis das Fleisch gar ist

Herstellung der Soße:

- Butter/Margarine zerlaufen lassen
- Mehl zugeben, anschwitzen, erkalten lassen
- 0,6 l Brühe abpassieren und auf die Mehlschwitze gießen
- mit einem Schneebesen glatt rühren und ca. 20 Minuten durchkochen
- Sahne und Eigelb verquirlen
- etwas Soße zugeben und zu der nicht mehr kochenden Soße geben
- Soße nochmals abschmecken und passieren (durchsieben)
- Fleisch zur Soße geben
- beim Anrichten mit den gedünsteten Gemüsestreifen garnieren

Anmerkung: In der Praxis wird oft Blankett hergestellt und als Frikassee angeboten, da dieser Ausdruck dem Gast geläufiger ist.

1.7.2 Hauptgerichte von Kalbfleisch

Kalbfleisch ist wesentlich heller und zarter, aber auch geschmacksärmer als Rindfleisch. Die Aufteilung des Kalbes in Fleischteile ist der beim Rind sehr ähnlich, jedoch mit teilweise anderen Bezeichnungen. Fast alle Stücke vom Kalb lassen sich im Ofen braten. Zum Kurzbraten, Grillen und Sautieren kommen Rückenfleisch, Filet und Keule infrage. Der ganze **Kalbsrücken** (selle de veau) kann am Stück gebraten und serviert werden. Dazu wird das gebratene Fleisch vom Knochen gelöst, in Scheiben geschnitten und zur ursprünglichen Form wieder auf die Knochen gesetzt. Aus dem längs halbierten Kalbsrücken lassen sich vor allem Kurzbratstücke wie Kalbskotelett, Kalbsrückensteak und aus dem Filet Kalbsmedaillons schneiden.

Die **Kalbskeule** wird in vier Teile zerlegt: Kalbsnuss, -oberschale und -fricandeau, aus denen sich Schnitzel, Steaks und saftige Braten herstellen lassen, sowie die Kalbshachse, die sich zum Braten oder Schmoren eignet.

Im Ofen gebraten werden auch die **Kalbsbrust** (poitrine de veau) und der **Kalbsbug** (épaule de veau).

Zu gekochten Kalbfleischgerichten zählen:
- **das Blankett** (blanquette de veau), bei dem Fleischwürfel (Bug, Hals, Brust) gekocht und in weißer Soße, aus der Brühe zubereitet, angerichtet werden,
- **das Frikassee** (frikassée de veau), bei dem Fleischwürfel in Butter angeschwitzt, mit Mehl bestäubt, mit Brühe aufgegossen und in der Soße gegart werden.

Zu beiden Gerichten passen Pilze, Spargel, Krebsschwänze, Kalbfleischklößchen, als Beilagen Nudeln oder Reis.

Zum Schmoren werden die gewürzten Fleischstücke angebraten und in Soße oder Fond bei geringer Hitze gegart. Für Kalbsragout (sauté de veau) eignen sich Fleischwürfel aus Bug und Hals, für die italienische Spezialität „Osso bucco" Scheiben aus der Kalbshachse (jarret de veau), die geschmort werden.

Aus den zartesten, klein geschnittenen Kalbfleischstücken kann man sautierte Gerichte (emince de veau) zubereiten, etwa geschnetzeltes Kalbfleisch auf Züricher Art oder Kalbsfiletstreifen mit Steinpilzen.

Aus gehacktem Kalbfleisch stellt man Farcen für Klößchen, Pasteten und Terrinen her.

Bekannte Gerichte vom **Kalbskopf**:
- Kalbskopf (tête de veau): in Brühe gekocht und auf Schildkrötenart (en tortue) mit Schildkrötensoße (Demiglace mit Madeira und Schildkrötenkräutern gewürzt) und Klößchen, Oliven, Gewürzgurke, Champignons, Trüffelscheiben, herzförmig geschnittenen Croûtons und Scheiben von Kalbshirn und -zunge sowie einem gebackenen Ei garniert.
- Kalbskopf Vinaigrette: in der Brühe angerichtet und mit Vinaigrette-Soße serviert.
- Kalbskopf gebacken (frité): paniert, frittiert, mit einer Mayonnaise-Ableitung, gebackener Petersilie und Zitrone angerichtet.

1. Nennen Sie drei Teile der Kalbskeule und geben Sie deren Verwendung an.
2. Worin unterscheidet sich ein Kalbsmedaillon vom Kalbskotelett?

Lammragout
(Navarin d'agneau)

Zutaten für 4 Portionen

1 kg Lammfleisch von Bug oder Hals	
50 g Bratfett	
20 g Tomatenmark	
40 g Mehl	
1 l Brühe	
1/8 l Wein	
Salz, Pfeffer, Majoran, Thymian, Knoblauch, Lorbeerblatt, Gewürznelke	
150 g Karotten (tourniert)	
150 g weiße Rübchen (tourniert)	
150 g kleine Zwiebeln	
100 g grüne gegarte Bohnenkerne	

Arbeitsgänge

- ▸ Fleischwürfel schneiden und würzen
- ▸ in Mehl wenden und gut abklopfen
- ▸ in heißem Fett anbraten
- ▸ Tomatenmark zugeben und anbraten
- ▸ mit einer halben Tasse Wasser ablöschen und einkochen lassen
- ▸ nochmals anbraten
- ▸ das Mehl einrühren und anschwitzen
- ▸ mit Brühe aufgießen, glatt rühren, mit den Gewürzen ca. 60 Minuten zugedeckt bei kleiner Hitze schmoren
- ▸ Fleisch mit einer Fleischgabel in einen anderen Topf stechen
- ▸ die Soße auf das Fleisch passieren und mit den Gemüsen nochmals 20 Minuten schmoren (oder die Gemüse separat garen und über das angerichtete Fleisch geben)
- ▸ abschmecken und anrichten

1.7.3 Hauptgerichte von Schaffleisch

Schaffleisch ist je nach Alter und Fütterung von sehr unterschiedlicher Qualität in Bezug auf Farbe, Geschmack, Konsistenz, Fettgehalt und Fettverteilung:

- Milchlammfleisch (Agneau de lait) ist hellrosa und stammt von Tieren, die bis zu einem halben Jahr alt sind.
- Mastlamm (Agneau) hat rotes Fleisch; die Tiere sind beim Schlachten zwischen sechs und zwölf Monate alt.
- Hammelfleisch (Mouton) ist das Fleisch männlicher und weiblicher Tiere im Alter von ein bis zwei Jahren. Es ist dunkelrot. Das Fleisch älterer Tiere findet aufgrund seines intensiven Geruchs und Geschmacks selten zur Speisenherstellung Verwendung.
-

Milchlammfleisch (besonders zu Ostern verzehrt) wird stets durchgegart. Gerichte von Mastlamm und Hammelfleisch sind würzig und kräftig im Geschmack. Die mageren Teile sind gut verdaulich. Gebratene, kurz gebratene und gegrillte Fleischstücke werden meist rosa gegart und sind sehr aromatisch. Durch Würzzugaben wie Rosmarin, Thymian, Basilikum und Knoblauch wird das Aroma noch verstärkt.

Die Einteilung der Fleischstücke ist mit der des Rindes vergleichbar. Die Innereien wie Leber, Zunge, Nieren und Hirn können auf vielerlei Art zubereitet werden. Weil Lammfett bereits bei etwa 45 °C erstarrt, müssen Lammfleischgerichte möglichst heiß auf vorgewärmtem Geschirr angerichtet und rasch serviert werden.

Gekochte und gedünstete Lammfleischgerichte

Zum Kochen und Dünsten verwendet man Keule und Bug, die auch gegrillt zubereitet werden. Man kocht sie in gewürztem Wasser (Lorbeerblatt, Gewürznelke, Knoblauch, Salz, Zwiebel) oder dünstet sie in Brühe und Wein und stellt aus dem Fond eine Soße her, in der man die Fleischscheiben serviert. Die Soße kann mit Kapern oder Curry variiert werden.

Blankett von Lammfleisch

Gekochte Lammfleischwürfel werden in weißer Soße angerichtet. Die aus der Brühe hergestellte Soße wird mit Eigelb und Sahne legiert. Neben Reis kommen auch Nudeln als Beilage in Betracht.

Curry von Lammfleisch

Gewürzte Fleischwürfel werden zusammen mit Äpfeln und Zwiebeln in Öl oder Butter angeschwitzt und leicht gebräunt, mit Mehl und Currypulver bestäubt, mit Brühe aufgegossen und gegart. Nach Entnahme des Fleisches wird die Soße abgeseiht und mit Mangochutney und Sahne vollendet. Häufig wird durch Zugabe von pürierten Mandeln oder Kokosmilch der Geschmack variiert. Man kann mit gebratenen Bananen garnieren und Mangochutney dazu reichen. Beilage: gekochter Reis.

Lammtopf auf irische Art (Irish Stew)

Lammfleischwürfel werden mit Zwiebel- und Lauchstreifen, blanchiertem und in Stücke geschnittenem Weißkraut und Kartoffelwürfeln angesetzt, mit einem Gewürzbeutel versehen, mit Lammbrühe bedeckt und zugedeckt gegart.

Fleischstücke	Garnituren, Soßen und Beilagen
Im Ganzen am Spieß oder im Ofen gebraten	**Belle-Alliance:** mit gefüllten Tomaten, gedünstetem Kopfsalat und Kartoffelkroketten garniert; leicht gebundene Jus
Rücken (Selle)	**auf Herzoginart:** garniert mit Herzoginkartoffeln; Madeirasoße
Sattel, Teil des Rückens mit kurzen Rippenknochen **Karree** (Carré) **Filet** (Filet mignon)	**auf Nizzaer Art:** umlegt mit Prinzessbohnen, Schlosskartoffeln und Tomatenfleischwürfeln mit Knoblauch und Estragon; Jus
Keule (Gignot)	**Roast Leg of Lamb mit Mint Sauce (englisch):** den Bratensatz mit Mintsoße verkocht; Röstkartoffeln
Lammschulter (Epaule d'agneau)	**auf bretonische Art:** mit weißen Bohnenkernen und tomatierter Jus
Lammbrust (Poitrine d'agneau)	**gefüllt:** mit Kalbsfarce gefüllt, mit Spinat, gedünsteten Gurken, Brokkoli und Prinzessbohnen umlegt; Jus
kurz gebratene und gegrillte **Fleischscheiben**	**Braganzer Art:** mit Béarner Soße gefüllte Tomate, gedünstetem Fenchel, frittierten Kartoffeln; reduzierte Jus
Kotelett (Côtelette)	**auf Schäferart:** mit gebratenen Speckscheiben, Morcheln und Strohkartoffeln umlegt
Chops, eine Scheibe quer über den Sattel mit Knochen und Filets	**Saint-James:** gefüllte Champignons und Tomatenreis, Madeirasoße mit Trüffelstreifen
Nüsschen (Noisette)	**auf sizilianische Art:** angerichtet mit Nudeln, die mit Geflügellebermus und Parmesankäse vollendet wurden
Schnitzel (Escalope)	**paniert** oder **naturell** gebraten, mit Gemüse und Kartoffeln angerichtet; Jus

1. Gebratene, kurz gebratene oder gegrillte Schaffleischgerichte

Geschmorte Lammfleischgerichte

Keule und Bug sind bevorzugte Stücke zum Schmoren. Sie werden im Ofen von allen Seiten angebraten, mit Brühe angegossen und zugedeckt zusammen mit Gewürzen und Röstgemüse gegart.

Bekannt für geschmortes Lammfleisch ist die Garnitur Bäckerinart, bei der Zwiebelstreifen und Kartoffelstreifen mitgeschmort und als Sockel unter den Fleischscheiben angerichtet werden. Als weitere Beilage kann gedämpftes oder gedünstetes Gemüse gereicht werden.

Reisgerichte mit Lammfleisch (Pilaw d'agneau, Pilaw de mouton)

Halbgar gedünsteten Fleischwürfeln wird roher Reis zugesetzt und mit Brühe so weit aufgegossen, dass der Reis quellen kann.
Je nach Rezeptur sind dem ursprünglich orientalischen Gericht Gemüse (Auberginen, Tomaten, Paprika- oder Okraschoten) und Gewürze (Knoblauch, Safran, Curry, Ingwer oder Zimt) zuzusetzen. Im Ofen wird die Speise zugedeckt gar gedünstet.

Lammragout (Navarin)

Fleischwürfel aus Bug, Hals und Brust sind für Ragout geeignet.
Sie werden angebraten und in einer Soße aus Brühe, Zwiebeln, Tomatenmark und Mehl mit Gewürzen geschmort. Vervollständigt wird mit Bohnenkernen oder mit kleinen gebratenen Zwiebeln und formschön geschnittenen Wurzelgemüsen (Rübchen, Karotten, Sellerie) sowie Kartoffeln.

Hammelbohnenfleisch (Haricot de mounton)

Große Würfel von Bug und Hals sowie grüne Bohnen und Kartoffeln bilden die Hauptbestandteile des Gerichts. Sie werden auf angeschwitzte Zwiebelstreifen schichtweise in einen flachen Topf gelegt, kräftig gewürzt und in Fleischbrühe zugedeckt gegart. Frisches Bohnenkraut ist das typische Würzkraut.
Die Kombination Hammelfleisch und Bohnen ist allgemein üblich.

1. Worin unterscheiden sich Milchlamm und Mastlamm? Zu welchen Jahreszeiten werden sie bevorzugt angeboten?
2. Nennen Sie vier Lammfleischgerichte, die durch Kochen zubereitet werden. Welche Beilagen und Beigaben können Sie zu diesen Gerichten empfehlen?
3. Zählen Sie vier Gewürze auf, mit denen Lammgerichte üblicherweise gewürzt werden.
4. Welche Teile vom Lamm eignen sich zum Braten in der Pfanne? Nennen Sie drei Gerichte.
5. Welche Soßen passen zu Lammkoteletts vom Rost?
6. Warum sollen Lammfleischgerichte besonders heiß serviert werden?
7. Erläutern Sie die Begriffe Chops, Nüsschen und Sattel.
8. Welche Fleischteile sind für die Schmorgerichte vom Lamm geeignet?
9. Wie wird ein Blankett vom Lammfleisch zubereitet?
10. Welche Gemüsearten werden zu Lammgerichten serviert? Nennen Sie fünf Beispiele.
11. Zu welchen Jahreszeiten werden Gerichte von Schaffleisch bevorzugt?

Ausgewählte Speisen

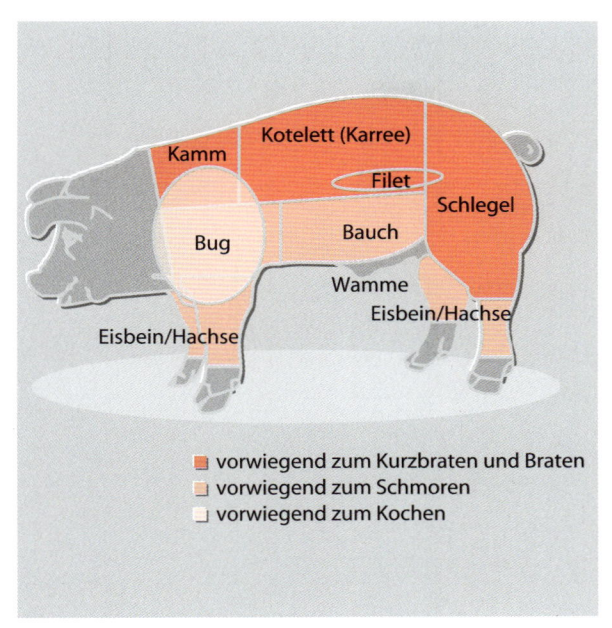

1. Qualitätsstufen und Benennung der Fleischteile beim Schwein

- vorwiegend zum Kurzbraten und Braten
- vorwiegend zum Schmoren
- vorwiegend zum Kochen

Schweinemedaillon Carapulka

Zutaten für 4 Portionen

800 g Schweinefilet, Salz, gemahlener Pfeffer, 1 Esslöffel Mehl, 40 g Öl, 1/4 l Currysoße

für die Garnitur:
80 g Schinkenstreifen, 80 g Champignonscheiben, 2 Esslöffel gestiftete, geröstete Mandeln

Arbeitsgänge

▶ 12 Medaillons à 50 g schneiden
▶ leicht auf der Schnittfläche klopfen; sie sollen etwa 2,5 cm hoch sein
▶ salzen, pfeffern, mehlieren und braten
▶ die Currysoße erhitzen und das Fleisch damit überziehen
▶ Schinkenstreifen und Champignonscheiben anbraten und über den Medaillons verteilen
▶ mit Mandelstiften bestreuen

1.7.4 Hauptgerichte von Schweinefleisch

Die Qualitätseinteilung des Schweinefleisches richtet sich in erster Linie nach dem Fleisch-Fett-Verhältnis und nach der Faserstruktur. Festes, nicht wässriges Fleisch mit verhältnismäßig geringem Fettanteil (leicht mit Fett durchzogen = marmoriert) wird bevorzugt. Aufgrund seines niedrigen Myoglobingehaltes, dem Fleischfarbstoff, ist Schweinefleisch heller als Rind- oder Hammelfleisch.

Im Gegensatz zu Rindfleisch ist Schweinefleisch schon in den ersten Tagen nach der Schlachtung zur Verarbeitung in der Küche geeignet. Schweinefleisch wird stets durchgegart. Ernährungsphysiologisch ist es durch seinen hohen Gehalt an Vitaminen der B_1-Gruppe bedeutsam.

Das Spanferkel wird mit einem Lebensalter von etwa fünf Wochen geschlachtet, hat helles und sehr zartes Fleisch und wird meist gebraten (cochon de lait).

Alle Teile des ausgewachsenen Schweines (porc) können zum Braten im Ofen verwendet werden, weil ausschließlich junge Tiere (Schlachtalter sechs bis acht Monate) für die Küche eingekauft werden, bei denen auch die Fleischteile geringerer Qualität wie der Bug oder Bauch wenig Bindegewebe enthalten und auch weniger mit Fettgewebe durchzogen sind.

Schweinebraten wird jedoch hauptsächlich aus Karree (carré de porc rôtie), Hals (cou) und Schlegel (cuissot) hergestellt und mit Jus angerichtet.

Besonders schmackhaft ist Schweinebraten, wenn er mit dem anhaftenden Fett und der eingeritzten Schwarte gebraten wird und während des Bratvorgangs mit dunklem Bier bestrichen wird.

Für das Fett des Schweines (Speck) gibt es verschiedene Verwendungsmöglichkeiten:
- Fetter Rückenspeck wird zum Spicken (Durchziehen von Fleisch mit dünnen Speckstreifen) und Bardieren (Umwickeln mit dünnen Speckscheiben) benutzt.
- Ausgelassenes Fett (Schmalz) wird zum Braten oder als Brotaufstrich verwendet.
- Fein vermischt mit dem entsprechenden Anteil an Magerfleisch wird es zu Farcen für Würste, Pasteten, Terrinen und Galantinen benötigt.

Die Innereien liefern viele Gerichte. Die Nieren werden meist „sauer" zubereitet, die Leber auch gebraten. Außerdem gibt sie der Leberwurst das typische Aroma. Blut und Schwarten sind wichtige Rohstoffe der Blutwurst.

Gepökelte Schweinefleischgerichte

Häufig wird Schweinefleisch gepökelt. Dazu verwendet man Nitritpökelsalz, das den gesetzlich festgelegten Anteil an Natriumnitrit von 0,4 % bis 0,5 % enthält. Dadurch werden eine hitzestabile Rotfärbung des Fleisches, eine Geschmacksveränderung und eine längere Haltbarkeit erreicht.

Nach dem Pökeln wird das Fleisch in Wasser oder Dampf gegart oder geräuchert, man erhält z. B. gekochten und rohen Schinken (jambon).

Bezeichnung	Garnituren, Beilagen und Soßen
Schmorgerichte: Schweinepfeffer (Civet de porc) Schweineragout (Sauté de porc)	• in einer Soße aus Rotwein und braunem Fond geschmorte Fleischwürfel (vom Bug) mit Blut vollendet; Einlage: Speckstreifen, Perlzwiebeln, Champignons, mit Croûtons umlegt, Nudeln • grobe Fleischwürfel in Öl anbraten, mit Mehl verrühren, mit Weißwein und braunem Fond auffüllen und schmoren, Pilze und Teigwaren als Beilage
Kurzgebratene Gerichte: Kotelett (Côte de porc)	• **mit Robert-Soße:** naturell gebraten, mit Robert-Soße und Kartoffelpüree angerichtet • **Westmoreland:** naturell gebraten, nappiert mit Demiglace, vermischt mit gehacktem Essiggemüse, Kapern und Champignons, Dampfkartoffeln • **auf kurländische Art:** in zerlassener Butter und geriebenem Weißbrot paniert, gegrillt und mit glasierten Maronen und Rotkraut garniert; Madeirasoße, Streichholzkartoffeln
Schnitzel – aus der Keule – (Escalope)	• **paniert:** mit Mehl, Ei und Brösel und in der Pfanne gebraten, mit Zitrone und Petersilie garniert, Salatplatte • **naturell gebraten:** mit Rotkraut und Kartoffelpüree angerichtet; Jus
Medaillons vom Schweinefilet (Filet mignon de porc)	• **Carmen:** naturell gebraten, auf Paprikagemüse angerichtet; mit Béarner Soße nappiert; Herzoginkartoffeln • **Armand:** naturell gebraten, mit gedünsteten Apfelscheiben belegt und mit Choron-Soße nappiert; Mandelreis
Sautierte Gerichte: **Geschnetzeltes Schweinefilet** (Filet de porc saute)	• **mit Steinpilzen:** geschnetzelt, sautiert, mit Rotwein abgelöscht und mit Demiglace und Sahne und gedünsteten Steinpilzen vermischt; Nudeln oder Spätzle • **auf Brüsseler Art:** Rosenkohl und gedünsteter Schikoree; Madeirasoße; Schlosskartoffeln

1. Geschmorte, kurz gebratene und sautierte Gerichte vom Schweinefleisch

Durch den mehr oder weniger hohen Salzgehalt ist gepökeltes Schweinefleisch in der warmen Jahreszeit weniger geschätzt als im Winter, weil es Durst verursacht. Bei bestimmten Krankheiten (Bluthochdruck, Nierenleiden) sollten stark gesalzene Speisen gemieden werden.

In der klassischen feinen Küche war nur der gepökelte Schweineschinken in nennenswertem Umfang vertreten.

Folgende Fleischstücke werden häufig gepökelt angeboten:
- **Schlegel** (Keule) für Schinken und Rollschinken,
- **Bug** (auch Stücke davon) für Schinken und Rollschinken,
- **Karree** (längs halbierter Rücken) für Rippchen oder zusätzlich geräuchert als Kasseler Rippenspeer,
- **Hals,** auch als Kasseler Hals,
- **Hachse** für Eisbein,
- **Brustrippchen.**

Schinken, Karree und Hals werden in 78 °C heißem Wasser gar gezogen und anschließend in Brotteig gebacken oder im Fond oder mit einer passenden Soße angerichtet. Als Soßen eignen sich Ableitungen der Demiglace mit Weinzusatz (Rotwein, Madeira-, Sherry-, Portwein). Sättigungsbeilagen und Gemüse oder Salate vervollständigen das Gericht.

Gepökeltes Fleisch darf nicht gegrillt werden, da sich gesundheitsschädliche Nitrosamine beim starken Bräunen bilden.

Eisbein und Brustrippchen werden nach dem Garen in Wasser ohne Soße vorwiegend mit Kartoffelpüree und Sauerkraut, Erbspüree, Linsen oder weißen Bohnen angerichtet.
Eine Schlachtplatte wird mit gekochtem Schweinefleisch, Blut-, Leber- und Bratwürsten und als Beilage mit Sauerkraut, Kartoffel- und Erbspüree angerichtet. Garniertes Sauerkraut ist ähnlich zusammengestellt, umfasst aber auch gepökeltes Fleisch.

Geschmorte, kurz gebratene und sautierte Schweinefleischgerichte

Zum Schmoren eignen sich vor allem Bug, Hals und Brust, die meist als Gulasch, Ragout oder Schweinepfeffer zubereitet werden.
Schmorbraten oder Sauerbraten vom Schwein werden selten angeboten, weil diese Stücke auch ohne Flüssigkeitszugabe beim Garen weich und kaubar werden.
Zum Kurzbraten sind die Teile des Rückens und der Keule geeignet, zum Sautieren in erster Linie das Filet.

1. Aus welchem Grund können alle Schweinefleischteile im Gegensatz zu den Rindfleischstücken im Ofen gebraten werden?
2. Nennen Sie je drei Gerichte aus Schweinefleisch, die gebraten, gekocht bzw. geschmort werden.
3. Welche Beilagen passen zu
   a) Eisbein,
   b) Kotelett,
   c) Geschnetzeltem,
   d) Medaillons?

Cannelloni nach Paduaer Art

Zutaten für 5 Portionen

250 g gemischtes Hackfleisch
1/2 fein geschnittene Zwiebel
100 g gehackter Spinat
2 Esslöffel Öl
1 Esslöffel Tomatenmark
2 Scheiben Weißbrot, fein gerieben
2 Eier
Salz, Pfeffer, Oregano oder Majoran, Knoblauch, Petersilie
12 Nudelteig-Quadrate 10 x 10 cm
1/2 l Tomatensoße
120 g Mischpilze, mit Zwiebeln in Butter angeschwitzt und gewürzt
50 g geschlagene Sahne
50 g geriebener Käse

Arbeitsgänge

- Hackfleisch und Zwiebeln in Öl in einer Pfanne scharf anbraten
- Tomatenmark, Spinat und Gewürze kurz mitbraten
- abkühlen lassen
- Eier und geriebenes Weißbrot hinzufügen, vermengen und abschmecken
- Teig-Quadrate kochen, nebeneinanderlegen legen und die Füllung mit einem Spritzbeutel aufspritzen
- zusammenrollen, in eine feuerfeste Form legen und mit den Pilzen bedecken
- mit Tomatensoße übergießen und mit geschlagener Sahne und Käse im Ofen bei 200 °C erhitzen und überbacken

1.7.5 Weitere Fleischgerichte

Bezeichnung	Zutaten	Garmethoden und Soßen	Beilagen
Hackfleischgerichte: Deutsches Beefsteak	• Hackfleischmasse aus gehacktem Rind- und Schweinefleisch, Eiern, Brot, Zwiebeln, Gewürzen	• zu Steak geformt, in der Pfanne gebraten, Jus oder Ableitung der Demiglace, gebratene Zwiebelringe	• Teigwaren oder Kartoffelgerichte; Gemüse oder Salate
Hackbraten	• Hackfleischmasse	• zu einem Laib geformt und im Ofen gebraten Jus oder Ableitung der Demiglace	
Königsberger Klopse	• Hackfleischmasse mit Sahnezusatz und gehackten Sardellen	• zu Kugeln geformt und in Salzwasser gegart; Kapernsoße	• Dampfkartoffeln Kartoffelpüree
Maultaschen	• Hackfleischmasse mit gehacktem Spinat	• in Nudelteig gewickelt, in Fleischbrühe gekocht, Zwiebelschmelze	• Kartoffelsalat Blattsalate
Cannelloni	• Hackfleischmasse aus angebratenem Rind-, Schweine- und Kalbfleisch mit gehacktem Spinat	• vorgekochte Nudelteigstücke (10 x 10 cm) füllen und als Rolle mit Tomatensoße und Käse überbacken	• Blattsalate
Grillgerichte: Gemischter Filetspieß	• Filetstücke von Rind, Kalb, Schwein mit Speck, Pilzen oder Paprikaschoten	• auf Spießchen gesteckt und in Pfanne oder auf Grill gebraten; Paprikasoße, aufgeschlagene Soße oder Buttermischung	• Curry-, Tomaten-, Safranreis, Salate oder Gemüse
Mixed Grill	• meist Lammkotelett und -niere, kleine Filetstücke von Kalb und Rind, Speckscheibe, kleine Grillwürstchen	• auf dem Rost gebraten, Béarner Soße oder Buttermischung	• fein geschnittene Kartoffeln, Prinzessbohnen
Eintopfgericht: Pichelsteiner Fleisch	Rind-, Kalb- und Schweinebugwürfel, Markscheiben, Gemüse und Kartoffelstücke, Gewürze	mit Wasser untergossen, im dicht verschlossenen Topf im Ofen gegart	
Schmorgericht: Straßburger Bäckerofen	Schweinehals, Lammschulter, Speckscheiben, Kartoffelscheiben, Zwiebelstreifen, Wein und Gewürze	im gut verschlossenen Geschirr im Ofen gegart	

1. Gerichte aus dem Fleisch verschiedener Schlachttiere

Leberklöße/Leberknödel
(Quenelles de foie)

Zutaten für 5 Portionen

je 350 g Leber und durchwachsenes Schweinefleisch, 2 Eier, Salz, Pfeffer, Muskat, Majoran, Knoblauch, etwas geriebene Zitronenschale

in 2 Esslöffel Öl angeschwitzt:
120 g Zwiebelstreifen,
30 g abgezupfte Petersilie

zur Lockerung:
150 g Weißbrot ohne Kruste

zum Garen:
2 l Salzwasser, 1 Zwiebel mit Lorbeerblatt und Gewürznelke gespickt

zum Abschmelzen:
100 g Speckstreifen und 100 g Zwiebelstreifen in 60 g Butter leicht gebräunt

Arbeitsgänge

▶ Leber und Schweinefleisch würzen, mit den angeschwitzten Zutaten und dem Weißbrot durch die feine Scheibe des Fleischwolfes drehen

▶ Eier zugeben und vermengen; abschmecken

▶ mit einem Esslöffel Klöße/Knödel abstechen und in Salzwasser mit gespickter Zwiebel pochieren

▶ beim Anrichten mit Speck-Zwiebel-Schmelze überziehen

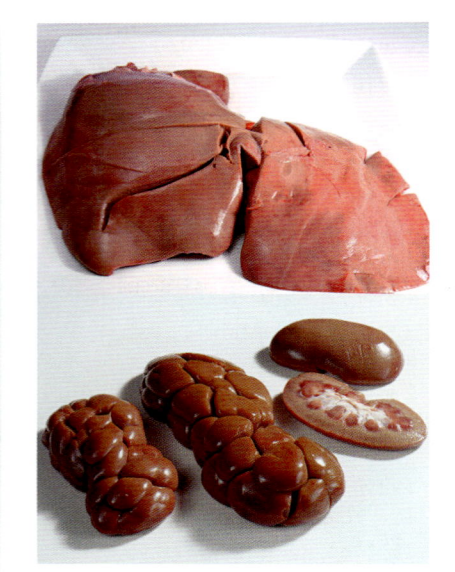

1. (oben) Schweineleber (unten v.l.) Kalbs-, Rinder-, Schweineniere

Zubereitung	Garnituren, Soßen, Beilagen
Leber (foie) in Scheiben, kurz gebraten, kleine Leberstücke am Spieß geschnetzelte Leber	• **nach Berliner Art**: gebratene Apfelscheiben und Zwiebelstreifen; Kalbsjus; Bratkartoffeln oder Kartoffelpüree • **auf amerikanische Art**: mit gebratenen Speckstreifen und gebratenen Tomaten, Bratkartoffeln • **auf Züricher Art**: mit Speckstreifen kombiniert und mit Salbei gewürzt, Reis • **sauer**: mit Zwiebelwürfeln in Butter sautiert, mit Essig und Weißwein abgelöscht und mit Kalbsjus und Demiglace vermischt, Bratkartoffeln
Nieren (rognons), rosa gebraten, gebratene Scheiben geschnetzelt und sautiert	• **auf Hausfrauenart**: mit gebratenen Speckwürfeln und Würfelkartoffeln; Kalbsjus • **auf Baseler Art**: auf gerösteten Weißbrotscheiben mit Speck und gebratener Tomate angerichtet; Teufelssoße • **General Guisan**: mit Weinbrand flambiert, Kalbsrahmsoße, Senf und Morcheln
Kalbsmilch oder -bries (ris de veau), vorgekocht vorgegart, in Scheiben gebraten	• **Julienne**: in Scheiben geschnitten, auf Gemüsestreifen in Sahne angerichtet; Reis oder Kartoffeln • **Baden-Baden**: auf Annakartoffeln angerichtet und mit Champignonköpfen und Spargelspitzen garniert; Madeirasoße
Hirn (cervelle) vorgegart vorgegart, in Scheiben gebraten vorgegart, in Scheiben frittiert	• **mit brauner Butter**: übergossen mit brauner Butter, die mit Essig gesäuert wurde, gehackte Petersilie und Kapern • **auf Zigeunerart**: auf gebratenen Schinkenscheiben angerichtet, mit Zigeunersoße gewürzt, paniert, frittiert, mit gehackter Petersilie und Zitronenstücken garniert; Tiroler Soße und Salat
Herz (cœur)	• **auf bayerische Art**: in weißem Fond mit Wurzelgemüse kochen und darin anrichten, mit Essig leicht säuern • **auf bürgerliche Art**: geschmort und mit gegarten Zwiebeln, Karotten und gebratenen Speckwürfeln angerichtet
Zunge (langue), gekocht gepökelt, gekocht	• **auf italienische Art**: Zungenscheiben mit italienischer Soße bedeckt, Spaghetti • **auf Burgunder Art**: Zungenscheiben mit Burgunder Soße bedeckt, Gemüse- und Kartoffelzubereitung
Kutteln, Kaldaunen (tripes)	• **in saurer Soße**: saure Kutteln, vorgekocht, in Streifen geschnitten, mit Zwiebelstreifen in Demiglace gegart, mit Essig gesäuert, Bratkartoffeln • **auf Caener Art**: vorgekocht, in breite Streifen geschnitten, mit Kalbsfüßen, Karotten- und Zwiebelscheiben, Calvados und Apfelwein in einer Steingutschüssel im Ofen gegart

2. Gerichte von Innereien

Ausgewählte Speisen

Qualitätsbezeichnungen der Arten	Lebensalter und Gargewicht	gebräuchlichste Zubereitung und durchschnittliche (Gardauer in Minuten)
Hühner		
Stubenküken oder Küken (poussin)	bis 4 Wochen bis ca. 700 g ≙ 1 Portion	gebraten, gedünstet, Vorspeise oder Zwischengericht (12)
Hähnchen (poulet)	7 bis 10 Wochen 700–1 600 g ≙ 2–4 Portionen	ganz gebraten oder gegrillt (25–45) Teile geschmort, gedünstet oder frittiert (8–12)
Suppenhuhn (poule)	12–15 Monate 1 500–2 500 g ≙ 3–6 Portionen	gekocht (120–200)
Puten		
Babyputer (dindonneau)	2 Wochen 2 000–5 000 g ≙ 6–15 Portionen	am Stück gebraten (60–120);
Truthahn (dindon) Truthenne (dinde) (bis 5 000 g)	3–7 Monate 5 000–7 500 g ≙ 15–20 Portionen	Brust (30), Ober- und Unterschenkel (45) gebraten, poêliert; Brust: Schnitzel, Steak (6–10)
Enten		
Frühmastente	etwa 8 Wochen 1 500–2 000 g ≙ 2–4 Portionen	gebraten oder gegrillt (40–60)
Junge Ente (caneton)	6–8 Monate 2 000–3 000 g ≙ 4 Portionen	gebraten oder gegrillt (50–70)
Ente (canard)	über 1 Jahr 2 000–3 000 g ≙ 4 Portionen	gebraten oder geschmort (60–100)
Gänse		
Frühmastgans (caneton)	3–5 Monate 3 000–4 000 g ≙ 4–6 Portionen	gebraten (100)
Junge Gans (oison)	etwa 10 Monate 4 000–6 000 g ≙ 6–8 Portionen	gebraten (150)
Gans (oie)	über 1 Jahr 5 000–6 500 g ≙ 6–8 Portionen	gebraten (180) oder geschmort
Tauben		
Junge Taube (pigeonneau)	bis zu 1 Jahr 200–300 g ≙ 1 Portion	gebraten, gegrillt, geröstet (10–15)
Taube (pigeon)	über 1 Jahr 200–300 g ≙ 1 Portion	geschmort (40); für Suppen
Perlhühner		
Junges Perlhuhn (pintadeau)	bis zu 1 Jahr 1 000–1 400 g ≙ 2 Portionen	gebraten (20–30)
Perlhuhn (pintade)	über 1 Jahr 1 200–1 500 g	geschmort (60); für Suppen

1. *Qualitätsbezeichnungen und Qualitätsmerkmale von Geflügel*

2. *Truthahnbrust mit Pilzfüllung (→ 239)*

1.8 Hauptgerichte von Geflügel

1.8.1 Hausgeflügel

Bei Hausgeflügel unterscheidet man Arten mit hellem Fleisch (Hühner und Puten) und mit dunklem Fleisch (Enten und Gänse). Hühner- und Putenfleisch von jungen Tieren ist von zarter Struktur, fettarm, eiweißreich und leicht bekömmlich.

Enten und Gänse sind fettreich. Das Fettgewebe ist jedoch nicht im Fleisch, sondern vor allem zwischen Haut und Fleisch oder in der Bauchhöhle eingelagert. Bei der Zubereitung tritt es zum größten Teil aus. Trotzdem zählen Enten- und Gänsegerichte zu den relativ schwer verdaulichen und energiereichen Speisen.

Zubereitungsarten von Hausgeflügel

Das Grillen am Spieß oder auf dem Rost ist bei ganzem Geflügel üblich. Bei sachgerechter Anwendung werden damit die besten Geschmackswerte erzielt. Speziell konstruierte Geräte verhindern durch die seitlich angebrachte Hitzequelle, dass das abtropfende Fett verbrennt und das Gargut im Geschmacks- und Gesundheitswert beeinträchtigt wird.

Das Braten im Ofen ist für alle jungen Geflügelarten und für Geflügelteile geeignet. Die knusprig gebräunte Haut und das saftig gegarte Fleisch von gebratenem Geflügel werden mit einer Garnitur und einer passenden Beilage serviert. Als Soße wird Geflügeljus gereicht.

Beim Portionieren von ganzem Geflügel ist darauf zu achten, dass jeder Gast je ein Stück Brust und Keule zugeteilt bekommt. Das Portionieren und Tranchieren von Geflügel und Geflügelteilen wird oft im Restaurant durchgeführt.

Barbarie-Entenbrust mit Früchten, rotem und grünem Pfeffer

Zutaten für 4 Personen

2 große Barbarie-Entenbrüste à 400 g
Salz, Pfeffer
Öl zum Braten
4 cl. trockener Sherry
0,2 l Kalbsjus
20 g Butter
3 dünne Scheiben frische Ananas
je 1 gehäufter TL grüne und rote Pfefferkörner (frisch oder TK-Ware)
4 Kaki (Sharonfrucht)

Arbeitsgänge

- von den Kakis einen kleinen Deckel abschneiden, das Fruchtfleisch herausnehmen, grob würfeln und wieder einsetzen
- Entenbrüste salzen und pfeffern und in Öl auf beiden Seiten anbraten, langsam fertig braten (sie sollten innen noch rosa sein)
- warm stellen, ca. 70 °C
- das Bratfett abschütten und den Bratsatz mit dem Sherry und der Kalbsjus verkochen
- in einer Extrapfanne die Ananasscheiben in Butter anbraten, vierteln und die Pfefferkörner dazugeben
- die Entenbrüste schräg in je acht Scheiben schneiden
- jeweils 1/4 Scheibe Ananas dazwischenlegen und anrichten
- Soße angießen
- Pfefferkörner mit der Butter darübergeben
- mit den Kakis garnieren

Durch Braten in der Pfanne können Teile wie ausgelöste Brusthälften, Steaks oder Schnitzel aufgrund ihrer kurzen Garzeit auf Bestellung zubereitet werden.
Sautierte (geschnetzelte) Gerichte werden vor allem aus den zarten Bruststücken hergestellt.
Für Geflügelteile ist das Schmoren eine geeignete Zubereitungsart (französisch: sauté).
Zum Dünsten eignen sich besonders Geflügelteile von jungem, hellem Hausgeflügel und kleine Geflügelarten.
Das Kochen wird bei Suppenhühnern angewendet, um das Fleisch dieser relativ alten Tiere zu garen und eine kräftige Hühnerbrühe zu erzeugen.
Junges Geflügel kann durch Garziehen/Pochieren bei 80 °C bis 95 °C in gewürzter Flüssigkeit gegart werden. Durch die geringere Hitze bleibt das Fleisch saftig.
Ein frittiertes Geflügelgericht ist das Backhähnchen nach Wiener Art. Das geviertelte Hähnchen wird nach dem Würzen paniert, schwimmend in Fett gebacken und mit frittierter Petersilie und Zitronenachteln angerichtet.

Anrichteweisen von Geflügelgerichten
Frikassee vom Huhn oder Hähnchen wird wie Kalbsfrikassee zubereitet. Je nach Bezeichnung kommen Pilze, Spargelspitzen, Artischockenböden, Blätterteighalbmonde oder Krebsschwänze als Garniturbestandteil hinzu.
Gebratenes Entenfleisch wird gern geschmacklich mit Früchten verbunden. Schalen, Saft und Fleisch von Bitterorangen (Garnitur Bigarade), Ananas oder Pfirsichen heben das Aroma der Soße und wirken dekorativ. Die Flugentenbrust (Barbarie-Ente) wird rosa gebraten (siehe Rezept).

Gänse werden gebraten, geschmort, gekocht, gepökelt und geräuchert zubereitet. Die Weihnachtsgans und die Martinsgans (Martinstag: 11. November) sind traditionelle Bezeichnungen für gebratene Gänse. Als Beilagen werden häufig Rotkraut, glasierte Maronen und eine Kartoffelzubereitung gereicht. Als **Gänseklein** bezeichnet man Hals, Herz, Magen, Leber und den vorderen Flügelteil. Sie werden gekocht oder geschmort zubereitet.

Gerichte von Geflügelleber
Die Lebern von hellem und dunklem Hausgeflügel werden oft als Bestandteil von Füllungen, Pasteten, Parfaits und Aufläufen eingesetzt. Man darf sie nur rosa braten, weil sie sonst trocken und zäh werden.
Gänse- oder Entenstopfleber gilt als Delikatesse. Die Tiere, die diese Leber liefern, werden zwangsgemästet, sodass die Leber ungewöhnlich groß und sehr fettreich ist und dadurch hell aussieht. Diese Mast ist in Deutschland aus Tierschutzgründen verboten.
Stopfleber wird vor allem zu Pasteten und Parfait verarbeitet. Sie kann auch in Scheiben geschnitten und in Butter gebraten werden. Geflügelleber und Pilze – bei Stopfleber vorzugsweise Trüffel – finden als Kombination in der warmen und kalten Küche vielfältige Verwendung.

Kalte Gerichte von Hausgeflügel
Geflügelgalantine (entbeintes, gefülltes und gegartes Geflügel) wird in gekochtem Zustand kalt als Vorspeise oder Hauptplatte angeboten. Sie eignet sich als wirkungsvolle Platte für kalte Büfetts ebenso wie gebratenes kaltes Geflügel und geräucherte Gänse- oder Putenbrust.

Truthahnbrust mit Pilzfüllung

Zutaten für 8 Portionen
1,5 kg Truthahnbrust, Salz, Pfeffer 30 g Öl, breite, hauchdünne Speckscheiben

für die Füllung:
40 g Butter, 60 g Zwiebelwürfel, 50 g getrocknete Steinpilze, 300 g frische Champignons, Salz, Pfeffer, Knoblauch, Petersilie, 100 g Sahne, 2 Eier, 4 Scheiben Toastbrot

für die Soße:
5 cl Portwein, 1/4 l Kalbsjus

Arbeitsgänge
- die getrockneten Steinpilze etwa 30 Minuten in 1/4 l Wasser einweichen
- Champignons waschen und in feine Würfel schneiden
- Zwiebeln in Butter anschwitzen
- die Pilze (frische und getrocknete), Salz und Pfeffer zugeben, im offenen Topf dünsten, damit die Flüssigkeit verdampft
- gehackte Petersilie und 2 Eier darunterrühren und abschmecken
- mit so viel geriebenem Weißbrot vermengen, bis die Masse formbar ist
- in die Truthahnbrust eine Tasche schneiden und innen und außen würzen
- die Pilzmasse in die Tasche füllen
- die gefüllte Truthahnbrust formen und mit Speckscheiben umhüllen
- mit Bindfaden umwickeln und verschnüren, damit die Füllung nicht austreten kann
- in Öl etwa 1 Stunde im Ofen braten, ab und zu wenden und übergießen
- Truthahnbrust herausnehmen und zugedeckt etwa 5 Minuten ruhen lassen, damit beim Aufschneiden der Saft im Fleisch bleibt
- den Bratensatz mit Steinpilz-Einweichwasser, Portwein und Kalbsjus verkochen und abschmecken
- Truthanbrust in Scheiben schneiden und mit der Soße servieren

Abwandlung
- unter die Füllung 200 g Geflügel- oder Kalbfleischfarce und 20 g Pistazien mengen

Garnitur	Garmethode und Geflügelart	Garniturbestandteile und Soßen	passende Beilagen
Stubenküken auf Hamburger Art (à la hambourgoise)	entbeint, mit Kalbsfarce gefüllt und gebraten	gebratene Würfel von Kartoffeln und Artischockenböden, Trüffelscheiben; Bratensatz mit Kalbsjus verkocht	Gurkensalat
nach Hausfrauenart (à la bonne femme)	gebratene oder poêlierte Küken und Hähnchen	gebratene Speckscheiben, glasierte Zwiebeln und Schlosskartoffeln mit Weißwein verkochter Bratensatz	Gemüse (Rosenkohl, Brokkoli) oder Salate
Junger Hahn in Wein (Coq au vin)	geschmort (sauté)	mit Zwiebeln, Speck und Pilzen in Wein geschmort; Soße mit Sahne verfeinert	Nudeln oder Reis, Blattsalate
Marengo	geschmort (sauté), Hähnchen	nach dem Anbraten mit Wein und Weinbrand fertig gestellt; Demiglace, Knoblauch, gewürfelte Tomaten, Champignons und Trüffel zur Soße; mit ganzen Krebsen, gebackenen Eiern, herzförmigen Croûtons und gebackener Petersilie umlegt	Reis oder Nudeln, Kopfsalatherzen
Hühnerbrüstchen (Suprême de volaille) Agnes Sorel	pochierte Hähnchen- oder gekochte Hühnerbrust	mit Champignonscheiben, Pökelzunge und Trüffelscheibe belegt, mit Geflügelrahmsoße überzogen	Risi-Pisi (Risotto mit gedünsteten Erbsen)
Saint-Germain	in Butter gebratene Hähnchenbrust	Püree von frischen grünen Erbsen; Béarner Soße	Herzoginkartoffeln
Piemonteser Art (à la piémontaise)	gefüllte Hähnchen, poêliert oder gebraten	Füllung; Risotto mit weißem Trüffel vermischt; Fond mit Demiglace und Madeira verkocht	Füllung und grüner Spargel
Truthahnschnitzel (escalope de dindon) Cordon rouge	gefüllt, in Weißbrotkrume paniert, in Butter gebraten	Füllung; Gänseleberparfait; mit Zitronenstücken und gebackener Petersilie garniert; Madeirasoße	Williamskartoffeln, mit Blattspinat gefüllte Tomaten
Babyputer (dindonneau) Chipolata	am Stück gebraten (auch für Hähnchen, Gans und Ente anwendbar)	umlegt mit gedünsteten Maronen, glasierten Zwiebeln und Karotten, gebratenen kleinen Würstchen (Chipolata) und Speckwürfeln; Bratensatz mit Demiglace	Kartoffelpüree

1. Garnituren, Soßen und Beilagen zu Gerichten von hellem Geflügel

Arten/durchschn. Gewicht	Anrichteweise, Garnituren und Soßen	passende Beilagen
Wachtel (caille) 100 g	• **auf normannische Art:** angebraten, in einen halben, ausgehöhlten Apfel gesetzt, • mit Apfelschnaps übergossen, in Blätterteig gehüllt und im Ofen gebacken	
Junges Rebhuhn, Feldhuhn (perdreau) **Rebhuhn, Feldhuhn** (perdrix) 200 g	• **mit Kirschen:** in Butter angebraten, mit Weinbrand, Portwein und Zitronensaft übergossen und fertig gegart, auf Brotsockel angerichtet und mit gedünsteten Sauerkirschen garniert • **Rossini:** entbeint, mit getrüffelter Gänseleberfarce gefüllt und gebraten, auf einer gebratenen Gänseleberscheibe angerichtet und mit einer Trüffelscheibe belegt; Madeirasoße	• Mandelkroketten • Herzoginkartoffeln
Schnepfe (bécasse) 200 g **Haselhuhn** (gelinotte) 200 g **Fasan** (faisan) 1 000–1 400 g	• **in der Kasserole:** in Weinbrand zwei Tage mariniert, in einer Porzellankasserole gebraten und mit Wildjus darin serviert • **nach Winzerinart:** gebraten; mit entkernten Trauben, angebratenen Speckscheiben und mit Leberfarce bestrichen und überbackenen Brotcroûtons umlegt, angerichtet • **gefüllte Fasanenbrust auf kaiserliche Art:** mit Trüffel und Schinken gespickt und in Butter gebraten, Madeirasoße mit Trüffel- und Champignonstreifen	• Kartoffelpüree, Rosenkohl • mit Champagner gegartes Sauerkraut, Kartoffelpüree; • Kartoffelkroketten, Brokkoli
Wildente (canard sauvage) 1 400–1 800 g	**gefüllt** mit einer Brot-Leber-Füllung und mit Röstgemüse und Gewürzen geschmort, Schmorfond zur Soße verfeinert	Brotfüllung und Apfelrotkohl
Wildgans (oie sauvage) 2 500–3 500 g	**auf Bauernart:** geschmort, mit blättrig geschnittenem Wurzelgemüse, Bohnenstückchen und grünen Erbsen angerichtet	Kartoffelnudeln

1. Arten und Anrichteweisen, Garnituren, Soßen und Beilagen zu Wildgeflügelgerichten

1.8.2 Hauptgerichte von Wildgeflügel

Die Jagdzeit von Wildgeflügel dauert je nach Art vom Spätsommer bis zum Beginn des Winters. Das Angebot schwankt stark; die Fleischqualität, die wesentlich vom Alter und der Ernährung abhängt, ist im Rohzustand nicht immer genau feststellbar. Wachteln und Fasane warden auch gezüchtet und sind ganzjährig frisch erhältlich.
Wildgeflügel hat im Vergleich zum Hausgeflügel dunkleres Fleisch und ist aromatischer.
Suppen aus Wildgeflügel bringen Abwechslung auf die Speisekarte. Ältere Tiere oder die Knochengerippe roh entbeinter Tiere lassen sich dabei verwerten.
Vor dem **Braten** wird Wildgeflügel gebunden (bridiert) und häufig mit Speck umwickelt (bardiert), um die Saftigkeit zu erhalten. Es wird im Allgemeinen rosa gebraten. Teilweise wird es auch entbeint, gefüllt und zusammengerollt zubereitet.

Kalte Wildgeflügelgerichte

Gebratenes Wildgeflügel wie Wachteln, Rebhühner, Fasane oder Wildenten eignet sich für kalte Platten.
Pasteten, Terrinen und **Galantinen** von Wildgeflügel zählen zu den begehrtesten und wohlschmeckendsten kalten Vorspeisen und Büfettplatten. Für diese Speisen wird das ausgebeinte Wildgeflügelfleisch mit magerem Schweinefleisch und fettem Rückenspeck vermischt, gesalzen und gewürzt und sehr fein zerkleinert. Mit Trüffeln, Pistazien und Gänsestopfleber wird diese Masse geschmacklich und farblich verbessert, anschließend schonend gegart und nach dem Durchkühlen in Scheiben geschnitten.

> **Wissen Sie Bescheid?**
>
> 1. Welche Garverfahren eignen sich bei Forellenfilets?
> 2. Welche Beilagen empfehlen Sie zu warmen Speisen von Krustentieren?
> 3. Nennen Sie zwei Zubereitungsarten von Weinbergschnecken.
> 4. Zu welcher Jahreszeit empfehlen Sie frische Austern und Muscheln? Begründen Sie.
> 5. Definieren Sie den Begriff „Schlachtfleisch".
> 6. Erläutern Sie vier Garpunkte bei Fleisch. Geben Sie jeweils die deutsche und die französische Bezeichnung an.
> 7. Zählen Sie vier Schmorgerichte von Rindfleisch auf. Empfehlen Sie dazu je eine Soße und die Beilagen.
> 8. Beschreiben Sie die wichtigsten Arbeitsgänge bei der Zubereitung von „Kalbsmedaillons auf Prinzessinart".
> 9. Nennen Sie vier gepökelte Stücke vom Schwein. Geben Sie jeweils die Bezeichnung einer Speise an, die von diesen Stücken zubereitet wird
> 10. Welche Zutaten werden für eine Hackfleischmasse benötigt? Zählen Sie fünf Hackfleischgerichte auf.
> 11. Nennen Sie vier Garverfahren für Kalbsleber.
> 12. Welche Speisen lassen sich aus einer Truthahnbrust herstellen? Erläutern Sie die Zubereitung von fünf Speisen.

Ausgewählte Speisen

Arten		Alter	Durchschnittsgewicht	Jagdzeiten (regional abweichend)
Rehwild (chevreuil)	männlich/weiblich Bockkitz/Rickenkitz Jährling/Schmalreh Bock/Ricke, Geiß	bis zu 1 Jahr bis zu 2 Jahren über 2 Jahre	bis zu 12 kg 12 kg bis 15 kg 12 kg bis 18 kg	September bis Februar Mitte Mai bis Mitte Okt./Mai bis Febr. Mitte Mai bis Mitte Okt./Mai bis Febr.
Rotwild (cerf)	männlich/weiblich Hirschkalb/Wildkalb Spießer/Schmaltier Hirsch/Alttier	bis zu 1 Jahr bis zu 2,5 Jahren über 2,5 Jahren	bis zu 60 kg bis zu 100 kg bis zu 150 kg	August bis Februar Juni bis Februar August bis Januar
Schwarzwild (sanglier)	Frischling Überläufer Keiler (männlich)/Bache	bis zu 1 Jahr bis zu 2 Jahren über 2 Jahre	bis zu 25 kg bis zu 60 kg bis zu 180 kg/140 kg	Mitte Juni bis 31. Januar (in der Rauschzeit von Dezember bis Januar minderwertig)
junger **Hase** (levreaut) Hase (lièvre)		3 bis 8 Monate über 8 Monate	1,5 kg bis 2,5 kg 2 kg bis 3 kg	Anfang Oktober bis Januar Anfang Oktober bis Januar
junges **Kaninchen** (lapereau) Kaninchen (lapin)		3 bis 8 Monate über 8 Monate	1 kg bis 2 kg 1,5 kg bis 2,5 kg	ganzjährig ganzjährig

1. Bezeichnungen, Eigenschaften und Jagdzeiten der wichtigsten einheimischen Wildarten

1.9 Wildgerichte

1.9.1 Hauptplatten von Wild

Die meisten Wildarten sind nur zu bestimmten Jahreszeiten in ungefrorenem Zustand und bester Qualität erhältlich. Das Fleisch des Wildes, das Wildbret (la venaison), enthält im Vergleich zu Schlachtfleisch in der Regel weniger Fett- und Bindegewebe. Wegen der feinen Faserstruktur ist das Fleisch junger Tiere zart und leicht verdaulich. Seine Farbe ist dunkelrot bis bräunlich, der Geschmack kräftig und würzig. Qualitativ vergleichbare Wildbretteile sind eher teurer als entsprechende Stücke von Schlachtfleisch.

Das Fleisch junger Tiere sollte nach kurzer Abhängezeit frisch verarbeitet werden. Beim Abhängen wird der Wildgeschmack (haut goût) verstärkt und eine Lockerung der Fleischfasern erzielt. Nur älteres Wildfleisch, das grobfaserig und schwer verdaulich ist und bei manchen Arten intensiv schmeckt, wird durch Einlegen in eine Marinade (Beize) verbessert. Wildbret, das eingefroren war, sollte nicht eingelegt werden.

Vorbereitungsarbeiten sind das Abziehen der Decke (Fell) und das Enthäuten und Entsehnen des Fleisches. Gespickt werden vor allem Rücken und Keule.

Der Körperbau des Wildes gleicht dem der Schlachttiere. Das zarteste Stück, der Rücken, kann im Ofen rosa gebraten, in der Pfanne als Steak oder geschnetzelt sautiert zubereitet werden. Die Keulen junger Tiere eignen sich zum Braten, auch zum Kurzbraten als Steak oder Schnitzel, von älteren Tieren zum Schmoren. Die Blätter (auch Läufe oder Büge genannt) werden als Schmorbraten oder als Ragout zubereitet, Hals, Brust und Bauch als Ragouts.

Neben den in Bild 1 aufgeführten Wildarten sind u. a. auch Gämsen, Elche, Rentiere und Damwild erhältlich. Aufteilung, Zubereitung, Garnituren, Soßen und Beilagen sind im Wesentlichen die gleichen wie bei anderen Wildbretarten.

Würzen von Wildgerichten

Wie bei allen Speisen soll der Geschmack des Wildes nicht durch Würzen übertönt, sondern nur unterstrichen werden. Dies ist besonders bei jungem Wild von feinem Geschmack zu beachten. Typische Würzzutaten sind

- Wacholderbeeren (immer zerdrückt verwenden),
- weiße und schwarze Pfefferkörner (frisch gemahlen oder zerdrückt),
- Lorbeerblätter, Majoran, Thymian und Knoblauch in kleinen Mengen,
- Rot- und Weißwein als Bestandteil der Marinaden und zum Mitkochen und Abschmecken der Soßen,
- Essig, vor allem als Marinadenbestandteil,
- Mirepoix in Marinaden und bei der Soßenherstellung,
- Preiselbeerkompott, Moosbeerenkompott, Johannisbeergelee, Spirituosen, Zitronen- und Orangensaft und -schale zum würzigen Abschmecken der Soßen,
- Rosmarin (besonders zu Kaninchen).

Beigaben zu Wildgerichten

Pilze spielen eine wichtige Rolle beim Zubereiten und Anrichten von Wildgerichten. Am häufigsten werden Steinpilze, Pfifferlinge, Morcheln, Butterpilze und Champignons verwendet. Maronen (Edelkastanien), glasiert oder als Maronenpüree zubereitet, und Nüsse können Wildgerichte ebenfalls verfeinern.

Gebratener Hasenrücken in Calvadosrahm

Zutaten für 2 Portionen

1 Hasenrücken
2 cl Calvados
6 cl Cidre (Apfelwein)
0,1 l Wildgrundsoße
0,1 l Crème fraîche
30 g hauchdünne Scheiben Spickspeck
1 Apfel (wenn möglich Renette), geschält und in Spalten geschnitten
20 g Butter
Wacholdersalz, Pfeffer

Arbeitsgänge

- Hasenrücken enthäuten und mit Wacholdersalz und Pfeffer würzen
- mit Speckscheibchen belegen
- rosa im Rohr braten, warm stellen
- entfetteten Bratsatz mit Cidre und Wildgrundsoße ablöschen
- durchkochen, abschmecken, passieren und mit Crème fraîche verfeinern
- Apfelspalten in Butter anschwenken, mit Calvados flambieren und zur Soße geben
- Rückenfleisch auslösen, in schräge Tranchen schneiden und wieder auf der Karkasse (Knochengerüst) anrichten
- mit Soße überziehen und mit den Apfelspalten garnieren

Um den würzigen Geschmack hervorzuheben, sind süßlich herb schmeckende Beigaben traditionelle Bestandteile der Wildgerichte. Wegen ihrer geringen Süße und ihres ausgeprägten Geschmacks sind wild wachsende Preiselbeeren und Moosbeeren als Kompott begehrt.
Apfelmus und gebratene oder pochierte Apfelscheiben oder -hälften sowie pochierte Birnenhälften sind zur dekorativen Aufnahme von Füllungen (Beeren, Kirschen, Trauben, Johannisbeergelee) und damit zum Umlegen von Wildplatten gut geeignet.
Auch Orangen, Bananen, Ananas und Grapefruit können Geschmack und Aussehen heben.

Beilagen zu Wildgerichten
Da Wildgerichte meist mit Soße angerichtet und serviert werden, kommen vor allem stärkehaltige Beilagen in Frage wie
- Nudeln oder Spätzle,
- Kartoffelklöße von gekochten Kartoffeln oder Kartoffelnudeln,
- Kartoffelmusgerichte wie Püree und Ableitungen der Duchesse-Masse wie Kroketten, Herzogin-, Macaire- und Dauphinkartoffeln,
- gratinierte Kartoffeln Dauphiner Art (Kartoffelscheiben, mit Sahne im Ofen gegart).

Kräftig schmeckende Salate wie Feldsalat, Radicchio, Chicorée, Sellerie und Gemüse wie Rosenkohl, Rotkraut und Fenchel vervollständigen die Speisen. Die Salatsoße kann auf Essig-Öl- bzw. Sahne- oder Joghurt-Basis hergestellt werden.

1.9.2 Kalt servierte Wildgerichte
Der Rücken von Reh und Hirsch eignet sich, leicht rosa gebraten und erkaltet, für eine Platte zu kalten Büfetts.
Rohstoffe zum Garnieren sind Früchte, Nüsse, Pistazien, Trüffel und Champignons. Gebratene, kalt angerichtete Medaillons oder Koteletts, Pasteten oder Terrinen sind außer bei kalten Büfetts auch als kalte Vorspeisen beliebt. Dazu serviert man meist Waldorfsalat oder einen Pfifferlingssalat und Cumberlandsoße.

1. Warum soll das Wild einige Tage abhängen?
2. Welche Argumente sprechen für bzw. gegen das Beizen von Wildfleisch?
3. Welche Teile vom jungen Wild eignen sich zum Braten im Ofen und zum Braten in der Pfanne?
4. Nennen Sie vier typische Gewürze für Wildgerichte.
5. Welche sonstigen Würzmittel werden für Wildgerichte noch verwendet?
6. Welche Beigaben empfehlen Sie zu einem gebratenen Rehrücken?
7. Welche Wildteilstücke werden für Ragout verwendet? Welche Beilagen passen zu diesen Speisen?
8. Nennen sie vier Soßen, die bei Wildgerichten angeboten werden können.
9. Welche Besonderheiten weisen Wildgerichte im Vergleich mit Gerichten von Schlachtfleisch auf?
10. Stellen Sie ein Wildmenü mit vier Gängen zusammen.
11. Welche Wildteilstücke eignen sich als Speisen bei einem kalten Büfett? Begründen Sie Ihre Auswahl.

Ausgewählte Speisen 243

Rehragout in Trollingersoße

Zutaten für 4 Portionen

1 kg Rehfleisch (Schulter/Hals)
60 g Bratfett
1 Esslöffel Mehl
200 g Mirepoix
10 g Tomatenmark
Salz, Pfeffer
30 g Mehl
1/8 l Trollinger (Rotwein)
3/4 l braune Brühe
20 g Preiselbeerkompott
1 Lorbeerblatt, 5 Pfefferkörner, 3 Wacholderbeeren, 1 Knoblauchzehe

Arbeitsgänge

- Fleisch in etwa 40 g schwere Stücke schneiden, salzen und pfeffern
- in Mehl wenden und abklopfen
- in einer Pfanne in Fett anbraten
- Mirepoix mitbraten
- Tomatenmark einrühren und anrösten
- mit wenig Wasser ablöschen und unter Rühren einkochen lassen
- diesen Vorgang 1- bis 2-mal wiederholen
- Flüssigkeit vollständig einkochen
- 30 g Mehl zum Binden in das Fett rühren und kurz anschwitzen
- mit Wein und brauner Brühe auffüllen und glatt rühren
- bis zum Aufkochen mit einem Kochlöffel am Topfboden rühren, weil in dieser Phase die Soße leicht anbrennt
- 1–2 Stunden zugedeckt bei kleiner Hitze schmoren
- etwa alle 10 Minuten rühren (eventuell mit Trollinger oder brauner Brühe bis zur gewünschten Konsistenz verdünnen)
- das gegarte Fleisch wird ausgestochen, indem man mit einem Drahtlöffel die Fleischstücke aus der Soße hebt, mit einer Fleischgabel aufspießt und in einen anderen Topf legt
- die Soße durch ein Tuch oder ein feines Sieb auf das Fleisch passieren
- Preiselbeeren zugeben, aufkochen und würzig abschmecken

Abwandlung

- 150 g frische Pilze (Champignons, Steinpilze, Pfifferlinge) dünsten und unter das Ragout mischen

Fleischteile/Bezeichnung	Garnituren, Anrichteweise und Soßen	passende Beilagen
Rücken von ... (am Stück) (Selle de ...)	• **Baden-Baden:** gebraten, auf einer Platte angerichtet und mit gedünsteten Birnenhälften, mit Johannisbeergelee gefüllt, umlegt; Wildrahmsoße	• Nudeln und Spätzle, Feldsalat
daraus geschnitten: **Medaillons von ...** (Médaillons de ...)	• **Mirza:** kurz gebraten, halber gegarter Apfel mit Preiselbeeren gefüllt; Wildpfeffersoße	• Kartoffelkroketten
Nüsschen von ... (Noisettes de ...)	• **Diana:** auf mit Lebermus bestrichenen Brotcroûtons angerichtet, Maronenpüree, Dianasoße	• warmes Apfelmus
Kotelett von ... (Côtelettes de ...)	• **mit Wacholderbeeren:** kurz gebraten, mit Genever flambiert, auf herzförmigen Brotcroûtons angerichtet; Wacholderrahmsoße	
Keule von ... (am Stück) (Gigue de ...)	• **Berny:** gebraten, auf Platte angerichtet, garniert mit Tartelett's, mit Linsenpüree gefüllt, mit einer Trüffelscheibe belegt, Bernykartoffeln und glasierte Maronen; Wildsoße	• Mandelkroketten, Eisbergsalat
daraus geschnitten: **Schnitzel von ...** (Escalope de ...)	• **auf Jägerart** (à la chasseur): Bratensatz mit Wein verkocht, Champignonscheiben in Butter ansautiert mit Wildsoße und gehackter Petersilie vermischt	• Kartoffelnudeln, Rosenkohl
Ragout von ... à la forestière (Côtelettes de ...)	**auf Försterinart:** in Rotwein geschmort, mit in Speckstreifen angebratenen Pilzen bestreut und mit kleinen, herzförmigen Croûtons umlegt	Spätzle, Preiselbeeren
Pfeffer von ... (Civet de ...)	mit Blut vollendetes und gebundenes Ragout	Spätzle oder Nudeln, Radicchiosalat

1. Garnituren, Anrichteweisen, Soßen und Beilagen von Reh-, Rot- und Schwarzwild

Pfannkuchen

Zutaten für einen großen Pfannkuchen

70 g Mehl, 150 g Milch, 2 Eier, Salz

zum Garen:
30 g Butter oder Butterschmalz

Arbeitsgänge

- Milch in eine Schüssel geben, Salz und gesiebtes Mehl einstreuen und dabei mit einem Schneebesen glatt rühren
- die Eier hineinschlagen und gut verrühren oder die Eier trennen, das Eigelb in den Teig rühren, das Eiklar zu Schnee schlagen und unterheben
- eine Pfanne erhitzen und das Fett darin schmelzen
- den Pfannkuchenteig hineinschütten
- auf einer Seite so lange erhitzen, bis der Pfannkuchen leicht gebräunt ist
- behutsam wenden und im vorgeheizten Ofen bei 180 °C einige Minuten backen (der Pfannkuchen soll gut aufgehen)
- sofort auf einer vorgewärmten Platte anrichten und servieren

Abwandlungen

- Pfannkuchen können mit fast allen Rohstoffen kombiniert werden, z. B.
- gefüllt mit gewürfeltem, geschnetzeltem oder gehacktem Fleisch
- gefüllt mit einem Ragout aus Pilzen, Fleisch, Geflügel, Krustentieren, Fisch oder Gemüse
- mit leicht angebratenen Speck- oder Schinkenscheiben oder -streifen
- vermischt oder gefüllt mit Früchten wie Bananen, Äpfeln, Kirschen, Heidelbeeren, Rosinen sowie mit Nüssen oder Mandeln
- mit Kompott oder Konfitüre, Frucht- oder Schokoladensoße (separat angerichtet)

1.10 Eierspeisen

1.10.1 Arten und Eigenschaften von Eiern

Wenn nicht ausdrücklich anders gekennzeichnet, werden unter Eiern stets Hühnereier verstanden. Gänse- und Enteneier dürfen wegen häufigen Salmonellenbefalls in gastgewerblichen Betrieben nicht verarbeitet werden. Möwen- und Kiebitzeier werden nur im April und Mai angeboten, Wachteleier ganzjährig.

Salmonellen, die über das Geflügel in das Ei geraten, werden durch Kälte in ihrer Vermehrung gehemmt und durch Hitze zerstört. Deshalb werden Eier gekühlt aufbewahrt. Nicht durchgegarte Eierspeisen sind besonders sorgfältig herzustellen.

Eier liefern dem Körper vollwertiges Eiweiß zu einem günstigen Preis. Eier benötigt man in der Küche zum großen Teil bei der Bereitung von Teigen und Massen (→ 277). Küchentechnisch wichtige Eigenschaften des Eies:

- Neutraler Geschmack, deshalb bei gesüßten und gesalzenen Speisen einsetzbar.
- Bei geringer Hitze (ca. 70 °C) gerinnt Eiweiß, wodurch jede Masse mit entsprechend hohem Eigehalt bindet und sich verfestigt.
- Bei höheren Temperaturen bringt ein hoher Eigehalt Massen und Teige zum Aufgehen und trägt damit zur Lockerung bei.
- Eigelb kann als Emulgator, etwa bei Mayonnaise und Holländischer Soße, und als Bindemittel wie bei Weinschaum und legierten Suppen wirken.
- Eiklar kann zum Klären von Flüssigkeiten dienen. Beispiele sind Kraftbrühe und Weingelee. Zu Eischnee geschlagen kann es Massen lockern.

1.10.2 Gerichte und Zubereitungstechniken

Spiegeleier

Für Spiegeleier sind nur wirklich frische Eier zu verwenden. An der Form von Eiklar und Eigelb ist auch in gegartem Zustand der Frischezustand erkennbar (→ 91). Sie sind bei schwacher Hitze zu garen. Dabei muss das Eiklar stocken, der Rand darf jedoch nicht bräunen.
Zubereitung von Spiegeleiern (→ 101).
Am bekanntesten sind die Zugaben von Speck oder Schinken, die vorher in Scheiben geschnitten und angebraten wurden.
Weitere Zubereitungsarten:

- **Bercy:** mit kleinen gebratenen Schweinswürstchen (zwei pro Ei) umlegt und mit Tomatensoße umkränzt.
- **Auf amerikanische Art:** auf gebratenen Speckscheiben gegart und mit im Ofen gebackenen Tomaten garniert.
- **Nach Meyerbeer:** zu jedem Ei eine halbierte, gegrillte Lammniere oder Kalbsnierenscheibe legen und mit wenig Trüffelsoße nappieren.
- **Ham and Eggs (Eier mit Schinken):** Eier auf angebratene Schinkenscheiben schlagen und im Ofen garen, bis das Eiklar fest und das Eigelb mit einem leichten Schleier aus geronnenem Eiklar überzogen ist.

Kochen von Eiern

Die Arbeitsvorgänge beim Kochen von Eiern und ihre Anrichteweisen sind in Rezepten (→ 101, 246) beschrieben.

Rühreier

Die Arbeitsvorgänge bei der Herstellung von Rühreiern und ihre Anrichteweisen sind in Rezepten (→ 102) beschrieben.

Ausgewählte Speisen

Pochierte oder verlorene Eier

Arbeitsgänge

- Essigwasser (1 l Wasser, 3 Esslöffel Essig) aufkochen
- ein Ei behutsam in eine Kaffeetasse schlagen (Eigelb muss ganz bleiben)
- das Ei in das schwach kochende Essigwasser gleiten lassen
- mit einem Kochlöffel das Eiklar um das Eigelb legen
- mit den übrigen Eiern – 2 bis 3 Stück pro Portion – ebenso verfahren
- das Essigwasser nochmals kurz zum Kochen bringen, sofort vom Feuer nehmen und die Eier ohne weitere Hitzezufuhr 3 Minuten gar ziehen lassen
- die gegarten, innen noch weichen Eier herausnehmen und abtropfen lassen
- ausgefranste Eiklarränder stutzen
- die Eier mit Salz bestreuen und das Gericht fertigstellen oder
- in lauwarmem Salzwasser bis zum Gebrauch bereithalten und bei Bedarf kurz in heißem Salzwasser aufwärmen

Pochierte Eier Florentiner Art
- auf gedünstetem Blattspinat anrichten und mit Mornaysoße (Béchamelsoße mit Käse) und geriebenem Käse überbacken

Pochierte Eier Cardinal
- auf gerösteten, ausgestochenen Weißbrotscheiben anrichten, mit Geflügelrahmsoße nappiert und mit Hummer- und Trüffelscheibe belegt; Stangenspargel als Beilage

Pochieren von Eiern

Der Eiinhalt wird in kochend heißes Essigwasser gelegt, dabei soll das Eiklar den Dotter einschließen (dies gelingt nur bei frischen Eiern). Essig soll ein noch schnelleres Festwerden bewirken; Salzzugabe würde zu einer porigen Oberfläche führen. Das Eigelb darf nicht hart werden, deshalb beträgt die Garzeit nur etwa vier Minuten. Die gegarten Eier werden abgeschreckt, von den ausgefransten Rändern befreit und gesalzen.

Frittierte Eier

Fett wird auf 180 °C erhitzt. Den Eiinhalt von ganz frischen Eiern schlägt man am besten in eine Kaffeetasse und schüttet ihn dann behutsam in das Fett. Dabei soll das Eigelb vom Eiklar eingehüllt bleiben. Nach etwa drei Minuten sind die Eier außen gebräunt und fest, das Eigelb noch weich. Vor dem Anrichten legt man die Eier auf eine saugfähige Unterlage, damit das anhaftende Fett aufgesaugt wird. Sie werden gesalzen, meist auf Toast, der mit erhitzten Schinken- oder Speckscheiben belegt ist, angerichtet. Im Ofen gegarte Tomaten oder Tomatensoße sowie frittierte Petersilie passen dazu.

1. Zählen Sie vier Verwendungszwecke für Eier auf.
2. Welche Garmethoden sind bei Eiern gebräuchlich?
3. Erläutern Sie drei Spiegeleigerichte.
4. Beschreiben Sie den Unterschied zwischen Rührei und Omelett.
5. Begründen Sie folgende Regeln. Pochierte Eiser sollen
   a) aus sehr frischen Eiern hergestellt werden.
   b) in Essigwasser gegart werden.
   c) innen noch weich sein.

1. Omelett Konfitüre (→ 246, Bild 1)

Omeletts

Voraussetzung für das gute Gelingen eines Omeletts ist eine Pfanne, an der die Eier nicht haften. Sie sollte nur zur Zubereitung von Omeletts benutzt werden.

Im Gegensatz zum Rührei wird das Omelett nicht in grobe Flocken zerteilt, sondern an einem Stück serviert. Die Oberfläche der charakteristischen, länglich-ovalen Eirolle soll glatt und nicht gebräunt sein.

Omelett wird wie Rührei hergestellt, jedoch ist das Rühren zu beenden, wenn etwa die Hälfte der Eimasse gestockt ist. Die restliche flüssige Masse muss jetzt die eventuell vorhandenen Lücken zwischen der gestockten Masse ausfüllen. Bevor die Eimasse vollständig gestockt ist, rollt man das Omelett mithilfe einer Palette zusammen und stürzt es auf eine vorgewärmte Porzellanplatte.

Garnituren	Bestandteile	Anrichteweisen
auf andalusische Art	• gedünstete Paprikaschoten und Tomatenfleischwürfel • gebackene Zwiebelringe	• in das Omelett eingerollt • auf das Omelett garniert
mit Artischockenböden	• gegarte, klein geschnittene Artischockenböden	unter die Eimasse gemischt
Opéra	• Rotweinsoße • sautierte Geflügelleber • grüne Spargelspitzen • Madeirasoße	• das Omelett damit umkränzt • in das fertige Omelett einen Spalt geschnitten und die Garniturbestandteile dekorativ eingefüllt • das Omelett damit umkränzt
mit Steinpilzen	sautierte Steinpilze, Schlosskartoffeln	das fertige Omelett damit umlegt
mit Krebsschwänzen	ausgebrochene Krebsschwänze, Krebssoße	auf das fertige Omelett garniert und mit wenig Soße nappiert
nach Bauernart	• Kartoffel-, Speck- und Zwiebelwürfel • gehackte Petersilie und Kerbel	• in der Pfanne angebraten und mit den Eiern fertig gestellt • auf das Omelett gestreut
Konfitüre	• Erdbeer- oder Himbeerkonfitüre • Puderzucker	• in das Omelett eingerollt • darauf gesiebt und mit glühendem Stab ein Gitter eingebrannt

1. Omeletts, Garnituren und Anrichteweise

Bezeichnung	Zubereitung/Garzeit	Garnituren, Anrichteweisen, Soßen und Beilagen
gekochte Eier weich bis wachsweich (œufs mollets) hart gekocht (œufs durs)	3–6 Minuten 8–10 Minuten	• in der Schale als Frühstücksei oder geschält im Glas warm gereicht; • geschält, in Tomaten- oder Senfsoße oder in Käsesoße mit Käse überbacken, mit Kartoffelpüree oder Reis, Gemüse oder Salat; auch zu kalten Eierspeisen wie Russische Eier, gefüllte Eier oder Eiersalat
pochierte oder verlorene Eier (œufs pochés) 1–2 Eier als Vorspeise 2–3 Eier als Hauptplatte	4–5 Minuten in Essigwasser ohne Schale direkt pochiert	• wie hart gekochte Eier, warm gereicht • **Béarner Art:** auf Artischockenböden oder Toast angerichtet und mit Béarner Soße überzogen • **auf italienische Art:** auf Reissockel oder Toast angerichtet und mit Schinkenkräutersoße nappiert, mit gehackter Petersilie bestreut • **Cardinal:** auf Croûtons angerichtet, mit Cardinalsoße überzogen, mit Hummerscheibe und Trüffelscheibe belegt • **Comtesse:** auf Croûtons angerichtet, mit Geflügelrahmsoße nappiert und mit Spargelspitzen garniert • **auf Florentiner Art:** auf gedünstetem Blattspinat angerichtet und mit Mornaysoße überbacken
Eier im Näpfchen (œufs en cocottes) 1 Ei als Vorspeise 2 Eier als kleines Hauptgericht	ein rohes Ei in ausgebuttertes, oft mit Farce oder feinem Ragout gefülltes Näpfchen schlagen, salzen, pfeffern und mit Butterflocken belegen; zugedeckt im Wasserbad etwa 5 Minuten indirekt pochieren	• **Gouffé:** mit einer Mischung aus gehacktem Schinken, Hirn und Schnittlauch ausgelegt, nach dem Garen mit Tomatensoße umkränzt • **nach Cherburger Art:** mit leichter Fischfarce ausgestrichen; nach dem Garen mit Garnelensoße umkränzt • **nach Lothringer Art:** mit einer Mischung aus angebratenen Speckwürfeln, Käsewürfeln und Sahne ausgelegt • **nach Königinart:** mit Hühnerpüree ausgestrichen oder mit feinem Ragout aus Hühnerfleisch, Kalbfleisch, -zunge und -bries sowie Champignons ausgefüllt

2. In Flüssigkeit gegarte Eierspeisen

Ausgewählte Speisen

1.11 Milch und Milchprodukte

1. Milchprodukte

1.11.1 Bestandteile und Verarbeitung von Milch

Milch ist besonders bekömmlich, weil das Milchfett in feinsten Tröpfchen in der Flüssigkeit emulgiert ist und sein Schmelzbereich unter der Körpertemperatur (36 °C) liegt. Ihre Inhaltsstoffe sind in der Art und Menge für den Aufbau und die Gesunderhaltung des Körpers besonders vorteilhaft kombiniert.

Milch besteht aus durchschnittlich 87,5 % Wasser und 12,5 % Trockenmasse, die sich zusammensetzt aus 3,8 % Milchfett, 3,3 % Milcheiweiß (hauptsächlich Kasein), 4,8 % Milchzucker, 0,6 % Mineralstoffen (besonders Phosphor und Calcium) sowie Vitaminen.

Ein ganzer Industriezweig befasst sich mit der Verarbeitung der Milch zu Sauermilch, Joghurt, Kefir, Sahne, Butter, Quark und Käse.

Bei der Sahne- und Butterherstellung fallen große Mengen von Mager- bzw. Buttermilch an, die außer Milchfett noch alle ursprünglichen Nährstoffe enthalten und somit wertvolle Nahrungsmittel darstellen. Auf ihnen basieren fettarme Milchgetränke, Sauermilchprodukte, Magerkäse und Milchpulver.

Im Handel sind Milch und Milchprodukte in vielen Verpackungsgrößen erhältlich. Neben der Bezeichnung müssen Angaben über den Hersteller, die Menge, den Fettgehalt, die Haltbarkeit und die Art ihrer Behandlung (pasteurisiert, sterilisiert, ultrahocherhitzt, homogenisiert) auf der Packung angegeben sein.

Bei einem Preisvergleich ist vor allem auf den Fettgehalt zu achten.

zentrifugieren	Trennung der leichten (Rahm, Sahne) und schweren Teile der Milch (Magermilch) durch starke Schleuderbewegung.
pasteurisieren/ kurzzeiterhitzen	Keimarmmachung durch Hitze. Erhitzung auf 75 °C für 15–30 Sekunden. Bei kühler Lagerung einige Tage haltbar.
hocherhitzt	z. B. ESL Milch kurz erhitzt bis 127 °C, gekühlt bis 3 Wochen haltbar
sterilisieren	Keimfreimachen durch 20- bis 30-minütiges Erhitzen auf 109–112 °C. Vorteil: Keimfrei verpackt auch ohne Kühlung lange Zeit haltbar. Nachteil: Kochmilch-Geschmack, Vitaminverluste, Eiweißveränderung.
ultrahocherhitzen	Keimfreimachen durch sehr kurzes Erhitzen auf ca. 150 °C. Vorteil: Auch ohne Kühlung (bei entsprechender Verpackung) lange (mind. 2 Wochen) haltbare Milch.
homogenisieren	Gleichmäßig feine Verteilung der Fetttröpfchen. Vorteil: Vollmundiger Geschmack, nur schwache Ausbildung der Milchhaut, kein Aufrahmen.
kondensieren	Entzug von Wasser.
evaporieren	Wasserentzug durch Eindampfen im Vakuum.

2. Verfahren bei der Herstellung von Milch und Milchprodukten

Topfenpalatschinken
(Topfenfüllung ist Quarkfüllung)

Zutaten für 4 Portionen
8 dünne Pfannkuchen Ø ca. 20 cm
Doppelte Rezeptur Seite 244

für die Füllung:
250 g Quark, 50 g weiche Butter,
35 g Puderzucker, 5 g Vanillezucker,
15 g Speisestärke, abgeriebene
Zitronenschale, 1 Eigelb,
25 g Rosinen in Rum eingeweicht,
1 Eiklar (für Eischnee)

für den Guss:
0,1 l Milch, 200 g Crème fraîche,
4 Eigelb, 50 g Zucker,
5 g Vanillezucker

Arbeitsgänge
- Zutaten für die Füllung schaumig rühren (außer Eiklar und Rosinen)
- Eiklar zu Schnee schlagen und mit den Rumrosinen unterheben
- Pfannkuchen mit der Füllung bestreichen und zusammenrollen
- Pfannkuchen quer halbieren und in eine gebutterte Form ziegelartig einsetzen, Schnittflächen nach oben
- im Backofen bei 170 °C, Umluft 150 °C ca. 15 Minuten vorbacken
- Zutaten für den Guss glatt verrühren, über die Röllchen gießen und ca. weitere 20 Minuten backen, bis der Guss fest geworden ist
- mit Puderzucker bestreuen

Beigabe
- Eine beliebige Fruchtsoße

Bezeichnung und Herstellungsweise	Beispiele und Fettgehalt		Verwendung
Milch (lait)	• Magermilch • teilentrahmte/fettarme Milch • Vollmilch	bis 0,5 % 1,5 – 1,8 % 3,5 % – 3,8 %	• Basis für Cremes, Milchspeiseeis und Milchkaltschalen; Bestandteil von Pürees und Soßen (Béchamel)
Sauermilcherzeugnisse (Sauermilch/Dickmilch) **Joghurterzeugnisse Kefirerzeugnisse** hergestellt mit speziellen Milchsäurebakterienkulturen, naturell oder mit Früchten	• entrahmt • teilentrahmt • Vollmilchstufe • Sahnestufe	bis 0,5 % 1,5–1,8 % 3,5 % mind. 10 %	• als Getränk oder erfrischende Zwischenmahlzeit bzw. Vorspeise; als Basis für Salatsoßen und, mit Früchten kombiniert, als Nachspeise; entrahmte und teilentrahmte Erzeugnisse bei Reduktionskost und gestörtem Fettstoffwechsel
Kondensmilch homogenisierte, kondensierte oder evaporierte, sterilisierte Milch	• ohne Zuckerzusatz: verschied. Fettgehalte • mit Zuckerzusatz: gezuckerte Kondensmilch	1 %, 4 %, 7,5 %, 10 % 8,5 %	• als Zusatz zu Aufgussgetränken
Buttermilcherzeugnisse gesäuerte Milch, die bei der Butterherstellung anfällt	• Buttermilch • Reine Buttermilch (ohne Flüssigkeitszusätze bei der Butterung)	bis 1,0 % bis 1,0 %	• als erfrischendes, leicht verdauliches Milchgetränk und Basis für Mixgetränke
Sahneerzeugnisse durch Abscheiden der Magermilch oder Einstellung des Fettgehaltes hergestellt	• Kaffeesahne (Trinksahne, Kaffeerahm, Sahne, Rahm) • Schlagsahne (Schlagrahm) • Crème double	mind. 15 % mind. 30 % mind. 40 %	• als Zusatz zu Aufgussgetränken und zur Verfeinerung von Speisen • geschlagene Sahne als Beigabe und Verzierung von Süßspeisen und Eis, Kuchen und Torten, zum Legieren, Verfeinern und als Bestandteil von Suppen, Soßen, Pürees und Farcen
Saure Rahmerzeugnisse mit speziellen Milchsäurebakterienkulturen hergestellt	• Saure Sahne • Crème fraîche • Schmand	mind. 10 % mind. 30 oder 40 % 20 bis 24 %	• zur Verfeinerung, geschmacklichen Abrundung und Konsistenzverbesserung von Salatsoßen, Soßen und Suppen
Butter aus Milch oder Sahne, süß oder gesäuert gewonnen	• Süßrahmbutter • Sauerrahmbutter	mind. 82 % mind. 82 %	• zum Ansetzen und Verfeinern von Suppen und Soßen, zum Dünsten von Gemüsen, Fischen, zartem Fleisch und Geflügel, zum Nachbraten kurzgebratener Speisen

1. Wichtige Milchprodukte und ihre Verwendung bei der Speisenzubereitung

Ausgewählte Speisen

Wassergehalt der fettfreien Käsemasse

Käsegruppe	Wassergehalt
Hartkäse	bis 56 %
Schnittkäse	54 % bis 63 %
halbfester Schnittkäse	61 % bis 69 %
Sauermilchkäse	60 % bis 73 %
Weichkäse	67 % bis 82 %
Frischkäse	73 % bis 87 %

Trockenmasse – Wasser
Fett – fettfr. Trockenm. – Wasser
Fett – fettfreie Käsemasse

1. Einteilung in Käsegruppen (nach Käse-Verordnung)

Fettgehalt der Trockenmasse

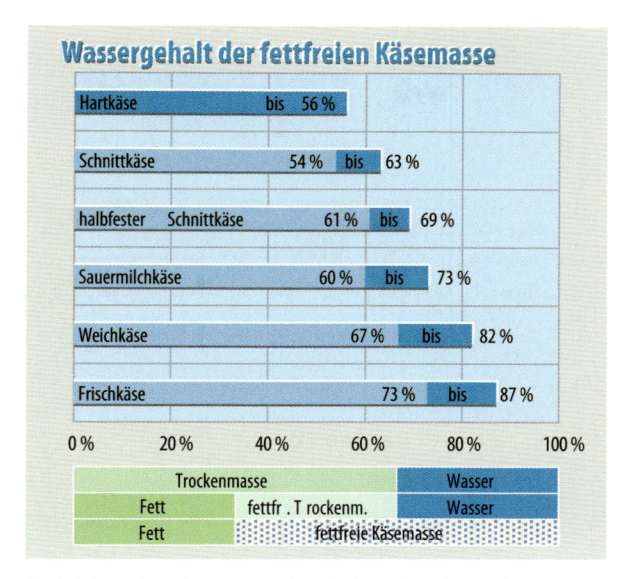

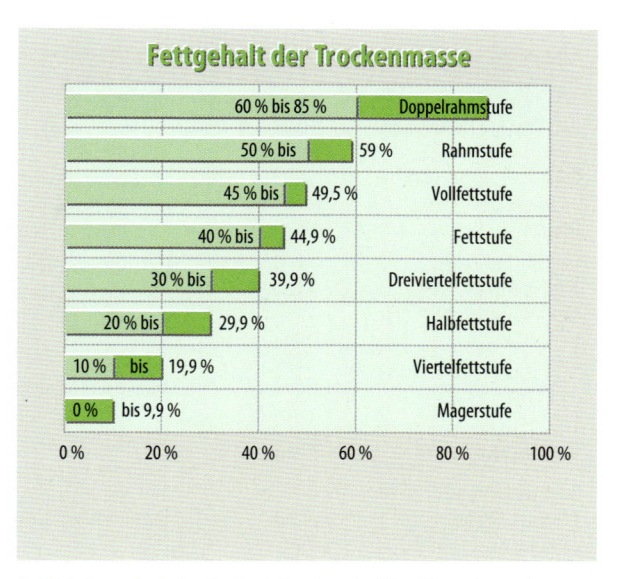

Fettgehalt	Stufe
60 % bis 85 %	Doppelrahmstufe
50 % bis 59 %	Rahmstufe
45 % bis 49,5 %	Vollfettstufe
40 % bis 44,9 %	Fettstufe
30 % bis 39,9 %	Dreiviertelfettstufe
20 % bis 29,9 %	Halbfettstufe
10 % bis 19,9 %	Viertelfettstufe
0 % bis 9,9 %	Magerstufe

2. Einteilung in Fettgehaltsstufen (nach Käse-Verordnung)

1.11.2 Käse

Die Milch für die Käseherstellung (Kuh-, Schaf- oder Ziegenmilch) wird durch Entrahmen oder Rahmzusatz auf die Fettgehaltsstufe eingestellt und durch Säure- oder Labgerinnung dick gelegt.

Man unterscheidet etwa 50 verschiedene Verfahren der Käseherstellung. Der dick gelegte und entwässerte Milch-Quark bzw. Bruch ist das Grundprodukt des Käses. Für Schichtkäse werden abwechselnd fettarmer und fettreicher Quark in Formen geschichtet.

Bei allen anderen Käsesorten wird der Bruch in Formen gefüllt, die bereits der endgültigen Käseform entsprechen, und zur weiteren Ausscheidung der Molke mehrere Stunden, teils unter Druck, entwässert. Sobald die Käsemasse genügend Festigkeit erreicht hat, wird sie längere Zeit in einem Salzbad getränkt. Neben der Rindenbildung bei Hartkäse beeinflusst das Salz den Geschmack und die Haltbarkeit aller Käsesorten.

In Reifungs- und Lagerräumen mit gesteuerter Temperatur und Luftfeuchtigkeit reift und lagert der Käse je nach Sorte einige Tage bis Monate, einige Hartkäse sogar Jahre.

Während dieser Zeit werden manche Käsesorten mit Wasser oder Salzwasser abgerieben, um eine Schimmelbildung auf der Rinde zu verhindern und den Reifeprozess günstig zu beeinflussen, sichtbar als Schmierebildung bei Limburger, Romadur und Tilsiter.

Dem Bruch von Edelschimmelpilzkäsen werden Schimmelpilzsporen einer besonderen Art zugesetzt. Camembertartige Käsesorten reifen durch einen Pilz, der an der Oberfläche wächst.

Hartkäse reift in der ganzen Masse, wobei Mikroorganismen Gase erzeugen, die die charakteristische Lochbildung hervorrufen. Weichkäse reift dagegen von außen nach innen.

Bei diesen Vorgängen entwickeln sich auch die spezifische Konsistenz sowie Geruch und Geschmack der Käsesorten. Da die Reifungsvorgänge stets weitergehen, ist Käse so zu lagern, dass seine Qualität verbessert und nicht beeinträchtigt wird. Die mögliche Lagerdauer und -temperatur richten sich nach der Käsesorte und nach dem Reifegrad. Hart- und Schnittkäse kommen ausgereift in den Handel und sind bei 15 °C einige Zeit haltbar. Weich- und Sauermilchkäse sollten bei ca. 16 °C ausreifen und sind bei 10 °C für kurze Zeit lagerfähig. Die Anschnittflächen sind vor dem Austrocknen zu schützen.

Verwendung von Käse in der Küche

Käsebrot, -teller, -platte oder -brett werden als Bestandteil von Frühstück, Zwischenmahlzeiten oder Abendessen und als Nachspeisen serviert. Warme Käsegerichte haben in erster Linie Hartkäse als Grundlage. Er wird, fein gerieben, auch als Würzzutat vielfältig eingesetzt.

1. Welche Mikroorganismen sind bei der Käseherstellung beteiligt?
2. Welche Lagertemperatur ist bei Käse einzuhalten?
3. Nennen Sie vier Verwendungszwecke von Käse.
4. Wie wird der Fettgehalt bei der Käseherstellung eingestellt?
5. Welche Unterschiede bestehen zwischen Milch, Schlagsahne und Butter?

Käsesorte	ursprüngliches Herkunftsland	angebotene Fettstufen	Verwendungsbeispiele
Hartkäse mit Lochbildung: • Emmentaler, Bergkäse, • Greyerzer, Appenzeller • Allgäuer Emmentaler • Comté	Schweiz Deutschland Frankreich	vollfett	• zum Frischverzehr • zu Käse-Fondue oder Raclette, • zum Überbacken und als Füllung (Cordon bleu, Omeletts), • in Stücke geschnitten, paniert und frittiert
Hartkäse ohne wesentliche Lochbildung: • Parmesan • Sbrinz • Chester, Cheddar • Cantal • Provolone	Italien Schweiz England Frankreich Italien	dreiviertelfett vollfett vollfett und Rahmstufe dreiviertelfett bis vollfett	• zum Frischverzehr • als Reibekäse für Spagetti, Minestrone und Risotto • als Reibekäse, auch als würzender Bestandteil von Käse-Fondue; zu Welsh Rarebit (Käsetoast) und zum Überbacken • zum Überbacken • zum Backen bzw. Überbacken von Pizza, Cannelloni, Lasagne
Schnittkäse: • Edamer, Gouda • Danbo • Tilsiter	Holland Dänemark Deutschland	dreiviertelfett bis Rahmstufe	• zum Frischverzehr • zum Überbacken von Toastgerichten
Halbfester Schnittkäse: • Italico (Bel paese) • Esrom • Butterkäse, Steinbuscher, Weißlacker, Bierkäse	Italien Dänemark Deutschland	fett bis Rahmstufe	• zum Frischverzehr
mit Innenschimmel: • Roquefort, Fromage bleu • Danablu • Gorgonzola • Bavaria blu • Stilton	Frankreich Dänemark Italien Deutschland England	vollfett bis Doppelrahmstufe	• zum Frischverzehr • zum Überbacken von Toastgerichten und Obst (z. B. Birne mit Roquefort) • fein gerieben in Salatsoße
Weichkäse mit Schmierebildung: • Limburger, Romadur • Weinkäse • Münster	Deutschland Deutschland Frankreich	halbfett bis Rahmstufe vollfett und Rahmstufe	• zum Frischverzehr
mit Schimmelbildung: • Camembert • Brie	Frankreich Frankreich	dreiviertelfett bis Doppelrahmstufe vollfett bis Rahmstufe	• zum Frischverzehr, Frittieren und Überbacken
Frischkäse: • Speisequark • Rahmfrischkäse • Doppelrahmfrischkäse • Schichtkäse (gallertartig) • Cottage cheese • Mozarella	 Italien	mager bis fett Rahmstufe Doppelrahmstufe viertelfett bis vollfett	• zum Frischverzehr • als Bestandteil von Salatsoßen • zum Kochen, Braten, Würzen
Sauermilchkäse mit Schmierebildung: • Harzer, Mainzer, Handkäse	Deutschland	Magerstufe	• zum Frischverzehr (mit Butter und Zwiebeln)
mit Schimmelbildung: • Handkäse, Korbkäse	Deutschland	Magerstufe	• zum Frischverzehr

1. Beispiele für Verwendung von Käse

Ausgewählte Speisen 251

Emmentaler

Greyerzer

Sbrinz

Edamer

Butterkäse

Edelpilzkäse

Gouda

Brie

Camembert

Kräuterquark

Harzer Käse

Korbkäse

Gemüseplatte, Gemüseteller

Zutaten für 4 Portionen

Glasierte Karotten

200 g Karottenstäbchen, 20 g Butter, Salz, 15 g Zucker

▶ Karotten in Butter anschwitzen, salzen und zuckern, wenig Flüssigkeit untergießen und zugedeckt dünsten. Am Ende der Garzeit die Flüssigkeit so weit einkochen, dass sie das Gemüse sirupartig überzieht

Bohnenbukett

200 g gekochte Prinzessbohnen, Salz, Pfeffer, 4 hauchdünne Speckscheiben, 10 g Butter

▶ Bohnen würzen, 4 Bündel mit Speck umwickeln und in einer gebutterten Pfanne im Ofen erhitzen

Blumenkohlröschen, Brokkoliröschen

200 g Blumenkohlröschen/Brokkoliröschen, Salz, Zitronensaft, 4 Teelöffel Mornaysoße oder braune Butter mit gerösteten Mandelblättchen oder gerösteten Weißbrotkrumen

▶ Blumenkohlröschen/Brokkoliröschen würzen, dämpfen und mit Soße oder Butter überziehen

Provenzalische Tomaten

4/2 Tomaten, Salz, Pfeffer, 10 g Butter, 20 g Zwiebelwürfel, 10 g geriebenes Weißbrot, Knoblauch, gehackte Kräuter, 10 g geriebener Käse

▶ Tomatenhälften würzen, in eine Pfanne setzen und mit einer Mischung aus in Butter angerösteten Brotkrumen, angeschwitzten Zwiebelwürfeln, Knoblauch, Kräutern und Käse bedecken. Im Ofen bei 200 °C 6 Minuten garen

Stangenspargel auf holländische Art

4 gekochte Spargelstangen
4 Teelöffel Holländische Soße

1.12 Gemüse, Pilze und Salate

1.12.1 Gemüse

Gemüse sind Teile von Pflanzen, die roh oder gegart verzehrt werden. Durch ihren geringen Gehalt an Fett und verdaulichen Kohlenhydraten ist ihr Energiewert niedrig. Sie spielen deshalb bei allen Kostformen, bei denen die Energiezufuhr einzuschränken ist, eine wichtige Rolle. Die Bedeutung der Gemüse für die Ernährung beruht hauptsächlich auf ihrem Geschmackswert, ihrem Gehalt an Vitaminen, Mineralstoffen und Ballaststoffen.

Um Geschmacks- und Wirkstoffe weitgehend zu erhalten, sollte Gemüse möglichst frisch zubereitet werden. Während der notwendigen Lagerung ist Gemüse kühl und dunkel aufzubewahren (2 °C bis 8 °C bei ca. 90 % Luftfeuchtigkeit).

Viele rohe und gegarte Gemüse können als Rohkost bzw. Salat Verwendung finden.

Vorbereitende Arbeiten bei Gemüse

Die meisten Gemüse werden nach dem Waschen geputzt oder geschält. Je nach Art und Verwendung werden sie danach

- blanchiert (→ 78)
- paniert (→ 78)
- zerkleinert; dies geschieht maschinell oder manuell. Bei manueller Zerkleinerung ist exaktes Schneiden wegen gleicher Garzeit und gutem Aussehen wichtig.
- gebündelt, z. B. Spargel, Bohnen, Lauch usw. Dadurch wird das Gemüse in gleichmäßige Portionen eingeteilt, die nach der Fertigstellung beim Anrichten ein schnelles Arbeiten ermöglichen.

1. Manuelles Schneiden von Gemüse

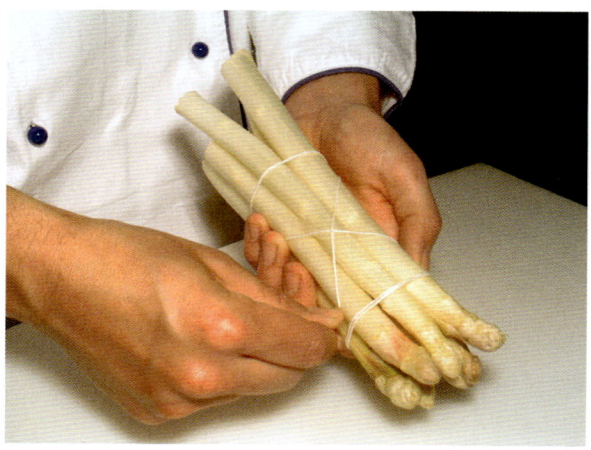

2. Bündeln, Portionieren von Gemüse

Ausgewählte Speisen 253

Gefüllte Zucchini

Zutaten für 5 Portionen

5 kleine Zucchini	
10 g Öl	
30 g Zwiebelwürfel	
3 Scheiben frisches Weißbrot	
Tomatenfleischwürfel von 2 Tomaten	
40 g Käsewürfel (Edamer)	
Salz, Pfeffer, Knoblauch	
gehackte Petersilie	
1/8 l Fleischbrühe	
20 g Butterflocken	

Arbeitsgänge

- aus den Zucchinihälften mit einem Kugelausbohrer das Fruchtfleisch aushöhlen; einen Rand stehen lassen
- das Fruchtfleisch grob hacken
- Zwiebeln in Öl anschwitzen und das Fruchtfleisch darin halbgar dünsten
- das Weißbrot ohne Kruste reiben und in einer Pfanne anrösten
- die Zutaten vermengen und würzig abschmecken
- in die gewürzten Zucchinihälften füllen und mit Butterflocken belegen
- in wenig Fleischbrühe im Ofen garen

Garen von Gemüse

Gemüse dürfen auf keinen Fall übergart werden, da durch die Einwirkung von Hitze und Sauerstoff Vitamine zerstört werden und übergarte Gemüse viel von ihrem ursprünglichen Geschmack verlieren. Die richtige Konsistenz gegarter Gemüse ist ein Qualitätskriterium. Überflüssiges Warmstellen ist ebenso zu vermeiden wie übermäßiges Würzen. Bei der Auswahl des Garverfahrens ist schonendem Dünsten oder Dämpfen der Vorzug zu geben. Verfahren mit viel Flüssigkeitszugabe laugen das Gemüse stark aus. Dabei gehen Vitamine und Mineralstoffe sowie ein Teil der Geschmacksstoffe ins Wasser über. Gebräuchliche Garverfahren:

- Kochen in viel Wasser, etwa bei Spargel, Artischocken, Bohnen und Hülsenfrüchten;
- Dämpfen/Überdruckdämpfen im Dampftopf oder Kombinationsgargerät, Überdrucktopf oder Dampfschnellgarer (Steamer);
- Dünsten im eigenen Saft bei wenig Flüssigkeitszugabe im geschlossenen Topf;
- Schmoren durch leichtes Anbraten und anschließendes Garen in Brühe oder Soße;
- Frittieren, bei dem meist panierte (rohe oder gegarte) Gemüse eine braune Kruste erhalten;
- Braten in der Pfanne, bei dem Gemüsescheiben in Öl oder Butter auf beiden Seiten angebräunt werden.

Gemüse wird auch tiefgekühlt oder in Gläsern und Dosen konserviert das ganze Jahr in guter Qualität angeboten. Tiefkühlgemüse ist im Allgemeinen gefroren in kochendem Wasser oder in Dampf zu garen. Konservengemüse ist bereits gegart und braucht nur noch erwärmt, verfeinert und abgeschmeckt zu werden.

Fertigstellen von Gemüse

Durch Kochen, Dämpfen oder Dünsten gegartes Gemüse kann naturell, mit einer leichten Soße gebunden sowie überbacken serviert werden. Zum Binden eignen sich
- eine helle Soße (Mehlschwitze mit Gemüsefond oder Milch aufgefüllt),
- der mit Mehlbutter gebundene Dünstfond,
- Sahne oder Crème fraîche.

Eine gebräunte Schicht beim Überbacken erzielt man durch Käse- und Butterflocken oder mit Soße, z. B. Mornay- oder Holländische Soße, mit geschlagener Sahne vermischt.

Für Gemüseaufläufe werden gegarte, pürierte Gemüse mit dick gehaltener Béchamelsoße und Eigelb stark gebunden, mit Eischnee gelockert und im Wasserbad im Ofen gegart. Sie fallen schnell zusammen und sollten deshalb rasch serviert werden.

Gemüsepuddings sind mit Ei und Sahne vermischte, pürierte Gemüse, die man im Wasserbad stockt.

Zur Herstellung von Gemüsepürees aus Hülsenfrüchten und Maronen werden die gegarten Gemüse püriert und mit Sahne und Butter verfeinert.

Gemüse mit wenig Stärkegehalt sind roh zu zerkleinern, gar zu dünsten und mit Butter, Sahne oder Crème fraîche zu verfeinern.

Glasiert wird Gemüse, indem Zuckerstoffe mit Fett leicht karamellisiert und gegarte Gemüse darin geschwenkt werden (z. B. Möhren, Maronen, Zwiebeln).

Spinatpudding
(Flan)

Zutaten für 5 kleine Becherformen

250 g blanchierter, gehackter Spinat
2 Eier
0,1 l Milch oder Sahne
Salz, Pfeffer
Muskat
50 g angeschwitzte Zwiebelwürfel
10 g Butter für die Formen
Garnitur gekochte Eier, Möhren, Flanmasse

Arbeitsgänge

- alle Zutaten vermischen und würzig abschmecken
- 5 gebutterte Becherformen eventuell mit Eischeiben usw. auslegen, Spinatmasse einfüllen
- die Formen in einen flachen Topf stellen und mit kochend heißem Wasser zur halben Höhe der Formen auffüllen
- den Topf zudecken und den Spinatflan unter dem Siedepunkt etwa 25 Minuten garen (pochieren) oder im Kombigarer bei 100 % Luftfeuchte und 80 °C Hitze garen
- beim Anrichten den Flan mit einem Messer vom Becherrand lösen und stürzen

Anrichteweisen von Gemüsen

Gemüse kann als Beilage, Vorspeise, Gemüsegang (Einzelgemüse wie Spargel, Artischocken, Chicorée) oder Gemüseplatte angeboten werden.

Optische Vorteile bietet das Anrichten auf Tellern oder Platten, wenn das Gemüse an die übrigen Essensbestandteile garniert wird. Dabei sind folgende Regeln einzuhalten:
- Der Rand von Platte/Teller darf nicht belegt werden.
- Die Soße gebundener Gemüse muss so knapp bemessen sein, dass andere Speisen nicht beeinträchtigt werden. Besser ist ein Nappieren mit aufgeschlagener Soße oder Bepinseln mit heißer Butter.
- Es ist auf farbliche Harmonie zu achten.

Teilweise wird Gemüse wie Spargel oder Artischocken auf Fleisch oder Fisch als Garnitur angerichtet oder wie Blattspinat oder Paprikagemüse als Sockel verwendet. Beispiele für Gemüse-Mischgerichte:
- Leipziger Allerlei, ein leicht gebundenes Gemüsegericht aus kleinen Karotten, feinen Erbsen, Spargelstücken, Morcheln und Blumenkohlröschen (auch mit Krebssoße gebunden und mit Krebsschwänzen garniert).
- Ratatouille, ein Gemüseragout aus Auberginen, Zucchini, Paprikaschoten, Zwiebeln und Tomaten, mit Knoblauch und Kräutern gewürzt.

1. Zählen Sie vier Gründe auf, warum in jedem Menü Gemüse, roh oder gegart, vorkommen sollte.
2. Welche Garverfahren sind bei Gemüse zu empfehlen?
3. Nennen Sie fünf Gemüsearten der Saison.

1. Kürbisgemüse, Mais, Tomaten

2. Anrichteweise von Gemüse

Ausgewählte Speisen

Gemüsearten	Hauptsaison	gebräuchliche Zubereitung und Verwendung (Garniturbestandteil)
Blütengemüse		
Artischocken (Artichauts)	April bis August	gekocht, ganz mit aufgeschlagener Soße oder Butterzubereitung angerichtet; kalt, mit Vinaigrette-Soße oder einer Mayonnaiseableitung; Böden gefüllt mit Erbsen oder Spargelköpfen (Choron)
Samen-, Fruchtgemüse		
Auberginen (Aubergines)	Juli bis November	halbiert, ausgehöhlt, mit gegarter Fleischmasse (mit Auberginenfleisch vermischt) gefüllt und überbacken; in Scheiben geschnitten, paniert und frittiert oder gebraten; als Ratatouille-Bestandteil
Avocado (Avocado)	Oktober bis April	wird meist roh zu Salaten oder gefüllt als Vorspeise (häufig mit Krustentieren) oder zu Suppen verwendet
Bohnen • Grüne Bohnen (Haricots vert) • frische Bohnenkerne (Flageolets) • getrocknete Bohnenkerne	Juli bis September Juli bis August	• gekocht, blanchiert, gedünstet oder gedämpft • wie grüne Bohnen • eingeweicht und gekocht, als Gemüse gebunden oder püriert in Suppen; Bestandteil von Cassoulet (Eintopf mit Geflügel, Schweine- oder Hammelfleisch)
Erbsen • Junge Erbsen (Petits pois) • Zuckerschoten – ganze junge Erbsenschoten – (Pois mange-tout) • getrocknete Erbsen (Pois sec)	April bis Juli	• gedünstet oder gekocht und mit Butter verfeinert, auch leicht gebunden auf französische Art: leicht gebundene, gedünstete Erbsen mit Streifen von Kopfsalat und Schinken • in Butter gedünstet • eingeweicht und gekocht als Suppe, Püree oder Eintopf
Gurken (Concombres)	Juni bis Oktober	geschnitten und gedünstet oder ganz gefüllt (Doria); in kalten oder warmen Suppen
Kürbis (Courge)	Juni bis Oktober	Kürbisfleisch gewürfelt, gedünstet oder geschmort, auch süßsauer eingelegt
Linsen (Lentilles)	(nur getrocknet)	eingeweicht und in Speck gekocht; auch als Linsensuppe oder Püree
Mais/Zuckermais (Mais sucré)	Juli bis September	ganze Kolben gekocht oder gegrillt; Körner gedünstet oder gekocht zu Salaten
Maronen (Marons)	September bis Dezember	gedünstet und glasiert; als Maronenpüree und für Füllungen und Suppen
Okra/Gombo	Juni bis September	blanchiert und gedünstet, mit Sahne gebunden, auch überbacken; blanchiert durch Backteig gezogen und frittiert
Paprika (Piments doux)	Juli bis Oktober	ganz gefüllt und geschmort; in Streifen geschnitten und gedünstet; als Soßenbestandteil
Tomaten (Tomates)	Juni bis November	roh ausgehöhlt und gegart, mit Gemüsen (Erbsen, Spargel, Mais) gefüllt oder gratiniert; als Rohstoff für Suppen und Soßen; als Tomatenfleischwürfel (franz.-Tomates concassées)
Zucchini (Courgettes)	September bis März	halbiert, ausgehöhlt und gefüllt, im Ofen gegart oder in Scheiben geschnitten; paniert und gebraten bzw. frittiert; als Ratatouille-Bestandteil
Zwiebelgemüse		
Lauch/Porree (Poireaux)	Juni bis Januar	halbiert, blanchiert und gedünstet oder geschmort oder in Stücke geschnitten, blanchiert, gedünstet und mit Béchamelsoße und Sahne gebunden; für Suppen und Lauchkuchen
Zwiebeln (Oignons)	Juli bis Februar	roh ausgehöhlt, mit Fleischfüllung gefüllt und geschmort; zur Suppen- und Soßenherstellung; für Zwiebelmus und Zwiebelkuchen; Ringe durch Backteig gezogen und frittiert; kleine Zwiebeln als Perl- oder Silberzwiebeln sauer eingelegt oder glasiert

1. Gemüsearten: Blütengemüse, Samen- und Fruchtgemüse, Zwiebelgemüse

Gemüsearten	Hauptsaison	gebräuchliche Zubereitung und Verwendung (Garniturbestandteil)
Wurzelgemüse		
Karotten, kugelförmig	Juni bis Dezember	in Scheiben, Würfel oder Stäbchen geschnitten, gedünstet und glasiert. Für Garnitur (Chipolata). Karotten Vichy: Scheiben in Mineralwasser gedünstet
Möhren, walzenförmig (Carottes)	ganzjährig	gedünstet oder glasiert, tourniert und gegart
Speiserübchen (Navets)	Mai bis Juni	gedünstet und glasiert, zu Püree verarbeitet, als Bestandteil von Eintopfgerichten und Lammragouts
Teltower Rübchen (Navets de Teltow)	Oktober bis März	gedünstet und glasiert
Schwarzwurzel (Salsifis)	Oktober bis Februar	gekocht oder gedünstet, auch paniert und frittiert
Knollensellerie (Céleri-rave)	August bis April	vorgekocht, in Scheiben geschnitten, paniert und in der Pfanne gebraten
Blattgemüse		
Schikoree (Chicorée sauvage)	November bis März	blanchiert und gedünstet oder geschmort, auch mit Käse überbacken
Fenchel (Fenouil)	November bis April	gedünstet oder geschmort, auch überbacken oder paniert und frittiert
Kopfsalat (Laitue)	Mai bis September	blanchiert, gedünstet oder geschmort, auch überbacken
Mangold (Bette)	Juni bis September	Blätter wie Spinat, Stengel wie Spargel zubereitet
Spinat (Epinards)	März bis Juni und September bis November	blanchiert und gehackt als Rahmspinat mit Béchamelsoße und Sahne gebunden; blanchiert und gedünstet als Blattspinat (Florentiner Art). Beachten: Spinat enthält Nitrat, das sich bei warmer Lagerung und beim Wiedererhitzen in gesundheitsschädliches Nitrit umwandeln kann!
Stauden-/Bleichsellerie (Coeurs de céleri/ Céleri en branches)	August bis März	gedünstet oder geschmort, auch überbacken
Kohlarten		
Kopfkohl		
• Weißkohl/Weißkraut (Chou-blanc)	Juli bis Dezember Oktober bis März	• Bayerischkraut: in Streifen geschnitten und mit gebräuntem Zucker und Kümmel gedünstet; blanchiert für Kohlrouladen, in Eintöpfen • Durch Milchsäuregärung entsteht aus Weißkraut Sauerkraut, das gedünstet, mit Speck, Wein, Ananas, Champagner oder Ähnlichem zubereitet wird.
• Wirsing (Chou de Milan)	Juni bis Dezember	• meist blanchiert, geschnitten und gedünstet, auch gebunden; ganze Blätter zum Einwickeln von zartem Fleisch oder Fisch vor dem Garen
• Rotkohl/Rotkraut (Chou-rouge)	Juli bis Dezember	• in Streifen geschnitten und gedünstet; häufig mit Äpfeln oder Backpflaumen
Blütenkohl		
• Blumenkohl (Chou-fleur)	Mai bis Oktober	• gedämpft oder gekocht, mit Rahmsoße oder aufgeschlagener Soße überzogen, auch überbacken (Dubarry); auf polnische Art: mit gehacktem Ei und Petersilie bestreut und mit heißer Bröselbutter übergossen oder vorgekochte Röschen paniert und frittiert
• Brokkoli (Chou brocoli)	Februar bis April	• gekocht oder gedämpft, wie Blumenkohl fertig gestellt
Blätterkohl		
• Grünkohl (Chou vert)	November bis Februar	• blanchiert, gehackt und mit Speck gedünstet, auch mit Béchamelsoße und Sahne gebunden
• Rosenkohl (Chou de Bruxelles)	September bis Februar	• gekocht oder gedünstet, auch mit Béchamelsoße gebunden; überbacken (Brüsseler Art)
• Kohlrabi (Chou rave)	Mai bis Oktober	• in Blättchen oder Stäbchen geschnitten, gedünstet, Fond mit Mehlbutter und Sahne gebunden
Sprossengemüse		
Spargel (Asperges)	April bis Juni	gekocht, mit einer Butterzubereitung oder aufgeschlagener Soße serviert; gekocht, durch Backteig gezogen und frittiert, gekocht und überbacken, roh in Scheiben geschnitten sautiert

1. Gemüsearten: Wurzelgemüse, Blattgemüse, Sprossengemüse

Ausgewählte Speisen 257

1. ① Steinpilze, ② Champignons, ③ Pfifferlinge, ④ Austernpilze, ⑤ Maronenröhrling, ⑥ Speisemorcheln

1.12.2 Pilze

Speisepilze sind die Fruchtkörper der Pilzpflanze. Sie werden entweder gezüchtet oder gesammelt. Von den etwa 2 500 Arten in Mitteleuropa werden nur wenige in der Gastronomie verarbeitet. Da es giftige Arten gibt, sind nur die Pilze zu verarbeiten, über deren Genießbarkeit keine Zweifel bestehen.

Pilze enthalten etwa 90 % Wasser, daneben Eiweißstoffe, Kohlenhydrate, geringe Fettmengen und Wirkstoffe. Die Gerüstsubstanz ist Chitin, ein unverdaulicher Vielfachzucker. Der Energiewert der Pilze ist gering und dem von Gemüse vergleichbar. Der Geschmack ist von Art zu Art unterschiedlich und reicht von mild wie bei Champignons bis stark aromatisch wie bei Morcheln (Morilles), Trüffeln (Truffes), Pfifferlingen (Chanterelles) und Knoblauchpilzen (Mousserons).

Weil nicht immer frische Pilze aller Arten zur Verfügung stehen, wird auch konservierte Ware eingekauft. Auf dem Markt ist sterilisierte, getrocknete und gefrorene Ware unterschiedlicher Sortierung und Qualität. Bevorzugt werden kleine und junge Pilze. Bei Champignons wird auf geschlossenene Köpfe Wert gelegt. Zu den Edelpilzen, den geschmacklich hochwertigen Pilzen, zählen Champignons, Pfifferlinge, Steinpilze (Cêpes), Morcheln und Trüffeln. Außer Edelpilzen werden vor allem gezüchtete Austernseitlinge, Shitake-Pilze und Stockschwämmchen angeboten. Butterpilze und Maronenröhrlinge sind meist Hauptbestandteil von Mischpilz-Konserven.

Frisch gesammelte Pilze sind vorwiegend im Sommer und Frühherbst auf dem Markt, Morcheln im Frühjahr.

Bei Trüffeln unterscheidet man den schwarzen Wintertrüffel (bekannteste Sorte: Perigord-Trüffel) und den weißen Sommertrüffel (bekannteste Sorte: Piemonter Trüffel).

Die Vor- und Zubereitung ist bei allen Pilzen ähnlich. Sie werden geputzt, wobei schadhafte Stellen großzügig entfernt werden, und gewaschen. Ganz oder in Scheiben geschnitten werden sie meist gedünstet, selten gebraten. Sie werden zur Suppenherstellung und zur Verfeinerung von Soßen für Fleisch-, Wild- und Geflügelspeisen verwendet.

Pilzgerichte können aus einer Pilzart oder aus Mischungen bestehen. Sie werden – meist mit Sahne verfeinert – mit Eierspeisen angerichtet oder mit stärkehaltigen Beilagen wie Klößen, Kartoffeln oder Spätzle gereicht.

Frische Speisepilze verderben durch Mikrobeneinwirkung sehr schnell und sind dann stark giftig. Sie sollen kühl und luftig aufbewahrt werden. Auch gegarte Pilze können bei unsachgemäßer Behandlung verderben.

Folgende Regeln sind deshalb zu beachten:
- Geöffnete Dosenware in wenigen Tagen verbrauchen und nicht in den Dosen aufbewahren; kühl lagern!
- Beim Warmstellen von Pilzgerichten die Temperatur über 70 °C halten!
- Beim Abräumen rasch abkühlen und kühl stellen.

1. Nennen Sie drei Pilzgerichte mit passenden Beilagen.
2. Bei welchen Hauptgerichten werden Pilze als Garniturbestandteil angeboten?
3. Aus welchen Stoffen bestehen Pilze hauptsächlich? Welche Vorteile für eine gesunde Ernährung können sich daraus ergeben?

1. Salatbeilagen: ① Salatkomposition, ② gemischter Salat, ③ Salat von Hülsenfrüchten, ④ Spargel in Vinaigrette, ⑤ Salat in Thousand-Island-Dressing, ⑥ Gurkensalat in Dillrahm

1.12.3 Salate

Man unterscheidet zwischen einfachen und zusammengesetzten Salaten (Salades). Zu den einfachen gehören alle Blattsalate wie Kopf-, Chicorée-, Radicchio- und Feldsalat und solche, die nur aus einem Gemüse hergestellt sind.
Zusammengesetzte Salate bestehen aus mehreren Rohstoffen und werden, jeder für sich angemacht, nebeneinander auf Tellern oder Platten angerichtet oder beim Anmachen untereinander gemischt und auf Tellern oder in Schüsseln serviert. Bei zusammengesetzten Salaten unterscheidet man auch Salatkompositionen (nebeneinander angerichtet) und gemischte Salate.
Salate mit eiweißreichen Zutaten wie Fleisch, Fisch, Geflügel, Wurst und Käse nennt man kombinierte Salate oder Feinkost-Salate. Sie werden nicht als Beilage, sondern als Vorspeise, kleiner Imbiss oder im Rahmen eines kalten Büfetts angeboten. Kartoffel-, Reis- und Nudelsalate sind stark sättigend.

Vor- und Zubereitung der Salate

Bei Blattsalaten sind die Salatblätter gründlich und behutsam in reichlich kaltem Wasser zu waschen. Dabei ist das Wasser mehrmals zu wechseln. Falls nötig, sind die Blätter in mundgerechte Stücke zu teilen oder, wie bei Endivien, in Streifen zu schneiden. Das anhaftende Wasser wird abgetropft oder durch Schleudern entfernt, weil sonst die Soße verdünnt wird und auch nicht am Salat haftet. Blattsalate sind erst kurz vor dem Verzehr anzumachen, damit ihre knackige Struktur und ihr frisches Aussehen erhalten bleiben.

Gurken und Rettiche sollten nicht eingesalzen und ausgedrückt werden, weil ihre Wirkstoffe und ihre Festigkeit verloren gehen (Gurken werden schwer verdaulich). Gegarte Gemüse wie Rote Bete, Karotten, Spargel oder feste rohe Gemüse wie Kraut, Tomaten und Paprikaschoten werden grundsätzlich vorgewürzt (mit Säure, Salz, Pfeffer und Würzsoßen) und nach einiger Zeit der Einwirkung (auch marinieren genannt) mit Salatsoße fertiggestellt.
Beliebt sind Salatbüfetts, bei denen sich der Gast aus einer Anzahl von Salaten und Salatsoßen selbst bedienen kann.

Zutaten für Salatsoßen

Öl: Bevorzugt wird ein neutral schmeckendes Pflanzenöl wie Sonnenblumen-, Maiskeim- oder Rapsöl. Zu manchen Salaten passen auch Oliven- oder Nussöl, die jedoch einen ausgeprägten Eigengeschmack haben. Öl kann durch Milchprodukte, die emulgiertes Fett enthalten, ersetzt werden. Salate ohne Öl- oder Fettzusatz entwickeln nicht ihren vollen Geschmack. Im Fett sind wichtige Vitamine enthalten. Karotin (Provitamin A, z. B. aus Möhren) kann der Körper nur in Verbindung mit Fett nutzen. Man sollte daher nur in begründeten Fällen auf Öl bzw. fetthaltige Milchprodukte verzichten.
Säure: Es kommen Essig und Zitronensaft infrage. Im Allgemeinen enthält Essig 5 % Säure. Es gibt Essig in verschiedenen Geschmacksrichtungen, z. B. Wein-, Sherry-, Himbeer- oder Kräuteressig. Beim Einkauf ist auf Qualität zu achten, da minderwertige Sorten viele Portionen Salat abwerten. Säure ist auch in gesäuerten Milchprodukten wie Joghurt, Quark oder Frischkäse enthalten.

Ausgewählte Speisen

Salatsoße	Zutaten/Herstellung	Verwendungsmöglichkeiten
Vinaigrette-Soße	1 Tasse Essig, Salz, Pfeffer mit 2 Tassen Öl verrühren, Zwiebelwürfel, Salatkräuter; Erweiterung: Ei-, Paprika-, Tomatenfleischwürfel	Blattsalate, Tomatenscheiben, Paprikastreifen, gekochte grüne Bohnen und Bohnenkerne, gegarte Möhren-, Sellerie- und Rote-Bete-Scheiben mit dem Buntmesser geschnitten, rohe Champignonscheiben, gegarte kleine Champignonköpfe, Blumenkohlröschen, Spargel, Artischockenböden und Artischockenherzen, geraspelter Rettich
Sahne-Kräuter-Dressing	1 Tasse Sahne, 1 Esslöffel Quark, Salz, Pfeffer, Petersilie, Schnittlauch, Dill und Zitronensaft	Blattsalate, Tomatenscheiben, Gurkenscheiben oder -stifte, gegarte Fenchelstreifen, Rettichscheiben, Staudensellerieschreiben, Sprossen, Keimlinge
Joghurt-Frucht-Dressing	1 Tasse Joghurt, 3 Esslöffel Fruchtsaft oder -mark, 2 Esslöffel Fruchtstücke, Zucker, Salz, Zitronensaft	Blattsalate, besonders Radicchio und Eisbergsalat, geraspelte Möhren, Sprossen und Keimlinge, gegarte Maiskörner, Paprikarauten, gegarte Staudensellerie, Maiskörner, Selleriescheiben
Thousand-Island-Dressing	2 Tassen Mayonnaise, je 1 Tasse Sahne und Chilisoße, Salz, Pfeffer, Zitronensaft, Paprikaschotenwürfel	Blattsalate, rohe Champignonscheiben, Zucchinischeiben, Sprossen und Keimlinge, gegarte Sellerie- oder Möhrenscheiben; Maiskörner, Bohnenkerne, Blumenkohlröschen, Spargel

1. Salatsoßen und ihre Verwendung

Salz: Es ist nur feinkörniges Salz zu verwenden. Vor der Ölgabe muss es in Essig bzw. Zitronensaft aufgelöst werden.
Zucker: Feine Sorten lösen sich besser auf. Zucker rundet den Geschmack der Salate ab.
Pfeffer: Frisch gemahlen kommt sein Geschmack am besten zur Geltung.
Knoblauch: Er wird fein gepresst oder mit Salz gerieben. Will man nur einen leichten Knoblauchgeschmack, wird die Schüssel mit einer Knoblauchzehe ausgerieben.
Zwiebeln: Je nach Salat werden sie in feinste Streifen oder Würfel geschnitten oder gerieben verwendet. Bei Salaten, die längere Zeit stehen, ist die Zwiebel wegen ihres intensiven Geschmacks zu blanchieren oder kurz in Öl zu erhitzen.
Kräuter: Sie sind erst kurz vor Gebrauch zu zerkleinern. Salatkräuter sind vor allem Petersilie, Schnittlauch, Dill, Kerbel und Zitronenmelisse.

Einteilung der Salatsoßen
Die Begriffe Salatsoße, Marinade und Dressing bedeuten dasselbe in verschiedenen Sprachen und sind deshalb austauschbar. Man unterscheidet drei Hauptgruppen von Salatsoßen.
Essig-Öl-Soßen: Vinaigrette-Soße und French Dressing sind die klassischen Vertreter dieser Gruppe.
French Dressing: 1 Tasse Essig, Salz, Pfeffer und Senf verrühren, 2 Tassen Öl tropfenweise einrühren. Für Gurkenscheiben, Eisberg-Salat, Staudensellerie, Zucchini, Sprossen, Keime und gekochte grüne Bohnen.

Salatsoßen auf Milchprodukt-Basis: Die Grundlage bilden Sahne, saure Sahne, Joghurt, Kefir, Dickmilch, Quark, Crème fraîche, Frischkäse oder Kombinationen daraus.
Salatsoßen auf Mayonnaise-Basis: Sie werden mit Sahne auf die gewünschte Konsistenz verdünnt und würzig abgeschmeckt.

Alle Salatsoßen können mit folgenden Zutaten farblich und geschmacklich variiert werden, sofern die Harmonie gewahrt bleibt: Kräuter, Zwiebeln, Knoblauch, Nüsse, grüne Pfefferkörner, Senf, Tomaten-Ketchup, Tomatenfleischwürfel, Paprikaschotenwürfel, Cognac, Chilisoße, passierter Edelpilzkäse, Fruchtsäfte und Fruchtstücke sowie Milchprodukte.

1. Wodurch unterscheiden sich Salatkompositionen von gemischten Salaten?
2. Aus welchen Zutaten können Salatsoßen bestehen?
3. Welche Zutaten sind für eine Salatsoße nötig?
4. Warum ist bei allen Salatsoßen ein fetthaltiges Milchprodukt bzw. Öl ein Bestandteil der Rezeptur?
5. Welche drei Hauptgruppen von Salatsoßen unterscheidet man? Nennen Sie zwei Vertreter dieser Gruppen.
6. Nennen Sie vier Salatsoßen, die für Gurkensalat infrage kommen.
7. Bei welchem Gang des Menüs können Salate angeboten werden? Begründen Sie Ihre Antwort.
8. Zählen Sie je vier Salate auf, die aus rohen bzw. gegarten Zutaten bestehen.
9. Welche Vorteile kann ein Salatbüfett für den Betrieb bzw. die Gäste bieten?

Kartoffel-Lauch-Kuchen

Zutaten für 8 Portionsstücke

800 g Kartoffeln	
Salz, Muskat, 40 g Butter	
für die Füllung: 300 g Lauchstreifen	
2 Knoblauchzehen	
1/8 l Sahne	
Salz, Pfeffer, Muskat, 20 g Butter	
zum Garnieren: 8 ausgebohrte Karottenhalbkugeln 8 Lauchrauten	

Arbeitsgänge

- Kartoffeln 12 Minuten halb gar kochen, schälen, raspeln und würzen
- Lauchstreifen mit Knoblauch in Butter anschwitzen
- mit Sahne und den Würzmitteln etwa 5 Minuten verkochen
- würzig abschmecken
- 20 g Butter in einer Pfanne von 24 cm Durchmesser erhitzen
- die Hälfte der geraspelten Kartoffeln etwa 1 cm hoch darin verteilen und fest andrücken; anbraten
- Lauchmasse aufstreichen, übrige Kartoffeln darauf verteilen, festdrücken und stürzen
- in 10 g Butter ebenfalls anbraten, anrichten, 12 Kuchenstücke schneiden und garnieren

Abwandlungen: Anstelle von Lauch andere Gemüsestreifen wie Spinat, Bärlauch oder Pilze verwenden. Die Garniermittel entsprechend verändern.

1.13 Sättigungsbeilagen

Durch ihren Stärke- und Eiweißgehalt wirken Speisen aus Getreide und Kartoffeln sättigend. Eine ausgewogene Ernährung sollte zu mehr als einem Drittel der täglichen Energiezufuhr aus Stärke bestehen, die durch Brot und Sättigungsbeilagen aufgenommen wird.

Stärke ist, wenn sie in genügend Wasser erhitzt wurde, leicht verdaulich. Da sie neutral schmeckt, lassen sich Sättigungsbeilagen passend zu warmen Vorspeisen und Hauptgerichten zubereiten.

Am häufigsten werden folgende Sättigungsbeilagen verzehrt:
Kartoffeln (Pommes de terre): In gedämpfter, pochierter, gekochter, pürierter, gebratener, gebackener oder frittierter Form. Eine Vielzahl von Kartoffelbeilagen erhält man, wenn die Rezepturen durch Zusätze, unterschiedliche Formgebung oder Panierung abgewandelt werden.
Teigwaren (Pâtes): Aus Mehl, Grieß und Wasser, oft auch mit Ei hergestellt und teilweise getrocknet, z. B. Nudeln, Spätzle, Spaghetti. Bei Bedarf werden sie in reichlich Wasser gekocht.
Klöße, Knödel und Nocken: Sie werden sowohl aus Kartoffeln als auch aus Grieß, Mehl oder Brot bzw. Brötchen (Semmeln) zubereitet.
Reis (Riz): Für Beilagen verwendet man gekochten oder gedünsteten Langkornreis, den man mit Gewürzen, Pilzen, Gemüsen oder *Schalenobst wie Nüssen oder Pistazien*, farblich und geschmacklich abwandeln kann.

1.13.1 Kartoffeln

Kartoffelknollen sind die Speicherorgane der Kartoffelpflanze. Neben etwa 75 % Wasser enthalten sie durchschnittlich 17 % Stärke, 0,5 % Zucker und Vitamin C.

Speisekartoffeln werden nach ihrem Stärkegehalt eingeteilt: festkochende (bis 14 %) vorwiegend festkochende (14 % bis 16 %) und mehlig-festkochende (über 16 %). Festkochende (z. B. Erstling, Hansa) eignen sich für Kartoffelsalat und wie die vorwiegend festkochenden Sorten (z. B. Hella, Sieglinde, Grata) für Pell-, Salz- und Bratkartoffeln. Bintje, Irmgard oder Datura sind als mehlig-festkochende Sorten für Kroketten, Püree, Klöße und Kartoffelpuffer/Reibekuchen geeignet.

Geschälte Kartoffeln bewahrt man in kaltem Wasser auf, um eine Verfärbung zu vermeiden. Beim Garen in der Schale entstehen weniger Auslaugverluste.

Zubereitungsarten und Anrichteweisen

Um ein gleichmäßiges Garen und ein appetitliches Aussehen zu erreichen, sind Kartoffeln exakt zu schneiden und zurechtzuschneiden (tournieren).
Frittierte Kartoffeln dürfen nicht zugedeckt werden, weil sonst die knusprige Kruste durch den sich bildenden Dampf aufweicht.

Kartoffelbeilagen können in Beilagenschalen oder neben die Hauptgerichte gelegt werden und wirken in entsprechender Form, beispielsweise tourniert bzw. dressiert, dekorativ.

Ausgewählte Speisen

Bezeichnung	Form, Fertigstellung	als Beilage geeignet für ...
roh, ohne Schale zubereitet (Kartoffeln mit wenig bis mittlerem Stärkegehalt)		
• Salzkartoffeln (Pommes à l'anglaise) • Dampfkartoffeln (Pommes vapeur)	• in Stücken oder tourniert, in Salzwasser gekocht • in Stücken oder tourniert, gesalzen und gedämpft	Eierspeisen, helle Fleischgerichte, gekochtes Rindfleisch, Fischgerichte
roh frittierte Kartoffeln		
• Stäbchenkartoffeln (Pommes frites) • Waffelkartoffeln (Pommes gaufrettes) • Strohkartoffeln (Pommes paille) • Streichholzkartoffeln (Pommes allumettes)	• bei 140 °C vorgebacken, bei 180 °C frittiert • mit dem Universalhobel in löchrige Scheiben geschnitten • in feine Streifen geschnitten • in Streichholzform geschnitten	kurzgebratenes und gegrilltes Fleisch und Geflügel
im Ofen gegarte Kartoffelscheiben		
• Annakartoffeln (Pommes Anna) • Bäckerinkartoffeln (Pommes boulangère) • gratinierte Kartoffeln Dauphiner Art (Gratin de pommes Dauphinoise)	• ziegelartig in runde Form eingesetzt und mit Butter gegart • mit Zwiebelstreifen und Fleischbrühe gegart • in 3 cm hoher Form mit Milch und Sahne (evtl. Ei), Knoblauch und geriebenem Käse gegart	Braten von Schlachtfleisch und Geflügel
in der Pfanne gebraten (meist vorgekocht)		
• Nusskartoffeln (Pommes noisettes) • Pariser Kartoffeln (Pommes parisiennes) • Schlosskartoffeln (Pommes château) • Elsässer Kartoffeln (Pommes alsaciennes)	• kugelförmig ausgebohrt • kugelförmig ausgebohrt, in Fleischglace gerollt • länglich-oval tourniert • würfelförmig, mit Speck- und Zwiebelwürfeln	Steaks und Koteletts von Schlachtfleisch und Fisch (gebraten)
in Fleischbrühe gekocht		
• Bouillonkartoffeln (Pommes en bouillon)	würfelig geschnitten, mit feinen Gemüsewürfeln (Brunoise)	zu gekochtem Rindfleisch
roh, fein gerieben, mit Grießbrei oder pürierten, gekochten Kartoffeln gelockert (stärkereiche Kartoffeln)		
• Klöße aus rohen Kartoffeln	zu Kugeln geformt, geröstetes Weißbrot in der Mitte und in viel Wasser gegart	fette Speisen wie Gänse- oder Schweinebraten oder Sauerbraten
in der Schale gegarte Kartoffeln, geschält (Kartoffeln mit wenig oder mittlerem Stärkegehalt)		
• neue Kartoffeln (Pommes nouvelles) • Bratkartoffeln (Pommes sautées) • Lyoner Kartoffeln (Pommes lyonnaises) • Berner Rösti (Pommes à la bernoise) • Rahmkartoffeln (Pommes à la crème)	• in Butter angeschwenkt oder naturell serviert, auch mit Kräutern vermischt • Kartoffelscheiben in der Pfanne gebraten • Bratkartoffeln mit Zwiebelstreifen • geraspelt und (evtl. mit Speck) in der Pfanne in Form eines Pfannkuchens gebraten und angerichtet • warme Kartoffelscheiben, mit Rahm-Béchamelsoße gebunden	Spargelgerichte, Matjes kurz gebratene und sautierte Speisen aus Schlachtfleisch und Innereien geschnetzeltes Kalbfleisch und andere sautierte Gerichte, gebratene Fleischgerichte

1. Kartoffelgerichte

Kartoffel-Zucchini-Gratin

Zutaten für 4 Portionen

500 g geschälte Kartoffeln,
40 g Butter, 300 g Zucchini, Salz,
Pfeffer, 1 kleine Knoblauchzehe,
je 1/8 l Sahne und Milch,
30 g geriebener Emmentaler

Arbeitsgänge

- Kartoffeln in 3 mm dicke Scheiben schneiden; Zucchini waschen und in 4 mm dicke Scheiben schneiden
- den Backofen auf 180 °C vorheizen
- die Knoblauchzehe schälen, fein hacken, mit Salz vermischen und zerreiben; unter die Zucchini mischen
- Auflaufform mit Butter ausstreichen
- Kartoffel- und Zucchinischeiben ziegelartig einsetzen; würzen
- die Sahne und Milch darübergießen und den Käse daraufstreuen
- Butterflocken auflegen und im Ofen 35 Minuten bei 180 °C garen

Abwandlungen

- anstelle Zucchini Lauch- oder Steinpilzscheiben verwenden

Knödel/Klöße von gekochten Kartoffeln

Zutaten für 4 Portionen

600 g gekochte und geschälte Kartoffeln, 150 g Mehl, Salz, geriebene Muskatnuss, 20 g geröstete Weißbrotwürfel, 2 Esslöffel Bröselschmelze

Arbeitsgänge

- Kartoffeln durch die Presse drücken
- Mehl, Eier, Salz und Muskatnuss dazugeben
- zu einem Teig verkneten und abschmecken
- mit bemehlten Händen Klöße/Knödel formen, dabei geröstete Weißbrotwürfel ins Zentrum der Kugeln drücken
- in reichlich kochendes Salzwasser legen, aufkochen und 15–20 Minuten gar ziehen (nicht kochen)
- beim Anrichten mit schäumender Bröselschmelze übergießen

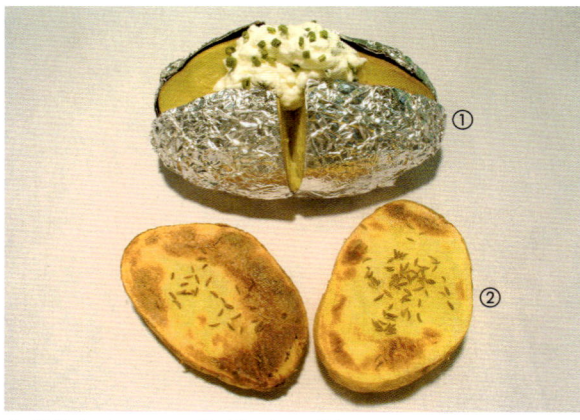

1. ① Baked potatoe, ① Ofenkartoffeln

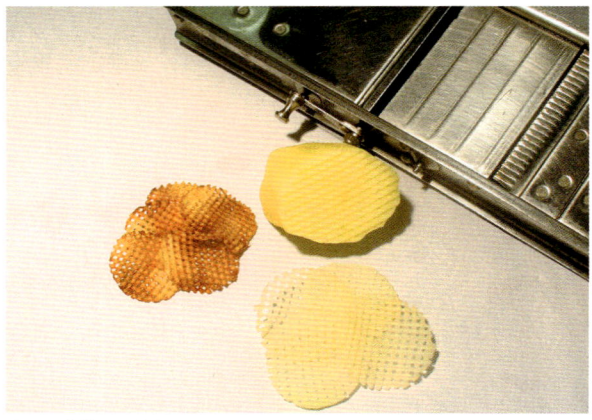

2. Waffelkartoffeln

3. Kartoffelrösti

4. ① Vorbereitete Kartoffeln für Bouillonkartoffeln, ② Fondantkartoffeln, ③ Bäckerinkartoffeln

Ausgewählte Speisen

1. Verschiedene Formen von Kartoffelkroketten aus Duchesse-masse

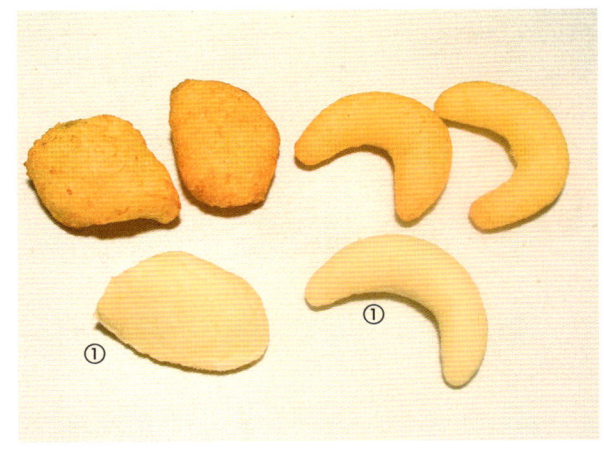

2. Kartoffelgerichte aus Dauphine-Masse, ① Kronprinzessinkartoffeln, ② Lorettekartoffeln

Bezeichnung	Form/Garmethode/Fertigstellung	als Beilage geeignet für ...
mit Milch, Butter und Sahne verfeinert		
Kartoffelpüree (Purée de pommes)	Zutaten werden zügig zu einem lockeren Brei vermischt, beim Anrichten mit Butter beträufeln	gebratene und geschmorte Fleischgerichte, Innereien und gedünsteten Fisch
mit Eigelb gebunden (Krokett- oder Duchesse-Masse)		
• Kartoffelkroketten (Croquettes de pommes) • Williamskartoffeln (Pommes Williams) • Bernykartoffeln (Pommes Berny) • Herzoginkartoffeln (Pommes Duchesse)	• Krokett-Masse: Salzkartoffeln kochen, pürieren mit Eigelb, Salz, Muskat vermengen, formen, panieren, frittieren • Krokett-Masse birnenförmig geformt, Spaghetti als Stil, Nelke als Blüte, in Ei und Brösel paniert, frittiert • Krokett-Masse mit gehackten Trüffeln vermischt, zu Kugeln geformt und in Mandeln paniert, frittiert • Krokett-Masse mit Butterzusatz zu Rosetten gespritzt oder geformt, mit Eigelb bestrichen, im Ofen gebacken	kurz gebratene und gebratene Fleisch-, Wild- und Geflügelgerichte
Krokett-Masse mit Brandmasse vermischt (Dauphine-Masse) und frittiert		
• Dauphine- oder Kronprinzessin- oder Thronfolgerinkartoffeln (Pommes Dauphine) • Lorettekartoffeln (Pommes Lorette)	• mit einem Esslöffel zu Nocken oder Klößchen abgestochen • Dauphine-Masse mit Käse vermischt und zu kleinen Hörnchen geformt	kurz gebratene und gebratene Fleisch-, Wild- und Geflügelgerichte
mit Mehl (und evtl. Grieß) und Ei gebunden und pochiert		
• Klöße aus gekochten Kartoffeln • Kartoffelnudeln, Schupfnudeln	• zu Kugeln geformt, geröstete Weißbrotwürfel in der Mitte; beim Anrichten gebuttert oder geschmelzt • Klöße-Masse zu fingergroßen, an den Enden spitzzulaufenden Nudeln geformt, kurz gekocht (ein bis zwei Minuten), gut abgetropft in der Pfanne gebraten	fette oder soßenreiche Speisen wie Gänse- oder Schweinebraten, Pilzgerichte, Sauerbraten, Gulasch, Ragouts, Schmorbraten Gerichte mit Sauerkraut, Braten, Wild- und Pilzgerichte

3. Gerichte aus gekochten und pürierten Kartoffeln

Spätzle

Zutaten für 4 Portionen

| 300 g Mehl |
| 4 Eier |
| 1 Kaffeetasse Wasser |
| Salz, wenig Muskat |

Arbeitsgänge

- Mehl sieben und mit den übrigen Zutaten in einer Schüssel 8 Minuten verkneten (schlagen)
- den Teig vom Schüsselrand kratzen und 15 Minuten zugedeckt ruhen lassen
- 5 l Salzwasser in einem breiten Topf aufkochen
- eine kleine Teigmenge auf ein angefeuchtetes Brett setzen und mit einer angefeuchteten Palette etwas auseinanderstreichen
- mit der Palette dünne Teigstreifen ins kochende Wasser schaben; dabei die Palette und den Teig auf dem Brett öfter ins Wasser tauchen, damit der Teig nicht hängen bleibt
- die Spätzle 2 Minuten kochen lassen und mit einem Schaumlöffel in reichlich kaltes Wasser legen
- die beschriebenen Arbeitsgänge wiederholen, bis der Teig aufgebraucht ist
- die Spätzle auf einen Seiher schütten, gründlich mit kaltem Wasser abschwenken und gut abtropfen lassen
- bei Bedarf in einer Pfanne mit Butter anschwenken, abschmecken und auf einer vorgewärmten Platte anrichten oder in einem Sieb in heißem Salzwasser erhitzen, gut abtropfen lassen, anrichten und mit wenig Bröselschmelze fertigstellen

Abwandlungen

- **Käsespätzle:** heiß vermischt mit gebräunten Zwiebelwürfeln und lagenweise mit geriebenem Emmentaler Käse in eine Auflaufform geschichtet; mit Käse überbacken
- **Leberspätzle:** anstelle des Wassers 100 g gehackte Rinderleber zur Teigherstellung verwenden, leicht mit Oregano würzen. Leberspätzle können als Einlage für Fleischbrühe eingesetzt oder leicht angebraten, mit Kartoffelsalat oder Sauerkraut, angeboten werden

1.13.2 Teigwaren

Man unterscheidet zwischen Grieß- und Mehl-Teigwaren. Deutsche Teigwaren werden fast ausschließlich aus dem Hartweizengrieß des Durumweizens hergestellt.
Die Qualitätseinteilung erfolgt nach dem Eigehalt je Kilogramm Mehl oder Grieß:
- **Eierteigwaren:** mindestens zweieinviertel Eier,
- **Teigwaren mit hohem Eigehalt:** mindestens vier Eier,
- **Teigwaren mit besonders hohem Eigehalt:** mindestens sechs Eier.

Teigwaren mit weniger Eigehalt gelten als eifrei, auf das Fehlen von Ei muss auf der Verpackung nicht hingewiesen werden. Bei Frischeiteigwaren müssen ausschließlich frische Hühnereier verwendet werden. Das Färben von Teigwaren ist verboten. Auch gelblich eingefärbte Klarsichtpackungen sind nicht erlaubt. Zu den Teigwaren besonderer Art zählt man Milch-, Gemüse- (meist Spinat), Kräuter-, Vollkorn-, Graumehl- und Roggenteigwaren.

Zubereitung, Fertigstellung und Anrichteweise
Teigwaren werden kochfertig angeboten und in Salzwasser (1 kg Teigwaren, 5 bis 8 l Wasser, 30 g Salz) gekocht. Sie sind gar, wenn sich beim Durchschneiden kein weißer Kern mehr zeigt. Durch Übergaren verlieren Teigwaren ihren Biss. Auch längeres Warmhalten wirkt sich negativ auf die Qualität aus.
Nach dem Abgießen des Kochwassers und kurzem Abbrausen mit heißem Wasser sind die Teigwaren verzehrfertig. Butterzusatz ergibt einen vollmundigen Geschmack. Verbreitet ist ein Abschmelzen mit gebräunter Bröselbutter.

Auf Vorrat gekochte Teigwaren müssen in reichlich Wasser abgeschwenkt werden, damit sie nicht zusammenkleben. Sie sind sehr kühl (etwa 3 °C) und zugedeckt aufzubewahren. Wieder erwärmt werden sie meist in kochendem Wasser. Sie können auch mit Butter in der Pfanne angeschwenkt bzw. im Ofen erhitzt werden. Außer mit Salz kann man mit wenig Muskatnuss würzen.
Das Anrichten erfolgt in Beilagenschalen oder -schüsseln; auch tiefe Platten sind geeignet. Mit Ausnahme der Suppenteigwaren (Fadennudeln, Sternchen, Buchstaben) reicht man Teigwaren als Beilagen zu soßenreichen Gerichten. Besonders hohle und/oder gedrehte Formen wie Makkaroni, Hörnchen, Spätzle, nehmen Soßen gut auf. 50 g bis 70 g getrocknete Teigwaren ergeben etwa 150 g bis 200 g gekochte Teigwaren (eine Portion).

Teigwaren eigener Herstellung
Nudeln und Spätzle sind hierzu am besten geeignet, da zu ihrer Herstellung keine speziellen Geräte nötig sind.
Man bereitet aus Mehl, Ei, Wasser und Salz einen Teig, der für Nudeln sehr fest und für Spätzle zähfließend gehalten wird. Wichtig ist ein ausreichendes Kneten des Teiges, damit genügend Bindung durch die Ausbildung des Klebers entsteht. Unter den Teig können gehackte Kräuter, Spinat oder andere farbintensive Zutaten gemengt werden. Nudelteig wird dünn ausgerollt.
Maultaschen und Ravioli sind gefüllte und gegarte Nudelteig-Taschen. Sie werden in Brühe oder Soße angerichtet oder mit Käse überbacken.

Risotto

Zutaten für 5 Portionen

300 g Risottoreis z. B. (Arborio, Carnaroli, Vialone nano)
30 g Butter oder Öl
1 Esslöffel fein geschnittene Zwiebeln
1/8 l Weißwein
1/2 l Fleischbrühe
Salz
10 g geriebener Parmesankäse
10 g Butterflocken
(eventuell Fleischbrühe zum Regulieren von Saftigkeit und Konsistenz)

Arbeitsgänge

- Zwiebeln in Öl/Butter anschwitzen
- den Reis abspülen und zu den Zwiebeln geben; ebenfalls anschwitzen
- mit Wein und Fleischbrühe aufkochen
- zugedeckt bei kleiner Hitze etwa 18 Minuten im Ofen bei 180 °C garen
- Fleischbrühe (Risotto soll saftig sein), Käse und Butter daruntermengen und abschmecken

Abwandlungen

- Fleischbrühe durch Gemüse-, Fisch-, Geflügel- oder Lammbrühe ersetzen
- Risipisi (ital: Risi e Piselli): Risotto mit Erbsen vermischen
- Safran-, Curry- oder Paprikarisotto: gemahlene Gewürze unmittelbar vor dem Auffüllen ins mäßig heiße Fett rühren
- Pistazien, Trüffel oder Schinken zerkleinern und unterheben

Anrichtemöglichkeiten für Pilaw-Reis

1.13.3 Reisbeilagen

Für Beilagen wird Langkornreis (Weißreis oder Parboiled Reis) verwendet, der beim Garen im Gegensatz zu Rundkornreis körnig bleibt.

Reis wird bei der industriellen Aufbereitung zuerst von der ihn umgebenden Hülse befreit. Das entstandene Produkt nennt man Natur- oder Braunreis. Er ist noch von der vitamin- und mineralstoffreichen Silberhaut umgeben und besitzt noch den fetthaltigen Keim. Durch den Fettgehalt ist die Haltbarkeit von Naturreis auf ein Jahr begrenzt. Naturreis ist ein beliebter Rohstoff der Vollwertküche; seine Garzeit beträgt etwa 25 Minuten.

Beim Schälen wird der fettreiche Keim entfernt und die vitamin- und mineralstoffreiche Silberhaut abgeschliffen. Dieser Weißreis wird mit einer Schutzschicht aus Traubenzucker und Talkum überzogen und ist etwa zwei Jahre haltbar. Vor dem Garen ist er zu waschen.

Parboiled Reis wird noch in der Hülse mit Druck und Dampf behandelt, sodass ein Teil der Wirkstoffe aus der Silberhaut in das Innere des Korns übertreten und beim Schleifen nicht entfernt wird. Auch die Ergiebigkeit und die Kochfestigkeit erhöhen sich durch diese Behandlung. Er braucht nicht gewaschen zu werden.

Zubereitung, Fertigstellung und Anrichteweise

Reis wird entweder in viel Wasser gekocht oder als Pilaw-Reis mit Zwiebeln in Öl angeschwitzt und mit so viel Flüssigkeit gegart, dass er genügend aufquellen kann und nach dem Garen trocken ist (Verhältnis Reis : Flüssigkeit 1 : 2 bis 1 : 3). Die Gardauer liegt bei ca. 18 Minuten. Eine weitere Variante ist die Zubereitung von Risotto (siehe obige Rezeptur) sowie gedämpfter Reis (Klebreis), der vor dem Dämpfen ca. 2 Stunden eingeweicht werden muss. Reis wird in Beilagenschalen oder -schüsseln angerichtet. Durch Einpressen in beliebige Formen (z. B. Schöpfkellen, Tassen, Reisränder, Becher) und anschließendes Stürzen kann man auch hier Abwechslung erreichen. Er wirkt dann, auf Platten oder Tellern zusammen mit der Hauptspeise angerichtet, sehr dekorativ.

Reisbeilagen passen besonders gut zu Gerichten von Fisch und hellem Fleisch. Soße wird gut von Reis aufgenommen. Bei japanischen oder indonesischen Speisen ist Reis als Beilage fast obligatorisch.

Wildreis als Beilage

Wilder Reis ist der Samen eines Wassergrases, der in Kanada oder im Süden der USA gesammelt und zur Haltbarmachung geröstet wird. Er hat eine dünne, längliche Form und dunkle Farbe. Sein Geschmack ist leicht nussartig, sein Preis wegen des geringen Ertrags und der aufwendigen Ernte sehr hoch.

Wildreis wird in viel Wasser gekocht und geht dabei stark auf. Deshalb genügen etwa 40 g pro Portion. Mit Butter verfeinert reicht man ihn zu Geflügel, vor allem Wildgeflügel, und kurz gebratenem Kalbfleisch. Wildreis kann unter Langkornreis gemischt werden.

Reis nach Kreolen-Art wird halb gar gekocht, abgeschüttet und im Ofen zugedeckt fertig gegart. Anschließend wird der Reis mit Butterflocken vermischt und dabei aufgelockert.

Brot-/Semmelknödel

Zutaten für 5 Portionen

300 g am Vortag gebackene Brötchen (bayerisch: Semmeln) oder altbackenes Weißbrot

ca. 300 g Milch, 3 Eier, 20 g Butter

2 Esslöffel Zwiebelwürfel, 1 Esslöffel gehackte Petersilie

wenig Salz und geriebene Muskatnuss

Arbeitsgänge

- Brötchen oder Brot mit der Kruste in Würfel oder dünne Scheibchen schneiden
- die Milch aufkochen und über dem Brot verteilen
- etwa 10 Minuten stehen lassen, damit die Milch vom Brot aufgesogen wird und das Brot quellen kann
- Zwiebelwürfel in Butter anschwitzen und mit den Eiern, Petersilie, Salz und Muskat unter das Brot mischen
- die Masse abschmecken und 30 Minuten ausquellen lassen
- 4 l Salzwasser aufkochen, einen Probeknödel formen und pochieren, wenn der Knödel zerfällt, Semmelbrösel unter die Masse mengen
- ca. 80 g schwere Knödel formen und in das kochende Salzwasser legen
- kurz aufkochen und 20 Minuten unter dem Siedepunkt gar ziehen lassen
- beim Anrichten mit zerlassener Butter bepinseln und mit Petersilie bestreuen

Abwandlungen

- Speck- oder Schinkenwürfel mit den Zwiebeln anschwitzen
- gedünstete Pilzstücke oder Gemüsewürfel unter die Masse mengen
- gegarte, ausgekühlte Knödel in 1 cm dicke Scheiben schneiden und in Butter anbraten
- Serviettenknödel: Masse in ein gebuttertes Tuch einrollen (Durchmesser der Rolle 6 cm bis 8 cm), an den Enden zusammenbinden und in Salzwasser pochieren; in Scheiben schneiden und abschmelzen

1.13.4 Backwaren als Beilage

Brot, Klein- und Laugengebäck gehören zu unseren wichtigsten Nahrungsmitteln. Sie werden besonders zu kalten Speisen (Vorspeisen, Fleisch- und Wurstwaren, Büfett), aber auch zu warmen Speisen (Suppen, gebratenen Würsten) verzehrt.

In Bäckereien und Brotfabriken werden Backwaren aus relativ preisgünstigen Rohstoffen rationell produziert und sind deshalb im Vergleich zu anderen Lebensmitteln billig. Sehr frisches Brot, das aufgrund seiner Struktur meist zu kurz gekaut wird, kann bei empfindlichen Personen Magenschmerzen verursachen.

Brot

In Deutschland werden etwa 200 Sorten Brot hergestellt. Mehl und Schrot (grobes Mahlprodukt) von Roggen und Weizen bilden die Grundlage aller Brote. Wasser, Salz und Lockerungsmittel, bei manchen Sorten auch Milch, Zucker und Fett, sind weitere Zutaten. Die Mehle und Schrote können je nach Ausmahlungsgrad heller oder dunkler sein und damit mehr oder weniger Ballaststoffe und Wirkstoffe enthalten. Vollkornbrot ist deshalb energieärmer, wirkstoffreicher und von höherem Sättigungswert als helles Brot.

Die gute Backfähigkeit beruht auf dem Klebergehalt des Weizens, der ein gutes Gashaltevermögen und hohe Quellfähigkeit besitzt. Auch Roggen enthält die Klebergrundstoffe Gliadin und Glutenin. Die Ausbildung eines auswaschbaren elastischen Klebers wird aber durch Pentosane (Schleimstoffe) behindert.

Durch Säureeinwirkung (Sauerteig) verbessert sich das Gashaltevermögen des Roggenklebers. Das Lockerungsgas (CO_2) wird in Brot auf biologische Weise erzeugt, dabei entstehen neben dem Gas Geschmacks- und Aromastoffe, im Hefeteig Alkohol, im Sauerteig zusätzlich Essig- und Milchsäure. Je nach Zutatenmischung und Herstellungsverfahren entstehen Brote unterschiedlicher Form (Lang-, Rund-, Kasten- oder Stangenbrote), heller oder dunkler Farbe und spezifischem Geschmack.

Brot kann einige Zeit gelagert werden. Um Schimmelbildung zu vermeiden, soll es in sauberen, trockenen und gut gelüfteten Behältern bei etwa 15 °C aufbewahrt werden.

Da Schimmel gesundheitsschädliche Substanzen an das Brot abgibt, gilt Brot mit Schimmelbefall als verdorben. Einfrieren von Backwaren ist möglich; je frischer sie eingefroren werden, desto besser. Durch Kühlschrank-Lagerung werden Brot und Brötchen sehr schnell altbacken.

Aus Brot oder Brötchen können Knödel bzw. Klöße zubereitet werden. Zur geschmacklichen Abwandlung können angebratene Speck- oder Schinkenwürfel unter die Masse gemischt werden. Semmelknödel passen zu gebratenem Schweinefleisch und zu soßenreichen Gerichten, besonders zu Wild und Sauerbraten.

1. Worin unterscheidet sich die Weizen- von der Roggenbrot-Herstellung?
2. Es wird behauptet, dass helles Brot weniger gesund sei als dunkle Brotsorten. Nehmen Sie Stellung.
3. Nennen Sie Möglichkeiten der Verwendung von altbackenen Brötchen.
4. Wie ist mit angeschimmeltem Brot zu verfahren?

Ausgewählte Speisen

1. Kleingebäck

2. Spezialbrote

Kleingebäck
Darunter versteht man Gebäckstücke, die pro Stück unter 250 g wiegen. Die Beliebtheit von Kleingebäck ist auf die knusprige und lockere Beschaffenheit und den hohen Krustenanteil zurückzuführen. Auch das appetitliche Aussehen und die Vielfalt der Formen und Geschmacksvarianten, die durch unterschiedliche Teigzusammensetzung und -zusätze sowie das Bestreuen mit Samenfrüchten erreicht wird, führen dazu, dass Kleingebäck dem Brot häufig vorgezogen wird.

Laugengebäck
Vor dem Backen werden die Kleingebäck-Teiglinge in verdünnte Natronlauge getaucht. Dadurch erhalten sie beim Backen ihre charakteristische Bräunung und den arteigenen Geschmack.

Spezialbrote
Sie können zu einem abwechslungsreichen Angebot beitragen. Zu den Spezialbroten zählen:

- **Holzofenbrote**, die im direkt beheizten Ofen bei hoher Anfangshitze gebacken werden. Wegen ihrer kräftig ausgebildeten und aromatischen Kruste reicht man sie zu würzig-deftigen kalten Speisen und Suppen.
- **Pumpernickel**, der aus Roggenvollkornschrot nach kräftiger Sauerteigführung und mindestens 16-stündigem Backprozess in Dampfkammern bei mäßiger Hitze hergestellt wird.
- Das dunkle und saftige Brot erhält dabei einen ausgeprägt süßlichen Geschmack. Da es nach dem Verpacken sterilisiert wird, ist es lange haltbar.
- Pumpernickel isst man vor allem zu herzhaften kalten Speisen wie Käse und geräuchertem Schinken.
- **Grahambrot**, das als kochsalzarmes Diätbrot ursprünglich aus Weizenvollkornschrot und Wasser ohne weiteren Zusatz durch spontane Gärung gelockert wird.
- **Steinmetzbrot**, das aus Getreide hergestellt wird, bei dem durch ein spezielles Schälverfahren nur die Frucht- und nicht die Samenschale abgetrennt wurde.
- **Knäckebrot**, ein wasserarmes, sprödes Trockenflachbrot, das in sehr vielen Geschmacksrichtungen angeboten wird. Es ist lange haltbar und sehr bekömmlich.
- **Toastbrot**, aus hellem Mehl (Typ 550) oder aus dunkleren Mehlen und mit Zusatz von Ölsaaten (Leinsamen, Sonnenblumenkerne usw.).

1. Welche Rohstoffe kommen für Sättigungsbeilagen infrage? Begründen Sie.
2. Warum ist die Auswahl der richtigen Kartoffelsorte für ein bestimmtes Kartoffelgericht so wichtig?
3. Nennen Sie Zutaten für Kartoffelkroketten. Welche Garmethode wird angewendet? Zu welchen Speisen passen sie?
4. Nach welchem Qualitätsmerkmal werden Teigwaren eingeteilt?
5. Beschreiben Sie drei Möglichkeiten, Teigwaren fertigzustellen.
6. Nennen Sie drei Speisen, zu denen Reis gut passt.
7. Nennen und begründen Sie die Brotlagerungsregeln.
8. Warum bevorzugen viele Gäste Kleingebäck?
9. Nennen Sie fünf Spezialbrote und ihre Besonderheiten.

	Süßspeisen
Obst und Früchte	• als Obstsalat oder Kompott • in Eisbechern • mit Creme, Gelees, Fruchtsoßen • in Quark und Joghurtspeisen • als Kuchenbelag • in Bierteig frittiert (Beignets) • als Füllung für Strudel • als flambierte Früchte
Cremes und Gelees	• Bayerische Creme • Fruchtcreme, Schaumcreme • Charlotten • Fruchtgelee • Weingelee
Eisspeisen	• Fruchteis für Eisbecher, Sorbet, Eis-Punsch • Cremeeis für Eisbecher, Eisbombe (Mantel) • Rahmeis Eisbombe, Fürst-Pückler-Eis, Eistorte, Eisauflauf (Soufflé)

1. Süßspeisen; rot: warm zu servierende Speisen

		Nachtisch und Gebäck
aus Teigen	Hefeteig	Savarin, Baba, Bienenstich
	Strudelteig	Obst- oder Quarkstrudel
	Mürbeteig	Torteletts oder Kuchen mit Obst gefüllte Teigtaschen, Holländer
	Blätterteig	Kirschschnitten, Apfel im Schlafrock
	Pfannkuchenteig	Crêpes, gefüllte Pfannkuchen
	Bierteig	Fruchtkrapfen (Beignets)
aus Massen	Biskuit-Masse	Roulade mit Creme- oder Konfitürefüllung
	Wiener Masse	Kuchen- oder Tortenboden
	Brand-Masse (Brüh-Masse)	Puddings, Aufläufe, Eclairs, Windbeutel, Spritzkuchen
	Schaum-Masse (Baiser-Masse, Meringen-Masse)	als Schale oder Rosetten mit Eis und geschlagener Sahne

2. Nachtisch, Gebäck; rot: warm zu servierende Speisen

1.14 Süßspeisen

Süßspeisen bilden bei den meisten Speisefolgen den krönenden Abschluss. Käse kann sowohl anstatt als auch vor oder nach der Süßspeise gereicht werden, warm servierte Süßspeisen in jedem Fall vor dem Käse.
Süßspeisen sollen durch geschmackliche Zusammensetzung und durch dekorative Aufmachung bestechen. Da die Gäste weitgehend gesättigt sind, legen sie beim Dessert mehr Wert auf Qualität als auf Quantität.
Stein-, Kern- und Beerenobst sowie Südfrüchte – außer Bananen – sind durch geringen Energiegehalt, Saftigkeit und frischen, süßsäuerlichen Geschmack sowie gute Bekömmlichkeit ein wichtiger Rohstoff für Süßspeisen. Schalenobst wie Nüsse, Pistazien oder Mandeln sind dagegen sehr energiereich.
Die Qualität der Süßspeisen hängt von der sorgfältigen, fachgerechten Herstellung und der Hochwertigkeit der Rohstoffe ab. Zu Letzteren gehören:
- Milch und Milcherzeugnisse wie Sahne oder Joghurt,
- Streu- oder Puderzucker, oft in Form von Zuckersirup (Läuterzucker), in Glasuren, gebräunt als Karamell oder mit Mandeln oder Nüssen gebräunt als Krokant,
- Eier, oft getrennt in Eigelb und Eiklar,
- Mehl, in erster Linie helles Mehl (Typ 405),
- Würzmittel wie Weine, Likörweine und Spirituosen,
- Gewürze wie Vanille, Anis und Zimt,
- geschmack- und farbbestimmende Zutaten wie Kakao, Schokolade, weiße Schokolade und Marzipan,
- Mandel-Zucker-Mischung,
- verschiedene Obstsorten,
- Bindemittel (Stärke), Geliermittel (Gelatine) und Lockerungsmittel (Hefe, Backpulver).

Süßspeisen von guter Qualität entstehen nur, wenn exakt gearbeitet wird, beginnend beim genauen Abwiegen der Zutaten, der Einhaltung der Arbeitsfolge und der Bearbeitungstemperatur über das nötige handwerkliche Geschick beim Kneten, Schlagen, Unterheben und Formen bis zum Garen, Fertigstellen und Verzieren der Speisen.
Eine geeignete Ausrüstung mit Bearbeitungsgeräten (Schlagkessel, Schneebesen, Spritzbeutel, Tüllen, Rundhölzer und Ausstecher), mit Gargeräten (Öfen, Fritteusen), Kühleinrichtungen und Back- und Anrichteformen (Gläser, Schüsseln, Platten) ist Grundvoraussetzung für gutes Gelingen und optimale Präsentation.
Bei der Süßspeisenherstellung ist Hygiene oberstes Gebot. Die Rohstoffe, besonders Mischungen aus Milch, Sahne, Eiern und Zucker, und die Produkte wie Cremes, Eis und süße Soßen sind ideale Nährböden für Mikroorganismen. Gerade im Bereich der Süßspeisen sind viele vorgefertigte Produkte auf dem Markt.

1. Welche Art von Süßspeisen wird vor dem Käse serviert?
2. Obst und Früchte sind bei Speisefolgen von mehr als vier Gängen als Hauptbestandteil einer Süßspeise zu empfehlen. Geben Sie drei Gründe dafür an.
3. Warum sollen Süßspeisen wie Cremes und süße Soßen stets gekühlt aufbewahrt werden?
4. Welche Gruppen von Süßspeisen kann man unterscheiden? Geben Sie fünf Gruppen und je drei wichtige Vertreter dieser Gruppen an.
5. Warum gehört Cremeeis zu den Speisen, die durch Bakterien besonders gefährdet sind?

Ausgewählte Speisen 269

Kernobst	Äpfel, Birnen, Quitten
Steinobst	Kirschen, Aprikosen, Pfirsiche, Pflaumen, Mirabellen
Beerenobst	Erdbeeren, Johannisbeeren, Stachelbeeren, Himbeeren, Brombeeren, Heidelbeeren, Weintrauben
Südfrüchte	Apfelsinen, Zitronen, Grapefruit, Bananen, Ananas, Mango, Papaya, Kiwi
Schalenobst	Walnüsse, Haselnüsse, Erdnüsse, Kokosnüsse, Mandeln, Pistazien

1. Einteilung der Obstsorten

Obstsalat von frischen Früchten

Zutaten für 4 Portionen

4 Orangen, 1 Apfel, 1 Banane, 1 Pfirsich, 1 Kiwi, 100 g Trauben, 4 Erdbeeren

2 cl Kirschwasser

Arbeitsgänge

▸ Orangen schälen und filetieren; den Saft aus den Abschnitten pressen

▸ geschälte und geputzte Äpfel, Pfirsiche und Bananen zerkleinern und mit den Orangenfilets vermengen, damit der Saft der Orangen eine Bräunung der Früchte verhindert

▸ Kiwi schälen, Scheiben schneiden (4 zum Garnieren zurücklegen) und die übrigen zum Salat geben

▸ Trauben halbieren und entkernen; untermengen

▸ eventuell mit Läuterzucker süßen und mit Kirschwasser mazerieren; kühlen und anrichten

▸ mit Kiwischeiben und Erdbeeren garnieren

1.14.1 Obst und Früchte

Obst sind alle essbaren Früchte und Samen, die von mehrjährigen Planzen stammen (Getreidepflanzen sind beispielsweise einjährig und zählen nicht zum Obst). Früchte sind Gewebe, die den Samen des Obstes umschließen. Der gesundheitliche Wert von Obst liegt vor allem in ihrem Gehalt an Fruchtsäuren, Zuckern, Mineralstoffen und Vitaminen. Wegen des hohen Wassergehalts sind sie relativ energiearm. Nur Schalenobst wie Nüsse, Mandeln usw. ist fettreich.

Tafelobst – das zum Frischverzehr bestimmt ist – erfordert bei Einkauf und Verarbeitung genaue Kenntnisse. So ist Beerenobst erst kurz vor der Verarbeitung einzukaufen, da es sehr rasch verdirbt. Dagegen ist bei exotischen Früchten damit zu rechnen, dass die Ware im Handel nicht voll ausgereift ist und somit ihren vollen Geschmackswert noch nicht erreicht hat, oft sogar noch ungenießbar ist. Planvoller, rechtzeitiger Einkauf und sachgerechte Nachreifung können Enttäuschungen vermeiden.

Während einige Obstarten das ganze Jahr über frisch angeboten werden, wie Äpfel, Bananen, Apfelsinen usw., sind andere Arten ausgesprochene Saisonartikel. Deshalb wird häufig konserviertes Obst verarbeitet. Fast alle Sorten eignen sich zum Sterilisieren in Dosen oder Gläsern sowie zum Tiefgefrieren. Kandierte (stark gezuckerte) Früchte werden zum Dekorieren (z. B. Kirschen) oder als Gebäckbestandteil (Orangeat, Zitronat) verwendet. In Alkohol und Zucker konservierte Früchte (z. B. Rumtopf) werden gern mit Eis verzehrt.

Obst wird in großen Mengen zu Marmeladen (aus Zitrusfrüchten), Konfitüren, Gelees und Säften verarbeitet und findet bei der Zubereitung von Süßspeisen vielfältige Verwendung.

Regeln für die Obstverarbeitung:
- Obst muss vor der Zubereitung gründlich gewaschen werden, um Pflanzenschutzmittelreste zu entfernen.
- Obstsorten, deren Schnittflächen sich an der Luft verfärben, sind mit Zitronensaft zu behandeln oder zu blanchieren.
- Gefrorenes Obst ist in gefrorenem Zustand zu verarbeiten, da es schnell seine natürliche Form verliert. Sterilisiertes oder pasteurisiertes Obst darf nicht in der geöffneten Dose gelagert werden.
- Der Geschmack lässt sich auch durch Mazerieren (Beträufeln mit Spirituosen wie Kirschwasser, Maraschino, Orangenlikör) erhöhen und verändern.
- Das Fett im Schalenobst wird rasch ranzig. Deshalb ist auf die Frische der Ware zu achten. Durch leichtes Rösten werden Geruch und Geschmack verbessert.

1. Nennen Sie fünf Konservierungsmethoden, die bei Obst angewendet werden. Ordnen Sie bestimmte Obstsorten den geeigneten Methoden zu.
2. Zu welchen Speisen wird konserviertes Obst benötigt? Nennen Sie vier Beispiele.
3. Wie kann man dem Verfärben von Apfelscheiben entgegenwirken?
4. Wie sollen Ananasscheiben nach dem Öffnen der Dose über Nacht gelagert werden?
5. Wie werden tiefgekühlte Beeren verarbeitet?

Obst	Vorbereitung	Weiterverarbeitung	Verwendungsbeispiele
Pfirsich	kurz in kochendes Wasser tauchen und Haut abziehen	halbieren und entsteinen	pochiert für „Melba" oder als Kompott
Trauben	abbeeren, enthäuten	halbieren, entkernen	Weingelee, Obstsalat
Ananas	Strunk und Blattansatz großzügig wegschneiden, Schale von oben nach unten großzügig abschneiden	Scheiben schneiden, Strunk ausstechen	frisch oder pochiert als Dessertbestandteil
Orangen	oben und unten großzügig abschneiden, Schale von oben nach unten abschneiden	Fruchtfleisch zwischen den Häuten der Filets ausschneiden	zum Garnieren, für Eisbecher
Kiwi	mit Schälmesser schälen	in Scheiben oder Spalten schneiden	zum Garnieren, für Eisbecher oder Obstsalat
Kaki (Sharonfrucht)	noch feste Früchte schälen, an vollreifen die Haut belassen	fest: Scheiben schneiden vollreif: quer halbieren	zum Garnieren, für Eisbecher; vollreif: auslöffeln
Mango	Haut abziehen, Längsschnitt um Kern führen und das Fruchtfleisch vom Kern lösen	in Blättchen, Würfel oder Spalten schneiden	für Eisbecher oder Obstsalat; als Hälfte serviert
Papaya	schälen, halbieren und Kerne mit einem Löffel herausschaben	in Blättchen, Würfel oder Streifen schneiden	für Eisbecher oder Obstsalat; als Hälfte serviert

1. Vorbereitung von Obst

2. Litschi

3. Papaya

4. Kaki (Sharonfrucht)

Süßspeise	Zutaten, Garniturbestandteile
• Birne Helene	halbierte, pochierte Birne auf Vanilleeis, mit Schlagsahne umkränzt; Schokoladensoße extra
• Pfirsich Melba	pochierter, halber Pfirsich auf Vanilleeis, mit Himbeerpüree überzogen
• Bananensplit	längs halbierte, geschälte Banane, auf Vanilleeis angerichtet, mit Schokoladensoße überzogen, Sahnerosette
• Erdbeeren Romanoff	mit Portwein und Zucker mazerierte Erdbeeren, mit Sahne überzogen, mit frischen Erdbeeren garniert
• Apfel im Schlafrock mit Vanillesoße	Apfel (geschält, ausgestochen), mit Zimtzucker und mit in Rum getränkten Rosinen gefüllt, in Blätterteig eingeschlagen, gebacken, aprikotiert
• Birne Condé	pochierte, halbe Birne auf Milchreissockel; Kirschen, Aprikosensoße

5. Kalte (oben) und warme (unten) Süßspeisen aus Früchten

6. Rharbarbertartelett mit Erdbeereis

Ausgewählte Speisen 271

1.14.2 Cremes und Gelees

Cremes und Gelees sind mehrere Stunden vor dem Servieren herzustellen. Schnelles und gutes Durchkühlen ist wichtig, da sie leicht verderblich sind.

Cremes

In der Patisserie wird der Begriff Creme vielfältig verwendet. Je nach Herstellungsart und Material unterscheidet man

- geschlagene Cremes (Sahnecreme): Schlagsahne mit Zusatz von Geschmacksstoffen und Bindemitteln,
- pochierte Cremes: aus Milch/Sahne, Zucker und Ei (Karamellcreme, Crème Brûlée),
- gekochte Cremes: aus Milch, Zucker, Stärke (Eigelb), im Volksmund oft als Pudding bezeichnet,
- abgezogene Cremes: Grundcreme aus Eigelb, Zucker, Milch (Fruchtsaft, Wein); da diese Bindung nicht ausreicht, wird zusätzlich Gelatine zugegeben. Lockerung erfolgt nach Abkühlung durch Schlagsahne.

Unter Abziehen versteht man (→ 272) Bayerisch Creme.

Gelees

Gelieren (Gelbildung) von Flüssigkeiten erreicht man durch Zugabe von Gelatine, Agar Agar, Pektin usw. Bei Fruchtgelee ist es angebracht – um den natürlichen Geschmack zu erhalten – nur 1/3 der Flüssigkeit mit Zucker zu erhitzen und das vorbereitete Bindemittel zuzugeben. Kurz vor dem Gelieren wird die übrige Flüssigkeit daruntergemischt.

Bei Gelees mit Früchten werden die Formen oder Gläser erst 1 bis 2 cm hoch gefüllt und nach Gelieren dieses „Spiegels" die Früchte daraufgesetzt und danach mit kühler, noch nicht gelierter Flüssigkeit aufgegossen.

Panna Cotta (gekochte Sahne) ist ein Sahnegelee, der aus Sahne, Zucker und Gelatine besteht, z. B. für 6 Personen: 0,4 l Sahne oder Crème double werden mit 70 g Zucker und Vanillemark unter ständigem Rühren einige Minuten gekocht. Anschließend werden 4 Blatt eingeweichte Blattgelatine zugegeben, die Masse passiert, in Förmchen abgefüllt und bis zum Gelieren gut durchgekühlt. Nach dem Stürzen kann sie mit Schokoladen- oder Erdbeersoße serviert werden.

Karamellcreme
(Crème Caramel)

Zutaten für 8 Portionen

0,3 l Milch	
0,1 l Sahne	
1 Vanilleschote	
2 Eigelb (60 g)	
3 ganze Eier	
80 g Zucker	
1 Prise Salz	
Zutaten Karamell	
0,2 l Wasser	
120 g Zucker	

Arbeitsgänge

- 8 Förmchen innen leicht einölen
- Zucker und Wasser bis zur Karamellisierung einkochen
- sofort in die Förmchen verteilen
- Herstellung/Fertigstellung der Creme
- Milch, Sahne mit längs halbierter Vanilleschote/-mark aufkochen
- Eier und Zucker schaumig rühren
- heiße Milch-/Sahnemischung unter kräftigem Rühren zugeben
- passieren und in Förmchen füllen
- indirekt pochieren (→ 79) oder im Kombigarer bei 80 °C und 100 % Luftfeuchte garen
- erkalten und ruhen lassen, am besten über Nacht, und bei Gebrauch stürzen

Crème Brûlée

Zutaten für 8 Portionen

0,4 l Sahne	
0,15 l Milch	
100 g Zucker	
6 Eigelb (180 g)	
1 Vanilleschote	
1 Prise Salz	
Zum Karamellisieren	
braunen Zucker	

Arbeitsgänge

- Eigelbe mit der Hälfte der Sahne glatt rühren
- restliche Sahne mit Milch, Zucker, längs halbierter Vanilleschote/-mark aufkochen, 10 Minuten ziehen lassen
- passieren
- in flache, feuerfeste Formen füllen
- pochieren (siehe Karamellcreme-Rezeptur oben)
- erkalten lassen; Crème Brûlée kann jedoch auch warm serviert werden
- vor dem Servieren mit braunem Zucker bestreuen und diesen mit einem Bunsenbrenner karamellisieren

Bayerische Creme
Grundcreme (Crème bavaroise)

Zutaten für 8 Portionen

1/4 l Milch
2 Eigelb (60 g)
60 g Zucker
1/4 Vanilleschote
3–5 Blatt Gelatine (je nach Verwendungszweck)
1/4 l Schlagsahne

Arbeitsgänge

- Gelatineblätter in 1 l kaltem Wasser etwa 10 Minuten einweichen
- Milch mit dem Mark der Vanilleschote aufkochen
- Eigelb mit Zucker in einer Metallschüssel schaumig rühren und die kochend heiße Milch unter Rühren langsam zugeben
- im heißen Wasserbad bis zur „Rose" abziehen (die Masse unter Rühren mit einem Kochlöffel so lange erhitzen, bis die Masse leicht bindet und den Kochlöffel überzieht)
- die Gelatineblätter ausdrücken und in der heißen Masse auflösen
- die Masse passieren und im kalten Wasserbad abkühlen lassen
- kurz vor dem Stocken (Gelieren) die geschlagene Sahne unterheben, abschmecken und portionieren (in Schalen anrichten und garnieren oder in Förmchen füllen, die zum Anrichten gestürzt werden) oder für andere Zwecke, etwa als Füllcreme in Rouladen, verwenden

Ableitungen

- **Mokkacreme:** Instant-Kaffeepulver in der heißen Milch auflösen; die Creme mit Weinbrand abschmecken
- **Schokoladencreme:** Kuvertüre (Blockschokolade) in der Milch schmelzen
- **Nusscreme:** geröstete, gemahlene Nüsse unterheben
- **Früchtecreme:** klein geschnittene Fruchtstücke (keine sauren Früchte) unterheben und mit passenden Spirituosen abschmecken

Schokoladenmus/-schaum
(Mousse au chocolat)

Zutaten für 8 Portionen

150 g Kuvertüre dunkel (mit hohem Kakaoanteil)
75 g Butter
75 g Eigelb (ca. 3 Eigelb)
50 g Eiklar (ca. 2 Eiklar)
40 g Zucker
2 cl Rum oder Weinbrand
1/4 l Schlagsahne

Arbeitsgänge

- Kuvertüre grob raspeln und bei 40 °C im Wasserbad schmelzen
- Butter in Stücken zugeben und zu einer glatten Masse verarbeiten
- Eigelb mit der Hälfte des Zuckers und 3 EL der Schlagsahne bis zur Rose aufschlagen (siehe Bayerische Creme)
- Spirtuose zugeben
- beide Mischungen miteinander vermengen und kühl stellen
- restliche Sahne steif schlagen
- Eiklar zu Eischnee schlagen, dabei den restlichen Zucker zugeben
- Eischnee mit der geschlagenen Sahne vorsichtig vermengen
- die erkaltete Schokoladenmasse vorsichtig unter das Sahne-Eischnee-Gemisch heben
- das Mus in vorbereitete Formen füllen und kühlstellen

Weißes Schokoladenmus/-schaum

- Statt dunkler wird weiße Schokolade verwendet
- statt Rum/Weinbrand Crème de Cacao weiß
- zur besseren Bindung werden nach dem Aufschlagen zur Rose zwei Blatt aufgelöste Gelatine zugefügt

1. Garniturmöglichkeiten für Cremes, Beeren in Gelee mit Vanillesoße

2. Weißes Schokoladenmus

Soßen zu Süßspeisen (Zutaten für 10 Portionen)

Vanillesoße
(mit Stärke und Ei)

Zutaten
1/2 l Milch, 40 g Zucker, 1/2 Vanilleschote, 2 Eigelb (60 g), 10 g Stärke

Arbeitsgänge
- 1/2 Tasse Milch mit Stärke und Eigelb glatt rühren
- übrige Milch mit Zucker und Vanillemark aufkochen und damit verrühren
- kurz aufkochen; heiß servieren oder bis zum Abkühlen öfter umrühren

Vanillesoße
(mit Eigelb abgezogen)

Zutaten
1/2 l Milch, 60 g Zucker, 1/2 Vanilleschote, 6 Eigelb (180 g)

Arbeitsgänge
- Milch mit Vanillemark aufkochen
- Eigelb mit Zucker schaumig rühren
- und die Milch einrühren
- im heißen Wasserbad bis zur „Rose" abziehen (unter Rühren bis zur Bindung erhitzen)

Karamellsoße
- Zucker (50 g/l), leicht gebräunt und mit einer Tasse Wasser verkocht, in die Vanillesoße rühren

Schokoladensoße

Zutaten
100 g Kuvertüre (oder Blockschokolade), 0,1 l Sahne, 1/2 Vanilleschote, 20 g Zucker oder Honig, 2 cl Rum

Arbeitsgänge
- Kuvertüre in einer Metallschüssel im Wasserbad schmelzen lassen
- Sahne mit Vanillemark aufkochen und auf etwa 50 °C abkühlen lassen
- Vanille-Sahne nach und nach unter die Kuvertüre rühren; abschmecken

Weinschaumsoße
(warm serviert)

Zutaten
4 Eigelb (120 g), 1 ganzes Ei (60 g), 50 g Zucker, 2 cl Zitronensaft, 1/4 trockener Weißwein, 8 g Stärke

Arbeitsgänge
- Eigelb, Eier und Zucker aufschlagen
- Weißwein, Zitronensaft und Speisestärke zugeben und im Wasserbad warm aufschlagen

Weinschaumsoße
(kalt serviert)

- Wie warm servierte Weinschaumsoße herstellen, jedoch mit 2 Blatt Gelatine versetzen und kalt schlagen

Zabaione
(italienischer Weinschaum)

Zutaten
4 Eigelb (120 g), 2 Eier (120 g), 100 g Zucker, 1/4 l Marsala (Likörwein)

Arbeitsgänge
- Eigelb und Eier mit Zucker in einer Metallschüssel mit einem Schneebesen schaumig schlagen
- die Schüssel in ein heißes Wasserbad setzen, die gewünschte Flüssigkeit zugeben und bis zur Bindung weiterschlagen (dabei soll eine luftige, leicht gebundene Masse entstehen)
- sofort in Gläser anrichten und servieren

Variationen
- Zabaione anstatt mit Marsala mit Cream-Sherry, Portwein bzw. Malaga zubereiten oder
- 100 g pürierte und durch ein Sieb passierte Himbeeren unter die fertige Zabaione heben oder
- Zabione neben Fruchtstücken anrichten oder
- zu flambierten Früchten reichen

Anmerkung
Um den Alkoholgehalt der Zabaione zu senken, kann man den Likörwein mit Fruchtsäften oder Schaumweinen verdünnen.

Fruchtmarksoßen

Zutaten
400 g Fruchtmark (einer oder mehrerer Fruchtarten), 160 g Zucker (je nach Fruchtsüße), Zitronensaft (nach Geschmack), eventuell 4 cl Spirituosen

Arbeitsgänge
- alle Zutaten mixen und abschmecken
- gekühlt servieren

Gebundene Fruchtsoßen
- 0,4 l Fruchtsaft, ca. 150 g Zucker mit 3 Eigelb, 3 Eiern und 10 g Speisestärke warm aufschlagen, im kalten Wasserbad kalt schlagen, mit 1/4 l geschlagener Sahne lockern und abschmecken; gekühlt servieren

Bischofsoße

Zutaten
1/2 l Rotwein, 60 g Zucker, 1 Esslöffel feinste Streifen von Orangen- und Zitronenschale, 16 g Speisestärke

Arbeitsgänge
- Speisestärke in 1/10 l Rotwein anrühren
- die übrigen Zutaten aufkochen und mit der angerührten Stärke binden
- etwa 3 Minuten kochen lassen, bis die Soße nicht mehr milchig-trüb ist, sondern eine klare Bindung erhalten hat
- abschmecken und heiß servieren

Speiseeissorten	Beurteilungsmerkmale (Mindstanforderung nach den Leitsätzen)
Cremeeis, Eiercremeis	auf 1 l Milch mindestens 270 g Vollei oder 90 g Eigelb
Fruchteis	20 % Fruchtanteil; bei Zitrusfrüchten 10 %
Rahmeis, Sahneeis	18 % Milchfett aus dem verwendeten Rahm (entspricht etwa 60 % Rahm)
Milcheis	70 % Milch
Fruchteiscreme	8 % Milchfett und ein deutlich wahrnehmbarer Fruchtgeschmack
Eiscreme	10 % Milchfett
Einfacheiscreme	3 % Milchfett
Eis aus Pflanzenfett	3 % Pflanzenfett und ein deutlich wahrnehmbarer Fruchtgeschmack
Fruchtsorbet	25 % Fruchtanteil; bei Zitrusfrüchten 15 % Fruchtanteil
Kunstspeiseeis	kann naturidentische oder künstliche Aromastoffe und Farbstoffe enthalten

1. Speiseeissorten

2. Fruchteis-Sorbet

1.14.3 Eisspeisen

Von den Speiseeissorten werden in der Gastronomie fast ausschließlich Creme-, Frucht- oder Rahmeis hergestellt, die übrigen werden von der Speiseeis-Industrie als servierfertige Portionen angeboten.

Speiseeis wird oft aus Halbfertigprodukten hergestellt. Die Industrie bietet dafür u. a. Speiseeispulver und Fruchtmarkextrakte für viele Geschmacksrichtungen (Eisarten) an.

Ein Grund für den weit verbreiteten Einsatz von industriell hergestelltem Speiseeis ist seine sehr geringe Keimzahl. Deshalb sind die Hygienevorschriften weniger streng. Im Betrieb hergestelltes Creme- oder Fruchteis darf nur am Herstellungstag abgegeben werden.

Cremeeis: Vanillecremeeis ist die Grundlage für die in verschiedenen Geschmacksrichtungen hergestellten Cremeeisarten. Früchte mit viel Säure bringen die Milch zum Gerinnen und sind deshalb ungeeignet.

Fruchteis: Bei der Herstellung von Fruchteis muss in der Rezeptur der unterschiedliche Zuckergehalt der Früchte berücksichtigt werden. Zum Süßen des Fruchtsaftes bzw. -markes wird Läuterzucker verwendet.
- **Sorbet** ist matschig gefrorenes Fruchteis.
- **Granité** ist eine aus Fruchtsaft, -mark und Läuterzucker kristallin (grob oder fein) gefrorene Eisspeise.

Sorbet und Granité können nach dem Anrichten mit Schaumwein aufgegossen werden.

Weil vom Zuckergehalt der Fruchteismasse nicht nur die Süße, sondern auch die Konsistenz des Speiseeises abhängt, wird die Zuckerkonzentration mit einer Spindelwaage (Gradeinteilung nach Beaumé) gemessen.
Sorbet soll einen um 2 bis 3 ° niedrigeren Beaumévert haben als die übrigen Fruchteisarten.

Rahmeis (Sahneeis, Halbgefrorenes, Parfait): Rahmeis wird im Gegensatz zu anderen Eissorten im Gefrierschrank, ohne zu rühren, gefroren.
Die Grundmasse besteht aus einer schaumig gerührten Eier-Zucker-Masse (eventuell warm-kalt-geschlagen) und geschlagener Sahne. Diese Grundmasse erhält durch Unterziehen von Kuvertüre, kandierten Früchten, Fruchtmark, Spirituosen usw. verschiedene Geschmacksrichtungen. Rahmeis wird zur Herstellung von Eisbomben, -torten, -aufläufen, -biskuit und -charlotten verwendet.
- **Eisbiskuit** wird hergestellt, indem Rahm-, Creme- bzw. Fruchteis in eine Form eingesetzt und in die Mitte eine mit Likör getränkte Biskuitschicht eingelegt wird.
- **Eisauflauf** wird in der Form serviert, in die er vor dem Gefrieren eingefüllt wurde. Das „Aufgehen" wird nur imitiert.

Als Kombination und zur Ergänzung von Eisspeisen dienen u. a. süße Soßen, Früchte und Spirituosen. Zum Dekorieren werden Schlagsahne, Hippen (dünnblättriges Mandelgebäck), Nüsse, Beeren, exotische Früchte, Schokoladenstreusel usw. verwendet.

Ausgewählte Speisen

Herstellung von Speiseeis

Cremeeis

Zutaten für 6 Portionen

5 Eigelb (150 g), 125 g Zucker, 1/2 l Milch, 1/2 Vanilleschote, 1/8 l Sahne

Arbeitsgänge

- Eigelb und Zucker schaumig schlagen
- Milch mit Vanillemark aufkochen und in die Eigelbmasse rühren
- im Wasserbad unter Rühren so lange erhitzen, bis die Masse leicht gebunden ist (zur „Rose" abziehen)
- passieren und im kalten Wasserbad rasch abkühlen
- während des Gefrierens in der Eismaschine geschlagene Sahne zugeben

Fruchteis

Zutaten für 6 Portionen

1/4 l Wasser, 250 g Zucker, 1/4 l Fruchtsaft oder -mark, 1 Blatt Gelatine, Zitronensaft, evtl. Spirituosen, 1/8 l geschlagene Sahne

Arbeitsgänge

- Wasser und Zucker aufkochen (wird mit der Zuckerwaage gemessen, hat dieser Läuterzucker ca. 29° Beaumé)
- eingeweichte Gelatine darin auflösen
- mit Fruchtsaft oder -mark vermischen und abschmecken; auf 18° Beaumé einstellen (Fruchtsaft bzw. Läuterzucker zugeben)
- während des Gefrierens in der Eismaschine geschlagene Sahne zugeben

Rahmeis/Sahneeis (Parfait)

Zutaten für 10 Portionen (Grundmasse)

100 g Zucker, 0,2 l Wasser, 8 Eigelb (240 g), 0,8 l Sahne, 2 Blatt Gelatine, geschmacksgebende Zusätze wie Schokolade, Fruchtmark, kandierte Fruchtstücke, Spirituosen, Schalenfrüchte

Arbeitsgänge

- Gelatine einweichen
- Zucker und Wasser auf 0,2 l einkochen; auf 50 °C abkühlen lassen
- Eigelb zugeben und im Wasserbad warm aufschlagen
- Gelatine darin auflösen
- im kalten Wasserbad kalt schlagen
- geschlagene Sahne unterheben
- die Masse mit geschmacksgebenden Zusätzen vermischen und abschmecken
- in Formen füllen und tiefkühlen
- stürzen, portionieren und garnieren

Abwandlung

- **Eisauflauf:** Auflaufförmchen innen mit einem 3 cm überstehenden Papierrand versehen, Rahmeismasse einfüllen, etwa 3 Stunden tiefkühlen, den Papierrand vorsichtig entfernen, garnieren

Eisbomben

Arbeitsgänge

- Eisbombenform ca. 1 cm dick mit Cremeeis oder Fruchteis ausstreichen
- den übrigen Forminhalt mit Rahmeismasse füllen
- die Oberfläche glatt streichen und die Form mit einem Deckel verschließen
- je nach dem Durchmesser der Form 3 bis 6 Stunden gefrieren (werden Fruchtstücke als Einlage verwendet, müssen diese einige Stunden in Läuterzucker oder eine hochprozentige Spirituose eingelegt werden, weil sie sonst steinhart gefrieren)
- zum Anrichten wird die Eisbombe gestürzt, portioniert und mit Sahnetupfern, Beeren, Schokoladeraspeln, Pistazien usw. garniert

Eisbiskuit

Arbeitsgänge

- eine Ziegelform im Tiefkühlfach vorkühlen
- mit einer Schicht Cremeeis oder Fruchteis ausstreichen oder mit Rahmeismasse 2 cm hoch füllen; gefrieren
- eine mit Spirituose getränkte Biskuitschicht darauflegen
- mit einer zweiten Schicht Eis bedecken und gut durchkühlen
- in Scheiben schneiden und garnieren

Abwandlung

- **Eistorte:** Eine Tortenform mit einem dünnen Boden aus Baisermasse oder einem mit Spirituosen getränkten Biskuitboden auslegen, mit Rahmeismasse auffüllen, die Oberfläche glatt streichen und mit Pergamentpapier bedecken, gefrieren, portionieren, garnieren.

Cassata auf neapolitanische Art

Zutaten für 10 Portionen

400 g Vanilleeis
300 g Erdbeereis
200 g Schokoladeneis
2 Eiklar (60 g)
50 g Zucker
4 Esslöffel Maraschino (Kirschlikör)
20 g Makronenwürfel (Marzipangebäck)
20 g geschnittene kandierte Früchte (Orangeat, Zitronat, Kirschen)
10 g geschnittene Pistazienkerne
150 g geschlagene Sahne
zum Garnieren: geschlagene Sahne, kandierte Früchte, Hippengebäck

Arbeitsgänge

- Makronenwürfel und Früchtewürfel in Maraschino durchziehen lassen
- das Eis in Schichten von etwa 1 cm nacheinander in vorgekühlte Bombenformen (Halbkugelform) oder in Schüsseln so einfüllen, dass im Zentrum ein Hohlraum bleibt; sofort tiefkühlen
- Eiklar und Zucker im Wasserbad warm aufschlagen, bis sich der Zucker gut gelöst hat und der Eischnee steif ist
- im kalten Wasserbad kalt schlagen
- Makronen, Früchte, Pistazien und die geschlagene Sahne unterheben und in den Hohlraum der Eisbomben füllen
- mindestens 3 Stunden tiefgefrieren
- auf eine vorgekühlte Platte stürzen
- in Portionen teilen
- garnieren

Eisbombe	Mantel	Füllung
Adlon	Nusseis	Orangenparfait
Aisha	Erdbeereis	Ananas- und Orangenparfait
Bismarck	Vanilleeis mit Maraschino und Mandeln	Aprikosenparfait
Frou Frou	Pistazieneis	Kirschparfait
Fürst Pückler	ohne Mantel	Erdbeer-, Vanille-, Schokoladenparfait
Josephine	Mokkaeis	Pistazienparfait

Eisbecher	Zutaten, Garnitur
Besancon	Vanille-, Ananas-, Erdbeereis, Sahnerosette
Cardinal	Vanilleeis mit Makronen, überzogen mit Himbeersoße, Sahnerosette, Erdbeeren
Farrar	Vanilleeis, Obstsalat, Vanillesoße, Sahnerosette, Fruchtstücken
Japanische Art	Tee-Eis, Ingwerwürfel, Erdbeersahne, Minzeblatt
Medici	Erdbeereis, Orangenfilets, Pistaziensahne
Schwarzwälder Art	Vanille-, Schokoladeneis, gedünstete Sauerkirschen, Kirschwasser, Sahnerosette, Schokoladenstreusel
Gaby	Haselnusseis, Banane mit Honig, Kirschwasser und Orangensaft mazeriert, Sahnerosette, geröstete Haselnüsse, Honigfäden

1. Eisbomben, Eisbecher

2. Eisbecher Birne Royal und Sektsorbet

3. Cassata

Crêpes

für 15 Crêpes von 15 cm Durchmesser

1/4 l Milch
100 g Mehl
2 ganze Eier (120 g)
2 Eigelb (60 g)
25 g zerlassene Butter
1 Prise Salz
1 Esslöffel Zucker
1 cl Weinbrand oder Orangenlikör
abgeriebene Zitronenschale

Arbeitsgänge
- Mehl mit Milch glatt rühren
- mit den übrigen Zutaten verrühren
- 20 Minuten quellen lassen
- im kalten Wasserbad kalt schlagen
- spezielle Crêpe-Pfanne, am besten aus Gusseisen, erhitzen und mit eingefettetem Küchenkrepp ausreiben
- Crêpemasse für einen Crêpe in die Pfanne gießen und sehr dünn verteilen
- sobald die Unterseite leicht gebräunt ist, wenden und ziemlich farblos fertig garen

Abwandlung
- **Crêpes Barbara:** Crêpes auf beiden Seiten leicht zuckern, auf eine Arbeitsplatte legen und mit Orangenlikör beträufeln, gezuckerte Erdbeerstücke mit geschlagener Sahne vermischt einfüllen.

Crêpes Barbara

1.14.4 Crêpes

Pfannkuchen, Eierkuchen, pancakes in England, Palatschinken in Österreich oder crepês in Frankreich sind alles Bezeichnungen für flache Fladen. Manche Arten können 2 cm bis 3 cm dick sein, andere hauchdünn; der Durchmesser kann 10 cm bis 40 cm betragen. Sie bestehen aus Milch, Mehl, Eiern und etwas Fett und werden in einer Pfanne in wenig Fett ausgebacken. Rezepturen für Pfannkuchen siehe Eierspeisen.

Crêpes Suchard: Warm anrichten, Schokoladenbuttercreme und Schokoladensoße extra servieren.
Crêpes Siro: Mit Aprikosenkonfitüre füllen, zusammenlegen, mit gehobelten, gerösteten Mandeln bestreuen, mit brennendem Kirschwasser übergießen, servieren.

1.14.5 Süßspeisen aus Gebäcken von Teigen und Massen

Eine einfache, klare und in allen Fällen zutreffende Unterscheidung zwischen Teigen und Massen ist nicht möglich. Massen sind jedoch im Allgemeinen gerührt oder aufgeschlagen, während Teige durch Verkneten der Zutaten hergestellt werden.

Gebäcke sättigen meist sehr stark, deshalb ist der Gebäckanteil bei den Süßspeisen klein zu halten. Dies gilt auch für Kuchen und Torten, wenn sie als Menübestandteil gereicht werden. In Verbindung mit Creme und Früchten lassen sich unzählige Süßspeisen daraus zubereiten, die gut vorzubereiten sind.

Hefeteig: Süßspeisen aus Hefeteig sind vor allem Savarin und Baba. Ein fettreicher Hefeteig wird in Ringform (Savarin) oder Becherform (Baba) gebacken und – noch warm – in Sirup, häufig mit Rum versetzt, getränkt und mit Früchten kombiniert angerichtet.
Mürbeteig dient u. a. zur Herstellung von Tortelettes, die mit einer Creme oder mit geschlagener Sahne und Früchten gefüllt als Süßspeisen Anklang finden. Kleines Mürbeteiggebäck dient häufig der Dekoration.
Blätterteiggebäcke sind sehr locker. Die verschiedenen Formen – beispielsweise Schillerlocken – lassen sich mit Creme, Sahne und Früchten kombinieren.
Biskuitmasse: Gebäcke aus Biskuitmasse finden als Bestandteil von Süßspeisen wie Diplomatencreme, Tiramisu oder Charlotten Verwendung. Auch Tortelettes lassen sich herstellen.
Brandmasse: Gebäcke aus Brandmasse werden häufig gefüllt angeboten. Windbeutel und Eclair sind im Ofen gebacken, Spritzkuchen sind frittiert.
Schaummasse: Durch den hohen Zuckeranteil sind Schaummassen-Gebäck vor allem zur Dekoration geeignet. Ein bekanntes Dessert ist die Eis-Meringe.

1. Zählen Sie drei andere Bezeichnungen für Crêpes auf.
2. Welche Vermischungsverfahren werden bei Teigen bzw. Massen angewendet?
3. Woran erkennen Sie Blätterteiggebäcke?
4. Nennen Sie drei Süßspeisen, bei denen Biskuit verwendet wird.
5. Worin unterscheiden sich Savarin und Baba?

Tiramisu

Zutaten für 12 Portionen

400 g Löffelbiskuit
1/4 l sehr starker, gesüßter Kaffee
3 Esslöffel Mandellikör
500 g Mascarpone (Rahmfrischkäse)
4 Eiklar (pasteurisiert) = 120 g
4 Eigelb (pasteurisiert) = 120 g
100 g Zucker
abgeriebene Zitronenschale
1 Esslöffel Kakaopulver

Arbeitsgänge

- den Boden einer länglichen Form mit 200 g Löffelbiskuit auslegen
- mit der Hälfte der Spirituose und der Hälfte des Kaffees beträufeln
- Eiklar mit 1 Esslöffel des Zuckers zu steifem Schnee schlagen (wegen der Salmonellengefahr nur pasteurisiertes Ei verwenden)
- Eigelb mit dem übrigen Zucker und der abgeriebenen Zitronenschale mit einem Rührgerät gut schaumig schlagen; die Masse muss so fest wie möglich sein
- den Mascarpone in den Eigelbschaum heben
- den Eischnee unter die Käse-Ei-Masse heben
- die Hälfte der Käse-Ei-Masse gleichmäßig auf dem Biskuit verteilen
- die zweite Lage Biskuit tränken und auflegen
- mit der zweiten Hälfte der Masse bedecken und glatt streichen
- in den Kühlschrank stellen und je nach Temperatur 1–5 Stunden oder über Nacht kühlen und durchziehen lassen
- vor dem Portionieren mit Kakaopulver dick besieben

Abwandlungen

- anstelle von Kakaopulver Früchte (halbierte und entkernte Trauben oder Beeren) auflegen
- fein zerkleinertes Mandelkrokant unter die Masse heben

Bezeichnung Zutaten		Herstellung	Gebäcke	
Teige:	• **Hefeteig** (Pâte à levure)	250 g Mehl 100 g Wasser/Milch 20 g Hefe 30 g Zucker 40 g Butter 25 g Ei Prise Salz	• Zutaten abwiegen und temperieren • Hefe, Zucker in Wasser/Milch (lauwarm) auflösen • Mehl in eine Schüssel sieben • Hefeflüssigkeit, Butter, Ei und Salz mit dem Mehl verkneten • die Teigschüssel mit einem Tuch abdecken • den Teig bei ca. 30 °C 20–30 Minuten gehen lassen	Kuchenböden Hefezopf Gugelhupf Savarin Baba Berliner Krapfen
	• **Mürbeteig** (Pâte frolle)	300 g Mehl 200 g Butter 100 g Zucker 50 g Ei Prise Salz	• Mehl sieben und mit Salz mischen; Kranz formen • Zucker und Ei in die Mitte geben und mit gekühlter, • würfelig geschnittener Butter mischen • alles rasch durchkneten, zu einer Kugel formen und zugedeckt durchkühlen	Tortenböden Teegebäck Torteletts
	• **Blätterteig** (Pâte feuilletée)	500 g Mehl 500 g Ziehmargarine 250 g Wasser 7 g Salz	• 400 g Mehl, 100 g Fett, Wasser und Salz verkneten (Grundteig) • 400 g Fett und 100 g Mehl verkneten (Fettmasse) • Fettmasse in gekühlten Grundteig einschlagen, ausrollen und zusammenklappen; durchkühlen und erneut ausrollen und zusammenklappen	Schillerlocken Schweinsohren Pastetchen Fleurons
Massen:	• **Biskuit-Masse** (Pâte à biscuit) (Wiener Masse)	300 g Ei 125 g Zucker 60 g Mehl 60 g Stärke (40 g Butter)	• Eier und Zucker im Wasserbad (35–40 °C) aufschlagen • kalt schlagen (20–25 °C) • Mehl und Stärke mischen, sieben und unterheben • für Wiener Masse erhitzte Butter unterheben	Löffelbiskuits Tortenböden Rouladen
	• **Brandmasse** (Pâte à chou)	250 g Wasser/Milch 65 g Butter 140 g Mehl 200 g Ei Salz	• Wasser (oder Milch) mit Butter und Salz aufkochen • Mehl in die kochende Flüssigkeit geben • mit dem Kochlöffel rühren, bis sich ein fester, glatter Klumpen bildet; in eine Schüssel geben • Eier nach und nach unter die Masse arbeiten	Windbeutel Eclairs Spritzkuchen
	• **Schaummasse/ Baiser-Masse** (Appareil à meringue)	250 g Eiklar 350 g Zucker 150 g Puderzucker 10 g Stärke	• Eiklar mit 200 g Zucker zu Schnee schlagen • nach und nach restlichen Zucker zugeben • Puderzucker und Stärke mischen und kurz unterschlagen	Meringen/Baiser Tortenböden

1. Teige und Massen

Ausgewählte Speisen

Gestürzter Auflaufpudding
(Grundrezept)

Zutaten für 10 Portionen

0,3 l Milch
1/2 Vanilleschote (Mark)
100 g Zucker
125 g Butter
125 g Mehl
6 Eigelb (60 g)
6 Eiklar (60 g)
1 Prise Salz

Arbeitsgänge

- Mehl und Butter vermengen
- Milch mit Vanillemark und 50 g Zucker aufkochen und mit der Mehl-Butter-Mischung unter Rühren so lange erhitzen, bis eine feste Masse entstanden ist
- das Eigelb unterarbeiten
- Eiklar mit 50 g Zucker zu Schnee schlagen und unter die Masse heben
- in 10 gebutterte und gezuckerte Becherförmchen füllen (nur 2/3 hoch)
- in heißes Wasserbad stellen und im Ofen bei ca. 160 °C etwa 15 Minuten backen; stürzen und warm servieren

Abwandlung

- mit gemahlenen Mandeln, kleinen Fruchtstücken und Kirschwasser verfeinern und mit Weinsoße servieren

1.14.6 Sonstige Süßspeisen

Puddinge (Poudings)
Mit Stärkepulver gebundene, gesüßte und aromatisierte Milch, die man erkalten und fest werden lässt, wird häufig als Pudding bezeichnet, zählt jedoch fachlich gesehen zu den Flammeris.
Zwei Arten von Pudding werden zubereitet:
- **Auflaufpuddinge**, bei denen eine gesüßte Brandmasse mit Eischnee gelockert, mit Geschmackszusätzen wie Mandeln, Nüssen, Fruchtpürees vermischt und im Wasserbad gegart wird. Dabei gehen diese Puddinge auf. Sie müssen rasch serviert werden.
- **Brotpuddinge**, bei denen in Scheiben geschnittenes Weißbrot mit Früchten wie Kirschen und Aprikosen oder Rosinen in eine Form geschichtet, mit Eiermilch übergossen und im Wasserbad im Ofen gebacken wird.

Flammeris (Flameries)
Flammeris sind mit stärkehaltigen Rohstoffen (Stärke, Grieß, Reis) gebundene, gesüßte Milchspeisen. Die Milch wird mit Geschmackszusätzen aufgekocht (Schokolade, Karamell) und mit angerührter Stärke bzw. Grieß oder Reis gebunden. Dieser Flammeri wird gekühlt serviert.
Grießflammeri erhält man durch Einstreuen und Garen des Grießes in kochende Milch. Die leicht abgekühlte Masse wird mit Eigelb verrührt und mit Eischnee gelockert (wegen Salmonellengefahr pasteurisiertes Ei verwenden). Sie wird noch heiß in Formen gefüllt, durchgekühlt und gestürzt.
Beigaben: Soßen, Beeren oder Kompott.

Aufläufe (Soufflés)
Die bekannteste Methode, zarte Aufläufe zuzubereiten, ist das Herstellen einer gebundenen Grundmasse aus Milch und Mehlbutter. Sie wird mit Vanille und Zucker, Eigelb und Eischnee verfeinert und gelockert. In gebutterte und gezuckerte Formen gefüllt wird die Masse im Ofen, meist im Wasserbad, gegart. Dabei steht das Wasserbad auf einem Gitter.
Die Hitze von 200 °C muss konstant gehalten werden. Weil Aufläufe keine abfallende Hitze vertragen, darf während der gesamten Backzeit die Tür des Backofens nicht geöffnet werden. Wegen der Gefahr des Zusammenfallens müssen Aufläufe sehr rasch in der Form serviert werden.
Mit Früchten, Schokolade oder Spirituosen kann der Geschmack variiert werden.

Grützen
Bei Grützen werden gesüßter Fruchtsaft oder Früchte und Wasser aufgekocht und mit angerührter Stärke gebunden. Dabei muss die Flüssigkeit ein bis zwei Minuten kochen, damit die von der unverkleisterten Stärke verursachte Trübung verschwindet. Früher wurde Grütze zum Binden verwendet. Das sind grobe bis feine Bruchstücke von Hafer, Gerste oder Buchweizen. Die Masse ist nach dem Portionieren, Erkalten und Festwerden servierbereit.
Sie kann mit Wein und Spirituosen verbessert werden. Man reicht eine passende süße Soße oder flüssige Sahne dazu.

Fruchtreis
(Reis Trauttmansdorff)

Zutaten für 10 Portionen

1/4 l Milch
Mark von 1/2 Vanilleschote
60 g Langkornreis
3 Blatt Gelatine
60 g Zucker, 1 Prise Salz
100 g gewürfelte Früchte (keine sauren Früchte)
4 cl Orangenlikör
1/4 l Sahne
1/5 l süßes Rotweingelee
1/4 l Himbeersirup

Arbeitsgänge

- 10 Förmchen 5 mm hoch mit Rotweingelee ausgießen und gelieren lassen
- den Reis in Wasser 3 Minuten vorkochen
- Reis mit Vanillemark und Milch aufkochen und bei geringer Hitze 20 Minuten quellen lassen
- Zucker und eingeweichte Gelatine daruntermischen und auskühlen lassen
- Früchte, Orangenlikör und geschlagene Sahne unterheben, abfüllen und gut kühlen
- stürzen und mit geschlagener Sahne und Früchten und garnieren
- mit Himbeersirup umgießen

Reiscreme
(4 Portionen)

Arbeitsgänge

- 500 ml Milch mit 80 g Reismehl aufkochen, auf kleiner Stufe kochen lassen, rühren
- abkühlen lassen, dabei öfter umrühren
- 200 ml Sahne sehr steif schlagen
- Zimt und 4 Esslöffel Honig in die Reiscreme rühren, 3/4 der Sahne unterheben
- in Gläser füllen
- mit Banane, Zimt und der restlichen Sahne garnieren

Rote Grütze

Zutaten für 10 Portionen

je 100 g rote und schwarze Johannisbeeren
125 g Himbeeren
0,7 l Wasser
120 g Zucker
60 g Speisestärke
Einlage: 150 g frische Johannisbeeren
Beigabe: 1/2 l Vanillesoße oder 1/4 l flüssige Sahne

Arbeitsgänge

- Beeren mit Wasser und Zucker kochen
- durch ein Sieb passieren und den Fruchtsaft zum Kochen bringen
- Speisestärke in Wasser anrühren und den kochenden Saft damit binden und klarkochen
- Einlage unterziehen, abschmecken, in Portionsgläser oder in eine Schüssel füllen
- nach dem Durchkühlen garnieren und mit Sahne oder Vanillesoße servieren

Abwandlung

- 300 g Rhabarber, 150 g Stachelbeeren, 2 Kiwis, 140 g Zucker, 0,7 l Wasser, 50 g Speisestärke entsprechend zubereiten.
- Einlage: 3 Kiwis in Würfel geschnitten

Wissen Sie Bescheid?

1. Warum soll Obst grundsätzlich gewaschen werden?
2. Wie werden gefrorene Himbeeren verarbeitet?
3. Erläutern Sie den Begriff mazerieren.
4. Warum werden Mandeln und Nüsse vor der Verarbeitung leicht geröstet?
5. Welche Soße empfehlen Sie zu Weingelee?
6. Nennen Sie zwei Möglichkeiten der Cremeherstellung.
7. Beschreiben Sie die Zubereitung von Karamellcreme.
8. Zählen Sie die wichtigsten Zutaten von Bayerischer Creme auf und nennen Sie zwei Ableitungen.
9. Welche Ziele werden mit der Zugabe von Gelatine bzw. geschlagener Sahne bei der Cremeherstellung erreicht?
10. Warum muss Creme immer gekühlt aufbewahrt werden?
11. Welche Eissorten und Eisarten werden in Ihrem Ausbildungsbetrieb angeboten?
12. Nennen Sie die Hauptbestandteile von Cremeeis, Fruchteis und Rahmeis.
13. Wodurch unterscheidet sich die Rahmeisherstellung von der Cremeeisherstellung?
14. Beschreiben Sie die Zusammenstellung eines Eisbechers nach Schwarzwälder Art.
15. Erklären Sie die Begriffe Eisauflauf, Eisbiskuit und Eisbombe.
16. Zählen Sie sechs Garniermittel auf, die zum Garnieren von Eisspeisen infrage kommen.

1. Rohpökelware (Schwarzwälder Schinken)

2. Kochpökelware (gekochter Schinken)

1.15 Fleisch- und Wurstwaren

Wurst- und Fleischwaren werden hauptsächlich von Fleischereien/Metzgereien und Fleischwarenfabriken hergestellt.
Für warme Speisen werden sie nur noch erwärmt oder angebraten
Für den Kaltverzehr werden sie in Portionsstücke oder in dünne Scheiben geschnitten und dekorativ angerichtet. Sie sind als Grundlage für Feinkostsalate geeignet.

Fleischwaren
Rohpökelwaren: Hierfür wird Schweinefleisch, seltener Rindfleisch verwendet. Die Fleischstücke werden nach dem Pökeln geräuchert und/oder getrocknet. Beispiele sind Bündner Fleisch, Parmaschinken.
Kochpökelwaren: Hierbei sind die typische Pökelfarbe, der milde, aromatische Fleischgeschmack und die Saftigkeit die wichtigsten Qualitätsmerkmale. Nach dem Pökeln in milder Lake werden manche Sorten zur Aromaverbesserung geräuchert, wie Schinken und Kasseler. Gegart wird bei etwa 75 °C durch Garziehen oder Dämpfen. Pökelzunge und Eisbein müssen gekocht werden.
Kochpökelwaren können in Scheiben geschnitten mit Soßen und Beilagen als warme Speisen gereicht werden. Dünn aufgeschnitten sind sie wesentlicher Bestandteil kalter Platten und Büfetts oder Beigabe zu Spargelgerichten. Zum Anrichten kalter Platten wird häufig kalter Braten verwendet. Kalte Büfetts sind ohne gebratenes Fleisch, z. B. Roastbeef oder Rehrücken, nicht vollständig.
Zu kaltem, gebratenem Fleisch reicht man kalte Soßen wie Remouladensoße oder Cumberlandsoße.

Wurstwaren
Unterschiedliche Zusammensetzung des Ausgangsmaterials und verschiedene Herstellungsverfahren ergeben Wurstwaren von solcher Vielfalt, dass allgemeine Aussagen über Nährwert, Geschmack, Haltbarkeit oder Preis nicht möglich sind.
In den Leitsätzen für Fleisch und Fleischerzeugnisse sind die Qualitätsstandards festgelegt.

Kochwürste: Sie umfassen die Gruppen Kochstreichwürste, Blutwürste und Sülzwürste. Kochstreichwürste sind durch erstarrtes Fett verbunden und streichfähig.
Brühwürste: Sie erhalten ihre Bindung und Festigkeit durch die im Brät (Wurstmasse aus rohem, zerkleinertem Fleisch, Speck und Wasser in Form von Eisschnee) gelösten Fleischeiweiße. Diese emulgieren die übrigen Zutaten und gerinnen beim Brühen (Hitzebehandlung bei 65 °C).
Rohwürste: Sie sind umgerötete, ungekühlt lagerfähige, roh zum Verzehr gelangende Wurstwaren. Sie können schnittfest (Salami) oder streichfähig (Mettwurst) sein.

Regeln beim Anrichten von Fleisch- und Wurstwaren
- Die Ränder von Platten und Tellern nicht belegen.
- Nur mit essbaren Materialien garnieren, die in Geschmack und Farbe mit der Speise harmonieren.
- Das Garniermaterial soll nicht überwiegen und nicht über die Fläche verstreut sein, sondern gezielt an wenigen Stellen eingesetzt werden.
- Symmetrisches Auflegen der Scheiben ergibt ein klares Gesamtbild und erleichtert das Vorlegen.

1. Kochwürste

① Thüringer Rotwurst
② Zungenwurst
③ Plunze (Blut-Leberwurst)
④ Sülzwurst
⑤ Schinkensülzwurst
⑥ Schwartenmagen
⑦ Blutschwartenmagen
⑧ Hausmacher Blutwurst
⑨ Kalbsleberwurst
⑩ Pfälzer Leberwurst
⑪ Hausmacher Blutwurst luftgetrocknet
⑫ Grobe Leberwurst

2. Brühwürste

① Lyoner Schinkenwurst
② Gelbwurst
③ Bierschinken
④ Bierwurst
⑤ Jagdwurst
⑥ Fleischkäs
⑦ Wiener Würstchen
⑧ Regensburger
⑨ Fleischwurstring
⑩ Frankfurter Würstchen
⑪ Weißwürste

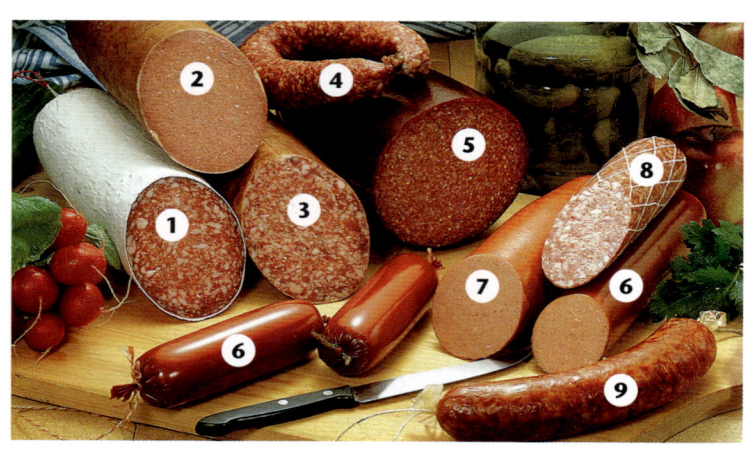

3. Rohwürste

① Salami
② Cervelatwurst
③ Plockwurst
④ Grobe Schinkenwurst
⑤ Katenrauchmettwurst
⑥ Teewurst
⑦ Streichmettwurst
⑧ Schinkenmettwurst
⑨ Braunschweiger Streichmettwurst

Wildpastete mit Pistazien

Zutaten für 10 Portionen

für den Teig:
250 g Mehl, je 75 g Wasser und Schweinefett, Salz, 1 Ei

zum Auslegen:
Rückenspeckscheiben

für die Einlage:
1 Hasenrückenfilet, 30 g Pistazien, 100 g Schinkenwürfel

für die Farce:
500 g Wildfleisch, je 150 g Schweinerückenfleisch und Speck, 0,1 l Sahne, Salz, Pfeffer, Pastetengewürz, je 4 cl Madeira und Weinbrand, 10 g Öl, je 100 g Zwiebel- und Apfelwürfel, 150 g Geflügelleber

zum Auffüllen:
1/4 l Madeiragelee

Arbeitsgänge

- gekühlte Teigzutaten rasch verkneten und zugedeckt durchkühlen
- Hasenrückenfilet kräftig würzen, in Öl kurz anbraten, kühlen
- Fleischwolf mit feiner Scheibe, Kutter, Speck und Sahne stark kühlen
- Wild- und Schweinefleisch in Würfel schneiden und würzen; anfrieren
- Leber, Zwiebeln und Äpfel kurz in Öl anbraten, flambieren, kühlen
- mit Wild- und Schweinefleisch zweimal durch den Fleischwolf drehen
- Speck danach separat durchdrehen
- auf Eis: Speck und Sahne nach und nach unter das Fleisch mischen oder im Kutter mixen; abschmecken
- Pistazien und Schinken untermengen
- Pastetenform mit Teig- und Speckplatten auslegen, die Farce kompakt einfüllen (Hasenfilet in die Mitte)
- mit Speck und Teig verschließen; 2 Löcher als Kamin ausschneiden, mit Teig verzieren und mit Ei bestreichen
- bei 220 °C 10 Minuten und bei 180 °C ca. 40 Minuten backen, auskühlen
- mit Madeiragelee auffüllen, kühlen
- zum Anrichten in Scheiben schneiden und mit Waldorfsalat und Cumberlandsoße servieren

1.16 Feinkost

Unter Feinkost versteht man Speisen, die besonderen Ansprüchen bzw. verfeinerten Essgewohnheiten genügen. Im Folgenden wird auf Pasteten, Terrinen, Galantinen, Stopflebern und Kaviar näher eingegangen.

1.16.1 Pasteten

Pasteten bestehen meist aus einer Masse (Farce). Man unterscheidet: Pasteten in der Kruste gebacken, Terrinen (Pasteten mit Speckhülle in Gefäßen gegart) und Galantinen oder „Rollpasteten".

Die **Farcen** bestehen aus dem jeweiligen namengebenden Grundstoff, magerem, sehnenarmem Schweinefleisch und frischem, fettem Speck. Alle Zutaten werden mit charakteristischer Gewürzmischung und Weinbrand oder Likörwein mariniert und gut gekühlt, fein gehackt und/oder gekuttert und durch ein Sieb gestrichen. Die Bindung wird durch das mithilfe des Salzes gelöste Fleischeiweiß erreicht. Fettärmer sind Massen, die anstelle von Speck mit Sahne zubereitet werden (Mousselinefarcen). Als Einlage werden gebratenes Filet, gekochter Schinken, Trüffel und Pistazien beigegeben, die das Schnittbild farblich gestalten und den Geschmack verbessern. Behutsames Garen ist ausschlaggebend für die Qualität.

Die Kerntemperatur von 55 °C (bei Fisch 45 °C) soll durch genau dosierte Hitzezufuhr erreicht und keinesfalls überschritten werden. Deshalb werden Pasteten bevorzugt im Ofen gebacken, Terrinen im Ofen im Wasserbad und Galantinen im Sud pochiert.

Pasteten in der Kruste

Farcen von Wild, Wildgeflügel, Geflügel, Kalb, Fisch oder Leber werden für Pasteten in Teighülle in rechteckigen Formen aus Metall gebacken. Sie erhalten meist eine Einlage von ausgesuchten Stücken des Grundstoffes, z. B. Wild- oder Kalbsfilet, Geflügelbrust, Gänsestopfleber. Nach dem Backen und Abkühlen wird der entstandene Hohlraum zwischen Teig und der gegarten Farce, die an Volumen verloren hat, mit feinem Gelee ausgegossen.

Zum Anrichten wird die Pastete in Scheiben geschnitten und mit passender Soße (Cumberland- oder Hagebuttensoße bei Wild und Wildgeflügelpasteten) oder Gelee, das mit Likörwein oder Weinbrand abgeschmeckt wurde, serviert.

Terrinen

Die Farcen für Fleisch-, Wild- oder Geflügelterrinen werden in mit sehr dünnen Speckscheiben ausgelegte Steingut- oder Porzellanformen gefüllt und im Wasserbad im Ofen gegart (anstelle der Speckscheiben oder zusätzlich kann die Form mit einer hitzebeständigen Kunststoff-Folie ausgelegt werden).

Nach dem Auskühlen wird das Fett entfernt, das sich unter Umständen oben abgesetzt hat. Die Oberfläche wird eventuell mit einem würzigen Gelee versiegelt. Fischterrinen werden gern mit einer Einlage aus Spinatblättern, Lachsstreifen und/oder Krustentierschwänzen aufgewertet und pochiert.

Terrinen werden zum Anrichten aus der Form genommen und in Scheiben geschnitten. Geleewürfel oder kalte Soßen bietet man dazu an.

1. Auswahl an ① Pasteten, ② Terrinen und ③ Galantinen

Galantinen

Für die klassischen Galantinen (auch Ballotinen genannt) werden ganze Tiere so entbeint, dass ihr Fleisch mit der Haut an einem Stück zusammenbleibt. Die Farce wird auf das ausgebeinte Fleisch gelegt und eingerollt (ist das Fleisch nicht zart genug, wird es zur Farceherstellung verwendet und nur die Haut als Hülle benutzt).

Nach dem Vernähen der Hautenden wird die Galantine in eine Tuchserviette gebunden und im entsprechenden Fond gegart. Sie soll im Fond erkalten und wird dann in Scheiben geschnitten.

Heute werden Galantinen meist als „Rollpasteten", die in der Form einer Wurst ähnlich sind, hergestellt. Anstelle der Haut und des daran haftenden Fleisches wird eine Folie verwendet. Dadurch entfällt das aufwendige Herausschälen des gesamten Knochengerüstes; die Tiere können geteilt und dann entbeint werden bzw. man verwendet Fleisch ohne Knochen. Diese Galantinen werden in der Folie pochiert oder gedämpft.

Galantinen werden aus Geflügel, Wildgeflügel, Spanferkel und Fischen, aber auch aus Krusten-, Schalen- und Weichtieren hergestellt. Der gefüllte Schweinsfuß (Zambone) oder die gefüllte Kalbsbrust sind auch Galantinen.

Zu Galantinen aus Fleisch, Geflügel und Wild reicht man z. B. Cumberlandsoße, zu solchen aus Fisch und Meeresfrüchten z. B. eine Mayonnaiseableitung oder eine Crèmefraîche-Mischung mit körnigem Senf, Meerrettich oder Kräutern. Durch Mischen mit Joghurt kann der Fettgehalt der Soße vermindert werden.

1.16.2 Speisen aus Stopflebern

Getrüffeltes Gänseleber-/Entenleberparfait
(Parfait bedeutet das Beste/das Feinste). Für diese Zubereitung wird Gänsestopf- oder Entenstopfleber von den Adern und Venen befreit, enthäutet und mit Weinbrand und Gewürzmischung einige Zeit mariniert und durchgekühlt.

Spezielle Formen werden mit sehr dünnen Speckscheiben ausgelegt und die Gänseleber hineingepresst, sodass sie die Gestalt der Form annimmt. Die Trüffel werden im Zentrum platziert (bei Parfait wird keine Farce verwendet). Die Form wird mit Speckplatten verschlossen.

Das Parfait wird zugedeckt im Wasserbad im Ofen pochiert. Es bleibt bis zur Verwendung in der Form und wird gut gekühlt aufbewahrt. Beim Anrichten wird die Speckhülle entfernt und das Parfait in Scheiben geschnitten, mit Gelee überzogen und mit Madeirageleewürfeln angerichtet.

Feinkosthersteller bieten Gänsestopfleberprodukte als Frischware bzw. Halb- oder Vollkonserve an. Sie müssen folgenden gesetzlichen Mindestanforderungen genügen:

- **Gänseleberpastete oder -terrine:** Kochwurstpastete mit mindestens 70 % Gänseleberstücken in einer Farce aus Schweinefleisch, Schweineleber, Speck und Gänsefett.
- **Gänseleberparfait:** besteht aus einer Farce von Schweinefleisch sowie Gänseleber und Gelee.
- **Gänseleberwurst:** Kochstreichwurst aus einer Farce von Schweinefleisch und -leber und 20 % Gänseleberstücken.

Ausgewählte Speisen

	Bezeichnung	Fischart	Eigenschaften
Echter Kaviar (von Stör oder Sterlet-Arten) wird überwiegend auf Eis serviert (als Vorspeise, zum Frühstück oder beim kalten Büfett)	• Beluga • Sevruga • Ossiotr	• Hausen • Scherg • Waxdick	• Korngröße etwa 3 mm, grau-schwarz, mit sehr zarter Eihaut • kleinkörnig, relativ helles Grau, zarte Eihaut • mittelgroßes Korn, dunkles Grau, relativ feste Eihaut
Kaviar-Ersatz-Erzeugnisse überwiegend als Garniermittel, Soßen- oder Farcenbestandteil	• Deutscher Kaviar • Keta-Kaviar • Forellenkaviar	• Seehase • Lachs • Bachforelle • Lachsforelle	• sehr kleinkörnig, schwarz gefärbt, hoher Salzgehalt • Korngröße 3 bis 4 mm, natürliche blassrote Farbe, • Korngröße 2 bis 3 mm, goldgelbe natürliche Farbe

1. Kaviararten   Lachskaviar   Störkaviar

1.16.3 Kaviar

Unter Kaviar versteht man die von Häuten und Sehnen befreiten Fischeier (Rogen) verschiedener Fischsorten. Kaviar, vor allem echter Kavier, wird zunehmend aus Zuchtware gewonnen. Angebote aus Russland und dem Iran sind aus vielen Gründen rückläufig. Die Fischeier werden nun eingesalzen. Dadurch bekommen sie eine festere Konsistenz, werden haltbar und die hellglasigen Fischeier dunkeln nach.

Qualitätsmerkmale des echten Kaviars

Bei gutem Kaviar muss die Oberfläche trocken erscheinen, wenn der Behälter (Dose oder Glas) geöffnet wird. Reiner, nicht fischiger oder traniger Geschmack sowie eine gleichmäßige Körnung und ein relativ geringer Salzgehalt zeichnen die besten Sorten aus. Mindere Qualitäten erkennt man am unreinen oder salzigen Geschmack und an der schleimigen oder fettigen Oberfläche.

Angebotsformen von echtem Kaviar

Der Salzgehalt von Kaviar beträgt 2 % bis 4 %. Der Zusatz „Malossol" weist auf eine besonders milde Salzung hin. Presskaviar ist pastenartig; er wird überwiegend für Füllungen verwendet.

Aufbewahrung von Kaviar

Ungeöffnete Originaldosen und -gläser bewahrt man für wenige Wochen bei 0 °C auf. Sie sollten bei einer Teilentnahme sofort wieder verschlossen werden, weil Luftkontakt die Qualität mindert.

Wissen Sie Bescheid?

1. In welche Gruppen werden die Wurstwaren eingeteilt? Nennen Sie die spezifischen Eigenschaften.
2. Erklären Sie den Begriff umröten.
3. Wie werden Pökelwaren gegart?
4. Welche Fleischwaren eignen sich für ein kaltes Büfett?
5. Welche Vorteile hat das symmetrische Auflegen von Scheiben bei kalten Platten?
6. Nennen Sie vier Regeln für die Auswahl bzw. den Einsatz von Garniermitteln.
7. Definieren Sie den Begriff Feinkost.
8. Welcher Hauptbestandteil ist charakteristisch für Mousselinefarcen?
9. Worin unterscheiden sich Pasteten und Galantinen?
10. Warum werden Pasteten mit Gelee (Aspik) aufgefüllt?
11. Welche Soßen empfehlen Sie zu einer Fasanenpastete oder zu einer Geflügelgalantine?
12. Wie werden Terrinen gegart?
13. Warum werden Terrinen mit Gelee (Aspik) bedeckt?
14. Welche Beigaben passen zu Terrinen?
15. Beschreiben Sie in Stichworten die Kaviargewinnung.
16. In welchen Verpackungen wird Kaviar geliefert? Wie lagern Sie ihn?

Kaltes Büfett mit Feinkostartikeln

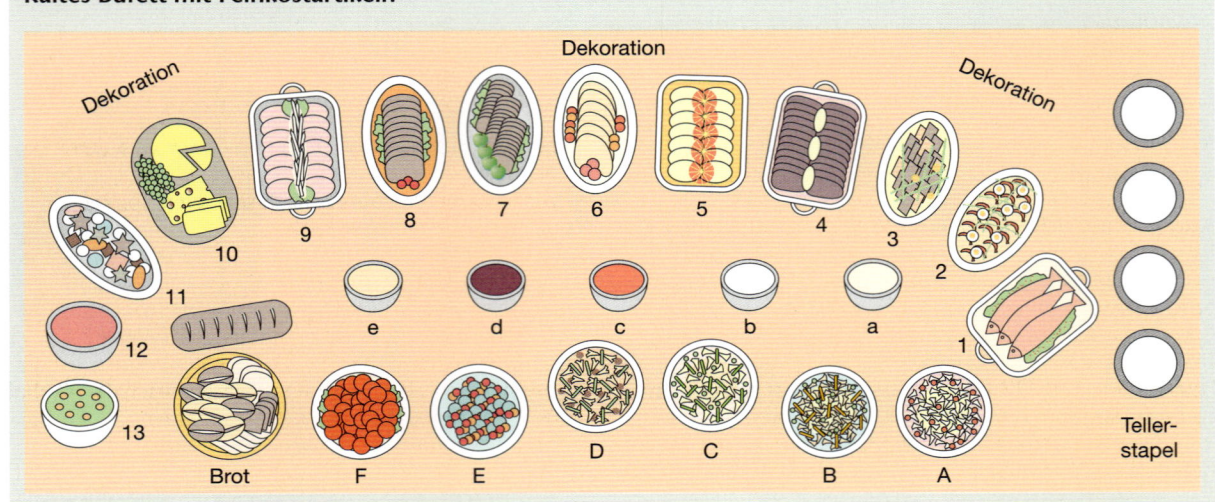

Beispiel für das Arrangieren eines kalten Büfetts ab 50 Personen

Hauptplatten

1. Pochierter Lachs mit Lachskaviar
2. Langusten mit Beluga-Eiern
3. Variationen von Räucherfisch
4. Schwarzwälder Schinken mit Netzmelone
5. Fasanengalantine mit rosa Grapefruit
6. Gebratenes Geflügel mit Senffrüchten
7. Rehrücken mit gefüllten Äpfeln
8. Spanferkelrücken
9. Roastbeef mit mariniertem Spargel
10. Käsebrett mit Trauben
11. Petits fours
12. Erdbeercreme
13. Fruchtsalat

Soßen

a Sahne-Mayonnaise
b Sahne-Meerrettich
c Hagebuttensoße
d Cumberlandsoße
e Remouladensoße

Salat

A Krebsschwanzsalat
B Waldorfsalat
C Geflügelsalat
D Pfifferlingssalat
E Gemüsesalat
F Tomatensalat

Im Rahmen eines kalten Büfetts werden Feinkostartikel oft in Kombination mit anderen Speisen angeboten. Dabei können die Feinkostartikel Speisen und Platten verfeinern, beispielsweise kann Kaviar eine Fischplatte aufwerten, oder sie werden auf separaten Platten angerichtet, wie etwa eine Fasanengalantine.

Beim Arrangieren eines kalten Büfetts sind u. a. folgende Punkte zu beachten:

Unterschiedlichkeit der angebotenen Speisen: Ziel ist es, dem Gast die Möglichkeit zu geben, eine Speisefolge für sich zusammenzustellen, die aus seinen „Lieblingsspeisen" besteht und dennoch alle Nährstoffe in ausreichender Menge enthält.

Geschmackliche und optische Harmonie: Die Platten, Schüsseln und Saucieren sollten so arrangiert werden, dass das Gesamtbild des Büfetts optimal wirkt und die Platten bei den dazugehörigen Salaten und Soßen stehen.

Die Reihenfolge der angebotenen Speisen soll sich nach den Vorgaben des klassischen Menüaufbaus richten. Blumenbuketts, Kerzen und Bänder verschönern jedes Büfett.

Erleichterungen für den Gast: Alle Gefäße sollten mit geeignetem Entnahme- oder Vorlegebesteck versehen sein, damit der Gast sich problemlos bedienen kann. Viele Gäste empfinden es als besonderen Service, wenn ein Koch am Büfett manche Speisen vorlegt und Auskünfte oder Empfehlungen geben kann. Werden das Besteck und die Brotauswahl an den Speisetischen eingedeckt, haben die Gäste weniger zu tragen. Abstellmöglichkeiten für benutztes Geschirr und Besteck sind vorzubereiten.

2 Getränkekunde II – alkoholische Getränke (Marktangebot, Zubereitung, ernährungsphysiologische Bedeutung, Qualitätsmerkmale)

2.1 Ernährungsphysiologische Wirkung des Alkohols

Alkohol muss nicht wie Nährstoffe erst verdaut werden. Er ist direkt resorbierbar. Die Resorption erfolgt zum geringen Teil schon über die Schleimhäute des Mundes und anschließend über die Schleimhäute des Magen-Darm-Traktes. In der Leber erfolgt der biochemische Abbau des Alkohols. Alkohol ist mit 30 kJ/g ein fast so guter Energielieferant wie Fett (37 kJ/g). Er kann zwar im Organismus nicht in Fett umgewandelt werden; da er jedoch schneller als andere Nährstoffe zur Energiegewinnung herangezogen wird, werden diese verstärkt zur Fettbildung benutzt.

Wirkung des Alkohols auf den Menschen
- Bis 0,5 0/00: Die Fähigkeit zur Raumschätzung nimmt ab, die Unfallgefahren vervielfachen sich.
- 0,5 0/00 bis 0,8 0/00: Die Konzentration lässt nach.
- 0,8 0/00 bis 1,2 0/00: Das Blickfeld verengt sich, Enthemmungen und Euphorie beginnen.
- 1,2 0/00 bis 2,5 0/00: Die eigenen Fähigkeiten werden überschätzt, die Reaktion lässt nach, Konzentrationsschwächen und Gleichgewichtsstörungen beginnen.
- Ab 2,5 0/00: Bewusstseinstrübungen treten ein.

Motive des Alkoholkonsums
Alkoholische Getränke werden aus verschiedenen Gründen und Anlässen getrunken, z. B.
- bei Festen oder anderen Zusammenkünften,
- bei Ärger, Stress, Unlustgefühlen oder schlechter Laune,
- zur besseren Verdauung nach schweren Speisen,
- aus Gewohnheit oder Sucht.

2.1.1 Jugendliche und Alkohol

Jugendliche und Kinder sind durch Alkohol besonders gefährdet, da ihr Körper wesentlich empfindlicher reagiert. Jugendliche sind im Allgemeinen unkritischer und leichter zu beeinflussen als Erwachsene. Die Bereitschaft, Alkohol zu sich zu nehmen, wird durch das „Vorbild" der Erwachsenen noch gefördert.

Alkoholkonsum gilt für viele als Symbol für Erwachsensein. Er erzeugt ein künstliches, trügerisches „Wir-Gefühl". Besonders in jungen Jahren kann dies leicht zur Sucht führen. Regelmäßiger Alkoholgenuss führt fast immer zur körperlichen Abhängigkeit, sodass Alkohol aufgrund seiner Suchtwirkung als Droge zu bezeichnen ist. Ist der junge Mensch erst einmal der Droge Alkohol verfallen, kommen zu den gesundheitlichen Schäden meist noch weitere Folgen. Er vernachlässigt seine Ausbildung, entfremdet sich der Familie, gleitet gesellschaftlich ab und findet sich im Leben nicht mehr zurecht.

Aus diesen Gründen sollten Jugendliche alkoholfreie Getränke alkoholhaltigen vorziehen, denn sie sehen und erleben täglich an erwachsenen „Vorbildern", was Alkohol anrichten kann.

BIER	KORN	WEIN	SEKT
0,33 l (4 Vol.-%)	4 cl (32 Vol.-%)	0,1 l (12 Vol.-%)	0,1 l (12 Vol.-%)

Enthalten 10 g reinen Alkohol

1. Alkoholgehalt verschiedener Getränke

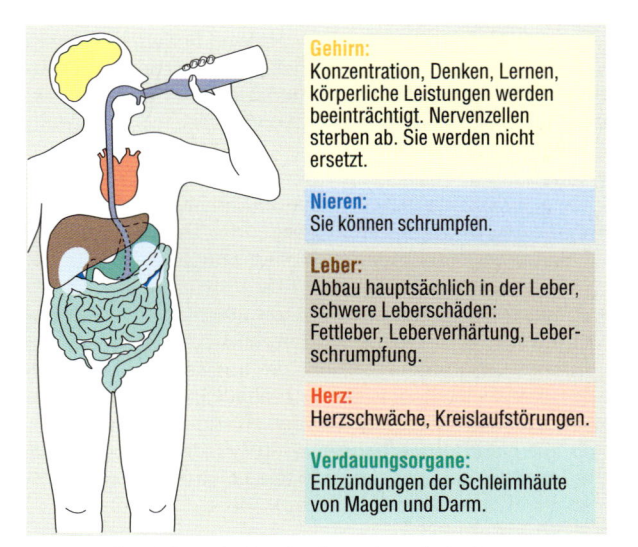

Gehirn: Konzentration, Denken, Lernen, körperliche Leistungen werden beeinträchtigt. Nervenzellen sterben ab. Sie werden nicht ersetzt.

Nieren: Sie können schrumpfen.

Leber: Abbau hauptsächlich in der Leber, schwere Leberschäden: Fettleber, Leberverhärtung, Leberschrumpfung.

Herz: Herzschwäche, Kreislaufstörungen.

Verdauungsorgane: Entzündungen der Schleimhäute von Magen und Darm.

2. Gesundheitliche Schäden durch starken Alkoholkonsum

$$C_6H_{12}O_6 \text{ (Traubenzucker/Glucose)}$$

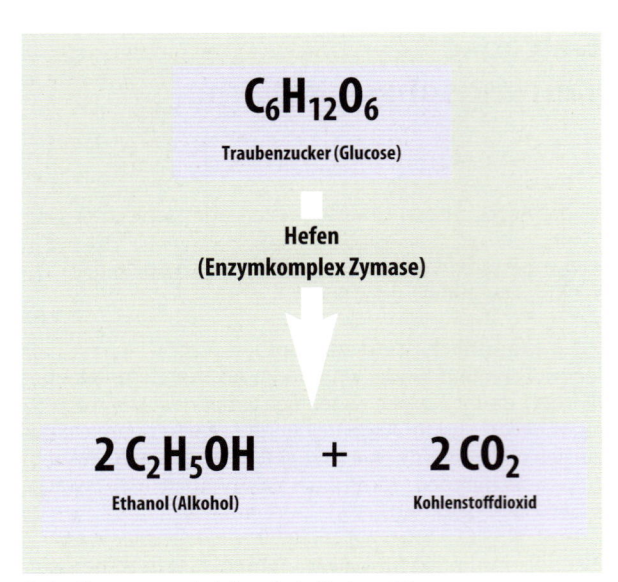

$$\xrightarrow{\text{Hefen (Enzymkomplex Zymase)}}$$

$$2\ C_2H_5OH \text{ (Ethanol/Alkohol)} + 2\ CO_2 \text{ (Kohlenstoffdioxid)}$$

1. Stoffumsetzung bei der alkoholischen Gärung

2.1.2 Alkoholische Gärung

Die alkoholische Gärung ist ein Vorgang, der bei Lebensmitteln oft unbeabsichtigt und unerwünscht abläuft. Er wird durch wilde Hefen hervorgerufen, die, von der Luft transportiert, auf zuckerhaltigen Lebensmitteln Nahrung finden oder sich bereits auf diesen befinden (Trauben, Obst). Ein Beispiel dafür sind Kahmhefen, die auf Säften eine weiße Haut bilden, Schleimhefen, die die Säfte schleimig machen oder Spitzhefen, die den Lebensmitteln einen unangenehmen Geschmack verleihen. Diese unerwünschten alkoholischen Gärungsabläufe führen in den meisten Fällen zum Verderb der befallenen Lebensmittel.

In der Getränkeindustrie wird die alkoholische Gärung jedoch nicht dem Zufall überlassen, sondern bewusst eingeleitet. Die Hefen, die dabei Verwendung finden, werden in Labors gezüchtet. Es sind spezielle Bier-, Wein- und Brennereihefen. Eigenschaft und Aufgabe dieser Hefen ist es, vermehrt Alkohol und speziellen Geschmack zu bilden. Dazu benötigen sie

- Nahrung in Form von Einfach- und Doppelzuckern sowie Stickstoffverbindungen und Mineralstoffen,
- Wasser, da durch die Zellwand der Hefe nur gelöste Nahrung aufgenommen werden kann,
- Wärme für die Vermehrung und zur Gärung,
- Sauerstoff zur Atmung und vor allem vor Gärungsbeginn zur Vermehrung der Hefezellen.

Die Hefezelle besteht aus einer Zellhaut (Membran). Diese ist durchlässig für nährstoffhaltige Flüssigkeiten und Gase, was zur Nahrungsaufnahme nötig ist. Der Zellkern stellt die Schaltzentrale der Hefezelle dar, er wird von Zellflüssigkeit umgeben, die viele Enzyme und B-Vitamine enthält. Ein gesonderter Saftraum (Vakuole) ist für Abfallstoffe vorhanden; er ist bei jungen Zellen klein, bei älteren sehr groß. Hefezellen vermehren sich durch Teilung bzw. Sprossung.

Ablauf der Gärung

Die Bildung von Ethanol (Alkohol) aus Traubenzucker und anderen Zuckerarten durch Hefen bezeichnet man als alkoholische Gärung. Sie wird in Bierbrauereien und Wein- und Sektkellereien durchgeführt.

Um eine Gärung herbeizuführen, werden Zucker, Flüssigkeit und Hefe benötigt. Enthält das Ausgangsprodukt keinen Zucker, sondern Stärke, muss die Stärke erst zu Zucker abgebaut werden, wie dies z. B. bei der Bierherstellung der Fall ist.

Die Fähigkeit der Hefe, Zucker in Ethanol und Kohlenstoffdioxid umzuwandeln, wird durch Zymase, die die Hefezelle selbst bildet, ermöglicht. Zymase ist ein Enzymkomplex aus zwölf Enzymen mit unterschiedlichen Aufgaben.

Zu Beginn der Gärung benötigt die Hefe Nahrung (Zucker) und Sauerstoff, um sich zu vermehren. Die Ethanolbildung ist dabei sehr gering. Danach wird die Sauerstoffmenge verringert, da die Bildung des Ethanols und des Kohlenstoffdioxids (gelöst: Kohlensäure) am besten unter Luftabschluss einsetzt. Dies ist möglich, da Hefen auch ohne Sauerstoff leben können, wenn ihnen genügend Zucker zur Verfügung steht.

Vereinfacht dargestellt, läuft der Gärprozess folgendermaßen ab (Bild 1):
Zymase spaltet ein Zuckermolekül in zwei Moleküle Kohlenstoffdioxid und zwei Moleküle Ethanol, wobei Energie (Wärme) frei wird.

Die Hefen können jedoch nicht unbegrenzt Alkohol bilden. Bei etwa 15 bis 16 Vol.-% sterben die Hefezellen durch die Alkoholeinwirkung ab, sodass die Gärung zum Stillstand kommt. Dies kann noch früher geschehen, wenn der Zuckergehalt der zu vergärenden Flüssigkeit sehr hoch ist. Bei normalen Gärungsabläufen kann aus diesem Grund die 15- bis 16-Vol.-%-Marke nicht überschritten werden. Deshalb müssen Getränke mit höherem Alkoholgehalt destilliert werden.

1. Nennen Sie Beispiele von erwünschten und unerwünschten Gärungsabläufen.
2. Beschreiben Sie den Aufbau und die Vermehrung von Hefezellen.
3. Welche Voraussetzungen benötigen Hefezellen, um Lebensmittel zu vergären?
4. Schildern Sie den Ablauf der alkoholischen Gärung und stellen Sie die Stoffumsetzung grafisch dar.

Getränkekunde II – alkoholische Getränke

In alten Keilschriften wird nachweisbar überliefert, dass ca. 6000 v. Chr. bei dem ältesten Kulturvolk dieser Erde, den Sumerern, das Brauen bierähnlicher Getränke aus gärendem Brotteig üblich war. Im 2. Jahrtausend v. Chr. zerschlugen die Babylonier das sumerische Reich und übernahmen von ihnen u. a. die Kunst des Bierbrauens. Ihr König Hamurabi ließ schon damals Biergesetze in eine Dioritsäule meißeln (die älteste Gesetzessammlung der Welt). Je nach sozialer Stellung bekamen Arbeiter täglich 2, Beamte 3, Verwalter und Oberpriester 4 l Bier. In Deutschland sind die Bieramphoren (Aufbewahrungsgefäße) der frühen Hallstattzeit (800 v. Chr.) in der Nähe von Kulmbach der früheste Nachweis, dass Bier auf deutschem Boden gebraut wurde. In den ersten Jahrhunderten unserer Zeitrechnung verfeinerten vor allem die Klöster die Kunst des Bierbrauens. In Brabanter Klöstern wurde Hopfen zum Würzen von Bier verwendet. Daraus entstand wahrscheinlich die Sage vom Brabanterkönig Gambrinus als Erfinder des Bieres, der auch heute noch als Schutzpatron der Brauer verehrt wird. Ein wichtiges Datum in der Geschichte des Bieres ist der Erlass des Reinheitsgebotes im Jahre 1516 durch Herzog Wilhelm IV. von Bayern, welches besagt, dass Bier nur aus Gerste (später Gerstenmalz), Hopfen und Wasser gebraut werden dürfe. Die Verwendung von Hefe war damals noch nicht bekannt. Die Gärung wurde dem Zufall überlassen. Dieses Reinheitsgebot von 1516 ist die älteste lebensmittelrechtliche Vorschrift der Welt, die noch heute in Deutschland Gültigkeit hat.

BIER WAR SCHON IMMER BELIEBT

Bestandteile des deutschen Bieres: Hopfen, Gerste, Hefe, Wasser

2.2 Bier

2.2.1 Bestandteile des Bieres nach dem deutschen Reinheitsgebot

Brauwasser
Das Brauwasser muss Trinkwasserqualität besitzen. Eine Vorbehandlung ist nur zur Entziehung des Eisengehaltes, zur Entkeimung und zur Enthärtung gestattet. Ferner kann das Wasser gefiltert und gekocht werden. Der Brauvorgang wird vom Mineralstoffgehalt beeinflusst. So erfordern Biere nach dem
- Pilsener Typ (helle Biere) weiches Wasser,
- Münchener Typ (dunkle Biere) karbonathartes Wasser,
- Dortmunder Typ (helle und dunkle Biere) sulfathartes Wasser.

Braumalz
Der wichtigste Rohstoff für das Bier ist das Malz. Für untergärige Biere darf nur Gerstenmalz verwendet werden. Für andere Biersorten, z. B. Alt, Kölsch, Weizenbiere usw., wird zusätzlich zum Gerstenmalz Malz aus Weizen, Roggen oder Dinkel verwendet. Der Hauptbestandteil ist jedoch immer Gerstenmalz.
Als Braugerste wird zweizeilige Sommergerste verwendet. Sie muss folgende Eigenschaften besitzen:
- Hoher Stärkegehalt, denn dadurch entsteht viel vergärbarer Zucker.
- Gute Keimkraft zum Abbau der Stärke zu Malzzucker.
- Wenig Eiweiß, da dadurch Trübung des Bieres eintritt.

Hopfen
Hopfen bringt die Würze in das Bier. Es ist erlaubt, anstelle der Hopfendolden Auszüge daraus zu verwenden. Hopfen ist eine 4 bis 8 Meter hoch wachsende Schlingpflanze. Nur ihre unbefruchteten weiblichen Blüten (Dolden) eignen sich zur Bierherstellung, da nur sie die Lupulinkörner mit ihren Bitter- und Aromastoffen enthalten. Bekannte Anbaugebiete von Hopfen sind:
- Hallertau und Holledau bei Ingolstadt,
- Spalt und Hersbruck bei Nürnberg,
- Tettnang am Bodensee,
- Kinding im Jura,
- Bruchsal bei Karlsruhe,
- Halle und Magdeburger Börde in Sachsen-Anhalt und
- Saaz in Böhmen.

Hefe
Um Zucker in Alkohol zu verwandeln, wird Hefe benötigt (siehe alkoholische Gärung). Brauhefe ist ein einzelliger Mikroorganismus und zählt zur Gruppe der Sprosspilze. Zum Brauen werden spezielle Brauheferassen verwendet.

Da der Geschmack des Bieres durch die Hefe sehr stark beeinflusst wird, züchten die Brauereien ihre Heferassen in Reinzucht (aus jeweils einer Ursprungszelle), sodass alle Hefezellen einer Rasse die gleichen Eigenschaften haben. Man unterscheidet zwischen Brauhefen, die die Würze obergärig oder untergärig vergären.

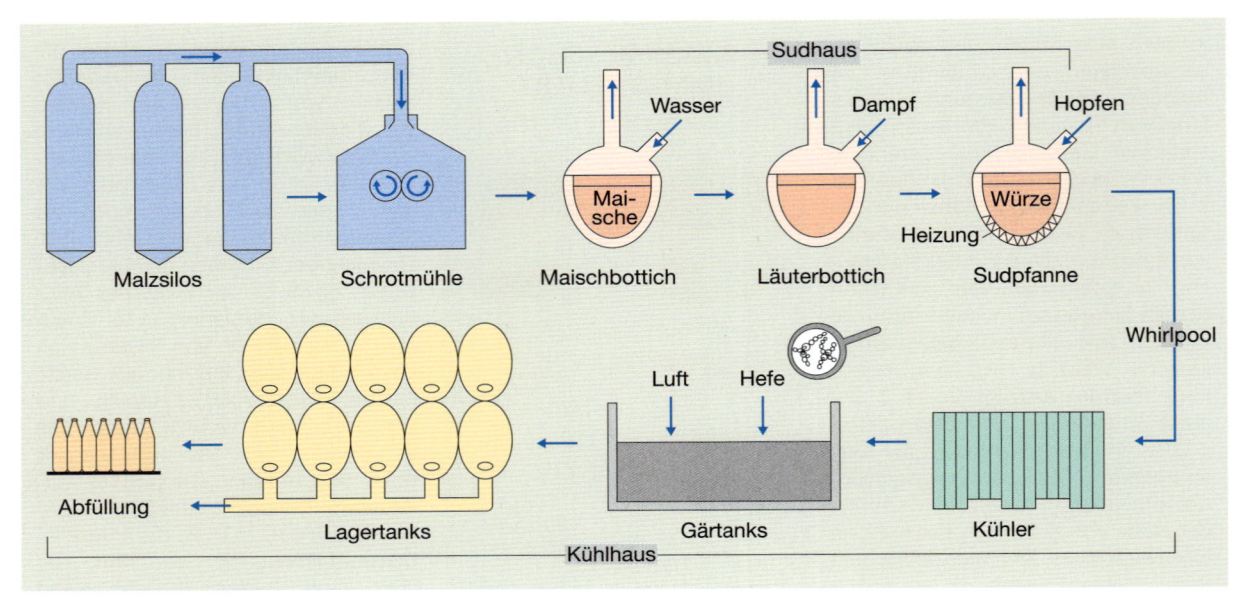

1. Bierherstellung – Schema

2.2.2 Bierherstellung

Aus Gerste (Weizen, Dinkel, Roggen) wird Grünmalz

Wird bei der Bierherstellung von Malz gesprochen, ist stets Gerstenmalz gemeint. Malz aus anderen Getreidearten wird mit dem Namen des Getreides verbunden.

Malz ist nichts anderes als umgewandeltes Getreide. Die Getreidekörner enthalten Stärke. Diese muss erst in vergärbaren Zucker umgewandelt werden.

Die Gerste wird durch Zugabe von Wasser ein bis zwei Tage in einer Weiche geweicht. Durch die Wasseraufnahme quellen die Korninhaltsstoffe. Danach werden die geweichten Körner ca. eine Woche lang in Keimkästen ausgebreitet und bei gleichmäßiger Temperatur von 15 °C bis 18 °C unter ständigem Umschaufeln zum Keimen gebracht. Dabei wird Stärke durch Enzyme zu Dextrinen und Malzzucker abgebaut; dadurch werden diese Stoffe wasserlöslich. Das Produkt ist Grünmalz.

Darren des Grünmalzes

Um die Keimung zu stoppen, wird das Grünmalz auf der Darre getrocknet. Beim Trocknen (Darren, Dörren) erhält das Malz sein Aroma und seine Farbe. Durch unterschiedliche Darrtemperaturen wird die Bierfarbe beeinflusst:
- 50 °C bis 80 °C ergibt helles Malz,
- 100 °C bis 110 °C ergibt dunkles Malz,
- 220 °C ergibt Farbmalz.

Die Enzyme werden inaktiv und wirken im trockenen Malz nicht weiter. Dies geschieht erst, wenn sie wieder mit Wasser in Berührung kommen.

Putzen des Malzes

Die Würzelchen der Keimlinge fallen schon während des Darrprozesses ab. Die fetthaltigen Keimblätter, die dem Bier einen unangenehmen Geschmack geben würden, werden in der Malzputzerei maschinell entfernt. Damit endet die Tätigkeit des Mälzens; das Ergebnis ist Darrmalz.

Schroten des Darrmalzes

Das Darrmalz wird von den meisten Brauereien nicht mehr hergestellt, sondern fertig gekauft. Um daraus Bier herzustellen, muss es in Schrotmühlen zerkleinert werden. Die Mühlen liefern groben und feinen Grieß und Mehl; die Spelzen bleiben im Ganzen erhalten. Das richtige Verhältnis und die Zusammenstellung der unterschiedlichen Mahlgrade beeinflussen stark die Qualität der Bierwürze. Durch das Schroten wird eine Oberflächenvergrößerung erzielt; die Malzinhaltsstoffe können besser ausgelaugt werden.

Maischen (Mischen) des Schrotes mit Wasser

Das Malzschrot wird mit Wasser vemengt und in den Maischbottich, auch „erste Braupfanne" genannt, gepumpt. In diesem heizbaren Maischbottich wird die Maische stufenweise erhitzt (ca. eine Stunde bei 50 °C und ca. eine Stunde bei 66 °C).

Dabei werden die Enzyme aktiviert, die beim Darrprozess ihre Arbeit eingestellt hatten; diese bauen die Dextrine (Malzstärke) zu leicht löslichem Malzzucker ab, während Eiweißstoffe in Peptide gespalten werden.

Danach wird die Maische bis auf 78 °C erhitzt.

Getränkekunde II – alkoholische Getränke

Brauwasser – zur Extraktion aller löslichen Malzinhaltsstoffe

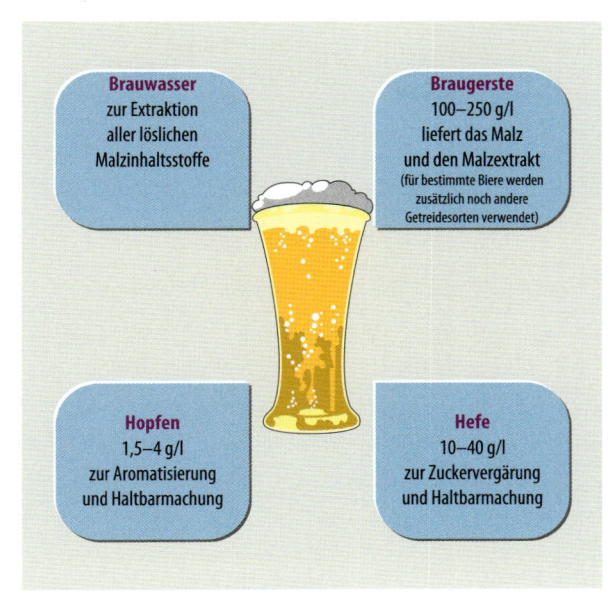

Braugerste 100–250 g/l – liefert das Malz und den Malzextrakt (für bestimmte Biere werden zusätzlich noch andere Getreidesorten verwendet)

Hopfen 1,5–4 g/l – zur Aromatisierung und Haltbarmachung

Hefe 10–40 g/l – zur Zuckervergärung und Haltbarmachung

1. Bestandteile des deutschen Bieres

- ätherische Öle → Duft (Blume)
- Harzstoffe → Bittergeschmack
- Gerbstoffe → herber Geschmack, Haltbarkeit, Schaumhaltung
- Bekömmlichkeit, Nervenberuhigung
- Anregung der Säureproduktion im Magen
- Drüsenanregung

2. Wirkung der Inhaltsstoffe des Hopfens

1. Beschreiben Sie die Wirkung des Hopfens auf das Bier und den Menschen.
2. Was bewirken die unterschiedlichen Darrtemperaturen beim Darren des Grünmalzes?

Läutern der Maische

Unter Läutern versteht man das Trennen der löslichen von den unlöslichen Bestandteilen. Die Maische wird in einen Läuterbottich gepumpt. Die unlöslichen Bestandteile des Malzschrotes, der sogenannte Treber und die Spelzen, werden abgetrennt (separiert) und als Futtermittel verwendet. Zurück bleibt die flüssige **Würze** (süßer Malzextrakt).

Kochen der Würze

Die Würze wird in die Würzpfanne (Sudpfanne) geleitet und dort unter Beigabe von Hopfen bzw. Hopfenextrakt ca. zwei Stunden gekocht.
Dabei geschieht Folgendes:
- Die Enzyme werden zerstört; dadurch können durch sie keine chemischen Änderungen mehr eintreten.
- Die aromatischen Stoffe des Hopfens verbinden sich mit dem Malzaroma zum Biergeschmack.
- Eiweißstoffe flocken aus.
- Die Würze wird durch Verdampfen konzentriert und der vorgesehene Stammwürzegehalt erreicht.

Die **Stammwürze** ist gleich dem Extrakt der Bierwürze, wobei unter Extrakt alle nicht flüchtigen Bestandteile verstanden werden, also alle aus dem Malz, dem Hopfen und dem Brauwasser stammenden gelösten Anteile (Malzzucker, lösliche Malzdextrine, Eiweiß, Vitamine, Spurenelemente sowie Bitter- und Aromastoffe des Hopfens).
Die Biersteuer und Biergattung hängen von der Höhe des Stammwürzegehaltes ab. Bei der Vergärung verwandelt sich die Stammwürze in ca. 1/3 Alkohol, 1/3 Kohlendioxid und 1/3 Restextrakt.

Filtern und Kühlen der Würze

Im Whirlpool, einem stehenden zylindrischen Tank, werden die beim Kochen ausgefällten Eiweißteilchen und Hopfenrückstände ausgeschieden. Danach wird die heiße Würze in Wärmetauschern auf Kellertemperatur, 5 °C bis 6 °C (Anstelltemperatur), gekühlt.

Vergären der Bierwürze

Zur Vergärung (Hauptgärung) wird die Würze mit Hefe angestellt. Aus den vergärbaren Zuckern der Würze entstehen Alkohol und Kohlenstoffdioxid.
- Die untergärige Hefe vergärt die Bierwürze bei 4 °C bis 9 °C ca. acht Tage. Die Gärung verläuft langsam. Dabei setzt sich die Hefe am Boden des Gärbottichs ab.
- Die obergärige Hefe bewirkt bei 15 °C bis 18 °C einen schnelleren Gärvorgang, ca. fünf Tage. Die Hefe sammelt sich an der Oberfläche an.
- Das Ergebnis ist das Jungbier bzw. grünes Bier.

Nachgärung des Jungbieres

Das Jungbier wird in große Tanks im Lagerkeller umgefüllt und kommt hier zur Ruhe. Die Nachgärung beginnt. Je nach Biersorte lagert es dort bei ca. 0 °C mehrere Wochen. Dabei wird vorhandener Restzucker abgebaut und durch Aufsetzen von Spundapparaten der CO_2-Gehalt des Bieres auf ca. 0,4 % reguliert.

Filtern und Abfüllen des Bieres

Durch Filtern werden eventuell noch vorhandene Hefe-, Eiweiß- oder Hopfenrückstände entfernt. Das Bier wird dadurch klar und haltbarer. Anschließend wird es abgefüllt.

Gattungen	Bier mit niederem Stammwürzegehalt (Pflichtangabe auf Etikett)	Schankbier (Pflichtangabe auf Etikett)		Vollbier (Diese Bezeichnung muss nicht auf dem Etikett erscheinen)		Starkbier/Bockbier (Pflichtangabe auf Etikett)	
Stammwürzegehalt	weniger als 7 %	7 % bis weniger als 11 %		11 % bis weniger als 16 %		16 % oder mehr	
Brauart	obergärig	untergärig	obergärig	untergärig	obergärig	untergärig	obergärig
Beispiele von Sorten	• Süßbier	• einige alkoholfreie Biere • Leichtbiere	• Berliner Weiße • Braunbier	• Pils • Export • Märzen • einige alkoholfreie Biere • Lagerbier hell oder dunkel	• Alt • Kölsch • Weizenbier (Weißbier) • Malzbier Spezial	• Bock • Doppelbock	• Weizenbock • Weizendoppelbock

1. Biergattungen, Bierarten nach Gärverfahren, Biersorten

2.2.3 Bekannte untergärige Biere

Alkoholarmes Bier enthält höchstens 1,5 % Alkohol und wird als Schankbier angeboten; **alkoholfreies Bier** darf einen Alkoholgehalt von höchstens 0,5 % aufweisen.

Diätbier, helles Vollbier, enthält höchstens 0,75 g belastende Kohlenhydrate je 100 ml. Es enthält mit 4 % fast ebenso viel Alkohol wie normales Vollbier.
Leichtbier hat bis zu 40 % weniger Kalorien und Alkohol als normales Vollbier.
Pils (Pilsener) ist heute keine Herkunftsbezeichnung mehr, sondern bezeichnet den Biertyp nach Pilsener Art.
Dortmunder ist ein helles Vollbier, das weniger gehopft ist als Pils, aber herber als ein Münchener Bier schmeckt.
Lagerbier ist ein Vollbier, das hell oder dunkel gebraut und schwach bis mittel gehopft wird.
Märzen ist ein Vollbier, das früher – als nur im Winter gebraut werden konnte – im März stärker eingebraut wurde, um es durch höheren Alkoholgehalt länger gegen Verderb zu schützen.
Bockbiere sind untergärige Starkbiere, die hell und dunkel gebraut werden. Sie besitzen einen vollmundigen und malzaromatischen Geschmack und einen Alkoholgehalt von mehr als 5 %. Die Stadt Einbeck in Niedersachsen ist die Geburtsstätte des Bockbieres. Das Bier fand bei den Bayernherzögen so viel Anklang, dass sie Einbecker Braumeister abwarben. Heute gilt Bayern als das Bockbierzentrum.
Doppelbock ist kein doppelstarkes, sondern ein stärker gebrautes Bockbier mit mindestens 18 % Stammwürze und etwa 6,7 % Alkohol. Meist wird es unter traditionellen Namen angeboten, die mit der Silbe „...ator" enden.

2.2.4 Bekannte obergärige Biere

Weizenbier (Weißbier) wird als Voll- und Starkbier hergestellt. Zum Brauen von Weizenbier wird neben Gerstenmalz auch Weizenmalz mit einem Anteil von ca. 25 % verwendet. Weizenbier gibt es als trübes „Hefeweizenbier" oder klares „Kristallweizen".
Berliner Weiße ist eine bekannte erfrischende Spezialität, die vor allem im Sommer gern aus breiten Kelchen mit einem Schuss Himbeer- oder Waldmeistersirup getrunken wird. Das Schankbier mit einem Alkoholgehalt von etwa 2,6 % wurde zum ersten Mal in Berlin gebraut. Charakteristisch sind die Verwendung von Gersten- und Weizenmalz und gleichzeitige Hefe- und Milchsäurevergärung. Dadurch enthält das Bier eine aparte Säure und einen hohen Gehalt an Kohlensäure.
Altbier, auch kurz Alt genannt, bezieht seinen Namen von der alten, traditionsreichen Brauart. Es ist meist kupferfarben mit aromatischem, hopfenbitterem Geschmack. Seine Heimat ist der Niederrhein mit Zentrum Düsseldorf.
Kölsch ist ein helles Vollbier mit hopfenbitterem, aromatischem Geschmack und einem Alkoholgehalt von etwa 3,7 %. Nach der sogenannten Kölsch-Konvention ist Kölsch (im Gegensatz zum Alt) eine Herkunftsbezeichnung und darf deshalb nur im Großraum Köln gebraut werden.
Rauchbier ist ein obergäriges Spezialbier, dessen typisch zarter Rauchgeschmack beim Darren des Malzes entsteht. Statt heißer Luft wird Rauch von Buchenholzfeuer über das Malz geführt. Bekannt dafür ist die Stadt Bamberg.
Dampfbier ist ein obergäriges, bernsteinfarbenes Bier und gilt als eine Spezialität aus Bayreuth.

Getränkekunde II – alkoholische Getränke

1. Biervielfalt

Wissen Sie Bescheid?

1. Wie reagiert der Mensch auf Alkoholgenuss?
2. Welche organischen Erkrankungen können durch übermäßigen Alkoholgenuss entstehen?
3. Erläutern Sie, wie Menschen alkoholkrank werden können.
4. Nennen Sie die Zutaten, die nach dem Reinheitsgebot von 1516 beim Brauen für Bier in Deutschland verwendet werden dürfen.
5. Erklären Sie folgende Begriffe: Darren, Läutern, Maischen, Würze, Stammwürze, Jungbier, Grünmalz.
6. Beschreiben Sie den Brauvorgang von unter- oder obergärigem Bier in Stichworten.
7. Handelt es sich um unter- oder obergärige Biere: Pils, Weizen, Altbier, Rauchbier, Export, Berliner Weiße?
8. Erläutern Sie, worauf beim Einkauf und bei der Lagerung von Bier zu achten ist.

2.2.5 Ausländische Biere

Ausländische Biere unterliegen nicht dem Reinheitsgebot und werden zum Teil auch aus anderen stärkehaltigen Produkten wie Reis oder Mais gebraut.

Englische Biere:
- Porter ist ein stark gehopftes, sehr dunkles Bier mit hohem Stammwürzegehalt.
- Ale ist der englische Ausdruck für obergäriges, starkes, helles oder dunkles hopfenbitteres Bier.
- Stout ist ein dunkles, fast schwarzes obergäriges Bier, das aus stark geröstetem Malz hergestellt wird.

Belgisches Bier: Brüsseler Lambic ist ein überbitteres, obergäriges Bier. Die Gärung erfolgt durch Wildhefe. Framboise, ein Lambic, in dem während einer dritten Gärungsphase Himbeeren weichen.

Tschechisches Bier: das wohl bekannteste ist das in Pilsen gebraute Pilsener Urquell.

Dänische Biere: Am bekanntesten sind die aus Kopenhagen stammenden Biere Carlsberg und Tuborg.

Französische Biere: Bekannt sind vor allem elsässische Biere wie Kronenbourg und Mutzig-Pils.

Amerikanische Biere:
Steam Beer ist ein untergäriges Bier aus Kalifornien mit Eigenschaften des Lagers und des Ales.
Light Beer ist die amerikanische Bezeichnung für ein schwach gebrautes Bier nach Pilsener Brauart.

Irisches Bier: Guiness ist ein dunkles, obergäriges, leicht bitteres Bier mit einem kremigen Schaum.

2.2.6 Biereinkauf und Bierlagerung

Bestellung: Fass- und Flaschenbier sind so zu bestellen, dass das Bier vor dem Ausschank mehrere Tage ruhen kann. Das Mindesthaltbarkeitsdatum ist zu beachten.

Bierkeller: Der Bierkeller soll ausschließlich der Bierlagerung dienen, gut gelüftet und mit Wasseranschluss und Wasserablauf mit Geruchsverschluss versehen sein. Die Wände müssen abwaschbar sein. Die Fässer sollten in der Reihenfolge der Anlieferung gelagert und angestochen werden. Damit sich das Bier gut zapfen lässt, sollten die Fässer vor dem Anstich nicht unnötig bewegt werden. Aus hygienischen Gründen sollten leere Flaschen und Fässer nicht im Bierkeller gelagert werden.

Temperaturen: Bier ist gegenüber plötzlichen Temperaturschwankungen sehr empfindlich. Die ideale Ausschanktemperatur liegt zwischen 7 °C und 9 °C. Durch falsche Lagertemperaturen können Geschmacksfehler entstehen. Die Lagertemperatur sollte ca. 2 °C unter der Ausschanktemperatur liegen.

Kältetrübung: Sie tritt durch zu niedrige Temperaturen ein und verschwindet bei richtiger Lagertemperatur.

Hefetrübung: Wird im Sommer das Bier zu warm gelagert, gärt es im Fass nach. Es kann nicht mehr ausgeschenkt werden.

Geschmacksveränderungen durch Licht: Schon eine relative kurze Einwirkung von Licht beeinträchtigt Geschmack und Haltbarkeit von Bier sehr. Deshalb wird Bier in braunen oder grünen Flaschen abgefüllt. Wird Bier der Sonne ausgesetzt, bekommt es einen unangenehm „öligen" Geschmack.

1. Weinbauzonen in der Europäischen Union

2.3 Wein

Wein (aus dem Lateinischen „vinum" = Wein) ist in der Europäischen Union die durch das Weingesetz geschützte Bezeichnung für das ausschließlich durch vollständige oder teilweise alkoholische Gärung aus frischen oder auch eingemaischten Weintrauben oder Traubenmost hergestellte Getränk.

Weinbauzonen in der Europäischen Union
Da die Herstellungsbedingungen innerhalb der Europäischen Union sehr unterschiedlich sind, wurden Zonen gebildet. Die weinrechtlich bedeutsamsten Unterschiede zwischen den Zonen liegen in verschieden hohen Ausgangsmostgewichten bzw. den niedrigeren Anreicherungswerten. Dies bedeutet, dass je nach Gebiet mehr Öchslegrade bzw. Zusatz von weniger Zucker zur Herstellung bestimmter Qualitätsstufen gefordert bzw. erlaubt werden.

Die Anbaugebiete Deutschlands liegen in der Weinbauzone A, mit Ausnahme von Baden (B).
Das für die Weinwirtschaft geltende Weinrecht ist in einer Vielzahl von Rechtsgrundlagen zerstreut. Es beinhaltet zunächst das von der Europäischen Union gesetzte übernationale Recht, das wie das nationale Recht verbindlich ist. Daneben bestehen noch nationale Bestimmungen in Form von Bundes- und Landesverordnungen.

1. Beschreiben Sie in Stichworten den geschichtlichen Werdegang des Weinanbaus in Deutschland.
2. Begründen Sie die Einteilung der Europäischen Union in Weinbauzonen.

Geschichte des Weins

Funde und Überlieferungen aus dem Altertum bezeugen, dass der Wein bei allen Kulturvölkern als Getränk und als religiöses Symbol eine große Rolle spielte. Im 2. Jahrtausend v. Chr. kam der Weinbau – vermutlich über die Phöniker – nach Griechenland. Durch griechische Kolonisten gelangte er dann nach Italien; von dort mit den Römern in die eroberten Gebiete, nach Burgund, in das Elsass sowie an Rhein und Mosel. Im späten Mittelalter erreichte der Rebenanbau seine größte Ausdehnung, von Südwestdeutschland bis Sachsen, Brandenburg und Pommern bis nach Ostpreußen. Im 15. Jahrhundert begann der Rückgang des Weinbaus. Ursachen dafür sind eine um 1500 einsetzende Veränderung des Großklimas, der Import von süßem Südwein als Konkurrenz und die preiswertere Herstellung von Bier ab der ersten Hälfte des 16. Jahrhunderts. Die Auflösung zahlreicher Klöster im Zuge der Reformation, der Bauernkrieg sowie der 30-jährige Krieg und die Revolutionskriege um 1800 führten zur Dezimierung der Weinbau treibenden Bevölkerung und zur Vernichtung von Rebflächen. Um 1860 verursachten Rebkrankheiten und Schädlinge (Mehltau, Reblaus) große Schäden. Zur Abhilfe pfropfte man auf amerikanische Rebwurzeln, die reblausimmun waren, Rebreise von europäischen Edelsorten. Dies hatte Erfolg. Der Weinbau in Deutschland erholte sich wieder und wurde in kleinerem Umfang fortgeführt. Heute werden in Deutschland Spitzenerzeugnisse, insbesondere Weißweine, produziert.

Getränkekunde II – alkoholische Getränke

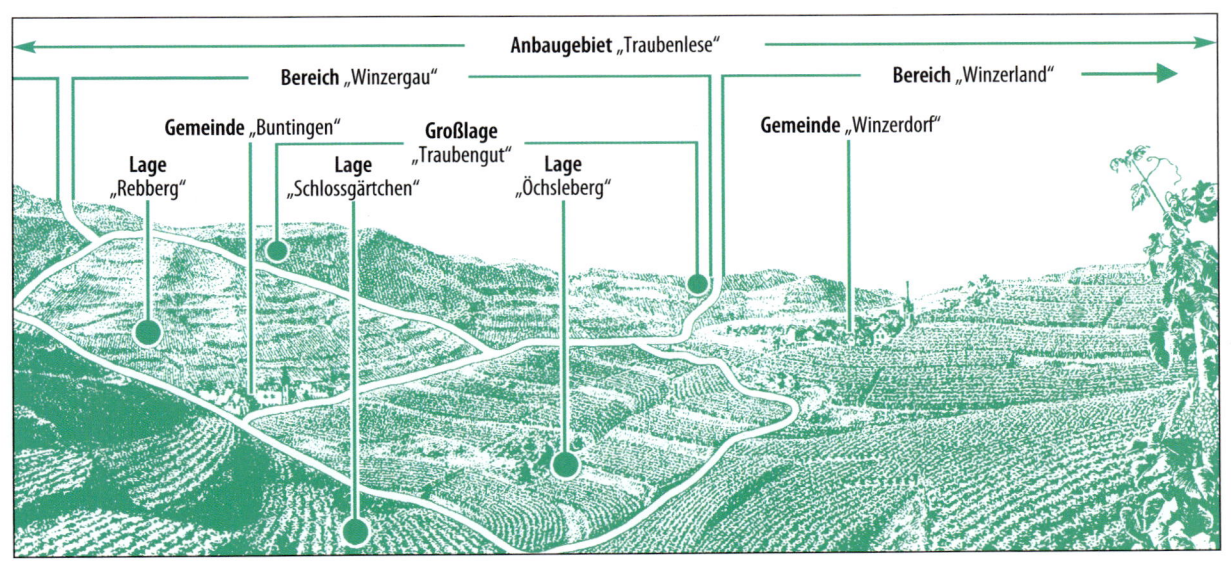

1. Anbaugebiet, Bereich, Weinbaugemeinde, Weinbergslage

2.3.1 Weinkategorien/Weingüteklassen und Weinbaugebiete in Deutschland

Weinkategorien (Güteklassen) in Deutschland
Bei Wein wird je nach Kategorie (Güteklasse) zwischen Wein ohne geografische Angabe und den Weinen mit geografischer Angabe/Ursprungsbezeichnung unterschieden.

Wein ohne geografische Angabe
Bezeichnung **Deutscher Wein** oder z. B. **Deutscher Rieslingwein**: Dabei handelt es sich um die einfachste Güteklasse. Ein Verschnitt innerhalb Deutschlands ist erlaubt, Der Hinweis auf die Herkunft (Deutschland) ist keine geografische Angabe im Sinne des Bezeichnungsrechts.

Weine mit „geschützter geografischer Angabe" (g.g.A.)
Bei diesen Weinen handelt es sich um Landweine, die aus einem der Landweingebiete (→ 297) stammen müssen.

Weine mit „geschützter Ursprungsbezeichnung" (g.U.)
Zu ihnen zählt die Gruppe der Qualitäts- und Prädikatsweine, die aus einem der bestimmten Anbaugebiete (→ 297) stammen müssen.

Bestimmte Anbaugebiete für Qualitätswein
Die 13 bestimmten Anbaugebiete für Qualitätswein umfassen jeweils eine Weinbaulandschaft mit verhältnismäßig gleichartigen natürlichen Standortbedingungen. Ihre jeweiligen Weine werden durch ähnliche geologische und klimatische Vorzüge, die sich innerhalb eines solchen Gebietes gleichen, geprägt. Die 13 bestimmten Anbaugebiete sind in über 30 Bereiche, etwa 150 Großlagen und ca. 2600 Einzellagen unterteilt.

Bereich: Ein Bereich ist eine Zusammenfassung mehrerer Lagen, die in nahe beieinanderliegenden Gemeinden desselben bestimmten Anbaugebietes gelegen sind. Qualitätsmerkmale und Wachstumsbedingungen der Weine innerhalb dieser Bereiche stimmen weitgehend überein. Deshalb müssen Weine der obersten Güteklassen, die **Prädikatsweine,** auch aus einem einzigen Bereich stammen.

Weinbaugemeinden (Gemarkungen): Ein Bereich umfasst eine größere Anzahl von Weinbaugemeinden, die sich wiederum in Groß- bzw. Einzellagen aufteilen.

Weinbergslage (Einzellage): Eine Lage ist ein bestimmter Abhang, Talbogen oder eine ähnliche natürliche Fläche, wo aufgrund gleichartiger Bodenverhältnisse und kleinklimatischer Bedingungen gleichwertige Weine gleichartiger Geschmacksrichtung wachsen. Die Weinbergslagen sind genau abgegrenzt und ihre Namen werden in die amtliche **Weinbergsrolle** eingetragen. **Einzellagen** repräsentieren also die höchste Individualität und stellen die kleinste geografische Einheit dar. Die Mindestgröße der Weinbergslage muss 5 ha betragen. Bei gleichen Wachstumsvoraussetzungen kann die Lage auch 100 ha und mehr umfassen.

Großlagen: Zusammenhängende Einzellagen mit gleichwertigen klimatischen und geologischen Bedingungen sind zu Großlagen zusammengefasst. Daraus ergibt sich die Unterscheidung zwischen Einzellage, das heißt einem tatsächlich sehr eng abgegrenzten Weinberg, und den sogenannten Großlagen als Zusammenfassung verhältnismäßig gleichartiger Einzellagen.

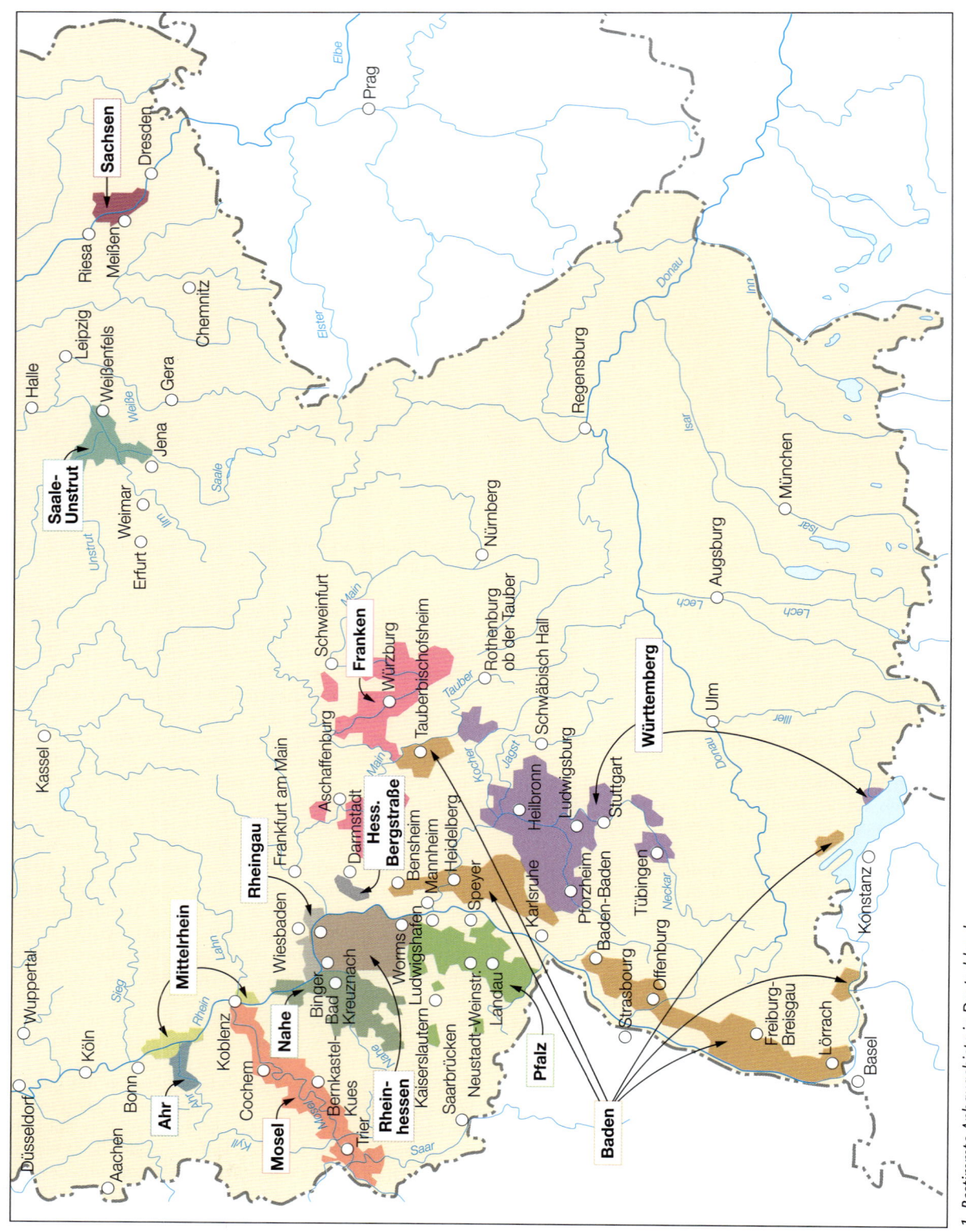

1. Bestimmte Anbaugebiete in Deutschland

Getränkekunde II – alkoholische Getränke

„geschützte Ursprungsbezeichnung" (g. U.) für Qualitätswein b. A. und Prädikatsweine		„geschützte geografische Angabe" (g. g. A.) für Landweine	Wein ohne engere Herkunftsangabe
bestimmte Anbaugebiete	„Bereiche"	Landweingebiete (Landweinbezeichnungen)	Deutscher Wein
Ahr	Walporzheim/Ahrtal	Ahrtaler Landwein	
Hessische Bergstraße	Starkenburg Umstadt	Starkenburger Landwein	
Mittelrhein	Loreley Siebengebirge	Rheinburgen-Landwein	
Nahe	Nahetal	Nahegauer Landwein	
Rheingau	Johannisberg	Rheingauer Landwein	
Rheinhessen	Bingen Nierstein Wonnegau	Rheinischer Landwein	
Pfalz	Südliche Weinstraße Mittelhaardt – Deutsche Weinstraße	Pfälzer Landwein	
Mosel	Burg Cochem Bernkastel Obermosel Moseltor Saar Ruwertal	Landwein der Mosel Saarländischer Landwein Landwein der Saar Landwein der Ruwer	
Franken	Steigerwald Maindreieck Mainvietel	Landwein Main Regensburger Landwein Bayer. Bodensee-Landwein	einfachste Kategorie Deutscher Wein keine engere Gebietsangabe
Württemberg	Bayer. Bodensee Remstal – Stuttgart Württemberg. Unterland Kocher – Jagst – Tauber Oberer Neckar Württemberg. Bodensee	Schwäbischer Landwein Landwein Neckar Landwein Rhein-Neckar	
Baden	Bodensee Markgräflerland Kaiserstuhl Tuniberg Breisgau Ortenau Kraichgau Bad. Bergstraße Tauberfranken	Badischer Landwein Landwein Rhein-Neckar Landwein Rhein Landwein Oberrhein Taubertäler Landwein	
Sachsen	Elstertal Meißen	Sächsischer Landwein	
Saale-Unstrut	Schloss Neuenburg Thüringen Mansfelderseen	Mitteldeutscher Landwein	
		Schleswig-Holsteinischer Landwein	
		Stargarder Landwein	
		Brandenburger Landwein	

1. Anbaugebiete, Bereiche und Landweingebiete in Deutschland

Güteklasse	Deutscher Wein (Wein ohne engere Herkunftsangabe als Deutschland)	Landwein g.g.A. (geschützte geographische Angabe)	Qualitätswein g.U. (geschützte Ursprungsbezeichnung)	Prädikatswein g.U. (geschützte Ursprungsbezeichnung)
Herkunft der Trauben zu 100 %	von deutschem Rebland	aus einem Weinbaugebiet für Landwein	aus einem bestimmten Anbaugebiet	aus einem Bereich
Natürliches Mindestmostgewicht in °Oechsle (→ 300)	44 °Oe Zone A 50 °Oe Zone B	50 °Oe Zone A 55 °Oe Zone B	50 °Oe bis 72 °Oe je nach Weinbauzone	67 °Oe bis 154 °Oe je nach Prädikat, Rebsorte und Weinbauzone
Anreicherung (Chaptalisation) (Zuckerzugabe oder rektifiziertes Traubenmostkonzentrat zu Most oder Jungwein)	erlaubt	erlaubt	erlaubt	verboten
Vorgeschriebener vorhandener Mindestalkoholgehalt im Wein	8,5 Vol.-% = 67 g pro l	8,5 Vol.-% = 67 g pro l	7 Vol.-% = 56 g pro l	7 Vol.-% = 56 g pro l 5,5 Vol.-% ab Beerenauslese
Zulässiger Alkoholhöchstgehalt nach Anreicherung — Rotwein	12 Vol.-% Zone A 12,5 Vol.-% Zone B	12 Vol.-% Zone A 12,5 Vol.-% Zone B	13 Vol.-% Zone A 13,5 Vol.-% Zone B	entfällt
Zulässiger Alkoholhöchstgehalt nach Anreicherung — alle anderen Weinarten	11,5 Vol.-% Zone A 12 Vol.-% Zone B	11,5 Vol.-% Zone A 12 Vol.-% Zone B	12 Vol.-% Zone A 12,5 Vol.-% Zone B	entfällt
Süßung (Zugabe von Süßreserve) – nur auf der Stufe der Erzeugung und des Großhandels zulässig	erlaubt, auch außerhalb der Weinbauzone möglich	erlaubt, auch außerhalb des Landweingebietes möglich	erlaubt; nur innerhalb des gleichen Anbaugebietes, aus dem der Wein stammt	erlaubt; sie darf auch aus einem anderen Bereich des gleichen Anbaugebietes stammen
Erlaubte Geschmacksrichtung	trocken, halbtrocken, lieblich, süß	trocken, halbtrocken, lieblich	trocken, halbtrocken, lieblich, süß	trocken, halbtrocken, lieblich, süß
Kontrollen/Prüfungen	lebensmittelrechtliche Kontrolle	lebensmittelrechtliche Kontrolle	amtliche Qualitätsprüfung	amtliche Qualitätsprüfung

1. Güteklassen deutscher Weine

Kabinettwein Bei dem Prädikat Kabinettwein müssen die Anforderungen an Qualitätswein mit Prädikat wie oben stehend erfüllt sein. Der mit dem Prädikat „Kabinett" bezeichnete Wein darf nicht vor dem auf die Ernte der verwendeten Trauben folgenden 1. Januar, andere Qualitätsweine mit Prädikat nicht vor dem 1. März abgefüllt und abgegeben werden. Die Bedingungen für Kabinettwein gelten für alle Prädikate. Um die folgenden Prädikatstufen zu erreichen, müssen noch zusätzliche Anforderungen erfüllt werden.

Spätlese Aus Trauben, die in einer späteren Lese geerntet werden, in keinem Fall früher als 3 Tage nach Beginn der Hauptlese für die jeweilige Rebsorte.

Auslese Es dürfen nur vollreife Weintrauben unter Aussonderung aller kranken und unreifen Beeren verwendet werden. Handlese kann durch Landesverordnung vorgeschrieben werden.

Beerenauslese Es dürfen nur edelfaule oder wenigstens überreife Beeren verwendet werden. Handlese ist vorgeschrieben.

Trockenbeerenauslese Es dürfen nur weitgehend eingeschrumpfte oder edelfaule Beeren verwendet werden. Ist wegen besonderer Sorteneigenschaften oder besonderer Witterung keine Edelfäule eingetreten, genügt auch Überreife der eingeschrumpften Beeren. Handlese ist vorgeschrieben.

Eiswein Bei Eiswein müssen die Weintrauben in gefrorenem Zustand gelesen und gefroren gekeltert werden. Der Mindestalkoholgehalt muss die im jeweiligen Anbaugebiet für Beerenauslese vorgeschriebene Höhe erreichen. Handlese kann durch Landesverordnung vorgeschrieben werden.

2. Die Prädikate der deutschen Prädikatsweine

Getränkekunde II – alkoholische Getränke

Anbaugebiet	Weiße Rebsorten	Rote Rebsorten
Ahr	Riesling, Müller-Thurgau, Kerner	Spätburgunder, Portugieser, Dornfelder
Hessische Bergstraße	Riesling, Müller-Thurgau, Silvaner, Grauburg	Spätburgunder, Portugieser, Dornfelder
Mittelrhein	Riesling, Müller-Thurgau, Kerner	Spätburgunder, Portugieser
Nahe	Riesling, Müller-Thurgau, Silvaner, Scheurebe	Portugieser, Spätburgunder, Dornfelder
Rheingau	Riesling, Müller-Thurgau, Ehrenfelser	Spätburgunder, Portugieser
Rheinhessen	Müller-Thurgau, Silvaner, Kerner, Riesling, Scheurebe, Bacchus, Faberrebe, Huxelrebe	Portugieser, Dornfelder, Spätburgunder, Heroldrebe
Pfalz	Müller-Thurgau, Riesling, Kerner, Silvaner, Scheurebe, Huxelrebe, Bacchus, Ortega	Portugieser, Dornfelder, Spätburgunder, Heroldrebe
Mosel	Riesling, Müller-Thurgau, Elbling, Kerner	Spätburgunder, Dornfelder,
Franken	Müller-Thurgau, Silvaner, Bacchus, Kerner	Spätburgunder, Portugieser, Müllerrebe
Württemberg	Riesling, Kerner, Müller-Thurgau, Silvaner	Trollinger, Schwarzriesling (Müllerrebe), Lemberger, Spätburgunder, Portugieser, Samtrot
Baden	Müller-Thurgau, Grauburgunder, Gutedel, Riesling	Spätburgunder, Müllerrebe, Portugieser
Sachsen	Müller-Thurgau, Weißburgunder, Riesling	Spätburgunder, Portugieser
Saale-Unstrut	Müller-Thurgau, Kerner, Elbling, Bacchus	Portugieser, Dornfelder

1. Die wichtigsten Rebsorten der bestimmten Anbaugebiete (rot: hauptsächlich angebaute Rebsorten)

2. Silvaner

3. Müller-Thurgau

4. Ruländer

5. Blauer Spätburgunder

6. Trollinger

7. Portugieser

Rebsortenbezeichnung (Synonyme)	Farbe	Aroma/Bukett (Duft/Geschmack)	Säure (Ausprägung)	Körper (Gehalt)
Weißweine				
Müller-Thurgau (Rivaner)	blass- bis hellgelb	blumig duftend, zartes Muskataroma	sehr mild	mittel bis kräftig
Riesling (Klingelberger/Baden)	blassgelb mit zartem Grünstich	feinfruchtig, Pfirsich, Apfel	säurebetont, rassig	leicht
Silvaner	blass, fast wasserhell	dezent, sehr verhalten	mild bis feinrassig	leicht bis mittel
Kerner	hellgelb bis strohgelb	feiner Duft, fruchtig Eisbonbon, Drops	feinrassig bis rassig	mittel bis kräftig
Scheurebe	hellgelb bis goldgelb	voll, aromatisch	feinrassig	mittel bis kräftig
Grauer Burgunder (Ruländer)	stroh- bis goldgelb	deutlicher Honigduft, voll, manchmal leichter Mandelton	mild bis feinrassig	gehaltvoll
Weißer Burgunder (Pinot blanc)	blass- bis hellgelb	zart, verhaltener als Grauer Burgunder	feinrassig	mittel bis kräftig
Gutedel (Chasselas)	blassgelb	verhalten	mild	leicht
Traminer	hell- bis goldgelb	kräftiges Bukett	feinrassig	mittel bis schwer
Morio-Muskat	hellgelb	sehr blumig (Lavendel), erinnert an Muskatgewürz	feinrassig	mittel bis kräftig
Bacchus	hellgelb	blumig, zarter Muskatton	feinrassig	leicht bis mittel
Rotweine				
Blauer Spätburgunder (Pinot noir)	tiefrot	deutlich, Aroma an Brombeeren erinnernd, zarter Mandelton	weich, samtig, feine Gerbsäure	gehaltvoll
Blauer Portugieser	hellrot	feinfruchtig, verhalten	mild	leicht
Trollinger (Blauer Trollinger)	leuchtend hell- bis blassrot	feinblumig, zarter Muskatton, fruchtig	betont rassig	leicht
Blauer Lemberger (Limberger)	tiefrot bis schwarzrot	blumig (Holunder), leichte Bittertöne, fruchtig (Banane)	betonte Säure gerbstoffreich	kräftig
Dornfelder	schwarzrot	fruchtig (Himbeer, Brombeer)	betont, gerbstoffreich	gehaltvoll
Müllerrebe (Schwarzriesling, Pinot meunier)	tiefrot bis schwarzrot	insgesamt burgunderähnlich	weich bis feinrassig	mittel
Samtrot	kräftiges Rot	burgunderartig	kernig, frisch	mittel
Blauer Frühburgunder	tiefrot	zarter Burgunderton	mild	leicht bis mittel

1. Rebsorten

Kilma, Boden und Rebsorten

Das Klima: Ein abwechslungsreiches, günstiges Klima bestimmt den Charakter und die Qualität deutscher Weine. Die Besonderheit des Klimas liegt darin, dass die deutschen Weinbaugebiete im Grenzbereich zwischen dem durch den Golfstrom feuchten maritimen Klima und dem trockenen Kontinentalklima des Ostens liegen. Kaum strenge Winter und nicht zu heiße Sommer mit Regenfällen während der Vegetationsperiode, die für den Wachstumsfortschritt und die Frische der Reben sorgen, sind die natürlichen Ursachen für Frische und Harmonie deutscher Weine. Diese Frische und Feinheit wird auch durch die verhältnismäßig kühlen Lesetemperaturen im Herbst begünstigt, da bei diesen Temperaturen das Lesegut nicht so schnell oxydiert. Diese klimatischen Bedingungen unterscheiden die deutschen Weine von den Weinen südlicher Länder, denen durch überschnelle Reife und durch die heißen und niederschlagsfreien Sommermonate oft die Fruchtsäure fehlt.

Der Boden: Durch unterschiedliche Landschaftsformen und -arten mit sehr unterschiedlichen Böden werden sehr differenzierte Reifebedingungen geschaffen. Die besten Weine gedeihen auf steinigen, durchlässigen, sich schnell und nachhaltig erwärmenden, trockenen, das heißt geringen Böden. Diese vielen unterschiedlichen Bodenarten, die teilweise vom Ausgangsgestein geprägt wurden, bestimmen, neben anderen Einflüssen, den Charakter der Weine mit. So entwickeln sich auf Kalkböden kräftige Weine, auf Schieferböden spritzige Weine, auf Vulkanböden feurige Weine und auf Sandböden leichte, milde Weine.

Die Rebsorten: Etwa zwei Dutzend traditionelle Weiß- und Rotweinrebsorten bestimmen die deutsche Weinlandschaft.
Jede Rebsorte besitzt typische Geschmacksmerkmale.

2.3.2 Weinarten und Qualitätsstufen in Deutschland

Für Wein, Landwein, Qualitätswein und Prädikatswein sind folgende Bezeichnungen erlaubt:
Weißwein: Wein aus weißen Trauben.
Rotwein: Wein aus roten Trauben.
Roséwein: Blass- bis hellroter Wein aus Rotweintrauben. Ein Verschnitt mehrerer Rotweinsorten ist zulässig.
Rotling: Wein von blass- bis hellroter Farbe, der durch Verschneiden von Weißwein- und Rotweintraube oder deren Maischen hergestellt wird.
Perlwein: Wein mit natürlicher oder zugesetzter Kohlensäure, der bei 20 °C einen Kohlensäureüberdruck von 1,0 bar bis 2,5 bar aufweist (keine Prädikate).

Folgende Bezeichnungen sind nur für Weine mit „geschützter Ursprungsbezeichnung" (g.u.) (Qualitätswein b. A. und Prädikatswein) zulässig:

- „Weißherbst" ist ein Roséwein aus hell gekeltertem Most zu mindestens 95 % von einer roten Rebsorte.
- „Schillerwein" ist ein Rotling aus Württemberg.
- „Badisch Rotgold" ist ein Rotling aus Baden aus den Rebsorten Grauburgunder (über 50 %) und Spätburgunder.
- „Classic": Qualitätswein darf als „Classic" bezeichnet werden, wenn nur eine einzige Rebsorte angegeben wird (Ausnahme Württemberg: Trollinger und Lemberger), der Gesamtalkoholgehalt mindestens 11,5 % im Anbaugebiet Mosel, 12 % in anderen bestimmten Anbaugebieten beträgt. Der Restzuckergehalt darf 15 g je Liter nicht übersteigen. Der Jahrgang muss angegeben werden. Zur Angabe der Herkunft dürfen keine Bereichs-, Groß-, Einzellagenbezeichnungen sowie Namen von Gemeinden oder Ortsteilen verwendet werden. Eine Geschmacksangabe ist nicht erlaubt.
- „Selection": Diese Bezeichnung kann ein Wein erlangen, wenn er u. a. aus einer einzigen Rebsorte besteht, einen natürlichen Mindestmostgehalt von 12,2 Vol.-% aufweist, der Hektar-Höchstertrag unter 60 hl lag, er aus einer Einzellage mit Jahrgangsangabe stammt und die Trauben von Hand gelesen wurden.

Herkunftstypenweine (Traditionelle Begriffe)

Außer den schon genannten gebietstypischen Besonderheiten wie „Schillerwein", „Badisch Rotgold" sind noch mehrere gängige Typenweine im Angebot.

- „Riesling-Hochgewächs": Ein Weißwein ausschließlich aus Rieslingtrauben mit mindestens 1,5 Vol.-% über dem vorgeschriebenen natürlichen Mindestalkoholgehalt und mindestens drei erreichten Punkten bei der amtlichen Prüfung, zugelassen nur für Qualitätswein.
- „Affentaler": Qualitätsweine und Qualitätsweine mit Prädikat der Rebsorte Blauer Spätburgunder aus den Gemarkungen Altschweier, Bühl, Eisental und Neusatz, der Stadt Bühl, der Gemarkung Bühlertal sowie der Gemarkung Neuweier der Stadt Baden-Baden.
- „Ehrentrudis": Weißherbst der Sorte Blauer Spätburgunder aus dem Bereich Tuniberg.
- „Huck": Weißwein aus den Sorten Riesling, Silvaner oder deren Abkömmlingen aus den bestimmten Anbaugebieten Ahr, Hessische Bergstraße, Mittelrhein, Nahe, Rheingau, Rheinhessen oder Pfalz.
- „Liebfrauenmilch" oder „Liebfraumilch": Ein lieblicher Weißwein der Anbaugebiete Nahe, Rheinhessen, Pfalz und Rheingau, der mindestens zu 70 % aus Trauben der Rebsorten Riesling, Silvaner, Müller-Thurgau oder Kerner hergestellt ist. Die Bezeichnung darf nur für Qualitätsweine verwendet werden.

1. Handrefraktometer

2.3.3 Herbstbuch, Lesezeitpunkt, Lesearten

Herbstbuch: Die Herbstordnung verlangt, dass ein Herbstbuch zu führen ist, in dem während der Erntezeit die Lese unter Angabe von Herkunft, Erntemenge, Rebsorte und Mostgewicht zu erfassen ist. Zu der Feststellung sind alle Betriebe verpflichtet, die Trauben zu Traubenmaische verarbeiten. Werden Menge und Mostgewicht mit automatischen Einrichtungen festgestellt, treten die ausgedruckten Seiten an die Stelle des Herbstbuches.

Lesezeitpunkt: Die Winzer legen in eigener Verantwortung den Beginn der Lese fest. Weintrauben dürfen erst gelesen werden, wenn sie unter Berücksichtigung der Witterung, der Rebsorte und des Standortes die in dem Ertragsjahr erreichbare Reife erlangt haben; dies gilt nicht, wenn eine Lese infolge ungünstiger Witterung oder sonstiger nicht zu vertretender Umstände zur Sicherung der Ernte vor der Reife zwingend notwendig ist.

Lesemethoden: Das Lesegut zur Herstellung von Beerenauslese und Trockenbeerenauslese muss ausschließlich von Hand gelesen werden. Alle anderen Weinstufen können auch mit Maschinen gelesen werden.

Gesamterntemeldung: Sie muss bis zum 10. Dezember eines jeden Jahres erfolgen.

Dadurch wird kontrolliert, ob die zulässige Erzeugungsmenge eingehalten wurde. Übersteigt die Produktion den im Anbaugebiet zulässigen Hektar-Ertrag, darf die Mehrmenge im Folgejahr nicht als Wein in Verkehr gebracht werden.

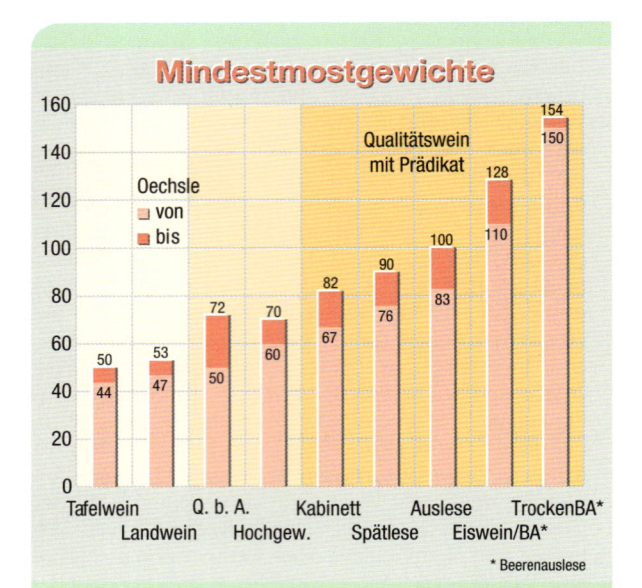

Mostgewicht: Die Menge des in den Trauben gebildeten Zuckers ist mitentscheidend für die spätere Qualitätseinstufung des Weines. Mit dem Zuckergehalt steigen bis zu einer bestimmten Grenze der spätere Alkoholgehalt und die Restsüße des Weines. Der Zuckergehalt, der in Oechslegraden angegeben wird, kann mit einer Oechslewaage oder einem Handrefraktometer gemessen werden.

Oechslewaage: Eine Senkwaage, die das spezifische Gewicht der Flüssigkeit misst (erfunden von dem Pforzheimer Optiker und Goldschmied Oechsle). Sie gibt an, um wie viel Gramm ein Liter Most bei 20 °C schwerer ist als 1 l Wasser. Die Differenz ist gleich Oechslegrade.

Oechslegrade: Der Zuckergehalt wird über die Angabe des Mostgewichts in Oechslegraden errechnet. 1 Grad Oechsle enthält ca. 2,3 g Zucker und 0,3 g Mineralstoffe und Säuren.
Nach einer Faustregel beträgt der spätere Alkoholgehalt des Weines etwa 1/8 der ermittelten Oechslegrade. Da die Vergärung durch Hefezellen jedoch bei etwa 15 bis 16 Vol.-% endet, weisen Weine mit über 120 Oechslegraden eine natürliche Restsüße auf (ohne dass Süßreserve zugegeben wird), da der restliche Zucker nicht mehr vergoren werden kann.

Handrefraktometer: Dieses Gerät ist in der Verwendung einfacher. Nach dem Anbringen einer Mostprobe auf dem Prisma erscheint in der Optik des Refraktometers die entsprechende Auswertung.

1. Welche Einflüsse haben das Klima und der Boden auf den Weinbau und den Wein in Deutschland?
2. Nennen Sie fünf Typenweine aus Deutschland, ihre besonderen Merkmale und woher sie stammen.
3. Erklären Sie den Begriff Oechslegrade.

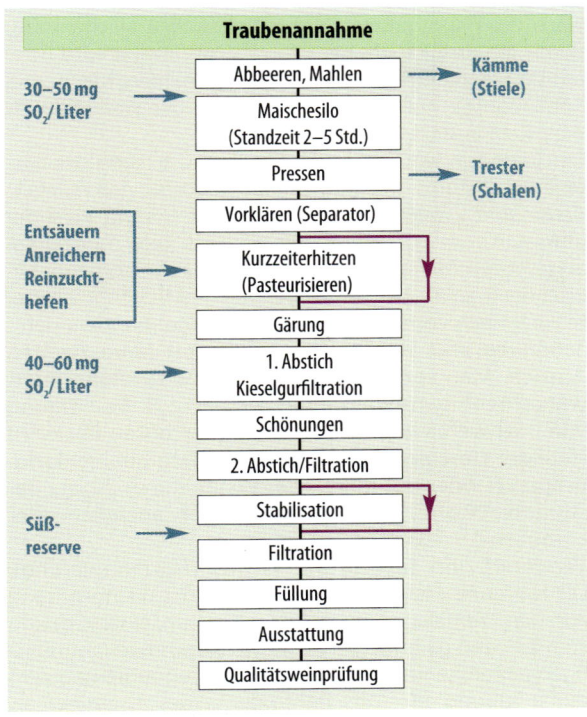

Getränkekunde II – alkoholische Getränke

1. Schema der Weißweinherstellung

Traubenannahme
- 30–50 mg SO_2/Liter → Abbeeren, Mahlen → Kämme (Stiele)
- Maischesilo (Standzeit 2–5 Std.)
- Pressen → Trester (Schalen)
- Vorklären (Separator)
- Entsäuern / Anreichern / Reinzuchthefen → Kurzzeiterhitzen (Pasteurisieren)
- Gärung
- 40–60 mg SO_2/Liter → 1. Abstich Kieselgurfiltration
- Schönungen
- 2. Abstich/Filtration
- Süßreserve → Stabilisation
- Filtration
- Füllung
- Ausstattung
- Qualitätsweinprüfung

2. EU-Höchstwerte für schwefelige Säuren

Wein	Schweflige Säure in mg/l
Rot- bzw. Weißwein unter 5 g/l Restzucker	160 bzw. 210
Rot- bzw. Weißwein über 5 g/l Restzucker	210 bzw. 260
Spätlese und viele französische AOC-Weine	300
Auslese und vergleichbare Weine der EU	350
Beeren-, Trockenbeerenauslese, Eisweine und vergleichbare EU-Weine	400

3. Anreicherungshöchstgrenzen/zulässiger Gesamtalkohol

Weinbauzone		A	B
zulässige Erhöhung durch Anreicherung um		3,0 Vol.-%	2,5 Vol.-%
zulässiger Gesamtalkohol			
Landwein	Rotwein	12,0 Vol.-%	12,5 Vol.-%
	andere Weine	11,5 Vol.-%	12,0 Vol.-%
Qualitätswein	Rotwein	13,0 Vol.-%	13,5 Vol.-%
	andere Weine	12,0 Vol.-%	12,5 Vol.-%

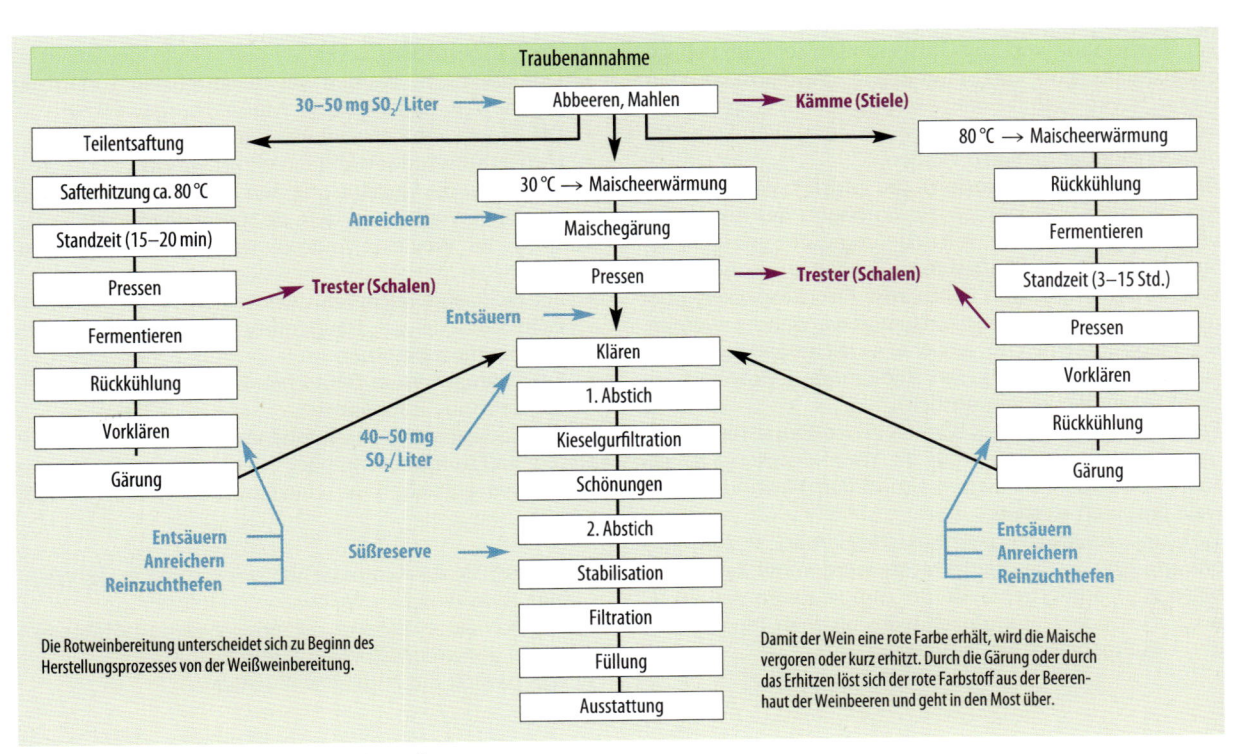

4. Verschiedene Verfahren der Rotweinherstellung

Traubenannahme
- 30–50 mg SO_2/Liter → Abbeeren, Mahlen → Kämme (Stiele)

Mittlerer Verfahrensweg (Maischegärung):
- 30 °C → Maischeerwärmung
- Anreichern → Maischegärung
- Pressen → Trester (Schalen)
- Entsäuern → Klären
- 1. Abstich
- 40–50 mg SO_2/Liter → Kieselgurfiltration
- Schönungen
- 2. Abstich
- Süßreserve → Stabilisation
- Filtration
- Füllung
- Ausstattung

Linker Verfahrensweg:
- Teilentsaftung
- Safterhitzung ca. 80 °C
- Standzeit (15–20 min)
- Pressen
- Fermentieren
- Rückkühlung
- Vorklären
- Gärung
- Entsäuern / Anreichern / Reinzuchthefen

Rechter Verfahrensweg:
- 80 °C → Maischeerwärmung
- Rückkühlung
- Fermentieren
- Standzeit (3–15 Std.)
- Pressen
- Vorklären
- Rückkühlung
- Gärung
- Entsäuern / Anreichern / Reinzuchthefen

Die Rotweinbereitung unterscheidet sich zu Beginn des Herstellungsprozesses von der Weißweinbereitung.

Damit der Wein eine rote Farbe erhält, wird die Maische vergoren oder kurz erhitzt. Durch die Gärung oder durch das Erhitzen löst sich der rote Farbstoff aus der Beerenhaut der Weinbeeren und geht in den Most über.

2.3.4 Herstellung von Wein (Weißwein)

Entrappen (Entfernen der Stiele und Kämme): Die gesammelten Trauben werden, wenn die technischen Möglichkeiten gegeben sind, im Kellereibetrieb entrappt. Da im Durchschnitt der Jahre die Traubenstiele bei der Lese in Deutschland noch grün sind, wird eine negative Beeinflussung des Weines durch die in den Stielen vorhandenen Gerbstoffe und grasigen Säuren vermieden.

Mahlen der Trauben: Nach dem Entrappen der Trauben warden diese in einer Traubenmühle gequetscht bzw. gemahlen. Das daraus entstehende Produkt wird als Maische bezeichnet. Diese besteht aus Fruchtfleisch, Schale, Kernen und Saft. Eine Standzeit der Maische von 2 bis 5 Stunden in Silos führt zu erhöhter Saftausbeute, leichterer Filtrierbarkeit und zur Ausbildung des typischen Traubenbuketts. (Bei der Rotweinbereitung zusätzlich Maischegärung oder Kurzzeithocherhitzung, Schema 4, Seite 303)

Keltern und Schwefeln der Maische: Zur Vermeidung von Oxidationsvorgängen und Entwicklung von Mikroorganismen wird die Maische geschwefelt. Danach wird gekeltert. Dabei wird der Traubenmost von den festen Bestandteilen, dem Treber bzw. Trester, getrennt. Falls keine Schwefelung der Maische erfolgte, kann diese auch – je nach Verfahren – am Traubenmost durchgeführt werden.

Klären des Mostes: Nach der Mostgewinnung erfolgt eine Mostklärung in Klärschleudern (Separatoren) oder durch Absitzenlassen des trüben Mostes. Die damit verbundene Entfernung von Trübteilchen (Staub, Erde, Fruchtfleisch) führt zu reintönigeren Weinen.
Zur Vermeidung von Qualitätseinbußen schließt sich gegebenenfalls eine Kurzzeiterhitzung (Pasteurisation) an. Dadurch wird auch Oxidationen und Fehlgärungen vorgebeugt. Außerdem kann dadurch der Zusatz von Schwefeldioxid niedriger gehalten werden.

Anreichern (Chaptalisation) des Mostes: Als Anreicherung werden Maßnahmen zur Erhöhung des Alkoholgehaltes bezeichnet. Eine Anreicherung kann erfolgen, sofern der natürliche Mindestalkoholgehalt erreicht ist.
Zur Anreicherung kann Saccharose (Trockenzucker) oder rektifiziertes Traubenmostkonzentrat verwendet werden. Bei Prädikatsweinen ist jegliche Anreicherung verboten. Die Anreicherung ist bis zum Stadium des Jungweines zulässig (nach dem ersten Abstich).

Entsäuern: Klimabedingt können in der Bundesrepublik in manchen Jahren Trauben für die Weinherstellung zu viel Säure enthalten. Aus diesem Grund darf Most oder Jungwein entsäuert werden.

Vergären des Mostes: (Alkoholische Gärung, → 288) Vorgeklärte bzw. pasteurisierte Moste werden mit Reinzuchthefen zur Gärung gebracht. Bei Temperaturen von 20 °C bis 25 °C ist die Gärung nach sechs bis zehn Tagen beendet. Das Ergebnis ist der Jungwein.

Nach der Hauptgärung folgt meistens eine Nachgärung, durch die ein biologischer Säureabbau bewirkt wird (u. a. mit Umwandlung der Apfelsäure in die mildere Milch- und Kohlensäure). Außerdem kann ein Teil der Weinsäure als Weinstein ausfallen.
Der Jungwein wird nochmals zur Unterdrückung des Bakterienwachstums und zum Oxidationsschutz geschwefelt.

Erster und zweiter Abstich: Nach der Gärung wird der Jungwein vom „Geläger", dem am Fass- oder Tankboden abgesetzten Hefetrub, abgezogen. Diesen Vorgang bezeichnet man als Abstich, wobei durch zwischengeschaltete Filter noch vorhandene Trübstoffe abgetrennt werden.

Schönung und Stabilisation erfolgt oft beim zweiten Abstich. Man versteht darunter die Behandlung unerwünschter Eigenschaften des Weines, z. B. Beseitigung von Schwefelwasserstoff und Mercaptan-Böcksern (fauliger Geschmack und Geruch) durch Silberchloridpräparate oder das Klären der Weine durch Zusatz bestimmter Stoffe, die Trübstoffteilchen anziehen oder einhüllen (→ 303, Bild 1, 4).

Verschnitt und Süßung des Weines (Harmonisierung): Die Harmonisierung ist die letzte Stufe der Weinbereitung vor dem Abfüllen. Sie hat eine Geschmacksabrundung zum Ziel und garantiert auch in witterungsmäßig ungünstigen Jahren genießbare Weine. Eine Harmonisierung wird durch Süßung oder Verschnitt oder beides zusammen erreicht.
Verschnitt bei Wein wird beim Verbraucher oft abfällig beurteilt. Viele Weine von Weltruf (Bordeaux, Port, Sherry) entstehen jedoch aus der Kunst des Verschneidens. Gründe des Verschneidens sind:
- Duftlose Weine werden mit bukettreichen Sorten gemischt (z. B. Riesling 90 %, Müller-Thurgau 10 %).
- Die Säure kann harmonisiert werden.
- Farbverbesserungen können erzielt werden.

Es dürfen nur die Qualitätsgruppen innerhalb des Gebietes verschnitten werden, aus dem sie stammen müssen.

Süßung des Weines erfolgt durch Zugabe von Süßreserve.
- Bei nicht angereichertem Deutschen Wein und Landwein kann sie aus Traubenmost oder konzentriertem Traubenmost bestehen.
- Bei angereichertem Deutschen Wein, Land- und Qualitätswein: aus Traubenmost.
- Bei Prädikatswein: aus Traubenmost.

Geschmacksangaben: Je nach Menge der zugegebenen Süßreserve entstehen verschiedene Süßegrade (→ 305, Bild 2).

1. Erklären Sie den wesentlichen Unterschied in der Weinbereitung zwischen Weißwein und Rotwein.
2. Nennen Sie in Prozent die Anreicherungshöchstgrenzen in den Weinbauzonen A und B.
3. Was bewirkt die Zugabe von Schwefel?

Getränkekunde II – alkoholische Getränke

Zur Entsäuerung	• Neutrales Kaliumtartrat • Kaliumbicarbonat • Kalziumcarbonat • Kalziumtartrat oder Weinsäure
Zur Klärung	• Speisegelatine • Hausenblase • Tierisches Eiweiß • Bentonit (hochquellfähiger Ton) • Kaolinerde
Weitere Stoffe	• Kaliumbitartrat (zur Ausfällung des Weinsteins) • Kupfersulfat (zur Beseitigung geschmacklicher oder geruchlicher Mängel) • Zitronensäure (endgültiger Gehalt maximal 1 g/l) • L-Ascorbinsäure (Oxidationsschutz, maximal 150 mg/l) • Sorbinsäure (Endgehalt maximal 200 mg/l)

1. Behandlungsstoffe bei der Weinherstellung (auszugsweise)

Trocken	darf ein Wein nur bezeichnet werden, wenn er einen Restzuckergehalt von • höchstens 4 g/l oder • höchstens 9/l aufweist und der Gesamtsäuregehalt höchstens um 2 g/l niedriger ist als der Gehalt an Restzucker (Formel: Säure + 2).
Halbtrocken	darf ein Wein nur bezeichnet werden, wenn er einen Restzuckergehalt von • höchstens 12 g/l oder • höchstens 18 g/l aufweist und der Gesamtsäuregehalt höchstens um 10 g/l niedriger ist als der Gehalt an Restzucker (Formel: Säure + 10).
Lieblich	darf ein Wein bezeichnet werden, wenn er einen Restzuckergehalt von höchstens 45 g/l Restzucker enthält.
Süß	darf ein Wein nur bezeichnet werden, wenn der betreffende Wein mindestens 45 g/l Restzucker enthält.

2. Zugelassene Begriffe für Geschmacksangaben bei Wein

Wissen Sie Bescheid?

1. In welche Weinbauzonen ist die Bundesrepublik Deutschland aufgeteilt?
2. Aus welchen Gründen wurden diese Weinbauzonen geschaffen?
3. Welche Gebietseinteilungen gelten für Land- und Qualitätswein?
4. Nennen Sie vier Punkte, in denen sich Qualitätswein von Prädikatswein unterscheidet.
5. Zählen Sie die Prädikate für Qualitätsweine auf und nennen Sie die Mindestanforderungen.
6. Erklären Sie folgende Begriffe aus der Weinbereitung: Entrappen, Keltern, Anreichern, Abstich, Schönung, Verschnitt, Süßreserve.
7. Schildern Sie die Herstellung von Weißwein, Rotwein, Rotling und Roséwein in Stichworten.
8. Stellen Sie für einen Gast einen Geschenkkorb zusammen, in dem sich Weine aus vier roten und sechs weißen Rebsorten befinden.
9. Nennen Sie einen Rotwein und einen Weißwein aus je einer Rebsorte und beschreiben Sie Farbe, Aroma/Bukett, Säure und Körper dieser Weine.
10. Welche verpflichtenden Angaben muss ein Etikett für Qualitätswein enthalten?
11. Beschreiben Sie Gütezeichen und Prämierungen für deutsche Weine.

2.3.5 Weinkrankheiten, Weinfehler, Weinmängel

Weinkrankheiten sind natürliche Veränderungen, die auf mikrobiologische Ursachen zurückzuführen sind.
Weinfehler sind Veränderungen, die meist bei der Gewinnung, Bereitung und Lagerung auftreten und oft auf Behandlungsfehler zurückzuführen sind.

Typische Weinkrankheiten und Weinfehler sind:
- Essigstich: Durch Einschleppen bestimmter Bakterienarten wird der Alkohol in Essigsäure umgewandelt.
- Bitterwerden: Tritt besonders bei Rotweinen durch Bakterien und Schimmelpilze infolge der Veränderung der Gerbstoffe auf.
- Altersgeschmack: Entwickelt sich bei zu langer Lagerung im Fass.
- Korkgeschmack (Stopfengeschmack): Kann durch Bakterien, Schimmelpilze oder durch minderwertige Korken verursacht werden.
- Maischegeschmack (Trester- oder Rappengeschmack): Entsteht, wenn der Saft zu lange auf der Maische stand.
- Luftgeschmack: Durch Lagerung in nicht vollständig gefüllten Fässern.

Weinmängel sind die Wertminderungen, die durch natürlichen Mangel oder Übermaß wesentlicher Weinbestandteile entstehen. Zu den Mängeln zählen Unreife (grüner, grasiger Geschmack), zu hoher bzw. zu geringer Säuregehalt, Mangel an Zucker, Mangel an Extrakt, Alkohol (unselbstständige Weine), zu hoher einseitiger Alkoholgehalt (brandige Weine).

SONNENGARTEN KELLEREI

DORNFELDER ROSÉ

DEUTSCHER WEIN

1 LITER   10,5 Vol.-%

LIEBLICH

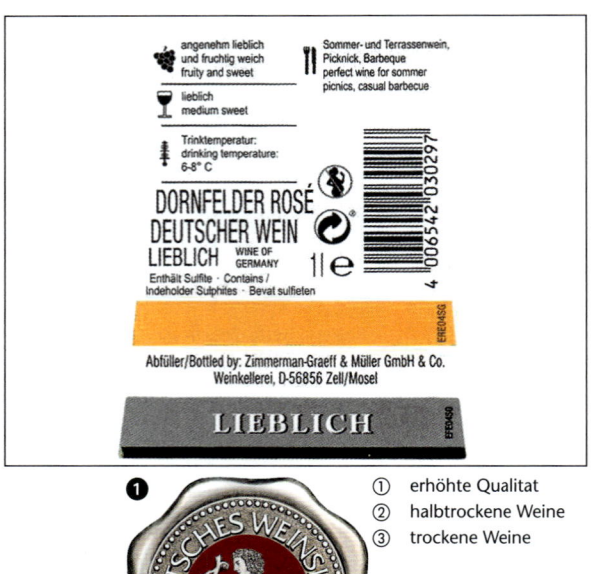

---

angenehm lieblich und fruchtig weich / fruity and sweet
Sommer- und Terrassenwein, Picknick, Barbeque / perfect wine for sommer picnics, casual barbecue
lieblich / medium sweet
Trinktemperatur: / drinking temperature: 6–8° C

DORNFELDER ROSÉ
DEUTSCHER WEIN
LIEBLICH   WINE OF GERMANY
Enthält Sulfite · Contains / Indeholder Sulphites · Bevat sulfieten
1 l ℮

Abfüller/Bottled by: Zimmerman-Graeff & Müller GmbH & Co.
Weinkellerei, D-56856 Zell/Mosel

LIEBLICH

① erhöhte Qualität
② halbtrockene Weine
③ trockene Weine

Badischer Landwein
2008er
Roséwein *halbtrocken*
1 l ℮
Abfüller
Weingut Müller
D-79341 Kenzingen
10,5 Vol.-%   L 123

Enthält Sulfite

2. Deutsches Weinsiegel

BADEN
2008er
Ortenauer
Spätburgunder Weißherbst
Qualitätswein   A.P.Nr. 099.01.94
Vertrieb durch
Weinkellerei Maier   D-70137 Stuttgart
Abfüller   BWB 099
10,5 Vol.-%   *Restzucker 20,5 g/l*   1 l ℮

Enthält Sulfite

---

3. Gütezeichen Franken

BADEN
Ihringer Winklerberg
2007er Ruländer
Spätlese
Prädikatswein A.P.Nr. 099.01.94
0,75 l   trocken   Erzeugerabfüllung
Weingut Müller   D-79241 Ihringen
10,5 Vol.-%

Enthält Sulfite

1. Beispiele von Weinetiketten (blau: Angaben verpflichtend, schwarz: Angaben wahlweise)

4. Preise der Bundesweinprämierung

Prüfmerkmal	Möglichkeiten der Punktvergabe										
Geruch	5,0	4,5	4,0	3,5	3,0	2,5	2,0	1,5	1,0	0,5	0
Geschmack	5,0	4,5	4,0	3,5	3,0	2,5	2,0	1,5	1,0	0,5	0
Harmonie	5,0	4,5	4,0	3,5	3,0	2,5	2,0	1,5	1,0	0,5	0
Qualitätsbeschreibung (Qualitätszahl)	Hervorragend (4,50–5,00)		sehr gut (3,50–4,49)		gut (2,50–3,49)		zufriedenstellend (1,50–2,49)		nicht zufriedenstellend (0,50–1,49)		keine Bewertung, d. h. Ausschluss des Weines

1. Sensorische Prüfmerkmale/Punktvergabe

2.3.6 Qualitätsweinprüfung

Deutsche Qualitätsweine und Qualitätsweine mit Prädikat tragen seit 1971 eine amtliche Prüfungsnummer. Nur Weine, die gesetzlich festgelegten Qualitätsanforderungen entsprechen und amtlich geprüft sind, dürfen diese AP-Nummer tragen. Sie enthält für den Verbraucher und für die staatliche Weinkontrolle eine Reihe von Informationen über die Identität des Weines.

AP-Nr. 03	12	132	014	08
Kennziffer der Prüfstelle	Kennziffer der Anbaugemeinde	Kennziffer des Abfüllbetriebes	Nummer des geprüften Weines	Jahr der Prüfung

Bei Eindeutigkeit ist die Angabe der Prüfstelle und der Anbaugemeinde nicht Pflicht. Der Antrag auf Zuteilung einer Prüfungsnummer muss mindestens folgende Angaben enthalten:
- Prüfungsbehörde
- beantragte Prüfungsnummer
- Antragsteller: Name, Anschrift
- beantragte Bezeichnung des Erzeugnisses:
  - Jahrgang
  - bestimmtes Anbaugebiet, Gemeinde, Lage oder Bereich
  - Weinart, Rebsorte(n)
  - beantragte Qualitätsbezeichnung
  - Mostgewicht oder natürlicher Alkoholgehalt
  - Weinnummer, Gesamtmenge der Weinnummer
  - abgefüllte Menge der Weinnummer
  - Abfülldatum
- Zusammensetzung des Erzeugnisses:
  Dem Antrag ist ein Untersuchungsbefund beizufügen, der von einem von der Prüfbehörde zugelassenen Laboratorium ausgestellt ist. Für Kontrollzwecke werden drei Probeflaschen bei der Prüfbehörde eingelagert.

Die Qualitätsprüfung wird in den Wein anbauenden Bundesländern von besonderen Prüfungsbehörden vorgenommen. Die Prüfung erfolgt in drei Abschnitten:
1. **Analytische Prüfung:** Die Prüfstelle nimmt stichprobenweise Kontrollen der eingereichten Analysen vor, soweit die Analysen nicht durch sie selbst erstellt wurden.
2. **Herkunftsprüfung:** Der im Antrag näher beschriebene Wein wird jahrgangs- und qualitätsstufenbezogen von der Ernte- und Erzeugungsmeldung des Antragstellers abgebucht. Darüber hinaus erfolgt eine Plausibilitätsprüfung der geografischen Herkunftsangabe.
3. **Sinnenprüfung:** Sie ist für die endgültige Festlegung der Güteklasse eines Weines entscheidend und wird wie folgt durchgeführt:

Sensorische Vorbedingungen
Die folgenden Vorbedingungen werden auf Ja/Nein-Entscheidungen geprüft. „Nein" bedeutet Ausschluss von der weiteren Prüfung.
- Rebsorte → wenn angegeben, aber nicht typisch, kann der Wein ohne Rebsortenangabe zugelassen werden
- Prädikat → wenn nicht für das beantragte, aber für ein anderes Prädikat typisch, kann der Wein für dieses zugelassen werden
- bestimmtes Anbaugebiet bzw. Bereich
- Farbe
- Klarheit
- im Barrique (Eichenfass), wenn zumindest ein Teil des Weines (75 %) oder der zu seiner Herstellung verwendeten Erzeugnisse in einem Barriquefass von nicht mehr als 350 l gelagert worden ist und die für die Reifung im Bariquefass typischen sensorischen Merkmale aufweist

Harmonie ist das Zusammenwirken von Geruch, Geschmack und sensorischen Vorbedingungen. Ihre Bewertung darf gegenüber Geruch und Geschmack um höchstens 1,0 Punkte nach oben abweichen. Sind Geruch und Geschmack unterschiedlich bewertet, gilt jeweils die höhere Punktzahl. Alle Prüfmerkmale werden gleich gewichtet. Die Mindestpunktzahl für jedes Prüfmerkmal ist 1,5. Die durch 3 geteilte Summe der für Geruch, Geschmack und Harmonie erteilten Punkte ergibt die Qualitätszahl. Sie muss für Weine aller Qualitätsstufen mindestens 1,5 sein.

1. Flaschenformen: ① Schlegel oder Keulenform, ② Bocksbeutel, ③ Buddelflasche

Anforderungen	Begründung
• Lage möglichst nach Norden, gleichbleibend kühl, dunkel	• Wein ist sehr empfindlich gegen Wärme und Licht. An der Nordseite sind geringere Temperaturschwankungen als an der Südseite. Ideale Kellertemperatur: zwischen + 8 °C und 12 °C.
• relative Luftfeuchtigkeit 60 % – 70 %	• Zu hohe Luftfeuchtigkeit lässt den Keller modern.
• gute Luftzirkulation	• Luftzirkulation vermeidet unangenehme Gerüche.
• mit Naturkorken verschlossen, Wein nicht bei stark riechenden Waren lagern	• Starke Gerüche beeinflussen die Geschmacks- und Geruchsstoffe des Weines, da der Korken die Flasche nicht völlig luftdicht verschließt.
• erschütterungsfrei lagern	• Erschütterungen lassen den Wein nicht in Ruhe reifen. Gerbstoffablagerung (Chemise) ist kaum möglich.

2. Anforderungen an einen Weinkeller

2.3.7 Flaschenformen und -größen für deutsche Weine

Folgende Flaschengrößen sind für die Füllung mit Wein zugelassen:
0,1 l; 0,25 l; 0,375 l; 0,5 l; 0,75 l; 1,0 l; 1,5 l; 2,0 l; 3,0 l; 4,0; 5,0 l; 6,0 l; 8,0 l; 9,0 l; 10,0 l; zusätzlich für Luftfahrt, Seeschiffe und Eisenbahnzüge 0,187 l.

Schlegel- oder Keulenform
- 1-l-Flasche: Weiß- und Rotweine der Güteklassen Deutscher Wein, Land- und Qualitätswein bestimmter Anbaugebiete, meist für den offenen Ausschank.
- 1/1-Flasche (0,75 l) sowie auch kleinere Flaschengrößen für Weiß- und Rotweine der gehobenen Klasse.

Spezialformen
- Buddelflasche: Vor allem für badische Weine (z. B. Yburgberg)
- Bocksbeutel, auch Cantil-Flasche genannt: Ausschließlich für Qualitätsweine aus dem bestimmten Anbaugebiet Franken, aus dem badischen Taubertal und dem Schüpfergrund sowie aus den Gemeinden Neuweier, Steinbach, Umweg und Varnhalt.
- 1/1-Flasche (Burgunderflasche): Rotweine.

In letzter Zeit werden immer mehr Portionsflaschen anstelle der offenen Schankweine im Verkauf eingesetzt. Dadurch wird der Nachteil, den der offene Ausschank mit sich bringt (starke geschmackliche Veränderungen der im Anbruch stehenden Weine), vermieden.

2.3.8 Weinlagerung

Die Lagerung der Flaschen im Weinkeller erfolgt meist in Regalen. Bei Holz- und Metallregalen ist dabei an Holz- bzw. Rostschutz wegen der hohen Luftfeuchtigkeit zu denken. Bei Lagerung in Tonröhren muss die Luftzirkulation gewährleistet sein. Die Weine müssen nach Jahrgang, Qualitätsstufe und Herkunft eingeordnet sein. Falls keine getrennten Lagerräume vorhanden sind, sollten die Weine ihrer Serviertemperatur gemäß eingeordnet sein:
- Schaumwein in Fußbodennähe (niedrige Temperaturen)
- Weiß- und Roséwein in den mittleren Regalzonen
- Rotwein in oberen Regalzonen (höhere Temperaturen)

Temperaturschwankungen um 5 °C nach oben schaden dem Wein zwar nicht, lassen ihn jedoch schneller altern. Die Führung eines Kellerbuches oder einer Kartei ermöglicht eine permanente Bestandsermittlung. Außerdem ist leicht festzustellen, welche Weine bevorzugt verkauft werden sollten bzw. nicht mehr nachkaufbar sind.

Schraubverschluss: Flaschen mit Schraubverschluss können genauso wie Sektflaschen mit Kunststoffverschluss stehend gelagert werden.
Naturkorkenverschluss: Naturkork ist minimal luftdurchlässig. Wein- und Sektflaschen mit Naturkorkverschlüssen müssen liegend gelagert werden; der Kork bleibt dadurch feucht, elastisch und gesund.
Mit Kunststoffverschluss oder mit Glaskorken verschlossene Flaschen können stehend gelagert werden.

Getränkekunde II – alkoholische Getränke

1. Weinanbaugebiete Frankreichs

> ✔ **VIN DE FRANCE.** Diese Weine und ohne nähere Herkunftsangabe als Frankreich gehören zu der einfachsten Güteklasse und sind meist Verschnitte aus verschiedenen Weinbaugebieten.
> ✔ **I.G.P.** (**I**ndication **G**éographique **P**rotégée = geschützte geografische Angabe) sind Landweine (Vins de pays). Sie kommen aus bestimmten geografischen Regionen (Departements oder Produktionszonen) Frankreichs.
> ✔ **A.O.P.** (**A**pellation **O**rigine **P**rotégée = geschützte Ursprungsbezeichnung). Gilt für Qualitätsweine in Frankreich. Der Begriff „Origine" wird auf dem Etikett durch die Angabe des Anbaugebietes, des Bereichs, der Gemeinde oder der Lage ersetzt.
> ✔ **A.O.C.** (**A**ppellation **d'o**rigine **c**ontrôlee = Qualitätsweine der höchsten Stufe)
> ✔ **V.D.Q.S.** (**V**in **D**élimeté de **Q**ualité **S**upérieure = Qualitätsweine mit etwas weniger strengen staatlichen Kontrollen wie A.O.C.-Weine)

2. Kategorien französischer Weine

2.3.9 Weinanbaugebiete in Frankreich

Bordeaux: Die Namen der bekanntesten Gebiete sind Médoc, Graves, Sauternes, Pomerol, Saint-Emilion und Fronsac. Médoc und Graves liefern die berühmtesten Rotweine der Welt, Sauternes den berühmtesten Weißwein. Fünf Weine aus dem Médoc und Graves zählen zu der Klassifizierung „Premiers Grands Crus Classés": Chateâu Lafite-Rothschild, Chateâu Latour, Chateâu Margaux, Chateâu Mouton-Rothschild und Chateâu Haut-Brion (Graves); Aus Sauternes kommt der berühmte Weißwein Chateâu-d'Yquem.

Burgund: Diese Weinregion umfasst die Basse Bourgogne, Chalonnais, Mâconnais, Beaujolais und die Côte d'Or, bestehend aus Côte de Nuits, Côte de Beaune und Arrière Côte. Die weltbekannten Chablis-Weine werden in der Basse Bourgogne im Departement Yonne aus Chardonnay-Trauben gewonnen. Ihre Klassifizierungen sind Chablis Grand Cru, Chablis Premier Cru, Chablis und Petit Chablis. Die Rotweine der Côte d'Or werden fast ausschließlich aus der Rebsorte Pinot Noir gewonnen.
Die Qualitätsstufen bei Beaujolais sind Beaujolais, Beaujolais Supérieur und Beaujolais Villages. Der junge, erste Beaujolais (Beaujolais primeur) wird ab dem dritten November-Donnerstag vermarktet.

Rhônegebiet: Die Côte du Rhône liefert weltbekannte Konsumweine. Die nördliche Zone (Côte Rôtie, Condrieu, Château-Grillet, Hermitage, Crozes-Hermitage) und die südliche Zone (Châteauneuf-du-Pape, Gigondas, Lirac, Tavel) liefern auch hervorragende Qualitäten.

Provence: Dort wachsen die Grenache- und die Carignan-Traube, aus denen fruchtige Rosé- und helle, weiche Rotweine gekeltert werden.

Juragebiet: Dieses Gebiet bietet die Spezialitäten Vin jaune, ein mindestens sechs Jahre alter Wein, der durch eine zweite Gärung sherryartig wird, und den Strohwein, dessen vollreife Trauben auf Stroh trocknen, damit ihr Saft noch süßer wird.

Loiregebiet: Fruchtige Weine sind typisch für diese Gegend. Bekannt sind das Muscadet-Gebiet, die Touraine-Weinberge und Anjou-Samur mit dem beliebten Rosé d'Anjou.

Champagne: Ihre Weinbaugebiete sind
- Montagne de Reims (bekannt für die Rotweine Crus Rilly, Verzenay und Bouzy),
- das Marne-Tal mit den Weinorten Mareuil, Ay, Damery, Hautvillers und Cumières,
- Côtes de Blancs (Cramant, Le Mesnil),
- die Weinberge bei Bar-sur-Seine, Bar-sur-Aube und Aisne. Der nichtschäumende Wein der Champagne heißt Côteaux Champenoise.

Languedoc-Roussillon: Das größte Weinbaugebiet Frankreichs produziert u. a. Dessertweine von ausgezeichneter Qualität.

Elsass: Im Gegensatz zu den übrigen französischen Weinanbaugebieten werden im Elsass sortenreine Weine angeboten. Die Ursprungsbezeichnung „Alsaçe" oder „Vin d'Alsaçe" wird meist mit der Rebsortenangabe und dem Namen der Weinbaugemeinde ergänzt. Edelzwicker wird ein Verschnitt aus verschiedenen weißen Rebsorten genannt.

1. Weinanbaugebiete Italiens

✔ **Vino prodotto in Italia.** Diese Weine ohne nähere Herkunftsbezeichnung als Italien gehören zur einfachsten Güteklasse und können auch Verschnitte aus mehreren Weinbaugebieten sein.
✔ **IGP** (**I**ndicazione **G**eografica **P**rotetta = geschützte geografische Angabe) bzw. **IGT** (**I**ndicazione **G**eografica **T**ipica = typische geografische Angabe) gilt für die Güteklasse Landweine, die aus bestimmten geografischen Regionen stammen müssen.
✔ **DOP** (**D**enominazione di **O**rigine **P**rotetta = geschützte Ursprungsbezeichnung) gilt für Qualitätsweine mit DOC und DOCG.
  • **DOC** (**D**enominazione di **O**rigine **C**ontrollata = kontrollierte Ursprungsbezeichnung) sind Qualitätsweine, die aus einem Anbaugebiet stammen müssen.
  • **DOCG** (**D**enominazione di **O**rigine **C**ontrollata e **G**arantita = kontrollierte und garantierte Ursprungsbezeichnung) sind Qualitätsweine, die schon mit DOC ausgezeichnet sind und in ihren Qualitätsmerkmalen über dem Durchschnitt der DOC-Weine liegen.

2. Güteklassen italienischer Weine

2.3.10 Weinanbaugebiete in Italien

In ganz Italien wird Wein angebaut. Das Land ist in 18 Weinanbauregionen unterteilt: von Südtirol, der Lombardei und Piemont im Norden bis Kalabrien im Süden, dazu auf den Inseln Sizilien und Sardinien. Bekannte Weine in den Anbaugebieten:

Südtirol: Bekannt sind hier der Vernatsch (in Deutschland als Trollinger bezeichnet), die Meraner Kurtraube und der rote Tischwein Kalterer See Auslese
Veneto: Venetien, das Anbaugebiet zwischen Gardasee und Adriabecken, ist bekannt für Valpolicella, einen Wein mit mildem Geschmack, und den Soave, einen frischen Weißwein; außerdem Bardolino rot oder roséfarben.
Venezia Giulia (Triest): Aus dieser Gegend kommen die bekannten Spezialitäten Prosecco und Terrano.
Lombardei: Veltliner Gebiet → Sasella, Inferno
Gardasee-Gebiet → Sangiovese, Vernaccia
Piemont – Val d'Aosta (Land zu Füßen der Berge): Von hier kommen die beiden bekannten D.O.C.G.-Weine Barbaresco und Barolo. Beides sind vollmundige, kräftige und samtige Rotweine aus der Nebbiolo-Traube. Weitere Spezialitäten sind Asti spumante (italienischer Naturschaumwein in erster Gärung fertiggestellt) sowie der rote Spumante mit Namen Recoto.
Ligurien: Cinque Terre, Vermentino
Emilia-Romagna: Sie gliedert sich in eine Gebirgszone und eine Ebene vom Po bis zum Meer. Weinbau wird oft als Felderbegrenzung betrieben. Bekannt ist der Lambrusco, ein leicht perlender Rotwein.

Toscana: Sie hat eine Vielzahl von Weinen zu bieten, von denen vor allem der Chianti bekannt ist. Der Chianti wird aus verschiedenen Rebsorten, vor allem Sangiovese, gekeltert. Er ist von rubinroter Farbe, sein Bukett erinnert manchmal an Veilchenduft. Aus den Provinzen Florenz und Siena stammt der Chianti Classico (D.O.C.G.). Er ist bis zu zehn Jahre haltbar; nach drei Jahren darf er mit „Reserva" gekennzeichnet werden.
Marche: Vernaccia, Vini dei Castelli di Jesi
Umbrien: Orvieto, Sacrantino
Lazio: Liegt südlich der Toscana. Von dort stammen die berühmtesten Weißweine Italiens, wie der Frascati und der bekannte Weißwein Est! Est!! Est!!!
Abruzzen: Sehr leichte Konsumweine
Campania: Capri, Lacrimea Christi (feurige und starke Weine)
Puglia: Locorotondo, Primitivo (Konsumweine)
Basilicata: Aglianico
Kalabrien: Ciro, Greco (feurige und schwere Weine)
Sizilien: Im ältesten Weinbaugebiet Italiens werden außer dem bekannten Likörwein Marsala vorzügliche Rotweine (Corvo), auch der bekannte goldgelbe Malvasia delle Lipari und der schwere, trockene bis leicht süßliche Mamertino aus Messina hergestellt.
Sardinien: Nasco Ogliastra

1. Zählen Sie bekannte Weinbaugebiete Italiens und Spezialitäten davon auf.
2. Ordnen Sie folgende Weine dem entsprechenden Weinbaugebiet zu: Chablis, Edelzwicker, Barolo, Lambrusco und Kalterer See Auslese.

Getränkekunde II – alkoholische Getränke

1. Die Weinbauländer Europas

2.3.11 Weinanbaugebiete in Spanien

Spanien hat drei Klimazonen: im Norden das gemäßigte Klima, den sonnigen und trockenen mittleren Teil des Landes und den Süden mit höchsten Temperaturen.

Eingeteilt sind die Weine in folgende Qualitätsstufen:
- Vino de Espania, überwiegend zur Destillation
- Vino de la tierra (Landwein)
- Denominación de Origen (Qualitätsweine)
- Spaniens Qualitätsweine sind nach Kategorien klassifiziert, die sich an Reifeprozess und Alter orientieren:
  - Vino de Calidad: Junge Qualitätsweine ohne Reifungszeit.
  - Vino de Crianza: Sechs Monate Lagerung im Holzfass sind vorgeschrieben.
  - Vino de Reserva: Rotweine, die mindestens ein Jahr in Eichenfässern und zwei Jahre auf der Flasche lagern.
  - Vino de Gran Reserva: Rotweine, die mindestens zwei Jahre im Fass und weitere drei in der Flasche reifen. Weiße und Rosé-Gran Reserva lagern vier Jahre, davon sechs Monate im Fass.

Die wichtigsten Weinbaugebiete in Spanien sind:
Rioja: Das Tal des mittleren Ebro. In diesem Gebiet werden mit die besten Rotweine Spaniens, vor allem aus den Rebsorten Tempranillo, Garnacha tinto und Graciano, meist als Verschnitt hergestellt.
Navarra: Ist bekannt für Rot- und Roséweine.
Penedes: Ist bekannt für seine Weißweine, die fast ausschließlich von den Schaumweinherstellern der Stadt San Saduria de Noya verarbeitet werden.

2.3.12 Weinanbaugebiete in Österreich

Weinbau gibt es in Österreich in vier Weinbauregionen: Niederösterreich, Burgenland, Steiermark, Land Wien.

Die Güteklassen der österreichischen Weine sind ähnlich denen der deutschen:
- Österreichischer Wein, Verschnitt aus allen Regionen
- Landwein aus einer Weinbauregion
- Qualitätswein aus einem Weinbaugebiet
- Prädikatswein aus einem Weinbaugebiet; er darf nicht angereichert und mit Süßreserve versehen werden und muss eine Jahrgangsbezeichnung tragen. Die Prädikate sind Spätlese, Auslese, Eiswein, Strohwein (aus vollreifen Beeren, die mindestens drei Monate auf Stroh oder Schilf gelagert oder an Schnüren aufgehängt waren), Beerenauslese, Ausbruch, Trockenbeerenauslese.

Typische österreichische Gewächse sind:
- Zierfandler (Spätrot), oft zusammen gekeltert und verschnitten mit dem Rotgipfler, ergeben den klassischen Gumpoldskirchner,
- Grüner Veltliner aus den Anbaugebieten Niederösterreich, Burgenland und Wien. Ein typisch österreichischer Wein, fruchtig, spritzig, würzig, pfeffrig, manchmal auch mit starker Säure.
- Neuburger aus der Gegend von Wien, Wachau und Krems; in guten Jahren mit beachtlichem Alkoholgehalt,
- Blauer Zweigelt, Österreichs verbreitetste Rotweinsorte; feinfruchtig, samtig,
- Blauer Wildbacher (Schilcher), eine Roséwein-Spezialität der Steiermark, fein, säuerlich und fruchtig.

1. Internationale Weine

Wissen Sie Bescheid?

1. Nennen Sie die Weinanbaugebiete Frankreichs. Ordnen Sie diesen Gebieten jeweils einen Wein zu.
2. Erklären Sie gastgerecht die Herkunft von Beaujolais primeur und ab wann er vermarktet wird.
3. Welche Bedeutungen haben die Abkürzungen I.G.P.. und A.O.P. bei französischen Weinen?
4. Nennen Sie Weine aus den italienischen Anbaugebieten Piemont, der Toscana und Venetien.
5. Aus welchen Anbaugebieten Italiens stamen Lambrusco, Est! Est!! Est!! und Kalterer See?
6. Ordnen Sie folgende europäische Weinbaugebiete den entsprechenden Ländern zu: Navarra, Penedes, Rioja, Burgenland, Steiermark, Vinho verde, Douro-Gebiet.
7. Nennen und beschreiben Sie Weinspezialitäten aus Griechenland und Ungarn.

2.3.13 Weitere europäische Weinbaugebiete und -länder

Portugal: Portugal ist in erster Linie berühmt durch seinen Likörwein, Portwein und Madeira. Portugal mit seinem durch den Atlantik bedingten, sehr frischen und niederschlagsreichen Klima erzeugt außer Rosé- und Rotwein eine ganze Reihe von charaktervollen, frischen, spritzigen Weißweinen.
Bekannte Gebiete sind u. a.
- Vinho Verde: Als größte Weinbauregion mit seinen roten und vor allem seinen spritzigen weißen Weinen,
- Dão: Benannt nach dem dortigen Fluss mit seinen körperreichen Rotweinen,
- Douro: Mit seinen weltbekannten Rotweinen.

Griechenland: Außer dem bekannten Likörwein Samos sind Qualitätsweine aus Mantinia, Rhodos und Patras bekannt. Eine Spezialität der Weinbereitung ist, vor allem bei Landweinen, während des Gärprozesses oder in der Nachbehandlung Harz (= Retsina) zuzusetzen. Von den sonstigen Weinen sind der Santa Laura, der helle, trockene, weiße Domestica und als Likörwein der Mavrodaphne stark auf dem Markt vertreten.

Schweiz: In der Schweiz werden in den bekanntesten Anbaugebieten wie Wallis, Neuchatel, Waardt und Tessin einfache bis mittlere Weiß- und Rotweine hergestellt. Spitzenqualitäten sind die Ausnahme. Bekannt sind der weiße, trockene, blumige Fendant, der weiße Johannisberger und der rote Dôle. Die Weine aus der Schweiz sind fast immer durchgegoren, wenig gesüßt und deshalb als Tischweine sehr gut geeignet.

Ungarn: Der bei uns wohl bekannteste Wein dürfte der Tokaji-Aszu (Ausbruch Tokajer) sein. Bei der Herstellung werden auf 136 l (Gönczer-Fass) Most zwei bis sechs Butten (Butte = 12 kg bis 15 kg) edelfaule, eingetrocknete, mit der Hand ausgebrochene Beeren zugegeben und langsam vergoren. Das Ergebnis sind feurige Weine mit würziger Süße und zarter Fruchtsäure. Szamorodni sind Tokajer Weine aus einer späten Lese, kräftig und leicht bitter im Nachgeschmack.

Jugoslawien (ehemaliges): In Slowenien, Kroatien, Bosnien-Herzegowina, Serbien, Mazedonien und Dalmatien werden qualitativ sehr gute Rot- und Weißweine erzeugt. Die wichtigsten Rebsorten sind für Weißweine Riesling, Traminer und Malvasier, für Rotweine Merlot und Spätburgunder.

GUS (Gemeinschaft Unabhängiger Staaten): Durch günstige Klima- und Bodenverhältnisse werden zum Teil sehr wertvolle Weine, überwiegend in Grusinien, Armenien, Usbekistan, Kasachstan, Turkmenien, der südlichen Ukraine, am Don und der Krim produziert. Die Palette reicht vom trockenen Weißwein über vollmundige Rotweine bis zu Likörweinen. An Schaumweinen sind der Krim-Sekt und der Zimljanskoe-Sekt weltbekannt.

Bulgarien: Bulgarien hat sich in den letzten Jahren auf die französischen Rebsorten Cabernet, Chardonnay und Merlot spezialisiert. An heimischen Rotweinen bietet es schwere Rotweine aus der Rebsorte Mavrud. Bei den weißen Rebsorten ist die Rcatciteli sehr bekannt.

Getränkekunde II – alkoholische Getränke

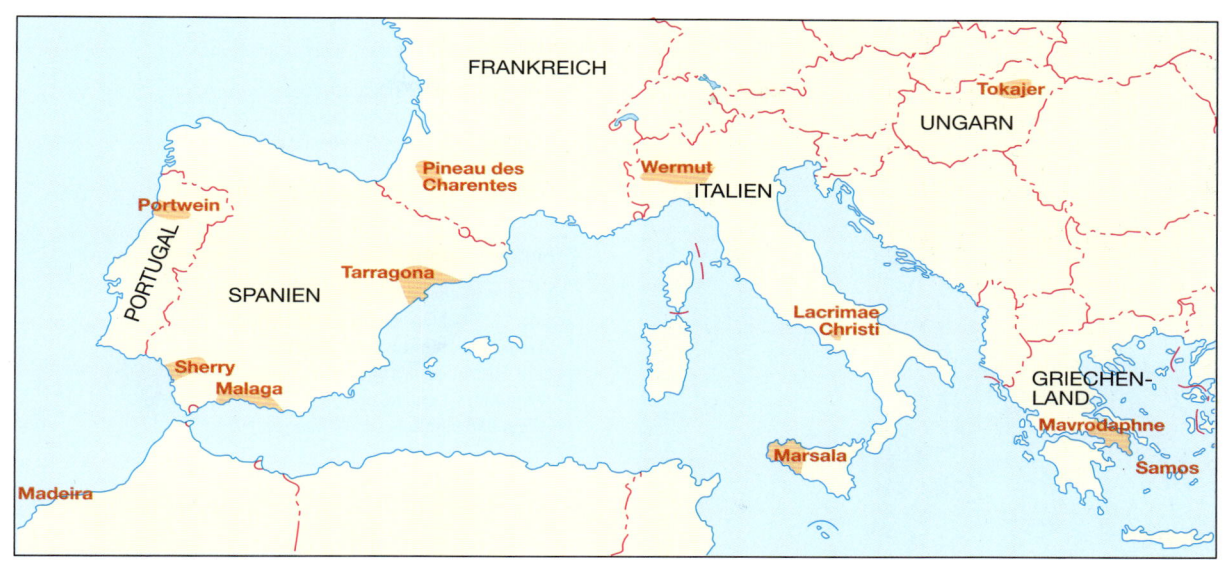

1. Herkunft von Likörweinen

2.4 Likörwein

Unter Likörweinen versteht man Weine, die, wenn sie in der EU hergestellt werden, einen Alkoholgehalt von mindestens 15 Vol.-% und höchstens 22 Vol.-% aufweisen müssen. Sie werden aus Traubenmost oder Wein, der einen natürlichen Alkoholgehalt von mindestens 12 Vol.-% aufweist, hergestellt. Während oder nach der Gärung wird der Most bzw. Wein mit folgenden Erzeugnissen je nach Herstellungsmethode vermischt:
- Zusatz von Alkohol, der aus Wein destilliert sein muss.
- Zusatz von konzentriertem Traubenmost.

Verschiedene Verfahren, wie z. B. das Solera-System, schließen während der Lager- und Reifezeit die Herstellung ab.

Solera- und Criadera-System: Bei Ausbau und Verschneiden von Likörweinen, insbesondere bei Sherry, wird dieses System angewandt. Nach der Gärung wird der Wein filtriert und in 600-l-Eichenfässer, die nur zu 5/6 gefüllt und nie ganz verschlossen werden, abgefüllt. Die Luftzufuhr ist wichtig, damit sich die Oberflächenhefe als dünne Schicht auf dem Wein bilden kann. Sie schützt den Wein und ist für Geschmack und Typ ausschlaggebend. Die Fässer werden in mindestens drei Lagen übereinander gelagert. In der untersten Fassreihe, der „solera", befindet sich der älteste Sherry. Wird der untersten Fassreihe etwas entnommen, wird diese Menge aus der darüberliegenden Reihe, der „primera criadera", aufgefüllt und diese wiederum durch die darüberliegende Reihe der „segunda criadera".

Sherry – Besonderheiten bei der Herstellung: Herstellung nach dem Solera- und Criadera-System. Die Reifezeit und das Mindestalter für Manzanillas und Finos beträgt mindestens drei Jahre, für Amontillados mindestens fünf und für Olorosos mindestens sieben Jahre.

Die Altersangabe von Sherry wird verschieden definiert, z. B. „50 Jahre alt":
- Der Mischungstyp ist seit 50 Jahren unverändert.
- Das Fass wurde vor 50 Jahren zum ersten Mal mit Sherry gefüllt. Es können also nach dem Solera-System noch Spuren davon enthalten sein.

Da es keinen Jahrgangs-Sherry gibt, hat Sherry immer eine gleichbleibende Qualität und Geschmacksrichtung. Geschmacksrichtungen bei Sherry:
- Fino: aus der weißen Palominotraube, trocken, hellgolden, mit feinstem Mandelaroma und zurückhaltender Säure.
- Manzanilla: eine trockene und leichte Art des Fino, der nahe der Küste in Sanlúcar de Barrameda hergestellt wird.
- Amontillado: ein meist halbtrockenener, bernsteinfarbener Sherry mit leichtem Haselnussaroma.
- Oloroso („der Wohlriechende"): Mit intensivem Nussaroma, kräftig, vollmundig und trocken.
- Pale Cream: blasser, milder, lieblicher Sherry.
- Cream: mild, die süße Variante des Oloroso.

Sherry wird in tulpenförmigen Kelchen, sogenannten Copitas, serviert. Trockene Sherry-Arten werden leicht gekühlt als Aperitif oder zu Vorspeisen, lieblichere bis süße Geschmacksrichtungen temperiert als Digestif getrunken.

Beratung und Verkauf im Restaurant

Konzentrierte Likörweine (überwiegend süß)

- **Trockenbeeren** ausgezogen durch
  - Most, z. B. Malaga hell (Spanien)
  - Wein, z. B. Samos (Griechenland)
- **Most** eingedickt,
  z. B. Marsala (Italien), Malaga dunkel (Spanien)

Trockene Likörweine (wenig Zucker)

nach kurzer Gärung durch hohen Alkoholzusatz stumm gemacht (→ jahrelange Lagerung möglich)
- **Trockenbeerenmost und Alkohol,**
  z. B. Sherry (Spanien), Portwein, Madeira (Portugal)
- **Normalmost und Alkohol,** z. B. Tarragona (Spanien)
- **Wein und Alkohol,** z. B. Wermut-Grundwein

1. Nennen Sie gesetzliche Bestimmungen für Likörwein in der EU.
2. Zu welchen Speisen empfehlen Sie trockenen Sherry, süßen Portwein und Pineau de Charentes?

1. Solera-System

Malaga ist ein Likörwein aus dem Gebiet um Malaga in Spanien. Die Beeren werden auf Strohmatten ausgelegt und getrocknet. Zu ihrem Most werden Mostkonzentrate, Alkohol, alte Malagaweine und karamellisierte Zuckerlösung zugefügt. Gute Sorten werden nach dem Solera-Verfahren hergestellt. Malaga-Likörweine gibt es überwiegend in süßer Geschmacksrichtung; trockenere Malaga-Likörweine sind z. B. Pajarete, Semi dulce oder Blanco seco.
- Muscatel: Dieser Malaga-Typ wird nur aus Muskatellertrauben hergestellt. Er hat ein intensives, fruchtiges Muskateller-Bukett. Je nach Alter reicht seine Farbe von Goldgelb bis Goldbraun.
- Pedro Ximenez: Dieser Malaga-Typ aus der nördlichen Zone des Malaga-Anbaus wird hauptsächlich aus der Pedro-Ximenez-Traube hergestellt. Er hat eine dunkle, sirupartige Farbe und einen leicht bittersüßen Nachgeschmack.

Pineau des Charentes: Dieser französische Likörwein aus dem Cognac-Gebiet ist eine Mischung aus Weinmost und Cognac. Laut Vorschrift darf nur der zuerst gepresste Saft mit einem Mindestzuckergehalt von 180 g pro Liter verwendet werden. Nach Zugabe des Cognac ist eine zweijährige Reifezeit in Eichenfässern üblich. Der Wein wird gekühlt, jedoch nicht eiskalt, eventuell mit Zugabe eines Spritzers Zitronensaft zu Süßspeisen getrunken.

Samos/Mavrodaphne: Dies sind griechische Likörweine. Samos wird auf der gleichnamigen Insel aus der Muskatellertraube gewonnen. Mavrodaphne ist ein aromatisch süßer Wein von intensiv roter Farbe aus der Mavrodaphne-Rebe, „Mavrud" genannt.

Portwein (Port) kommt aus den Douro-Tälern Nord-Portugals. Sowohl die weißen als auch die roten Portweine können trocken bis sehr süß sein. Meist sind jedoch die weißen Portweine die trockenen, die als Aperitif geeignet sind, während die roten halbsüßen bis süßen Sorten als Dessertweine Verwendung finden:
- White Port (weiß): Aus weißen Trauben; meist sehr trocken und alkoholreicher als roter Port,
- Red oder Ruby Port (rot/rubin): Junger Portwein mit sehr dunkler Farbe; fruchtig und meist süßlich,
- Tawny Port (lohfarben): Heller und älter als Ruby Port, halbtrocken oder süß; der vielfältigste unter den Portweinen,
- Vintage Port oder Novidadce: Besonders gute Jahrgänge werden nach zwei Jahren auf Flaschen abgezogen und altern dort (15 bis 30 Jahre) weiter. Er muss dekantiert werden.

Madeira von der portugiesischen Insel. Madeira gibt es in den Geschmacksrichtungen:
- Sercial: sehr trocken; als Aperitif geeignet
- Verdelho: trocken, weicher, runder, etwas rauchig
- Boal: würziges, reiches Aroma
- Malvasier: dickflüssig, samtig und süß

Marsala ist ein sizilianischer, überwiegend zum Dessert gereichter Wein. Geschmacksrichtungen sind
- Marsala fino: voller Geschmack, leicht bitter
- Marsala superiore: voller Geschmack, süß
- Marsala vergine: bernsteingelb, klar, mit spezieller, wohlriechender Blume; im Geschmack samtartig, voll
- Marsala speziale: durch Zusätze, z. B. von Bananen, Nüssen usw. aromatisiert

Getränkekunde II – alkoholische Getränke

1. Herstellung einer kalten Ente

2.5 Weinhaltige und weinähnliche Getränke

Weinhaltige und weinähnliche Getränke sind alkoholische Getränke, die dem Gesetz unterliegen. Dazu zählen nicht sonstige hergestellte Bowlen, Punsche usw.

Weinhaltige Getränke
Sie unterliegen dem Weingesetz und sind unter Verwendung von Wein, Perlwein, Likörwein sowie Schaumwein oder Grundwein, auch vermischt miteinander, hergestellte alkoholhaltige Getränke.
- Der Weinanteil der genannten Erzeugnisse muss mehr als 50 % betragen.
- Das fertige Getränk darf höchstens 20 Vol.-% Alkohol enthalten.
- Eine Gärung darf bei der Herstellung nicht stattgefunden haben.
- Der Druck bei 2 °C darf 2,5 bar nicht überschreiten.

Kalte Ente darf sich ein weinhaltiges Getränk nennen, wenn es hergestellt wird durch Vermischen von Wein, Perlwein oder Perlwein mit zugesetzter Kohlensäure und Schaumwein oder Schaumwein mit zugesetzter Kohlensäure sowie natürlichen Zitronenbestandteilen oder deren Auszügen, die geschmacklich deutlich wahrnehmbar sein müssen. Der Anteil des Schaumweins oder Schaumweins mit zugesetzter Kohlensäure muss mindestens 25 % betragen.

Schorle darf sich ein weinhaltiges Getränk nennen, das durch Vermischen von Wein, Perlwein oder Perlwein mit zugesetzter Kohlensäure mit kohlensäurehaltigem Wasser hergestellt wird.

Wein-Aperitif darf sich ein weinhaltiges Getränk nennen, wenn es mindestens zu 70 % aus Wein oder Schaumwein, auch in Vermischung miteinander, besteht.

Glühwein darf sich ein weinhaltiges Getränk nennen, wenn es ausschließlich aus Rot- oder Weißwein, Zucker und würzenden Stoffen hergestellt ist. Ist Weißwein verwendet worden, so ist die Verkehrsbezeichnung „Glühwein" um die Worte „aus Weißwein" zu ergänzen.

Maiwein darf sich ein weinhaltiges Getränk nennen, das aus Wein unter Zusatz von Waldmeister (Asperula odorata) oder dessen Auszügen so hergestellt ist, dass der Waldmeistergeschmack deutlich wahrnehmbar ist.

Weinähnliche Getränke
Weinähnliche Getränke sind alkoholische Getränke, die wie Wein, jedoch nicht aus Weintrauben hergestellt werden. Es werden zwei Arten unterschieden:
- Obstweine, z. B. Apfel- oder Birnenwein,
- Beerenweine, z. B. Johannisbeer-, Erdbeer-, Stachelbeerwein.

Weinähnliche Getränke müssen neben dem Wortstamm „-Wein" mit dem Namen der verwendeten Frucht bezeichnet werden.

Wissen Sie Bescheid?
1. Erklären Sie den Begriff Likörwein.
2. Mit welchen Erzeugnissen wird Most bzw. Wein je nach Herstellungsmethode vermischt, um Likörweine herzustellen?
3. Beschreiben Sie das Solera-System bei der Sherry-Herstellung.
4. Nennen Sie die Mindestreifezeit für Sherry der Geschmacksrichtungen Fino und Manzanilla.
5. Ein Gast wünscht einen Sherry von 2005. Können Sie diesen Wunsch erfüllen? Begründen Sie Ihre Antwort.
6. Erklären Sie die Geschmacksrichtungen Fino, Manzanilla und Oloroso.
7. Aus welchen Ländern stammen die Likörweine Malaga, Pineau des Charentes, Marsala und Samos?
8. Welchen Likörwein würden Sie Ihren Gästen zu folgenden Speisen empfehlen: Rehpastete – Apfelbeignets – Melone?
9. Ihr Kollege behauptet: „White Port ist immer sehr süß!" Ist diese Aussage richtig?
10. Welchem Gesetz unterliegen weinhaltige Getränke?
11. Nennen Sie Zutaten für weinhaltige Getränke.
12. Erklären Sie die weinhaltigen Getränke Schorle, Wein-Aperitif und Maiwein.
13. Aus welchen Rohstoffen können weinähnliche Getränke hergestellt werden?
14. Wodurch unterscheiden sich weinähnliche Getränke von Wein?

> **Zur Geschichte des Schaumweins**
>
> Der Beginn der Schaumweinherstellung liegt im Dunkeln. Dokumentarisch nachgewiesen ist, dass die Mönche der Abtei Saint-Hilaire in Südfrankreich bereits 1531 Schaumweine herstellten. Sie verwendeten dabei die „méthode rurale" (ländliche Methode), bei der der Wein vor Beendigung der ersten Gärung in Flaschen abgefüllt wird, sodass die Gärung in der Flasche weitergeht.
> Diese Methode wird auch heute noch zur Herstellung von Schaumweinen wie „Asti spumante", „Blanquette de Limoux", „Clairette de Die" und „Aromatischem Qualitätsschaumwein" angewandt.
>
> Erst über 100 Jahre später wurde in der Champagne in der Abtei Hautvillers von Dom Perignon mit der Herstellung von Champagner im heutigen Sinne begonnen. Dabei wird dem Wein eine Mischung aus Hefe und Zucker zugesetzt. Dieser Zusatz führt zu einer zweiten Gärung, die unter Verschluss vollzogen wird, sodass die dabei entstehende Kohlensäure nicht entweichen kann. Die zugegebene Zuckermenge muss dabei genau dosiert werden, um zu verhindern, dass sich zu viel Kohlensäure bildet.
> Durch unkontrollierte Gärabläufe „explodierten" zunächst viele Flaschen. Erst die 1836 von François entdeckte Methode der Zuckermessung ermöglichte die genaue Bestimmung der Zuckermenge, die für die zweite Gärung zugesetzt werden muss.
> Bis zum Jahr 1919 (Versailler Vertrag) durfte man den schäumenden Wein bei uns ebenso wie in Frankreich „Champagner" nennen; danach wurde dieser Begriff von Frankreich gesetzlich geschützt.
> In Deutschland kam der Begriff Schaumwein auf, bis 1925 im Weingesetz dafür die Bezeichnung „Sekt" bedeutungsgleich eingeführt wurde. Das Weingesetz von 1971 trennte beides in die Begriffe Schaumwein und Qualitätsschaumwein (Sekt). Der Begriff Sekt ist auch in den EU-Staaten sowie in Drittländern erlaubt, wenn die Bedingungen für Qualitätsschaumwein erfüllt sind.

2.6 Schaumwein

Laut EU-Richtlinien wird Schaumwein folgendermaßen definiert:
Schaumwein ist ein Erzeugnis, das gewonnen wird durch erste oder zweite alkoholische Gärung von
- zur Gewinnung von Wein geeigneten frischen Weintrauben,
- zur Gewinnung von Wein geeignetem Traubenmost,
- zur Gewinnung von Wein geeignetem Wein,
- Wein,
- Qualitätswein b. A. oder
- eingeführtem Wein.

Schaumwein muß mindestens 3,0 bar bei 20 °C aufweisen, mindestens 9,5 Vol.-% Alkohol besitzen und braucht keine Anforderungen über Herstellungsdauer und Lagerung auf der Hefe zu erfüllen.

Aromatischer Qualitätsschaumwein

Aromatischer Qualitätsschaumwein darf nur aus Most, zum Teil vergoren (kein Wein), folgender Rebsorten hergestellt werden: Huxelrebe, Gewürztraminer, Perle, Scheurebe, Müller-Thurgau. Er muss mindestens 10 Vol.-% Gesamtalkoholgehalt und 3 bar Überdruck aufweisen, eine Herstellungsdauer von mindestens einem Monat haben und darf keine Versanddosage erhalten.
Aromatischer Qualitätsschaumwein darf nicht als Sekt bezeichnet werden, da er die Anforderungen dafür nicht erfüllt.

Qualitätsschaumwein bzw. Sekt

Der Begriff Sekt kann nur für einen Qualitätsschaumwein verwendet werden. Qualitätsschaumwein darf nur aus Wein hergestellt werden.
Die Kohlensäure muss ausschließlich in der zweiten Gärung entstanden sein und der Überdruck mindestens 3,5 bar bei 20 °C betragen (3,0 bar bis 25 cl Inhalt). Der Alkoholgehalt muss mindestens 10 Vol.-% betragen und die vorgegebenen Lager- und Reifezeiten müssen eingehalten werden (Herstellungsverfahren, → 318).

Zusätzliche mögliche Angaben
- Deutscher Sekt: Wenn die Trauben aus Deutschland stammen und die Herstellung in Deutschland erfolgt.
- Qualitätsschaumwein b.A. oder Sekt b.A.: Wenn die Grundweine zu 100 % aus einem Anbaugebiet stammen. Eine Prüfnummer ist erforderlich.
- Jahrgangs- und/oder Rebsortenangabe ist erlaubt, wenn sie zu 85 % zutrifft.
- Winzersekt muss aus selbst erzeugten Trauben bzw. Grundweinen eines Weinbaubetriebes bzw. deren Genossenschaft hergestellt werden. Lohnversektung ist möglich.
- Diabetikerschaumwein darf höchstens enthalten:
  – 4 g/l Glukose und keine Saccharose,
  – 40 g/l Fructose,
  – 12 Vol.-% vorhandenen Alkohol.
- Crémant: Bezeichnung für Qualitätsschaumwein/-sekt b.A. (z. B. Crémant Baden) – Voraussetzung: traditionelle Flaschengärung, Lagerung auf der Hefe neun Monate, Zuckergehalt unter 50 g/l.

Getränkekunde II – alkoholische Getränke

2.6.1 Herstellung von Schaumwein

Bereitung der Cuvée (Verschnitt): Die Cuvée ist der Traubenmost, der Wein oder die Mischung von Traubenmosten oder Weinen, die zur Herstellung eines Schaumweines bestimmt sind. Dieser Verschnitt, auch aus verschiedenen Jahrgängen, ist die Grundlage zur Herstellung von Schaumwein. Von dieser Zusammenstellung sind Qualität und Geschmack des Endproduktes abhängig.

Einleiten der Gärung durch die Fülldosage: Nach dem Zusammenstellen der Cuvée wird eine Mischung aus Hefe und Saccharose (Zucker 20 g bis 25 g/l), Traubenmostkonzentrat oder Wein, die sogenannte Fülldosage, zugegeben. Sie bringt die Cuvée zur Gärung. Die Gärung zum Zweck der Schaumweinherstellung darf nur in Flaschen oder druckfesten Großraumbehältern erfolgen. Durch die Gärung (zweite alkoholische Gärung) erhöht sich der Alkoholanteil um ca. 1,5 Vol.-%.

Herstellungsdauer: Je nach Herstellungsverfahren ist eine gesetzliche Herstellungsdauer vorgeschrieben. Die vorgeschriebene Herstellungsdauer beinhaltet die Alterung im Herstellungsbetrieb. Darin ist die Zeit der vorgeschriebenen Lagerung auf der Hefe enthalten.

Enthefen des Schaumweins: Je nach Herstellungsverfahren (→ 318) wird der Schaumwein von der Hefe getrennt.

Zugabe der Versanddosage: Nach dem Enthefen kann dem durchgegorenen Schaumwein eine Dosage zur Süßung zugesetzt werden. Diese wird aus Saccharose, Traubenmostkonzentrat, Wein oder Weindestillat hergestellt. Die Angabe der Süßegrade ist auf dem Etikett verpflichtend vorgeschrieben. Dabei dürfen nur Begriffe verwendet werden, die der Verbraucher versteht. Für Deutschland wird davon ausgegangen, dass außer den deutschen auch die französischen und englischen Begriffe verständlich sind. Bei der Bezeichnung eines aromatischen Qualitätsschaumweines kann die Geschmacksangabe durch die Angabe des Restzuckergehaltes in Gramm pro Liter ersetzt werden.

Verschließen der Flasche: Die Flaschen müssen mit einem pilzförmigen Stopfen aus Kork oder anderem für Lebensmittel zugelassenem Material und einer Haltevorrichtung (z. B. Versandbügel mit Drahtschleife) verschlossen werden. Bei Flaschen bis 0,2 l sind auch Kronkorken oder Andrehverschlüsse zugelassen.

Qualitätsprüfung: Abgefüllter inländischer Schaumwein kann auf Antrag als Qualitätsschaumwein überprüft werden und eine Prüfnummer erhalten.

1. Erklären Sie folgende Begriffe aus der Schaumweinherstellung: Cuvée, Fülldosage, Rütteln, Degorgieren, Versanddosage.
2. Schildern Sie die Schaumweinherstellung in Stichworten.

2.6.2 Verfahren der Schaumweinherstellung

Um Schaumwein herzustellen, gibt es die Großraumgärung, die Flaschengärung (Transvasierverfahren) und die Flaschengärung nach dem traditionellen Verfahren (Méthode Champenoise), auch bezeichnet als Traditionelles Verfahren. Die Bezeichnung „Méthode Champenoise" ist für deutschen Schaumwein nicht mehr erlaubt.

Großraumgärung

Sie findet in Tanks von 200 000 und mehr Litern Fassungsvermögen statt und wird überwiegend bei der Herstellung preiswerter Schaumweine angewandt.

Herstellungsdauer: Sie muss von Beginn der Gärung an mindestens sechs Monate betragen; davon 90 Tage auf der Hefe in Tanks ohne und 30 Tage in Tanks mit Rühreinrichtung. Filtern, Zugabe von Versanddosage (Süßung) und Abfüllen schließen das Verfahren ab.

Flaschengärung (Transvasierverfahren)

Die Gärung erfolgt in der Flasche. Nach der Gärung und Lagerzeit auf der Hefe werden die Flaschen geöffnet und, um den Verlust der Kohlensäure zu vermeiden, in einen unter Gegendruck stehenden Behälter entleert. Nach Zugabe der Versanddosage (Süßung) werden die Hefebestandteile über Filter abgeschieden, der Sekt auf Flaschen gefüllt (Umfüllen = Transvasieren), verkorkt und gelagert.

Herstellungsdauer: Wird in der Etikettierung eines Qualitätsschaumweines die Angabe „Flaschengärung" verwendet, ist eine Herstellungsdauer, einschließlich der Alterung im Herstellungsbetrieb, vom Beginn der Gärung an von mindestens neun Monaten vorgeschrieben. Die Lagerung auf der Hefe muss mindestens 90 Tage betragen.

Flaschengärung nach dem traditionellen Verfahren
(Méthode Champenoise)

Die mit Fülldosage versehene Cuvée wird auf Flaschen gefüllt. Die Flaschen werden verkorkt und liegend gestapelt. Die Gärung setzt ein. Nach beendeter Gärung hat sich der Hefetrub am Flaschenbauch abgesetzt.

Rütteln: Danach werden die Flaschen in Rüttelpulte oder Gyropaletten (maschineller Nachfolger des Rüttelpults) eingesetzt. Durch tägliches Rütteln (kurzes Drehen) – wobei der Flaschenboden jeweils weiter angehoben wird – setzt sich der Hefetrub am Flaschenhals fest.

Degorgieren: Darunter versteht man das Entfernen des Hefepfropfens im Flaschenhals. Dabei wird der Flaschenhals schockgefroren. Danach wird der Korken entfernt. Der jetzt gefrorene Hefepfropfen wird durch den Kohlensäuredruck herausgepresst. Die Zugabe von Versanddosage (Süßung) sowie das Verkorken schließen das Verfahren ab.

Herstellungsdauer: Sie muss von Beginn der Gärung an neun Monate betragen. Dabei ist eine gesetzliche neunmonatige Lagerung auf der Hefe vorgeschrieben.

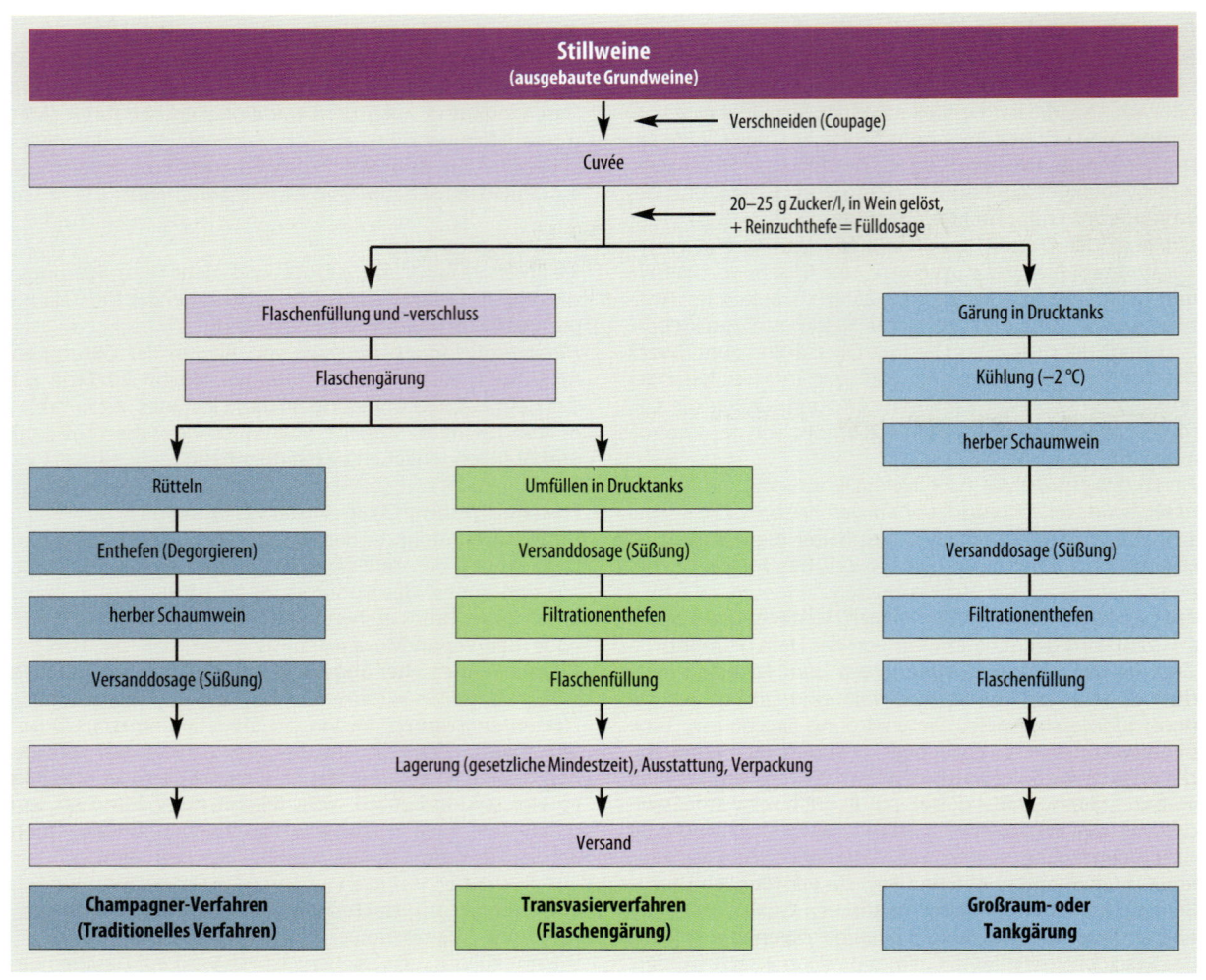

Herstellungsverfahren für Schaumweine

Stillweine (ausgebaute Grundweine)
↓ ← Verschneiden (Coupage)

Cuvée
↓ ← 20–25 g Zucker/l, in Wein gelöst, + Reinzuchthefe = Fülldosage

Drei Verfahren:

Champagner-Verfahren (Traditionelles Verfahren):
- Flaschenfüllung und -verschluss
- Flaschengärung
- Rütteln
- Enthefen (Degorgieren)
- herber Schaumwein
- Versanddosage (Süßung)

Transvasierverfahren (Flaschengärung):
- Flaschenfüllung und -verschluss
- Flaschengärung
- Umfüllen in Drucktanks
- Versanddosage (Süßung)
- Filtrationenthefen
- Flaschenfüllung

Großraum- oder Tankgärung:
- Gärung in Drucktanks
- Kühlung (–2 °C)
- herber Schaumwein
- Versanddosage (Süßung)
- Filtrationenthefen
- Flaschenfüllung

↓
Lagerung (gesetzliche Mindestzeit), Ausstattung, Verpackung
↓
Versand

1. Herstellungsverfahren für Schaumweine

2. Rüttler bei der Arbeit

Geschmacksangabe	Restzuckergehalt
naturherb, brut nature dosage cero	0 bis 3 g/l, Zuckerzugabe nach Gärung verboten
extra herb, extra brut oder extra bruto	0 bis 6 g/l
herb oder brut, bruto	weniger als 12 g/l
extra trocken, tres sec, extra dry	12 bis 17 g/l
trocken, sec, dry, secco	17 bis 32 g/l
halbtrocken, demi sec, medium dry, semi secco	32 bis 50 g/l
mild, doux, sweet, dolce	mehr als 50 g/l

3. Süßgrade nach der Schaumweinverordnung

Getränkekunde II – alkoholische Getränke

Schaumweine dürfen nur in Glasflaschen abgefüllt, angeboten und in den Verkehr gebracht werden. Dazu dürfen nur nachstehend aufgeführte Flaschengrößen verwendet werden:

- 0,125 l
- 0,20 l
- 0,375 l
- 0,75 l
- 1,50 l (Magnum)
- 3,00 l (Doppelmagnum oder Jerobéam)
- 4,50 l (Rehobéam)
- 6,00 l (Methusalem oder Impériale)
- 9,00 l (Salmanasar)

Als Schauflaschen

- 12,00 l (Balthasar)
- 15,00 l (Nebukadnezar)

1. Flaschengrößen – Nennfüllmengen, Flaschenformen und -größen für Schaumwein

2.6.3 Champagner

Champagner (französische Bezeichnung „Champagne") ist Qualitätsschaumwein aus dem französischen Weinbaugebiet Champagne, der nach der Méthode Champenoise (Traditionelle Flaschengärung) hergestellt wird und folgende Bedingungen erfüllen muss:

- Die Grundweine müssen aus der Champagne stammen, der Schaumwein in der Champagne produziert werden.
- Die Produktionsbedingungen (Rebschnitt, Höchstertrag) müssen eingehalten werden.
- Die Reifung muss mindestens 15 Monate unter CO_2-Druck betragen haben, davon zwölf Monate auf der Hefe.

Zur Herstellung werden als Mischsatz meistens drei Rebsorten verwendet: zwei rote Rebsorten, Pinot noir (Spätburgunder), Pinot meunier (Müller-Rebe, auch Schwarzriesling genannt), und die weiße Rebsorte Chardonnay.

Champagner gibt es auch als folgende Spezialitäten:
- Blanc de blancs aus der weißen Rebsorte Chardonnay,
- Blanc de noirs, weißer Champagner aus blauen Rebsorten,
- Millésimés, Champagner mit Jahresangabe, für den eine Mindestlagerzeit von drei Jahren vorgeschrieben ist.

Bekannte Champagner-Firmen sind Bollinger, Heidsiek, Charles und Monopole, Möet et Chandon, Pommery & Greno, Taittinger, Veuve Clicquout.
(Servieren von Schaumwein, → 327)

2.6.4 Lagerung von Schaumwein

Schaumwein ist nach dem gesetzlich vorgeschriebenen Verbleib auf Gär- und Reifelägern in den Herstellungsbetrieben auf dem Höhepunkt seiner Entwicklung und zum alsbaldigen Verbrauch bestimmt. Je nach Qualität beginnt nach etwa drei Jahren der Alterungsprozess, der sich in Firne (dunklere Farbe) und Nachlassen des Perlens ausdrückt. Schaumwein soll trocken, dunkel und kühl (10 °C bis 15 °C) gelagert werden; Flaschen mit Naturkork liegend, Flaschen mit anderen Verschlüssen auch stehend.

Wissen Sie Bescheid?

1. Seit wann wird Schaumwein nach heutigen Methoden bewusst in zweiter Gärung hergestellt?
2. Erklären Sie den gesetzlichen Unterschied zwischen Schaumwein und Qualitätsschaumwein.
3. Welche zusätzlichen Anforderungen werden an Winzersekt und Diabetikerschaumwein gestellt?
4. Begründen Sie, warum eine Schaumweinherstellung aus einer Cuvée von Wein ohne Zucker- und Hefezugabe nicht möglich ist.
5. Beschreiben Sie die unterschiedlichen Verfahren der Schaumweinherstellung.
6. Wodurch unterscheidet sich im Süßegrad trockner Wein von trockenem Sekt?
7. Zählen Sie die Rebsorten auf, die zur Herstellung von Champagner benötigt werden.

1. Destillationsanlage

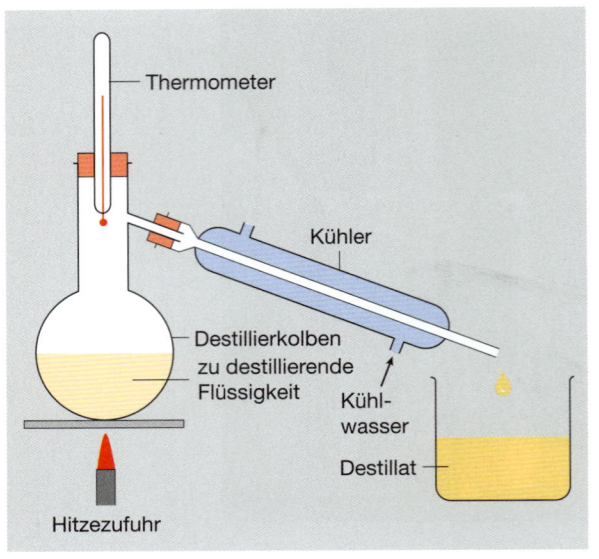

2. Prinzip der Destillation

2.7 Spirituosen

Spirituosen sind Genussmittel. Der Alkoholgehalt wird in Volumenprozent (Vol.-%) ausgedrückt. Dieser Wert gibt an, wie viel Milliliter reinen Alkohols in 100 ml enthalten sind. Als Spirituose gilt die alkoholische Flüssigkeit, die zum menschlichen Verbrauch bestimmt ist, besondere, vor allem geschmackliche Eigenschaften aufweist (kein Fremdgeschmack) und einen Mindestalkoholgehalt von 15 Vol.-% hat (Ausnahme: Eierlikör mindestens 14 Vol.-%). Die Spirituose muss gewonnen werden
- im Wesentlichen durch Destillieren mit oder ohne Zusatz von Aromastoffen aus natürlichen, vergorenen Erzeugnissen
- oder durch Mischung einer Spirituose mit
  - einer oder mehreren anderen Spirituosen,
  - Ethanol (Alkohol) landwirtschaftlichen Ursprungs (der Mindestalkoholgehalt beträgt 96 Vol.-%), Destillat landwirtschaftlichen Ursprungs oder Brand,
  - einem oder mehreren alkoholischen Getränken,
  - einem oder mehreren Getränken.

2.7.1 Spirituosenherstellung

Die Destillation
Aus den vorgenannten Rohstoffen wird durch alkoholische Gärung (→ 288) eine alkoholhaltige Flüssigkeit hergestellt. Da auf diese Weise jedoch nicht mehr als 15 Vol.-% Alkohol erzeugt werden können, müssen zur Erzielung höherer Alkoholgehalte alkoholhaltige Flüssigkeiten destilliert werden.

Das Prinzip der Destillation beruht auf unterschiedlichen Verdampfungstemperaturen der einzelnen Bestandteile der Flüssigkeit. Wasser siedet bei ca. 100 °C, Alkohol bei ca. 78 °C, Aromastoffe sind bei etwas mehr als 78 °C flüchtig. Wird eine alkoholhaltige Flüssigkeit auf ca. 80 °C erhitzt, werden Alkohol und Aromastoffe gasförmig und steigen auf. Die gasförmigen Stoffe werden aufgefangen und durch Abkühlung wieder verflüssigt. Das Ergebnis (Destillat) ist der Raubrand. Wiederholte Destillation heißt Rektifikation.

Raubrand enthält noch Methanol aus dem Vorlauf, da Methanol bei 64 °C verdunstet, Ethanol, den einzig trinkfähigen Alkohol, sowie Fuselöle (Amylalkohol) aus dem Nachlauf, die bei ca. 85 °C bis 95 °C verdunsten.

Feinbrand: Beim zweiten Brennvorgang werden Vor- und Nachlauf vom Mittellauf (Herzstück) abgetrennt. Die Alkoholkonzentration des Herzstückes liegt bei ca. 70 Vol.-%. Der Geschmack ist rein und angenehm.

Ethanol (Alkohol) landwirtschaftlichen Ursprungs: Durch viele nacheinandergeschaltete Destillationsvorgänge (Kolonnenverfahren, Rektifikation) wird der Mindestalkoholgehalt auf über 96 Vol.-% konzentriert (Sprit). Ausgangsprodukte sind überwiegend Kartoffeln und Getreide.

1. Erklären Sie, weshalb alkoholhaltige Flüssigkeiten mit über 15 Vol.-% Alkohol destilliert werden müssen.
2. Beschreiben Sie das Prinzip der Destillation.
3. Welche Mindestanforderungen werden in Bezug auf Geschmack und Mindestalkoholgehalt an Spirituosen gestellt?

Getränkekunde II – alkoholische Getränke

Rohstoffe

stärkehaltige Rohstoffe
z. B. Getreide, Kartoffeln, Topinambur

zuckerhaltige Rohstoffe
z. B. Zuckerrohr, Melasse, Obst

alkoholhaltige Rohstoffe
z. B. vergorener Obstmost, Wein

Bearbeitungsverfahren

Verkleisterung
→ Verkleisterung der Stärke durch Heißdampf

Verzuckerung
→ Verzuckerung der Stärke durch Enzyme (wie bei Bierherstellung)

Gärung
→ Gärung durch Kultur- bzw. Reinzuchthefe

alkoholhaltige Flüssigkeit

Destillation (Alkoholabtrennung)

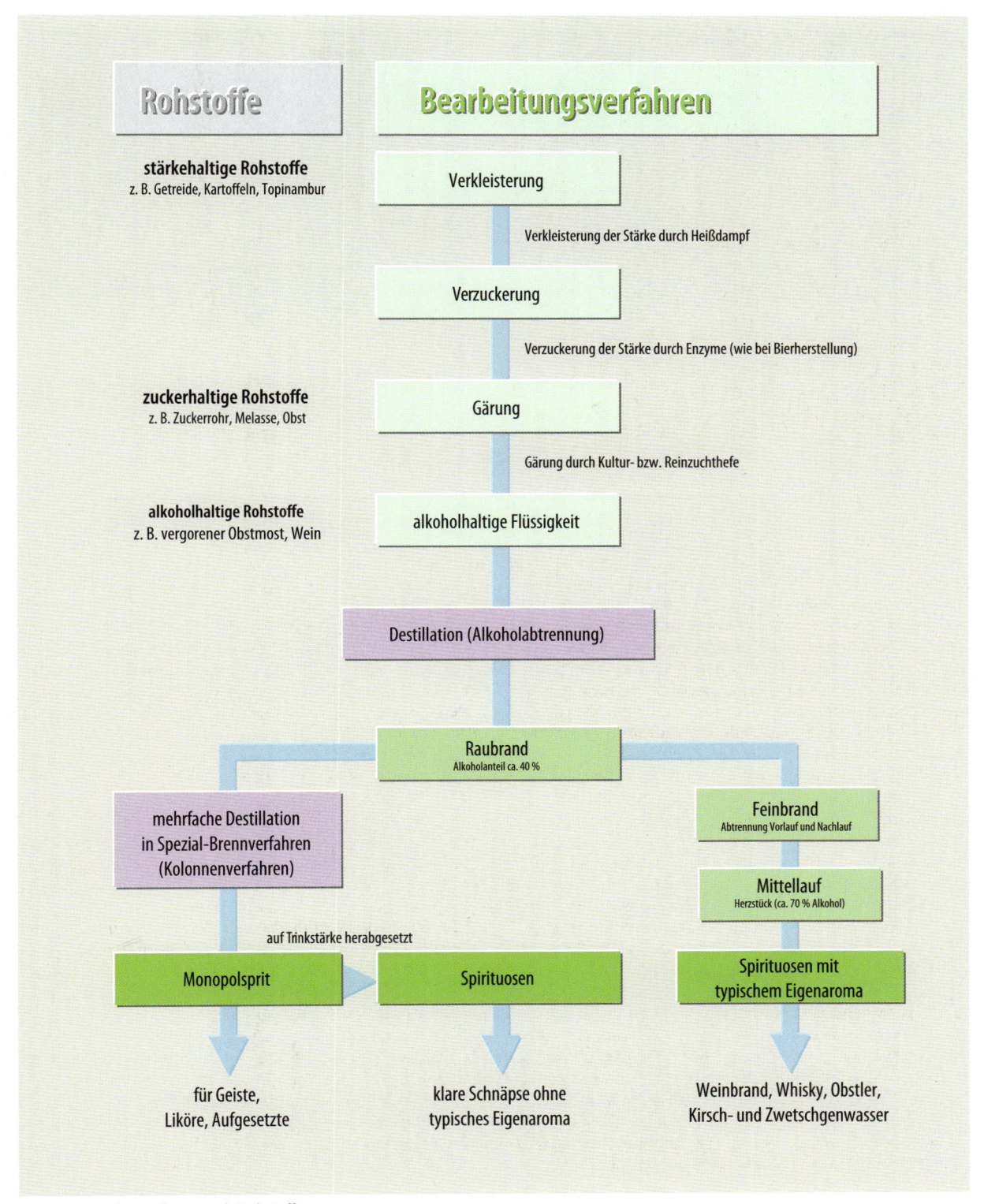

Raubrand
Alkoholanteil ca. 40 %

- **mehrfache Destillation in Spezial-Brennverfahren (Kolonnenverfahren)**
  - auf Trinkstärke herabgesetzt
  - **Monopolsprit** → für Geiste, Liköre, Aufgesetzte
  - **Spirituosen** → klare Schnäpse ohne typisches Eigenaroma

- **Feinbrand**
  Abtrennung Vorlauf und Nachlauf
  - **Mittellauf**
    Herzstück (ca. 70 % Alkohol)
  - **Spirituosen mit typischem Eigenaroma** → Weinbrand, Whisky, Obstler, Kirsch- und Zwetschgenwasser

1. Spirituosenherstellung nach Rohstoffen

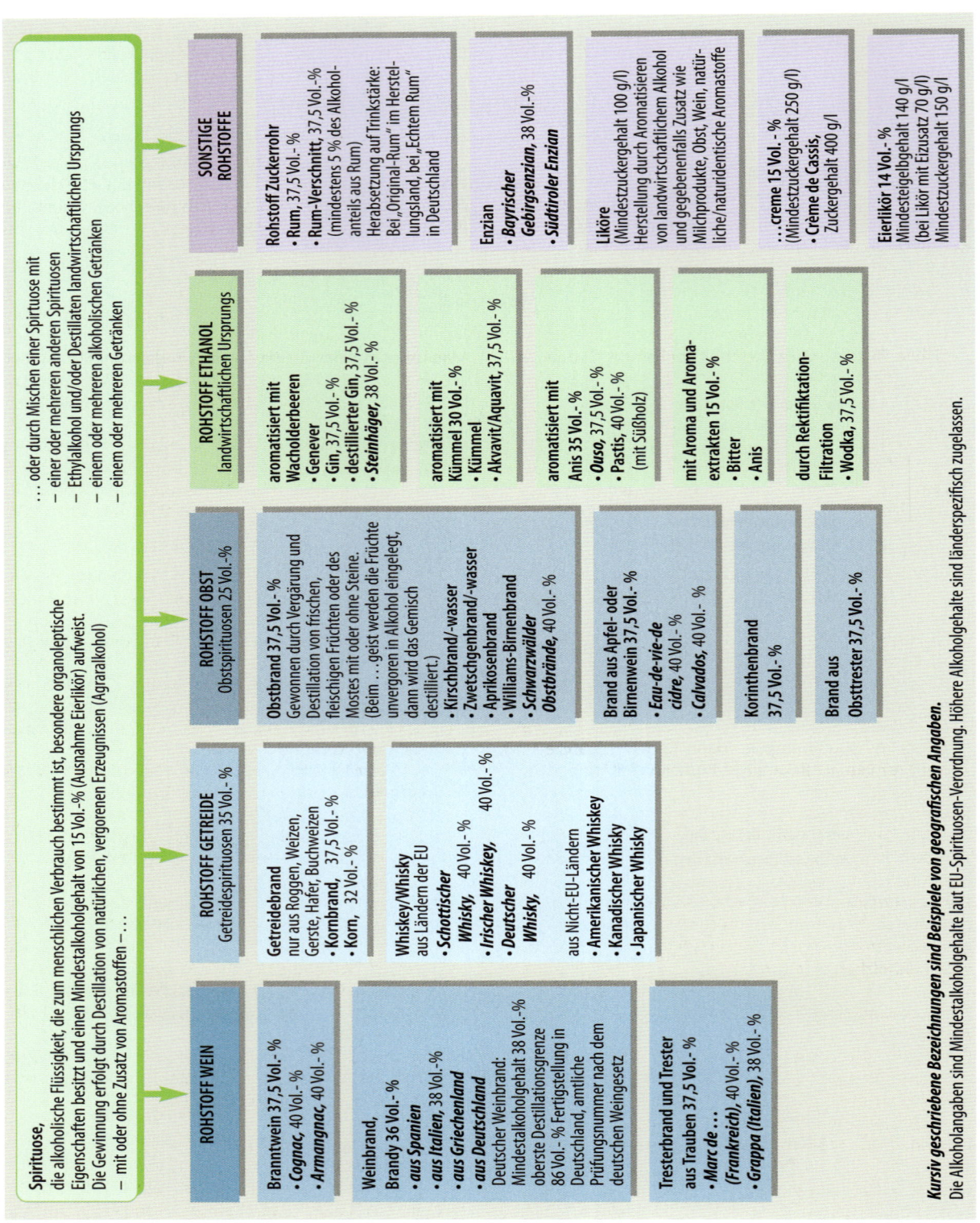

Spirituose,
die alkoholische Flüssigkeit, die zum menschlichen Verbrauch bestimmt ist, besondere organoleptische Eigenschaften besitzt und einen Mindestalkoholgehalt von 15 Vol.-% (Ausnahme Eierlikör) aufweist.
Die Gewinnung erfolgt durch Destillation von natürlichen, vergorenen Erzeugnissen (Agraralkohol)
– mit oder ohne Zusatz von Aromastoffen – …

… oder durch Mischen einer Spirituose mit
– einer oder mehreren anderen Spirituosen
– Ethylalkohol und/oder Destillaten landwirtschaftlichen Ursprungs
– einem oder mehreren alkoholischen Getränken
– einem oder mehreren Getränken

ROHSTOFF WEIN

Branntwein 37,5 Vol.-%
- *Cognac*, 40 Vol.-%
- *Armagnac*, 40 Vol.-%

Weinbrand, Brandy 36 Vol.-%
- *aus Spanien*
- *aus Italien*, 38 Vol.-%
- *aus Griechenland*
- *aus Deutschland*
Deutscher Weinbrand: Mindestalkoholgehalt 38 Vol.-% oberste Destillationsgrenze 86 Vol.-% Fertigstellung in Deutschland, amtliche Prüfungsnummer nach dem deutschen Weingesetz

Tresterbrand und Trester aus Trauben 37,5 Vol.-%
- *Marc de …* *(Frankreich)*, 40 Vol.-%
- *Grappa (Italien)*, 38 Vol.-%

ROHSTOFF GETREIDE
Getreidespirituosen 35 Vol.-%

Getreidebrand nur aus Roggen, Weizen, Gerste, Hafer, Buchweizen
- **Kornbrand**, 37,5 Vol.-%
- **Korn**, 32 Vol.-%

Whiskey/Whisky aus Ländern der EU
- *Schottischer Whisky*, 40 Vol.-%
- *Irischer Whiskey*, 40 Vol.-%
- *Deutscher Whisky*, 40 Vol.-%

aus Nicht-EU-Ländern
- *Amerikanischer Whiskey*
- *Kanadischer Whisky*
- *Japanischer Whisky*

ROHSTOFF OBST
Obstspirituosen 25 Vol.-%

Obstbrand 37,5 Vol.-%
Gewonnen durch Vergärung und Destillation von frischen, fleischigen Früchten oder des Mostes mit oder ohne Steine.
(Beim …geist werden die Früchte unvergoren in Alkohol eingelegt, dann wird das Gemisch destilliert.)
- *Kirschbrand/-wasser*
- *Zwetschgenbrand/-wasser*
- *Aprikosenbrand*
- *Williams-Birnenbrand*
- *Schwarzwälder Obstbrände*, 40 Vol.-%

Brand aus Apfel- oder Birnenwein 37,5 Vol.-%
- *Eau-de-vie-de cidre*, 40 Vol.-%
- *Calvados*, 40 Vol.-%

Korinthenbrand 37,5 Vol.-%

Brand aus Obsttrester 37,5 Vol.-%

ROHSTOFF ETHANOL
landwirtschaftlichen Ursprungs

aromatisiert mit Wacholderbeeren
- *Genever*
- **Gin**, 37,5 Vol.-%
- **destillierter Gin**, 37,5 Vol.-%
- *Steinhäger*, 38 Vol.-%

aromatisiert mit Kümmel 30 Vol.-%
- *Kümmel*
- **Akvavit/Aquavit**, 37,5 Vol.-%

aromatisiert mit Anis 35 Vol.-%
- *Ouzo*, 37,5 Vol.-%
- *Pastis*, 40 Vol.-% (mit Süßholz)

mit Aroma und Aromaextrakten 15 Vol.-%
- *Bitter*
- *Anis*

durch Rektifikation-Filtration
- **Wodka**, 37,5 Vol.-%

SONSTIGE ROHSTOFFE

Rohstoff Zuckerrohr
- **Rum**, 37,5 Vol.-%
- **Rum-Verschnitt**, 37,5 Vol.-% (mindestens 5 % des Alkoholanteils aus Rum)
Herabsetzung auf Trinkstärke: Bei „Original-Rum" im Herstellungsland, bei „Echtem Rum" in Deutschland

Enzian
- *Bayrischer Gebirgsenzian*, 38 Vol.-%
- *Südtiroler Enzian*

Liköre (Mindestzuckergehalt 100 g/l)
Herstellung durch Aromatisieren von landwirtschaftlichem Alkohol und gegebenenfalls Zusatz wie Milchprodukte, Obst, Wein, natürliche/naturidentische Aromastoffe

…creme 15 Vol.-% (Mindestzuckergehalt 250 g/l)
- *Crème de Cassis*, Zuckergehalt 400 g/l

Eierlikör 14 Vol.-%
Mindesteigelbgehalt 140 g/l (bei Likör mit Eizusatz 70 g/l) Mindestzuckergehalt 150 g/l

Kursiv geschriebene Bezeichnungen sind Beispiele von geografischen Angaben.
Die Alkoholangaben sind Mindestalkoholgehalte laut EU-Spirituosen-Verordnung. Höhere Alkoholgehalte sind länderspezifisch zugelassen.

1. Begriffsbestimmungen für Spirituosen nach der EU-Spirituosen-Verordnung

2.7.2 Einteilung der Spirituosen nach Rohstoffen

Je nach Rohstoff werden die Spirituosen in verschiedene Gruppen unterteilt.

2.7.2.1 Wein (Trester bzw. Korinthen) als Rohstoff

Branntwein
Branntwein darf ausschließlich durch Destillieren von Wein oder Brennwein oder durch erneutes Destillieren eines Weindestillates gewonnen werden. Dabei muss das gewonnene Destillat weniger als 86 Vol.-% Ethanol enthalten. Bekannt sind Cognac oder Armagnac.
- **Cognac** ist ein Branntwein aus den Départements Charente und Charente Maritime. Durch das Mitbrennen der Hefe auf offenem Feuer und Lagerung in Limousin-Eichen-Fässern sowie Verschnitt bekommt Cognac seinen typischen Geschmack. Er stammt aus den sechs Bereichen Grande Champagne, Petite Champagne, Borderies, Fins Bois, Bons Bois und Bois ordinaires. Eine Mischung aus Grande Champagne (mindestens 50 %) und Petite Champagne wird als „Fine Champagne" bezeichnet. Alterbezeichnungen, die sich auf die Fassreife beziehen:
  - **VS**, ******* (drei Sterne): Das jüngste Destillat der Mischung ist 30 Monate alt.
  - **VO** und **VSOP** (very superior old pale = vorzüglich, alt, hell): Das jüngste Destillat der Mischung ist viereinhalb Jahre alt.
  - **Extra**, **XO**, **Napoléon** und **Grande Réserve** sind Bezeichnungen für sehr alte Destillate.
- **Armagnac** ist ein Branntwein aus der Gascogne, der aus den gleichen Rebsorten wie Cognac hergestellt wird. Armagnac wird nur einmal gebrannt. Das beste Gebiet ist Bas Armagnac, dann folgen Ténarèze und Haut Armagnac. Bekannt ist Pruneaux à l'Armagnac.

Weinbrand/Brandy
Weinbrand/Brandy wird aus Branntwein mit oder ohne Weindestillat, das zu weniger als 94,5 Vol.-% destilliert ist, gewonnen.
Zur Geschmacksabrundung und Farbgebung dürfen Auszüge aus getrockneten Pflaumen, grünen Walnüssen oder getrockneten Mandelschalen zugegeben werden. Er muss in Eichenholzbehältern mindestens ein Jahr reifen.

Tresterbrand oder Trester (Marc, Grappa, Tsikoudria, Bacageira, Eau de vie de vin)
Er wird aus vergorenem Traubentrester (Rückstände ausgepresster Trauben) entweder unmittelbar durch Wasserdampf oder durch Zusatz von Wasser gewonnen, wobei die Destillation unter Beigabe des Tresters zu einem Destillat mit höchstens 86 Vol.-% Alkoholgehalt führen darf.

Korinthenbrand oder Raisin Brandy
Er wird durch Gärung des Extraktes aus getrockneten Beeren der Reben „Schwarze Korinth" oder „Malaga Muskat" und anschließender Destillation gewonnen.

2.7.2.2 Getreide als Rohstoff
Getreidebrände werden in der EU aus Roggen, Weizen, Gerste, Hafer oder Buchweizen hergestellt; in Nicht-EU-Ländern auch aus Mais und Reis.

Korn
Eine Spirituose, die als Korn oder Kornbrand bezeichnet wird, kann aus mehreren der genannten Getreidearten hergestellt werden. Wird eine Getreidebezeichnung im Namen verwendet (z. B. Weizenkorn), darf er nur aus dieser Getreideart hergestellt sein.

Whisky/Whiskey
Die unterschiedliche Schreibweise wurde vor etwa 80 Jahren von den Herstellern vereinbart.
Man unterscheidet Whisky/ey aus Ländern der EU: irischen Whiskey, schottischen und deutschen Whisky; sowie aus Nicht-EU-Ländern: amerikanischen Whiskey, japanischen und kanadischen Whisky.
- **Irischer Whiskey:** In Deutschland meist bekannt als Mischung aus „Malt-Whiskey" und „Grain-Whiskey". Durch seinen milden Geschmack und sein angenehmes Malzaroma ist er sehr gut geeignet für Mischgetränke, vor allem für Irish-Coffee.
- **Schottischer Whisky:**
  - Malt-Whisky hat einen typisch rauchigen Geschmack, der durch Torfrauch beim Darren der Gerste erzielt wird.
  - Grain-Whisky ist meist ohne Rauchgeschmack und mild.
  - Blended-Scotch-Whisky (Blending): Darunter versteht man, dass bis zu 50 verschiedene Malt- und Grain-Whiskys zu einer gewünschten Geschmacksrichtung vermischt werden.
- **Deutscher Whisky:** Schottischer Malt-Whisky wird mit Kornfeindestillaten in Deutschland vermischt.
- **Amerikanischer Whiskey:**
  - American Blended Whiskey: mindestens 20 % Straight-Whiskey-Anteil sowie neutraler Sprit und Wasser.
  - Straight Bourbon: Lagerzeit mindestens zwei Jahre (für die EU drei Jahre), Maisanteil mindestens 51 %.
  - Blended Straight Bourbon: eine Mischung aus verschiedenen Straight-Bourbon-Whiskeys.
  - Blended Bourbon: mindestens 51 % Straight-Bourbon-Whiskey sowie neutraler Getreidesprit und Wasser.
- **Kanadischer Whisky:** Er wird überwiegend aus Roggen hergestellt und ist im Geschmack weitgehend neutral; Malzaroma und Rauchgeschmack fehlen.

Bekannte Whisky/ey-Marken
- Irish Whiskey: Old Bushmills, Tullamore
- Scotch-Whisky: Chivas Regal, VAT 69, White Horse
- Canadian Whisky: Canadian Club, Schenley's, Corby's
- Straight-Bourbon-Whiskey: Old Grand-Dad, Four Roses

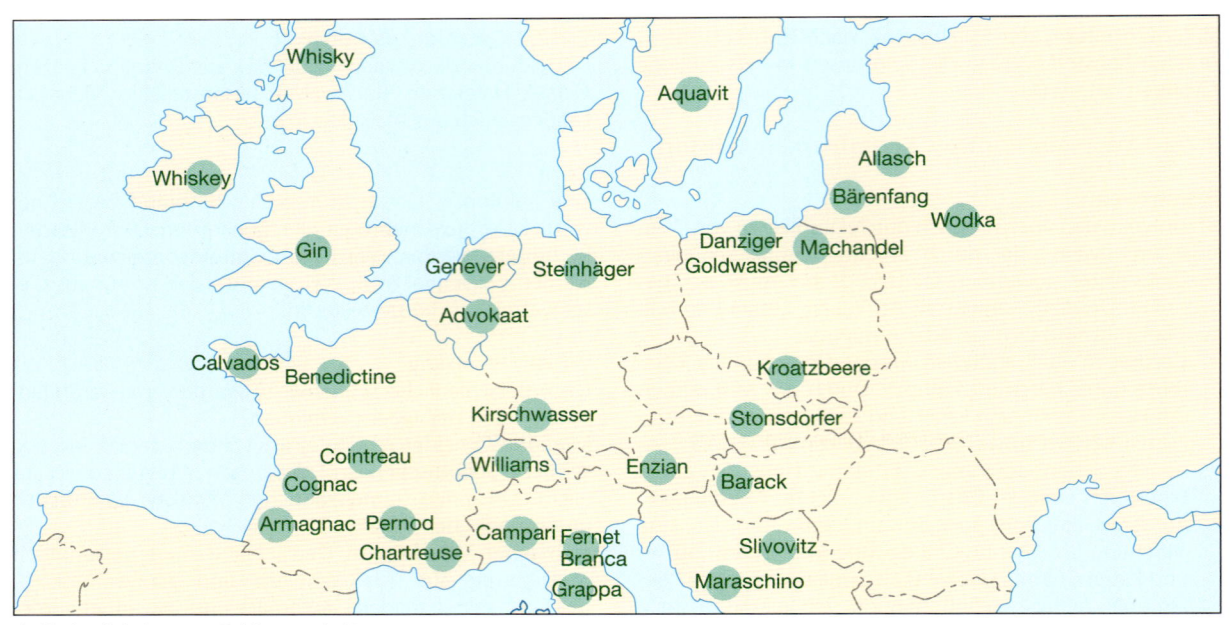

1. Herkunft bekannter Spirituosen in Europa

2.7.3 Obst als Rohstoff

Brände aus Obst unterscheiden sich in ihrer Herstellung. Bei Obstwasser werden frische, fleischige Früchte mit oder ohne Stein oder frischer Most vergoren und anschließend destilliert. Obstgeist wird durch Einmaischen ganzer, nicht vergorener Früchte in Ethanol und anschließendes Destillieren gewonnen. In den zugesetzten Alkohol gehen dabei die Aromastoffe der Früchte über.

- **Obstler** ist ein Obstbrand aus Äpfeln und/oder Birnen oder deren Säften. Bei der Verwendung von einer Frucht darf der Name der Frucht, z. B. Apfelbrand, genannt werden.
- **Kirschwasser** wird ausschließlich aus Kirschen hergestellt. „Schwarzwälder Kirschwasser" muss aus dem Schwarzwald (oder Vorland) stammen und dort verarbeitet werden.
- **Zwetschgenwasser** wird ausschließlich aus zerquetschten, reifen und vergorenen Pflaumen oder Zwetschgen hergestellt. Kerne sind für das typische Aroma mitbestimmend.
- **Himbeergeist:** Frische Himbeeren werden mit Alkohol angesetzt. Dabei gehen die Duft- und Geschmackstoffe in den Alkohol über. Danach wird destilliert.
- **Calvados** ist eine geschützte Bezeichnung für in der Normandie, der Bretagne und im Gebiet der Maine hergestellten Brand aus Cidre (Apfelwein). Seine goldgelbe Farbe erhält er durch mehrjährige Lagerung in Eichenholzfässern. Qualitativ unterscheidet man den gewöhnlichen „reglementierten" Calvados (Appelation règlementé) sowie die Spitzenqualität aus dem Cidre-des-Auge-Tal „Calvados du Pays d'Auge".

2.7.4 Spirituosen aus Ethanol landwirtschaftlichen Ursprungs

Aromatisiert mit Wacholder

- **Gin** wird überwiegend in England hergestellt. Der Wacholderbeergeschmack muss bei diesem Getränk vorherrschend sein. Getrunken wird Gin meistens in Mischungen von Longdrinks und ist Hauptzutat für viele weltbekannte Cocktails (z. B. Martini-Cocktail).
- **Genever (Jenever, Genievre oder Peket)** wird überwiegend in Holland hergestellt. In Holland unterscheidet man den aromatischen „ouide" (alten) und den weniger aromatischen „jonge" (jungen) Genever.

Aromatisiert mit Kümmel

Akvavit/Aquavit ist als Bezeichnung für eine Spirituose zulässig, wenn die Aromatisierung mit einem Gewürz oder Kräuterdestillat vorgenommen wurde. Andere Aromastoffe können zusätzlich verwendet werden, wobei jedoch der wesentliche Teil des Aromas aus der Destillation von Kümmelsamen und/oder Dillsamen stammen muss. Besonders Dänemark ist bekannt für die Herstellung.

Aromatisiert mit Anis

Pastis oder **Ouzo** sind zwei bekannte Spirituosen, die mit natürlichen Extrakten von Sternanis, Anis, Fenchel oder anderen Pflanzen aromatisiert werden. Pastis enthält außerdem natürliche Extrakte aus Süßholz.

Pastis und Ouzo werden meist temperiert, pur, nach dem Essen oder mit Eiswasser gemischt als Aperitif getrunken.

Getränkekunde II – alkoholische Getränke

Frucht	Sorten
Kirsche	Kirschsaftlikör, Cherrybrandy
Brombeere	Blackberry, Kroatzbeere
Johannisbeere	Cassis
Maraskakirsche	Maraschino
Pommeranze	Curaçao, Cointreau
Birne	Bergamotte
Aprikose	Apricotbrandy

1. Fruchtsaftliköre (oben), Fruchtaromaliköre (unten)

Pflanzenteile	Drogen
Kräuter	Artemise-Arten, Bitterklee, Melisse, Pfefferminze, Salbei, Rosmarin, Thymian, Ysop
Wurzeln	Alant, Angelika, Arnika, Enzian, Ingwer, Kalmus, Rhabarber, Zitwer
Samen und Früchte	Anis, Fenchel, Wacholder
Rinde	Angostura, Chinarinde, Zimt

2. Gewinnung der bekanntesten Drogen

Wissen Sie Bescheid?

1. Erklären Sie den Begriff Spirituose.
2. In welche verschiedenen Hauptgruppen werden die Spirituosen unterteilt?
3. Beschreiben Sie das Prinzip der Destillation.
4. Wie müssen stärkehaltige Rohstoffe vorbehandelt werden, damit sie sich zur Destillation eignen?
5. Ordnen Sie folgenden Ländern jeweils eine bekannte Spirituose zu: Schottland, England, Dänemark, Deutschland, Griechenland.
6. Beschreiben Sie die Cognac-Herstellung und nennen Sie Mindestlagerzeiten und Bezeichnungen für Cognac.
7. Geben Sie jeweils eine Spirituose aus Ethanol landwirtschaftlichen Ursprungs an, die mit Wacholder, Kümmel oder Anis aromatisiert wird.
8. Erklären Sie gastgerecht den Unterschied zwischen Birnenwasser und Birnengeist.

2.7.5 Liköre

Darunter versteht man Spirituosen, die einen Mindestzuckergehalt, ausgedrückt als Invertzucker, von 100 g/l aufweisen, durch Aromatisieren von Ethanol oder eines Destillats landwirtschaftlichen Ursprungs oder einer Mischung der genannten gesüßten Erzeugnisse bestehen und denen gegebenenfalls Erzeugnisse landwirtschaftlichen Ursprungs wie Rahm, Milch oder Milcherzeugnisse, Obst, Wein sowie aromatisierter Wein beigegeben werden.

- **Fruchtsaftliköre** müssen als geschmacksbestimmenden Anteil den Saft (mindestens 20 %) derjenigen Fruchtart enthalten, nach der der Likör benannt ist. Zusatz weiterer Fruchtsäfte sowie Branntwein, Brandy, Rum, Kirsch oder Whiskey ist erlaubt.
- **Fruchtaromaliköre** erhalten ihren Geschmack aus Früchten oder Fruchtauszügen (Destillaten), nach denen sie benannt sind. Mit Ausnahme von Vanillin sind künstliche Aromastoffe nicht erlaubt.
- **Fruchtbrandys** (wie Cherrybrandy) sind Fruchtsaft- und Fruchtaromaliköre mit einem Zusatz von mindestens 5 % Obstbrand. Der Obstbrand muss aus der namensgebenden Frucht hergestellt sein.
- **Kräuter-, Gewürz-, Bitterliköre** werden mit Auszügen aus Pflanzenteilen (Drogen) hergestellt. Die verwendeten Drogen werden auf verschiedene Art gewonnen:
  - Mazeration (Kaltauszug): Drogen werden mit hochprozentigem Sprit angesetzt und extrahiert.
  - Digestion (Heißauszug): Die Ansatzstoffe werden durch Heißauszug schneller gelöst.
  - Perkolation: Die zerkleinerten Rohstoffe werden mit Sprit angesetzt. Während der mit Extraktstoffen gesättigte Alkohol langsam nach unten abfließt, wird gleichzeitig von oben Alkohol zugegeben.

  Bekannte Liköre dieser Art sind:
  - Kräuterliköre: Bénédictine, Chartreuse, Kartäuser
  - Gewürzliköre: Anis (Anisette), Kümmel (Allasch), Pfefferminzlikör, Rosmarinlikör (Aqua d'oro)
  - Bitterliköre (aus Kräutern, Gewürzen und Rinden): Jägermeister, Escorial, Campari
- **Emulsionsliköre** werden durch Mischen geschmacksgebender Zutaten mit dem bereits vorgefertigten Grundlikör aus Alkohol und Zucker hergestellt und mit Zutaten wie Eier, Sahne, Milch, Schokolade bei der Herstellung homogenisiert und emulgiert.
- **Sonstige Liköre** können in keine der vorangegangenen Gruppen eingereiht werden. Zu ihnen zählen z. B. Vanille-, Honig- und Whiskey-Likör.

2.7.6 Spirituosen aus sonstigen Rohstoffen

- **Rum** ist eine Spirituose aus einem Destillat aus Zuckerrohrsaft bzw. Zuckerrohrmelasse oder -sirup.
  - „Echter Rum" wird in Deutschland auf Trinkstärke herabgesetzt.
  - „Original-Rum" wird im Herstellungsland fertiggestellt.
  - „Rum-Verschnitt" muss mindestens 5 % des Alkoholanteils aus Rum enthalten (Rest ist Monopolsprit).
- **Enzian** wird aus einem Enziandestillat durch Gärung von Enzianwurzeln mit oder ohne Zusatz von Ethanol landwirtschaftlichen Ursprungs hergestellt. Im Handel ist er meist nur mit ca. 5 % reinem Enziandestillatanteil.

KLEINES SPIRITUOSEN-ABC

Abricotine: süßer Aprikosenlikör aus Frankreich, gut geeignet zum Mixen.

Acqua Bianca: Likör aus Italien, mit Bergamottegeschmack, enthält kleinste Silberplättchen.

Angostura-Aromatik-Bitter: hergestellt aus Ethanol, Auszügen aus Chinarinde, Enzianwurzel, Zimt, Pomeranzenschale, Kardamom usw.; zum Aromatisieren von Getränken.

Arrak: Am bekanntesten ist der Batavia-Arrak aus Java, hergestellt aus Zuckerrohr und Reis. Arrak-Verschnitt muss mindestens 10 % des Alkoholanteils aus Arrak enthalten; Verwendung in der Konditorei und für Schwedenpunsch.

Barack Palinka: Ungarns Nationalschnaps, aus Aprikosen destilliert.

Bénédictine: französischer Kräuterlikör; die drei Buchstaben „D.O.M." sind Abkürzungen für das lateinische „Deo optimo maximum" (Gott dem Größten, Besten). Das Rezept gehört seit Jahrhunderten zu den bestgehüteten Geheimnissen.

Cacao, Crème de cacao: weißer oder brauner Likör mit Kakaogeschmack, pur trinkbar oder zum Mixen verwendbar.

Calisay: Magenlikör mit Chinarindengeschmack aus Katalonien.

Cassis: aus schwarzen Johannisbeeren, Crème de Cassis (Johannisbeerlikör), Sirop des Cassis (Johannisbeersirup); alle Arten vielseitig zum Mixen verwendbar.

Certosa: italienischer Kräuterlikör, der dem Chartreuse ähnelt.

Chartreuse: Kräuterlikör von etwa 130 Kräutern und Pflanzen aus dem Kloster Chartreuse in Frankreich.

Chartreuse grün: verdauungsfördernd,
Chartreuse gelb: zart und samtig im Geschmack.

Cherry Heering: stark aromatisierter Kirschlikör, gut zum Mixen geeignet.

Curaçao: Gattungsbezeichnung, die nichts über die Herkunft des Getränks aussagt. Das Getränk besitzt ein dem Orangenlikör ähnliches, feines Aroma, einen leicht bitter-süßen Geschmack. Herstellung aus den getrockneten Schalen unreifer Pomeranzen. Alkoholreichere Sorten werden auch mit den Zusatzbezeichnungen sec (trocken), tripple sec (dreifach trocken) versehen. Weißer Curaçao wird pur getrunken, die gefärbten Sorten werden zum Mixen verwendet.

Cointreau: Herstellung auf Curaçao-Basis.

Dranbuie: Likör aus altem Scotch-Whisky, Kräutern, Gewürzen und Heidehonig.

Eiskümmel: Kümmellikör mit Zuckerkruste in der Flasche.

Ettaler Klosterlikör: Kräuterlikör grün und gelb aus dem Benediktiner-Kloster Ettal.

Fernet Branca: Magenbitter aus Italien.

Fraisa: Erdbeerlikör aus Frankreich.

Grand Marnier: französischer Likör, zu dessen Herstellung die Schalen bitterer Haiti-Orangen verwendet werden und dessen Alkoholgehalt von Branntwein (Cognac) stammt.

Half om Half: holländischer Likör aus Curaçao und Orangebitter.

Irish Mist: irischer Likör aus Tullamore-Dew-Whiskey, Heidehonig und pflanzlichen Extrakten.

Kahlua: mexikanischer Kaffeelikör (auch in Lizenz in Europa hergestellt).

Krambambuli: Danziger Gewürzlikör; seine Farbe verdankt er einer kräftigen Heidelbeertinktur.

Lakka: finnischer Multebeerenlikör.

Menthe, Crème de Menthe: Pfefferminzlikör weiß und grün, gut zum Mixen geeignet.

Millefiori: („1 000 Blumen") süßer italienischer Kräuterlikör mit einem Zweig im Flascheninnern, an dem sich Zuckerkristalle bilden.

Nalewka: polnischer Kirschgewürzlikör.

Ojen: anisgewürzte, spanische Spirituose.

Parfait Amour: lilafarbener, nach Zimt schmeckender Likör, zum Mixen und Färben von Cocktails.

Pecco, Crème de Pecco: holländischer Teelikör.

Persiko: italienischer Likör mit Extrakt aus bitteren Mandeln und Pfirsichkernen.

Pruneau: französischer Pflaumengeist.

Raki: türkische Spirituose aus Trauben oder Rosinenwein, mit Anissamen destilliert.

Tequila: Spirituose aus dem Saft der blaugrünen Magueypflanze, einer Agavenart; getrunken wird Tequila mit Salz und Zitrone.

Tia Maria: aus Kaffee-Extrakt, Zuckerrohrsaft, tropischen Kräutern und Vanille hergestellter Likör aus Jamaica.

Tcuika: rumänischer Pflaumenschnaps.

3 Getränkeservice: Wein und Schaumwein in Flaschen

3.1 Servieren von Weiß- und Rotwein in Flaschen sowie Schaumwein

Weiß- und Rotwein

Nachdem die Bestellung aufgenommen wurde und die passenden Gläser eingesetzt wurden oder schon vorhanden waren, wird die Flasche mit einer Serviette auf dem Unterarm getragen – Rotwein auch in einem Korb oder einer Weinzange liegend – zum Tisch der Gäste gebracht.

Bereitstellung am Beistelltisch:
2 Ablageteller, 1 Handserviette, 1 Papierserviette, 2 kleine Teller (1-mal für Korken, 1-mal für Kapselreste), 1 Kühler, 1 Kellnerbesteck, 1 Probierglas. Zusätzlich kann für Rotwein eine Manschette bereitgelegt werden, um ein Abtropfen zu verhindern.

Arbeitsschritte	Begründung
Dem Besteller die Flasche präsentieren, dabei das Etikett für den Besteller lesbar sein soll, und die Bestellung wiederholen	Der Besteller kann sich von der Richtigkeit der Bestellung überzeugen
Flasche auf Beistelltisch stellen, Etikett in Richtung Besteller. Auf oder unterhalb des Flaschenhalswulstes die Flaschenkapsel großzügig entfernen.	Ein leichteres Reinigen des Flaschenmundes möglich; eventueller Fremdgeschmack durch Folie wird vermieden
Flaschenhals säubern.	Entfernen von eventuellen Ablagerungen
Den Korkenzieher eindrehen, den Korken dabei nicht durchbohren und den Korken geräuschlos herausziehen (kein „Plopp").	Durch das Durchbohren können Korkkrümel in den Wein fallen. Durch schnelles Herausziehen („Plopp") können ebenfalls Korkenkrümel in die Flasche gesaugt werden
Korken diskret auf Geruch prüfen, mit einer Serviette vom Kellnerbesteck abdrehen und dem Besteller auf einem Teller präsentieren.	Geruchsprüfung auf Fremdgeruch (z. B. Kork)
Flaschenmund mit einer Papierserviette reinigen.	Zum Entfernen eventueller Ablagerungen und Korkkrümel
Den Besteller fragen, ob er verkosten möchte (er hat als Alternative die Möglichkeit, andere Gäste am Tisch oder die Servierkraft zu bitten, den Wein zu verkosten)	• Wenn ja, Probeschluck eingießen, • Wenn nein, nach Weisung des Bestellers verfahren
Wenn der Wein als in Ordnung befunden wurde, nach den Regeln der vorgegebenen Reihenfolge (→ 130) eingießen	
Weißwein in Kühler einsetzen, bei Rotwein in Flaschen ausschließlich Thermokühler benutzen	Bei Weinkühlern mit Eis würde die Temperatur des Rotweins zu stark absinken

Schaumwein

Der Schaumweinservice unterscheidet sich vom Weinservice in Flaschen dadurch, dass das Öffnen der Flaschen durch den hohen Druck von mindestens 3 bar Gefahren in sich birgt.

Bereitstellung am Beistelltisch:
2 Servietten, 2 kleine Teller, 1 Glas, 1 Kühler, 1 Sektbrecher, falls die Drahtschlaufe nicht bricht, 1 Sektzange zum Lockern festsitzender Naturkorken.

Arbeitsschritte	Begründung
Dem Besteller die Flasche präsentieren, dabei soll das Etikett für den Besteller lesbar sein, und die Bestellung wiederholen	Besteller kann sich von der Richtigkeit der Bestellung überzeugen
Die Flasche auf den Beistelltisch stellen und die Folie über dem Korken entfernen	Um die Agraffe besser zu erkennen
Die Flasche am Hals festhalten und den Korken mit dem Daumen absichern. Dabei die Flasche schräg und niemals in Richtung einer Person halten. Durch Auf- und Abbewegen der Drahtschlaufe den Draht abbrechen und entfernen, dabei den Daumen nicht vom Kork lösen	Wenn der Korken nicht mit dem Daumen abgesichert wird, besteht die Möglichkeit, dass er unkontrolliert aus dem Flaschenhals herausschießt und Personen verletzt
Den Korken mit der andern Hand und einer Serviette festhalten, den Daumen der anderen Hand vom Korken lösen, damit die Flasche umfassen und diese drehen, um den Korken zu lösen	Durch das Absichern mit Hand und Serviette wird ein eventuelles Herausspritzen des Schaumweins vermieden; durch das Drehen der Flasche und nicht des Korkens, entsteht ein größerer Drehmoment
Service wie bei Weiß- und Rotwein	

1. Falsche und richtige Körperhaltung beim Einschenken

3.2 Einschenken von Wein und Schaumwein

Körperhaltung beim Einschenken
Um den Gast beim Einschenken so wenig wie möglich zu „belästigen", ist es wichtig, die richtige Körperhaltung einzunehmen:
- Von rechts einschenken.
- Rechtes Bein nach vorne, das linke Bein am Boden stehen lassen – keinesfalls anheben.
- Den linken Handrücken auf die linke Gesäßseite legen; dadurch ist der störende linke Arm aus dem Weg und ein besseres Gleichgewicht des Körpers gewährleistet.

Halten der Flasche
Je nach Größe und Dicke der Flasche sowie Größe der eigenen Hand muss das Servierpersonal herausfinden, welches Halten der Flasche die jeweils beste und sicherste ist. Eine Serviette kann zu Hilfe genommen werden, wobei das Hauptetikett nicht verdeckt werden darf, es muss stets zum Gast zeigen.
- Schlegelflaschen: Handinnenfläche auf Rückenetikett, Zeigefinger Richtung Flaschenhals.
- Sektflaschen: Sie sind meist bauchiger und können wie Schlegelflaschen gehalten werden oder wenn sich eine große Höhlung (Kuhle) im Flaschenboden befindet, mit dem Daumen der rechten Hand in dieser Höhlung.

Einschenken aus Flaschen
Dabei ist Folgendes zu beachten:
- Das Getränk soll in das Glas fließen, nicht plätschern.
- Der Glasrand darf nicht berührt werden.
- Circa 0,1 l einschenken.
- Nach dem Einschenken die Flasche abdrehen, um ein Nachtropfen zu verhindern.
- Bei Rotwein kann das Glas auch mit der rechten Hand ausgehoben werden.

4 Tischreservierungen für das Restaurant

Tischreservierungen werden von den Gästen vor allem für das Mittag- und Abendessen vorgenommen. Anhand der eingegangenen Reservierungen ist ein vorhersehbarer Ablauf möglich. Die Vorbereitungen in Küche und Restaurant können darauf abgestimmt werden.
Die Einteilung des Personals für die Servierstationen, das Zusammenstellen und Eindecken der reservierten Tische, je nach Personenzahl, können im Voraus erfolgen.

Arten der Tischreservierung
- Telefonisch: eine der häufigsten Reservierungsarten
- Fax, EDV, SMS, mündlich

Benötigte Reservierungsunterlagen
Je nach Betrieb werden die Reservierungen in verschiedenen Reservierungsunterlagen festgehalten:
- Reservierungsbuch
- Tischplan des Restaurants, EDV

Annahme der Tischreservierung
Folgende Punkte müssen bei der Annahme einer Tischreservierung besprochen und festgehalten werden:
- Name des Bestellers (eventuell Art der Rechnungsstellung – Einzel- oder Gesamtrechnung)
- Datum (Tag), Uhrzeit
- Personenzahl
- Telefonnummer, bei Speisevorbestellung z. B. 8x Rehrücken, auch die Adresse

Besondere Wünsche werden oft von Gästen, die die Räumlichkeiten und das Personal kennen, geäußert. Dazu zählen bestimmte Tische, die sie bevorzugen, und bestimmtes Servierpersonal, das sie bedienen soll.

Eintrag und Bearbeitung der Reservierung
Umgehend nach der Annahme der Reservierung hat die Eintragung in das jeweilige Reservierungssystem endgültig zu erfolgen. Bei „zweifelhaften" Reservierungen ist ein höflicher Rückruf, der mit viel Taktgefühl erfolgen sollte, zur Absicherung als Bestätigung angebracht. Anschließend werden die Tischreservierungskarten des Tages mit Name, Personenzahl und Uhrzeit versehen.

Erstellen der Reservierungsliste
Für die jeweilige Tagesmahlzeit wird eine Reservierungsliste alphabetisch (eventuell nach Tischnummern) erstellt. Auf ihr sind Name, Personenzahl, Tischnummer, eventuell Zahlungsweise und Sonderwünsche angegeben.
Namen von Gästen, die in der **Gästekartei** geführt werden, werden besonders gekennzeichnet, damit sich das Servierpersonal über deren Vorlieben/Eigenheiten in der **Guest history** vorab informieren kann.

5 Gastgerechtes Erklären von Speisen

Um dieser Aufgabe gewachsen zu sein, muss die Servierbrigade das Angebot an Speisen und Getränken kennen. Wer das Angebot nicht kennt, kann nicht verkaufen. Als Grundlage dazu dient die tägliche Besprechung der Speisekarte, auch unter Rücksprache mit der Küche. Obwohl beim Schreiben der Speisekarte auf allgemein verständliche Formulierungen zu achten ist, ist mit Fragen des Gastes zum Speisenangebot zu rechnen. Dies sollte auf eine für Laien verständliche Art und Weise erklärt werden. Dabei sind Ausdrücke aus der Fachsprache zu vermeiden. Kenntnisse, die dazu benötigt werden, sind:

- Hauptsächliche Grundrohstoffe der Speise einschließlich Gewürze
- Beschaffenheit (mager/fett, zart/kernig, leicht/schwer, locker/fest usw.)
- Herstellungsprinzip (Zubereitung, Garungsart)
- Geschmack (mild/scharf, süß/säuerlich usw.)
- Kombinationsmöglichkeiten mit anderen Lebensmitteln, wie Beilagen, Zutaten und Getränken
- Ernährungsphysiologischer Wert
- Herkunft, Besonderheiten

FALLBEISPIEL: ANGEBOT AUF DER SPEISEKARTE

**Kasseler Rippenspeer in Biersoße
Fildersauerkraut und Kartoffelknödel**

Mögliche Fragen des Gastes	Abgefragte Kenntnisse	Gastgerechte Erklärung
„Was ist das, ein Kasseler Rippenspeer?"	Frage zum Grundstoff	„Das ist ein gepökelter (gesalzener) und geräucherter Schweinerücken."
„Ist es fett?"	Frage zur Beschaffenheit	„Das Rückenfleisch hat außen einen schmalen Fettrand, ist aber ansonsten sehr mager."
„Wie ist es zubereitet?"	Frage zur Garungsart	„Es wurde im Ganzen gebraten."
„Wie schmeckt es?"	Frage zum Geschmack	„Es ist ganz mild gepökelt, also leicht gesalzen mit einem angenehmen Räuchergeschmack."
„Was ist das, Fildersauerkraut?"	Frage zu Herkunft und Besonderheiten	„Filderkraut ist ein Spitzweißkohl, der auf den Fildern – so heißt eine Gegend bei Stuttgart – angebaut wird und ein sehr feines Sauerkraut ergibt."
„Sind die Knödel von rohen Kartoffeln?"	Frage zur Herstellung	„Die Knödel, die wir heute servieren, sind halb und halb, das heißt zur einen Hälfte aus gekochten Kartoffeln und zur anderen Hälfte aus frisch geriebenen, rohen Kartoffeln hergestellt."
„Ist es eine große Ernährungssünde, wenn ich das jetzt bestelle?"	Frage zum ernährungsphysiologischen Wert	„Es ist nicht gerade ein Diätgericht; aber es ist ausgewogen an Fett, Eiweiß und Kohlenhydraten und durch das Sauerkraut reich an Ballaststoffen und Vitaminen."
„Können Sie mir auch andere Beilagen empfehlen?"	Frage zur Kombination mit anderen Lebensmitteln	„Dazu kann ich Ihnen eine Salatplatte mit einer Portion Kartoffelsalat empfehlen; das Kasseler aber dann ohne Biersoße bestellen."

6 Reklamationen im Restaurant

Gästebeschwerden sind nie restlos auszuschließen. Der Gast, der sich beschwert, ist ein guter Gast, denn er steht noch in Kontakt mit dem Betrieb und ist uns dabei behilflich, eventuelle Missstände zu beheben. Bei Reklamationen geht es weniger um Recht oder Unrecht als um die Zufriedenstellung des Gastes. Eine Universallösung für die Behandlung von Reklamationen gibt es nicht; jede Reklamation muss nach den individuellen Gegebenheiten behandelt werden. Dazu sind langjährige Erfahrung, Fingerspitzengefühl und die Vollmacht des Hauses nötig, Ersatz anzubieten oder die reklamierten Speisen oder Getränke zurücknehmen zu können. Ein Gast, der reklamiert, befindet sich meist in einer agressiven Stimmung, die zum einen daher rührt, dass er mit der ihm erbrachten Leistung nicht zufrieden ist, zum anderen, dass er Bedenken hat, dass seine Reklamation nicht ernst genommen bzw. anerkannt wird. Er möchte nicht um sein Recht kämpfen müssen. Diese Bedenken sind ihm sofort zu nehmen.

Verhalten bei Reklamationen im Restaurant
Folgendes *Vorgehen ist zu empfehlen:*
Entschuldigen: Es ist selbstverständlich, sich beim Gast zu entschuldigen. Man entschuldigt sich für das Haus, es sei denn, die Reklamation betrifft eine persönliche Leistung.
Reklamationsgegenstand entfernen: Der Reklamationsgegenstand ist, falls noch vorhanden, sofort vom Tisch zu entfernen. Befindet sich ein Fremdkörper in der Speise (wie Haar, Fliege), so darf die Speise keinesfalls sofort in die Küche zurückgebracht werden. Sie ist in Sichtweite des Gastes zu platzieren, da sonst bei dem Gast der Verdacht entstehen könnte, der Fremdkörper würde lediglich entfernt werden.
Aufmerksam zuhören: Dem Gast, der seinen Unmut äußert, ist aufmerksam zuzuhören; man muss ihn ausreden lassen – dabei sind Offenheit und Interesse für sein Anliegen zu signalisieren. Persönliche und unsachliche Angriffe sollten nicht zur Kenntnis genommen werden.
Ausreden: Auf keinen Fall dürfen langatmige Erklärungen und Entschuldigungsgründe vorgebracht werden. Es interessiert den Gast nicht, ob der Küchenchef frei hat oder die Kühleinrichtung ausgefallen ist.
Regulieren: Es ist grundsätzlich Ersatz anzubieten. Wünscht der Gast keinen Ersatz, ist der Artikel von der Rechnung zu streichen. Besonders schwierig ist die Behandlung von Reklamationen, die erst nach dem Verzehr von Speisen oder Getränken vom Gast vorgebracht werden, da hier kein Ersatz mehr angeboten werden kann. Solche Gäste sollte man freundlich darauf hinweisen, dass sie doch – falls sie wieder einmal Grund zu einer Beanstandung hätten – dies sogleich sagen, damit die Angelegenheit sofort zu aller Zufriedenheit geregelt werden kann. Hier ist lediglich noch eine freundliche Geste des Hauses möglich (Kaffee, Cognac usw. kostenlos anzubieten).
Auswerten: Wichtig ist die Auswertung der Reklamation, um die Fehlerquelle umgehend aufzuspüren. Dazu gehört je nach Reklamation die Überprüfung der Ware, der Organisation, der Diensteinteilung und der Fähigkeit des für die Reklamation verantwortlichen Personals.

Berechtigte Reklamationen (Sachreklamationen)

- Technische Einrichtung (z.B. Fernseher, Minibar) auf dem Gästezimmer defekt
- keine Handtücher oder kein Bademantel im Bad
- mangelhafte Ware: zähes Fleisch, versalzene Suppe
- zu lange Wartezeiten
- warme Erfrischungsgetränke

Unberechtigte Reklamationen

Ihr Ursprung und die Gründe, die dazu führen, können vielfältig sein, z. B.:

- körperliche Gebrechen, Schmerzen, Unwohlsein
- schlechte Laune, Geltungssucht
- Unverschämtheit (Spekulation auf Preisreduzierung oder Preisnachlass)

Diese Art von Reklamationen sind vor allem dem ungeschulten Personal oft unverständlich und werden als Unrecht empfunden.

1. Typische Reklamationen in der Gastronomie

Klage einer Kommuniongesellschaft, deren Festessen mit 1 1/2-stündiger Verzögerung serviert wurde

Das Landgericht Karlsruhe entschied:
Wird in einem Restaurant für eine große Gesellschaft, der im Laufe des Tages mehrere Mahlzeiten geboten werden sollen, das Mittagessen 1 1/2 Stunden später als vereinbart serviert, so rechtfertigt dies eine Preisminderung von 30 Prozent. Die Festversammlung, eine 50-köpfige Kommuniongesellschaft, konnte nicht in ein anderes Lokal ausweichen. Außerdem war es für den Ablauf des Tages, für den auch Kaffeetrinken und Abendessen vorgesehen waren, besonders wichtig, dass es nicht bereits zu Beginn der Feier zu erheblichen Verzögerungen kam. Eine Verspätung von 1 1/2 Stunden stellt einen derart erheblichen Mangel dar, dass dem Gericht eine Herabsetzung des Preises für das Mittagessen um 30 Prozent angemessen erschien.

(Urteil vom 1993-05-12, 1 § 196/92)

7 Berechnungen (Materialien, Preise, Mischungsrechnen)

Für eine Sonderveranstaltung werden 126 Aperitifs mit je 5 cl vorbereitet.
a) Wie viele 0,7-l-Flaschen werden benötigt, wenn mit einem Schankverlust von 4 % gerechnet wird und eine Flasche 9,50 € (ohne Mehrwertsteuer) kostet?
b) Was kostet ein Aperitif im Einkauf pro Glas?

126 Aperitif x 5 cl = 630 cl

96 % ≙ 630 cl
100 % ≙ x cl $\frac{100 \times 630\,cl}{96} = 656{,}25\,cl$

656,25 cl : 70 cl = 9,38 = **10 Flaschen à 0,7 l**
10 Flaschen x 9,50 € = 95,00 €
95,00 € : 126 Gläser = **0,75 €**

Lösung:
a) Es werden 10 Flaschen benötigt.
b) Pro Glas kostet der Aperitif im Einkauf 0,75 €.

Zum Brunch wünscht eine Familie frisch gepressten Orangensaft. Wie viele Orangen sind auszupressen, wenn die Saftausbeute beim Pressen 40 % beträgt und 6 Gläser je 0,2 l verlangt werden? Welcher Materialpreis ergibt sich pro Glas, wenn 1 kg Orangen 1,20 € (ohne Mehrwertsteuer) kosten?

6 Gläser x 0,2 l = 1,2 l = 1200 g Orangensaft

a) 40 % ≙ 1200 g
   100 % ≙ x g $\frac{100 \times 1200\,g}{40{,}00} = 3000\,g$ Orangen

b) 3000 g x 1,20 €/kg = 3,60 €
   3,60 € : 6 Gläser = **0,60 € pro Glas**

Lösung:
a) Es müssen 3,000 kg Orangen ausgepresst werden.
b) Der Materialpreis beträgt 0,60 € pro Glas Orangensaft.

Für den Empfang einer Hochzeit mit 130 Gästen wünscht das Brautpaar einen Sekt, den der Hotelier nicht vorrätig hat. Wie viele Flaschen Winzersekt müssen bestellt werden, wenn der Hotelier mit 6 % Schankverlust rechnet und von folgenden Erfahrungswerten ausgeht:
- 3/5 aller Gäste trinken Sekt pur, wobei von einem Durchschnittsverzehr von 0,15 l ausgegangen wird.
- 1/5 aller Gäste trinken Sekt-Orange à 0,1 l (Mischungsverhältnis 1 : 1).
- Der Rest trinkt Orangensaft à 0,1 l pur.

Berechnen Sie außerdem, wie viele Flaschen Orangensaft à 0,25 l bereitgestellt werden müssen.

Bestellung Sekt:
Sekt pur: 3 : 5 x 130 Gäste x 0,15 l/Gast =   11,70 l Sekt
Sekt-Orange: 1 : 5 x 130 Gäste x 0,05 l/Gast =   1,30 l Sekt
                                                    13,00 l Sekt

94 % ≙ 13,00 l
100 % ≙ x l $\frac{100 \times 13\,l}{94} = 13{,}830\,l$ Sekt

13,830 l : 0,75 l/Flasche = 18,44 = **19 Flaschen Sekt zu je 0,75 Liter**
Lösung: Es müssen 19 Flaschen Sekt zu je 0,75 l gekauft werden.

Bestellung Orangensaft:
Orangensaft pur: 1 : 5 x 130 Gäste x 0,10 l/Gast = 2,60 l Orangensaft
Sekt-Orange: 1 : 5 x 130 Gäste x 0,05 l/Gast = 1,30 l Orangensaft
                                                    3,90 l Orangensaft

3,90 l Orangensaft : 0,25 l/Flasche = 15,60 = **16 Flaschen zu je 0,25 l**
Lösung: Es müssen 16 Flaschen Orangensaft zu je 0,25 l bereitgestellt werden.

Ihr Chef erteilt Ihnen den Auftrag, 10,00 Liter (l) kalte Ente (→ 315) zu einem Materialpreis von 5,60 € pro l herzustellen. Zur Verfügung stehen Weißwein zum Preis von 3,80 € pro l (Sorte 1) und Schaumwein zu 6,00 € pro 0,75 l (Sorte 2).
a) Berechnen Sie den Literpreis des Schaumweines.
b) Berechnen Sie das Mischungsverhältnis.

a) 0,75 l ≙ 6,00 €
   1,00 l ≙ x € $\frac{1{,}00 \times 6{,}00}{0{,}75} = 8{,}00\,€$
Lösung:
Ein Liter Schaumwein kostet 8,00 €.

b) 3,80 € ↘   ↗ x Teile = ? l
              5,60
   8,00 € ↗   ↘ x Teile = ? l
                     x Teile = 10,00 l

b) 3,80 € ↘   ↗ 2,40 Teile = ? l
              5,60
   8,00 € ↗   ↘ 1,80 Teile = ? l
                     4,20 Teile = 10,00 l

b) 4,20 Teile ≙ 10,00 l $\frac{10{,}00 \times 2{,}40}{4{,}20} = 5{,}714\,l$
   2,40 Teile ≙ x l

b) 4,20 Teile ≙ 10,00 l $\frac{10{,}00 \times 1{,}80}{4{,}20} = 4{,}286\,l$
   1,80 Teile ≙ x l

b) Sorte 1 5,614 l
 + Sorte 2 4,286 l
           10,000 l

Lösung:
Vom Weißwein (Sorte 1) müssen 5,714 Liter und vom Sekt (Sorte 2) 4,286 Liter gemischt werden.

8 Fachsprache – Fremdsprache

Mahlzeiten – Menü Gänge – Getränke – Fleisch – Innereien – Geflügel – Wildbret – Fisch – Krusten- und Schalentiere – Gemüse – Obst – Eierspeisen – Sättigungsbeilagen – Zerkleinerungsarten – Garungsarten – Vorbereitungsarten – Beschreibung von Speisen

Kommunikation mit ausländischen Gästen gehört zum Tagesablauf der Restaurantfachleute. Zur Erleichterung dieser Aufgabe dienen die folgenden Seiten, in denen die wichtigsten Wörter für Tagesmahlzeiten, Fleisch, Fisch, Gemüse, Obst sowie Zubereitungsarten und Beschreibung der Speisen in Deutsch, Englisch, Französisch, Italienisch und Spanisch aufgeführt sind.

Deutsch	Englisch	Französisch	Italienisch	Spanisch
Mahlzeiten	**meals**	**repas**	**pasti**	**comidas**
Frühstück	breakfast	le petit déjeuner	la prima colazione	el desayuno
Mittagessen	lunch	le déjeuner	il pranzo	el almuerzo
Abendessen	supper	le souper	la cena	la cena
Imbiss	snack	le repas	lo spuntino/snack	el aperitivo
Halbpension	half board	la demi pension	la mezza pensione	la media pensión
Vollpension	full board	la pension complète	la pensione completa	la pensión completa
Menü Gänge	**course**	**service**	**portata**	**plato**
Vorspeise	appetizer/starter	le hors-d'oeuvre	gli anti pasti	los entremeses
Suppe	soup	le potage	le minestre	la sopa
Hauptgang	main course, main dish	le plat principal	il piatto forte	el plato fuerte
Süßspeise – Eisspeise	sweet – ice cream	le dessert – glace	i dolci – gelati	el dulce – helado
Käse	cheese	le fromage	i formaggi	el queso
Getränke	**drinks**	**boisson**	**bevande**	**bebidas**
Milch	milk	le lait	il latte	la leche
Mineralwasser	mineral water	l' eau minerale	l' acqua minerale	el agua mineral
Wein – weiß/rosé/rot	wine – white/rosé/red	levin – blanc/rosé/rouge	il vino – bianco/rosato/rosso	el vino – blanco/rosado/tinto
Bier – hell/dunkel/vom Fass	beer – light/dark/draught beer	la bière – blonde/brune/à la pression	le birra – chiara/scura/alla spina	la cerveza – clara/negra/de barril
Kaffee – koffeinfreier	coffee – without caffeine	le café – décaféiné	il caffé – decaffeinato	el café descafeinado
Tee	tea	le thé	tè	el té
Fleisch	**meat**	**viandes**	**carni**	**carne**
Kalb	veal	le veau	il vitello	la ternera
Kitz (kleine Ziege)	kid	le chevreau	il capretto	el cabrito
Lamm	lamb	l'agneau	il agnello	el cordero
Rind	beef	le boeuf	il manzo	la vaca
Schwein	pork	le porc	il maiale	el cerdo
Spanferkel	sucking-pig	le cochon de lait, porcelet	il maialino di latte	el lechón/cochinilledo de leche
Innereien	**offal**	**abats**	**frattaglie**	**asaduras**
Bries	sweetbread	le ris	le animelle	la molleja
Herz	heart	le coeur	il cuore	el corazón
Hirn	brains	la cervelle	il cervello	el cerebro
Leber	liver	le foie	il fegato	el higado
Niere	kidney	le rognon	il rognone	los rinones
Zunge	tongue	la langue	le lingua	la lengua
Geflügel	**poultry**	**volaille**	**pollame**	**aves**
Ente/junge Ente	duck/duckling	le canard/caneton	l'anitra/anitra novella	el pato
Gans	goose	l'oie	l'oca	el ganso
Huhn	chicken	le poulet	il pollo	el pollo, gallina
Perlhuhn	guinea-fowl/-hen	la pintade	le faraona	la pintada
Taube	pigeon	le pigeon	il piccione	el pichón
Truthahn	turkey	la dinde	il tacchino	el pavo

Fachsprache – Fremdsprache

Deutsch	Englisch	Französisch	Italienisch	Spanisch
Wildbret	**game**	**gibier**	**selvaggina**	**caza**
Fasan	pheasant	le faisan	il fagiano	el faisán
Frischling	young wild boar	le marcassin	il cinghialetto	el jabato, cinghialetto
Gämse	chamois	le chamois	il camoscio	la gamuza
Hase	hare	le lièvre	la lepre	la liebre
Hirsch – Damhirsch	stag – fallow-deer	le cerf – daim	il cervo – daine	el ciervo
Kaninchen	rabbit	le lapin	il coniglio	el conejo
Rebhuhn	partridge	le perdreau	le pernice/stama	la perdiz
Reh	venison	le chevreuil	il capriolo	el corzo
Wachtel	quail	la caille	il quaglie	la codorniz
Fisch	**fish**	**poisson**	**pesci**	**pescado**
Aal	eel	l'anguille	l'anguilla	la anguila
Äsche	grayling	l'ombre	il temolo	el timalo
Dornhai	spiny dogfish	l'aiguillat	lo spinarolo	el mielga
Felchen (Renke)	lavaret, lake whitefish	le lavaret	il lavareto, coregono	el lavareto/corégono
Forelle	trout	la truite	le trota	la trucha
Goldbarsch (Rotbarsch)	bergylt, rosefish	le sébaste	il sebaste, sebasto	la gallineta/ el barbo rojo
Goldbrasse	gilt-head	la daurade	l'orata	la dorada
Hecht	pike	le brochet	il luccio	el lucio
Heilbutt	halibut	le flétan	l'ippoglosso	el rodaballo
Hering	herring	le hareng	l'aringa	el arenque
Kalmare	calamaries, squids	les calmars	i calamari	los calamares
Karpfen	carp	la carpe	le carpa	la carpa
Knurrhahn	gurnard, gurnet	le grondin	le gallinellla, il cappone	el rubio
Lachs	salmon	le saumon	il salmone	el salmón
Leng	ling	le lingue	le molva	la maruca/molua
Makrele	mackerel	le maquereau	lo sgombro, scombro	la caballa
Matjeshering	white herring, matie	le hareng vierge	l'aringa giovane	el arengue virgen/fresco
Meeräsche	grey mullet	le mulet, muge	il cefalo, muggine	el mujol/carbezudo
Merlan (Wittling)	whiting	le merlan	il merlano	el merlángo/la pescadilla
Petersfisch	dory (auch John Dory)	le Saint-Pierre	il San Pietro, posce gallo	el pez de San Pedro, gallo
Rochen	skate, ray	la raie	le razza	la raya
Sardellen	anchovies	l'anchois	l'acciughe, le alici	la anchoa
Sardinen	sardines, pilchards	les sardines	le sardine	la sardina
Schellfisch	(fresh) haddock	l'aiglefin, égrefin	il merluzzo nero	la merluza
Schleie	tench	la tanache	le tinca	la tenca
Scholle	plaice	la plie, le carrelet	le platessa	la platija
Seeteufel	angler, frog-fish	la lotte (de mer), baudroie	le pescatrice, il rospo	el rape
Seezunge	sole	la sole	le sogliola	el lenguado
Steinbutt	turbot	le turbot	il rombo (chiodato)	el rodaballo
Stockfisch	salt cod, stockfish	la morue	il baccalà (stoccafisso)	el bacalao
Stör	sturgeon	l'esturgeon	la storione	el esturión
Thunfisch	tunny, amer, tuna	le thon	il tonno	el atún
Tintenfisch	cuttle-fish, ink-fish	les seiches	le seppie	las jibias
Wels (Waller)	sheat-fish	la glane, le silure	il siluro	el siluro
Zander	pike-perch, zander	la sandre (perche du Rhin)	le sandra, le lucioperca	la lucioperca
Krusten- und Schalentiere	**shell fish etc.**	**crustacés etc.**	**crostacei etc.**	**crustáceos**
Austern	oysters	les huîtres	le ostriche	las ostras
Garnelen (Krevetten)	shrimps	les crevettes grises	i gamberetti (grigi)	los camarones
Hummer	lobster	le homard	l'astice	el bogavante
Jakobsmuscheln	scallops	les coquilles Saint-Jaegues	le conchiglie dei pelegrini	las conchas de peregrino
Krebse (Flusskrebse)	crayfish	les écrevisses	i gamberi (di fiume)	los cangrejos de rio
Languste	crawfish	la langouste	l'aragosta	las langosta
Miesmuscheln	mussels	les moules	le cozze, mitili	los mejillones
Scampi (Kaisergranat)	scampi	les langoustines	gli scampi	las cigalas
Schnecken	snails	les escargots	le lumache	los caracoles
Seeigel	sea-urchins	les oursins	i ricci di mare	los erizos de mar
Taschenkrebs	crab	le tourteau	il granciporro, granchio	el canorejo de Mar
Venusmuscheln	clams	les clovisses, palourdes	le vongole	las almejas

Deutsch	Englisch	Französisch	Italienisch	Spanisch
Gemüse	**vegetables**	**légumes**	**verdure e legumi**	**verduras**
Artischocke	artichoke	l'artichaud	il carciofo	la alcachofa
Aubergine	aubergine	l'aubergine	le melanzane	la berenjena
Blumenkohl	cauliflower	le chou-fleur	il cavofiore	la coliflor
Bohnen grün	beans, green beans	les haricots verts	i fagiolini	las judias verdes
Brokkoli	broccoli	les brokolis	i broccoli	los brécoles /bróculis
Erbsen	peas	les petits pois	i piselli	los guisantes
Gurke	cucumber	le concombre	il cetriolo	el pepino
Karotten	carrots	les carottes	le carote	las zanahorias
Kartoffeln	potatoes	les pommes de terre	le patate	la patata
Kohl	cabbage	le chou	il cavolo	la col, berza
Kohlrabi	kohlrabi	le chou-rave	il cavolo rapa	el colinabo
Kopfsalat	lettuce	la laitue	la lattuga	la lechuga
Lauch	leek	les poireaux	i porri	el puerro
Meerrettich	horse-radish	le raifort	il rafano	el rábano picante
Pfifferlinge	chanterelles	les chanterelles/girolles	i gallinacci	las rebozuelos
Pilze	mushrooms	les champignons	i funghi	las setas
Rettich	radish	les radis	il ramolaccio/radice	el rábano
Rosenkohl	Brussels sprouts	le choux de Bruxelle	i broccoletti de Bruxelles	las coles de bruselas
Rote Rüben	beetroots, red beets	les betteraves	le barbabietole	las remolachas
Rübe	turnip	le navet	la rapa	los nabos
Sauerkraut	sauerkraut (pickled cabbage)	la choucroute	i crauti	el chucrut
Chicorée	Brussels chicory	les endives	l'indiva belga	la endibia de bruselas
Schwarzwurzeln	salsify/scorzonera	le salsifis/scorsonêeres	le scorzonera	las escorzoneras
Sellerie	celery	le céleri	radici amare il sedano	el apio
Spargel	asparagus	les asperges	gli asparagi	el espárrago
Spinat	spinach	les épinards	gli spinaci	la espinaca
Tomate	tomato	la tomate	il pomodoro	el tomate
Wirsingkohl	savoy cabbage	le chou de Milan	la verza	la berza de saboya
Zucchini	courgettes	les courgettes	le zucchine	la calabazines
Zwiebe	onion	l' oignon	la cipolla	la cebolla
Obst	**fruits**	**fruits**	**frutta**	**fruta**
Ananas	pineapple	l'ananas	l'ananas	la piña
Apfel	apple	la pomme	la mela	la manzana
Birne	pear	la poire	la pera	la pera
Brombeere	blackberry	la mûre sauvage	la mora di rovo	la zarzamora
Dattel	date	la datte	il dattero	el dátil
Erdbeere	strawberry	la fraise	la fragola	la fresa
Granatapfel	pomegranate	la grenade	la melagrana	la granada
Heidelbeere	bilberry/blueberry	la myrtille	il mirtillo	la arándano
Himbeere	raspberry	la framboise	il lampone	la frambuesa
Johannisbeere, rot/schwarz	currant, red ..., black ...	la groseille, rouge, noire	ribes, rosso, nero	la grosella, roja, negra
Kastanie	chestnut	la châtaigne	la castagna	la castaña
Kirsche	cherry	la cerise	la ciliegia	la cereza
Mandel	almond	l'amande	la mandorla	almendra
Nuss (Walnuss)	walnut	la noix	la noce	la nuez
Pfirsich	peach	la pêche	la pesca	el melocotón
Pflaume	plum	la prune	la prugna, susina	la ciruela
Preiselbeere	cranberry	l'airelle	il mirtillo	el arándano rojo
Rhabarber	rhubarb	la rhubarbe	il rabarbaro	el ruibarblo
Sauerkirsche	morelo (sour cherry)	la griotte	le marasca/le visciola l'amarena	guinda
Stachelbeere	gooseberry	la groseille à maquereau	l'uva spina	la uva espina
Trauben	grapes	le raisin	l'uva	las uvas
Zitrone	lemon	le citron	il limone	el limón

Fachsprache – Fremdsprache

Deutsch	Englisch	Französisch	Italienisch	Spanisch
Eierspeisen	**eggs**	**oeufs**	**uova**	**huevo**
gekochte Eier, 3 Minuten	boiled eggs	les oeufs à la coque	le uova al guscio/ le alla coque	los huevos pasados los por agua
gekochte Eier, 6 Minuten	soft boiled eggs	les oeufs mollets	le uova bazzote	los huevos encerados
gekochte Eier, hart	hard boiled eggs	les oeufs durs	le uova sode	los huevos duros
Spiegeleier	fried eggs (Am E = eggs sunny side up)	les oeufs sur le plat	le uova al piatto/ uova fritte	los huevos al plato
verlorene Eier	poached eggs	les oeufs pochés	le uova affogate/ in camicia	los huevos escalfados
Rühreier	scrambled eggs	les oeufs brouillés	le uova strapazzate	los huevos revueltos
Sättigungsbeilagen				
Klößchen	dumplings	les quenelles	gli gnocchi	el ñoqui
Knödel	dumplings	les boulettes	i canederli	las albóndigas
Nudeln	noodles	les nouilles	la pasta	los tallarines
Reis	rice	le riz	il riso	el arroz
Zerkleinerungsarten	**verbs describing ways of cutting**	**les différentes façons de découper**	**verbi che descrivono i vari modi di tagliare**	**modos differentes de desmenuzamiento**
fein gehackt (Hackfleisch)	minced	haché	sminuzzato	picado
gehackt (z. B. Kotelett)	chopped	haché/taillé	spezzato	picado/trozeado
gerieben	grated	râpé	grattuggiato	rallado
geschält	peeled	épluché	sbucciato	pelado
geschnitten	cut	coupé	tagliato	cortado
geschnitten (in Scheiben)	sliced	couper en tranches (rondelles)	affettato	tajado
püriert/gestampft	mashed	en purée	passato	hecho puré
Garungsarten	**describing ways of cooking**	**différentes cuissons**	**modi di cottura**	**modos de cocción**
durchgebraten	well done	bien cuit	ben cotto	bien hecho
gebacken	baked	cuit	cotto al forno	al horno
frittiert	deep fried	frit	fritto	frito
gebraten (Braten)	roasted	rôti	arrosto	asado
gedünstet	stewed/smothered	étuvé/braisé	stufato/in umido	guisado/estofado
gegrillt	grilled (Am E = broiled)	grillé	cotto alla griglia	a la parrilla
gekocht	boiled/cooked	bouilli	bollito	hervido/cocido
geschmort	braised/stewed	braisé	brasato, stufato	estofado/braseado
Vorbereitungsarten	**describing preparation**	**les différentes préparations**	**preparazioni**	**modos diferentes de preparación**
gebeizt	pickled, marinated	mariné	marinato	macerado/marinado
gefüllt	stuffed	farci	farcito	rellenado
gepökelt	salted, cured, pickled	salé, saumuré	salato	salado
geräuchert	smoked	fumé	affumicato	ahumado
gespickt	larded	piqué, lardé	lardellato, steccato	mechado/cardeado
Beschreibung von Speisen	**food describing**	**décrire des aliments**	**adottare per i cibi**	**descripción de las comidas**
bitter	bitter	amer	amaro	amargo
getrocknet	dried	seché	asciutto	secado
kalt	cold	froid	freddo	frio
kremig	creamy	onctueux	cremoso	cremoso
leicht	light (= not heavy/rich)	léger	leggero	ligero
pikant	hot/spicy	piquant	piccante	picante
roh	raw	cru	crudo	crudo
saftig	juicy	juteux	sugoso	jugoso
sauer	sour/tart	aigre	acido/agro	ácido/agrio
schwer (im Magen liegend)	heavy	lourd	pesante	difícil de digerir
warm	hot	chaud	caldo	caliente
zart	tender/soft	tendre	tenero	tierno

9 Projektorientierte Aufgabe

> **Thema: Beratung und Verkauf im Restaurant**
> Herr Smith möchte mit einer Reisegruppe aus den USA in Ihrem Hotel mit angeschlossenem Restaurant für eine Woche Übernachtung und Halbpension buchen.
> Die Reisegruppe besteht aus ca. 30 Personen; die Altersspanne reicht von 45 bis 70 Jahren. Herr Smith legte in seinem Schreiben Wert auf ein umfangreiches Frühstück mit bekannten Speisen und Getränken aus dem Heimatland der Urlauber.
>
> **Aufgabe:**
> Erarbeiten Sie verschiedene Vorschläge für das Frühstück.
> Berücksichtigen Sie die entsprechenden Getränke und Essgewohnheiten der ausländischen Gäste.

Lösungsvorschlag:
(Lösungsvorschläge geben Anregungen, wie die Projektaufgabe bearbeitet werden kann, und sind keine fertigen Lösungen.)

- Reisegewohnheiten und Reiseverhalten der Zielgruppe ausfindig machen.
- Sind am Ort bestimmte Veranstaltungen, z. B. Stadtfest, Konzerte, geplant?
- Gründe für die Auswahl des Hotels/Restaurants ausfindig machen = Erwartungen der Gäste im Vorfeld erfüllen.
- Ist die Ausstattung der Zimmer für die ausländischen Gäste gewohnt bzw. sind bestimmte Einrichtungsgegenstände, z. B. Klimaanlage, vorhanden?
- Moderne Kommunikationsmittel, z. B. Internet-Terminal vorhanden und auch nutzbar?
- Schulung planen für das Personal, um auf die Reisegruppe vorbereitet zu sein.
- Angebotskarten neu erstellen oder die Übersetzung in englischer Sprache erstellen und korrigieren.
- Sind Gegenstände für den Serviceablauf (z. B. Krüge für Eiswasser) in genügender Anzahl und Qualität vorhanden?
- Für bestimmte Speisen werden besondere Bestecke gebraucht, sind diese im Haus?
- Müssen Tische und Stühle in einer bestimmten Weise aufgestellt werden?
- Zeitplan für das Frühstück erstellen und den Gästen die entsprechenden Zeiten bekannt geben.
- Angebotsform des Frühstücks festlegen.
- Benötigte spezielle Lebensmittel, z. B. Ahornsirup, bestellen und Besonderheiten der Lebensmittel abklären.
- Gesetzliche Vorgaben einhalten (z. B. Kennzeichnung von Zusatzstoffen in Lebensmitteln).
- Gängige Vorlege-, Griff- und Tragearten von Geschirr und Besteckteilen trainieren.
- Verpflegung der Reiseteilnehmer über die Mittagszeit (Lunchpaket) planen.
- Getränke auf die Zielgruppe ausrichten und geeignete Vorschläge unterbreiten.
- Wird ein Rahmenprogramm vor, während oder nach dem Essen gewünscht?
- Zahlungsmodalitäten bei Sonderwünschen erfragen.
- Vorgehensweise bei Reklamationen: Können im Falle einer Reklamation die Mitarbeiter dies in englischer Sprache bearbeiten?

Lernfeld 2.2
Marketing

1. Besprechung in der Marketingabteilung

Zielformulierungen

Folgende Ziele sollen von Auszubildenden im Lernfeld Marketing erreicht werden:

- Sie erkennen Marketing als allgemeines Konzept des konsequenten unternehmerischen Denkens und Handelns ausgehend von Gegebenheiten des Marktes.
- Sie können gastronomische Konzepte beschreiben und leiten daraus die Ziele und Aufgaben marktorientierter Unternehmenspolitik ab.
- Verschiedene Instrumente des Marketings sind ihnen bekannt.
- Sie verstehen die Bedeutung der Markterkundung und wenden einfache Verfahren an.
- Sie wirken bei verkaufsfördernden Maßnahmen mit.
- Sie beurteilen die Werbung aus der Sicht des Gastes und des Unternehmens.
- Je nach Werbebotschaft und Zielgruppe werden Werbemittel hergestellt.
- Rechtsvorschriften werden bei der Umsetzung von Marketingmaßnahmen eingehalten.
- Sie nutzen Möglichkeiten der EDV.
- Bei Werbemaßnahmen wird auch eine Fremdsprache angewandt.

1 Gastronomisches Konzept (Betriebstypen, Unternehmensphilosophie)

1.1 Betriebstypen

Die Unterteilung der Betriebstypen kann unter verschiedenen Gesichtspunkten durchgeführt werden. Eine generelle Unterteilung erfolgt in der Konzeption der Betriebe, wie
- **Traditionelle Betriebe,** in der Regel Einzelunternehmen mit einem individuellen Ambiente,
- **Systembetriebe,** die zentral gesteuert, standardisierte Angebote anbieten.

Eine weitere Unterteilung kann erfolgen, z. B. in
- Betriebsgröße: klein, mittel, groß.
- Eigentumsverhältnisse: Pachtbetrieb, Eigentümerbetrieb, Konzerne (auch als Ketten bezeichnet, die unter einer einheitlichen Leitung finanziell, organisatorisch und vertraglich verbunden sind).
- Wirtschaftliche Selbstständigkeit: Einzelbetrieb, Kooperationsbetrieb (Einzelbetrieb, der im Verbund mit anderen z. B. Werbung betreibt), Franchisebetrieb, meist auf der Basis von Lizenzverträgen.

1.2 Unternehmensphilosophie

Die **Philosophie** eines Unternehmens hält fest, wie sich der Unternehmer auf dem Markt positionieren und behaupten kann. Dabei werden die allgemeinen Vorstellungen der Unternehmensphilosophie konkret auf die Art des Betriebstyps und die Unternehmensleistung ausgerichtet, um eine erreichbare Position auf dem Markt zu beziehen.

Vereins- und Interessen-gastronomie	Gastronomie mit Beherbergung	auf Speisen und Getränke ausgerichtete Gastronomiebetriebe	Handelsgastronomie	zweckbezogene Gastronomie
Sport- und Freizeitvereine	Hotels	Speisenorientierte Betriebe, z. B. • Cafés • Restaurants • Speisegaststätten • Fast-Food-Restaurants • Imbissbetriebe Getränkeorientierte Betriebe, z. B. • Bierlokale • Weinlokale • Bars • Diskotheken	Warenhausgastronomie, z. B. • Cafeteria, Coffeshop • Selbstbedienungs-restaurant • Free-flow-Restaurant Verzehrstellen im Hand-werkshandel, z. B. • Bäckereien • Metzgereien • Fischgeschäfte Verzehrstellen im Einzelhan-del, z. B. • Fachmärkte • Kauf- und Warenhäuser • Automobilhändler • Tankstellen, Trinkhallen, Kioske	Verkehrsgastronomie Veranstaltungsgastronmie
Festbewirtschaftung	Gasthöfe			
Straßenfeste	Pensionen			
ambulantes Gewerbe	Ferienzentren			

1. Arten von gastronomischen Betrieben

1.3 Betriebsarten und ihre Zielgruppen

Hotels sind Beherbergungsbetriebe mit angeschlossenem Verpflegungsbetrieb für Hausgäste und Passanten. Je nach Lage, Art und Ausstattung der Hotels werden die unterschiedlichsten Zielgruppen angesprochen.
- Stadthotel: Zielgruppen sind überwiegend Geschäftsreisende, Tagungs-/Kongressteilnehmer, Besucher von kulturellen und sportlichen Programmen und Veranstaltungen. Der Gästekreis ist meist erwachsen und überwiegend männlich.
- Kurhotel: In einem Heilbad oder Kurort gelegenes Hotel, in dem medizinische Versorgung und Diät gewährleistet sind. Die Zielgruppen der Kurhotels sind überwiegend Erwachsene mittleren und höheren Alters.
- Ferienhotel (z. B. Familienhotel, Sporthotel, Aparthotel): Von diesen Hotels werden, je nach Lage, Art des Betriebes, Angebot und Preis alle Zielgruppen angesprochen.
- Hotel garni: Ein Betrieb, der Beherbergung, Frühstück, Getränke und auch kleine Speisen anbietet. Er wird gerne von Geschäftsreisenden und Gästen, die sich zu einem Kurzbesuch in der Stadt aufhalten, genutzt.
- Hotel-Pension, Pension und Fremdenheim: Sie unterscheiden sich durch eingeschränkte Dienstleistungen von einem Hotel. Letzteres zeichnet sich durch Einfachheit aus. Die Zielgruppe sind preisbewusste Gäste, die oft über einen längeren Zeitraum verweilen.
- Motel (Motorhotel): Diese Betriebsart ist durch ihre Verkehrslage, Bauart und ihre Einrichtungen besonders auf die Bedürfnisse des Auto-Tourismus eingerichtet.

Restaurants sind Bewirtungsbetriebe mit einer ausgewogenen Speisekarte und der dazu passenden Getränkeauswahl. Das Angebot, die Ausstattung und das Preisniveau werden, je nach Betrieb, sowohl einfachen als auch gehobenen Ansprüchen gerecht.
- Restaurants mit deutscher Küche: Ihre Zielgruppe sind vorwiegend Gäste mittleren und gehobenen Alters.
- Restaurants mit ausländischer Küche oder Steakhäuser: Sie sprechen überwiegend die Altersgruppe der 25- bis 50-Jährigen an, bei der die Erlebnisgastronomie, „das Essengehen", sehr stark ausgeprägt ist.
- Selbstbedienungsrestaurants in gehobenem Stil sind oft spezialisiert und bieten vor allem dem eiligen, gesundheitsbewussten Gast eine reiche Auswahl an.

Fast-Food-Betriebe sind mit einer kleinen, standardisierten Speise- und Getränkekarte auf raschen Verzehr eingestellt. Ihre Zielgruppen sind vor allem der eilige Gast und Jugendliche, denen das Angebot auch vom Preis her entgegenkommt.

Pubs sind Schankbetriebe nach englischem Vorbild. Bevorzugt werden im Thekenbetrieb alkoholische Getränke ausgeschenkt; dezente Musik und gepflegte Atmosphäre sprechen das Publikum mittleren Alters an.

Discos bieten moderne Musik und Tanz, Getränke und ein kleines Speisenangebot sprechen als Zielgruppe vor allem jugendliche Gäste an.

Cafés, Bistros haben als Zielgruppen Gäste aller Altersgruppen.

2 Ziele und Aufgaben des Marketings

Unter Marketing versteht man betriebliche Maßnahmen zur Sicherung und Steigerung des Absatzes.

Die Lage der Gastronomie hat sich in den letzten Jahrzehnten grundlegend geändert. Einer großen Zahl von gastgewerblichen Anbietern steht eine – wirtschaftlich gesehen – oft nicht mehr ausreichende Zahl von Kunden (Gästen) gegenüber.

Die Zeiten, als die gastronomischen Anbieter durch das von ihnen vorgegebene Angebot den Markt bestimmen konnten (dies nennt man einen Verkäufermarkt), gehören der Vergangenheit an. Das Ergebnis dieses Wandels ist, dass der Gast mehr oder weniger bestimmt, was in der Gastronomie gefragt ist (dies nennt man einen Käufermarkt). Dadurch ist die Gastronomie mehr als früher dazu gezwungen, ein Marketingkonzept zu erarbeiten, welches den Anforderungen des heutigen Gästekreises entspricht. Dazu zählen

- **Standort- und Marktanalysen:**
  - Umfeldanalysen,
  - Angebotsanalysen,
- **Marketingkonzepte:**
  - Planung,
  - Ausführung,
- **Marketing-Instrumente im Einsatz als Marketing-Mix:**
  - Leistung,
  - Preis,
  - Verkaufswege,
  - Verkaufsförderung,
  - Werbung,
  - Öffentlichkeitsarbeit.

Fallbeispiel eines jungen Fachpaares:
Sie, 34 Jahre alt,
- abgeschlossene Lehre als Hotelfachfrau,
- staatlich geprüfte Hotelbetriebswirtin,
- Ausbildereignungsprüfung,
- Berufserfahrung durch Tätigkeit in verschiedenen Häusern in Restaurant, Empfang, Etage und Hotelbüro.

Er, 36 Jahre alt,
- abgeschlossene Lehre als Koch und Restaurantfachmann,
- Küchenmeister IHK,
- Ausbildereignungsprüfung,
- staatlich geprüfter Gastronom,
- Berufserfahrung durch Tätigkeit in verschiedenen Häusern in Küche und Service, die letzten drei Jahre als F-&-B-Leiter.

Die fachliche Qualifikation des Paares kann für eine Betriebsgründung bei dieser Berufserfahrung als gut bezeichnet werden. Sie beabsichtigen, in einer Stadt mit 15 000 Einwohnern ein kleines Hotel mit 70 Betten (40 Zimmer) und einem Restaurant sowie zwei Tagungsräumen zu pachten (nähere Beschreibung siehe Leistungsangebot → 341). Viele Wochen, bevor der Pachtvertrag unterzeichnet wird, beginnen sie mit ihrer Marktbeobachtung und erstellen eine Standort- und Marktanalyse sowie eine Analyse über das Umfeld und das Angebot. Das positive Ergebnis dieser Analysen führt dazu, dass sich das Paar dazu entschließt, das oben angebotene Hotel mit Restaurant zu pachten.

Marketingziele

Qualitativ
- Betriebsimage verbessern
- Bekanntheitsgrad erhöhen
- Zeitgemäße Unternehmensführung anstreben
- Wettbewerbsvorteile durch Angebotsprofilierung schaffen
- Verbesserung der Marktstellung durch Kooperationen
- Stellung gegenüber der örtlichen Konkurrenz verbessern

Quantitativ
- Umsatzsteigerung
- Verbesserung des Verhältnisses Speisen/Getränke zugunsten Getränkeumsatz
- Erhöhung der Zimmer- und Restaurantauslastung
- Überarbeitung der Preisstruktur
- Kostensenkung
- Gewinnsteigerung

1. Qualitative und quantitative Marketingziele

Für unser gut eingeführtes

HOTEL mit RESTAURANT

suchen wir solventes Pächterpaar zum baldmöglichen Termin.

Das Hotel in der Nähe Stuttgarts ist ein elegantes Komforthotel mit einem exklusiven Restaurant mit ca. 120 Sitzplätzen. 40 Einzel- und Doppelzimmer mit insgesamt 70 Betten sind mit Bad und Dusche, Kabel-TV, Selbstwähltelefon usw. ausgestattet und können über die hauseigene Tiefgarage mit dem Aufzug erreicht werden. Für Veranstaltungen stehen zusätzlich 2 Tagungsräume für ca. 50 und 30 Personen (auch zusammen einsetzbar) zur Verfügung. Die Lage des Hauses, im Zentrum der Stadt am Stadtpark, ist äußerst verkehrsgünstig, der S-Bahnhof befindet sich in unmittelbarer Nähe, der historische Stadtkern kann in ca. 5 Minuten bequem zu Fuß erreicht werden.

Interessenten für das Projekt melden sich bitte schriftlich bei
Firma A. Musterfrau, Verwaltungsgesellschaft mbH
Irgendwostraße 121, 11111 Irgendwo

2. Inserat in der Fachpresse

3 Verfahren der Markterkundung

Bei der Erforschung des Marktes müssen Standort- und Marktanalysen über Umfeld und Angebot erstellt werden.

Der Standort
- Wo und wie ist die Lage des Betriebes, gibt es Besonderheiten in der Umgebung des Standortes?
- Gibt es in dem Ort Planungen, die die Qualität des Standortes beeinflussen können?
- Wie groß ist die Einwohnerzahl im Verhältnis zur Gewerbe- und Infrastruktur?
- Wie ist die Verkehrssituation?
- Sind fremdenverkehrsfördernde Einrichtungen geplant?
- Welche Freizeitangebote bestehen?

Das Angebot
- Wie war die Entwicklung der Bettenkapazität?
- Welches Preisniveau und welche Qualität haben die Zimmer der jeweiligen Betriebstypen im Ort?
- Welches Preisniveau und welche Qualität bieten die einzelnen gastronomischen Betriebe?

Die Nachfrage
- Welche Bettenauslastung ergibt sich, nach Betriebstypen unterteilt?
- Wie lang ist die durchschnittliche Aufenthaltsdauer?
- Wie ist der Saisonverlauf im Jahr?
- Wie setzt sich die Gästestruktur zusammen?
- Welchen Anteil haben jeweils Tourismus, Messen, Tagungen und Geschäftsreisende bei der Nachfrage?

Die Konkurrenz
- Über welche Beherbergungs- bzw. Sitzplatzkapazitäten verfügen die Konkurrenzbetriebe?
- Welche Vor- und Nachteile haben diese Betriebe?
- Sind neue Konkurrenzbetriebe zu erwarten?
- Welche Planungen der Konkurrenz sind zu erwarten?
- Gibt es Marktlücken im Angebot der Konkurrenz?

Informationen auswerten und Marketingkonzepte entwickeln

Nach dem Sammeln und Auswerten der Informationen müssen daraus die richtigen Schlüsse gezogen werden. Informationen über Konkurrenzbetriebe bieten wertvolle Hinweise für die Gestaltung der verschiedenen Marketing-Instrumente. Die Auswertung dieser Informationen sollte aber nicht ausschließlich zur Nachahmung benutzt werden, sondern im Gegenteil den Mut zur Eigenständigkeit fördern, um sich von den Mitbewerbern abzuheben. Um im Wettbewerb bestehen zu können, müssen spezielle Angebote gemacht werden; vor allem, wenn im jetzigen Angebot ein gewisser Sättigungsgrad erreicht ist.

Eine Marktanalyse kann beispielsweise ergeben, dass Fisch und neuzeitliche Ernährungsformen auf den Speisekarten der Konkurrenz selten angeboten werden. Auch Wochenendpauschalen werden trotz niedriger Übernachtungszahlen an diesen Tagen nicht angeboten. Für diese Marktlücken gilt es, ein Marketingkonzept zu entwickeln und zur Planung und Ausführung zu bringen. Dabei werden viele Marketing-Instrumente auf einmal eingesetzt. Dies nennt man einen Marketing-Mix.

Erforschung des Marktes

- Standort- und Marktanalysen über Angebot und Nachfrage erstellen
- Angebot der Konkurrenz prüfen
- Informationen auswerten
- Marktlücken erkennen
- Marketingkonzepte entwickeln

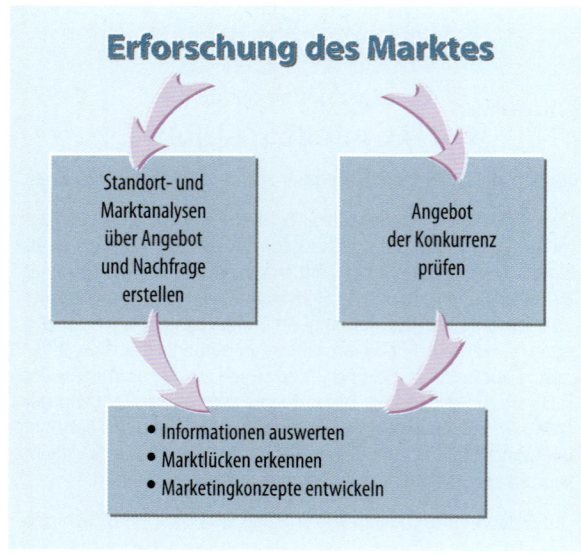

1. Erforschen des Marktes

Marketing-Grundregeln

Erfolg ist kein Zufallsprodukt, sondern kann bis zu einem gewissen Grad geplant werden.
- Als Erstes gilt es, seine persönlichen Stärken und Schwächen als Leiter eines Gastronomiebetriebes zu erkennen, danach den eigenen Betrieb gründlich zu durchleuchten.
- Die Gästenachfrage für seinen Betrieb zu untersuchen ist eine weitere Voraussetzung für die Gestaltung eines Marketing-Konzeptes.
- Ein Blick auf die allgemeine Lage und die Entwicklung des Fremdenverkehrs in der Gastronomie ist unerlässlich.
- Informationen über Konkurrenzbetriebe geben Hinweise für die Gestaltung der Marketing-Instrumente.
- Unternehmensziele müssen gesetzt, überprüft und daraus Marketingziele formuliert werden.
- Marktchancen zu nutzen, Marktsegmente auszuwählen, sich daraus Wettbewerbsvorteile zu verschaffen und darauf seine Kräfte zu konzentrieren sind die weiteren Marketing-Grundregeln.

4 Marketinginstrumente und Marketing-Mix

4.1 Die Leistung

Die Leistungen des im Fallbeispiel (→ 339) genannten Hauses sind folgende:
Das **natürliche Leistungsangebot** des Hauses besteht darin, dass es sich in ruhiger Lage am Stadtpark und doch zentrumsnah befindet. Parkplätze sind vorhanden. Die **Verpflegungsleistung** mit einem wohlsortierten Angebot aus Küche und Keller sowie einer kleinen Bar umfasst ein gemütlich eingerichtetes Restaurant sowie zwei Nebenräume, welche als Tagungs-, aber auch als Veranstaltungsräume genutzt werden können. Die Produktpolitik zielt darauf ab, das bisherige Küchenangebot nur zum Teil beizubehalten und durch Fischgerichte und zeitgemäße Ernährungsformen zu ergänzen. Täglich wechselnde Speisekarten, ein Salat- und Saftbüffet sollen dazu beitragen, sich von der Konkurrenz abzuheben. Die **Beherbergungsleistung** sind modern eingerichtete Zimmer, deren Auslastung von Freitag bis Sonntag sehr schwach ist. Durch besondere Wochenendpauschalen im Verbund mit dem neuen Speisenangebot soll diese Lücke gefüllt werden. Eine Nichtraucheretage wird angeboten. Die **Nebenleistungen** beinhalten Swimmingpool, Whirlpool, Sauna, Fitnessraum.
Die **persönlichen Dienstleistungen** sind freundliches, gut geschultes Personal, Etagenservice, Gästewäsche. Die **zusätzlichen neuen Leistungen** sind Theatermenüs, Brunch am Wochenende, Spielplatz/Spielzimmer, Wandern, Tennis, Reiten, Golf – im Verbund mit den dortigen Vereinen.

4.2 Der Preis

Der Preis muss mindestens den Aufwand decken, sollte jedoch möglichst einen angemessenen Gewinn bringen. Zur Wahl stehen folgende Möglichkeiten:
- Leichte Preisunterbietung der Konkurrenz, um Gästen einen finanziellen Anreiz zu bieten.
- Qualitätsüberbietung der Konkurrenz, die jedoch zu einer leichten Preiserhöhung führt.

Beides ist im Fallbeispiel möglich. Das neue, besondere Angebot aus Küche und Keller wird durch die Qualitätssteigerung sicherlich ein Erfolg und ein leicht erhöhter Preis ist angebracht. Bei der Preisgestaltung der Wochenendpauschalen ist eine Preisreduzierung der üblichen Übernachtungspreise möglich, da bei einem Aufenthalt der Gäste von Freitag bis Sonntag die Fixkosten gleich bleiben, durch bessere Auslastung die variablen Kosten jedoch sinken.

4.3 Verkaufsförderung (Salespromotion)

Zur Verkaufsförderung zählen alle Maßnahmen, die ergriffen werden, um einen guten Kontakt zwischen dem Hotel mit seinen Mitarbeitern und den Gästen herzustellen. Dabei wird zwischen persönlichen und sachlichen Verkaufsförderungsmaßnahmen unterschieden. Die **persönliche Verkaufsförderung** beginnt bei der Aus- und Weiterbildung der Mitarbeiter, die mit den Gästen (mündlich oder schriftlich) in Kontakt stehen. Sie müssen Leistung und Verkaufsziele des Betriebes kennen und darüber Auskunft geben können. Besonderer Wert wird dabei auf Detail-

Leistung	Preis	Verkaufswege	Verkaufsförderung (Salespromotion)	Werbung	Öffentlichkeitsarbeit (Public Relations)
☐ natürliche Leistung ☐ persönliche Leistung ☐ Verpflegungsleistung ☐ Beherbergungsleistung ☐ Nebenleistungen ☐ zuzügliche Leistungen	Preisgestaltung und Preisdifferenzierung	direkte und indirekte Verkaufswege	persönliche und sachliche Verkaufsförderung	☐ Innenwerbung ☐ Außenwerbung	bei verschiedenen Zielgruppen

Marketing-Mix-Maßnahmen
→ Planung des Einsatzes
→ Durchführung
→ Überprüfen und Kontrollieren des Ergebnisses

1. Marketing-Mix-Maßnahmen

Zielgruppe	Maßnahmen in der Öffentlichkeitsarbeit (Public Relation = PR)
Mitarbeiter und deren Angehörige	Offene Informationspolitik für die Mitarbeiter, um das Wir-Gefühl zu stärken. Die Mitarbeiter sollen sich mit dem Betrieb im positiven Sinne identifizieren und ihre Zufriedenheit durch Worte und Taten auch den Gast spüren lassen. Einladungen an Angehörige, Partner, Eltern von Auszubildenden, um den Betrieb vorzustellen
Hotel- und Restaurantgäste im Hause	• Vorstellung leitender Mitarbeiter, durch Porträtfotos mit Namen und Funktion im Betrieb • Informationsmöglichkeiten schaffen, um den Gast ständig auf dem Laufenden über das Haus, die Stadt und Region zu halten, z. B. durch Hauszeitung, Anschläge, Theaterprospekte, Exkursionen
Potenzielle Kunden außer Haus	• Glückwunschkärtchen, z. B. zum Geburtstag • Neues vom Hotel und der Umgebung zur Information (nicht nur preisbezogen)
Einwohner der Umgebung, Vereine, Behörden, Gewerbe, Industrie, Abschlussklassen mit Lehrern, Presse, Rundfunk	• Tag der offenen Tür mit interessanten Angeboten und Vorstellungen • Anbieten von Stammtischrunden, z. B. Lions, Round Table • das Hotel als Ausbildungsstätte • das Hotel in der touristischen Fachpresse, Regionalpresse und im regionalen Rundfunk

1. Mögliche Maßnahmen der Öffentlichkeitsarbeit (Public Relations = PR)

pflege gelegt. Darunter versteht man kleine Aufmerksamkeiten, die der Gast speziell beachtet und anerkennt. Dies beginnt bei Vorschlägen und Tipps, die den Gästen am Empfang für ihren Aufenthalt gegeben werden, oder Zusatzdienstleistungen auf der Etage und im Service.

Zur **sachlichen Verkaufsförderung** im Hause zählen Hinweise auf bestimmte Speisen und Getränke im Restaurant, spezielle Dienstleistungen wie Tagungsmöglichkeiten, Pauschalprogramme usw. Geeignete Mittel dafür sind z. B. Hauszeitungen oder Aufhänger.

Verkaufsförderung, Verkaufswege außer Haus
Um mit einem Angebot infrage kommende Gäste zu erreichen, gibt es direkte und/oder indirekte Verkaufswege. Bei **direkten Verkaufswegen** wird der Gast ohne Mittler angesprochen. Dies geschieht auf verschiedene Weise:
- Pflege der Stammgästekartei; diese Gäste werden schriftlich über die Angebote informiert;
- Absatzhelfer werden gewonnen, wie Taxifahrer, Auskunftspersonen im örtlichen Reisebüro, Tankstellenwarte, Sekretärinnen von Firmen, Reisebus-Chauffeure.

Indirekte Verkaufswege führen über Reisemittler. Diese haben den Vorteil, einen großen Gästekreis anzusprechen. Dazu zählen
- Reisebüros, welche diese Programme vermitteln;
- Reiseveranstalter, die beispielsweise das Wochenendarrangement in ihre Kataloge einbringen;
- Anschluss an örtliche Verkehrsvereine, nationale und internationale Reservierungssysteme;
- Zusammenschluss mit ähnlich gelagerten Hotels durch gegenseitige Empfehlung und Gratisreservierung.

4.4 Öffentlichkeitsarbeit Public Relations (PR)

Gutes Angebot und gute Werbung allein genügen nicht, um einen geschäftlichen Erfolg zu sichern. Es ist bekannt, dass Werbung und Öffentlichkeitsarbeit oft mit den gleichen Mitteln betrieben werden. Der wesentliche Unterschied ist jedoch: Durch Werbung sollen Dienstleistungen und Produkte verkauft werden. Dieses Angebot wird direkt an die Gäste geschickt, während sich die Öffentlichkeitsarbeit (PR) an die Allgemeinheit richtet, um den Bekanntheitsgrad des Betriebes positiv zu steigern, indem eine offene Informationspolitik betrieben wird.

5 Werbung und Werbemittel

Über die Kommunikationsmittel Werbung, Öffentlichkeitsarbeit und Verkaufsförderung sollen das Ansehen und der Bekanntheitsgrad des Betriebes in der Öffentlichkeit erhalten und gesteigert werden. Alle Maßnahmen dienen vorrangig dem Ziel, Gäste an das Haus zu „binden", neue Gäste zu gewinnen und den Verkauf von Waren und Dienstleistungen zu steigern.
Gute Werbung zeichnet sich durch Ehrlichkeit, Stetigkeit und Planmäßigkeit aus. Werbung ist ein Mittel des aktiven Verkaufs. Sie soll Aufmerksamkeit, Interesse und Wünsche wecken und die Gäste zur Aktion, das heißt zum Kauf anregen.

Marketinginstrumente und Marketing-Mix

Ein „Halali" den feinen Speisen!

HOTEL AM STADTPARK

lädt ein zum Jagdschmaus für Feinschmecker am Samstag, dem 10. Dezember

Und das erwartet Sie:
- 19:30 Uhr Jagdhornblasen im Stadtpark;
- heiße Maroni und Begrüßungstrunk „Waidmannsdank"
- ca. 20:15 Uhr Eröffnung des für Sie bereitgestellten kalt/warmen Jagdbüfetts mit allem, was das Herz begehrt: Delikate Gerichte von Fasan, Rebhuhn, Hase, Reh, Hirsch und Wildschwein aus heimischer Jagd, Waldpilze, herbstliche Salate, Tannenhonigparfait, Brombeerauflauf und, und, und ...

Zum Tanz spielt die Kapelle „Försterbuben" aus Höfen. Amüsante Geschichten über die Jagd zu Zeiten der alten Germanen bis heute erzählt Oberförster Horn.

Inklusivpreis pro Person 55,00 €
Buchungen erbeten unter Tel./Fax 0711-9650

1. Werbung ist alles

Werbung soll ...

Attention	☞	Aufmerksamkeit erregen
Interest	☞	Interesse wecken
Desire	☞	Wünsche wecken
Action	☞	zu (Kauf-)Handlungen führen

2. AIDA-Formel

1. Zählen Sie materielle und immaterielle Leistungen eines gastronomischen Betriebes auf.
2. Nennen Sie Beispiele für Möglichkeiten der sachlichen und persönlichen Verkaufsförderung.

Da Werbung Kosten verursacht, muss jede Maßnahme gut durchdacht sein. Es empfiehlt sich, einen zielorientierten **Werbeplan** auszuarbeiten, in dem die auf bestimmte Gästegruppen ausgerichteten Werbeideen und Werbebotschaften gesammelt und zeitlich gestaffelt sind.

Der finanzielle Rahmen ist in einem Werbebudget festzulegen und die Werbeträger und -mittel sind auszuwählen. Je präziser die quantitativen Ziele formuliert sind, desto eindeutiger kann der Erfolg oder Misserfolg ermittelt und bewertet werden. *Beispiele* für Zielformulierungen:
- Umsatzsteigerung bei Getränken gegenüber Umsatz Speisen um 10 %,
- Anhebung der Zimmerauslastung auf 80 % in den nächsten drei Monaten,
- Hebung des Bekanntheitsgrades um 15 % innerhalb einer Saison (durch Umfragen ermittelt).

Alle Werbemaßnahmen sind auf eine bestimmte **Zielgruppe** von Gästen auszurichten, weil das Angebot eines Betriebes nur für bestimmte Teile der Bevölkerung und nur zu bestimmten Gelegenheiten attraktiv ist.
Strebt man eine Erweiterung der Zielgruppe an, muss darauf geachtet werden, dass man die bisherigen Gäste nicht abschreckt.
Der Erfolg jeder Werbung ist davon abhängig, ob die **Werbebotschaft** Aufmerksamkeit erregt und in der Lage ist, Gäste zu gewinnen. Sie muss die Besonderheiten und Stärken des Angebotes glaubwürdig vermitteln. Sie soll originell, aktuell, kurz und leicht erfassbar sein, mehr anbieten als günstige Preise (freundlicher Service, Erlebnis, Atmosphäre) und zünden (den Kaufwunsch auslösen)!

Als **Werbebudget** bezeichnet man alle vorgesehenen Ausgaben für die Planung, Durchführung und Kontrolle der Werbung. Sie richten sich nach den Werbezielen, Werbeträgern und nach dem erwarteten Umsatz. Bei sinkenden Umsätzen wäre es verkehrt, mit den Werbeanstrengungen nachzulassen, weil dann die Umsätze noch weiter zurückgehen.

Die Auswahl und Kombination der **Werbeträger und Werbemittel** sind auf die Zielgruppe, die Werbeziele und auf das Werbebudget auszurichten.

Fachleute (Werbekaufleute, -texter, -grafiker, -fotografen, -filmemacher) und Werbeagenturen können beim Entwerfen und Gestalten von Werbemitteln behilflich sein bzw. Werbekonzepte erarbeiten und durchführen.

Wissen Sie Bescheid?

1. Erläutern Sie den Begriff Marketing-Mix.
2. Nennen Sie Beispiele von Leistungen, die in Ihrem Betrieb besonders im Vordergrund stehen.
3. Auf welche Weise können Gäste auf direkten und indirekten Verkaufswegen angesprochen werden?
4. Erklären Sie den Begriff Salespromotion und schildern Sie Beispiele.
5. Was versteht man unter der AIDA-Formel?
6. Nennen Sie Möglichkeiten der Werbung.
7. Erläutern Sie den Begriff Public Relations.
8. Erklären Sie den Unterschied zwischen Werbung und Public Relations.
9. Welche PR-Maßnahmen können in gastronomischen Betrieben eingesetzt werden?

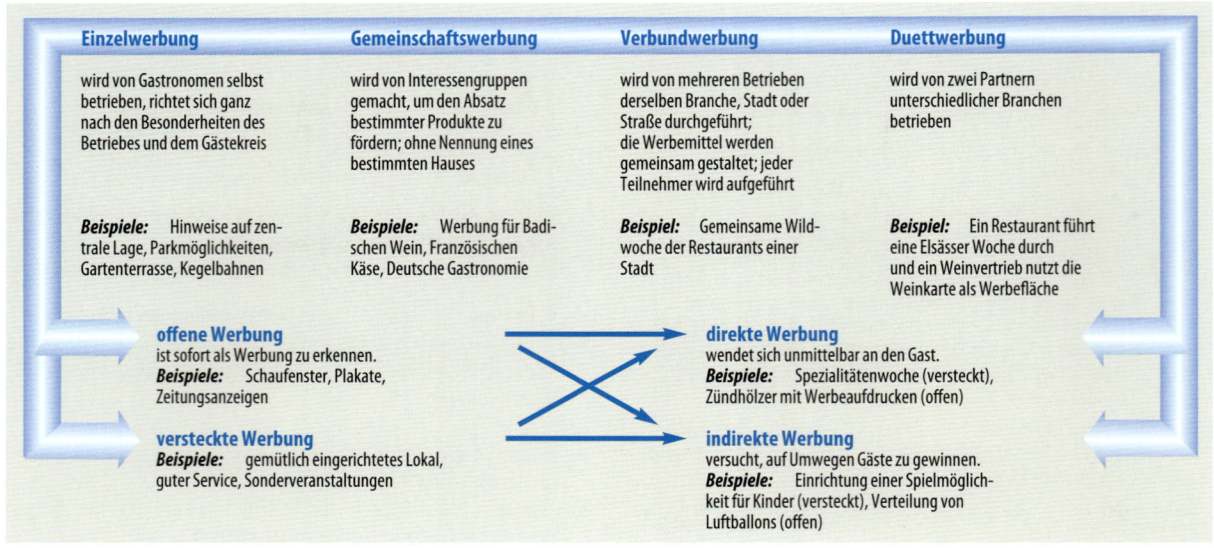

Einzelwerbung	Gemeinschaftswerbung	Verbundwerbung	Duettwerbung
wird von Gastronomen selbst betrieben, richtet sich ganz nach den Besonderheiten des Betriebes und dem Gästekreis	wird von Interessengruppen gemacht, um den Absatz bestimmter Produkte zu fördern; ohne Nennung eines bestimmten Hauses	wird von mehreren Betrieben derselben Branche, Stadt oder Straße durchgeführt; die Werbemittel werden gemeinsam gestaltet; jeder Teilnehmer wird aufgeführt	wird von zwei Partnern unterschiedlicher Branchen betrieben
Beispiele: Hinweise auf zentrale Lage, Parkmöglichkeiten, Gartenterrasse, Kegelbahnen	*Beispiele:* Werbung für Badischen Wein, Französischen Käse, Deutsche Gastronomie	*Beispiel:* Gemeinsame Wildwoche der Restaurants einer Stadt	*Beispiel:* Ein Restaurant führt eine Elsässer Woche durch und ein Weinvertrieb nutzt die Weinkarte als Werbefläche

offene Werbung ist sofort als Werbung zu erkennen. *Beispiele:* Schaufenster, Plakate, Zeitungsanzeigen	**direkte Werbung** wendet sich unmittelbar an den Gast. *Beispiele:* Spezialitätenwoche (versteckt), Zündhölzer mit Werbeaufdrucken (offen)
versteckte Werbung *Beispiele:* gemütlich eingerichtetes Lokal, guter Service, Sonderveranstaltungen	**indirekte Werbung** versucht, auf Umwegen Gäste zu gewinnen. *Beispiele:* Einrichtung einer Spielmöglichkeit für Kinder (versteckt), Verteilung von Luftballons (offen)

1. Grundformen der Absatzwerbung

Werbeträger	Werbemittel
Zeitungen, Zeitschriften, Telefonbücher, Prospekte einer Stadt/Region	Anzeigen, Inserate
Werbefläche • des Hotels (Dach, Fassade, Eingang) • von Sportstätten, • Litfasssäulen, • Verkehrsmittel, • Bahnhöfe, • Personen	Leuchtreklame, Transparente, Plakate, Aufkleber, T-Shirt, Abziehfolien
Kinowerbung	Dias, Filme
Radiowerbung	Tonband, Compact-Disk
Fernsehwerbung	Filme, Videoclips
Werbegeschenke mit Werbeaufdrucken	auf Feuerzeugen, Schreibutensilien, Kalendern, Streichhölzern, T-Shirts, Aufklebern, Regenschirmen, Handtüchern
Druckerzeugnisse	Werbebriefe, Handzettel, Plakate, Hausprospekte, Speise- und Getränkekarten
Online-Werbung	Angebotsseiten

2. Auswahl von Werbeträgern und Werbemitteln

6 Überprüfen und Kontrolle der Marketing-Maßnahme

Um eine Erfolgskontrolle der Marketing-Maßnahmen durchführen zu können, sind überprüfbare Zielvorgaben, die von vornherein festgelegt werden, nötig. Qualitative Zielvorgaben sind dabei schwer zu prüfen, während quantitative Vorgaben (z. B. Umsatz) leicht zu überprüfen sind, vor allem, wenn sie mit einer anderen bestimmten Größe verglichen werden können.
Ein Beispiel dafür:
- Eine Steigerung des Getränkeumsatzes gegenüber dem Umsatz an Speisen im Restaurant um fünf Prozent innerhalb von drei Monaten durch Verkaufsschulung, Angebot neuer Getränke und bessere Präsentation.

Nach Abschluss der Marketing-Maßnahmen müssen alle Dienstleistungen immer wieder hinterfragt und zielgruppengerecht auf die Gästebedürfnisse abgestimmt werden. Dafür gibt es zum Beispiel folgende Möglichkeiten:
- Den Gast als Betriebsberater – durch Auslegen von Fragebogen nutzen. Stets mit dem Ohr beim Gast können viele Verbesserungsanregungen aufgegriffen werden; denn der Gast mietet nicht nur Zimmer und kauft Essen, er hofft auch auf Dienstleistungserlebnisse, die man nur durch Gästebefragungen in Erfahrung bringen kann.
- Das eigene Personal als Betriebsberater.
- Die Reaktion der Konkurrenz.

7 EDV

7.1 Einsatzmöglichkeiten von EDV-Systemen im Marketing

Planung
- Planung von Marketingkonzepten anhand von vorhandenen oder zu erwartenden Betriebsdaten.
- Terminliche Planung der bevorstehenden Aktionen festlegen.
- Gästekarteien anhand bestimmter Merkmale auswerten, z. B. Anzahl der Besuche, Postleitzahl oder Umsatz.
- Eine Marktbeobachtung durchführen.
- Daten zur Anwendung des Marketing-Mixes analysieren und bewerten.

Durchführung
- Koordination verschiedener Marketingkonzepte, um eine möglichst genaue Ausrichtung des Konzeptes auf die Zielgruppe zu gewährleisten.
- Mailings erstellen, versenden und auswerten.
- Auswertung von Umfrageergebnissen in verschiedenen Ausgabeformen, z. B. als Grafik oder als Tabelle.
- Verschiedenste Werbemedien, z. B. Flyer, Karten, Plakate, auswählen und erstellen.
- Internetauftritte durch Erstellen von Web-Seiten durchführen und anhand der Anzahl der Besucher die Wirkung bzw. den Bekanntheitsgrad feststellen.
- Ständige Überwachung des festgelegten Budgets für die entsprechenden Bereiche.
- Erstellen eines Zwischenergebnisses anhand gewonnener Daten, um geeignete Maßnahmen zu ergreifen.

Kontrolle
- Gästeumfragen während der laufenden Aktion in verschiedenen Formen durchführen und auswerten.
- Kontrolle und Auswertung der Kosten in den entsprechenden Bereichen.
- Gewinn-und-Verlust-Rechnung (GuV-Rechnung) durchführen, z. B. Werbeerfolgskontrolle.
- Dokumentation des gesamten Vorgehens, um eventuelle Fehler zu analysieren.

7.2 Anwendungsbeispiele für EDV im Marketing

Hotel- und Gastronomiebetriebe erstellen zur Unterstützung ihres angewendeten Marketingplanes oft „hausgemachte" Werbebriefe, Prospekte, Flyer, Plakate und andere Werbemittel. Hierbei sind u. a. folgende Punkte zu beachten:

Schriftart	A B **C** D E F g H I J
Schriftgröße	A B C D E F
Papierform	DIN-Formate (z. B. DIN A4) o. andere Formate
Schriftstärke	A *B* C D
Abstand von Wörtern und Buchstaben	**Sommer-Brunch** Sommer-Brunch
Zeilenabstand	Einfach, 1,5 Zeilen oder doppelt
Grafiken	Selbst erstellt oder gekauft?
Farbe und Farbkombinationen	TEST TEST

1. Gestaltungselemente für Werbemittel

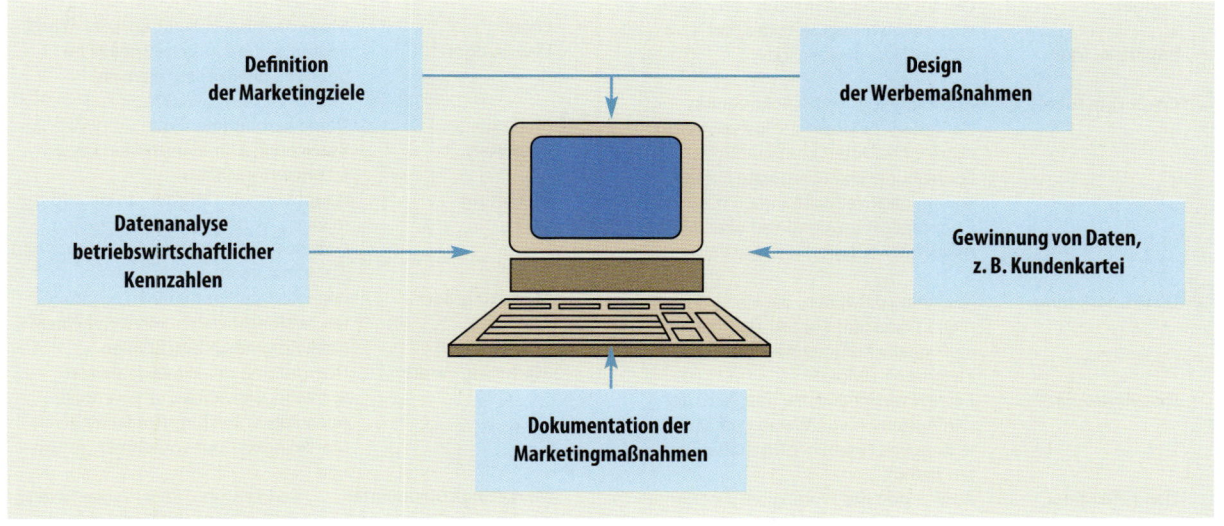

2. Der PC als Hilfsmittel bei der Planung von Marketingmaßnahmen

8 Fachsprache, Fremdsprache

Marketingbegriffe

A ABC-Analyse: Identifikation z. B. derjenigen Produkte/Kunden usw., die am meisten (Klasse A), durchschnittlich (B) oder wenig (C) zum Unternehmenserfolg beitragen

Absatzhelfer: rechtlich selbstständige Person bzw. Institution, die an der Anbahnung von Kontakten zwischen den Gliedern der Absatzkette und am Durchfluss der Ware beteiligt ist, ohne Wiederverkäufer zu sein

Absatzplanung: stützt sich auf Vorausberechnung, z. B. über Anzahl von Speisen/Zimmern, die an einem bestimmten Tag verkauft warden

Advertising: Werbung (→ 342)

AIDA: Formel, nach der Werbung betrieben werden sollte; Stufenkonzept der Werbewirkung A = Attention, I = Interest, D = Desire, A = Action (→ 343)

Akquisition: Bemühungen zur Erzielung von Geschäftsabschlüssen mit Abnehmern

Arrangement: Zusammenstellung von Leistungen zu einem festgelegten Preis

B Branding: Brandmarken werden in der Wirtschaft für eine enge Koppelung von Produkt, Marke, Unternehmen und Konsument verwendet

Break-even-Point: Darstellung des Zusammenhangs von Kosten, Auslastung und Erlös. Sobald die Auslastung diesen Punkt (Point) übersteigt, macht das Unternehmen bei dem eingesetzten Preis Gewinn

Briefing: Darlegung der Aufgabenstellung durch den Auftraggeber z. B. gegenüber einer Werbeagentur oder einem Marktforschungsinstitut

Budget: Betrag, der zur Erreichung von Zielen eingesetzt werden soll oder darf

Buyer's market: Käufer-/Nachfragermarkt

C Corporate Identity: Ausdruck eines vom Konkurrenten klar unterscheidbaren Selbstverständnisses eines Unternehmens durch Erscheinungsbild (Corporate Design), kommunikative Maßnahmen (Corporate Communications) und Verhalten aller Mitarbeiter (Corporate Behaviour)

D Direktmarketing: Marketingaktivitäten, die ein Unternehmen in direktem Kontakt und durch individuelle Kommunikation mit der Zielgruppe verfolgt

Distribution: Bereich wirtschaftlicher Tätigkeit, der den Austausch von Waren und Dienstleistungen zwischen Wirtschaftseinheiten betrifft

Diversifikation: Ausweitung des Produktionsprogramms auf bedarfsverwandte Leistungen des bisherigen Angebots

E Event: Veranstaltung

Eventmarketing: Planung, Gestalten von Aufsehen erregenden Veranstaltungen

Eye-catcher: Blickfanggestaltung

F Feedback: Rückmeldung

Flyer: Flugblatt, Wurfsendung, Informationsblatt

Folder: kleine Broschüre, Faltblatt

Franchising: bezeichnet die zwischenbetriebliche Zusammenarbeit eines Franchisegebers, der z. B. Markennamen, Know-how, Qualität und Arbeitsablauf vorgibt, und eines Franchisenehmers, der sich als selbstständiger Unternehmer auf Basis eines Lizenzvertrages dem Franchisegeber anschließt

Free-flow: Selbstbedienung eines Speisen- und Getränkeangebotes an verschiedenen Ausgaben

G Give-away (Gimmick): kleine Werbegeschenke

I Inhouse-Promotion: Hausinterne Verkaufsförderung, z. B. Speise- oder Getränkekarten im Zimmer oder im Aufzug

K Kommunikationspolitik: Gestaltung aller marktgerichteten Informationen der Bereiche Werbung, Verkaufsförderung, Öffentlichkeitsarbeit und Sponsoring

Kundenbindung: Bemühen eines Unternehmens, Abnehmer mit ökonomischen, sozialen, technischen oder juristischen Mitteln an sich zu binden

L Layout: Anordnung von Text und Bildern, z. B. Werbeprospekte, Speisekarten usw.

Leistungs-/Produktpolitik: Dienste oder Waren, die ein Unternehmen hervorbringt und vermarktet

Logo: Markensymbol in Bild und/oder Schrift

Low Budget: Leistungs- und Angebotspolitik im unteren „finanziellen" Bereich

M Mailing: Direktwerbung per Post

Marketer: Bezeichnung für eine/-n Marketingfachmann/-fachfrau

Marketing: Hauptwort zur Tätigkeit „to go into the market", in den Markt hineingehen. Unterteilt in Beschaffungsmarketing und Absatzmarketing

Marketingidee: neue Konzeption für einen bestimmten Leistungsbereich, meist mit einem Marketingslogan beschrieben

Marketing-Audit: Überprüfung der aktuell laufenden Marketingaktivitäten, um eventuell nochmals Korrekturen im laufenden Marketingkonzept vornehmen zu können

Marketinginstrumente: sind Leistung, Preis, Verkaufswege, Verkaufsförderung (Salespromotion), Werbung und Öffentlichkeitsarbeit (Public Relations) (→ 341)

Fachsprache, Fremdsprache 347

	Marketingkonzept:	(→ 340)	
	Marketing-Mix:	optimaler Einsatz der Marketinginstrumente, um ein bestimmtes Marketingziel zu erreichen (→ 341)	
	Marketingresearch:	Absatzforschung durch Beobachtung, Experiment oder Befragung der Gäste	
	Marktanalyse:	Vergleich von Statistik, Mitbewerbern, Bedarfs- und Infrastruktur, um langfristig die Zukunft des Betriebes zu sichern und um bei Veränderungen am Markt richtig reagieren zu können	
	Marktforschung:	Ermittlung des Bedarfs durch Primärforschung wie Befragungen, Tests und Sekundärforschung wie Statistiken, Berichte usw. (→ 340)	
	Marktsegment:	einzelne Bestandteile des Gesamtmarktes, um z. B. Kundengruppen innerhalb des Marktes zu erkennen	
	Message:	Nachricht, Botschaft	
	Multimedia-Marketing:	Einsatz von modernen Medien zur Informationspräsentation	
	MICE:	(**M**eetings **I**ncentives **C**onventions **E**vents) Die Durchführung von Tagungen (M), Anreiz- und Belohnungsreisen (I), Kongressen (C) und anderen Veranstaltungen (E)	
N	Nischenstrategie/-segment:	Konzentration der Marktbearbeitung auf wenige Aktionsfelder, um hier Kostenführerschaft bzw. Differenzierung zu erreichen	
O	Odd Pricing:	gebrochene Preise, z. B. 5,99 €	
	Offer:	Angebot	
	Ökomarketing:	Absatz- und Verkaufsstrategie unter Berücksichtigung von Umweltfragen	
	Outhouse Promotion:	Verkaufsförderungsmaßnahmen außerhalb des Betriebes	
	Outsourcing:	Ausführung von Arbeiten im Unternehmen durch Fremdfirmen	
P	Package:	Direktwerbung, die oft aus Werbebrief, Angebot und Antwortkarte besteht	
	Präferenzstrategie:	Strategie/Plan für das eigene Vorgehen	
	Preisdifferenzierung:	gleiches Angebot zu unterschiedlichen Preisen, z. B. Haupt-/Nebensaison, Einzel-/ Gruppenreisen	
	Preispolitik:	Gesamtheit aller Entscheidungen, die der zielorientierten Gestaltung des Preis Leistungs-Verhältnisses dienen	
	Promotion-Budget:	Werbeetat	
	Public Relations:	Öffentlichkeitsarbeit – Instrument der Kommunikationspolitik, das das Image des Unternehmens beeinflusst gleichzeitig den Bekanntheitsgrad steigern soll (→ 342)	
	Publicity:	Öffentlichkeit, hier: Werbung	
R	Rev Par:	z. B. Erlös pro Zimmer	
	Revenue Management:	Kontrollsystem für die laufenden (z. B. 12) Monate	
S	Salespromotion:	Verkaufsförderung (→ 341)	
	Sammelwerbung:	gemeinsame Werbung für sachlich verbundene Produkte mit Nennung von Unternehmens- oder Markennamen (z. B. Ring-, Schlosshotels)	
	Seller's Market:	Verkäufer-/Anbietermarkt	
	Standards:	Festlegung, wie und auf welchem Niveau die Dienstleistungen erfüllt werden	
	Stärken-Schwächen-Profil:	Bestandteil der Markt- und Umfeldanalyse	
T	Treatment:	unentgeltliche Aufmerksamkeiten	
	Trend:	Grundrichtung einer Entwicklung aus vergangenheitsbezogenen Daten	
U	Unique Selling Proposition:	Nutzenversprechen, oft exklusiver Art, um sich von seinen Wettbewerbern abzuheben	
	Upgrading:	z. B. Vergabe eines Hotelzimmers der höheren Kategorie zum Preis der niedrigeren	
W	Wellness:	Bereiche für Wohlgefühl, Gesundheit, Kosmetik usw.	
	Werbeinhalt:	aussagekräftige Darstellung der Werbung, die für Außenstehende nachvollziehbar und verständlich ist	
	Werbemittel:	Kommunikationsmittel, das die Werbeaussage vorträgt (Plakate, Rundfunk-, TV-Spot, Zeitungsanzeigen, Web-Site usw.)	
	Werbeobjekt:	Produkt, für das geworben werden soll	
	Werbeprinzipien:	dazu zählen u. a. Wahrheit, Wirksamkeit, Zielklarheit, Wirtschaftlichkeit, Aktualität usw.	
	Werbesubjekt:	Zielperson der Werbung	
	Werbung:	Instrument der Kommunikationspolitik, das Meinungen, Kenntnisse und Wissen von anderen so beeinflussen soll, dass diese die angebotenen Produkte oder Leistungen kaufen (→ 343)	
Y	Yield-Management:	Inbegriff von **Maßnahmen** zur Steigerung des vor allem im Dienstleistungsbereich mit einer bestimmten Kapazität erzielbaren Ertrags	
Z	Zielgruppe:	Personen oder Unternehmen mit einer ähnlichen Bedarfsstruktur	

9 Projektorientierte Aufgabe

Thema: Marketingstrategie für ein kleines Familienhotel
Sie sind Inhaber eines kleinen Familienhotels an der Mecklenburgischen Seenplatte. Sie beauftragen einen Unternehmensberater, den Betrieb über einige Wochen zu analysieren. Er empfiehlt folgende Strategie:
- Sie sollen die Preiselastizität (Anmerkung: Preiselastizität ist eine Maßzahl für die Intensität, mit der die Nachfrage auf eine Preisänderung reagiert.) nach oben testen, da vor Ort wenig Konkurrenz herrsche.
- Gleichzeitig sollen Sie die Zahl der Zimmer durch Umbau des Hauses verkleinern, die Ausstattung dagegen im Bereich der Badezimmer deutlich verbessern.
- Im Bereich Personal soll teures Fachpersonal durch mehr angelernte Kräfte ersetzt, Aushilfskräfte und gegebenenfalls Auszubildende sollen eingestellt werden.
- Als Zielgruppe schlägt er gut situierte Rentner und Wanderer bzw. Wassersportler vor.
- Außerdem empfiehlt er ein Engagement eines Mitglieds der Gastronomenfamilie in der Lokalpolitik der Region. Es solle für den Gemeinderat kandidieren und sich bei der Gründung eines örtlichen Fremdenverkehrsvereins engagieren.
- Seine Abschlussempfehlung lautet: zusätzliches Engagement im Bereich der Werbung, der Salespromotion und der Public Relations. Eine Kooperation mit den Hotels des Deutschen Wandervereins erscheine sinnvoll. Ein Auftritt im Internet sei unerlässlich.

Aufgabe:
Überprüfen Sie das Konzept der Unternehmensberatung in allen Aspekten des Marketings. Machen Sie Vorschläge, wie diese Vorgaben in Ihrem Betrieb umgesetzt werden können.

Lösungsvorschlag
(Lösungsvorschläge geben Anregungen, wie die Projektaufgabe bearbeitet werden kann, und sind keine fertigen Lösungen.)

- Erforschen des Standortes.
- Besonderheiten oder Sehenswürdigkeiten in der Umgebung?
- Verkehrssituation: Anbindung an Öffentlichen Personennahverkehr (ÖPNV), Autobahn, Schienenverkehr.
- Freizeitangebote im Hotel und der näheren Umgebung?
- Standort und Lage der Konkurrenz?
- Überprüfen des eigenen Angebotes im Vergleich zur Konkurrenz.
- Welche(s) Preisniveau, Klassifizierung und Qualität ist vorhanden?
- Momentane Nachfrage in Bezug auf Auslastung der Betten und des Restaurants?
- Verweildauer der Gäste überprüfen.
- Saisonverlauf inklusive Gästekreis (Zielgruppe) beobachten und dokumentieren.
- Informationen auswerten und Marketingkonzepte firmenintern oder mit Fremdhilfe entwickeln.
- Marketing-Mix erstellen und erreichbare Ziele formulieren.
- Überlegen, ob die Maßnahme, die Zahl der Zimmer zu reduzieren und mehr in die Ausstattung (z. B. Mobiliar, Badezimmer) zu investieren, sinnvoll ist.
- Gegenüberstellung der bisherigen Personalpolitik in Bezug auf den von der Unternehmensberatung vorgeschlagenen Personaleinsatz.
- Festlegen des Werbeetats, der Werbung in den verschiedenen Formen und in Bezug auf Werbemittel und Werbeträger.
- Engagement z. B. in Vereinen zur Steigerung der Öffentlichkeitsarbeit (Public Relations).
- Die durch Gemeindetätigkeit und Gründung eines Fremdenverkehrsvereins eventuell entstehenden Vorteile ausfindig machen.
- Aktionen einleiten, um mehr Aktivitäten in den Bereichen Salespromotion und Public Relations zu erreichen.
- Vor- und Nachteile abwägen, die eine Hotelkooperation oder Zusammenarbeit mit Reisevermittlern bringt.
- Überlegungen anstellen in Bezug auf Kosten und Nutzen, ob ein Internetauftritt durchführbar und sinnvoll ist.
- In welcher Art und Aufmachung könnte ein Familienhotel sich dort präsentieren?
- Bestehen Risiken bei der Empfehlung zur Zielgruppe.
- Passende Medien aussuchen, die die Zielgruppe der Rentner ansprechen.
- Überprüfen und Kontrolle des Erfolges der Marketing-Maßnahmen.

Lernfeld 2.3
Wirtschaftsdienst

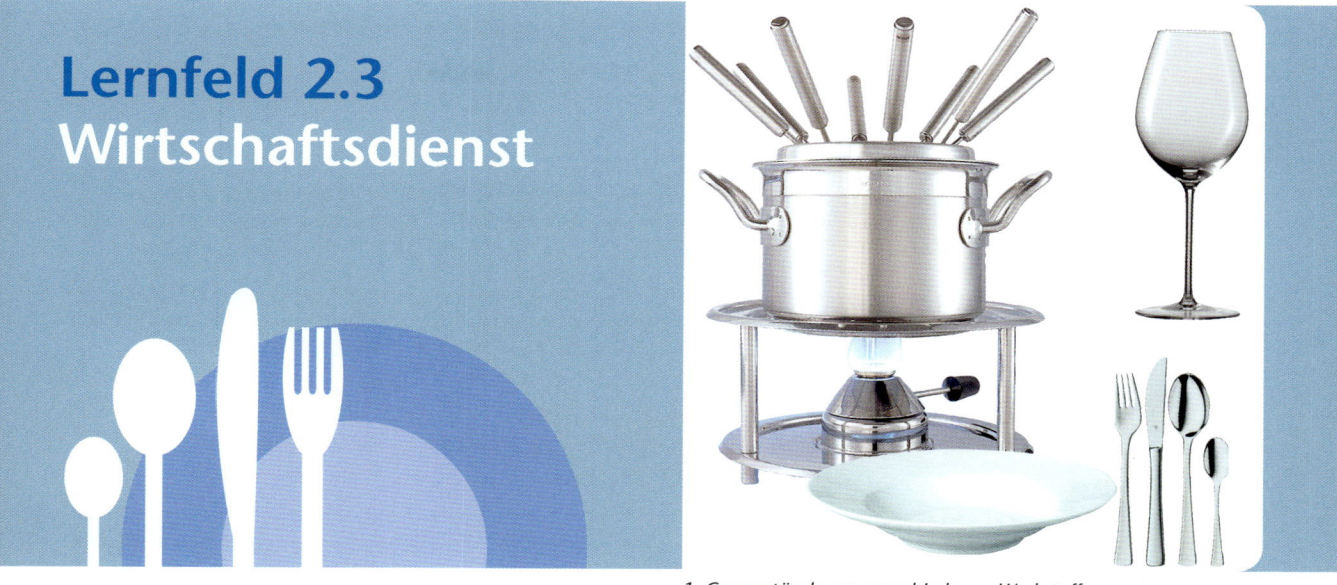

1. Gegenstände aus verschiedenen Werkstoffen

Zielformulierungen

Folgende Ziele sollen von den Auszubildenden im Lernfeld Wirtschaftsdienst erreicht werden:

- Sie sollen sich der zentralen Bedeutung des Wirtschaftsdienstes für das Wohlbefinden des Gastes bewusst sein und danach handeln.
- Sie sollen die rationellen Arbeitsabläufe beim Reinigen, Pflegen und Herrichten von Gasträumen planen und beurteilen.
- Sie sollen den Materialien entsprechende Reinigungs- und Pflegemittel nach ökonomischen und ökologischen Kriterien auswählen.
- Sie sollen bei den Arbeiten im Wirtschaftsdienst auch in der Lage sein, den Gästen, gegebenenfalls in einer Fremdsprache, Informationen zu erteilen.
- Sie sollen den Wirtschaftsdienst betreffende Rechtsvorschriften einhalten.

1 Materialkundliche Grundlagen und entsprechende Reinigungs- und Pflegemittel

Natürlich vorkommende Materialien wie Holz, Wolle oder Metalle werden entsprechend ihren Eigenschaften wie Härte, Glanz, Temperaturbeständigkeit und -leitfähigkeit, Formbarkeit, spezifisches Gewicht usw. für Kleidung, Behausung, als Transportgefäß oder Küchengerät und für viele andere Zwecke genutzt. Die meisten Werkstoffe sind gegen Umwelteinflüsse empfindlich. Holz bekommt Risse, fault oder wird vom Holzwurm durchlöchert, Eisen rostet, Wolle wird von Motten zerfressen. Durch die Anwendung geeigneter Technologien ist es möglich, negative Veränderungen zu verhindern oder zu reduzieren. Beispiele hierfür sind das Behandeln von Holz oder das Veredeln von Metallen. Die letzte Stufe der Entwicklung ist die Herstellung künstlicher Werkstoffe.

Gebrauchsgegenstände haben einen funktionellen, die Eignung für den Verwendungszweck betreffenden, und einen ästhetischen, das angenehme Aussehen betreffenden Wert. Um beide Werte zu erhalten, muss man sachgerecht handhaben, reinigen und pflegen.

Im Hotel- und Gaststättengewerbe kommt es besonders auf die richtige Auswahl der Einrichtungsgegenstände an: So sollen Räume, die von Gästen genutzt werden, nicht nur ihrer Funktion gemäß ausgestattet sein. Die Ausstattung ist auch Teil der besonderen Note und Atmosphäre des Hauses und wird als Ambiente bezeichnet.

Metall	Gebrauchsgegenstände	Reinigung und Pflege nach Gebrauch	Grundreinigung
Gusseisen	Herdplatten, Brat- und Schmortöpfe, Pfannen, Kippbratpfannen	trocken ausreiben oder feucht auswischen und gut abtrocknen	mit Scheuermittel und wenig Wasser ausbürsten; trocknen
Edelstahl/ Chrom-Nickel-Stahl	Töpfe, Schüsseln, Tische, Maschinen, Gastro-Norm-Behälter, Gargeräte, Bestecke	mit Reinigungsmittellösung abwaschen, nachspülen und trocken reiben bzw. polieren	sehr feine Scheuermittel oder Spezialreinigungs- und -poliermittel verwenden
Silber (siehe auch unter Besteck → 115)	Bestecke, Platten, Anrichtgeschirr, kunstgewerbliche Artikel	mit Reinigungslösung spülen, nachspülen und polieren (eventuell mit Silberputztuch)	Silberputzmaschine, Silberbad, Schlämmkreide und Spiritus, Spezialmittel
Kupfer	Flambierpfannen, Beleuchtungskörper	mit Essig oder Zitronensäure abwischen, polieren	Spezialreinigungsmittel
Messing	Möbel-/Türbeschläge	trocken abreiben/polieren	Spezialmittel

1. Reinigen und Pflegen von Metallen

1.1 Metalle

Metalle werden aus Erzen der Erdkruste geschmolzen. Jedes Metall hat eine bestimmte Härte und einen charakteristischen Glanz. Durch das Mischen (Legieren) von Metallen können Werkstoffe mit nahezu idealen Eigenschaften erzeugt werden.

Metalle auf Eisenbasis

Roheisen ist preiswert und lässt sich zu formbarem Gusseisen und zu Stahl weiterverarbeiten. Wichtigstes Metall auf Eisenbasis für die Gastronomie ist der **Edelstahl**/Chrom-Nickel-Stahl (CN-Stahl; Handelsnamen: z. B. Cromargan, Nirosta), weil er nicht rostet und unempfindlich gegen Säuren und Laugen ist, gut aussieht und sich ohne großen Aufwand hygienisch reinigen lässt.
Eine bewährte Mischung besteht aus 72 % Eisen, 18 % Chrom und 10 % Nickel (18/10-Stahl). Edelstahl leitet Wärme gut, ist aber ein schlechter elektrischer Leiter, deshalb sind Edelstahltöpfe für Induktionsherde ungeeignet. Metallgefäße aus **Stahlblech** oder **Gusseisen** mit Emailüberzug werden selten verwendet, weil die Emailschicht abblättern kann und das Geschirr dann unbrauchbar ist.

1. Teilen Sie die Werkstoffe in vier Hauptgruppen ein.
2. Nennen Sie die wichtigsten Unterschiede zwischen Stahl und Edelstahl.
3. Der Wert eines Gebrauchsgegenstands liegt nicht nur darin, dass er seine Funktion erfüllt. Welchem Anspruch muss er noch genügen?

Nichteisenmetalle (Buntmetalle)

Nichteisenmetalle rosten nicht. Auf ihrer Oberfläche kann sich jedoch ein Belag bilden, der durch Reinigen und Polieren entfernt werden muss. Die wichtigsten Nichteisenmetalle:
Aluminium ist ein relativ weiches und leichtes, nichtrostendes Metall. Es leitet die Wärme besser als Edelstahl, ist jedoch gegen Säuren und Laugen empfindlich. Auch durch Eloxieren (Verstärkung der natürlichen Schutzschicht) wird die Oberfläche von Aluminiumgeschirr nicht so robust wie Edelstahlgeschirr.
Kupfer hat eine hervorragende Leitfähigkeit für Temperatur und Elektrizität. Gefäße aus Kupfer müssen an der Innenfläche feuerverzinnt sein, weil sich sonst durch Säureeinwirkung giftiger Grünspan bilden kann.
Messing ist eine Legierung aus Kupfer (55 % bis 90 %) und Zink.
Zinn ist silberweiß und geht, im Gegensatz zu Zink, mit Nahrungsmitteln keine gesundheitsschädlichen Verbindungen ein. Zinngefäße sind relativ teuer.
Weißblech ist aus einer Stahl-Zinn-Legierung hergestellt und wird für Konservendosen verwendet. Fein ausgewalzte Zinnfolie nennt man Stanniol.
Alpaka besteht aus einer Legierung mit Kupfer-, Zink- und Nickelanteilen und dient als Unterlage bei Silberbesteck (→ 116).
Silber wird vor allem als Überzugsmetall eingesetzt. Bei massiv silbernen Gegenständen wird immer eine Legierung mit einem Anteil festigendem Metall wie Kupfer verwendet, weil reines Silber zu weich ist.

Material	Gegenstand	Reinigung und Pflege nach Benutzung	Grundreinigung
Holz unbehandelt	Fußböden; Regale in Schränken	kurz mit Reinigungslösung abwischen, trocknen	mit feiner Stahlwolle/Scheuersand scheuern
versiegelt	Fußböden (Parkett), Treppen	mit Reinigungslösung feucht wischen, trocknen	mit Glanzemulsion oder Wischwachs pflegen
poliert	Möbel	abstauben	mit Politur behandeln
lasiert, lackiert	Möbel, Türen, Bilder- und Fensterrahmen	abstauben	kurz feucht reinigen/Spezialmittel einsetzen
Stein	Fußböden, Wände	mit Reinigungslösung feucht wischen	Wischwachse/Wischglanzmittel einsetzen
Leder	Möbel, Bekleidung, Schuhe	entstauben oder feucht reinigen, mit Spezial-Pflegemittel einreiben	Spezialreinigung

1. Reinigung und Pflege von natürlichen Werkstoffen

1.2 Natürliche Werkstoffe

Zu den natürlichen Werkstoffen gehören:
Holz: Holz besteht hauptsächlich aus Cellulose. Die Härte, die Farbe und die Maserung, das heißt der Verlauf der Holzfasern im Längsschnitt, sind von der Baumart abhängig und dienen als Unterscheidungs- und Qualitätsmerkmal.
Zum Schutz vor Feuchtigkeit und Schädlingen sowie zur Verschönerung wird Holz verschiedenen Behandlungen unterzogen: beizen, wachsen, mattieren, polieren, lackieren, mit Farbe streichen, lasieren oder versiegeln. Danach richtet sich die Reinigung und die Pflege.
Holz „arbeitet". Dieser Begriff beschreibt folgende Zusammenhänge: Frisches Holz mit einem Wassergehalt bis zu 50 % nimmt beim Trocknen an Gewicht und Volumen ab; es **schwindet**. In feuchter Umgebung nimmt es wieder Wasser auf; es **quillt**. Außerdem kann es reißen, sich verziehen, krümmen und werfen.
Um das „Arbeiten" des Holzes zu verhindern, werden **Sperrholz** (dünne Holzschichten, die jeweils quer zum Faserverlauf aufeinandergeklebt sind) und Pressholz (sehr dünne Holzschichten, die mit Kunstharz getränkt und bei Hitze zusammengedrückt wurden) für Tischplatten oder Stuhlsitze hergestellt.
Kork: Er wird vom Bildungsgewebe der Korkeichenrinde produziert. In den Korkzellen entsteht Suberin, das ihn gegen Verdunstung und Infektionen schützt. Kork ist sehr leicht, fast undurchlässig für Flüssigkeiten und Gase, ein schlechter Wärmeleiter, schluckt Schall und fault nicht. Verwendung: Flaschenkorken und Bodenbelag.

Stein: Aus Stein sind Boden- und Wandbeläge. Man unterscheidet **Naturwerksteinplatten**, z.B. Marmor, die durch Zersägen, Schleifen und Polieren von Gestein erzeugt werden, **Fliesen, Betonwerksteinplatten und Zementestriche**. Stein ist gegen Feuchtigkeit unempfindlich und lässt sich hygienisch reinigen. Deshalb werden stark beanspruchte Böden, Nassräume (Bäder, Duschen, Toiletten) sowie Küchen dekorativ mit Fliesen ausgelegt.
Steinplatten halten Witterungseinflüssen stand und sind für Außenanlagen geeignet. Eine Marmorplatte wird in der Patisserie als gekühlte Unterlage zur Bearbeitung von wärmeempfindlichen Mürbe- und Blätterteigen sowie Schokolade verwendet.
Leder: Es wird aus enthaarten Tierhäuten durch chemische und physikalische Behandlung (Gerben) hergestellt. Dabei wird die Lederhaut von der Unter- und Oberhaut getrennt und haltbar gemacht. Nach dem Hautmaterial wird Rind-, Kalb-, Ziegen- oder Wildleder unterschieden, nach der Zurichtungsart z.B. Velours-, Nappa- oder Nubukleder. Die Eigenschaften sind stark vom Hautmaterial und der Zurichtungsart abhängig. Leder kann weich und biegsam oder fest, empfindlich oder strapazierfähig sein. Leder wird vor allem für Schuhe, Bekleidung und als Bezugsmaterial für Sitzmöbel verwendet.
Naturfasern: Ihre Eigenschaften sind im Vergleich mit den Kunstfasern am besten darzustellen, deshalb werden beide Faserarten im Kapitel „Faserstoffe" (→ 355) beschrieben.

Glasart	Verwendung
Wirtschaftsglas (Natron-Kalk-Glas)	einfache Pressgläser, Flaschen, Konservengläser, Platten, Teller
Kristallglas (Kali-Kalk-Glas)	Gläser besserer Qualität, Vasen, Platten, Teller, Leuchter
Bleikristall (Blei-Kali-Kalk-Glas)	hochwertige Trinkgefäße, Karaffen, Vasen, Schalen (häufig mit eingeschliffenen, eingravierten oder eingeätzten Verzierungen)
Spezialglas feuerfestes Glas	Back- oder Kochgefäße (Jenaer Glas), Glasteile in Kaffeemaschinen
Verbundglas	wärmeisolierende Scheiben in Fenstern und Türen
Sicherheitsglas	nichtsplitterndes Glas bei Scheiben in Fenstern und Türen

1. Glasarten und ihre Verwendung

Material	Eigenschaften und Verwendung
Tonzeug	fein gesintert, wasserundurchlässig, hell klingend
Porzellan	weißer Scherben für dünnwandiges Ess- und Anrichtegeschirr, Vasen, Kunstgegenstände
Feinsteinzeug	farbiger Scherben für dickwandiges (rustikales) Geschirr, Vasen, Krüge, Kunstgegenstände
Tongut	porös gesintert, ohne Glasur wasserdurchlässig, dumpf klingend
Steingut	weißer Scherben für dickwandiges Geschirr einfacher Ausführung, Sanitärkeramik für Toilette und Bad
Irdengut	farbiger Scherben für Krüge, Vasen, Blumentöpfe, Römertöpfe (unglasiert)

2. Keramische Werkstoffe

1.3 Synthetische Werkstoffe

Synthetische (künstlich hergestellte) Werkstoffe
Glas: Für die verschiedenen Glasarten werden die Glasrohstoffe Quarzsand und Kalk und, zur Erleichterung des Einschmelzens, die Flussmittel Natron in Form von Soda oder Kalium in Form von Pottasche sowie Bleioxid in Form von Mennige bei etwa 1 500 °C geschmolzen. Je nach Verwendungszweck kann man dem Glas durch Zusätze unterschiedliche Eigenschaften geben. Durch Blasen, Gießen, Walzen, Pressen oder Ziehen wird es geformt und dann behutsam abgekühlt. Glas ist durchsichtig und empfindlich gegen Stoß und starke Temperaturschwankungen.
Zum Reinigen von Glasflächen (Fenster, Spiegel) werden Spezialreinigungsmittel oder Spiritus verwendet.
Porzellan: Porzellan ist ein feinkeramischer Werkstoff, der etwa zu 50 % aus einer Mischung von feinstem Ton (Kaolin/Porzellanerde), aus Gesteinspulver (Quarz und Feldspat zu je etwa 25 %) und geringen Mengen Flussmittel (siehe oben) besteht. Die Masse wird geformt, getrocknet, zweimal gebrannt, glasiert, nochmals gebrannt und dekoriert.

Beim ersten Brennen bei etwa 1 000 °C erhält das Porzellan die notwendige Festigkeit, der gebrannte „Scherben" ist aber noch so porös, dass er Feuchtigkeit aufnimmt. Diese Eigenschaft nutzt man zum Auftragen der Glasur. Die Glasur soll dem Porzellan einen harten, glasartigen Überzug verleihen. Die Glasurmasse besteht aus den gleichen Rohstoffen wie die Porzellanmasse, enthält aber mehr kieselsäurehaltiges Quarzpulver und Flussmittel. Der Bodenrand der Porzellanteile fühlt sich rau an, weil er unglasiert bleibt.
Beim zweiten Brennen schmelzen die Rohstoffe zu einem einheitlichen Stoff. Diesen Vorgang nennt man „sintern". Während der Sinterung „schwindet" das Porzellan; es wird um 1/6 kleiner, der Scherben wird dabei dicht, weiß und durchscheinend.

Das **Dekorieren** (Auftragen von Mustern) kann vor dem Glasieren, der Unterglasurdekor, oder nach dem zweiten Brennen, der Aufglasurdekor, erfolgen. Beim anschließendem Brennen bei 800 °C bis 830 °C wird die Glasur abwaschfest. Unterglasurdekor ist spülmaschinenfest, allerdings wird die hohe Hitze nur von Kobaltfarben (Blau, Grün, Hellrot und Schwarz) vertragen. Inglasurdekore werden auf die gebrannte Glasur aufgetragen. Beim nachfolgenden Brennen bei etwa 1 250 °C sinken die Farben in die verflüssigte Glasur ein und verbinden sich „spülmaschinenfest" mit ihr.

Porzellan- oder andere Keramikteile mit bleihaltigen Glasuren dürfen für Speisen und Getränke nicht verwendet werden, weil Säuren das giftige Blei lösen. Verboten ist auch die Benutzung von Geschirr oder Glas, das Risse oder Absplitterungen aufweist, weil sich Mikroorganismen darin festsetzen können. Neben weißem Porzellan ist auch schwarz eingefärbtes Porzellan auf dem Markt, das bei der Servicezusammenstellung einen interessanten Kontrast bildet.
Für die Grundreinigung sind Spezialmittel im Handel.

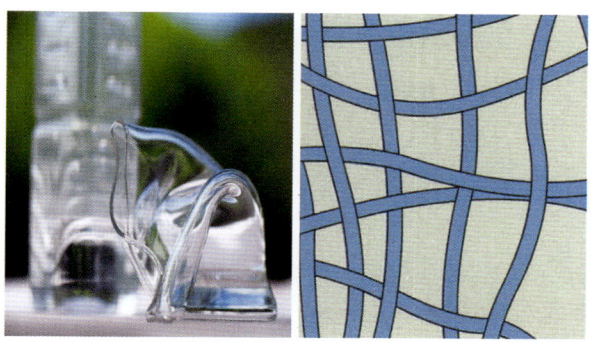

1. Thermoplaste – unvernetzte Makromoleküle

2. Duroplaste – stark vernetzte Makromoleküle

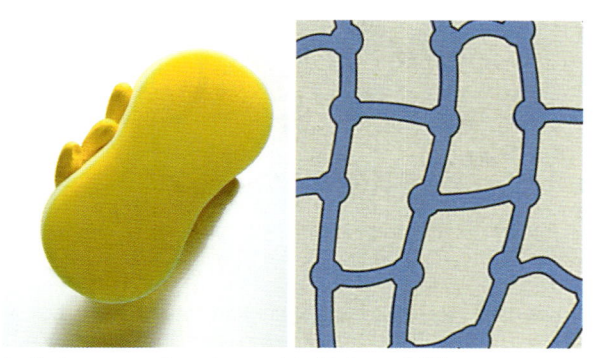

3. Elastomere – schwach vernetzte Makromoleküle

4. Verpackungen aus Kunststoff

Kunststoffe

Kunststoffe sind künstlich hergestellte chemische Verbindungen aus Kohlenwasserstoffen, die durch Aneinanderreihen sehr vieler Moleküle (Polymerisation) synthetisiert wurden. Ein wichtiges Ausgangsmolekül ist das Ethen, das aus Erdöl, Erdgas oder Kohle gewonnen wird.

Thermoplastische Kunststoffe: Thermoplaste bestehen aus linearen und wenig verzweigten Molekülen unterschiedlicher Länge, die durch Wasserstoffbrückenbindungen zusammengehalten werden. Je nach Kettenlänge, angelagerten anderen chemischen Stoffen, Zusätzen bzw. Schäumung erhält man Werkstoffe unterschiedlichster Eigenschaften.

Thermoplaste werden duch Pressen oder Gießen bei Hitze in die gewünschte Form gebracht und erstarren beim Abkühlen. Die meisten Gegenstände aus Thermoplast werden beim Erwärmen weich und verflüssigen sich bei Hitze.

Duroplastische Kunststoffe: Duroplaste bestehen aus Molekülen, die dreidimensional engmaschig vernetzt sind. Die netzartige Struktur macht sie so hart, dass sie durch Hitze nicht weich werden. Duroplast muss deshalb in den Formen synthetisiert werden und kann nach dem Erstarren nur noch mechanisch bearbeitet (gesägt, gebohrt, geschliffen) werden.

Elastische Kunststoffe: Elastomere verhalten sich gummiartig, weil ihre Netzstruktur weitmaschig und weniger starr ist. Sie lassen sich verformen, gehen aber wieder in ihre Ausgangsform zurück.

Einsatzbereiche von Kunststoffen

Kunststoffe ersetzen zunehmend natürliche Werkstoffe wie Holz, Leder, Metall und Naturfasern. Auch Glas und Porzellan wird in manchen Bereichen von ihnen verdrängt, etwa durch Plexiglas. Als Verpackungsmaterial hat Kunststoff aufgrund seiner Vielseitigkeit alle anderen Werkstoffe überholt. Die Eigenschaften können genau auf das Verpackungsgut abgestimmt werden. Je nach Bedarf können Kunststoffe wasser- und gasdicht oder -durchlässig, weich oder hart sein.

Kunststoffe sind korrosionsfest und umweltbeständig (nur UV-Licht zerstört Kunststoff), reißfest und bruchbeständig, ohne scharfe Kanten und sehr leicht.

Kunststoff-Folien können mit anderen Werkstoffen wie Pappe oder Metall verbunden werden. Sie können unterschiedlich stark, dehnbar, selbstklebend, bedruckbar, klar oder trüb, gefärbt und geschmacksneutral sein. Kunststoff-Schneideunterlagen haben gegenüber Holzbrettern den Vorteil, dass ihre Oberfläche besser von Mikroorganismen freizuhalten ist.

Kunststoffe dürfen keine Stoffe an Lebensmittel abgeben oder dem Lebensmittel Stoffe entziehen.

Kunststoffe, die lebensmittelgeeignet sind, können das **RAL**-Kennzeichen FÜR LEBENSMITTEL tragen.

Kunststoff	Eigenschaften	Verwendung
Thermoplaste		
Polyethen	geschmacks- und geruchsfrei, unzerbrechlich, nicht schnittfest, wachsartige Oberfläche	Schüsseln, Eimer, Verpackungen, Beutel
Polyvinylchlorid		
hart	schlagfest, verschweißbar, schwer entflammbar	Flaschen, Verkleidungen, Rollläden, Maschinenteile
mit Weichmacher	geschmeidig, verschweißbar, schlagfest	Folien, Tischdecken, Schläuche, Vorhänge
Polystyrol	hart, klar oder gefärbt	billige Haushaltswaren
geschäumt	sehr leicht und porig	Isolierungen, Blumentöpfe
durch Zusätze gehärtet	kratz-, schlag-, biegfest	Ess- und Anrichtegeschirr, Gehäuse von Elektrogeräten
Duroplaste		
Phenolharz PF	kratz-, bieg-, schlagfest	Elektrostecker und -schalter, Griffe an Töpfen und Bügeleisen
Melaminharz MF	robust, geruchs- und geschmacksfrei, kochfest	Ess- und Küchengeschirr
Elastomere		
Polyurethan PUR	hart- oder weichelastisch, schäumbar	Verpackungen, Isolierungen, Badematten, Matratzen

1. Eigenschaften und Verwendung von Kunststoffen (Beispiele)

Werkstoff	Zugfestigkeit in $N \cdot mm^{-2}$
Polyamide	500–800
Polyester (glasfaserverstärkt)	200–630
Thermoplaste (glasfaserverstärkt)	35–250
Thermoplaste (unverstärkt)	2–70
Stahl	400–1 000
Eisen	300–400
Aluminium	150–290
Holz	60–85

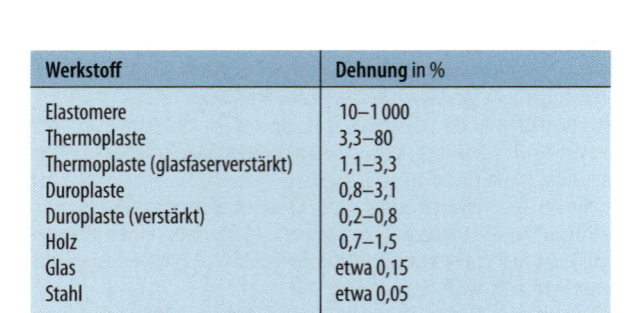

Werkstoff	Dehnung in %
Elastomere	10–1 000
Thermoplaste	3,3–80
Thermoplaste (glasfaserverstärkt)	1,1–3,3
Duroplaste	0,8–3,1
Duroplaste (verstärkt)	0,2–0,8
Holz	0,7–1,5
Glas	etwa 0,15
Stahl	etwa 0,05

2. Vergleich der Eigenschaften von Kunststoffen und anderen Werkstoffen

3. RAL-Zeichen „Für Lebensmittel"

1. Nennen Sie die wichtigsten Rohstoffe für die Kunststoff-Herstellung.
2. Zählen Sie die Unterschiede zwischen den drei Kunststoff-Gruppen auf (Molekülstruktur, Formgebung, Einsatzmöglichkeiten).
3. Welche Eigenschaften der Kunststoffe haben dazu geführt, dass natürliche Werkstoffe zunehmend verdrängt wurden?
4. Warum sind Kunststoff-Schneideunterlagen den Holzbrettern in hygienischer Sicht überlegen?
5. Erläutern Sie die Bedeutung des RAL-Kennzeichens FÜR LEBENSMITTEL.
6. Welcher Kunststoff eignet sich für Schüsseln?

Materialkundliche Grundlagen und entsprechende Reinigungs- und Pflegemittel

	Naturfaser (Waschtemperatur)	Gewinnung	Eigenschaften	Verwendung in der Gastronomie
tierische Fasern	Wolle (bis 30 °C)	Tierhaare vom **Schaf:** Merino (glatt), Schottland (rau), Lambswool (weich); **Hase:** Angora; **Ziege:** Kaschmir, Mohair; **Lama:** Alpaka	saugfähig; wärmend, knitterarm; elastisch; hitzeempfindlich; laugenempfindlich	Decken; Teppiche, Bezugsstoffe
tierische Fasern	Seide (bis 30 °C)	Kokon der Seidenraupe Wild-Rohseide (grob); Honanseide (glänzend)	hautsympathisch; knitterarm, leicht; laugenempfindlich; hitzeempfindlich	Tücher; Tapeten; Übergardinen; Teppiche
pflanzliche Fasern	Baumwolle (bis 95 °C)	Samenhaare der Baumwollkapsel	saugfähig; kochfest; atmungsaktiv; fusselt	Bett-, Tischwäsche; Frottierware, Molton; Passier- und Handtücher; Arbeitsbekleidung
pflanzliche Fasern	Leinen (bis 95 °C)	Faser der Flachspflanze	glatt, glänzend; kochfest; atmungsaktiv; fusselt nicht	Bett-, Tischwäsche; Gläsertücher

1. Naturfasern

1.4 Faserstoffe

Zu den Faserstoffen werden alle zur textilen Verarbeitung geeigneten Fasergebilde gezählt. Man unterscheidet Natur- und Chemiefasern.

1.4.1 Naturfasern

Tierische Fasern
Wolle: Haare bestimmter Tierarten werden als Wolle verwendet; die meiste Wolle wird aus Schafwolle hergestellt. Ihr Hauptbestandteil ist Eiweiß. Wolle ist aus verschiedenen Schichten aufgebaut; die Oberfläche der Wollfasern ist geschuppt. Wolle wird nach der Stärke (Feinheit) des Wollhaars und der damit zusammenhängenden Kräuselung klassifiziert.
Das Internationale Wollsiegel wird nur an Wolle vergeben, die von lebenden, gesunden Schafen stammt und zum ersten Mal verarbeitet wurde. Diese Wolle wird als „Reine Schurwolle" bezeichnet. Reißwolle ist wiederverwendete Wolle.
Seide: Die Spinnfäden, die bestimmte Schmetterlingsarten zur Herstellung eines Kokons (Hülle, in der aus der Raupe ein Schmetterling wird) erzeugen, können zu Seide aufbereitet werden. Der eiweißreiche Kokon wird gekocht und der Faden abgewickelt. Seide wird von gezüchteten Schmetterlingsarten gewonnen, deren „Futter" die Blätter von Maulbeerbäumen sind. Wild lebende Schmetterlingsarten liefern die Wild-Rohseide.

Pflanzliche Fasern
Baumwolle: Die Samenhaare des Baumwollstrauches bestehen hauptsächlich aus dem Pflanzengerüststoff Cellulose. Trotz der Konkurrenz durch die synthetisch hergestellten Fasern ist sie die wichtigste Textilfaser. Die Qualität der Baumwolle wird durch die Faserlänge und -feinheit bestimmt. Je feiner und länger die Fasern, desto höher wird die Qualität beurteilt.
Als Mako-Baumwolle wird eine besonders gute Qualität aus Ägypten bezeichnet. Das Internationale Baumwoll-Zeichen bürgt für gute Qualität aus neuen Baumwollfasern. Baumwolle ist gut färbbar, waschfest und saugfähig – sie kann viel Wasser aufnehmen, ohne ein unangenehmes Gefühl beim Tragen zu erzeugen. Ihre hohe Luftdurchlässigkeit und die geringe wärmende Wirkung werden als positiv empfunden.
Durch geeignete Ausrüstung werden z.B. der Glanz und die Formbeständigkeit verbessert. In Kombination mit anderen Fasern lassen sich Gewebe für Textilien mit vielfältigen Eigenschaften produzieren.
Leinen: Aus den Stängeln der Flachspflanze werden die Bastfasern für Leinengewebe (Leinwand) erzeugt. Die Pflanze wächst im gemäßigten Klima. Flachsfasern sind lang und geben dem Gewebe ein „kühles" Aussehen.
Kokos, Sisal, Jute, Hanf: Diese groben Pflanzenfasern eignen sich nur zur Herstellung derber Gewebe für Textilien, Teppichböden, Säcke, Seile und Polsterauflagen.

	Chemiefaser (Waschtemperatur) Handelsbezeichnung	Gewinnung	Eigenschaften	Verwendung in der Gastronomie
aus pflanzlichen Fasern	**Viskose** (bis 95 °C) Reyon, Zellwolle	aus Holz gewonnene Cellulose, mit Chemikalien verflüssigt und durch Spinndüsen zu Fäden gepresst	weich, fließend; preiswert; gut hautverträglich; knittert	Übergardinen
	Acetat (unter 60 °C) Rhodia, Arnel, Tricel	mit Essigsäure veresterte Cellulose, mit Aceton verflüssigt und durch Spinndüsen zu Fäden gepresst	seideähnlich, glänzend; knitterarm, pflegeleicht; hitzeempfindlich; laugenempfindlich	Übergardinen
synthetische Fasern	**Polyester** (bis 60 °C) Diolen, Trevira	Kohlenstoff aus Erdöl, Teer oder Kohle chemisch aufbereitet und durch Spinndüsen zu Fäden gepresst Durch Zusätze lassen sich Festigkeit, Farbe und Glanz bestimmen	wärmespeichernd; formbeständig knitterarm	Gardinen, Stores; Füllmaterial für Steppdecken; Teppiche
	Polyamid (bis 60 °C) Vylon, Perlon		scheuerfest; sehr leicht; schnell trocknend	Bezugsstoffe; Gardinen; Bodenbeläge, Teppiche
	Polyacryl (bis 30 °C) Dralon, Orlon		bauschelastisch; wärmespeichernd; knitterarm	Deko-Stoffe; Markisen; Gardinen, Teppiche
	Polyurethan (bis 60 °C) Elasthan, Lucra		sehr elastisch; laugenempfindlich	elastische Strick- und Webwaren; Badebekleidung

1. Chemiefasern

1.4.2 Chemiefasern

Chemiefasern aus Cellulose
Für ihre Herstellung wird die Cellulose, ein Naturstoff aus Holz- oder Baumwollfaser-Abfällen, aufgelöst und die Lösung durch feinste Düsen zu einem Faden gepresst.

Synthetische Chemiefasern
Die Herstellung synthetischer Chemiefasern im Trockenspinn-Verfahren ist in Bild 1 am Beispiel von Nylon schematisch dargestellt.
Das Nylongranulat, ein Polyamid, bestehend aus Molekülen mit Peptidbindungen, lässt sich durch Hitze schmelzen und verspinnen. Die großen, fadenförmigen Moleküle werden beim Verstrecken parallel zueinander geordnet. Dadurch erhöht sich ihre Zugfestigkeit.
Beim Nass-Spinn-Verfahren erstarrt der Faden nicht durch die Einwirkung von Kühlgas, sondern in einer speziellen Flüssigkeit, einem Fällbad.

1. Welche Fasern bestehen vor allem aus Eiweiß?
2. Bei welchen Fasern ist Cellulose der Hauptbestandteil?
3. Teilen Sie die Naturfasern in fusselnde und nichtfusselnde ein.
4. Erläutern Sie die Begriffe Reine Schurwolle und Mako-Baumwolle.
5. Erklären Sie, warum die Chemiefaser aus Cellulose auch als halbsynthetische Faser bezeichnet werden kann.
6. Welche Rohstoffe werden zur Herstellung von synthetischen Fasern eingesetzt?

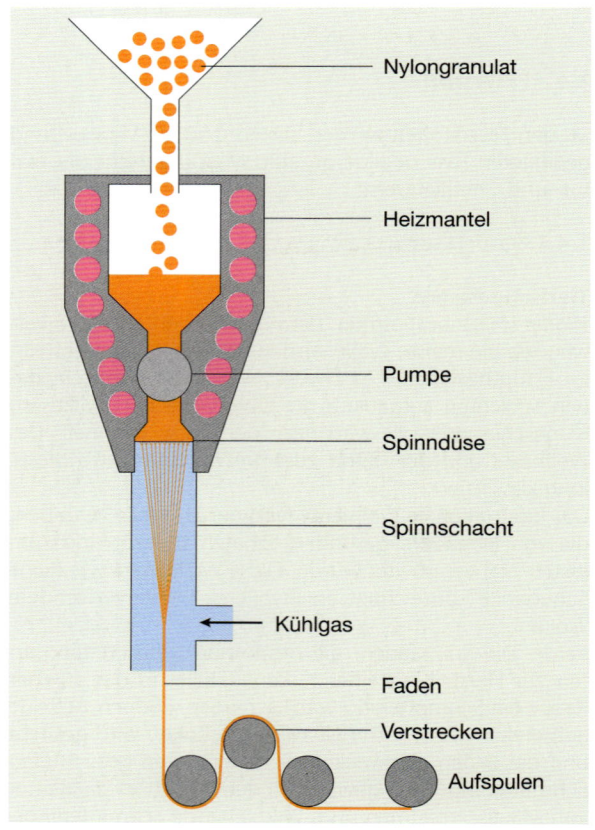

2. Trockenspinn-Verfahren bei Nylon

Maschenbindung

rechte Maschen

Randmaschen

Leinwandbindung

Kette (Kettfaden, längs)

Schuss (Schussfaden, quer)

1. Maschen- und Leinwandbindung (Schema)

Leinwandbindung

Ripsbindung

Köperbindung

Fischgratbindung

Atlasbindung

Jacquardbindung

2. Verschiedene Bindungsarten

1.5 Textilien

Textilien werden aus Garnen bzw. Fäden hergestellt, die aus Fasern gesponnen werden. In vielen Fällen werden Garne verzwirnt, das heißt, zwei oder mehrere Garne werden zusammengedreht. Grundsätzlich unterscheidet man zwischen **Maschenbindung** bei Maschenware (Strick- und Wirkware) und **Gewebebindung** bei Webwaren, Vliesstoffen und Flortextilien.

Maschenwaren
Diese elastischen Stoffe wie Trikot oder Jersey werden außer für Kleidung auch für Spannbetttücher verwendet.

Gewebe/Webwaren
Sie sind dadurch gekennzeichnet, dass sich zwei oder mehrere Fäden rechtwinklig kreuzen. Die in Längsrichtung verlaufenden Fäden bilden die Kette, die kreuzenden den Schuss.
Bei der **Leinwandbindung** kreuzt ein Kettfaden einen Schussfaden. Aufgrund der vielen Bindungspunkte sind die Stoffe dünn und trotzdem sehr strapazierfähig. Bekannte Stoffe mit Leinwandbindung: Leintuch, Taft, Nessel, Linon, Tweed, Batist, Popeline.
Bei der **Köperbindung** kreuzen mehrere Schussfäden einen oder mehrere Kettfäden. Im Vergleich zur Leinwandbindung (bei gleicher Anzahl Kett- und Schussfäden) ist Köpergewebe loser und weicher. Bei dichterer Einstellung kann es schwerer und strapazierfähiger hergestellt werden. Köper, Drell, Flanell, Inlett, Denim und Fischgrat sind Beispiele.
Bei der **Atlasbindung** wird nur jeder fünfte bis 20. Kettfaden vom Schussfaden erfasst. Weil zwischen den Bindungspunkten die Fäden über längere Strecken freiliegen, zeigt die Warenoberseite ein glattes, glänzendes Aussehen. Gewebe mit Atlasbindung (französisch: Satin) wirkt elegant, ist aber weniger strapazierfähig.
Auf dem **Jacquardgewebe** können verschiedene Bindungsarten kombiniert werden. Das Gewebe ist daher durch glänzende Streifen, Punkte, Ornamente usw. in sich gemustert. Damast, das bekannteste Jacquardgewebe, ist für Bett- und Tischtücher und als Dekorationsstoff geeignet.

Vliesstoffe/Filze
Dünne, längs geordnete Faserschichten nennt man Vliese. Vliesstoffe bestehen aus mehreren miteinander verbundenen Vlieslagen. Die Verbindung kann durch Kleben oder durch Nadeln mit Widerhaken (Nadelfilz) erreicht werden. Einsatzgebiete: Staub-, (Einweg-)Tischtücher, Grundmaterial für Teppichböden.

Flortextilien (Schlingen- und Veloursware)
In das Grundgewebe (z. B. Leinwandbindung) oder die Maschenware (z. B. Trikot) werden Schlingen eingearbeitet. Schneidet man diese Schlingen auf, spricht man von Velours. Verwendung: Frottiergewebe und Teppichböden.

1.6 Wäschepflege

Waschen: Die Waschbedingungen sind:
- Waschtemperatur,
- Wassereigenschaften, insbesondere der Kalkgehalt,
- Art des Wasch- und Pflegemittels,
- Waschintensität wie Vollwaschgang oder Schonwaschgang; sie ist je nach Faserart, Ausrüstung, das heißt Verarbeitung und Veredelung der Wäsche einschließlich Färben und Drucken, und Verschmutzungsgrad zu wählen. Auch die Eigenschaften des Konfektionszubehörs wie Knöpfe, aufgesetzte Kragen, Futterstoffe sind zu berücksichtigen.

Das Wasser dient als Lösungsmittel für das Waschmittel und den wasserlöslichen Schmutz. Wasserunlöslicher Schmutz wie Fett wird mithilfe des Waschmittels in der Waschmittellösung in Schwebe gehalten. Durch die Waschbewegung der Waschmaschine wird der gequollene Schmutz von den Fasern abgelöst. Das Waschmittel enthält neben reinigenden auch pflegende Wirkstoffe sowie technische Hilfsstoffe. Reinigend wirken vor allem die seifenartigen Stoffe (Tenside), weil sie die Oberflächenspannung des Wassers verringern.

Schleudern: Der Schleudergang der Waschmaschine entwässert die Wäsche. Er entfällt ganz oder teilweise bei pflegeleichten Textilien und bei Wolle.

Trocknen: Beim Trocknen verliert die Wäsche durch Verdunsten überschüssiges Wasser. Dazu wird sie großflächig aufgehängt oder in Trommeltrocknern getrocknet.

Bügeln: Beim Bügeln wird die Wäsche mit einem Bügeleisen oder einer Bügelmaschine geglättet. Dabei spielen die Faktoren Hitze, Druck, Feuchtigkeit und Zeit eine Rolle. Die Wäsche ist nach ihrer Hitzeverträglichkeit zu sortieren (siehe Pflegesymbole → 360), damit die Geräte nicht zu oft auf eine andere Hitzeleistung umgestellt werden müssen.

Legen: Vor dem Aufbewahren im Wäscheschrank wird die Wäsche zusammengefaltet und gelegt. Sie ist dabei stets auf die gleiche Weise zu falten, damit beim Auflegen von Tischdecken, Brechen von Servietten oder Überziehen von Betten stets die eingeübten Handgriffe angewendet werden können.

Aufbewahren: Die Wäsche sollte so aufbewahrt werden, dass sie nicht knittert, verstauben oder von Motten befallen werden kann.

1. Nennen Sie den Unterschied zwischen Garn und Zwirn.
2. Welche Gewebe sind für Betttücher geeignet?
3. Stellen Sie die Eigenschaften der Leinwand-, Köper- und Atlasbindung in einer Tabelle einander gegenüber.
4. Erläutern Sie den Begriff „Ausrüstung".
5. Welche Ausrüstung schützt gegen Mottenfraß, welche gegen elektrostatische Aufladung?

Ausrüstung	angestrebtes Ziel/Anwendungsbeispiele
Indanthren-färben	Allgemein übliches wasch-, licht-, koch- und wetterechtes Färben.
appretieren	Appretiermittel (Stärken, Kunstharze, Kunststoffe) geben dem Gewebe den gewünschten Griff und Glanz (z. B. bei Tischwäsche) sowie schmutzabweisende Eigenschaften. Die Appretur ist nach dem Waschen meist zu erneuern oder aufzufrischen.
mercerisieren	Baumwollgewebe wird mit Natronlauge behandelt und gespannt. Dadurch entsteht bei Bett- und Tischwäsche ein waschbeständiger Glanz und eine erhöhte Festigkeit.
sanforisieren	Baumwollgewebe wird durch spezielle Behandlung entspannt und dann durch Trocknen fixiert. Das Warenzeichen „Sanfor" garantiert, dass das Gewebe um höchstens 1 % einläuft und formbeständig ist.
desodorieren, antimikrobiell ausrüsten	Wäsche, Bekleidung und Matratzen werden mit hautverträglichen und waschbeständigen Chemikalien behandelt, um Geruchsbildung und den Befall durch Mikroorganismen zu verhindern. Die Wirkstoffe werden zum Teil durch Waschen aktiviert.
schmutzabweisend ausrüsten (Scotchgard, Oleophobol)	Nach Behandlung mit Kunstharzen weist das Gewebe wässrige, alkohol- und fetthaltige Verschmutzungen ab, sodass sie abzutupfen sind (Anwendung bei Tischdecken, Polsterstoffen, Teppichböden, hochwertiger Oberbekleidung). Nachteil: Die Gewebe sind weniger strapazierfähig.
eulanisieren	Wasch- und chemischreinigungsechtes Ausrüsten von Wolle durch Eulan oder Mitin gegen Mottenbefall.
bügelarm ausrüsten	1. Baumwolle wird mit Kunstharzen versetzt. Nachteil: nur bis 60 °C waschbar. 2. Die Struktur der Baumwolle wird verändert (z. B. nach dem Cottonova-Verfahren). Sie bleibt dadurch kochfest, ist aber weniger strapazierfähig.
antistatisch ausrüsten	Die elektrostatische Aufladung synthesefaserhaltiger Gewebe wird durch ein Pflegemittel verhindert. Ein entsprechender Zusatz im letzten Spülwasser kann die Wirkung erneuern.

1. Ausrüsten (= Veredeln) von Fasern und Textilien

VOLL-WASCHMITTEL	SPEZIAL-WASCHMITTEL	WASCH-HILFSMITTEL
für alle Waschtemperaturen einsetzbar enthalten u. a. • Tenside • Komplexbildner • Bleichmittel • Weißtöner	spezielle Mittel für Vorwäsche, weiße synthetische Wäsche, Gardinen, Wolle, Kochwäsche (95 °C), Heißwäsche (60 °C) und Feinwäsche (30 °C), auch Fein- oder Buntwaschmittel genannt	• Enthärtungsmittel neutralisieren den Kalkgehalt des Wassers • Einweichmittel lösen durch starke Laugenbildung hartnäckige Verschmutzungen so weit auf, dass sie beim Waschen sicher entfernt werden

↓ ↓ ↓

unbehandelte, saubere Wäsche

↓

NACHBEHANDLUNGSMITTEL

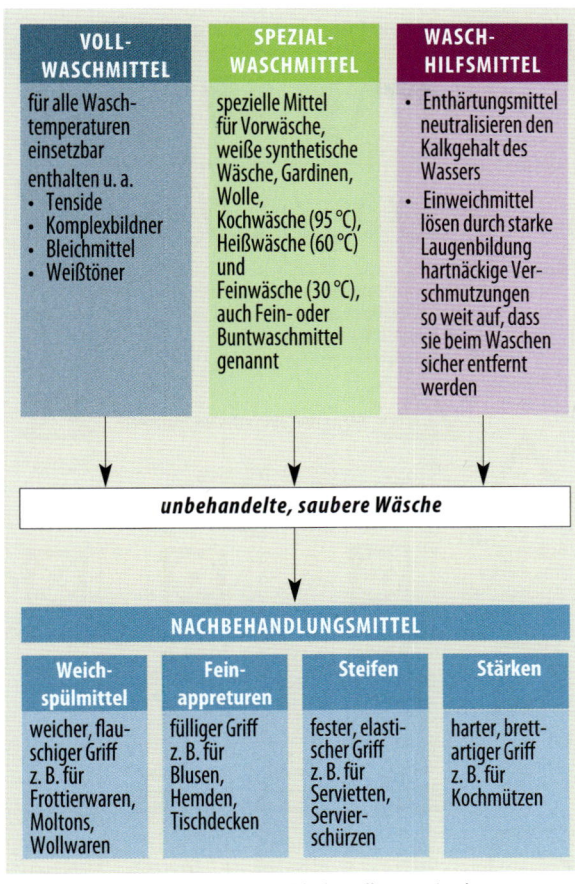

Weich-spülmittel	Fein-appreturen	Steifen	Stärken
weicher, flauschiger Griff z. B. für Frottierwaren, Moltons, Wollwaren	fülliger Griff z. B. für Blusen, Hemden, Tischdecken	fester, elastischer Griff z. B. für Servietten, Servierschürzen	harter, brettartiger Griff z. B. für Kochmützen

1. Einsatz von Wasch- und Nachbehandlungsmitteln

Fleckenart	Entfernen ...
Bier, Cola	mit lauwarmer Feinwaschmittellösung
Eiklar/Eigelb	mit kaltem Wasser einweichen, mit lauwarmer Feinwaschmittellösung abreiben
Fett	mit Waschbenzin oder Fleckenwasser
Fruchtsaft	mit lauwarmer Feinwaschmittellösung
Kaffee	wenig Benzinseife auf Tuch, abreiben, mit warmem Wasser nachbehandeln
Kakao	mit lauwarmer Feinwaschmittellösung
Kaugummi	Waschbenzin oder Fleckenwasser
Kugelschreiber	mit saugfähigem Tuch, getränkt in Benzin, abtupfen
Likör	mit reinem Alkohol, mit warmer Feinwaschmittellösung
Lippenstift	mit Waschbenzin oder Fleckenwasser, mit Feinwaschmittel nachbehandeln
Milch/Sahne	fettige Substanz mit Waschbenzin, dann mit warmer Feinwaschmittellösung
Rotwein	mit lauwarmer Feinwaschmittellösung
Soßen/Suppen	mit Waschbenzin reinigen, mit Feinwaschmittel nachbehandeln

2. Entfernen von Flecken aus Stoffen

1.6.1 Wasch-, Reinigungs-, Desinfektions- und Pflegemittel

Alle chemischen Hilfsstoffe zum Waschen, Reinigen, Desinfizieren und Pflegen müssen entsprechend den Herstellerangaben angewendet werden. Welche Mittel und Verfahren man einsetzt, hängt von folgenden Faktoren ab:
- Materialeigenschaften des zu behandelnden Gegenstandes,
- Art und Menge des Schmutzes,
- Ansprüche an die Sauberkeit und den Pflegezustand.

Die Mittel dürfen den Gegenstand nicht schädigen oder im Aussehen beeinträchtigen. Fast alle chemischen Hilfsstoffe belasten die Umwelt. Deshalb sollte man die Mittel nur sparsam einsetzen und möglichst umweltfreundliche Produkte verwenden.

Waschmittel
Im Handel wird eine Vielzahl von Mitteln zum Waschen und Nachbehandeln angeboten. Waschmittel sollten
- verschiedene Arten von Schmutz entfernen können,
- die Ausrüstung und Färbung nicht beeinträchtigen,
- der Wäsche einen frischen Duft geben,
- sich gut dosieren lassen und nicht zu stark schäumen.

Ein Beitrag zur Umweltschonung ist das Waschen bei niedrigen Temperaturen, weil dadurch Energie gespart wird. Die Hersteller versuchen, Waschmittel zu erzeugen, deren Wascherfolg trotzdem hohe Erwartungen befriedigt.

Nachbehandlungsmittel werden in die Gruppen Weichspülmittel und Appreturen (Mittel, die der Wäsche einen „Griff" verleihen) eingeteilt.
Weichspülmittel kann die sogenannte Wasserstarre verhindern. Sie entsteht, weil durch die mechanische Einwirkung beim Waschen die aus der Wäsche herausragenden Fasern und Garne ineinander verhaken.
Appreturen sollen verhindern, dass die Textilien durch das Waschen eine „lappige" Form erhalten. Steifen auf Kunstharzbasis sind als Flüssigkeiten oder Sprays im Handel. Sie dringen in die Textilien ein und werden durch die Hitzeeinwirkung beim Bügeln oder Pressen ausgehärtet. Kunstharzsteifen sind waschbeständig. **Feinappreturen** auf Basis modifizierter Stärke geben der Wäsche nicht nur den erwünschten Griff, sondern wirken auch einer raschen Wiederverschmutzung entgegen. Mit **Stärken** auf Reisstärkebasis ist der höchste Steifheitsgrad erreichbar. Stärke kann den Glanz weißer Wäsche bzw. die Klarheit der Farbtöne bei Buntwäsche beeinträchtigen. Stärkesprays werden erst vor dem Bügeln aufgesprüht. Die Stärke verfestigt sich durch Hitze. Sogenannte **Formspüler** erhöhen die innere Festigkeit der Textilien. Hemden, Blusen, Bett- und Tischwäsche können bequem durch Zugabe des Mittels im Nachspülgang der Waschmaschine in Form gebracht werden.

Reinigungsmittel

Reinigende Wirkung haben in erster Linie **Lösungsmittel**, **Scheuermittel** und wässerige Lösungen von **Seifen und Tensiden** (synthetisch hergestellte, seifenartige Stoffe). Reinigend wirken auch die **Reibemittel**. Durch Reiben mit Lappen oder Tüchern aus Baumwolle, Leinen oder Leder können Schmutz oder Staub trocken oder feucht entfernt werden.

Schwämme werden bei der feuchten Reinigung eingesetzt. Sie können auch „schleifende" oder „seifige" Einlagen enthalten. Hartnäckige Verschmutzungen auf unempfindlichen Oberflächen werden damit entfernt. Sehr feine Stahlwolle ist dafür ebenfalls geeignet.

Bürsten mit weichen Borsten eignen sich zum Ausbürsten von Textilien und Polstermöbeln.

Einige Metalle können anlaufen und müssen mit geeigneten **Polier- und Putzmitteln** gereinigt und poliert werden.

Desinfektionsmittel

Sie sind häufig den Reinigungsmitteln zugesetzt und sollen Mikroorganismen abtöten.

Pflegemittel

Sie sollen die Oberflächen gegen mechanische und chemische Einwirkungen schützen, das Aussehen verbessern sowie die weitere Unterhaltsreinigung erleichtern. Reinigungs- und Pflegemittel werden oft zu einem Mittel kombiniert, um Arbeitsgänge zu sparen.

Lackierte oder gebeizte Holzoberflächen und Holzfurniere werden mit Spezialmitteln poliert.

1.6.2 Pflegehinweise

Die **internationalen Pflegekennzeichen** sind Herstellerangaben, die die Eigenschaften der Textilien offenlegen. Sie sollen dem Verbraucher einen zweckgerechten Einkauf und eine sachgerechte Reinigung und Pflege ermöglichen. Bei Reklamationen können sie als Nachweis dienen. Gesetzlich vorgeschrieben sind jedoch nur Angaben über die Art und den Gewichtsanteil der verwendeten Rohstoffe. Die Pflegemaßnahmen richten sich dann nach dem empfindlichsten Faseranteil.

Gütezeichen geben Auskunft über bestimmte Zusammensetzungen der Wäsche in Bezug auf Rohstoffqualität und Verarbeitung. Sie sind für ganze Warengruppen geschaffen. Die Gütezeichengemeinschaft, ein Zusammenschluss von Herstellern, erlaubt und überwacht die rechtmäßige Benutzung.

1. Nennen Sie drei Faktoren, von denen es abhängt, welche Mittel und Verfahren zum Waschen, Reinigen und Desinfizieren eingesetzt werden.
2. Wie werden die Nachbehandlungsmittel eingeteilt?
3. Welchen Vorgang sollen Weichspülmittel bzw. Appreturen verhindern?

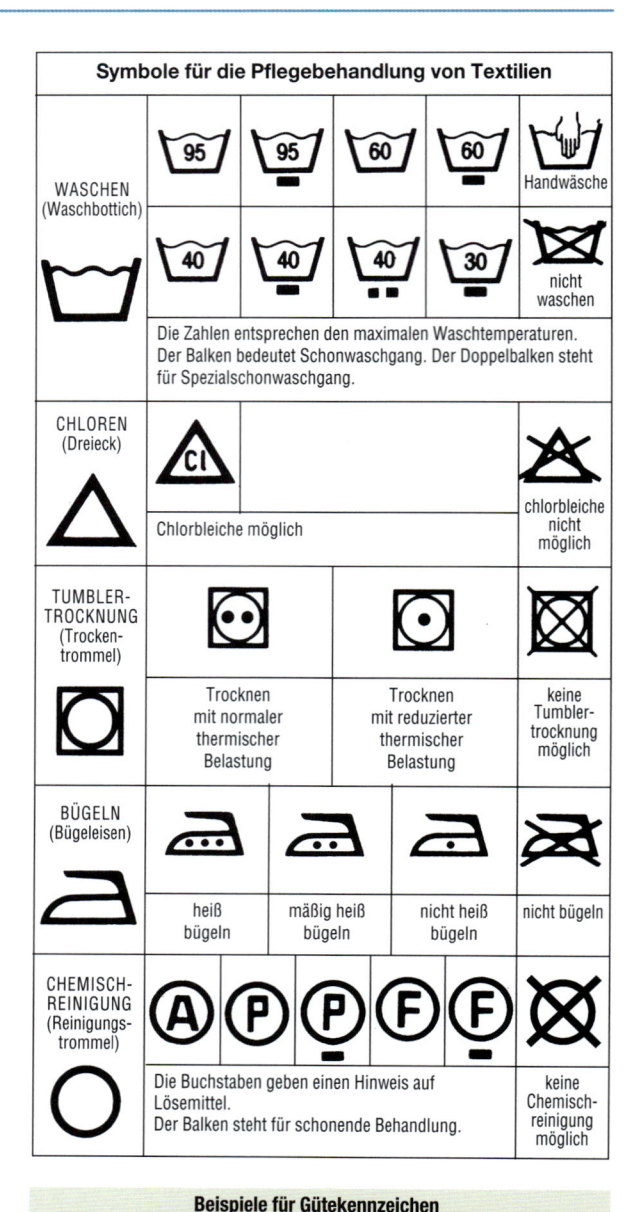

Symbole für die Pflegebehandlung von Textilien

WASCHEN (Waschbottich)	95	95	60	60	Handwäsche
	40	40	40	30	nicht waschen

Die Zahlen entsprechen den maximalen Waschtemperaturen. Der Balken bedeutet Schonwaschgang. Der Doppelbalken steht für Spezialschonwaschgang.

CHLOREN (Dreieck)	Cl		
	Chlorbleiche möglich		chlorbleiche nicht möglich

TUMBLER-TROCKNUNG (Trockentrommel)	⊙⊙	⊙	⊠
	Trocknen mit normaler thermischer Belastung	Trocknen mit reduzierter thermischer Belastung	keine Tumblertrocknung möglich

BÜGELN (Bügeleisen)	heiß bügeln	mäßig heiß bügeln	nicht heiß bügeln	nicht bügeln

CHEMISCH-REINIGUNG (Reinigungstrommel)	A	P	P	F	F	⊠

Die Buchstaben geben einen Hinweis auf Lösemittel.
Der Balken steht für schonende Behandlung.
keine Chemischreinigung möglich

Beispiele für Gütekennzeichen

Das Wollsiegel garantiert reine Schurwolle.

Das Combi-Wollsiegel garantiert eine gute Faserkombination mit überwiegend Schurwolle.

Die Gütezeichen Reinleinen und Halbleinen verbürgen hochwertige Qualitäten, die den Gütenormen entsprechen. Die Bezeichnung „Halbleinen" darf nur für Erzeugnisse verwendet werden, deren Leinenanteil mindestens 40 % des Gesamtgewichtes ausmacht.

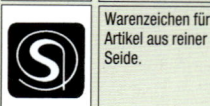

Warenzeichen für Artikel aus reiner Seide.

Erzeugnisse aus reiner Baumwolle guter Qualität tragen das internationale Baumwollzeichen.

1. Internationale Pflege- und Gütekennzeichen

Materialkundliche Grundlagen und entsprechende Reinigungs- und Pflegemittel

	Materialien	Anwendungsbeispiele	Pflegemaßnahmen und -mittel
WÄNDE	Dispersionsfarbe, wischfeste Tapeten	stärker strapazierte Wände	mit einem mäßig feuchten Tuch abwischen
	Ölfarbenanstrich, abwaschbare Tapeten	Feuchträume (Küche, Waschküche, Sanitärbereich)	mit leichter Reinigungslösung abwaschen, evtl. desinfizieren, mit klarem Wasser nachwaschen, trocken reiben
	keramische Fliesen, Kunststoffplatten	Feuchträume, Wände in Restaurant und Halle	mit heißer, starker Reinigungslösung abwaschen evtl. desinfizieren, mit klarem Wasser nachwaschen, trocken reiben
BÖDEN	(Vor-)Reinigung für Böden aller Art		fegen
	Teppichböden, Teppiche	Hotelzimmer, Restaurant, Flure, Treppen	staubsaugen, gelegentlich schampunieren und absaugen
	Kunststoff- und Gummiböden	Hotelzimmer, Restaurant, Halle	feucht wischen, gelegentlich Selbstglanzemulsion oder Wischwachs, trocknen lassen
	Steinfußböden (Natur- oder Kunststeinplatten, Terrazzo)	Restaurant, Halle, Flure, Treppen, Terrassen	mit Reinigungslösung reinigen, gelegentlich Wischpflegemittel verwenden, nicht nachspülen
	keramische Fliesen	Feuchträume, Restaurant, Treppen	mit starker Reinigungslösung säubern, evtl. mit klarem Wasser nachspülen

1. Reinigung und Pflege bei Wänden und Böden

Mittel	Eigenschaften und Verwendung
Lösungsmittelreiniger	nicht mit Wasser mischbar, giftige Dämpfe; entfernt Fett, Teer, Streifen von Gummiabsätzen
Lösungsmittelhaltige Reiniger	mit Wasser mischbar: nicht bei kunststoff- und asphaltgebundenen Belägen verwenden
Lösungsmittelfreie Reiniger • mit Scheuermittel • auf Seifenbasis (Schmierseife) • Syndetreiniger	beste Reinigungswirkung: aufstreuen, anfeuchten, abschrubben, nachspülen; Keramikoberflächen, Fliesen, Steinfußböden kann Hände und Beläge angreifen, bildet Kalkseifen-Ablagerungen; nur bedingt geeignet ohne die Nachteile der Schmierseife; alle Böden
Spezialreiniger	zur Entfernung von Wachs- und Selbstglänzer-Rückständen (hauptsächlich zur Grundreinigung)
Pflegemittel auf Lösungsmittelbasis	wasserunlöslich; nach Bohnern glänzender Film auf unbehandelten Dielen- und Parkettböden
Lösungsmittelfreie Pflegemittel	Glanz entsteht durch Trocknen; Kunststoffböden; versiegelte und lackierte Holzböden
Lösungsmittelfreie Kombinationsmittel • Wischmittel • Wischwachse • Wischglanzmittel	Arbeit- und Zeit sparend, aber nicht so wirkungsvoll wie spezielle Mittel; wasserlöslich; reinigt und erzeugt Schutzfilm unverdünnt; erzeugt Schutzfilm auf Holzfußböden unverdünnt; reinigt, pflegt und schützt Fliesen, (Selbstglänzer) Stein- und Holzfußböden

2. Reinigungs- und Pflegemittel für Fußböden

1.7 Reinigung von Oberflächen und Bodenbelägen

Sauberkeit in allen Räumen ist eine Grundforderung in gastgewerblichen Betrieben. Die ständige Verschmutzung hat viele Ursachen: Personal und Gäste tragen Schmutz ins Haus, bei der Nutzung der Räume werden Wände, Böden und Einrichtungsgegenstände verschmutzt.

Es kommt darauf an, möglichst schnell, gründlich und unauffällig den Schmutz zu entfernen und die Oberflächen zu pflegen. Diese arbeitsintensiven und ständig wiederkehrenden Tätigkeiten sind gut zu planen und mit effektiv arbeitenden Reinigungsgeräten rationell auszuführen. Eine wirksame Kontrolle der Reinigungs- und Pflegemaßnahmen ist für den Hygienestandard eines Hauses maßgebend.

Auswahl von Oberflächen und Belägen

Bereits bei der Einrichtung eines Betriebes sollte darauf geachtet werden, dass unempfindliche, nicht zu schnell verschmutzende und leicht zu reinigende Beläge und Oberflächen den Vorzug erhalten. Außerdem können z. B. Schmutzfangmatten und Fliesenlaufstreifen zwischen Eingang und Empfang verhindern, dass Teppichböden stark verschmutzen. In Nassräumen (Küchen, Bädern, Toiletten usw.) sind Fliesen an Wänden und Fußböden vorgeschrieben, weil sie sich hygienisch reinigen und desinfizieren lassen.

Die verwendeten Reinigungs- und Pflegemittel müssen nicht nur auf die jeweilige Oberfläche, sondern auch auf die eingesetzten Arbeitsmittel, Geräte und Maschinen abgestimmt sein. Der Einsatz moderner Maschinen kann die Reinigungsleistung beträchtlich steigern.

1. Teppichsiegel (an der Teppichunterseite)

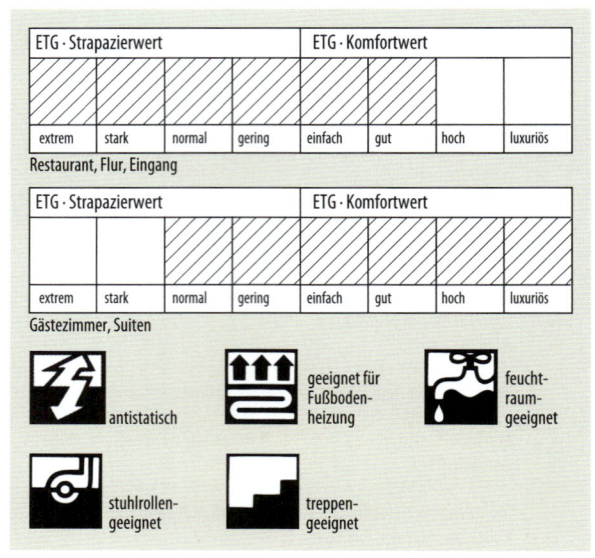

2. Eignungsbereiche für Teppiche (Symbolerklärung)

1.7.1 Teppiche

Außer den Teppichen im engeren Sinn werden Teppichläufer, Brücken, Bettumrandungen und Wandbehänge sowie Auslegeware (Teppichböden und -fliesen) unter diesem Begriff zusammengefasst.

Sie können aus verschiedenen Materialien wie Wolle, Baumwolle, Seide, Tierhaaren und synthetischen Chemiefasern hergestellt werden. Allein daraus ergeben sich für die Eignung, Reinigung und Pflege viele Unterschiede. Herstellungstechniken (Knüpfen, Weben, Wirken, Stricken usw.) sowie die Dichte und die Art und Höhe der Schlingen bzw. des Flors haben ebenfalls Einfluss auf die Qualität.

Deshalb sollte beim Kauf der Rat von Teppichfachleuten in Anspruch genommen werden. Eine Hilfe können auch die Symbole auf dem Teppichsiegel sein (Bild 1 und 2). Das Teppichsiegel erhalten nur Teppiche, die bestimmten Qualitätskriterien genügen. Damit Teppiche nicht rutschen, sich wellen oder wandern, kann eine Kunststoffunterlage verwendet werden.

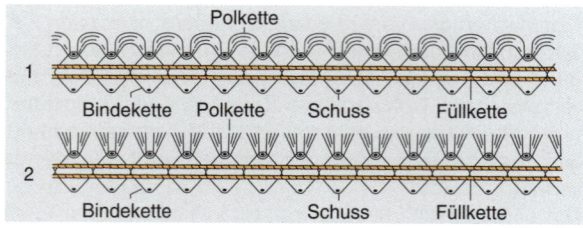

3. Teppichherstellung: ① Buklee-Teppich (mit geschlossener Polkette; Schlinge); ② Velours-Teppich (mit aufgeschnittener Polkette; Flor)

1.7.2 Teppichböden

Teppichböden haben sich als Bodenbelag in vielen Bereichen eines Hotels durchgesetzt. Für fast jeden Raum und jede Beanspruchung werden geeignete Qualitäten angeboten. Im Vergleich zu Stein-, Fliesen- oder Holzfußböden

- sind sie schall- und wärmedämmend (dadurch energiesparend),
- verbreiten sie eine wohnliche Atmosphäre,
- lassen sie sich relativ leicht und schnell reinigen und pflegen. Für Bereiche mit hohem Fleckenrisiko ist eine Flecken-Schutzimprägnierung zu empfehlen.

Teppichböden benötigen einen trockenen, ebenen und rissfreien Untergrund, bevorzugt Estrich. Sie können sowohl verspannt, geklebt, als auch lose verlegt werden. Um die Umweltbelastung gering zu halten, sollte man Teppichböden wählen, die vom Hersteller zurückgenommen und wiederverwertet werden. Voraussetzung ist, dass diese Teppichböden nicht vollflächig geklebt wurden.

1. Nennen Sie Beispiele für pflegeleichte und pflegeaufwendige Bodenbeläge.
2. Wovon hängt es ab, welche Reinigungs- und Pflegemittel Sie für einen bestimmten Belag verwenden?
3. Ist ein Teppichboden im Badezimmer zu empfehlen? Begründen Sie Ihre Antwort.
4. Nennen Sie drei Vorteile von Teppichböden.
5. Wie können Sie verhindern, dass Teppiche rutschen, sich wellen oder wandern?

1. Einfach verstellbarer Lattenrost

2. Mehrfach verstellbarer Lattenrost

1.8 Gästebetten

1.8.1 Auswahl von Bettgestell und Matratze

Erholsamer Schlaf ist die zentrale Dienstleistung des Hotelgewerbes. Aufbau und Qualität des Gästebettes tragen entscheidend dazu bei, denn falsches Liegen kann Rücken- und Kopfschmerzen oder Muskelverspannungen verursachen. Vor dem Kauf von Hotelbetten empfiehlt es sich, den Rat von Bettenfachleuten einzuholen, weil

- neue Erkenntnisse der Schlafforschung und der Orthopädie zu Neuentwicklungen führen,
- neue Materialien und Verarbeitungsmethoden die Qualität verbessern und den Pflegeaufwand verringern können,
- die Betten den verschiedenen Schlafbedürfnissen der Gäste genügen sollen,
- sie sich harmonisch in das Gesamtbild des Raumes einfügen sollen.

Bettgestelle
Gestelle halten den Rost bzw. Spiralnetzrahmen, auf dem die weiteren Bestandteile des Bettes aufliegen. Sie bestehen aus Holz, selten aus Kunststoff oder Metall. Einzelbetten werden für die Matratzengrößen

- 0,90 m x 1,90 m oder
- 1,00 m x 2,00 m,

Doppelbetten für die Matratzengrößen

- 1,60 m x 1,90 m bzw.
- 1,90 m x 2,00 m

als Normgröße angeboten.

Die Matratze sollte möglichst 20 cm länger als die Person sein, die darauf schläft.

Matratzenunterlagen
Roste bilden die leicht federnde Unterlage der Matratze und halten sie im Gestell. Roste sollten

- der Matratze auf der ganzen Fläche den nötigen Halt und zusätzliche Elastizität geben, damit sie sich flexible in allen Schlaflagen jeder Körperform anpassen kann,
- im Kopf- und Fußteil verstellbar sein, damit der Gast sie nach seinen Bedürfnissen einstellen kann.

Lattenroste verfügen über elastische, gewölbte Holzleisten, die in federnde Gummi- oder Kunststoffprofile gelagert und am Rostrahmen befestigt sind. Jede Leiste wird bei Belastung etwas nach unten gedrückt und seitlich geneigt. Die Matratze passt sich dadurch besser der Körperform an.

Matratzenschoner werden zwischen Rost und Matratzenunterseite gelegt, um den Materialverschleiß durch Reibung am Rost zu vermeiden. Matratzenschoner bestehen aus eingefasstem Grobpolster und sind ca. 1 cm hoch. Um die Oberseite der Matratze zu schonen, kann zwischen Matratze und Bettuch ein Molton, ein beidseitig aufgerauter, leinwandbindiger Baumwollstoff mit hoher Saugfähigkeit, gelegt werden.

Matratzen
Eine Matratze soll in erster Linie den Körper sanft stützen, damit sich die Muskulatur entspannen kann und die Bandscheiben entlastet werden. Deshalb sind sie häufig in der Mittelzone verstärkt. Matratzen sollten weder zu hart noch zu weich sein.

In zweiter Linie soll die Matratze dazu beitragen, Wärme und Feuchtigkeit zu regulieren. Über die Haut gibt der Körper pro Nacht etwa 0,2 l Flüssigkeit ab, die zum Teil über die Matratze abgeführt werden muss. Durch eine ausreichende Luftzufuhr von unten wird unangenehmer Wärme- und Feuchtigkeitsstau vermieden.

Federkern-Matratzen haben als tragendes Element einzelne Stahlfedern, die miteinander verbunden sind und von einem Stahlrahmen gehalten werden. Oben und unten sind sie mit mehreren Schichten Grobpolster (Kokos-, Palm- oder Sisalfasern bzw. Rosshaar) und Feinpolster (meist Wolle oder Baumwolle) eingefasst und mit strapazierfähigem Drellbezug versteppt.
Bei **Taschen-Federkern-Matratzen** sind die Federn zur Geräuschdämmung in Leinentaschen eingenäht.

Schaumstoff-Matratzen bestehen aus synthetischem Schaumstoff oder natürlichem Schaumgummi (Latex). Luftkammern verbessern Elastizität und Luftzirkulation.
Bei **Schaumstoff-Matratzen mit Federkern** sind Federelemente in die Längskanäle der Schaumstoff-Matratze eingearbeitet. Da sie nicht untereinander verbunden sind, passen sie sich gut der Körperform an. Durch die Längskanäle ist der Luftaustausch gewährleistet.

1.8.2 Auswahl der Bettwäsche

Zur Bettwäsche zählen Betttücher, Kissen- und Deckenbezüge. Für Gästebetten sind vor allem Leinen, Halbleinen und Baumwolle gebräuchlich, weil sie trotz starker Beanspruchung lange ansprechend aussehen.
Bei Bettwäsche auf Baumwoll-Basis wird die Qualität von Damast (Jacquardgewebe) durch die Güte der Baumwolle und die Fadendichte bestimmt. Besonders strapazierfähig ist Kretone, ein leinwandbindiger Baumwollstoff. Biber und Feinbiber sind beidseitig aufgeraute, flauschig-weiche Stoffe mit Leinwand- oder Atlasbindung, die gut wärmen. Jersey aus reiner Baumwolle oder Mischgarnen ist besonders hautfreundlich und bügelfrei.
Bei Bettwäsche auf Leinenbasis werden vor allem Mischgewebe mit Polyester bzw. Diolen verwendet.

Betttücher/Bettlaken müssen besonders strapazierfähig sein. Sie werden deshalb aus Leinen, Halbleinen oder Mischgewebe, etwa Baumwolle mit Viskose, hergestellt.

Deckbetten- und Kissenbezüge haben üblicherweise den Hotelverschluss, bei dem ein überlappendes Stoffstück die Einschuböffnung verschließt und deshalb keine Knöpfe notwendig sind. Er macht ein rationelleres Arbeiten möglich, weil das Auf- und Zuknöpfen entfällt und keine abgerissenen Knöpfe angenäht werden müssen. Deshalb lohnen sich die Ausgaben für den Mehrbedarf an Stoff.

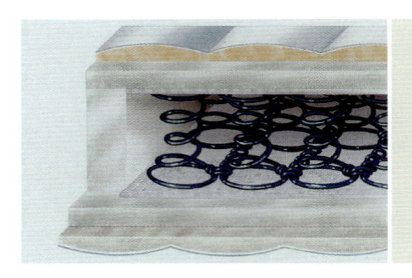

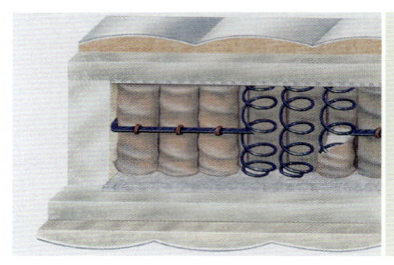

1. Matratzenarten (Beispiele)

Bettwäsche	Größe
Betttücher	160 cm x 260 cm
Spannbetttücher	100 cm x 200 cm
Deckbettbezüge Normalgrößen Übergrößen Französische Betten	 135 cm x 200 cm/155 cm x 200 cm 135 cm x 220 cm/155 cm x 220 cm 200 cm x 200 cm
Kissenbezüge	80 cm x 80 cm/80 cm x 60 cm 60 cm x 40 cm/40 cm x 40 cm
Plumeau (kleines Federbett)	130 cm x 130 cm

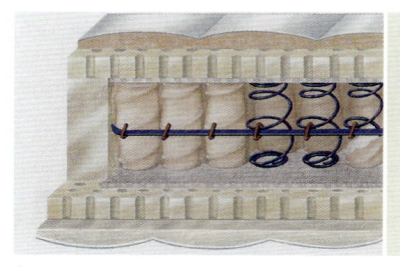

2. Gängige Bettwäschengrößen

Materialkundliche Grundlagen und entsprechende Reinigungs- und Pflegemittel

1. Gänsefedern und Daunen

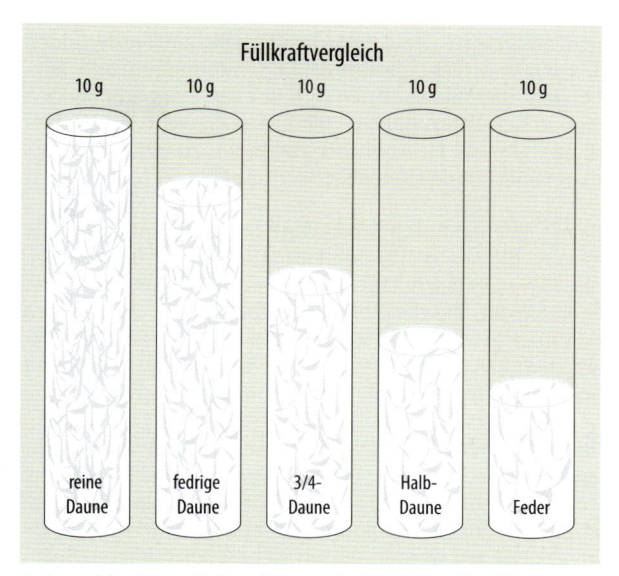

2. Bauschkraft von Federn/Daunen bei gleichem Gewicht

1.8.3 Materialien für Deckbetten und Kissen

Für ein ausgeglichenes, körpergerechtes Schlafklima ist ein Federbett unübertroffen. Es erfüllt alle Anforderungen, die man an ein Deckbett stellt. Es ist anschmiegsam und atmungsaktiv, feuchtigkeitsregulierend, gut wärmehaltend und -ausgleichend, auch bei schwankenden Zimmertemperaturen.

Als Deckbett werden Flachbetten bevorzugt, deren Hülle (Inlett) durch eingenähte Stoffstege unterteilt, das heißt gesteppt ist. Gegenüber ungesteppten Deckbetten haben sie folgende Vorteile:
- Die Unterteilungen verhindern ein Verrutschen, Zusammendrücken und Klumpen des Füllmaterials; sie brauchen deshalb kaum aufgeschüttelt zu werden.
- Art und Menge des Füllmaterials können auf das unterschiedliche Wärmebedürfnis der Körperzonen abgestimmt werden. Beispielsweise können am Fußende besonders viele Daunen eingearbeitet sein, um ein Auskühlen der Füße zu unterbinden.
- Abgesteppte Deckbetten hüllen den Körper besser ein und belasten nicht durch eine geballte Füllung.

Kissen werden nicht abgesteppt. Als Kopfunterlage sollen sie sich vom Schläfer zur gewünschten Höhe formen lassen. Beim Bettenmachen müssen sie gut aufgeschüttelt werden.

Bettfedern und Daunen

Original-Federn und Daunen müssen von Gans oder Ente stammen. Folgende Eigenschaften machen Federn zum meistgebrauchten Füllmaterial:

- Haarfeine Luftkanälchen zwischen den einzelnen Federstrahlen schließen die isolierte Luft ein.
- Die natürliche Krümmung sorgt für noch mehr wärmedämmende Hohlräume zwischen den Federn und macht die Füllung weich und elastisch.
- Sie sind wasseranziehend und leiten die aufgenommene Feuchtigkeit an die Umgebungsluft ab.

Daunen sehen wie eine bauschige Schneeflocke aus. Vom kaum sichtbaren Kern stehen strahlenförmige Verästelungen ab, die sich mit den Verästelungen der anderen Daunen zu einer äußerst leichten und luftigen Füllung verbinden. Die Eiderdaune (von der Eiderente) ist besonders groß, fein und leicht. Je höher der Daunenanteil einer Füllung, desto höher die Qualität und der Preis.

Die Angabe des Daunenanteils bezieht sich auf den Gewichtsanteil. 15 % Daunen bei der Halbdaunen-Füllung bedeuten 15 % Gewichtsanteil; der volumenmäßige Anteil beträgt 50 %.

Beim Kauf ist auf die Bezeichnung **Original** oder **Originalware** zu achten. Fehlt dieser Zusatz, kann es sich ganz oder teilweise um gebrauchte, wieder aufgearbeitete Feder- oder Daunenfüllungen handeln.

Inlett (Hüllen für Füllungen)

Feder- und Daunenfüllungen müssen in Hüllen, Inlett oder Einschütte genannt, gefüllt werden. Darüber wird der Decken- oder Kissenüberzug gezogen. Das Inlett muss so dicht sein, dass es auch von feinen Federkielen nicht durchstoßen wird. Es muss luftdurchlässig sein, damit die Füllung beim Aufschütteln Luft aufnehmen kann und sich auflockert. Diese fast gegensätzlichen Forderungen werden von dicht gewebten Köperbindungen und feinfädigen Baumwollbatisten erfüllt. Für Daunenfüllungen eignen sich Satins (leichte, feinfädige Gewebe in Atlasbindung). Um die Funktion der Füllungen zu erhalten, muss man Feder- und Daunenbetten gut pflegen.

Beim täglichen Aufschütteln wird die Füllung nicht nur gelockert, die neu gebildeten Lufträume sorgen auch für einen Klimaausgleich. Das Lüften dient dem Abtransport der Feuchtigkeit, die der Körper abgegeben hat. Zum Lüften genügen ein bis zwei Stunden bei offenem Fenster oder auf dem Balkon. Bei Regen und Nebel soll das Federbett im Zimmer bleiben, weil es Feuchtigkeit anzieht.

Pralles Sonnenlicht entzieht den Federn und Daunen die zelleigene Feuchtigkeit. Dadurch verlieren sie im Laufe der Zeit ihre Elastizität; sie werden spröde und brechen ab. Etwa alle fünf Jahre sollten Federbettfüllungen zur Reinigung gegeben werden, Kissen wegen der stärkeren Beanspruchung alle drei Jahre. Dabei werden der Staub sowie Bruchstücke von Federn und Daunen entfernt. Auch das Inlett erfordert Pflege. Leichtes Bürsten mit einer weichen Bürste ist die schonendste Art, das Inlett vom Staub zu reinigen.

Sonstige Materialien für Bettdecken

Decken mit synthetischen Füllungen werden vor allem verwendet, weil sie preisgünstig und maschinenwaschbar sind. Personen, die gegen Federn und Haare allergisch sind, bevorzugen Decken mit synthetischen Füllungen. Als Naturhaar-Decken werden leichte Decken aus Tierhaaren folgender Gattungen angeboten: Schaf, Lama, Alpaka, Mohair- und Kaschmir-Ziege, Kamel, Angora-Kaninchen und Yak. Sie sind weich, anschmiegsam, atmungsaktiv und temperaturausgleichend. Naturhaar-Decken werden von vielen Rheumakranken bevorzugt, weil sie die Wärme besonders gut zurückhalten. Decken aus Seide sind sehr leicht und deshalb für die warme Jahreszeit besonders geeignet.

Gewichtsanteil Daunen	Bezeichnung
100 %	Original reine Daune
90 %	Original Daune
50–89 %	Original federige Daune
30–49 %	Original Dreivierteldaune
15–29 %	Original Halbdaune
9–14 %	Original daunenhaltige Daune
0 %	Original Federn

1. Bezeichnungen verschiedener Füllungen

Wissen Sie Bescheid?

1. Ordnen Sie den folgenden Metallen Gebrauchsgegenstände zu und geben Sie die Regeln zu ihrer Reinigung und Pflege an: Silber, Kupfer, Edelstahl.
2. Welche Schutzmaßnahmen treffen Sie, um gesundheitliche Schäden bei Reinigungsarbeiten zu vermeiden?
3. Beschreiben Sie den schrittweisen Ablauf der Glas- und der Porzellan-Herstellung.
4. Erklären Sie die Unterschiede zwischen Unterglasur-, Aufglasur- und Inglasurdekor.
5. Nennen Sie drei Kunststoffarten und je zwei Verwendungsbeispiele.
6. Vergleichen Sie die Eigenschaften von tierischen Fasern und pflanzlichen Fasern.
7. Welche Vor- und Nachteile haben Stoffe aus synthetischen Fasern?
8. Welche Gewebearten unterscheidet man?
9. Zählen Sie vier wichtige Waschbedingungen auf.
10. Wie heißen die Stoffe, die im Waschwasser die Oberflächenspannung herabsetzen und dadurch reinigend wirken?
11. Nennen Sie die Faktoren, die beim Bügeln auf die Wäsche einwirken.
12. Welche Informationen werden durch die internationalen Pflegekennzeichen vermittelt?
13. Wozu dienen Desinfektionsmittel?
14. Welche Ziele werden durch das Appretieren von Wäsche erreicht?
15. Wie kann beim Waschen Energie gespart werden? Zählen Sie drei Möglichkeiten auf.
16. Worauf sollten Sie bei der Auswahl und der Verwendung von Reinigungs- und Pflegemitteln achten?
17. Wie können Reinigungs- und Pflegemaßnahmen rationell durchgeführt werden?
18. Nennen Sie die wichtigsten Funktionen der Matratze im Gesamtsystem Bett.
19. Welche Vorteile bietet der Hotelverschluss bei Betten- und Kissenbezügen?
20. Erläutern Sie die zwei Vorteile abgesteppter Bettdecken.
21. Erklären Sie den Unterschied zwischen Federn und Daunen.
22. Welche Eigenschaften machen Federn und Daunen zum meistverwendeten Füllmaterial?
23. Warum muss ein Federbett gelüftet werden? Welche Regeln sind dabei zu beachten?
24. Erläutern Sie den Begriff Halbdaunen. Wie viel Gewichtsanteile Daunen sind darin enthalten?
25. Welche Anforderungen stellen Sie an ein Inlett? Wie soll es gepflegt werden?
26. Welche Vorzüge haben Decken mit synthetischen Füllungen und Naturhaardecken?

2 Arbeitsvorbereitung, Arbeitsabläufe, Kontrollmöglichkeiten

Zimmer: _____

Anreisetag: _____ Abreisetag: _____
- Lichtkontrolle
- Fenster und Balkontür öffnen
- Betten abziehen und lüften
- Bad und WC herrichten
- Aschenbecher auswechseln
- Papierkorb leeren, säubern, desinfizieren
- Fenster auf Sauberkeit prüfen
- Balkon und Balkonpflanzen überprüfen
- Betten überziehen und machen
- abstauben
- Tischdecke auswechseln
- Blumen, Präsente, Schreibwaren überprüfen und ergänzen
- Boden reinigen und Bettvorlage erneuern
- Fenster und Balkontür schließen
- Gardinen richten

am Abreisetag:
- Inventarkontrolle auf Vollständigkeit
- Schrank und Nachttisch auswischen
- Kleiderbügel kontrollieren
- Kühlschrank reinigen

Fundsachen: _____
Defekte: _____
Unterschrift: _____

Bad und WC
- Lichtkontrolle
- Spiegel und Ablage
- Zahnbecher
- Wände
- Wanne
- Waschbecken innen und außen
- Toilette, Bidet innen und außen
- Armaturen
- Toiletteneimer
- Toilettenpapier, Hygienebeutel
- Seife, Erfrischungstuch, Bademittel
- Handtücher, Badetücher auswechseln
- Boden reinigen und Vorleger auswechseln

am Abreisetag:
- Desinfizieren

1. Checkliste Bereitstellen/Kontrollieren eines Zimmers

2.1 Arbeitsplanung zur Zimmerreinigung

Reinigungs- und Pflegemaßnahmen sind ständig wiederkehrende Arbeiten. Sie müssen deshalb gut organisiert werden, damit rationell gearbeitet wird. Außerdem ist eine ständige Ausführungskontrolle zu planen und durchzuführen, weil von ihrer Wirksamkeit der Hygienestandard eines Hotels abhängt.

Zur **Vorbereitung** gehört die Bereitstellung von
- Arbeitsmitteln zur Reinigung und Entsorgung wie Abfallsammelbeutel, Sack für Schmutzwäsche, Eimer, Putztücher, Leder-, Staubtuch, Bürsten, Staubsauger,
- Reinigungsmitteln wie Universal- und Spezialreiniger, Scheuermittel, Möbel- und Lederpflegemittel,
- Desinfektionsmitteln,
- Gebrauchsmitteln für den Gast wie Bettwäsche, Bade- und Handtücher, Toilettenpapier, Seife, Schreibwaren.

Sie werden auf dem dafür vorgesehenen Wagen eingeordnet, damit sie stets griffbereit sind.
Die Arbeitsplanung umfasst auch das Aufstellen einer Checkliste, in der alle Arbeiten in sinnvoller Reihenfolge aufgeführt und nach ihrer Durchführung abzuhaken sind. Solche Checklisten sollen verhindern, dass einzelne Tätigkeiten und Kontrollen aus Vergesslichkeit nicht ausgeführt werden. Sie sind auf die besonderen Gegebenheiten eines Hotels abzustimmen.
Die abgehakte und ausgefüllte Checkliste ist der Hausdame vorzulegen, die daraufhin die Zimmer überprüft.

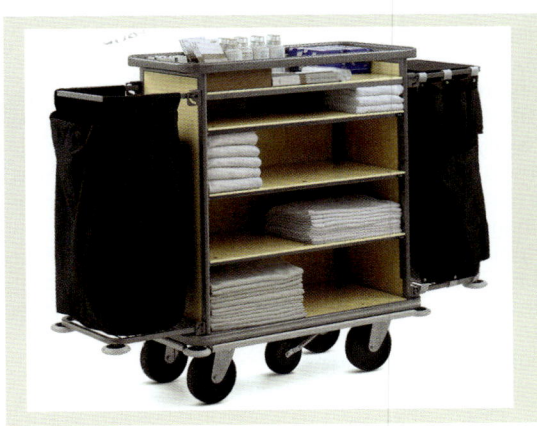

- Die oberste Ablage und/oder ein darunterliegendes, ausziehbares Fach werden mit Kleinutensilien bestückt.
- Die darunterliegenden Fächer enthalten Bettwäsche, Handtücher, Bademäntel usw.
  Die am wenigsten benötigten Wäschestücke sollten zuunterst liegen.
- Ein Extrawagen mit Putzmitteln und Wassereimern ist die ideale Ergänzung.
- Verschiedene Säcke für die Trennung benutzter Wäschestücke werden außen angehängt.

2. Arbeitswagen auf der Etage

1. Putzwagen

Zimmereingang: (eventuell an der Tür)	• Preisverzeichnis • Beschreibung Fluchtweg (gesetzlich) • „Bitte nicht stören"-Schild • Türanhänger für die Frühstücksbestellung beim Zimmerservice
Kleiderschrank:	• Kleiderbügel • Wolldecke • Preisliste Wäsche/Reinigung
Nachttisch mit Telefon:	• Benutzungshinweis/Hausanschlüsse • Gebühren pro Einheit (gesetzlich) • Vorwahlverzeichnis • Verzeichnis wichtiger Rufnummern
Tisch/Schreibtisch:	• Aschenbecher, Streichhölzer • Briefpapier, Kugelschreiber • Informationen über Veranstaltungen • Karte für Zimmerservice
Kommode:	• Fernsehzeitschrift • Bedienungsanleitung Fernsehgerät
Schublade:	• Kerze mit Ständer und Streichhölzer

2. Checkliste über ausgelegte Informationen/Artikel in einem Hotelzimmer der Mittelklasse

2.2 Musterablauf der Zimmerreinigung für einen Bleibegast

- Vor dem Anklopfen auf das „Nicht stören"-Schild achten; ist dieses nicht ausgehängt, anklopfen.
- Wenn sich niemand meldet, Tür öffnen; befindet sich niemand im Zimmer, Wagen vor die Tür schieben.
- Tür blockieren, um ein Zuschlagen zu verhindern; Vorhänge öffnen, Lichter ausschalten.
- Gegebenenfalls vorhandene Frühstückstabletts oder -wagen (Trolleys) auf den Flur stellen, damit sie vom Zimmerservice entfernt werden können.
- Die Gläser von der Minibar auf den Wagen im Flur stellen.
- Umherliegende Zeitungen und Kleidungsstücke aufräumen; Schlafanzüge im Bad aufhängen; private Schriftstücke und Schreibutensilien an ihrem Platz belassen.
- Papierkörbe und Aschenbecher leeren; schmutzige Aschenbecher auf dem Wagen abstellen.
- Papierkörbe säubern, gereinigte Aschenbecher und frische Bettwäsche in das Zimmer bringen.
- Gardinen zurückschieben, Fenster-/Balkontür öffnen.
- Betten abziehen, dabei
  - Wolldecke entfernen und auf einen Stuhl legen,
  - Kopfkissen abziehen, den Schonbezug auf Zustand und Sauberkeit kontrollieren,
  - Bettlaken entfernen und ausschütteln (Fundsachen),
  - Matratzenschoner, falls nötig, auswechseln,
  - unter dem Bett nachsehen, ob sich dort heruntergefallene Gegenstände befinden.
- Gebrauchte Bett- und Badezimmerwäsche sowie die Vorlagen in den Wäschesack geben.
- Frische Bettwäsche bereitlegen, dabei auf einwandfreie Wäsche achten:
  - unteres Laken mit der rauen Seite auf die Matratze legen,
  - Matratze anheben und Laken einschlagen,
  - oberes Laken mit der rauen Seite nach oben auflegen; der Umschlag am Kopfende muss größer als am Fußende sein,
  - Wolldecke auflegen; am Kopfende ca. 15 cm kürzer als das obere Laken; überhängendes Lakenteil über die Decke schlagen,
  - Kopfkissen aufschütteln, beziehen und auflegen.
- Bettdecken und, wenn vorhanden, Tagesdecken auflegen.
- Vom Wagen die benötigten Reinigungsutensilien und -mittel holen.
- Putz- bzw. Lederlappen anfeuchten, Staub wischen.
- Je nach Zimmereinrichtung notwendige Reinigungs-, Pflege- und Wartungsarbeiten durchführen (etwa bei Spiegel, Schreibtisch, Lampen, Telefon: Sprech-, Ohrmuschel oder Tastenblock, Radio: Funktionsprüfung, Fernsehapparat, Minibar, Tische, Heizkörperverkleidung usw.).
- Artikel wie Briefpapier, Hotelmagazine, Türhänger, Bibel, Telefonbuch und -anweisung, Streichholzbriefchen, Etagenservice-Karte usw. auffüllen bzw. auswechseln.
- Minibar überprüfen.
- Funktionsfähigkeit der Lampen prüfen.

1. Minibar-Auffüllwagen

2. Formular Minibar

Artikel – Item	Einheit/Unit	Verbrauch/Consumption	Preis/Price €	Total/€
• Sekt Hausmarke	0,2 l		5,50	
• Weißwein	0,25 l		3,80	
• Rotwein	0,25 l		3,80	
• Pils	0,33 l		2,30	
• Mineralwasser medium	0,5 l		3,10	
• Mineralwasser	0,25 l		1,80	
• Bitter Lemon	0,2 l		2,00	
• Orangensaft	0,2 l		2,00	
• Schokolade	100 g		1,80	
• Erdnüsse	150 g		1,80	

Sehr geehrter Gast, wir bitten Sie, die entnommenen Getränke anzukreuzen. **Danke!**
Dear guest, please indicate the drinks you have consumed on this form. **Thanks!**
Cher client, nous vous prions de vouloir noter, ci-dessous, les consommations prises. **Merci!**

Reinigung des Bades und der Toilette
- Badematte vor das Bad legen, um ein Nasswerden des Zimmerteppichs zu vermeiden.
- Papier- und Abfallkörbe leeren.
- Essigwasser oder anderes geeignetes Mittel in die Zahnputzgläser geben, um Wasserstein zu entfernen.
- Toilettenreiniger in die Toilette geben.
- Kacheln, vor allem über der Badewanne bzw. in der Duschkabine reinigen, anschließend Bade- bzw. Duschwanne säubern, mit klarem Wasser nachspülen und trocken wischen; Wasserrückstände besonders auf Chromteilen vermeiden.
- Spiegel mit Lederlappen säubern.
- Mit den Toilettenutensilien des Gastes auf der Ablage nach Anweisung des Hauses verfahren; das heißt, ob diese bei der Reinigung kurzfristig auf die Seite gestellt werden dürfen oder nicht.
- Zahnputzgläser reinigen, mit klarem Wasser ausspülen und trocken reiben.
- Waschbecken putzen, Stöpsel herausnehmen, gegebenenfalls Haare entfernen; Wasserüberlauföffnung reinigen; Chromteile wie bei Badewanne bzw. Dusche behandeln.
- Toilettenbecken mit der Toilettenbürste reinigen, Beckenrand und Sitzgarnitur allseitig gründlich reinigen; Deckel schließen.
- Toilettenartikel, die vom Haus gestellt werden (Seife, Schaumbad, Hygienebeutel, Einwegbadekappen, Toilettenpapier sowie Bade- und Handtücher und Waschlappen) erneuern bzw. ergänzen.
- Fußboden wischen; Vorlagen auslegen.

Staub saugen
- Gegebenenfalls Balkon, danach das Zimmer saugen; Balkongeländer feucht abwischen.
- Balkontür/Fenster schließen (je nach Jahreszeit kippen).
- Gardinen/Sonnenvorhänge vorziehen.

Checkliste
- Checkliste abhaken; Reparaturen wie defekte Beleuchtungskörper, tropfende Wasserhähne usw. eintragen.
- Zimmertür schließen, abschließen.

Minibar kontrollieren und auffüllen
Mit der abschließenden Zimmerkontrolle wird auch die Minibar, in der in einem Kühlfach Getränke, in anderen Fächern Snacks wie Chips, Brezeln, Süßigkeiten oder auch Hygieneartikel zur Selbstbedienung bereitstehen, überprüft und aufgefüllt. Beim Bleibegast wird die Entnahme dem Empfang auf einem Formular gemeldet, der den Verbrauch auf die Rechnung des Gastes bucht. Beim abgereisten Gast wird nachträglich kontrolliert, ob die fehlenden Artikel mit den Angaben des Gastes übereinstimmen. Beim Auffüllen der Minibar ist auf Folgendes zu achten:
- Die einzelnen Fächer sind, sofern nötig, zu säubern.
- Nicht in die Minibar Gehörendes, das der abgereiste Gast zurückgelassen hat, ist zu entnehmen.
- Die Flaschenverschlüsse sind auf Beschädigung zu überprüfen (eventuelle Entnahme und Auffüllen mit anderer Flüssigkeit durch Gäste).
- Die Menge der aufgefüllten Artikel muss mit dem Verbrauch übereinstimmen (Soll-/Ist-Bestand).
- Ein neues Entnahmeformular wird bereitgelegt.

Wäscheanforderungsliste vom	11.12. ...		
Anfordernde Stelle	Restaurant + Stube		
	weiß	beige	altrosa
Tischdecken 130 x 130 cm	60	20	
Tischdecken 130 x 210 cm		5	
Tischdecken 150 Ø		3	
Tischdecken 200 Ø	2		
Tafeltücher 210 x 210 cm			
Tafeltücher 210 x 370 cm			
Deckservietten 80 x 80 cm			
Tischläufer 150 x 30 cm			
Skirting 240 cm	2	1	
Mundservietten 40 x 40 cm	200		
Mundservietten 50 x 50 cm		120	
Handservietten	20	10	
Poliertücher	60		
Moltons für Tischgröße 80 x 80 cm ...., 80 x 160 cm .....5...., 100 cm Ø ...., 150 cm Ø ..1..., 160 x 160 cm ....,			
Ausgabeperson ....f......	**Empfänger** .....H.......		

1. Wäscheanforderungsliste

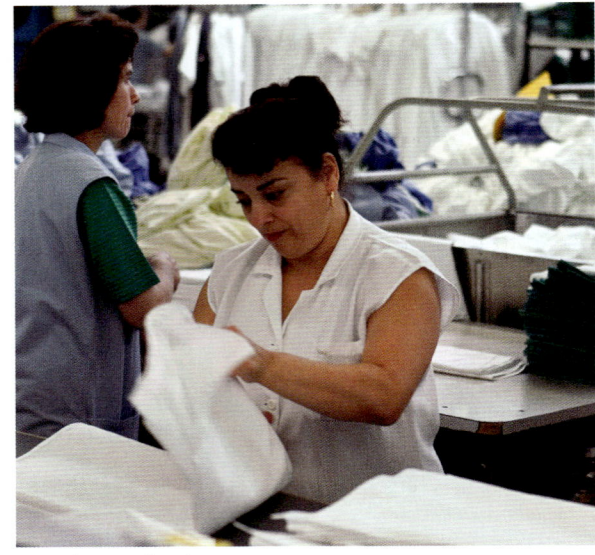

2. In der Wäscherei

2.3 Wäschebereitstellung, Wäschekontrollen

Betriebseigene Wäsche/Leihwäsche (Leasing)
Die in einem Betrieb verwendete Wäsche kann Eigentum des Betriebes sein oder kann geliehen (geleast) werden. Bei Leihwäsche gehen die Anschaffungskosten zulasten des Verleihers; gleichzeitig übernimmt dieser die Reinigung, Pflege und Reparatur der Wäsche.

Die im Betrieb bereitgestellte Wäsche muss ausreichen, um in einem bestimmten Turnus einen Wäschetausch ausführen sowie einen überraschenden Mehrverbrauch oder starke Verluste (Verschleiß, Diebstahl) auffangen zu können. An Wäsche muss bereitgestellt werden:

Betriebswäsche: Dazu zählen alle Wäschestücke, die für den Betriebsablauf erforderlich sind.
- Etage: Bettwäsche, Matratzenschoner, Tagesdecken, Wolldecken, Handtücher, Badelaken, Badevorlagen, Badeteppiche, Bademäntel,
- Restaurant- und Banketträume: Moltons, Tischdecken, Tagungsdecken, Skirtings, Tafeltücher, Deckservietten, Mundservietten, Tischläufer, Sets,
- Service: Poliertücher, Handservietten,
- Küche: Vorstecker, Handtücher, Putz-/Geschirrtücher,
- In allen Räumen: Gardinen, Vorhänge.

Betriebsarbeitskleidung: Darunter versteht man eine bestimmte, vom Betrieb vorgeschriebene Kleidung, die sich von der üblichen Berufskleidung unterscheidet und vom Betrieb zur Verfügung gestellt wird.

Personalarbeitskleidung der allgemein üblichen Art, die auch Eigentum der Mitarbeiter sein kann und von dem Betrieb gereinigt bzw. gewaschen wird.

Wäscheausgabe
Die Wäscheausgabe für die einzelnen Abteilungen sollte, wie die Magazinausgabe, zu festgelegten Zeiten erfolgen. Sie kann auf verschiedene Arten durchgeführt werden:
- Frische Wäsche wird gegen die gleiche Menge gezählter schmutziger Wäsche, z. B. für Küche, Restaurant, Etage, Bankettabteilung, getauscht.
- Frische Wäsche wird nach Vorlage einer Wäscheanforderungsliste an die einzelnen Abteilungen ausgegeben.

Wäschekontrollen
Die Wäschekontrollen beziehen sich auf Bestand, Verschmutzung, Verschleiß und Beschädigung.

Bestandskontrolle: Durch regelmäßige Bestandskontrollen (Inventur) werden vor allem Verluste festgestellt.

Verschmutzungskontrolle: Durch sie wird kontrolliert, welchen Verschmutzungsgrad die Wäsche hat. Wäsche, die einer schnellen Verschmutzung unterliegt (etwa Küchen-, Restaurantwäsche), wird in kurzen Zeitabständen gereinigt. Für Vorhänge, Gardinen, Tagesdecken wird ein längerfristiger Reinigungsturnus erstellt.

Verschleißkontrolle: Sie ist nötig, um nicht mehr ansehnliche oder unbrauchbare Wäscheteile auszusortieren und durch neue zu ersetzen.

Beschädigungskontrolle: Die bei der Kontrolle ausgesonderten Teile müssen auf ihre Beschädigung hin überprüft werden. Dabei ist festzulegen, ob die Beschädigung behoben wird (wie Knopfannähen oder Kunststopfen eines kleinen Brandloches in einer teuren Decke) oder, da sich die Reparatur nicht mehr lohnt, das Wäschestück ausgetauscht wird.

3 Arbeitssicherheit

Gesundheitsgefahr durch Lösungsmittel in Reinigungs- und Pflegemitteln
- Lösungsmittelhaltige Reiniger werden mit Wasser verdünnt verwendet und können gesundheitsschädliche Dämpfe entwickeln.
- Lösungsmittelhaltige Reiniger werden pur eingesetzt, sind ätzend auf der Haut und reizen die Schleimhäute.
- Lösungsmittelhaltige Pflegemittel bestehen meist aus Wachsen und Lösungsmitteln (z. B. Bohnerwachs). Das Lösungsmittel entweicht, deshalb muss bei der Anwendung gelüftet werden.

Vor der Verwendung sind die Hinweise zur Benutzung, Gefahrenhinweis, Sicherheitsratschläge und Dosierung auf der Verpackung zu lesen. Bei Reinigungs- und Pflegearbeiten sollten generell Gummihandschuhe getragen werden, weil durch die ständige Einwirkung dieser Mittel auf die Haut Allergien (Hautrötungen, offene Hände usw.) ausgelöst werden können.

Unfallgefahr durch Ausgleiten und Stürzen
Feuchte Fußböden im Sanitärbereich können eine Gefahrenquelle darstellen, besonders, wenn ungeeignetes Schuhwerk mit glatten Sohlen getragen wird.
Zum Arbeiten in der Höhe sind geeignete Tritte oder Leitern zu verwenden.

Unfallgefahren bei elektrischen Einrichtungen
Steckdosen im Badezimmer sollten besonders gegen Spritzwasser gesichert sein, damit beim Reinigen kein Stromkontakt möglich ist. Eingebaute Fehlerschutzschalter (FI) schalten in Sekundenbruchteilen die Stromverbindung im Bad ab.

Reinigen und Pflegen von Metallen

Der Einsatz von Reinigungs- und Pflegemitteln ist mit Gefahren verbunden, weil sie Stoffe enthalten, die reizend oder ätzend wirken bzw. Allergien auslösen können. Deshalb müssen die Hinweise auf den Verpackungen in Bezug auf Dosierung, Anwendungsbereich, Sicherheitsmaßnahmen usw. unbedingt beachtet werden. Auszug aus dem Etikett eines Edelstahl-Reinigungsmittels:

> **Gefahrenhinweis:** Reizt Atemwege, Augen und Haut.
> **Sicherheitsratschläge:** Bei Berührung mit den Augen gründlich mit viel Wasser abspülen und den Arzt konsultieren. Beschmutzte, getränkte Kleidung sofort ausziehen. Bei Berührung mit der Haut sofort mit Wasser abwaschen. Bei der Arbeit geeignete Schutzhandschuhe und Schutzbrille/Gesichtsschutz tragen.

Tragen Sie beim Umgang mit Gefahrstoffen eine Schutzausrüstung

---

1. Gefahrvolle Arbeitsweise

Mittel	Wirkung auf den Menschen	Sicherheitsmaßnahmen
Reinigungsmittel	entfettet die Haut, wirkt z. T. ätzend	Gummihandschuhe tragen, Hautschutzcreme benutzen
Edelstahl-Reinigungsspray, Entkalker	Dämpfe reizen die Schleimhäute, ätzt stark auf der Haut	Sicherheitsverschluss, Gummihandschuhe und Schutzbrille tragen
Rohrreiniger, WC-Reiniger	ätzend, reizt die Schleimhäute	Hinweise auf der Verpackung beachten, nie unterschiedliche Mittel gleichzeitig anwenden
Fleckenwasser, Klebstoffe	leicht entzündlich, macht benommen, wirkt narkotisierend	nicht rauchen, kein offenes Feuer, nur bei geöffnetem Fenster anwenden

2. Sicherheitsmaßnahmen bei Reinigungsarbeiten

4 Umweltschutz

Die Umwelt kann durch chemische Reinigungs-, Pflege- und Desinfektionsmittel sowie durch Verpackungen belastet werden. Grundsätzlich sind diese Mittel sparsam zu verwenden, denn seifenartige Stoffe (Tenside) und Phosphate sind im Abwasser nur schwer abbaubar. Deshalb ist unbedingt auf die Dosierungsangaben zu achten.

Reinigungs- und Pflegemittel
In vielen Fällen können sie durch folgende Maßnahmen ersetzt werden:
- Umweltfreundliche Mittel: Im Handel gibt es rasch abbaubare Mittel der sogenannten „grünen Serie" oder Mittel, die mit dem „blauen Umweltengel" gekennzeichnet sind.
- Hitze: Ein Heißdampfgerät reinigt ohne chemische Mittel Fliesen, Sanitäranlagen und Fenster hygienisch sauber.
- Einwirkungszeit: Durch Einweichen lassen sich hartnäckige Verschmutzungen so weit lösen, dass auf chemische Mittel weitgehend verzichtet werden kann. Schon eine kurze Einwirkungszeit kann den Bedarf an Reinigungsmitteln verringern.
- Alternative Mittel: Kalkbeläge sind durch Säure (Essig- oder Zitronensäure) zu lösen. Spiritus (Alkohol) eignet sich zum Reinigen von Glasflächen.
- Verpackungsmüll verringern: Nachfüllpackungen und Konzentrate von Reinigungs- und Pflegemitteln helfen, den Müllberg abzubauen.
- Mechanische Maßnahmen: Um einen Abfluss zu reinigen, kann mit Saugglocke, Reinigungsspirale und/oder Drucksystem am Staubsauger gearbeitet werden. Reinigungsverfahren z. B. mit Schwamm oder Bürste können den Verbrauch chemischer Mittel reduzieren.

Zum Entfernen von Flecken gibt die Tabelle auf Seite 359 Auskunft.

Desinfektionsmittel
Sie sollen Mikroorganismen abtöten. Dies ist in manchen Bereichen eines gastronomischen Betriebs unumgänglich, um Gäste und Personal vor Krankheitsübertragungen zu schützen. Im Etagenbereich sind es die Sanitäranlagen und der Fußboden, in der Küche der Fußboden und die Abflüsse, Arbeitsflächen, Maschinen und Geräte sowie Kühlanlagen.

5 Umgang mit Gästen

Das Etagenpersonal hat Kontakt mit Hotelgästen und kann wesentlich zu deren Zufriedenheit beitragen (→Bild 1). Freundliche und sachgerechte Kommunikation, eventuell in einer Fremdsprache, wird erwartet.
Bei der Behandlung von Sonderwünschen, Entgegennahme von Hinweisen auf fehlende oder defekte Einrichtungen oder Reklamationen gilt, dass schnell und diskret, im Rahmen des Möglichen für die Zufriedenstellung der Gäste gesorgt wird.

Weitergabe von Informationen
Gäste erwarten vom Etagenpersonal Auskünfte z. B. über
- den Hotelservice (Bügelmöglichkeit, Kleiderreinigung, kleine Besorgungen usw.),
- den Etagenservice (Getränke, Speisen, Eiswürfel, Gläser, Blumen usw.),
- Auskünfte über die Hotelanlage. Wo befindet sich was, z. B. Pool, Sauna, Fitnessraum, Tagungsraum etc.

1. Warum gehören Gummihandschuhe auf den Arbeitswagen auf der Etage?
2. Machen Sie drei Vorschläge zur Verbesserung des Umweltschutzes auf der Etage.
3. Welche Informationen kann der Hotelgast vom Etagenservice erwarten?

Persönliches Verhalten	Verhalten am Arbeitsplatz
• Jeder Gast wird freundlich gegrüßt. • Rufen, Singen und laute Unterhaltung auf den Fluren und in den Gästezimmern stören den Gast und sind zu unterlassen. • Die Einnahme von Speisen und das Rauchen sind auf Fluren und in Gästezimmern untersagt. • Die Benutzung von Radio- und Fernsehgeräten, Telefon und Internet sind nicht gestattet. • Diskretion ist oberstes Gebot: Vorkommnisse, die dem Ruf des Hauses schaden könnten, werden vorsorglich den Vorgesetzten gemeldet. • Einladungen von Gästen werden höflich abgelehnt. • Der Etagenschlüssel darf aus Sicherheitsgründen nie abgelegt oder verliehen werden.	• Zimmertüren, an denen das Schild „Bitte nicht stören" hängt, dürfen nicht geöffnet werden. • Bevor ein Zimmer betreten wird, ist zu klopfen oder zu klingeln und auf Antwort zu warten. Dann bittet man um Entschuldigung für die Störung und beginnt mit der Arbeit beim nächsten Zimmer. • Ausgefüllte Gästekommentare müssen ungeöffnet bzw. ungelesen abgegeben werden. • Über liegen gebliebene Gegenstände bzw. vom Gast zur Reinigung bereitgelegte Kleidung ist umgehend die betreffende Stelle zu informieren. • Falls Gästeeigentum beschädigt wurde, muss dies sofort der vorgesetzten Person gemeldet werden, damit sie den Gast informiert und die Schadensregulierung mit ihm klärt.

1. Regeln für das Verhalten des Personals auf der Etage

6 Berechnungen

Kostenvergleich Angebot Waschmaschinen

Ihnen liegen zwei Angebote über eine neue Gläserspülmaschine für das Restaurant vor. Vergleichen Sie die Angebote und bestellen Sie die Maschine beim günstigeren Anbieter. Berechnen Sie außerdem die jährlichen Strom- und Wasserkosten.	

Angebot der Firma Kunz
Geschirrspülmaschine 578,00 €
Rabatt 5 %
Skonto bei Zahlung innerhalb von 7 Tagen 3 %
$\frac{578,00\,€ \times 5\,\%}{100} = 28,90\,€$
  578,00 €
  − 28,90 €
  549,10 €
$\frac{549,10\,€ \times 3\,\%}{100} = 16,47\,€$
  549,10 €
  − 16,47 €
  532,63 €
Firma Kunz bietet die Geschirrspülmaschine für 532,63 € an.
	Angbebot der Firma Hinz
	Geschirrspülmaschine 620,00 €
	Treuerabatt 7 %
	Skonto bei Zahlung innerhalb von 7 Tagen 3 %
	$\frac{620,00\,€ \times 7\,\%}{100} = 43,40\,€$
	  620,00 €
	  − 43,40 €
	  576,60 €
	$\frac{576,60\,€ \times 3\,\%}{100} = 17,30\,€$
	  576,60 €
	  − 17,30 €
	  559,30 €
	Firma Hinz bietet die Geschirrspülmaschine für 559,30 € an.

Lösung: Firma Kunz hat mit 532,63 € ohne Berücksichtigung der Betriebskosten das günstigere Angebot.	

Kostenvergleich Strom-, Wasserverbrauch

Die Geschirrspülmaschine der Firma Kunz hat folgende technische Daten:			
Stromaufnahme	2,5 kW	Kosten Strom	1 kWh = 0,15 € (inkl. MwSt.)
Betriebsdauer pro Tag	9 Stunden		
Wasserverbrauch	120 l/h	Kosten Wasser/Abwasser:	1 m³ = 4,05 € (inkl. MwSt)

Die Geschirrspülmaschine der Firma Hinz hat folgende technische Daten:			
Stromaufnahme	2,9 kW	Kosten Strom	1 kWh = 0,15 € (inkl. MwSt)
Betriebsdauer pro Tag	9 Stunden		
Wasserverbrauch	105 l/h	Kosten Wasser/Abwasser:	1 m³ = 4,05 € (inkl. MwSt)

Berechnen Sie die gesamten Energie- und Wasserkosten für eine Arbeitswoche (6 Tage) anhand der gegebenen Daten. Vergleichen Sie beide Maschinen in Bezug auf Wasser- und Stromverbrauch innerhalb eines Jahres (50 Wochen).

Firma Kunz/Stromkosten pro Arbeitswoche 2,5 kW × 9 Stunden = 22,50 kWh 22,50 kWh × 0,15 € = 3,38 € pro Tag 3,38 € × 6 Tage = **20,28 €** 20,28 € Stromkosten pro Arbeitswoche	**Firma Hinz/Stromkosten pro Arbeitswoche** 2,9 kW × 9 Stunden = 26,10 kWh 26,10 kWh × 0,15 € = 3,92 € pro Tag 3,92 € × 6 Tage = **23,52 €** 23,52 € Stromkosten pro Arbeitswoche
Firma Kunz/Wasserverbrauch pro Arbeitswoche 120 l × 9 Stunden = 1 080,00 l = 1,08 m3 Wasser 1,08 m3 × 4,05 € = 4,37 € 4,37 € × 6 Tage = **26,22 €** Wasser 26,22 € Wasser/Abwasserkosten pro Arbeitswoche	**Firma Hinz/Wasserverbrauch pro Arbeitswoche** 105 l × 9 Stunden = 945,00 l = 0,945 m³ Wasser 0,945 m3 × 4,05 € = 3,83 € 3,83 € × 6 Tage = **22,98 €** Wasser 22,98 € Wasser/Abwasserkosten pro Arbeitswoche
Firma Kunz: Energie und Wasserkosten pro Jahr Strom = 20,28 € × 50 Wochen = 1 014,00 € Wasser = 26,22 € × 50 Wochen = 1 311,00 €	**Firma Hinz: Energie und Wasserkosten pro Jahr** Strom = 23,52 € × 50 Wochen = 1 176,00 € Wasser = 22,98 € × 50 Wochen = 1 149,00 €

Firma Kunz: Laufende Kosten = 1 014,00 €
  + 1 311,00 €
  2 325,00 € Strom/Wasser
	Firma Hinz: Laufende Kosten = 1 176,00 €
	  + 1 149,00 €
	  2 325,00 € Strom/Wasser

Vergleich Strom/Wasserkosten
Kunz = 2 325,00 €
Hinz = − 2 325,00 €
  0,00 €
Beide Geschirrspülmaschinen haben die gleichen Energiekosten.
	Vergleich Anschaffungspreis
	Hinz = − 559,30 €
	Kunz = 532,63 €
	  26,67 €
	Firma Hinz ist 26,67 € teurer als Firma Kunz.
		Lösung:
		Das Angebot der Firma Kunz ist das günstigere Angebot, da die Strom- und Wasserkosten bei beiden Maschinen gleich sind.

7 Fachsprache, Fremdsprache

Deutsch	Englisch	Französisch (m. = maskulin, le; f. = feminin, la; Mehrzahl = les)
Aluminium	aluminium	aluminium m.
Bettwäsche	bed linen	linge de lit m.
Chemiefaserstoffe	synthetic fibre	tissus de fibres synthetique m.
Chrom	chrome	chrome m.
Deckbetten	duvets	duvets m.
Desinfektionsmittel	desinfectants	désinfectants m.
Edelstahl	fine steel (stainless)	acier fin (inoxydable) m.
Fußbodenbeläge	floor coverings	revêtements de sol m.
Gästebetten	guest beds	lits d'hôtel m.
Glas	glass	verre m.
Gold	gold	or m.
Holz	wood	bois m.
Kissen	pillows	oreillers m.
Kork	cork	liege m.
Kupfer	copper	cuivre m.
Leder	leather	cuir m.
Matratzen	mattresses	matelas m.
Mobiliar	furniture	mobilier m.
Naturfaserstoffe	natural fibre	tissus en fibre naturelle m.
Pflegemittel	preservating agents	produits d'entretien m.
Porzellan	porcelain	porcelaine f.
Räume	rooms	chambres f.
Reinigungsmittel	cleaning agents	produits des nettoyage m.
Silber	silver	argent m.
Stahl	steel	acier m.
Stein	stone	pierre f.
Steingut	stoneware	faience f.
Textilien	linen	linge m.
Ton	clay	argile f.
Wäschepflege	doing the laundry	entretien du linge m.
Zinn	pewter	étain m.

8 Projektorientierte Aufgabe

Thema: Arbeiten im Wirtschaftsdienst
Sie haben im Hotel „Domus" die Stelle des Executive Housekeepers neu übernommen. Das „Domus" ist ein Hotel der gehobenen Mittelklasse mit 90 Doppelzimmern und 5 Einzelzimmern. Es verfügt über ein Restaurant mit 80 Sitzplätzen, eine Hotelbar und einen SPA-Bereich (sanus per aquam = Gesund durch Wasser = Oberbegriff für Wellness/Wohlbefinden). In den letzten Wochen gab es vermehrt Beschwerden über die mangelnde Sauberkeit der Zimmer, insbesondere über den Zustand der Bettwäsche und der Hygiene im Badezimmer. Die Direktion möchte diesen Zustand schnellstmöglich abgestellt wissen.
Aufgabe: Erarbeiten Sie Vorschläge zur Verbesserung der Sauberkeit der Bettwäsche und der Zimmer. Außerdem sollen Sie Möglichkeiten der Kostensenkung aufzeigen.

Lösungsvorschlag:
(Lösungsvorschläge geben Anregungen, wie die Projektaufgabe bearbeitet werden kann, und sind keine fertigen Lösungen.)

- Wäschekontrolle durchführen.
- Organisation der Wäscheausgabe optimieren.
- Arbeitsplanung zur Zimmerreinigung erstellen.
- Organisationsmittel, um die Wäschekosten im Housekeeping besser zu kontrollieren und so die Kosten zu minimieren.
- Übersicht der Vor- und Nachteile für betriebseigene Wäsche im Gegensatz zu Leihwäsche (Outsourcing).
- Überlegungen im Bereich der Kostenkontrolle und Outsourcing (Fremdfirma zur Reinigung) anstellen.
- Welche Bettwäsche-Qualitäten sind als Leihwäsche geeignet?
- Erstellen eines Reinigungsplanes mit den entsprechenden Angaben.
- Entwerfen einer Checkliste, um die Reinigung im Badezimmer zu optimieren.
- Entwerfen einer Mitarbeiterschulung zum Umgang mit Reinigungsmitteln.
- Sind genügend Reinigungsmaterialien und Reinigungsmittel vorhanden?
- Sind die Gefahrenblätter zu den einzelnen Reinigungsmitteln vorhanden und jederzeit einsehbar?

Lernfeld 2.4
Warenwirtschaft

1. Den Warenfluss übersichtlich darzustellen.
2. Den Verbleib einer Ware jederzeit zu dokumentieren.
3. Die Lagerbestände nach Artikel und Geldwert jederzeit aufzuzeigen.
4. Die Lagerhaltung und die Lagerkosten zu reduzieren.
5. Die Lagerhaltung und die Lagerverwaltung effektiv zu machen.
6. Aktuelle Daten der Lieferantendatei für Vertragsverhandlungen bereitzuhalten.
7. Aktuelle Daten für die Bedarfsermittlung abrufbar zu halten.
8. Waren zu den aus Sicht des Betriebs günstigsten Bedingungen einzukaufen.
9. Bei der Warenpflege (Qualitätserhaltung und -verbesserung) mitzuwirken.
10. Daten für die Entscheidungsfindung der Unternehmensleitung und für die Statistik zu liefern.

1. Ziele und Aufgaben der Warenwirtschaft

Zielformulierungen

Folgende Ziele sollen von den Auszubildenden im Lernfeld Warenwirtschaft erreicht werden:

- Sie sollen die Ziele und Aufgaben der Warenwirtschaft kennen.
- Sie sollen in der Lage sein, exemplarisch mit einem Warenwirtschaftssystem zu arbeiten.
- Sie sollen den Warenbedarf ermitteln.
- Sie sollen Vorgänge der Warenbeschaffung bearbeiten.
- Sie sollen Kenntnisse über den Abschluss von Rechtsgeschäften haben.
- Sie sollen in der Lage sein, Kaufverträge für den Betrieb vorzubereiten und weisungsgemäß abzuschließen.
- Sie sollen Störungen aus dem Kaufvertrag und deren Folgen kennen sowie im Sinne ihres Betriebes verantwortungsvoll handeln.
- Sie sollen Zahlungsvorgänge bearbeiten können.
- Sie sollen die Rechtsvorschriften, die den Wirtschaftsdienst betreffen, einhalten.

1 Warenwirtschaftssysteme

Es handelt sich um Computerprogramme (Software), die zum Teil speziell auf das Hotel- und Gaststättengewerbe ausgerichtet sind und für die es mehrere Anbieter gibt. Sie unterscheiden sich in Aufbau, Umfang, Leistungsfähigkeit und Bedienerfreundlichkeit und werden ständig den neuen Gegebenheiten angepasst. Für welches Warenwirtschaftssystem sich ein Unternehmen oder Betrieb entscheidet, hängt von dessen Größe, Struktur und den Unternehmenszielen ab.

Vernetzung der Computer

Das Warenwirtschaftssystem vernetzt die Computer eines Betriebs und Unternehmens (→ 376, Bild 1). Die Daten jedes Teilbereichs sind für alle zugänglich bzw. verändern die Daten der angeschlossenen Teilbereiche und lösen bei Bedarf Aktionen aus.

Beispielsweise kann das Bonieren einer Flasche Wein an der Kellnerkasse nicht nur die Daten des Computers in der Lagerhaltung und -verwaltung aktualisieren, sondern auch selbsttätig eine Weinlieferung beim Lieferanten bestellen. (→ 376, Bild 2) zeigt den beispielhaften Ablauf eines Entnahmevorgangs:

- **Lagerdatei:** Es wird eine Flasche Wein ausgebucht.
- **Lieferantendatei:** Automatisch verändert das System den Bestand in der Lieferantendatei und löst, wenn der Meldebestand erreicht ist, die Bestellung aus.
- **Inventurdatei:** In der Inventurdatei wird ebenfalls der Bestand aktualisiert (**permanente Inventur** → 379), sodass jederzeit eine Bestandsüberwachung möglich ist.

Warenwirtschaft

Einkauf → **Zentral-Computer des Betriebes** ← **Wareneingang**

Lagerverwaltung → ← **Service Kellnerkasse**

1. Auszug aus dem Computernetzwerk

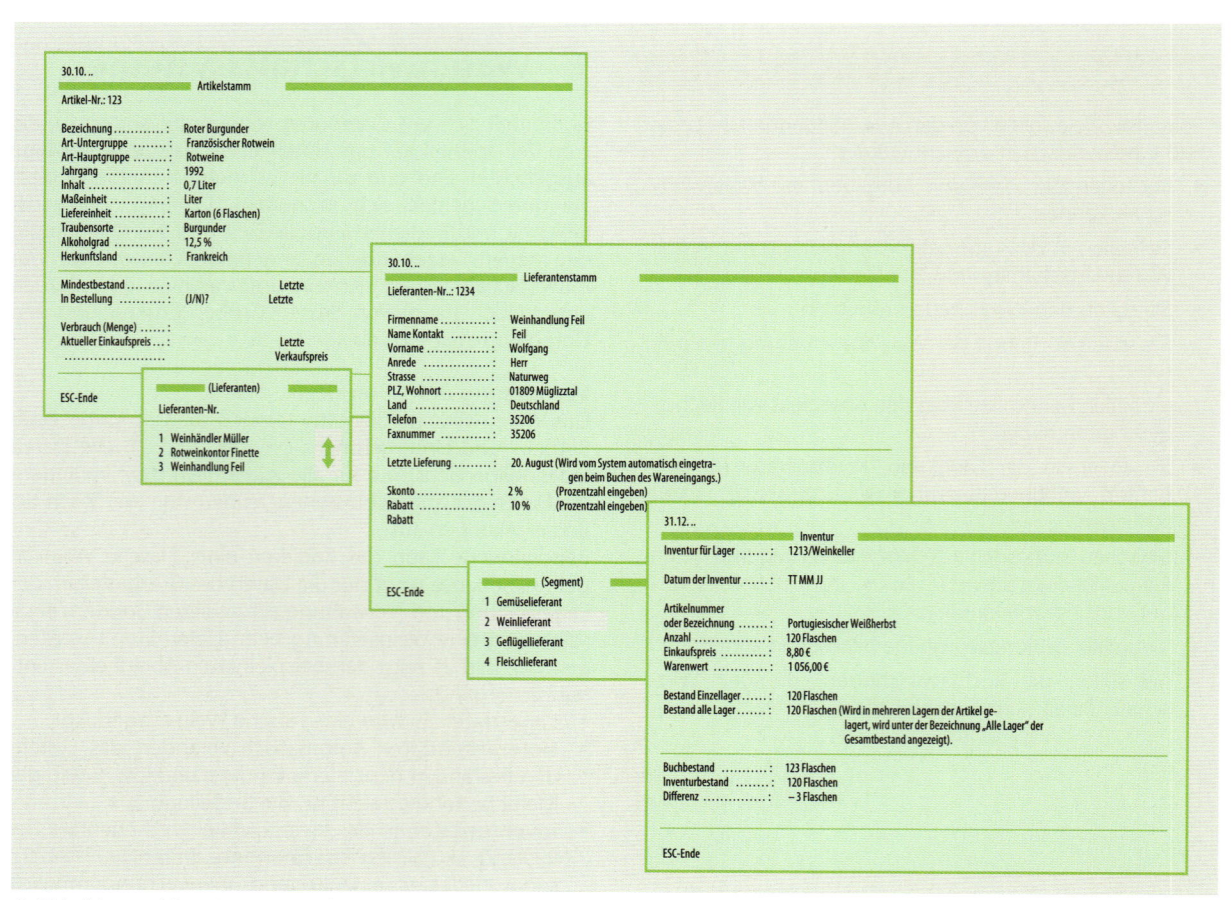

Artikelstamm (30.10. ...)

Artikel-Nr.: 123

- Bezeichnung: Roter Burgunder
- Art-Untergruppe: Französischer Rotwein
- Art-Hauptgruppe: Rotweine
- Jahrgang: 1992
- Inhalt: 0,7 Liter
- Maßeinheit: Liter
- Liefereinheit: Karton (6 Flaschen)
- Traubensorte: Burgunder
- Alkoholgrad: 12,5 %
- Herkunftsland: Frankreich

- Mindestbestand: — Letzte
- In Bestellung: (J/N)? Letzte
- Verbrauch (Menge): —
- Aktueller Einkaufspreis: — Letzte Verkaufspreis

ESC-Ende

(Lieferanten)

Lieferanten-Nr.
1 Weinhändler Müller
2 Rotweinkontor Finette
3 Weinhandlung Feil

Lieferantenstamm (30.10. ...)

Lieferanten-Nr.: 1234

- Firmenname: Weinhandlung Feil
- Name Kontakt: Feil
- Vorname: Wolfgang
- Anrede: Herr
- Strasse: Naturweg
- PLZ, Wohnort: 01809 Müglizztal
- Land: Deutschland
- Telefon: 35206
- Faxnummer: 35206

- Letzte Lieferung: 20. August (Wird vom System automatisch eingetragen beim Buchen des Wareneingangs.)
- Skonto: 2 % (Prozentzahl eingeben)
- Rabatt: 10 % (Prozentzahl eingeben)
- Rabatt

ESC-Ende

(Segment)

1 Gemüselieferant
2 Weinlieferant
3 Geflügellieferant
4 Fleischlieferant

Inventur (31.12. ...)

- Inventur für Lager: 1213/Weinkeller
- Datum der Inventur: TT MM JJ

- Artikelnummer oder Bezeichnung: Portugiesischer Weißherbst
- Anzahl: 120 Flaschen
- Einkaufspreis: 8,80 €
- Warenwert: 1 056,00 €

- Bestand Einzellager: 120 Flaschen
- Bestand alle Lager: 120 Flaschen (Wird in mehreren Lagern der Artikel gelagert, wird unter der Bezeichnung „Alle Lager" der Gesamtbestand angezeigt).

- Buchbestand: 123 Flaschen
- Inventurbestand: 120 Flaschen
- Differenz: – 3 Flaschen

ESC-Ende

2. Bildschirmansichten Warenwirtschaftssystem

2 Warenbedarfsermittlung und -beschaffung

2.1 Einkaufsvorbereitungen

Aufgabe des Einkaufs ist es, absetzbare Ware in der erforderlichen Qualität und Menge zu einem möglichst niedrigen Preis zum vorgegebenen Zeitpunkt zu beschaffen.

Der erste Schritt zur Einkaufsvorbereitung ist die Bedarfsermittlung. Sie ist schwierig und risikoreich, weil die Feststellung des zukünftigen Bedarfs zu einem Teil auf einer Schätzung beruht. Die wichtigsten Faktoren, die bei der Bedarfsermittlung eine Rolle spielen, sind in Bild 1 aufgeführt.

Wann eine Ware einzukaufen ist (Zeitdisposition), ergibt sich vor allem aus der Beschaffungsdauer, das ist die Zeitspanne zwischen Bestellung und Lieferung, sowie der Bearbeitungsdauer, das heißt der Zeitspanne zwischen Warenanlieferung und Verarbeitungsende im Betrieb.
Bei Salaten, Gemüsen sowie bei Beerenfrüchten ist auf Frischanlieferung mehrmals pro Woche Wert zu legen.

Zu beachten sind auch
- die zu erwartende Preisentwicklung: Sie ist aus Gesprächen mit Lieferanten und aus Marktberichten zu erfahren,
- günstige Lieferangebote, z. B. Sonderangebote des Erzeugers bzw. des Handels,
- saisonbedingte Qualitäts- und Preisschwankungen, etwa bei Beeren, exotischen Früchten und Gemüsen,
- Zeiten, in denen bestimmte Waren nicht auf dem Markt sind, wie Pilze, Beeren, Wild, manche Gemüsearten.

2.2 Einkauf

Ermittlung von Bezugsquellen
Aus den bisherigen Geschäftsverbindungen sind die Bezugsquellen vieler Waren bekannt. Neue Lieferanten findet man beispielsweise
- im Anzeigenteil von Tages- und Fachzeitschriften,
- beim Besuch von Ausstellungen, Messen und Märkten,
- durch Empfehlungen von Geschäftsfreunden, Berufsverbänden und der Industrie- und Handelskammern,
- durch übersandte Angebote (Prospekte, Kataloge usw.),
- durch Vertreterbesuche und über Online-Dienste,
- in Branchenadressbüchern und im Branchenverzeichnis.

Um konkurrenzfähig zu bleiben, muss die Suche nach günstigen Einkaufsquellen stets weitergehen, weil günstiger Einkauf Wettbewerbsvorteile bringt.

Zentraler Wareneinkauf
Je größer die Abnahmemenge, desto niedriger der Preis. Dieser Grundsatz gilt bei vielen Waren. Deshalb kann der zentrale Einkauf eines Unternehmens mit vielen Betrieben Vorteile bringen. Hotelkonzerne und die Systemgastronomie, Hotelketten und -kooperationen unterhalten Einkaufsabteilungen mit auf bestimmte Warengruppen spezialisierten Einkäufern. Ziel ist es, sehr gute Qualität zu einem möglichst günstigen Preis einzukaufen.
Nachteile des zentralen Einkaufs:
- weniger flexibel als der Einkauf vor Ort,
- eventuell lange und teure Transportwege und weniger frische Ware,
- Erzeuger und Händler vor Ort werden nicht unterstützt.

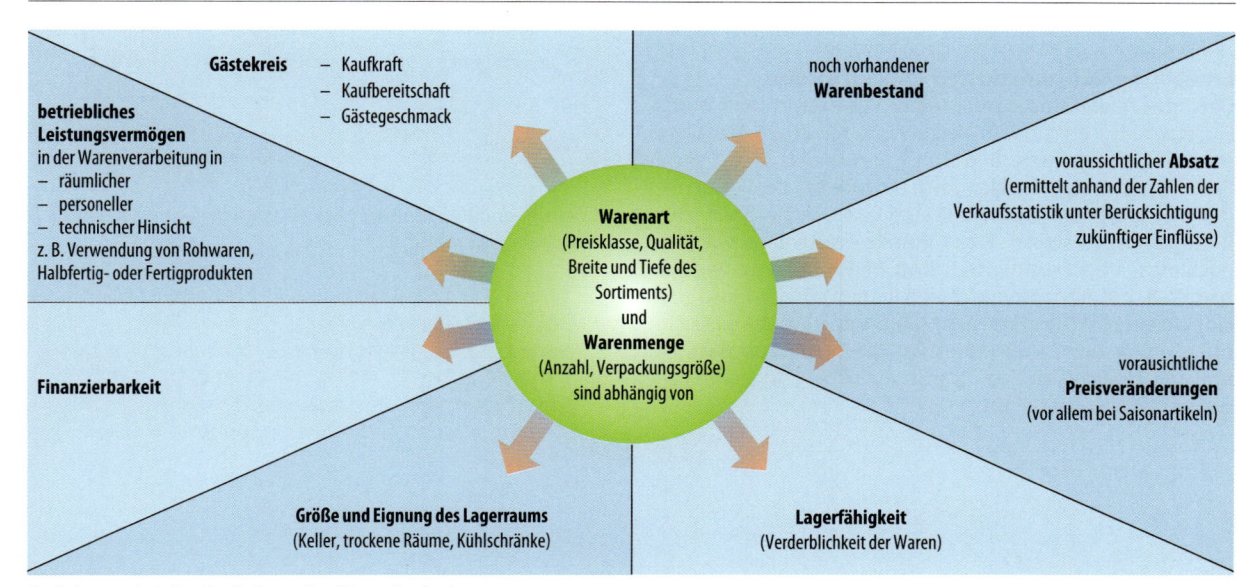

Gästekreis
- Kaufkraft
- Kaufbereitschaft
- Gästegeschmack

betriebliches Leistungsvermögen
in der Warenverarbeitung in
- räumlicher
- personeller
- technischer Hinsicht
z. B. Verwendung von Rohwaren, Halbfertig- oder Fertigprodukten

Finanzierbarkeit

Warenart (Preisklasse, Qualität, Breite und Tiefe des Sortiments) und **Warenmenge** (Anzahl, Verpackungsgröße) sind abhängig von

noch vorhandener **Warenbestand**

voraussichtlicher **Absatz** (ermittelt anhand der Zahlen der Verkaufsstatistik unter Berücksichtigung zukünftiger Einflüsse)

voraussichtliche **Preisveränderungen** (vor allem bei Saisonartikeln)

Größe und Eignung des Lagerraums (Keller, trockene Räume, Kühlschränke)

Lagerfähigkeit (Verderblichkeit der Waren)

1. Faktoren bei der Ermittlung des Warenbedarfs

Warenwirtschaft

Angebot / Vertragsbedingungen	Schmidt KG	Melila GmbH	Elektra OHG
Preis/Stück	8 120,00 €	8 350,00 €	7 890,00 €
Lieferbedingungen	ab Werk	frei Haus	ab Werk
Zahlungsbedingungen	3 % Skonto 1 Monat Ziel	netto Kasse	2 % Skonto 3 Monate Ziel
Lieferzeit	10 Tage	sofort	3 Wochen
Bezugskosten	430,00 €	entfällt	600,00 €

Angebot / Preis	Schmidt KG	Melila GmbH	Elektra OHG
Lieferpreis − Rabatt	8 120,00 €	8 350,00 €	7 890,00 €
= Zieleinkaufspreis − Skonto	8 120,00 € 243,6 €	8 350,00 € −	7 890,00 € 157,80 €
= Bareinkaufspreis + Bezugskosten	7 876,00 € 430,00 €	8 350,00 € −	7 732,00 € 600,00 €
= Einkaufspreis	8 306,00 €	8 350,00 €	8 332,20 €

1. Beispiel für einen Angebotsvergleich, um den günstigsten Bezugspreis einer Küchenmaschine zu ermitteln

Dezentraler Wareneinkauf
Dabei kauft jeder Betrieb eines Unternehmens die Waren selbstständig ein. Die Vorteile können sein:
- Einsparung von Transportwegen und frischere Waren,
- flexiblerer Einkauf (z. B. Just-in-time) bedeutet geringere Lagerhaltung,
- mehrere Lieferanten für eine Warengruppe.

Kombination von zentralem und dezentralem Einkauf
Um die Vorteile zu nutzen und die Nachteile zu vermeiden, wird in vielen Betrieben je nach Warengruppe differenziert eingekauft, z. B. Frischobst und Gemüse, Süßwasserfische und Frischfleisch dezentral, Gebrauchsartikel und Trockenprodukte sowie Konserven zentral.

Ermittlung der günstigsten Einkaufspreise
Den maximalen Bezugspreis einer Ware kann man durch Einsetzen des erzielbaren Verkaufspreises in ein Kalkulationsschema errechnen (Bild 2).
Beim Preisvergleich sind Angebotspreise der verschiedenen Lieferanten zuerst auf eine einheitliche Basis, den Bezugspreis, zu stellen. Dazu sind Preiszuschläge wie Verpackungs- und Frachtkosten und Preisabschläge wie Rabatt (z. B. bei Abnahme großer Mengen) und Skonto (bei Einhaltung einer bestimmten Zahlungsfrist) zu berücksichtigen. Auch der Zahlungstermin, die Verpackungskosten und die Übernahme des Transportrisikos sind beim Vergleich mit einzubeziehen.

Inklusivpreis	119 %	40,00 €
− Mehrwertsteuer	19 %	6,39 €
Nettopreis	115 %	33,61 €
− Bedienungsgeld	15 %	4,38 €
Geschäftspreis	120 %	29,23 €
− Gewinn	20 %	4,87 €
Selbstkostenpreis	250 %	24,36 €
− Gemeinkosten	150 %	14,62 €
Bezugspreis	100 %	9,74 €

2. Berechnung des Bezugspreises bei vorgegebenem Menüpreis von maximal 40,00 €

1. Nennen Sie zwei Faktoren, von denen der Umfang der Lagerhaltung abhängt.
2. Warum ist die Ermittlung des zukünftigen Warenbedarfs schwierig?
3. Wie ermittelt man Bezugsquellen?
4. Erläutern Sie den Begriff Bezugspreis. Wie wird er berechnet?

3 Inventur und Inventar

Die **Inventur** (Bestandsaufnahme) erfasst die Menge und den Wert des Betriebsvermögens und der Schulden zu einem bestimmten Zeitpunkt. Die Menge der Vermögensteile wird dabei durch Wiegen, Zählen und Messen festgestellt. Die Daten werden in Inventurlisten festgehalten. Die aufgrund der Inventurlisten festgestellten Bestände werden nach ihrem Geldwert bewertet. Mögliche Wertansätze sind:
- der Anschaffungs- oder Herstellungswert,
- der Wiederbeschaffungswert,
- der Verkaufswert oder der Schätzwert.

Grundsätzlich sollte beim Vermögen der niedrigste, bei Schulden der höchste ermittelte Wert angesetzt werden. Der Bewertung folgen die Gliederung, Ausrechnung und die Reinschrift im **Inventar** (Bestandsverzeichnis der Vermögenswerte und der Schulden).
Die Inventur wird mindestens einmal im Geschäftsjahr an einem bestimmten Stichtag durchgeführt (Stichtagsinventur). Wenn aktuellere Informationen über den Verlauf der Bestandsvorgänge erwünscht sind, muss entsprechend häufiger Inventur gemacht werden (z. B. monatlich).

Bei der **permanenten Inventur** schreibt man die Lagerbestände ständig fort (z. B. in der Lagerbuchhaltung) und überprüft die Richtigkeit der Bestandsentwicklung durch Stichproben-Kontrollen.
Mithilfe der Elektronischen Datenverarbeitung (EDV) ist die permanente Inventur rasch und genau durchführbar. Je aktueller und genauer die Daten der Inventur und ihre Auswertung sind, desto solider ist die Grundlage für betriebswirtschaftliche Entscheidungen.

Inventurliste 4.15 Weißweinlager

Nummer	Bezeichnung	Einheit	Ist-Menge
401	Müller-Thurgau	1,0 l	36
402	Riesling	0,75 l	28
403	Silvaner	0,75 l	19
404	Kerner	0,75 l	24
405	Scheurebe	0,75 l	20
406	Ruländer	0,75 l	14
407	Bacchus	0,75 l	21
408	Mario-Muskat	0,75 l	0
409	Faberrebe	0,75 l	0
410	Huxelrebe	0,75 l	25
411	Gutedel	1,0 l	48
412	Ortega	0,75 l	12

1. Inventurliste

Das Inventar wird in drei Abschnitte unterteilt:
Vermögen: Zum Anlagevermögen gehören Wertgegenstände, die nicht verbraucht werden (z. B. Grundstücke, Gebäude, Geschäftsausstattung). Zum Umlaufvermögen zählen Bestände, die sich laufend ändern (z. B. Warenvorräte, Bankguthaben). Die Vermögenswerte werden danach geordnet, wie schnell sie in Geld umzuwandeln sind, das heißt Grundstücke und Gebäude zuerst, Bankguthaben zuletzt.
Schulden: Sie werden nach ihrer „Fälligkeit" geordnet: Die langfristig fälligen Schulden (z. B. Hypotheken, Darlehen) werden vor die kurzfristigen Schulden wie Lieferanten- oder Bankverbindlichkeiten, z. B. Kontokorrent-Kredit (Überziehungskredit eines Betriebs), gestellt.
Ermittlung des Reinvermögens (Betriebsvermögen): Die Differenz zwischen Vermögenswerten und Schulden stellt das Reinvermögen dar, das in der Bilanz in Eigenkapital und Fremdkapital aufgegliedert wird.

Die **Bilanz** ist eine Zusammenfassung des Inventars, die ohne Einzelangaben auskommt und bei der der Begriff Schulden durch Fremdkapital ersetzt wird. Sie stellt die Gesamtwerte der einzelnen Inventarposten in einem Konto dar, wobei auf der linken Seite alle Vermögenswerte (Aktiva) und auf der rechten Seite (Passiva) das aufgewendete Kapital (die Herkunft der Geldmittel für die Finanzierung der Vermögenswerte) aufgeführt sind. Daraus ergibt sich, dass Anlage- und Umlaufvermögen gleich groß sein müssen wie das aufgebrachte Eigen- und Fremdkapital. Auf diesen Zusammenhang weist das italienische Wort für Bilanz (bilancia = Waage) hin.

Die Gliederung der Bilanz erfolgt nach den Grundsätzen, die beim Inventar beschrieben sind.

Bilanzbeurteilung
Um die wirtschaftliche Lage des Betriebs oder Unternehmens beurteilen zu können, wird eine Bilanzanalyse durchgeführt. Dabei setzt man bestimmte Positionen der Bilanz zueinander ins Verhältnis. Beispiele sind die Relationen zwischen Eigen- und Fremdkapital oder Verbindlichkeiten zu Bankguthaben.

1. Welche Tätigkeiten werden bei einer Inventur durchgeführt?
2. Wie oft wird eine Inventur mindestens durchgeführt?
3. Erklären Sie den Begriff permanente Inventur.
4. Wie heißt das Bestandsverzeichnis der Vermögenswerte und der Schulden?
5. Nach welchem Grundsatz wird die Bewertung der Vermögenswerte vorgenommen?
6. Welche Wertansätze sind üblich?

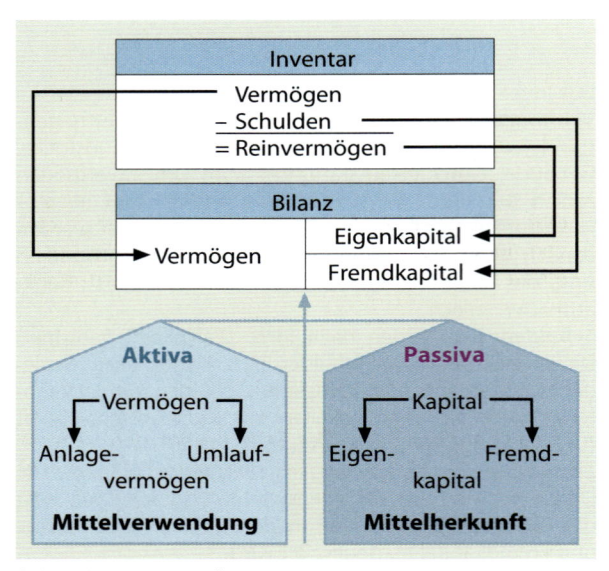

1. Vom Inventar zur Bilanz

Inventar
- Vermögen
- − Schulden
- = Reinvermögen

Bilanz
- Aktiva: Vermögen → Anlagevermögen, Umlaufvermögen — **Mittelverwendung**
- Passiva: Kapital → Eigenkapital, Fremdkapital — **Mittelherkunft**

2. Vermögen und Kapital sind gleich groß

Mittelverwendung

Anlagevermögen
bildet die Grundlage des Betriebes, meist langfristig an den Betrieb gebunden
- Grundstücke
- Gebäude
- Fuhrpark
- Geschäftsausstattung

Umlaufvermögen
wird durch die Geschäftstätigkeit laufend verändert
- Waren
- Forderungen
- Bargeld (Kasse)
- Bankguthaben

Mittelherkunft

Eigenkapital
wurde vom Betriebsinhaber selbst aufgebracht bzw. vom Betrieb erwirtschaftet
- Privateinlage
- Erwirtschafteter Gewinn

Fremdkapital
wurde von Kapitalgebern aufgebracht, die nicht am Betrieb beteiligt sind

Langfristig:
- Hypotheken
- Darlehen

Kurzfristig:
- Lieferantenverbindlichkeiten
- Kontokorrent-Kredit

3. Inventar eines Hotels

Hotel Hexenberg,
75365 Calw
Inhaber: Karin Weihrauch
Inventar zum ....-12-31

	€	€
A Vermögen		
I. Anlagevermögen		
1. Grundstücke und Gebäude	1 040 000	
2. Maschinen (Inventurliste 1)	268 000	
3. Fuhrpark (Inventurliste 2)	40 000	
4. Geschäftsausstattung (Inventurliste 3)	128 000	1 476 000
II. Umlaufvermögen		
1. Warenvorräte (Inventurliste 4)	88 000	
2. Forderungen (Inventurliste 5)	13 000	
3. Bargeld (Kasse)	5 600	
4. Bankguthaben	50 000	156 600
Summe des Vermögens		**1 632 600**
B Schulden		
I. Langfristige Schulden		
1. Hypothek	560 000	
2. Darlehen	140 000	700 000
II. Kurzfristige Schulden		
3. Lieferantenverbindlichkeiten	64 800	
4. Kontokorrent-Kredit	20 000	84 800
Summe der Schulden		**784 800**
C Ermittlung des Reinvermögens		
Summe des Vermögens		1 632 600
Summe der Schulden		784 800
Reinvermögen		**847 800**

4 Zahlungsverkehr

Zur Erfüllung des Kaufvertrages und ähnlicher Verträge muss der Leistungsempfänger (Schuldner) beim Leistungsersteller (Gläubiger) den vereinbarten Betrag bezahlen. Dies kann sofort nach Empfang der Leistung oder nach einer vereinbarten Zeit, in einer Summe oder in Teilbeträgen (Raten) geschehen.

Barzahlung
- **Unmittelbare Barzahlung:** Der Zahler kann eine Quittung verlangen. Die Quittung sollte sechs Punkte enthalten:
  – Rechnungsbetrag,
  – Name des Zahlers,
  – Angabe der Ware oder der Dienstleistung, für die bezahlt wurde,
  – eigentliche Quittung: „bescheinigt, erhalten zu haben" oder Ähnliches,
  – Ort und Tag der Zahlung,
  – Unterschrift des Empfängers.
- **Mittelbare Barzahlung:** Das Geld wird mit einem Wertbrief übermittelt.

Halbbare Zahlung
- Bareinzahlung des Zahlers und Gutschrift auf dem Empfängerkonto mit Zahlschein (bei einem Kreditinstitut) oder mit Zahlkarte (beim Postscheckkonto).
- Abbuchung vom Konto des Zahlers und Barauszahlung an den Empfänger.
- Mit Barscheck: Der auf Vorlage des Schecks ausgezahlte Betrag wird vom Konto des Zahlers abgebucht. Der Scheck ist nur eine Zahlungsanweisung. Das Geldinstitut ist nicht verpflichtet, den Betrag auszuzahlen.
- Mit Reiseschecks (Traveller cheques): Sie werden bei Kreditinstituten gekauft und in Beträgen von z. B. 50,00, 100,00 oder 500,00 € oder in anderer Währung ausgestellt. Jeder Scheck muss zweimal unterschrieben werden. Die erste Unterschrift wird beim Kauf im Kreditinstitut geleistet, die zweite bei der Zahlung unter den Augen des Empfängers. Im Zweifel ist die Unterschrift der Reisepapiere zum Vergleich heranzuziehen. Reiseschecks sind zeitlich unbegrenzt gültig.

Unbare Zahlung
Für die Abwicklung des unbaren Zahlungsverkehrs fallen meist Gebühren an.
- **Verrechnungsscheck:** Der Scheck trägt den Vermerk „Nur zur Verrechnung". Die Geldinstitute dürfen in diesem Fall den Betrag nicht bar auszahlen, sondern nur dem Konto des Empfängers gutschreiben.
- **Überweisung:** Bei der Überweisung erfolgt die Zahlung durch die Umbuchung des Betrages vom Konto des Zahlers auf das Konto des Empfängers.
- **Dauerauftrag:** Das Geldinstitut übernimmt im Auftrag des Zahlers regelmäßig wiederkehrende, in der Höhe des Betrages gleichbleibende Zahlungen an den Empfänger (z. B. Versicherungsprämien, Miete).
- **Lastschrift-Einzugsverkehr:**
  – Einzugsermächtigung: Der Zahler ermächtigt den Empfänger, den jeweiligen (wechselnden) Betrag von seinem Konto einzuziehen. Das Geldinstitut hebt die Belastung wieder auf, wenn der Zahler bei Erhalt der Lastschrift widerspricht.

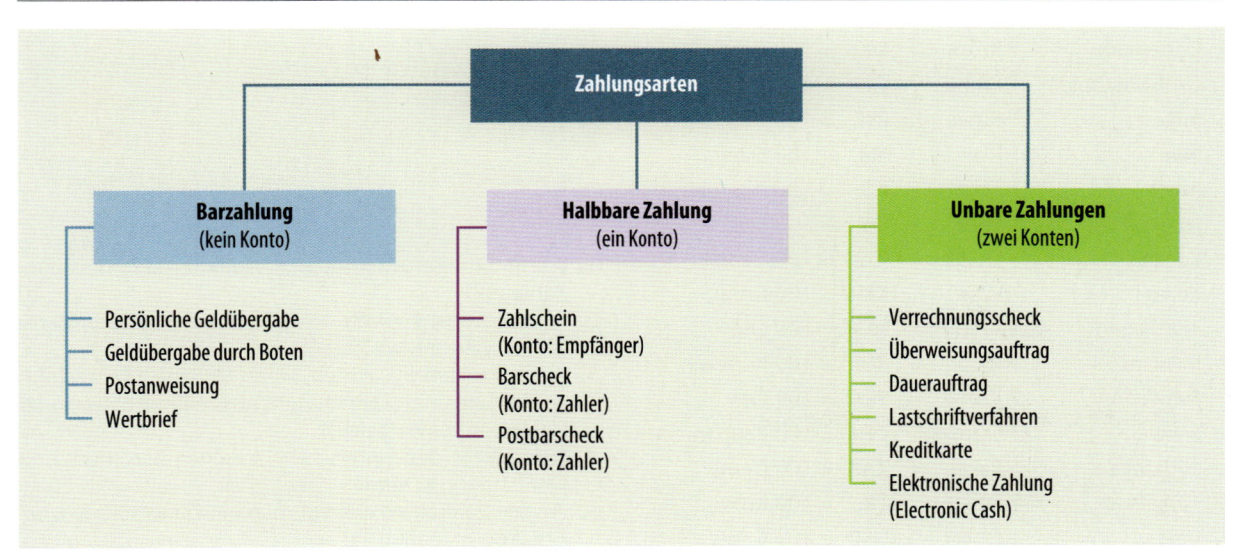

Zahlungsarten

- **Barzahlung** (kein Konto)
  - Persönliche Geldübergabe
  - Geldübergabe durch Boten
  - Postanweisung
  - Wertbrief

- **Halbbare Zahlung** (ein Konto)
  - Zahlschein (Konto: Empfänger)
  - Barscheck (Konto: Zahler)
  - Postbarscheck (Konto: Zahler)

- **Unbare Zahlungen** (zwei Konten)
  - Verrechnungsscheck
  - Überweisungsauftrag
  - Dauerauftrag
  - Lastschriftverfahren
  - Kreditkarte
  - Elektronische Zahlung (Electronic Cash)

1. Zahlungsarten

- **Dauerabbuchungsauftrag:** Der Zahler beauftragt sein Geldinstitut, den von der Bank des Empfängers geforderten Betrag von seinem Konto abzubuchen. Ein nachträglicher Widerspruch führt nicht zur Aufhebung der Lastschrift (Unterschied zum Dauerauftrag: Zahlungstermin und Höhe des Betrages sind nicht festgelegt).
- Mit Scheckkarte bzw. Kreditkarte: Die Karte wird in ein Kartenlesegerät gesteckt, das eine Quittung ausdruckt. Diese wird vom Gast unterschrieben und dient als Erlaubnis zum Lastschrift-Einzug.
- Elektronische Zahlung per Internet.

Wechsel
Der Wechsel ist eine Zahlungsaufforderung des Gläubigers an den Schuldner. Wenn die gesetzlichen Bestimmungen im Wechselverkehr beachtet werden, ist der Wechsel ein sehr sicheres Zahlungsmittel, da im Falle des „Platzens" eines Wechsels (Nichteinlösung) der Wechselprozess sehr rasch abgewickelt wird. Man unterscheidet
- Tageswechsel, der an einem bestimmten (eingetragenen) Datum fällig ist,
- Sichtwechsel, der bei „Sicht" (Vorlage) fällig ist,
- Zeit-Sichtwechsel, der eine bestimmte Zeit nach der Vorlage fällig ist, z. B. 30 Tage nach Sicht.

Der Wechsel ist demnach Zahlungsmittel und Kreditmittel. Wer einen Wechsel ausstellt oder annimmt, sollte sich zuvor ausführlich über den Wechselverkehr informieren.

Argentinien	1 Pesos	ARS	= 100 Centavos
Australien	1 Dollar	AUD	= 100 Cents
Brasilien	1 Real	BEF	= 100 Centavos
China	1 Yuan	CNY	= 100 Fen
Dänemark	1 Krone	DKK	= 100 Öre
Großbritannien	1 Pfund	GBP	= 100 Pence
Indien	1 Rupie	INR	= 100 Paise
Iran	1 Rial	IRR	= 100 Dinars
Israel	1 Schekel	ILS	= 100 Agorot
Japan	1 Yen	JPY	= 100 Sen
Kanada	1 Dollar	CAD	= 100 Cents
Korea	1 Won	KRW	= 100 Chon
Norwegen	1 Krone	NOK	= 100 Öre
Russland	1 Rubel	RUR	= 100 Kopeken
Schweden	1 Krone	SEK	= 100 Öre
Schweiz	1 Franken	CHF	= 100 Rappen
Südafrika	1 Rand	ZAR	= 100 Cents
Türkei	1 Lira	TRL	= 100 Kurus
USA	1 Dollar	USD	= 100 Cents

1. Internationale Währungen

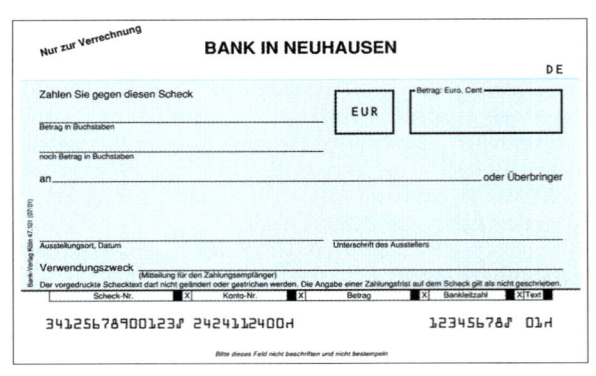

2. Verrechnungsscheck

3. Kreditkarte

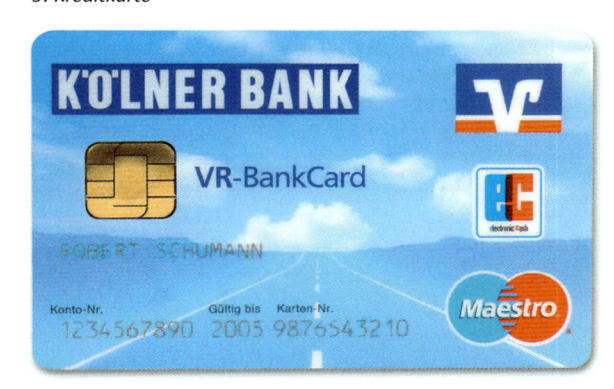

4. EC-Karte

1. Worin unterscheiden sich Barzahlung und halbbare Zahlung?
2. Welche Angaben sollte eine Quittung mindestens enthalten? Begründen Sie.
3. Worauf sollten Sie achten, wenn Sie einen Reisescheck als Zahlungsmittel annehmen (Ausstellungsdatum oder Unterschriftenvergleich)?
4. Erklären Sie den Unterschied zwischen Barscheck und Verrechnungsscheck.
5. Welche Zahlungen erledigt man mit Dauerauftrag bzw. Einzugsermächtigung?
6. Erläutern Sie die Besonderheiten des Wechsels als Zahlungs- und Kreditmittel.

5 Rechtsgeschäfte

5.1 Zustandekommen von Verträgen

Verträge kommen durch inhaltlich übereinstimmende Willenserklärungen zustande. Seinen Willen kann man erklären durch:
- direkte Äußerung (z. B. „ich will …"),
- schlüssiges Handeln (z. B. Geldstück in einen Automaten stecken) oder
- Schweigen oder Unterlassen, wenn keine eindeutige ablehnende Willenserklärung auf ein Angebot zu erwarten ist (z. B. Zusendung von Waren, wenn durch Verhandlungen der Vertragsinhalt weitgehend geklärt wurde).

Grundsätzlich besteht in Deutschland **Vertragsfreiheit** in zweierlei Hinsicht:
1. Der Inhalt des Vertrages kann zwischen den Vertragspartnern frei ausgehandelt werden, es sei denn, dass er gegen ein Gesetz oder die guten Sitten verstößt (Bild 2).
2. Die Vertragsform ist frei. Nur in besonderen Fällen ist die Schriftform vorgeschrieben (z. B. bei Ratenkauf- und Ausbildungsverträgen), die eigenhändig unterschrieben sein müssen.
Die öffentliche Beglaubigung (die Echtheit der Unterschrift wird von einem Notar beglaubigt) ist beispielsweise bei Anträgen zum Handelsregister oder Grundbuch erforderlich.
Bei der notariellen Beurkundung protokolliert der Notar die Willenserklärungen und bestätigt die Echtheit des Inhalts und der Unterschriften. Veräußerung und Belastung von Grundstücken und Schenkungsversprechungen sind Beispiele.

5.2 Kaufvertrag

Verpflichtungsgeschäft
Die erste Willenserklärung bei einem Kaufvertrag wird als Antrag bezeichnet. Ein Antrag ist verbindlich, wenn
- der Verkäufer einer bestimmten Person eine bestimmte Ware anbietet (Angebote an die Allgemeinheit wie ausgehängte Speisen- oder Getränkekarten sind kein Antrag) oder
- der Käufer eine bestimmte Ware bestellt.

Damit ein Kaufvertrag zustande kommt, muss der Käufer einem Angebot zustimmen bzw. der Verkäufer eine Bestellung annehmen. Sind diese Voraussetzungen erfüllt, ist der erste Teil des Kaufs, das Verpflichtungsgeschäft, vollzogen.

Erfüllungsgeschäft
Der zweite Teil des Kaufs, das Erfüllungsgeschäft, läuft in folgender Reihenfolge ab:
- Der Verkäufer liefert und übereignet dem Verkäufer die Ware.
- Der Käufer nimmt die Ware an und bezahlt den Kaufpreis.
- Der Verkäufer nimmt den Kaufpreis an.

1. Erklären Sie den Begriff Vertragsfreiheit.
2. Wie kommt ein Kaufvertrag zustande?
3. Welche Voraussetzungen müssen erfüllt sein, damit ein Antrag verbindlich ist?
4. Welche Störungen des Kaufvertrags treten auf?

Störungen des Kaufvertrags durch den

Verkäufer
1. **Mangelhafte Lieferung** (Schlechtleistung)
   - Falschlieferung oder
   - Lieferung mit Qualitätsmängeln

2. **Nicht-rechtzeitig-Lieferung**
   - keine Lieferung
   - unvollständige Lieferung
   - zu späte Lieferung

Käufer
1. **Gläubigerverzug**
   - termin- und ortsgerechte Ware wird nicht angenommen

2. **Nicht-rechtzeitig-Zahlung**
   - angenommene Ware wird nicht oder nicht vollständig bezahlt

1. Übersicht: Störungen des Kaufvertrags

Rechtsgeschäfte sind nichtig	Rechtsgeschäfte können angefochten werden
• wenn sie gegen ein gesetzliches Verbot verstoßen (Rauschgifthandel) • wenn sie gegen die guten Sitten verstoßen (bei Wucher, Ausnutzung einer Notlage, von Unerfahrenheit oder erheblicher Willensschwäche) • wenn gesetzliche Formvorschriften nicht eingehalten werden • wenn ein Schein- oder Scherzgeschäft vorliegt	• wegen arglistiger Täuschung (Vorlegen gefälschter Zeugnisse) • wegen widerrechtlicher Drohung (Versuch der Erpressung) • wegen Irrtums – in der Erklärung (Tippfehler) – in der Übermittlung (ein Telegrammtext wird durch einen Fehler der Post falsch übertragen) – in der Person oder Sache (anstelle echten Kaviars wird irrtümlich Kaviarersatz bestellt)

2. Nichtigkeit und Anfechtbarkeit von Verträgen (Beispiel)

6 EDV

Einsatz der EDV in der Warenwirtschaft
Verbesserung des Betriebsergebnisses durch:
- Genaue Vorgaben für das Bestellwesen.
- Optimale Lagerbestandsführung.
- Festlegen von Rezepturen und Zubereitungsvorgaben.
- Planungshilfe beim Erstellen von Speiseangeboten.
- Klar festgelegte Qualitätsanforderungen für Lagerung, Zubereitung und Bereitstellung der Produkte.
- Hilfe bei der Berechnung von Verkaufspreisen.
- Festlegung von Vorgaben für das Warenergebnis (z. B. Deckungsbeitrag pro Artikel in Euro).
- Überwachung und Dokumentation der geltenden Hygienebestimmungen.
- Übersicht der Anbieter, die als Lieferant für ein Produkt infrage kommen.
- Filterfunktionen als Hilfe bei der Bestellung, z. B. günstigste Lieferkonditionen, günstigster Preis usw.

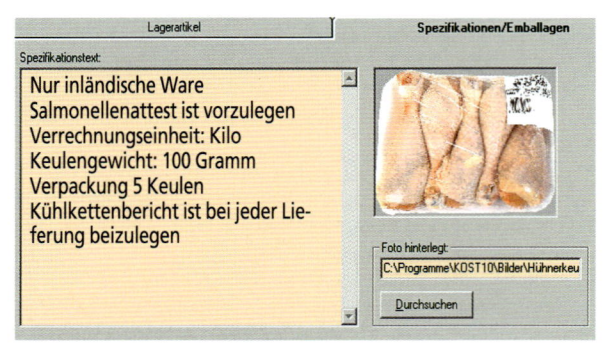

1. Festlegen der Einkaufskriterien per EDV

Optimierungen der Warenwirtschaft durch die EDV-Analyse der derzeitigen Ist-Situation
Bei der Analyse der Ist-Situation sollten solche Punkte Vorrang haben, die das Betriebsergebnis am stärksten beeinflussen. Hier kann z. B.
- das Bestellwesen auf Häufigkeit, Anzahl der Lieferanten, Preise inklusive Lieferkosten kontrolliert werden.
- Werden die entsprechenden Daten in das Warenwirtschaftsprogramm eingegeben?
- Sind die Mitarbeiter im Umgang mit dem Warenwirtschaftsprogramm entsprechend geschult?

Klare Zielformulierungen erarbeiten
- Die Bestellung der Food- und Non-Food-Ware wird über das Warenwirtschaftsprogramm abgewickelt.
- Erstellen von betrieblichen Kennzahlen (z. B. Wareneinsatz in Euro und Prozent).
- Erstellen von verbindlichen Rezepturen in Bezug auf Mengen, Portionsgröße usw.
- Senkung des Warenbestandes durch Änderungen des Lieferzyklus.
- Festlegen von Preislimits bei saisonaler Ware (Spargel, Erdbeeren, Pfifferlinge usw.).

Überprüfung der Ergebnisse
- Um aussagekräftige Ergebnisse zu erhalten, müssen zeitnahe Inventuren durchgeführt werden.
- Bei Veränderungen im Sortiment müssen Zielkorrekturen durchgeführt und ausgewertet werden.

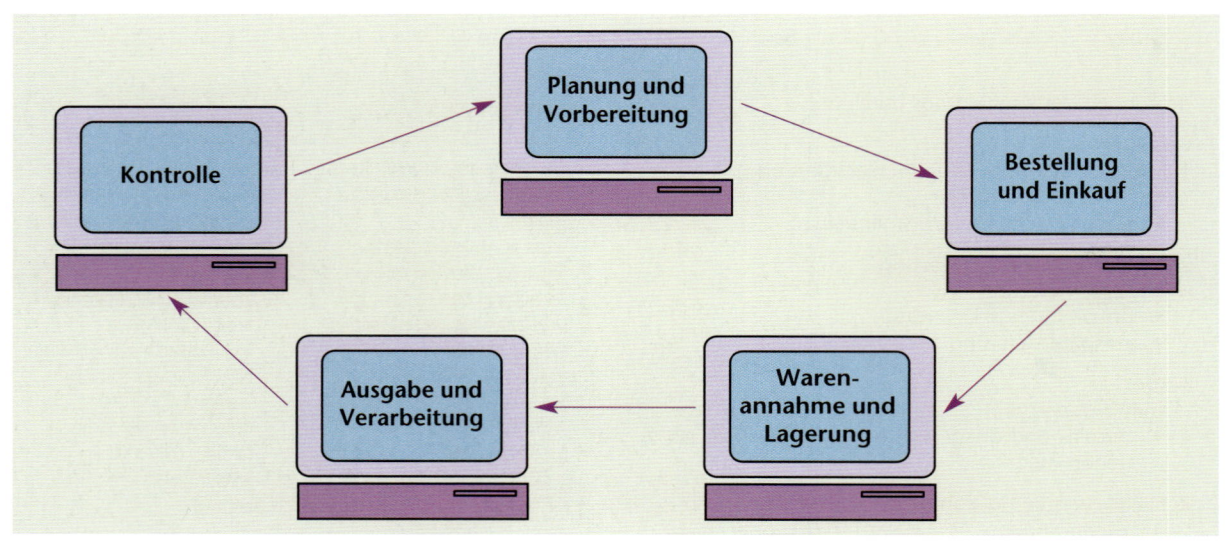

2. Einsatzmöglichkeiten eines Warenwirtschaftssystems

7 Berechnungen (rechnerische Kontrollen, Preisvergleiche unter Berücksichtigung von Preisnachlässen, Währungsrechnen)

Rechnerische Kontrolle

Für einen Glühwein werden folgende Zutaten benötigt: 4 Flaschen Spätburgunder Rotwein (0,75 Liter) zu je 2,60 € pro Flasche, ein Kilogramm Orangen zu 1,99 €, 500 g Zucker zu 0,80 €/ je kg und 2,50 € für Gewürze.
a) Wie viele Gläser (0,2 Liter) ergibt diese Menge, wenn nur der Wein berücksichtigt wird, und wie hoch ist der Materialwert für 1 Glas Bowle?
b) Errechnen Sie den Verkaufspreis mit folgenden Zuschlagsätzen: Gesamtzuschlag 225 % und die gesetzliche Mehrwertsteuer. Das Ergebnis auf volle 0,10 € aufrunden.

a) 4 Fl. Spätburgunder	x 2,60 € =	10,40 €	4 Fl. Wein x 0,75 Liter = 3,00 Liter
1 kg Orangen	x 1,99 € =	1,99 €	Gesamt: 3,00 Liter
500 g Zucker	x 0,80 € =	0,40 €	3,00 Liter : 0,2 Liter = **15,00 Gläser**
weitere Zutaten	2,50 € =	2,50 €	
Gesamt:		**15,29 €**	Materialwert 15,29 € : 15 Gläser = 1,019 ≈ **1,02 €**

b) Materialpreis	100 %		1,02 €	3,95 € aufgerundet auf volle 0,10 € = **4,00 €**
+ Gesamtzuschlag	225 %		2,30 €	
= Geschäftspreis	325 > 100 %		3,32 €	
+ Mehrwertsteuer	19 %		0,65 €	**Lösung:** Der Verkaufspreis für ein Glas (0,2 Liter) Glühwein beträgt 4,00 €.
= Inklusivpreis	119 %		3,95 €	

Währungsrechnen

Sie erhalten folgende Rechnung für Whiskey aus Irland. Überprüfen Sie die Rechnung und die Mengenangaben.
Britische Hohlmaße: 1 gill = 0,142 l   1 quart = 1,136 l   1 quart = 2 pints = 8 gill

Artikel	Menge	Einheit	Preis pro Flasche in Britischen Pfund (£)
Tullamore Dew	30	gill (in 6 bottles)	19,50
Middleton	2	quart (in 6 bottles)	22,41
Old Bushmills	24	gill (in 4 bottles)	17,23

a) Wie viel Liter Whiskey wurden geliefert?
b) Wie viel Euro müssen Sie in Britische Pfund (£) umtauschen, um die Rechnung in Pfund zu bezahlen?

a)

Menge	Einheit	=	Liter	Gesamt Liter
30	gill	30 x 0,142	4,260	4,260
2	quart	2 x 1,136	2,272	2,272
24	gill	24 x 0,142	3,408	3,048
				9,940

Lösung: Es wurden 9,940 l Whiskey geliefert.

b) An- und Verkaufskurse werden immer aus der Sicht der Bank oder des Betriebes gesehen.

Land	Isocode	Münzeinheit	Ankauf Fremdwährung 1,00 € =	Verkauf Fremdwährung 1,00 € =
England	GBP	Pfund/£	0,6974	0,7825

6 Flaschen x 19,50 £ = 117,00 £	Wie viel € müssen Sie umtauschen, um die Rechnung in Britischen Pfund zu begleichen?
6 Flaschen x 22,41 £ = 134,46 £	0,7825 £ ≙ 1,000 € $\dfrac{320{,}38 \times 1}{0{,}7825}$ = **409,43 €**
4 Flaschen x 17,23 £ = 68,92 £	320,380 £ ≙ x €
Gesamtbetrag: 320,38 £	**Lösung:** Sie müssen 409,43 € in £ umtauschen.

Preisvergleiche von Bezugspreisen unter Berücksichtigung von Preisnachlässen

Für das Restaurant liegen zwei Angebote für Tischwäsche vor. Vergleichen Sie die beiden Angebote.
Bezugskosten fallen nur bei der Firma A in Höhe von 16,50 € (pauschal) an.
Wie viel € müssen nach Abzug von 6,5 % Rabatt, 2,5 % Skonto und ohne Berücksichtigung der Mehrwertsteuer bezahlt werden?

Vergleichsrechnung:			Preis pro Stück in €		Firma A	Firma B
Artikel	Menge	Größe	Firma A	Firma B	Preis in €	Preis in €
Tischdecken	150	130 × 130 cm	19,10	18,95	2865,00 €	2842,50 €
Servietten, rot	500	40 × 40 cm	1,60	1,80	800,00 €	900,00 €
Servietten, weiß	50	30 × 30 cm	1,95	1,84	97,50 €	92,00 €
Deckservietten	30	90 × 90 cm	17,85	16,50	535,50 €	495,00 €
Rechnungsbetrag netto					**4298,00 €**	**4329,50 €**

Bezugspreiskalkulation:

			Firma A		Firma B	
Listenpreis		100 %		4298,00 €		4329,50 €
− Rabatt		6,5 %	279,37 €		281,42 €	
= Zieleinkaufspreis				4018,63 €		4048,08 €
− Skonto		2,5 %	100,47 €		101,20 €	
= Bareinkaufspreis				3918,16 €		3946,88 €
+ Bezugskosten			16,50 €		0,00 €	
= **Bezugspreis**				**3934,66 €**		**3946,88 €**

Lösung: Das Angebot der Firma A ist trotz der Bezugskosten um 12,22 € günstiger als das Angebot der Firma B.

8 Projektorientierte Aufgabe

> **Thema: Vergleich von verschiedenen Lieferdiensten**
> Seit längerer Zeit sind Sie Kunde bei der Firma Fix-Import. Über diese Firma beziehen Sie zahlreiche Produkte, unter anderem Spirituosen und Spezialitäten aus England.
> Bei den letzten zwei Lieferungen gab es jedoch Beanstandungen der bestellten Ware (MHD abgelaufen, Glasbruch sowie Beschädigungen der Verpackung). Zwei Tage nach der Reklamation kommt Herr Müller, ein langjähriger Vertreter der Firma Fix, zu Ihnen und möchte den Vorfall klären.
>
> **Aufgabe:**
> - Erörtern Sie die rechtlichen Aspekte, die diesen Geschäftsvorfall betreffen.
> - Erarbeiten Sie Argumente in Form von Vor- und Nachteilen für einen eventuellen Lieferantenwechsel.

Lösungsvorschlag:
(Lösungsvorschläge geben Anregungen, wie die Projektaufgabe bearbeitet werden kann, und sind keine fertigen Lösungen.)

- Welche Konsequenzen könnten auf Sie zukommen, wenn Sie diese mangelhafte Ware angenommen hätten?
- Die Vertragsart und mögliche Vertragsstörungen feststellen.
- Welche gesetzliche Möglichkeiten stehen Ihnen bei Reklamationen zur Verfügung?
- Können weitergehende Forderungen (z. B. Schadenersatz) an den Lieferanten geltend gemacht werden?
- Überprüfen der Lieferbedingungen, Lieferzyklen, Lieferkosten und Art und Umfang der Sonderangebote
- Bei Lieferantenwechsel: die Erreichbarkeit des Lieferanten und die Angebotspalette überprüfen.
- Können Sonderkonditionen ausgehandelt werden?
- Überprüfen der Geschäftsbedingungen in Bezug auf Reklamationen.

Einsatzbereiche und Stellenbeschreibungen

Lernfeld 3.1
Restaurantorganisation

1. Im Restaurant

1 Einsatzbereiche und Stellenbeschreibungen

Zielformulierungen

Folgende Ziele sollen von Auszubildenden im Lernfeld Restaurantorganisation erreicht werden:
- Sie sind fähig, Organisationsaufgaben des Servicebereiches im Restaurant zu erfüllen und deren Notwendigkeit zu begründen.
- Sie beschreiben Einsatzbereiche für Restaurantfachleute.
- Sie erstellen Organisationspläne für den Servicebereich.
- Sie schreiben und gestalten Speise- und Getränkekarten.
- Sie verfassen unterschriftsreife Briefe.
- Auskünfte und Mitteilungen erfolgen auch fremdsprachlich.
- Sie nutzen Gäste- und Lieferantenkarteien und -dateien zur Optimierung der Betriebsabläufe.
- Rechtsvorschriften werden eingehalten.
- Rechnerische Kontrollen werden durchgeführt.

2. Im Bankettbereich

3. An der Bar

4. Auf der Etage

1.1 Stellenbeschreibung und Stellenanforderung

1.1.1 Stellenbeschreibungen

Stellenbeschreibungen sind im Hotel- und Gaststättenbereich ein wichtiges Organisationshilfsmittel. Der Inhalt ist von der jeweiligen Betriebsart und Größe abhängig und muss jeweils – je nach Betrieb – festgelegt werden. Grundsätzlich sollten Stellenbeschreibungen sachbezogen und nicht personenbezogen formuliert werden (auch die persönlichen Entwicklungsmöglichkeiten können in eine Stellenbeschreibung aufgenommen werden). Sie sollten regelmäßig daraufhin überprüft werden, ob sie noch den betrieblichen Gegebenheiten entsprechen. Eine Stellenbeschreibung kann Bestandteil des Arbeitsvertrags werden.

In einer Stellenbeschreibung werden Kompetenzen, Aufgaben und Ziele sowie die Verknüpfungen mit anderen Stellen und Instanzen festgelegt. Grundlage der Stellenbeschreibung sind folgende Punkte:

Restaurantleiter/-in gesucht

Würden Sie bei uns die Restaurantleitung übernehmen? Kreativität, Neugierde und Spaß an der Teamarbeit sind Ihnen in die Wiege gelegt.

Ihre Aufgaben:
- Unsere drei Restaurants in Halali betreuen
- Alle zu Ihrem Team gehörenden internen und externen Mitarbeiter koordinieren
- Kontakt zu anderen Serviceabteilungen halten
- Budget- und Personaleinsatz planen und monitoren
- Neue Servicekonzepte entwickeln und umsetzen

Wir suchen: Koordinationstalente wie Sie mit
- langjähriger Erfahrung in verantwortlicher Position
- Persönlichkeit: kommunikativ und serviceorientiert, Sie haben den Blick für das Detail, wissen Ihr Team zu motivieren und zu führen
- sehr guten Englischkenntnissen
- guten MS-Office-Kenntnissen

Was wir Ihnen zu bieten haben, ist nicht nur die Stelle der Restaurantleitung, sondern weitreichende berufliche Perspektiven. Dazu gehört, dass wir Ihre fachliche und persönliche Entwicklung unterstützen. Weitere Informationen unter www.recruitingteam.net

1. Stellenbeschreibung und Anforderung in einer Anzeige

Punkte der Stellenbeschreibung	Inhalte – Beispiele
Stellenbezeichnung	Bezeichnung der Stelle (Titel)
Stelleneinordnung	Abteilung – vorgesetzte Instanz – Untergebene
Stellenaufgaben	z. B. Planungsaufgaben, Kontrollaufgaben, Entscheidungsaufgaben, Koordination, Sonstiges, z. B. Gästebetreuung
Stellenbefugnisse (Kompetenzen)	personell: Personalauswahl, -einsatz, Gehaltsfestlegungen, Disziplinarmaßnahmen usw., Leitung von Schulungen sachlich: Entscheidungsaufgaben (z. B. Einkauf nach vorgegebenen Limits), Vertretungs- und Unterschriftsvollmachten
Stellenziele	bezogen auf die Stellenaufgaben
Stellenvertretung	nach oben und nach unten möglich

1.1.2 Stellenanforderungen

Zusammen mit der Stellenbeschreibung werden auch die Stellenanforderungen festgelegt. Sie können z. B. folgende Punkte enthalten:
a) Einstellungsalter
b) Schulische Bildung
c) Berufliche und allgemeine Kenntnisse
d) Praktische Erfahrung, spezielle Kenntnisse
e) Sprachliche Erfordernisse
f) Arbeitsbedingungen

Vorteile und Gründe für das Erstellen von Stellenbeschreibungen und Stellenanforderungen

Für den Arbeitnehmer:
- Information für Stellenbewerber, ob sie den Anforderungen gerecht werden können
- Richtlinie für neue Mitarbeiter durch klare Information über Aufgaben, Kompetenzen und Verantwortung
- Handlungsfreiheit im Rahmen des Delegationsbereiches
- Vermeidung willkürlicher Beurteilungen, Selbstkontrolle

Für Arbeitgeber und Vorgesetzte:
- Grundlage für Dienstaufsicht und Kontrolle
- Hilfsmittel für fachliche und führungsmäßige Beurteilung der Mitarbeiter

Einsatzbereiche und Stellenbeschreibungen

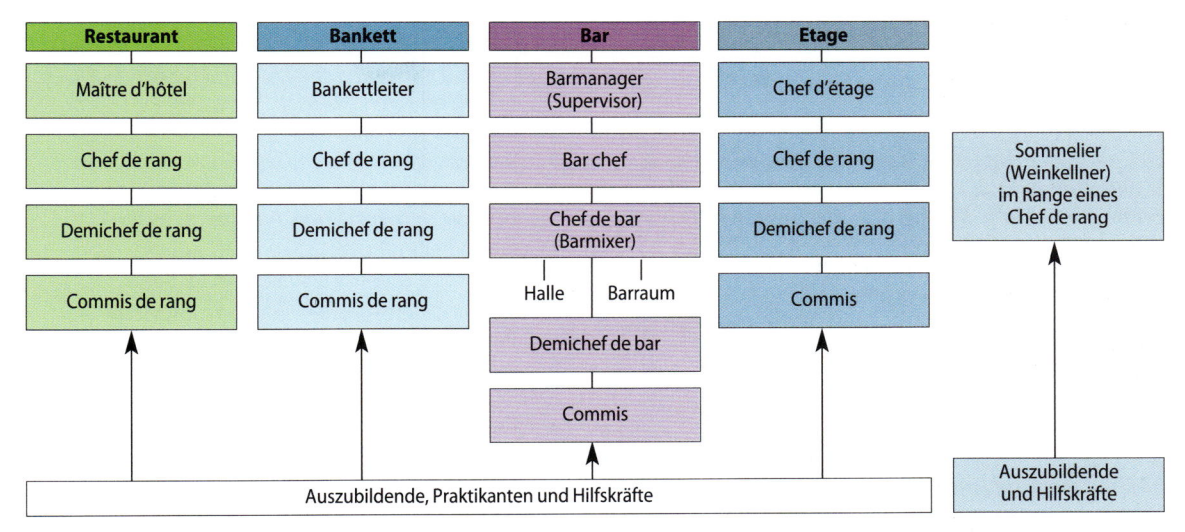

Restaurant	Bankett	Bar	Etage	
Maître d'hôtel	Bankettleiter	Barmanager (Supervisor)	Chef d'étage	
Chef de rang	Chef de rang	Bar chef	Chef de rang	Sommelier (Weinkellner) im Range eines Chef de rang
Demichef de rang	Demichef de rang	Chef de bar (Barmixer)	Demichef de rang	
Commis de rang	Commis de rang	Halle / Barraum	Commis	
		Demichef de bar		
		Commis		
Auszubildende, Praktikanten und Hilfskräfte				Auszubildende und Hilfskräfte

1. Einsatzbereiche und positionelle Einstufung der Servierbrigade

1.1.3 Stellenbeschreibungen des Restaurantfachpersonals

Je nach Betriebsgröße und der Art, wie der Service abläuft, ist die Servierbrigade, genau wie die Küchenbrigade, in verschiedene Hierarchien unterteilt.

Oberrestaurantfachfrau/-mann (Maître d'hôtel, Chef de service, Chef de salle, Headwaiter):
Die persönlichen und fachlichen Anforderungen für diese Stelle sind: Meisterprüfung, Ausbildereignerprüfung, Führungseigenschaften, Organisationstalent, Beherrschung des First-Class-Service, Sprachkenntnisse in Englisch und Französisch, mehrjährige Restaurant- und Banketterfahrung, Kontaktfreude und Verkaufstalent.
Unterstellt ist diese Position je nach Betriebsstruktur dem Geschäftsführer, Restaurantdirektor oder Food-&-Beverage-Manager (Food = Speisen, Beverage = Getränke).
Überstellt ist diese Position, je nach Betrieb, dem Servier- und Arbeitspersonal am Büfett, im Restaurant, in der Halle, an der Bar, im Bankett- oder Etagenservice.
Die Aufgaben- und Entscheidungsbereiche sind je nach Betrieb die Ausbildung der unterstellten Personen, Erstellen von Stations-, Dienst- und Urlaubsplänen, Annahme von Extraessen und Tischreservierungen, Begrüßung und Platzierung der Gäste, Beratung und Verkauf, Bearbeitung von Reklamationen.

Leiter einer Station (Chef de rang)
Die persönlichen und fachlichen Anforderungen für diese Stelle sind mehrere Jahre Praxis im erstklassigen Service, die Fähigkeit, eine kleine Personengruppe zu führen, englische und französische Sprachkenntnisse, Kontaktfreude und Verkaufstalent.
Unterstellt ist diese Position der/dem Oberrestaurantfachfrau/-mann und deren Vorgesetzten.
Überstellt ist diese Position dem Servierpersonal der jeweiligen Station oder des Arbeitsbereiches.
Die Aufgaben und Entscheidungsbereiche sind je nach Betrieb die Vertretung des Vorgesetzten, die Einteilung des Servierpersonals in der jeweiligen Station, die Beratung der Gäste, der Verkauf, das Bonieren (inkassobevollmächtigt) sowie das Arbeiten am Tisch des Gastes wie Vorlegen, Flambieren, Tranchieren und Filetieren sowie die Bearbeitung von Reklamationen.

Vertreter der Stationsleiter (Demichef/Halbchef)
Das Aufgabengebiet umfasst während der Anwesenheit des Stationsleiters die Arbeiten eines Commis de rang. Zusätzlich muss er in der Lage sein, den Stationsleiter bei Abwesenheit zu vertreten.

Gehilfe (Commis de rang)
Die Anforderung für diese Stelle ist eine abgeschlossene Ausbildung. Unterstellt ist diese Position dem Chef de rang sowie dessen Vorgesetzten.
Überstellt ist diese Position allen Hilfskräften und Auszubildenden in dem betreffenden Arbeitsbereich.
Der Aufgaben- und Verantwortungsbereich umfasst das Erstellen des Mise en place (Bereitstellung), Eindecken der Tische, während der Servicezeit das Abrufen, Herantragen von Speisen und Getränken, das Abräumen des Geschirrs sowie die Unterstützung des Chef de rang beim Vorlegen, Einschenken, Flambieren, Tranchieren und Filetieren.

2 Organisation

2.1 Grundlagen der Organisation

Durch Organisieren soll eine möglichst wirtschaftliche Leistungserstellung erreicht und die Arbeit menschengerecht gestaltet werden.
Aufbauorganisation: Sie betrifft das Zusammenwirken von Mitarbeitern untereinander.
Ablauforganisation: Sie betrifft das Zusammenwirken zwischen Mitarbeitern und Sachmitteln wie Einrichtungen, Maschinen und Objekten (z. B. Rohstoffe) und zwischen Mitarbeitern, Sachmitteln und Gästen.

Die zwei Prinzipien der Wirtschaftlichkeit (Ökonomie):
Maximalprinzip: Mit gegebenen Mitteln wird ein möglichst hoher Ertrag erzielt.
Beispiel: Bei einer bestimmten Sitzplatzzahl im Restaurant wird versucht, einen möglichst hohen Gewinn zu erwirtschaften.
Minimalprinzip: Eine vorgegebene Leistung wird mit möglichst geringen Mitteln erbracht.
Beispiel: Es wird angestrebt, einen vorgegebenen Sauberkeitsstandard bei einer bestimmten Übernachtungszahl mit möglichst wenig Personal- und Sachkosten einzuhalten.

Organisieren bedeutet, Arbeit auf Dauer so zu verteilen und den Arbeitsablauf so zu gestalten, dass alles reibungslos abläuft. Zeigt sich, dass etwas besser getan werden kann, ist es entsprechend neu zu organisieren.
Disponieren ist ein nach Art, Zeit und Umfang auf den Bedarf abgestimmtes Verfügen über die Mitarbeiter und Mittel. Es geschieht lang- oder kurzfristig, laufend oder von Fall zu Fall.
Beispiel: Der Verkaufsleiter kann über die Vergabe eines Bankettraumes nur aufgrund der bisher angemeldeten Veranstaltungen entscheiden.

Improvisation ist gefordert, wenn bei unerwarteten Situationen nicht auf eine entsprechende organisatorische Regelung zurückgegriffen werden kann.
Beispiel: Ein Gast wünscht spontan eine Geburtstagstorte mit 30 Kerzen. Sie wird telefonisch bestellt und mit einem Taxi angeliefert.
Die Grenzen zwischen Organisation, Disposition und Improvisation sind fließend. Regelungen, die durch Improvisation entstanden sind, können in die Organisation oder Disposition aufgenommen werden (Prinzip der Substitution/des Ersetzens).
Zu viel Organisation engt ein und behindert die Kreativität. Organisation lässt innerhalb von festen Regeln Spielräume zu. Nicht der Weg zur Lösung ist genauestens geregelt, sondern vor allem das Ergebnis ist exakt definiert.

Organisation befasst sich mit Daueraufgaben
- Welche Tätigkeiten sind zu verrichten?
  kochen, servieren, reinigen, verwalten …
- Wer verrichtet eine bestimmte Arbeit?
  Oberkellner besorgt den Geräteeinkauf
- Welche Mittel stehen zur Verfügung?
  Maschinen, Geräte, Einrichtungen, Geschirr …
- Welche Räume stehen zur Verfügung?
  Restaurant, Magazin, Büfett, Office, Bar …
- Wer hat zu entscheiden und anzuordnen?
  Direktor, Oberkellner, Empfangschef …
- Welches Ziel soll erreicht werden?
  Umsatz pro Sitzplatz …
- Wann beginnt und endet die Arbeit?
- Wann ist der Betrieb geöffnet?

1. Organisationsbeispiele

Prinzipien der Organisation
Mechanisierung: Nutzung der maschinellen Möglichkeiten, soweit sie die Wirtschaftlichkeit und/oder die Arbeitsumstände verbessern.
Standardisierung: Vereinheitlichung von Arbeitsweise und -qualität sollen die Arbeitsproduktivität erhöhen und den Qualitätsstandard sicherstellen.
Spezialisierung: Rationellere Aufgabenerfüllung durch schneller und sicherer ausgeführte Arbeitsvorgänge.
Koordinierung: Optimierung des Zusammenwirkens der Arbeitsfaktoren Menschen, Sachmittel und Objekte.

Aufgaben- und Arbeitsteilung
Zwei Ursachen führen zur Aufgaben- und Arbeitsteilung:
- Die Aufgabe ist zu groß, um von einer Person bewältigt zu werden, z. B. das Servieren eines Menüs für viele Gäste.
- Die Aufgabe setzt verschiedenartige Spezialkenntnisse und -fertigkeiten voraus, z. B. das Mixen von Bargetränken, Bedienen eines Buchungsautomaten. Spezialisierung ist die Folge von Arbeitsteilung. Jeder Mitarbeiter übernimmt eine bestimmte Aufgabe und einen persönlichen Arbeitsbereich.

Kompetenz und Verantwortung
Aus der Arbeitsteilung und Aufgabengliederung entstehen Arbeitsbereiche, die sich gegenseitig ergänzen und voneinander abhängen, z. B. Einkauf und Nahrungszubereitung, Servieren und Kassieren.
Um die Aufgaben in seinem Arbeitsbereich erfüllen zu können und die Verantwortung dafür zu tragen, muss ein Mitarbeiter auch die entsprechende Kompetenz (Befugnis, Zuständigkeit) dafür haben.

Stellenelemente

materielle

Mitarbeiter
Eigenschaften:
- Kenntnisse
- Fähigkeiten
- Fertigkeiten
- Erfahrung
- Kapazität/Leistung

Sachmittel
Beispiele:
- Gebäude
- Räume
- Einrichtungen
- Maschinen
- Geräte
- Energie

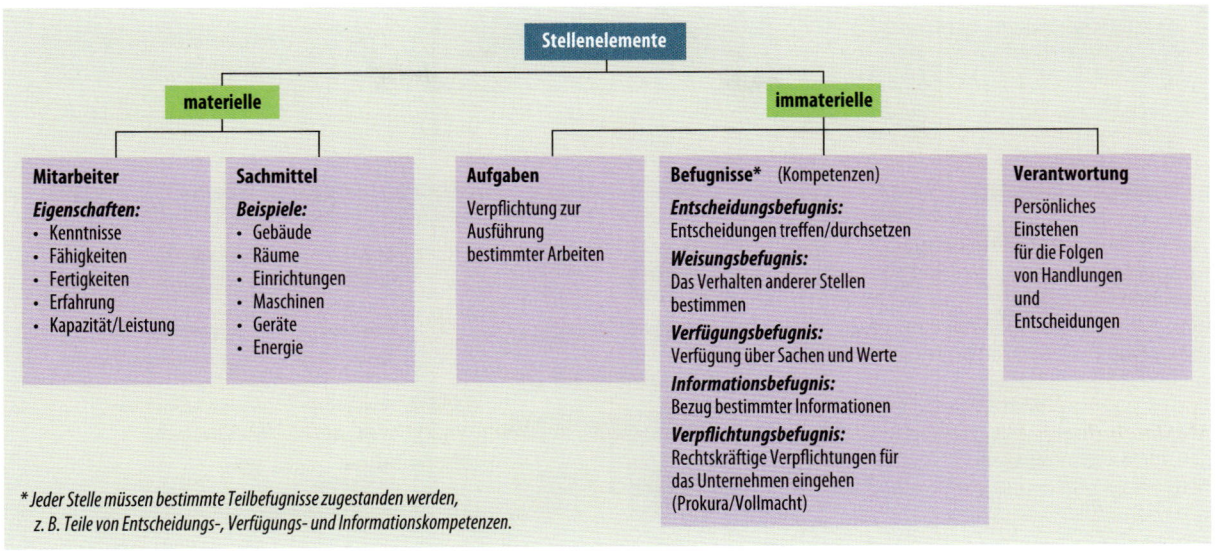

immaterielle

Aufgaben
Verpflichtung zur Ausführung bestimmter Arbeiten

Befugnisse* (Kompetenzen)
Entscheidungsbefugnis: Entscheidungen treffen/durchsetzen
Weisungsbefugnis: Das Verhalten anderer Stellen bestimmen
Verfügungsbefugnis: Verfügung über Sachen und Werte
Informationsbefugnis: Bezug bestimmter Informationen
Verpflichtungsbefugnis: Rechtskräftige Verpflichtungen für das Unternehmen eingehen (Prokura/Vollmacht)

Verantwortung
Persönliches Einstehen für die Folgen von Handlungen und Entscheidungen

*Jeder Stelle müssen bestimmte Teilbefugnisse zugestanden werden, z. B. Teile von Entscheidungs-, Verfügungs- und Informationskompetenzen.

1. Elemente von Stellen

Führungsstile

Die sozialen Probleme der Arbeitsorganisation liegen in der Menschenführung. Die Führung ist abhängig von der Person und ihren Eigenschaften, Qualifikationen und Machtbefugnissen, kurz ihrer Autorität.

Patriarchalisches Ordnungsdenken: Diese Führungsform ist autoritär und basiert auf Befehlsführung. Die Machtbefugnisse werden voll ausgenutzt. Als Mittel werden Anordnung, Befehl, Druck und Zwang eingesetzt. Beim emanzipierten Menschen stößt dieses Führungsverhalten auf Ablehnung. Leistung, Aktivität und Eigeninitiative werden bei diesem Führungsverhalten eingeschränkt. Eine starke Fluktuation (häufiger Personalwechsel) im Betrieb ist meist die Folge.

Ein Vorgesetzter, der Autorität nur kraft des übertragenen Amtes ausübt, ohne die von den Mitarbeitern anerkannten persönlichen und charakterlichen Fähigkeiten zu besitzen, hat in einer zeitgemäßen Arbeitsorganisation keinen Erfolg.

Pluralistisches Ordnungsdenken: Diese Führungsform ist demokratisch und beruht auf persönlicher, freiwillig anerkannter Autorität. Die Machtbefugnisse sind gegeben, es werden jedoch überwiegend die Führungsmittel Vertrauen, Information, Anerkennung und sachliche Kritik eingesetzt. Mitdenkende, sich mitverantwortlich fühlende Mitarbeiter werden damit herangebildet. Durch Überzeugen von der Richtigkeit einer Maßnahme, Bekanntgabe der Zielsetzung sowie Lob und Anerkennung wird die Durchsetzung von organisatorischen Maßnahmen wesentlich erleichtert.

2.2 Aufbauorganisation

2.2.1 Stellenplan und Organigramm

Um einen Betrieb organisieren zu können, muss die Betriebsaufgabe durch die Betriebsleitung klar vorgegeben sein. Damit sie rationell gelöst werden kann, ist sie in Teilaufgaben zu gliedern. Grundsätzlich führen zwei Verfahren zur Stellenbildung:
- Eine Teilaufgabe, die ein Einzelner nicht bewältigen kann, muss weiter unterteilt werden.
- Teilaufgaben, die zu klein sind, um einen Mitarbeiter voll auszulasten, müssen zusammengefasst werden.

So entsteht eine Auflistung der erforderlichen Stellen, der Stellenplan. Setzt man den Stellenplan in eine hierarchische, das heißt die Rangordnung beachtende, Stellenstruktur um, erhält man die Aufbauorganisation, die in einem Organigramm zeichnerisch dargestellt werden kann. Stellen müssen gegenüber anderen Stellen abgrenzbar und mit anderen Stellen koordinierbar (abstimmbar) sein.

2.2.2 Stellenarten und Arbeitsplatz

Folgende Stellenarten werden unterschieden, wobei stets der Grundsatz der Einheit von Aufgabe, Befugnis und Verantwortung zu beachten ist.

Ausführungsstellen: Einzelaufgaben mit Dauercharakter. Inhaber einer Ausführungsstelle tragen Verantwortung für Menschen, Material und Einrichtungen, die diese Stelle betreffen. Sie haben keine Leitungsfunktionen. Beispiele: Zimmermädchen und Pagen.

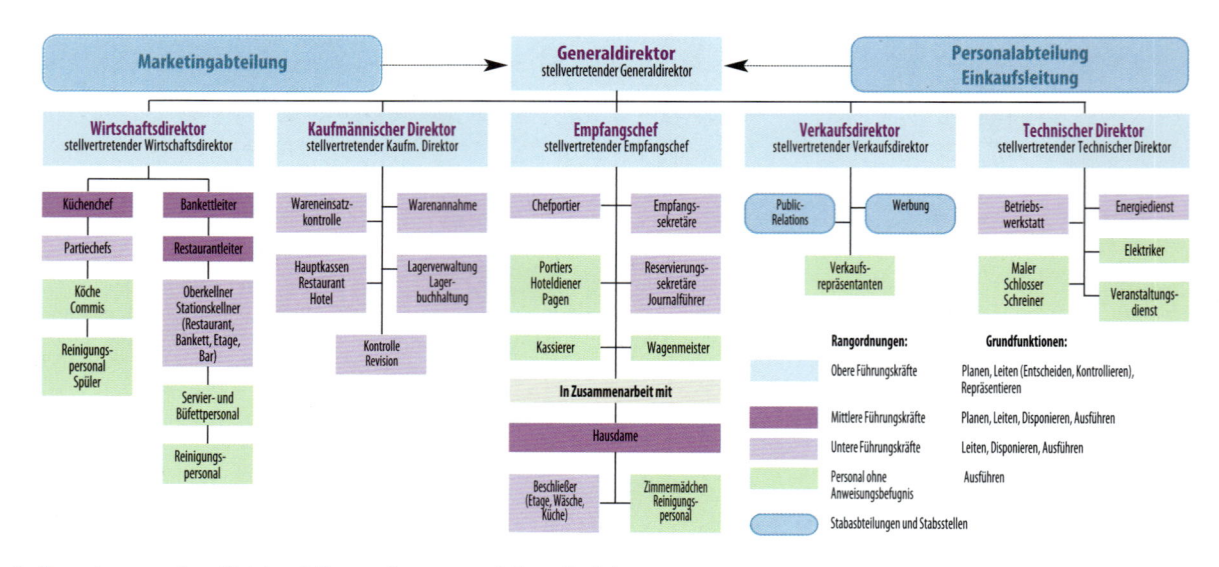

Organigramm eines Hotels

Rangordnungen:		Grundfunktionen:
	Obere Führungskräfte	Planen, Leiten (Entscheiden, Kontrollieren), Repräsentieren
	Mittlere Führungskräfte	Planen, Leiten, Disponieren, Ausführen
	Untere Führungskräfte	Leiten, Disponieren, Ausführen
	Personal ohne Anweisungsbefugnis	Ausführen
	Stabsabteilungen und Stabsstellen	

Generaldirektor (stellvertretender Generaldirektor)
- **Marketingabteilung**
- **Personalabteilung / Einkaufsleitung**

Untergeordnete Direktoren:
- **Wirtschaftsdirektor** (stellvertretender Wirtschaftsdirektor): Küchenchef (Partiechefs, Köche/Commis, Reinigungspersonal/Spüler), Bankettleiter (Restaurantleiter, Oberkellner/Stationskellner (Restaurant, Bankett, Etage, Bar), Servier- und Büfettpersonal, Reinigungspersonal)
- **Kaufmännischer Direktor** (stellvertretender Kaufm. Direktor): Wareneinsatzkontrolle, Warenannahme, Hauptkassen Restaurant/Hotel, Lagerverwaltung/Lagerbuchhaltung, Kontrolle/Revision
- **Empfangschef** (stellvertretender Empfangschef): Chefportier, Empfangssekretäre, Portiers/Hoteldiener/Pagen, Reservierungssekretäre/Journalführer, Kassierer, Wagenmeister — In Zusammenarbeit mit: Hausdame (Beschließer (Etage, Wäsche, Küche), Zimmermädchen/Reinigungspersonal)
- **Verkaufsdirektor** (stellvertretender Verkaufsdirektor): Public-Relations, Werbung, Verkaufsrepräsentanten
- **Technischer Direktor** (stellvertretender Technischer Direktor): Betriebswerkstatt, Energiedienst, Elektriker, Maler/Schlosser/Schreiner, Veranstaltungsdienst

1. Organigramm eines Hotels mit Rangordnungen und Grundfunktionen

Abteilungen: Zusammenfassung von Stellen, deren Aufgaben und Ziele eng miteinander verknüpft sind.
Beispiel: Die Hauptabteilung Küche (Abteilungsleiter: Küchenchef) kann in die Unterabteilungen (Saucier, Entremetier, Gardemanger usw.) unterteilt und mit der Hauptabteilung Service zum Wirtschaftsbereich (Bereichsleiter: Wirtschaftsdirektor) zusammengefasst werden.
Einem Stelleninhaber wird die Leitung der Abteilung übertragen. Diese Leitungsstellen nennt man Instanzen.
Instanzen: Leitungsstellen mit der Befugnis, Anordnungen zu geben und Entscheidungen zu treffen, die auch für andere Stellen gültig sind. Die Instanzen können auf verschiedenen Ebenen (obere, mittlere und untere Führungsebene) angeordnet sein.
Stabsstellen: Leitungshilfsstellen mit Vorschlagsrecht, die die Instanzen unterstützen wie Einkaufsleitung oder Direktionsassistent. Ihnen werden z. B. folgende Aufgaben übertragen: Sammeln und Aufbereiten von Daten zur Entscheidungsfindung, Kontrolle der Wirksamkeit von Entscheidungen.
Stabsabteilungen: Mehrere Stabsstellen sind zu einer Abteilung mit einer leitenden Stelle (Instanz) zusammengefasst, z. B. Personalabteilung, Marketingabteilung.

Der Arbeitsplatz ist der Ort, an dem eine Person die Aufgaben, die seiner Stelle entsprechen, wahrnimmt. Eine Hotelfachfrau kann beispielsweise an mehreren Arbeitsplätzen tätig sein (Magazinausgabe, Etagenkontrolle, Gästekorrespondenz). Andererseits können sich mehrere Mitarbeiter eine Stelle bzw. einen Arbeitsplatz teilen, wenn sie zeitlich nacheinander die Aufgaben übernehmen (etwa bei Schichtarbeit und bei Urlaubsvertretung). In der Aufbauorganisation hat jeder Aufgabenträger einen abgegrenzten Funktionsbereich, der im Idealfall seinen Fähigkeiten entspricht. Überforderung führt zu nervösen, gereizten Mitarbeitern, deren Hektik sich auf andere überträgt. Unterforderung vermittelt zu wenig Erfolgserlebnisse und lässt dadurch nicht genügend Arbeitsfreude aufkommen.

2.2.3 Organisation der Arbeitsbereiche

Engagierte und gut ausgebildete Mitarbeiter sind ein kaum zu überschätzender Faktor bei der Erstellung gastronomischer Leistung. Durch gute Organisation in den Arbeitsbereichen werden diese Mitarbeiter herangezogen und im Betrieb gehalten. Ziel der Organisation der Arbeitsbereiche ist es,
- festzustellen, welche Stellen in einem Bereich notwendig sind,
- die Beziehungen zwischen den Stellen durchschaubar zu machen,
- festzulegen, welche Aufgaben in einer Stelle zusammengefasst werden,
- durch die organisatorischen Maßnahmen zur allgemeinen Zufriedenheit und zur Steigerung des Leistungswillens beizutragen (Erstellen von Dienst-, Urlaubs- und Vertretungsplänen, Durchführung von Weiterbildungsmaßnahmen und innerbetrieblichen Stellenausschreibungen).

Organisation

2.2.4 Organisationssysteme (→ 394, Bild 1)

Man kann vier idealtypische Organisationssysteme unterscheiden, die durch die Art der Weitergabe von Anweisungen und der Übertragung von Aufgaben und Kompetenzen definiert sind: das Liniensystem, das Stabliniensystem, das Mehrlinien- oder Funktionssystem und das Kooperationssystem. Die in der Praxis vorkommenden Organisationsformen sind fast ausschließlich Mischformen der genannten Modelle. Zwangsläufig werden bei der Entscheidung für eine Organisationsform hierarchische Strukturen (Über-, Unter- oder Gleichordnung) festgelegt.

Linienorganisation

Nach diesem System ist jede Stelle nur mit einer vorgesetzten Instanz verbunden. Sie erhält nur von ihr Anweisungen und jeder Mitarbeiter hat nur einen direkten Vorgesetzten (Einfachunterstellung). Alle Informationen nach unten wie nach oben gehen über diese Linie. Diese straffe und auf Funktionssicherheit ausgerichtete Organisationsform erweist sich in der Praxis als schwerfällig, Nachteile sind lange Dienstwege und starker Arbeitsanfall in den oberen Rangstufen.

Direkte Kontakte und Querverbindungen zwischen verschiedenen Abteilungen, Instanzen und Stellen werden durch dieses Organisationssystem behindert, obwohl sie gerade im Gastgewerbe unerlässlich sind, um alle Aufgaben schnell und gut zu bewältigen. Die Vielseitigkeit der Aufgaben in der obersten Führung erfordert in der Linienorganisation den Alleskönner, den es selten gibt und dessen Ausbildung viel Zeit erfordert.

Stablinienorganisation

Das Stabliniensystem resultiert aus der Schwierigkeit, Spezialisten in einer Linie unterzubringen. Die oberen Führungsebenen sollen bei diesem System durch Personen (Stabsstellen) oder Personengruppen (Stabsabteilungen) mit speziellen Kenntnissen und Aufgaben beraten und entlastet werden. Stäbe werden z. B. zur Lösung von Rechts-, Finanz- oder Organisationsproblemen eingesetzt und haben in der Regel keine Anweisungsbefugnis. Notwendige Anweisungen werden auf dem Dienstweg weitergeleitet (siehe Linienorganisation).

Inhaber der Stabsstellen sind Personen mit speziellen Kenntnissen wie Steuer-, Werbe- oder Datenverarbeitungsfachleute. Mehrere Stabsstellen bilden eine Stabsabteilung (z. B. Personalwesen), die in sich wieder eine Organisationsform hat.

Mehrliniensystem (Funktionen-Organisation)

Bei diesem System werden die Zuständigkeiten nach Funktionen (Beispiel: Fußbodenreinigung, Nasszellenreinigung, Wäschewechseldienst) aufgeteilt und entsprechende Abteilungen gebildet. Jede Abteilung wird von einem Leiter in Eigenverantwortung geführt. Die Abteilungsleiter können Anweisungen an Stellen in anderen Abteilungen geben (Mehrfachunterstellung), die im Allgemeinen nicht – Gegensatz zum Liniensystem – über den Leiter dieser Abteilung laufen (z. B. würde ein Zimmermädchen von drei Abteilungsleitern Anweisungen bekommen). Die Anweisungsbefugnisse sind genau zu regeln und einzuhalten, da sonst bei den ausführenden Arbeitskräften leicht Unsicherheiten über die Dringlichkeit der angewiesenen Arbeiten entstehen.

Kooperationssystem oder Teamwork

Neben den bekannten Führungsstilen treten neue Formen der Führung auf, und zwar überall dort, wo Menschen mit verschiedenen Fähigkeiten (Spezialisten) zusammenarbeiten müssen. In dieser Situation der Zusammenarbeit tritt ein Führungsstil auf, bei dem die Führung nicht an eine Person gebunden ist. Ein Team kann aus Mitarbeitern einer Ebene, aber auch aus Mitgliedern verschiedener Ebenen des Betriebes bestehen. Für die Dauer der Teamarbeit sind alle Mitglieder gleichgestellt. Innerhalb eines Teams gibt es keinen Vorgesetzten. Der Teamleiter fungiert als Erster unter Gleichen. Das Team erkennt jeweils denjenigen als Leiter an, der imstande ist, den Beitrag einzubringen, den die Gruppe in einer bestimmten Situation benötigt, um weiterzukommen. Da die Führung nicht an eine Person gebunden ist, sondern je nach Situation wechselt, wird von einer situationellen Führung gesprochen.

Diese Form der Führung spielt eine große Rolle, wo Linien- und Stabsstellen zusammenarbeiten. Der Grundgedanke, dass die vollständige Verantwortung der Leitung beim Linienchef liegt, während der Stabsfunktionär nur beratend auftritt, ist nicht aufrechtzuerhalten. In Wirklichkeit übernimmt der Stabsfunktionär durch seine sachverständige Beratung einen Teil der Führung. Das Teamwork-Konzept wird auch bei der Planung und Durchführung eines Projekts, etwa einer Werbekampagne, angewandt. Aus jeder betroffenen Abteilung gehört ein Fachmann dem Team an, der parallel zu seiner Arbeit im Projekt weiterhin seine Funktionen in Stab oder Linie wahrnehmen kann.

Wissen Sie Bescheid?

1. Erklären Sie den Begriff Organigramm.
2. Begründen Sie die Notwendigkeit der Aufbauorganisation.
3. Wodurch unterscheidet sich eine Stelle von einer Instanz?
4. Nennen Sie die Vor- und Nachteile, die die Einhaltung des Dienstweges bringen kann.
5. Für welche Arten von gastronomischen Betrieben ist das Liniensystem zweckmäßig?
6. Welche Nachteile könnten durch die Einführung des Kooperationssystems auftreten?

	Liniensystem	Stabliniensystem	Mehrliniensystem, Funktionssystem	Kooperationssystem, Teamwork (im Liniensystem)
Organisationsschema				
	🟨 Instanz	🔴 Stabsabteilung	🔺 Ausführungsstelle	🟥 Stabsstelle
Führungspersönlichkeit	Generalist (Alleskönner)	Manager	Spezialisten (mittlere/untere Führungsebene)	Arbeitsgruppe (Teilnehmerwechsel nach Aufgabenstellung)
Befugnis der Führungskräfte	Vollkompetenz	Vollkompetenz; Teilkompetenz beim Stab	Vollkompetenz und Teilkompetenz	Voll- und Teilkompetenz; Teilkompetenz beim Stab
Beweglichkeit des Systems	gering	mittel	groß	groß
Vorteile	eindeutige Zuständigkeit, schnelle Entscheidungsdurchsetzung und Kontrolle	(wie Linie), bessere Entscheidungsgrundlagen durch Unterstützung von Spezialisten	Spezialist für jedes Sachgebiet erteilt Aufträge und kontrolliert	Lösung schwieriger Spezialprobleme und Sonderaufgaben wird von Spezialisten gemeinsam erarbeitet und in der Linie umgesetzt
Nachteile	• breites Fachwissen der Führungskräfte nötig • Entscheidungsstau bei Abwesenheit • langer Dienstweg kann zu „Verfälschungen" von Informationen und Anweisungen führen	• Stäbe können sich gegen die Linieninstanzen nicht durchsetzen • Stäbe übernehmen aufgrund von Sachwissen die Führung • hohe Stabskosten sind nur für Großbetriebe finanzierbar	• Gefahr der Unter- oder Überlastung und Verunsicherung der einzelnen Mitarbeiter, weil mehrere Instanzen Anweisungen geben • Beurteilung und Kontrolle schwierig	• Überlastung der Teammitglieder durch Doppelfunktion in Linie oder Stab und Team • Vernachlässigung einer Funktion • schwierige Leistungskontrolle
Motivation der Mitarbeiter	gering	mittel	groß	sehr groß

1. Organisationssysteme

Organisation

Aufgabe/Gesamtprozess: Beherbergung und Bewirtung des Gastes					
Teilprozesse (Beispiele)	**Gästeempfang**		**Verkauf/Servieren von Speisen**		
Prozessschritte	Vorbereitungsarbeiten	Ablauf	Vorbereitungsarbeiten	Annahme der Bestellung	Servieren
Programmschritte	• Bereithalten von Unterlagen für Serviceleistungen (Stadt- und Fahrpläne, Veranstaltungsverzeichnisse ...) • Bereithalten von Formularen (Depotscheine für Hoteltresor, Meldeblock ...) • Führung der Gästekartei	• Begrüßung • Überprüfung der Reservierung • Ausfüllen des Meldeformulars durch den Gast • Überprüfen der Vollständigkeit und Eintragung des Abreisetages • Erfragung der Zahlungsweise • Begleitung zum Zimmer • Erklärung der Zimmereinrichtung	• Servietten falten • Teller polieren • Tischdecke auflegen • eindecken	• Speisekarte auflegen • Bestellung annehmen evtl. beraten • bonieren	• Speisen abholen • präsentieren und vorlegen • einsetzen • nachservieren • abräumen • kassieren

1. Gliederung von Arbeitsabläufen

2.3 Ablauforganisation

Die Ablauforganisation befasst sich mit dem reibungslosen Vollzug der Arbeiten und dem Ineinandergreifen der einzelnen Arbeitsstufen. Zielabschnitte der Ablauforganisation:
- Nutzung aller Möglichkeiten der Arbeitsvereinfachung.
- Sicherstellung eines rationellen Arbeitsablaufes ohne Stauungen, Engpässe und Leerlauf.
- Planung der termingerechten Fertigstellung der Erzeugnisse und Dienstleistungen.
- Gewährleistung der Produktqualität durch Kontrollen.
- Erhaltung des Arbeitswillens, z. B. durch gute Menschenführung und die Einhaltung der arbeitsrechtlichen Bestimmungen (Unfallschutz, Pausenregelung).

2.3.1 Phasen der Personaleinsatzplanung

Gliederung des Arbeitsablaufes
Alle Vorgänge zur Erfüllung der Aufgabe, die zeitlich und räumlich, neben- und nacheinander ablaufen, sind in die Planung einzubeziehen und aufzugliedern. Eine Aufgabe lässt sich in Teilprozesse aufteilen, die sich wiederum in Prozessschritte und in einzelne Programmschritte gliedern lassen.
Um eine rationale Arbeitsausführung zu erreichen, ist bei dieser Arbeitsablaufanalyse zu überprüfen, ob Programmschritte entfallen bzw. kombiniert, verbessert oder vereinfacht werden können.
Arbeitserleichterungen sind auch durch optimale Anordnung von Material, Geräten und Maschinen im Arbeitsbereich zu verwirklichen.

Entscheidungsphase (Arbeitsverteilung)
Diese Phase beinhaltet die personelle, zeitliche, räumliche und technische Konzeption.
Personell: Die Arbeit ist einzelnen Mitarbeitern oder Arbeitsgruppen zuzuordnen.
Zeitlich: Es ist festzulegen, welche Teilaufgaben zu einem bestimmten Zeitpunkt auszuführen sind, wie viel Zeit dafür aufgewendet werden darf und zu welchem Zeitpunkt die Gesamtaufgabe ausgeführt sein muss.
Räumlich und technisch: Es muss festgelegt werden, in welchen Räumen und an welchen Arbeitsplätzen die Tätigkeiten auszuführen sind. Dabei ist zu beachten, dass eine Person an mehreren Arbeitsplätzen tätig sein kann.
Beispiele: Eine Restaurantfachfrau arbeitet teils im Etagendienst, teils am Büfett, oder Personal wird im Schichtbetrieb beschäftigt. Beim Einsatz von Teilzeit-Personal kann ein Arbeitsplatz von mehreren Personen nacheinander besetzt sein.

Anweisungsphase
(Erstellen von Arbeitsanweisungen)
Es ist bekannt zu geben, wie die Arbeiten auszuführen sind (zu verwendende Rohstoffe, Art des Anrichtens und Servierens usw.). Arbeitsanweisungen werden mündlich oder schriftlich erteilt.

1. Stellen Sie die Aufgaben der Ablauf- und der Aufbauorganisation einander gegenüber.
2. Welche Stellen bzw. Instanzen sind bei der Planung der Aufbau- bzw. Ablauforganisation beteiligt?
3. Erstellen Sie die Gliederung eines Arbeitsablaufs am Beispiel „Stellen einer Festtafel".

Allgemeine Rationalisierungsmaßnahmen
- Grundsätzlich nur Waren und Dienstleistungen anbieten, die von einer ausreichenden Zahl von Gästen gewünscht und zum kalkulierten Preis abgenommen werden.
- Durch Schulung und Weiterbildung des Personals eine Leistungssteigerung herbeiführen.
- Personal so einarbeiten, dass es flexibel einsetzbar ist.
- Die Mitarbeiter durch die Einrichtung eines Vorschlagswesens zum Nachdenken über Verbesserung im Arbeitsablauf anregen.
- Entlohnung unter Leistungsgesichtspunkten vornehmen.
- Bei Neu- und Umbauten auf pflegeleichte Einrichtung Wert legen.
- Personalintensive Arbeiten „außer Haus" vergeben, etwa an Wäschereien, Reinigungsfirmen, Schreibbüros.
- Durch Einführung von Leistungsstandards und ihre Kontrolle Leerlauf vermeiden und den Leistungswillen der Mitarbeiter stärken.

Rationalisierung im Beherbergungsbereich
- Einrichtung einer automatischen Telefon- und Weckanlage.
- Aufstellen von Schuhputzautomaten auf den Fluren und Minibars in den Zimmern.
- Bedarfsweiser Einsatz von Hoteldienern und Pagen auf den Etagen und in der Halle durch die Verwendung eines Rufsystems.
- Ausstattung des Empfangs mit elektronischen Buchungsautomaten und computergesteuerten Reservierungssystemen.

Rationalisierung im Servicebereich
- Einsparung von Servierpersonal durch Aufstellen eines Frühstücksbüfetts.
- Einführung eines schnellen und sicheren Bonier- und Abrechnungssystems.
- Umstellen der Serviermethode.

Rationalisierung im Küchenbereich
- Modernere Küchentechnik und Anrichtemethode.
- Einsatz vorgefertigter Produkte, sofern sie dem Qualitätsstandard des Hauses genügen.

1. Rationalisierungsmaßnahmen (Beispiele)

2.3.2 Voraussetzungen für rationelle Leistungserstellung

Eine erfolgreiche Personaleinsatzplanung ist die Grundlage rationeller Leistungserstellung. Dieses Ziel kann erreicht werden durch Kombination von Maßnahmen der Arbeitsvereinfachung, Arbeitsleistungsstandardisierung, Arbeitsplatzbesetzung, Dienstplan-Einteilung und Arbeitsüberwachung.

Arbeitsvereinfachung
Fast jede Tätigkeit lässt sich vereinfachen. Die dadurch eingesparte Zeit und Arbeitskraft kann dem Betrieb und damit dem Gast in Form von erhöhtem Arbeitsinteresse und besserer Arbeitsqualität zugute kommen. Werden die Mitarbeiter an der Suche nach Arbeitsvereinfachung beteiligt, erhöht sich automatisch deren Leistung, weil die Aufmerksamkeit erhöht ist.

2.3.3 Leistungsstandards erstellen
Darunter versteht man die schriftliche Erfassung der von einem Mitarbeiter erwarteten Produktivität. Um den Betrieb auf einem hohen Leistungsstand zu halten, müssen vorgegebene Leistungsstandards erreicht werden. Die Vorgesetzten haben die Aufgabe, in ihrer Abteilung oder ihrem Bereich die Arbeitsergebnisse anhand des Leistungsstandards zu überprüfen und, wenn möglich, zu verbessern.
Leistungsstandards sind die Voraussetzung für Arbeitsplatzbesetzung, Arbeitskontrolle und die Dienstplangestaltung.

Im Gastgewerbe lassen sich grundsätzlich folgende Arten von Leistungsstandards anwenden:
Kostenstandard: Die Frage nach den Kosten für eine Aufgabe muss dabei beantwortet werden.
Zeitstandard: Gefragt wird nach der Zeit, in der die Aufgabe erfüllt sein muss.
Qualitätsstandard: Es ist zu fragen, wie und auf welchem Niveau die Aufgabe zu erfüllen ist.
Quantitätsstandard: Es ist festzulegen, wie viele und welche Mengeneinheiten in einer bestimmten Zeit bei der Aufgabenerfüllung erreicht sein müssen.

Arbeitsplatzbesetzung
Stellenbeschreibungen und Leistungsstandards ergeben die Qualifikationen, die von einem Mitarbeiter an einer bestimmten Stelle oder Instanz erwartet werden. Die Anzahl der einzustellenden Mitarbeiter muss der erwarteten Kapazitätsauslastung angepasst werden. Dies bedeutet, dass für jede Hotelabteilung die Mindest- und Höchstbesetzung mit Personal festzulegen ist. Aus Leistungsstandard und unter Berücksichtigung der Mindest- und Höchstbesetzung lassen sich sogenannte Personal-Planungs-Leitfäden erstellen, die den erforderlichen Personalbestand bei jeder Auslastungsstufe angeben.

1. Wie kann erreicht werden, dass die Arbeit rationell durchgeführt wird? Nennen Sie fünf Maßnahmen, um dieses Ziel zu erreichen.
2. Welche Vorteile bietet die Arbeitsstandardisierung für den Unternehmer und für den Mitarbeiter?

3 Organisationspläne

Um einen reibungslosen Ablauf im Restaurant zu gewährleisten, werden Organisationspläne eingesetzt.
Die wichtigsten sind:
- Belegungsvorschau
- Reservierungen/Sonderveranstaltungen
- Dienstplan
- Stationsplan
- Urlaubsplan
- Reinigungspläne – wann, was, wie, wo?
- Checklisten/Kontrolllisten

3.1 Dienstplan

Er legt den kurzfristig erforderlichen Personaleinsatz fest. Das Ziel ist, die Personalkosten in vertretbarer Höhe zu halten, ohne die Leistungen für den Gast einzuschränken. Obwohl sich im Restaurant wegen der nicht immer kalkulierbaren Gästezahl Leerzeiten nicht vermeiden lassen, können unnötige Zeitverluste mit gezielter Diensteinteilung verringert werden.

§

Der Betrieb ist verpflichtet, den Dienstplan mit Beginn und Ende der Arbeitszeit und der Pausen an einer allgemein zugänglichen Stelle auszuhängen. Nach § 3 der Arbeitszeitordnung (AZO) beträgt die regelmäßige tägliche Arbeitszeit grundsätzlich acht Stunden. Davon gibt es jedoch gesetzliche und tarifliche Ausnahmen. Nach § 11 AZO darf auch in diesen Ausnahmefällen die Arbeitszeit grundsätzlich zehn Stunden täglich nicht überschreiten. Nach § 12 Abs. 1 AZO muss die Ruhezeit zwischen dem Ende der Arbeitszeit und dem Beginn der Arbeit am nächsten Tag mindestens zehn Stunden betragen. Wie die freien Tage verteilt werden, kann betrieblich geregelt werden. Es muss jedoch je Kalenderwoche (von Montag bis Sonntag) mindestens ein freier Tag gewährt werden. Oft enthalten Manteltarifverträge Vorschriften über die Gewährung zusammenhängender freier Tage oder freier Wochenenden und Urlaub.
Eine besondere Arbeitszeitform stellt der Teildienst mit einer Unterbrechung von mehreren Stunden dar. Die Möglichkeit der Gestaltung des Teildienstes ist oft in den Tarifverträgen geregelt.

1. Vorschriften zur Dienstplanerstellung

WOCHENDIENSTPLAN					Abteilung: Restaurant							
Tage	Di., 2.		Mi., 3.		Do., 4.		Fr., 5.		Sa., 6.		So., 7.	
	Mittag	Abend	Mittag	Abend	Mittag	Abend	Mittag	Abend	Mittag	Abend	Mittag	Abend
Gästezahl	160	60	100	30	120	90	100	30	160	160	200	120
Leistungsmaßstab	40	30	40	30	40	30	40	30	40	30	40	30
benötigte Servicekräfte	4	2	3	2	3	3	3	2	4	5	5	4

Tage	Di., 2.		Mi., 3.		Do., 4.		Fr., 5.		Sa., 6.		So., 7.		Tage +/−
Name	Mittag	Abend	Mittag	Abend	Mittag	Abend	Mittag	Abend	Mittag	Abend	Mittag	Abend	
Bierski, F.		A	F		F		F		F		F		+ 5
Dierich, S.	F			A	F		F		F		F		− 2
Haro, J.	F			A	F		F		F		F		+ 3
Jslak, T.	A		F			S		S		S		S	− 4
Krauß, B.	F		F			S	A		F		F		− 1
Lomas, V.		S		S		S	A			S		S	+ 6
Neufert, S.		S		S	A			S		S		S	+ 1
Schlutt, J.	Aushilfe								Aushilfe	Aushilfe			
Teiml, F.										Aushilfe		Aushilfe	

2. Dienstplan für ein Restaurant (montags geschlossen): A = frei; F = Frühschicht; S = Spätschicht

URLAUBSPLAN (1. Halbjahr …)							Abteilung: Restaurant			
Name	Monate							Arbeitstage		
	J	F	M	A	M	J	J	erhalten	Anspruch	Tage +/−
Bierski, F.							13.–27.	10	29	+19
Dierich, S.	1.–9.					28.–12.		11	31	+20
Haro, J.	10.–31.							17	26	+9
Jslak, T.			2.–18.					13	24	+11
Krauß, B.				20.– 6.				12	30	+18
Lomas, V.					1.–24.			19	28	+9
Neufert, S.				8.–19.				8	22	+14
Schlutt, J.								0	22	+22
Teiml, F.						21.–6.		14	26	+1

1. Urlaubsplan

Zeitverluste stellen Kosten für den Betrieb dar. Die gesetzlich, tariflich und durch Betriebsvereinbarungen festgelegten Arbeitszeitbeschränkungen sind bei der Dienstplangestaltung zu beachten. Dazu zählen:
- Manteltarifverträge
- Jugendarbeitsschutzgesetz
- Arbeitszeitgesetz
- Berufsbildungsgesetz
- Schwerbehindertengesetz
- Sonderregelungen für Schwangere usw.

Bei der Erstellung von Dienstplänen sollten, wenn möglich, Wünsche der Mitarbeiter berücksichtigt werden, um ihnen eine sinnvolle Freizeitgestaltung zu ermöglichen. Als Grundlage der Dienstplangestaltung dienen die Belegungsvorschau des Empfangs, die festgelegten Sonderveranstaltungen, die Reservierungen und die erfahrungsgemäß zu erwartenden Gäste im À-la-Carte-Geschäft.

Das Erstellen von Leistungsstandards/Leistungsmaßstäben (→ 396), wie viele Gäste eine Person pro Tagesmahlzeit bedienen kann, ist für den Frühstücks-, À-la-Carte-Service und Hausgastbereich sehr gut möglich. Leistungsstandards für Sonderveranstaltungen müssen jeweils nach der Art der Veranstaltung (z. B. 100-Personen-Büfett oder Sechs-Gang-Menü) erstellt werden. In Bild 2 (→ 395) wurde der Leistungsmaßstab, wie viele Gäste eine Servierkraft im Restaurant bedienen muss, mittags auf 40, abends auf 30 Gäste festgelegt.

3.2 Vertretungsplan

Er ist notwendig, wenn durch unvorhersehbare Umstände Personal ausfällt. Durch einen kurzfristig erstellten Vertretungsplan, der den Dienstplan ergänzt, müssen Personalengpässe überbrückt werden.

3.3 Urlaubsplan

Bei der Erstellung des Urlaubsplans sind die Wünsche des Personals frühzeitig zu ermitteln und, wenn möglich, zu berücksichtigen. Vorgaben könnten sein:
- In den Schulferien werden Personen mit schulpflichtigen Kindern berücksichtigt.
- Urlaub in der Hauptsaison ist nicht möglich.

3.4 Stationspläne

In Stationsplänen wird festgelegt, welcher Mitarbeiter an welchem Tag in welcher Station tätig ist. Der Vorteil für die Mitarbeiter liegt darin, dass sie rechtzeitig für eventuelle kleine Sonderveranstaltungen in ihrer Station die entsprechenden Vorbereitungsarbeiten treffen können.

3.5 Kontrollpläne/-listen

Um den Standard des Restaurant-Service aufrechtzuerhalten, müssen Kontrollen über Arbeitsweise, Dienstplanerfüllung, Qualitäts-, Portions- sowie Sauberkeits- und Hygienefestlegungen durchgeführt werden.

Damit Kontrollmaßnahmen nicht den Beigeschmack einer peinlichen Untersuchung bekommen, müssen Kontrollierende frei von Misstrauen sein und jedem Mitarbeiter müssen die Maßstäbe (z. B. schriftliche Arbeitsanweisungen, Checklisten) bekannt sein, nach denen kontrolliert wird. Kontrollverfahren sind durch drei Phasen gekennzeichnet:
- Die **Planungsphase**, die eine Standardisierung anstrebt, um Leistungsvorgabe (Soll-Zustand) und tatsächliche Leistung (Ist-Zustand) vergleichen zu können.
- Die **Vergleichsphase**, die Soll- und Ist-Zustand vergleicht und bei Abweichungen die Ursachen ermittelt.
- Die **Korrekturphase**, in der notwendige Maßnahmen zur Angleichung der Soll- und Ist-Werte durchgeführt werden.

Organisationspläne

3.6 Checklisten/Kontrollformulare

Ständig wiederkehrende Arbeiten lassen sich schnell und sicher anhand von Listen kontrollieren, auf denen alle dazugehörigen Tätigkeiten aufgeführt sind. Es wird damit sichergestellt, dass bei Routinearbeiten einzelne Arbeitsgänge nicht vergessen oder in mangelhafter Qualität ausgeführt werden. Die Erstellung und Überarbeitung dieser Listen ist zwar aufwendig, erleichtert jedoch die Kontrolle.

CHECKLISTE – Vorbereitungsdienst 10 bis 12 Uhr
Täglich:
- ❑ Polieren und Warmstellen der benötigten Geschirrteile
- ❑ Polieren der Gläser und benötigten Bestecke
- ❑ Reinigen von Untersetzern und Serviertabletts
- ❑ Reinigen und Erneuern von Kerzen in Ständern
- ❑ Abgabe und Anforderung der Tischwäsche
- ❑ Brechen von Servietten
- ❑ Reinigen und, wenn nötig, Auffüllen der Menagen
- ❑ Reinigen und Auffüllen der Flambier-, Aperitif- und Käsewagen
- ❑ Bereitstellen der Getränke- und Speisekarten
- ❑ Reinigen und Bereitstellen von Aschenbechern und Tischvasen

Montags, donnerstags und samstags sowie bei Bedarf:
- ❑ Silberbesteck und Messinggeräte putzen
- ❑ Rechauds, Clochen, Wein- und Sektkübel reinigen
- ❑ Tabakwaren auffüllen und Luftfeuchtigkeit in der Klimabox kontrollieren
- ❑ Menagen leeren und wieder auffüllen

CHECKLISTE für den Mittagsservice
Sauberkeit und Ordnung des Raumes:
- ❑ Fußboden gesaugt/gewischt
- ❑ Reinigungsutensilien aufgeräumt
- ❑ Vorhänge zurückgezogen und in korrekter Stellung
- ❑ Fenster und Fensterbretter sauber
- ❑ Raumluft, Raumtemperatur kontrolliert

Tische, Stühle, Dekoration:
- ❑ Tische, Stühle korrekt ausgerichtet
- ❑ Tischwäsche einwandfrei
- ❑ Bestecke, Gläser einwandfrei
- ❑ Blumendekoration frisch

Bereitstellung:
- ❑ Servicetische, Servanten
- ❑ Vorlegebesteck
- ❑ Speise-, Getränkekarten

Sonstiges:
- ❑ Tischreservierungen
- ❑ Musik (Lautstärke)

zu reinigender Gegenstand	Reinigungs-/ Desinfektionsmittel	Dosierung/ Einwirkzeit	Maßnahmen	Häufigkeit	Verantwortlich	Kontrolle/ Datum/Zeichen
Theke aus Metall Abtropfflächen	Edelstahlreiniger	gebrauchsfertig	feucht auftragen, abwischen, trocknen	täglich	Büfettpersonal	
Unterbau, Seitenflächen	Edelstahlreiniger	gebrauchsfertig	aufsprühen, nachwischen	nach Bedarf, wöchentlich	Büfettpersonal	
Tropfmulden	Tropfmulden-Reiniger	gebrauchsfertig	vor Schankbeginn einstreuen, nach Schankschluss abspülen	täglich	Büfettpersonal	
Bier- und Getränkeleitungen	Bierrohr-Reiniger	5 %ige Lösung, 20 Minuten	Lösung durch die Leitungen pumpen, gut nachspülen	mindestens alle 7 Tage, für Weizenbier täglich	Zapfpersonal	
Zapfhähne	–	–	mit Bürste und Warmwasser	täglich	Zapfpersonal	
Kompensatorhahn	–	–	mit Reinigungsball und Wasser gründlich spülen	täglich	Zapfpersonal	
Verschlüsse	Bierrohr-Reiniger	5 %ige Lösung, 20 Minuten	Verschlüsse in die Lösung einlegen, gut nachspülen	gemäß Schankanlagen-Reinigung	Zapfpersonal	
Zapfsäule Metall	Edelstahlreiniger	gebrauchsfertig	feucht auftragen, abwischen, trocknen	täglich	Büfettpersonal	
Fußboden je nach Material	• Kunststoffreiniger • Steinfliesenreiniger • Marmorreiniger	150 ml/8 l Wasser 150 ml/10 l Wasser 150 ml/10 l Wasser	nass wischen nass wischen nass wischen	täglich täglich täglich	Reinigungspersonal Reinigungspersonal Reinigungspersonal	
Abfallbehälter	Desinfektionsreiniger	80 ml/10 l Wasser	nass wischen	täglich	Reinigungspersonal	

1. Checkliste zur Hygiene am Getränkeausschank

4 Aufbau und Gestaltung von Speise- und Getränkekarten

4.1 Speisekarten im Tagesablauf

Je nach Tageszeit werden in gastronomischen Betrieben den Gästen unterschiedliche Speisekarten vorgelegt.

Frühstückskarten werden in Betrieben aufgelegt, die schon morgens viele Gäste erwarten. Dazu zählen Cafés, Bistros, Restaurants im Stadtzentrum oder Betriebe wie Autobahnraststätten, Bahnhofs- oder Flughafenrestaurants. Das Angebot der Karte beinhaltet ein einfaches Frühstück bestehend aus warmen Getränken, Brötchen und Brot, Butter, Konfitüre, Honig.
Je nach Gästekreis werden auf der Karte zusätzliche Angebote gemacht, mit denen sich der Gast das einfache Frühstück nach Wunsch erweitern kann (→ 139, → 182). Eine Frühstückskarte, die das Angebot des Frühstücksbüfetts enthält, liegt in manchen Hotels aus und dient dem Gast als Information, was er am Büfett vorfindet.

Die kleine Speisekarte, auch Brotzeit-, Vesper- oder Nachtkarte genannt (für à la carte), bietet außerhalb der Hauptessenszeiten, also vormittags, nachmittags und am späten Abend, eine kleine Speisenauswahl.
Auch diese Karte wird nach der klassischen Speisenfolge (→ 509) aufgebaut. Dabei kommen besonders deutlich der Einfluss des Gästekreises und die Art des Betriebes zum Ausdruck:

- **Tanzlokal (nachmittags und abends):**
  - kleine Vorspeisen wie Räucherlachs, Garnelencocktail, Canapés, Salatbar,
  - Suppen wie Schneckensuppe, Brühen mit Einlage, kleine Fleischgerichte auf Toast, Pastetchen, kleine Gerichte aus Teigwaren,
- **Ausflugslokale oder Landgasthof mit Metzgerei:**
  - meist kein Angebot an Vorspeisen,
  - kräftige Suppen und Eintopfgerichte,
  - einfache kalte und warme Hauptgerichte, Wurstsalat, Fleischkäse, Sülzen, Rippchen usw.,
- **Gasthaus mit Stammtisch und Biertheke:**
  - pikante, würzige Suppen, z. B. Gulaschsuppe, Zwiebelsuppe,
  - Soleier, Hacksteaks, Tatarbrötchen, Laugenbrezeln mit Rettich, Kümmelstangen, Rollmöpse usw.

Die **große Speisekarte** (für à la carte) ist eine Angebotskarte für mittags und abends, auf der vorbereitete oder meist kurzfristig herzustellende Speisen angeboten werden. Eine Auswahl verschiedener Vorspeisen, Suppen, Zwischengerichte, Hauptgerichte und Süßspeisen soll dem Gast die Zusammenstellung seiner Bestellung in der richtigen Reihenfolge erleichtern. Die Karte ist nach der klassischen Speisenfolge aufgebaut.

Spezielle Karten
Menükarten: Sie beinhalten für den Gast zusammengestellte Menüs mit meist täglich wechselndem Angebot.
Brunchkarten, Büfettkarten: Diese Karten erleichtern dem Gast die spätere Auswahl am Büfett.
Saisonangebote: Auf diesen Karten werden meist saisonale Gerichte (Spargel, Fisch, Wild usw.) zum Mittag- und Abendessen angeboten.
Karten für Zielgruppen: Kinder, Vegetarier usw. erhalten auf sie zugeschnittene Angebote.

Geschichte der Speisekarte
Aufzeichnungen darüber, was man zu Tische aß, sind ab dem Jahre 1148 vorhanden.
Die erste in Deutschland mit einer Speisekarte vergleichbare Niederschrift als Information für den tafelnden Gast führt auf Herzog Heinrich von Braunschweig zurück, der beim Reichstag von Regensburg dadurch Aufsehen erregte, dass beim „Schmaus ein langer Zedel bei ihm auf der Tafel liegen that, den er oftmals besahe".
Auf die Frage des Grafen Hugo von Montfort, was er denn so eifrig lese, ließ ihn der Herzog den Zettel sehen. Der Zeitbericht meldet: „Darin hat der Küchenmeister alle esen und trachten (Tracht = aufgetragener Gang) in der Ordnung ufgezeichnet und kunnt sich demnach der Herzog mit seinen esen darnach richten und sinen apetitum uf die besten trachten sparen."
Da die Bediensteten für jede neu aufgetragene Speise in der Menüfolge einen Gang zur Küche machen mussten, werden deshalb die einzelnen Speisen auch als Gänge eines Menüs bezeichnet.

1. Die Speisekarte – oft der erste Kontakt mit Gästen

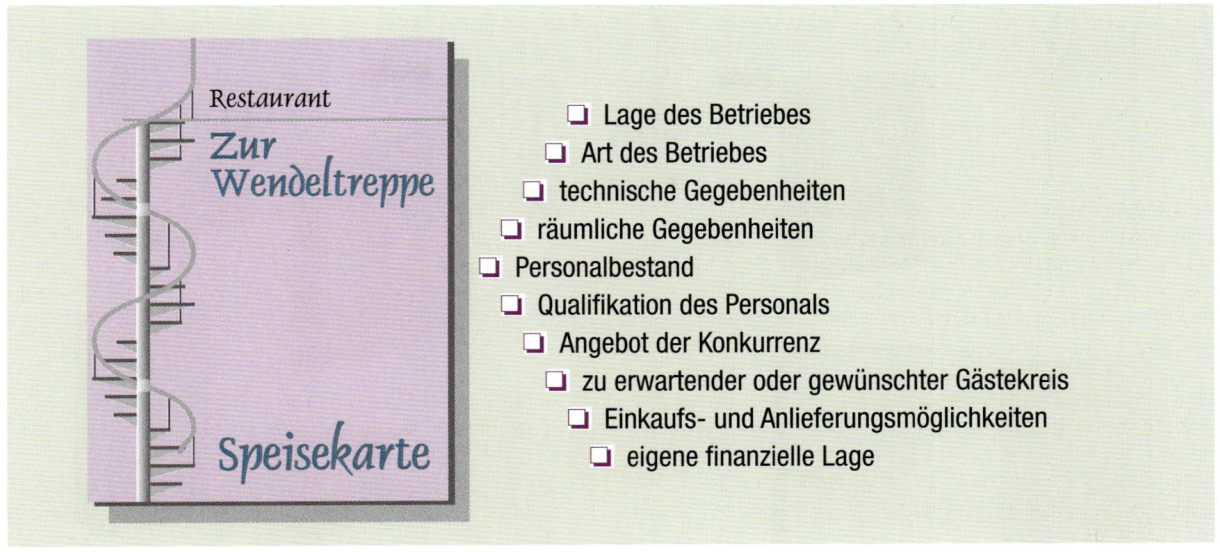

Aufbau und Gestaltung von Speise- und Getränkekarten

- Lage des Betriebes
- Art des Betriebes
- technische Gegebenheiten
- räumliche Gegebenheiten
- Personalbestand
- Qualifikation des Personals
- Angebot der Konkurrenz
- zu erwartender oder gewünschter Gästekreis
- Einkaufs- und Anlieferungsmöglichkeiten
- eigene finanzielle Lage

1. Einflüsse, die beim Erstellen von Speisekarten zu berücksichtigen sind

4.2 Gestalten und Erstellen von Speisekarten

Vorüberlegungen

Die Speisekarte ist – richtig gestaltet – ein wirksames Instrument in der Verkaufsförderung. Sie ist in vielen Fällen der erste Kontakt, den der Gast mit dem Haus hat. Inhalt und Aufmachung bilden oft die Grundlage zur Beurteilung eines Hauses (AIDA-Effekt, → 343).
Bevor eine neue Speisekarte aufgestellt und gedruckt wird, ist es wichtig, folgende Fragen zu klären:
- Welche Kosten entstehen durch das Gestalten und den Druck der neuen Speisekarte?
- Stehen die Kosten in einem vernünftigen Verhältnis zur Art des Betriebes und dem Umsatz?
- Welchen Gästekreis soll die Speisekarte besonders ansprechen?
- Was bietet die Konkurrenz?
- Sind Lücken im Angebot der umliegenden Betriebe sichtbar?
- Wie ist das Verhältnis von Einrichtung, Angebot, Qualität und Preisen bei der Konkurrenz im Vergleich zum eigenen Betrieb?
- Welche neuen Produkte würden in das Angebot des Hauses passen?

In der bestehenden Karte ist eine Angebotsanalyse der Gerichte nach Beliebtheitsgrad vorzunehmen. Nach erfolgten Streichungen der schlecht laufenden Gerichte können Überlegungen angestellt werden, ob mit neuen Gerichten eventuell ein zusätzlicher Gästekreis angesprochen werden kann.

Ein Hauptaugenmerk ist bei dieser Umgestaltung darauf zu richten, ob das erneuerte Angebot auch räumlich, personell und technisch zu bewältigen ist.

Das Format
Je nach Angebot oder Tageszeit werden Speisekarten in verschiedenen Größen und Formen aufgelegt. Die Karte sollte eine bestimmte Größe nicht überschreiten, damit sie im Verkauf kein Hindernis ist und die Kommunikation der Gäste untereinander verhindert, wenn sie wie eine Trennwand zwischen den Gästen steht oder wenn beim Aufschlagen der Karte durch ihre Größe Gläser umgestoßen werden. Auch ein Ablegen der Karte auf dem Tisch sollte noch möglich sein.
DIN-Formate: Kostengünstig und rationell sind Kartenformate, die sich an DIN- oder Papierformaten ausrichten, weil dafür auch die im Haus gebräuchlichen Drucker, Kopierer usw. geeignet sind.
Sonderformate: Sie sind sehr individuell und wecken das besondere Interesse der Gäste. Hat das Haus einen bestimmten Namen, z. B. „Zeppelin", „Kanne", „Sonne", „Krug", „Kochtopf", so ist es sehr werbewirksam, jedoch auch teurer, Speisekarten gestalten zu lassen, die diese Form haben.

Das Material des Umschlags
Das „Kleid" der Speisekarte sollte in seinem Material zum Stil des Hauses passen. Der Umschlag muss aus hygienischen Gründen leicht zu reinigen sein. Geeignete Materialien sind z. B. drucklackiertes oder cellophaniertes Papier, Karton, Leder, Kunstleder, Kunststoff, aufklappbare Holztafeln.

1. Beispiele für die äußere Gestaltung von Speisekarten

Die äußere und innere Gestaltung
In einem Entwurf wird festgelegt, wie die Karte gestaltet werden soll. Dabei sind folgende Punkte zu klären:
- Soll die Karte einfarbig, zweifarbig, mehrfarbig sein?
- Sollen Bilder bzw. Fotografien mitverwendet werden?
- Werden Grafiken benötigt?
- Soll die Karte Werbung enthalten?
- Welche Schriftart, Buchstabengröße und Schriftbilder werden für Überschriften und Text verwendet?

Die Farbe: Die Karte muss farblich zur Einrichtung, vor allem zu Tischwäsche und Dekoration passen. Bei zu vielen Farbtönen besteht die Gefahr, dass die Karte kitschig wirkt.

Fotografien und Grafiken: Sie lockern das Gesamtbild einer Speisekarte auf, sollten jedoch von Fachleuten erstellt werden. Es ist ratsam, als Vorlage dafür Speisen und Getränke allgemeiner Art zu wählen und nicht Speisen und Getränke abzubilden, die auf der Karte angeboten werden; denn bei Fotos dieser Art legt man sich fest, ohne sicher zu sein, auch stets die Leistung wie abgebildet zu erbringen.

Werbung: Sie muss sein, ist jedoch auf der Speisekarte sehr sparsam einzusetzen.
Eigenwerbung kann in Form von Legenden, Geschichte des Hauses, besonderen Auszeichnungen oder Besonderheiten über Bezug des angebotenen Materials usw. eingesetzt werden. Da man sich wünscht, dass der Gast sie liest, sollte man sich kurz fassen.
Fremdwerbung sollte nur erfolgen, wenn es aus finanziellen Gründen notwendig ist.

Seiten – fest gebunden oder auswechselbar: Bei einer Standardkarte besteht die Wahl zwischen fest gebundenen oder auswechselbaren Seiten. Fest gebundene Seiten ergeben ein sehr schönes Gesamtbild, haben jedoch den Nachteil, dass die Karten neu gedruckt werden müssen, wenn sich Speisen oder Preise ändern, da eine Karte mit gestrichenen Gerichten oder geänderten Preisen sehr unansehnlich wirkt.
Auswechselbare Seiten erleichtern eine Neugestaltung des Angebotes und der Preise, ohne dass die Speisekarte im Gesamten neu gedruckt werden muss.

Schriftarten: Sie müssen für jeden Gast lesbar sein. Am besten eignen sich leicht lesbare, zeitgemäße und handelsübliche Schriften. Handgeschriebene Speisekarten sind originell, jedoch für viele Gäste schwer lesbar.

Buchstabengrößen: Sie dürfen nicht zu klein gewählt werden. Sie müssen an der Stelle und bei der Beleuchtung geprüft werden, wo sie auch der Gast lesen muss. Überschriften sollten sehr groß gestaltet werden. Bei Gerichten sollten der Hauptbestandteil und die Garniturbezeichnung eventuell in fetten Buchstaben, Beilagen und Erläuterungen in Normalgröße gedruckt werden.

Schriftbilder nach grafischen Gesichtspunkten:
Das Schriftbild ist rechtsbündig.
Das Schriftbild ist linksbündig.
Das Schriftbild ist zentriert (mittig).

Reihenfolge der Gerichte: Um für den Gast das Angebot der Karte übersichtlich zu gestalten, bietet es sich an, die Speisen in Angebotsgruppen zu gliedern. Als Reihenfolge dient dazu die klassische Speisefolge mit einer dazu passenden Überschrift (→ 508).

Aufbau und Gestaltung von Speise- und Getränkekarten

Menü

Smoked Salomon mit T. und B.
Apfelsahnemeerrettich

Klare Oxtail mit Chesterstick

Ragoût fin v. Kalbsbries

Rehsteak nach „Jäger-Art"
mit jungen grünen Bohnen,
Sce. à la crème
Pfifferlinge, Preiselbeeren
grüner Salat Kartoffelcroquetten

Sabayone mit Vanilleglace
und Gebäck

Menü

Geräucherter Lachs
mit Toast und Butter
Apfel-Sahnemeerrettich
∗∗∗
Klare Ochsenschwanzsuppe mit Chesterstange
∗∗∗
Feines Ragout vom Kalbsbries
∗∗∗
Rehsteak nach Jägerart
in Sahnesoße mit frischen Pfifferlingen,
jungen grünen Bohnen,
Kartoffelkroketten,
Feldsalat und Preiselbeeren
∗∗∗
Weinschaum von Marsala
auf Vanilleeis mit Feingebäck

1. Zweimal das gleiche Menü — Vergleichen und beurteilen Sie die beiden Menüs.

4.3 Regeln für das Erstellen von Speisekarten

Sprachengemisch auf Speisekarten ist zu vermeiden. Es muss stets in einer Sprache geschrieben werden. Dies heißt natürlich nicht, dass eine Speisekarte nicht in Französisch, Englisch oder einer anderen Sprache für ausländische Gäste geschrieben werden soll.
Ausnahmen auf einer in deutscher Sprache geschriebenen Karte sind fremdsprachliche Begriffe, die einen festen Platz in der deutschen Sprache eingenommen haben. Diese werden auch in ihrer Grundschreibweise angewandt, z. B. Grill, Toast, Cocktail, Roastbeef, Filet usw.
Textanordnungen innerhalb eines Ganges sollten immer die gleiche Reihenfolge haben. Dazu dient folgendes Raster:

	Beispiel
• Fleisch	Rehrücken
• Garnitur und/oder besondere Zubereitung	Baden-Baden, rosa gebraten, mit gedünsteter Williamsbirne
• Soße	Wacholderrahmsoße
• Pilze	frische Steinpilze
• Gemüse	junge grüne Bohnen
• Sättigungsbeilagen	Butternudeln
• Salat	Feldsalat
• Kompott	Preiselbeeren

Abkürzungen auf der Karte sollten vermieden werden. Sie sind für den Gast oft nicht deutbar und können zu Missverständnissen führen.

Garniturbezeichnungen sollten deutlich erklärt werden. Zu viele Garniturbezeichnungen verwirren den Gast.

Schreibweise:
- **Endungen** bei Beilagen beachten.
  mit jungen grünen Bohnen
  mit hausgemachten Nudeln
- **Anführungszeichen** werden nicht bei klassischen Garnituren, sondern nur bei Fantasiebezeichnungen gesetzt.
  Pfirsich Melba   Gulaschsuppe „Höllenglut"
  Salat nach Nizzaer Art Gemüsesalat „Bauerngarten"
- Eingedeutschte Wörter aus der französischen Sprache werden ohne **Akzente** geschrieben.
  Ragout   Creme
- Zusammengesetzte Hauptwörter werden gewöhnlich **zusammengeschrieben**.
  nach Müllerinart   Apfelkaltschale
  auf Jägerart   Geflügelcremesuppe
- **Bindestriche** können wegen der besseren Lesbarkeit bei Wortkombinationen von mehr als zwei Wörtern eingesetzt werden.
  Apfel-Sahnemeerrettich Grünerbsen-Püreesuppe
- **Geografische Namen mit der Endung -er** werden großgeschrieben. In Kombinationen mit anderen Wörtern wird getrennt geschrieben.
  auf Burgunder Art   nach Malteser Art
- **Geografische Namen mit der Endung -isch** werden kleingeschrieben.
  auf chinesische Art   nach türkischer Art

Speisekarte (durchgestrichen)

- Italienisches Osso bucco
- Filet Wellington
- Chefsalat
- Kinderschnitzel
- Farcierte Tomate
- Pfirsich nach Melba-Art

Speisekarte

Osso bucco
Kalbshachsenscheiben, auf italienische Art zubereitet

Rinderfilet Wellington, rosa gebraten, mit feiner Pilzmasse im Blätterteigmantel gebacken

Salat nach Art des Chefs
gartenfrische Salate, reichhaltig garniert mit Geflügelbrust, Räucherlachs, Garnelen, Ei und Artischockenherzen

Kalbsschnitzelchen
in Butter gebraten, für unsere kleinen Gäste

Tomate mit Thunfischsalat gefüllt

Pfirsich Melba
gedünstete Pfirsichhälfte auf Vanilleeis mit Himbeerpüree

1. Zwei Angebote im Vergleich   Vergleichen und beurteilen Sie die beiden Angebote.

4.4 Klarheit und Wahrheit des Angebotes

Die Klarheit des Angebotes ist im Verkauf besonders wichtig. Ein Angebot in der Fachsprache der Gastronomie ist für den Laien unverständlich. Er erwartet bei Ausdrücken wie „Reistimbale", „tournierte Karotten", „braisierter Lauch", „Salpicon von ..." usw. etwas Außergewöhnliches. Viele Gäste scheuen sich zu fragen, wenn sie die Ausdrücke auf der Speisekarte nicht kennen, und weichen deshalb auf ihnen bekannte Gerichte aus. Wie wichtig es ist, Klarheit zu schaffen und Garnituren zu erläutern, zeigt das Beispiel des folgenden Gerichtes, dessen Garnitur den Geschmack der Speise stark beeinflusst:

> Rumpsteak Mirabeau
> mit Sardellenstreifen und Oliven belegt
> dazu Butterbohnen und Pommes frites

Übertreibungen auf der Speisekarte führen zu enttäuschten Gästen. Ein Currystäubchen macht das Gericht noch nicht „indisch" und eine Glasnudel als Beilage macht aus einem Hühnerbrüstchen keines, das die Bezeichnung „auf chinesische Art" rechtfertigt.

Fantasienamen zu besonderen Anlässen sind angebracht und erlaubt. Aber auch hier sollte – wenn nötig – eine Erklärung folgen,
z.B.
- **Fasching:** Salat „Höllenglut" – feuriger Rindfleischsalat mit Landbrot und Butter

Die **Wahrheit** des Angebotes muss neben der Klarheit ein weiteres Prinzip der Speisekartengestaltung sein. Warenunterschiebung ist kein Kavaliersdelikt. Das Angebot auf der Karte muss der Wahrheit entsprechen.

Bei Speisen mit **Herkunftsbezeichnung**, z.B. Straßburger Gänseleberpastete, Frankfurter Würstchen, Schwarzwälder Schinken, erwartet der Gast zu Recht, dass ihm die Originalware und nicht eine Imitation serviert wird. Werden Speisen mit einer Herkunftsbezeichnung angeboten, bei denen es sich nicht um das Original handelt, so ist immer die Beschreibung „auf ... Art" oder „nach ... Art" zu verwenden:

> Rostbratwürste Nürnberger Art.

Wird bzw. wurde die Speise zu **Ehren einer Person** benannt, entfällt „auf" oder „nach der Art":

> Fürst-Pückler-Eis.

Unangebracht oder sogar makaber sowie vom Material her für den Gast nicht erkennbar sind Speiseangebote wie „Kinderschnitzel", „Seniorenteller", „Jäger-" oder „Zigeunersteak". Speisen, die auf der Karte mit einer bestimmten Materialverwendung (Champagnerkraut), Eigenschaft oder Qualität (zarter Wildwasserlachs) angeboten werden, müssen auch so beschaffen sein.

1. Nennen Sie fünf Beispiele für die richtige Schreibweise auf Speisekarten.
2. Erklären Sie, weshalb Übertreibungen auf Speisekarten nur zu Beginn Verkaufserfolge bringen.

Geschichte der Verwendung von Lebensmittelzusatzstoffen

10000 v. Chr.	Räucherrauch
3500 v. Chr.	Ägypten: Einsatz von Farbstoffen; Verwendung von Kochsalz aus dem Nildelta
2700 v. Chr.	China: Zimt
1500 v. Chr.	Hefe
500 v. Chr.	Färben von Wein Überziehen von Fett mit Honig Harzzusatz zu Lebensmitteln
300 – 400 n. Chr.	„Geschmacksverstärker"
1396	Paris: Färbeverbot von Butter
16. Jahrhundert	Einsatz von Farbstoffen „natürlicher Herkunft"
1742	Frankreich: Verordnung, Färben nur mit „ungiftig erkannten" Pflanzen
1747	Zucker
19. Jahrhundert	Zinnober, Bleichchromat, Mennige, Färben von Käse und Zuckerwaren
1856	synthetische Farbstoffe
1875	Benzoesäure
1887	Deutschland: Farbengesetz

4.5 Gesetzliche Verordnungen für Speise- und Getränkekarten

§

PAng, § 7
(1) Die Preisangabenverordnung schreibt für Gaststätten die Angabe von Preisen „in Preisverzeichnissen" vor. Es bestehen drei Wahlmöglichkeiten, in welcher Form die Preisverzeichnisse dem Gast zur Kenntnis gegeben werden können. Danach sind die Preisverzeichnisse entweder auf den Tischen auszulegen oder jedem Gast vor Entgegennahme der Bestellung und auf Verlangen bei Abrechnung vorzulegen oder gut lesbar anzubringen.
(2) Neben dem Eingang zur Gaststätte ist ein Preisverzeichnis anzubringen, aus dem die Preise für die wesentlich angebotenen Speisen und Getränke ersichtlich sind. „Wesentlich" sind diejenigen Speisen und Getränke, die in dem betreffenden Betrieb besonders häufig nachgefragt und abgegeben werden.
(3) Werden Speisen oder Getränke sichtbar ausgestellt oder zur Selbstbedienung dargeboten, bedarf es der Preisauszeichnung durch Preisschilder oder Beschriftung der Ware (Absatz 2 bleibt unberührt).
(4) Die in den Preisverzeichnissen aufgeführten Preise müssen das Bedienungsgeld und sonstige Zuschläge einschließen (Inklusiv- bzw. Endpreise).

ZZulV, § 9
(1) Der Gehalt an Zusatzstoffen in Lebensmitteln muss bei deren Abgabe an Verbraucher … kenntlich gemacht sein. Die Angaben müssen deutlich sichtbar in leicht lesbarer Schrift gemacht und mit der Verkehrsbezeichnung des Lebensmittels verbunden werden, sofern eine solche angegeben wird.

2. In Anlehnung an Preisangabenverordnung (PAngV) und Zusatzstoff-Zulassungsverordnung (ZZulV)

GETRÄNKE

Vanillemilchshake [2]	0,2 l	3,80 €
Schokomilchshake	0,2 l	3,80 €
Kindercola [1, 9, 10]	0,2 l	2,20 €
Cola light [1, 9, 10, 13]	0,2 l	2,50 €
Orangenlimonade [1, 2, 3]	0,2 l	2,50 €
Cola-Mix [1, 9, 13]	0,2 l	2,50 €

[1] Mit Farbstoff
[2] Mit Konservierungsstoff
[3] Mit Antioxidationsmittel
[9] Mit Süßungsmittel(n)
[10] Enthält Phenylalaninquelle
[13] Koffeinhaltig

1. Kennzeichnung auf einer Getränkekarte

1. Zählen Sie alle Arten von Speisekarten auf, die im Verlauf eines Tages eingesetzt werden können.
2. Seit wann ist es in Deutschland bekannt und üblich, den Gästen Speisekarten vorzulegen?

Kenntlichmachung von Zusatzstoffen

Die Information darüber, welche Zusatzstoffe dem Lebensmittel zugesetzt wurden, kann der Verpackung oder den Begleitpapieren der gelieferten Lebensmittel entnommen werden. Bei selbst hergestellter Ware erfolgt die Kenntlichmachung von Zusatzstoffen durch den Hersteller; z.B.: Einer Suppe wird Glutamat zugefügt, Kenntlichmachung: Mit Geschmacksverstärker. Auf Speise- und Getränkekarten dürfen die vorgeschriebenen Angaben in Fußnoten angebracht werden, wenn bei der Speise/dem Getränk mit einer Kennziffer oder einem sonstigen Zeichen auf diese Fußnote klar hingewiesen wird. Für die Angabe der Zusatzstoffe in Fußnoten oder im Aushang kann z.B. folgende Nummerierung verwendet werden:

Nr. 1	Mit Farbstoff
Nr. 2	Mit Konservierungsstoff bzw. konserviert
Nr. 3	Mit Antioxidationsmittel
Nr. 4	Mit Geschmacksverstärker
Nr. 5	Geschwefelt
Nr. 6	Geschwärzt
Nr. 7	Gewachst
Nr. 8	Mit Phosphat
Nr. 9	Mit Süßungsmittel
Nr. 9a	Mit einer Zuckerart und Süßungsmittel
Nr. 10	Enthält eine Phenylalaninquelle. Kann bei übermäßigem Verzehr abführend wirken
Nr. 11	Mit Taurin
Nr. 12	Mit Milcheiweiß
Nr. 13	Koffeinhaltig
Nr. 14	Chininhaltig
Nr. 15	Gentechnisch verändert

4.6 Erstellen von Getränkekarten

Für das Erstellen von Getränkekarten gelten die gleichen Richtlinien in Bezug auf Klarheit, Wahrheit und Verständlichkeit wie für das Erstellen von Speisekarten.

Bei der **Gestaltung** und **Erstellung** der Getränkekarte lassen sich durch Werbeeindrucke zwar Kosten sparen, sie beeinflussen aber stark den Charakter der Getränkekarte und können das Image des Betriebes beeinträchtigen.

Um das Interesse des Gastes an einem bestimmten Produkt zu steigern, muss dieses ihm ständig vor Augen gehalten werden. **Tischreiter** mit Getränkespezialitäten erinnern ihn während seiner Anwesenheit ständig daran.

Die Getränkekarte im Restaurant beinhaltet mit Ausnahme der Bargetränke folgende Getränkegruppen, wobei je nach Betriebsart (Wein-, Bierlokal, Hotel, Restaurant) diese oder jene Getränkegruppen in den Vorder- bzw. in den Hintergrund gestellt werden.

- Aperitifs
- Wässer
- Alkoholfreie Getränke
- Fruchtsäfte
- Biere
- Offene Weine
- Flaschenweine
- Schaumweine
- Aufgussgetränke
- Spirituosen

1. Tischreiter mit Getränkespezialität

Zur Information für die Gäste ist es angebracht, die einzelnen Getränke zu beschreiben. Hinweise darauf, welche Getränke zu welchen Speisen passen und Erläuterungen zum Geschmack der einzelnen Getränke erleichtern die Verkaufsgespräche. Zusätzliche Angaben, wie die Höhe des Alkoholgehaltes, sind für viele Gäste von Interesse.

4.6.1 Gesetzliche Bestimmungen
Die Ausschankmenge (→ 163) und der Inklusivpreis müssen angegeben werden. Mindestens ein nicht alkoholisches Getränk muss bei gleicher Ausschankmenge ebenso billig wie das preiswerteste alkoholische Getränk angeboten werden.

4.6.2 Getränkekarten im Tagesablauf
Je nach Tageszeit können verschiedene spezielle Getränkekarten zusätzlich aufgelegt werden.

Kaffee- und Teekarten mit einem Angebot von speziellen Zubereitungsarten dieser Getränke; geeignet für vormittags, aber überwiegend für das Nachmittagsgeschäft.

Alkoholfreie Mischgetränke: Eine Karte mit einem attraktiven Angebot dieser Getränke, die auch sehr dekorativ angerichtet werden können, ist besonders an heißen Sommertagen ein Erfolg.

Bierkarten mit Biermischgetränken, besonders beliebt und erfolgreich in Ausflugs- und Gartenwirtschaften.

Wein- und Schaumweinkarten: Das Angebot von Wein und Schaumwein ist in manchen Betrieben sehr groß, deshalb wird zusätzlich zu den Speise- und Getränkekarten eine separate Karte für Wein und Schaumwein erstellt.

Barkarten (→ 453)

4.6.3 Aufbau einer Weinkarte
Bei der Erstellung der Weinkarte ist Folgendes zu beachten:
- **Reihenfolge:** Erst offene, dann Flaschenweine, zuerst inländische, dann ausländische Weine.
- **Anbaugebiete bzw. Weinbaugebiete:** Man beginnt mit dem Gebiet, in dem der Betrieb liegt.
- **Weinart:** Weißwein, Rotwein, Rosé, Rotling, Perlwein.
- **Qualität:** Bei jeder Weinart abgestuft, beginnend bei einfachen bis hin zu Weinen gehobener Qualität.

Angaben, die für den Gast von Interesse sind, am Beispiel von Flaschenwein:
- Jahrgang und Herkunft: Land, Anbau- oder Weinbaugebiet sowie Lage, Gemarkung und Abfüller
- Weinart, Rebsorte oder Sortenverschnitt
- Qualitätsstufe, Geschmacksrichtung
- Alkoholgehalt, Prämierungen und besondere Empfehlungen

2010er Alde Gott   0,75 l

Spätburgunder Rotwein – trocken –
Qualitätswein aus Baden

Abfüller: W. G. Sasbachwalden

Goldene Medaille, 11,5 Vol.-%, ein vollmundiger, harmonischer Spätburgunder, empfehlenswert zu unseren Wildgerichten

Preis: ....

5 Schriftverkehr

Der Schriftverkehr ist trotz Telefon nach wie vor von großer Bedeutung. Das Telefon ermöglicht zwar den schnellen Informationsaustausch, doch mündliche Aussagen sind nur schwer nachprüfbar und haben bei einem Rechtsstreit eine weit geringere Beweiskraft als Schriftstücke. Für die telegrafische Übermittlung von Schriftstücken mittels Telefax gelten sinngemäß die gleichen Regeln und Normen wie für Briefe.

5.1 Regeln zu Form und Inhalt von Schriftstücken

Wichtig ist der Gesamteindruck eines Briefes, der durch folgende Punkte geprägt wird:
- die ansprechende Form des Schriftstückes,
- die einwandfreie Orthografie (Rechtschreibung),
- den grammatikalischen Aufbau und die Zeichensetzung.

Die Einhaltung der Stilregeln erleichtert das Lesen und die Verständlichkeit eines Schreibens:
- Schreiben Sie einfache, kurze Sätze.
- Verwenden Sie keine nichtssagenden Redewendungen.
- Bemühen Sie sich um genaue, treffende Ausdrücke.
- Weichen Sie nicht vom Thema ab. Vermeiden Sie Wiederholungen und „Kaufmannsdeutsch" (z. B. Der Eingang ihres o. a. Schreibens wird hiermit bestätigt).
- Benutzen Sie Fach- und Fremdwörter nur, wenn davon auszugehen ist, dass sie dem Empfänger geläufig sind.
- Halten Sie den Brief möglichst kurz. Sie ersparen sich und dem Empfänger viel Zeit.

Arbeiten mit Textbausteinen
Bei der programmierten Textverarbeitung mit dem Computer können auf wirtschaftliche Weise Schriftstücke geplant, formuliert, geschrieben, verändert, registriert und abgerufen werden. Vorformulierte Teile eines Briefes können schnell kombiniert und individuell gestaltet werden.

Briefteil	Nr.	Textbaustein
Angebot	041	Gern übersenden wir Ihnen unseren Hausprospekt mit Preisliste. Unser Angebot ist verbindlich bis …
	042	Bei einem Aufenthalt über 21 Tage gewähren wir einen Nachlass von 4 % auf den Übernachtungspreis.
Reklamation	051	Wir haben den reklamierten Sachverhalt überprüft und sind zu folgendem Ergebnis gekommen: …
	052	Wir entschuldigen uns für den bedauerlichen Vorfall und werden geeignete Maßnahmen treffen, um Ähnliches in Zukunft auszuschließen.
Mahnung	061	Für die Rechnung vom … ist bis jetzt noch keine Überweisung eingegangen. Bitte sorgen Sie für eine Zahlung bis zum … .
	062	Wir berechnen Ihnen Verzugszinsen und Mahnkosten, wenn der Betrag bis zum … nicht eingegangen ist

1. Textbausteine für Geschäftsbriefe

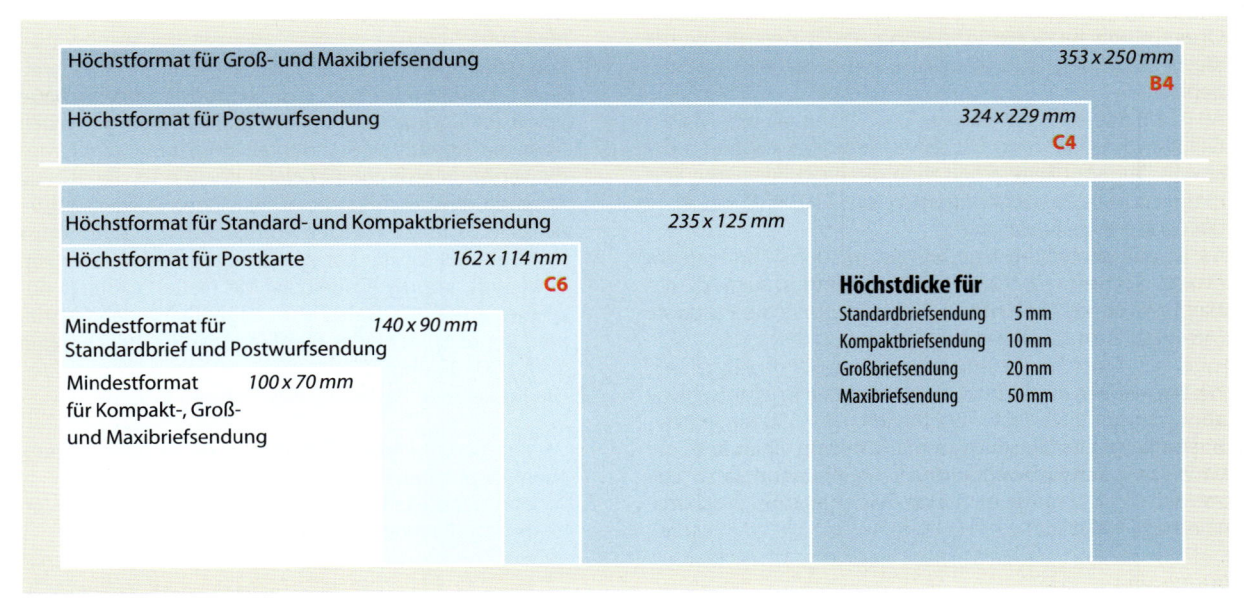

Höchstformat für Groß- und Maxibriefsendung	353 x 250 mm **B4**
Höchstformat für Postwurfsendung	324 x 229 mm **C4**
Höchstformat für Standard- und Kompaktbriefsendung	235 x 125 mm
Höchstformat für Postkarte	162 x 114 mm **C6**
Mindestformat für Standardbrief und Postwurfsendung	140 x 90 mm
Mindestformat für Kompakt-, Groß- und Maxibriefsendung	100 x 70 mm

Höchstdicke für
Standardbriefsendung	5 mm
Kompaktbriefsendung	10 mm
Großbriefsendung	20 mm
Maxibriefsendung	50 mm

2. Formate für Briefsendungen

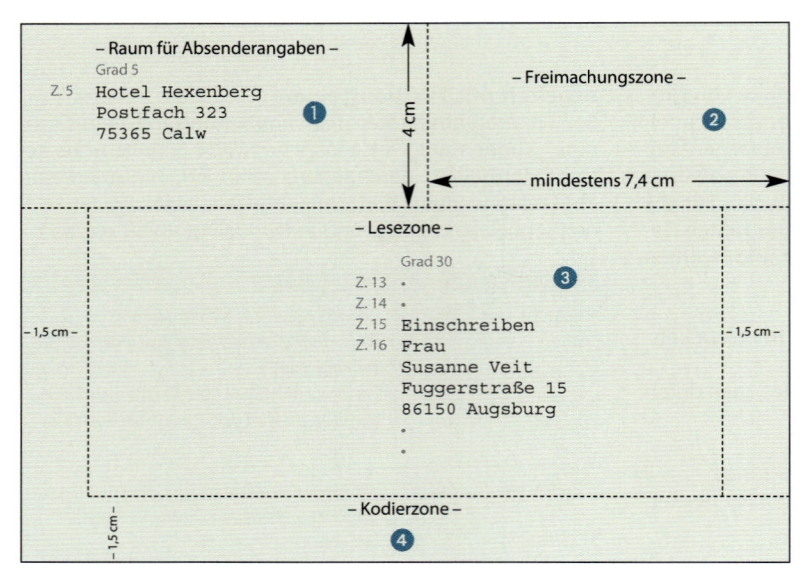

1. Briefhülle C6 DIN 678 (114 x 162 mm) ohne Aufdruck (verkleinert)

Auf Briefhüllen steht die Anschrift in der rechten unteren Hälfte der Aufschriftstelle. Empfohlene Beschriftung der Briefhülle C6 s. Muster.
Auf der Briefhülle DL DIN 678 (110 x 220 mm) beginnt die Empfängeranschrift auf Grad 40. Zum rechten und unteren Rand ist ein Mindestabstand von 1,5 cm einzuhalten.

Faltschema
C6   DL

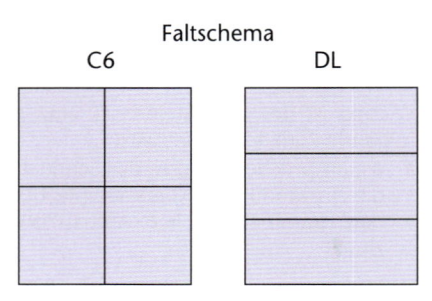

5.2 Papierformate

Um die Abwicklung des Schriftverkehrs im Büro zu beschleunigen, sind Bürogeräte (z. B. PC, Drucker, Kopiergeräte) und Gebrauchsmaterial (z. B. Briefbögen, Briefhüllen) vereinheitlicht (genormt) und aufeinander abgestimmt. Genormte Papierformate erleichtern nicht nur das Schreiben, sondern auch die Ablage der Schriftstücke (Aufbewahren in Ordnern oder Hängeregistern).

Ihre Normung wurde international vorgenommen und entspricht somit den Bestimmungen der Internationalen Organisation für Standardisierung (ISO). Deshalb wurde die Bezeichnung DIN (Deutsche Industrie-Norm) aufgegeben.
A0 ist ein Papierformat von ca. 1 m^2 Fläche mit den Maßen 841 mm x 1 189 mm. Durch wiederholtes Halbieren der jeweils längeren Seite erhält man die nächstkleineren Formate mit den Bezeichnungen A1 bis A10. A10 hat etwa die Größe einer Briefmarke.
A4 ist das gebräuchlichste Format für den Schriftverkehr (Maße: 210 mm x 297 mm). Benutzt werden auch A5, das Halbbriefformat (148 mm x 210 mm), und die Postkarte (A6 = 105 mm x 148 mm).

Die Papierformate sind auf die genormten Briefumschläge abgestimmt (DIN 678 für Briefhüllen, DIN 680 für Fensterbriefhüllen). Das Umschlagformat C4 kann einen Brief der Größe A4 ungefalzt aufnehmen, C5 einmal gefalzt. Das Format DL (L = lang) ist für zweifach gefalzte Geschäftsbriefe im A4-Format.

5.3 Beschriftung der Briefhüllen

Die Post verwendet automatische Lesegeräte zur Sortierung der Briefe. Deshalb muss die Anschrift deutlich lesbar in die dem Briefformat entsprechende Lesezone geschrieben werden.

Erläuterungen zu Bild 1:
❶ Absenderangaben und sonstige Angaben (z. B. Abbildungen und Werbedrucke) haben hier ihren Platz. Sie dürfen auch auf der Umschlagrückseite stehen.
❷ Die Freimachungszone muss von allen Angaben frei bleiben.
❸ Die Versendeform (z. B. „Eilzustellung", „Einschreiben"), die Sendungsart (z. B. Infopost) und/oder die Vorausverfügung (z. B. „Nicht nachsenden") werden über die Anschrift geschrieben. Bei Platzmangel wird die Versendeform unterstrichen. Wichtig ist die genaue Anschrift einschließlich der fünfstelligen Postleitzahl.
Auf Briefen in die meisten europäischen Staaten muss nicht unbedingt der Ländername angegeben werden. Es genügt, vor die Postleitzahl das Nationalitätenkennzeichen zu setzen. Dabei ist es angebracht, den Ortsnamen in der Sprache des Empfängerlandes zu schreiben (z. B. I-00100 Roma).
❹ Die Kodierzone darf keine Beschriftung tragen.

1. Welche Vorteile haben schriftliche gegenüber mündlichen Absprachen?
2. Welche Nachteile können auftreten, wenn Textbausteine im Schriftverkehr verwendet werden?

Schriftverkehr

1 Mit neuer Anschrift an den Absender zurück		1	
2		2	
3		3	
1 Frau		1 Warensendung	
1 Frau		1 Eheleute	
2 Martina Heidecke		2 Britta und Frank Opitz	
3 Stephansplatz 3 // W 58	Wohnung 58	3 Am Breiten Tor 2 // III	3. Stockwerk
4 20354 Hamburg	im Haus Nr. 3	4 56077 Koblenz	im Haus Nr. 2
5		5	
6		6	

1		1	
2		2	
3		3	
1 Einschreiben		1 Express	
1 Frau	Bachelor und	1 Herrn Patentanwalt	Berufsbezeichnung
2 Eva Maier B. A.	Mastergrade nach dem	2 Dipl.-Ing. Werner Lins	Akadem. Grad
3 An der Abzucht 2	Namen	3 Hermann-Löns-Weg 49 a	
4 75365 Calw		4 13156 Berlin	
5		5	
6		6	

1		1	
2		2	
3		3	
1 Herrn	Privatbrief, wird	1 Fantasy Collection KG	Firmenbrief, wird
1 Hans Schreiber	ungeöffnet	1 Frau Christine Schick	geöffnet und an
2 Pnema Reifenwerke AG	weitergeleitet	2 Postfach 3 05 47	Frau Schick
3 Mittlerer Ring 158		3 71634 Ludwigsburg	weitergeleitet
4 81925 München		4	
5		5	
6		6	

1		1	
2		2	
3 WorldSolar AG Postfach 1234 75365 Calw		3	
4 IIII II II II		4	
5 Einschreiben		5	
1 Herrn Direktor		1 Signor	Auslandsanschrift:
2 Dr. Herbert Lauter		2 Francesco Capparelli	Bestimmungsort
3 Ahornweg 34		3 Via Giardini 3	und
4 76133 Karlsruhe		4 33054 LIGNANO	Bestimmungsland
5		5 ITALIEN	in Großbuchstaben
6		6	

1. Beispiele für die Anschriftengestaltung nach DIN 5008

Gestalten Sie folgende Anschriften nach DIN 5008

1. Herrn Thomas Lechner, Am Elbufer 26, 01219 Dresden
2. Eheleute Silke und Rainer Overbeck, Breite Straße 78//W46, 51377 Leverkusen
3. Herr Ulrich Schulz B. Sc., Wacholderweg 45, 75365 Calw-Altburg
4. Einschreiben, Frau Rechtsanwältin Monika Kluge, Am Hochgericht 15, 86150 Augsburg
5. Frau Susanne Siebert, Christal Cosmetic GmbH, Postfach 24 65 12, 68259 Mannheim
6. Bürobedarf Neumann & Steinhoff OHG, Herrn Heitkamp, Wiesbadener Str. 17–19, 55129 Mainz
7. Appartamenti Villa Anita, Viale Europa 127, 36042 RIMINI, ITALIEN

Hinweis: Nach DIN 5008 Änderung von 2011 wird über dem Anschriftfeld für Personenanschriften ein Feld für Rücksendevermerke angebracht. Dieses gehört nicht zum Anschriftfeld. Bei Anschriften mit intergrierter Rücksendeangabe besteht das Anschriftenfeld aus 11 Zeilen. Die Leerzeilen entfallen. Zusätze und Vermerke können Vorausverfügungen (z. B. Nicht nachsenden!), Produkte (z. B. Einschreiben) und elektronische Freimachungsvermerke sein.

5.4 Geschäftsbriefe

Viele gastgewerbliche Betriebe verwenden vorgedrucktes Briefpapier mit grafisch gestaltetem Briefkopf. Bei Normbriefen der Form A4 umfasst der Briefkopf maximal sieben Zeilen.
Spezielle Vordrucke für Rechnungen, Bestellungen und Bestellungsannahme sind ebenfalls gebräuchlich und rationalisieren den Schriftverkehr.
Ein Geschäftsbrief wird formal nach DIN 5008 (Regeln für die Textverarbeitung) gestaltet.

Erläuterungen zur Gestaltung eines Geschäftsbriefes (Bild 1)

❶ Faltmarken
Erleichtern das normgerechte Falzen der Schriftstücke.

❷ Lochmarken
Erleichtern das normgerechte Lochen und Abheften der Schriftstücke.

❸ Warnzeichen
Die Beschriftung sollte hier enden, um einen sauberen unteren Rand zu erhalten.

❹ Briefkopf
Er enthält den Namen des Betriebs und des Inhabers oder Leiters.

❺ Postanschrift des Absenders
Sie steht im Kleindruck direkt über dem Anschriftenfeld des Empfängers. Dadurch ist sie bei Fensterbriefhüllen sichtbar und braucht nicht auf den Umschlag geschrieben zu werden.

❻ Anschrift
Es gelten die Regeln zur Anschriftengestaltung (→ 409). Das Anschriftenfeld (neun Zeilen) wird in eine Zusatz- und Vermerkzone (drei Zeilen) und eine Anschriftenzone (sechs Zeilen) aufgeteilt.
-
-
Einschreiben
Empfänger (Frau, Herr, Firma)
Empfängerbezeichnung/Firma oder Vor- und Nachname
Postfach oder Straße und Hausnummer
Postleitzahl und Bestimmungsort
Bestimmungsland (wenn Ausland)
-

❼ Eingangs- und Bearbeitungsvermerke
Der Raum rechts neben dem Anschriftenfeld kann für Eingangseintragungen (Datum, Uhrzeit) und Hinweise zur Bearbeitung genutzt werden.

❽ Bezugszeichenzeile
Sie erleichtert die Bearbeitung des Schriftverkehrs durch Hinweise auf den vorangegangenen Schriftwechsel. Die Buchstaben und Zahlenkombinationen geben Auskunft über die Bearbeiter des Schriftverkehrs.

❾ Betreff
Er soll den Inhalt des Briefes kurz angeben. Er endet ohne Satzzeichen. Ist das Wort „Betreff" oder „betr." nicht vorgedruckt, wird es auch nicht geschrieben. Dem Betreff folgen zwei Leerzeilen (bei A4) oder eine Leerzeile bei kleineren Formaten.

❿ Anrede
Ist der Brief an eine Person gerichtet, die dem Absender bekannt ist, so wird der Name in der Anrede benutzt, andernfalls sind beide Geschlechter anzusprechen (Sehr geehrte Damen und Herren, ...). Nach der Anrede und einer Leerzeile wird klein weitergeschrieben.

⓫ Brieftext
Er soll den Empfänger über den Zweck des Schreibens vollständig informieren. Es darf nichts Wesentliches fehlen. Außerdem muss jeder Brief korrigiert werden.

⓬ Hervorhebungen im Text
Wichtige Worte oder Sätze können hervorgehoben werden durch Unterstreichen, Fett- oder Kursiv-Schreiben, Einrücken des Textes (Zeilenbeginn bei Grad 20), Schreiben in Großbuchstaben, Farbwechsel oder Änderung des Schrifttyps.

⓭ Grußformel
Text und Grußformel sollten durch eine Leerzeile getrennt werden. Üblich sind „Mit freundlichem Gruß" oder „Mit freundlichen Grüßen". Die Formulierung „Hochachtungsvoll" signalisiert Distanz.

⓮ Unterschriftenfeld
Durch seine Unterschrift erkennt der Unterschreibende den Inhalt des Schriftstückes an. Für den Schriftzug sind mindestens drei Zeilen vorzusehen. Der Name des Unterzeichnenden wird maschinenschriftlich wiederholt.

⓯ Anlagen- und Verteilervermerke
Mindestens eine Leerzeile sollte zwischen Unterschriftenwiederholung und Anlagenvermerk eingehalten werden.
Der Anlagenvermerk gibt Auskunft über die Anzahl und Art der Anlagen. Der Verteilervermerk macht deutlich, welche Personen eine Kopie des Schreibens erhalten.

⓰ Geschäftsangaben
Sie enthalten Angaben über Fernschreibverbindungen, Telegrammkurzanschrift und die Bankverbindungen, E-Mail- und Internet-Adressen.

Hotel Hexenberg
Inhaberin: Karin Weihrauch

Hotel Hexenberg · Postfach 323 · 75365 Calw

Frau
Gabriele Falkenstein
Heganweg 9
72280 Dornstetten

Ihr Zeichen, Ihre Nachricht vom	Unser Zeichen, unsere Nachricht vom	Telefon, Name (0 7051) 25 53-	Datum
gf-mb 20..-09-24	cm-bp	4 43 Herr Marl	20..-09-24

Information über unser Haus

Sehr geehrte Frau Falkenstein,

für Ihre freundliche Anfrage vom 20..-09-08 sagen wir Ihnen besten Dank.

Gerne übersenden wir Ihnen den gewünschten Hotelprospekt mit Preisverzeichnis, aus dem die Leistungen unseres Hauses ersichtlich sind. Beachten Sie bitte auch unser Angebot **Bunter Herbst**.

Aus dem beigefügten Lageplan können Sie ersehen, dass unser Haus mit allen Verkehrsmitteln bequem zu erreichen ist.

Wir würden uns freuen, Sie bald als Gast begrüßen zu dürfen.

Mit freundlichen Grüßen

Hotel Hexenberg

i. A. *Claus Marl*

Claus Marl

Anlagen
1 Hotelprospekt
1 Lageplan

Anschrift	Telefon	Telefax	Kontoverbindungen		
Am Hexenberg 5	0 7051 25 53-55	0 7051 25 53-01	Calwer Volksbank	BLZ 606 911 80	Konto-Nr. 347 188
75365 Calw	E-Mail Hexenberg@t-online.de		Kreissparkasse Calw	BLZ 606 510 70	Konto-Nr. 26 681

1. Vorschriften für die Gestaltung eines Geschäftsbriefes nach DIN 5008

5.5 Schriftverkehr mit Lieferanten

Anfrage: Im Schriftwechsel mit Lieferanten tritt der Gastwirt oder Hotelier als Käufer auf. Er kann eine Anfrage an Lieferanten richten, um Angebote zu erhalten. Eine Anfrage ist stets unverbindlich (ohne Kaufverpflichtung).

Bestellung der Waren: Hat man sich für ein Angebot entschieden, ist eine Bestellung abzugeben. Sie verpflichtet im Allgemeinen zur Abnahme und zur Bezahlung. Wichtig ist, sich die Bestellung schriftlich bestätigen zu lassen, sofern Art und Umfang des Geschäftes dies sinnvoll erscheinen lassen. Man erhält dadurch die Möglichkeit zur Korrektur und im Streitfall ein wichtiges Beweismittel.

Folgende **Kaufformen** sind gebräuchlich:
- Kauf nach Probe: Man bestellt unter der Bedingung, dass die Ware der Probe entspricht. Zur Sicherung eines Beweismittels ist die Probe aufzubewahren.
- Kauf zur Probe: Man kauft einen kleinen Posten einer Ware, um deren Verarbeitungs- und Absatzmöglichkeiten zu prüfen. Bei positivem Ergebnis wird der Kauf einer größeren Menge in Aussicht gestellt.
- Kauf auf Probe: Diese Einkaufsart wird besonders bei Geräten und Maschinen praktiziert. Sie können während einer vereinbarten Frist geprüft werden.
- Kauf auf Abruf: Der Kaufvertrag wird über eine große Warenmenge abgeschlossen und während eines vereinbarten Zeitraumes abgerufen. Vorteile für den Käufer: Mengenrabatt, Preisstabilität, geringerer Lageraufwand.
- Kommissionskauf: Der Käufer muss die Ware erst dann bezahlen, wenn er sie selbst verkauft hat.
- Fixkauf und Zweckkauf: Wird die Ware zu einem bestimmten Zweck an einem bestimmten Termin benötigt (Fisch für eine Fischwoche, Gänse für das Weihnachtsmenü), ist eine Lieferung nach diesem Termin sinnlos.
Man vereinbart mit dem Lieferanten deshalb einen fixen (festen) Liefertermin. Trifft die Lieferung bis dahin nicht ein, befindet sich der Lieferant sofort in Nicht-rechtzeitig-Lieferung. Der Käufer kann vom Vertrag zurücktreten, auf die Lieferung verzichten und gegebenenfalls Schadenersatz verlangen (siehe Deckungskauf).
- Deckungskauf: Ist man gezwungen, bei einem anderen Lieferanten Waren einzukaufen, weil der vorgesehene Lieferant nicht rechtzeitig geliefert hat oder die Ware durch einen Mangel nicht verwendbar ist, spricht man von einem Deckungskauf. Die Mehrkosten kann man dem leistungspflichtigen Lieferanten in Rechnung stellen.

Mängelrüge: Man unterscheidet Mängel
- in der Art, wenn ein falscher Artikel geliefert wurde (Erbsen statt Bohnen),
- in der Menge, wenn zu viel/zu wenig geliefert wurde,
- in der Einheit (0,75-l statt 1-l-Flaschen),
- in der Qualität (angefaultes Obst oder Gemüse).

Der Mangel muss bei der Warenannahme sofort angezeigt werden. Versteckte Mängel (Mängel, die nicht sofort feststellbar sind) sind innerhalb sechs Monaten zu rügen (falls im Kaufvertrag nicht anders geregelt). Die Fristen gelten nicht, wenn der Lieferant einen ihm bekannten Mangel arglistig verschwiegen hat. Bei der Mängelrüge ist der Käufer verpflichtet, die Art des Mangels anzugeben.

Bei mangelhafter Ware hat der Käufer
- Recht auf Verweigerung der Warenannahme,
- Recht auf Wandelung: der Vertrag wird rückgängig gemacht,
- Recht auf Minderung: der Kaufpreis wird herabgesetzt,
- Recht auf Ersatzlieferung oder Umtausch,
- Recht auf Schadenersatz (z. B. bei Deckungskauf).

Nicht-rechtzeitig-Lieferung: Trifft die Ware nicht rechtzeitig ein, wird (außer bei Fixkauf) die Lieferung angemahnt. Durch die Mahnung gerät der Lieferant in Verzug. Der Käufer kann auf einer Lieferung bestehen und eine angemessene Nachfrist setzen, nach deren Ablauf er die Warenannahme verweigern kann. Wird diese Frist nicht eingehalten, kann er die Lieferung ablehnen, vom Vertrag zurücktreten und unter Umständen Schadenersatz verlangen (siehe Deckungskauf).

5.6 Schriftverkehr mit Gästen

Gegenüber seinen Gästen tritt der Wirt als Verkäufer auf. Die Gäste haben sinngemäß die oben beschriebenen Rechte und Pflichten des Käufers.

Nicht-rechtzeitig-Lieferung: Zahlt der Käufer nicht zum genau vereinbarten Datum den vereinbarten Preis, gerät er in Zahlungsverzug (Vorgehensweise und einzuhaltenden Fristen siehe → 413, Bild 3).

5.7 Schriftwechsel mit Behörden

Für die meisten Angelegenheiten, die mit Behörden zu regeln sind, gibt es Formulare (auch im Internet). Aus ihnen sind die geforderten Daten ersichtlich.

Beispiele für Anlässe zum Behörden-Schriftwechsel
- Anmeldung eines Betriebes bei der zuständigen örtlichen Behörde, beim Finanzamt, bei der Berufsgenossenschaft und bei der Industrie- und Handelskammer,
- An- und Abmeldung des Personals bei der Krankenkasse,
- Gesuch um Erlass eines Mahnbescheides beim Amtsgericht.

Schriftverkehr

Art des Geschäftsbriefes	Einleitung	Hauptteil	Schluss
Bestellung	Dank für das Angebot (und für Zusendung der Proben)	Genaue Beschreibung der gewünschten Ware nach Art und Qualität (Art.-Nr. aus dem Angebot übernehmen). Genaue Angabe der Bestellmenge und der Verpackungseinheit	nochmaliger Hinweis auf Punkte, die besonders wichtig sind. Sonderwünsche, Umtausch-, Rückgaberecht ansprechen. Mit freundlichen Grüßen
Mängelrüge	Bestätigung der Warenlieferung Hinweis auf Mängel	Genaue Mängelbeschreibung. Hinweis auf rechtliche Situation. Vorschlag zur Behandlung der Angelegenheit und/oder Bitte um Stellungnahme des Lieferanten.	Mit freundlichen Grüßen
Nicht-rechtzeitig-Lieferung	Hinweis auf die Bestellung und den vereinbarten Liefertermin	Gründe für die schnellstmögliche Lieferung nennen. Nachfrist setzen. Auf rechtliche Folgen bei Überschreitung der Nachfrist hinweisen.	Mit freundlichen Grüßen
Nicht-rechtzeitig-Lieferung	Hinweis auf Bestellung und Betonung des Fixkaufes	Feststellung der Nichterfüllung Darstellung der Rechtslage und Geltendmachung des Rechtes	Mit freundlichen Grüßen

1. Schriftverkehr mit Lieferanten

Art des Geschäftsbriefes	Einleitung	Hauptteil	Schluss
Antwort auf eine Anfrage	Dank für Anfrage Hinweis auf mitgeschicktes Informationsmaterial	Auflistung der interessierenden Angebotseinzelheiten (Zimmerausstattung, Zimmerpreise, Hervorhebung besonderer Angebote, evtl. Veranstaltungsübersicht der Stadt, der Region).	Mit freundlichen Grüßen
Antwort auf eine Bestellung	Dank für Bestellung Zusicherung der sorgfältigen Ausführung	Wiederholung wichtiger Details (z. B. Termin, Personenzahl, Rechnungsanschrift), evtl. Bezug auf schriftliches Angebot. Irrtümer, Unklarheiten, Änderungen telefonisch abklären und in Bestellungsannahme aufnehmen.	Mit freundlichen Grüßen
Antwort auf eine Reklamation	bedauern, dass der Gast nicht zufrieden war versichern, dass Reklamation sorgfältig geprüft wurde	Stellungnahme: Bei Widerlegung: Gründe darlegen. Bei Anerkennung: Klärungsvorschläge, Eingehen auf Wünsche des Gastes, Entschuldigung für mangelhafte Leistung.	Mit freundlichen Grüßen

2. Schriftverkehr mit Gästen

Zeitpunkt	Inhalt und Gliederung des Schreibens			
	Betreffangabe	Einleitung	Hauptteil	Schluss
nach Überschreitung des Zahlungstermins	Zahlungserinnerung	Hinweis auf offene Rechnung	Beifügung einer Rechnungskopie	Mit freundlichen Grüßen
14 Tage später	1. Mahnung	Hinweis auf offene Rechnung	zu zahlender Betrag, Setzen einer Zahlungsfrist	Mit freundlichen Grüßen
weitere 14 Tage später	2. Mahnung	Hinweis auf 1. Mahnung	offen stehender Betrag, Hinweis auf Verzugszinsen	Mit freundlichen Grüßen
weitere 14 Tage später	3. Mahnung	Hinweis auf vorangegangene Mahnschreiben	Setzen eines neuen Termins, Hinweis auf Einzug der Schuld durch Postnachnahme	Mit freundlichen Grüßen
weitere 7 Tage später	Zustellung der Postnachnahme			
nach Rückkunft der uneingelösten Postnachnahme	4. (letzte) Mahnung	Hinweis auf bisherige Mahnbemühungen	Setzen einer Frist, bei deren Nichteinhaltung gerichtliches Mahnverfahren eingeleitet wird Nennen des Rechnungsbetrages einschl. aller Kosten	Hochachtungsvoll

3. Vorgehen bei Nicht-rechtzeitig-Zahlung

6 Gäste- und Lieferantenkarteien und -dateien

6.1 Gästekarteien und -dateien

Der Unterschied zwischen Karteien und Dateien besteht darin, dass Karteien „von Hand", Dateien im Computer geführt werden. In beiden Hilfsmitteln werden Daten über Gäste gesammelt und gespeichert, um die Qualität der Gästebetreuung zu steigern. Für den gastgewerblichen Betrieb können die Gästedaten zur Optimierung der Betriebsabläufe beitragen, wenn
- die Daten ständig aktualisiert werden,
- sie den betroffenen Mitarbeitern zum richtigen Zeitpunkt zur Verfügung stehen und
- die Informationen im Sinne des Gastes und des Betriebs umgesetzt werden.

Welche Daten in Karteien und Dateien aufgenommen werden ist von Betrieb zu Betrieb unterschiedlich (→ Bild 1, → 415, Bild 1); dies gilt auch für deren Verwaltung nach Ordnungsprinzipien. Im Restaurantbereich können u. a. folgende Angaben wichtig sein:
- Name und Anschrift/Titel/Stellung
- Firma/Rechnungsanschrift/Zahlungsweise
- Telefon- und Telefax-Nummern, E-Mail-Adresse
- bisherige Reservierungen/Umsätze
- bevorzugter Restaurantteil/Tisch
- besondere Vorlieben bzw. Abneigungen (z. B. Bedienungspersonal, Tischdekoration/Blumenschmuck, Speisen/Getränke, Raucher/Nichtraucher usw.)
- bisherige Reklamationen und deren Behandlung
- bisherige Werbemaßnahmen und positive Reaktionen
- persönliche Besonderheiten: Diabetiker, Vegetarier
- Rollstuhlfahrer usw.

Besondere Verhaltensanweisungen/Daten können zusätzlich von den sogenannten VIP-Gästen (very important persons) in Karteien oder Dateien aufgenommen werden. Beispiele dafür sind:
- Die Tischreservierung muss der Geschäftsleitung/Service- und Küchenleitung angezeigt werden.
- Ein Parkplatz ist zu reservieren.
- Besondere Speisen/Getränke sind bereitzuhalten.

Erstellen einer Gästekartei/-datei für das Restaurant
Bei einer schriftlichen (Brief, Fax, E-Mail) Anfrage oder Bestellung ist festzustellen, ob der Gast bereits in Dateien oder Karteien geführt wird. Wenn nicht, wird aus den Daten des Schriftstücks eine Datei oder Kartei erstellt. Bei mündlichen oder telefonischen Bestellungen sind die Regelungen des Betriebs zu beachten. Bei Bezahlung mit Kreditkarte oder auf Rechnung sind Daten eventuell bei dem Gast zu erfragen und in die Dateien und Karteien aufzunehmen.

Umgang mit der Gästekartei oder -datei
Hat sich ein Gast angesagt, von dem eine Kartei oder Datei mit aktualisierten Daten vorhanden ist, können Bereitstellungsmaßnahmen, z. B. Personaleinteilung und -unterweisung (Vorlieben), Raum- und Tischauswahl, Tischdekoration und Temperieren von Getränken getroffen werden. Erfahrungen, die bei Besuchen des Gastes gemacht wurden, können die Gästekartei oder -datei ergänzen.

Datenschutz
Selbstverständlich sind die datenschutzrechtlichen Bestimmungen (→ 20) einzuhalten; darüber hinaus wird das Ansehen des Hauses schwer geschädigt, wenn Gästedaten missbraucht werden oder in falsche Hände geraten.

Bearbeiten - Gast								
Nachname:	Schulz			Zimmer	151	Market		OK
Vorname:	Markus			Kategorie Zi.	Junior	Vip	Stammgast	
Straße 1:	Kiefernweg 27			Sonderpreis	0,00	Fibu.Deb.		Abbrechen
Straße 2:				Kredit	0,00	Mahnung		
PLZ - Ort:	12345	Irgendwo						Hilfe
Land/Region:								
Land:	Deutschland	Nat.	D	Pass. - Nr:				Neu
Geburtstag:	01.02.1973			Löschen		Sales	0	Druck
Anrede:	Herr Doktor	Titel	Dr.	Bemerkungen: Allergie gegen Gräser!				Gast Hist.
Per. Anrede:	Sehr geehrter Herr Dr. Schulz,							Rechnung
Telefon:	0123 - 456 789							Master
								Marketing
Fax:	0123 - 456 101			Letzter Aufenthalt	21.08.05	Letzter Preis		150,00
Funktelefon:	0712 - 123 456 78			Letztes Zimmer		210		
E-Mail:	M.Schulz@powermail.de			Erfasst	17.08.05 - Herr Meier - 14:30 Uhr			
Kreditkarte:	Visa	1231 2343 4564 2	12/06	Aufenthalte			3	
Beruf:	Rechtsanwalt			Logis	750,00	Nächte		5
Firma:	BD Chemie			F & B	180,00			
Kfz:	IR - AS 236			Extras	99,00	Stornos		0
				Total	1029,00			

1. Gästedatei

Gäste- und Lieferantenkarteien und -dateien

Lieferantenkartei							
Firma: Weinhaus Blau			Rabatt: 8 %			Umsatzbonus: je 10 000,00 € 1 %	
Anschrift: Winzerweg 2, 74072 Heilbronn			Zahlungsbedingungen: 2 % Skonto/10 Tage Ziel				
Ansprechpartner: Rüdiger Blau			Reklamationen: keine			Reaktion:	
Telefon: 07131/65111 Fax: 62616			Laufende Verträge: 3				
E-Mail: BlauWein@t-online.de			Abgelegt unter Wein/Blau/2005				
Lieferbedingungen: ab Hof			Werbemittel: Prospekte, Deko-Material, Probiergläser				
Warenbezeichnung		Gebinde		Flaschen	Angebot vom		Einzelpreis in €
2005 Trollinger, Spätlese		0,75 l		144	28.08. ...		6,86
2004 Riesling, trocken		0,375 l		96	02.09. ...		3,20
2004 Riesling, halbtrocken		0,75 l		84	02.08. ...		5,80
2005 Schillerwein		1,0 l		48	02.09. ...		4,08

1. Lieferantenkartei

6.2 Lieferantenkarteien und -dateien

Für jeden Lieferanten, von dem öfters Waren bezogen werden, ist eine Lieferantenkartei (→ Bild 1) oder -datei (sinngemäß gleiche Datensammlung, die im Computer verwaltet und gespeichert wird) anzulegen und nach bestimmten Ordungsprinzipien abzulegen (→ 19).
Diese Datensammlung ist als Organisationsmittel für den Wareneinkauf und die Abwicklung von der Lieferung bis zur Bezahlung sowie bei Reklamationen und Streitigkeiten wichtig. Sie ist ständig zu aktualisieren.
Die Datenverarbeitung im Computer kann wesentlich zur Vereinfachung und Übersichtlichkeit beitragen.
Je genauer die Datensammlung der Lieferanten für eine Ware oder Warengruppe (Wein, Bier, Kaffee, Fisch, Fleisch, Geflügel, Wild, Gemüse und Obst, Teigwaren usw.) ist, desto besser kann die Kaufentscheidung ausfallen.

Begriffserklärungen bei Lieferantenkarteien und -dateien
- **Umsatz-Bonus:** Im Kaufvertrag wurde vereinbart, dass ab einem bestimmten Umsatz, z. B. innerhalb eines Jahres, ein Preisabschlag gewährt wird.
- **Natural-Rabatt:** Bei Abnahme einer bestimmten Menge (z. B. pro 100 Flaschen) wird vereinbart, dass z. B. sechs Flaschen ohne Bezahlung mitgeliefert werden.
- **Reklamationen:** Es wird aufgezeichnet, welche Reklamationen bei diesem Lieferanten notwendig waren und wie der Lieferant darauf reagiert hat. Die möglichen Reaktionen können von kulant (die reklamierte Ware wird anstandslos ersetzt) bis zu einem Rechtsstreit vor Gericht reichen.
- **Werbemittel:** Stellt ein Lieferant (z. B. für eine Sonderveranstaltung) Werbemittel zur Verfügung, kann der Betrieb Kosten sparen. Manche Lieferanten nutzen diese Möglichkeit der Kundenwerbung und -bindung; es lohnt sich, danach zu fragen.

Prospekt- und Preislistensammlung
Die momentan gültigen Prospekte, Kataloge und Preislisten der Lieferanten sind, z. B. nach Warengruppen geordnet, als Ergänzung zu den Lieferantenkarteien wichtige Hilfsmittel bei Kaufentscheidungen.

Datenschutz
Die Lieferantenkarteien und -dateien enthalten Daten, die für die Konkurrenz des Betriebs und der Lieferanten wettbewerbsrelevante Bedeutung haben. Deshalb ist, wie bei den Daten der Gästekarteien und -dateien (→ 414), dafür zu sorgen, dass ausschließlich mit deren Umgang beauftragte Personen Zugriff haben.

1. Welcher Unterschied besteht zwischen Karteien und Dateien?
2. Zählen Sie drei Bereiche auf, bei denen eine Gästekartei als Organisationsmittel Verwendung findet.
3. Nach welchen Prinzipien kann eine Kartei oder Datei organisiert sein?
4. Wie erstellt man eine Gästekartei oder -datei? Woher bekommt man die notwendigen Daten?
5. Welche Vorteile bietet eine Gästekartei, wenn ein Stammgast einen Tisch bestellt,
   a) für den Gast?
   b) für den Betrieb?
6. Nennen Sie vier Vorkommnisse/Informationen, die Sie in die Gästekartei oder -datei eintragen würden, um sie auf dem aktuellen Stand zu halten.
7. Erklären Sie, welche negativen Folgen ein unsachgemäßer Umgang mit den Daten in Karteien oder Dateien haben kann.
8. Wozu dient eine Lieferantenkartei oder -datei?
9. Entwerfen Sie eine Kartei für einen Kaffee-Lieferanten.
10. Welche Werbemittel könnte Ihnen ein Gemüse- und Obstlieferant für eine Sonderveranstaltung zur Verfügung stellen?

7 EDV

7.1 Einsatzmöglichkeiten von EDV-Systemen in der Restaurantorganisation

Organisation im Restaurant
- Erstellen von Checklisten für Vorbereitungsarbeiten mit entsprechenden Angaben, z. B. Reinigungstätigkeit, Häufigkeit, Vorgehen usw.
- Tischreservierungen bearbeiten und vermerken
- Einteilung für die entsprechenden Dienste, Reviere oder Tische vornehmen
- Bestellvorgänge bzw. Warenanforderungen werden in Verbindung mit dem Kassensystem eingeleitet
- Verwaltung von Terminen, z. B. Besprechungen, die abteilungsübergreifend sind

Organisationspläne/Personalplanung
- Führen von Arbeitszeitkonten
- Erfassung der Arbeitszeiten durch An- und Abmelden am EDV-System durch das Kassensystem, Magnetkarten usw.
- Erstellen von Dienstplänen in Verbindung mit Urlaubsplänen und unter Berücksichtigung von Sonderaktionen, bei denen vermehrter Personalbedarf besteht
- Entwerfen, Gestalten und Erstellen von Angebots-, Speise- und Getränkekarten
- Durchführen und Planen von Sonderaktionen mit den entsprechenden Maßnahmen
- Standardisiertes Layout von Rechnungen und einheitliches Erscheinungsbild des Schriftverkehrs

7.2 Gäste- und Lieferantendateien

- Anlegen von Gästedateien mit den entsprechenden Kontaktdaten
- Anlegen einer Gastlegende, hierbei werden z. B. Umsätze im laufenden Jahr, Anzahl der Besuche, bevorzugte Tische vermerkt
- Werden Kundenrabatte gewährt, so können diese in der Gastlegende hinterlegt und bei Kassiervorgängen automatisch berücksichtigt werden
- Kunden- oder Debitorennummern können vergeben werden; diese erleichtern den Export in andere Programme, z. B. Tabellenkalkulation
- Anlegen von Lieferantenkarteien, insbesondere Anbieter von Non-Food-Artikeln und Zusatzleistungen, z. B. Floristen, Künstler

Schriftverkehr
- Erstellen von E-Mail- oder Brief-Aktionen in Verbindung mit vorhandenen Kundendaten, z. B. Besuchshäufigkeit, Umsatz, Neukunde
- Bearbeiten von Gästeanfragen in Bezug auf Reservierung, Terminvereinbarungen und ihre Beantwortung
- Korrespondenz mit Lieferanten in Form von Anfragen, Angebotsanforderungen, Bestellungen und Reklamationen

1. Erläutern Sie die Vorteile eines EDV-gestützten Kassensystems gegenüber einer herkömmlichen Registrierkasse.

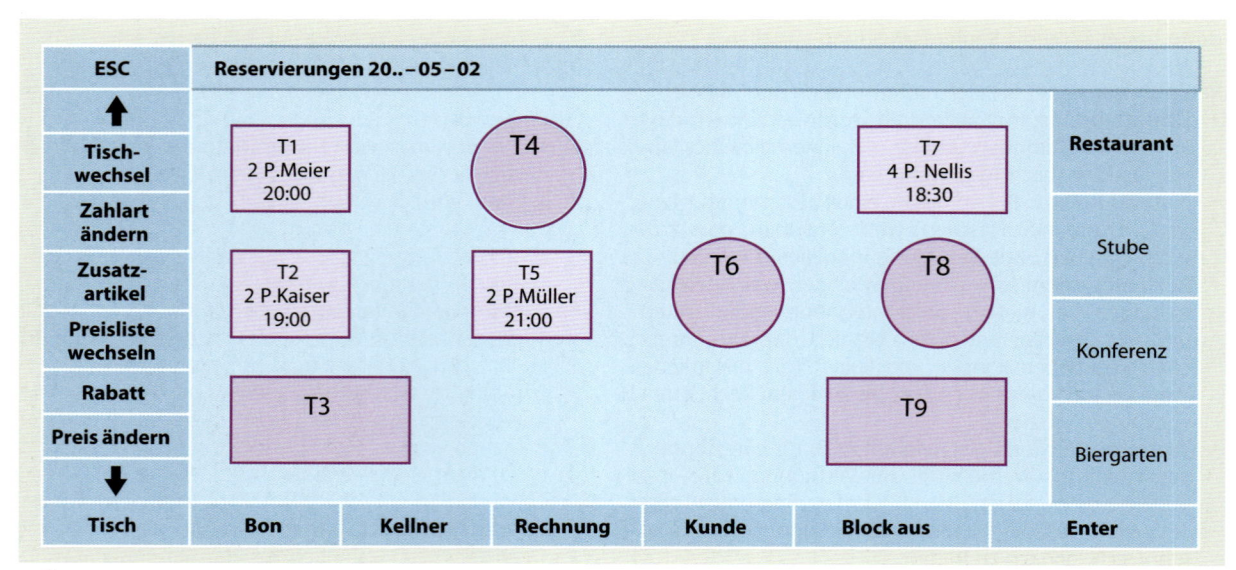

1. Übersicht über Reservierungen

8 Berechnungen Restaurantorganisation

Ein Brautpaar möchte am ersten Samstag im Juni seine Hochzeit im Hotel Schwarzwaldhöhe ausrichten. Bei der Menübesprechung sind auch die Brauteltern anwesend, da sie die gesamten Kosten übernehmen wollen. Nach einigen Überlegungen entscheiden sie sich für das Menü 1 zum Preis von 38,00 €. Von den 130 Hochzeitsgästen sind 20 % Kinder und Jugendliche, die das Menü mit kleineren Portionen serviert bekommen. Der Preis für das Kindermenü beträgt 30,00 €.
Als Hauptgang sollen Schweinelendchen in Blätterteig angerichtet werden; dazu empfiehlt der Hotelier einen badischen Grauburgunder, den er bei der Firma WeinEx bestellt.

a) Errechnen Sie die Anzahl der Kinder und Jugendlichen.
b) Wie viele Flaschen Grauburgunder (Listenpreis 5,01 €) werden benötigt, wenn mit einem Schankverlust von 5 % und einem Durchschnittsverbrauch von 0,15 l pro Erwachsenen gerechnet wird?
c) Außerdem werden noch 30 Flaschen Spätburgunder Rotwein trocken (Listenpreis 7,57 €) bestellt. Erstellen Sie die Gesamtrechnung, die der Hotelier von der Firma WeinEx erhält.
d) Wie viele Flaschen Mineralwasser zu je 0,75 l werden benötigt, wenn von einem durchschnittlichen Bedarf von 0,4 l pro Erwachsenen ausgegangen wird?
e) Wie viele Gläser Cola und Apfelsaft zu je 0,2 l werden ausgeschenkt, wenn 60 % (Ergebnis aufrunden) der Kinder und Jugendlichen Cola und der Rest Apfelsaft pur trinkt (jeweils 0,6 l/Person).
f) Erstellen Sie die Gesamtrechnung (mit Ausweisung der MwSt.) an die Brauteltern, wenn vom Spätburgunder Rotwein 24 Flaschen ausgeschenkt und noch 26 Pils à 0,4 l getrunken wurden.

Inklusivpreise – Getränkekarte

Winzersekt	0,75 l	24,00 €		Cola	0,2 l	1,50 €
Grauburgunder	0,75 l	15,00 €		Pils	0,4 l	2,80 €
Spätburgunder Rotwein	0,75 l	24,00 €		Apfelsaft	0,2 l	1,50 €
Orangensaft	0,25 l	2,00 €		Mineralwasser	0,75 l	4,00 €

a)
100 % ≙ 130 Personen
20 % ≙ x Personen

$\frac{130 \times 20}{100}$ = **26 Personen**

130 Personen   104 Erwachsene
− 26 Personen   26 Kinder und Jugendliche
104 Personen

Lösung: 26 Personen der Gesellschaft sind Kinder.

b)
104 Personen x 0,15 l = 15,6 l Grauburgunder

100 % ≙ x l
95 % ≙ 15,6 l

$\frac{15,6 \times 100}{95}$ = 16,42 l

16,42 l : 0,75 l = **21,89 Flaschen, gerundet 22 Flaschen**

Lösung: Es müssen 22 Flaschen Grauburgunder bestellt werden.

c) Rechnung de Firma WeinEx

Anzahl	Artikel	Einzelpreis in €	Gesamt in €
30	Spätburgunder	7,57	227,10
22	Grauburgunder	5,01	110,22
		Summe netto	337,32
zuzüglich 19 % MwSt.			64,09
Rechnungsbetrag			401,41

Lösung: Der Rechnungsbetrag lautet 401,41 €.

d)
104 Personen x 0,4 l = 41,6 l Mineralwasser

41,60 l : 0,75 l = **55,47 Flaschen, gerundet 56 Flaschen**

Lösung:
Es müssen 56 Flaschen Mineralwasser bestellt werden.

e)
100 % ≙ 26 Personen
60 % ≙ x Personen

$\frac{60 \times 26}{100}$ = 15,6 P. = 16 Personen

16 Personen x 0,6 l = 9,6 l Cola

9,6 l : 0,2 l = **48 Gläser à 0,2 l**

Lösung: Es werden 48 Gläser Cola ausgeschenkt.

26 Personen − 16 Personen = 10 Personen

10 Personen x 0,6 l = 6,0 l Apfelsaft

6,0 l : 0,2 l = **30 Gläser**

Lösung: Es werden 30 Gläser Apfelsaft ausgeschenkt.

f) Rechnung an die Brauteltern

Menge	Artikel	Einzelpreis in €	Gesamt in €
104	Menü	38,00	3.952,00
26	Kindermenü	30,00	780,00
22	Fl. Grauburgunder	15,00	330,00
24	Fl. Spätburgunder	24,00	576,00
26	Glas Pils	2,80	72,80
48	Glas Cola	1,50	72,00
30	Glas Apfelsaft	1,50	45,00
56	Fl. Mineralwasser	4,00	224,00
		Summe	6.051,80
Enthaltene MwSt. 19%			966,25
Nettobetrag			5.085,55

Lösung: Der Rechnungsbetrag lautet 6.051,80 €, darin sind 966,25 € MwSt. enthalten.

9 Fachsprache, Fremdsprache

Deutsch	Englisch	Französisch
		m. = maskulin, le; f. = feminin, la (Mehrzahl = les)
Restaurantorganisation	**Restaurant organization**	**Organisation de Restaurant**
Stellenbeschreibungen	Job describtions	Descriptions des professions
Arbeitsbereiche	Areas of work	Champ d'activité
Organisationsmittel	Means of organization	Moyen d'organisation
Dienstpläne	Duty schedule	Plans de service
Urlaubspläne	vacation plans	Plans de vacances
Angebotskarten	**Offer cards**	**Cartes d'offre**
Speisekarten	Menus	Cartes des mets
Getränkekarten	Beverage lists	Cartes des boissons
Weinkarten	Wine lists	Cartes des vins
Kaffeekarten	Coffee lists	Cartes des cafés
Teekarten	Tea lists	Cartes des thés
Barkarten	Bar lists	Cartes du bar
Schriftverkehr	**Correspondence**	**Correspondance**
Aufbau, Formatierung	Layout	Organisation de l'espace de la lettre
Geschäftsbriefe	Business letters	Lettres commerciales
Textbausteine	Letters of moduls	Eléments de texte

10 Projektorientierte Aufgabe

Thema: Restaurantorganisation

Zur Neueröffnung Ihres First-Class-Restaurants mit sechs Servicemitarbeitern, 80 Sitzplätzen und Bar suchen Sie für den Servicebereich einen Stellvertreter, der Sie tatkräftig unterstützen und bei Ihrer Abwesenheit vertreten soll.
Mit Ihrem Partner, der für den Küchenbereich zuständig ist, wollen Sie die für die Eröffnung benötigten Speise- und Getränkekarten erstellen.

Aufgabe: Erstellen Sie
- eine detaillierte Stellenbeschreibung und Stellenanforderung für den stellvertretenden Restaurantleiter.
- eine Checkliste zur Kontrolle der neuen Angebotskarten hinsichtlich der Einhaltung aller Regeln (→ 400 ff.).

Lösungsvorschlag
(Lösungsvorschläge geben Anregungen, wie die Projektaufgabe bearbeitet werden kann, und sind keine fertigen Lösungen.)
- Erforderliche Punkte für die Stellenbeschreibung zusammenstellen.
- Gewünschte Stellenanforderungen festlegen.
- Reihenfolge und Bezeichnung der einzelnen Daten in der Stellenbeschreibung festlegen.
- Termin für das Mitarbeitergespräch, an dem die Stellenbeschreibung besprochen und unterschrieben werden soll, festlegen.
- Argumente über Vor- und Nachteile einer Stellenbeschreibung für beide Parteien zusammenstellen.
- Beim Erstellen der Checkliste für Angebotskarten alle Punkte beachten (beginnend bei den Vorüberlegungen bis zum Druck der Speise- und Getränkekarten).

Lernfeld 3.2
Getränkepflege und -verkauf

1 Spezielle Getränkekunde – Weinbau in Europa

Zielformulierungen

Folgende Ziele sollen von Auszubildenden im Lernfeld Getränkepflege und -verkauf erreicht werden:
- Sie sind in der Lage, Getränke zu pflegen, diese den Gästen anzubieten und zu servieren.
- Sie präsentieren Getränke und beraten Gäste über ein Getränkeangebot hinsichtlich Art, Qualität und Geschmack.
- Es werden Kommunikationsregeln, verkaufspsychologische und produktbezogene Kenntnisse angewandt.
- Die Beratung erfolgt auch in einer Fremdsprache.
- Sie degustieren Getränke, insbesondere Weine, und klassifizieren sie im Hinblick auf die Gästeberatung.
- Sie sind in der Lage, korrespondierende Getränke für Speisen und Speisenfolgen auszuwählen.
- Sie beschreiben und beurteilen Verfahren der Sicherung des Getränkeangebotes.
- Mischgetränke werden nach wirtschaftlichen Gesichtspunkten, auch vor dem Gast, hergestellt und serviert.

	Bezeichnungen für Landweine (gebietstypischer Charakter und landschaftsbezogener Name)	Bezeichnungen für Qualitätsweine Anbaugebiete (mit Bereichen) für Qualitätsweine und Prädikatsweine
Deutschland	g. g. A. (geschützte geografische Angabe) Landwein (Gebiet)	(g. U.) „geschützte Ursprungsbezeichnung" **QbA** Qualitätswein bestimmter Anbaugebiete **Prädikatswein** (Prädikate: Kabinett, Spätlese, Auslese, Beerenauslese, Trockenbeerenauslese, Eiswein) **DC** Districtus Controllatus
Österreich	g. g. A. (geschützte geografische Angabe) Landwein (Gebiet)	**Qu.b.A.** Qualitätswein bestimmter Anbaugebiete (auch Kabinett) **Prädikatswein** (Prädikate: Spätlese, Auslese, Beerenauslese, Eiswein, Strohwein, Ausbruch, Trockenbeerenauslese) **DAC** Districtus Austria Controllatus
Frankreich	**IGP** (Incication Géographic Protégée = geschützte geografische Angabe) Vins de pays	**AOP** (Appellation Origine Protégée = geschützte Ursprungsbezeichnung) **A.O.C** (Appellation d'origine contrôlee = höchste Qualitätsstufe) **V.D.Q.S** (Vin Délimité de Qualité Supérieure = sind Qualitätsweine mit etwas weniger strengen staatlichen Kontrollen wie A.O.C.-Weine
Italien	**IGP** (Indicazione Geografica Protetta = geschützte geografische Angabe) **IGT** (Indicazione Geografica Tipic = typische geografische Angabe)	**DOP** (Denominazione di Origine Protetta = geschützte Ursprungsbezeichnung) **DOC** (Denominazione di Origine Controllata = kontrollierte Ursprungsbezeichnung) **DOCG** (Denominazione di Origine Controllata e Garantita = kontrollierte und garantierte Ursprungs-bezeichnung)
Spanien	Vino de la Tierra	**DO** (Denominación de Origen = geschützte Herkunftsbezeichnung) **DOCa** (Denominación de Origen Calificada = qualifizierte, geschützte Herkunftsbezeichnung) **Vinos de Pago** höchste Qualitätsstufe

1. Beispiele für Bezeichnungen von Land- und Qualitätsweinen in der EU

Getränkepflege und -verkauf

1. Übersicht über die 13 bestimmten Anbaugebiete Deutschlands

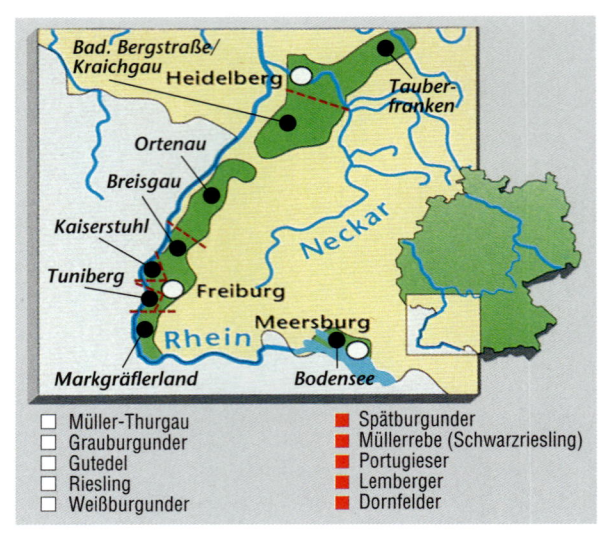

2. Anbaugebiet Baden; Bereiche und wichtige Rebsorten (☐ weiß, ■ rot)

1.1 Deutschland – Anbaugebiete, Bereiche und wichtige Rebsorten

Deutschland ist in 13 Anbaugebiete unterteilt (S. 297). Jedes Anbaugebiet hat seine Weinspezialitäten durch Rebsorten, die in ihm besonders gut gedeihen. Unterschiedliche klimatische Bedingungen, verschiedene Bodenarten und Standorte beeinflussen zusätzlich das Ergebnis. Der begrenzte Raum für die Herstellung von Qualitätswein ist das jeweilige bestimmte Anbaugebiet, für Prädikatsweine jeweils ein Bereich.

Die **wichtigsten Rebsorten** und ihr Anteil an bestockter Fläche in Hektar (ha):
Weiße Rebsorten insgesamt ca. 86 000 ha, davon
Müller-Thurgau . . . . ca. 25 000 ha
Riesling . . . . ca. 22 000 ha
Kerner . . . . ca. 8 000 ha
Silvaner . . . . ca. 7 500 ha

Rote Rebsorten insgesamt ca. 18 500 ha, davon
Spätburgunder . . . . ca. 6 500 ha
Portugieser . . . . ca. 4 500 ha
Trollinger . . . . ca. 2 500 ha
Müllerrebe (Schwarzriesling) . . . . ca. 2 000 ha

Die **Bodenarten** sind vielfältig und charakterisieren durch ihren Einfluss auf die Reben die Weinqualität.
- Löss- und Lehmböden: bukettreiche, gehaltvolle Weine
- Schieferböden: spritzige, pikante, feinrassige Weine
- Vulkanböden: gehaltvolle, füllige, feurige Weine
- Keuper- und Muschelkalkböden: herzhafte Weine
- Sandböden: leichte, milde Weine

Anbaugebiet Baden
Das Anbaugebiet Baden liegt in der südwestlichsten Ecke Deutschlands. Es zieht sich vom Bodensee entlang der Oberrheinischen Tiefebene, geschützt von Schwarzwald und Odenwald, hinauf bis zu den Flüssen Main und Tauber. Seine Länge beträgt über 300 km. In der Nähe Freiburgs (Achkarren, Ihringen) ist die wärmste Gegend Deutschlands. Baden zählt als einziges Anbaugebiet Deutschlands zu der Weinbauzone B.
Die **Rebfläche** beträgt ca. 15 000 ha, unterteilt in neun Bereiche, 17 Großlagen und ca. 300 Einzellagen.
Die **Böden** sind, bedingt durch die große Nord-Süd-Ausdehnung des Anbaugebietes, sehr unterschiedlich, z. B. Moränenschotter am Bodensee, vulkanische Böden am Kaiserstuhl und im Markgräflerland, Muschelkalk und Keuper im Kraichgau und Taubertal.

Bereich	Gemeinde	Lage	Rebsorte
Bodensee	Meersburg	Sonnenufer	Spätburgunder
Markgräflerland	Auggen	Schäf	Gutedel
Tuniberg	Merdingen	Bühl	Spätburgunder
Kaiserstuhl	Achkarren	Schloßberg	Spätburgunder
Breisgau	Malterdingen	Bienenberg	Riesling
Ortenau	Sasbachwalden Neuweier	Alde Gott Mauerberg	Spätburgunder Riesling
Bad. Bergstraße	Heidelberg	Herrenberg	Spätburgunder
Kraichgau	Michelfeld	Himmelberg	Riesling
Tauberfranken	Beckstein	Kirchberg	Müller-Thurgau

Die aufgeführten Weinbaugemeinden, Lagen und Rebsorten sind Beispiele; es ist keine Wertung damit verbunden.

Spezielle Getränkekunde – Weinbau in Europa

1. Anbaugebiet Württemberg; Bereiche und wichtige Rebsorten
(□ weiß, ■ rot)

Rebsorten Württemberg:
- □ Riesling
- □ Müller-Thurgau
- □ Kerner
- □ Silvaner
- ■ Müllerrebe (Schwarzriesling)
- ■ Lemberger
- ■ Portugieser
- ■ Samtrot
- ■ Spätburgunder
- ■ Dornfelder
- ■ Trollinger

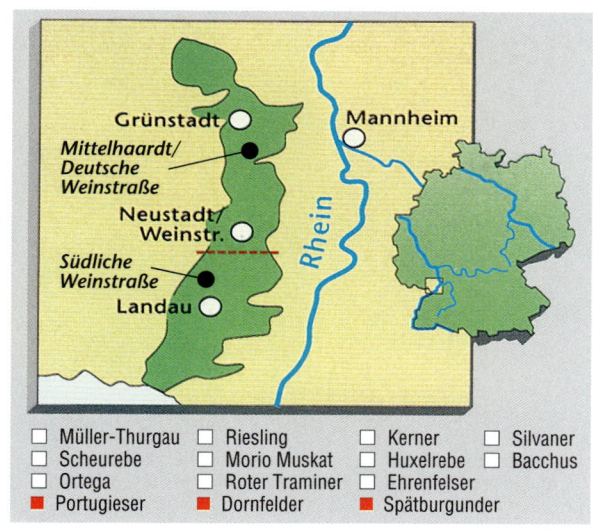

2. Anbaugebiet Pfalz; Bereiche und wichtige Rebsorten
(□ weiß, ■ rot)

Rebsorten Pfalz:
- □ Müller-Thurgau
- □ Scheurebe
- □ Ortega
- ■ Portugieser
- □ Riesling
- □ Morio Muskat
- □ Roter Traminer
- ■ Dornfelder
- □ Kerner
- □ Huxelrebe
- □ Ehrenfelser
- ■ Spätburgunder
- □ Silvaner
- □ Bacchus

Anbaugebiet Württemberg

Das Anbaugebiet Württemberg beginnt am Bodensee und setzt sich nach einer Unterbrechung ab Reutlingen, geschützt durch Schwarzwald und Schwäbische Alb, zum Teil im Neckartal liegend, bis Bad Mergentheim an dem Fluss Tauber fort. Als Kuriosität gilt wohl der Bereich „Bayerischer Bodensee", der im Anbaugebiet Württemberg liegt. Württemberg ist das Anbaugebiet mit den meisten roten Rebsorten und der größten Rotweinproduktion Deutschlands. An erster Stelle steht Trollinger (Vernatsch in Südtirol genannt), danach der Lemberger (in Österreich Blaufränkisch) und die Müllerrebe (Schwarzriesling).

Die **Rebfläche** beträgt etwa 11 500 ha, unterteilt in sechs Bereiche, 16 Großlagen und ca. 200 Einzellagen.

Die **Böden** bestehen aus Keuperformationen und teilweise Muschelkalk im mittleren Neckarraum.

Bereich	Gemeinde	Lage	Rebsorte
Württ. Bodensee	Kreßbronn	Berghalde	Spätburgunder
Bayerischer Bodensee	Lindau Nonnenhorn	Seegarten Seehalde	Müller-Thurgau Spätburgunder
Oberer Neckar	Tübingen	Sonnenhalden	Portugieser
Remstal Stuttgart	Cannstatt Stetten	Zuckerle Brotwasser	Trollinger Riesling
Württ. Unterland	Flein	Altenberg	Riesling
Kocher, Jagst, Tauber	Criesbach Weikersheim	Bergstall Schmecker	Riesling Riesling

Die aufgeführten Weinbaugemeinden, Lagen und Rebsorten sind Beispiele; es ist keine Wertung damit verbunden.

Anbaugebiet Pfalz

Die Pfalz ist nach Rheinhessen das zweitgrößte Anbaugebiet in Deutschland. Von der französischen Grenze (Elsass) südlich von Bad Bergzabern und Landau zieht sich das Anbaugebiet in ca. 6 bis 10 km Breite und 80 km Länge längs der Bergrücken des Haardt und des Pfälzer Waldes, zum Teil in der Rheinebene gelegen, bis südlich von Worms.

Seit 1935 durchzieht von Norden nach Süden die Deutsche Weinstraße bis an die Elsässer Grenze das Anbaugebiet und endet dort in einem großen Weintor. Das günstige Klima lässt nicht nur Wein, sondern in geschützten Lagen auch Kiwis, Feigen und Zitronen gedeihen.

Die **Rebfläche** beträgt etwa 23 000 ha, unterteilt in zwei Bereiche, 25 Großlagen und über 300 Einzellagen.

Die **Böden** sind überwiegend Buntsandstein-, Mergel- und Keuperböden sowie kalkhaltige Lehm- und Tonböden.

Bereich	Gemeinde	Lage	Rebsorte
Mittelhaardt/ Deutsche Weinstraße	Deidesheim Wachenheim Dürkheim Kallstadt Haardt Hambach	Hergottsacker Fuchsmantel Fronhof Saumagen Bürgergarten Römerbrunnen	Riesling Riesling Scheurebe Huxelrebe Muskat Riesling
Südliche Weinstraße	Kirrweiler Nußdorf Albersweiler Landau	Mandelberg Herrenberg Ladt Altes Löhl	Silvaner Dornfelder Kerner Riesling

Die aufgeführten Weinbaugemeinden, Lagen und Rebsorten sind Beispiele; es ist keine Wertung damit verbunden.

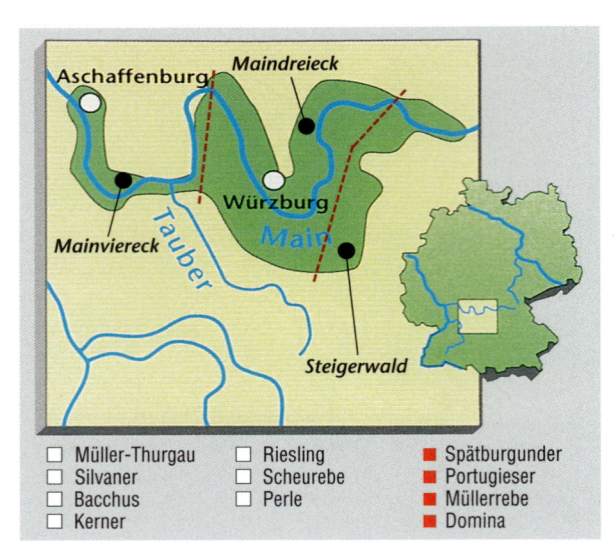

1. Anbaugebiet Franken; Bereiche und wichtige Rebsorten (☐ weiß, ■ rot)

☐ Müller-Thurgau   ☐ Riesling   ■ Spätburgunder
☐ Silvaner   ☐ Scheurebe   ■ Portugieser
☐ Bacchus   ☐ Perle   ■ Müllerrebe
☐ Kerner   ■ Domina

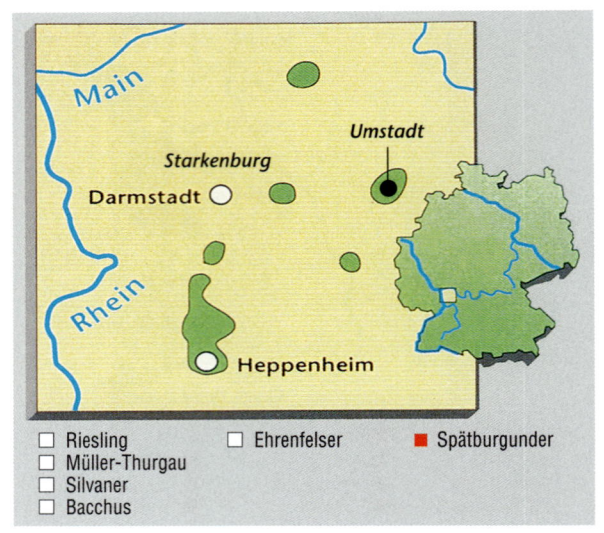

2. Anbaugebiet Hessische Bergstraße; Bereiche und wichtige Rebsorten (☐ weiß, ■ rot)

☐ Riesling   ☐ Ehrenfelser ■ Spätburgunder
☐ Müller-Thurgau
☐ Silvaner
☐ Bacchus

Anbaugebiet Franken

Das Anbaugebiet Franken liegt überwiegend an den südwärts gerichteten Talhängen des Flusses Main. Es zieht sich von Bamberg mainabwärts bis Aschaffenburg. Das schon als kontinental zu bezeichnende Klima hat trockene Sommer und kalte Winter. Spätfröste im Frühjahr und Frühfröste im Herbst bereiten den Winzern Sorgen. Bocksbeutelflaschen aus Franken sind für jeden Weinliebhaber ein Begriff. In diesen Flaschen werden die besten Tropfen, überwiegend trocken ausgebaut, vor allem von den Rebsorten Silvaner und Müller-Thurgau abgefüllt. Die Weine sind oft von kernigem, auch fruchtigem sowie erdig-würzigem Geschmack. Nicht geklärt ist die Namensgebung der Flasche, ob sie vom Beutel des Bockes oder der bauchigen Buddel oder dem niederdeutschen Booksbüdel (Bücherbeutel) stammt.

Die **Rebfläche** beträgt ca. 6 000 ha, aufgeteilt in drei Bereiche, über 20 Groß- und über 200 Einzellagen.

Die **Böden** sind in jedem Bereich unterschiedlich: im Mainviereck Buntsandstein, im Bereich Maindreieck überwiegend Muschelkalk sowie Lehm- und Lössboden, im Bereich Steigerwald Keuperböden.

Bereich	Gemeinde	Lage	Rebsorte
Steigerwald	Iphofen Castell	Kalb Feuerbach	Silvaner Domina
Mainviereck	Hörstein	Abtsberg	Müller-Thurgau
Maindreieck	Würzburg Homburg	Stein/Harfe Kallmuth	Riesling Silvaner

Die aufgeführten Weinbaugemeinden, Lagen und Rebsorten sind Beispiele; es ist keine Wertung damit verbunden.

Anbaugebiet Hessische Bergstraße

Zwischen Neckar, Rhein und Main gelegen liegt das kleine Anbaugebiet Hessische Bergstraße. Der Odenwald schützt es vor den oft vom Osten herkommenden Kälteeinbrüchen. Die in die Rheinebene abfallenden, in südlicher und südwestlicher Richtung liegenden Lagen bieten ideale Voraussetzungen für den Weinbau. Das Klima ist mild. Einem zeitigen Frühjahr mit blühenden Mandelbäumen folgt eine Vegetationszeit mit ausreichendem Niederschlag und ein langer Herbst.

Die **Rebfläche** beträgt ca. 400 ha, unterteilt in zwei Bereiche, drei Großlagen und über 20 Einzellagen.

Die **Böden** bestehen aus einer Mischung von verwittertem Gestein und fruchtbarem Löss.

Bereich	Gemeinde	Lage	Rebsorte
Starkenburg	Heppenheim Zwingenberg Bensheim	Steinkopf Alte Burg Streichling	Riesling Spätburgunder Riesling
Umstadt	Roßdorf	Roßberg	Müller-Thurgau

Die aufgeführten Weinbaugemeinden, Lagen und Rebsorten sind Beispiele; es ist keine Wertung damit verbunden.

1. Beschreiben Sie die Lage eines der Anbaugebiete Württemberg, Pfalz oder Franken.
2. Welches deutsche Anbaugebiet ist bekannt für seine Vielfalt an roten Rebsorten und Rotweinen?
3. Ordnen Sie die Bereiche Bayerischer Bodensee, Südliche Weinstraße, Mainviereck und Starkenburg dem jeweiligen Anbaugebiet zu.

Spezielle Getränkekunde – Weinbau in Europa

☐ Müller-Thurgau ☐ Silvaner ☐ Kerner ☐ Riesling
☐ Scheurebe ☐ Bacchus ☐ Faberrebe ☐ Huxelrebe
☐ Morio-Muskat ☐ Ortega ☐ Grauburgunder ☐ Reichensteiner
■ Portugieser ■ Dornfelder ■ Spätburgunder

1. Anbaugebiet Rheinhessen, Bereiche und wichtige Rebsorten
(☐ weiß, ■ rot)

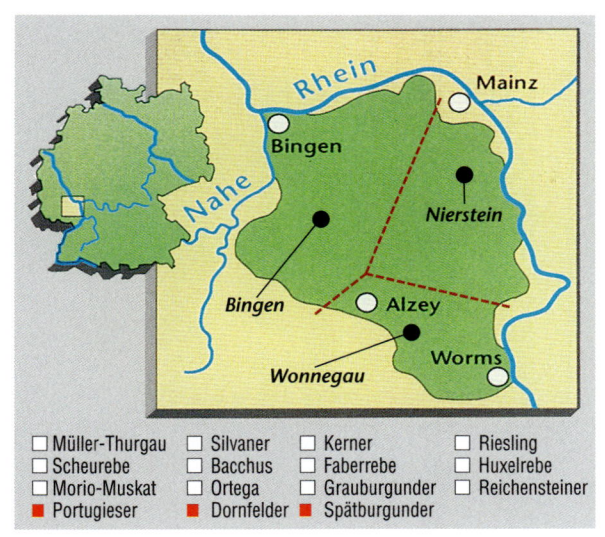

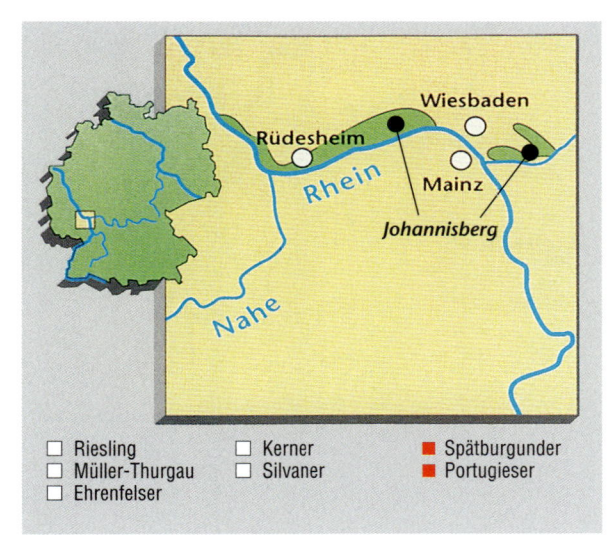

☐ Riesling ☐ Kerner ■ Spätburgunder
☐ Müller-Thurgau ☐ Silvaner ■ Portugieser
☐ Ehrenfelser

2. Anbaugebiet Rheingau; Bereich und wichtige Rebsorten
(☐ weiß, ■ rot)

Anbaugebiet Rheinhessen

Rheinhessen ist flächenmäßig das größte Anbaugebiet Deutschlands. Im Dreieck der Städte Bingen, Mainz und Worms liegt es linksrheinisch zwischen den Flüssen Rhein und Nahe, geschützt durch Taunus und Odenwald im Bundesland Rheinland-Pfalz. Das Klima hat milde Durchschnittstemperaturen mit viel Sonnenschein und nur 500 mm Niederschlag im Jahr.

Als Exportschlager hat sich der Typenwein Liebfrauenmilch entwickelt. In Rheinhessen liegt die weltweit größte Anbaufläche für Silvaner. Funde weisen darauf hin, dass Rheinhessen das älteste Gebiet für Weinanbau in Deutschland ist. Die Römer fanden schon 100 v. Chr. Reben vor.

Die **Rebfläche** beträgt ca. 25 000 ha, unterteilt in drei Bereiche, 24 Großlagen und über 400 Einzellagen.

Die **Böden** sind vielfältig: fein sandiger Mergel, Löss, Quarzit, Sedimente und Verwitterungsböden.

Bereich	Gemeinde	Lage	Rebsorte
Bingen	Ockenheim Hackenheim Ingelheim	Laberstall Klostergarten Rheinhöhe	Silvaner Riesling Spätburgunder
Nierstein	Nierstein Oppenheim Dienheim	Hipping Sackträger Kreuz	Riesling Silvaner Grauer Burgunder
Wonnegau	Monsheim Alzey Bechtheim	Silberberg Römerberg Hasensprung	Rieslaner Kerner Faberrebe

Die aufgeführten Weinbaugemeinden, Lagen und Rebsorten sind Beispiele; es ist keine Wertung damit verbunden.

Anbaugebiet Rheingau

Bei Hochheim am Untermain, bevor dieser in den Rhein mündet, beginnt das Gebiet Rheingau. Hier ändert der Rhein für kurze Zeit seine Richtung und fließt von Ost nach West. Am rechten Rheinufer, unter voller Südeinstrahlung der Sonne, liegen die Rebhänge des Rheingaus. Geschützt durch den Taunus zieht sich das Gebiet längs des Rheins von Mainz über Rüdesheim bis Lorch. Diese klimatischen Bedingungen sind ideal für die Rieslingrebe, die auch zu 80 % angebaut wird. Kein anderes Anbaugebiet hat einen so hohen prozentualen Anteil dieser Rebsorte. Bei den roten Rebsorten dominiert die Rebsorte Spätburgunder, die auf den Schieferböden um Assmannshausen beste Qualitäten erbringt.

Die **Rebfläche** beträgt ca. 3 000 ha mit einem Bereich, elf Großlagen und über 100 Einzellagen.

Die **Böden** bestehen aus Sandstein und Schiefer sowie tiefgründigem, meist kalkhaltigem Löss.

Bereich	Gemeinde	Lage	Rebsorte
Johannisberg	Lorch Rüdesheim Assmannshausen Johannisberg Oestrich Wicker Eltville	Schloßberg Bischofsberg Höllenberg Vogelsang Lenchen Stein Sandgrub	Riesling Riesling Spätburgunder Riesling Riesling Spätburgunder/Weißherbst Riesling

Die aufgeführten Weinbaugemeinden, Lagen und Rebsorten sind Beispiele; es ist keine Wertung damit verbunden.

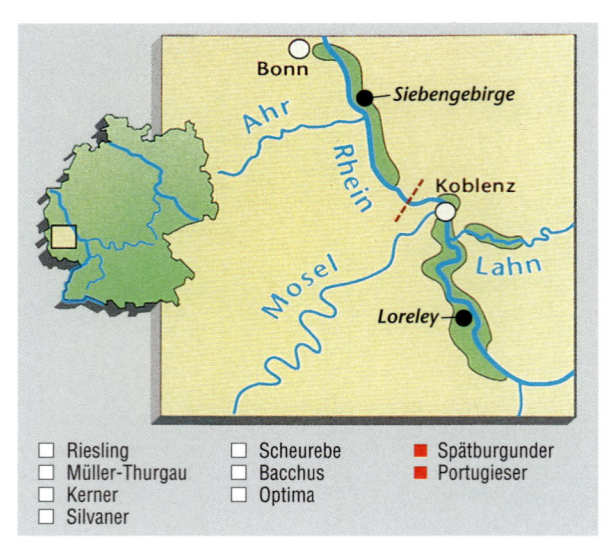

1. Anbaugebiet Mittelrhein; Bereiche und wichtige Rebsorten (□ weiß, ■ rot)

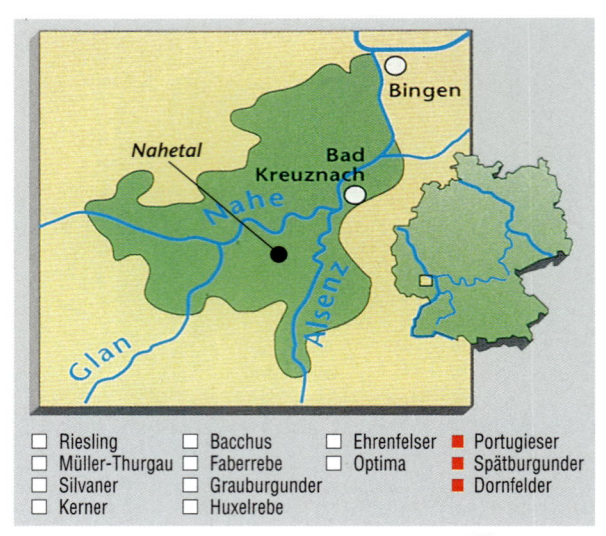

2. Anbaugebiet Nahe; wichtige Rebsorten (□ weiß, ■ rot)

Anbaugebiet Mittelrhein

Mittelrhein als relativ kleines Anbaugebiet ist der Inbegriff deutscher Rheinweinromantik sowie Landschaft der Burgen. Es liegt auf 100 km Länge auf der linken und auf der rechten Seite des Rheins: linksrheinisch von der Nahe bis Koblenz und rechtsrheinisch weiter in nördlicher Richtung bis zum Siebengebirge. Orte wie St. Goarshausen nahe dem Loreleyfelsen, Boppard oder das alte Weinhandelszentrum Bacharach sind bekannte Namen. Die oft steilen Terrassen der Rebhänge liegen im Windschutz von Hunsrück, Westerwald und Taunus und können, bedingt durch ihre Lage, den Sonneneinfall optimal ausnützen. Der Rhein wirkt als Wärmespeicher und dabei gleichzeitig als Temperaturregler.

Die **Rebfläche** beträgt ca. 700 ha, unterteilt in zwei Bereiche, elf Großlagen und über 100 Einzellagen.

Die **Böden** sind aus Schiefer und einzelnen Lössinseln, im nördlichen Teil des Anbaugebietes sind die Böden überwiegend vulkanisch.

Bereich	Gemeinde	Lage	Rebsorte
Loreley	Bacharach	Posten	Riesling
	Boppard	Hamm Feuerlay	Kerner
	St. Goar	Frohwingert	Riesling
	Werlau	Ameisenberg	Müller-Thurgau
	Koblenz	Schnorbach	Riesling
Siebengebirge	Königswinter	Drachenfels	Riesling
	Niederdollendorf	Heisterberg	Müller-Thurgau

Die aufgeführten Weinbaugemeinden, Lagen und Rebsorten sind Beispiele; es ist keine Wertung damit verbunden.

Anbaugebiet Nahe

Das Anbaugebiet Nahe, zwischen den Anbaugebieten Pfalz und Saar-Ruwer gelegen, erstreckt sich von der Mündung des Flusses Nahe, der in den Rhein mündet, naheaufwärts bis kurz vor Kirn und in die Täler der Nebenflüsse Glan und Alsenz. Geschützt durch den Soonwald im Nordwesten und das Hügelland im Osten herrscht hier ein ausgeglichenes Weinklima. Der durch vulkanische Beben entstandene Nahegraben weist eine Bodenvielfalt auf, die sich oft schon nach 100 m ändert. Der Nahewein hat eine unverkennbare persönliche Note mit oft eigenwilligem, erdigem Geschmack und wird bei Blindverkostungen von Fachleuten deshalb häufig sofort erkannt.

Die **Rebfläche** beträgt ca. 4 600 ha mit einem Bereich, elf Großlagen und über 300 Einzellagen.

Die **Böden** sind vielfältig: Quarzit und Schiefer (untere Nahe), Sand-, Lehm-, Vulkan- und Schieferboden (mittlere Nahe), Ton, Löss, Sandstein bei Bad Kreuznach.

Bereich	Gemeinde	Lage	Rebsorte
Nahetal	Kreuznach	Narrenkappe	Grauer Burgunder
	Trais	Bastei	Riesling
	Laubenheim	Krone	Riesling

Die aufgeführten Weinbaugemeinden, Lagen und Rebsorten sind Beispiele; es ist keine Wertung damit verbunden.

1. Nennen Sie die Hauptrebsorten, die in den Gebieten Rheinhessen und Rheingau angebaut werden.
2. Zählen Sie einige bekannte Orte des Anbaugebietes Mittelrhein auf.

Spezielle Getränkekunde – Weinbau in Europa

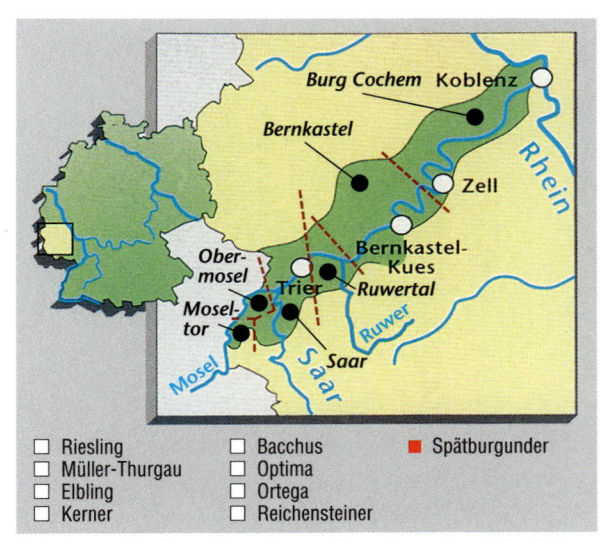

1. Anbaugebiet Mosel-Saar-Ruwer; Bereiche und wichtige Rebsorten (☐ weiß, ■ rot)

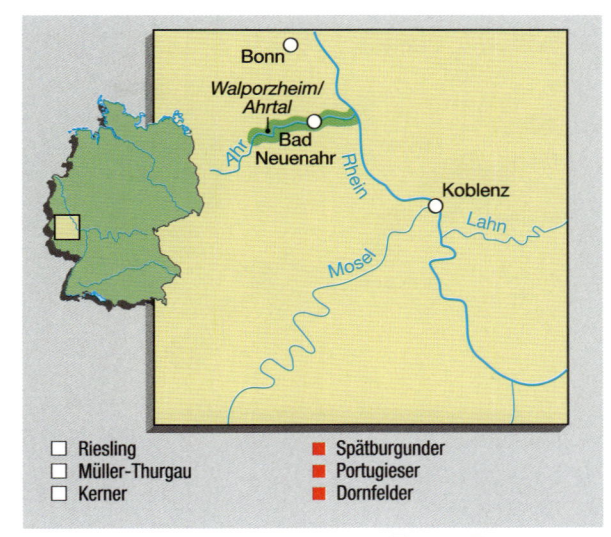

2. Anbaugebiet Ahr; wichtige Rebsorten (☐ weiß, ■ rot)

Anbaugebiet Mosel

Das Anbaugebiet beginnt an der Mosel bei Perl im Saarland. Flussabwärts münden vor Trier die Saar und nach Trier die Ruwer in die Mosel. Danach schlängelt sich die Mosel in vielen Windungen zwischen Eifel und Hunsrück durch das Rheinische Schiefergebirge bis Koblenz, wo sie in den Rhein mündet. An der unteren Mosel befinden sich die steilsten Lagen für Rebenanbau in Deutschland, die jedoch auch noch im Herbst dank ihrer Lage viel Sonne erhalten. Bekannt ist das Anbaugebiet für hochwertige Rieslingweine, die zu den besten Weißweinen der Welt zählen und im Prädikatsbereich oft jahrelang haltbar sind. Die **Rebfläche** beträgt ca. 9 000 ha, unterteilt in 6 Bereiche, 19 Großlagen und ca. 500 Einzellagen.

Die **Böden** in den Tälern der Saar und Ruwer bestehen überwiegend aus Schiefer, an der Obermosel aus Muschelkalk und Keuper, unterhalb Zell in den Tallagen aus Schotter-, Kies- und Sandablagerungen.

Bereich	Gemeinde	Lage	Rebsorte
Burg Cochem	Winnenden	Röttgen	Riesling
	Neef	Frauenberg	Riesling
Bernkastel	Erden Wehlen Piesport	Treppchen Sonnenuhr Goldtröpfchen	Riesling Riesling Riesling
Obermosel	Igel	Dullgärten	Riesling
Moseltor	Perl	Hasenberg	Riesling
Ruwertal	Kasel	Nies'chen	Riesling
Saar	Ayl	Kupp	Riesling

Die aufgeführten Weinbaugemeinden, Lagen und Rebsorten sind Beispiele; es ist keine Wertung damit verbunden.

Anbaugebiet Ahr

Tief eingeschnitten im Schutz der Hohen Eifel und im Nordwesten begrenzt vom Ahrgebirge liegt das Tal, in dem die Ahr fließt. Auf ca. 25 km Länge wird an dem breiteren unteren Ahrtal und an den Hängen des gewundenen mittleren Ahrtales Weinbau betrieben. Das Klima ist mild (Kölner Bucht) und in den Steillagen teilweise treibhausartig. Auf 75 % der Anbaufläche werden rote Rebsorten angebaut. Kein anderes Weinbaugebiet in Deutschland hat einen so hohen prozentualen Anteil. Bekannt bei den Ahrweinen sind vor allem die samtigen Spätburgunder-Rotweine sowie die Rotweine aus der Rebsorte Portugieser. Die **Rebfläche** ist ca. 5 000 ha groß mit einem Bereich und ca. 40 Einzellagen.

Die **Böden** im unteren Ahrtal sind tiefgründig und lössreich. Im mittleren Ahrtal überwiegen Schiefer und vulkanisches Gestein.

Bereich	Gemeinde	Lage	Rebsorte
Walporzheim/ Ahrtal	Walporzheim Neuenahr Altenahr	Gärhammer Schrefelay Eck	Spätburgunder Spätburgunder Riesling

Die aufgeführten Weinbaugemeinden, Lagen und Rebsorten sind Beispiele; es ist keine Wertung damit verbunden.

1. Zählen Sie Gründe auf, weshalb die Rebsorte Spätburgunder in dem verhältnismäßig nördlich gelegenen Anbaugebiet Ahr so gut gedeiht.
2. Nennen Sie drei Bereiche aus dem Anbaugebiet Mosel-Saar-Ruwer.

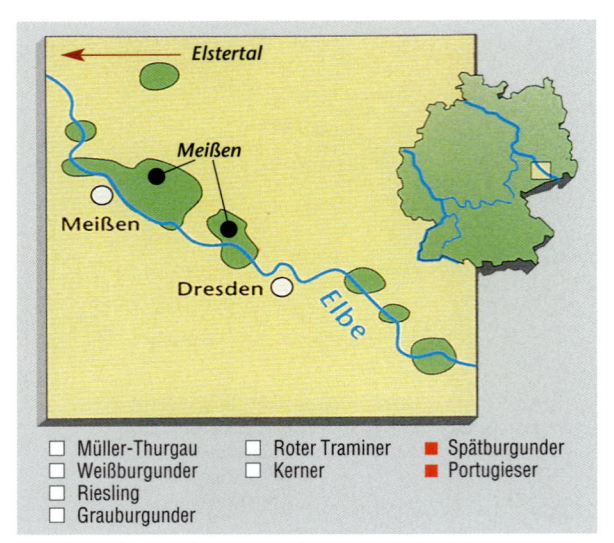

1. Anbaugebiet Sachsen; Bereiche und wichtige Rebsorten
   (☐ weiß, ■ rot)

   ☐ Müller-Thurgau   ☐ Roter Traminer   ■ Spätburgunder
   ☐ Weißburgunder   ☐ Kerner   ■ Portugieser
   ☐ Riesling
   ☐ Grauburgunder

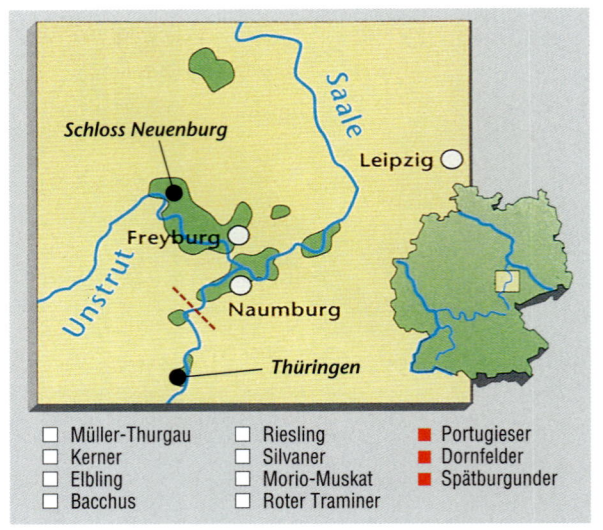

2. Anbaugebiet Saale-Unstrut; Bereiche und wichtige Rebsorten
   (☐ weiß, ■ rot)

   ☐ Müller-Thurgau   ☐ Riesling   ■ Portugieser
   ☐ Kerner   ☐ Silvaner   ■ Dornfelder
   ☐ Elbling   ☐ Morio-Muskat   ■ Spätburgunder
   ☐ Bacchus   ☐ Roter Traminer

Anbaugebiet Sachsen

Mit etwas mehr als 300 ha bestockter Rebfläche ist Sachsen das kleinste der 13 Anbaugebiete Deutschlands. Im Elbtal und seinen Nebentälern wird auf etwa 50 km zwischen Pirna und Diesbar-Seußlitz Weinbau betrieben. Zum Anbaugebiet zählt auch noch der etwas abseits gelegene Bereich Elstertal. Das Klima ist mild, mit jedoch teilweise rauen Wintern und Spätfrösten im Frühjahr. Der Anbau der Reben erfolgt ausschließlich an Steilhängen auf kleinen Rebenterrassen, die überwiegend von Hand bearbeitet werden. Die Weine Sachsens sind rar und teuer. In der Stadt Meißen wurde die erste Winzerschule der Welt gegründet.

Die **Rebfläche** beträgt ca. 300 ha, unterteilt in zwei Bereiche, vier Großlagen und 17 Einzellagen.

Die **Böden** sind aus Granit, Sandstein und Löss.

Bereich	Gemeinde	Lage	Rebsorte
Meißen	Seußlitz Proschwitz Radebeul	Heinrichsburg Katzensprung Lößnitz	Müller-Thurgau Traminer Scheurebe
Elstertal	Jessen	Gorrenberg	Müller-Thurgau

Die aufgeführten Weinbaugemeinden, Lagen und Rebsorten sind Beispiele; es ist keine Wertung damit verbunden.

Anbaugebiet Saale-Unstrut

Nördlich des 51. Breitengrades, der als Grenze des Weinbaus gilt, liegt das Anbaugebiet Saale-Unstrut. Selbst die Anbaugebiete in England liegen südlicher. Dennoch wird in den engen Tälern der Saale und Unstrut erfolgreich Weinbau betrieben, auch wenn harte Winter manchen Rebstock erfrieren lassen. Die jährliche Niederschlagsmenge ist oft zu gering und die Erntemenge pro Hektar liegt gegenüber den anderen Anbaugebieten in Deutschland meist niedriger. Doch bedingt durch reichlichen Sonnenschein, der sogar die anspruchsvolle Rebsorte Riesling zur Reife bringt, wird ein Wein von guter Qualität erzeugt, der meist trocken ausgebaut wird.

Die **Rebfläche** beträgt etwas über 400 ha, unterteilt in zwei Bereiche, vier Großlagen und 18 Einzellagen.

Die **Böden** bestehen aus Muschelkalk und Buntsandstein.

Bereich	Gemeinde	Lage	Rebsorte
Schloss Neuenburg	Naumburg Freyburg Steigra Goseck	Paradies Schweigenberg Hahnenberg Dechantenberg	Weißburgunder Traminer Müller-Thurgau Riesling
Thüringen	Großheringen	Sonnenberg	Müller-Thurgau

Die aufgeführten Weinbaugemeinden, Lagen und Rebsorten sind Beispiele; es ist keine Wertung damit verbunden.

1. Zeichnen Sie den Rhein mit seinen für den Weinbau wichtigen Nebenflüssen auf und tragen Sie die ungefähre Lage der Anbaugebiete Deutschlands ein.
2. Nennen Sie drei Bodenarten und erläutern Sie ihren Einfluss auf Rebsorten und Wein.

3. Zählen Sie die wichtigsten in Deutschland vorkommenden weißen und roten Rebsorten auf und ordnen Sie jedem Anbaugebiet eine typische Rebsorte zu.

Spezielle Getränkekunde – Weinbau in Europa

1. Anbaugebiete Frankreichs für Wein

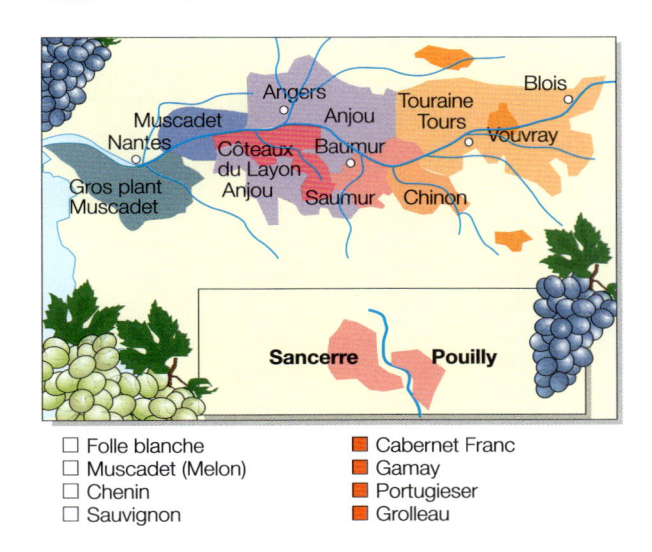

2. Anbaugebiet Loire, wichtige Rebsorten (☐ weiß, ■ rot)

1.2 Frankreich – Anbaugebiete, Weine und wichtige Rebsorten

Frankreich ist eines der bekanntesten Weinbauländer der Welt. Die Weinanbaufläche in Frankreich ist in mehr als zehn Herkunftsgebiete für Qualitätsweine unterteilt (Güteklassen → 309, 419).

Die Sprache des Etiketts bei französischen Weinen
Appellation: Ursprungsbezeichnung
Cépages: Rebsorten
Château, Domaine: Weingut
Climat: Einzellage
Clos: Weingut, nur Weinanbau
Commune: Gemarkung
Côte de ...: Hügelzüge der ...
Cru Bourgeois: Angabe im Médoc (Bordeaux)
Cru Classé und Grand Cru Classé: Zusatzangabe klassifizierter Betriebe im Anbaugebiet Bordeaux für Weine aus Médoc, Sauterne, Graves und St. Emilion sowie im Anbaugebiet Provence in der Côtes de Provence. In den anderen Anbaugebieten sind diese Bezeichnungen Teile des AOC.
Cru: Wachstum, Gewächs, Einzellage
Mise en bouteilles à la propriété, au Domaine, au Château: Weingutabfüllung
Mise par le propriétaire: Erzeugerabfüllung
Premier Cru Classé (1ers crus) bis Cinquième Cru Classé (5iemes crus): Klassifizierung für Weingüter im Médoc
Récolte: Jahrgang
Sélection de grains nobles: Auswahl edler Beeren
Vendanges tardives: Späte Ernten
Vignerons réunis: Winzervereinigung
Villages: Ausgewählte Gemeinden der Region

Anbaugebiet Loire

Die Loire, der längste Fluss Frankreichs, hat dem Anbaugebiet Loire (ca. 38 000 ha Rebfläche) seinen Namen gegeben. Das Klima ist mild; selbst im Winter sind Minusgrade die Ausnahme. Das Anbaugebiet beginnt am französischen Zentralmassiv und endet am Atlantik. Flussabwärts unterteilt es sich in mehrere Regionen:

Weinberge des Zentralmassivs: Hier werden aus der Gamayrebe fruchtige Rotweine erzeugt.
Pouilly-sur-Loire und Sancerre sind bekannt für ihre Weißweine aus der Rebsorte Sauvignon.
Touraine: Nach der Einmündung der Vienne in die Loire im mittleren Abschnitt des Loiretales liegt dieses durch besonders mildes Klima verwöhnte Anbaugebiet. Auf Kalktuffuntergrund werden erstklassige Weiß und Rotweine produziert. Die Weinlagerung erfolgt in Höhlen.
Anjou: Überwiegende Weinart und eine Spezialität des Gebietes Anjou ist der Roséwein. Bekannt sind u. a.
- Rosé d'Anjou, größtenteils aus der Rebsorte Grolleau hergestellt; er wird frisch und jung getrunken,
- Cabernet d'Anjou, meist halbtrocken bis lieblich, und
- Rosé de Loire, ein aus mehreren roten Rebsorten hergestellter trockener, frischer Rosé.

Pays Nantais: Muscadet ist die überwiegend angepflanzte Rebsorte, nach der das Gebiet um Nantes benannt wird. Weine, die nur einen Winter lang im Fass oder Tank blieben und sich zur Zeit der Flaschenabfüllung noch auf dem Bodensatz befinden, werden in diesem Stadium abgefüllt, als „sur lie" bezeichnet. Sie sind frisch, fruchtig und perlen leicht. Bekannt ist dafür die Appellation Muscadet Sèvre et Maine.

1ers crus (insgesamt 5)	Ort
Château Lafite-Rothschild	Pauillac
Château Mouton-Rothschild	Pauillac
Château Margaux	Margaux
Château Latour	Pauillac
2mes crus (auszugsweise von insgesamt 14)	
Château Léoville-Las Cases	Saint-Julien
Château Rausan-Segla	Margaux
Château Brane-Cantenac	Cantenac
3mes crus (auszugsweise von insgesamt 15)	
Château Calon-Ségur	Saint-Estèphe
Château La Lagune	Ludon
Château Giscours	Labarde
4mes crus (auszugsweise von insgesamt 10)	
Château Sains-Pierre-Bontemps	Saint-Julien
Château La Tour-Carent	Saint-Laurent
Château Prieuré-Lichine	Cantenac
5mes crus (auszugsweise von insgesamt 18)	
Château du Tertre	Arsac
Château Cantemerle	Macau
Château Haut Brion	Pessac (Graves)

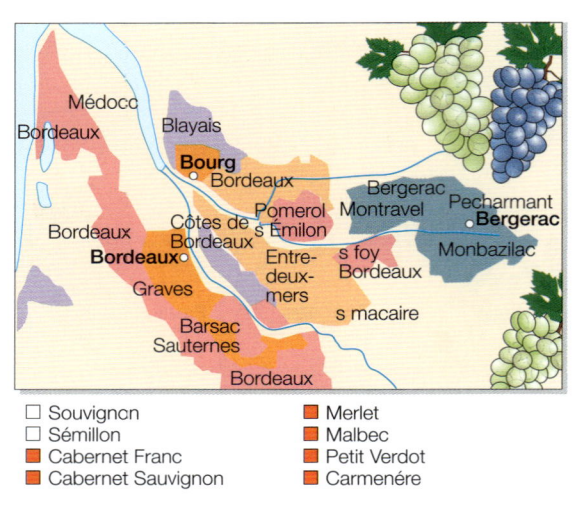

1. Anbaugebiet Bordeaux mit Bergerac, wichtige Rebsorten (☐ weiß, ■ rot)

- ☐ Souvignon
- ☐ Sémillon
- ■ Cabernet Franc
- ■ Cabernet Sauvignon
- ■ Merlet
- ■ Malbec
- ■ Petit Verdot
- ■ Carmenére

2. Klassifizierung der Crus aus dem Médoc (auszugsweise)

Anbaugebiet Bordeaux

Im Departement Gironde, am Flussbecken der Garonne, liegt das Anbaugebiet Bordeaux. Mit 105 km in nordsüdlicher und 130 km in ostwestlicher Richtung ist es eines der größten Anbaugebiete für Qualitätsweine in der Welt (Rebfläche ca. 100 000 ha; zum Vergleich: ganz Deutschland ca. 106 000 ha). Die Böden bestehen aus Flussablagerungen mit hohem Kieselanteil, teilweise Mergel sowie Sand und Ton. Das Klima bietet milde Winter und warme, sonnige Sommer, wobei Atlantikwinde zu große Hitze verhindern. Bekannte Gebiete in Bordeaux sind:

Médoc: Es liegt, flussabwärts gesehen, auf der linken Flussebene der Gironde. Als Ursprungsbezeichnungen gibt es Médoc und Haut-Médoc sowie Saint-Estèphe, Pauillac, Saint-Julien, Moulis, Listrac und Margaux. Im Médoc werden fast ausschließlich Rotweine produziert. 1855 wurden die Weingüter im Médoc klassifiziert (Bild 2). Diese Klassifizierung gilt noch heute, mit Ausnahme des Château Mouton-Rothschild, der 1973 zum Premier Cru aufstieg. Neben den klassifizierten Gewächsen gibt es im Médoc noch die Bezeichnung „Crus Bourgeois". Sie entstand im 15. Jahrhundert, als Bürger des Gebietes von Bordeaux Land erwerben und bewirtschaften durften. Die Weine aus dem Médoc zählen zu den berühmtesten der Welt. Sie werden zum Teil mehrere Jahre in Eichenfässern (Barriques, 225 l) gelagert und bekommen dadurch ihr typisches, an Vanille erinnerndes Bukett. Sie werden folgendermaßen beschrieben:
- Margaux: samtig-weiches Bukett, fruchtig und elegant
- Saint Julienne: wie Margaux, jedoch kräftiger
- Pauillac: gehaltvolles, feines Bukett

Graves liegt in der Verlängerung des Gebietes Médoc. Die Rotweine haben einen etwas kräftigeren Körper als Médocweine. Zu den besten Rotweinlagen zählen die AOC Pessac-Léognan. Ca. 2/5 der Produktion sind Weißweine.

Sauternes liegt westlich der Stadt Langon. Fünf Gemeindegebiete, Sauternes, Barsac, Bommes, Preignac und Fargues, stellen einen edelsüßen Weißwein aus Reben, die bei der Ernte 150° Oechsle und mehr haben, her. Am bekanntesten ist der Premier Grand Cru Château d'Yquem.

Saint-Emilion ist ein Gebiet, in dem ausschließlich Rotweine angebaut werden. Sie sind kräftig, granatrot und haben ein leichtes Trüffelaroma. Berühmte Lagen sind die Premier Grand Crus „A" Château Ausone und Château Cheval-Blanc.

Entre-Deux-Mers, zwischen der Garonne und Dordogne gelegen, liefert trockene, fruchtige Weißweine.

Pomerol ist bekannt für seine samtigen, gehaltvollen Rotweine, zum Beispiel von Château Petrus.

1. Beschreiben Sie die Lage des Anbaugebietes Loire.
2. Zählen Sie Weinspezialitäten aus den Gebieten Anjou und Pays Nantais auf.
3. Nennen Sie bekannte Ursprungsbezeichnungen für Weine aus dem Médoc.
4. Wie werden die Weine aus dem Médoc klassifiziert?
5. Nennen Sie die Herkunft folgender Weine: Château d'Yquem, Château Cheval blanc und Château Petrus.
6. Ordnen Sie folgende Rebsorten in weiß und rot: Merlot, Sauvignon, Folle blanche, Muscadet und Malbec.

Spezielle Getränkekunde – Weinbau in Europa

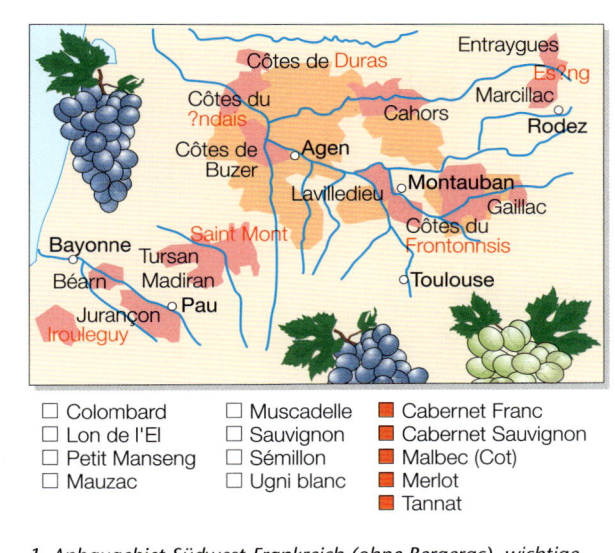

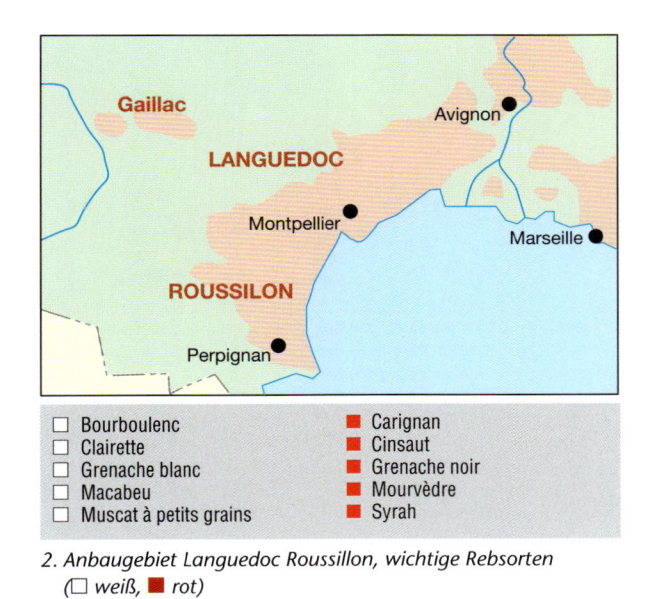

□ Colombard	□ Muscadelle	■ Cabernet Franc
□ Lon de l'El	□ Sauvignon	■ Cabernet Sauvignon
□ Petit Manseng	□ Sémillon	■ Malbec (Cot)
□ Mauzac	□ Ugni blanc	■ Merlot
		■ Tannat

1. Anbaugebiet Südwest-Frankreich (ohne Bergerac), wichtige Rebsorten (□ weiß, ■ rot)

□ Bourboulenc	■ Carignan
□ Clairette	■ Cinsaut
□ Grenache blanc	■ Grenache noir
□ Macabeu	■ Mourvèdre
□ Muscat à petits grains	■ Syrah

2. Anbaugebiet Languedoc Roussillon, wichtige Rebsorten (□ weiß, ■ rot)

Anbaugebiet Südwest-Frankreich

Der Südwesten Frankreichs, unterhalb der Loire bis zu den Pyrenäen, ist in viele kleinere Weinbauregionen von ca. 30 000 ha Rebfläche insgesamt unterteilt. Einige Weinbauregionen davon sind:

Bergerac an der Dordogne nordöstlich von Bordeaux. Hier werden die gleichen Rebsorten angebaut wie im Anbaugebiet Bordeaux. Bekannte Weine sind
- Pécharmant, ein kräftiger, ausgeglichener Rotwein,
- Monbazillac, ein edelsüßer Weißwein mit Honigaroma.

Cahors: an den Ufern des Lot ist ein Gebiet, in dem ausschließlich Rotweine hergestellt werden. Sie sind sehr körperreich mit vielen Gerbstoffen, die sich nach längerer Lagerzeit abrunden.

Gaillac an der Tarn: bekannt für fruchtigen Schaumwein.

Madiran: Aus der Rebsorte Tannat, ergänzt mit etwas Cabernet France und Cabernet Sauvignon, wird hier der Madiran produziert, ein Rotwein, der oft eine lange Lagerung benötigt, um seine Reife zu erlangen.

Jurançon: Aus den anderswo kaum angebauten Rebsorten Petit Manseng, Gros Manseng und Courbu wird hier einer der berühmtesten Weine Südwest-Frankreichs, ein edelsüßer Weißwein, hergestellt mit leichter Säure und einem an Zimt und Gewürznelken erinnernden Geschmack.

1. Beschreiben Sie die Lage der Anbaugebiete Südwest-Frankreich und Languedoc Roussillon.
2. Erklären Sie gastgerecht den Begriff Vin du sables.
3. Für welche Weinspezialität ist Banyuls bekannt?

Anbaugebiet Languedoc Roussillon

Zwischen Nîmes und Perpignan entlang des Mittelmeeres liegt dieses größte Weinanbaugebiet Frankreichs (ca. 400 000 ha Rebfläche), fast viermal so groß wie alle Anbaugebiete Deutschlands zusammen. Begrenzt wird es im Norden durch die Ausläufer des Zentralmassivs, im Westen durch die Klimagrenze des Mittelmeeres und im Süden durch die Pyrenäen. Die Sonne meint es im Sommer oft zu gut. Für unangenehme Abkühlung sorgt der Tramontane, ein kühler Wind aus dem Roussillon. Im Languedoc Roussillon werden über 60 % der französischen einfachen Weine und Landweine produziert. Als Vin de Sables (Sandwein) bezeichnet man den Wein, dessen Reben auf den Sandflächen am Mittelmeer angebaut werden. Bekannte Ursprungsbezeichnungen für AOC/VDQS sind:

Banyuls: bekannt für Süßweine aus Grenache-noir-Reben.

Côtes de Roussillon im Département Pyrénées-Orientales mit gehaltvollem Rot-, fruchtigem Rosé- und „grünem" Weißwein. Côtes de Roussillon Villages ist eine Ursprungsbezeichnung für Rotwein aus 28 Dörfern (Mindestanforderung: 12 Vol.-%, max. 45 hl/ha).

Corbieres ist ein Bergmassiv, in dem überwiegend körperreiche Rotweine erzeugt werden.

Minervois produziert zarte, lagerfähige Rotweine.

Coteaux du Languedoc liefert viele AOC-Weine. Bekannte Rot- und Roséweine sind von
- Saint-Chinian, ein gut lagerfähiger Wein, der ein charakteristisches Pinien- und Ginsteraroma entwickelt,
- Faugères, ein gehaltvoller, samtiger Wein mit dem Aroma frischer Früchte.

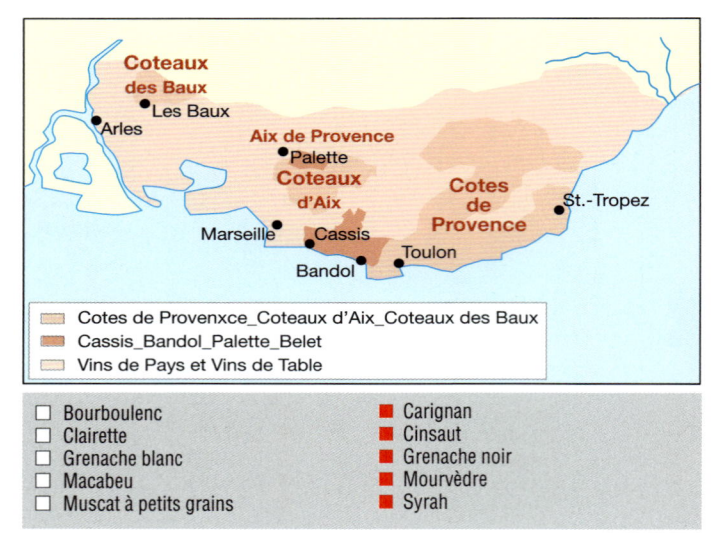

1. Anbaugebiet Provence, wichtige Rebsorten (☐ weiß, ■ rot)

- ☐ Bourboulenc
- ☐ Clairette
- ☐ Grenache blanc
- ☐ Macabeu
- ☐ Muscat à petits grains
- ■ Carignan
- ■ Cinsaut
- ■ Grenache noir
- ■ Mourvèdre
- ■ Syrah

Karte Provence: Coteaux des Baux, Les Baux, Arles, Aix de Provence, Palette, Coteaux d'Aix, Marseille, Cassis, Bandol, Toulon, Cotes de Provence, St.-Tropez
- Cotes de Provenxce_Coteaux d'Aix_Coteaux des Baux
- Cassis_Bandol_Palette_Belet
- Vins de Pays et Vins de Table

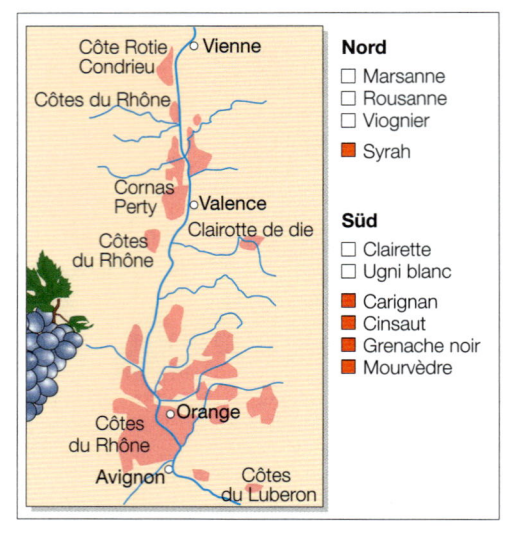

2. Anbaugebiet Rhône, wichtige Rebsorten (☐ weiß, ■ rot)

Nord
- ☐ Marsanne
- ☐ Rousanne
- ☐ Viognier
- ■ Syrah

Süd
- ☐ Clairette
- ☐ Ugni blanc
- ■ Carignan
- ■ Cinsaut
- ■ Grenache noir
- ■ Mourvèdre

Karte Rhône: Côte Rotie, Condrieu, Vienne, Côtes du Rhône, Cornas Perty, Valence, Clairotte de die, Côtes du Rhône, Côtes du Rhône, Orange, Avignon, Côtes du Luberon

Anbaugebiet Provence

Die Provence, zwischen Arles und Cannes gelegen, ist das wohl älteste Weinanbaugebiet Frankreichs (ca. 116 000 ha Rebfläche). Der Einflussbereich des Mittelmeers bewirkt, dass die Temperaturen auch im Winter gemäßigt sind. Typisch sind trockene, heiße Sommer und der Mistral, ein vom Zentralmassiv kommender Wind, der Temperaturstürze verursacht.

Bekannte Gebiete sind
Côtes de Provence: Hier werden die meisten AOC-Weine der Provence, überwiegend trockene, fruchtige Rosé-, aber auch Weiß- und Rotweine produziert.
Palette erzeugt geschmeidige Rosé-, Weiß- und Rotweine.
Cassis ist bekannt für trockene, säurearme Weißweine.
Bandol liefert samtige Rotweine mit einem hohen Anteil an Mourvèdretrauben.
Bellet im Umkreis von Nizza, mit seinen kleinen, inmitten von Blumenkulturen gelegenen Weinbergen, produziert nervige, frische Weine.
Coteaux d'Aix-en-Provence, Coteaux de Pierrevert sowie **Coteaux Varois** sind Gebiete, in denen überwiegend VDQS- und Tafelweine in allen Weinarten hergestellt werden. Es sind gefällige, fruchtige Weine.

Anbaugebiet Korsika

Schon vor der christlichen Zeitrechnung bauten die Griechen auf der Mittelmeerinsel Korsika Reben an. Es werden heute überwiegend bukettreiche Rotweine produziert, die gut lagerfähig sind. Die bekanntesten Herkunftsbezeichnungen sind Ajaccio, Patrimonio und Vin de Corse.

Anbaugebiet Rhône

Zwischen Lyon und Avignon erstreckt sich auf über 200 km das Anbaugebiet Rhône (ca. 58 000 ha Rebfläche). Es unterteilt sich in einen nördlichen und einen südlichen Teil sowie einige kleinere angrenzende Gebiete.
Nördliche Côtes du Rhône: An steil abfallenden Hängen wird auf Granit- und Schieferböden unter schwierigen Bedingungen Weinbau betrieben. Im nördlichsten Teil werden Weißweine produziert. Die Weine von
- Condrieu und Château-Grillet zählen mit ihren Weißweinen zu den besten Frankreichs.
Etwas südlicher werden ausschließlich aus der Rebsorte Syrah Rotweine hergestellt. Sie benötigen eine lange Lager- und Reifezeit. Spitzengewächse kommen von
- Côtes Rotie und Cornas,
- Crozes-Hermitage, Saint-Joseph und Hermitage.

Die ist eine kleine Region zwischen Norden und Süden, die für Clairette de Die, einen leichten Schaumwein aus den Rebsorten Clairette und Muskat, bekannt ist.
Südliche Côtes du Rhône: An ihrem rechten Ufer befinden sich bekannte Gebiete wie Tavel und Lirac mit den besten Roséweinen Frankreichs. Am linken Rhôneufer, nördlich von Avignon, liegt Château-neuf-du-Pape. Ein Cuvé aus 13 dafür zugelassenen Rebsorten ist die Grundlage für diesen bekannten vollmundigen, schweren, alkoholreichen Rotwein mit würzigem Aroma. Ein seltener Wein ist der weiße Château-neuf-du-Pape.
Tricastin, Ventoux, Lubéron, Vivarais sind vier Gebiete im südlichen Bereich, die überwiegend Rot- und Roséweine produzieren.

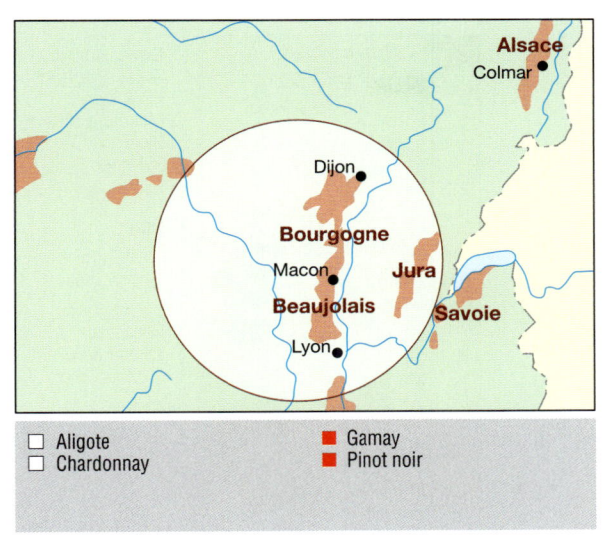

Spezielle Getränkekunde – Weinbau in Europa

1. Anbaugebiet Burgund/Beaujolais, wichtige Rebsorten (□ weiß, ■ rot)

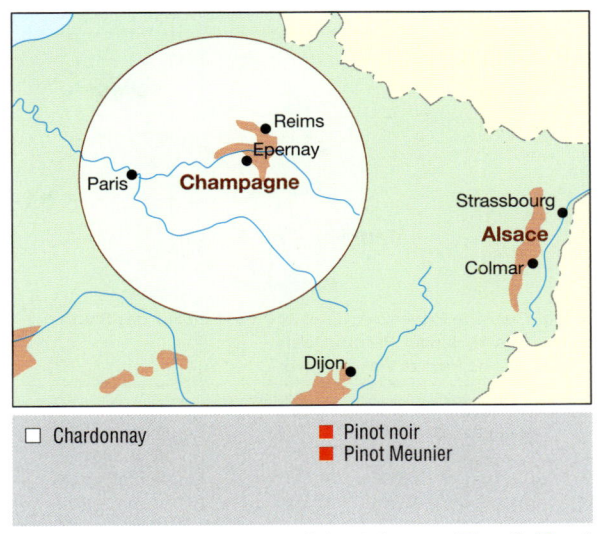

2. Anbaugebiet Champagne, wichtige Rebsorten (□ weiß, ■ rot)

Anbaugebiet Burgund/Beaujolais

Von Auxerre bis südlich von Villefranche-s-Soane befindet sich auf einer Länge von 300 km das weltbekannte Anbaugebiet Burgund/Beaujolais (ca. 44 000 ha Rebfläche). Im Gegensatz zu Bordeaux wird hier Weinerzeugung mit nur wenigen Rebsorten betrieben. Bekannte Gebiete sind:

Chablis: In diesem Gebiet, in der Nähe von Auxerre, werden aus der Chardonnayrebe lebhafte, körperreiche, trockene Weißweine hergestellt. Von Chablis gibt es vier Ursprungsbezeichnungen (Appellationen):
- Chablis Grand Cru, goldgelber, trockener Wein, der bis zu zehn Jahre gelagert werden kann,
- Chablis Premier Cru, von fast gleicher Qualität,
- Chablis, ein fruchtiger, eleganter Wein, der zwei bis drei Jahre nach der Lese auf seinem Höhepunkt ist,
- Petit Chablis, ein lebhafter, angenehmer Wein, der nicht lagerfähig ist und jung getrunken werden sollte.

Côte d'Or: Die Weine der Côte d'Or werden nur aus zwei Rebsorten hergestellt, Pinot noir und Chardonnay. Die Côte d'Or teilt sich in drei Gebiete auf:
- Côte de Nuits, südlich von Dijon bis Beaune, mit den bekannten Rotweinen von Chambertin und Musigny,
- Côte de Beaune von Ladoix-Serrigny bis Santenay, mit den berühmten Rotweinen Volnay, Pommard oder Aloxe-Corton sowie den Weißweinen Montrachet, Meursault oder Corton-Charlemagne, Hautes Côtes, unterteilt in
- Hautes Côtes de Nuits und Hautes Côtes de Beaune mit einfacheren Weinen.

Chalonnais liegt zwischen der Côte de Beaune und dem Mâconnais. In den Bereichen Mercurey und Givry wird hauptsächlich Rotwein produziert, in Rully und Montagny überwiegend Weißwein. Die Weine ähneln denen der Côte d'Or, erreichen jedoch nicht ganz ihre Qualität.

Mâconnais, von Tournus bis südlich von Mâcon gelegen, produziert bekannte Weißweine wie Pouilly-Fuissé, Pouilly-Loché und Pouilly-Vinzelles sowie Saint-Véran. Rot- und Roséweine spielen eine untergeordnete Rolle.

Beaujolais reicht südlich von Mâcon bis Villefranche. Im nördlichen Beaujolaisgebiet wird auf granithaltigem Boden aus der Gamayrebe der Beaujolais Villages hergestellt. Diese Weine sind kräftiger als die aus dem Süden und länger lagerfähig. Bekannte Weine sind
- Fleurie, Juliénas, Morgon und Moulin-à-Vent. Im südlichen Beaujolais werden fruchtige Rotweine hergestellt, die jung getrunken werden. Sie tragen die Ursprungsbezeichnung Beaujolais und Beaujolais Supérieur und kommen nach der Lese, ab dem dritten Donnerstag im November, als Beaujolais primeur in den Handel.

Anbaugebiet Champagne

In den Bereichen Montagne de Reims, Vallée de la Marne, Côte des Blancs, Côte de Sézanne und in der Gegend um Bar-sur-Aube und Bar-sur-Seine werden auf dem mit einer dünnen Humusschicht bedeckten Kalkboden der Champagne (ca. 26 000 ha Rebfläche) drei Rebsorten angebaut: Pinot noir, Pinot Meunier als blaue Trauben und die weiße Rebsorte Chardonnay. Der überwiegende Teil des Weines wird zu Champagner verarbeitet. Coteaux Champenois nennen sich die AOC-Weine, die es in geringen Mengen als Weiß-, Rot- und Roséweine gibt. Sie werden jung getrunken.

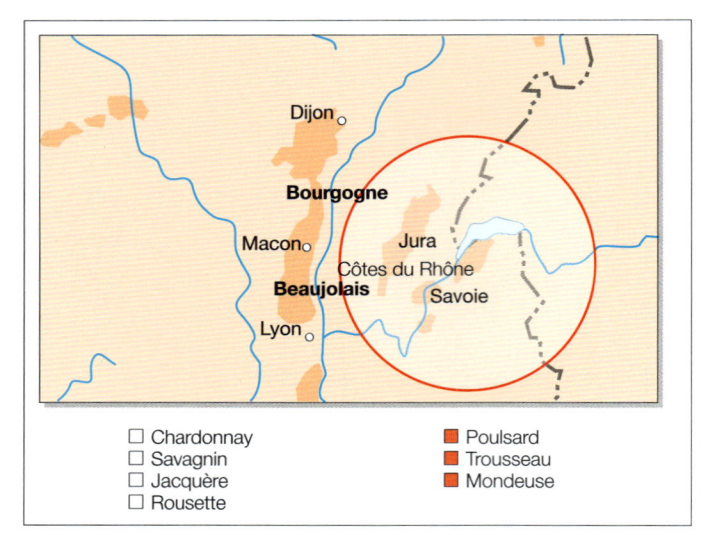

1. Anbaugebiet Jura und Savoyen, wichtige Rebsorten
(☐ weiß, ■ rot)

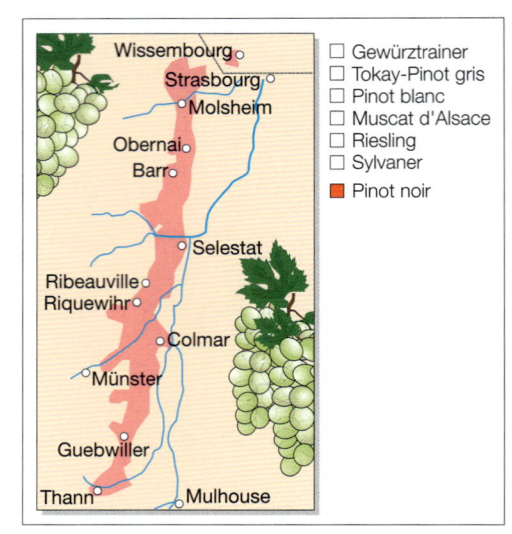

2. Anbaugebiet Elsass, wichtige Rebsorten
(☐ weiß, ■ rot)

Anbaugebiet Jura

Die kleine, gebirgige Region Jura (ca. 15 000 ha Rebfläche) erstreckt sich am Fuße des Juraplateaus zwischen Poligny und Saint Amour. Außer Rot-, Rosé- und Weißwein gibt es hier noch zwei Spezialitäten:
- Vin jaune (Gelbwein) aus der Savagninrebe ist ein sherryartiger Wein, der nach der Gärung, ohne dass Verdunstungsverluste aufgefüllt werden, noch sechs Jahre reift, wobei sich auf der Oberfläche eine Schicht Mikroorganismen bildet. Sein Aroma erinnert an Walnüsse und Mandeln. Am bekanntesten ist dafür die Appellation Château Chalon.
- Vin de paille (Strohwein). Vollreife, gesunde Trauben werden zwei bis drei Monate auf Stroh oder aufgehängt getrocknet. Sie ergeben einen Wein mit besonders hohem Alkoholgehalt bis 15 Vol-%.

Anbaugebiet Savoyen

Es reicht vom Genfer See bis zum Tal der Isère. In dem für Weinbau harten Klima werden überwiegend frische, fruchtige Weißweine hergestellt.

Anbaugebiet Elsass

Westlich des Rheins, an den Hängen der Vogesen gelegen, liegt das Anbaugebiet Elsass (13 000 ha Rebfläche). Um Wissembourg und nach einer Unterbrechung von Höhe Straßburg aus zieht es sich südlich in ca. 100 km Länge und 1 bis 5 km Breite bis Thann. Die nach Südosten ausgerichteten Rebhänge werden durch die Vogesen gegen kalte Nordwestwinde geschützt.

Im Elsass werden übewiegend Weißweine produziert. Die Rotweinproduktion ist gering. Im Gegensatz zu den meisten anderen Anbaugebieten Frankreichs ist bei Elsässer Weinen die Rebsorte auf dem Etikett meist angegeben. Weine aus den Rebsorten Gewürztraminer, Riesling, Tokay-Pinot gris und Muscat können, wenn natürlicher Zuckergehalt und Produktionsverfahren den Vorschriften entsprechen, die Zusätze „Vendanges tardives" oder „Selection de grains nobles" tragen.

Edelzwicker wird im Elsass ein Verschnitt aus verschiedenen weißen Rebsorten genannt. Der Wein ist meist fruchtig und wird überwiegend trocken ausgebaut.

1. Zeichnen Sie die Karte Frankreichs mit den Flüssen Loire, Garonne und Rhône.
2. Nennen Sie die wichtigsten Anbaugebiete Frankreichs und tragen Sie deren ungefähre Lage in diese Karte ein.
3. Erklären Sie folgende Angaben, die sich auf einem Weinetikett befinden: Appellation, Château, Climat, Côte de ..., Vignerons réunis, Villages, Cru und Clos.

4. Ordnen Sie folgende Teilgebiete dem Anbaugebiet zu, in dem sie liegen:
   a) Médoc b) Anjou c) Banyuls
   d) Cassis e) Chablis f) Die
5. Erklären Sie Ihren Gästen die Besonderheiten folgender französischer Weinspezialitäten: Beaujolais primeur, Vin jaune, Vin de paille, Edelzwicker.

Spezielle Getränkekunde – Weinbau in Europa

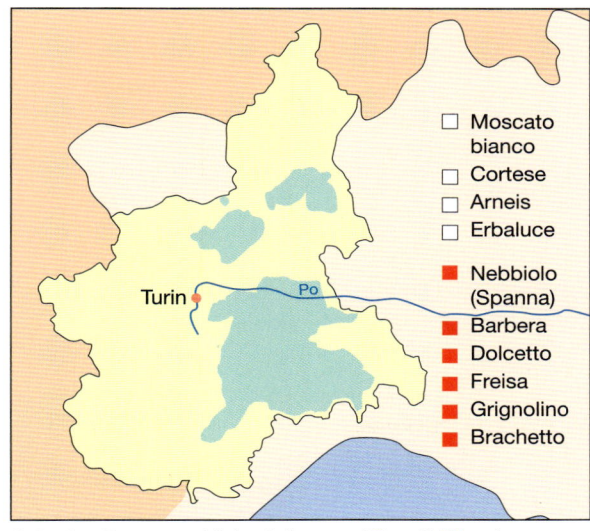

1. Regionen Italiens

2. Region Piemont; wichtige Rebsorten (☐ weiß, ■ rot)

1.3 Italien – Regionen, Anbaugebiete, Weine und wichtige Rebsorten

In Italien werden in 18 Regionen auf ca. 980 000 ha Rebfläche pro Jahr etwa 67 Mio. hl Wein produziert. Die Lage im Mittelmeer und die geografische Beschaffenheit bieten ideale Voraussetzungen für den Weinbau, der vom Apennin im Norden bis Sizilien im Süden betrieben wird. Aufgrund der verschiedenen Klimazonen werden Weine mit unterschiedlichsten Eigenschaften erzeugt. Die Weine sind, wie in allen Ländern der Europäischen Union, in Güteklassen eingeteilt (→ 309, 419).

Die Sprache des Etiketts bei italienischem Wein
Abboccato: milder Wein
Annata: Jahrgang
Asciutto/Secco: trocken, **Amabile:** lieblich, **Dolce:** süß
Cantina Sociale: Kellerei/Winzergenossenschaft
Chiaretto: Weißherbst
Classico: Herz des Ursprungsgebietes
Cooperative Viticola: Winzergenossenschaft
DOC/DOCG: → 310
Fattoria (Tenuta, Viticola): Weingut
Imbottigliato all'origine: Originalabfüllung
Imbottigliato dal produttore: Weingutabfüllung
Passito: Trockenbeerwein
Riserva: Wein mit gesetzlich festgelegter Lagerzeit
Vino bianco/rosato/rosso: Weiß-/Rosé-/Rotwein
Vino frizzante: Perlwein
Vino santo: Strohwein
Vino spumante: Schaumwein

Auf den folgenden Seiten werden auszugsweise einige der bekanntesten Regionen vorgestellt.

Region Piemont
Piemont, das „Land zu Füßen der Berge" mit seiner Hauptstadt Turin, liegt südlich am Fuß der Alpen. Das Klima ist im Winter kalt und feucht, im Sommer warm mit viel Sonnenschein. Weinbau wird vor allem in den Provinzen Asti, Cuneo Allessandria, Novara und Vercelli betrieben. Bekannte Weine des Anbaugebietes sind:

- **Asti Spumante**, der berühmte süße Schaumwein Italiens aus der Rebsorte Moscato Bianco, wird in den Provinzen Asti, Cuneo und Alessandria produziert. Typisch für diese Rebsorte ist die goldgelbe Farbe und das charakteristische Muskataroma. Der nicht schäumende Asti aus der Moscato-Bianco Traube wird Moscato d'Asti genannt.

- **Barbera-Weine:** Barbera ist die im Piemont am häufigsten angebaute rote Rebsorte. Rebsortenreine Weine daraus verfügen über einen an Weichselkirschen erinnernden Duft. Bekannte Qualitätsweine aus dieser Rebsorte sind Barbera d'Alba aus der Provinz Cuneo, Barbera d'Asti aus den Provinzen Asti und Allessandria, Barbera del Monferrato aus der Provinz Allessandria.

- **Barbaresco** ist ein etwas leichterer Rotwein als Barbera aus der Rebsorte Nebbiolo, in ihren lokalen Abarten wie Michet, Lampia und Rosé aus vier Gemeinden der Provinz Cuneo und Gemarkungen bei Alba.

- **Barolo** ist der wohl berühmteste Rotwein des Piemont. Er kann sich mit den besten Rotweinen der Welt messen. Produziert wird er in zehn im Hügelgebiet um Arolo liegenden Gemeinden in der Provinz Cuneo aus der Rebsorte Nebbiolo. Die obligatorische Lagerzeit beträgt drei Jahre, davon zwei Jahre im Holzfass.

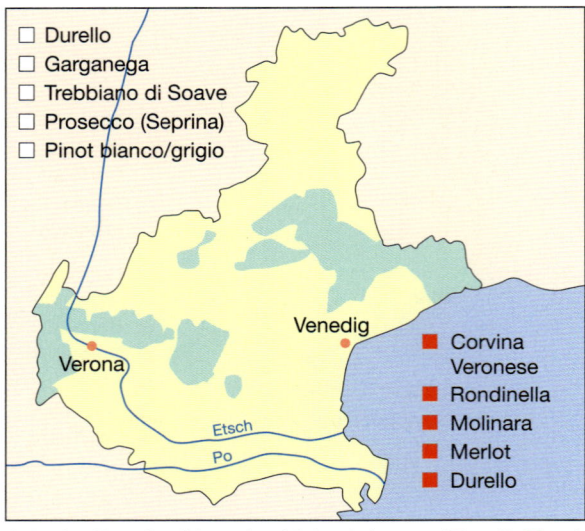

1. Region Venetien (Veneto); wichtige Rebsorten (☐ weiß, ■ rot)

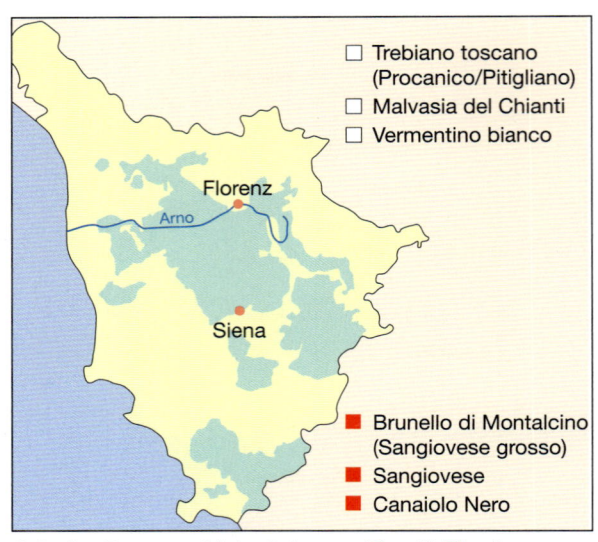

2. Region Toscana; wichtige Rebsorten (☐ weiß, ■ rot)

Region Venetien (Veneto)

Venetien erstreckt sich in Ost-West-Richtung von der Küste am Golf von Venedig bis zum Gardasee und von den Dolomiten im Norden bis zur Mündung des Flusses Po im Süden. Die für den Weinbau wichtigsten Provinzen sind Treviso, Verona, Padua, Venetien und Vicenza. Bekannte Weine dieser Region sind:

- **Bardolino:** Aus den Rebsorten Corvina Veronese, Rondinella, Molinara und einigen anderen wird dieser rubin- bis granatrote, delikat duftende Wein in 16 Weinbaugemeinden hergestellt. Die bekanntesten davon sind Bardolino, Garda, Costermano, Lazise und Affi. Wird der Wein im Weißweinverfahren hergestellt, erhält man den roséfarbenen Chiaretto.
- **Valpolicella:** Nördlich von Verona wird dieser Wein aus fast den gleichen Rebsorten wie Bardolino hergestellt. Stammen die Trauben aus dem Herzstück der Anbauzone, darf er die Bezeichnung Classico führen. Aus ausgelesenen, getrockneten Trauben wird der liebliche, füllige Recioto della Valpolicella gewonnen. Die trockene Version heißt Amarone della Valpolicella.
- **Prosecco di Conegliano/Valdobbiadene:** Im Hügelgebiet der Marca Trevigiana, in der Provinz Treviso, wird aus den Rebsorten Prosecco und maximal 10 % Verdisio ein strohgelber, fruchtiger Weißwein mit Mandelton hergestellt. Aus den gleichen Rebsorten werden auch ein perlender Frizzante sowie ein Spumante erzeugt.
- **Soave,** einer der bekanntesten Weißweine Italiens, wird überwiegend aus der Rebsorte Garganega hergestellt. Die Anbauzone für Saove Classico liegt um die Ortschaften Soave und Monteforte d'Alpone.

Region Toscana

Von den Apenninen im Nordosten und dem Ligurischen Meer im Westen begrenzt ist die Region Toscana mit ihrer Hauptstadt Florenz. Die Gebiete, in denen Weinbau betrieben wird, liegen überwiegend im Landesinneren und nicht am Meer. Bekannte Spitzengewächse sind u.a.:

- **Chianti,** der wohl bekannteste Wein Italiens, bekannt auch durch die bauchige, strohumkleidete Flasche (Fiasko). Die Produktionszone dieses Weines ist eine genau begrenzte Anbauzone in den Provinzen Arezzo, Florenz, Pisa, Pistoia und Siena. Chianti ist ein Verschnitt aus den Rebsorten Sangiovese (75 % bis 90 %), Canaiolo Nero, Trebbiano Toscano und Malvasia del Chianti. Chianti gibt es mit folgenden Ursprungsbezeichnungen: Chianti-Colli Fiorentini, -Rufina, -Cilli Senesi, -Colli Aretini, -Colline Pisane und -Montalbano. Chianti Classico muss aus bestimmten Gemeinden der Anbauzone stammen.
- **Brunello di Montalcino** ist ein Spitzenrotwein der Toscana aus der gleichnamigen Rebsorte und mit einem ausdrucksvollen Bukett; tanninbetont in jungen Jahren, mit zunehmendem Alter elegant, rassig und voll. Bevor der Wein in den Handel gelangt, muss er mindestens vier Jahre reifen, davon dreieinhalb Jahre in Eichen- oder Kastanienholzfässern. Ihm wurde als einem der ersten Weine Italiens die Qualitätsstufe D.O.C.G. zuerkannt.

1. Erklären Sie gastgerecht folgende Etikettangaben: Classico, Chiaretto, Riserva, Frizzante.
2. Ordnen Sie die Weine Bardolino, Chianti, Soave und Barolo den Regionen Ihrer Herkunft zu.

Spezielle Getränkekunde – Weinbau in Europa

1. Region Latium (Lazio); wichtige Rebsorten (☐ weiß, ■ rot)

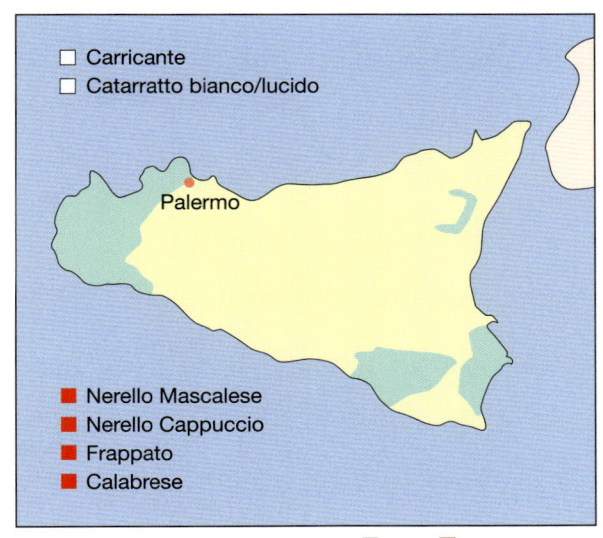

2. Region Sizilien; wichtige Rebsorten (☐ weiß, ■ rot)

Region Latium (Lazio)

Mit einer Länge von über 300 km erstreckt sich Latium über die Ebenen und Täler von Tiber, Aniene und Sacco. Reben gedeihen in diesem Gebiet, außer in den Apenninen, fast überall. Die Provinzen Latiums sind Viterbo, Rieti, Rom, Latina und Frosinone. Latium, dessen Hauptstadt Rom ist, gehört mit zu den größten Weinproduzenten Italiens. Ca. 2/3 der Produktion Latiums sind Weißweine. Bekannte Weine sind:

- **Frascati:** Dieser bekannte Weißwein wird in den Gemeinden Frascati, Grottaferrata, Monteporzio, Catone sowie Teilen von Rom und Montecompatri produziert. Die hauptsächlich verwendeten Rebsorten sind zu mindestens 70 % Malvasia Bianca di Candia und Trebbiano Toscano, zusätzlich maximal 30 % Greco und Malvasia del Lazio sowie andere weiße Sorten aus der Zone. Der Wein hat in der Regel eine strohgelbe Farbe und einen extraktreichen, weichen Geschmack. Eine Besonderheit ist der süßliche Canellino, zu dessen Süßung auch edelfaule Trauben verwendet werden.
- **Est! Est!! Est!!!:** Ein erstklassiger Weißwein aus der Provinz Viterbo, der überwiegend aus den Rebsorten Trebbiano Toscano und Malvasia Bianco Toscana hergestellt wird. Die Legende berichtet: Als der niederländische Kardinal Est dem Papst seine Aufwartung machen wollte, schickte er einen weinkundigen Diener voraus, der an den Weinschenken des Weges die Weine verkosten musste und wo er einen Wein für gut befand, das Wort „Est" an die Tür schreiben musste. In einer Schenke in Monte Fiascone fand der Voraueilende den Wein so gut, dass er an die Tür „Est! Est!! Est!!!" schrieb.

Region Sizilien

Die Insel Sizilien liegt von der Stiefelspitze des italienischen Festlandes nur 3 km entfernt, getrennt durch die Meerenge von Messina. Auf der Insel, durch subtropisches Klima begünstigt, wird in allen neun Provinzen Weinbau betrieben. Die Hauptstadt der Region ist Palermo. Die Produktionsmenge beträgt ca. 1/6 der italienischen Weinerzeugung. Die größte Wein erzeugende Provinz ist Trapani; auf sie entfällt knapp die Hälfte der gesamten Weinernte. Die Rotweine Siziliens sind rund und voll mit einem herben und dennoch samtigen Geschmack. Die hochwertigen Weißweine werden meistens trocken ausgebaut. Nicht zu vergessen sind die Likörweine Marsala, Moscato di Noto Liquoroso und Passito. Als hervorragende Weine Siziliens gelten z. B.:

- **Cerasuolo di Vittoria**, ein Rotwein mit Geschmacksanklängen an Granatapfel aus der Gemeinde Vittoria und Gemeinden der Provinz Ragusa und Catania. Hergestellt wird er aus den Rebsorten Frappato und Calabrese.
- **Alcamo/Bianco di Alcamo**, ein Weißwein aus dem Gebiet der Stadt Alcamo in Nordwest-Sizilien zwischen Palermo und Trapani aus den Rebsorten Catarratto Bianco Comune und Catarratto Bianco Lucido.
- **Etna-Rosso**, ein trockener Rotwein, manchmal an den Duft von Orangenblüten erinnernd, zu 80 % aus der Rebsorte Nerello Mascalese.

1. Beschreiben Sie die geografische Lage Siziliens.
2. Erklären Sie gastgerecht Herkunft, Farbe, Rebsorten und Geschmack eines Frascati-Weines.

1. Anbaugebiete Spaniens

2. Rotwein aus Rioja

1.4 Spanien – Regionen, Anbaugebiete, Weine und wichtige Rebsorten

In Spanien werden auf ca. 1,6 Mio. ha Rebfläche ca. 35 Mio. hl Wein pro Jahr produziert; davon wird ca. 1/3 als Qualitätswein ausgebaut. Spanien hat seine Anbaufläche in über 40 Anbaugebiete für Qualitätswein und Schaumwein unterteilt. Die Anbaugebiete befinden sich in verschiedenen autonomen Regionen.

Region Andalusien mit der Hauptstadt Sevilla liegt im südlichsten Teil Spaniens. Die bekanntesten Anbaugebiete dieser Region sind Jerez und Malaga, die überwiegend Likörwein erzeugen. In den anderen Anbaugebieten werden hauptsächlich leichte Tischweine produziert.

Region Castilla-Leon: In den Anbaugebieten dieser Region finden die Reben teilweise recht harte und karge Bedingungen vor. Überwiegend werden leichte, frische Weißweine sowie charaktervolle Rot- und Roséweine hergestellt.

Region Katalonien: Im nordöstlichen Teil Spaniens bis zur französischen Grenze hin liegt die Region Katalonien mit ihrer Hauptstadt Barcelona. Aus den küstennahen Anbaugebieten Kataloniens mit ihrem milden mediterranen Klima kommen überwiegend Weißweine, Cavas (Schaumweine) und süße Dessertweine. Eines der bekanntesten Anbaugebiete ist Penedès (→ 438).

Regionen Castilla – La Mancha: In diesen Regionen, im Zentrum des Landes, befindet sich das größte zusammenhängende Weinbaugebiet Spaniens. In beiden Regionen herrscht kontinentales Klima mit harten Wintern und trockenen Sommern. Eine Spezialität ist der Verschnitt von Weißwein aus der Rebsorte Airén mit etwas Rotwein als leichte Sommerweine, auch Claretes genannt.

Region Navarra: In dieser Region liegt das Anbaugebiet Navarra (→ 438).

Region Valencia: In den Anbaugebieten der Region Valencia werden – so sagt man – Rotweine mit der intensivsten Farbe des gesamten spanischen Ostens erzeugt. Fruchtige, aromatische Weißweine, die zum Teil einen leichten Mandelgeschmack besitzen, sowie süße Likörweine sind eine regionale Spezialität.

Region Rioja: In diesem Gebiet liegt das bekannteste Anbaugebiet Spaniens namens Rioja (→ 437).

Region Galizien: im Nordwesten Spaniens gelegen, nahe der portugiesischen Grenze, ist die feuchteste und kühlste Region Spaniens. Aus Rebsorten wie Treixadura, Torrontes und Godello, in anderen Regionen kaum angebaut, werden leichte, sehr frische Weißweine hergestellt. Auch die leichten Rotweine dieser Gegend entwickeln ein elegantes Fruchtaroma.

Region Aragon: Zu Füßen der Pyrenäen, östlich von Navarra liegt die gebirgige Region Aragon. Auf steinigem und armem Boden wird in den Anbaugebieten dieser Region überwiegend die Rebsorte Garnacha angebaut; daraus wird körperreicher Rotwein hergestellt. Auch Weißwein aus der Rebe Macabeo mit seinem typischen fruchtigen, milden Charakter ist eine Spezialität der Anbaugebiete dieser Region.

Region Murcia und Jumilla: Die Rotweine der Region Murcia aus der hauptsächlich angebauten Rebsorte Monastrell sind bekannt für ihr mildes, warmes Bukett mit geringer Säure und hohem Alkoholgehalt. Die Rotweine der Region Jumilla aus der gleichen Rebsorte sind kräftig und vollmundig.

Spezielle Getränkekunde – Weinbau in Europa

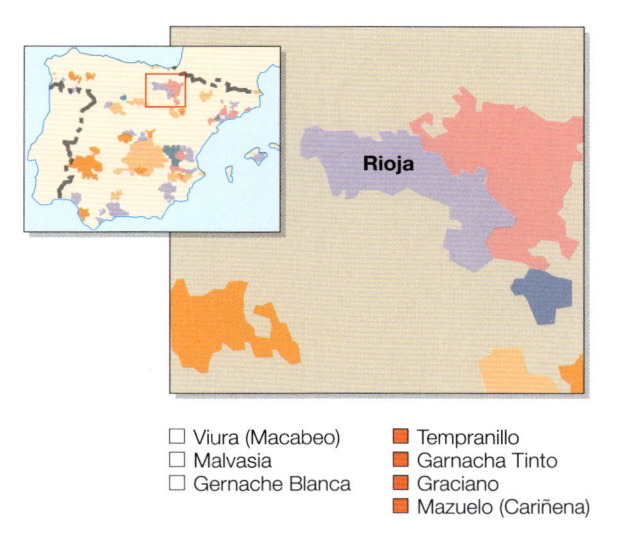

1. Etikettgestaltung bei einem spanischen Wein

2. Anbaugebiet Rioja: wichtige Rebsorten

☐ Viura (Macabeo)
☐ Malvasia
☐ Gernache Blanca
■ Tempranillo
■ Garnacha Tinto
■ Graciano
■ Mazuelo (Cariñena)

Die Sprache des Etiketts bei spanischem Wein

Jedes Anbaugebiet hat für seine Qualitätsweine eigene Regelungen für die einzelnen Kategorien. Die im Folgenden angegebenen Reifegrade und Altersstufen für Qualitätsweine sind Mindestanforderungen.

Bodega: Weinkellerei bzw. Weinerzeugungsunternehmen
Cosecha: Jahr der Ernte, Jahrgang
Elaborado por …: erzeugt von …
Roble: Eiche
Viejo: alt
Vino de Calidad: Junge Qualitätsweine ohne vorgeschriebene Reifungszeit im Fass oder auf der Flasche.
Vino de Crianza: Weißweine müssen eine mindestens sechsmonatige Lagerung in Holz und Flasche erhalten, Rotweine ein Jahr im Fass und ein Jahr in der Flasche.
Vino de Reserva: Rotweine mit dieser Bezeichnung müssen mindestens ein Jahr in Eichenfässern und weitere zwei Jahre auf der Flasche gealtert sein.
Für Rosé- und Weißweine darf die Gesamtausbauzeit im Fass und auf der Flasche nicht unter 24 Monaten liegen, davon mindestens sechs Monate in Eichenfässern.
Vino de Gran Reserva: Beste Rotweine mit einer Mindestlagerung von zwei Jahren im Fass und drei Jahren in der Flasche; Rosé- und Weißweine müssen vier Jahre, davon mindestens sechs Monate im Fass gelagert werden.

1. Erklären Sie die qualitativen Abstufungen bei spanischen Qualitätsweinen.
2. Wodurch unterscheidet sich der Bereich Rioja Baja von den anderen Bereichen des Anbaugebietes Rioja?

Anbaugebiet Rioja

Am Mittellauf des Ebro, ca. 50 km südlich von Pamplona, erstreckt sich auf 120 km Länge und 40 km Breite eines der bekanntesten Weinbaugebiete Spaniens, die Rioja (ca. 45 000 ha Rebfläche), benannt nach dem Fluss Rio Oja. Das Anbaugebiet wird im Norden durch das Kantabrische Gebirge und im Süden durch die Sierra de la Demanda begrenzt. Das Anbaugebiet gliedert sich in die drei Teilgebiete Rioja Alavesa, Rioja Alta und Rioja Baja auf.
Das Klima in Rioja Alta und Rioja Alavesa wird durch den Atlantik mit beeinflusst. Einem warmen Frühjahr, heißen Sommer und milden Herbst folgt ein Winter mit gelegentlichen Schneefällen und häufiger Reifbildung. Im Rioja Baja macht sich der Einfluss des mediterranen Klimas stark bemerkbar; die Region ist heißer und trockener.
Rioja Alavesa: Auf diesem kleinsten der drei Teilgebiete werden auf Kalktonböden, die an Südhängen liegen, Weine mit niedrigem Säuregehalt und ausgeprägter Blume produziert. Zu den wichtigsten der 18 Weinbaugemeinden gehören Laguardia, Elciego und Oyon.
Rioja Alta ist das eigentliche Zentrum des Weinbaus. Hier befinden sich auch die meisten und größten Bodegas der Region. In 75 Gemeinden sowie dem kleinen Bezirk El Ternero wird auf hellbraunen kalkhaltigen Lehmböden vorwiegend die Tempranillo-Traube angebaut. Die daraus hergestellten Weine haben eine kräftige Farbe, eine ausgewogene Säure und sind leicht und frisch.
Rioja Baja schließt sich südlich an Rioja Alta an. Die Erträge in diesem Gebiet sind höher. Die Weine weisen einen höheren Alkoholgrad und geringeren Säuregrad auf als in den anderen Gebieten.

☐ Viura (Macabeo) ☐ Chardonnay ☐ Moscatel
☐ Gernacha Blanca ☐ Malvasia
■ Tempranillo (Cencibel) ■ Cariñena (Mazuelo) ■ Merlot
■ Gernacha Tinto ■ Carbernet Sauvignon

1. Anbaugebiet Navarra; wichtige Rebsorten

☐ Macabeo (Viura) ☐ Parellada ☐ Chenin blanc
☐ Xarel-lo (Caroixa/Pansa) ☐ Riesling ☐ Chardonnay
■ Ull de Liebre ■ Cariñeña (Mazuelo) ■ Carbernet Franc
  (Tempranillo, Cencibel) ■ Carbernet Sauvignon ■ Merlot
■ Gernacha Tinto ■ Pinot noir

2. Anbaugebiet Penedés; wichtige Rebsorten

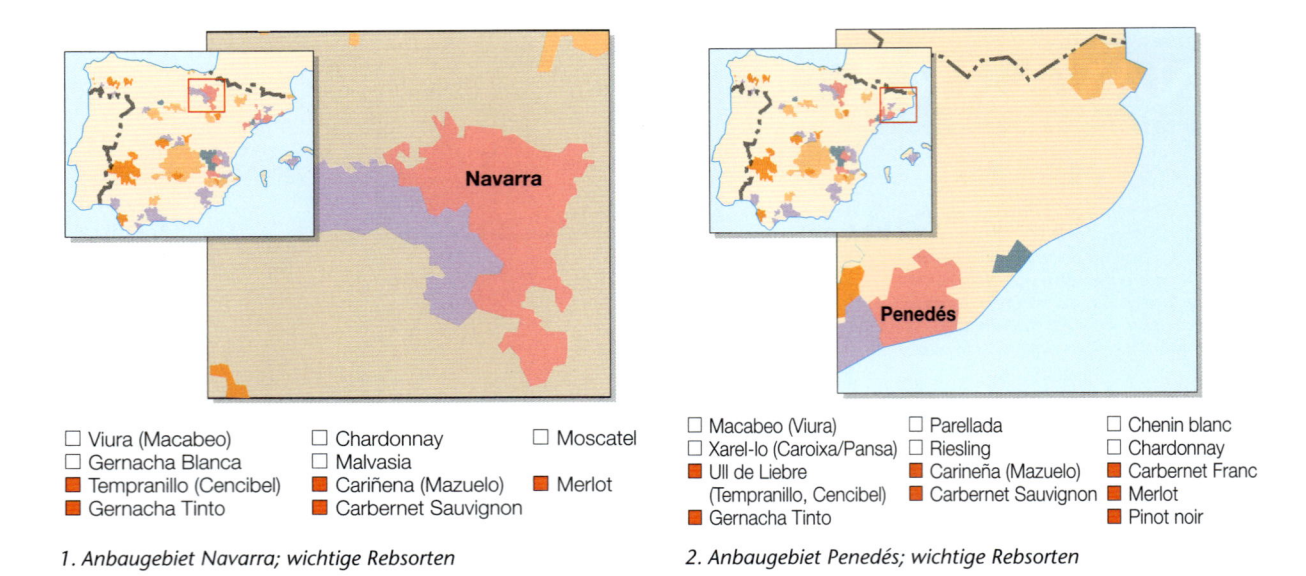

Anbaugebiet Navarra

Die Region Navarra liegt zwischen den Pyrenäen und dem Tal des Flusses Ebro. Weinbau wird im südlichen Landesteil, südlich der Hauptstadt Pamplona, auf ca. 24 000 ha betrieben. Das Anbaugebiet ist in fünf Bereiche unterteilt. Das Klima in den drei nordwestlichen Teilgebieten Tierra Estella, Valdizarbe und Baja Montana steht noch unter dem Einfluss des Atlantiks. In Ribera Alta überwiegt das trockenere, wärmere Mittelmeerklima, während Ribera Baja das trockenste und heißeste Klima der fünf Gebiete aufweist. Ähnlich wie das Klima variieren auch die Böden, von kalkhaltigen kalkweißen bis rötlich-gelblich gefärbten Böden mit Eisenbeimischungen.

Die rote Garnacha-Rebe wird auf 80 % der Fläche angebaut und ist die Grundlage für die Navarra-Roséweine. Sie sind alkoholreich und arm an Säure.

Tierra Estella ist das am westlichsten gelegene Gebiet. Sein Zentrum ist die Stadt Estella am Jakobspilgerweg. Zu den 26 Weinbaugemeinden zählen bekannte Orte wie Ayegui, Di Castillo und Villamayor de Monjardin.

Valdizarbe liegt im Herzen der Region und setzt sich aus 24 Gemeinden zusammen, zu denen auch der Ort Puente de la Reina am Jakobspilgerweg zählt.

Baja Montana liegt im Nordosten. Bekannte Weinbauorte sind San Martin de Unx und Sangüesa.

Ribera Alta besteht aus 24 Gemeinden; darunter sind bekannte Namen wie Lerin, Olite und Villafranca.

Ribera Baja am Ebro ist das größte der Gebiete. Im trockenen, heißen Klima gedeihen gehaltvolle Weine. Bekannte Orte der 13 Gemeinden sind Cascante und Corella.

Anbaugebiet Penedés

Wenige Kilometer hinter den bekannten Touristenstränden der Costa Dorada, zwischen Barcelona und Tarragona, liegt das Anbaugebiet Penedés mit ca. 25 000 ha Rebfläche. Das Klima des gesamten Anbaugebietes ist mediterran. Auf trockene, heiße Sommer folgen milde Winter. Von Meereshöhe bis auf eine Höhe von knapp 800 m wird Weinbau betrieben. Das Anbaugebiet ist in drei zusammenhängende Bereiche unterteilt:

Bajo Penedés im Südwesten zieht sich flach zum Meer hin und ist der heißeste Bereich des Anbaugebietes. Auf sandigen Böden werden für Rotweine die Rebsorten Garnacha und Cariñena angebaut. Xarel-lo und Macabeo dominieren unter den Weißweinsorten. Bekannte Namen der 38 Gemeinden sind Bellvei, Calafell, Albinyana und Llorenc del Penedés.

Garraf, das sich in Richtung Barcelona an den Bajo Penedés anschließt, steigt mit seinen kalkhaltigen Böden bis auf 400 m an. Hier werden überwiegend die weißen Rebsorten Xarel-lo und Macabeo angebaut. Aus ihnen werden frische, fruchtige Weine erzeugt. Ein Großteil wird zur Cava-Herstellung (Schaumweinherstellung) verwendet. Von den neun Weinbaugemeinden sind Sant Pere de Ribes, Canyelles und Olivella bekannt.

Alto Penedés: Die Weinberge, zum Teil auf fast 800 m Höhe, gehören zu den höchstgelegenen Europas. Die Böden sind Lehm-Sand-Mischungen, begleitet von Kalkstein. Hier werden Weißweinreben wie Chardonnay und Riesling angebaut. Von den 38 Weinbaugemeinden sind Vilafranca de Penedés, Sant Sadurni d'Anoia, Les Cabanyes und Vilovi bekannt.

1. Anbaugebiete Portugals

2. Anbaugebiet Vinho Verde; wichtige Rebsorten (☐ weiß, ■ rot)

1.5 Portugal – Anbaugebiete, Weine und wichtige Rebsorten

In Portugal werden auf fast 400 000 ha des Landes Reben angebaut. Mit über 500 authentisch festgestellten Sorten wird ein breites Spektrum an Geschmacksrichtungen abgedeckt. Die über 40 Anbaugebiete für Qualitätsweine sind wie in Frankreich in höher eingestufte DOC-Gebiete und in IPR-Gebiete eingeteilt, die bei entsprechender Qualität zu DOC-Weinen aufsteigen können.
Die fünf wichtigsten Gebiete bzw. Regionen für DOC-Weine sind: Vinho Verde, Douro, Dão, Bairrada sowie die Region Alentejo als Sammelbegriff für acht Anbaugebiete für Qualitätswein.

Die Sprache des Etiketts bei portugiesischem Wein
Adega: Keller
Adamado: lieblich
Casa: Haus (vinho da casa)
Colheita: Jahrgang
Doce: süß
Garrafeira: Prädikatsweinstufe
IPR, DOC, VQPRD: Qualitätswein
Meio seco: halbtrocken
Paço/Palácio: Schloss/Palast (Weingut)
Quinta: Weingut/Landgut
Reserva: Prädikatsweinstufe
Rosado: Roséwein
Seco: trocken
Vinha: Weinberg
Vinho branco/vinho tinto: Weißwein/Rotwein
Vinho generoso: Likörwein
Vinho regionais: Landwein

Anbaugebiet Vinho Verde
Mit über 70 000 ha ist Vinho Verde das größte Anbaugebiet Portugals. Der Name Vinho Verde, auf Deutsch „grüner Wein", stammt in erster Linie von der immer grünen Landschaft, dem Minho, im Nordwesten Portugals. Das Klima ist gemäßigt und wird stark vom Atlantik beeinflusst. Außergewöhnlich ist die heute noch zum Teil praktizierte traditionelle Reberziehungsform. Reben wachsen an Stangen und sogar an Bäumen bis zu 6 m hoch, bilden Gänge und Alleen und werden mithilfe von Leitern geerntet.
Produziert werden etwa je zur Hälfte roter und weißer Vinho Verde. Der weiße Vinho Verde ist ein leichter, erfrischender, säuregeprägter, lebendiger Wein mit oft nur 8,5 Vol.-% oder 9 Vol.-% Alkohol. Der rote Vinho Verde ist ein herber, säurebetonter Rotwein von schwarzroter Farbe mit ebenfalls geringem Alkoholgehalt; er wird gekühlt getrunken.

Anbaugebiet Douro
Der Name Douro stammt von dem aus Spanien kommenden Fluss gleichen Namens. Die Weinberge des Douro (ca. 32 000 ha) beginnen etwa 100 km landeinwärts der Hafenstadt Porto. Weltbekannt ist das Dourotal als Herkunftsgebiet für Portwein (→ 314), wozu etwa die Hälfte der ca. 125 Mio. l produzierten Weines verarbeitet wird. Außer Portwein werden auch frische, lebendige Weißweine, vor allem jedoch Rotweine von oft rotschwarzer Färbung produziert. Der Geschmack der Rotweine erinnert an Kirschen. Im Abgang ist ein hoher Tanningehalt (Gerbstoffgehalt) festzustellen.

1. Anbaugebiet Bairrada; wichtige Rebsorten (☐ weiß, ■ rot)

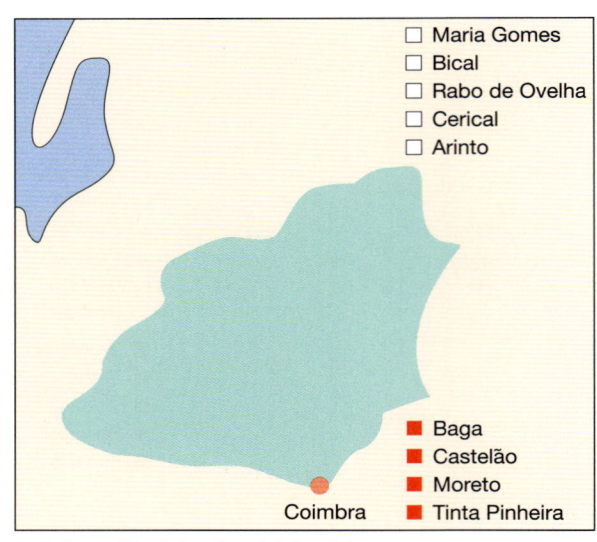

2. Anbaugebiete Region Alentejo; wichtige Rebsorten (☐ weiß, ■ rot)

Anbaugebiet Bairrada

Der Name Bairrada ist von dem Wort „Bairo" abgeleitet, was so viel wie toniger Lehm bedeutet. Auf diesem Boden wird auf ca. 21 000 ha bei günstigem Meerklima in der Provinz Beira Litoral nördlich der berühmten Universitätsstadt Coimbra Weinbau betrieben. Bairrada ist auch das Zentrum der portugiesischen Sektherstellung, die in klassischer Flaschengärung erfolgt. Den Sekt gibt es in allen Geschmacksrichtungen, eine Spezialität ist der herbe, tiefrote Baga-Sekt.

Die Weißweine, meist aus einer Cuvée mehrerer Rebsorten, schmecken frisch, mit einer feinen Säure und werden überwiegend jung getrunken. Die Rotweine werden fast ausschließlich aus der Rebsorte Baga hergestellt. Sie sind gut lagerfähig; ihr Geschmack erinnert oft an Cassis.

Anbaugebiet Dão

Südlich von Douro und östlich von Bairrada liegt das nach dem Fluss Dão benannte Anbaugebiet. Es ist eines der ältesten und traditionsreichsten portugiesischen Qualitätsweinanbaugebiete. Auf ca. 20 000 ha werden auf kargen Granitböden im Jahr durchschnittlich nur 400 000 hl Wein erzeugt. Eine Spezialität ist der Dão Novo, ein körperreicher Primeur-Wein im Beaujolais-Stil. Für lange in Fass und Flasche gereifte Spitzenweine gibt es die Prädikate Reserva und Garrafeira. Das Prädikat Dão Nobre, in Verbindung mit den genannten Prädikaten, ist das anspruchsvollste Dão-Prädikat mit einem Mindestalkoholgehalt von 12,5 Vol.-% bei Rot- und 12 Vol.-% bei Weißwein. Spitzenrotweine aus dem Dãogebiet eignen sich zur jahrzehntelangen Lagerung und Reifung.

Anbaugebiete der Region Alentejo

Die Region Alentejo ist die flächenmäßig größte Region Portugals. Sie liegt nördlich der Algarve und östlich von Lissabon, Richtung spanischer Grenze. In der Region liegen acht Anbaugebiete, in denen sehr verstreut auf etwa 13 000 ha Weinbau betrieben wird. Diese Besonderheit des nicht zusammenhängenden Anbaus lässt die Region Alentejo auf den ersten Blick kaum als Weinbaulandschaft erkennen. Das Klima ist heiß und trocken und bildet zusammen mit den kargen, oft schiefergeprägten Böden die Grundlage für einen Wein von jährlich gleichbleibender Qualität.

Im Gegensatz zu den anderen Anbaugebieten ist die Auswahl der Rebsorten in der Region Alentejo begrenzt. Jeweils drei bis fünf Sorten von Rot- und Weißwein sind für jedes Anbaugebiet festgelegt. Alentejo-Weine – dies gilt besonders auch für die Rotweine – sind schon in ihrer Jugend nach zwei bis drei Jahren ausgewogen und gut trinkbar. Trotzdem sind sie noch jahrelang lagerfähig. Die Weißweine sind körperreich, säurearm und werden zum Teil rebsortenrein, das heißt nicht als Verschnitt ausgebaut.

1. Erklären Sie folgende Angaben auf dem Etikett eines portugiesischen Weines: Vinho branco, Meio seco und Garafeira.
2. Beschreiben Sie gastgerecht den roten und weißen Vinho Verde.
3. Nennen Sie jeweils eine Weinspezialität aus den Anbaugebieten Douro, Bairrada und Dão.
4. Zählen Sie einige Anbaugebiete der Region Alentejo auf.

Spezielle Getränkekunde – Weinbau in Europa

1. Anbaugebiete Griechenlands

„Die Tränen Griechenlands"

Retsinawein (Retsine = Harz): Hierbei handelt es sich um ein ausschließlich griechisches Produkt. Die Geschmacksrichtung dieses Weines entstand, als vor Jahrhunderten Amphoren und andere Gefäße durch eine Mischung aus Gips und Pinienharz versiegelt wurden. Dabei gingen Geschmacksstoffe des Harzes in den Wein über und gaben diesem einen etwas eigenwilligen Geschmack. Heutzutage wird Retsina genau wie anderer Wein hergestellt. Vor oder während der Gärung werden jedoch einige Stücke Pinienharz dem Most zugesetzt und zusammen mit der Hefe beim ersten Abstich wieder entnommen. Als bestes Harz gilt das Harz der Attinischen Pinie. Am besten eignen sich für die Herstellung die weißen Rebsorten Savatiano und Rhoditis. Bekannt für die Retsinaherstellung sind die Landweinregionen Attika, Viotia und Evia. Retsina ist als Tafel- und Landwein erhältlich. Er ist ein trockener, frischer, in Geruch und Geschmack kräftiger, leicht bitterer Wein und wird gekühlt (8 °C bis 10 °C) getrunken.

1.6 Griechenland – Anbaugebiete, Weine und wichtige Rebsorten

Griechenland ist das Land, das mit der Geschichte des Weines am engsten verbunden ist. Schon im 13. Jahrhundert v. Chr. war der Weinbau in Griechenland sehr bedeutend. Griechen waren es, die sich im Jahre 600 v. Chr. bei Marseille ansiedelten und den ersten Wein in Frankreich erzeugten. Rebenanbau wird in Griechenland auf ca. 185 000 ha meist stark verstreut betrieben. Ein Teil davon wird nicht zur Weinherstellung, sondern als Tafeltrauben oder zur Rosinenherstellung verwendet. Der Anbau der Reben erfolgt größtenteils in Mischkulturen. Die mehr als 20 Anbaugebiete für Qualitätswein liegen weit auseinander und sind zudem noch über zahlreiche Inseln verteilt. Außer Tafel-, Land- und Qualitätswein wird auch viel Likörwein hergestellt.

Anbaugebiete der Zykladen
Von den Zykladen-Inseln sind vor allem die Anbaugebiete Paros und Santorini (Thera) bekannt (Anbaufläche ca. 5 000 ha).
Paros: Auf dieser Insel werden die beiden Rebsorten Monemvassia (weiß) und Mandilaria (rot) angebaut. Beide liefern ausgezeichnete Moste, die zur Vermouth-Herstellung in alle Welt versandt werden. Aus einem Verschnitt der beiden Rebsorten wird ein roter Qualitätswein mit der Ursprungsbezeichnung Paros erzeugt.
Santorini: Auf der südlichsten der Zykladen-Inseln werden auf Kalkstein und Schiefer die Rebsorten Assyrtiko und Aïdani angebaut. Nykteri nennt sich ein exzellenter trockener Weißwein aus der Rebsorte Assyrtiko. Außerdem wird aus beiden Rebsorten ein Likörwein mit dem Namen Liastos als „Strohwein" hergestellt; das heißt, die gelesenen Trauben werden vor der Weinbereitung auf Stroh getrocknet.

Anbaugebiete Insel Kreta (Anbaufläche ca. 50 000 ha)
Sitia und Daphnes: In Sitia, das im äußersten Osten Kretas liegt, und dem westlich davon gelegenen Anbaugebiet Daphnes werden überwiegend aus der Rebsorte Liatiko Rotweine und ein fruchtiger Likörwein hergestellt.
Archanes und Peza: Weine mit dieser Herkunftsbezeichnung stammen von der roten Rebsorte Kotsifali, die in Griechenland nur in diesen beiden Gebieten angebaut wird. Außerdem wird noch rubinroter Wein aus der Rebsorte Mandilari gewonnen sowie ein fruchtiger Weißwein aus der Vilana-Traube, einer alten kretischen Rebsorte.

2. Retsina

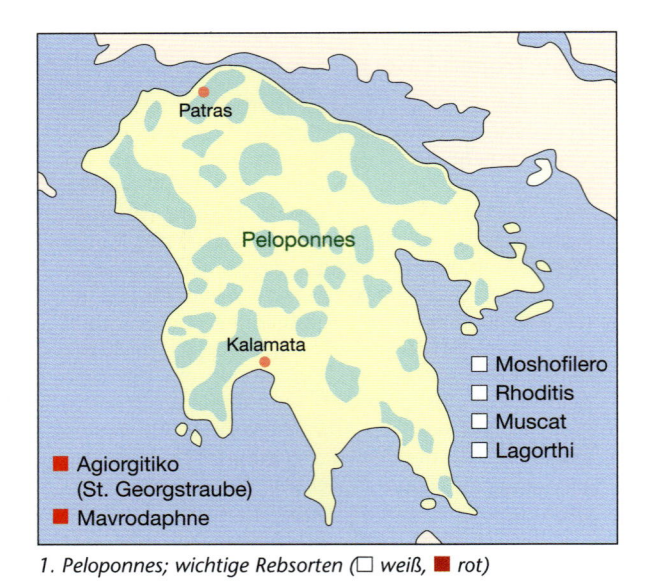

1. Peloponnes; wichtige Rebsorten (☐ weiß, ■ rot)

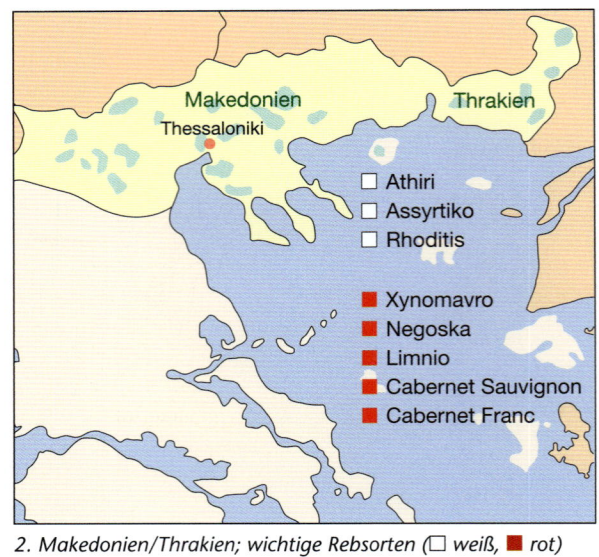

2. Makedonien/Thrakien; wichtige Rebsorten (☐ weiß, ■ rot)

Anbaugebiete der Halbinsel Peloponnes

Durch den Kanal von Korinth vom Festland getrennt liegt die Halbinsel Peloponnes. Hier werden in verschiedenen Anbaugebieten auf ca. 60 000 ha Reben angebaut. Dies ist ca. 1/3 der griechischen Produktion. So wie die Rosinentraube die wichtigste Pflanze für die Landwirtschaft im Nord- und Südwesten Griechenlands ist, so ist es die Keltertraube auf dem Peloponnes. Durch eine Gebirgskette, die den Peloponnes von Nordosten nach Südwesten durchzieht, wird die Halbinsel in zwei sehr unterschiedliche Regionen geteilt: eine regenreiche westliche und eine regenarme, trockene östliche Region.

Nemea: Von der Küste bis ins Landesinnere erstreckt sich von 250 m bis 800 m Höhe der Weinanbau. Hier wird aus der Rebsorte Agiorgitiko ein gehaltvoller, trockener Wein von dunkelroter Farbe mit langer Lagermöglichkeit produziert, dem die Winzer den Beinamen „Blut des Herkules" gegeben haben.

Mantinia: Im Herzen des Peloponnes, in ca. 650 m Höhe, werden aus der Rebsorte Moshofilero trockene, fruchtige Weißweine mit lebhafter Säure und einem Aroma, das an Akazienhonig erinnert, hergestellt.

Patras: Aus der hauptsächlich angebauten Rebsorte Rhoditis wird ein leichter, frischer Weißwein gewonnen, der die Herkunftsbezeichnung Patras trägt.

- Mavrodaphne de Patras ist ein körper- und bukettreicher Likörwein aus der Rebsorte Mavrodaphne, der seine volle Reife in Holzfässern erreicht.
- Muscat de Patras und Muscat Rion de Patras sind topasfarbene Likörweine, die sich gleichermaßen als Aperitif- und als Dessertweine eignen.

Anbaugebiete von Makedonien/Thrakien

Die klimatischen Verhältnisse Nordgriechenlands mit bedeutenden Niederschlägen und reicher Vegetation unterscheiden sich grundlegend von denen Zentralgriechenlands und der Inseln. Die Anbaufläche beträgt ca. 15 500 ha.

Naoussa, Goumenissa und Amynteon: Im Gegensatz zu der samtig-füllingen Rebsorte Agiorgitiko im Süden Griechenlands wird im Anbaugebiet Naoussa, im Norden, aus der Rebsorte Xinomavro (xino = sauer, mavro = schwarz) ein robuster Rotwein mit einem relativ gerbstoffbetonten Geschmack hergestellt, der eine längere Lagerung in Holzfässern benötigt, um sein Aroma und seine Milde zu entwickeln. In den anderen beiden Anbaugebieten wird diese Rebsorte mit der Sorte Negoska zu einem harmonischen Wein verschnitten.

Côtes de Meliton: Auf der Halbinsel Sithonia werden aus einheimischen weißen Rebsorten frische, fruchtige Weißweine und markige, üppige Rotweine als Verschnitt aus der griechischen Rebsorte Limnio mit den französischen Rebsorten Cabernet Franc und Cabernet Saugvinon hergestellt. Diese Weine tragen die Herkunftsbezeichnung Côtes de Meliton.

1. Nennen Sie einige Ihnen bekannte griechische Anbaugebiete, die nicht im Text beschrieben sind.
2. Beschreiben Sie die Herstellung und den Geschmack von Retsina.
3. Ordnen Sie folgende Rebsorten einem Anbaugebiet zu:
   a) Mavrodaphne, b) Xinomavro, c) Agiorgitiko.

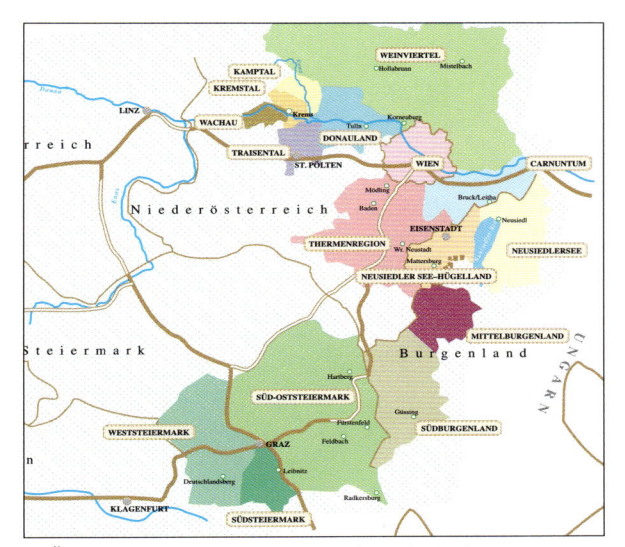

1. Österreich – Weinbauregionen und Weinbaugebiete

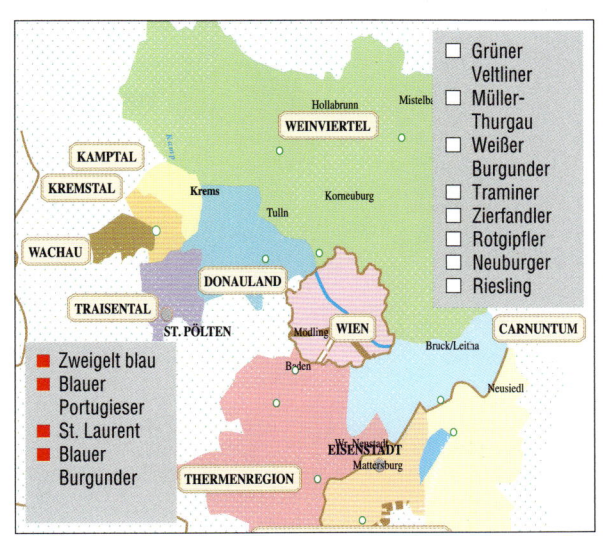

2. Weinbauregionen Niederösterreich, wichtige Rebsorten (☐ weiß, ■ rot)

1.7 Österreich – Weinbauregionen, Weinbaugebiete, Weine und wichtige Rebsorten

In Österreich wird in vier Weinbauregionen, unterteilt in 16 Weinbaugebiete, auf ca. 57 000 ha Rebfläche Wein angebaut. Die Weinbaugebiete konzentrieren sich, mit Ausnahme der Steiermark, nördlich und östlich von Wien. Wie in Deutschland sind auch in Österreich die Weißweine am besten. Bedingt durch das etwas südlichere Klima haben die Reben einen höheren Reifegrad.

Die Sprache des Etiketts bei österreichischem Wein
Die Angaben auf dem Weinetikett sind in deutscher Sprache aufgeführt und gleichen denen Deutschlands (Güteklassen → 311, 419).

Weinbauregion Niederösterreich
Mit ca. 33 500 ha Weinbaufläche, unterteilt in acht Weinbaugebiete, ist dies die größte Weinbauregion Österreichs. Die Rebsorte Grüner Veltliner, eine der in Österreich am häufigsten angebauten Rebsorten, ist besonders in der Weinbauregion Niederösterreich stark vertreten. Die Weine daraus sind von pfeffriger Würze, fruchtig und meist trocken ausgebaut. Angeboten werden sie leicht, jung und spritzig als Heuriger, aber auch als lagerfähige Spätlese.

Weinbaugebiet Wachau (1 450 ha): Auf steilen Urgesteinsarten werden im engen Donautal zwischen Melk und Krems überwiegend Grüner Veltliner und Riesling angebaut.

Weinbaugebiet Kremstal (2 440 ha): Das Weinbaugebiet Kremstal ist bekannt für bukettreiche und fruchtbetonte, elegante Weißweine.

Weinbaugebiet Kamptal (4 190 ha): Grüner Veltliner und Riesling sind die am meisten angebauten Rebsorten. Der Anbau roter Rebsorten gewinnt an Bedeutung.

Weinbaugebiet Traisental (700 ha): Das Traisental liegt beiderseits der Traisen, nördlich von St. Pölten zur Donau hin. Auf sandigem Lössboden gedeihen Reben für fruchtig-duftige Weißweine.

Weinbaugebiet Donauland (2 950 ha): Entlang der Donau, östlich von Krems bis nach Klosterneuburg werden auf löss- und kalkhaltigen Böden typische und markante Rot- und Weißweine produziert.

Weinbaugebiet Weinviertel (18 000 ha): Dieses größte und nördlichste Weinbaugebiet Österreichs könnte man auch als Veltlinerland bezeichnen. Über die Hälfte der Weinbaufläche ist mit dieser Rebsorte bepflanzt.

Weinbaugebiet Carnuntum (955 ha): Das Weinbaugebiet ist durch den Neusiedlersee und die Donau klimatisch begünstigt. Es liegt um die Orte Göttlesbrunn, Höflein und Prellenkirchen.

Weinbaugebiet Thermenregion (2 814 ha): Durch das Gebiet führt eine vulkanische Bruchlinie. Kraftvolle Weißweine aus den Rebsorten Zierfandler (Spätrot) und Rotgipfler sind eine Spezialität dieses Anbaugebietes.

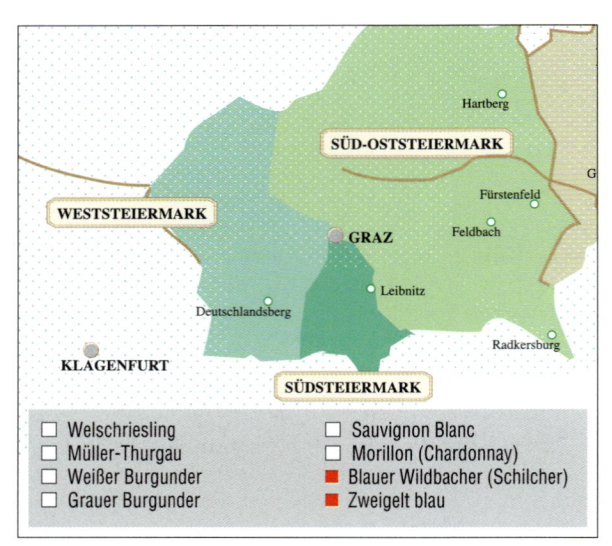

1. Weinbauregion Steiermark, wichtige Rebsorten
  (☐ weiß, ■ rot)

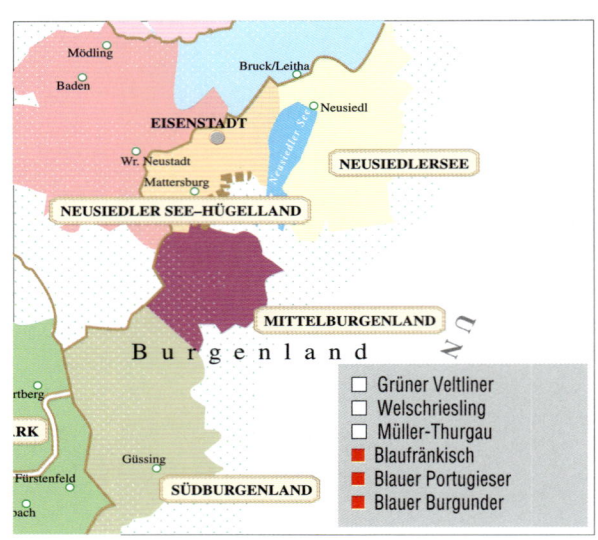

2. Weinbauregion Burgenland, wichtige Rebsorten
  (☐ weiß, ■ rot)

Weinbauregion Steiermark

Die Weinbauregion Steiermark teilt sich in drei Anbaugebiete auf. Auf ca. 3 500 ha wird Weinbau betrieben:

Weinbaugebiet Südoststeiermark (1 200 ha): Das Gebiet liegt an der Grenze zwischen trockenem panonischen Klima und feuchtem Mittelmeerklima. Produziert werden vorwiegend fruchtbetonte Weißweine.

Weinbaugebiet Südsteiermark (1 900 ha): Auf steilen Hügeln wächst eine große Rebsortenvielfalt für fruchtige Weißweine, in erster Linie Welschriesling, Riesling, Traminer, Sauvignon blanc und Morillon (Chardonnay).

Weinbaugebiet Weststeiermark (480 ha): Schilcher (Blauer Wildbacher) ist eine Spezialität dieses steirischen Weinbaugebietes. Unter „Schilchen" versteht man Schillern. Der Wein hat die Farbe eines Roséweines. Er ist fruchtig, frisch-herb und spritzig und hat eine kräftige, manchmal sogar agressive Säure.

Weinbauregion und Weinbaugebiet Wien

Wien (730 ha) ist das einzige Weinbaugebiet der Welt, das innerhalb der Grenzen einer Hauptstadt liegt. Bekannte Weinbau- und Heurigenorte wie Nußdorf, Grinzing und Sievering liegen hier.
Traditionell angebaut werden im „gemischten Satz" Trauben verschiedener Rebsorten für Schankweine sowie Grüner Veltliner. Bei Rotweinen dominieren Blauburgunder und Zweigelt.

Weinbauregion Burgenland

Die Weinbauregion Burgenland, mit einer Anbaufläche von ca. 19 000 ha, ist in vier Anbaugebiete unterteilt:

Weinbaugebiet Neusiedlersee (10 387 ha): Auf über 80 % der Rebfläche werden weiße Rebsorten, besonders Welschriesling und Weißburgunder, angebaut.

Weinbaugebiet Neusiedlersee – Hügelland (6 260 ha): Die größte Tradition als Weinbauort hat die Freistadt Rust. Hier werden zum Teil auch wie im benachbarten Ungarn süße Weine produziert. Bekannt ist der Ruster Ausbruch. Die Prädikatsstufe Ausbruch liegt zwischen Beerenauslese und Trockenbeerenauslese.

Weinbaugebiet Mittelburgenland (2 100 ha): In reizvoller Hügellandschaft wird auf schweren Lehmböden überwiegend die Rebsorte Blaufränkisch angebaut. Das Weinbaugebiet ist bekannt für seine Rotweine.

Weinbaugebiet Südburgenland (460 ha): Es ist das kleinste Weinbaugebiet Österreichs. Auf sandig-tonigen Lehmböden werden Weiß- und Rotweine mit einem eigenständigen Charakter produziert.

1. Beschreiben Sie, in welchem Landesteil Österreichs Weinbau betrieben wird.
2. Nennen Sie die Weinbauregionen Österreichs.
3. Beschreiben Sie die Weine aus den Rebsorten Grüner Veltliner und Blauer Wildbacher (Schilcher).

2 Degustation – Weinprobe

Aus der Römerzeit gibt es zahlreiche Aufzeichnungen, die sich mit dem Thema Weinprobe befassen. Aus dieser Zeit stammt auch die Formel: Color (Farbe), Odor (Geruch), Sapor (Geschmack) – eine Reihenfolge, wie sie beim Verkosten von Wein auch heute noch eingehalten wird. Die beste Tageszeit für eine Verkostung ist der späte Vormittag, da zu dieser Zeit die Sinne am sensibelsten sind.

Wichtige Voraussetzungen für eine Weinprobe:
- Der Probierraum muss frei von Gerüchen sein.
- Die Weine müssen die richtige Temperatur haben.
- Das Probierglas soll ein dünnwandiges, tulpenförmiges Stielglas, farblos, rein und ohne Schliff sein.
- Das Licht sollte nicht zu dunkel sein; Kerzenlicht ist meistens nicht ausreichend. Neonlicht hat den Nachteil, unnatürliche Brauntöne zu erzeugen.
- Die Prüfperson muss über eine fein empfindende Zunge und gesunde Atemwege verfügen (keine Erkältung). Parfüm und Tabakgeruch sind störend.
- Die richtige Reihenfolge der Weine ist sehr wichtig; dabei gilt die Regel: leicht vor schwer, jung vor alt, trocken vor lieblich, trockene Rotweine vor Weißweinen.

Zwischen den Proben sind die Geschmacksnerven durch einen Schluck Wasser oder einen Bissen Weißbrot zu neutralisieren. Um Farbe, Aroma und Geschmack zu beschreiben, fehlen oft die passenden Worte. Deshalb wird dazu ein Weinvokabular (siehe unten) oder das in den 80er-Jahren von den Amerikanern entwickelte Weinaroma-Rad verwendet. Bei der Prüfung wird in drei Schritten vorgegangen.

Die Sichtprüfung
Die Sichtprüfung gelingt am besten, wenn man den Wein im Glas vor einem weißen Hinter- oder Untergrund (z.B. weiße Tischdecke oder weißes Blatt Papier) vornimmt.

Geprüft werden:
- Die Klarheit: Dabei wird festgestellt, ob der Wein trübe, blind, blank oder blitzblank ist oder ob er noch sonstige Unreinheiten enthält. Weinsteinablagerungen bei Weißwein sind nicht negativ.
- Der CO_2-Gehalt: Es wird geprüft, ob sich gar keine, wenig oder viele Bläschen im Wein befinden.
- Die Farbe: Der Farbton verrät, wie alt und in welchem Zustand der Wein ist. Als einfachste Regel gilt: Je älter ein Wein der gleichen Rebsorte und Lage ist, umso dunkler ist er. Junge Weißweine z.B. sind hellgelb/-grün, mit zunehmendem Alter goldgelb.
  Junge Rotweine haben ein kräftiges Rot bis Rot-Violett, mit zunehmendem Alter mischen sich Brauntöne darunter. Es entsteht eine „Rostfarbe". Wenn bei Rotwein das Rot nicht mehr zu erkennen ist, ist er meist ungenießbar. Dieses ist vor allem am Außenrand gut erkennbar.
- Der Alkoholgehalt: Dabei wird der Wein im Glas geschwenkt; er läuft entweder schnell wieder ab oder er bildet am Glasrand ölige Streifen (auch Schlieren, Zähren bzw. Tränen genannt) und Fenster. Je deutlicher diese zu erkennen sind, umso alkoholreicher ist der Wein. Es kann aber auch ein hoher Zuckergehalt die Ursache sein; dies ist jedoch bei der Geschmacksprüfung sehr gut festzustellen.

Prüfgegenstand	Eigenschaften				abwertend
	Intensitätssteigerung →				
	1	2	3	4	
Klarheit	hell	blank	glanzhell	blitzblank	trübe, blind
Farbe Weißwein Rotwein	gelbgrün, grün blaßrot	hellgelb rot	gelb rubinrot, granatrot	bernsteinfarben dunkelrot	blass, farblos, hochfarbig
Geruch	zart, dezent feinduftig	duftig blumig	ausgeprägt buketreich	intensiv sortentypisch	ausdruckslos, fremd, unsauber, parfümiert
Geschmack (Restsüße)	trocken durchgegoren, herb	dezent zartsüß	lieblich süffig	natursüß edelsüß	hart, pappsüß, unharmonisch, Bonbonton
Säure	mild, zart verhalten	frisch feinrassig spritzig	nervig herzhaft pikant	kernig stahlig elegant	unreif, fad spitz, hart grasig, bissig
Körper Extrakt	leicht	mundig	vollmundig	gehaltvoll, samtig feurig, ölig, stoffig extrafein, schwer	dünn, klein brandig, schnapsig dünn, leer, plump
Aroma, Bukett (Geschmacks- und Geruchsstoffe)	neutral	zart, blumig	fruchtig, würzig herzhaft, erdhaft saftig	feinwürzig buketreich edel	kurz, ohne Frucht dick, aufdringlich parfümiert
Gesamtbeurteilung	jung frisch	erfrischend spritzig	reif ausgebaut	vollreif fein, edelfein	leer, tot, matt schal, abgebaut, passé
Alter	jung, zart fein	sauber, typisch herzhaft	rund gehaltvoll, reif	edel körperreich	klein, dünn, mager, körperarm, unharmonisch

1. Riechfelder der Nase

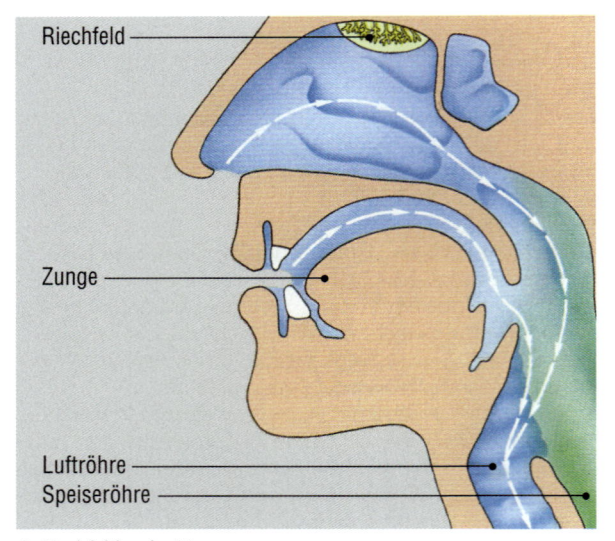

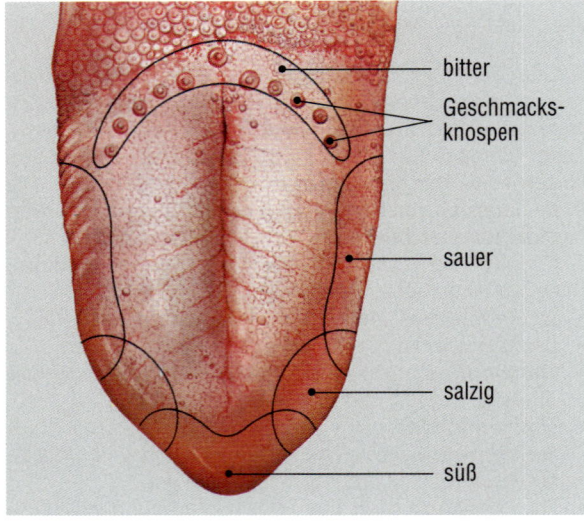

2. Geschmacksfelder der Zunge

Die Geruchsprüfung
Bei der Geruchsprüfung werden Geruchssubstanzen aufgenommen. Sie gelangen durch die Nasenlöcher oder während des Kauens und Schluckens über eine Verbindung zwischen Rachen- und Nasenhöhle an das Riechfeld. Um mehr Luft beim Einatmen an das Riechfeld zu transportieren, wird die Luft in kurzen Ein- und Ausatemstößen (Schnüffelatmung) zum Riechfeld transportiert. Diese Technik wird auch bei der Weinprobe eingesetzt, um die Aromastoffe der Weine besser riechen zu können.

Bei der Geruchsprüfung werden die Aromen und das Bukett des Weines bewertet. Die Düfte können verschiedenen Gruppen wie Früchten, Blumen, Pflanzen oder auch negativen Gerüchen (z. B. Korkgeruch) zugeordnet werden.

Dabei sollte man vom Einfachen zum Schwierigen übergehen. Empfindet man einen Geruch z. B. als fruchtig, wäre der nächste Schritt, herauszufinden, welcher Art von Früchten dieser Geruch entströmt, z. B. Beerenfrüchte, und dann als Höhepunkt noch die Beerensorte, z. B. Brombeer-, Erdbeer- oder Johannisbeergeruch, zu bestimmen.

Die Geruchsprüfung erfolgt in zwei Schritten. Bei beiden Schritten schnuppert man dicht über dem Glas an den entfliehenden Duftstoffen.
- 1. Schritt: Das Glas mit dem Wein wird ohne Bewegung des Glases und des Weines gehalten und die Aromastoffe werden aufgenommen (Primärbukett).
- 2. Schritt: Beim zweiten Schritt schwenkt man das Glas so, dass der Wein fast bis an den Rand schwappt. Dadurch wird eine maximale Glasfläche mit Wein benetzt und die Aromen und Bukettstoffe können von einer größeren Oberfläche aus verfliegen.

Die Geschmacksprüfung
Wenn sich der Wein im Mund befindet, werden durch die Verbindung zwischen Nase und Mund auch Aromastoffe wahrgenommen. Diese dürfen nicht mit dem eigentlichen Geschmack verwechselt werden. Während mit den Riechfeldern viele Aromastoffe aufgenommen werden können, werden auf der Zunge lediglich vier Geschmacksrichtungen in verschiedenen Zonen intensiver wahrgenommen: die Süße überwiegend an der Zungenspitze, die Säure an den seitlichen und unteren seitlichen Zungenrändern, die Bitter-/Gerbstoffe im hinteren Zungenbereich. Die Gesamtheit aller Geschmacksstoffe nennt man Körper. Die Summe der Duft- und Geschmacksstoffe nenn man Bukett.

Bei der Geschmacksprüfung wird folgendermaßen vorgegangen:
- Einen kleinen Schluck Wein dezent schlürfen. Durch die Sauerstoffanreicherung wird der Geschmack deutlicher wahrgenommen.
- Den Wein durch „Kauen" im Mund gut verteilen, um alle Geschmacksknospen anzusprechen.
- Den Wein schlucken oder ausspucken.

Nach dem Schlucken oder Ausspucken bleibt ein Nachgeschmack (Abgang, auch als Schweif des Weines bezeichnet), der von drei/vier Sekunden bis über zehn/fünfzehn Sekunden anhalten kann. Ein sauberer, frischer Nachgeschmack ist dabei ein gutes Zeichen.

1. Erklären Sie, wo sich die Riechfelder der Nase und die Geschmacksfelder der Zunge befinden.
2. Nennen Sie die Voraussetzungen für eine Weinprobe.
3. Beschreiben Sie den Vorgang der Sicht-, Geruchs- und Geschmacksprüfung bei Wein.
4. Erläutern Sie, was mit den Wörtern Abgang, blumig, duftig, kräftig bei einer Weinverkostung ausgedrückt wird.

Degustation – Weinprobe

> **Weinvokabular – Lexikon der Weinbeschreibung**
> Wein zu verkosten bedeutet auch, die Entdeckungen, die man gemacht hat, auszudrücken, das heißt, darüber zu sprechen. Das Vokabular, mit dem Weine beschrieben werden, ist deshalb sehr umfangreich und mit Ausnahme der klar zu definierenden Eindrücke wie süß, sauer, bitter, klar, hellgelb, dunkelrot usw. von blumigen, bildhaften beschreibenden Ausdrücken geprägt.
> *Abgang (Schwanz)*: Nachgeschmack beim Weinverkosten im hinteren Gaumen; hat der Wein keinen Abgang, so setzt die Geschmacksempfindung am Gaumen nach dem Schlucken aus – der Wein ist „kurz"
> *Abgebaut*: der Wein hat Teile seiner Güte eingebüßt und ist bald „tot"; besonders bemerkbar bei Verlust von Frische und Säure
> *Adstringierend*: junger, noch viel Gerbstoffe enthaltender Rotwein
> *Blumig*: Ausdruck für klar erkennbare Aromen wie z.B. von Rosen oder Veilchen
> *Bukett*: Geruchstoffe, die sich während der Reifung des Weines entwickelt haben; bei jungen Weinen spricht man nicht von Bukett, sondern von Aromen
> *Duftig*: zarte, feine Bukettstoffe
> *Edel/hochedel*: von großer Art und feiner Reife
> *Edelsüß*: Wein mit hohem Restzuckergehalt und Botrytisgeschmack (Edelfäule)
>
> *Elegant*: fein abgestimmt in Säure, Alkohol und Bukett
> *Feurig*: Charakterbezeichnung für besonders frische, gehaltvolle Rotweine
> *Fruchtig*: Wein, der an Aromen von Früchten erinnert wie Kirsche, Johannisbeere, Himbeere, Brombeere bei Rotwein sowie Pfirsich, Zitrusfrüchte, Aprikose, Apfel bei Weißwein
> *Gehaltvoll*: reich an Zucker, Glyzerin, Gerb- und Farbstoffen
> *Grün*: Wein mit viel Säure oder junger, unfertiger Wein
> *Harmonisch*: abgestimmtes Verhältnis der Inhaltsstoffe
> *Herb*: gerbstoffreich (bei Rotwein)
> *Herzhaft*: kräftig, markant, ohne viel Säure
> *Holzig*: typischer Duft eines im Eichenholzfass ausgebauten Weines
> *Kernig*: kräftig, mit sortentypischer Säure; alkohol-, glyzerin- und extraktreich, eindrucksvoll im Abgang
> *Kräftig*: ein Wein, der gleichzeitig köperreich, ausgeglichen und reich an Alkohol ist
> *Pappig*: zu wenig oder abgebaute Säure
> *Stahlig*: trocken, mit erdig-metallischem Geschmack, kräftige Fruchtsäure
> *Süffig*: Bezeichnung für ausgewogene Kneipweine
> *Unreif*: mit viel Säure, wenig Körper, zu jung
> *Zart*: leicht, unaufdringlich, elegant in Säure und Duft

3 Korrespondierende Getränke

Mit der Frage „Welches Getränk zu welcher Speise?" ist die Vorrangigkeit der Speise bereits betont. Das Getränk hat eine dienende Funktion und soll die Speise hervorheben und ergänzen.

Wasser als korrespondierendes Getränk: Die in vielen Ländern übliche Sitte, zu den Tagesmahlzeiten Trinkwasser (Leitungswasser) – oft auch in Karaffen mit Eis – zu reichen, ist in Deutschland nicht verbreitet. Bevorzugt werden Mineral-, Quell- oder Tafelwasser, wobei Wässer mit geringem Eigengeschmack und reduziertem Kohlensäuregehalt (Medium-Mineralwasser) am besten mit den Speisen korrespondieren.

Erfrischungsgetränke: Sie werden als korrespondieren- de Getränke besonders von Besuchern der Fast-Food-Betriebe zu diesen Speisen getrunken.

Fruchtsäfte: Sie eignen sich als korrespondierende Getränke, oft in Verbindung mit kohlensäurehaltigem Wasser, besonders gut in der warmen Jahreszeit zu leichten Gerichten von Geflügel, Kalb oder Fisch.

Gemüsesäfte als korrespondierende Getränke: Sie werden oft in Betrieben angeboten, deren Hauptangebot aus fleischlosen Speisen besteht.

Bier: Es wird als korrespondierendes Getränk von vielen Menschen bevorzugt. Je nach Gegend wird von den Gästen das für die Region charakteristische Bier bevorzugt. Bier passt besonders gut zu deftigen Wurstwaren und Schinken, Grillgerichten, Gänse- und Entenbraten Schlachtplatten und Geräuchertem.

Bier sollte nicht zu Speisen empfohlen werden, die in oder mit viel Wein zubereitet wurden, sowie zu zarten Gerichten von weißem Schlachtfleisch oder Geflügel wie Frikassee oder zartem ohne Farbgebung zubereitetem Fisch, wie Forelle blau.

Spirituosen: Sie werden oft noch als zusätzliches korrespondierendes Getränk zu Speisen angeboten.
Man reicht
- Korn, Kirschwasser, Obstler zu Vespertellern,
- Aquavit zu Speisen mit kalten, geräucherten Fischen,
- Wodka zu Kaviar, geräuchertem Lachs und Stör,
- Anisschnaps zu würzigen Gerichten der griechischen oder türkischen Küche.

Sekt oder Champagner: Er wird dem Gast bei speziellen Menüs als begleitendes Getränk gereicht. Dabei gelten die gleichen Regeln über die Einhaltung der Reihenfolge wie bei Wein.

Wein als korrespondierendes Getränk

Werden zu Speisen oder in einer Speisenfolge Weine als korrespondierendes Getränk gereicht, sollten diese, mit Ausnahme zu Süßspeisen, halbtrocken oder trocken sein. Dies schließt die obersten Prädikatsstufen (→ 298, Bild 2) aus, da diese zu viel Restsüße besitzen. Wein wird nicht zu Speisen, die mit Essig oder Zitrusfrüchten angemacht sind, und zu Süßspeisen mit Schokoladenguss empfohlen.

Welcher Wein zu welchen Speisen?

Grundregeln:
- Helles Fleisch/Fisch → Weißwein
  Garungsart ohne Farbgebung
- Helles Fleisch/Fisch → Weißwein/Rosé,
  Garungsart mit Farbgebung leichte Rotweine
- Dunkles Fleisch/Fisch → mittlere bis schwere
  Garungsart mit Farbgebung Rotweine
- Milde Speisen → leichte Weine
- Kräftige Speisen → schwere Weine
- Süße Speisen → Weine mit großer Restsüße
- Stark gewürzte Speisen → fruchtige Weine

- Reihenfolge der Weine im Menü
- Weiß vor Rosé und Rot
  Ausnahme: trockene Likörweine bei einer Vorspeise vor Weißweinen!

- Leicht vor schwer
- Jung vor alt
- Trocken vor lieblich/süß

Welcher Wein zu welchen Speisen?
● sehr geeignet
● geeignet

	Fisch, Meeresfrüchte	Eierspeisen	Huhn, Kalb gebraten	Fleischpasteten	Schwein gebraten	Rind, Lamm gebraten	Wild gebraten, geschmort	Ente, Gans gebraten	Eintopf, Brotzeit	Nudelgerichte, Pizza	milder Käse	scharfer Käse	Eis
Deutschland													
Trockener Riesling (Mosel-Saar-Ruwer, Nahe, Mittelrhein, Rheingau, Pfalz)	●		●	●	●					●	●		
Neutrale trockene Weißweine (Silvaner, Weißburgunder, Ruländer, Gutedel)	●	●	●	●					●	●			
Trockener Müller-Thurgau		●	●	●					●	●	●		
Halbtrockener Riesling und Kerner			●	●						●			
Halbtrockene bis milde Bukett-Sorten (Scheurebe, Gewürztraminer)				●									
Trockener Weißherbst			●	●	●				●	●			
Trockene Rotweine wie Spätburgunder, Portugieser (Pfalz, Baden, Ahr)					●	●		●	●		●		
Weißwein mit deutlicher Süße (gut gekühlt)					●								●
Frankreich													
Rassige trockene Weißweine (Sancerre, Chablis, Muscadet, Entre-deux-mers)	●			●							●		
Volle trockene Weißweine (Elsässer, Meursauit, Bordeaux blanc)	●	●	●	●	●						●	●	

Welcher Wein zu welchen Speisen?
● sehr geeignet
● geeignet

	Fisch, Meeresfrüchte	Eierspeisen	Huhn, Kalb gebraten	Fleischpasteten	Schwein gebraten	Rind, Lamm gebraten	Wild gebraten, geschmort	Ente, Gans gebraten	Eintopf, Brotzeit	Nudelgerichte, Pizza	milder Käse	scharfer Käse	Eis
Süße Weißweine (Sauternes, Monbazillac)				●									●
Trockene Rosé-Weine		●	●	●					●	●			
Leichte frische Rotweine (Bourgueil, Beaujolais)			●	●				●		●	●	●	
Rote Landweine (Roussillon, Minervois, Corbières)					●	●	●	●		●	●		
Rote Burgunder						●	●	●		●			
Schwere gerbstoffreiche Rotweine (Bordeaux, Rhône)							●	●			●	●	
Italien													
Rassige trockene Weißweine (Soave, Südtiroler, Terlaner, Orvieto)	●		●	●							●	●	
Weiche trockene Weißweine (Friaul, Verdicchio, Vernaccia di S. Gimignano)	●	●	●	●						●			
Rotweine (Bardolino, Valpolicella)			●	●				●		●	●	●	
Derbe jüngere Rotweine (Barbera d'Asti, Montepulciano d'Abruzzo)					●	●	●	●		●			
Schwere Piemonteser Rotweine (Barolo, Barbaresco)							●			●			
Schwere Toscana Rotweine (Chianti classico, Nobile di Montepulciano)						●	●						
Andere Länder													
Spanische Weißweine (Rioja, Navarra, Penedés)	●	●	●								●		
Mittelschwere spanische Rotweine (Rioja, Navarra)					●	●					●		
Schwere spanische Rotweine (Alicante, Valdepenas, Valencia)						●	●			●	●	●	
Schweizer Weißweine (Fendant, Dorin, Johannisberger)	●	●	●										
Schweiz. Rotweine (Dole)			●	●						●			
Trockene österr. Weißweine (Grüner Veltliner)	●	●	●	●							●		
Süße Burgenländer													●

4 Verkaufsgespräche und -techniken

4.1 Im Restaurant über Wein als korrespondierendes Getränk

In vielen Betrieben sind Flaschenweine nur in den Größen von 0,75 l im Angebot. Im À-la-Carte-Geschäft sind diese Mengen pro Gang für zwei Personen zu viel bzw. eine bestellte Flasche Wein, die dann während der ganzen Mahlzeit getrunken wird, nicht zu jedem Gang passend.

Fallbeispiel
Ein Paar bestellt sich folgende Gerichte im À-la-Carte-Geschäft:
- zweimal Räucherlachs mit …
- zweimal Steinpilzkraftbrühe
- zweimal Hirschrückensteak in Sahnesoße mit …
- Folgendes Verkaufsgespräch könnte sich daraus entwickeln:

Nicht so	Sondern so
E = Er, S = Sie, R = Restaurantmitarbeiter	E = Er, S = Sie, R = Restaurantmitarbeiter
Nach dem Aufnehmen der Essensbestellung: R: „Was darf ich Ihnen zu trinken bringen?" E zu S: „Wer fährt heute?" S zu E: „Heute bist du an der Reihe, aber eine ganze Flasche Wein ist mir zu viel." R: Steht ungeduldig wartend daneben, ohne ein Verkaufsgespräch zu beginnen. E zu S: „Dann nimm eben einen offenen 1/4 l Wein und ich nehme eine Apfelsaftschorle." S: „Gut ich nehme 1/4 l Riesling, die Nummer 8." E: „Für mich eine große Apfelsaftschorle bitte." R: „Vielen Dank für Ihre Bestellung."	Nach dem Aufnehmen der Essensbestellung: R: „Was darf ich Ihnen zu trinken bringen?" E zu S: „Wer fährt heute?" S zu E: „Heute bist du an der Reihe, aber eine ganze Flasche Wein ist mir zu viel." R: „Darf ich Ihnen vielleicht zur Vorspeise 0,2 l von unserem … Riesling empfehlen und zum Hauptgang 0,2 l den … Spätburgunder jeweils in der Karaffe mit zwei Gläsern. Dazu vielleicht 0,5 l Medium Mineralwasser. Dann haben Sie zu jedem Gang das passende Getränk und zusammen nur 0,4 l." E: „Gute Idee, dann kann ich auch ein Schlückchen trinken." R: „Vielen Dank für Ihre Bestellung."

4.2 An der Bar

Oft bestellt ein Gast im Restaurant oder in der Bar, ohne sich anhand der Karte zu informieren, ein Bier, ein Glas Wein, einen Schnaps oder Sonstiges. Bei dieser Art von Bestellung ist im Verkauf von den Restaurantfachleuten das Wissen über das eigene Angebot besonders gefragt, damit sich ein vernünftiges Verkaufsgespräch durch bestimmte Verkaufstechniken entwickeln kann.

Bei diesem Ablauf eines Verkaufsgesprächs ist es wichtig, sich immer vom **Grobziel** zum **Feinziel** hinzutasten, wie es in dem unten aufgeführten Fallbeispiel gezeigt wird.

Fallbeispiel
Ein Gast betritt den Barraum; nach der Begrüßung setzt er sich an die Bar und sagt sofort, ohne sich die Barkarte anzusehen: „Ich möchte gerne einen Whiskey!" Daraus kann sich je nach Wissen über das Angebot folgendes Verkaufsgespräch entwickeln:

Nicht so	Sondern so
G = Gast, B = Barmitarbeiter/in	G = Gast, B = Barmitarbeiter/in
B: „Guten Abend!" G bestellt, bevor er nach seinen Wünschen gefragt wird, oder sich die Barkarte angesehen hat: „Ich hätte gerne einen Whiskey!" B: „Was für einen hätten Sie gerne?" G nennt eine Whiskey-Sorte. B nach vergeblichem Suchen: „Führen wir leider nicht." G nennt eine andere Whiskey-Sorte. B nach vergeblicher Suche: „Tut mir Leid, haben wir ebenfalls nicht da." G leicht verärgert: „Was haben Sie denn da?" B mit dem Angebot nicht vertraut, reicht G die Barkarte.	B: „Guten Abend!" G bestellt, bevor er nach seinen Wünschen gefragt wird, oder sich die Barkarte angesehen hat: „Ich hätte gerne einen Whiskey!" B: „Schottischen, irischen, amerikanischen oder kanadischen?" G: „Ich trinke gern schottischen." B: „An schottischem Whiskey kann ich Ihnen … anbieten." (Er zählt sein Angebot an Whiskeysorten auf.) G: „Ich nehme den … Whiskey." B: „Wie hätten Sie ihn gerne, pur, mit Eis, mit Wasser?" G: „Ich trinke ihn gerne pur." B schenkt den Whiskey ein: „Bitte schön, sehr zum Wohl!"

5 Präsentation und Service von Getränken

5.1 Servieren von Wein in Flaschen

Weinflaschen werden im À-la-Carte-Geschäft immer im verschlossenen Zustand an den Tisch des Gastes gebracht und dort an einem Beistelltisch geöffnet. Um Flaschen mit Korken fachgerecht öffnen und servieren zu können, werden folgende Arbeitsgeräte benötigt:
- Weinkübel eventuell mit Ständer,
- Korkenzieher mit Seelenachse und Messer,
- kleiner Teller für den Korken, eventuell ein Korkhalter,
- Trinkgläser, Probierglas, saubere Servietten.

Servieren von Weiß- und Roséwein

- Die Flasche wird in der Hand, die Gläser werden auf einem Tablett zum Tisch des Gastes gebracht; die Gläser werden eingesetzt.
- Die Flasche wird mit dem Hauptetikett zum Besteller von rechts präsentiert, damit er sich von der Richtigkeit der Ausführung seiner Bestellung überzeugen kann; dabei werden diskret Jahrgang, Lage, Rebsorte und Geschmacksrichtung genannt.
- Danach wird die Flasche auf dem Beistelltisch geöffnet. Das Etikett sollte dabei stets in Richtung Gast weisen. Die Flasche sollte beim Öffnungsvorgang so wenig wie möglich bewegt bzw. gedreht werden.
- Als Erstes wird die Flaschenkapsel großzügig auf oder unterhalb des Flaschenwulstes abgeschnitten. Um sich nicht zu verletzen, wird das Messer linksherum geführt.
- Nach dem Entfernen der Kapsel werden eventuelle Ablagerungen auf Flaschenhals und Korken mit einer sauberen Stoff- oder Papierserviette entfernt.
- Der Korkenzieher wird in der Mitte des Korkens angesetzt und eingedreht. Der Korken soll dabei nicht durchbohrt werden, da Korkkrümel in den Wein fallen könnten.
- Der Korken wird langsam herausgezogen, zum Schluss durch leichtes Hin- und Herbewegen, damit durch das entstandene Vakuum in der Flasche keine Korkkrümel vom Flaschenrand in die Flasche gesaugt werden. Beim Herausziehen des Korkens darf nicht mit der Hand, die die Flasche festhält, der Flaschenmund berührt werden. Falls nötig, wird eine Serviette zu Hilfe genommen.
- Der Korken wird diskret auf Geruch geprüft, mit einer Serviette abgedreht und auf einem kleinen Teller dem Gast präsentiert, damit dieser ebenfalls Geruch und Korkbrand (eingebrannte Zeichen) prüfen kann.
- Die Flaschenöffnung wird mit einer Serviette gereinigt.
- Die Flasche wird zum Einschenken so in die rechte Hand genommen, dass das Etikett zum Gast zeigt, die linke Hand liegt auf dem Rücken.
- Dem Besteller wird ein Probeschluck eingeschenkt.
- Während er verkostet, wird die Flasche erneut präsentiert.
- Nach dem Verkosten des Weines durch den Besteller oder auf dessen Wunsch durch das Servierpersonal wird der Wein, wenn er für gut befunden wurde, in der Reihenfolge des klassischen Service eingeschenkt (→ 133).
- Der Glasrand darf dabei nicht berührt werden. Der Wein muss geräuschfrei in das Glas fließen und nicht plätschern. Die Einschenkmenge soll je Glas etwa 0,1 l betragen. Um ein Nachtropfen zu verhindern, wird die Flasche nach dem Einschenken kurz nach rechts abgedreht.
- Je nach Raumtemperatur und Verbleibdauer am Tisch kann der Wein in einen Weinkübel eingesetzt werden.

1. Präsentieren von Wein

2. Flaschenhaltung bei Schlegelflaschen (Handinnenfläche auf Rückenetikett)

Präsentation und Service von Getränken

1. Flaschenhaltung beim Einschenken aus einer Bocksbeutelflasche

2. Bereitstellung zum Dekantieren

3. Dekantiervorgang bei Weinen mit Depot

Servieren von Bocksbeutelflaschen
Bocksbeutelflaschen müssen, im Gegensatz zu schlanken, hohen Flaschen, beim Einschenken flach auf die Handfläche gelegt werden. Bei dieser Haltung kann beim Einschenken die Luft besser in den Flascheninnenraum strömen. Dadurch wird ein Gluckern beim Einschenken vermieden.

Servieren von Rotwein
Der Service von Rotwein verläuft im Prinzip wie der Service von Weiß- und Roséwein. Zusätzlich ist zu beachten:
- Die Flaschen können im Korb oder in einem Ausschankgestell liegend serviert werden.
- Um Rotweintropfen aufzufangen, kann der Flaschenhals mit einer Manschette versehen werden.
- Beim Einschenken können die Gläser ausgehoben werden, um eine Verunreinigung der Tischdecke durch Rotweintropfen zu vermeiden. Werden die Gläser beim Einschenken nicht ausgehoben, so sollten eventuell am Flaschenhals herunterlaufende Tropfen nach jedem Einschenken mit einer Papierserviette kurz abgewischt werden.
- Rotweinflaschen dürfen nicht in einen Kübel mit Eis und Wasser eingesetzt werden, da dadurch die Temperatur, die der Rotwein im Weinklimaschrank erhalten hat, verändert wird. Stattdessen kann er in Weinkübel eingesetzt werden, die die Temperatur des Weines konstant halten, wie es bei Thermokübeln der Fall ist.

Dekantieren von Rotwein
Dekantieren von Rotwein ist notwendig, wenn bei Weinen mit Depot (Ablagerungen) die Gefahr der Trübung beim Einschenken zu groß ist. Ein weiterer Grund, den Wein in eine Karaffe umzufüllen, könnte sein, dass sich der Wein durch den dabei aufgenommenen Sauerstoff geschmacklich verbessert, was jedoch nicht immer der Fall ist.

Bereitstellung von zusätzlichen zu den sonst üblichen Arbeitsgeräten beim Öffnen von Wein zum Dekantieren:
- **Dekantierkaraffe:** Am besten eignet sich eine Karaffe mit langem Hals. Damit die muffige, abgestandene Luft in der Karaffe nicht mit dem Wein in Berührung kommt, muss die Karaffe vor dem Dekantieren viniert (mit etwas Wein ausgeschwenkt) werden.
- **Kerze im Ständer:** Sie dient vor allem bei älteren, dunklen Weinen zur rechtzeitigen Erkennung der Trübung.

Dekantieren und Servieren des Rotweines:
- Weinflasche im Korb bzw. Flaschenhalter liegend vorsichtig an den Tisch des Gastes bringen und präsentieren.
- Verschlusskapsel längs aufschneiden, im Ganzen entfernen und den Korken ziehen. Flaschenöffnung reinigen; dabei darf die Flasche nicht bewegt werden.
- Kerze entzünden und vor dem Kerzenlicht den Wein vorsichtig in die Karaffe umleeren, bei Erscheinen von Depot am Flaschenhals das Dekantieren abbrechen.
- Wein verkosten lassen und servieren (siehe Weißwein).
- Danach kann die Karaffe mit dem Wein, damit er seine Temperatur nicht verändert, in einen passenden Thermobehälter eingesetzt werden (→ 124, Bild 1).

1. Mögliche Flaschenhaltung bei Schaumwein

> **Mögliche Reklamationen und ihre eventuelle Behebung beim Servieren von Wein und Schaumwein**
>
> - Das Getränk schmeckt nach Kork oder riecht artfremd.
> - Das Bukett ist abgebaut (eventuell Altersfirne).
> - Der Schaumwein hat zu wenig Kohlensäure.
> - Der Wein enthält Trübstoffe oder Korkkrümel.
>   ▶ *Bei diesen Reklamationen ist nach einer Bitte um Entschuldigung unverzüglich Ersatz anzubieten.*
> - Der Gast hat sich die Art der Säure oder den Süßegrad des Weines anders vorgestellt.
> - Im Wein befindet sich Weinstein (kein Qualitätsmangel).
>   ▶ *Hier sollte im Ermessen des Hauses gehandelt werden, wobei freundliche, aufklärende Worte oft schon ausreichen.*
> - Der Wein ist zu warm.
>   ▶ *Bei zu warmen Getränken kann die Flasche am Büfett in Eis und Salz eingesetzt und langsam in eine Richtung gedreht werden; diesen Vorgang nennt man Frappieren.*
> - Der Wein ist zu kalt.
>   ▶ *Bei zu kühlen Getränken kann die Flasche mit feuchten, warmen Tüchern umhüllt werden (Chambrieren).*

5.2 Servieren von Schaumwein/Sekt

Bereitstellung auf dem Beistelltisch:
- Schaumweinkühler, Serviette, kleiner Unterteller,
- Sektbrecher, falls die Drahtschlaufe nicht abbricht,
- Sektzange für festsitzende Naturkorken,
- zusätzliches Glas, falls der Schaumwein überschäumt.

Servieren des Schaumweines:
- Die Flasche wird wie bei Weißwein präsentiert.
- Beim Öffnen am Beistelltisch wird die Flasche mit der linken Hand am Hals gehalten und mit dem Daumen der Kork abgesichert. Die Flasche wird dabei schräg (nicht in Richtung Gast) gehalten.
- Durch Auf- und Abbewegen der Drahtschlaufe wird der Draht abgebrochen. Dadurch verbleibt der Daumen beim Abnehmen des Sicherungsbügels auf dem Korken.
- Mit der rechten Hand schlägt man rasch eine Serviette über Korken und Daumen der linken Hand und sichert gleichzeitig mit der rechten Hand und der Serviette ab.
- Durch langsames Herausdrehen des Korkens mit der rechten Hand wird die Flasche geräuschlos geöffnet.
- Der Flaschenhals wird mit einer Serviette gereinigt, der Korken (bei Naturkorken) dem Gast präsentiert.
- Nach der Verkostung wird nur wenig in die Gläser gegossen, da Schaumwein beim Eingießen in zimmerwarme Gläser stark aufschäumt, danach wird aufgefüllt.
- Die Schaumweinflasche wird anschließend in den Kühler eingesetzt und über den Flaschenhals eine schmal gefaltete Stoffserviette gelegt.

5.3 Servieren von Spirituosen, Longdrinks und Cocktails

Spirituosen werden entweder vom Büfettpersonal am Büfett oder vom fahrbaren Aperitif- bzw. Digestifwagen vor den Augen des Gastes am Tisch eingeschenkt.
Spirituosen müssen immer in Gläser eingeschenkt werden, die mit einem Füllstrich versehen sind (siehe Eichgesetz und Ausnahmeregelung → 163). Eiswürfel dürfen erst zugesetzt werden, nachdem der Gast die Möglichkeit gehabt hat, die Spirituosenmenge zu überprüfen.

Servieren von Spirituosen:
- Die richtig temperierte Spirituose (→ 164) wird auf einem Untersetzer mit Manschette angerichtet und auf einem Tablett dem Gast serviert. Je nach Gegebenheit wird von rechts eingesetzt oder von links angeboten.
- Bei Spirituosen mit Eis werden Eiswürfel in einem kleinen Behälter mit Eiszange dazu eingesetzt.
- Wird eine Spirituose mit einer Flüssigkeit aufgegossen, wie es bei **Longdrinks** der Fall ist (z. B. Gin Tonic), so soll dies erst nach dem Einsetzen der Getränke geschehen, sofern der Gast nicht selbst einschenken möchte.

Servieren von Cocktails:
Die **Cocktails** werden auf einem Untersetzer mit Manschette und einer kleinen Mundserviette angerichtet und dem Gast auf einem Tablett serviert. Bei Cocktails, die mit einer Garnitur versehen sind, die nicht vollständig verzehrbar ist, müssen ein zusätzlicher Ablageteller und eventuell ein kleiner Löffel mit angerichtet werden.

6 Mischgetränke (Barkunde)

Zur beruflichen Ausbildung von Restaurantfachleuten gehört auch das Arbeiten an der Bar. Hier wird der Grundstock für eine spätere Fortbildung zur Barmixerin oder zum Barmixer gelegt.

Außer den Bars in Hotels gibt es noch andere Bartypen wie Cocktail-Bar, Snack-Bar, Bier-Bar, Milch-Bar. Die Bar in Hotels ist als Kommunikationszentrum sehr beliebt. Man trifft sich hier vor dem Essen zum Aperitif und abends nach dem Essen zum Ausklang des Tages. Das Wort Bar entstand aus dem Wort Barriere, die Wirte, vor allem im Wilden Westen, als Abgrenzung vor ihren Regalen errichteten. Die Barriere wurde später mit einer Auflage versehen, die sowohl zur Getränkeausgabe als auch zum Auflehnen benutzt werden konnte. Gleichzeitig schützte sie die dahinter Arbeitenden, wenn es „turbulent" wurde.

6.1 Arten der Barführung und Barkontrolle

- Die Ware wird vom Magazin angefordert und zu den festgelegten Preisen verkauft und abgerechnet.
- Die Ware wird von der Barführung vom Hotel zum Verkaufspreis gekauft und zu festgelegten Preisen verkauft. Eine Abrechnung der Einnahmen erfolgt nicht.
- Die Bar wird vom Hotel verpachtet und vom Pächter als eigenständiger Betrieb geführt.

Barkontrolle
Bei der Barkontrolle werden Ist- und Soll-Bestand miteinander verglichen (Inventur/Stocktaking); Abweichungen müssen begründet werden.

6.2 Die Barkarte

Die Barkarte enthält ein Verzeichnis aller Getränke, die in der Bar erhältlich sind. Für die Barkarte gelten die gleichen Bestimmungen wie für Speise- und Getränkekarten (→ 401).
Die wichtigsten davon sind:
- Beachtung der Zusatzstoff-Zulassungsverordnung,
- Einhaltung der Eichgesetz- und Schankgefäßverordnung,
- die Klarheit des Angebotes. Der Gast muss aus der Karte ersehen können, aus welchen Zutaten sein Getränk besteht.

> **ALEXANDER-COCKTAIL**
> *kremig, lieblicher Cocktail aus Weinbrand,
> Sahne und Creme de Cacao*

Die Barkarte kann folgendermaßen aufgebaut werden:
- Cocktails dry, medium, sweet,
- Longdrinks nach Gruppen gegliedert,
- Spirituosen nach Gruppen gegliedert,
- Likörweine/Schaumweine,
- Biere,
- alkoholfreie Getränke,
- Heißgetränke.

1. Erstellen Sie auf einem Blatt ein Organigramm über die Rangordnung in der Bar.
2. Zählen Sie verschiedene Typen von Bars auf.
3. Erklären Sie drei Arten der Barführung.

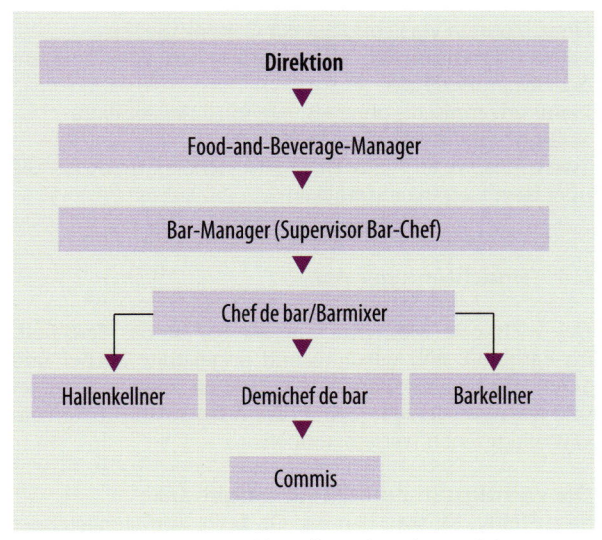

Direktion → **Food-and-Beverage-Manager** → **Bar-Manager (Supervisor Bar-Chef)** → **Chef de bar/Barmixer** → **Hallenkellner**, **Demichef de bar**, **Barkellner** → **Commis**

1. Rangordnung eines Großbetriebes mit mehreren Bars

COCKTAILS • COCKTAILS • COCKTAILS

DRY
Martini Extra dry 12,–
(Gin, Vermouth dry, Olive)
Manhatten 12,–
(Canad. oder Bourbon Whiskey, Vermouth rot, Angostura, Kirsche)
V. W. 14,–
(halb Vermouth dry, halb Williams)

MEDIUM
Side Car 11,–
(Brandy, Cointreau, Zitrone)
White Lady 11,–
(Gin, Cointreau, Zitrone)
Daiquiri 11,–
(weißer Rum, Zuckersirup, Zitrone)
Stinger 11,–
(Brandy, Crème de Menthe weiß)

SWEET
Paradise 12,–
(Gin, Apricot Brandy, Orangensaft)
Alexander 12,–
(Brandy, Crème de Cacao braun, Sahne)
Grasshopper 12,–
(Crème de Cacao weiß, Crème de Menthe grün, Sahne)
Raureif 12,–
(Gin, Curacao weiß, Original Rum, Grenadine, Zitrone, Zuckerrand)

2. Barkarte

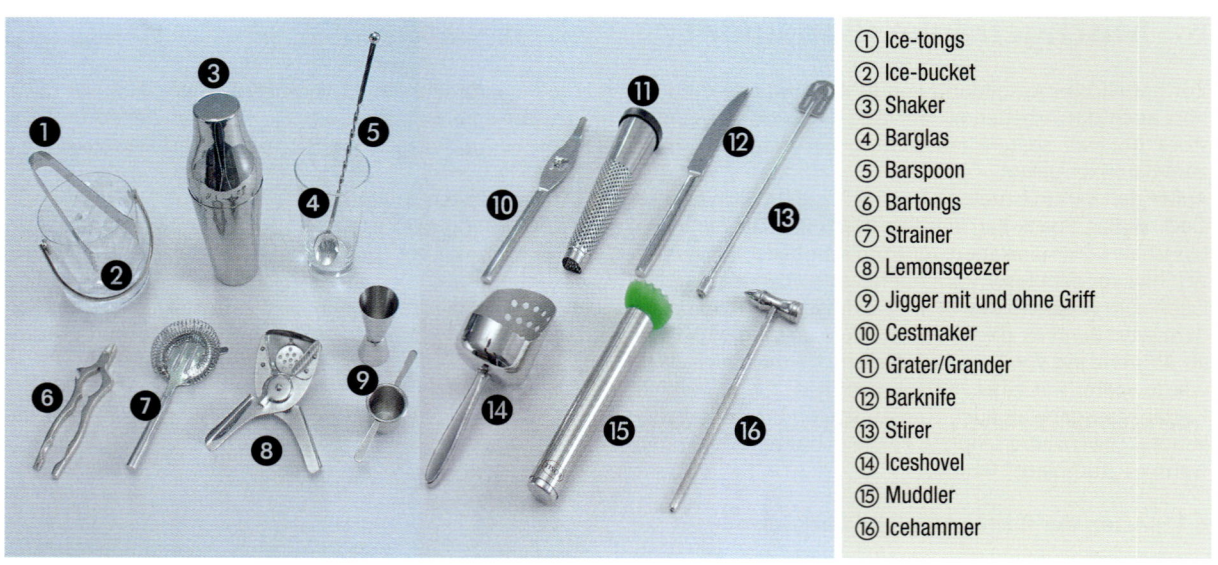

① Ice-tongs
② Ice-bucket
③ Shaker
④ Barglas
⑤ Barspoon
⑥ Bartongs
⑦ Strainer
⑧ Lemonsqeezer
⑨ Jigger mit und ohne Griff
⑩ Cestmaker
⑪ Grater/Grander
⑫ Barknife
⑬ Stirer
⑭ Iceshovel
⑮ Muddler
⑯ Icehammer

1. Arbeitsgeräte in der Bar

6.3 Fachausdrücke in der Bar

Die Fachsprache in der Bar ist Englisch.

Arbeitsgeräte
Barspoon (Barlöffel): langstieliger Löffel zum Abmessen und Umrühren
Barglass/Mixing Glass (Rührglas): etwa 1 l fassendes Glas zum Kaltrühren bzw. Mischen von Getränken
Blender (Mixmaschine), meist elektrisch
Bottle-opener (Flaschenöffner)
Carving Board (Schneidebrett)
Coaster/Underlinder (Untersetzer)
Cocktailsticks (Cocktailspießchen): für Kirschen, Oliven usw.
Corks (Korken) verschiedener Größe, auch mit Gießer
Dashbottle (Spritzflasche): kleine Glasflasche mit Spritzkorkenverschluss; ein Dash = ein Spritzer
Grater/Grander (Reibe): zum Reiben von Muskatnüssen
Ice-bucket (Eiskübel): kleiner Eiskübel, in dem Roheis den Gästen auf den Tisch gestellt wird
Ice-grinder (Eismühle)
Icepic (Eispickel)
Iceshovel (Eisschaufel)
Ice-tongs (Eiszange): zum Anfassen von Roheis
Jigger/Measure (Messbecher): meist für 2, 3 und 4 cl
Muddler (Stößel): oft am Ende des Barlöffels angebracht
Shaker (Schüttel- oder Mixbecher): zwei- oder dreiteilig zum Mixen von Cocktails
Stirer, Sticks oder Ähnliches, zum Umrühren
Strainer (Barsieb)
Squeezer (Fruchtpresse), wenn möglich elektrisch
Swizzle Sticks (Quirls), zum Ausquirlen der Kohlensäure

Eissorten
Cobbler-ice (feinkörniges Eis)
Crushed Ice (zerstoßenes Eis)
Icecube (Eiswürfel)
Shaved Ice (fein gemahlenes, geschabtes Eis)

Weitere gängige Fachausdrücke in der Bar
After-Dinner-Drinks: Getränke nach dem Essen, süßlich
Before (Pré)-Dinner-Drinks: Getränke vor dem Essen
Built im Glas: im Gästeglas zubereitet
Crusta: Zucker- oder Salzrand an Gläsern
Float: Zutaten vorsichtig auf ein Getränk gießen
Lemon-/Orangetwist: kleines Stückchen von Zitronen- oder Orangenschale
Plain: unvermischt, ohne Eis; eventuell Wasser extra
Straight: pur, ohne alles
Twist: Abspritzen – aus einer Zitrusschale ätherische Öle über dem Getränk ausdrücken

6.4 Einrichtung der Bar

Das wichtigste Möbelstück in der Bar ist das Barbüfett. Im Barbüfett sind gekühlte und ungekühlte Fächer und Schubladen sowie Gläserspülmaschinen, Eiswürfelbereiter und Mixmaschine eingebaut. Die Arbeitsplatte sollte vom Gast eingesehen werden können.

Die wichtigsten Zutaten für Bargetränke
Salz, Pfeffer, Muskat, Paprika, Öl, Essig, Tomatenketchup, Worcestershire-Soße, Eier, Milch, Sahne, Kaffee, Früchte, Würfel-, Puder-, Läuterzucker, Oliven, Perlzwiebeln.

Mischgetränke (Barkunde)

Bierkelch *Eisbucket* *Eiswasserkrug*
Cobberglas *Stamper ohne Fuß* *Tumbler, kleiner*
Longdrink-Glas *Tumbler, mittelgroß*

1. Bargläser

Teller 1
– Säfte
– Liköre
oder
– Eiklar

Teller 2
– Zucker
– Salz
oder
– Kräuter

2. Erstellen von Zucker-, Salz- oder Kräuterrändern
  – Glasrand in Saft, Likör oder Eiklar tauchen
  – eventuell abtropfen lassen
  – in Zucker, Salz oder Kräuter tauchen

6.5 Bargläser

Da der Arbeits- und Stauraum an der Bar meistens sehr beschränkt ist, sollte bei der Auswahl der Gläser darauf geachtet werden, dass sie vielseitig verwendbar sind. Nur einseitig verwendbare Gläser (z. B. Reklamegläser) nehmen unnötig viel Platz in Anspruch und erschweren das Arbeiten.

Standardgläser
Tumbler groß oder Longdrinkglas: für viele Sorten von Longdrinks, z. B. Highballs, Collinses, Egg-Noggs sowie für alkoholfreie Erfrischungsgetränke
Tumbler mittelgroß: Fizzes, Sours, Sodas, Coolers
Tumbler klein: Old fashioned, Spirituosen on the rocks, Fixes, Glacés
Cocktailgläser in verschiedenen Formen
Sektkelche: Flips, Frappés
Sektschalen: Daisies, Sektcocktails
Likörschalen: Liköre
Schwenker (Sniffer oder Snifter): Weinbrand, Branntwein, Calvados
Stamper: klare Spirituosen wie Gin, Wodka, Korn
Groggläser: Grogs, Slings, Hot Toddies
Glaskaraffen: Bowlen- und Kalte-Ente-Krüge sowie die gängigen Gläser für Bier, Wein und Likörweine

Spezielle Gläser in der Bar
Neben den gängigen Glastypen gibt es noch Gläser für spezielle Getränke, z, B,: Pousse-Café-Glas für Schichtcocktails, Kullerpfirsichglas, Absinthglas, Crustaglas.

6.6 Arbeiten an der Bar

Bei allen Arbeiten an der Bar sind Sauberkeit und Ordnung oberstes Gebot. Alle Materialien haben ihren festen Platz und sind so stets griffbereit. Grundsätzlich gilt:
Die Getränke immer in der gleichen Reihenfolge mixen, das heißt die benötigten Bestandteile immer in der gleichen Reihenfolge in den Shaker oder Mixbecher geben, um den Arbeitsablauf zur Routine werden zu lassen.
Garniturbestandteile und Eis dürfen aus hygienischen Gründen nie mit den Händen angefasst werden.

- **Zugabe der Zutaten:** Werden Eier verwendet, werden diese mit einem Messerrücken angeknackt. Sie werden immer zuerst zugegeben; danach folgen Sirup, Säfte, Bitters und zum Schluss die Spirituosen. Die Zugabe von kohlensäurehaltigen Zutaten erfolgt, um Kohlensäureverlust zu vermeiden, immer erst im Gästeglas. Die angegebenen Mengen müssen abgemessen werden.
- **Handhabung des Shakers:** Er wird mit beiden Händen gehalten und in Schulterhöhe waagerecht vom Körper weg und zu ihm hin bewegt, je nach Inhalt zehn bis 20 Sekunden. Längeres Shaken verwässert das Getränk.
- **Rühren im Barglas** geschieht, indem man den Barlöffel bis zum Boden des Rührglases schiebt und in kreisenden Bewegungen von unten nach oben „schlägt".
- **Einsatz des Strainers:** Die Drahtspirale muss beim Passieren des Getränks in das Barglas bzw. den Shaker zeigen.
- **Zuckerränder:** Sie werden hergestellt, indem man den oberen Glasrand in Säfte, Liköre oder Eiklar taucht und danach in Zucker (→ Bild 2).

> **Barmaße und Definitionen**
> 1 d = dash (Spritzer) .... 1 g
> 1 BL = Barlöffel .... 5 g = 1/2 cl
> 1 Messglas .... 5 cl
> Spirituosen .... 2 cl und 4 cl
>
> **Cocktail** (Shortdrinks) Gesamtmenge .. maximal 7 cl
> Before-Dinner(Pré-Dinner)-Cocktails dürfen maximal enthalten:
> 6 cl Alkohol (Spirituose), 2 cl Zucker, Likör oder Sirup,
> 5 Ingredienzen inkl. Drops bzw. Dashes.
> After-Dinner-Cocktails wie Before-Dinner-Cocktails; die süßenden Zutaten sind jedoch nicht in der Menge begrenzt.
>
> **„Kingsize-Cocktails"**
> oder Medium-Drinks .... 7 cl bis 14 cl
>
> **Longdrinks** (All-Days-Drink)
> Menge: .... 14 cl bis 30 cl
> Maximal: 5 Produkte inkl. Drops bzw. Dashes
> Garnitur: aufwendiger als bei Cocktails, essbar

> **Bekannte Getränkegruppen in der Bar**
>
> **Aperitifs**
> trockene Likörweine, aromatisierte Weine, Mischgetränke auf Anis- oder Bitter-Basis
>
> **Cocktails (Shortdrinks)**
> Before(Pré)- und After-Dinner-Cocktails dry, medium und sweet
>
> **Longdrink-Gruppen**
> Cobblers, Collinses, Couler, Crustas, Daisies, Egg-Noggs, Fizzes, Fixes, Flipps, Frappés, Highballs, Juleps, Puffs, Rickeys, Sangarees, Slings, Smashes, Sodas und Sours, Swizzles
>
> **Heißgetränke**
> heiße Bowlen und Kaffeemischungen, Glühweine, Grogs, Punsche, Slings, Toddies
>
> **Alkoholfreie Mischgetränke**
> Aufteilung wie alkoholhaltige Mischgetränke

6.7 Mixen, Rühren und Bauen von Mischgetränken

In der Bar werden aus verschiedenen Getränken und Zutaten durch Mixen/Rühren/Bauen andere Getränke in den verschiedensten Geschmacksrichtungen hergestellt. Dabei werden unterschiedliche Arbeitstechniken angewandt. Wann welche Technik eingesetzt wird, richtet sich nach der Mischbarkeit (leicht oder schwer) der Getränke und Zutaten und ob dabei Eis verwendet wird oder nicht. Herstellung im/in:

- **Rührglas (Mixglas):** Auf diese Art werden Getränke hergestellt, die aus klaren, dünnflüssigen und daher leicht mischbaren Zutaten bestehen (keine Zutaten wie Sirups, Eier, Sahne, Liköre usw.)
- **Mixbecher (Shaker):** Bei diesen Getränken handelt es sich meist um schwerer mischbare Zutaten wie kremige Liköre, Sahne, Eier, Sirups usw. Durch kräftiges Schütteln werden diese Zutaten vermischt und dabei durch Zugabe von Eis gekühlt.
- **Mixmaschine (Blender):** Getränke, die im Mixbecher hergestellt werden, können auch in der Mixmaschine zubereitet werden. Bei Zutaten wie Eiklar und Zitronensaft wird jedoch ein geschmacklich und optisch anderes Ergebnis erzielt.
- **Trinkglas des Gastes:** Hierbei handelt es sich entweder um gekühlte Zutaten, die sich von selbst mischen wie Kir, Kir-Royal, Brandy-Soda oder um Zutaten, die im Glas des Gastes „aufgebaut" werden, wie es bei Pousse-Cafés oder Float-Whiskey der Fall ist.
- **Turbomixer:** Bei Mehrfachorder eines Getränkes oder zum Pürieren, z. B. Erdbeermilch

6.8 Herstellen eines Mixgetränkes

Die Arbeitsgänge, die bei der Herstellung eines Mixgetränkes erforderlich sind, sollten immer in der gleichen Reihenfolge durchgeführt werden:

- Passendes Glas und flüssige Zutaten bereitstellen,
- Eis in das benötigte Arbeitsgefäß (Shaker, Blender, Rührglas) füllen,
- Gästeglas kühlen,
- Garnitur erstellen wie Zuckerrand, Fruchtspieße,
- angesammeltes Schmelzwasser aus dem benötigten Arbeitsgefäß abgießen,
- Zutaten abmessen und auf das Eis gießen,
- je nach verwendetem Arbeitsgefäß shaken, rühren oder in der Maschine mixen,
- das gemischte Getränk in das gekühlte Glas passieren (durch Strainer oder Siebeinsatz im Shaker),
- wird das Mischgetränk mit kohlensäurehaltigen Getränken hergestellt, z. B. Gin-Fizz mit kohlensäurehaltigem Wasser, so geschieht dies im Gästeglas,
- das Getränk dekorieren und auf Untersetzer servieren,
- bei Longdrinks empfiehlt es sich, immer einen Trinkhalm und einen Stirer mit in das Glas zu geben,
- das verwendete Roheis aus dem Arbeitsgerät entfernen (wegschütten) und die benutzten Arbeitsgeräte unter fließendem kalten Wasser ausspülen.

1. Zählen Sie die bekanntesten Barmaße auf.
2. Nennen Sie die maximale Flüssigkeits- und Zutatenmenge für Cocktails und Longdrinks.
3. Beschreiben Sie die Herstellung eines Mixgetränkes.

Mischgetränke (Barkunde)

Before(Pré)-Dinner-Cocktails

Martini-Cocktail (dry)
Barglas und Eis
4 cl Gin
2 cl Wermut weiß, trocken

Absieben in Cocktailglas
Garnitur: Olive am Spieß

Manhattan
Barglas und Eis
4 cl Canadian Whisky
2 cl Wermut rot
1 Dash Angostura

Absieben in Cocktailglas
Garnitur: Kirsche am Spieß

Wodka Gibson
Barglas und Eis
5 cl Wodka
1 cl Wermut weiß, trocken

Absieben in Cocktailglas
Garnitur: Perlzwiebel

Wodka Gimlet
Barglas und Eis
5 cl Wodka
2 BL Lime Juice

Absieben in Cocktailglas

Kir
Weißweinglas
1 BL Cassislikör
5 cl trockener Weißwein
(von Aligoté-Reben)

im Glas des Gastes zubereiten

Kir Royal
Sektglas
1 cl Cassislikör
10 cl herber Sekt

im Glas des Gastes zubereiten

After-Dinner-Cocktails

White Lady
Shaker und Eis
2 cl Gin
2 cl Orangenlikör
2 cl Zitronensaft

Absieben in Cocktailglas

Side Car
Shaker und Eis
2 cl Cognac
2 cl Orangenlikör
2 cl Zitronensaft

Absieben in Cocktailglas

Brandy Alexander
Shaker, Blender und Eis
2 cl Crème de Cacao braun
2 cl Brandy
2 cl frische Sahne

Absieben in Cocktailglas

Daiquiri
Shaker und Eis
5 cl weißer Rum
1 BL Zitronensaft
1 BL Zuckersirup

Absieben in Cocktailglas

Grashopper
Shaker und Eis
2 cl Crème de Menthe grün
2 cl Crème de Cacao weiß
2 cl Sahne

Absieben in Cocktailglas

Morning-Rose
Shaker und Eis
2 cl weißer Rum
2 cl Curaçao weiß
1 cl Grenadine
1 cl Zitronensaft

Absieben in Cocktailglas

Pousse-Café

American Flag
kleines Tulpenglas
2 cl Grenadine
2 cl Maraschino weiß
2 cl Curaçao blau

„Bauen" im Glas des Gastes

Angel's Kiss
kleines Tulpenglas
2 cl Crème de Cacao
2 cl flüssige Sahne
2 cl Cognac

„Bauen" im Glas des Gastes

6.9 Alkoholhaltige kalte Mischgetränke

Aperitifs

Aperitifs sind Getränke, die zur Appetitanregung vor den Mahlzeiten getrunken werden. Sie sollten wenig Alkohol enthalten, da Alkohol auf leeren Magen besonders stark wirkt, trocken im Geschmack und klein in der Menge sein sowie wenig Kohlensäure enthalten, da sie sonst ein Völlegefühl auslösen. Bei den klassischen Aperitifs unterscheidet man „natürliche" und „künstliche".

Natürliche Aperitifs sind alle Likörweine (→ 313); künstliche werden in drei Gruppen unterteilt:
- Bittergeschmack (Campari, Martinazzi, Rossi usw.),
- Anisgeschmack (Pernod, Ricard, Berger),
- auf der Basis von Wein (Dubonnet, Amer-Picon).

Aperitifs mit Bittergeschmack werden in kleinen Tumblern mit einem Stückchen Zitronenschale und Eiswürfel serviert und mit Soda abgespritzt.

Aperitifs mit Anisgeschmack serviert man mit frischem Wasser und Würfelzucker. Der Zucker wird auf einen Speziallöffel gelegt, über das Glas gehalten und mit Wasser übergossen.

Die dritte Gruppe auf der Basis von Wein wird im Allgemeinen als Mischung zubereitet, sehr oft mit einem Schuss Sirup, Orangenachtel und Sodawasser.

Die Aperitifgläser sollen für diese Getränke nicht zu groß sein, denn es handelt sich hier nicht um durststillende, sondern um appetitanregende Getränke.

Cocktails

Über die Entstehung des Namens „Cocktail" gibt es viele Legenden. Eine besagt, dass der Sieger bei Hahnenkämpfen die Schwanzfedern des besiegten Hahnes bekam (cock, engl.: Hahn, tail: Schwanz). Alle während der Siegesfeier getrunkenen Getränke wurden Cocktails genannt. Cocktails teilt man in „Before(Pré)-Dinner-Cocktails" und „After-Dinner-Cocktails" ein. Before-Dinner-Cocktails bestehen aus trockenen (Geschmacksrichtung!) Zutaten und sind appetitanregend. After-Dinner-Cocktails sind süße, unter Verwendung von Sahne, Honig oder Likören hergestellte Cocktails, die die Verdauung fördern. Cocktails trinkt man vor oder nach, jedoch nie zum Essen.

Pousse-Cafés (Couleurdrinks, Schichtgetränke)

Diese Getränke werden aus verschiedenen Spirituosen und Sirups zubereitet, die geschmacklich zueinander passen. Sie werden nach dem Essen getrunken.

Die Spirituosen und Sirups werden über einen Löffel in der Reihenfolge ihres spezifischen Gewichts in ein schlankes, kleines Tulpenglas eingefüllt (aufgebaut): die alkoholarmen, stark zuckerhaltigen zuunterst, die stark alkoholhaltigen, zuckerarmen sind für die oberen Schichten geeignet. Die Zutaten dürfen sich nicht miteinander vermischen. Pousse-Cafés werden mit einem Trinkhalm schichtweise getrunken.

Longdrink-Gruppen und Longdrinks

Cobblers werden hergestellt, indem man ein Cobblerglas zu ca. 1/3 mit feinkörnigem Eis füllt, die alkoholischen Zutaten darübergießt, mit frischen Früchten ausgarniert und mit Soda oder Sekt auffüllt.

Juleps werden immer mit frischer Minze hergestellt. Die gewaschenen, frischen Blätter werden mit etwas Läuterzucker in einem Highballglas mit dem Muddler zerdrückt, bis sie Aromastoffe abgeben; danach werden sie entfernt. Das Glas wird zu 3/4 mit fein gestoßenem Roheis aufgefüllt, mit den angegebenen Spirituosen übergossen und mit dem Rührlöffel kalt gerührt.

Fizzes sind erfrischende Longdrinks, die meistens aus Spirituosen, Saft von Zitrusfrüchten und etwas Läuterzucker bestehen. Aufgegossen werden sie nach der Fertigstellung überwiegend mit Soda. Bei Zugabe von Eiklar werden sie Silver-Fizz, bei Eigelb Golden-Fizz und bei Zugabe von Sahne oft Cream-Fizz genannt.

Sours werden nach der Fertigstellung nur mit einem Schuss Sodawasser abgespritzt.

Sodas und Highballs sind die „Durstlöscher". Die Grundrezepturen unterscheiden sich nicht, lediglich die Flüssigkeit, mit der sie aufgegossen werden, ist unterschiedlich. Sodas werden ausschließlich mit reichlich Sodawasser aufgegossen, während Highballs oft mit Ingwerlimonade (Ginger Ale) aufgegossen und mit einer Zitronenspirale dekoriert werden (Beispiel: Whiskey-Soda, Whiskey-Highball). Die Herstellung erfolgt, indem Eiswürfel in das Gästeglas gegeben werden, die Spirituosen und Sonstiges zugefügt und mit Sodawasser oder Ginger Ale aufgefüllt wird.

Daisies sind leichte, oft süßlich schmeckende Longdrinks. Sie werden in Sektschalen abgeseiht, man gibt – je nach Rezeptur – Fruchtstücke hinzu und spritzt mit etwas Sodawasser ab.

Crustas sind Longdrinks, die in Gläsern mit einem Zuckerrand serviert werden. Es sind After-Dinner-Drinks.

Egg-Noggs können heiß oder kalt zubereitet und getrunken werden. Sie bestehen immer aus Eiern (bei heißen nur Eigelb), Zuckersirup oder Honig, Milch, Muskatnuss und eventuell Spirituosen.

Flips sind beliebte Erfrischungs- und Aufbaugetränke, die immer mit Eigelb hergestellt werden und zusätzlich Spirituosen, Likörweine und Sahne enthalten können. Abgerundet werden sie mit geriebener Muskatnuss.

Fancy-Drinks und Pick me ups

Fancy-Drinks sind Getränkemischungen, die keiner bestimmten Kategorie der Mixgetränke zugeordnet werden können und für die es auch keine Grundrezepturen gibt. Sie sollten nicht mehr als 6 cl Alkohol enthalten.

Pick me up ist die Bezeichnung für Getränkemischungen, die auch als „Katerkiller" oder „Muntermacher" bezeichnet werden. Sie sind meist sehr scharf gewürzt und werden in Longdrink- oder in Cocktailgröße zubereitet.

Longdrink-Gruppen und Longdrinks

Cobbler: Balaton Cobbler	**Julep: Mint Julep**
Cobblerglas und Eis	kleiner Tumbler und Eis
2 cl Peach Brandy	Minzblätter
2 cl Apricot Brandy	2 BL Wasser
2 cl Barack Palinka	1 cl Zuckersirup
Pfirsich, Kirschen, Aprikose	4 cl Bourbon Whiskey
Zubereitung im Gästeglas, aufgießen mit Champagner	Zubereitung im Gästeglas
Zugabe: Löffel, Trinkhalm	Garnitur: Cocktailkirsche
	Zugabe: Löffel, Trinkhalm

Fizz: Gin Fizz	**Sour: Whiskey Sour**
Shaker und Eis	Shaker und Eis
4 cl Gin	4 cl Bourbon-Whiskey
2 cl Zitronensaft	2 cl Zitronensaft
2 BL Zuckersirup	2 BL Zuckersirup
	1 Dash Angostura
Absieben in mittl. Tumbler, aufgießen mit Sodawasser	Absieben in kl. Tumbler, abspritzen mit Sodawasser
Garnitur: Zitronenscheibe	Garnitur: Orangenscheibe, Kirsche

Daisy: Rum-Daisy	**Crusta: Balance-Crusta**
Shaker und Eis	Shaker und Eis
4 cl brauner Rum	2 cl Wodka
2 cl Maraschino	1 cl weißer Rum
2 cl Zitronensaft	1 cl Cucaçao Triple sec
2 BL Läuterzucker	1 BL Grenadine
Absieben in Longdrinkglas, aufgießen mit Sodawasser	Absieben in Cocktailglas mit Zuckerrand
Garnitur: Minzezweig	Garnitur: Cocktailkirsche

Egg-Nogg: Rum-Egg-Nogg	**Flips: Amore-Flip**
Blender	Shaker oder Blender und Eis
1 Eigelb	1 Eigelb
2 BL Zuckersirup	2 cl Crème de Vanille
2 BL Ananassaft	2 cl Maraschino
4 cl Jamaika-Rum	2 cl Cognac
10 cl heiße Milch	
Abgießen in Gästeglas	Absieben in Flip-, Sektglas
Garnitur: geriebene Muskatnuss	Garnitur: geriebene Muskatnuss

Pick me ups

Virgin Mary	**Prairie Oyster**
Mittelgroßer Tumbler	Cocktailglas
15 cl Tomatensaft	3 BL Tomatenketchup
3 Dash Worchestershire-Soße	1 BL Olivenöl
2 Dash Tabasco	2 Dash Worchestershire-Soße
Salz, Pfeffermühle	2 Dash Tabasco
2 bleistiftgroße Stücke Stangensellerie	1 BL Zitronensaft o. Essig
	1 Eigelb
	Salz, Pfeffermühle
Alle Zutaten verrühren Garnitur: Stangensellerie	Alle Zutaten einfüllen, Eigelb oben, Glas Wasser extra

Heißgetränke, heiße und kalte Bowlen

Teepunsch	**Irish Coffee**
250 g Zucker	2 TL Rohrzucker
Saft von 3 Zitronen	4 cl Irish Whiskey
1/2 l Arrak	15 cl heißer Kaffee
2 l schwarzer Tee	4 cl Schlagsahne
Servieren in Punsch-/Teeglas	Bauen im Irish-Coffee-Glas

Feuerzangenbowle	**Waldmeisterbowle**
2 l Rotwein	3 cl Zitronensaft
Zuckerhut (250 g)	5 cl Orangensaft
1/2 l Rum oder Arrak	1,5 l Weißwein trocken
Zitronen-, Orangensaft nach Geschmack	0,75 l Schaumwein
	2 EL Zucker
	8 g Waldmeisterblätter
Servieren mit vorgewärmten Punschgläsern	Bowlengefäß in Eis einsetzen
Zubereitungen im folgenden Text	

1. Abbrennen des Alkohols und Schmelzen des Zuckerhutes bei der Herstellung der Feuerzangenbowle

6.10 Alkoholhaltige heiße Mischgetränke, heiße und kalte Bowlen

Grog wird aus Spirituosen wie Rum, Arrak, Whisky usw. unter Zusatz von heißem Wasser und Kandiszucker hergestellt. Auf einem Tablett werden heißes Wasser in einem hitzebeständigen Stiel- oder Henkelglas, eine erwärmte Portionsflasche (2 oder 4 cl) Spirituose sowie Kandiszucker und Zitronenscheibe angerichtet.

Glühwein wird aus Rotwein, Zucker und würzenden Zutaten hergestellt. Bei Verwendung von Weißwein muss er als Glühwein aus Weißwein deklariert werden. Rotwein, Zucker und Gewürze (Zimtstange, Nelke, eventuell Zitronenscheibe) werden erhitzt. Die Gewürze werden vor dem Servieren entfernt.

Punsch (z. B. Teepunsch): Die heißen Punsche gehören zur Gruppe der Grogs und Glühweine. Als Spirituosen werden Rum, Arrak und Whisky verwendet.

Irish Coffee: Irischer Whiskey und brauner Zucker werden in einem Stielglas erhitzt. Sehr starker, heißer Kaffee wird dazugegossen. Nach dem Umrühren wird halbsteif geschlagene Sahne vorsichtig darübergegeben. Er wird, ohne umzurühren, durch die Sahne getrunken. Trinkhalm oder Löffel werden auf Wunsch gereicht.

Feuerzangenbowle (Krambambuli): Der Rotwein wird mit Zitronen- und Orangensaft in einer Kasserolle erhitzt. Ein Zuckerhut wird auf eine Auflage über die Kasserolle gelegt. In einer Schöpfkelle werden über einer offenen Flamme Rum oder Arrak erhitzt, bis der Alkohol entflammt, und danach schubweise brennend über den Zuckerhut gegossen, bis dieser geschmolzen ist.

Kalte Bowlen
Alkoholhaltige Bowlen bestehen meist aus Wein, Schaumwein, kohlensäurehaltigem Wasser, Früchten, Säften und Aromaträgern wie Pfefferminze, Waldmeister, Zitrusschalen. Kalte Bowlen sollten im Geschmack erfrischend und durstlöschend sein und nicht zu viel Alkohol enthalten.
Folgende Grundsätze müssen bei der Herstellung von kalten Bowlen beachtet werden:
- Nie Eiswürfel in die Bowle geben! Sie würden die Bowle verwässern. Entweder muss das Bowlengefäß in Eis gestellt oder ein mit Eis gefüllter Einsatz verwendet werden.
- Zucker sollte vor der Zugabe immer in Flüssigkeit aufgelöst werden.
- An Früchten darf nur einwandfreie, entsteinte Ware verwendet werden. Werden Schalen mitverwendet, müssen sie unbehandelt sein.
- Kohlensäurehaltige Zutaten wie Mineralwasser und Schaumwein dürfen erst der fertig angesetzten Bowle zugegeben werden.

Kalte Ente: Eine Zitrone wird in Spiralform geschält, die Spirale in einen Glaskrug gehängt und mit Weißwein übergossen. Danach wird mit Schaumwein (mindestens 25 %) aufgefüllt. Die Zitronenschale wird entfernt, damit der Geschmack nicht zu intensiv wird (→ 315).

Waldmeisterbowle – Maibowle: Waldmeisterblätter (höchstens 3,5 g pro Liter) werden mit Zucker überstreut und mit etwas Wein übergossen. Wenn genügend Geschmacksstoffe extrahiert sind, werden die Blätter entfernt. Dann wird mit Weißwein und Schaumwein aufgefüllt.

Zutaten
▶ Glas mit Zuckerrand
▶ Blender:
Eis,
3 cl Zitronensaft,
2 cl Orangensaft,
2 cl Mangosaft,
2 cl Ananassaft,
1 cl Läuterzucker
1 Dash Vanillessenz,
1 Eigelb
▶ in das Glas absieben,
▶ mit 5 cl Mineralwasser auffüllen,
▶ 1 cl Grenadine langsam zugießen.

1. Etincelle du Jour (Star des Tages)

6.11 Alkoholfreie kalte und heiße Mischgetränke

Alkoholfreie Mischgetränke werden in den letzten Jahren immer beliebter. Je nach Getränkeart gelten für die Herstellung die gleichen Regeln wie bei den alkoholischen Getränkegruppen.

Wissen Sie Bescheid?

1. Zählen Sie verschiedene Bartypen auf und erklären Sie Arten der Barkontrolle.
2. Erklären Sie den Aufbau einer Barkarte.
3. Beschreiben Sie die Einrichtung einer Bar.
4. Nennen Sie die wichtigsten Arbeitsgeräte in der Bar und ihren Verwendungszweck.
5. Übersetzen Sie folgende Fachausdrücke: Built im Glas, Float, Twist, Shaved Ice, Swizzle Sticks.
6. Welche Bargläser verwenden Sie für folgende Getränke: Highballs, Fizzes, Flips, Grogs, Weinbrand, Pousse-Cafés?
7. Welche Mischgetränke werden im Rührglas, Mixbecher oder im Gästeglas hergestellt?
8. Beschreiben Sie, wie Before- und After-Dinner-Cocktails beschaffen sein sollen.
9. Beschreiben Sie die Herstellung der Feuerzangenbowle.

Cocktails

Der Wecker
Mixmaschine und Eis
5 cl Sangrita
1 Eigelb

Absieben in Cocktailschale
Garnitur: Schnittlauch

Russisches Feuer
Mixmaschine und Eis
4 cl Sauerkrautsaft
2 cl Sangrita

Absieben in Cocktailschale
Garnitur: Scheibe Salzgurke

Ananascocktail
Shaker und Eis
4 cl Ananassaft
3 cl Orangensaft
1 cl Grenadine

Absieben in Cocktailschale
Garnitur: Sternfrucht

Abendsonne
Shaker und Eis
4 cl Sahne
2 cl Bananensaft

Absieben in Cocktailschale
Garnitur: 1/8 Ananasscheibe

Kalte Fruchtbowle für 3 Personen
250 g Honigmelonenfleisch in Würfeln
250 g frische Erdbeeren in Würfeln
0,5 l Maracujasaft, 10 cl Zitronensaft
1 Messerspitze gemahlener Ingwer
Läuterzucker nach gewünschtem Süßegrad
0,5 l Mineralwasser zum Auffüllen

Longdrinks

Soda: Bananen-Soda
2 Kugeln Vanilleeis
10 cl Bananensaft
1 cl Zitronensaft

Vanilleeis und Säfte im Longdrinkglas verrühren mit Sodawasser auffüllen

Cooler: Orange-Cooler
Shaker und Eis
2 cl Mandelsirup
4 cl Orangensaft
2 cl Zitronensaft

Absieben in Longdrinkglas, auffüllen mit Bitter-Orange
Garnitur: Orangen-Scheibe, Kirsche

Fizz: Apricot-Fizz
Shaker und Eis
6 cl Aprikosensaft
1 cl Orangensaft
1 cl Zitronensaft

Absieben in Longdrinkglas, auffüllen mit Sodawasser

Egg-Nogg: Sanddorn-Egg-Nogg
Shaker und Eis
2 cl Sanddornsirup
20 cl kalte Milch
1 Eigelb

Absieben in Longdrinkglas

Heiße Mischgetränke

Gewürzpunsch
1 l Traubensaft rot
1 l Apfelsaft
Saft von 2 Zitronen
Saft von 1 Orange

3 Nelken, 1 Stück Zimt
1 Prise Muskat
1–2 BL Honig
Schale einer halben Zitrone

Zutaten aufkochen, ca. 10 Minuten ziehen lassen, absieben

7 Sicherung des Getränkeangebots

Das Getränkeangebot eines Betriebs wird durch vorausschauenden Einkauf und durch produktgerechte Lagerhaltung gesichert.

7.1 Überlegungen beim Einkauf von Getränken

- Die Geschäftsleitung muss entscheiden, welche Angebotsbreite und -tiefe dem Niveau des Betriebs angemessen ist (Bild 1). Je anspruchsvoller der Gästekreis, desto breiter und tiefer ist im Allgemeinen das Angebot. Unterschiedliche Qualitäts- und Preisniveaus sind anzustreben. Das Getränkeangebot sollte auf die angebotenen Speisen abgestimmt sein. Es ist festzulegen, wie viel Kapital durch die Getränkelagerung gebunden warden darf.
- Die räumlichen Voraussetzungen zur sachgerechten Lagerung müssen vorhanden sein, z. B. in Bezug auf Größe, Kühlung, Heizung, Belüftung, Einhaltung der Luftfeuchtigkeit, Hygiene (Einhaltung der Standards und Dokumentation der Kontrollen), technische Einrichtung (Zapfanlagen) und Diebstahlsicherung.
- Lieferanten müssen gefunden werden, die bereit sind, entsprechend den Vorgaben zu liefern (Kauf auf Abruf, Just-in-time-Warenwirtschaft) und nicht weiterverkaufte Getränke wieder zurückzunehmen (z. B. Wein nach einer Sonderveranstaltung). Es ist sinnvoll, für jedes Getränk mindestens zwei Lieferanten auszuwählen: Der Getränkebedarf ist besser gesichert; Konkurrenz veranlasst die Lieferanten zu besserer Serviceleistung.
- Durch eine moderne Lagerverwaltung ist sicherzustellen, dass die Menge und der Wert der gelageren Getränke stets abrufbar sind.

7.2 Sonderkaufverträge beim Getränkeeinkauf

Kauf nach Probe: Ein Getränk wird geprüft und unter der Bedingung gekauft, dass die Qualität der Probe entspricht.
Beispiel: Spanischer Wein für eine Spezialitätenwoche mit Tapasauswahl.
Kauf zur Probe: Ein Getränk wird in relativ kleiner Menge gekauft, um dessen Verarbeitungs- und Absatzmöglichkeiten zu testen. Bei positivem Testergebnis wird die Abnahme größerer Mengen in Aussicht gestellt.
Beispiel: 0,2-l-Sektflaschen sollen als Alternative zum offenen Ausschank in 0,1-l-Gäsern angeboten werden.
Kauf auf Abruf: Es wird eine bestimmte Menge, z. B. eines bestimmten Weins, gekauft. Geliefert wird jedoch erst, wenn der Betrieb ihn benötigt und beim Lieferanten, eventuell in Teilmengen, abruft.
Beispiel: Der Weinbedarf von einem bestimmten Weigut liegt bei 2 000 Flaschen pro Jahr. Die Flaschen werden zum Großabnahmepreis gekauft, aber erst auf Abruf angeliefert, wenn der Weinkeller im Betrieb aufgefüllt werden muss.
Fix- und Zweckkauf: Die Getränke werden zu einem festen (fixen) Termin und für einen einmaligen Zweck bestellt. Beispiel für Fixkauf: Als Aperitif bei einer Geburtstagsfeier soll ein exklusiver Champagner des Jahrgangs ausgeschenkt werden, in dem das Geburtstagskind geboren wurde. Nach diesem Termin ist das Getränk unverkäuflich.
Beispiel für Zweckkauf: Italienischer Weißwein für eine italienische Fisch-und-Pasta-Woche. Eine Lieferung nach diesem Anlass ist zwecklos.
Bierlieferungsvertrag: Er kann dazu dienen, den Getränkebedarf vor allem an Fassbier zu sichern (weitere Besonderheiten siehe Kapitel Rechtsvorschriften → 538).

	ANGEBOTSBREITE					
A	**Bier**	**Weißwein**	**Rotwein**	**Schaumwein**	**Spirituosen**	**Likörweine**
N G E B O T S T I E F E	Pils Weizen Export Alt Kölsch Bock Weiße Märzen Rauchbier	Riesling Rivaner Silvaner Kerner Scheurebe Gutedel Traminer Grauer Burgunder Weißer Burgunder Bacchus	Blauer Spätburgunder Blauer Portugieser Trollinger Lemberger Dornfelder Samtrot Blauer Frühburgunder Müllerrebe Merlot Cabernet Sauvignon	Sekt Champagner Krimsekt Asti spumante Prosecco Cava Crémant Perlwein	Weinbrand Cognac Whisky Whiskey Calvados Kirschwasser Himbeergeist Gin Grappa Wodka	Sherry Portwein Madeira Malaga Marsala Samos Tokajer Pineau de Charents

1. Angebotsbreite und Angebotstiefe alkoholischer Getränke

Anforderungen	Begründungen
Lage möglichst nach Norden, gleichbleibend kühl und dunkel	Wein ist sehr empfindlich gegen Wärme und Licht. An der Nordseite von Gebäuden sind die Temperaturschwankungen am geringsten. Ideale Kellertemperatur 8 °C bis 12 °C.
Relative Luftfeuchtigkeit 60 % bis 70 %	Zu hohe Luftfeuchtigkeit lässt den Keller modern.
Gute Luftzirkulation	Unangenehme Gerüche werden vermieden.
Mit Naturkorken verschlossene Weine nicht bei stark riechenden Waren lagern	Da der Naturkork die Flaschen nicht völlig luftdicht verschließt, können Geschmack- und Geruchsstoffe des Weins beeinflusst werden.
Erschütterungsfrei lagern	Erschütterungen lassen den Wein nicht in Ruhe reifen. Gerbstoffablagerung (Chemise) ist kaum möglich.

1. Weinkeller

2. Anforderungen an einen Weinkeller

7.3 Vorratshaltung von Getränken

Eine Vorratshaltung mit langer Lagerdauer, vor allem bei Wein, ist heutzutage nicht mehr üblich (Kapitalbindung).

7.3.1 Vorratshaltung von Weiß- und Roséwein

Bei Weiß- und Roséwein stimmen die Lager- und Trinktemperatur in etwa überein (8 °C bis 12 °C); bei längerer Lagerung um 12 °C. Diese Weine sind daher nach der Anlieferung und vor dem Verkauf zu kühlen. Die Kühlzeit hängt vom Gebinde (Fass, Flascheninhalt) und der Anlieferungstemperatur ab; Weiß- und Roséwein in Flaschen muss deshalb spätestens mehrere Stunden vor dem Servieren angeliefert werden.
Der Tagesvorrat am Getränkebüfett ist im Kühlschrank aufzubewahren.
Folgende Regeln sind bei der Weinlagerung zu beachten:
- Wein reagiert auf starke Temperaturschwankungen mit Qualitätsverlust. Sie sollten beim Transport und bei der Lagerung vermieden werden.
- Wein ist bei längerer Lagerzeit dunkel zu lagern, weil Lichteinfluss zu unerwünschten Alterungserscheinungen führen kann.
- Weinflaschen mit Naturkorkverschluss sollen bei längerer Lagerzeit liegend aufbewahrt werden, damit der Kork nicht austrocknet und so nicht mehr dicht schließt. Geschmack und Aroma des Weins würden durch Reaktion mit Luftsauerstoff negativ beeinflusst. Für einige Tage oder wenige Wochen kann Wein mit Naturkorkverschluss durchaus stehend aufbewahrt werden, ohne dass negative Veränderungen stattfinden.

7.3.2 Vorratshaltung von Rotwein

Die Regeln für die Vorratshaltung für Weißwein gelten sinngemäß auch für Rotwein. Die Ausschanktemperatur ist jedoch höher. Sie beträgt bei leichten bzw. jungen Rotweinen etwa 14 °C bis 16 °C, bei älteren bzw. schweren Rotweinen bis 18 °C. Im Weinklimaschrank lässt sich der Rotwein gut für den Verkauf bereithalten.
Rotweine sind generell länger lagerfähig als Weißweine. Ihr höherer Gerbsäuregehalt (Tanningehalt), der beim Vergären mit Schale und Kernen gelöst wird, verlangt sogar eine längere Reifezeit. Die Gerbsäuren verbinden sich dabei mit anderen Stoffen zu einem unlöslichen Niederschlag, dem Bodensatz (Depot). Dieses Depot muss durch Dekantieren abgeschieden werden (→ 451).
Gerbstoffarme Rotweine können relativ jung getrunken werden (ein bis fünf Jahre Reifezeit); der bekannte Beaujolais primeur ist ein Rotwein, der ohne Reifezeit getrunken wird.

7.3.3 Vorratshaltung von Schaumwein

Schaumweine, die im Handel verkauft werden, benötigen keine zusätzliche Reifezeit. Es finden, im Unterschied zu vielen Weinen, keine positiven Veränderungen statt. Wichtig ist die richtige Kühlung auf etwa 6 °C bis 8 °C. Es genügt, wenn die Flaschen entsprechende Zeit vorher angeliefert und gekühlt werden.
Sollte der Schaumwein vor dem Servieren nicht ausreichend kühl sein, kann in einem Sektkühler eine Mischung aus Wasser, Eiswürfeln und Kochsalz hergestellt werden. Darin wird er, unter ständigem Drehen des Flaschenhalses zwischen den Handflächen rasch auf Trinktemperatur gebracht. Dieses Verfahren des schnellen Abkühlens nennt man Frappieren.

Sicherung des Getränkeangebots

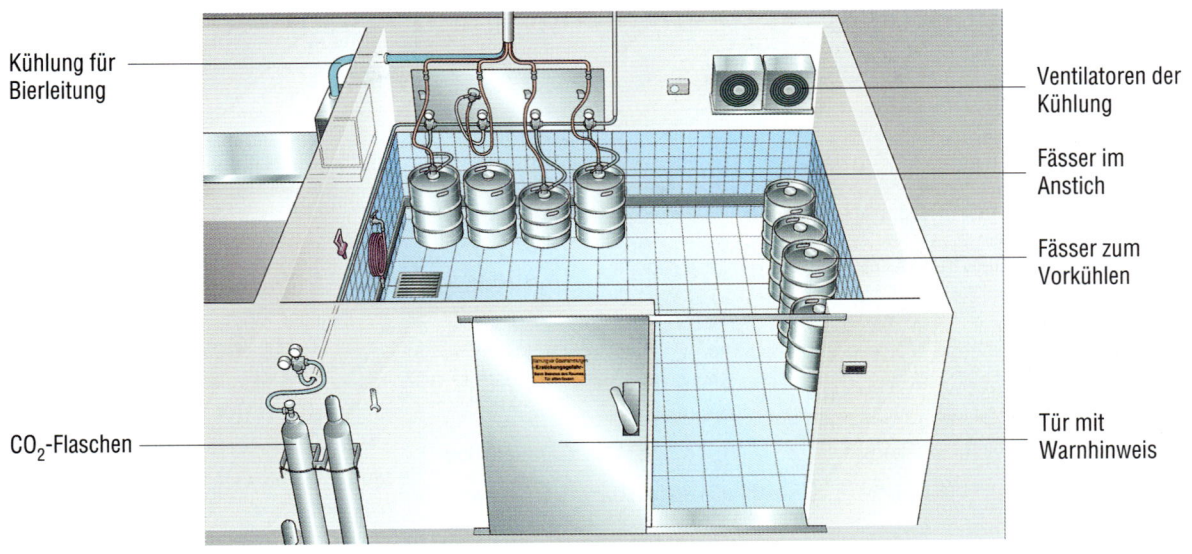

Kühlung für Bierleitung

Ventilatoren der Kühlung

Fässer im Anstich

Fässer zum Vorkühlen

CO₂-Flaschen

Tür mit Warnhinweis

1. Bierkühlraum mit Bierfässern

7.3.4 Vorratshaltung von Bier
Bier ist ein sehr empfindliches Getränk:
- Erschütterungen z. B. beim Transport bewirken, dass die Kohlensäure weniger stark an die Flüssigkeit gebunden ist und das Bier schal wird. Erst mehrere Tage (mindestens zwei) nach dem Transport hat Flaschen- und Fassbier wieder genügend geruht. Deshalb ist es entsprechend frühzeitig anzuliefern. Bierflaschen sollten vor dem Einräumen in den Kühlschrank auf unbeschädigte Etiketten kontrolliert und eventuell gesäubert werden; das Mindesthaltbarkeitsdatum ist zu beachten.
- Temperaturschwankungen schaden dem Bier. Unter etwa 5 °C wird das Bier (vorübergehend) trüb und es schäumt zu wenig. Zu warmes Bier (über 12 °C) schäumt zu stark. Wird Fassbier zu warm gelagert, kann es nachgären; dieses ist nicht verkaufsfähig, weil die sogenannte Hefetrübung die Qualität mindert.
- Licht beeinträchtigt schon nach kurzer Zeit den Biergeschmack; das Bier schmeckt unangenehm „ölig". Deshalb sind Bierflaschen in der Regel braun oder grün, damit bestimmte Strahlen dem Bier nicht schaden können.
- Gerüche der Umgebung werden auf das Bier übertragen. Deshalb sollten im Bierkeller oder -kühlraum keine anderen Lebensmittel, auch kein Leergut gelagert werden.
- Die Lagerzeit von Bier ist eingeschränkt; das Mindesthaltbarkeitsdatum ist zu beachten. Bei einer Bierlieferung sollte das frisch gelieferte Bier hinter das „ältere" Bier gestellt werden.
- Bier im Fassanstich behält nur kurze Zeit (je nach Zapfanlage wenige Tage) seinen frischen Geschmack. Deshalb ist es unter Umständen besser, kleinere Gebinde zu kaufen.

7.3.5 Vorratshaltung bei Spirituosen
Spirituosen sind aufgrund ihres hohen Alkoholgehalts über 16 Vol.-% ohne Kühlung lange lagerfähig. In Flaschen abgefüllt findet keine Qualitätsverbesserung durch Reifeprozesse mehr statt. Deshalb werden Spirituosen kurzfristig eingekauft und eventuell sofort auf die entsprechende Trinktemperatur gebracht:
- Weinbrand, Cognac, Whisky, Calvados usw. zwischen 18 °C und 20 °C
- Liköre zwischen 14 °C und 18 °C
- Tresterbrände (Grappa, Trester, Marc) und Obstbrände (Kirschwasser, Himbeergeist usw.) zwischen 10 °C und 12 °C
- Korn, Wodka, Aquavit, Gin usw. um 1 °C

Die Flaschen werden stehend und dunkel gelagert, weil manche Spirituosen bei heller Lagerung ihre Farbe verlieren.
Liköre mit hohem Zuckergehalt zeigen bei kühler Lagerung Zuckerkristallbildung, die durch leichtes Erwärmen wieder verschwindet.

1. Wie kann die Sicherung des Getränkeangebots durch Verträge erreicht werden?
2. Welche Bedingungen müssen erfüllt sein, damit bei der Lagerung von Wein keine Qualitätsverluste entstehen?
3. Warum soll Fassbier nicht erst heute bestellt werden, wenn es morgen ausgeschenkt werden soll?
4. Warum ist es nicht nötig, große Vorräte an Spirituosen oder Schaumwein einzulagern?
5. Erklären Sie den Unterschied zwischen Kauf auf Probe und Kauf auf Abruf.

8 Berechnungen (Rezepturen, Mengen, Kosten, Erträge)

Rezepturen

Für eine Sonderveranstaltung sollen Sie 50 Whiskey sour zubereiten. Für einen Whiskey sour benötigen Sie:
4 cl Whiskey (Bourbon), 2 cl Zitronensaft, 2 cl Läuterzucker, 1 Dash (d) Angustora, evtl. Sodawasser
a) Berechnen Sie die benötigten Mengen für 50 Personen, wenn mit einem Schankverlust von 4 % gerechnet wird. Wie viele Flaschen Whiskey zu 0,7 Liter (l), Zitronensaft zu 0,5 Liter und Läuterzucker in cl müssen Sie anfordern?
b) 0,7 Liter Whiskey kosten 18,75 €, der Zitronensaft (frisch gepresst) pro Liter kostet 6,50 € und der Läuterzucker kostet pro 10 cl 0,15 €. Mit welchem Betrag in € müssen Sie die Bar nach Ausgabe der Waren belasten?

a) Whiskey:
50 x 4 cl Whiskey = 200 cl = 2 Liter

96 % ≙ 200 cl
100 % ≙ x cl $\frac{100 \times 200}{96}$ ≙ 208,33 cl

208,33 cl : 70 cl = **2,98 Fl.** ≙ **3 Flaschen**

Lösung: Es werden 3 Fl. à 0,7 Liter Whiskey bestellt.

a) Zitronensaft:
50 x 2 cl Zitronensaft = 100 cl = 1 Liter

96 % ≙ 100 cl
100 % ≙ x cl $\frac{100 \times 100}{96}$ ≙ 104,17 cl

104,17 cl : 50 cl = **2,08 Fl.** ≙ **3 Flaschen**

Lösung: Es werden 3 Fl. à 0,5 Liter Zitronensaft bestellt.

a) Läuterzucker (LZ):
50 x 2 cl LZ = 100 cl = 1 Liter

96 % ≙ 100 cl
100 % ≙ x cl $\frac{100 \times 100}{96}$ ≙ **104,17 cl**

Lösung: Es werden 104,17 cl ≙ 105 cl Läuterzucker bestellt.

b)
Whiskey	= 18,75 €/0,7 Liter x 3 Flaschen	= 56,25 € für Whiskey
Zitronensaft	= 3,25 €/0,5 Liter x 3 Flaschen	= 9,75 € für Zitronensaft
Läuterzucker	= 0,15 €/10 cl x 1,05 Liter	= 1,58 € für Läuterzucker
		67,58 €

Lösung: Die Bar wird mit 67,58 € belastet.

Mengen, Kosten, Erträge

Für eine Sonderveranstaltung werden 58 Gläser Sekt-Orange bestellt, der mit 4,00 € auf der Karte steht.
a) Berechnen Sie, wie hoch die Materialkosten für die 58 Gläser Sekt-Orange höchstens sein dürfen, wenn mit 210 % Gemeinkosten, 15 % Gewinn und der gesetzlichen Mehrwertsteuer gerechnet wird.
b) Ermitteln Sie den Kalkulationsfaktor, mit dem der Betrieb rechnet.
c) Die gesamten Materialkosten für den Sekt-Orange belaufen sich für die geladenen Gäste auf 49,88 €. Berechnen Sie für diesen Fall die Gewinnveränderung in € und den neuen Gewinnzuschlag in %.

a) 58 Gäste x 4,00 € = 232,00 € Inklusivpreis (inkl. MwSt.)

	Materialkosten	100 %	54,69 €
−	Gemeinkosten	210 %	114,84 €
=	Selbstkosten	310 % > 100 %	169,53 €
−	Gewinn	15 %	25,43 €
=	Geschäftspreis/Nettoverkaufspreis	115 % > 100 %	194,96 €
−	Mehrwertsteuer	19 %	37,04 €
=	Inklusivpreis	119 %	232,00 €

Lösung: Die Materialkosten dürfen höchstens 54,69 € betragen.

b) $\frac{232,00}{56,69} = 4,24$

Lösung: Der Kalkulationsfaktor beträgt 4,24 €.

c)
	Materialkosten	100 %	49,88 €
+	Gemeinkosten	210 %	104,75 €
=	Selbstkosten	310 % > 100 %	154,63 €
+	Gewinn	**26,08 %**	40,33 €
=	Geschäftspreis		194,96 €

Lösung: Der Gewinn beträgt 26,08 % oder 40,33 €.

Berechnungen (Rezepturen, Mengen, Kosten, Erträge)

Rezepturen

Für die Ausstellung „Bergwelten" sind als Werbegeschenke Körbchen mit Spezialitäten (Speck, Wurst und Schinken) vorgesehen. Sie benötigen 300 dieser Werbegeschenke mit einem Gesamtgewicht von je 200 g (Speck, Wurst und Schinken) in den Körbchen. Der Schnittverlust bei Speck, Wurst und Schinken beträgt 4,5 %. Außerdem sollen je Körbchen ein 5-cl-Fläschchen Kräuterschnaps und ein kleines Fernglas aus Kunststoff dazugegeben werden.
Der Kräuterschnaps muss aus 1-Liter-Flaschen abgefüllt werden. Der Schankverlust beträgt 5 %.
a) Erstellen Sie eine Materialanforderung für die Spezialitäten und die zusätzlich benötigten Artikel.
b) Berechnen Sie die gesamten Materialkosten für die Aktion. Verpackungskosten werden pauschal mit 125,00 € berechnet.

Spezialitäten

Artikel	Materialpreis in €	Einheit	Gewichtsanteil
Durchwachsener Speck	10,20	kg	3
Hartwurst	8,60	kg	5
Geräucherter Schinken	15,80	kg	4
Geräucherte Schwarzwurst	4,50	kg	6
Zusätzlich benötigte Artikel			
Kräuterschnaps	14,50	1,0 Liter	
Leere Fläschchen	0,08	1 Stück	
Körbchen, geflochten	1,47	1 Stück	
Fernglas aus Kunststoff	1,96	1 Stück	

a) Materialanforderung

Durchwachsener Speck:	Hartwurst:
210 g Inhalt : 18 Gewichtsanteile = 11,67 g	210 g Inhalt : 18 Gewichtsanteile = 11,67 g
11,67 g x 3 Gewichtsanteile = 35,01 g	11,67 g x 5 Gewichtsanteile = 58,35 g
35,01 g x 300 Werbegeschenke = 10503,00 g = **10,503 kg**	58,35 g x 300 Werbegeschenke = 17505,00 g = **17,505 kg**
Lösung: Es müssen 10,503 kg Speck bestellt werden.	**Lösung:** Es müssen 17,505 kg Hartwurst bestellt werden.
Geräucherter Schinken:	Geräucherte Schwarzwurst:
210 g Inhalt : 18 Gewichtsanteile = 11,67 g	210 g Inhalt : 18 Gewichtsanteile = 11,67 g
11,67 g x 4 Gewichtsanteile = 46,68 g	11,67 g x 6 Gewichtsanteile = 70,02 g
46,68 g x 300 Werbegeschenke = 14004,00 g = **14,004 kg**	70,02 g x 300 Werbegeschenke = 21006,00 g = **21,006 kg**
Lösung: Es müssen 14,004 kg geräucherter Schinken bestellt werden.	**Lösung:** Es müssen 21,006 kg geräucherte Schwarzwurst bestellt werden.

Kräuterschnaps:
300 Werbegeschenke x 5 cl = 1500,00 cl = 15,00 Liter (l)

95 % ≙ 15,00 l
100 % ≙ x l

$$\frac{100 \times 15,00}{95} = 15,79 \text{ Liter}$$

15,79 Liter ≙ 16 Flaschen zu je 1 Liter

Lösung: Es müssen 16 Flaschen Kräuterschnaps bestellt werden.

b) Berechnung der Materialkosten

Artikel	Menge	Einheit	Preis in € je Einheit	
Durchwachsener Speck	10,503	kg	10,20	107,13 €
Hartwurst	17,505	kg	8,60	150,54 €
Geräucherter Schinken	14,004	kg	15,80	221,26 €
Geräucherte Schwarzwurst	21,006	kg	4,50	94,53 €
Kräuterschnaps	16	FL/1,0 Liter	14,50	232,00 €
Leere Fläschchen	300	1 Stück	0,08	24,00 €
Körbchen, geflochten	300	1 Stück	1,47	441,00 €
Fernglas aus Kunststoff	300	1 Stück	1,96	588,00 €
Verpackung				125,00 €
Gesamt				**1983,46 €**

Lösung: Die gesamten Materialkosten betragen 1983,46 €.

9 Fachsprache, Fremdsprache

m. = maskulin, le;
f. = feminin, la

Deutsch	Englisch	Französisch (Mehrzahl = les)
Barservice	**Barservice**	**Service de Bar**
Barlöffel	bar spoon	cuiller à bar f.
Barmesser	bar knife	couteau à bar m.
Barzange	bar tongs	pince à bar f.
Bitterflasche	bitter bottle	flacon à angostura m.
Cocktailbecher	cocktail shaker	tamis à cocktail m.
Cocktailsieb	cocktail strainer	passoir à cocktail m.
Flaschen-Gläseruntersetzer	bottle and glass tray	plateau pour bouteilles et verres m.
Flaschenöffner	bottle opener	décapsulteur m.
Messbecher für Alkohol	measure for liquor	mesure à alcool f.
Muskatreibe	nutmeg grater	râpe à muscade f.
Roheisbehälter	ice bucket	seau à glace m.
Roheishammer	ice hammer	marteau à glace m
Rührglas	mixing glass	verre à melanger f.
Sektflaschenverschluss	champagne bottle closer	bouchon bouteille m.
Strohhalmbecher	straw holder	porte-paille m.
Zigarrenabschneider	cigar cutter	coupe-cigare m.
Zitronenpresse	lemon squeezer	presse-citron m.
Wein- und Schaumweinservice	**Wine and sparkling wine service**	**Service à vin et champagne**
Champagnerschüssel	champagne bowl	bol à champagne m.
Weinkühlerständer	stand for wine cooler	support pour seau à vin m.
Weinkühler	wine cooler	seau à vin m.
Rotweingestell (Flaschenhalter)	red wine holder	porte-bouteilles f.
Dekantierkaraffe	decanter	carafe à décanter f.
Korkhalter	cork pic	bouchon à tenir m.
Korkenzieher	cork-screw	tire-bouchon m.
Käsemesser	cheese knife	couteau à fromage m.
Sicherungsbügel (Schaumwein)	agrafe	agrafe f. colerette

10 Projektorientierte Aufgabe

Thema: Getränkeverkauf Wein

Sie sind Restaurantleiter in einem Weinrestaurant. Das Angebot Ihrer Weinkarte ist breit gefächert und deckt alle Geschmacksrichtungen ab. Trotzdem ist der Umsatz an Wein bei gestiegenem Küchenumsatz rückläufig.

Aufgabe:
Welche Maßnahmen können Sie intern ergreifen? Wie führen Sie diese Maßnahmen durch, um den Umsatz an Wein zu steigern?

Lösungsvorschlag
(Lösungsvorschläge geben Anregungen, wie die Projektaufgabe bearbeitet werden kann, und sind keine fertigen Lösungen.)
- Interne Werbemaßnahmen ergreifen (→ 342).
- Präsentationsmöglichkeiten für Weine arrangieren.
- Durch Fortbildungsmaßnahmen das Wissen der Mitarbeiter über Wein schulen, um die Gästeberatung zu verbessern.
- Degustationen (Verkostungen) (→ 445) mit Mitarbeitern durchführen.
- Angebotsgrößen (Ausschankgrößen) überprüfen.
- Speisenvorschläge mit passenden Weinen in Zusammenarbeit mit der Küche erstellen.
- Verkaufsgespräche und -techniken mit den Servicemitarbeitern proben.

Lernfeld 3.3
Führen einer Station

1. Vorbereitung in der Station

Zielformulierungen

Folgende Ziele sollen von Auszubildenden im Lernfeld Führen einer Station erreicht werden:
- Sie sind in der Lage, die Anforderungen zur Führung einer Station zu beschreiben.
- Es werden Vorbereitungsarbeiten im Restaurant ausgeführt, Gäste empfangen und platziert.
- Sie sind fähig, Gäste über das Speisen- und Getränkeangebot zu beraten, wobei Kommunikationsregeln eingehalten und verkaufspsychologische Kenntnisse genutzt werden.
- Bestellungen werden entgegengenommen.
- Sie servieren Speisen und Getränke nach unterschiedlichen Methoden und können Arbeiten am Tisch des Gastes ausführen.
- Im Interesse des Unternehmens bearbeiten sie Reklamationen gastorientiert.
- Sie erstellen Gästerechnungen, rechnen ab und verabschieden Gäste.
- Die Gästeberatung und -betreuung erfolgen auch fremdsprachlich.
- Sie arbeiten im Team und erkennen die Vorteile dieser Arbeitsorganisation.
- Die Arbeitsschritte erfolgen planmäßig nach ökonomischen und ökologischen Gesichtspunkten und werden selbstständig kontrolliert und bewertet.
- Es werden Tagesabrechnungen erstellt und Leistungslöhne berechnet.
- Sie kennen die Rechtsvorschriften.

1 Führen einer Station

Um die Zuständigkeitsbereiche im Restaurant klar erkennbar zu machen, werden sie je nach Größe des Restaurants in einzelne Stationen unterteilt. Zuständig für einen solchen Teilbereich ist der Leiter einer Station, der auch als Chef de rang bezeichnet wird.

Zur Führung einer Station sind folgende Fähigkeiten und Kenntnisse Voraussetzung:
- Beherrschung des First-Classe-Service (Fachkompetenz)
- Organisationstalent
- Die Fähigkeit, eine kleine Personengruppe zu führen (Sozialkompetenz)
- Deutsche und fremdsprachliche Kenntnisse (Englisch, Französisch)
- Kenntnisse über Speisen und Getränke
- Verkaufstalent

Zu den hauptsächlichen Aufgaben zum Führen einer Station gehören:
- Einteilen, Führen und Schulen der untergebenen Mitarbeiter
- Organisieren der Vorbereitungsarbeiten und des Serviceablaufs
- Beratung der Gäste und Verkauf
- Arbeiten am Tisch des Gastes, wie Vorlegen, Flambieren, Tranchieren, Filetieren
- Zubereiten und Anmachen von Speisen am Tisch des Gastes
- Tabakwarenservice
- Getränkeservice
- Bonieren, Kassieren (inkassobevollmächtigt)
- Bearbeiten von Reklamationen
- Vertretung des Vorgesetzten

2 Vorbereitungsarbeiten

Zu den Vorbereitungsarbeiten im Restaurant zählen die Arbeitseinteilung der untergebenen Mitarbeiter sowie die Vorbereitungsarbeiten in Office und Restaurant. **(Lernfeld 1.2 Arbeiten im Service → 125)**.

Zu den organisatorischen Vorarbeiten gehört das Ausführen und Überwachen der Arbeiten nach Check- und Kontrolllisten **(Lernfeld 3.1 Restaurantorganisation → 399)**.

3 Verkaufsgespräche und -techniken

3.1 Die Servicebesprechung

Zu den Verkaufsgesprächen und -techniken zählt auch die tägliche Servicebesprechung. Dazu gehören die erforderlichen Tagesinformationen, wie:
- Welches „Geschäft" wird erwartet?
- Welche besonderen Gäste laut Reservierung werden erwartet (Gästedatei, Guest History → 469)?
- Worauf ist im Allgemeinen zu achten?

Besprechen von Fehlerquellen zum Serviceablauf des vergangenen Tages:
- Was könnte servicetechnisch verbessert werden?
- Weshalb wurden bestimmte Angebote nicht angenommen?
- Sind Reklamationen zu besprechen?

3.2 Besprechen des Tagesangebotes

Dies kann im Wechsel von jeweils einem anderen Mitarbeiter übernommen werden, da durch die intensive Vorbereitung, die dieser als Leiter der Besprechung benötigt, ein großer Lerneffekt erzielt wird.
Um spezielle Fragen stellen zu können, muss von den anderen Mitarbeitern gefordert werden, dass sie bis zum Zeitpunkt der Servicebesprechung das Angebot kennen.
Folgende Punkte werden bei dieser Besprechung geklärt:
- Was steht auf der Karte? Wie wird es zubereitet?
- Wie wird es richtig ausgesprochen?
- Mit welchen Worten wird das Gericht am besten empfohlen?
- Welche Zusammenstellungen mit anderen Gängen passen zu diesem Gericht/ergeben ein Menü?
- Welche Zusammenstellungen werden erfahrungsgemäß gewählt?
- Welche Getränke passen zu welchen Speisen?

Weitere Ausführungen zum Thema Verkaufsgespräche und -techniken finden Sie auch unter: **Lernfeld 1.2 Arbeiten im Service** (→ 178), **Lernfeld 2.1** (→ 329), **Lernfeld 3.2** (→ 449), **Lernfeld 3.4** (→ 515).

1. Servicebesprechung

4 Gästebetreuung

Empfangen und Begrüßen der Gäste
Die Gäste werden beim Eintreten begrüßt; danach ist man ihnen, wenn nicht schon geschehen, beim Ablegen der Garderobe behilflich. Bei Gästen, die reserviert haben, sollte man sich nochmals über die Personenzahl vergewissern. Bei Gästen, die nicht reserviert haben, muss man sich ebenfalls nach der Personenzahl erkundigen und fragen, ob sie zu speisen wünschen.

Platzieren der Gäste
Haben die Gäste einen Tisch reserviert oder handelt es sich um Stammgäste, weiß man, wo sie zu platzieren sind. Anders verhält es sich bei Gästen, die nicht reserviert haben. Hier versucht man, auf die Wünsche der Gäste einzugehen, wie Nichtraucher, Fensterplätze. Dabei müssen jedoch auch betriebliche Gegebenheiten wie möglichst gleichmäßige Auslastung der einzelnen Stationen berücksichtigt werden.
Platzieren zu anderen Gästen ist in manchen Betrieben üblich. Ist dies der Fall, muss das Servierpersonal stets als Vermittler zwischen den Gästen auftreten. Die neu angekommenen Gäste werden um etwas Geduld gebeten. Auf gar keinen Fall sollte man mit neu angekommenen Gästen „im Schlepptau" zu einem infrage kommenden Tisch gehen. Folgende Regeln sind zu beachten:
- Einzelgast immer zu Einzelgast (männlich zu männlich und weiblich zu weiblich),
- zwei zusammengehörende Personen zu zwei zusammengehörenden Personen,
- Einzelgäste oder ein Paar nie zu Gruppen setzen; sie würden sich verloren fühlen.

Gästebetreuung

Gäste zum Tisch führen
Um die Gäste zu platzieren, werden sie vom Servierpersonal zum Tisch geführt. Dabei geht das Servierpersonal voraus. Am Tisch angekommen, werden die Gäste gefragt, ob sie mit dem Tisch einverstanden sind. Danach ist das Servierpersonal beim Platznehmen behilflich.

Anbahnen des Verkaufs
Haben die Gäste Platz genommen, werden – wenn nicht bereits zuvor geschehen – die Kerzen angezündet. Brot und Butter werden eingesetzt.

Als **Verkaufsunterlagen** werden den Gästen Speise- und Getränkekarte, wenn möglich von der rechten Seite gereicht. Sie sollen jedoch keineswegs das Verkaufsgespräch ersetzen. Je nach Situation muss geschickt der richtige Augenblick gewählt werden, um zu beraten und zu empfehlen (→ 180).

Eine gute Zusammenarbeit mit der Küche ist beim Verkauf im À-la-Carte-Service von großer Bedeutung. Wissen über besondere, am Verkaufstag frisch zubereitete Speisen, nur kurzfristig haltbare Speisen, die bevorzugt anzubieten sind, oder auf der Karte gestrichene Gerichte ist sehr wichtig. Es darf nie Verblüffung über einen „absonderlichen" Geschmack gezeigt werden.

Der **Demonstrationsverkauf** ist möglich, wenn das Haus die Voraussetzungen dafür bietet. Es eignen sich Aperitif-, Digestifwagen, Kühlvitrinen mit Vorspeisen und Gerichten, Fleischwagen, Käsewagen, Salatbüfetts oder Kuchenvitrinen.
Bei dieser Art des Verkaufs ist es besonders wichtig, die angebotene Ware genauestens zu kennen und erklären zu können, da hier sehr oft Fragen über Herkunft und Geschmack gestellt werden.

Aufnehmen der Bestellung
Die Bestellung wird, wenn möglich, von der rechten Seite des Gastes aufgenommen.
- Die Körperhaltung sollte aufrecht sein, keinesfalls darf die Bestellung auf dem Beistelltisch oder sogar auf dem Gästetisch notiert werden.
- Bei mehreren Gästen sind die Bestellungen exakt, am besten im Uhrzeigersinn zu notieren, oder es ist im Aufnahmeblock ein kleiner Tischplan zu erstellen, um die Bestellungen für den jeweiligen Gast einzutragen. So wissen auch Mitarbeiter, welche Speisen und welche Getränke welcher Gast bekommt, ohne rückfragen zu müssen.
- Wünsche wie Bratstufen bei Steaks, Tee mit Milch oder Zitrone usw. sind zu erfragen. Nach dem Aufnehmen der Bestellung werden die Speise- und Getränkekarten wieder eingesammelt.

Bonieren
Nach der Bestellungsaufnahme wird boniert. Je nach Betriebsart sind die Bonierungsarten (→ 146) sehr unterschiedlich.

Servieren der Speisen und Getränke
Bevor mit dem Servieren der Speisen und Getränke begonnen wird, werden je nach Bestellung Gläser, Geschirr und Bestecke ein-, aus- oder umgedeckt.
Der Servierablauf à la carte richtet sich nach der jeweiligen **Serviermethode** (→ 136) des Hauses. Nach Beendigung des Essens können Zusatzangebote wie Mokka, Digestif oder Zigarren gemacht werden.
Kleine **Extradienstleistungen** sind auch im À-la-Carte-Geschäft eine Selbstverständlichkeit. Dazu zählen: Wasser für Tabletten, Fußbank, Sitzkissen, Kinderstühle, Rufen von Taxen.

Kassieren
Verlangt der Gast seine Rechnung, wird sie ihm verdeckt oder gefaltet auf einem Tablett oder in einem Kästchen gebracht (Kassieren, Zahlungsmöglichkeiten, → 149). Speise- und Getränkekarten sollten bereitgelegt werden, damit der Gast eine Kontrollmöglichkeit hat.

Verabschieden der Gäste
Brechen die Gäste auf, wird mit einem kurzen Blick der Tisch überprüft, ob nichts liegen gelassen wurde. Nachdem den Gästen in die Garderobe geholfen wurde, werden sie zur Tür begleitet und verabschiedet. Dabei bedankt man sich für den Besuch und wünscht einen guten Heimweg. Ein Händedruck muss vom Gast ausgehen.

Abschlussarbeiten
Der frei gewordene Tisch muss umgehend in einen einwandfreien Zustand gebracht werden, bevor er an andere Gäste vergeben wird. Dazu werden
- die Krümel mit einer klein zusammengefalteten Handserviette oder Tischbürste auf ein kleines Tablett gefegt;
- wenn nötig, das Tischtuch und/oder die Deckserviette erneuert. Danach wird neu eingedeckt; die Stühle werden auf Sauberkeit überprüft und ausgerichtet.

Vorausreservierungen der Gäste werden umgehend in die Gästekartei eingetragen.

Gästedatei „Guest History"
In der Guest History werden bei Stammgästen das Aufenthaltsdatum und der Umsatzwert eingetragen. Die Datei mit persönlichen Angaben wie Name, Adresse usw. sowie Behandlung und Vorlieben des Stammgastes wird, wenn nötig, aktualisiert.

1. Schildern Sie, wie man sich bei einem Verkaufsgespräch bei der Begrüßung und Anbahnung verhalten sollte.

5 Arbeiten am Tisch des Gastes

Mit den Arbeiten am Tisch des Gastes erfährt der Service eine Verfeinerung, durch die ein gastronomischer Betrieb den Ansprüchen seiner Gäste entgegenkommt. Zu den Arbeiten am Tisch des Gastes zählen:
- Tranchieren, Filetieren, Zubereiten und Flambieren von Speisen, Anmachen von Speisen, Servieren von Käse vom Brett oder Wagen,
- Tabakwarenservice,
- Eindecken von Spezialgedecken und Vorbereiten spezieller Speisen zum Verzehr.

Voraussetzungen für Arbeiten am Tisch des Gastes sind:
- Gewandter Umgang mit Arbeitsgeräten
- Fundierte Kochkenntnisse
- Kenntnisse über die Anatomie der zu zerlegenden Tiere oder einzelner Teile

Fachmännisch ausgeführte Arbeiten am Tisch des Gastes sind ein Teil dessen, was sich die Gäste unter Erlebnisgastronomie vorstellen. Außer dem Show-Effekt gibt es jedoch noch viele Gründe, Speisen am Tisch des Gastes zu tranchieren, zufiletieren, zuzubereiten oder anzumachen.

Tranchieren
Gründe für das Tranchieren am Tisch des Gastes sind:
- Auf Bestellung gebratene Fleischteile, die innen noch rosa oder blutig sind, sollten erst im letzten Augenblick am Tisch des Gastes tranchiert werden, um den Saftverlust so gering wie möglich zu halten.
- Der Gast kann die Portionsgröße selbst bestimmen.
- Da der Gast die Fleischteile vor sich sieht, hat er die Möglichkeit, seine Wahl zu treffen, wie Brust, Keule, Anschnitt, viel knusprige Haut oder Schwarte, fett, mager.

Filetieren und Zerlegen von Fischen
Fisch wird nicht nur verzehrfertig, sondern auch in Tranchen mit Haut und Gräten oder als Portionsfisch im Ganzen serviert. Gründe dafür sind:
- Bei Fischen, die mit Haut und Gräten zubereitet und serviert werden, bleibt das Fischfleisch saftiger.
- Der Beweis der Frische kann bei „blau" im Ganzen zubereiteten Fischen oder Teilen davon demonstriert werden, da nur bei frischem Fisch die Schleimhaut gut erhalten ist und sich blau färbt.
- Anhand bestimmter Körperformen und anderer Merkmale kann der Gast erkennen, dass ihm die bestellte Fischart serviert wird.

Zubereiten und Flambieren von Speisen
Am Tisch des Gastes werden Speisen zubereitet und durch Spirituosen, die Aromastoffe enthalten, verfeinert. Da nur die Aromastoffe benötigt werden, wird der unerwünschte Alkohol, der den Speisen einen „schnapsigen" Geschmack geben würde, abgebrannt (flambiert) oder ausgekocht. Aus folgenden Gründen werden Speisen am Tisch des Gastes zubereitet:
- Der Gast kann vor und während der Zubereitung seine Wünsche äußern (viel Senf, keine Sardellen usw.).
- Durch Kostproben, z. B. der Soße, kann der Gast vor der Fertigstellung noch geschmackliche Wünsche äußern.

Anmachen von Speisen
Hier hat der Gast, genau wie bei der Zubereitung von Speisen, die Möglichkeit, seine Wünsche zu äußern.

1. Canard à la presse

2. Flambierwagen

Arbeiten am Tisch des Gastes

5.1 Tranchieren

Wer vor den Augen des Gastes tranchiert, muss über die Anatomie, das heißt über die Lage der Knochen und Gelenke, über den Sitz der Fleischteile sowie über den Verlauf der Fleischfasern in den einzelnen Fleischteilen genauestens Bescheid wissen. Um saubere, glatte Schnittflächen zu erzielen, müssen die Messer vor Servicebeginn gut geschärft bzw. abgezogen werden. Dies darf keinesfalls vor den Augen der Gäste geschehen. Als Grundsatz beim Aufschneiden gilt:
Immer quer oder schräg zur Faser schneiden. Dadurch wird die Faser verkürzt und das Fleisch ist im Biss zarter. Mit der Gabel sollte nicht in rosa oder blutig gebratene Fleischstücke gestochen werden, da dadurch zu viel Saft ausläuft.
Tranchiert werden hauptsächlich:
- **Schlachtfleisch:** Roastbeef, Châteaubriand, Entrecôte double, Porterhouse-Steak, Rinderkotelett, Kalbshachsen und -rücken, Lammkeulen und -rücken, Spanferkel
- **Hausgeflügel:** Hähnchen, Pute, Ente, Gans
- **Wildgeflügel:** Fasan, Wildente, Rebhuhn, Birkhuhn
- **Wild:** Rücken und Keulen von Hase, Reh und Hirschkalb
- **Krustentiere:** Hummer, Languste, große Krabben.

Die nachfolgend beschriebenen Arbeitsgänge gelten für Rechtshänder. Die aufgeführten Arbeitsmethoden sind lediglich eine Auswahl der zahlreichen Möglichkeiten.

Mise en place (Bereitstellung)
Tranchierbrett: Ein Brett mit Rille oder Kuhle zum Auffangen von Fleischsäften oder ein Fischbrett.
Tranchiergabel: Zweizinkige stabile Gabel zum Festhalten der Speisen.
Kurzes, stabiles Messer zum Auslösen der Knochen und Tranchieren des Fleisches.
Tranchelard: Langes, leicht biegsames Messer zum Schneiden von zarten Fleischteilen und Räucherfischen.
Großes Tranchiermesser zum Zerteilen von Krustentieren.

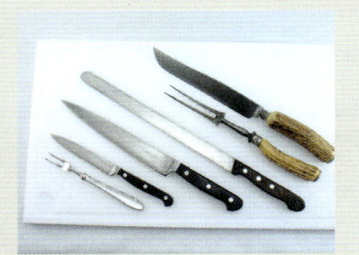

Arbeitsgeräte zum Tranchieren

Tragen der Arbeitsgeräte

5.1.1 Tranchieren von Fleisch

Tranchieren von Rinderrückensteaks
Vom Rinderrücken werden hauptsächlich folgende Steaks am Tisch tranchiert:
- **Porterhouse-Steak** (Rückenfleisch mit Knochen und Filet)
- **Rinderkotelett** – Côte de boeuf – (Rückenfleisch mit Knochen) für 2 bis 4 Personen, Rohgewicht mit Knochen ca. 300–350 g pro Person
- **Châteaubriand** (doppeltes Lendenstück)
- **Entrecôte double** (doppeltes Rinderrückensteak), Rohgewicht ca. 360–400 g für 2 Personen

Porterhouse-Steak, Côte de bœuf

Châteaubriand, Entrecôte double

Tranchieren von Porterhouse-Steak
- Fleisch auf Tranchierbrett legen,
- Rückenfleisch und Filet mit dem Messer vom Knochen ablösen,
- Fleisch mit dem Gabelrücken festhalten,
- von beiden Fleischteilen im Schrägschnitt von rechts nach links 1–2 cm dicke Tranchen schneiden.

Die Anzahl der Tranchen (ohne Anschnitte) muss durch die Zahl der Gäste teilbar sein. Das Fleisch der anderen Steaks wird ebenso tranchiert.

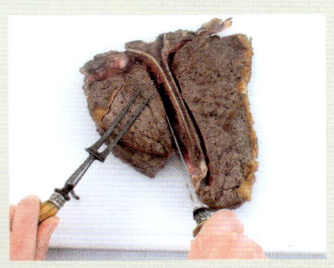

Auslösen eines Porterhouse-Steaks

Tranchieren der ausgelösten Fleischteile

5.1.2 Tranchieren von Geflügel

Wird Geflügel im Ganzen serviert, wird es dem Gast zuerst präsentiert. Danach wird auf einem Beistelltisch das Geflügel tranchiert. Dafür gibt es verschiedene Möglichkeiten:
- Geflügel mit Messer und Gabel anheben und über einem Teller eventuell im Körper des Tieres befindlichen Bratensaft und Fett auslaufen lassen. Dies ermöglicht eine saubere Arbeitsweise auf dem Tranchierbrett,
- Geflügel so legen, dass die Brust nach rechts, die Keulen nach links zeigen,
- Flügel am „Ellbogen" abtrennen.

Abtropfenlassen von Flüssigkeit

Abtrennen der Flügel am „Ellbogen"

Abdrehen der Keule, Methode I
- Geflügel auf die Seite legen,
- Gabel in der „Kniekehle" einstechen,
- Haut mit dem Messer zwischen Brust und Keule einritzen,
- Keule im Halbkreis Richtung Sterz mit der Gabel abdrehen, dabei den Oberschenkelknochen aus dem Schlossknochen drehen. Den restlichen Teil des Geflügels mit dem Messer festhalten,
- damit die knusprige Geflügelhaut an der Keule verbleibt, diese kurz vor Beendigung des Vorgangs am Sterz abtrennen.

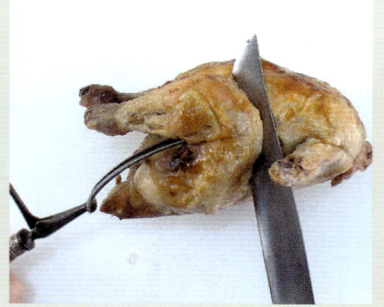

Einstechen in das „Kniegelenk"

Abdrehen der Keule, Methode I

Abtrennen der Keulen, Methode II
- Geflügel auf den Rücken legen,
- die Keulen zeigen in Richtung Trancheur, die Brust in Richtung Gast,
- das Geflügel wird mit der Gabel an der Keule festgehalten,
- mit dem Messer wird die Haut zwischen Brust und Keulen eingeritzt,
- danach werden die Keulen mit dem Messer seitlich nach außen heruntergedrückt und vom Körper abgetrennt.

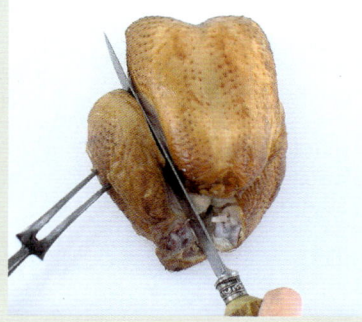

Einritzen der Haut zwischen Brust und Keule

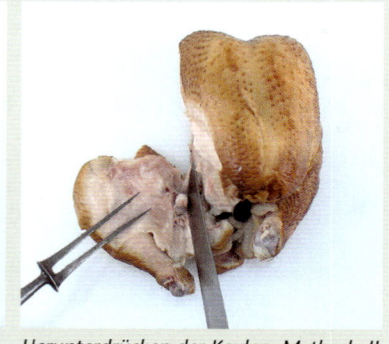

Herunterdrücken der Keulen, Methode II

Zerlegen der Keulen
Die Keulen werden je nach Größe unterschiedlich zerlegt.
- Kleine Keulen werden am „Kniegelenk" halbiert, wobei darauf zu achten ist, dass ein Fleischanteil der Oberkeule an der Unterkeule verbleibt.
- Große Keulen (wie Pute): Hierbei wird das Keulenfleisch mit dem Messer vom Knochen des Ober- und Unterschenkels abgelöst und in Portionen geteilt.

Tranchieren von kleinen Keulen

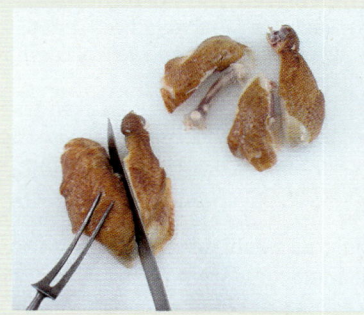

Tranchieren von großen Keulen

Ablösen des Brustfleisches, Methode I
- Das Geflügel auf den Rücken legen und mithilfe einer Gabel, die in die Seite eingestochen wird, festhalten,
- mit dem Messer die Haut beider Bauchlappen einschneiden ①,
- beide Flügel am „Schultergelenk" abtrennen ②,
- Brusthaut auf dem Brustbein längs mit dem Messer einritzen ③,
- mithilfe eines Löffels die Brustfilets (Rückseite des Löffels zum Fleisch) auf beiden Seiten des Brustbeines abschieben.

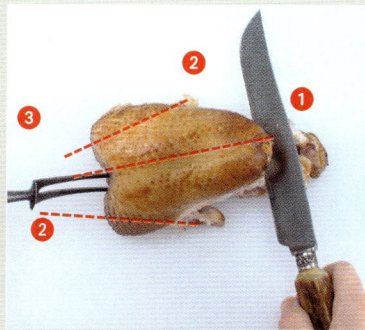

Einritzen der Bauchlappen

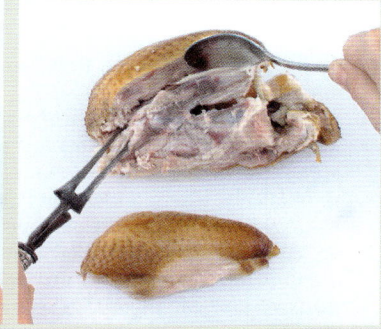

Ablösen des Brustfleisches, Methode I

Aufschneiden des Brustfleisches, Methode I
- Das Brustfleisch wird, an der Brustspitze beginnend, von rechts nach links in dünne Tranchen geschnitten.

Ablösen und gleichzeitiges Tranchieren des Brustfleisches, Methode II
Geeignet für rosa gebratenes Geflügel wie Fasan, Barberie-Ente.
- Flügel am „Schultergelenk" abtrennen ①,
- Brustfleisch in Tranchen der Länge nach herunterschneiden ②,
- die zuvor abgelösten Keulen werden, wenn sie noch blutig sind, zum Nachbraten in die Küche gegeben.

Tranchieren der Brust, Methode I

Tranchieren der Brust, Methode II

Auslösen der Filets (Austern)
Der letzte Arbeitsgang ist das Auslösen der Filets.
- Geflügelkarkasse auf die Seite legen und mit der Gabel festhalten,
- beide Filets, die sich oberhalb des „Hüftgelenks" befinden, mit einem Löffel ablösen.

Anrichten und Servieren
Bei Geflügel werden zuerst das Brustfleisch und die Filets, danach die Keulen und zuletzt Sonstiges wie Flügel oder Sterz (Birzel) den Gästen serviert.

Auslösen der Filets (Austern)

Angerichteter Teller, 1. Service

Tranchieren von kleinem Geflügel
Bei kleinem Geflügel wird das Fleisch nicht von der Karkasse gelöst, sondern die Tiere werden lediglich zerteilt.
Methode I: Taube, Wachtel, Schnepfe
- Das Geflügel auf den Rücken legen,
- mit dem Messer der Länge nach längs des Brustbeines halbieren.

Methode II: Stubenküken, Rebhuhn
- Keulen abtrennen (siehe Methode I oder II, Abtrennen der Keulen),
- Brust mit Karkasse längs halbieren.

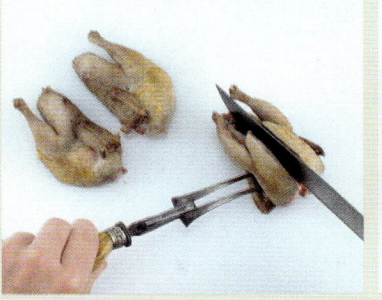

Teilen von kleinem Geflügel, Methode I

Teilen von kleinem Geflügel, Methode II

5.1.3 Tranchieren von Rücken und Hachsen (Haxen)

Tranchieren von Hasen-, Reh- und Lammrücken
- Gabel am Gratknochen einstechen,
- das Rückenfilet (Contrefilet) mit einem Löffel durch drehende Bewegung von der Karkasse lösen; dabei muss die Unterseite des Löffels zum Fleisch zeigen,
- Karkasse wenden und die kleinen Filets auf der Unterseite ebenso auslösen,
- Rückenfilets schräg zur Faser schneiden, damit die Tranchen größer ausfallen.

Auslösen kleiner Rückenfilets

Tranchieren kleiner Rückenfilets

Tranchieren von Kalbs- und Hirschrücken
- Das Rückenfleisch mit einem Messer sauber von der Karkasse lösen,
- die Filets auf der Unterseite werden bei großen Rücken meist im Rohzustand in der Küche ausgelöst und sind nicht vorhanden,
- Rückenfleisch quer zur Faser in knapp 1 cm dicke Tranchen schneiden,
- nicht zum Anrichten benötigtes Rückenfleisch auf der Karkasse warm stellen, um ein Nachgaren zu verhindern.

Auslösen großer Rückenfilets

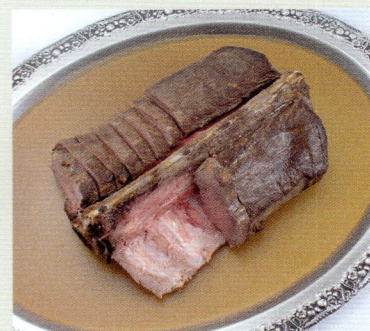

Warmhalten auf der Karkasse

Tranchieren von Rehsattel für zwei Personen
- Da das Fleisch des Rehrückens sehr zart und die Faserstruktur sehr fein ist, kann das Rückenfleisch des Rehsattels ausnahmsweise auch mit der Faser geschnitten werden.
- Den Rehsattel längs auf das Tranchierbrett legen und mit der Gabel festhalten; dabei nicht in das Fleisch stechen.
- Das Fleisch der Länge nach in Tranchen von der Karkasse schneiden.

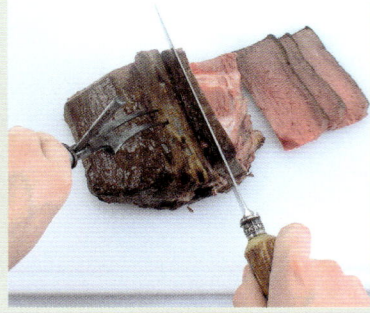

Tranchieren von Rehsattel für 2 Personen

Angerichtete Rückenfilets

Tranchieren von Kalbshachse (Haxe) für 2 bis 4 Personen
- Hachse am herausstehenden Knochen mit der linken Hand festhalten, dazu eine Serviette benutzen.
- Wenn nötig, Fleisch/Sehnen mit dem Messer durchtrennen (siehe Markierungen).
- Hachsenfleisch mit einem Löffel vom Knochen schälen, dabei zeigt die gewölbte Seite des Löffels zum Fleisch.
- Das Fleisch längs halbieren.
- Quer oder schräg in ca. 2 cm dicke Scheiben schneiden.

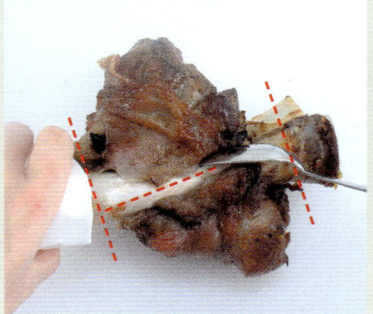

Abschälen des Hachsenfleisches

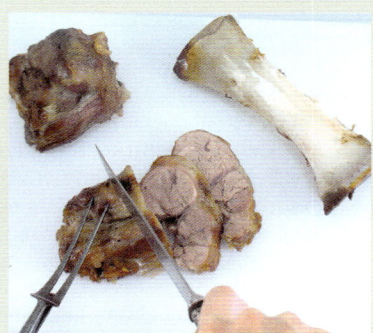

Tranchieren des Fleisches

Arbeiten am Tisch des Gastes

5.1.4 Tranchieren von Krustentieren

Tranchieren eines Hummers
Männliche Tiere sind besser geeignet, weil bei ihnen das aufwendige Entfernen der Eier entfällt.
- Den Hummer mit dem Schwanzteil nach rechts auf das Tranchierbrett legen,
- Scheren mit den daranhängenden Armen vom Körper abdrehen,
- Tranchiermesser senkrecht in der Mitte des Hummers ansetzen und zuerst das Schwanzteil halbieren,
- Hummer um 180° wenden und auf die gleiche Weise das Kopf-Bruststück halbieren.
- Magen ① im vorderen Kopfbereich und Darm ② im Schwanzteil mit Gabel und Löffel entfernen; bei weiblichem Hummer auch die rötlichen Eier,
- Hummermark ③ auf Wunsch dem Gast mitservieren,
- Kruste des Schwanzteiles mit einem Löffel festhalten und das Schwanzfleisch mit einer Gabel von hinten nach vorne herausziehen,
- Schwanzfleisch in Tranchen schneiden und anrichten.

Abdrehen der Scheren und Arme

Halbieren des Schwanzteiles

Halbierter Hummer

Herauslösen des Schwanzfleisches

- Scheren mit der linken Hand festhalten und die daranhaftenden Arme halbieren ①; danach die Messerspitze in das „Handgelenk" ② einstechen und die Schere abdrehen;
- kleines Scherenglied seitlich hin- und her bewegen (Flüssigkeit läuft aus der Schere!); danach das kleine Scherenglied abdrehen, bis es sich mit der daranhängenden Chitinplatte aus dem großen Scherenteil löst.

Abtrennen der Schere vom „Arm"

Auslösen der Chitinplatte

- Großes Scherenteil hochkant auf beiden Seiten mit einem Messer leicht anknacken, wieder flach auf das Brett legen und mit einem gefühlvollen Schlag mit der Messerrückseite oder durch Knacken mit einer Hummerzange öffnen;
- Kopfbruststück mit Beinen, aufgeschnittenes Scheren- und Schwanzfleisch sowie kleines Scherenglied auf einem Teller anrichten und garnieren.

Knacken und Auslösen der Scheren

Anrichtemöglichkeit für Hummer

5.2 Filetieren, Tranchieren und Zerlegen von Fischen

Ganze Fische oder auch Tranchen davon, die noch Haut und Gräten enthalten, werden am Tisch filetiert bzw. zerlegt, um dem darin meist ungeübten Gast behilflich zu sein. Vor Beginn ist der Gast auf jeden Fall zu fragen, ob ihm diese Arbeit abgenommen werden darf. Kenner zerlegen ihren Fisch gern selbst.

Zum Filetieren eignen sich alle festfleischigen Fische besonders gut. Fische, bei denen das Fleisch sehr leicht zerfällt, wie es bei Schollen der Fall ist, werden in der Regel im Ganzen vorgelegt und der Gast hebt das Fischfleisch beim Verzehr vom Grätengerüst ab, ohne zu filetieren.

Das Zerlegen und das Filetieren von Fischen setzten Wissen über Art und Vorhandensein von Flossen und Flossensäumen sowie über den Aufbau und Verlauf von Gräten und Fischfleisch voraus.

Um Aroma und Farbe des Fischfleisches nicht zu beeinträchtigen, eignen sich als Arbeitsbesteck Edelstahl- oder Silberbesteck (Fischmesser, Fischgabel, Löffel).

Filetiert und zerlegt werden hauptsächlich
- **Plattfische:** Seezunge, Rotzunge, Steinbutt, Heilbutt,
- **Rundfische:** Forelle, Lachs, Felchen (Renke).

5.2.1 Filetieren und Zerlegen von Plattfischen

See-, Rotzunge nach Müllerinart

Plattfische können auf der Servierplatte filetiert werden.
- Die Randflossen (Grätensaum) an beiden Seiten abtrennen,
- mit Löffel oder Fischmesser über die Wirbelgräte fahren, wodurch ein Einschnitt entsteht,
- die oberen Filets lösen, indem man das Fischmesser oder die Löffelspitze unter die Filets schiebt und diese damit von der Mittelgräte abschiebt.

Ablösen des Flossensaumes

Abschieben der oberen Filets

Kleine Plattfische wenden und auf der anderen Seite ebenso verfahren. Alle vier Filets vorlegen.

Bei größeren Plattfischen:
- Wirbelgräte mit der Gabel anheben und die daran haftenden Filets mit einem Löffel oder Fischmesser ablösen
- zwei Filets vorlegen,
- die anderen beiden Filets auf die Wirbelgräte legen. Dies verhindert ein Austrocknen beim Warmstellen.

Abheben der Wirbelgräte

Warmstellen der Filets für den Nachservice

Steinbutt gedünstet oder pochiert
- Flossensaum und Haut entfernen,
- Kopf abtrennen, Bäckchen ablösen,
- Rückenfilet nach oben abschieben und durch Daraufdrücken mit Löffel oder Fischmesser längs teilen,
- Bauchfilet abschieben,
- Wirbelgräte abheben,
- untere Filets von der Haut lösen,
- Filets portionieren und anrichten.

Bei Babysteinbutt ist die untere weiße Haut zum Verzehr geeignet.

Portionierungsweise von kleinem Steinbutt

Portionierter Steinbutt

Arbeiten am Tisch des Gastes

5.2.2 Filetieren und Zerlegen von Rundfischen

Forelle blau
Mise en place: Fischbesteck, Löffel, je ein Ess-, Arbeits- und Ablageteller, zwei Tellerrechauds.
- Pochierten Fisch mithilfe des Einsatzes aus dem Fischkessel heben,
- Fisch mit 2 Besteckteilen auf einen warmen Teller oder eine Porzellanplatte legen; die linke Körperseite unten, den Kopf nach rechts gerichtet,
- beide Rückenflossen sowie die fünf Flossen an der Unterseite entfernen (siehe Sterne).

„Trockenlegen" der Forelle

Entfernen der Flossen

- Die Fischhaut mit Fischmesser oder Löffel längs der Rückenseite sowie hinter den Kiemen durchtrennen;
- mit flach gehaltenem Fischmesser oder Löffel von vorne nach hinten leicht drückend über die Fischhaut fahren, um sie zu lockern,
- Fischhaut hinter den Kiemen beginnend in Richtung Schwanz abziehen,
- Forelle so wenden, dass die noch nicht abgezogene Seite oben liegt,
- Teller um 180° drehen,
- Fischhaut ebenfalls abziehen.

Einritzen der Fischhaut

Abziehen der Fischhaut

- Mittellinie zwischen Rücken und Bauchfilet einritzen,
- Rückenfilet nach oben, Bauchfilet nach unten vorsichtig abschieben,
- mit 2 Besteckteilen verbliebene Fischhälfte auf den Essteller legen,
- Rückengräte mit einer Gabel am Schwanz einstechen und zum Kopf hin anheben; die daran haftenden Filets mit einem zweiten Besteckteil ablösen,
- Bauchfilets auf der Innenseite nach verbliebenen Gräten absuchen.

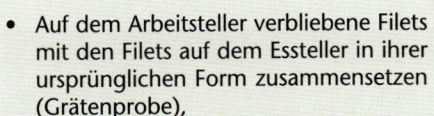

Einritzen der Mittellinie

Ablösen der Rückengräte

- Auf dem Arbeitsteller verbliebene Filets mit den Filets auf dem Essteller in ihrer ursprünglichen Form zusammensetzen (Grätenprobe),
- Bäckchen aus dem Kopf entfernen und mit anrichten.

Diese Arbeitsweise bietet sich bei Portionsfischen (250 g) an.
Größere Fische werden nicht zusammengebaut, sondern dem Gast mit Haupt- und Nachservice serviert. Butter wird nach dem Einsetzen angeboten.

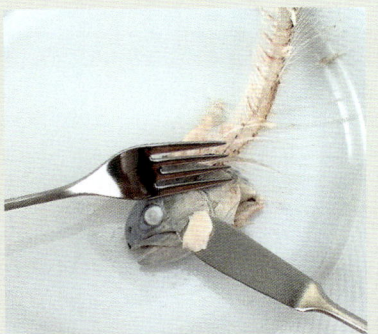

Auslösen der Bäckchen

Verzehrfertig angerichtete Forelle

Forelle nach Müllerinart

Gebratene Rundfische können auf der Anrichteplatte filetiert werden.
- Flossen entfernen (siehe Rundfische blau zubereitet),
- Kopf abtrennen,
- Fischhaut an der Rückenseite einritzen,
- den Fisch mit einem oberhalb der Rückengräte flach geführten Fischmesser vom Kopf in Richtung Schwanz halbieren und die Hälften aufklappen.

Halbieren des Fisches *Entfernen der Mittelgräte*

- Rückengräte durch Einstechen mit einer Gabel am Schwanz mithilfe eines zweiten Besteckteiles entfernen,
- Grätenprobe an den Bauchlappen durchführen,
- Fischhälften zusammenklappen; die Haut muss am Fisch verbleiben und wird mitserviert,
- auf Essteller anrichten,
- Bäckchen aus dem Kopf lösen; dies ist bei zu stark gebratenem Fisch oft nicht möglich.

Durchführen der „Grätenprobe"  *Zusammengesetzter, servierfertiger Fisch*

5.2.3 Tranchieren von gebeiztem und kalt geräuchertem Fisch

Tranchieren von Räucherlachs
- Die geräucherte Lachshälfte mit der Schwanzseite nach rechts, Hautseite nach unten, auf ein Tranchierbrett legen,
- mit der linken Hand, einer zusammengefalteten Serviette oder einer Gabel den Lachs halten,
- an der Schwanzseite beginnend von links nach rechts mit einem Tranchelard dünne Scheiben schräg abschneiden und anrichten.

Aufschneiden von Räucherlachs  *Anrichtemöglichkeit für Räucherlachs*

Wissen Sie Bescheid?

1. Aus welchen Gründen werden am Tisch des Gastes Speisen tranchiert, filetiert oder zubereitet?
2. Nennen Sie Kenntnisse, die bei Arbeiten am Tisch des Gastes Voraussetzung sind.
3. Beschreiben Sie mögliche Unfallgefahren und deren Vermeidung beim Tranchieren.
4. Erklären Sie Art und Verwendungszweck des Handwerkszeuges, das Sie zum Tranchieren benötigen.
5. Zählen Sie Steaks aus dem Rinderrücken auf, die sich zum Tranchieren am Tisch des Gastes eignen.
6. Beschreiben Sie das Tranchieren eines gebratenen Fasans und eines Stubenkükens.
7. Auf welche Art wird das Fleisch von kleinen Rücken (Hase, Lamm) und das von größeren Rücken (Kalb, Hirsch) von der Karkasse abgelöst und aufgeschnitten?
8. Weshalb sollte vermieden werden, Fleisch in Richtung des Faserverlaufes aufzuschneiden?
9. Schildern Sie in der richtigen Reihenfolge die Arbeitsschritte beim Filetieren einer Forelle blau.

Arbeiten am Tisch des Gastes

5.3 Filetieren und Tranchieren von Obst

Grapefruit (Pampelmuse)
- Die Grapefruit quer halbieren und mit der Schnittfläche nach oben legen,
- mit einer zweizinkigen Gabel in der Mitte einstechen,
- mit einem gebogenen Grapefruitmesser Haut und Fruchtfleisch am Stück aus der Schale schneiden,
- einzelne Filets mit dem Messer von den Häuten trennen,
- Haut aus der Schale heben; die Filets verbleiben in der Schale.

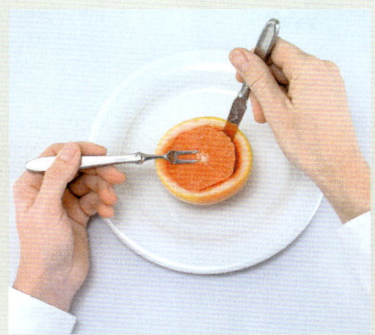

Auslösen des Fruchtfleisches

Anheben der Haut und Abstreifen der Filets

Kaktusfeige, Passionsfrucht (Maracuja), Kaki (zum Auslöffeln)
- Kaktusfeigen: Stacheln in der Küche entfernen lassen, längs halbieren.
- Passionsfrucht: quer halbieren.
- Kaki: längs halbieren.

Granatapfel, Papaya (Baummelone)
- Granatapfel: quer halbieren, Kerne und Saft ausschaben und in einer Schale servieren.
- Papaya: längs halbieren, ungenießbare Kerne entfernen.

Zu allen Früchten kann Streuzucker und Zitronensaft serviert werden.

1 Kaktusfeige, 2 Passionsfrucht, 3 Kaki

1 Granatapfel, 2 Papaya

Melone
- Die gewünschte Portionsgröße keilförmig von der Blüte zum Stiel herausschneiden,
- Kerne mit einem Löffel entfernen,
- das Melonenstück mit einer Gabel festhalten und mit einem Messer von der Schale lösen,
- Melonenfleisch in Stücke schneiden und versetzt in der Schale anrichten,
- auf Wunsch des Gastes mit Likörwein oder Spirituosen aromatisieren.

Herauslösen des Fleisches

Fleisch einschneiden und versetzt anrichten

Ananas
- Die Ananas an den Blättern festhalten und den unten herausstehenden Stiel großzügig abschneiden,
- auf die Schnittfläche stellen und die Schale mit „Augen" von oben nach unten rundherum abschneiden,
- Ananasfleisch in Scheiben vom Strunk schneiden (Methode I) oder quer in 1 cm dicke Scheiben schneiden und den holzigen Strunk in der Mitte entfernen (Methode II),
- anstatt die Ananas zu schälen, kann sie auch ausgehöhlt werden (Methode III).

Abschneiden der Schale

Schnittmethoden für Ananas

1. Flambieren

> **Welche Spirituose zu welcher Speise?**
>
> Die Zugabe der Spirituosenmenge beim Flambieren sollte ca. 2 cl bis 4 cl pro Portion betragen. Bei mehreren Portionen kann die Menge pro Portion etwas reduziert werden. Brände aus Obst passen immer zu dem Obst, aus dem sie gewonnen wurden. Im Übrigen entscheidet die gängige Geschmacksrichtung oder eigenes Empfinden. Die Spirituose muss jedoch mit der Speise harmonieren. Beispiele:
> ***Weinbrand, Cognac, Whiskey***: gebratenes Schlachtfleisch, Fisch und zu fast allen Süßspeisen
> ***Brände mit Wacholder***: Tomatensuppe, Wild, gebratenes Schlachtfleisch
> ***Brände mit Anis***: Lamm, Fisch
> ***Rum***: Süßspeisen mit Ananas, Bananen
> ***Orangenliköre***: Entenbrust, Kurzbratgerichte süßsauer, Crêpes und viele Süßspeisen

5.4 Zubereiten und Flambieren von Speisen

Zubereiten der Speisen

Um am Tisch des Gastes Speisen zubereiten zu können, müssen fundierte Kochkenntnisse vorhanden sein. Gefühl für die richtige Dosierung von Salz bzw. Zucker und Gewürzen, richtiges Einschätzen der Gartemperatur sowie des Garpunktes sind Voraussetzung.

Für die Zubereitung am Tisch bieten sich Speisen mit kurzer Garzeit an. Bei Gerichten mit langer Zubereitungsdauer ist das Servierpersonal zu lange an einen Tisch gebunden. Es ist zweckmäßig, im „Gespann" zu arbeiten, da das Herbeibringen der Beilagen und Zutaten und gleichzeitiges Arbeiten am Tisch des Gastes von einer Person nicht bewältigt werden können.

Folgende Punkte sind bei der Zubereitung zu beachten:
- Gargut vor dem Garen salzen; Ausnahmen: z. B. Leber oder Nieren: Salz erst nach dem Garen.
- Wird zu Beginn Butter verwendet, sollte diese in die kalte Pfanne gegeben und mit dieser zusammen erhitzt werden.
- Das Fett muss für die vorgesehene Garmethode den optimalen Hitzegrad erreicht haben.
- Es darf nie zu viel Gargut in die Pfanne gelegt werden, da dieses dann nicht brät, sondern zu kochen beginnt.
- Das Bratgut ist stets leicht rosa bzw. blutig (z. B. Filetgulasch, Leber) zu braten.
- Nach Fertigstellen der Soße darf das Bratgut nicht mehr in der Soße kochen, da es sonst zäh wird.
- Soßen werden probiert, indem man einen kleinen Löffel auf ein Tellerchen legt, etwas Soße in den kleinen Löffel schöpft und entweder den Gast kosten lässt oder sich diskret seitwärts abwendet und selbst verkostet.

Flambieren der Speisen

Während oder am Ende der Zubereitung werden Speisen manchmal flambiert. Unter Flambieren versteht man das Würzen und Verfeinern von Speisen durch Spirituosen mit Aroma- und Geschmacksstoffen, wobei der unerwünschte Alkohol abgebrannt wird (→ 470).

Unfallgefahren

Die Spirituosen dürfen nie direkt aus der Flasche in die Pfanne gegossen werden (Explosionsgefahr), sondern müssen erst in eine Louche (kleine Schöpfkelle) gegossen und dann den Speisen beigegeben werden.

Während des Flambiervorganges darf sich das arbeitende Servierpersonal nie mit dem Kopf oder anderen Körperteilen über der Pfanne befinden.

Zu den Gästen sollte ein Sicherheitsabstand von ca. 1 m eingehalten werden

Flambiervorgang

Befindet sich keine Flüssigkeit in der Pfanne, sondern nur das trockene Bratgut, wird die Spirituose mit der Schöpfkelle direkt in die Pfanne gegossen und diese etwas zurückgezogen. Die Alkoholdämpfe werden durch die sich unter der Pfanne befindliche Flamme entzündet. Vorsicht ist angebracht, da die Flamme dabei sehr hoch auflodert! Befindet sich Flüssigkeit in der Pfanne (wie bei Crêpes Suzette), muss die Spirituose, um den Alkohol abzubrennen, in der Schöpfkelle über der Flamme erhitzt werden und brennend über die Speisen gegossen werden. Damit der Alkohol besser abbrennt, wird die Pfanne dabei etwas angehoben und bewegt, um Sauerstoff zuzuführen.

5.4.1 Vorspeisen

Garnelen in Curryrahm

Zutaten pro Person

100 g rohes Schwanzfleisch von großen Garnelen (z. B. Prawns)
10 g Butter, etwas Öl
20 g fein gehackte Zwiebel
60 g feine gemischte Würfel von Ananas, Banane, Apfel
1 Teelöffel Mango-Chutney gehackt
0,2 l Sahne und Brühe gemischt
1 cl Zitronensaft

Menagen-Service: Salz, Pfeffermühle, Curry, Worchestershire-Soße, Bourbon-Whiskey

Arbeitsgänge

- Fleisch mit Salz und Pfeffer würzen
- in heißem Öl anbraten
- mit 2–3 cl Whiskey flambieren
- warm stellen
- Butter in die Pfanne geben
- Zwiebeln darin anschwitzen
- Früchte und Mango-Chutney beifügen
- mit Curry bestäuben
- mit Sahne-Brühegemisch ablöschen
- aufkochen, würzen, abschmecken
- Garnelenfleisch in die Soße geben und vermengen
- evtl. im Reisrand anrichten
- garnieren mit Ananas, Banane usw.

Grüne Nudeln „Pikant"

Zutaten pro Person

50 g grüne Nudeln (Rohgewicht)
20 g Butter
50 g gehackte Schalotten
60 g Steinpilze in Würfeln
40 g Tomatenfleisch in Würfeln
je 5 cl Sahne und Weißwein
3 fein gehackte Sardellen
1 EL gehackte Kräuter
Kapernbeeren, scharfe Peperoni

Menagen-Service: Salz, Pfeffermühle, Pernod, geriebener Parmesan

Arbeitsgänge

- Schalotten in Butter anschwitzen
- Steinpilze darin dünsten
- Tomatenfleisch, gehackte Kräuter und Sardellen zugeben
- mit Weißwein und Sahne ablöschen
- mit Salz, Pfeffer und einem Spritzer Pernod abschmecken
- gekochte grüne Nudeln zugeben und vermengen
- im tiefen Teller anrichten
- mit Kapernbeeren und den scharfen Peperoni garnieren

Zugaben: Frisch geriebener Parmesan

5.4.2 Suppen

Tomatensuppe mit Gin

Zutaten für 5 Personen

50 g Butter
50 g feine rohe Schinkenwürfel
1/2 Knoblauchzehe fein gehackt
100 g rohe Champignonscheiben
50 g Lauchstreifen
200 g Tomatenfleischwürfel
200 g püriertes Tomatenfleisch
0,75 l Tomatensaft
0,1 l geschlagene Sahne
Röstbrotwürfel

Menagen-Service: Salz, Zucker, Glutamat, Pfeffermühle, Thymian, Gin

Arbeitsgänge

- Butter in Kasserolle schmelzen
- Zwiebeln, Knoblauch, Schinken, Champignons und Lauch in dieser Reihenfolge zugeben und anschwitzen
- Tomatenfleischwürfel zugeben
- mit 3 bis 4 cl Gin flambieren
- püriertes Tomatenfleisch und -saft zugeben
- mit Glutamat, Salz, Zucker und Hauch Thymian würzen
- 2–3 Minuten durchkochen, nachschmecken
- mit Röstbrotwürfeln und Sahne garnieren

5.4.3 Hauptgänge

Flambierte Kalbsnierenscheiben, Filetgulasch oder geschnetzelte Leber

Zutaten pro Person

150 g Fleisch – (Nieren, Leber)
20 g Butter, etwas Öl
je 1 Teelöffel Streifen von Zwiebeln, Essiggurken und Schinken, gehackte Petersilie
50 g Champignons in Streifen
0,15 l gebundene Jus
1 EL Crème fraîche
1/2 Zitrone

Menagen-Service: Salz, Pfeffermühle, Worcestershire-Soße, Senf, Weinbrand/Cognac

Arbeitsgänge

- Öl in Pfanne erhitzen
- Fleisch unter mehrmaligem Wenden anbraten (blutig)
- mit Weinbrand flambieren
- auf einem Teller warm stellen
- Butter in die Pfanne geben
- Zwiebeln, Schinken, Champignons in dieser Reihenfolge anschwitzen
- mit gebundener Jus und Crème fraîche ablöschen
- Gurken/Senf (ca. 1 TL) zugeben
- Soße durchkochen, abschmecken
- Fleisch salzen, pfeffern; in der nicht mehr kochenden Soße sautieren und anrichten

Beilagen: Rösti, Reis, Teigwaren

Schweinemedaillons auf italienische Art

Zutaten pro Person

4 Medaillons à 40 g
20 g Öl, 20 g Butter
1 Esslöffel feine Zwiebelwürfel
1 Teelöffel gehackte Petersilie
1 mittlere gehackte Knoblauchzehe
2 EL Tomatenketchup
0,15 l Jus naturell
1/2 Teelöffel fein geschnittener Rosmarin

Menagen-Service: Salz, Pfeffermühle, Tabasco, Senf, Weinbrand

Arbeitsgänge

- Öl in der Pfanne erhitzen
- Medaillons mit Salz und Pfeffer würzen
- zartrosa braten
- flambieren und warm stellen
- Zwiebeln und Knoblauch in Butter goldgelb anschwitzen
- Rosmarin zugeben
- mit Jus ablöschen, Ketchup zugeben
- Petersilie und Senf (1/2 Teelöffel) zugeben
- durchkochen und pikant abschmecken
- Medaillons durch die nicht mehr kochende Soße ziehen, anrichten

Beilagen: Spaghetti sowie separat dazu gereichter, geriebener Parmesan

Käsefondue nach Neuenburger Art

Zutaten pro Person

100 g Vacherinkäse fein geschnitten
ca. 0,1 l Neuenburger Weißwein trocken
2 cl bis 3 cl Kirschwasser
ca. 1 Teelöffel bis 2 Teelöffel Stärke

Menagen-Service: Salz, Pfeffermühle, Muskat, Paprika

Arbeitsgänge

- feuerfestes Geschirr (Caquelon) mit Knoblauch ausreiben
- 3/4 des Weines darin erwärmen
- Käse zugeben und auf schwachem Feuer unter ständigem Rühren zergehen lassen bis zur Blasenbildung
- Stärke mit restlichem Weißwein anrühren und der Käsemasse zufügen
- mit Kirschwasser, Salz und den Gewürzen abschmecken
- auf Spiritusrechaud für alle Gäste erreichbar einsetzen

Beilage: Würfelig geschnittenes Weißbrot, das sich die Gäste auf Fonduegabeln stecken und in die leicht köchelnde Masse tunken

5.4.4 Süßspeisen

Crêpes Suzette I

Zutaten für 2 Personen

4 dünne Crêpes

1 gehäufter Esslöffel Streuzucker

30 g Butter

0,1 l Orangensaft

2 cl Zitronensaft

Menagen-Service: Orangenlikör, Cognac

Crêpes Suzette II

Zutaten wie für Crêpes Suzette I; anstatt des Streuzuckers jedoch 5 Stücke Würfelzucker an Orangen- und Zitronenschale abgerieben

Arbeitsgänge
- Zucker in der Pfanne karamellisieren
- Butter zugeben, durchschwenken
- mit Orangen-, Zitronensaft und 2 cl Orangenlikör ablöschen, aufkochen
- eine Crêpe einlegen, wenden, zu einem Viertel falten oder rollen
- mit den 3 anderen Crêpes ebenso verfahren
- 3 bis 4 cl Cognac in der Louche über der Flamme erwärmen; dabei die Flamme überschlagen lassen
- Crêpes damit flambieren, anrichten

Arbeitsgänge Crêpes Suzette II
- Butter in Pfanne schmelzen
- Zuckerwürfel zugeben, zerdrücken, ablöschen – Rest wie Crêpes Suzette I

Crêpes Sir Holden

Zutaten für 4 Personen

Zutaten wie für Crêpes Suzette I, zusätzlich:

300 g gedünstete Schattenmorellen

0,2 l leicht mit Stärke gebundener Saft der Schattenmorellen

20 g Butter, Streuzucker

0,2 l geschlagene Eierlikörsahne

auf 4 gekühlten Tellern je eine große Kugel Nusseis, zentral angerichtet

gebräunte Mandeln, Schokoladenspäne

Menagen-Service: Orangenlikör, Cognac, Kirschwasser

Arbeitsgänge
- Crêpes nach Rezeptur Crêpes Suzette I herstellen, nicht falten
- je einen Crêpe auf eine Eiskugel legen
- mit reduzierter Soße überziehen
- Butter in Pfanne geben, schmelzen
- 1 Esslöffel Zucker hinzufügen (nicht karamellisieren)
- Schattenmorellen zugeben
- mit Kirschwasser flambieren
- mit gebundenem Saft der Schattenmorellen ablöschen und erhitzen
- Crêpes mit Eierlikörsahne überziehen
- mit gebräunten Mandeln und Schokoladenspänen garnieren
- heiße Kirschen außen herum anrichten

Banane Aurora

Zutaten pro Person

1 geschälte, längs geteilte Banane

20 g Butter

4 cl Orangensaft, 2 cl Zitronensaft

8 cl Erdbeermark

20 g bis 40 g Zucker, je nach Süße des Erdbeermarks

1 Kugel Vanilleeis/Sahnerosette auf Orangenscheibe, gehackte Pistazien

Menagen-Service: Orangenlikör, Kirschwasser

Arbeitsgänge
- Butter in der Pfanne zergehen lassen, Zucker einstreuen
- sofort mit Orangen-, Zitronensaft, Erdbeermark und 2 cl Orangenlikör ablöschen, leicht durchkochen
- Bananenhälften mit der runden Seite nach unten einlegen
- ca. 1 Minute pochieren, wenden
- mit brennendem Kirschwasser flambieren
- auf Teller anrichten und mit der Soße überziehen
- Eis anlegen und mit Pistazien bestreuen
- Sahnerosette ansetzen

Pfirsiche, Birnen

Zutaten für 2 Personen

4 halbe, geschälte, entkernte, frische Pfirsiche oder vollreife, weiche Birnen

8 cl Zitronen-/Orangensaftgemisch

4 Kugeln Vanilleeis

40 g Butter

Menagen-Service: Läuterzucker, Orangenlikör, Weinbrand

Arbeitsgänge

▶ Saft mit 4 cl Orangenlikör, Butter und etwas Läuterzucker in der Pfanne aufkochen
▶ Früchte mit einer Gabel einstechen, um ein gleichmäßiges Garen zu erzielen
▶ in der Pfanne unter öfterem Wenden in der Soße dünsten
▶ kurz bevor die Soße eingekocht ist, mit 4 cl Weinbrand flambieren
▶ mit Vanilleeis anrichten

Erdbeeren, Himbeeren

Zutaten für 2 Personen

300 g frische Erdbeeren (wenn nötig etwas zerkleinert) oder Himbeeren

2 Esslöffel Johannisbeergelee, rot

2 cl Zitronensaft

4 cl Orangensaft

20 g Butter

20 g bis 40 g Zucker, je nach Süße der Früchte

0,1 l leicht geschlagene Vanillesahne

gehackte Pistazien

Menagen-Service: Himbeergeist

Arbeitsgänge

▶ Butter in der Pfanne schmelzen
▶ Zucker und Johannisbeergelee zugeben
▶ mit Orangen- und Zitronensaft ablöschen
▶ alle Zutaten glatt rühren und kurz aufkochen
▶ Erdbeeren bzw. Himbeeren zugeben
▶ kurz erhitzen (die Früchte bzw. Fruchtstücke dürfen dabei nicht zerfallen)
▶ mit 3 cl bis 4 cl brennendem Himbeergeist flambieren
▶ in Cocktailschalen anrichten, mit dickflüssiger Vanilleschlagsahne überziehen und mit gehackten Pistazien bestreuen

Wissen Sie Bescheid?

1. Welche Kenntnisse benötigt das Servierpersonal zum Zubereiten von Speisen am Tisch des Gastes?
2. Die Kalbsnierenscheiben sind zäh. Welche Fehler können bei der Zubereitung unterlaufen sein?
3. Wie stehen Sie zu der Aussage „Das Wichtigste beim Flambieren von Speisen ist die Show!"?
4. Nennen Sie Unfallgefahren, die durch unsachgemäßes Arbeiten beim Flambieren auftreten können.
5. Beschreiben Sie den Flambiervorgang,
   a) wenn sich keine Flüssigkeit,
   b) wenn sich viel Flüssigkeit in der Pfanne befindet.
6. Nennen Sie einige Gerichte und dazu jeweils eine passende Spirituose, die sich zum Verfeinern eignet.
7. Aus welchen Gründen sollten größere Fleischteile oder ganze Fische nicht am Tisch gegart werden?
8. Nennen Sie Gerichte, die sich als Vorspeisen zum Zubereiten und Flambieren am Tisch eignen.
9. Beschreiben Sie die Herstellung einer Tomatensuppe mit Gin.
10. Erstellen Sie eine Warenanforderung an die Küche über die Zutaten mit Mengenangaben, die Sie für zwei Personen für einen Filetgulasch benötigen.
11. Erklären Sie die Herstellung von Crêpes Suzette.
12. Zucker kann auf verschiedene Arten bei flambierten Süßspeisen eingesetzt werden; nennen Sie zwei davon.

Arbeiten am Tisch des Gastes

5.4.5 Anmachen von Speisen am Tisch des Gastes

Angemachtes Tatar

Zutaten pro Person

150 g fein zerkleinertes Rindfleisch

1 rohes Eigelb

30 g bis 50 g Zwiebelwürfel

20 g bis 40 g Essiggurkenwürfel

1 kleines Sardellenfilet

2 bis 3 Kapern

Menagen-Service: Salz, Pfeffermühle, Essig, Öl, Senf, Ketchup, Tabasco, Paprika (Spirituosen: Weinbrand, Wodka usw. auf Wunsch)

Arbeitsgänge

- tiefen Teller oder Glasschüssel, Gabel und Löffel bereitstellen
- Sardellenfilet mit Löffelrücken schaben, Kapern zerdrücken
- Spelzen der Kapern entfernen
- Eigelb, Essig, Salz, Senf, etwas Ketchup und Gewürze nach Geschmack zugeben und vermengen
- 1 Esslöffel Öl tropfenweise einrühren
- Zwiebel-/Gurkenwürfel zugeben
- Fleisch zugeben und unterarbeiten
- mit kleiner Gabel auf Teller dem Gast eine Probe reichen (bei mehreren Personen selbst abschmecken)
- anrichten, ausgarnieren

Beilagen: Brot, Butter, Zwiebelringe, Gewürzgurke, Tomate, Radieschen

Angemachter Käse

Zutaten pro Person

100 g Rahmfrischkäse oder Camembert

20 g Butter, etwas Sahne

evtl. 1 rohes Eigelb

20 g bis 40 g fein geschnittene Zwiebeln

1 Teelöffel gehackte Kräuter

Menagen-Service: Salz, Pfeffermühle, Paprika, Kümmel, auf Wunsch trockener Sherry oder Kirschwasser

Arbeitsgänge

- tiefen Teller oder Glasschüssel, Gabel und Löffel bereitstellen
- Käse in den tiefen Teller geben
- bei Camembert, wenn nötig, die Rinde abschneiden oder abschaben
- Butter zugeben (evtl. Eigelb) und mit dem Käse verarbeiten
- würzen; mögliche Geschmackszugaben:
  Rahmfrischkäse: Salz, Paprika, Kräuter, ein Schuss trockener Sherry
  Camembert: Salz, Pfeffer, Paprika, Zwiebeln, Kümmel, Kräuter, 1/2 cl Kirschwasser
- zu Nocken oder Laiben formen, anrichten, garnieren

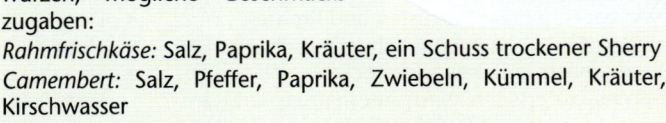

Garnelen-, Hummercocktail

Zutaten pro Person

80 g bis 100 g gekochtes Garnelen- oder Hummerfleisch

2 EL Mayonnaise oder Joghurt

20 g geschlagene Sahne

1/2 Teelöffel gehackter Dill

Zitronensaft

30 g fein geschnittener Kopfsalat

Garniturbestandteile

Menagen-Service: Salz, Pfeffermühle, Tabasco, Worchestershire-Soße, Weinbrand, Ketchup

Arbeitsgänge

- Cocktailschale mit fein geschnittenen Salatstreifen auslegen
- Garnelen-/Hummerfleisch in einem Teller mit Salz, Worchestershire-Soße, Zitronensaft leicht marinieren
- das Fleisch auf den geschnittenen Salatblättern anrichten
- in einer Glasschale Soße herstellen
  Beispiel 1: Joghurt mit Schlagsahne, Salz, Zitronensaft, Worchestershire-Soße und Dill
  Beispiel 2: Mayonnaise mit Schlagsahne, Salz, Zitronensaft, Tabasco, 1 Teelöffel Ketchup, 1/2 cl Weinbrand
- Soße abschmecken, über das Fleisch nappieren, ausgarnieren

1. Delikatessen für spezielle Gerichte

2. Angerichteter Fingerbowlen-Service

5.5 Spezialgedecke

Spezialgedecke werden zu speziellen Gerichten eingedeckt, zu deren Verzehr außer den herkömmlichen Grundbestecken Messer, Gabel und Löffel noch spezielle Bestecke (→ 118) oder die Finger benötigt werden. Gründe dafür sind:
- Die Speisen werden in ihren natürlichen Schalen oder Gehäusen serviert, wie Muscheln und Schnecken.
- Das Fleisch wurde von der Küche nicht aus den Krusten gelöst, wie bei Hummer, Langusten und Krebsen.
- Die Speise wird im Ganzen und nicht nur leicht essbare Teile davon serviert, z. B. bei Artischocken.
Bei dieser Art zu speisen wird automatisch langsam gegessen, was in unserer hektischen Zeit vielen Menschen kaum mehr gelingt. Wie eine dieser Speisen auf genussvolle Art verzehrt werden kann, wird am Beispiel der Artischocke erläutert: Mit Messer und Gabel kann lediglich der Artischockenboden verzehrt werden. Das an den Blättern anhaftende Fleisch wird verzehrt, indem der Gast Blatt für Blatt einzeln abzupft, in Soße tunkt und das am unteren Blattende haftende Fleisch mit den Zähnen abstreift.

Die bekanntesten Spezialgedecke werden eingedeckt für:
- Schnecken im Häuschen
- Frische Austern auf Eis
- Miesmuscheln nach Seemannsart
- Flusskrebse im Sud
- Hummer, Languste kalt
- Echten Kaviar mit Toast oder Blinis
- Artischocken/Spargel
- Fondue oder Friture Bourguignonne

Fingerbowlen-Service
Werden beim Essen spezieller Gerichte die Finger zu Hilfe genommen, wird eine Fingerbowle eingedeckt:
- Als Untersatz dient ein flacher Teller von ca. 21 cm oder der zum Bowlenset gehörende Untersatz.
- Eine Stoffserviette (Ausnahme: Zellstoff bei färbenden Speisen) wird auf diesen Untersatz gelegt.
- Ein Bowlengefäß wird bei fettigen Speisen mit warmem Wasser, bei zuckerhaltigen Speisen (Obst) auch mit kaltem Wasser ca. bis zur Hälfte, maximal 2/3, gefüllt.
- Das Bowlengefäß wird in die oberste Öffnung der Serviette eingeschoben (Bild 2).
- Eine dicke Zitronenscheibe wird an den Rand des Bowlengefäßes gesteckt.

Benutzung der Fingerbowle
Um die Bowle so diskret wie möglich unter den Augen anwesender Gäste zu benutzen, werden unter der zurückgeschlagenen Serviette mit der Zitronenscheibe die Finger abgerieben und danach im Wasser abgespült. Zum Abtrocknen der Finger kann der obere Teil der Serviette oder die Mundserviette benutzt werden. Nach Gebrauch wird die Bowle mit dem oberen Teil der Serviette abgedeckt.

Servietten bei Spezialgedecken
Da bei manchen Spezialgedecken die Gefahr des Verschmutzens der Kleidung beim Verzehr der Speisen besteht, sollten dem Gast speziell für diesen Gang extra große Servietten gereicht werden. Für einen besonders guten Schutz sind auch spezielle Schürzen im Handel erhältlich.

Arbeiten am Tisch des Gastes

① Tiefer Teller auf Unterteller mit eingelegtem Suppenlöffel. Der hohe Rand des Tellers hält den Suppenlöffel waagerecht.
② Schneckengabel rechts, evtl. 45°
③ Schneckenzange links
④ Brotteller mit Serviette
⑤ Brotkorb mit Weißbrot
⑥ Salz- und Pfefferstreuer
⑦ Schneckenpfanne auf Unterteller
⑧ Glas für Getränk

Getränkevorschlag: Silvaner, Riesling (D), Sauvignon Blanc (Friaul I), Pinot Grigio (Venetien I)

1. Schnecken im Häuschen mit Weißbrot

5.5.1 Schnecken

Schnecken sind Schalentiere, die seit alter Zeit als Nahrungsquelle dienen und heutzutage als Delikatesse zubereitet werden. Am bekanntesten sind
Weinbergschnecken und Achatschnecken: Diese Schnecken werden heutzutage überwiegend in Schneckengärten gezüchtet und ganzjährig als Konserve oder Tiefkühlprodukt angeboten. Das Fleisch dieser Schnecken ist im gegarten Zustand dunkel und wird überwiegend warm serviert.
Wellhornschnecke: Diese Meeresschnecke hat in gegartem Zustand ein hellgraues festes Fleisch und wird kalt mit Mayonnaise oder warm als Ragout verzehrt.

Verzehr von Schnecken im Häuschen:
- Mit der linken Hand mit der Schneckenzange ein Schneckenhäuschen fassen,
- den Inhalt des Schneckenhäuschens, Schnecke und Flüssigkeit mithilfe der Gabel auf den Suppenlöffel schütten; das leere Gehäuse an den Rand der Schneckenpfanne oder auf einen Ablageteller legen,
- die Schneckengabel mit den Zinken auf dem Rand des Untertellers ablegen,
- mit dem Löffel das Schneckenfleisch mit der Flüssigkeit zum Munde führen,
- im Teller verschüttete Flüssigkeit mit Brot auftunken.

Schnecken in Kräuter-Knoblauchbutter

Zutaten pro Person
1 Dtz. gegarte, geputzte Weinberg- oder Achatschnecken mit Fond
Buttermischung aus:
50 g Butter
15 g gehackte Petersilie
1/2 Teelöffel Worchestershire-Soße
1 Teelöffel Zitronensaft
1 mittlere Zehe Knoblauch
20 g Schalottenwürfel
Salz, Pfeffer nach Geschmack

Arbeitsgänge
Herstellung der Buttermischung:
▶ Butter schaumig rühren
▶ Knoblauch mit Salz zerreiben
▶ Knoblauchsalz und restliche Zutaten mit der Butter gut verrühren

Fertigstellen der Schnecken:
▶ Schneckenfleisch mit einem Teelöffel Fond jeweils in Häuschen füllen
▶ Öffnung mit ca. 5 g Buttermischung verschließen
▶ in Schneckenpfanne einsetzen und im Ofen oder Salamander erhitzen (nie in Mikrowellengeräten)

Beilage: Stangenweißbrot

① Flacher Teller mit Serviette auf Unterteller
② Austerngabel rechts, evtl. 45°
③ Brotteller mit Chesterecken links; werden als Beilage Weißbrot und Butter gereicht, zusätzlich Brotmesser
④ Fingerbowle
⑤ Ablageteller (eventuell)
⑥ Pfeffermühle, evtl. Tabasco
⑦ Austernteller mit Eis, frischen Austern und Zitrone
⑧ Glas für Getränk

Getränkevorschlag: Chablis, Montrachet, Pouilly Fussé (Burgund F), Muscadet (Loire F) oder herber Sekt

1. Frische Austern auf Eis mit Chesterecken

5.5.2 Austern

Austern sind Meeresmuscheln, die in Austernparks gezüchtet werden. Am schmackhaftesten sind sie in den Monaten mit „r". Der Geschmack variiert nach Herkunft und Sorte. Bekannte Austernarten:
- europäische Auster: flachschalig, z.B. Belon, Marenne, Imperiales,
- portugiesische Auster: bauchig (Felsenauster),
- pazifische Auster (Felsenauster): z.B. Gigas, Fines de claires.

Bekannte Zubereitungsarten:
- roh mit Zitrone oder Vinaigrette,
- Angel on horseback: Austernfleisch hauchdünn mit Speck umwickelt, auf Spießchen gegrillt.

Verzehr von Austern:
- Austern mit der linken Hand auf den Essteller legen,
- mit der Austerngabel eventuell den Austernbart (Lamellen) entfernen, er kann auch mitverzehrt werden,
- das Austernfleisch mit Zitronensaft (Vinaigrette), gemahlenem Pfeffer, eventuell Tabasco würzen,
- mit der linken Hand die Austernschale halten und mit der rechten Hand unter Zuhilfenahme der Gabel das Austernfleisch lösen,
- die Austernschale zum Mund führen und das Fleisch mit der Flüssigkeit schlürfen,
- leere Austernschale ablegen.

Frische Austern auf Eis mit Chesterecken

Zutaten pro Person

6 oder 12 Stück Austern, je nach Größe
1/2 Zitrone
gestoßenes Eis
wenn vorhanden, Algen als Garnitur

für die Chesterecken:

3 kleine Scheiben Pumpernickel
15 g Butter
2 dickere Scheiben Chesterkäse

Arbeitsgänge
▶ Austern vorsichtig öffnen, damit die Flüssigkeit nicht herausläuft
▶ mit einem Pinsel Schalensplitter entfernen
▶ Austernfleisch auf Aussehen (Farbe, Feuchtigkeit) und Geruch prüfen
▶ auf einem Austernteller mit Eis, Algen und Zitrone anrichten
▶ Pumpernickel mit Butter bestreichen und lagenweise mit Chesterscheiben aufeinandersetzen
▶ in Ecken schneiden und anrichten

Arbeiten am Tisch des Gastes

① Tiefer Teller auf Unterteller mit Serviette
② Suppenlöffel, evtl. Austern- oder Fischgabel
③ Brotteller mit Messer
④ Brot und Butter
⑤ Fingerbowle
⑥ Ablageteller
⑦ Salz und Pfeffer
⑧ Glas für Getränk
⑨ Terrine mit Muscheln

Getränkevorschlag: Trockener Riesling oder Müller-Thurgau (D), Muscadet, Sancerre (Loire F), Galestro (Toscana I) oder Altbier, Pils

1. Miesmuscheln nach Seemannsart mit Brot und Butter

5.5.3 Muscheln
Mies- oder Pfahlmuscheln werden überwiegend in der Nordsee und im Atlantik in Muschelkulturen gezüchtet. Die Form ist oval, die Schalenklappen außen blauschwarz. Am schmackhaftesten sind sie in den Monaten mit „r".

Bekannte Zubereitungsarten:
- Muscheln nach Seemannsart in würzigem Sud gegart, z. B. Muscheln mit pommes frites (moule au frites),
- Muschelfleisch gebacken,
- Muschelragout und Muschelsuppe,
- marinierte oder geräucherte Muscheln.

Verzehr von Mies- oder Pfahlmuscheln:
Muscheln mit etwas Sud in den Suppenteller schöpfen.
Möglichkeit I
- Muschel in die linke Hand nehmen und mit der rechten Hand mithilfe einer Gabel das Muschelfleisch herausnehmen und verzehren.

Möglichkeit II
- Statt der Gabel eine leere Muschelschale in die rechte Hand nehmen und diese als „Zange" zum Herausnehmen des Muschelfleisches benutzen,
- leere Muschelschalen auf Ablageteller legen,
- verbliebenen Sud auslöffeln.

Miesmuscheln nach Seemannsart

Zutaten pro Person
ca. 750 g Muscheln in der Schale
0,1 l trockenen Weißwein
0,2 l Wasser
50 g Schalotten/Gemüsestreifen
30 g Butter
10 g gehackte Petersilie
1 Lorbeerblatt
etwas Salz, Pfeffer

Arbeitsgänge
Muscheln unter fließendem Wasser gründlich abbürsten
▶ haarähnliche Fasern (Spinnfäden) mit einem Ruck von hinten nach vorne ausreißen
▶ Muscheln, die sich nicht schließen, aussortieren
▶ Schalotten/Gemüsestreifen in Butter anschwitzen
▶ mit Wasser und Wein aufgießen
▶ würzen, salzen und kurz durchkochen
▶ Muscheln zugeben und abgedeckt ca. 8 Minuten garen, danach nicht geöffnete Muscheln aussortieren
▶ mit dem Sud anrichten

① Tiefer Teller auf Unterteller mit Serviette
② Krebsmesser rechts
③ Krebsgabel links
④ Brotteller mit Messer
⑤ Brot und Butter
⑥ Fingerbowle
⑦ Ablageteller
⑧ Salz und Pfeffer
⑨ Glas für Getränk
⑩ Terrine mit Flusskrebsen
⑪ Kleines Suppentassengedeck oder Schälchen, evtl. mit Löffel

Getränkevorschlag: Halbtrockener Riesling, Silvaner (D), Chablis (Burgund F), Hermitage (Rhône F), Verdicchio (Marken I)

1. Flusskrebse im Sud (à la nage)

5.5.4 Flusskrebse

Flusskrebse zählen zu den Krustentieren. Je nach Wohngewässer (Fluss, Bach oder Teich) ist der Geschmack der Krebse unterschiedlich.

Die Fangzeiten sind in Deutschland auf die Monate August und September beschränkt. Lebende Importware (z. B. aus Australien) ist fast das ganze Jahr über erhältlich.

Flusskrebse, die kurz nach dem Panzerwechsel gefangen werden, bezeichnet man auch als Butterkrebse. Das zum Verzehr geeignete Fleisch befindet sich im Schwanzteil, in den Scheren und in geringem Maße auch in den Armen und Beinen.

Verzehr von Flusskrebsen:
- Ein bis zwei Krebse ohne Sud auf den Essteller legen,
- mit der linken Hand den Krebs am Brustpanzer fassen und mit der rechten Hand das Schwanzteil abdrehen,
- Schwanzringe durch Längsschnitt mit dem Krebsmesser öffnen, das Fleisch mit der Gabel herauslösen und den Darm entfernen,
- die Scherenspitzen in das Loch der Messerklinge stecken und hebelartig aufbrechen; ebenso die Beine,
- die leeren Krusten auf den Ablageteller legen, das Fleisch mit der Gabel essen, die Beine aussaugen,
- den Sud aus der Tasse dazu trinken.

Flusskrebse im Sud (à la nage)

Zutaten pro Person

6 bis 8 große Süßwasserkrebse von über 80 g je Stück

50 g feine Würfel von Sellerie, Möhren und Zwiebeln

50 g Butter

0,1 l trockener Weißwein

0,3 l Fischfond oder Wasser

Salz, Dill, Lorbeer, Thymian, Petersilienstiele, Cayenne-Pfeffer

Arbeitsgänge
- von Gemüsewürfeln, Gewürzen, Kräutern, Salz, Weißwein und Fond einen kräftigen Sud kochen
- gut gewaschene Krebse in den kochenden Sud geben
- ca. 8 Minuten kochen
- Krebse aus dem Sud nehmen und in einer Terrine anrichten
- Butterflocken und eine Prise Cayenne-Pfeffer in den Sud geben, durchkochen, abschmecken und über die angerichteten Krebse gießen (der kräftige Sud kann auch separat angerichtet werden)

Beilage: Weißbrot

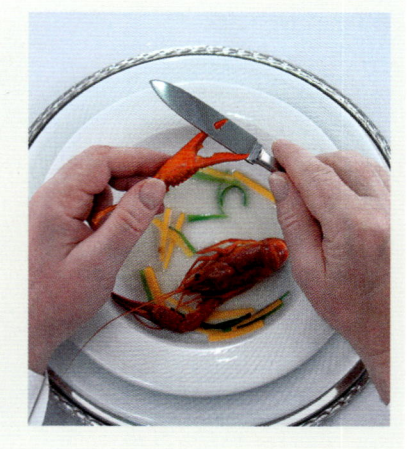

Arbeiten am Tisch des Gastes

① Flacher Teller mit Serviette
② Mittelmesser rechts; rechts davon evtl. in 45°. Schrägung eine Hummergabel (zusätzlich, je nach Vorbereitung des Hummers, eine Hummerzange)
③ Mittelgabel links
④ Brotteller mit Messer
⑤ Brot und Butter
⑥ Fingerbowle
⑦ Sauciere mit Soße
⑧ Ablageteller
⑨ Salz und Pfeffer
⑩ Glas für Getränk
⑪ Angerichteter Hummer

Getränkevorschlag: Extra trockener Qualitätsschaumwein (F, D) Entre-Deux-Mers (Bordeaux F), Chablis (Burgund F), kalifornischer Chardonnay (USA),

1. Halber Hummer oder Languste kalt mit Cocktailsoße, Toast und Butter

5.5.5 Hummer und Langusten

Hummer und **Langusten** zählen ebenfalls zu der Familie der Krustentiere. Als Vorspeise eignet sich am besten die Hälfte eines 500 g schweren Tieres.

Hummer besitzen wie Flusskrebse am vordersten Beinpaar Scheren. Lebendfrische Ware stammt überwiegend aus den Gewässern des Nordatlantiks, aus Frankreich, Norwegen und Maine/USA.

Langusten sind erkennbar an den etwas längeren Fühlern und dem stacheligen Rücken. Sie leben in den etwas wärmeren Gewässern des Atlantiks, Südafrikas, Portugals und des Indischen Ozeans.

Verzehr von Hummer/Langusten:
Es wird davon ausgegangen, dass Hummer oder Languste, wie auf → 475 beschrieben, vorbereitet wurde.
- Das ausgelöste Fleisch mit dem Mittelbesteck, Messer und Gabel unter Zugabe von Soße essen,
- mit der/dem Hummergabel/-spatel das in den dicken Armen und Krusten verbliebene Fleisch herauslösen und mit Messer und Gabel verzehren,
- die Beine mit der Hand vom Körper abbrechen; mit den Zähnen aufknacken (wenn sie zu stabil sind, Hummerzange benutzen) und das Fleisch aussaugen,
- die leeren Krusten auf den Ablageteller legen.

Hummer oder Languste kalt

Zutaten pro Person
1 Hummer oder Languste lebend, ca. 500 g
2,5 l Wasser
ca. 100 g in Rauten geschnittene Zwiebel, Lauch, Sellerie, Karotten, etwas Petersilienstängel
30 g Salz
je 1/2 Teelöffel Kümmel- und Dillsamen
2 bis 3 zerdrückte Pfefferkörner

Arbeitsgänge
▶ lebende(n) Hummer oder Languste auf ein kleines Brettchen binden, damit sich beim Kochen der Schwanz nicht krümmt
▶ Wasser mit Zutaten in einem ovalen Gefäß ca. 5 Minuten durchkochen
▶ Tier mit Brett nach oben in die kochende Flüssigkeit einlegen
▶ ca. 15 Minuten pochieren (75 °C) (höhere Gartemperatuen sind zu vermeiden, da sonst das Schwanzfleisch zäh und trocken wird)
▶ herausnehmen und kurz mit kaltem Wasser abschrecken
▶ bis zur Verabeitung im erkalteten, passierten Sud aufbewahren

① Flacher Teller mit Serviette auf Unterteller
② Mittelmesser und Kaviarmesser (Kaviarmesser evtl. 45°) rechts
③ Mittelgabel links
④ Brotteller mit Messer
⑤ Toast und Butter
⑥ Evtl. Fingerbowle, falls der Gast seine zurechtgemachten Häppchen aus der Hand verspeist
⑦ Glas für Getränk
⑧ Angerichteter Kaviar mit Kaviarlöffel und Zutaten

Getränkevorschlag: Naturherber oder extra herber Champagner bzw. Sekt, eisgekühlter Wodka

1. Echter Kaviar mit Toast und Butter

5.5.6 Kaviar

Kaviar ist roher, gesalzener Fischrogen von weiblichen Stör-/Sterletarten, der heutzutage überwiegend aus Zuchtbeständen der Aquakulturen stammt.

Bekannte Sorten: Beluga hat ein feines Aroma, hellgraues Korn und eine zarte Schale; Osietra mit ähnlichem Korn und leicht nussartigem Geschmack, Sevruga, kleines Korn, würzig.

„Malossol" bedeutet schwach gesalzen (3 % bis 4 %). Bekannte Angebotsformen: Kaviar mit Blinis (kleine Pfannkuchen aus Buchweizenmehl) oder Reibekuchen mit Sauerrahm. Auf Eis mit gekochtem, gehacktem Ei (Eiklar und Eigelb getrennt), Zitrone, Toast und Butter.

Verzehr von Kaviar:
Kaviar mit Toast und Butter
- Toast auf dem Brotteller mit Butter bestreichen, auf den Essteller legen,
- mit dem Vorlegelöffel Kaviar auf den Toast häufen,
- mit dem flachen Kaviarmesser vorsichtig verteilen,
- mit den Zutaten je nach Geschmack bestreuen,
- mit Messer und Gabel oder aus der Hand verzehren.

Kaviar mit Blinis und Sauerrahm
- etwas Kaviar auf die Blinis häufen, verteilen, Sauerrahm darüber geben, mit Messer und Gabel verzehren.

Kaviar auf Eis mit Toast und Butter

Zutaten pro Person
1-Unze-Portionspackung oder aus der Großpackung 30 g Kaviar
2 Scheiben Toast
20 g Butter
1/2 Zitrone
1 hart gekochtes Ei
gehackte Zwiebeln auf Wunsch

Anrichteweise I (Großpackungen)
▶ Die Großpackung (Dose) auf Eissockel zum Gast bringen und ihm die Menge Kaviar vorlegen, die er wünscht, oder eine bestimmte abgewogene Menge Kaviar in einem Chillcup auf Eis anrichten

Anrichteweise II (Portionspackung)
▶ Glas öffnen und auf gestoßenem Eis anrichten. Der Verschluss wird dazugelegt

Garnitur:
▶ Das gekochte Ei wird fein gewürfelt (Eiklar und Eigelb getrennt) und wie die anderen Zutaten in kleinen Schälchen angerichtet

Kaviar auf Eis mit Toast und Butter

Arbeiten am Tisch des Gastes

① Flacher Teller mit Serviette auf Unterteller
② Mittelmesser rechts
③ Mittelgabel links
④ Brotteller mit Messer
⑤ Brot, evtl. Butter
⑥ Fingerbowle
⑦ Ablageteller
⑧ Soße oder andere Dips
⑨ Glas für Getränk
⑩ Salz und Pfeffer

Getränkevorschlag:
Trockener Riesling (D), Johannisberg (Wallis CH), Sauvignon de Touraine (Loire F), Lugana (Lombardei I)

1. Große Artischocke (entbartet) im Ganzen warm oder kalt serviert

5.5.7 Artischocken

Die Artischocke ist eine aus dem Orient stammende distelartige Pflanze. Das Fleisch der Artischocke wirkt appetitanregend; deshalb wird es als Vorspeise gern gereicht.
Bekannte Sorten:
Rundliche, faustgroße Artischocke, Anbaugebiet überwiegend Frankreich, wie die Sorte „Prince de Bretagne".
Kleinere, längliche Artischocke, Anbaugebiete Spanien, Italien, z. B. die Sorte „Violette de Palermo".
Bekannte Zubereitungsarten:
Große gekochte Artischocken, mit Vinaigrette oder Buttersoße.

Verzehr von Artischocken:
- Mit den Fingern ein Blatt nach dem anderen abzupfen,
- den Stielansatz des Blattes in die bereitgestellte Soße tunken (dippen),
- das Blatt zum Mund führen und das am unteren Drittel des Blattes befindliche Fleisch mit den Zähnen abstreifen,
- nicht genießbare Teile auf den Ablageteller legen,
- den zum Schluss verbliebenen Artischockenboden mit Soße bedecken und mit Messer und Gabel verzehren.

Sollte die Artischocke nicht entbartet sein, muss der Bart nach Abzupfen der Blätter vom Boden abgelöst werden.

Artischocke mit Knoblauchdip

Zutaten pro Person
1 ganze große, runde Artischocke
50 g Mayonnaise
50 g Joghurt
1 mittelgroße Knoblauchzehe
1 Esslöffel gehackte Kräuter
Weißbrot
20 g Butter

Anrichteweise

▶ Artischocke waschen und die äußersten Blattspitzen stutzen
▶ den Stiel abbrechen
▶ Schnitt- und Bruchstellen mit Zitronensaft einreiben
▶ in Salzwasser ohne Deckel ca. 30 bis 40 Minuten garen (die Artischocke ist gar, wenn sich die Blätter herauszupfen lassen)
▶ die mittleren oberen Blätter herausdrehen und den Bart (Rasierpinselgröße) mit einem Löffel entfernen
▶ aus Mayonnaise, Joghurt, fein geriebenem Knoblauch und gehackten Kräutern die Soße herstellen

Beilagen: Weißbrot und Butter

Wissen Sie Bescheid?

1. Was macht den Verzehr spezieller Gerichte so interessant?
2. Zählen Sie alle Ihnen bekannten Spezialgedecke mit den dazu benötigten Besteckteilen auf.
3. Erklären Sie Anrichteweise und Benutzung der Fingerbowle.
4. Ein interessierter Gast fragt Sie: „Wie werden Krebse gegessen?" Erklären Sie es gastgerecht.
5. Welche Getränke empfehlen Sie zu frischen Austern und Hummer kalt?

1. Käse und Handwerkszeuge zum Zerkleinern

5.6 Servieren von Käse

Nach dem Motto „Käse schließt den Magen" wird den Gästen als Abschluss eines Essens eine Käseauswahl angeboten. Besonders ansprechend ist das Servieren von Käseauswahlen auf dekorativ angerichteten Brettern oder vom Käsewagen. Steckschilder mit Namen und Herkunft der einzelnen Käsesorten oder die Deckel der Käseschachteln genügen als Dekoration.

Als Beigaben sollten für die unterschiedlichen Käsesorten Früchte wie Trauben, Melonen, Ananas, Nüsse, Tomaten, Radieschen, eventuell Kräuter und Zwiebeln bereitstehen. Verschiedene Brotsorten wie Weißbrot, Vollkornbrot und Pumpernickel runden das Angebot ab.

Die Käse werden nach ihrer Geschmacksintensität angeordnet: zuerst die milden, dann die mittelkräftigen und hinten die pikanten. Damit der Käse weich bleibt und nicht austrocknet, muss er entweder mit einer Käseglocke abgedeckt oder, falls vorhanden, in einer gekühlten Schauvitrine aufbewahrt werden.

Zum Aufschneiden und Vorlegen sollten mehrere Messer und Gabeln zur Verfügung stehen, um die verschiedenen Geschmacksrichtungen nicht zu vermischen. Für den Service sollten Personen zuständig sein, die sich in den einzelnen Geschmacksrichtungen bestens auskennen und auch über die Herstellung der Käsesorten Bescheid wissen.

Zwischendurch sollte das Käseangebot immer wieder sauber zusammengestellt und aufgefüllt werden. Ein Käseangebot, das nur aus Reststücken besteht, ist unappetitlich und nicht verkaufsfördernd.

1. Stellen Sie eine Käseauswahl zusammen, die Käse jeder Geschmacksrichtung enthält.
2. Wie wird eine Käseauswahl aufgebaut?
3. Worauf ist beim Aufschneiden von verschiedenen Käsen zu achten?
4. Welche Beigaben können eine Käseauswahl bereichern und abrunden?

Aufschneiden von Käse

wie Kuchen: runde oder viereckige Weichkäse

in zwei Hälften: kleine Ziegenkäse

in Dreiecke: pyramiden- oder kegelförmige Käse

facettenartig: Portionen von Edelpilzkäse

keilförmig: Brie-Portionen

Stücke von großformatigem Käse werden so geschnitten, dass alle Teile den gleichen Anteil an Rinde haben.

2. Aufschneiden von Käse

Arbeiten am Tisch des Gastes

5.7 Servieren von Tabakwaren

Aus der breiten Palette der Tabakwaren werden in der Gastronomie fast ausschließlich Zigaretten und Zigarren für den Gast bereitgehalten.

Aufbewahrung der Tabakwaren
Zigaretten sind in der Aufbewahrung durch ihre gute Verpackung problemlos. Schaden können sie lediglich bei sehr warmer, trockener Lagerung nehmen.
Zigarren bewahrt man fachgerecht in einer Klimabox bei einer Luftfeuchtigkeit von 60 % bis 70 % auf, die durch einen eingebauten Hygrometer kontrolliert wird. In eingebaute Behälter muss gelegentlich Wasser nachgefüllt werden.

Zigarettenservice
Wünscht ein Gast Zigaretten, so sollte keinesfalls auf Automaten im Haus verwiesen werden. Beim Servieren wird die eventuell geöffnete Zigarettenpackung auf einem Mittelteller angerichtet und ein Zündholzbriefchen des Hauses dazugelegt.

Zigarrenservice
Nach der äußeren Form werden Zigarren in verschiedene Grundformen unterteilt. Das Format sagt nichts über den Geschmack der Zigarren aus. Dieser wird nur durch die Tabakmischung und die Farbe des Deckblattes bestimmt.

Bereitstellung für den Zigarrenservice:
Eine zusammengestellte Auswahl wird übersichtlich angerichtet. Die Marken sollten namentlich gekennzeichnet und eventuell mit Preisen versehen sein.
Auf einem Extratablett werden bereitgestellt: Zigarrenabschneider, Zigarrenschere, Kerze, Fidibus (aus Zedernholz), lange Streichhölzer.

Servieren der Zigarren:
Die Zigarrenauswahl wird dem Gast angeboten. Nachdem sich der Gast die Zigarre ausgesucht und zum Rauchen vorbereitet hat, entzündet man das Streichholz oder den Fidibus an der brennenden Kerze und reicht sie dem Gast mit der nicht brennenden Seite voraus.

2. Klimabox (Humidor) mit Zigarrenauswahl

3. Bereitstellung im Tabakwarenservice

Bezeichnung	Herkunft	Geschmacksrichtung
Sumatra	Holland	europäisch
Havanna	Kuba	amerikanisch
Bahia	Brasilien	südamerikanisch
Manuila	Philippinen	asiatisch

1. Vier wichtige Zigarrengrundtypen

1. Auf welche Art werden Zigarren fachgerecht aufbewahrt?
2. Welche Arbeitsgeräte werden im Tabakwarenservice eingesetzt?
3. Beschreiben Sie das fachgerechte Servieren einer Zigarre.

Zigarrenformate

- Spitz-Format
- Ei-Format
- Keulen-Format
- Basler-Format
- Corona-Format
- Zigarillo
- Panatela
- Zigarillo
- Doppelkopf-Format
- Mundstück-Zigarillo

4. Zigarrenformate

6 EDV

Einsatzmöglichkeiten von EDV-Systemen im Restaurant:
- Mitarbeiterabrechnungen erstellen und auswerten.
- Berechnung von Leistungslöhnen nach verschiedenen Abrechnungsmodellen (z. B. nach Gruppenleistungslohn = Tronc).
- Bestimmte Funktionen können mit Zugriffsrechten vor Veränderung geschützt werden.
- Die Journalfunktion dient zur Nachverfolgung von Bonier- und Rechnungsvorgängen.
- Bei der Bonierung von Artikeln in einer laufenden Sonderaktion bzw. in einem bestimmten Zeitbereich (Happy Hour) erfolgt die Berechnung automatisch mit dem verminderten Preis.
- Auf Belegen bzw. Rechnungen können alle für das Finanzamt erforderlichen Daten auf Wunsch mit aufgedruckt werden.
- Auf Bestellungen können Zusatztexte, z. B. „medium", „1. Gang", auf den Bestellbons mit aufgedruckt werden, um sicherzustellen, dass Gästewünsche beachtet und nicht vergessen werden.
- Einzelne Tische oder Reviere können bestimmten Servicemitarbeitern zugeordnet und auch geschützt werden, das heißt, andere Servicekräfte können auf diese Tische nicht zugreifen.
- Grafische Tischanzeige mit verschiedenen Einstellmöglichkeiten, z. B. farbliche Veränderung der entsprechenden Tische bei längerer Nichtbearbeitung.
- Angaben zu Stammgästen können in Gästedateien eingetragen werden, um Sonderwünsche zu berücksichtigen.
- Splitten von Rechnungen, wenn Gäste getrennt zahlen möchten oder Personen den Tisch wechseln.
- Verschiedene Abteilungen können miteinander vernetzt werden, z. B. Bar und Restaurant.
- Gutscheine können automatisch verwaltet und verbucht werden.
- Führen von Statistiken, z. B. bei sich wiederholenden Sonderaktionen.
- Kontrollmöglichkeiten, z. B. wenn zwei Flaschen Whiskey verbraucht, aber nur vier Gläser Whiskey boniert wurden.

1. Bestellung per Funk an Bondrucker

2. Beispiel einer EDV-Kassenoberfläche im Bestellmodus

Kopfzeile: für Firma, Kasse, Arbeitsplatz und Arbeitsdatum. Sie können mit MaxiKass mehrere Kassen und für jede Kasse mehrere Arbeitsplätze einrichten.

Eingabedisplay: mit großen Ziffern und Zahlen. Farbe und Schriftart können Sie selbst bestimmen.

Das **Kontrollfenster** zeigt alle Posten des Tisches. Der zuletzt bonierte Artikel steht an erster Stelle. Postenstornos bleiben in der Liste erhalten und werden gesondert gekennzeichnet.

Die **Artikelanzeige** zeigt Ihnen alle im System angelegten Artikel mit ihren zugehörigen Haupt- und Untergruppen. So braucht das Personal keine Artikelnummern auswendig zu wissen. Das spart Zeit und Einarbeitungsaufwand.

Mit dem **Zahlenblock** können Sie die gewünschte Anzahl eines Artikels bestimmen sowie Artikel per Artikelnummer buchen.

Sowohl mit der horizontalen als auch mit der vertikalen **Funktionsleiste** können Sie beispielsweise ein Storno durchführen, die Rechnung drucken und einen Zusatztext eingeben.

In der **Statuszeile** finden Sie Angaben wie Datum, Uhrzeit, Tisch, Kundenrabatt, Gastzuordnung, Preisliste, Personenzahl und den angemeldeten Mitarbeiter.

7 Berechnungen

Sie planen in Ihrem Restaurant, das in einer belebten Fußgängerzone liegt, eine Sonderaktion mit dem Thema „Schlemmen auf gut Badisch". Ihre Stadt wird von vielen Touristen über die Mittagszeit besucht. Das Konzept soll den Gästen die Möglichkeit geben, typische Speisen zu verkosten. Eine der Speisen ist eine Sülze von geräucherter Bachforelle mit Meerrettichsahne und Toast. In der Küche wird folgende Rezeptur für 4 Personen verwendet:

Zutaten	Preis/kg ohne MwSt.
500 g Bachforellenfilets	Preis / kg 5,10 €
600 g Fischfond	Preis / l 2,50 €
30 g Aspikpulver	0,15 €
70 g Gemüsewürfel	1,00 €
0,1 g Safran	1,20 €
100 g Meerrettichsahne	0,70 €
8 Scheiben Toast	0,40 €

a) Berechnen Sie die Materialkosten der Vorspeise für 1 Portion.
b) Kalkulieren Sie den Inklusivpreis unter Verwendung folgender Einzelzuschlagsätze: Gemeinkosten 140 %, Gewinn 20 %, Bedienungsgeld 12,5 %, sowie der gesetzlichen Mehrwertsteuer. Das Ergebnis auf volle 0,50 € aufrunden.
c) Der hohe Anteil an Mitbewerbern veranlasst Sie, den Kartenpreis für das) genannte Gericht auf 8,50 € zu senken. Berechnen Sie den verbleibenden Gewinn in Prozent, wenn die übrigen Zuschlagsätze gleich bleiben.
d) Die 42 Plätze im Lokal sind durchschnittlich 1,25-mal pro Abend belegt. Der durchschnittliche Umsatz pro Gast beträgt 17,50 €. Berechnen Sie den voraussichtlichen Jahresumsatz, wenn 14 Tage Betriebsferien berücksichtigt werden.

a) Beispielrechnung:

1,00 l Fischfond –	2,50 €	$\frac{2{,}50 \times 0{,}60}{1{,}00}$	= **1,50 €**
0,60 l Fischfond –	x €		

Lösung: 600 g Fischfond kosten 1,50 €.

Forellenfilet	5,10 €
Fischfond	+ 1,50 €
Aspikpulver	+ 0,15 €
Gemüsewürfel	+ 1,00 €
Safran	+ 1,20 €
Meerrettich	+ 0,70 €
Toast	+ 0,40 €
	10,05 €

10,05 € : 4 Personen = **2,51 €**

Lösung: Die Materialkosten pro Person betragen 2,51 €.

b)

	Materialkosten	100 %	2,51 €
+	Gemeinkosten	140 %	3,51 €
=	Selbstkosten	240 % > 100 %	6,02 €
+	Gewinn	20 %	1,20 €
=	Geschäftspreis	120 % > 100 %	7,22 €
+	Bedienungsgeld	12,5 %	0,90 €
=	Nettoverkaufspreis	112,5 % > 100 %	8,12 €
+	Mehrwertsteuer	19 %	1,54 €
=	Inklusivpreis	119 %	9,66 €

9,66 € auf volle 0,50 € aufrunden = **10,00 €**

Lösung: Der Kartenpreis beträgt aufgerundet auf volle 0,50 € 10,00 €.

c)

	Materialkosten	100 %	2,51 €
+	Gemeinkosten	140 %	3,51 €
=	Selbstkosten	240 % > 100 %	6,02 €
+	Gewinn	? %	?
=	Geschäftspreis/ Nettoverkaufspreis	??? % > 100 %	6,35 €
–	Bedienungsgeld	12,5	0,79 €
=	Nettoverkaufspreis	112,5 > 100 %	7,14 €
–	Mehrwertsteuer	19 %	1,36 €
=	Inklusivpreis	119 %	8,50 €

	6,35 €
	– 6,20 €
	0,33 €

100 % ≙ 6,02 € $\frac{100 \times 0{,}44\ €}{6{,}02}$ = **5,50 %**
x % ≙ 0,33 €

Lösung: Der Gewinn beträgt nach der Preisänderung noch 0,33 € oder 5,50 % pro Portion.

d)

42 Sitzplätze x 1,25 Belegungen/Abend = 52,5 Belegungen am Abend.

52,5 Bel./Abend x 17,50 € = 918,75 €

918,75 x 351 Tage = **322.481,25 €**

Lösung:
Unter Berücksichtigung von zwei Wochen Betriebsferien kann mit einem Jahresumsatz von 322.481,25 € gerechnet werden.

8 Fachsprache, Fremdsprache

Häufig vorkommende Redewendungen im Restaurant
S = Servierpersonal, **G** = Gäste

Deutsch	Englisch	Französisch (m. = maskulin, le; f. = feminin, la; Mehrzahl = les)
Begrüßung	**Greetings**	**Salutation**
S: Guten Morgen/Tag/Abend Herr/Frau/Fräulein	Good morning/afternoon/evening Sir/Madam/Miss	Bon jour/soir Monsieur/Madame/Mademoiselle
G: Ist dieser Tisch/Platz noch frei?	Is this table/seat free?	Est-ce que cette table/cette place est libre s.v.p. (= s'il vous plaît)?
G: Einen Tisch für zwei Personen bitte.	A table for two please.	Je voudrais une table pour deux personnes.
S: Ist Ihnen dieser Tisch recht?	Is that table all right?	Cette table-là, va bien?
Bestellung	**Ordering**	**Commande**
G: Kann ich bitte die Speise-/Getränkekarte bekommen?	Could I have the menu/winelist, please?	Je voudrais la carte/la carte de vin s.v.p.
S: Hier bitte die Speise- und Getränkekarte.	Here is the menu and the wine list please.	Voilà la carte et la carte des vins s.v.p.
G: Was können Sie mir empfehlen?	What can you recommend?	Qu'est-ce que vous me conseillez?
G: Haben Sie vegetarische Gerichte?	Do you offer vegetarian dishes?	Vous faites des plats végétariens?
S: Darf ich Ihnen einen Aperitif anbieten?	May I offer you a before-dinner drink?	Puis-je vous offrir un apéritif?
G: Gibt es auch Kinderportionen?	Do you do half portions for children?	Vous faites des demi-portions pour les enfants?
G: Bitte ein Glas …	A glass of …, please.	Un verre de …, s.v.p.
S: Haben Sie schon gewählt?	Are you ready to order?	Vous avez choisi?
G: Bitte bringen Sie uns …	Bring us …, please.	Apportez-nous … s.v.p.
S: Wir haben leider kein/e … mehr.	I'm afraid we've run out of …	Nous n'avons malheureusement pas/plus de …
S: Was wünschen Sie als Vorspeise/Hauptgang/Nachtisch?	What would you like as a starter/for your main course/for dessert?	Qu'est-ce que vous prenez comme hors-d'oeuvre/plat principal/dessert?
G: Ich nehme ein Rinderrückensteak.	I'll have a Sirloin steak.	Je prends une entrecôte.
S: Wie möchten Sie Ihr Steak haben, blutig, rosa oder durchgebraten?	How would you like your steak, rare (underdone), medium, well done?	Comment voulez-vous votre entrecôte, saignant, à point, bien cuit?
S: Was möchten Sie trinken?	What would you like to drink?	Qu'est-ce que vous désirez comme boisson(s)?
G: Eine Flasche/eine halbe Flasche … bitte.	A bottle of/Half a bottle of …, please.	Une bouteille/Une demi-bouteille de … s.v.p.
S: Danke für Ihre Bestellung.	Thank you for your order.	Merci de/pour votre commande.

Fachsprache, Fremdsprache

Deutsch	Englisch	Französisch
		m. = maskulin, le; f. = feminin, la (Mehrzahl = les)
Während des Essens	**During the meal**	**Pendant le repas**
S: Guten Appetit!	Enjoy your meal!	Bon appétit!
S: Hat es Ihnen geschmeckt?	Did you like it?	Est-ce que c'était à votre goût?
S: Haben Sie noch einen Wunsch?	Is there anything else I can do for you?	Désirez-vous encore quelque chose?
G: Könnten wir noch etwas Brot/Wein/Wasser bekommen?	Could we have some more bread/ wine/ water, please?	Est-ce que vous pourriez nous apporter encore un peu de pain/un peu de vin/un peu d'eau, s.v.p.?
Bezahlung – Verabschiedung	**Payment – Saying goodbye**	**Paiement – Départ**
G: Bezahlen bitte.	Could I have the bill, please.	L'addition, s.v.p.
S: Alles zusammen?	All together?	Tout ensemble?
G: Getrennte Rechnungen, bitte.	Separate bills, please.	Vous faites des notes séparées, s.v.p.
S: Hier ist Ihre Rechnung, es macht … Euro und … Cent.	Here is your bill, please. That's … Euro and … Cent.	Voilà l'addition, ça fait … Euro et … Cent
G: Das ist für Sie.	That's for you.	Voilà pour vous.
G: Das stimmt so.	Keep the change.	C'est bon, vous gardez tout.
S: Vielen Dank, wir würden uns freuen, wenn Sie uns wieder besuchten.	Thank you very much, we would be glad to see you again.	Nous serions heureux de vous revoir dans notre maison.
S: Auf Wiedersehen, ich wünsche Ihnen noch einen schönen Tag/Abend.	Goodbye/Bye-bye, have a nice day/evening.	Au revoir, je vous souhaîte une belle journée/soirée.
Beschwerden	**Complaints**	**Réclamations**
G: Haben Sie mein/e … vergessen?	Have you forgotten my …?	Vous pensez à mon/ma/mes … n'est-ce pas?
G: Das habe ich nicht bestellt.	I didn't order that.	Ce n'est pas ce que j'ai commandé.
G: Das Essen ist kalt/versalzen.	The food's cold/too salty.	Le repas est froid/trop salé.
G: Das Fleisch ist zäh.	The meat's tough.	Cette viande est dure.
G: Der Fisch ist nicht frisch.	The fish isn't fresh.	Le poisson n'est pas frais.
G: Nehmen Sie es bitte zurück.	Take it back, please.	Ecoutez, vous pouvez remporter cela.
G: Die Rechnung scheint mir nicht zu stimmen.	There seems to be a mistake on the bill.	Je crois qu'il y a une erreur dans l'addition.
G: Das habe ich nicht gehabt, ich hatte …	I didn't have that, I had …	Je n'ai pas pris de …, j'ai pris …

9 Projektorientierte Aufgabe

Thema: Führen einer Station
In Ihrem Restaurant werden zur kommenden Saison drei neue Mitarbeiter eingestellt. Durch Ihre längere Betriebszugehörigkeit und Ihr Engagement wurde Ihnen die Aufgabe der Einarbeitung der neuen Mitarbeiter übertragen.
Sie leiten eine Station im Restaurant mit 60 Sitzplätzen an 15 Tischen. Die Geschäftsleitung wünscht außerdem, dass ab sofort der Verkauf von Digestifs und Kaffee- und Teespezialitäten forciert wird. Es gab in letzter Zeit vermehrt Reklamationen von Gästen über Sachmängel in Bezug auf Servicequalität und die Qualität der Speisen. Auch hier wünscht die Geschäftsleitung ein standardisiertes Vorgehen im Umgang mit Reklamationen.
Sie haben für morgen Mittag eine Teambesprechung mit den neuen Servicekräften anberaumt.

Aufgabe:
Erstellen Sie als Handreichung geeignete Unterlagen u. a. mit den Punkten:
- Servicequalität,
- Reklamationsmanagement,
- Zusatzverkauf von Digestifs und Kaffee- und Teespezialitäten.

Lösungsvorschlag:

(Lösungsvorschläge geben Anregungen, wie die Projektaufgabe bearbeitet werden kann, und sind keine fertigen Lösungen.)

- Übersicht der infrage kommenden Kaufmotive des Gästekreises erstellen.
- Verhaltensweise von Gästen auflisten und mögliche Vorgehensweisen und Alternativwege festlegen.
- Verhalten gegenüber bestimmten Gästegruppen erarbeiten.
- Übersicht über Grundlagen im Verkauf mit allen wesentlichen Punkten (→ 175) erstellen.
- Schulungen für Mitarbeiter planen mit verschiedenen Punkten, u. a. Gästeverhalten, Sonderverkauf.
- Mögliche Serviermethoden erörtern und auf Durchführbarkeit überprüfen.
- Mögliche Varianten über den Ablauf eines Gastgespräches erarbeiten.
- Fragestellung bzw. Angebotsformulierungen überprüfen und eventuell korrigieren.
- Vorgehen beim Eintreffen der Gäste, z. B. Platzieren, Garderobe usw., festlegen.
- Angebotskarten aktualisieren bzw. dem üblichen Standard anpassen.
- Planen von Sonderaktionen (z. B. Spezialitätenwochen) und Mitarbeiter darüber informieren.
- Mitarbeiter in die Lage versetzen, verkaufsfördernde Aussagen zu den gültigen Angeboten zu formulieren.
- Verbindliche Vorgaben zur Bestellaufnahme am Tisch des Gastes festlegen.
- Können Speisen anhand der Servierregeln fachgerecht serviert werden?
- Wird der Sonderverkauf von bestimmten Artikeln (Kaffee, Digestifs usw.) durchgeführt?
- Ausreichende Anzahl der materiellen Ausstattung (Karaffen, Gläser usw.) vorhanden und einsatzbereit?
- Informationsunterlagen über die angebotenen Kaffee-, Tee- und Digestifsorten erstellen.
- Muster für Kassiervorgänge erstellen.
- Ist den Mitarbeitern das Vorgehen beim Verabschieden der Gäste bekannt?
- Gästekartei/-datei anlegen und immer wieder aktualisieren.
- Sind die Aufgabengebiete, Kompetenzen und Befugnisse klar formuliert und begrenzt?
- Ziele im Reklamationsmanagement festlegen.
- Vorgehensweisen bei eventuellen Reklamationen bekannt machen und Anwendung üben.
- Mitarbeiter im Umgang mit dem reklamierenden Gast trainieren.
- Reklamationen nach verschiedenen Möglichkeiten analysieren und auswerten.

Lernfeld 3.4
Arbeiten im Bankettbereich

1. Begrüßung des Gastes zur Bankettabnahme

Zielformulierungen

Folgende Ziele sollen von Auszubildenden im Lernfeld Arbeiten im Bankettbereich erreicht werden:

- Sie sind in der Lage, die Bedeutung des Bankettbereiches zu beschreiben und bei Sonderveranstaltungen mitzuwirken.
- Sie führen unter Anwendung von Kommunikationsregeln und verkaufspsychologischen Kenntnissen Bankettbesprechungen durch und halten Vereinbarungen fest.
- Sie können unter Berücksichtigung von Vorgaben und nach Absprache mit der Küche Menüs und Büfetts zusammenstellen sowie korrespondierende Getränke, Aperitifs und Digestifs empfehlen.
- Sie gestalten Menükarten für Sonderveranstaltungen und wirken beim Erstellen von Bankettmappen mit. Dies erfolgt auch in einer Fremdsprache.
- In Zusammenarbeit mit betroffenen Abteilungen bereiten sie Sonderveranstaltungen vor.
- Sie reflektieren deren Ablauf und Ergebnis und leiten daraus Verbesserungsvorschläge ab.
- Sie beachten Rechtsvorschriften.
- Sie sind in der Lage, Kosten und Erträge zu errechnen.
- Sie arbeiten im Team und erkennen die Vorteile dieser Arbeitsorganisation.

1 Sonderveranstaltungen (Bankettgeschäft)

Sonderveranstaltungen werden von den Gästen zu verschiedenen Anlässen gebucht:
- persönliche Anlässe wie Verlobung, Hochzeit, Taufe, Geburtstag, Kommunion/Konfirmation, Todesfall;
- Treffen von Vereinen, Reisegesellschaften;
- Tagungen, Kongresse und Seminare;
- Firmenfeiern, Ehrungen und Bälle.

Sonderveranstaltungen sind in der Gastronomie ein regelmäßiger, eigenständiger und wichtiger Bestandteil des Umsatzvolumens. Sie sind als „Volumenbringer" eine entscheidende Einflussgröße für die Gewinnsituation im Verpflegungs- und Beherbergungsbereich vieler Betriebe. Dies ist auf folgende Eigenarten der Sonderveranstaltungen zurückzuführen:
- bessere Planungsmöglichkeiten, da Personenzahl, zeitlicher Ablauf und der Umfang der zu erbringenden Leistung genau bekannt sind;
- bessere Kapazitätsauslastung der Lokalitäten;
- erhöhte Zimmerbelegung durch Übernachtung von Teilnehmern der Sonderveranstaltungen;
- einfachere Dienstplangestaltung und gezielter Einsatz sowie bessere Auslastung des Personals;
- rationellere Arbeitsdurchführung aufgrund der großen Anzahl gleichartiger Speisen und Getränke;
- gut kalkulierbarer Wareneinsatz;
- Garantie für die Nutzung der bereitgestellten Räume im Tagungs-, Bankett- und Restaurantbereich sowie im Beherbergungsbereich.

2 Organisationsmittel

2.1 Erstellen einer Bankettmappe

Die Unterlagen für den Verkauf von Sonderveranstaltungen/Banketts werden in einer Mappe zusammengestellt. Diese Unterlagen bestehen einerseits aus dem Angebot des Hauses, das auch dem Gast (Veranstalter) zur Verfügung steht, und andererseits aus internen Unterlagen, die für den Verkäufer gedacht sind, wie z. B. Gästekartei usw.

Folgende Unterlagen sollte eine Bankettmappe für Gast und Verkäufer enthalten:
- Anfahrtsskizze
- Checkliste über das Angebot des Hauses
- Informationen von A bis Z, in denen alphabetisch alle Möglichkeiten des Hauses aufgeführt sind, z. B. A wie Anlieferungsrampe, D wie Deckenhöhen, R wie Rufanlage
- Hotelorientierungsplan
- Raumpläne mit Angabe der technischen Anschlüsse
- Pläne für Tisch- und Tafelformen sowie Bestuhlungsmöglichkeiten
- Übersicht über maximale Personenzahl der unterschiedlichen Tafelformen oder Bestuhlungsmöglichkeiten in den einzelnen Räumen
- Vorschläge über das Speisenangebot
- Getränkevorschläge
- Preislisten für technische Geräte, zusätzliches Personal, Raummieten usw.
- Veranstaltungsauftrag (Laufzettel, Circular, Function-Sheet und Avis)
- Anschauungsmaterial in Form von Prospekten

Zusätzlich benötigt der Verkäufer:
- Schreibutensilien, Visitenkarten
- Raumbelegungsplan der Restaurations-, Bankett- und Tagungsräume
- Angabe über verfügbare Bettenkapazität am Tag der Veranstaltung
- Bestandslisten über bevorzugt zu verkaufenden Wein und Sekt oder über Jahrgänge, die nicht mehr nachkaufbar sind
- Anschauungsmaterial (Fotos) von kalten Büfetts, eingedeckten Festtafeln und Dekorationen
- Vorlagen für die Gestaltung von Speise- und Getränkekarten
- Angebote von Wochenend- und Tagungspauschalen sowie Tagungspaketen
- Bei Verkaufsgesprächen außer Haus, eventuell Wein und Gläser für eine kleine Weinprobe
- Wenn es sich um Stammgäste handelt, Unterlagen von früheren Veranstaltungen

2.2 Einsatz der Organisationsmittel

Checklisten

In Checklisten (→ 502, 503) sind alle Leistungen aufgeführt, die ein Haus anbietet. Jedes Haus muss eine für sich individuell ausgearbeitete Checkliste erstellen.
Im Verkaufsgespräch werden die Checklisten mit dem Veranstalter Punkt für Punkt durchgegangen. Die zu besprechenden Punkte werden angekreuzt und nach ihrer Klärung exakt formuliert in dem Veranstaltungsauftrag festgehalten.

CHECKLISTE für Veranstalter

Veranstalter:
Name/Firma: _____
Kontaktperson: _____
Anschrift: _____
Tel.: _____ Telefax: _____ E-Mail: _____
Veranstaltungstermin: Von: _____ bis: _____
Teilnehmerzahl: _____

Veranstaltungsart:
☐ Kongress/Tagung
☐ Ball   ☐ Schulungen   ☐ Bankett
☐ Produktpräsentation   ☐ Modenschau   ☐ Ausstellung

Zusätzliche Räumlichkeiten:
☐ Lagerraum   ☐ Tagungsbüro   ☐ Pausenraum
☐ Splitmeetingräume   ☐ Künstlergarderobe

Veranstaltungsablauf:
1. Aufbauzeit: _____   4. Beginn: _____
2. Proben: _____   5. Ende: _____
3. Einlass: _____   6. Abbauzeit: _____

Veranstaltungsorganisation:
Ansprechpartner: _____
Tel.: _____ Fax: _____ E-Mail: _____

Ausstellungsorganisation:
Ansprechpartner: _____
Tel.: _____ Fax: _____ E-Mail: _____

Dekorations- und Unterhaltungsorganisation:
Ansprechpartner: _____
Tel.: _____ Fax: _____ E-Mail: _____

1. Checkliste für Veranstalter

CHECKLISTE für Veranstaltungsbuchungen

Name: _____ Telefon: _____
Ort: _____ Telefax: _____
Straße: _____ Gesprächsdatum: _____

Datum der Veranstaltung: _____
Gesprächspartner im Hotel: _____

UNTERBRINGUNG
- Anzahl der Personen
- Arrangement
- Zimmer
- Daten der An- und Abreise
- Namensliste
- Gastgeschenke
- Informationsstand
- Art der Bezahlung
- Anfahrt
- Parkplatz (Garagen)
- Lagerraum

VERANSTALTUNG
- Teilnehmerzahl
- Tagungsprogramm
- Bestuhlungsplan
- Sitzordnung
- Pressetisch
- Namensschilder
- Tischdekoration
- Konferenzgetränke
- Fahne/Tischfähnchen
- Empfangstisch
- Gästebuch
- Informationsmaterial
- Garderobe
- Tabakwaren
- Musik
- Bühne
- Laufsteg
- Polizeistundenverlängerung
- GEMA-Anmeldung

MAHLZEITEN
- Frühstück
- Mittagessen
- Abendessen
- Imbissauswahl
- Menü/Büfett
- Kaffeepausen
- Cocktail
- Spirituosen
- Kaffee/Tee
- Gebäck

RAHMENPROGRAMM
- Sonderdekorationen
- Proben
- Tombola

PERSONAL (zusätzlich)
- Stenotypist
- Dolmetscher
- Fotograf
- Entertainer
- Handwerker
- Wachpersonal
- Filmvorführer
- Hostessen

TECHNISCHES ZUBEHÖR
○ ohne Berechnung
△ Preis auf Anfrage
- Moderationskoffer △
- Flip-Chart ○
- Pinnwand ○
- Overhead-Projektor 400, 575 W ○
- Diaprojektor ○
- Diaprojektor mit Spezialobjektiv ○
- Infrarot-Fernbedienung ○
- Leinwand 2,5 m x 2,5 m ○
- Zeigestab ○
- Laserpointer △

- Kassettendeck ○
- Tonbandgerät ○
- Faxgerät △
- Fotokopierer △

- Podest ○
- Rednertisch/-pult ○
- Mischpult und Boxen △
- Funkmikrofon mit Mikroport △
- Umhängemikrofon mit Kabel △
- Video-Beamer △
- Video-Beamer, Datenprojektor, EGA und VGA △
- VHS-PAL, Videorekorder mit Bildschirm
- VHS-PAL, Secam, NTSC △
- U-Matic-PAL, Secam △
- U-Matic, PAL, High Band △
- U-Matic-Videorkorder (Low Band) △
- Farbmonitor 68, 72 cm △
- Videokamera, VHS-Camcorder △
- S-VHS Camcorder △
- Video-Kassette △

- Scheinwerfer 500–1000 W △
- Strahler △

- Simultan-Dolmetscheranlage mit Kopfhörern

1. Checkliste und Planungshilfe

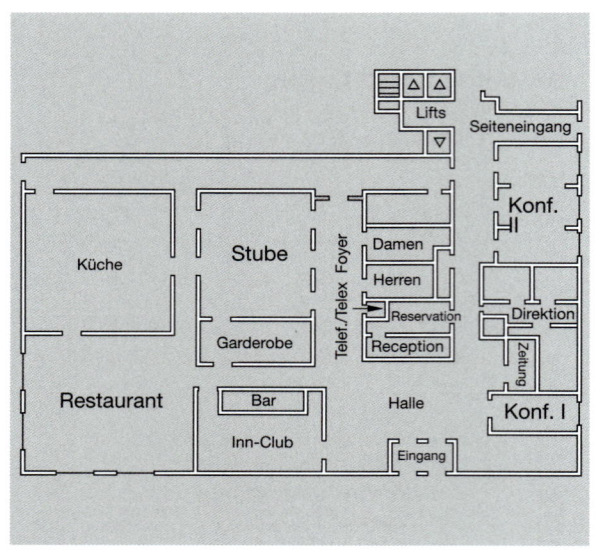

1. Hotelorientierungsplan

Hotelorientierungsplan
Der Hotelorientierungsplan dient dazu, dem Gast eine Übersicht über die Räumlichkeiten zu geben.

Raumbelegungsplan (Veranstaltungsübersicht)
Aus dem Raumbelegungsplan ist ersichtlich, welche Räume zu welchem Zeitpunkt durch wen belegt sind. Um Doppelbelegungen der einzelnen Räume zu vermeiden, darf nur ein Original dieses Planes existieren (manuell oder im Computer). Vorreservierungen (Optionen) müssen deutlich als solche gekennzeichnet werden.
Der Raumbelegungsplan enthält neben den eingetragenen Reservierungen auch Hinweise darüber, wo sich die Mitarbeiter über die Durchführung der eingetragenen Veranstaltungen genauer informieren können.

Tafelformen und ihre Verwendung
Je nach Veranstaltungsart stehen verschiedene Tafelformen (→ 505) zur Verfügung.

- **Blockform:** Die Tische werden in Zweierreihen aneinandergestellt gestellt. Eine Blocktafel sollte für maximal 50 Personen gestellt werden. Die Bestuhlung ist außen. Ehrengäste sitzen an der Kopfseite oder in der Mitte der Längsseite.
  Verwendung: Festlichkeiten, Konferenzen

- **U-Form, O-Form (Tafel):** Die Tische werden in Einerreihe zu einem U oder O gestellt; die Bestuhlung ist außen.
  Verwendung: Tagungen, Konferenzen, Seminare

- **U-Form (Block):** Der Kopf wird in Einerreihe gestellt, die beiden Schenkel als Zweierreihen; die Bestuhlung ist außen sowie an beiden Schenkeln innen; Ehrengäste sitzen an der Kopfseite.
  Verwendung: Festlichkeiten

- **E- und Kammform (Tafel):** Die Tische werden in Einerreihen zu einem E gestellt; bei der Kammform werden noch einige Schenkel hinzugefügt. Die Bestuhlung erfolgt am Kopf außen sowie beidseitig an jedem Schenkel, Ehrengäste sitzen an der Kopfseite.
  Verwendung: Große einfache Veranstaltungen

- **E- und Kammform (Block):** Die Schenkel werden in Zweierreihen gestellt.
  Verwendung: Große festliche Veranstaltungen

- **Aufgelockerte Tafelform:** Runde, eckige oder ovale Tische oder Blöcke werden für jeweils ca. zehn Personen raumfüllend gestellt; die Bestuhlung ist außen. Ehrengäste sitzen nach Möglichkeit an einem Tisch, der sich im Mittelpunkt der anderen Tische befindet.
  Verwendung: Festliche Anlässe jeder Art

- **Einzeltische:** Sie werden im Raum und an den Wänden verteilt und je nach Größe mit ein bis sechs Stühlen versehen.
  Verwendung: À-la-Carte-Geschäft, Reisegesellschaften

- **Parlament:** Die Tische werden einzeln in Reihen mit Abstand, eventuell auch im Halbkreis aufgestellt und nur an einer Seite mit Stühlen versehen.
  Verwendung: Vorträge, Schulungen

Datum	Raum			
	Restaurant	Stube	Konferenz 1	Konferenz 2
Mo. 11.07.	12.00 ME Fa.X Station 1 Laufzettel 117-2		10.00 - 18.00 16 Personen Tagung Fa. X Laufzettel 117-1	8.00 - 11.00 40 Personen Vortrag Fa. Y Theaterbestuhl. Miete 200,–
Di. 12.07.	12.30 ME 19.30 AE 130 Personen Fa. Solo Laufzettel 127-2	ganztägig A-la-Carte-Gäste		9.00 - 11.00 70 Pers. Fa. Solo Tag. Laufz. 127-1 Begleitpersonen siehe Rahmenprogramm
Mi. 13.07.	12.30 ME. Fa. Y Station 2 à la carte 19.00 60 Person. Hochzeit Fam. K/W Laufzettel 140-1	12.00 ME Fa. ZZ Laufzettel 137-3	9.00 -17.00 16 Personen Tagung Fa. Y Laufzettel 137-1	8.00-16.00 60 Personen Tagung Fa. ZZ Laufzettel 137-2
Do.14.07.		14.00-17.00 ca. 90 Personen Einzeltische 4 Personen Selbstzahler		
Fr. 15.07.		19.00 40 Personen Hochzeit Fam. K. Laufzettel 157-1		
Sa. 16.07.				
So. 17.07.				

2. Raumbelegungsplan (Veranstaltungsübersicht)

Organisationsmittel

Raum	Länge m	Breite m	Höhe m	Parlament	Block	U-Form	E-Form	Kammform	Karree	8er Tische rund	T-Form	Theater	Einzelt. 4 Pers.	Cocktail	Stehbüfett
Restaurant	17,00	13,50	3,15	140	46	80	112	136	56	96	54	250	130	200	140
Stube	11,40	10,20	3,15	70	30	42	70	–	42	48	40	170	120	160	120
Konferenz I	8,20	3,50	2,55	20	18	18	–	–	–	16	16	30	20	30	20
Konferenz II	10,50	7,20	2,55	50	24	30	40	–	34	32	28	70	60	100	70

1. Übersicht zum Stellen von Tischen und Tafelformen sowie Bestuhlungsmöglichkeiten in den Veranstaltungsräumen

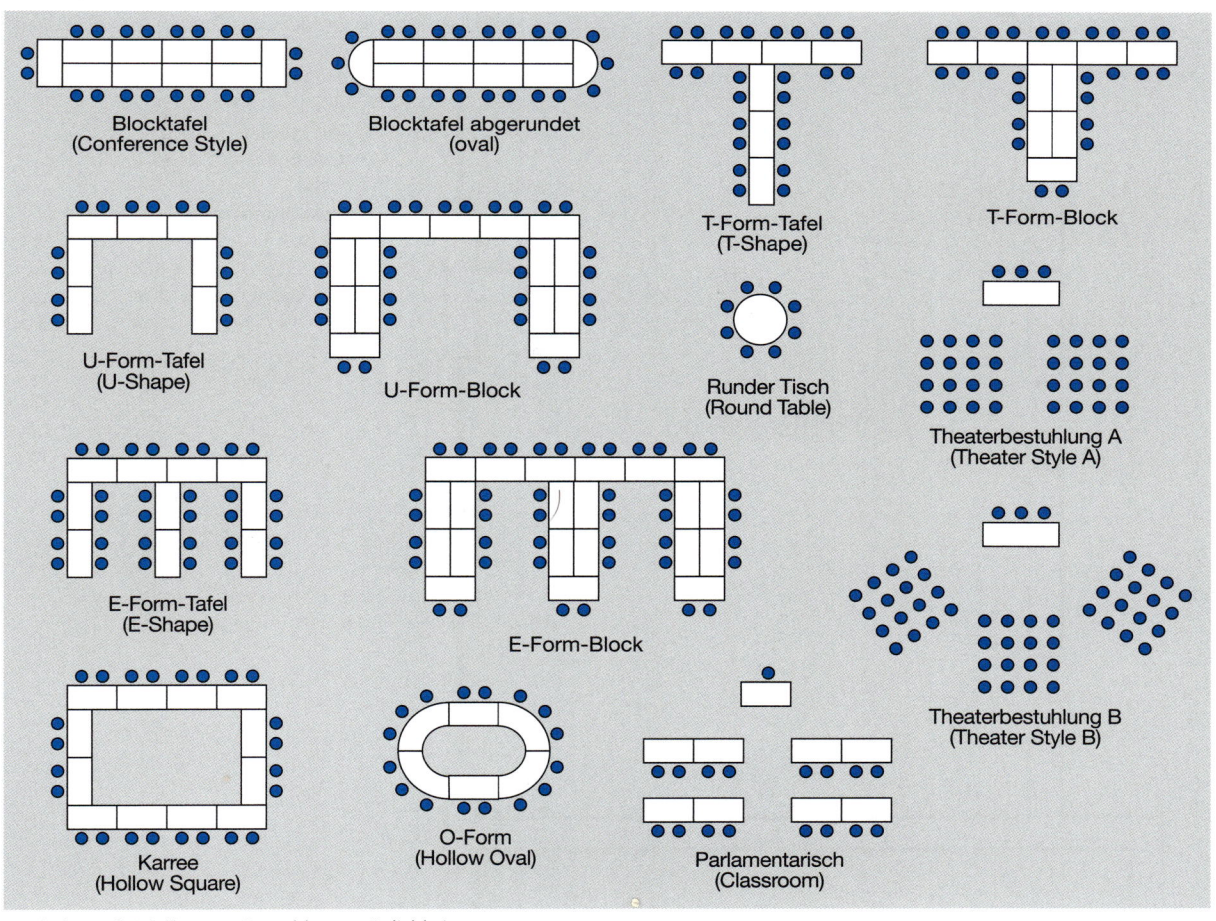

2. Tisch- und Tafelformen, Bestuhlungsmöglichkeiten

- Blocktafel (Conference Style)
- Blocktafel abgerundet (oval)
- T-Form-Tafel (T-Shape)
- T-Form-Block
- U-Form-Tafel (U-Shape)
- U-Form-Block
- Runder Tisch (Round Table)
- Theaterbestuhlung A (Theater Style A)
- E-Form-Tafel (E-Shape)
- E-Form-Block
- Theaterbestuhlung B (Theater Style B)
- Karree (Hollow Square)
- O-Form (Hollow Oval)
- Parlamentarisch (Classroom)

Raumpläne

Anhand der Raumpläne (→ 505) können sich Veranstalter und Verkäufer orientieren, wie bei der Veranstaltung Bestuhlung, Tisch- oder Tafelformen sowie sonstige Aufbauten optimal für den jeweiligen Anlass gestellt werden können.

Bei Konferenzen und Präsentationen sind zu beachten:
- Lichteinfall bei Tageslicht,
- Anschlüsse für technische Einrichtungen,
- Aufbauten wie Stellwände und Tische bei Präsentationen,
- Laufstege bei Modenschauen.

Der Tafelstell- und Tafelorientierungsplan

Für die Stellform eines jeden Raumes bietet es sich an, Pläne zu erstellen (→ 507). Der jeweilige Plan ist auf die maximale Auslastung des entsprechenden Raumes ausgelegt. Wird eine Stellform für weniger Personen als maximal möglich benötigt, so wird die Tafel um die entsprechende Länge gekürzt.

Einsatz des Tafelstell- und Tafelorientierungsplanes:
- Der Plan erleichtert das Stellen und Bestuhlen der Tafeln.
- Die einzelnen Service-Stationen können eingezeichnet werden.
- Der Veranstalter kann anhand des Planes die Tischordnung erstellen.

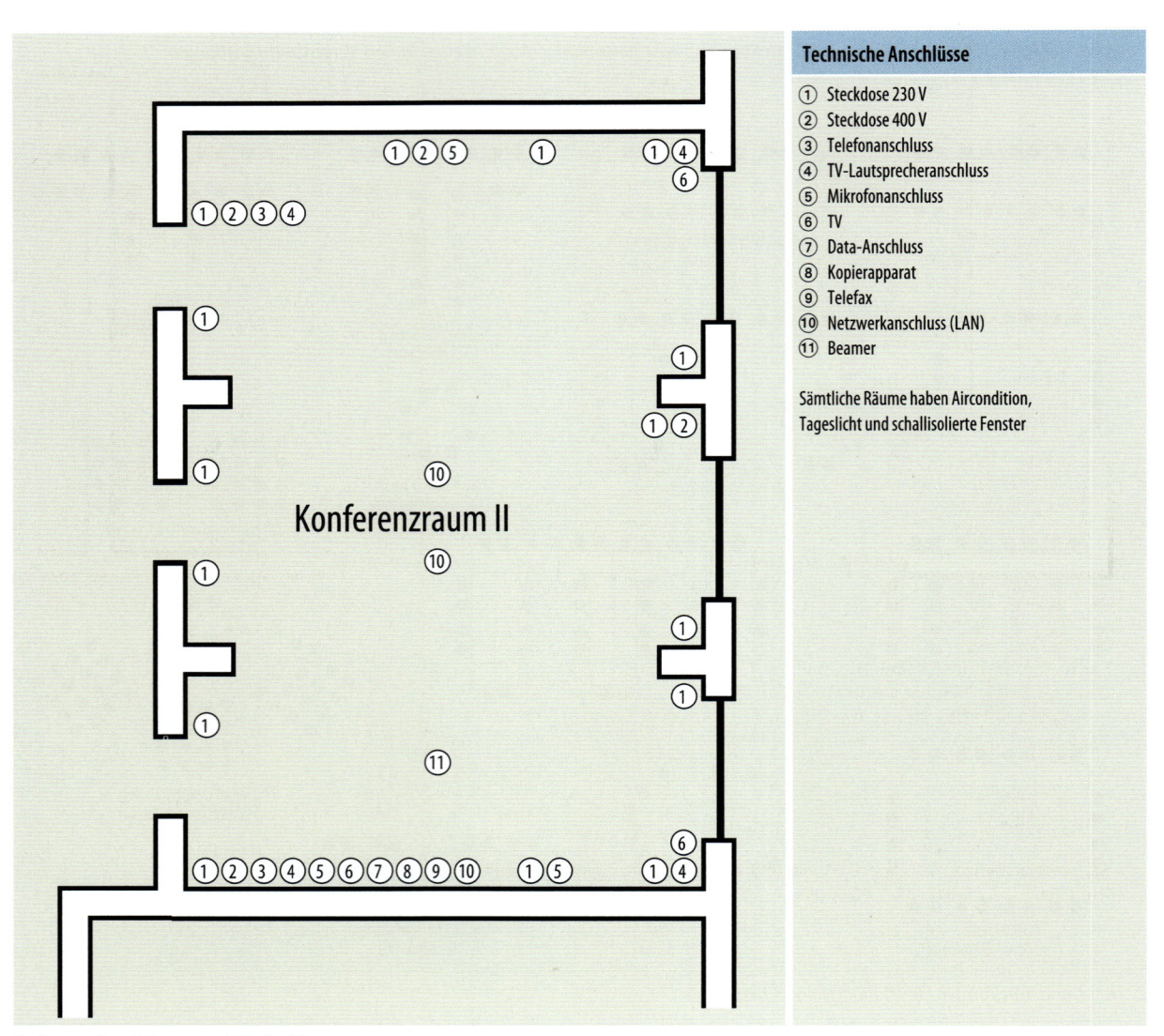

Technische Anschlüsse

① Steckdose 230 V
② Steckdose 400 V
③ Telefonanschluss
④ TV-Lautsprecheranschluss
⑤ Mikrofonanschluss
⑥ TV
⑦ Data-Anschluss
⑧ Kopierapparat
⑨ Telefax
⑩ Netzwerkanschluss (LAN)
⑪ Beamer

Sämtliche Räume haben Aircondition, Tageslicht und schallisolierte Fenster

1. Raumplan (Räume und Technik)

Organisationsmittel

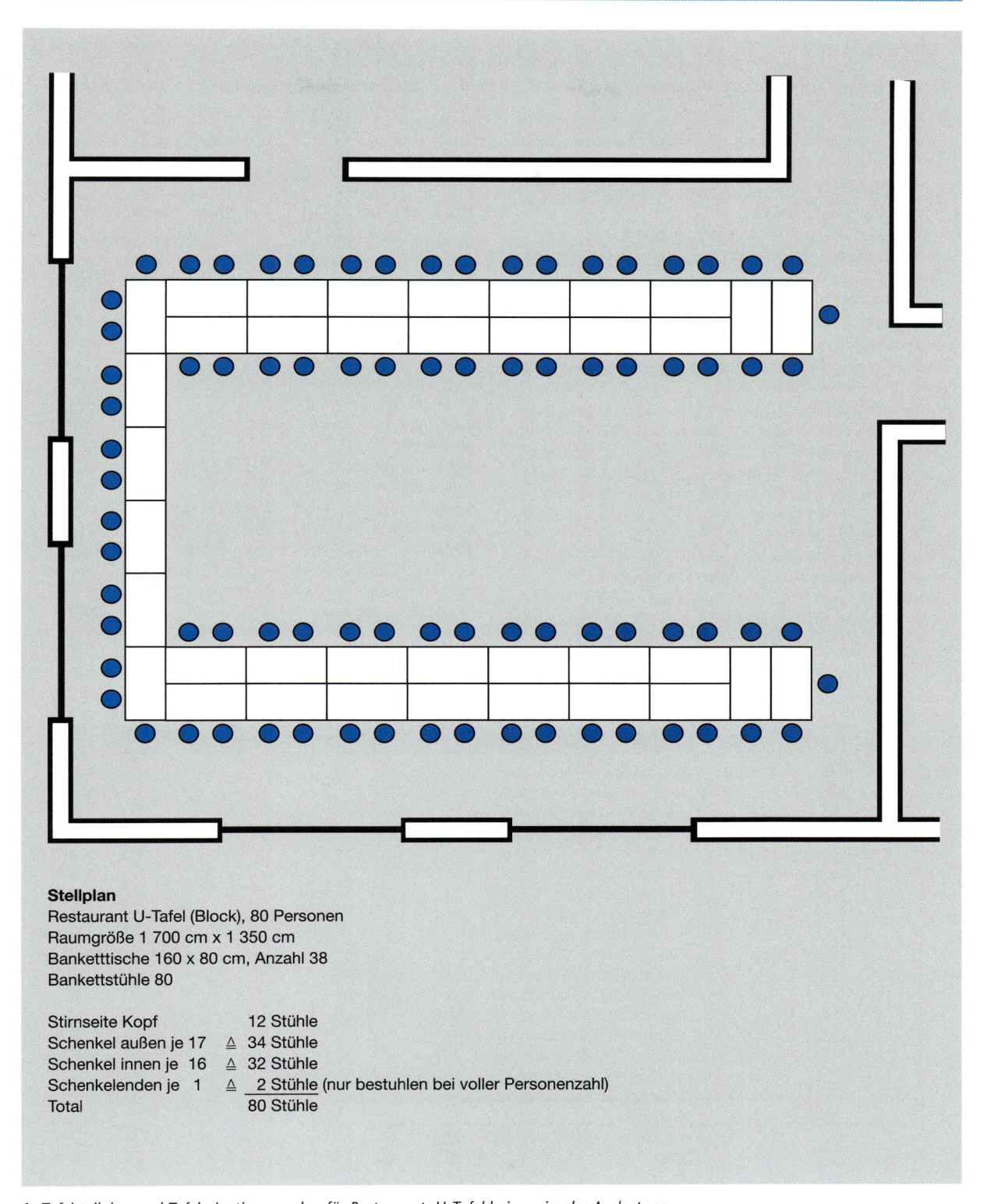

Stellplan
Restaurant U-Tafel (Block), 80 Personen
Raumgröße 1 700 cm x 1 350 cm
Banketttische 160 x 80 cm, Anzahl 38
Bankettstühle 80

Stirnseite Kopf		12 Stühle
Schenkel außen je 17	≙	34 Stühle
Schenkel innen je 16	≙	32 Stühle
Schenkelenden je 1	≙	2 Stühle (nur bestuhlen bei voller Personenzahl)
Total		80 Stühle

1. Tafelstellplan und Tafelorientierungsplan für Restaurant, U-Tafel bei maximaler Auslastung

Informationen von A bis Z

Um Ihnen die Planung Ihrer Veranstaltung zu erleichtern, haben wir für Sie diese Informationen zusammengestellt.

Abfallbeseitigung: Bei Ausstellungen mit Bedarf für einen separaten Abfallcontainer kann dieser durch das Hotel bestellt werden. Berechnung findet nach Gewicht statt.

Anlieferungsrampe: Für Anlieferungen steht eine Rampe neben dem Lastenaufzug zur Verfügung. Abstand zur Straße 12 m, Rampenbreite 7 m, Höhe 1,20 m.

Ausstellungen: Bei Auto- und Maschinenausstellungen muss der Tank entleert und mit Stickstoff gefüllt sein, Batterien abgeklemmt und eine Abdeckung unter der Ölpfanne gewährleistet sein.

Beflaggung: Es stehen fünf Masten zur Verfügung.

Beschilderung: Elektronische Anzeige in der Halle.

Beleuchtung: In Räumen stufenlos und zentral regelbar. Verfolgerspot mit Bedienung möglich.

Busparkplätze: Siehe Lageplan.

Deckenhöhen: Siehe Übersicht Veranstaltungsräume.

Dolmetscheranlagen: Drei Dolmetscherkabinen vorhanden.

Garderobe: Kann speziell für Veranstaltungen besetzt werden. Verrechnung entweder pauschal oder auf Selbstzahlerbasis.

Hostessen: Können über das Bankettbüro oder in eigener Regie engagiert werden.

Klimaanlage: Alle Räume sind voll klimatisiert und werden von unseren Technikern auf Ihren Wunsch eingestellt.

Kongressfahrkarte: Kann bei Kongressen bei der Stadtverwaltung angefordert werden und berechtigt die Kongressteilnehmer, zu einem günstigen Tarif öffentliche Verkehrsmittel zu nutzen.

Kopien: Einzelne Kopien erstellen wir für Sie im Bankettbüro. Bei großem Kopieranfall ist die Anmietung eines Kopierers für Ihr Tagesbüro möglich.

Lastenaufzug: Ein Lastenaufzug, 5,0 m x 3,0 m x 2,5 m, Türbreite 2,30 m, Türhöhe 2,5 m, Tragfähigkeit 4 000 kg, steht zur Verfügung. Es sind alle Etagen erreichbar.

Menükarten: Von unseren Standardkarten werden beim Mittagessen pro Tisch (sechs Personen) zwei Karten aufgelegt, beim Abendessen eine Karte pro Person. Besondere Kartenwünsche sind gegen Aufpreis erhältlich.

Namensschilder: Sie sind durch das Bankettbüro nach Vorbestellung und Berechnung gemäß der jeweiligen Auswahl erhältlich.

Parkplätze: Parkplätze für Teilnehmer sind in der Tiefgarage. Höhe der Garage 2,10 m.

Rufanlage: Wird in den Konferenzräumen nur auf Wunsch angeschlossen.

Sicherheitspersonal: Kann über das Hotel zum jeweils gültigen Tarif besorgt werden.

Stromversorgung: In den Konferenzräumen ist zusätzlich Starkstrom mit 16 A und 32 A angeschlossen.

Techniker: Ein Haustechniker steht auf Anfrage zur Verfügung.

Telefaxe: Für ein separates Telefax ist es notwendig, einen Antrag auf Installation und Gerätevermietung zu stellen.

Zusatzgeräte aller Art

1. Informationsmappe

	Preisliste für technisches Gerät	
Sämtliche audio-visuellen Geräte werden Ihnen von einem speziell für diesen Abschnitt Ihrer Tagung verantwortlichen Techniker bereitgestellt. Dieser steht Ihnen selbstverständlich auch während Ihrer Tagung bei Zusatzwünschen zur Verfügung.	Diaprojektor ohne/mit Leinwand	43,00/64,00 €
	Overheadprojektor ohne/mit Leinwand	43,00/64,00 €
	LCD-Aufsatz – Monochrom für PC-VGA	125,00 €
	LCD-Aufsatz – Monochrom, mit Monitor, für Laptop	250,00 €
	LCD-Aufsatz – Farbe, für PC-VGA	350,00 €
	Flipchart mit Stiften und Papier	20,00 €
	Fotokopien pro Stück	0,50 €
	Fotokopiergerät plus Kopien	125,00 €
	Infrarot-Fernbedienung für Diaprojektor	20,00 €
	Leinwand-Stativ 2 x 2 m/3 x 4 m/2 x 3 m	23,00 €/150,00 €/90,00 €
	Kassettenrekorder mit Mitschnittmöglichkeit u. Bandmaterial	100,00 €
	Kompaktanlage mit Musikkassette, Compact-Disk und Boxen	100,00 €
	Mikrofon (Beschallung für ca. 25–30 Gäste inklusive 1 Mikrofon)	100,00 €
	Jedes weitere kabelgebundene Mikrofon	65,00 €
	Drahtloses Mikrofon plus Beschallung	100,00 €
	(ab 4 Mikrofone wird ein Techniker benötigt) Betreuung durch Techniker pro Stunde, werktags/samstags/sonntags	43,00 €/50,00 €/65,00 €
	Pinnwand	15,00 €
	Video/Monitor, mit Medienwagen VHS (PAL)	120,00 €
	dto. VHS (NTSC & SECAM)	140,00 €
	dto. U-Matic, LOW	170,00 €
	Großbildprojektor mit Videosystem und Leinwand	Preis auf Anfrage
	Laserpointer, Beamer	40,00 €

2. Preisliste für technisches Gerät

3 Menükunde

Bei Menüs handelt es sich um ein fertig zusammengestelltes Angebot von Speisefolgen an den Gast. Je nach Tagesmahlzeit, mittags oder abends, Anlass (Feiertage, Arbeitsessen, Banketts usw.) ist das Angebot vom einfachen dreigängigen Menü für Mittags- und Arbeitsessen bis zu exklusiven, mehrgängigen Menüs vielfältig.

Die klassische Speisefolge: Sie dient als Raster für die Reihenfolge sämtlicher Speisekarten und Speisefolgen. Komplett wird die Vielzahl ihrer Gänge kaum mehr angeboten. Eine Ausnahme in der Einhaltung der Reihenfolge eines Menüs kann der Käsegang in Verbindung mit festgelegten korrespondierenden Getränken bilden. Wenn zur Süßspeise ein korrespondierendes Getränk, etwa Sekt, serviert wird, wird der Käsegang vor der Süßspeise serviert. Als korrespondierendes Getränk zum Käse kann, wenn passend, der Wein des Hauptganges serviert werden. Dadurch wird der Wechsel Wein – Sekt – Wein vermieden.

deutsch	französisch	englisch
• Kalte Vorspeise	• Hors d'œuvre froid	• Cold starter, cold hors d'œuvre
• Suppe	• Potage	• Soup
• Warme Vorspeise	• Hors d'œuvre chaud	• Hot hors d'œuvre
• Fischgericht	• Poisson	• Fish
• Großes Fleischgericht	• Grosse pièce	• Joint
• Warmes Zwischengericht	• Entrée chaude	• Hot entrance
• Kaltes Zwischengericht	• Entrée froide	• Cold entrance
• Gefrorenes Getränk	• Sorbet	• Sorbet
• Braten (Salat, Kompott)	• Rôti (salade, compote)	• Roast (salad, compote)
• Gemüsegericht	• Entremets de légume	• Vegetables
• Warme Süßspeise	• Entremets de douceur chaud	• Hot sweet entremet
• Kalte Süßspeise (Eis)	• Entremets de douceur froid (glace)	• Cold sweet entremet (ice)
• Käsegericht	• Entremets de fromage	• Cheese
• Nachtisch	• Dessert	• Dessert
• Mokka	• Moka	• Mocca

1. Aufbau der klassischen Speisefolge

Mittagsmenüs: Sie bestehen fast immer aus drei, höchstens vier Gängen. Die gut vorbereiteten oder ganz fertiggestellten Gerichte für diese Menüs ersparen vor allem dem eiligen Mittagsgast längere Wartezeiten. Durch die kurze Servicezeit müssen die Speisen nicht lange warm gehalten werden.

Abendmenüs: Sie sind exklusiver und werden zum Teil erst auf Bestellung zubereitet. Der Grund dafür ist, dass Gäste abends oft aus einem besonderen Anlass ein Restaurant aufsuchen und ihnen auch mehr Zeit zur Verfügung steht.

3.1 Regeln zum Erstellen von Menüs

Bei der Zusammenstellung eines Menüs beginnt man mit dem Hauptgang und richtet die anderen Gänge danach aus.

Das für den Hauptgang verwendete Material und seine Geschmacksrichtung bestimmen, von welcher Art Suppe, Vorspeisen, Zwischengerichte und Süßspeisen sein müssen. Die modernen Menükombinationen gehen über fünf bis sechs Gänge kaum hinaus.

Ernährungsphysiologische Grundsätze: Menüs müssen ein ausgewogenes Verhältnis von Eiweiß, Fetten, Kohlenhydraten und Ballaststoffen aufweisen sowie vitamin- und mineralstoffreich zusammengestellt werden.
Auswahl und Zubereitung der Speisen müssen den verringerten Energiebedarf des heutigen Menschen berücksichtigen.

Sättigungswert: Bei mehr als drei Gängen sollten keine gebundenen Suppen gereicht werden. Im Sommer verzichtet man auf das Angebot schwerer Speisen.

Saison und Marktangebot: Moderne Transportmittel haben Länder und Erdteile einander auch kulinarisch näher rücken lassen, sodass man nicht mehr wie früher an die Saison bzw. einheimische Lebensmittel gebunden ist. Moderne Konservierungsmethoden gewährleisten die Verfügbarkeit fast aller Nahrungsmittel über das ganze Jahr. Manche Lebensmittel werden jedoch, bedingt durch Schonzeiten oder klimatische Bedingungen, nur in bestimmten Monaten frisch oder in besonders guter Qualität angeboten. Dies sollte im Angebot der Speisekarte zum Ausdruck kommen.

Wiederholungen: Sie machen ein Menü eintönig und beeinträchtigen dadurch seinen Genusswert. Ausnahmen können jedoch bei speziellen Menüs gemacht werden, die auf einen Rohstoff bzw. Anlass abgestimmt sind. Beispiele dafür sind Jagd-, Spargel-, Fischmenüs, bei denen sich der gleiche Rohstoff, jedoch stets anders zubereitet, im Menü wiederholen kann.

Für alle anderen Menüs gilt es, sie harmonisch, jedoch abwechslungsreich zu gestalten. Besonders auf der Tageskarte, auf der mehrere Menüs mit der gleichen Suppe und Süßspeise angeboten werden, schleichen sich oft Wiederholungsfehler ein.

Folgende Wiederholungen sollten **vermieden** werden:
- **Farbe:** z. B. Tomatensuppe, Hähnchen in Paprikarahm, rote Grütze (3x rot),
- **Rohstoff:** z. B. Geflügelsalat, Hühnerkraftbrühe, Putenbruststeak (3x Geflügel) – Ausnahmen s. oben!,
- **Zubereitungsart:** z. B. Geflügelrahmsuppe, Frikassee vom Kalb, Cremespeise (3x „gekremt"),
- **Garungsart:** z. B. Tintenfischringe in Bierteig, Rinderfilet Wellington, Apfelkrapfen (3x gebacken),
- **Geschmacksrichtung:** z. B. Melone in Portwein, Schinken in Burgunder, Weinschaum (3x Wein).

Steigerungen: Innerhalb eines Menüs muss sich die Qualität der Speisen und Rohstoffe ergänzen und steigern. Wird mit qualitativ hochwertigen Vorspeisen und Suppen begonnen, darf das Angebot zum Hauptgang hin nicht nachlassen.

Ein **negatives Beispiel** wäre:
Vorspeise: Gänseleberpastete
Suppe: Austernrahmsuppe
Hauptgang: Sauerbraten oder Schweinegulasch

3.2 Menügestaltung für bestimmte Anlässe

Menüs werden je nach Anlass, Personenkreis oder Jahreszeit unterschiedlich zusammengestellt.

3.2.1 Menügestaltung für Feiertage

Menüs an Feiertagen wie Ostern, Pfingsten, Weihnachten, Neujahr bringt der Gast mit bestimmten Speisen in Verbindung, die bedingt durch das Saisonangebot auch eine bestimmte Tradition haben. Dieser Erwartung soll man Rechnung tragen.

Beispiele für Material, das für traditionelle Menüs zusammengestellt werden kann, sind:
- **Ostern:** Als Vorspeise Eier von Kiebitz, Wachteln oder Möwen im Kressenest; zum Hauptgang Lammbraten.
- **Pfingsten:** Das Frühjahr mit seinem vielfältigen Angebot erleichtert die Menügestaltung. Als Vorspeisen bieten sich frische Frühlingssalate an, zum Hauptgang Rehbock (ab 15. Mai), junge Frühjahrsgemüse und frischer Spargel. Zum Dessert stehen Erdbeeren und Rhabarber zur Verfügung.
- **Weihnachten** werden von vielen Gästen typische Gerichte von Karpfen, Gans, Truthahn, Wild und Wildgeflügel mit den dazu passenden Gemüsen der Jahreszeit wie Kohl, Maronen und Wintersalaten bevorzugt. Zur Herstellung von Desserts bieten sich besonders wohlschmeckende Früchte der Jahreszeit wie Äpfel, Maronen, Nüsse und Orangen an.
- **Silvestermenüs** zeichnen sich durch sehr viele Delikatessen wie Edelfische, Schalen- und Krustentiere aus. Zum Hauptgang beim Galamenü werden überwiegend die besten Teile (Filet, Rücken) von Schlacht- und Jagdtieren verwendet oder Brustfleisch von Haus- und Wildgeflügel.

1. Zählen Sie die Gänge der klassischen Speisefolge in der richtigen Reihenfolge in Deutsch auf.
2. Wodurch unterscheiden sich im Wesentlichen Menüs für das Mittagessen von den Abendmenüs?
3. Nennen Sie Beispiele für Wiederholungsfehler in Menüs.
4. Ordnen Sie folgende Speisen der jeweiligen Jahreszeit zu: Gänsebraten, Austern, Spargel, Erdbeeren, Spinat und Karpfen.

Frohe Ostern

Gekochte Kiebitzeier im Kressenest
mit pikanter Cocktailsoße und Röstbrot
***
Kraftbrühe von Kaninchen
***
Lammkeule rosa gebraten
mit Rosmarinsoße, Blattspinat
und neuen Kartoffeln
***
Eisschale „Ostergruß"
Waldmeisterparfait mit österlichen Naschereien

Frohe Festtage

Rehkraftbrühe mit Madeira verfeinert
***
Auflauf von Karpfen
Tomatenreis und Blätterteiggebäck
***
Weihnachtsgans knusprig gebraten,
mit glasierten Maronen, Apfelrotkohl
und Kartoffelklößen nach Thüringer Art
***
Geeister Christstollen
mit Orangenschaum,
Weihnachtsgebäck

Prosit Neujahr

Pastete von Jagdfasan
mit Apfel-Selleriesalat, Cumberlandsoße,
warme Brioche
***
Kürbisrahmsuppe
unter der Blätterteighaube
***
Neptuns Spezialitäten
Eine Variation von Auster, Hummer, Lotte und Steinbutt
mit Kräuterschaum
***
Mandelsorbet
***
Medaillons vom Kalbsfilet
mit Gemüselasagne und schwarzen Nudeln
***
Eisbombe „Sankt Silvester"
Baumkuchenscheiben, gefüllt mit Pralineneis,
umlegt mit exotischen Früchten

1. Menübeispiele für Festtage

Menükunde

Herrenessen

Pikanter Rindfleischsalat
mit Landbrot
***
Zwiebelsuppe auf französische Art
***
Hechtfilet gedünstet, in Senfsoße
***
Knusprig gebratenes Spanferkel
mit Kartoffel- und Kopfsalat,
gerädelter Rettich
***
Walnusshalbgefrorenes
mit Orangenfilets

Jagdessen
Der Jäger oft vergeblich harrt,
bequemer ist es à la carte!

Hasenkraftbrühe
mit Madeira verfeinert
***
Zanderfilet im Gemüsebett
mit Krebsschwänzen
***
Geschnetzelte Rehleber
mit frischen Steinpilzen im Kartoffelnest
***
Fasanenbrüstchen in Sahnesoße
mit glasierten Trauben und Maronen,
Champagnerkraut und Spätzleomelett
***
Parfait von Waldbrombeeren
Feingebäck

Spargelessen

Salat von grünen Spargelspitzen
mit Toast und Butter
***
Spargelbouillon mit Eierstich
und Spinatklößchen
***
Schwetzinger Stangenspargel auf badische Art
in Schinkenpfannkuchen gehüllt,
mit Käse überbacken
***
Karamellisierte Spargelspitzen
mit Erdbeeren und Vanilleeis

1. Menübeispiele für verschiedene Anlässe

3.2.2 Menügestaltung für Arbeits- und Festessen
Die Menügestaltung für einen größeren Personenkreis unterscheidet sich in vielen Punkten von der Menügestaltung für die tägliche Menükarte, bei der der Gast außer dem vorgeschlagenen Menü noch viele andere Gerichte zur Wahl hat. Anlässe für die Gestaltung dieser Menüs sind
- Tagungen mit Arbeitsessen,
- Festessen aus persönlichen oder betrieblichen Gründen wie Geburtstage, Hochzeiten, Jubiläen,
- Banketts zum Anlass von Staatsempfängen/Presseball.

Da bei solchen Veranstaltungen von einem größeren Personenkreis die gleichen Speisen verzehrt werden, ist es ratsam, Speisen anzubieten, von denen man annehmen kann, dass sie von der Mehrzahl der Gäste gern gegessen oder zumindest nicht abgelehnt werden.
Gerichte und Rohstoffe, die nicht von allen Gästen gegessen werden, sind u. a. fettes oder blutiges, nicht durchgebratenes Fleisch, frische Austern, Schnecken, Wildhase, Innereien. Die Ablehnung kann auch religiöse, ethische oder gesundheitliche Gründe haben.

Bei der Zusammenstellung eines Menüs für einen großen Personenkreis muss außer auf die Gäste auch auf die betrieblichen Gegebenheiten Rücksicht genommen werden. Gerichte, die küchen- und serviertechnisch oft Schwierigkeiten bereiten, sind u. a. überbackene Suppen, Forelle blau, reichhaltiges Beilagenangebot zum Vorlegen oder Süßspeisen wie Crêpes Suzette, am Tisch bereitet.

Menügestaltung unter einem bestimmten Motto
Werden Menüs unter einem bestimmten Motto wie „Herrenessen", „Kulinarisches Frühlingserwachen", „Buntes Faschingstreiben" angeboten, so müssen die Menüs und die Rohstoffwahl auf das Motto abgestimmt werden.
Werden herzhafte Gerichte gereicht, sollte man im Angebot nicht immer herzhaft mit fett gleichsetzen, was jedoch nicht heißt, dass man auf Schweinshachse oder Gänsebraten verzichten muss. Beliebt sind deftige, herzhafte Gerichte wie gepökelte Ochsenbrust, Gulasch, Schinken in Brotteig, aber auch würzige Fischgerichte.

Menügestaltung, die an einen bestimmten Rohstoff gebunden ist
Wird das Thema des Menüs von einem bestimmten Anlass oder Rohstoff bestimmt, so ist die Regel „keine Wiederholung von Rohstoffen" aufgehoben. *Beispiele*:
Jagdmenüs: Bei Menüvorschlägen für Jagdgesellschaften darf alles, auch wiederholt, angeboten werden, was Land und Wasser dem Jäger und Fischer bieten. Besondere Spezialitäten sind dabei auch der Aufbruch (Herz, Leber). Als Beilagen sollten Zutaten aus Wald und Feld mit in die Menüs aufgenommen werden.
Fischmenüs: Bei Fischmenüs kann die ganze Vielfalt aus Neptuns Reich angeboten werden, auch Schalen- und Krustentiere.

3.2.3 Menüs für bestimmte Zielgruppen

Auf der Tageskarte können gezielt bestimmte Personengruppen angesprochen werden. Kleine Menüs, die ohne großen Aufwand von der bestehenden Karte abgewandelt werden können, genügen oft schon.

Kinder: Durch originelle Kartengestaltung (Sets, Kinderbüfett) oder Fantasienamen, die man Speisen verleiht, kann man den Appetit des kleinen Gastes anregen. Kindergerechte Zubereitung gehört dazu.

Senioren/Autofahrer: Ihnen bietet man leichte Menüs an, vor allem keine blähenden Speisen. Eine Reduzierung der normalen Portionsgröße ist angebracht.

Vegetarier: Menüs für Vegetarier sind im Allgemeinen nur in darauf spezialisierten Restaurants zu bekommen. Gemüse- oder Salatplatte mit Ei sollte jedoch nicht das einzige Gericht sein, welches man diesem Gästekreis auf Anfrage anbietet.

Energiebewusste: Interesse findet auf jeden Fall ein Menü für Gäste, die sehr auf die schlanke Linie achten. Dabei interessiert es sie besonders, wie viele Kalorien sie zu sich nehmen.

Vollwertmenü: Diese Kostform findet viele Anhänger. Ein entsprechendes Menüangebot sollte auf keiner Speisekarte fehlen.

Diabetiker-, Magenschonkostmenüs: Diese Menüangebote sollte man solchen Betrieben überlassen, die sich darauf spezialisiert haben und denen dafür ausgebildetes Personal zur Verfügung steht.

Wissen Sie Bescheid?

1. Welche Rückschlüsse auf das Restaurant kann der Gast aus der Gestaltung (inhaltlich, formal, grafisch) der Speisekarte ziehen?
2. Welche Einflussfaktoren sind beim Erstellen von Speisekarten zu berücksichtigen?
3. Nennen Sie fünf Regeln zur Erstellung von Speisekarten in Bezug auf Schreibweise und Rechtschreibung.
4. Begründen Sie, weshalb Klarheit und Wahrheit des Angebotes zu den wichtigsten Punkten beim Erstellen von Speisekarten zählen.
5. Erstellen Sie zwei dreigängige Menüs aus Spezialitäten Ihres Bundeslandes, die so formuliert sind, dass diese Menüs auch von landesfremden Gästen verstanden werden.
6. Erstellen Sie ein fünfgängiges Menü mit drei korrespondierenden Getränken, Motto „kulinarischer Frühling".
7. Ein Gast bestellt für 100 Personen frische Austern als Vorspeise; was würden Sie ihm raten?

Leichte Kost für Autofahrer

Rinderkraftbrühe mit Gemüsestreifen

***

Geschnetzeltes von der Putenbrust
im Püreenest
mit Kopfsalatherzen

***

Vanilleeis mit Kiwischeiben und Sahne

Vegetarisches Menü

Tofusalat auf schwedische Art
mit Äpfeln, Zwiebeln, Rote Bete, Gurken

***

Auberginenschnitzel gebacken,
auf Tomatenspaghetti

***

Kaiserschmarren mit Zwetschgenkompott

Für Energiebewusste

Klare Champignonsuppe mit Kräutern

***

Rumpsteak (150 g) vom Grill
Kartoffeln mit Kümmel in der Folie gegart,
Bohnensalat

***

Obstsalat von frischen Früchten
2 840 Kilojoule (700 kcal)

Vollwertmenü

Brennnesselsuppe
mit Klößchen von Dinkelkörnern

***

Gedünstetes Zanderfilet
auf Gemüsekeimlingen mit Braunreis

***

Pumpernickelcreme
dazu frische Erdbeeren, mit Honig gesüßt

1. Menübeispiele für Festtage

4 Gerichte für Menüs regionalen deutschen Ursprungs

1. Maultaschen

2. Leberknödelsuppe

Baden-Württemberg
Flädlesuppe: Pfannkuchenstreifen in Fleischbrühe
Brätknödelsuppe: Brätbällchen (Brät = Wurstmasse) in Fleischbrühe
Gaisburger Marsch: Eintopf aus Fleischbrühe mit Spätzle, Kartoffelwürfeln und Rindfleisch, mit Zwiebelschmelze
Zwiebelrostbraten: auf Filderkraut mit Spätzle
Schwetzinger Stangenspargel: mit Kratzede (zerissene Pfannkuchen)
Maultaschen: große Nudelteigtaschen (ca. 6 x 6 cm) mit Hackfleisch-Spinat-Füllung
Saure Kutteln: Streifen von gekochtem Rindermagen in brauner, säuerlicher Soße
Zwiebelkuchen: Zwiebel-, Speckstreifen, Ei-Sahne-Masse auf dünnem Hefeteig; zu neuem Wein
Schwarzwälder Kirschsahnetorte

Bayern (Mittel- und Südbayern)
Leberknödelsuppe: Fleischbrühe mit einem großen Knödel aus Leber und Brötchen
Lüngerl sauer: gekochte, in Streifen geschnittene Kalbslunge in brauner, säuerlicher Soße
Schweins- und Kalbshachsen: mit Kraut, Knödel
Donauwaller (Wels): gekocht mit Kräutersoße
Schwammerl: Pilzragout mit Speck und Zwiebeln, Semmelknödel
Pichelsteiner (Büchelsteiner = Berg bei Regensburg): Gemüsetopf mit Rind- und Schweinefleisch, Kartoffeln, Rindermarkscheiben
Obazter (Baz = Masse): mit Zwiebeln, Butter, Sahne und Kümmel angemachter Camembert oder Frischkäse

Bayern (Nordbayern und Franken)
Nürnberger Gewarch (Durcheinander): Salat von Ochsenmaul, Nürnberger Stadtwurst, gekochte Eier und Zwiebeln
Saure Zipfel: Nürnberger Bratwürste, gekocht in Essigsud mit Lorbeer, Pfeffer und Zwiebeln

Kronfleisch: gekochtes Rinderzwerchfell (wird oft zum zweiten Frühstück gereicht)
Hopfensprossen: gekocht, mit Soße aus Milch, Brötchen und hart gekochten Eiern
Nürnberger Lebkuchen

Berlin – Brandenburg
Kartoffelsuppe mit Bockwurst
Kasseler (Caseler) Rippenspeer: gepökelter, geräucherter Schweinerücken, gebraten
Löffelerbsen mit Speck: Eintopfgericht aus gelben Erbsen
Teltower Rübchwen: weiße kleine Rüben, gedünstet
Gardesterne: runde Brotscheibe mit Tatar, Spiegelei; Garnitur: zwei kreuzweise gelegte Streifen Sardellen
Hackepeter: angemachtes Schweinehack mit Schusterjungen (Kümmelbrötchen)
Berliner Pfannkuchen
Amerikaner
Kalte Ente (kaltes Ende): aus Weißwein, Schaumwein, Zitrone: wurde bei General von Papen als „kaltes Ende" statt Mokka nach der Mahlzeit serviert

Bremen – Niedersachsen
Oldenburger Blutsuppe: Schlachtfestbrühe mit Mehl und Schweineblut gebunden, leicht säuerlich
Braunkohl (Grünkohl) mit Pinkel: Braun- oder Grünkohl mit Bremer Wurstspezialität aus Hafergrütze, Speck und Zwiebeln
Labskaus: Gericht aus Pökelfleisch, Kartoffeln und Zwiebeln, garniert mit roter Bete, Salzhering, Salzgurken und eventuell Spiegelei
Eiserkuchen: Hippengebäck

Hamburg – Schleswig-Holstein
Hamburger Aalsuppe: Suppe aus Gemüse, Schinkenbrühe, Backpflaumen, kleinen Kochbirnen, Schwemmklößchen, etwas frischem Aal

1. Rheinischer Sauerbraten

2. Frankfurter Kranz

Friesische Buttermilchsuppe: aus Speckbrühe, Buttermilch, getrockneten Birnenschnitzen und Rosinen
Hamburger Rundstück: halbiertes Brötchen, belegt mit heißem Schweine- oder Rinderbraten oder einer Frikadelle (Diese Komposition eroberte Amerika als „Hamburger")
Birnen, Bohnen, Speck (Grüner Heinrich): Eintopf aus Speck, grünen Bohnen und säuerlichen Bergamottbirnen
Rote Grütze
Lübecker Marzipan
Apfelsuppe mit Schneeklößchen

Hessen
Frankfurter Würstchen: aus Schweinefleisch, kalt geräuchert
Frankfurter Grüne Soße: aus sieben Kräutern mit gekochten, gehackten Eiern, Mayonnaise und Joghurt hergestellt (zu gekochtem Rindfleisch)
Schwarzer Magister: Auflauf aus Weißbrot und Backpflaumen
Frankfurter Kranz
Frankfurter Pudding: aus Semmelmehl, Mandeln, Butter, Eiern, Zucker

Thüringen und Sachsen
Rotwickel: Rotkohlrouladen mit einer Füllung aus Wildhackfleisch und Pilzen
Leipziger Allerlei: junges Frühjahrsgemüse, leicht in Soße gebunden, Morcheln, Krebsbutter
Köthener Krautklump: Eintopfgericht aus Schweinefleisch, Weißkohl, Kochbirnen und Gemüse mit Einlage von Kartoffelklößen
Soleier: gekochte Eier (mit angeknackter Schale) in Sole (Lake) aus Salz, Wasser, Gewürzen
Sächsische Quarkkeulchen: Masse aus Kartoffeln, Mehl, Zucker, Quark, Backpulver, Zimt, Milch, in schwimmendem Fett ausgebacken und heiß mit Zimtzucker serviert

Mecklenburg-Vorpommern
Pommersche Bohnensuppe: aus weißen Bohnen und Gänseleber
Herzschlagsuppe: aus Kalbsherz, Lunge, Gerste, Zwiebeln, Perlgraupen, Kartoffeln
Rindfleisch mit Backpflaumen: gekochtes Rindfleisch mit Zwiebelsoße und Backpflaumen
Gänseschwarzsauer: gekochtes Gänseklein mit in Blut und Mehl gebundener Soße; als Einlage kleine Kartoffelklöße und Backpflaumen
Geräucherte Flunder: auf Kümmelweißkraut

Rheinpfalz und Saarland
Pfälzer Weinsuppe
Gefüllter Saumagen: mit Hackfleisch und Kartoffeln gefüllt, gekocht oder gebraten
Kastanien (Keschte): geröstet zu Wein oder in Form von Püree als Beilage
Gfillte: Kartoffelknödel, mit Hackmasse oder Blut-, Leberwurst gefüllt

Rheinland und Westfalen
Rheinischer Sauerbraten in mit Pfefferkuchen angedickter Soße mit Rosinen
Pannhas (Knabbeldanz): Schlachtbrühe mit Blut- und Leberwurstmasse, mit Buchweizenmehl angedickt, erkaltet in Scheiben geschnitten und gebraten
Himmel und Erde: Brei aus Kartoffeln (Erde) und Äpfeln (Himmel) mit gebratener Blutwurst
Westfälischer Pfefferpotthast: Rindfleischwürfel und Zwiebeln geschmort, Soße mit geriebenem Weißbrot gebunden
Westfälisches Blindhuhn: Eintopf aus grünen und weißen Bohnen, Karotten, Kartoffeln, Äpfeln und Speck
Halver Hahn: Halbes Roggenbrötchen mit Holländer oder Limburger Käse und Senf

5 Verkaufsgespräche und -techniken

5.1 Absprache einer Sonderveranstaltung – Fallbeispiel

Sonderveranstaltungen werden je nach Art des Betriebes von der Bankettabteilung, dem Geschäftsführer/Inhaber/Besitzer, dem Restaurant- oder Küchenleiter mit dem Veranstalter abgesprochen.

Fallbeispiel: Annahme einer Familienfeier
Das Ehepaar Kuban/Wöhrle möchte am Mittwoch, dem 13.07. .., ab ca. 19 Uhr in einem netten Rahmen mit 60 Personen seine Hochzeit feiern. Durch telefonische Anfrage erkundigt es sich, ob dies möglich ist.

5.2 Ablauf einer telefonischen Anfrage

Um zu klären, ob die Veranstaltung angenommen werden kann, werden der Raumbelegungsplan (→ 503) und der Plan über Tafelformen und Kapazität der Räume (→ 505) benötigt. Aus den beiden Plänen ist ersichtlich, dass zu dem gewünschten Termin das Restaurant zur Verfügung steht. An Tafelformen bieten sich die U-Form oder die aufgelockerte Tafelform mit runden Tischen an. Ist der Gast mit dem Vorschlag einverstanden, ist Folgendes zu notieren und/oder zu vereinbaren:
- Name, Anschrift, Telefonnummer des Veranstalters
- Termin zur Absprache der Veranstaltung
- Zusendung von Unterlagen zur Vorabinformation
- Zeitliche Abstimmung der Reservierungsoption und Eintragung der Veranstaltung im Raumbelegungsplan
- Angabe des eigenen Namens und der Telefondurchwahlnummer und Faxnummer für Rückfragen

Geschäftsbedingungen für Veranstaltungen (Auszug)

Kann eine Veranstaltung nicht durchgeführt werden, ohne dass das Hotel dies zu verantworten hat, so behält sich das Hotel den Anspruch auf Zahlung der Miete und einer Entschädigung vor.

Zeitraum Abbestellung – Veranstaltung	Anspruch des Hotels
22 und mehr Tage	Berechnung der Miete* entfällt, vorausgesetzt, das Hotel kann anderweitig vermieten.
21 bis 15 Tage	Berechnung der Miete
14 bis 8 Tage	Berechnung der Miete zuzüglich Ersatz von 33 % des entgangenen Umsatzes (Speisen); falls dieser noch nicht konkret festliegt, gilt Mindest-Menüpreis-Bankett x Personenzahl.
1 bis 0 Tage	Berechnung der Miete zuzüglich Ersatz von 66 % des entgangenen Umsatzes (Speisen); falls dieser noch nicht konkret festliegt, gilt Mindest-Menüpreis-Bankett x Personenzahl.

* Die Höhe der Miete ergibt sich aus der Auftragsbestätigung.

Optimale Durchführung der verkauften Veranstaltung	Verringerung des Risikos	Erhaltung des Veranstalters als Gast für die Zukunft
• Bei vorläufigen Buchungen sollte ein Termin für die endgültige Zu- oder Absage festgesetzt werden. • Wenn möglich, sollte eine Garantie über die Mindestabnahme (Menüzahl, Getränkeumsatz) vereinbart werden. • Bei mehreren Veranstaltungen am gleichen Tag sollte versucht werden, das gleiche oder ein ähnliches Menü zu verkaufen. • An Feiertagen (z. B. Weihnachten, Ostern) sollten vorrangig auf die Festmenüs abgestimmte Menüs angeboten werden.		• Auf besondere Wünsche wird, wenn möglich, eingegangen. • Die Adresse des Veranstalters und sonstige Unterlagen dienen bei Werbemaßnahmen und künftigen Verkaufsgesprächen als Grundlage. • Ein großer Teil von Veranstaltungen wird jährlich wiederholt. Deshalb sind Akten mit Verbesserungsvorschlägen aufzuheben. • Bei der Preisgestaltung ist nicht allein nach der Warenansatzkalkulation, sondern auch nach einer detaillierten Berechnung zu kalkulieren. Dabei ist die optimale Nutzung der Küchenkapazität, von Räumen und Zimmern angemessen zu berücksichtigen. • Nach jeder Veranstaltung sollte sich der Bankettleiter schriftlich beim Veranstalter bedanken.
• Alle Verkaufsgespräche werden vom Verkaufsleiter koordiniert und geplant. • Der Küchenchef wird bei der Menübesprechung hinzugezogen. • Ein Probeessen wird durchgeführt. • Sämtliche Veranstaltungen der kommenden Woche werden mit den zuständigen Abteilungsleitern durchgesprochen. • Alle betroffenen Abteilungen bekommen rechtzeitig und gleichzeitig detaillierte, schriftliche Informationen.	• Ein schriftlicher Vertrag dient als Grundlage des Geschäftes und wird bei Rechnungserstellung benötigt (besonders bei Großveranstaltungen). • In Lager und Keller vorrätige Artikel sollten bevorzugt angeboten werden. • Bei Konferenzen und Tagungen sollten auch Zimmer verkauft werden.	

1. Verkauf von Sonderveranstaltungen

> **Mögliche Redewendungen im Verkaufsgespräch**
>
> **In der Begrüßungsphase:**
> „Guten Morgen/Tag/Abend, Herr/Frau …, mein Name ist …, ich bin zuständig für die Absprache von Sonderveranstaltungen und Ihr Ansprechpartner."
> „Nett, dass Sie sich Zeit genommen haben."
> „Haben Sie uns gut gefunden?"
>
> **In der Vertrauensphase:**
> „Darf ich Ihnen die vorgesehenen Veranstaltungsräume zeigen, damit Sie sich ein besseres Bild machen können?"
> „Was darf ich Ihnen zu trinken anbieten? Ein Erfrischungsgetränk, Kaffee, Tee oder etwas Alkoholisches?"
>
> **In der Verkaufsphase:**
> „Haben Sie sich unsere Vorschläge angesehen und vielleicht schon etwas Passendes gefunden?"
> „Sind Sie an ein bestimmtes Budget gebunden?" (ausschließlich bei Mitarbeitern einer Firma)
> „Um ganz sicherzugehen, ziehe ich unsere Fachleute aus den Abteilungen … zurate."

> **Zu vermeiden sind im Verkaufsgespräch:**
>
> - Räumlichkeiten ohne angenehme Atmosphäre oder in denen Störungen durch Gäste/Mitarbeiter möglich sind.
> - Während des Verkaufsgespräches durch Aufstützen der Arme, den Tisch in Beschlag nehmen.
> - Mund/Gesicht während des Verkaufsgespräches am Tisch mit den Händen abzudecken.
> - Dem Gast ins Wort zu fallen/zu unterbrechen.
> - Für den Gast unverständliche Fachsprache verwenden, z. B. „Ich empfehle Ihnen lardierte Tournedos mit Pommes château und braisiertem Gemüse."
> - Den Gast zu überreden, anstatt ihn zu überzeugen.
> - Klatsch, wie negative Äußerungen über Konkurrenzunternehmen oder Gäste.
> - Themen wie Politik, Religionen, andere Rassen usw.

5.3 Ablauf eines Verkaufsgesprächs für Sonderveranstaltungen

Verkaufsgespräche über Sonderveranstaltungen finden in der Gastronomie in den meisten Fällen mündlich in den gastronomischen Betrieben, seltener telefonisch oder beim Kunden statt. Da der Verkauf einer Veranstaltung von einem erfolgreichen Verkaufsgespräch abhängig ist, kommt diesem besondere Bedeutung zu. Grundlage für den Bankettverkäufer ist die Beherrschung des gesamten Repertoires des Bankettgeschäftes sowie sein Wissen über die verschiedenen Möglichkeiten des Küchenangebotes, des Service und der Räumlichkeiten. Auch der Verkäufer selbst fördert durch gepflegtes Äußeres und gute Umgangsformen den Verkauf. Mit anderen Worten: Die drei Säulen des Verkaufs sind Sympathie, Fachwissen und Überzeugungskraft.

Ein Verkaufsgespräch kann in vier Phasen unterteilt werden:

- Kennenlernphase
- Vertrauensphase
- Verkaufsphase
- Abschlussphase

5.3.1 Kennenlernphase

Sie beginnt mit dem Augenblick, in dem Gast und Verkäufer zusammentreffen. Dies geschieht meist in der Hotelhalle oder an der Rezeption. Schon in diesem Moment werden die Beteiligten ihren Ersteindruck mit Sympathie oder Antipathie bezüglich der anderen Person bewerten.
Folgende Vorgangsweise ist angebracht:

- Dem Gast mit einem positiven Ausdruck („Hallo-Effekt") begegnen und ihn mit Handschlag, Tagesgruß und Name (Titel – wenn bekannt) begrüßen.
- Sich selbst vorstellen, seinen Aufgabenbereich nennen.
- Einige unverbindliche freundliche Worte wechseln.

5.3.2 Vertrauensphase

Der Übergang zwischen Kennenlern- und Vertrauensphase ist fließend. In dieser Phase ist es wichtig, dem Gast zu signalisieren, dass er sich bezüglich seiner Veranstaltungswünsche verstanden fühlen kann und den für ihn richtigen Betrieb gewählt hat. Zu diesem Zeitpunkt sollte man dem Gast, wenn möglich,

- die für ihn vorgesehenen Veranstaltungsräume zeigen,
- mit ihm eine Räumlichkeit mit Atmosphäre, in der man ungestört ist, für das Verkaufsgespräch aufsuchen,
- den Gast richtig platzieren (mindestens gleichwertige Sitzgelegenheiten, gute Lichtverhältnisse für den Gast),
- dem Gast ein Getränk bzw. einen Imbiss anbieten. Selbstverständlich haben für den Gast sämtliche Verkaufsunterlagen, auch wenn sie ihm vorher zugesandt wurden, bereitzuliegen.

5.3.3 Verkaufsphase

Nachdem in den vorangegangenen Phasen der zwischenmenschliche Kontakt hergestellt wurde, wird nun in der Verkaufsphase das vom Betrieb empfohlene bzw. vom Gast gewünschte Produkt in allen Einzelheiten besprochen. Dazu gibt es je nach Angebot und Wünschen verschiedene Vorgehensweisen:

- Durch offene Fragestellung den Gast dazu veranlassen, seine Wünsche zu äußern, und versuchen, diese mit den betrieblichen Gegebenheiten zu vereinbaren.
- Flexibilität demonstrieren! Ausgefallene Gästewünsche als realisierbar in Aussicht stellen. Bei für das Haus nicht realisierbaren Wünschen Flexibilität zeigen und sich um entsprechende Lösungen/Alternativen bemühen.
- Bei speziellen Fragen, die man nicht mit Sicherheit selber beantworten kann, Spezialisten hinzuziehen, z. B. Küchenchef, Techniker, Sommelier usw.

Während der Verkaufsphase kann eine Weinprobe durchgeführt sowie bei Großveranstaltungen ein Probeessen angeboten werden.

5.3.4 Abschlussphase

Wenn alle vorausgegangenen Gesprächsphasen erfolgreich bewältigt worden sind, wird sich zu diesem Zeitpunkt zeigen, ob ein potenzieller Gast gewonnen wurde. Ist der Gast zur Bestellung bereit, so wird zur Vertragserfüllung als Vertragsgrundlage mit ein ausgefülltes Vertragsformular allen Einzelheiten der Veranstaltung (→ 518) von Gast und Verkäufer abgezeichnet und dem Gast mitgegeben oder ihm nachgesandt. Anschließend wird der Gast verabschiedet und hinausbegleitet.

Bei den abschließenden nachfolgenden Arbeiten handelt es sich um Abschlussarbeiten, die externe und interne Maßnahmen beinhalten.

- **Externe Maßnahmen:** Darunter versteht man z. B. Beantragung der Sperrzeitverkürzung, GEMA-Anmeldung sowie Buchen von Künstlern, zusätzlichem Personal usw.
- **Interne Maßnahmen:** Dazu zählt der interne Informationsfluss für Veranstaltungen in Form eines Veranstaltungsauftrages (Laufzettel, circular, Funktion-Sheet, Avis), der an alle betroffenen Abteilungen weitergeleitet werden muss.

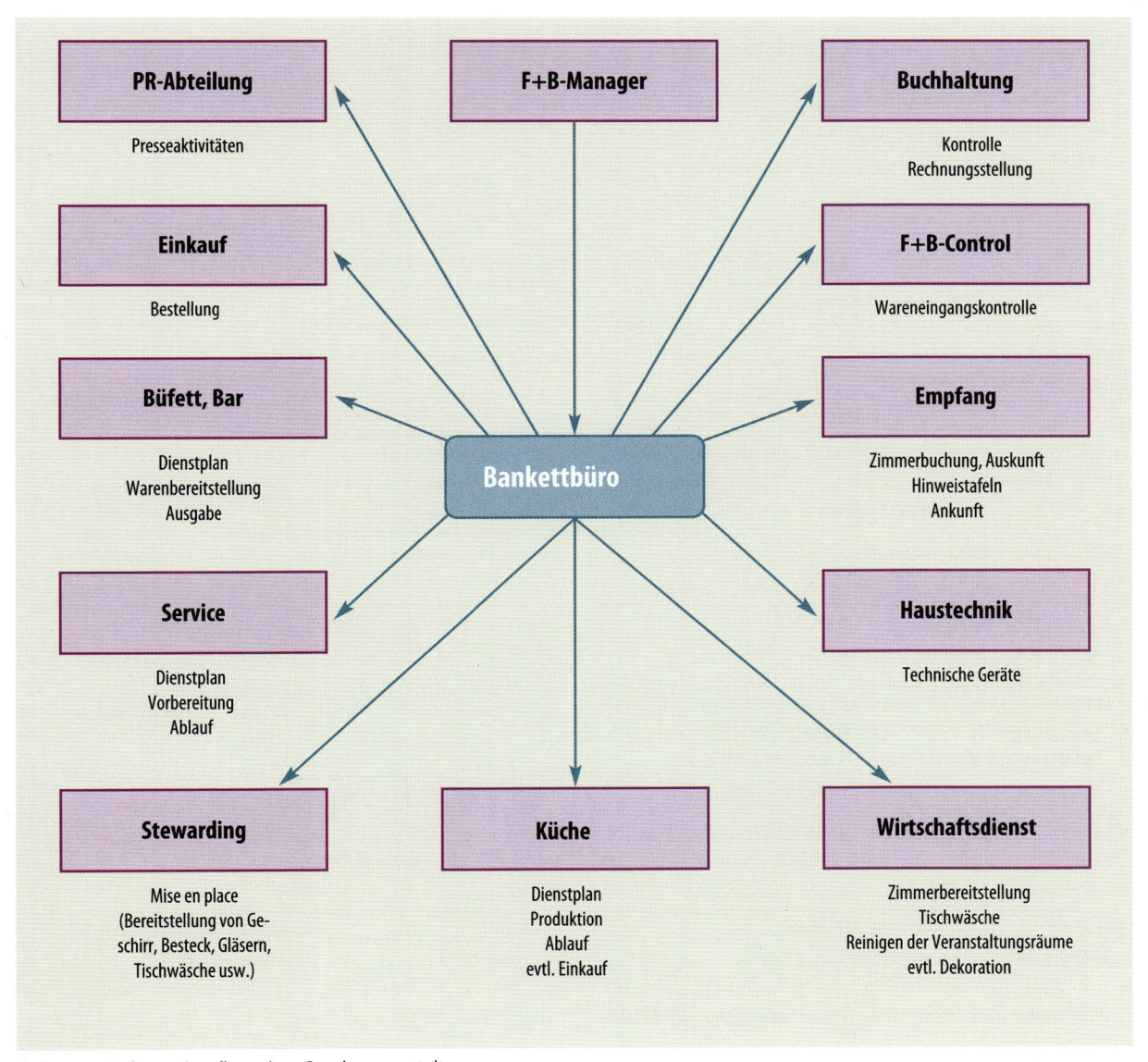

PR-Abteilung
Presseaktivitäten

F+B-Manager

Buchhaltung
Kontrolle
Rechnungsstellung

Einkauf
Bestellung

F+B-Control
Wareneingangskontrolle

Büfett, Bar
Dienstplan
Warenbereitstellung
Ausgabe

Bankettbüro

Empfang
Zimmerbuchung, Auskunft
Hinweistafeln
Ankunft

Service
Dienstplan
Vorbereitung
Ablauf

Haustechnik
Technische Geräte

Stewarding
Mise en place
(Bereitstellung von Geschirr, Besteck, Gläsern, Tischwäsche usw.)

Küche
Dienstplan
Produktion
Ablauf
evtl. Einkauf

Wirtschaftsdienst
Zimmerbereitstellung
Tischwäsche
Reinigen der Veranstaltungsräume
evtl. Dekoration

1. Interner Informationsfluss einer Sonderveranstaltung

Hotel Bayerisches Haus

Tel: 09876 – 54321   Fax: 09876 – 54123

☒ **Auftrag**
☐ Anfrage/Angebot
☐ Option bis

Veranstaltungs-

Lfd. Nr. 140.1

Nr. 5

Hinweistafel Empfang: Restaurant Hochzeit Fam. Kuban/Wöhrle	Tag und Datum der Veranstaltung: Mittwoch 13.07.20..
Veranstalter: Fam. Kuban	Rechnung an: Herrn Robert Kuban
Bestellt durch: Frau Maria Kuban	70190 Stuttgart Rudolfstr. 25
75365 Calw Tel.: 07654/32109	Raummiete: —
Otto-Löhner-Str. 17 Fax.: 07654/32101	angen. am: 04.-15. durch: Fü Tel. ☐ Korr. ☐ Pers. ☒

Uhrzeit:	Personen:	Art der Veranstaltung:	Raum	Tischform	Tischwäsche
19.00	52 E 8 K	Hochzeit	Restaurant	☐	weiß

GETRÄNKE: Tagungsgetränke: ja / **nein**

zum Empfang:
- alkoholfrei Florida Lady
- Sherry fino
- Hausmarke auf Wunsch mit Cassis/O.-Saft

VERANSTALTUNGSABLAUF / SPEISEFOLGE
✻ Toast   ☐ Tischrede
Zeit:
Beginn: 19.00
Essen: 20.00
Ende: open end

zum Essen:

			Servier-methode:
		✻ 2 Minuten	
Nr. 4	2008 Neuweierer Mauerberg Riesling Kabinett trocken Bereich Ortenau Baden 0,7/16,00 EUR	Garnelencocktail mit Toast und Butter	amerikanisch
		Kraftbrühe von Wiesenchampignons	amerikanisch
		■ ca. 15 Minuten	
Nr. 28	2007 Sasbachwaldener „Alde Gott" Spätburgunder Weißherbst Spätlese trocken Bereich Ortenau 0,7/18,00 EUR	Kalbrückensteak in Trüffelbutter mit Safranreis, Mandelbällchen und Sommersalaten in der Knusperschüssel	Vorlegeservice (französisch)
	Sekt Hausmarke 0,75/18,00 EUR	Eisbombe „Loreen" Haselnusseisbombe mit frischen Erdbeeren, Sahne und Feingebäck	Service-aufmarsch tranchieren (englisch)

nach dem Essen: abfragen
Mokka – Kaffee
Williams – Kirsch – Remy – Calvados

EUR 46.00

Garderobe pauschal: Haus selbst: —	Bemerkungen: Bar > Selbstzahler/Kinder: alkoholfreie Getränke nach Wahl/1 x Vegetarier (streng)/Geschenktisch: Vasen
Menükarten: Druck auf Seide 12.00 per Stück	Hotelzimmer:
Blumen: 1 großes ovales Gesteck am Kopf 80.00 weiß 6 kleinere ovale Gestecke je 3 längs à 65.00 grün	8 Einzelzimmer mit Dusche/WC Bad vom 13.07. bis 14.07. EUR 180.00 6 Doppelzimmer mit Dusche/WC — vom 13.07. bis 14.07. EUR 280.00
Tabakwaren: Selbstzahler Kerzen: weiß 8 x 3	Frühstücksbüfett EUR 28.00 pro Person/Tag
Overheadprojektor: — Diaprojektor: —	
Leinwand: — Flipchart: —	Mikro: — Rednerpult: —
Musik: 3 Personen GEMA Haus	Fotograf: Durch Veranstalter
Verpflegung Musik: Menü Hochzeit ohne Vorspeise 23.30 Uhr	Bestätigung: JA/NEIN
Datum ..-15-04. Veranstalter Unterschrift M. Kuban	Direktion: Unterschrift Veranstaltungsleiter Unterschrift

1. Veranstaltungsauftrag (Laufzettel/circular/function sheet/avis)

6 Vorbereitungsarbeiten

6.1 CHECKLISTE für die Bereitstellung bei Sonderveranstaltungen

Datum der Veranstaltung:
Datum/Uhrzeit:
Raum:

- Stühle
- Sessel

TISCHE
mit Tischdeckenunterlagen
- 80 cm x 80 cm
- 160 cm x 80 cm
- 160 cm x 40 cm
- Ø 160 cm

TISCH- UND TAFELTÜCHER
- 130 cm x 130 cm
  Farbe:
- 210 cm x 130 cm
  Farbe:
- 530 cm x 130 cm
  Farbe:
- 370 cm x 210 cm
  Farbe:
- Ø 210 cm
  Farbe:
- Tischläufer
  Farbe:
- Deckservietten
  Farbe:

SERVIETTEN
- Mundservietten
  Farbe:
- Handservietten
  Farbe:

SONSTIGES
- Salz
- Pfeffer
- Essig
- Öl
- Senf
- Brotkörbe
- Kerzenhalter, 1er, 2er, 3er
- Kerzen
  Farbe:
- Ascher
- Tabletts
- Weinuntersetzer
- Belegdeckchen/Manschetten
- Tranchierbrett/-besteck
- Reéchaudbatterie
- Aperitifwagen
- Vorspeisen-/Kuchenwagen
- Flambierwagen
- (Stand-)Kühler
- Menükarten
- Tischkarten

BESTECK
- Tafelmesser
- Tafelgabeln
- Tafellöffel
- Mittelmesser
- Mittelgabeln
- Mittellöffel
- Fischmesser
- Fischgabeln
- Gourmetlöffel
- Buttermesser
- Kuchengabeln
- Kaffeelöffel
- Mokkalöffel

- Vorleger
- Soßenkellen
- Gemüselöffel
- Spezialbestecke
  Art:
  Art:

GESCHIRR
- Platzteller
- Teller Ø 28 cm
- Teller Ø 26 cm
- Teller Ø 19 cm
- Teller Ø 15 cm
- Suppenteller
- Cocktailschalen
- Suppentassen 0,25 l
- Suppentassen 0,1 l
- Kaffeetassen/-untertassen
- Mokkatassen/-untertassen

GLÄSER
- Weißweingläser
- Roséweingläser
- Rotweingläser
- Rotweingläser, Burgund
- Rotweingläser, Bordeaux
- Sektgläser, Kelch
- Sektgläser, Flöte
- Sektgläser, Champagner
- Sektgläser, Schale
- Likörweingläser
- Wassergläser, Stiel
- Wassergläser, Becher
- Tumbler, klein
- Tumbler, groß
- Snifter

1. Checkliste für die Bereitstellung bei Sonderveranstaltungen

1. Stellen der Festtafeln

2. Festliche Tischdekoration

6.2 Eindecken von Festtafeln

Tafel stellen: Die Tafel wird durch Tische oder auch im Verbund mit Tisch-Steckplatten in der gewünschten Größe gestellt (Platz pro Gast ca. 65 bis 80 cm). Falls die Tische und Platten nicht mit Tischdeckenunterlagen überzogen sind, kann dies mit speziell für große Tafeln zurechtgeschnittenen Tischdeckenunterlagen erfolgen.
Tischwäsche: Die Tafel wird mit Tafeltüchern versehen (→ 127).
Stühle: Die Stühle werden angestellt und genau ausgerichtet.
Platz fixieren: Der Platz vor dem Stuhl wird auf dem Tisch durch einen Platzteller oder eine Mundserviette fixiert.
Stühle abdrehen: Die Stühle werden um 90° abgedreht, damit beim Eindecken ungehindert um die Tafel herumgegangen werden kann.
Eindecken von Geschirr, Besteck und Gläsern: Die im Service für die Leitung zuständige Person erstellt ein Mustergedeck. Das Eindecken der Tafel erfolgt nach den auf den Seiten 129 ff. beschriebenen Arbeitsgängen.
Menagen: Als Menagen werden auf Festtafeln zunächst nur Salzstreuer eingesetzt. Zu den einzelnen Gängen zusätzlich gehörende Menagen werden angeboten, wenn diese Gänge serviert werden.
Aschenbecher: Sie werden nicht eingedeckt. Beginnt ein Gast vor Beendigung des Essens zu rauchen, werden kleine Gedeckaschenbecher eingesetzt und nach Benutzung sofort wieder entfernt.
Menükarten: werden aufgelegt, Tischkärtchen mit Namen an den entsprechenden Platz gestellt.

3. Verlängerung von Tafeln durch Steckplatten

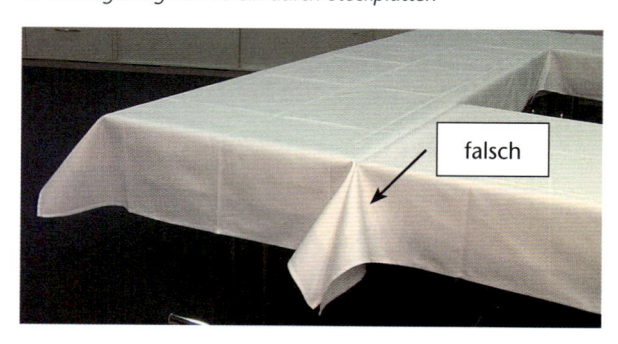

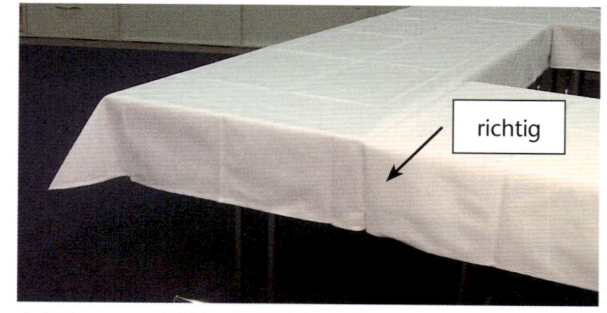

4. Bei quer anschließenden Tafeln, z. B. unten, werden die Tischtuchzipfel nach innen geschlagen

1. Dekoration für Ostern

2. Dekoration für Silvester

6.3 Dekorieren von Festtafeln

Auf das Wohlbefinden der Gäste hat die geschmack- und fantasievoll dekorierte Festtafel einen entscheidenden Einfluss. Durch die Harmonie von Funktion (Porzellan, Geschirr, Gläser, Besteck) und Ästhetik (Blumen, Kerzen, Bänder und andere Dekors) lassen sich Tischinszenierungen schaffen, die für die Gäste ein optisches Erlebnis sind.

Grundregeln
- Die Dekoration muss dem Anlass entsprechen.
- Die Tafel sollte mit Dekoration nicht überladen werden.
- Die Dekoration darf in der Höhe nicht den Blick über die Tafel zu anderen Personen hin versperren.
- Bei der Anordnung der Dekoration ist es ratsam, von der Mitte der Tafel auszugehen, um sie dann nach den Seiten hin auszurichten.

Dekorationsgegenstände

Tischläufer sind vor allem für längliche Festtafeln gut geeignet, deren Tischbreite jedoch mindestens 1,20 m betragen sollte. Sie werden längs, in der Mitte der Tafel, glatt oder leicht gerafft in einer Breite von ca. 30 bis 40 cm aufgelegt. Mit den Läufern wird die Eintönigkeit der Tafeltücher unterbrochen. Auf den Tischläufern wird die Dekoration angeordnet.

Tischbänder (Zierbänder) können glatt, gedreht oder als Schleifen oberhalb oder zwischen den Gedecken aufgelegt sowie an Gestecken, Kerzenhaltern und bis zum Fußboden reichenden Tischdecken befestigt werden.

Kerzen werden in Kandelabern (Ständer für mehrere Kerzen) eingesetzt. Zuvor werden sie kurz angezündet, wobei man sie kopfüber hält. Dadurch vermeidet man Dochttropfer, die sonst an der Kerze entlanglaufen; außerdem lassen sie sich bei Bedarf schneller anzünden. Die Kerzen bekommen einen guten Halt in den Kandelabern, wenn man das Fußende zuvor in heißes Wasser stellt oder sie mittels kleiner Plättchen aus Knetmasse befestigt.

Spiegel können für sich oder als Unterlage für sonstige Dekorationsgegenstände verwendet werden.

Tischkärtchen (Platzkärtchen) in originellen Aufmachungen tragen mit zur Dekoration bei, erleichtern es dem Gast, seinen Platz zu finden, und geben dem Servierpersonal die Möglichkeit, den Gast mit seinem Namen anzusprechen.

Figuren, Schalen, Glaskugeln und andere zum Anlass passende Gegenstände werden zwischen Kerzen und Gestecken platziert.

Blumengestecke: Blumengestecke sind die festlichste Form der Blumendekoration. Man unterscheidet runde Gestecke für quadratische oder runde Tische, längliche Gesteckformen für rechteckige oder ovale Tafeln.

Sonstige Dekorationen, die man je nach Anlass verwendet, setzen der Fantasie keine Grenzen, z. B.:
- Laub, Zweige, Gräser, Moos, Wurzeln
- frische Früchte, Obst, Gemüse, Getreide
- Fischernetze, präparierte Schalen-/Krustentiere
- Wimpel, Musikinstrumente, Luftballons usw.

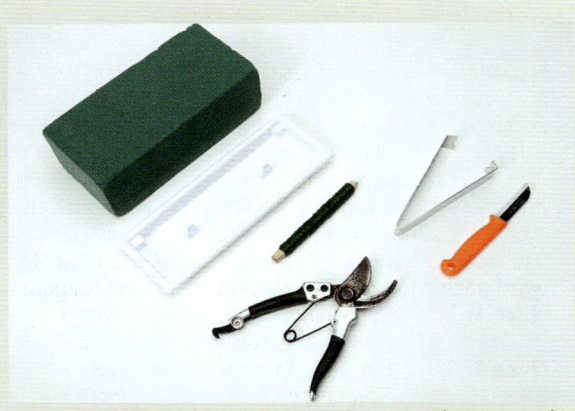

Mise en place der Arbeitsgeräte: Steckmasse oder Steckigel, Schale, Entdorner, Blumenschere, -messer und -draht

Bereitstellung: flache Schale mit eingepasster Steckmasse
Blumen: gelbe Calla, weiße Rosen, orange Gerbera, rotes Viburnum.
Beiwerk: Bergonie, Frauenmantel, Pistazien

Steckmasse etwa 15 Minuten wässern evtl. in Folie wickeln, in Schale einsetzen, Calla als Richtblumen einstecken. Diese Gesteck soll eine längliche Dreiecksform erhalten.

Blumen: Gerbera mit Blumendraht verstärken und auf etwa ein Drittel bis die Hälfte der Höhe der mittleren Calla aufbauen, Rosen dazustecken.

Gesteck mit rotem Viburnum und Schneebeere ergänzen.

Mit Beiwerk Bergonie, Frauenmantel, Efeu und Pistazie auffüllen.

1. Arrangieren eines Blumengesteckes für eine festliche Tafel

7 Ablauforganisation und Teamarbeit

Empfang der Gäste: Das zuständige Personal empfängt die Gäste, nimmt ihnen die Garderobe ab und führt sie zu dem für den Empfang vorgesehenen Ort.
Für Geschenke, Post und Blumen muss ein Extratisch bereitstehen. Leere Blumenvasen sowie ein Abfallbehälter für Geschenkpapier müssen bereitgehalten werden. Bei einem Brautstrauß muss immer gefragt werden, ob er in Wasser gestellt werden soll oder ob er zum Trocknen vorgesehen ist.

Anbieten des Aperitifs: Den Aperitif nehmen die Gäste beim Empfang meist im Stehen ein. Trotzdem werden einige Tische und Stühle bereitgestellt. Cocktailbeilagen und Aschenbecher stehen im Raum auf den Tischen verteilt. Aperitifs können auf unterschiedliche Weise serviert werden:
- Eine Auswahl wird in Gläser eingeschenkt und auf Tabletts gesetzt. Das Servierpersonal geht damit zu den einzelnen Gästegruppen und bietet an.
- Ein fahrbarer Servierwagen wird mit Gläsern, Flaschen und Zutaten bestückt; das Servierpersonal arbeitet „im Gespann": Einer erfragt den Wunsch des Gastes, der andere schenkt ein.
- Die Aperitifs werden an der Hausbar oder an einer kleinen improvisierten Bar ausgeschenkt. Die Getränke werden auf Bestellung zubereitet bzw. eingeschenkt.
- Die Gäste bedienen sich an einer kleinen improvisierten Bar selbst. Dies ist jedoch nur bei einem kleinen Personenkreis möglich.

Tafelorientierungsplan: Dieser wird anhand des Sitzplanes erstellt, der vom Veranstalter vorgegeben ist. Es gibt zwei Möglichkeiten, einen Tafelorientierungsplan zu erstellen:
- Die Namen der Gäste werden in den Plan eingetragen.
- Die Sitzplätze werden im Plan mit Nummern versehen. In einer Anlage werden die Gästenamen alphabetisch geordnet eingetragen und mit der entsprechenden Nummer versehen. Bei einer aufgelockerten Tischform wird noch zusätzlich die Tischnummer eingetragen:

Tisch 1:	Herr Arendt, Karl	Platz 3
	Frau Arendt, Luise	Platz 4
Tisch 2:	Herr Bell, Anton K.	Platz 7
	Frau Bell, Barbara	Platz 8

Die Gäste finden dadurch schneller ihren Platz oder können von dem hierfür zuständigen Personal an ihren Platz geführt werden.

Serviceeinteilung: Ein Tafelorientierungsplan mit Einteilung der Stationen für den Service wird im Office ausgehängt. Die Serviceteams können sich dadurch mit ihrer Station und den Namen der Gäste vertraut machen.
Grundsätzlich gilt Folgendes:
- Servierperson 1 ist die leitende Person der jeweiligen Station und hält während der Ansprachen Wache. Das restliche Servierpersonal verlässt den Raum.
- Servierperson 2 jeder Station ist zuständig für das Anzünden der Kerzen und das Abrufen der Gänge.
- Kollegiale Hilfe untereinander ist selbstverständlich.

1. Anbieten eines Aperitifs

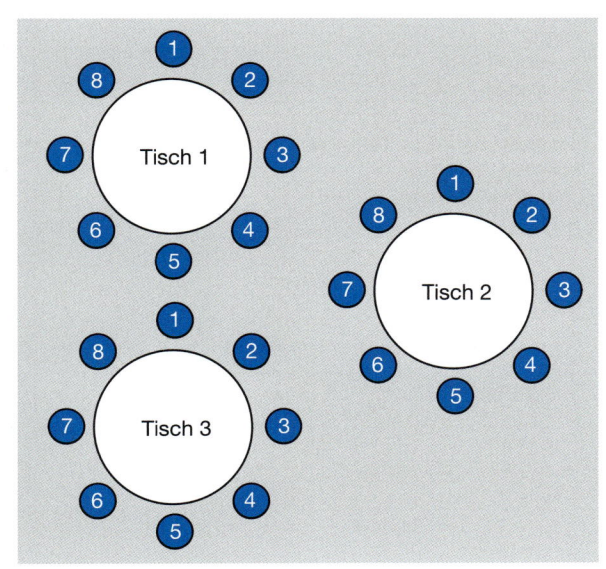

2. Tafelorientierungsplan

Service

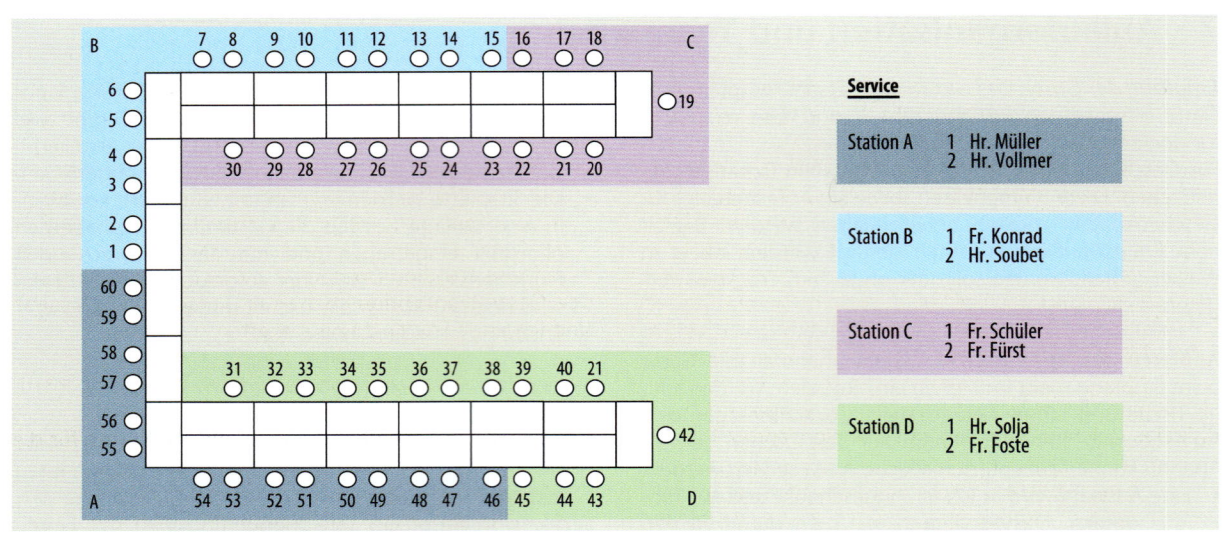

Station A	1	Hr. Müller
	2	Hr. Vollmer
Station B	1	Fr. Konrad
	2	Hr. Soubet
Station C	1	Fr. Schüler
	2	Fr. Fürst
Station D	1	Hr. Solja
	2	Fr. Foste

1. Tafelorientierungsplan und Stationseinteilung für die Hochzeit Familie Kuban/Wöhrle (Laufzettel → 518)

	Station A		Station B		Station C		Station D	
	Service 1	Service 2	Service 1	Service 2	Service 1	Service 2	Service 1	Service 2
Gäste platzieren zuständig für Getränkenachservice, sonstige Wünsche	60–55	54–46	1–6	7–15	16–24	25–30	31–36	37–45
Getränke								
Weißwein einschenken, für Kinder alkoholfreie Getränke nach Wahl	60–46		1–15		16–30		31–45	
Vorspeise								
Toast anbieten (Nachservice), Butter		60–46		1–15		16–30		31–45
Vorspeisen einsetzen	60–55	54–46	1–6	7–15	16–24	25–30	31–36	37–45
Vorspeisenteller und Besteck abräumen	60–55	54–46	1–6	7–15	16–24	25–30	31–36	37–45
Suppe								
Einsetzen der Suppe	60–55	54–46	1–6	7–15	16–24	25–30	31–36	37–45
Abräumen der Suppe	60–55	54–46	1–6	7–15	16–24	25–30	31–36	37–45
Hauptgang								
Rotwein einschenken, nicht benötigte Weißweingläser ausheben	60–46		1–15		16–30		31–45	
Salat einsetzen mit Gabel		60–46		1–15		16–30		31–45
28er Teller einsetzen	60–55	54–46	1–6	7–15	16–24	25–30	31–36	37–45
Fleisch vorlegen (kein Nachservice)	60–46		1–15		16–30		31–45	
Beilagen vorlegen (Nachservice) Hauptgang abräumen		60–46		1–15		16–30		31–45
28er Teller mit Besteck abräumen	60–55	54–46	1 - 6	7–15	16–24	25–30	31–36	37–45
Salatteller abräumen	60–55	54–46	1 - 6	7–15	16–24	25–30	31–36	37–45
Abräumen der Brotteller, Messer, Butter	60–55	54–46	1–6	7–15	16–24	25–30	31–36	37–45
Platzteller und Menagen ausheben	60–46		1–15	16–30	31–45			
Tische säubern		60–46		1–15		16–30		31–45
Dessertbesteck herunterziehen	60–55	54–46	1 - 6	7–15	16–24	25–30	31–36	37–45
Süßspeise								
Nicht benötigte Gläser ausheben		60–46		1–15		16–30		31–45
Sekt einschenken	60–46		1–15	16–30	31–45			
Eisbombe präsentieren, tranchieren, anrichten und einsetzen	60–46	60–46	1–15	1–15	16–30	6–30	31–45	31–45
Dessertteller abräumen	60–55	54–46	1 - 6	7–15	16–24	25–30	31–36	37–45
Heißgetränke und Digestif								
Im Gespann vom Wagen aus anbieten	60–46	60–46	1–15	1–15	16–30	16–30	31–45	31–45

2. Serviceablauf Hochzeit Familie Kuban/Wöhrle als Team (→ 518)

Ablauforganisation und Teamarbeit

7.1 Teamarbeit im Serviceablauf

Der Serviceablauf richtet sich nach der gestellten Form der Tische oder Tafeln und den Plätzen, an denen die Ehrengäste sitzen.
Gleichzeitige Arbeitsabläufe in allen Stationen zeichnen einen erstklassig organisierten Bankettservice aus. Das erfahrenste Servierpersonal wird für die wichtigsten Stationen eingeteilt. Um einen schnellen, reibungslosen Serviceablauf zu gewährleisten, sollte eine Servicekraft bei Speisen (je nach Servierart) nicht mehr als sechs bis zehn Gäste, im Getränkeservice während der Menüfolge nicht mehr als 12 bis 15 Gäste zu betreuen haben.

Der Beginn des jeweiligen Serviceablaufes wird durch ein diskretes Zeichen einer leitenden Person angezeigt. Die Ehrengäste werden zuerst bedient. In den anderen Stationen kann nach jedem Gang ein Wechsel des Beginns erfolgen, damit der Eindruck einer Benachteiligung vermieden wird. Serviert wird nach den Servierregeln von Seite 132.

Gründe für die Nichteinhaltung von Servierregeln können sein:
- **Aufgelockerte Tischform:** Ist ein gleichzeitiger Servicebeginn an allen Tischen aus personellen Gründen nicht möglich, wird tischweise serviert, wobei mit dem Tisch der Ehrengäste begonnen wird.
- **U-Form/E-Form/Kamm-Form:** Da die Ehrengäste bei diesen Tafelformen meist am Kopf sitzen, wird mit dem Servieren auch am Kopf oben in der Mitte begonnen und von dort aus nach beiden Außenseiten serviert.
- Infolgedessen muss teilweise während des Servierens von einem Gast zum anderen auch rückwärts gegangen werden.

7.2 Abschlussarbeiten

Getränke: Alle ausgeschenkten Flaschen sollten in der Nähe des Veranstaltungsraumes gesammelt werden, damit die verantwortliche Person im Service oder der Besteller einen Überblick über den Konsum erhält.
Blumen: Da die Blumen vom Veranstalter bezahlt werden, muss dieser gefragt werden, was mit ihnen geschehen soll.
Kuchen und Sonstiges: In vielen Gegenden werden bei familiären Veranstaltungen Kuchen und Torten angeliefert und die nicht verzehrten Stücke den Teilnehmern nach Hause mitgegeben. Verpackungsmaterial ist bereitzustellen. Mit dem Veranstalter ist abzusprechen, ob er selber oder das Haus die Verteilung übernimmt.
Rechnung: Die Rechnung wird nach Möglichkeit am Abend der Veranstaltung erstellt, damit der Gastgeber oder Besteller gegenzeichnen kann.
Aufräumen: Sobald die letzten Gäste gegangen sind, muss der Veranstaltungsraum aufgeräumt und gelüftet werden.

8 Veranstaltungsanalyse

Nach einer Veranstaltung sind die erbrachten Leistungen zu analysieren und zu überprüfen. Dies sollte sowohl aus der Sicht des Betriebes als auch aus der Sicht des Gastes geschehen. Die Stärken des Angebotes und der erbrachten Leistung müssen immer wieder neu herausgefunden und gegebenenfalls ausgebaut werden. Den erkannten Schwächen ist durch geeignete Maßnahmen zu begegnen. Diese ständige Überprüfung dient zur Verbesserung der Gesamtkonzeption. Bei einer Veranstaltungsanalyse sind folgende Fragen zu beantworten:

- Wurde das Angebot von den Gästen positiv angenommen?
- Wurden die geplanten Mengen und die Kosten für die verbrauchten Mengen eingehalten?
- Blieben die Ausgaben für zusätzliche Lohnkosten für Aushilfen im Rahmen der Vorgaben?
- Ist der erwartete Umsatz erreicht worden?
- Welche Mängel wurden beim Ablauf der Speisen- und Getränkeausgabe festgestellt?
- Sind Mängel beim Ablauf des Speise- und Getränkeservice festgestellt worden?
- War der zeitliche Ablauf im vorgegebenen Rahmen?
- Welche Speisen und Getränke wurden von den Gästen bevorzugt angenommen?
- Welche Speisen und Getränke wurden schlecht angenommen? Lag es an der Menge oder der Qualität?
- Gab es Reklamationen?
- Wie war die Reaktion der Mitarbeiter?
- Sollte die gleiche oder eine ähnlich gestaltete Veranstaltung ohne wesentliche Änderung wieder so stattfinden?
- Welche Maßnahmen können aufgrund der gewonnenen Erkenntnisse ergriffen werden?

Wissen Sie Bescheid

1. Aus welchen Gründen sind Sonderveranstaltungen für die Gastronomie meist gewinnbringender als der normale Restaurationsbetrieb?
2. Nennen Sie sämtliche Unterlagen, die ein Verkäufer von Sonderveranstaltungen bereithalten muss.
3. Erklären Sie den Aufbau und Einsatz der einzelnen Verkaufsunterlagen.
4. Schildern Sie den Verlauf eines Verkaufsgespräches von der telefonischen Anfrage über die Absprache bis zu den abschließenden Arbeiten.
5. Beschreiben Sie das Eindecken einer Festtafel.
6. Nennen Sie Gegenstände, die zum Dekorieren einer Festtafel verwendet werden können.
7. Erklären Sie, worauf beim Arrangieren eines Blumengesteckes besonders zu achten ist.
8. Schildern Sie den Ablauf eines festlichen Banketts vom Empfang bis zu den Abschlussarbeiten.

9 EDV

Planungsgrundlagen für Sonderveranstaltungen
- Komplette Debitorenverwaltung inklusive Rechnungserstellung und bei Zahlungsverzug automatische Erstellung der Mahnungen.
- Terminübersicht der zu erwartenden und geplanten Veranstaltungen und Sonderaktionen, die von allen Abteilungen im Hause als Planungsgrundlage genutzt wird.
- Verwenden einer Belegungsübersicht über gebuchte oder als Option gekennzeichnete Räume mit umfangreichen Zusatzinformationen.
- Sensible Dokumente können mit einem Schreibschutz versehen werden, das heißt, nur berechtigte Personen können Eintragungen verbindlich ausführen.
- Erstellung maßstabsgerechter Raumpläne mit den entsprechenden Anschlüssen (Internet, Strom usw.); diese Pläne können immer wieder in verschiedenen Größen und Konstellationen gedruckt werden.
- Erstellen und Verwalten von Kaufverträgen inklusive Postversand an den Gast.
- Übersicht der verwendeten Tisch- und Tafelformen mit Bemaßung zum Eintragen oder Erstellen eines Tafelstellplanes. Er kann für den Gast oder den Veranstalter als Grundlage zur Sitzplangestaltung verwendet werden.
- Erstellen von Vorschlägen für Speisen anhand von Bestandslisten und Rezepturdateien.
- Vorschläge für die korrespondierenden Getränke können anhand von Erfahrungswerten, die in schriftlicher Form gespeichert wurden, oder anhand speziell angelegter Datenbanken optimal erstellt werden.

Gastronomischer Betrieb
- Erstellen einer Stationseinteilung bei Sonderveranstaltungen in grafischer Form, um Missverständnisse vonseiten des Personals zu vermeiden. Dienstplangestaltung für das Personal anhand der geplanten Veranstaltungen.
- Optimale Kalkulation von Wareneinsätzen und Warenverbräuchen.
- Berechnungs- und Kalkulationsgrundlage von Preisen für Speisen und Getränke inklusive Berücksichtigung der betrieblichen Kennzahlen.
- Bestellungen verschiedener Dienstleistungen von Fremdfirmen können zeitnah erledigt werden.
- Erstellen von Dekorationsartikeln, z. B. Tischkärtchen, Menükarten oder Namensschildern.
- Stammdaten der Gäste können verwaltet werden.
- Kommunikationsmittel für die Bankettabteilung im Hause (Intranet); bei Anfragen von Gästen können komplette Angebote mit allen erforderlichen Angaben versendet werden.

Gast
- Er bekommt Planungsunterlagen frühzeitig mit nach Hause, z. B. Tafel- oder Sitzpläne zum Erstellen einer persönlichen Sitzordnung der Gäste.
- Alle benötigten und vorhandenen Unterlagen können mehrmals ausgedruckt bzw. kopiert werden.

1. Erstellen Sie einen Vergleich über die Vor- und Nachteile des Versandes der Verkaufsunterlagen per E-Mail.

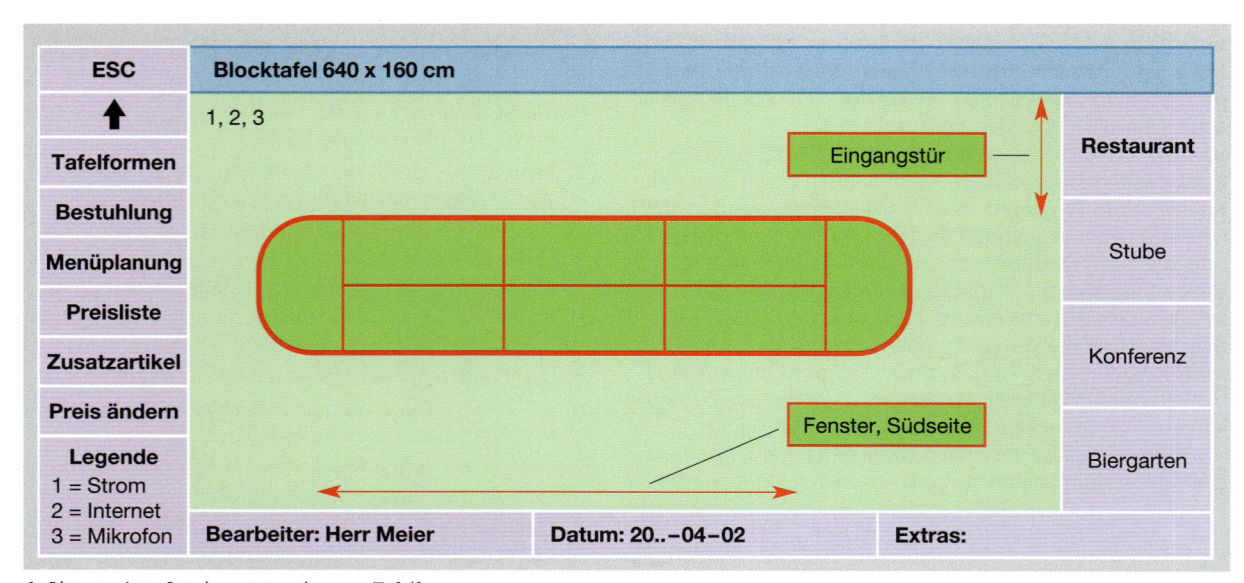

1. Planen einer Sonderveranstaltung – Tafelform

10 Berechnungen

Der örtliche Golfclub möchte im Hotel Hohental seinen Jahresabschluss feiern. Für diesen Anlass liegen dem 1. Vorsitzenden insgesamt 60 Anmeldungen vor. Die beiden Vorsitzenden und der Kassierer des Vereins entscheiden sich bei der Menübesprechung für das Menü 2 zum Preis von 49,50 €. Die Kosten für das Essen und den Aperitif werden vom Golfclub übernommen, die Getränke müssen von den Vereinsmitgliedern selbst bezahlt werden.

a) Als Aperitif wünschen Sie einen Champagner von Veuve Clicquot (20,41 €/0,75 Liter Flasche, ohne MwSt). Wie viele Flaschen Champagner muss der Hotelier bereitstellen, wenn er mit einem Schankverlust von 10 % rechnet und insgesamt 90 Gläser à 10 cl ausgeschenkt werden?
b) Berechnen Sie den Materialwert für ein Glas Champagner.
c) Kalkulieren Sie den auf 0,10 € aufgerundeten Inklusivpreis für ein Glas Champagner unter Verwendung folgender Einzelzuschlagsätze: Gemeinkosten 180 %, Gewinn 14 %, Bedienungsgeld 13 % sowie der gesetzlichen Mehrwertsteuer.
d) Das langjährige Vereinsmitglied Werner möchte an diesem Abend anlässlich seines Geburtstages als Digestif seinen Lieblingscognac von Otard spendieren, der zu einem Preis von 4,95 € je Glas auf der Getränkekarte angeboten wird. Erstellen Sie die Rechnungen für die 60 Menüs und den Aperitif an den Kassierer des Golfclubs und für den Digestif an das Vereinsmitglied Werner, wenn nur 2/3 der Vereinsmitglieder einen Cognac trinken. Weisen Sie jeweils die Mehrwertsteuer aus.

a)
90 Gläser x 0,10 Liter (l) = 9,00 l $\triangleq$ 90 %

100 % $\triangleq$ X l $\dfrac{9{,}00 \times 100}{90}$ = 10,00 l
90 % $\triangleq$ 9,00 l

10,00 l : 0,75 Flasche = **13,33 Flaschen $\triangleq$ 14 Flaschen**

Lösung: Es müssen 14 Flaschen Champagner bereit gestellt werden.

b)
0,75 l $\triangleq$ 20,41 € $\dfrac{20{,}41 \times 1{,}00}{0{,}75}$ = 27,21 €/Liter
1,00 l $\triangleq$ x €

10,00 Liter x 27,21 € = 272,10 € Materialwert

$\dfrac{272{,}10 \,€}{90 \text{ Gläser}}$ = **3,02 € pro Glas**

Lösung: Der Materialwert pro Glas beträgt 3,02 €.

c)

	Materialkosten	100 %	3,02 €
+	Gemeinkosten	180 %	5,44 €
=	Selbstkosten	280 % > 100 %	8,46 €
+	Gewinn	14 %	1,18 €
=	Geschäftspreis/Nettoverkaufspreis	114 % > 100 %	9,64 €
+	Bedienungsgeld	13 %	1,25 €
=	Nettoverkaufspreis	113 % > 100 %	10,89 €
+	Mehrwertsteuer	19 %	2,07 €
=	Inklusivpreis	119 %	12,96 €

Lösung: Der Kartenpreis für ein Glas Champagner beträgt 12,96 € aufgerundet auf volle 0,10 € > 13,00 €.

d1)
Rechnung an Kassierer

60 Menü x 49,50 € = 2970,00 €
90 Gläser Champagner x 13,00 € = 1170,00 €
                                   4140,00 €

119 % $\triangleq$ 4140,00 € $\dfrac{4140{,}00 \times 19}{119}$ = **661,01 €**
19 % $\triangleq$ X €

Lösung: Der Inklusivpreis beträgt 4140,00 €. Darin sind 661,01 € Mehrwertsteuer enthalten.

d2)
Rechnung an Werner

2/3 der Gäste = 40 Gäste = 40 Cognac
40 Cognac x 4,95 € = 198,00 €

119 % $\triangleq$ 198,00 € $\dfrac{198{,}00 \times 19}{119}$ = **31,61 €**
19 % $\triangleq$ X €

Lösung: Der Inklusivpreis beträgt 198,00 €. Darin sind 31,61 € Mehrwertsteuer enthalten.

11 Fachsprache, Fremdsprache

Einfache Verkaufsgespräche für Bankettveranstaltungen sollten von Restaurantfachleuten auch in einer Fremdsprache geführt werden können.

Fallbeispiel

Telefonische Anfrage des ausschließlich Englisch sprechenden Mr. Noname.

C = Customer, B = Banqueting Manager

B: "Good afternoon. Here is the Black Forest Hotel Banqueting Manager. My name is Willy Walker. Can I help you?"
C: "Yes, this is John Noname, International Consultants Ltd. I'm phoning to enquire if you could cater for a reception we're planning."
B: "I see. For what day would that be, Mr. Noname?"
C: "April 5 th."
B: "April 5 th. And for what time of the day?"
C: "The evening."
B: "What sort of function would it be, Mr. Noname?"
C: "It'll be a dinner party for our sales personnel from abroad."
B: "I see. And how many people would be there?"
C: "There'll be about twenty of us."
B: "Yes, that would be possible."
C: "I think your Black Forest Room would be suitable."
B: "Yes, that's free then. It's a very pleasant room. How much per head would you like to spend, Mr. Noname?"
C: "Around 40,00 Euro per person."
B: "Would that include drinks, or would they be extra?"
C: "Oh, they'd be extra."
B: "Yes, well, that would be fine. I'll confirm those details in writing to you. Do you have our banqueting information pack, Mr. Noname?"
C: "No, I don't."
B: "Then I'll send it to you with my letter of confirmation. You'll find a set of menus and a wine list in it. We can discuss the menu and wines and any further details after you've seen it. Could I have your address and telephone number, please?"
C: "Yes, of course. It's ..."

12 Projektorientierte Aufgabe

Thema:
Erstellen einer Bankett(Verkaufs-)mappe

Sie sind als leitender Angestellter der Bankettabteilung in einem umgebauten und neu eröffneten Hotel mit Veranstaltungsräumen in verschiedenen Größen und Ausstattungen tätig. Für das zu erwartende Bankettgeschäft benötigen Sie Verkaufsunterlagen.

Aufgabe:
Erstellen Sie eine Bankett(Verkaufs-)mappe für den Verkauf von Sonderveranstaltungen.

Lösungsvorschlag
(Lösungsvorschläge geben Anregungen, wie die Projektaufgabe bearbeitet werden kann, und sind keine fertigen Lösungen.)

- Plan über Lage und Größe der Räumlichkeiten erstellen.
- Technische Anschlüsse der einzelnen Räumlichkeiten eintragen.
- Maße, Mengen und Formen der vorhandenen Tische und Stühle als Vorlage für Tisch- und Tafelformen in Erfahrung bringen.
- Für das Erstellen der Angebote in der Verkaufsmappe den Markt erforschen.
- Dienstleistungen von in der Nähe befindlichen Fremdveranstaltern (Künstler, Floristen usw.) in Erfahrung bringen.

Folgende Unterlagen erstellen:
- Checklisten über das Angebot des Hauses
- Hotelorientierungsplan
- Pläne für Tisch- und Tafelformen
- Bestuhlungsmöglichkeiten
- Speisevorschläge (Menü, Büfett)
- Getränkevorschläge
- Preislisten für Raummiete, techn. Geräte usw.
- Veranstaltungsauftrag
- Anschauungsmaterial

Zusätzlich:
- Raumbelegungspläne
- Getränkebestandslisten
- Angebote für z. B. Wochenendpauschale

Rechtsvorschriften

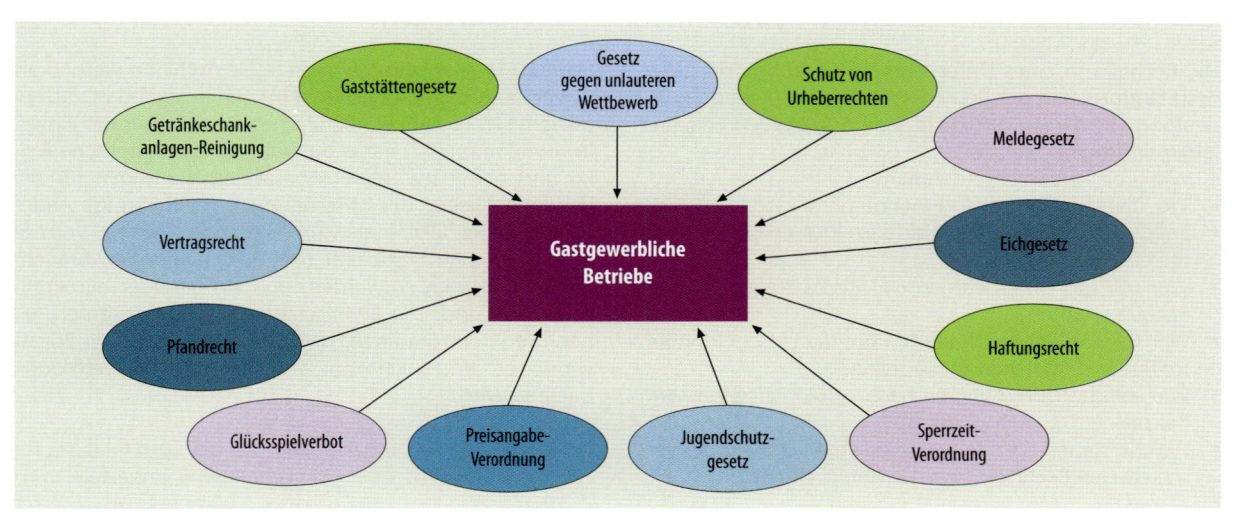

1. Gesetzliche Bestimmungen (Auszug)

Inhaltsverzeichnis Rechtsvorschriften

1 **Unternehmensgründung** 530
   1.1 Auswahl der Rechtsform des Unternehmens 530
   1.2 Einzelunternehmung 530
   1.3 Besonderheiten von Personen- und Kapitalgesellschaften 531
   1.4 Betriebsgründung 531
   1.5 Voraussetzungen für die Erteilung der Konzession 532
   1.6 Unterrichtungsnachweis 532
   1.7 Räumliche Begrenzung der Konzession ... 532
   1.8 Konzessionsfreie Betriebe 532
2 **Gaststättengesetz** 533
3 **Lebensmittel- und Futtermittelgesetzbuch (LFGB)** 534
4 **Zusatzstoff – Zulassungsverordnung (ZZulV)** 535
   4.1 Art und Weise der Kenntlichmachung 535
   4.2 Kenntlichmachung der zugelassenen Stoffe 535
5 **Jugendschutzgesetz** 536
6 **Haftungsbestimmungen** 537
   6.1 Schadenshaftung des Schankwirtes und des Beherbergungswirtes 537
   6.2 Produkthaftung 537
   6.3 Verkehrssicherungspflicht 537
   6.4 Garderobenhaftung 537
7 **Sonstige Rechtsvorschriften** 538
   7.1 Fundsachen – verloren oder liegen gelassen 538
   7.2 GEMA/Schutz der Urheberrechte 538
   7.3 Glücksspiele 538
   7.4 Preisangabenverordnung 539
   7.5 Unlauterer Wettbewerb 539
   7.6 Garantieregelung 539
8 **Schankanlagen** 540
   8.1 Gefährdungsbeurteilung 540
   8.2 Reinigung der Anlage 540
9 **Verträge im Gastgewerbe** 541
   9.1 Miet- und Pachtverträge 541
   9.2 Leasing-Verträge 541
   9.3 Franchising-Verträge 541
   9.4 Bewirtungsvertrag 541
   9.5 Zechprellerei 541
   9.6 Beherbergungsvertrag 542
   9.7 Reisevertragsrecht 543
   9.8 Pfandrecht 545
10 **Spezielle Verträge** 545
   10.1 Bierlieferungsverträge (Bierbezugsverträge) 545
   10.2 Automatenaufstellverträge 545
11 **Recht im Personalbereich** 546
   11.1 Abmahnung 546
   11.2 Kündigung von oder durch Mitarbeiter ... 547
12 **Nichtraucherschutzgesetz** 548
13 **Projektorientierte Aufgabe** 548

1 Unternehmensgründung

1.1 Auswahl der Rechtsform des Unternehmens

Die Rechtsform eines Unternehmens ist neben der Wahl des Standorts und der Betriebsart von entscheidender Bedeutung für dessen Erfolg. In jedem speziellen Fall sind folgende Fragen zu klären:
- Wie groß ist das Unternehmen?
- Wer investiert in das Unternehmen?
- Sollen am Unternehmen eine Einzelperson oder mehrere Personen beteiligt sein?
- Wer soll das unternehmerische Risiko tragen und für Schulden haften?
- Wer soll das Unternehmen führen, die Entscheidungen treffen und Anordnungen erteilen?
- Wer soll das Unternehmen nach außen vertreten, zum Beispiel Verträge abschließen?
- Welche steuerlichen Vor- und Nachteile haben die verschiedenen Rechtsformen der Unternehmen?

1.2 Einzelunternehmung

Etwa 90 % aller Unternehmen in Deutschland werden als Einzelunternehmung geführt. Im Hotel- und Gaststättengewerbe ist der Anteil noch höher. Der Inhaber der Einzelunternehmung hat dabei das volle unternehmerische Risiko und haftet mit seinem gesamten Vermögen für die Verbindlichkeiten des Unternehmens (Vollhaftung). Andererseits ist er alleine gewinnberechtigt. Weitere Vorteile sind eine hohe Flexibilität (bei Entscheidungen braucht niemand gefragt zu werden) und ein geringer bürokratischer Aufwand. Die Bereitschaft von Kreditinstituten, einen Kredit einzuräumen, ist höher, wenn mit dem Privatvermögen und nicht nur mit dem Betriebsvermögen gehaftet wird.

1. Welche Überlegungen sollten bei der Entscheidung für die Rechtsform eines Unternehmens angestellt werden?
2. Warum werden die meisten gastgewerblichen Betriebe als Einzelunternehmen geführt?

Grundform	Personengesellschaft			Kapitalgesellschaften		Sonderform
Rechtsform	Gesellschaft des bürgerlichen Rechts GbR	Offene Handelsgesellschaft OHG	Kommanditgesellschaft KG	Aktiengesellschaft AG	Gesellschaft mit beschränkter Haftung GmbH	GmbH & Co. KG
Rechtsnatur	natürliche Personen			juristische Personen		Sonderform
Mindestkapital	keine Vorschriften			50 000,00 €	10 000,00 €	siehe GmbH
Haftung	unbeschränkt	unbeschränkt unmittelbar und solidarisch	Komplementär unbeschränkt Kommanditist beschränkt	beschränkt auf das Grundkapital (Aktienwert)	beschränkt auf das Stammkapital (Geschäftsanteil)	Komplementär (GmbH) beschränkt auf das Gesellschaftsvermögen, Kommanditist beschränkt auf die Einlage
Geschäftsführung und Vertretung	jeder Gesellschafter	jeder Gesellschafter	nur der Komplementär	Vorstand	Geschäftsführer	Geschäftsführung der Komplementär-GmbH
Gesetzliche Gewinnverteilung	nach Köpfen	4 % der Kapitaleinlage, Rest nach Köpfen	4 % der Kapitaleinlage, Rest im angemessenen Verhältnis	anteilsmäßiger Gewinnbetrag (Dividende)	anteilsmäßiger Gewinnbetrag	siehe KG
Verlustbeteiligung	nach Köpfen	nach Köpfen	im angemessenen Verhältnis			

1. Beispiele für Rechtsformen von Unternehmen

Unternehmensgründung

1.3 Besonderheiten von Personen- und Kapitalgesellschaften

1.3.1 Personengesellschaften

Natürliche Personen sind die Träger der Personengesellschaften. Sie sind an den Entscheidungen beteiligt und für sie verantwortlich.

Die Gesellschaft des bürgerlichen Rechts (GbR):
Sie entsteht durch einen Gesellschaftsvertrag, in dem sich die Gesellschafter gegenseitig versichern, die Erreichung eines gemeinsamen Zwecks (ideeller oder wirtschaftlicher Art) in der durch den Vertrag bestimmten Weise zu fördern und die vereinbarten Beiträge zu leisten. Die Gesellschafter können den Vertragsinhalt (die Beziehungen untereinander und die Geschäftsführung und -vertretung) weitgehend nach ihren Vorstellungen bestimmen. Wenn im Gesellschaftsvertrag nichts anderes vereinbart ist, gelten die gesetzlichen Regelungen. Bei einer GbR haftet ein Gesellschafter selbstschuldnerisch (auch für Dinge, die er selbst nicht verschuldet hat) mit seinem gesamten Privatvermögen und den Gesellschaftsanteilen gesamtschuldnerisch (= Vollhaftung).

Offene Handelsgesellschaft: Der Zweck einer OHG ist es, ein Handelsgewerbe unter gemeinschaftlicher Firma (Name, unter dem ein Kaufmann seine Geschäfte betreibt, zum Beispiel Müller OHG) zu betreiben.

Kommanditgesellschaft: Eine Kommanditgesellschaft wird gegründet, wenn ein Unternehmer die Beteiligung von Kapitalgebern wünscht, ohne sie voll an den unternehmerischen Entscheidungen zu beteiligen.
Die KG besteht aus mindestens einem Gesellschafter (Kommanditist), dessen Haftung beschränkt ist auf die Vermögenseinlage, die er in das Unternehmen einbringt, und mindestens einem Gesellschafter (Komplementär), der unbeschränkt haftet.

1.3.2 Kapitalgesellschaften

Kennzeichnend sind die eigene Rechtspersönlichkeit und die Beschränkung der Haftung auf die Geschäftsanteile (Teilhaftung). Eine Kapitalgesellschaft gilt als eigenständige juristische Person, die zum Beispiel verklagt werden kann und selbst haftet.

Aktiengesellschaft (AG): Zu ihrer Gründung sind mindestens fünf Personen erforderlich, die für ihre Einlage Aktien (Anteilscheine) erhalten. Die Aktionäre wählen in der Hauptversammlung einen Aufsichtsrat, der die Geschäftsleitung (Vorstand) bestimmt. Grundsatzentscheidungen werden von den Aktionären in der Hauptversammlung getroffen. Der Stimmenanteil hängt von der Anzahl der Aktien ab. Die Aktionäre haften nur mit ihrer Kapitaleinlage.

1. Erläutern Sie die wesentlichen Unterschiede zwischen einer Kapital- und einer Personengesellschaft.

Gesellschaft mit beschränkter Haftung (GmbH): Die Rechte der Gesellschafter sind im Vergleich zur AG umfangreicher. Die GmbH hat zwei Organe: die Versammlung der Gesellschafter sowie einen oder mehrere Geschäftsführer mit Geschäfts- und Vertretungsbefugnis. Die Haftung beschränkt sich auf die Einlage.

Mischform (GmbH & Co. KG):
Bei der GmbH & Co. KG besteht eine Kombination zwischen Personen- und Kapitalgesellschaft, bei der der Komplementär (der persönlich haftende Gesellschafter) eine GmbH ist. Somit ist die Haftung auf die Kapitaleinlage beschränkt.

1.4 Betriebsgründung

Betrieb ist der Ort, an dem produziert wird oder Dienstleistungen erbracht werden. Das Unternehmen ist die rechtliche und organisatorische Form, in die der Betrieb eingebettet ist.
Ein Unternehmen kann mehrere Betriebe bewirtschaften, z. B. Hotel- oder Restaurantketten.
Das Gaststättengesetz unterscheidet zwischen

- Schankwirtschaften: Es werden ausschließlich Getränke zum Verzehr an Ort und Stelle verabreicht.
- Speisewirtschaften: Zubereitete Speisen werden zum Verzehr an Ort und Stelle verabreicht.
- Beherbergungsbetrieben: Gästen werden Übernachtungsmöglichkeiten bereitgestellt.

Verschiedene Voraussetzungen müssen erfüllt sein, damit man einen Betrieb eröffnen bzw. führen kann:

- Der Betriebsinhaber muss eine Erlaubnis (Konzession → 532) zum Führen der entsprechenden Betriebsart (z. B. Hotel, Café) besitzen, wenn er alkoholhaltige Getränke an Dritte weitergibt bzw. verkauft.
- Die Räumlichkeiten müssen den entsprechenden Vorschriften genügen.
- Eine ausreichende wirtschaftliche und finanzielle Basis muss vorhanden sein.
- Die Rechtsform des Unternehmens muss festgelegt sein. Der Betrieb ist anzumelden.

Anmeldungspflicht

Die meisten Unternehmen werden ins Handelsregister eingetragen. Vor der Anmeldung beim Registergericht des Amtsgerichts ist zu entscheiden, welche Rechtsform (z. B. Einzelunternehmen, Personengesellschaften wie OHG, KG oder Kapitalgesellschaften wie GmbH, AG) gewählt wird. Außerdem ist die Anmeldung notwendig

- beim Gewerbeamt oder Steueramt der Gemeinde,
- beim Finanzamt,
- bei der Industrie- und Handelskammer,
- bei den Trägern der Sozialversicherung: Krankenkasse (dies schließt die Anmeldung bei der Pflege-, Renten- und Arbeitslosenversicherung ein) und der Berufsgenossenschaft für die Unfallversicherung.

Realkonzession	Personalkonzession				§ 2, Absatz 2
wird nicht mehr erteilt, besteht aber noch bei älteren Betrieben.	wird natürlichen Personen (Gastwirten, Geschäftsführern) oder juristischen Personen (Gesellschaften) erteilt.				**Einer Konzession bedarf nicht, wer** • alkoholfreie Getränke oder • kostenlose Kostproben oder • zubereitete Speisen oder in Verbindung mit einem Beherbergungsbetrieb Getränke und zubereitete Speisen an Hausgäste verabreicht.
Erlaubnis aufgrund alter Rechte, die an ein Grundstück gebunden sind; erlischt, wenn sie 3 Jahre nicht ausgeübt wird.	**Dauererlaubnis** auf Lebzeiten erlischt • wenn sie 1 Jahr nicht ausgeführt wird, • durch Verzicht, • durch Entzug, • durch den Tod des Inhabers.	**vorläufige Erlaubnis** für meist 3 Monate (um einen konzessionierten Betrieb zu übernehmen).	**Stellvertretererlaubnis** für Personen, die jemand vertreten, der eine Dauererlaubnis besitzt.	**Gestattung** zum vorübergehenden Betrieb eines Gastgewerbes (z. B. bei Vereinsfesten); Ein Unterrichtungsnachweis ist nicht erforderlich.	

1. In Anlehnung an § 2 Gaststättengesetz

2. Arten von Konzessionen, in Anlehnung an Gaststättengesetz (GastG)

1.5 Voraussetzungen für die Erteilung der Konzession

Man unterscheidet die Real- und die Personalkonzession.

Persönliche Voraussetzungen:
Der Unternehmer muss rechts- und geschäftsfähig sein und die persönliche Zuverlässigkeit durch ein polizeiliches Führungszeugnis nachweisen können.
Als nicht zuverlässig gilt insbesondere,
- wer als Trinker eingestuft wird,
- wer befürchten lässt, dass er Unerfahrene, Leichtsinnige oder Willensschwache ausbeuten wird,
- wer dem Alkoholmissbrauch, verbotenem Glücksspiel, der Hehlerei oder der Unsittlichkeit Vorschub leisten wird,
- wer vermutlich die Vorschriften des Gesundheits- oder Lebensmittelrechts, des Arbeits- und Jugendschutzgesetzes und des Steuerrechts nicht einhalten wird.

1.6 Unterrichtungsnachweis

Der Bewerber um eine Konzession muss nachweisen, dass er über die Grundzüge der für den in Aussicht genommenen Betrieb notwendigen lebensmittelrechtlichen Kenntnisse unterrichtet worden ist und mit ihnen als vertraut gelten kann.
Diese Unterrichtung wird von den Industrie- und Handelskammern durchgeführt und soll die Gäste vor Gesundheitsschäden, Täuschung und Irreführung schützen. Weitere fachliche Kenntnisse werden nicht gefordert; eine Prüfung findet nicht statt. Die Berufsausbildung in einem Hotel- und Gaststättenberuf gilt auch als Nachweis.

1. Begründen Sie, warum nur persönlich zuverlässige Antragsteller eine Konzession erhalten.
2. Erläutern Sie den Begriff Unterrichtungsnachweis.

1.7 Räumliche Begrenzung der Konzession

Die Konzession erstreckt sich auf alle Betriebsräume. Sie müssen in ihrer Lage, Beschaffenheit, Einteilung und Ausstattung für den Betrieb geeignet sein. Zum Beispiel sind Mindestraumgrößen für Geräume und Fremdenzimmer festgelegt. Außerdem gibt es in den einzelnen Bundesländern genaue Vorschriften über Fluchtwege, Toiletten, Küchen, Kühl- und Personalräume.

Öffentliches Interesse
Der Betrieb darf einem wichtigen öffentlichen Interesse nicht entgegenstehen. Zum Beispiel erhält ein Betrieb keine Konzession, wenn er in der Nähe von Krankenhäusern liegt und voraussichtlich die Nachtruhe stört.

1.8 Konzessionsfreie Betriebe (Beispiele)

- Milchbar ohne Alkoholausschank,
- Stehimbiss in einem Lebensmittelgeschäft während der Ladenöffnungszeiten (ohne Alkoholausschank),
- Abgabe von alkoholfreien Getränken aus Automaten,
- Abgabe von alkoholfreien Getränken und zubereiteten Speisen in Reisebussen,
- Strauß- oder Besenwirtschaften (Gastbetriebe in Weinbaugebieten, die selbst erzeugten Wein in den Räumen des Winzers ausschenken; höchstens vier Monate im Jahr; die Abgabe einfacher Speisen ist gestattet, alkoholfreie Getränke müssen abgegeben werden),
- Betriebskantinen,
- Abgabe unentgeltlicher Kostproben,
- Beherbergungsbetriebe, die nicht mehr als acht Gäste gleichzeitig beherbergen können, wenn keine erlaubnisbedürftige Speise- und Schankwirtschaft mitbetrieben wird,
- Autobahnraststätten und Betriebe der Deutschen Bahn AG. Sie werden von den zuständigen Behörden genehmigt und überwacht.

2 Gaststättengesetz

Das Gaststättengesetz besteht aus 38 Paragrafen (§ 16, 17 und 27 sind aufgehoben).

§ 1 definiert den Begriff „Gaststätte" als Betrieb zur gewerbsmäßigen Bewirtung oder Beherbergung von Personen außerhalb ihrer Wohnung.

Die §§ 2, 3, 4, 8, 9, 11, 12, 13, 14 und 24 behandeln die Fragen der Konzessionserteilung und -rücknahme, Widerruf und Erlöschen der Konzession sowie die konzessionsfreie Betriebe.

§ 5 erklärt, dass jederzeit Auflagen zum Schutze der Gäste und Beschäftigten gegen Gefahren für Leben, Gesundheit oder Sittlichkeit sowie allgemein gegen schädliche Umwelteinwirkungen erlassen werden können.

§ 6 bestimmt, dass neben alkoholhaltigen auch alkoholfreie Getränke anzubieten sind und dass mindestens ein alkoholfreies Getränk (bezogen auf die gleiche Menge) nicht teurer sein darf als das billigste alkoholische Getränk.

§ 7 regelt die Nebenleistungen. Er lautet: (1) Im Gaststättengewerbe dürfen der Gewerbetreibende oder Dritte auch während der Ladenschlusszeiten Zubehörwaren an Gäste abgeben und ihnen Zubehörleistungen erbringen. (2) Der Schank- oder Speisewirt darf außerhalb der Sperrzeiten zum alsbaldigen Verzehr und Verbrauch
1. Getränke und zubereitete Speisen, die er in seinem Betrieb verabreicht,
2. Flaschenbier, alkoholfreie Getränke, Tabak- und Süßwaren an jedermann über die Straße abgeben.

Dem Bereich **Zubehörwaren** werden auch z. B. Fisch, Obst und Zeitungen zugeschlagen, unter **Zubehörleistungen** versteht man z. B. Leistungen von Sportlehrern, Friseuren oder Masseuren eines Hotels.

§ 10 handelt von der Weiterführung eines Gaststättengewerbes nach dem Tode des Erlaubnisinhabers. Er bestimmt, dass der Ehegatte oder der minderjährige Erbe, der Nachlassverwalter oder der Testamentsvollstrecker den Betrieb bis zur Dauer von zehn Jahren nach dem Erbfall weiterführen darf, wenn er der Erlaubnisbehörde unverzüglich Anzeige erstattet, dass er den Betrieb weiterführen will.

§ 15 regelt die Rücknahme und den Widerruf der Erlaubnis, wenn sich die persönlichen oder räumlichen Voraussetzungen, die zur Erteilung der Konzession notwendig waren, änderten.
Weitere Gründe sind, wenn
- der Betreiber den in der Konzession gesteckten Rahmen überschreitet oder Auflagen nicht erfüllt,
- Personen entgegen einem Verbot nach § 21 beschäftigt werden.

§ 18 (→ 534)

§ 19 weist darauf hin, dass aus besonderem Anlass (z. B. Wahlen, Demonstrationen) der Ausschank alkoholischer Getränke ganz oder teilweise verboten werden kann.

§ 20 (→ 533, oben rechts)

§ 21 besagt, dass die Beschäftigung einer Person in einem Gaststättenbetrieb untersagt werden kann, wenn Tatsachen die Annahme rechtfertigen, dass die Person die erforderliche Zuverlässigkeit nicht besitzt.

§ 20 Allgemeine Verbote

Verboten ist,
1. alkoholische Getränke an „erkennbar Betrunkene" zu verabreichen. Unter Umständen kann der Wirt für Schäden, die der Betrunkene erleidet oder verursacht, haftbar gemacht werden.
2. dass der Wirt die Speiseabgabe mit dem Verzehr von Getränken koppelt (Trinkzwangverbot) oder für die Speisen in diesem Fall einen Preisaufschlag verlangt. Der Wirt kann aber die Getränkeabgabe an den Verzehr von Speisen koppeln.
3. nur alkoholische Getränke anzubieten oder die Abgabe alkoholfreier Getränke vom Bestellen alkoholischer Getränke abhängig zu machen oder einen Preisaufschlag auf alkoholfreie Getränke zu erheben, wenn der Gast kein alkoholhaltiges Getränk bestellt (Koppelungsverbot bei Getränken).
4. die Abgabe von Branntwein oder überwiegend branntweinhaltigen Lebensmitteln aus Automaten. (Die Abgabe an Jugendliche ist nach dem Jugendschutzgesetz verboten.)

1. In Anlehnung an Gaststättengesetz (GastG)

§ 22 bestimmt, dass den zuständigen Behörden der Zutritt zu den Geschäftsräumen und zum Grundstück zu gestatten ist, wenn sie Prüfungen und Besichtigungen vornehmen. Es ist ihnen Auskunft zu erteilen und Einsicht in die Geschäftsunterlagen zu gewähren.

§ 23 regelt den Ausschank von Getränken durch Vereine und Gesellschaften.

§ 25 behandelt Sonderregelungen für Betreuungseinrichtungen des Staates oder staatlicher Betriebe.

§ 26 befasst sich mit Sonderbestimmungen über den Ausschank selbst erzeugter Getränke (Strauß- und Besenwirtschaften → 532).

§ 28 zählt die Ordnungswidrigkeiten auf, die durch die Nichtbeachtung des Gaststättengesetzes begangen werden können.
Eine Ordnungswidrigkeit begeht, wer fahrlässig oder vorsätzlich handelt. Fahrlässig handelt, wer die erforderliche Sorgfalt außer Acht lässt; vorsätzlich handelt, wer die möglichen Folgen seines Tuns voraussieht und sie billigend in Kauf nimmt.

§ 29–38 regeln den Erlass von Verwaltungsvorschriften, die Zuständigkeit von Behörden, die Gültigkeit mit dem Gaststättengesetz konkurrierender Gesetze und das Inkrafttreten.

Verstöße gegen das Gaststättengesetz

Die Konzession kann bei groben und wiederholten Verstößen befristet oder auf Dauer widerrufen werden. Ein Widerspruch gegen den Widerruf der Konzession ist grundsätzlich möglich und hat aufschiebende Wirkung. Schwerwiegende Verstöße können aber auch die Schließung des Betriebes nach sich ziehen. Weniger schwerwiegende Verstöße werden mit Geldbußen belegt.

§ 18 Sperrzeit

Für Schank- und Speisewirtschaften und öffentliche Vergnügungsstätten ist eine Sperrzeit festgesetzt. Sie ist in den Bundesländern verschieden geregelt. Während dieser Zeit ruht der Gaststättenbetrieb und die Gäste dürfen sich nicht in den Goträumen aufhalten. Der Wirt ist verpflichtet, den Gästen den Beginn der Sperrzeit anzukündigen, und muss sie zum Verlassen der Gaststätte auffordern. Es dürfen keine Speisen und Getränke mehr serviert werden, bereits Serviertes darf noch verzehrt werden. Gästen, die der Aufforderung, das Lokal zu verlassen, nicht nachkommen, ist der Aufenthalt zu verleiden. Bewährte Mittel sind das Aufstuhlen, Ausfegen und Lüften. Bei hartnäckigen Gästen ist – in der Regel erst nach Androhung – die Polizei zu rufen.

Ausgenommen von den Sperrzeiten sind
- die Automatenabgabe von alkoholfreien Getränken, Bier und Speisen für Betriebsangehörige einer Firma während der Nachtschicht,
- Bundeswehreinrichtungen und ähnliche Einrichtungen,
- die Passagierverpflegung bei Schiffen, Zügen und Flugzeugen,
- Hotelgäste in Räumen, die nicht für die Allgemeinheit zugänglich sind,
- Privatgäste des Wirtes,
- Gäste in Gefahrensituationen, z. B. bei Sturm oder Demonstrationen.

Sonderregelungen gibt es für
- Bahnhofsgaststätten und Autobahnraststätten,
- bestimmte Betriebsarten (z. B. Vergnügungslokale): Hier kann die Sperrzeit auf Antrag und gegen Gebühr verkürzt werden,
- bestimmte Orte (Kur- oder Badeorte): Hier kann die Sperrzeit verkürzt oder verlängert werden,
- bestimmte Stadtteile (z. B. Altstadt),
- bestimmte Tage (z. B. Silvester, Nacht zum 1. Mai): Hier kann die Sperrzeit verkürzt oder ausgesetzt werden,
- Einzelfälle, wenn der Wirt eine einmalige Verkürzung beim Landratsamt oder der Ortspolizeibehörde beantragt.

1. In Anlehnung an Gaststättengesetz (GastG)

3 Lebensmittel- und Futtermittelgesetzbuch (LFGB)

Das Lebensmittel- und Futtermittelgesetzbuch (LFGB) ersetzt das Lebensmittel- und Bedarfsgegenständegesetz.

§ 1 Abs. X LFGB
Lebensmittel im Sinne dieses Gesetzes sind Stoffe, die dazu bestimmt sind, in unverändertem, zubereitetem oder verarbeitetem Zustand von Menschen verzehrt zu werden; ausgenommen sind Stoffe, die überwiegend dazu bestimmt sind, zu anderen Zwecken als zur Ernährung oder zum Genuss verzehrt zu werden.

§ 2 Abs. X LFGB
Lebensmittel sind Lebensmittel im Sinne des Artikels 2 der Verordnung (EG) Nr. 178/2002. Zu „Lebensmitteln" zählen auch Getränke, Kaugummi sowie alle Stoffe – einschließlich Wasser, die dem Lebensmittel bei seiner Herstellung oder Ver- bzw. Bearbeitung absichtlich zugesetzt werden. Nicht zu „Lebensmitteln" gehören: z. B.
a) Futtermittel,
b) Pflanzen vor dem Ernten,
c) lebende Tiere, soweit sie nicht für das Inverkehrbringen zum menschlichen Verzehr hergerichtet worden sind,

Artikel 14 Abs. X VO (EG) Nr. 178/2002:
Lebensmittel gelten als nicht sicher, wenn davon auszugehen ist, dass sie gesundheitsschädlich sind.

§ 5 LFGB Verbote zum Schutz der Gesundheit
Es ist verboten,
1. Lebensmittel für andere derart herzustellen oder zu behandeln, dass der Verzehr gesundheitsschädlich ist.
2. Stoffe, die keine Lebensmittel sind und deren Verzehr gesundheitsschädlich ist, als Lebensmittel in den Verkehr zu bringen.
3. Produkte, die keine Lebensmittel sind, bei denen jedoch aufgrund ihrer Form, ihres Geruchs, ihrer Farbe, ihres Aussehens, ihrer Aufmachung, ihrer Kennzeichnung, ihres Volumens oder ihrer Größe vorhersehbar ist, dass sie (...) mit Lebensmitteln verwechselt und deshalb zum Munde geführt, gelutscht oder geschluckt werden können, derart für andere herzustellen, zu behandeln oder in den Verkehr zu bringen, dass eine Gefahr für die menschliche Gesundheit hervorgerufen wird.

§ 11 LFGB Vorschriften zum Schutze vor Täuschung
Es ist verboten, Lebensmittel unter irreführender Bezeichnung, Angabe oder Aufmachung gewerbsmäßig in den Verkehr zu bringen oder für Lebensmittel allgemein oder im Einzelfall mit irreführenden Darstellungen oder sonstigen Aussagen zu werben. Eine Irreführung liegt vor, wenn
1. bei einem Lebensmittel zur Täuschung geeignete Bezeichnungen, Angaben, Aufmachung, Darstellung oder sonstige Aussagen über Eigenschaften, insbesondere über Art, Beschaffenheit, Zusammensetzung, Menge, Haltbarkeit, Ursprung, Herkunft oder Art der Herstellung oder Gewinnung verwendet werden.
2. einem Lebensmittel Wirkungen beigelegt werden, die ihm nach den Erkenntnissen der Wissenschaft nicht zukommen.
3. zu verstehen gegeben wird, dass ein Lebensmittel besondere Eigenschaften hat, obwohl alle vergleichbaren Lebensmittel dieselben Eigenschaften haben.
4. einem Lebensmittel der Anschein eines Arzneimittels gegeben wird.

4 Zusatzstoff-Zulassungsverordnung (ZZulV)

4.1 Art und Weise der Kenntlichmachung:

Für die Prüfung, ob eine Kenntlichmachung, z. B. auf der Speise- und Getränkekarte, erforderlich ist, empfiehlt es sich, in den Zutatenverzeichnissen der verpackten Lebensmittel zu prüfen, ob dort die genannten Zusatzstoffe aufgeführt sind.

Bei verpackten Lebensmitteln, die an eine Einrichtung zur Gemeinschaftsverpflegung oder eine Gaststätte geliefert werden, muss ein Zutatenverzeichnis auf der Verpackung oder in den Geschäftspapieren angegeben sein.

Bei Produkten ohne Zutatenverzeichnis, z. B. offen bezogenen Lebensmitteln, empfiehlt es sich, beim Lieferanten Informationen über die jeweiligen kenntlichmachungspflichtigen Zusatzstoffe einzuholen.

Wie: gut sichtbar, leicht lesbar, nicht verwischbare Schrift.
Wer, Wo, Wie:
- in Gaststätten, auf Speise- und Getränkekarten
- in Einrichtungen zur Gemeinschaftsverpflegung:
- auf Speise- und Getränkekarten oder in Preisverzeichnissen oder, soweit eine Speisekarte oder Preisverzeichnisse ausliegen oder ausgehändigt werden, in einem sonstigen Aushang oder einer schriftlichen Mitteilung.

Was: Für die Kenntlichmachung der jeweiligen Zusatzstoffe muss der in der Tabelle in Spalte 2 „Kenntlichmachung" angegebene Wortlaut verwendet werden.

Die Angaben dürfen in Fußnoten angebracht werden, wenn in der Verkehrsbezeichnung darauf hingewiesen wird.

4.2 Kenntlichmachung der zugelassenen Stoffe

Art der Zusatzstoffe, E-Nummer	Kenntlichmachung und Beispiele für Lebensmittel, die diese Zusatzstoffe enthalten können
Farbstoffe (Farbstoff) E 100 – E 180 (dazu gehören auch Beta-Carotin und Riboflavin)	**Kenntlichmachung** „mit Farbstoff" alkoholfreie Getränke (Fanta, Cola), Campari, Speiseeis, Desserts, Soßen, Lachsersatz, Obstsalat mit Kirschen
Konservierungsstoffe (Konservierungsstoff) E 200 – E 219, E 230 – E 235, E 239, E 249 – E 252, E 280 – E 285, E 1105	**Kenntlichmachung** „mit Konservierungsstoff oder konserviert" Lachsersatz, Feinkostsalate, Mayonnaisen, Sauerkonserven (Essiggurken, Rote Bete), Käse, Anchosen, Fleischerzeugnisse
Antioxidationsmittel E 310 – E 321	**Kenntlichmachung** „mit Antioxidationsmittel" Trockensuppen, Brühen, Würzmittel, Schinken
Geschmacksverstärker E 620 – E 635	**Kenntlichmachung** „mit Geschmacksverstärker" Gewürzmischungen, Aromazubereitungen, Trockensuppen, Fleischerzeugnisse, Soßen, Würzmittel
Schwefeldioxid/Sulfite E 220 – E 228	**Kenntlichmachung** „geschwefelt" Essig, Trockenobst, Kartoffelerzeugnisse, Meerrettich
Eisensalze E 579, E 585	**Kenntlichmachung** „geschwärzt" schwarze Oliven
Stoffe zur Oberflächenbehandlung (Überzugsmittel) E 901 – E 904, E 912, E 914	**Kenntlichmachung** „gewachst" Zitrusfrüchte, Melonen, Äpfel, Birnen
Süßstoffe (Süßstoff) E 950 – E 952, E 954, E 957, E 959 andere Süßungsmittel (Zuckerakohole) (kein Klassenname) E 420, E 421, E 953, E 965 – E 967	**Kenntlichmachung** „mit Süßungsmittel(n)" bei Aspartam (E 951) zusätzlich: „enthält eine Phenylalaninquelle" süß-saure Konserven, Soßen, Senf, Feinkostsalate, brennwertverminderte Lebensmittel (z. B. Joghurt, Cola-Getränke) Anmerkung: Wenn Sorbit (E 420) als Stabilisator verwendet wird, ist eine Kenntlichmachung nicht erforderlich
Phosphate (Stabilisator) E 338 – 341, E 450 – E 452	**Kenntlichmachung** „mit Phosphat" nur bei Fleischerzeugnissen, z. B. Brühwürste, Kochschinken
Coffein	**Kenntlichmachung** „coffeinhaltig" Cola und colaähnliche Erfrischungsgetränke
Chinin, Chininsalze	**Kenntlichmachung** „chininhaltig" Erfrischungsgetränke
Lebensmittel, Zutaten, Zusatzstoffe und Aromen, die aus einem gentechnisch veränderten (gv) Organismus bestehen oder hergestellt werden.	**Kenntlichmachung** „gentechnisch verändert" oder „aus gentechnisch verändertem . . .", z. B. Obst, Gemüse, Öle, Stärke, Mehle, Eiweiße
Allergene	**Kenntlichmachung** „kann Spuren von Nüssen enthalten"; Müsli, Schokolade usw.

5 Jugendschutzgesetz

Geschützte Altersgruppen ▶	Kinder bis 14 Jahre		Jugendliche ab 14 bis 16 Jahre		ab 16 bis 18 Jahre	
Gefährdungsbereiche ▼	ohne Begleitung eines Erziehungsberechtigten	in Begleitung eines Erziehungsberechtigten	ohne Begleitung eines Erziehungsberechtigten	in Begleitung eines Erziehungsberechtigten	ohne Begleitung eines Erziehungsberechtigten	in Begleitung eines Erziehungsberechtigten
Aufenthalt in Gaststätten (zur Einnahme einer Mahlzeit oder eines Getränkes)	nicht erlaubt	erlaubt	nicht erlaubt	erlaubt	erlaubt bis 24:00	erlaubt
Aufenthalt in Nachtbars und Nachtclubs	nicht erlaubt	nicht erlaubt	nicht erlaubt	nicht erlaubt	nicht erlaubt	nicht erlaubt
Abgabe und Verzehr branntweinhaltiger Getränke oder überwiegend branntweinhaltiger Lebensmittel	nicht erlaubt	nicht erlaubt	nicht erlaubt	nicht erlaubt	nicht erlaubt	nicht erlaubt
Abgabe und Verzehr anderer alkoholischer Getränke z. B. Bier, Wein	nicht erlaubt	nicht erlaubt	nicht erlaubt	in Begleitung eines Personensorgeberechtigten	erlaubt	erlaubt
Anwesenheit bei öffentlichen Tanzveranstaltungen z. B. Disko	nicht erlaubt	erlaubt	nicht erlaubt	erlaubt	erlaubt bis 24:00	erlaubt
Tanzveranstaltungen anerkannter Träger der Jugendhilfe	erlaubt bis 22:00	erlaubt	erlaubt bis 24:00	erlaubt	erlaubt bis 24:00	erlaubt
Besuch öffentlicher Filmveranstaltungen soweit jeweils freigegeben:	ab 6 Jahren: bis 20:00	erlaubt	bis 22:00	erlaubt	bis 24:00	erlaubt
Rauchen in der Öffentlichkeit	nicht erlaubt	nicht erlaubt	nicht erlaubt	nicht erlaubt	nicht erlaubt	nicht erlaubt

Legende: 🔴 nicht erlaubt · 🔵 erlaubt · 🔴🔵 in Begleitung eines Personensorgeberechtigten (§ X Abs. X)

1. Bestimmungen des Jugendschutzgesetzes

Durch die Einhaltung dieser Bestimmungen sollen Kinder und Jugendliche vor sittlichen und gesundheitlichen Gefahren (durch Alkohol und Nikotin) und vor Verwahrlosung geschützt werden. Zur Feststellung des Alters kann sich der Wirt den Ausweis vorlegen lassen.
Das Jugendschutzgesetz gilt nicht für verheiratete Jugendliche.

Der Wirt ist verpflichtet,
- ein Exemplar des Gesetzestextes in den Galerien in deutlich erkennbarer Form auszuhängen und
- für die Einhaltung der Bestimmungen zu sorgen. In Zweifelsfällen muss der Wirt das Alter der Gäste überprüfen. Verstöße gegen das Jugendschutzgesetz können mit hohen Geldbußen geahndet werden.

Der Aufenthalt in Gaststätten ist Kindern und Jugendlichen bis 16 Jahren nur gestattet, wenn sie ein Erziehungsberechtigter begleitet.

Erziehungsberechtigt im Sinne dieses Gesetzes ist
- jede Person, der allein oder mit einer anderen Person nach den Vorschriften des Bürgerlichen Gesetzbuches die Personensorge zusteht (Eltern, Vormund);
- jede sonstige Person über 18 Jahre, soweit sie aufgrund einer Vereinbarung mit dem Personensorgeberechtigten Aufgaben der Personensorge wahrnimmt oder soweit sie das Kind oder den Jugendlichen im Rahmen der Ausbildung betreut (Lehrer und Ausbilder).

6 Haftungsbestimmungen

6.1 Schadenshaftung des Schankwirtes und des Beherbergungswirtes

Es ist zwischen Schankwirt und Beherbergungswirt zu unterscheiden. Der Schankwirt haftet nur für eigenes Verschulden und für das Verschulden seines Personals. Die Pflicht zur Haftung besteht auch, wenn noch kein Vertrag zwischen Gast und Wirt zustande kam, z. B. beim Betreten des Gastraumes oder bei im Voraus angeliefertem Gepäck (vorvertragliche Haftung). Ein Verschulden liegt auch vor, wenn Einrichtungsgegenstände oder Geräte, die der Gast benutzt, nicht in Ordnung oder unfallträchtig sind.

6.2 Produkthaftung

Das Produkthaftungsgesetz sieht eine verschuldensunabhängige Gefährdungshaftung vor. Danach haftet der Endprodukthersteller (der Wirt) für die Schadensfolgen, auch wenn der Fehler im Grundstoff oder Teilprodukt liegt (Beispiel: Der Wirt haftet für die Gesundheitsschäden, die ein Gast durch vergiftete Soße erleidet, obwohl das Soßenpulver der Firma XY das Gift enthielt). Speisen und andere Zubereitungen fallen unter den Begriff Produkt.

6.3 Verkehrssicherungspflicht

Der Gastwirt ist verpflichtet, alle zugänglichen Grundstücksflächen, Zugänge und Räume so zu sichern (z. B. durch Beleuchtung im Gebäude und in den Außenanlagen), dass für den Gast evtl. drohende Gefahren abgewendet werden. Besondere Beachtung ist hier auf das Verhalten von alkoholisierten Personen zu richten.

6.4 Garderobenhaftung

Die gesetzliche Haftung des Gastwirts (§ 710 ff. BGB) hat nur Bedeutung für den Beherbergungswirt.
Den Betreiber einer Schank- und Speisewirtschaft treffen Verwahrungspflichten an dem von seinen Gästen eingebrachten Gut, z. B. der Garderobe, allenfalls als Nebenverpflichtung, wenn dem Wirt ein Verschulden nachgewiesen werden kann.
Dies liegt vor, wenn die Gaststätte keine Ablagemöglichkeiten für die Garderobe im Gastraum anbietet und somit dem Gast die Möglichkeit nimmt, seine Garderobe selbst zu beobachten.
Dies wäre der Fall, wenn die Garderobe nur in einem vom Gastraum getrennten unbewachten Nebenraum abgelegt werden kann. Eine Haftung entsteht auch dann, wenn das Bedienungspersonal dem Gast die Garderobe abnimmt und in eine Garderobenanlage verbringt und dafür eine Gebühr verlangt. Eine Haftung entfällt, wenn der Gast die Garderobe beobachten kann. Es ist unerheblich, ob ein Schild mit der Aufschrift „Für Garderobe wird nicht gehaftet" angebracht ist oder nicht. Lediglich der Beherbergungswirt haftet für die Garderobe seines Gastes, die dieser ihm für einen bestimmten Zeitraum zur Obhut übergibt, z. B. wenn der angereiste Gast zunächst im Restaurant eine Mahlzeit einnehmen will und deswegen seine Garderobe dem Hotelier bzw. dessen Beauftragten zur Aufbewahrung übergeben hat (= eingebrachte Sachen).

1. Worin unterscheiden sich die Haftungsbestimmungen zwischen Schankwirt und Beherbergungswirt?

Der Beherbergungswirt haftet gegenüber dem Gast in gewissen Fällen auch für Schäden, für die ihn oder sein Personal keine Schuld trifft (strenge Haftung).

In der Höhe unbeschränkte Haftung tritt ein:
- Für Schäden, die der Wirt oder sein Personal (im Dienst) verursachen (Körper- und Sachschäden).
- Für Schäden an Gegenständen, die zur Aufbewahrung übernommen wurden oder bei denen unberechtigterweise die Abwehrung abgelehnt wurde, sowie für deren Verlust. Der Wirt darf die Aufbewahrung ablehnen bei sperrigen, gefährlichen oder für das betreffende Haus zu kostbaren Gegenständen. Er kann verlangen, dass der Gast ihm die aufzubewahrenden Sachen in einem versiegelten und verschlossenen Behältnis übergibt.
- Für Schäden und Verlust z. B. von im Voraus angeliefertem oder nach Abreise zurückgebliebenem Gepäck, wenn Personal es in seine Obhut übernommen hat, das dazu bestellt ist.

In der Höhe beschränkte Haftung in allen übrigen Fällen
Sie ist auf das 100fache des Bettenpreises pro Gast und Nacht (mindestens 600,00 € und höchstens 3.500,00 € pro Gast) begrenzt. Die Haftung für Geld, Wertpapiere und Kostbarkeiten ist auf 800,00 € pro Gast und Nacht beschränkt.

Keine Haftung ist vorgesehen bei
- nicht eingebrachten Sachen wie z. B. Kraftfahrzeuge und deren Inhalt,
- lebenden Tieren,
- Dingen, die der Gast an anderen als den üblichen Orten ablegt, z. B. Brieftasche in der Telefonzelle oder Toilette.

1. Strenge Schadenshaftung des Beherbergungswirts nach § 701 BGB

7 Sonstige Rechtsvorschriften

7.1 Fundsachen – verloren oder liegen gelassen

Fundsachen – verloren oder liegen gelassen

Liegen gelassene Sachen
Häufig bleiben Gegenstände liegen, die dem Gast gehören. Liegen gelassene Sachen werden entdeckt (nicht gefunden). Beispiel: Das Zimmermädchen entdeckt im Hotelzimmer einen Geldschein.

Behandlung von liegen gelassenen Sachen
- Der Entdecker muss den Gegenstand dem Wirt übergeben (in größeren Häusern am Empfang abgeben).
- Der Wirt muss den Gast benachrichtigen.
- Der Wirt muss den Gegenstand sorgfältig und kostenlos aufbewahren, bis sich der Eigentümer meldet (nach sechs Monaten wie Fundsache behandeln).
- Kein „Finderlohn", nur Ersatz der eventuell entstandenen Kosten (z. B. Porto, Telefongebühren).
- Wenn sich der Eigentümer der liegen gelassenen Sache innerhalb von sechs Monaten nicht meldet bzw. nicht ermittelt werden kann, muss der Wirt den Fund bei der Polizei melden. Sechs Monate nach der Meldung wird der Wirt Eigentümer.

Verlorene Sachen
Als verloren gelten Gegenstände, wenn sie dem Eigentümer unfreiwillig „entfallen" und deshalb „herrenlos" irgendwo liegen. Beispiel: Ein Ohrring wird auf dem Fußboden der Toilette gefunden.

Behandlung von gefundenen Sachen
- Der Finder muss den Gegenstand dem Wirt übergeben bzw. am Empfang abgeben.
- Der Wirt muss den Verlierer benachrichtigen oder den Fund bei der Polizei (Fundbüro) anmelden (mit Angabe es Finders).
- Der Wirt muss die Sache angemessen aufbewahren.
- Der Wirt muss die Sache dem Eigentümer herausgeben.
- Der Finder hat Anspruch auf Finderlohn und Kostenersatz.
- Wenn sich der Verlierer innerhalb von sechs Monaten nach der Meldung bei der Polizei nicht meldet, wird der Finder Eigentümer der Sache.

7.2 GEMA/Schutz der Urheberrechte

Die Erlaubnis zu öffentlichen Tanzveranstaltungen (nur in einigen Bundesländern) und Schaustellung von Personen ist je nach Bundesland beim Landratsamt, Ordnungsamt oder der örtlichen Polizeibehörde einzuholen. Die Erlaubnis ist gebührenpflichtig.

Zum Schutz der Urheberrechte wurden Gesellschaften gegründet, die für die geschützten Rechte beim Nutzer Gebühren erheben und an die Beteiligten weiterleiten:

GEMA	GLV	VG-Wort
Gesellschaft für musikalische Aufführungs- und mechanische Vervielfältigungsrechte	Gesellschaft zur Verwertung von Leistungsschutzrechten	Verwertungsgesellschaft Wort

An die GEMA sind bei entsprechenden Veranstaltungen neben den GEMA-Gebühren die Gebühren für die anderen Verwertungsgesellschaften abzuführen.
Sie betragen jeweils 20 % der GEMA-Gebühren. Die Höhe der Gebühren ist je nach Veranstaltungsort und -umfang tariflich geregelt und wird im Bundesanzeiger veröffentlicht.
Der Wirt muss vor der Veranstaltung die Genehmigung zur Wiedergabe urheberrechtlich geschützter Werke einholen und danach eine Liste der genutzten Werke abgeben. Die GEMA nimmt die Interessen der Berechtigten (z. B. Komponisten, Textdichter) wahr. Sie ist verpflichtet, jedermann auf Verlangen die Nutzungsrechte zu angemessenen Bedingungen einzuräumen.

7.3 Glücksspiele

Nach § 284 Strafgesetzbuch wird mit Geldstrafe oder Gefängnis bis zu zwei Jahren bestraft, wer „öffentlich, ohne Erlaubnis" Glücksspiele veranstaltet.
Erlaubt ist das Spielen ohne Einsatz oder um einen geringen Geldwert. Glücksspiele sind z. B. Kartenglücksspiele wie Poker, Würfelspiele oder Lotteriespiele. Ihr Verbot bezieht sich nicht nur auf die Veranstaltung, sondern auch auf die Bereitstellung von Spielgeräten (Karten, Würfel), auf das Dulden und auf die Teilnahme.
Für Lotteriespiele muss eine Genehmigung der zuständigen Behörde eingeholt und eine Lotteriesteuer entrichtet werden.
Geschicklichkeitsspiele wie Skat oder Doppelkopf bedürfen keiner Erlaubnis, wenn keine hohen Eintrittsgelder oder Sachgewinne gefordert bzw. ausgespielt werden.
Roulette, Bakkara oder Black Jack und ähnliche Glücksspiele sind nur in Betrieben mit Ausnahmegenehmigung gestattet (Spielbanken). Auch wer gewerbsmäßig genehmigte mechanische Spielgeräte aufstellt, bei denen eine Gewinnausschüttung möglich ist, benötigt eine Genehmigung der Ortspolizeibehörde. Die Einnahmen der Aufsteller sind steuerpflichtig. Der Wirt, der solche Spielgeräte in seinem Lokal aufstellt, darf das Spielen an diesen Geräten nur Erwachsenen gestatten.

1. Worin unterscheidet sich das Pfandrecht des Schankwirtes vom Pfandrecht des Beherbergungswirtes?
2. Nennen Sie Inhalt, maximale Dauer und Regelungen bei der Kündigung von Bierlieferungsverträgen.

7.4 Preisangabenverordnung

> **§**
>
> Die Position des Verbrauchers soll durch die Möglichkeit des Preisvergleichs gestärkt werden. Grundlage hierzu ist die Preisauszeichnung, die der Preisklarheit und der Preiswahrheit gegenüber Gästen und Kunden dient.
> Zur Preisangabe ist jeder verpflichtet, der Waren oder Leistungen gegenüber Letztverbrauchern anbietet oder hierfür wirbt. Anzugeben sind jeweils die gültigen Endpreise einschließlich Bedienung, sonstiger Bestandteile (z. B. Konzertzuschlag) und gesetzlicher Umsatzsteuer (Mehrwertsteuer). Das Speisen- und Getränkeangebot eines Betriebes ist in die Speise- und Getränkekarte aufzunehmen. Diese müssen als Preisverzeichnisse entweder in ausreichender Zahl auf den Tischen aufliegen oder jedem Gast vor Entgegennahme der Bestellung ausgehändigt werden.
>
> Anzugeben sind jeweils die gültigen Endpreise einschließlich Bedienung, sonstiger Bestandteile (z. B. Konzertzuschlag) und gesetzlicher Umsatzsteuer (Mehrwertsteuer).
> Auf Verlangen sind sie auch bei der Abrechnung vorzulegen. Außerdem müssen Gaststättenbetriebe neben dem Eingang zur Gaststätte ein Preisverzeichnis anbringen, aus dem die Preise für wesentliche Getränke und für Gedecke und Tagesgerichte ersichtlich sind.
> Selbstbedienungsgaststätten, Erfrischungshallen, Kioske und Bierzelte müssen umfassende Preisverzeichnisse so anbringen, dass die Gäste sich leicht informieren können.
> In jedem Beherbergungsbetrieb ist ein Preisverzeichnis an einer gut sichtbaren Stelle z. B. Rezeption, anzubringen, aus dem Zimmerpreise und sonstige Leistungen (Frühstück, Halbpension, Telefongebühr) ersichtlich sind.

1. In Anlehnung an Preisangabenverordnung (PAngV)

7.5 Unlauterer Wettbewerb

> **§**
>
> Als unlauteren Wettbewerb bezeichnet man ein Verhalten im Wirtschaftsverkehr, durch das mit unzulässigen Mitteln versucht wird, sich einen ungerechtfertigten Vorsprung vor den Konkurrenten zu verschaffen. Deshalb ist er gesetzlich verboten. Alle Werbemaßnahmen und Wettbewerbsmaßnahmen, die gegen gute Sitten verstoßen, sind unlauter.
> - Gästefang durch Verlockung, z. B. unwahre und unbeweisbare Behauptungen wie „bestes Haus der Stadt" und ähnliche Renommierangaben.
> - Irreführung des Gastes durch Warenunterschiebung, z. B. falsche Warenbezeichnung (Riesling-Silvaner statt Müller-Thurgau), falsche Herkunftsbezeichnung (Helgoländer Hummer statt Hummer aus dem Mittelmeer), falsche Qualitätsbezeichnung (Kraftbrühe statt Fleischbrühe oder Fruchtsaft statt Fruchtsaftgetränk).
>
> - Ausbeutung fremder Leistung, z. B. durch Bestechung von Beschäftigten der Konkurrenz mit Schmiergeldern, um Geschäftsgeheimnisse zu erkunden.
> - Anstößige und diskriminierende Werbung oder Marketingmaßnahmen durchführen.
> - Anschwärzen von Konkurrenten, z. B. Schädigung des Ansehens durch üble Nachrede über Geschäft, Inhaber und Beschäftigte.
> - Benutzen von fremden Firmen- und Markenzeichen, ohne eine Genehmigung einzuholen.
>
> Gegen unlauteren Wettbewerb können Betroffene (eventuell auch Wirtschafts- und Verbraucherverbände) auf Unterlassung klagen. Schuldhafte Verstöße sind strafbar und können zu Schadenersatzansprüchen führen.

2. In Anlehnung an Gesetz gegen den unlauteren Wettbewerb (UWG)

7.6 Garantieregelung

> **§**
>
> **Zwei Jahre Garantie sind Pflicht**
> **Gewährleistungspflicht**
> Seit dem 1. Januar 2002 werden Verkäufer (Hersteller und Händler) durch ein neues Schuldrecht stärker in die Pflicht genommen. Die Gewährleistungspflicht für Neuwaren wird von sechs Monaten auf eine EU-einheitliche Mindestdauer von zwei Jahren verlängert. Der Käufer hat in diesem Zeitraum Anspruch auf „Nacherfüllung", das heißt ein bis zwei Nachbesserungsversuche oder die Nachlieferung ordnungsgemäßer Ware. Nur wenn die gewählte Alternative unverhältnismäßig teuer wäre, darf der Verkäufer auf die andere ausweichen. Sind die Versuche fehlgeschlagen, kann der Käufer die Erstattung des Kaufpreises oder einen Preisnachlass verlangen. Für die Nacherfüllung ist zu empfehlen, sofort eine Frist zu setzen. Nach dieser Frist kann schon bei leichter Nachlässigkeit des Verkäufers Schadenersatz für Ersatzbeschaffung und Reparatur gefordert werden.
>
> **Beweislastumkehr**
> 1. Der Käufer muss nicht mehr die Nachlässigkeit des Verkäufers beweisen, der Verkäufer muss den Vorwurf widerlegen.
> 2. Der Gesetzgeber geht in den ersten sechs Monaten ab dem Kaufdatum davon aus, dass ein Mangel, der in dieser Zeit auftritt, von Anfang an vorhanden war. Ist der Verkäufer anderer Ansicht, muss er belegen, dass mit der Ware beim Kauf noch alles in Ordnung war. Den Käufer trifft die Beweispflicht erst ab Beginn des siebten Monats.
>
> **Rechtslage bei Gebrauchtwaren**
> Nach Gesetz gilt auch hier die Zweijahresfrist. Die Gewährleistung darf jedoch vertraglich auf sechs Monate begrenzt werden. Ein Haftungsausschluss ist allerdings nicht mehr möglich. Für Verträge zwischen Privatpersonen gelten diese Regelungen allerdings nicht.

3. In Anlehnung an Bürgerliches Gesetzbuch (BGB)

8 Schankanlagen

Für den Betrieb von Schankanlagen sind die europäische Lebensmittelhygieneverordnung (852/2004), die Betriebssicherheitsverordnung bzw. das Arbeitsschutzgesetz gültig.

8.1 Gefährdungsbeurteilung

Der Betreiber einer Schankanlage ist verpflichtet, eine Gefährdungsbeurteilung (Bild 1) durchzuführen. Er kann sich z. B. von externen Dienstleistern unterstützen lassen. Bei technischen Änderungen muss die Beurteilung an der Anlage erneut durchgeführt werden.
Überprüfung der Anlage:
1. Prüfungen auf offensichtliche Mängel durch Sichtprüfung und einfache Funktionsprüfung
2. Prüfungen vor Inbetriebnahme der Schankanlage aufgrund § 10 Betriebssicherheitsverordnung

Wiederkehrende Prüfungen an sicherheitsrelevanten Arbeitsmitteln, wie beispielsweise der Druckgasversorgung, der Strom führenden Teile, der Kälteanlage und evtl. dem Reinigungsgerät. Die Ergebnisse der Prüfungen sind aufzuzeichnen.

In der Überprüfung ermittelt der Betreiber alle Daten, die für einen kontinuierlichen, sicheren Umgang mit Schankanlagen notwendig sind. Nach dem Stand der Technik ist für eine Prüfung ein Intervall von 2 Jahren empfehlenswert.

8.2 Reinigung der Anlage

In der gültigen europäischen Lebensmittelhygieneverordnung ist festgelegt, dass Reinigung und Desinfektion so häufig durchgeführt werden müssen, dass kein Kontaminationsrisiko besteht (Bild 2).
Für die Reinigung von Getränkeschankanlagen gilt die DIN-Norm 6650-6 Getränkeschankanlagen – Anforderungen an Reinigung und Desinfektion.
Die Reinigung der Getränkeschankanlagen fällt in den Bereich des allgemeinen Hygienerechts. Das bedeutet, dass der Gastronom dafür Sorge tragen muss, dass seine Gäste nur hygienisch einwandfreie Produkte/Getränke erhalten. Die Reinigung der Getränkeschankanlage steht grundsätzlich in der eigenen Verantwortung des Gastronomen. Orientierungswerte für Reinigungsintervalle sind in der unten stehenden Tabelle angegeben.
Da es sich um „freiwillige Regeln" handelt, ist grundsätzlich kein Gastronom verpflichtet, innerhalb dieser Intervalle eine Reinigung vorzunehmen. Sollte es jedoch zu gerichtlichen Auseinandersetzungen kommen, wird die DIN-Norm herangezogen.

> **Beispiel:** Gefährdung durch Druckgasversorgung (CO_2)
> **Situation:**
> Raum für die Aufstellung von Druckgasbehälter mit z.B. 15 m² Grundfläche.
> **Berechnung:**
> Raumgröße:
> 15 m² x 2,10 Höhe = 31,5 m³ Raumvolumen
> **Druckgasbehälter:**
> 10 kg CO_2 = 5 m³ Raumvolumen
> **Formel:**
> Gaskonzentration in % =
> Gasvolumen: Raumvolumen x 100
> **Konzentration:**
> X = 5 m³ : 31,5 m³ x 100 = 15,87 = **16 %**
> **Folgen:** Bei einem Defekt an der Druckgasleitung besteht in dem Raum akute Lebensgefahr durch die hohe Konzentration an Kohlendioxid (CO_2). Ein Gaswarngerät oder eine von einer Fachfirma berechnete Be- und Entlüftung ist zwingend notwendig.

1. Gefährdungsbeurteilung am Beispiel: Gefährdung durch Druckgasversorgung (CO_2)

Getränk	Intervall
Fruchtsaft, Fruchtnektaren Fruchtsaftgetränke	alle 7 Tage
Bier (außer alkoholfreies)	alle 7 Tage
Stilles Wasser, alkoholfreies Bier	1 – 7 Tage
Wein, kohlensäurehaltige, alkoholfreie Erfrischungsgetränke	täglich

2. Orientierungswerte für Reinigungsintervalle nach DIN 6650-6 für Schankanlagen

Datum	Leitung	Bauteile	Chemische Reinigung		Chemisch-mechanische Reinigung		Reinigungsmittel	Durchgeführt durch:	Unterschrift
			alkalisch	sauer	alkalisch	sauer			
15. Mai 20..	1 – 5	Zapfkopf, Zapfhahn			X		Mustermittel (A)	Herr Schneider	
20. Mai 20..	1 – 5	Zapfkopf, Zapfhahn		X			Mustermittel (S)	Frau Schulze	
25. Mai 20..	1 – 5	Zapfkopf, Zapfhahn			X		Mustermittel (A)	Herr Schneider	

3. Reinigungsnachweis der Schankanlage

9 Verträge im Gastgewerbe

9.1 Miet- und Pachtverträge

Im Mietvertrag verpflichtet sich der Vermieter, dem Mieter den Gebrauch der Sache zu gewähren. Im Pachtvertrag gewährt der Verpächter dem Pächter zusätzlich die Erträge („Früchte"), soweit sie nach den Regeln einer ordnungsgemäßen Wirtschaft als Ertrag anzusehen sind. Eine Wohnung wird daher gemietet, ein Betrieb gepachtet.
Rechtliche Folgen:
- Der Vermieter/Verpächter bleibt Eigentümer.
- Der Mieter/Pächter muss die Sache pfleglich behandeln.
- Eine Untervermietung oder -verpachtung bedarf der Zustimmung des Vermieters bzw. Verpächters.
- Die Kündigungsfrist eines Mietvertrages beträgt meist nicht mehr als ein Vierteljahr zum Quartalsende. Kündigungen von Pachtverträgen sind nur zum Ende des Pachtjahres zulässig.

9.2 Leasing-Verträge

Im Gastgewerbe erfolgt Leasing z. B. bei Wäsche, Maschinen und Fahrzeugen. Die Gegenstände werden auf Zeit gemietet. Wäsche wird von der Leasing-Firma auch gepflegt, Maschinen werden zum Teil kostenlos gewartet und repariert. Weitere Vorteile:
- geringerer Kapitalbedarf, da die Anschaffungskosten entfallen oder gering sind,
- volle steuerliche Absetzbarkeit der Leasing-Raten im laufenden Geschäftsjahr,
- keine Probleme beim Austausch z. B. gebrauchter EDV-Geräte gegen neue, moderne Anlagen.

9.3 Franchising-Verträge

Zwei Unternehmen gehen beim Franchising eine sehr enge Zusammenarbeit ein, bleiben aber rechtlich und finanziell unabhängig (Bild 1).

9.4 Bewirtungsvertrag

Kommt es zur Bestellung und Bestellungsannahme, ist der Bewirtungsvertrag geschlossen. Der Wirt ist zur Lieferung in einer angemessenen Zeit und in einwandfreier Qualität verpflichtet. Bei mangelhafter Lieferung hat der Gast ein Recht auf Wandlung, Ersatzlieferung oder Minderung. Bei einwandfreier Lieferung muss der Gast die Speisen und Getränke annehmen und bezahlen.
Was der Gast nicht verzehrt oder nicht mitnimmt, gehört dem Wirt. Kassiert werden kann sofort nach der Lieferung oder vor dem Verlassen der Gaststätte. Bei Bewirtungsverträgen ist Stundung nicht üblich (Ausnahmen: Hotelgäste, Reisegesellschaften, bei Sonder- oder Festveranstaltungen, wenn eine Gesamtrechnung erstellt wird). Ist ein Gast gewillt zu zahlen, kann dies aber im Moment nicht, ist der Betrag zu stunden, wenn Name und Adresse bekannt sind. Es darf kein Pfand gegen den Willen des Gastes einbehalten werden (Gegensatz zum Beherbergungswirt). Die Verjährungsfrist für Zechschulden beträgt zwei Jahre vom Jahresschluss an gerechnet.

9.5 Zechprellerei

Sie liegt vor, wenn der Gast sich vor der Zahlung seiner Schuld drückt oder dies versucht. Zechprellerei ist ein Betrugsdelikt. Die Absicht muss nachgewiesen werden. Wenn der Gast nicht zahlen kann oder will und Name und Adresse nicht bekannt sind, so ist es am besten, die Polizei zu verständigen. In diesem Fall darf der Gast bis zum Eintreffen der Polizei festgehalten werden.

Der Franchise-Geber	Der Franchise-Nehmer
- stellt die Geschäftsidee, das Know-how und das geschützte Warenzeichen zur Verfügung - liefert ein komplettes, durchdachtes und am Markt erprobtes Betriebskonzept - entwickelt das Konzept ständig weiter - bietet Anschluss an ein eingeführtes Reservierungssystem/eine Verkaufsorganisation - bietet betriebswirtschaftliche und technische Unterstützung bei der Planung, der Finanzierung und beim Geschäftsablauf - hilft, Personal zu finden und weiterzubilden - organisiert einen günstigen Einkauf der Betriebseinrichtung und der benötigten Waren - kontrolliert die präzise gefassten Vorgaben (Erscheinungsbild, Qualität, Arbeitsablauf) - unterstützt den Absatz durch ausgeklügelte und umfangreiche Werbemaßnahmen	- schließt sein selbstständiges Unternehmen dem Unternehmen des Franchise-Gebers an - verpflichtet sich, das Betriebskonzept zu übernehmen (Produktpalette, Erscheinungsbild des Personals und des Betriebs, Qualitätsstandards usw.) - bezahlt eine einmalige Aufnahmegebühr - bezahlt einen bestimmten Umsatzanteil als Franchising-Gebühren - bezahlt einen Anteil an den Werbungskosten - nimmt an Erfahrungs-Austausch-Tagungen, die unter der Leitung des Franchise-Gebers für die Franchise-Nehmer organisiert werden, teil - gestattet die umfangreichen und detaillierten Kontrollmaßnahmen in seinem Betrieb - stellt die Betriebskennzahlen zur Verfügung

1. Besonderheiten des Franchising-Vertrags, Leistungen des Franchise-Gebers und Franchise-Nehmers

9.6 Beherbergungsvertrag

Der Beherbergungsvertrag kommt zustande, wenn ein Gast oder Reiseveranstalter das Angebot des Beherbergungswirtes annimmt oder der Wirt die Bestellung des Gastes annimmt.
Durch diese zwei übereinstimmenden Willenserklärungen, die zur Beweissicherung am besten schriftlich erfolgen, kommt der Vertrag zustande.
Der Beherbergungsvertrag ist ein gemischtypischer Vertrag, da dieser nicht als eigenständiger Vertrag im BGB verankert ist.

Der Beherbergungsvertrag besteht z. B aus:
- **Mietvertrag**
  Vermietung des entsprechenden Zimmers
- **Werkvertrag**
  Bereitstellung des Wellnessbereiches
- **Kaufvertrag**
  Entnahme von Artikeln, z. B. Minibar
- **Dienstvertrag**
  Der Hotelbetrieb hat Mitarbeiter angestellt
- **Verwahrungsvertrag**
  Einlagerung von Garderobe oder Schmuck

Ein gültiger Vertrag muss erfüllt werden. Der Hotelier z. B. muss das Zimmer bereitstellen und der Gast muss dieses annehmen, wenn dieses mit der beworbenen Hotelkategorie übereinstimmt. Nimmt der Gast das Zimmer nicht an, so kann der Wirt den Zimmerpreis abzüglich der Einsparungen (Wäsche, Frühstück) in Rechnung stellen. Dies ist auch bei frühzeitiger Abbestellung möglich, wenn das Zimmer nicht mehr vermietet werden kann. Bei Auseinandersetzungen ist der Gerichtsstand der Standort des Hotels.

Zimmerpreise
Nach der Preisangabenverordnung sind folgende Punkte zu beachten:
Die Preise sind an einer öffentlich gut sichtbaren Stelle in der Hotelhalle oder Rezeption anzubringen. Die Kategorie der Zimmer und der entsprechende Preis müssen ebenfalls angegeben werden.
Die Preise sind immer als Endpreise inklusive aller Zuschläge anzugeben.
Telefongebühren müssen ebenfalls in Cent pro Einheit angegeben werden.

9.6.1 Rechte und Pflichten von Gast und Hotelier
Bei Abschluss eines Beherbergungsvertrages
verpflichtet sich der Gast:
- zur Annahme der Leistung und Bezahlung am Ende des Aufenthaltes.
- zur Zimmernutzung nur durch die im Vertrag genannten Personen.
- die Zimmereinrichtung pfleglich zu behandeln.
- das Zimmer nicht an andere Personen weiter- oder unterzuvermieten.
- am Abreisetag das Zimmer gemäß den Vertragsbedingungen pünktlich, z. B. spätestens bis 12:00 Uhr, zu räumen.
- den vereinbarten Preis zu zahlen.

verpflichtet sich der Hotelier:
- das vereinbarte Zimmer mit allen vertraglich festgelegten Punkten zu einem bestimmten Zeitpunkt bereitzustellen.
- einen ordnungsgemäßen Zustand der Zimmer und der Einrichtung entsprechend der Klassifizierung und der Gasterwartung bereitzustellen.
- bei Störungen, z. B. Überbuchung der Zimmer, alternativ einen gleichwertigen Ersatz bereitzustellen.

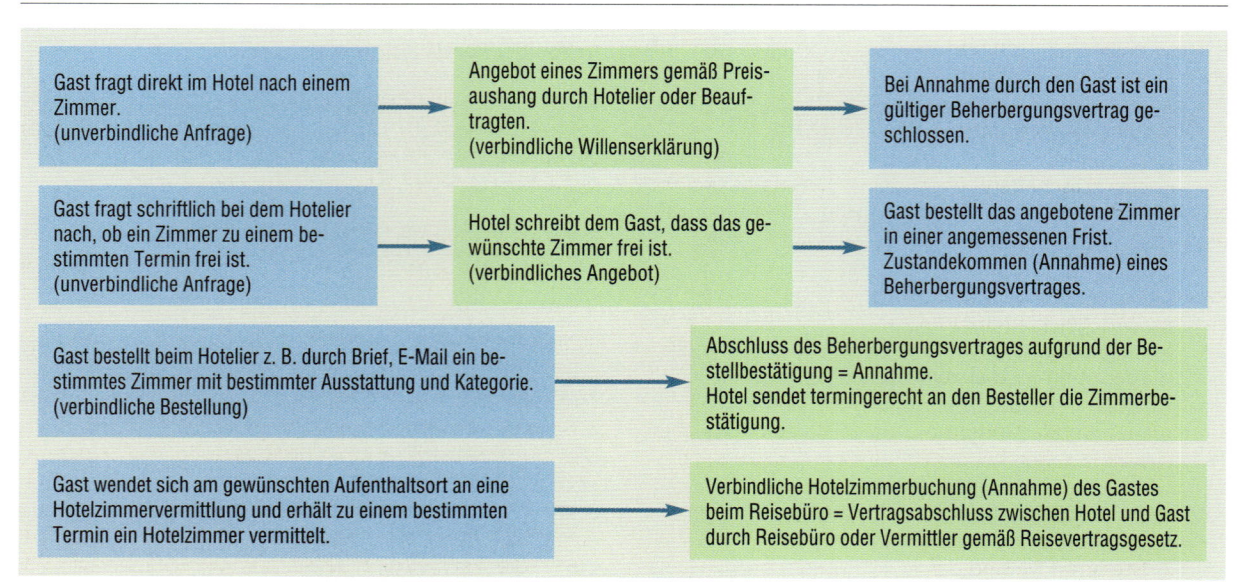

Gast fragt direkt im Hotel nach einem Zimmer. (unverbindliche Anfrage)	Angebot eines Zimmers gemäß Preisaushang durch Hotelier oder Beauftragten. (verbindliche Willenserklärung)	Bei Annahme durch den Gast ist ein gültiger Beherbergungsvertrag geschlossen.
Gast fragt schriftlich bei dem Hotelier nach, ob ein Zimmer zu einem bestimmten Termin frei ist. (unverbindliche Anfrage)	Hotel schreibt dem Gast, dass das gewünschte Zimmer frei ist. (verbindliches Angebot)	Gast bestellt das angebotene Zimmer in einer angemessenen Frist. Zustandekommen (Annahme) eines Beherbergungsvertrages.
Gast bestellt beim Hotelier z. B. durch Brief, E-Mail ein bestimmtes Zimmer mit bestimmter Ausstattung und Kategorie. (verbindliche Bestellung)		Abschluss des Beherbergungsvertrages aufgrund der Bestellbestätigung = Annahme. Hotel sendet termingerecht an den Besteller die Zimmerbestätigung.
Gast wendet sich am gewünschten Aufenthaltsort an eine Hotelzimmervermittlung und erhält zu einem bestimmten Termin ein Hotelzimmer vermittelt.		Verbindliche Hotelzimmerbuchung (Annahme) des Gastes beim Reisebüro = Vertragsabschluss zwischen Hotel und Gast durch Reisebüro oder Vermittler gemäß Reisevertragsgesetz.

1. Möglichkeiten des Zustandekommens von Beherbergungsverträgen

> §
>
> 1. Wird ein Hotelzimmer bestellt, zugesagt oder bei kurzfristiger Bestellung bereitgestellt, so ist ein Gastaufnahmevertrag zustande gekommen.
> 2. Der Abschluss eines Gastaufnahmevertrages verpflichtet die Vertragspartner für die gesamte Dauer des Vertrages zur Erfüllung der gegenseitigen Verpflichtungen daraus.
> 3. Verpflichtung des Gastwirtes ist es, das Zimmer entsprechend der Bestellung bereitzuhalten.
> 4. Verpflichtung des Gastes ist es, den Preis für die Zeit (Dauer) der Bestellung des Hotelzimmers zu bezahlen.
> 5. Nimmt ein Gast das bestellte Hotelzimmer nicht in Anspruch, so bleibt er rechtlich verpflichtet, den Preis für die vereinbarte Hotelleistung zu bezahlen, ohne dass es auf den Grund der Verhinderung ankommt. Dabei müssen nur tatsächliche Einsparungen des Betriebes abzuziehen sein. Die Einsparungen des Betriebes betragen erfahrungsgemäß bei der Übernachtung 20 %, bei Halbpensionsverträgen 30 %, bei Vollpensionsverträgen 40 % des vereinbarten Preises.
> 6. Kann der Gastwirt das in Anspruch genommene Zimmer anderweitig vergeben, so entfällt die Verpflichtung des Gastes zur Bezahlung der anderweitig erzielten Einnahmen für diesen Zeitraum.
> 7. Der Gastwirt hat einen Anspruch auf Barzahlung aller Leistungen vor Abreise und dementsprechend ein gesetzliches Pfandrecht an den eingebrachten Sachen des Gastes.
> 8. Gerichtsstand ist der Betriebsort, da auch im Falle einer Nichtbeanspruchung des Zimmers die Leistungen aus dem Gastaufnahmevertrag am Ort des Betriebes zu erbringen sind.

1. Rechtslage bei der Bestellung von Hotelzimmern in Anlehnung an Bürgerlichs Gesetzbuch (BGB)

9.6.2 Gesetzliche Bestimmung zum Meldewesen für Beherbergungsgäste

Durch das Meldewesen soll die Fahndungstätigkeit der Polizei nach gesuchten Personen unterstützt werden. Die Meldepflicht des Beherbergungswirtes ist nach Landesrecht verschieden geregelt.

Einige Bundesländer verlangen die Ausfüllung des Meldescheines, andere nur die Führung eines Meldeverzeichnisses oder Fremdenbuches.

Bei der Ankunft werden vom Gast im Meldeschein Angaben zur eigenen Person und zum Partner eingetragen und durch Unterschrift bestätigt. Minderjährige Kinder werden nur der Zahl nach auf demselben Meldeschein vermerkt. Der Wirt hat den Ankunftstag einzutragen.

Bei Reisegesellschaften über zehn Personen werden die Reisenden auf dem Meldeschein des Reiseleiters zahlenmäßig mit Angabe ihrer Staatsangehörigkeit erfasst.

Gäste, die das Ausfüllen oder Unterschreiben verweigern, hat der Wirt der Polizei zu melden. Gäste, die länger als zwei Monate bleiben, haben sich bei der Einwohnermeldebehörde selbst an- und abzumelden.

In manchen Bundesländern muss der Meldeschein innerhalb von 24 Stunden bei der Polizei eingegangen sein.

Andere Bundesländer fordern nur die Aufbewahrung der laufend nummerierten Meldescheine und die Eintragung des Abreisetages. Sie sind der Polizei auf Anforderung vorzulegen. Die vorgeschriebene Aufbewahrungsfrist beträgt je nach Bundesland zwei bis vier Jahre.

9.7 Reisevertragsrecht (BGB)

Das Reisevertragsrecht ist im § 651a ff. festgelegt (→ 544). Wie der Beherbergungsvertrag ist der Reisevertrag ein gemischter Vertrag.

Es wird unterschieden nach:
- Einzelreisen
- Gruppenreisen
- Sonderfahrten
- Pauschalreisen
- Pauschalkuren
- Ausflugsreisen

Bietet ein Hotel beispielsweise zusätzlich zur Übernachtung Ausflüge mit Transfer und weiteren Angeboten zu einem Gesamtpreis an, so ist das Hotel im Sinne des BGB der Reiseveranstalter für dieses Angebot.

Der Gast hat ein Rücktrittsrecht (§ 651i BGB) von der gebuchten Reise und der Anbieter hat ein Entschädigungsrecht (→ 544).

Ist das Hotel im Sinne des BGB der Reiseveranstalter, so muss der Gast bei der Buchung einer angebotenen Pauschalreise über die Möglichkeiten einer Reisekostenrücktritts-Versicherung aufmerksam gemacht machen. Wird dies vernachlässigt, so kann der Gast mögliche Schadensersatzansprüche geltend machen.

Dem Gast muss der Reisepreis zurückerstattet werden, wenn die Reiseleistung durch Zahlungsunfähigkeit des Reiseveranstalters nicht ermöglicht wurde (→ 544).

Tage vor Reisebeginn	Höhe der Entschädigung
bis 30. Tag vor Reisebeginn	4 % des Reisepreises
28.–22. Tag vor Reisebeginn	8 % des Reisepreises
21.–15. Tag vor Reisebeginn	25 % des Reisepreises
14.–7. Tag vor Reisebeginn	40 % des Reisepreises
6 Tage vor Reisebeginn	50 % des Reisepreises
am Reisetag	80–90 % des Reisepreises

1. Pauschale Entschädigung des Reiseveranstalters bei Absage des Reisenden

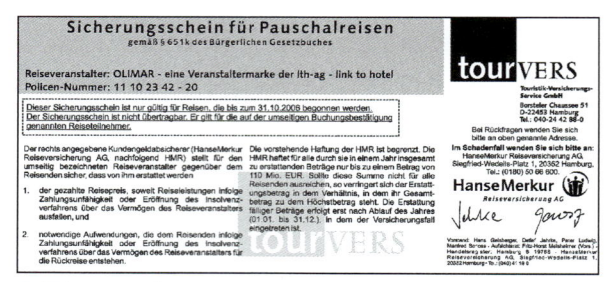

2. Sicherungsschein

§ 9

2) Der Reiseveranstalter darf in Format und Schriftgröße von dem Muster abweichen und auf dem Sicherungsschein die Firma oder ein Kennzeichen des Kundengeldabsicherers und seines Beauftragten abdrucken. Ist der Sicherungsschein befristet, ist darauf in der Reisebestätigung in deutlich hervorgehobener Form hinzuweisen.

3. Gesetzliche Vorgaben für einen Versicherungsschein in Anlehnung an BGB-InfoV

Reisevertrag

§

§ 651 a Reisevertrag (BGB)
1) Durch den Reisevertrag wird der Reiseveranstalter verpflichtet, dem Reisenden eine Gesamtheit von Reiseleistungen (Reise) zu erbringen. Der Reisende ist verpflichtet, dem Reiseveranstalter den vereinbarten Reisepreis zu zahlen.
§ 651 f Schadensersatz
2) Wird die Reise vereitelt oder erheblich beeinträchtigt, so kann der Reisende eine angemessene Entschädigung in Geld verlangen.
§ 651 i Rücktritt vor Reisebeginn
2) Tritt der Reisende vom Vertrag zurück, so verliert der Reiseveranstalter den Anspruch auf den vereinbarten Reisepreis. Er kann jedoch eine angemessene Entschädigung verlangen. Die Höhe der Entschädigung bestimmt sich nach dem Reisepreis unter Abzug des Wertes der vom Reiseveranstalter ersparten Aufwendungen sowie dessen, was er durch anderweitige Verwendung der Reiseleistungen erwerben kann.
§ 651 k Sicherstellung, Zahlung
1) Der Reiseveranstalter hat sicherzustellen, dass dem Reisenden folgende Kosten infolge Zahlungsunfähigkeit oder Konkurses des Reiseveranstalters erstattet werden:
1. der gezahlte Reisepreis;
2. notwendige Aufwendungen, die für die Rückreise entstehen.
Die Verpflichtungen nach Satz 1 kann der Reiseveranstalter nur erfüllen:
1. durch eine Versicherung;
2. durch ein Zahlungsversprechen eines befugten Kreditinstituts.
3) Zur Erfüllung seiner Verpflichtung hat der Reiseveranstalter die Übergabe einer von diesem Unternehmen ausgestellten Bestätigung (Sicherungsschein → Bild 2 und 3) nachzuweisen.

4. In Anlehnung an Bürgerliches Gesetzbuch (BGB)

Frankfurter Tabelle (Auszug)

Art der Leistung	Mängel	Prozent	Bemerkung
Unterkunft	1. Abweichung vom gebuchten Objekt	0–25	je nach Entfernung
	2. Abweichende örtliche Lage (Strandentfernung)	5–15	
	5. Mängel in der Ausstattung des Zimmers		
	a) zu kleine Fläche	5–10	bei Zusage
	b) fehlender Balkon	5–10	je nach Jahreszeit
	d) fehlendes (eigenes) Bad/WC	15–25	bei Buchung
	l) Ungeziefer	10–50	
	b) Lärm in der Nacht	10–40	
	9. Fehlen der (zugesagten) Kureinrichtungen (Thermalbad, Massagen)	20–40	bei Kuraufenthalt
Verpflegung	1. vollkommener Ausfall	50	
	c) verdorbene (ungenießbare) Speisen	20–30	
Sonstiges	3. Service		
	a) Selbstbedienung (statt Service)	10–15	
Transport	a) niedrigere Klasse	10–15	

9.8 Pfandrecht

§ 704 des Bürgerlichen Gesetzbuches (BGB) besagt, dass der Beherbergungswirt für Wohnung und andere dem Gast gewährten Leistungen ein Pfandrecht an den eingebrachten Sachen des Gastes hat.

Pfandrecht bei freiwilliger Herausgabe
- alle Gegenstände sind geeignet.

Pfandrecht – Selbsthilferecht des Gastwirts
- Der Wirt darf nur bei Personen pfänden (gegen ihren Willen), mit denen ein Beherbergungsvertrag besteht.
- Für alle Forderungen aus Zimmervermietung, Speise- und Getränkeverzehr, Nebenleistungen (Garage- und Kopierkosten) und Auslagen (Telefongebühren, Waschen der Privatwäsche, Taxikosten usw.) sowie Beschädigungen, die der Gast verursacht hat, kann ein Pfand sichergestellt werden.

Pfändbare Sachen
Nur eingebrachte Sachen wie Schmuck und manche Kleidungsgegenstände sind pfändbar.
Nicht eingebracht sind z.B. Sachen, die im Auto des Gastes liegen, oder der Koffer im Schließfach am Flughafen.

Nicht pfändbare Sachen
- Sachen, die dem Gast nicht gehören, z.B. ein geliehener Laptop,
- das Fahrzeug des Gastes,
- die zur Erwerbstätigkeit benötigten Dinge, z.B. Werkzeuge, Taschenrechner, Computer, Musterkoffer,
- persönliche Dinge wie Trauring oder Brille.

Werden unpfändbare Sachen ohne Einwilligung des Gastes gepfändet, so ist der Wirt schadenersatzpflichtig. Der Wert der gepfändeten Sachen muss zu der Höhe der Schuld in angemessenem Verhältnis stehen. Der Wirt ist verpflichtet, die gepfändeten Sachen kostenlos und sorgfältig aufzubewahren, das Pfand gegen Bezahlung der Schuld auszuhändigen, die öffentliche Versteigerung mindestens einen Monat vorher mitzuteilen und den Überschuss aus der Versteigerung (erzielter Betrag abzüglich Schuld und Kosten) dem Gast zu geben.

1. Pfandrecht des Beherbergungswirtes

10 Spezielle Verträge

10.1 Bierlieferungsverträge (Bierbezugsverträge)

Der Bierlieferungsvertrag ist im Gesetz nicht ausdrücklich geregelt. Er enthält Elemente des Kauf-, Miet-, Werk- und Dienstleistungsvertrags. Vom normalen Kaufvertrag unterscheidet er sich durch eine Klausel, die besagt, dass das Bier und oft auch andere Getränke über einen längeren Zeitraum ausschließlich von einer Brauerei zu beziehen sind, weil dies eine Möglichkeit der langfristigen Kreditfinanzierung bei relativ geringen Sicherheitsleistungen darstellt.

Ausnahme:
Der Vertrag muss dem Wirt das Recht einräumen, andere Getränke als Bier von einem Dritten zu beziehen, wenn dieser sie billiger anbietet und die Brauerei auf die günstigeren Bedingungen nicht eingeht.
Bierlieferungsverträge sind nur in schriftlicher Form gültig. Sie werden von vielen gastgewerblichen Betrieben eingegangen.
Vertragsgründe sind meist ein günstiges, langfristiges Darlehen und/oder die Beschaffung der Betriebseinrichtung, auch ohne weitere Sicherheiten. Die Rückzahlung des Kredites erfolgt über einen Zuschlag zum Biereinkaufspreis, z.B. 4,00 EUR pro Hektoliter.

Beendigung des Vertrages
Der Bierlieferungsvertrag endet nicht mit der Darlehensrückzahlung, sondern erst mit dem Ablauf des vertraglich festgelegten Zeitpunkts.
Eine ordentliche Kündigung ist mit einer Frist von sechs Monaten möglich, wenn die Zinsen mehr als 6 % betragen. Dieses Kündigungsrecht kann nicht durch den Vertrag ausgeschlossen werden.

Unzulässige Wettbewerbsbeschränkung
Für alle Bierlieferungsverträge (auch früher abgeschlossene) gilt seit dem 1. Januar 1989 EU-Recht. Danach sind wettbewerbsbeschränkende Bezugpflichten unzulässig. Nach höchstrichterlicher Rechtsprechung verstößt ein Vertrag nicht gegen die guten Sitten, wenn
- ein angemessenes Verhältnis zwischen Leistung und Gegenleistung besteht,
- die Einzelbedingungen akzeptabel sind,
- der Fremdbezug von ca. 15 % des Bierumsatzes möglich ist.

Die Höchstlaufzeit der Bierlieferungsverträge ist auf zehn Jahre begrenzt (fünf Jahre, wenn auch andere Getränke Vertragsbestandteil sind); Ausnahmen: Verträge, die vor dem 1. Januar 1984 abgeschlossen wurden, oder wenn die Brauerei auch Verpächterin ist.

10.2 Automatenaufstellverträge

Automatenaufstellverträge werden z.B. für Zigaretten-, Spiel-, Musik- oder Schuhputzautomaten abgeschlossen. Sie räumen der Aufstellungsfirma das Recht ein, die Automaten in den Betriebsräumen aufzustellen. Der Wirt erhält dafür meist eine Umsatzbeteiligung.
Die Aufstellung mancher Verkaufsautomaten ist genehmigungspflichtig. Auskunft erteilt die Gemeindeverwaltung. Geldspielautomaten mit Gewinnmöglichkeit bedürfen einer Aufstellungserlaubnis durch die Polizeibehörde.

11 Recht im Personalbereich

11.1 Abmahnung

Wann liegt eine Abmahnung vor?
Eine Abmahnung liegt dann vor, wenn der Arbeitgeber Vertragsverstöße und/oder Pflichtverletzungen des Arbeitnehmers beanstandet und diesen darauf hinweist, dass im Falle der Wiederholung Inhalt und Bestand des Arbeitsverhältnisses gefährdet sind.

Wozu eine Abmahnung?
Die Abmahnung soll gegenüber dem Arbeitnehmer eine Hinweis- und Warnfunktion haben. Hinsichtlich der Hinweisfunktion ist erforderlich, dass das Fehlverhalten des Arbeitnehmers in der Abmahnung deutlich und ausreichend konkretisiert wird und ihm aufgezeigt wird, wie er sich richtig zu verhalten hat.

Form und Frist der Abmahnung
Eine bestimmte Form für die Abmahnung ist nicht vorgeschrieben, sie kann mündlich oder schriftlich erteilt werden. Die Abmahnung ist nicht an eine Frist gebunden. Ist bereits eine längere Zeit seit dem Fehlverhalten verstrichen und konnte der Arbeitnehmer damit rechnen, dass eine Reaktion des Arbeitgebers nicht mehr folgt, ist die Abmahnung unzulässig.

Wer ist zur Abmahnung berechtigt?
Das Bundesarbeitsgericht geht davon aus, dass jeder Mitarbeiter, der aufgrund seiner betrieblichen Stellung dazu befugt ist, gegenüber dem Arbeitnehmer verbindliche Anweisungen bezüglich des Ortes, der Zeit sowie der Art und Weise der vertraglich geschuldeten Arbeitsleistung zu erteilen, auch befugt ist, eine Abmahnung auszusprechen.

Beteiligung des Betriebsrates
Dem Betriebsrat müssen die Abmahnung und die Stellungnahme des Arbeitnehmers mitgeteilt werden.

Wann darf der Arbeitgeber abmahnen?
1. Störungen im Leistungsbereich
Z.B.: Wiederholt unpünktliches Erscheinen am Arbeitsplatz. Unentschuldigtes Fehlen im Anschluss an einen Urlaub.
2. Störungen im Vertrauensbereich
Betrug, Diebstahl, Untreue, Tätlichkeiten und Beleidigungen von Vorgesetzten und Kollegen und andere unerlaubte Handlungen zum Nachteil des Arbeitgebers.

Wirkungsdauer der Abmahnung und Gegenmaßnahmen des Arbeitnehmers
1. Wirkungsdauer einer Abmahnung
Eine bestimmte Frist, nach der eine Abmahnung ihre Wirkung verliert, gibt es nicht. Vielmehr richtet sich dies nach den Umständen des Einzelfalles, wobei auf die Art der Verfehlung und das anschließende Verhalten des Arbeitnehmers abzustellen ist. Das Bundesarbeitsgericht geht z. B. bei geringfügigen Verfehlungen davon aus, dass eine „Löschung" nach zwei Jahren in Betracht kommt.

2. Gegenmaßnahmen des Arbeitnehmers
Der Arbeitnehmer muss unmittelbar auf die Abmahnung reagieren.
a) Ist die Abmahnung unberechtigt oder rechtswidrig, kann der Arbeitnehmer die Entfernung aus der Personalakte verlangen.
b) Der Arbeitnehmer hat zudem ein Recht auf Gegendarstellung, d. h., er kann der Abmahnung in der Personalakte eine Stellungnahme beifügen.

Sehr geehrte Frau Noname,

seit Beginn Ihrer Ausbildungszeit am 01.08.20... sind Sie wiederholt zu spät an Ihrem Arbeitsplatz erschienen. Am 12.04.20... betrug diese Verspätung drei Stunden. Aus diesem Grund erteilen wir Ihnen eine **Abmahnung**. Sie haben damit in grober Weise gegen die sich aus § 3 Nr. 2 des Ausbildungsvertrages ergebende Pflicht verstoßen, pünktlich zur Arbeit zu erscheinen. Wir können dieses wiederholte Fehlverhalten nicht unbeanstandet hinnehmen. Wir fordern Sie hiermit eindringlich auf, künftig Ihren Pflichten aus dem Ausbildungsverhältnis beanstandungsfrei nachzukommen. Sollten sich die geschilderten oder ähnliche Pflichtverletzungen wiederholen, müssen Sie mit der Kündigung Ihres Ausbildungsverhältnisses rechnen.

Mit freundlichen Grüßen

A. Nocare

1. Textbeispiel einer Abmahnung

Sehr geehrter Herr Nocare,

ich gebe folgende Stellungnahme zu der von Ihnen am 14.04.20... ausgesprochenen Abmahnung ab:
Die dreistündige Verspätung, auf die sich die Abmahnung bezieht, entstand aus folgendem Grund:
Auf dem Weg zur Arbeit entdeckte ich eine am Straßenrand liegende Person. Bis zum Eintreffen des von mir angeforderten Rettungsdienstes (ich bin Sanitäterin beim Malteser Hilfsdienst) leistete ich an Ort und Stelle Erste Hilfe. Danach stand ich der Polizei für eine Zeugenaussage zur Verfügung. Die Bestätigung der Polizei liegt dem Betrieb vor.
Aus diesem triftigen Grund bitte ich die Abmahnung aus meiner Personalakte zu entfernen. Sollte dies nicht geschehen, nehmen Sie diese Stellungnahme zu meiner Personalakte.

Mit freundlichen Grüßen

S. Noname

2. Stellungnahme (Gegendarstellung) der Abgemahnten

Personen-bedingt	Verhaltens-bedingt	Betriebs-bedingt
Beispielsweise	Beispielsweise	Beispielsweise
• (Lange) Krankheit	• Ständige Unpünktlichkeit	• Unaufschiebbare Rationalisierung
• Wiederholte Krankheit	• Arbeitsverweigerung	• Auslagerung von Tätigkeiten (Outsourcing), z. B. der Wäschepflege
• Leistung (mangelnde Einsatzfähigkeit)	• Beleidigungen, Tätlichkeiten	
	• Störungen des Betriebsfriedens	• Mangelnder Umsatz
	• Diebstahl	

1. Gründe einer Kündigung

Aushilfs- und Probearbeitsverhältnis
Ist einzelvertraglich eine Probezeit vereinbart, so verkürzt sich die Kündigungsfrist während dieser Probezeit auf zwei Wochen. Beträgt die Probezeit mehr als sechs Monate, so gilt die verkürzte Kündigungsfrist von zwei Wochen nur in den ersten sechs Monaten. Ein besonderer Kündigungstermin gilt nicht, sodass die Frist jederzeit auslaufen kann.
Beispiel:
Das Arbeitsverhältnis von Herrn Meier begann am 01.02. Die vereinbarte Probezeit beträgt drei Monate, das Ende der Probezeit ist am 30.04. Die Kündigung geht Herrn Meier am 30.04. zum 14.05. zu. Die Kündigung wäre fristgerecht, da sie ihm noch am letzten Tag der Probezeit zugegangen ist. Aber angenommen, die Kündigung ginge ihm erst am 01.05. zu: In diesem Falle wäre die Probezeit beendet und daher eine Kündigung erst zum 30.06. möglich.

2. Kündigung in der Probezeit

11.2 Kündigung von oder durch Mitarbeiter

Im Kündigungsschutzgesetz (KSchG) werden drei Kündigungsgründe unterschieden:
- verhaltensbedingte,
- personenbedingte,
- betriebsbedingte.

Verhaltens- und personenbedingten Kündigungen muss regelmäßig eine Abmahnung vorausgehen, die eindeutig die Dinge benennt, die der Arbeitgeber beanstandet. Diese Abmahnung muss mit dem Hinweis versehen sein, dass eine Kündigung erfolgt, wenn keine Verhaltensänderung eintritt. Gegen eine ungerechtfertigte Abmahnung können selbstverständlich Rechtsmittel eingelegt werden. Bei einer betriebsbedingten Kündigung muss der Arbeitgeber darlegen, dass der Betrieb aus wirtschaftlichen Gründen verkleinert oder aufgelöst werden muss.

Form:
„Die Beendigung von Arbeitsverhältnissen durch Kündigung oder Auflösungsvertrag sowie die Befristung bedürfen zu ihrer Wirksamkeit der Schriftform." (§ 623 BGB)

Fristen:
Kündigungsfristen richten sich nach der Beschäftigungszeit der Arbeitnehmer; grundsätzlich gilt:
je länger die Beschäftigungszeit, umso länger die Kündigungsfrist.
Ist ein Tarifvertrag Rechtsgrundlage des Arbeitsvertrages, so gelten die im Tarif vereinbarten Kündigungsfristen, ansonsten sind die Kündigungsfristen im § 622 Bürgerliches Gesetzbuch (BGB) festgelegt. Die Fristen gelten sowohl für den Arbeitgeber als auch für den Arbeitnehmer.

Auflösungsvertrag
Mit einem Auflösungsvertrag können Arbeitgeber und Arbeitnehmer die Fristen umgehen. Die Agentur für Arbeit wertet einen Auflösungsvertrag wie eine Eigenkündigung, da der Arbeitnehmer freiwillig auf seine Beschäftigung verzichtet.

Mitbestimmung durch den Betriebsrat
Der Betriebsrat ist vor jeder Kündigung zu hören. Wurde der Betriebsrat nicht beteiligt, ist die Kündigung wirkungslos.

Schutz vor Kündigungen
Das Kündigungsschutzgesetz gilt für alle Mitarbeiter eines Betriebes, der mindestens 10 Beschäftigte hat.
Das Beschäftigungsverhältnis muss mindestens 6 Monate bestanden haben. Es erklärt Kündigungen für rechtsunwirksam, wenn sie sozial ungerechtfertigt sind.
„Sozial ungerechtfertigt ist die Kündigung, wenn sie nicht durch Gründe, die in der Person oder in dem Verhalten des Arbeitnehmers liegen, oder durch dringende betriebliche Erfordernisse, die einer Weiterbeschäftigung des Arbeitnehmers in diesem Betrieb entgegenstehen, bedingt ist."
(§ 1 Abs.X KSchG)

1. Von welchen Faktoren sind Kündigungsfristen abhängig?
2. Durch welche Maßnahmen können Kündigungsfristen umgangen werden?

12 Nichtraucherschutzgesetz

Bundesnichtraucherschutzgesetz:
Das Bundesnichtraucherschutzgesetz (BNichtr-SchG) soll nicht rauchende Personen vor den durch passives Rauchen bedingten gesundheitlichen Beeinträchtigungen schützen. Besonderer Schutz ist Kindern, Jugendlichen, Schwangeren und chronisch kranken Menschen zu gewähren. Des Weiteren wird die Altersgrenze für den Verkauf von Tabak von 16 auf 18 Jahre erhöht. Minderjährigen ist das Rauchen in der Öffentlichkeit von nun an ganz untersagt (536). Auf das Rauchverbot muss in geeigneter Weise hingewiesen werden. Die Einrichtung der Raucherbereiche und die Erfüllung der Hinweispflicht obliegen dem Inhaber des Hausrechtes oder dem Betreiber des Verkehrsmittels.
Bei Verstößen gegen die neuen Regelungen drohen Bußgelder.

Folgende Einrichtungen werden vom Gesetz erfasst:
- Einrichtungen des Bundes sowie der Verfassungsorgane des Bundes,
- Verkehrsmittel des öffentlichen Personenverkehrs,
- Personenbahnhöfe der öffentlichen Eisenbahnen,
- Flughäfen und Luftfahrzeuge, die entgeltlich Personen befördern,
- Fahrgastschiffe, die Fahrgäste im Linienverkehr befördern.

Länderweite Nichtraucherschutzregeln
Nichtraucherschutzgesetze für Gaststätten, Länderbehörden, Kultur- und Sporteinrichtungen fallen allerdings in die Gesetzgebungskompetenz der einzelnen Bundesländer. Hier ist eine Vielzahl von Regelungen in den einzelnen Bundesländern zu beachten.

13 Projektorientierte Aufgabe

Thema: Rechtsvorschriften zur Eröffnung und zum Führen eines Betriebes

Als ausgebildete Hotel- und Restaurantfachfrau möchten Sie sich mit Ihrem Mann (Küchenmeister) selbstständig machen und finden nach längerem Suchen in einer Fachzeitschrift ein Objekt, das Ihren Vorstellungen entspricht.

Topangebot für Existenzgründer

Brauereifreies, gut eingeführtes Stadthotel***, 22 Doppel- und 4 Einzelzimmer, Restaurant mit 70 Sitzplätzen sowie zwei Nebenräumen und eine Küche sowie entsprechende Kühl- und Lagerräume, die vor einem Jahr auf den neuesten Stand der Technik gebracht worden sind; sechs Einzelgaragen und ausreichende, zum Haus gehörende Parkmöglichkeiten.
Komplett mit Inventar und Warenbestand zum Februar 20.. aus Altersgründen zu verpachten oder zu verkaufen.
Kaufpreis VB 620 000,00 €

Aufgabe:
- Erstellen Sie eine Übersicht, welche Rechtsvorschriften für die Existenzgründung und bei der Führung des Betriebes zu beachten sind.

Wissen Sie Bescheid?

1. Beschreiben Sie die Rechtsform von GbR und GmbH sowie deren Haftungsregeln.
2. Begründen Sie, weshalb nur persönlich zuverlässige Antragsteller eine Konzession erhalten.
3. Erläutern Sie den Begriff „Unterrichtungsnachweis".
4. Nennen Sie fünf Betriebe, für die keine Konzession erforderlich ist.
5. Erklären Sie einem Gast die Sperrzeitenregelungen und welche Folgen es für ihn hat, wenn er sich nicht daran hält.
6. Wie und wo muss der Gast über Zusatzstoffe informiert werden?
7. Nennen Sie drei Hauptpunkte aus dem Lebensmittel- und Futtermittelgesetzbuch.
8. Wie lange darf ein Kind unter 14 Jahren abends an einer öffentlichen Tanzveranstaltung in Begleitung eines Erziehungsberechtigten teilnehmen?
9. Zählen Sie vier Verträge im Gastgewerbe auf und erläutern Sie diese.

Stichwörterverzeichnis

Rezepturen/Arbeitsgänge sind mit einem roten * gekennzeichnet.

A

Aal 222
Abfallbeseitigung 34
Ablauf Sonderveranstaltungen 524
Ablauforganisation 395
Ablauforganisation Sonderveranstaltungen 523
Abmahnung 546
Abmessen 75
Abräumen von Geschirr 133
Abrechnen mit Betrieb 150
Abruzzen 310
Absatzwerbung 344
Abstich 303, 304
Abteilungen 392
Abwasserbeseitigung 34
Acetat 356
Adressieren/Frankieren 197
Affentaler 301
AG 530
Ahr 297, 425
AIDA-Formel 343
Aktiengesellschaft 531
À-la-Carte-Service 137
– Musterablauf 180
Albumin 51
Ale 293
Alentejo 440
Alexandercocktail* 170, 457
Alkohol
– ernährungsphysiologische Wirkung 287
– Wirkung auf Menschen 287
Alkoholarmes Bier 292
Alkoholische Gärung 288
Alsterwasser* 170
Altbier 292
Amerikaner 145
Amerikanischer Service 136
Aminosäuren 52
Amontillado 313
Amuse gueule/bouche 201
Ananas 270
Anbaugebiete Wein, siehe Weinbaugebiete
Anbaugebiete, Bereiche, Rebsorten in Deutschland 296 ff., 299, 420 ff.
Andalusien 436
Angebotskarten einfache 182
Angebotsvergleich 188
Angostura 326
Anmachen von Speisen am Tisch des Gastes 485
Anreichern 303, 304
Antipasti 205
Antioxidationsmittel 535
À-part-Service 137
Aperitif 457
Apfelkaltschale* 212
Appretieren 358
Aquavit 324
Aragon 436
Arbeiten am Tisch des Gastes 470
Arbeiten im Bankettbereich 501 ff.
Arbeiten im Magazin 187
Arbeiten im Service 111
Arbeiten in der Küche 21
Arbeitsplatzbesetzung 396
Arbeitssicherheit 35, 74, 371
Arbeitsteilung 14
Arbeitsweise 455
Archivieren 196
Armagnac 323
Arrak 326
Artischocke 255
– Gedeck 493
– mit Dip* 493
Asti Spumante 433
Auberginen 255
Aufbau, Gestaltung
– Getränkekarten 400
– Speisekarten 400
Aufbauorganisation 391
Aufgussgetränke 167
– Servieren 135
Auflaufpudding* 279
Auflösungsvertrag 547
Ausbildungsplan 15
Ausbildungsrahmenplan 15
Auslese 298
Ausmahlungsgrad 42
Ausrüsten 358
Austern 223
– Arten, Speisen 223
– Gedeck 488
– mit Chesterecken* 488
Austerngabel 118
Automatenaufstellvertrag 545
Avis 518
Avocado 255
Avocadococktail* 203
aw-Wert 25, 58

B

Backen 84
Backwaren 266
– als Beilage 266 ff.
Baden 297, 420
Badisch Rotgold 301
Bagel 139
Bairrada 440
Baisermasse* 278
Bakterien 23
Ballaststoffe 44
Banane Aurora* 483
Bankettgeschäft 501
Bankettmappe 501
Bar
– Arbeitsgeräte 454
– Arbeitsweise 455
– Einrichtung 454
– Fachausdrücke 454
– Führung 453
– Getränkegruppen 456
– Gläser 455
– Karte 453
– Maße/Definitionen 456
– Mischgetränke alkoholfreie 460
– Mischgetränke alkoholhaltige 457 ff.
– Mischgetränke heiß 459, 460
– Rangordnung 453
Barbaresco 433
Barbarie-Entenbrust* 238
Barbera 433
Bardolino 434
Bargeld 149
Barkunde 453
Barolo 433
Barrique 307
Basilcata 310
Baumkuchen 145
Baumwolle 355
Bayerische Creme* 272
Beaujolais 431
Béchamelsoße 214
Becherläser 121
Beerenauslese 298
Beerenobst 269
Begleitbon 147
Behandlungsstoffe Wein 305
Beherbergungsvertrag 542
Beistelltisch 126
Beiteller 120
Beratung und Verkauf im Restaurant 201
Berechnungen
– Maße 106
– Gewichte 106
– Verluste 106, 107
– Rohstoffmengen 107
– Nähr- und Energiewerte 107
– Schankverlust 184
– Währungsrechnen 184, 385
– Gästerechnung 184
– Lagerkennzahlen 200
– Schwund 200
– Materialien 331
– Preise 331
– Rechnerische Kontrolle 497, 527
– Preisvergleich unter Berücksichtigung von Preisnachlässen 373, 386
– Rezepturen 417, 464
– Mengen 464, 526
– Kosten 417, 464
– Erträge 464
Bereich Wein 295
Bereiche
– Deutschland 296, 420 ff.
Berichtsheft 13, 15
Berliner Weiße* 170, 292
Berufsausbildung 13
Berufsgenossenschaft 35, 36
Besteck 116 ff.
– Pflege 118
– Reinigung 118
Besteckgruppen 116
Bestellung 188
Bestellungsaufnahme 469
Bestrahlen 98
Bestuhlungsmöglichkeiten 505
Betriebliche Ausbildung 15
Betriebs- und Unternehmensgründung 531
Betriebsarten 16, 338
Betriebsgründung 531
Betriebshygiene 21
Betriebstypen 337
Bettdecken 366
Betten 363
Bettfedern 365 ff.
Bettgestelle 363
Bettwäsche 364
– Größen 364
Beweislastumkehr 539
Bewirtungsvertrag 541
Bienenstich 145
Bier/Biere 289
– ausländische 293
– Bestandteile 289, 291
– Einkauf 293
– Herstellung 290 ff.
– Lagerung 293
– obergärige 292
– untergärige 292
Bierausschank vom Fass 165
Biergattungen 292
Bierkaltschale 212
Bierkeller 293
Bierlieferungsvertrag (Bierbezugvertrag) 545
Bindungsarten Textilien 357
Biologische Wertigkeit 52
Bischofsoße* 273
Biskuitmasse* 278
Blanchieren 78
Blankett 230, 231
– vom Kalb* 230
Blätterteig* 278
Blattgemüse 256
Blattgradbezeichnungen Tee 160
Blickkontakt 176
Blumen in Vasen 131
Blumengestecke 521 ff.
Blumenkohl 256
Blumenkohlröschen* 252
Blütengemüse 255
Bockbier 292
Bocksbeutel 308
Bodenarten 305
Bohnen 255
Bohnenbukett* 252
Bon 146
– Angaben 146
– Arten 146, 147
Bonblock 147
Bonbücher 146
Bonieren 146
Bordeaux 309, 428
Borschtsch 212
Botulinus 23, 27
Bouillabaisse 212
Bouquet garni groß/klein* 208
Bowlen 459, 460*
Brandmasse* 278
Brandy 323
Branntwein 323
Braten 86
Bratenjus 217
Bratstufen Fleisch 226
Braumalz 289
Braune Kraftsoße (Demiglace)* 215
– Ableitungen 215
Brausen 154
Brauwasser 289
Bread and butter tea 159

Briefhüllenbeschriftung 408
Brokkoli 256
Brotknödel* 266
Brotzeitteller* 104
Brüche 128
Brühen 207
Brühwürste 281 ff.
Brunchbüfett 141, 142
Buchstabiertafel Telefon 195
Buddelflasche 308
Büfett Getränke 162
– Aufgussgetränke 167
– Bereitstellung 163
– Bierausschank 165
– Glasausschank 164
– Kontrolle 162
– Mischgetränke 170
– Reinigung Schankanlage 166
– Serviertemperaturen 164
– Warenanforderung 162
– Warenausgabe 162
– Zapfstörungen 165
Büfettkontrolle 162
Büfetts (Speisen) 141
– Angebotsarten 142
– Aufbau 142
– Brunch 142
– Frühstück 142
– Kuchen 142
– Rechtsvorschriften 141
– Service 142
– Verkauf 143
Bündnerfleisch 281
Burgenland 311, 444
Burgund 309, 431
Butterklößchen* 209
Butterkuchen 145
Buttermischungen 218
– Anwendungsbereich 218

C
Cafés 338
Calvados 324
Camembert gebacken* 106
Campania 310
Canapés 202
Cannelloni nach Paduarer Art* 235
Cappuccino* 168
Carnuntum 443
Cassata* 276
Cellulose 44
Champagne 309, 431
Champagner 318
Champignonköpfe gefüllt* 221
Chaptalisation 302

Charlotten 271
Châteaubriand 471
Checklisten
– für Veranstalter 503
– Veranstaltungsbuchung 503
– Restaurant 399
– Zimmerreinigung 367
– Etage 367, 368
Chef de rang 389
Chemiefasern 356
Chianti 434
Chikoree 256
Chinin 535
Cholesterin 47
Circular 518
Classic 301
Cloche 124
Cobbler* 458
Cocktails
– Getränke 170, 457, 460
– Speisen 203
Cocktails/Vorspeisen 203, 204*
Cognac 323
Cointreau 326
Commis de rang 389
Computernetzwerke 20
Convenience Food 92
Cook-Chill 100
Crèmant 316
Crème Brûlée* 271
Creme 271
Cremeeis* 274
Cremespeisen 271, 272
Crêpes* 277
– Suzette* 483
– Sir Holden* 483
Criaderasystem 313
Crus 428
Crusta 458
CTC-Verfahren 159
Cumberlandsoße 217
Curaçao 326
Curry-Fruchtsoße 217
Cuvée 317

D
Daiquiri* 457
Daisy* 458
Dampfbier 292
Dämpfen 82
Dänische Vorspeisen 205
Dão 312, 440
Darren 290
Darrmalz 290
Datenausgabe 198
Datenbanken 19
Dateneingabe 198
Datenfernübertragung 20
Datenorganisation 19
Datenschutz 20, 199

Datensicherung 199
Datenspeicherung 19
Datenverarbeitung 19, 198
Daunen 365 ff.
Deckservietten 114
– Auflegen 128
Deckteller 120
Degustation 445
Dekantieren 451
Dekantierkaraffe 124
Dekorieren von Festtafeln 521
Demiglace* 215
Desinfektionsmittel 30, 360
Desinfektionsplan 31
Desinfizieren 30
Desodorieren 358
Destillation 320, 321
Dextrin 41
Diabetesdiät 68
Diabetikerschaumwein 316
Diätetische Getränke 154
Dienstplan 397
Dienstvertrag 542
Digestion 325
DIN 5008 411
Discos 338
Donauland 443
Doppelzucker 41
Douro 312, 439
Dressing 259
Drogengewinnung 325
Drucksache 197
Duale Berufsausbildung 15
Duettwerbung 344
Dünsten 81
Dust 160, 161

E
Eau de vie de vin 323
Edelstahlbesteck 116
EDV 18
– Datenausgabe 198
– Dateneingabe 198
– Datenschutz 20, 199
– Datensicherung 199
– Datenverarbeitung 19, 198
– Organisationsbereich 18
– Operationsbereich 18
EDV Arbeiten im Bankettbereich 526
EDV Arbeiten im Service
– Leistung Restaurantkassensystem 183
EDV Führen einer Station 496
EDV im Magazin
– Datensicherung 199

– Datenschutz 199
– Dateneingabe 198
– Datenverarbeitung/-ausgabe 198
EDV im Marketing 345
EDV in der Warenwirtschaft 384
EDV Restaurantorganisation 416
Egg-Nogg* 458, 460
Ehrentrudis 301
Eichgesetz 163
Eier/Eierspeisen 244
– Arten, Eigenschaften 244
– Gerichte 244, 245, 246
– Garnituren 246
– Gewichtsklassen 91
– Gütemerkmale 91
Eier im Glas* 101
Eindecken von Festtafeln 520
Einfachzucker 40
Einsatzbereiche Restaurantpersonal 389
Einschreiben 197
Einzelunternehmen 530
Einzelwerbung 344
Eisauflauf* 275
Eisbecher* 276
Eisbiskuit* 275
Eisbomben 276
Eiscreme Soda* 170
Eiskaffee* 168
Eisspeisen 274 ff.
Eistee* 169
Eistorte* 275
Eiswein 298
Eiweißreiche Rohstoffe 48 ff.
Eiweißstoffe 51
Eiweißverderb 51
Elsass 309, 432
Emilia Romagna 310
Emulgator 50
Emulsion 46, 76
Energiebedarf 59
Englischer Service 136
Ente 237, 238
Entrappen 304
Entrecôte double 228, 471
Entremetier 17
E-Nummern 38
Enzian 325
Enzyme 57, 63
Erbsen 251
Erdbeeren flambiert* 484
Erdbeershake* 170
Erfrischungsgetränke 154
Erfüllungsgeschäft 383
Ernährungsphysiologische Rohstoffkenntnisse 40 ff.

Erträge 464
Espresso* 167, 168
Essigstich 305
Etagenservice 140
– Verhaltensregeln 140
Etikett Wein
– Deutschland 306
– Frankreich 427
– Italien 433
– Portugal 439
– Spanien 437
Etikett
– Fruchtsaft 153
– Mineralwasser 151
Eulanisieren 358
Evaporieren 247
Expresssendung 197

F
Fachsprache, Fremdsprache – siehe unter Fremdsprache
Fachwissen 175
Fancy-Drinks 458
Fannings 160
Farbstoffe 535
Fasan 240
Faserstoffe 355
Fast-Food-Betriebe 338
Fäulnisbakterien 23, 27
Fax 195
Feinbrand 320
Feinkost 283 ff.
– Büfett 286
Fenchel 256
Fermentieren 159
Festplatte 19
Festtafeln
– Dekorieren 521
– Eindecken 520
Fettreiche Rohstoffe 45 ff.
Feuerfestes Glas 121
Feuerzangenbowle* 459
Fiaker* 168
Filetgulasch* 482
Filetgulasch Stroganow* 228
Filetieren
– Obst* 479
– Plattfische* 476
– Rundfische* 477
Fingerbowlen-Service 486
Fino 313
First flush 159
Fische, Krusten-/Schalentiere 222
Fischgerichte 222
– Garnituren, Beilagen, Anrichteweise 222
Fischklößchen* 209
Fischkraftbrühe* 208
Fixkauf 189
Fizz* 458
Flambieren 88

Stichwörterverzeichnis

Flambieren, Zubereiten von Speisen 480 ff.
Flambiervorgang 480
Flammeris (Flameries) 279
Flaschenformen Wein 308
Flaschengärung 317
Flaschengrößen Schaumwein 319
Flavored Water 152
Fleischwaren 281
Flips* 458
Flowery Broken Orange Pekoe 160
Flowery Orange Pekoe 160
Flusskrebse
 – im Sud* 490
 – Gedeck 490
Forelle 222
 – filetieren* 477 ff.
Franchise-Vertrag 541
Franken 297, 422
Frankfurter Kranz 145
Frankfurter Tabelle 544
Frankieren 197
Französische Vorspeisen 205
Französischer Service 136
Fremdsprache, Fachsprache
 – Fachausdrücke Küche 108 ff.
 – Arbeitsgeräte Service, Besteck, Geschirr, Gläser usw. 185 ff.
 – Speisen, Getränke, Zubereitungsarten 332 ff.
 – Marketingbegriffe 346
 – Materialien im Wirtschaftsdienst 374
 – Angebotskarten, Schriftverkehr 418
 – Barbegriffe, Weinservice 466
 – Redewendungen im Restaurant 498
 – Verkaufsgespräch am Telefon 528
Frikassee 230
Frischkäse 249, 250
Frittieren 85
Frittierte Eier* 245
Fruchtaromaliköre 325
Fruchtbrandys 325
Frucheis* 275
Fruchtgemüse 255
Fruchtkaltschale 212
Fruchtnektar 153
Fruchtsaft 153
Fruchtsaftliköre 325

Fruchtsoßen* 273
Frühlings-/Sommerbrot* 102
Frühstücksbüfett 139
Frühstückservice 137
 – einfaches 138
 – erweitertes 138
 – Etage 140
 – internationales 139
Frühstückskarte 140
Führen einer Station 467 ff.
Führungsstile 391
Fülldosage 317
Function sheet 518
Fundsachen 538
Fußböden reinigen 361

G

Gaisburger Marsch 513
Galantinen 284
Gans 237
Gänseschwarzsauer 514
Garantieregelung 539
Gardemanger 17
Garderobenhaftung 537
Gardestern 513
Garnelen in Curryrahm* 481
Garnelencocktail* 104, 485
Garpunkte von Fleisch/ Bezeichnungen 226
Gartechniken 79 ff.
Garungsarten 79 ff.
Garverfahren 80
Gästebetreuung Restaurant 468
Gästedatei Restaurant 469
Gästegruppen 174
Gästekartei/-datei 414
Gästerechnung 184
Gastgerechtes Erklären Speisen 329
Gastronomische Betriebsarten 338
Gaststättengesetz 533 ff.
Gazpacho Andaluse* 211
GbR 530
Gebrauchtwaren 539
Gebundene Suppen (weiße/braune) 210
Gedeckteller 120
Geflügel 237
 – Arten 237
 – Garnituren 239
 – Gerichte 237, 238, 239
 – Qualitätsbezeichnungen/-merkmale 237
Geflügel tranchieren* 472

Geflügelklößchen* 209
Geflügelkraftbrühe* 208
Geflügelsalat* 204
Geflügelsamtsuppe* 210
Gekochte Eier* 101
Gelees 271
GEMA 538
Gemüse 252
 – Anrichteweisen 254
 – Garen, Fertigstellen 253
 – Vorbereiten 252
Gemüsearten 255, 256
 – Hauptsaison 255, 256
 – Verwendung 255, 256
 – Zubereitung 255, 256
Gemüseplatte* 252
Gemüsetrunk 153
Gemüsenekarte 153
Gemüsesalat* 204
Gemüsesuppen 211
Genever 324
Gentechnisch verändert 535
Geruchsprüfung 446
Geschäftsbriefe 409
Geschirr 119 ff.
 – Abräumen 133
 – Tragen 133
Geschmacksangaben
 – Schaumwein 318
 – Wein 305
Geschmacksprüfung 446
Geschmacksverstärker 535
Geschützte geografische Angaben (ggA) 295, 297
Geschützte Ursprungsbezeichnung (gU) 295, 297
Gesellschaft bürgerlichen Rechts 531
Gestik 176
Getränkeausschank Büfett 162
Getränkebüfett 163
Getränkeeinkauf 461
Getränkekarten 406
 – Gestalten, Erstellen 406
Getränkekunde
 – alkoholfreie Getränke, Aufgussgetränke 151 ff.
 – alkoholische Getränke 287 ff.
 – spezielle über Wein 419 ff.
Getränkepflege und -verkauf 419
Getränkeschankanlagen Reinigung 166, 540
Getränkeservice
 – Wein 327 ff., 450

 – Schaumwein 327 ff., 452
 – Spirituosen 452
Gewährleistungspflicht 539
Gewichte 106
Gewichtsklassen Eier 91
Gewürzbeutel* 208
Gewürztee* 169
Gin 324
Gläser 121
 – Arten 121, 122
 – Eindecken 129, 130
 – feuerfeste 121
 – Formen 121
 – Glassorten 121
 – Reinigung 123
 – Stellungen im Gedeck 130
 – Tragen 135
Glasieren 88
Gläubigerverzug 189
Globulin 49, 51
Glücksspiele 541
Glühwein* 459
Gluten (Kleber) 51
GmbH 530
GmbH & Co. KG 530, 531
Gourmetlöffel (Soßenlöffel) 118
Grand Marnier 326
Grapefruit Highball* 170
Grappa 323
Grasshopper* 457
Grießnocken* 209
Griffarten 134
Grillen 87
Grog* 459
Großraumgärung 317
Grundbesteck 117
Grundbrühen 207
Grundlagen des Servierens 132
Grundlagen des Verkaufs 175
Grundsoßen 213 ff.
Grundtechniken Speisenherstellung 70
Grundumsatz 60
Grüne Nudeln pikant* 481
Grüne Soße 514
Grüner Heinrich 514
Grüner Tee 160
Grüner Veltiner 311, 443
Grünkernsuppe 212
Grünkohl 256, 513
Grünmalz 290
Grützen 279
Gurken 255
Gütekennzeichen 360
Güteklassen Wein
 – Deutschland 298, 419
 – Frankreich 309, 419
 – Italien 310, 419

 – Spanien 311, 419
 – Portugal 419
 – Griechenland 419
 – Österreich 311, 419
Gutschein 149

H

HACCP 37
Hacken 73
Haddock 139
Haftungsbestimmungen
 – Beherbergungswirt 537
 – Schankwirt 537
Hähnchen 237, 239
Halbkonserven 96
Hamburger Aalsuppe 212, 513
Hammel 231
Hämoglobin 51
Handelsklassen 90
Handrefraktometer 302
Hardware 19
Hartkäse 249, 250
Hase 241
Hasenrücken in Calvadosrahm* 242
Hauptgänge 482
Hecht 222
Hefen 23
Hefeteig* 278
Hefetrübung 293
Heilwässer 152
Henkelgläser 121
Herbstbuch 302
Herkunftstypenweine 301
Herrengedeck* 170
Herz 236
Hessische Bergstraße 297, 422
Himbeergeist 324
Himmel und Erde 514
Hirn 236
Hobeln 73
Hochrippe 228
Höchstbestand 192
Holländische Soße* 216
 – Ableitungen 216
Homogenisieren 247
Hopfen 289
Hormone 63
Hors d'oeuvre 202
Hot Fill 100
Hotel Garni 338
Hotelorientierungsplan 504
Huck 301
Hühner 237
Hummer
 – Besteck 118
 – Gedeck 491
 – kalt* 491
 – tranchieren* 475
Hummercocktail* 203, 485

Hürdeneffekt 28
Hygiene im Gastgewerbe 21
Hygieneplan 31

I
Improvisation 390
Indanthrenfärben 358
Induktionskochen 89
Infopost (Drucksache) 197
Information Sonderveranstaltungen A–Z 508
Innereien 236
– Gerichte/Garnituren 236
Insekten 29
Instanzen 392
Internet 20, 493
Inventar 379 ff.
Inventur 193, 379 ff.
– Liste 193
Irish Coffee* 168, * 459
Isotonische Getränke 154
Italienische Vorspeisen 205

J
Jagdzeiten Wild 241
Jakobsmuscheln überbacken* 224
Jugendliche und Alkohol 287
Jugendschutzgesetz 536
Jungbier 291
Jura 309, 431

K
Kabeljau 222
Kabinettwein 298
Kaffee 157 ff.
– Alkaloide, Inhaltsstoffe 157
– Zubereitung 167, 168
Kaffee Melange* 168
Kahve* 168
Kakao 156
– Alkaloide, Inhaltsstoffe 157
– Zubereitung 169
Kaki 270
Kalabrien 310
Kalb/Kalbfleisch 230
– Fleischteile und Verwendungsmöglichkeiten 229, 230
– Garnituren 229
– Hauptgerichte 230
Kalbfleischklößchen* 209
Kalbsbries/-milch 236
Kalbskopf 230
Kalbsnierenscheiben* 482

Kaldaunen 236
Kalte Ente 315,* 459, 513
Kalte Suppen 211, 212
Kältetrübung 293
Kaltschalen 211, 212
Kaninchen 241
Kapitalgesellschaft 531
Kapuziner* 168
Karamellcreme* 271
Karamellsoße* 273
Karotten 256
Karotten glasiert* 252
Karpfen 222
Kartoffelknödel/-klöße* 262
Kartoffel-Lauch-Kuchen* 260
Kartoffeln 260
– Zubereitungsarten 261 ff.
Kartoffel-Zucchini-Gratin* 262
Käse 249
– Arten 250
– Fettgehaltsstufen 249
– Gruppen 249, 250
– Sorten 250, 251
– Verwendung 250
Käse angemacht* 105, * 485
Käsefondue* 482
Kaseinogen 51
Käseservice 494
Kasseler Rippenspeer 513
Kassenbon 147
Kastilla-La Mancha 436
Kastilla-Leon 436
Katalonien 436
Kauf
– auf Abruf 189, 461
– auf Probe 189
– nach Probe 189, 461
– zur Probe 461
Kaufmotive 171
Kaufvertrag 188, 383, 542
Kaufvertragsstörungen 189
Kaufwünsche 171
Kaviar 285
– Gedeck 492
– mit Toast* 492
– Messer 118
Keltern 304
Kernobst 269
KG 530
Kipper 139
Kir* 170,* 457
Kir Royal* 457
Kirschwasser 324
Kiwi 270
Klären 50
Klassische Speisenfolge 509
Kleber 49
Kleingebäck 267

Kleinlebewesen 29
Klima 301
Klößchen (Fleisch/Fisch)* 209
Kochen 81
Kochpökelware 281
Kochwürste 281 ff.
Kohlarten 256
Kohlenhydratreiche Rohstoffe 40 ff.
Kohlrabi 256
Kollagen 51
Kommanditgesellschaft 531
Kommissionskauf 189
Kompetenz 390
Kondensieren 247
Königskuchen 145
Konservierungsstoffe 535
Konservierungsverfahren 93 ff.
Kontrollpläne 399
Konzessionen 532 ff.
Konzessionsfreie Betriebe 532
Kopfsalat 256
Korinthenbrand 323
Korkgeschmack 305
Korn 323
Körpersprache des Gastes 177
Korrespondierende Getränke 447 ff., 486 ff.
Korsika 430
Kosten 417, 464
Kostformen 68
Krabbencocktail* 203
Kraftbrühen* 208
Kräuterbutter 218
Kräuterliköre 325
Krebse
– Besteck 118
– Gedeck 490
– im Sud* 490
Kreditkarte 149
Kreditkauf (Zielkauf) 189
Krem siehe Creme
Kremstal 443
Kreta 441
Kristallglas 121
Kronfleisch 513
Krustentiere 223, 224
– Gerichte 225
Kuchen-ABC 145
Küchenbrigade 17
Kuchenbüfett 143
– Verkaufsweisen 143
Küchenverbrauchskontrolle 194
Kullerpfirsich* 170
Kündigung 547
Kunststoff 353
– Eigenschaften, Verwendung 354

– Einsatzbereiche 353
Kürbis 255
Kutteln 73, 236, 513

L
Labskaus 513
Lachs 222
Lagerbestand 193
– Berechnungen 194
Lagerdauer Berechnung 194
Lagerfachkarte 193
Lagerhaltung 187
Lagerkarteikarte 191
Lagerkennzahlen 200
Lagerkennziffern 193
Lagerkosten 192
Lagerungsverfahren 93 ff.
Lammfleischgerichte 231, 232
Lammragout* 231
Landwein 295, 297 ff.
Landweingebiete 297
Languedoc-Roussillon 309, 429
Latte Macciato* 168
Lauch 255
Laufzettel 518
Laugengebäck 267
Lazio (Latium) 310, 435
Leasing-Vertrag 541
Lebensmittel- und Futtermittelgesetzbuch (LFGB) 534
Lebensmittelrechtliche Grundlagen 37
Lebensmittelüberwachung 39
Leber 236
Leberknödel* 236
Legieren 50
Leinen 355
Leipziger Allerlei 514
Leistungsstandards 396
Leistungsumsatz 60
Lernfelder
– 1.1 Arbeiten in der Küche 21
– 1.2 Arbeiten im Service 111
– 1.3 Arbeiten im Magazin 187
– 2.1 Beratung und Verkauf im Restaurant 201
– 2.2 Marketing 337
– 2.3 Wirtschaftsdienst 349
– 2.4 Warenwirtschaft 375
– 3.1 Restaurantorganisation 387
– 3.2 Getränkepflege und -verkauf 419

– 3.3 Führen einer Station 467
– 3.4 Arbeiten im Bankettbereich 501
Lesezeitpunkt 301
Lezithin 47
LFGB 535
Liebfrauenmilch 301
Lieferantenkartei/-datei 415
Lieferschein 190
Ligurien 310
Liköre 325
Likörwein 313
– Herkunft 313
Limonaden 154
Linienorganisation 393
Linsen 255
Linzertorte 145
Lockerung Teige/Massen 77
Löffelerbsensuppe 212
Loire 309, 427
Lombardei 310
Longdrinks 458, 460

M
Magazin 187
– Anforderungsschein 192
– in den Abteilungen 192
– Sicherheitsvorkehrungen 192
– Magazinverwaltung 187
Mahlen 73
Mais 255
Maische 291
Maiwein 315
Makedonien 442
Malaga 314
Mango 270
Mangold 256
Manhattan* 457
Manzanilla 313
Marc 323
Marche 310
Marketing 337 ff.
– Aufgaben 339
– Begriffe 346 ff.
– Grundregeln 340
– Instrumente 341
– Kontrolle 344
– Mix 341
– Ziele 339
Maronen 255
Martinicocktail* 170, * 457
Maschenware 357
Maße 106
Massen 277 ff.
Mastlamm 231
Materialien 331

Stichwörterverzeichnis

Materialkundliche Grundlagen 349 ff.
Matjescocktail* 203
Matjesfilet* 104
Matratzen 363 ff.
Maultaschen 513
Mavrodaphne 314
Mayonnaise* 216
– Ableitungen 216
Mazeration 325
Meerrettichsoße 217
Mehrliniensystem 393
Melange* 168
Meldebestand 192
Meldewesen 543
Menagen 125
Mengen 464, 526
Menükunde
– Gestaltung von Speise- und Getränkekarte 400
Menükunde 509
– Menüs für bestimmte Anlässe 510 ff.
– Menüs für Zielgruppen 512
– klassische Speisenfolge 510
– Regeln zum Erstellen 509
Menüs eindecken 129, 130
Mercerisieren 358
Metalle 350
– Reinigen, Pflegen 350
Miesmuscheln
– Gedeck 489
– Seemannsart* 489
Mietvertrag 541
Mikroorganismen 22 ff.
– Übertragungswege 23
– Vermehrung 22
– Wachstumsfaktoren 23
Mikrowellen 83
Milch 155
– Mischgetränke 155
– Produkte 247
– Bestandteile, Verarbeitung 247
– Herstellungsverfahren 247
– Verwendung 248
Milchgrundsoße 214
Milchkaltschale 212
Milchlamm 231
Mimik 175
Mindestbestand 192
Mindesthaltbarkeitsdatum 38
Mineralstoffe 54
Mineralwasser 151
– Entstehung, Wirkung 152

Minestra 212
Minibar 369
Mirepoix* 208
Mischgetränke 170, 453 ff.
Mischgetränke
– alkoholfreie 170, 460
– alkoholhaltige 170, 457 ff.
Mischungsrechnen 331
Mittelrhein 297, 424
Möhren 256
Mosel 297, 425
Mostgewicht 302
Mousse au chocoat* 272
Mülltrennung/ -entsorgung 34
Multimedia 20
Mundservietten 115
– Brechen 128
Mürbeteig* 278
Murcia 436
Muschelarten 223
Musterablauf A-la-Carte-Service 180
Mutton-Broth 212
Myoglobin 51

N

Nachnahme 197
Nager 29
Nahe 297, 424
Nähr- und Energiewerte 107
Nährstoffbedarf 59 ff.
Nationalsuppen 211, 212
Naturfasern 355
Navarra 311, 438
Neusiedlersee 444
Niederösterreich 311, 443
Nieren 236
Nichtraucherschutzgesetz 548
Normalgriff 134

O

Obazter 105, 513
Obstgeist 324
Obstler 324
Obstsalat* 269
Obstsorten 269
– Vorbereitung 270
Ochsenschwanzsuppe 212
Ochslewaage 302
Oechslegrade 302
Öffentlichkeitsarbeit 342
Office-Service 125
OHG 530, 531
Okra 255
Oloroso 313
Omelette 245, 246

Oolongtee 160
Orangen 270
Organigramm Hotel 392
Organisation
– Beispiele 390
– Grundlagen 390
– Pläne 397 ff.
– Systeme 393, 395
Organisationsmittel für Sonderveranstaltungen
– Bankettmappe 502
– Checklisten 502, 503, 519
– Einsatz 502
– Hotelorientierungsplan 504
– Information A–Z 508
– Preislisten 508
– Raumbelegungsplan 504
– Raumplan 506
– Tafelformen 505
– Tafelstellplan 506 ff.
– Veranstaltungsauftrag 518
Organisationsmodell Hotel 14
Osmotischer Druck 25
Ostfriesentee* 169

P

Pachtvertrag 541
Pale Cream 313
Panieren 78
Panna Cotta* 271
Pannhas 514
Papaya 270
Papierformate 408
Paprika 255
Parfait* 275
Passieren 73
Pastetchen Königin Art* 219
Pasteten 283
Pasteurisieren 96, 247
Pastis 324
Pâttissier 17
Peloponnes 442
Penedes 311, 438
Perkolation 325
Perkolator 167
Perlhuhn 237
Perlwein 301
Personalbereich 546
Personaleinsatzplanung 395
Personalhygiene 21
Personalkonzession 532
Personengesellschaften 531
Persönlichkeitsmerkmale 173
Petit fours 145
Pfalz 297, 421

Pfandrecht Beherbergungswirt 545
Pfannkuchen* 244
Pfannkuchenstreifen* 209
Pfefferpothast 514
Pfirsich 270
Pfirsiche flambiert* 484
Pflanzliche Fasern 355
Pflegehinweise
– Fußböden 361
– Stoffe 359
– Wände 361
– Wäsche 358 ff.
Pflegekennzeichen 360
Pflegemittel 349, 359
Pharisäer* 168
pH-Wert 26, 58
Phosphate 535
Pichelsteiner 513
Pick me ups 458
Piemont-Val d'Aosta 310, 433
Pilaw-Reis* 265
Pils 292
Pilze 257
Pineau de Charentes 314
Pinkel 513
Plattenservice 136
Platzieren der Gäste 468
Platzteller 120
Pochieren 79
Pochierte Eier* 245, 246
Pökeln 97
Polyacryl 356
Polyamid 356
Polyester 356
Porridge 139
Porter 293
Porterhouse-Steak 228, * 471
Portwein 314
Porzellan 119
– Einkaufskriterien 120
– feuerfestes 120
– Reinigung/Pflege 120
Postbearbeitung 197
Pousse-Cafés 457
Prädikatsweine 298, 301
Preisangabeverordnung 39, 539
Preisauszeichnung 539
Preise 331
Preislisten Sonderveranstaltungen 508
Preisvergleich unter Berücksichtigung von Preisnachlässen 373, 386
Produkthaftung 537
Produkthygiene 21
Profiteroles (Windbeutel)* 209
Projektorientierte Aufgabe

– Arbeiten im Wirtschaftsdienst 374
– Arbeiten in der Küche 110
– Arbeiten im Service 186
– Beratung und Verkauf im Restaurant 336
– Marketingstrategie für ein kleines Familienhotel 348
– Erstellen einer Verkaufsmappe 528
– Führen einer Station 500
– Getränkeverkauf Wein 466
– Marketingstrategie für Hotel 348
– Restaurantorganisation 418
– Warenwirtschaft 386
Prosecco 434
Proteide 48
Proteine 48
Provence 309, 430
Public Relation 342
Pubs 338
Pudding 279
Puglia 310
Püreesuppen 210
Pute 237, 239

Q

Qualitätsbeurteilung
– Eier 91
– Fleisch 91
– Kartoffeln 91
Qualitätsschaumwein 316
Qualitätswein 295 ff.
Qualitätsweinprüfung 307
Quarkkeulchen 514
Quellen 72
Quellwasser 152
Quiche lorraine* 220

R

Radler* 170
Rahmeis/Sahneeis* 275
Rahmenlehrplan 15
Rahmsuppen 210
RAL-Zeichen 354
Raspeln 73
Ratenkauf 189
Rationalisierungsmaßnahmen 396
Raubrand 320
Rauchbier 292
Räuchern 97
Raumbelegungsplan 504
Räume, Textilien, Arbeitsmittel 113 ff.

Raumplan 506
Realkonzession 532
Rebhuhn 240
Rebsorten
– Deutschland 299 ff., 420 ff.
– Frankreich 309, 427 ff.
– Griechenland 441 ff.
– Italien 310 433 ff.
– Österreich 311, 443 ff.
– Portugal 439 ff.
– Spanien 311, 436 ff.
Rechnerische Kontrolle 497, 527
Rechnungsstellung Restaurant 148
Rechtsgeschäfte 383
Rechtsvorschriften 529 ff.
Refraktometer 302
Regionalgerichte 513, 514
– Baden-Württemberg 513
– Bayern 513
– Berlin – Brandenburg 513
– Bremen – Niedersachsen 513
– Hamburg – Schleswig-Holstein 513
– Hessen 514
– Mecklenburg-Vorpommern 514
– Rheinland und Westfalen 514
– Rheinpfalz und Saarland 514
– Thüringen und Sachsen 514
Regionalsuppen 211, 212
Rehragout* 243
Reh 241
Reiben 73
Reifung 72
Reinheitsgebot 289
Reinigungsmittel 30, 349, 359
Reinigungsplan 31, 399
Reis 265
– Beilagen 265
– Zubereitung 265
Reis Trauttmansdorff* 280
Reisescheck 149
Reisevertragsrecht 543
Reklamationen
– Restaurant 330
– Weinservice 452
Restaurantorganisation 387 ff.
– Ablauforganisation 395
– Führungsstile 391
– Grundlagen 390

– Kontrollen 393
– Pläne 393
Restaurantpersonal
– Einsatzbereiche 387
– Stellenbeschreibung 388
Retsina-Wein 441
Rezepturen 417, 464
Rheingau 297, 423
Rheinhessen 297, 423
Rhonegebiet 309, 430
Riebelesuppe 212
Riesling Hochgewächs 301
Rind/Rindfleisch 227
– Fleischteile und Verwendungsmöglichkeiten 227, 228, 229
– Garnituren 228
– Hauptgerichte 227
Rinderfilet 229
– Aufteilung 229
– Gerichte/Garnituren 229
Rinderkotelette 228
Rinderkraftbrühe* 208
Rioja 311, 437
Risotto* 265
Roastbeef 228
Rohpökelware 281
Rohstoffbearbeitung Küche 72
– Mengen pro Portion 75
– Vorbereitung Küche 71
Rohstoffmengen 106, 107
Rohwürste 281 ff.
Rosenkohl 256
Roséwein 301
Rostbraten 228
Rösten 87
Röstgemüse* 207
Rote Grütze* 280
Rotkohl 256
Rotling 301
Rotwein 301
– Herstellung 303 ff.
Rotwild 241
Rübchen 256
Rühreier* 102
Rum 325
Russische Vorspeisen 205
Russisches Feuer* 170
Rütteln 317

S
Saale-Unstrut 297, 426
Sachertorte 145
Sachsen 297, 426
Saftschorle* 170
Salat Nizzaer Art* 204

Salatbeilagen 258
Salatplatte* 103
Salatsoßen 258, 259
Sales Promotion 341
Salmonellen 23, 27
Salzen 97
Samengemüse 255
Samos 314
Samtsoßen (Veloutés) 214
Samtsuppen 210
Sandwich* 103
Sanforisieren 358
Sardinien 310
Sättigungsbeilagen 260
Saucier 17
Sauerbraten 514
Säuerling, Sauerbrunnen 152
Sauermilchkäse 249, 250
Saumagen 514
Saure Zipfel 513
Scampi in Cognacsoße* 225
Schaben 29
Schadenersatz 544
Schadenshaftung
– Beherbergungswirt 537
– Schankwirt 537
Schadstoffe 69
Schaffleisch 231
– Fleischteile 232
– Garnituren 232
– Hauptgerichte 231, 232
Schalen-/Weichtiere 223, 224
– Gerichte 225
Schalenobst 269
Schankanlagen 165 ff.
– Reinigungsnachweise 540
– Reinigung der Anlage 540
Schankverlust 184
Schankverlustberechnung 184
Schankwirt 537
Schaumwein 316 ff.
– Herstellung 317, 318
– Lagerung 319
– Service 327 ff., 452
Scheck 149
Schilcher 311
Schillerwein 301
Schimmelpilze 23, 27
Schinken-/Wurstplatte* 104
Schinkenbiskuit* 209
Schinkenbock 124
Schlachtfleisch 226
Schlachtfleischgerichte verschiedener Schlachttiere 234, 235

Schmoren 87
Schnecken
– Besteck 118
– Gedeck 487
– in Kräuterbutter* 487
Schneiden 73
Schnepfe 240
Schnittblumen 131
Schnittkäse 249, 250
Schokoladenmus* 272
Schokoladensoße* 273
Schonzeiten Wild 241
Schorle 315
Schriftverkehr 407 ff.
– mit Behörden 412 ff.
– mit Gästen 412 ff.
– mit Lieferanten 412 ff.
Schulische Ausbildung 15
Schwarzer Tee 160
Schwarzwälder Kirschtorte 145
Schwarzwild 241
Schwarzwurzeln 256
Schwaten* 168
Schwedische Vorspeisen 205
Schwefeldioxid/Sulfite 535
Schwein/Schweinefleisch 233
– Fleischteile 233
– Garnituren 234
– Hauptgerichte 233, 234
Schweinemedaillon Carapulka* 233
Schweinemedaillons italienische Art* 482
Schweinsohren 145
Schwund 200
Second flush 159
Seezunge 222
– filetieren 476
Seide 355
Seitengriff 134
Sekt siehe Schaumwein
Selektion 301
Sellerie 256
Semmelknödel* 266
Servant 126
Serviceablauf Sonderveranstaltungen 523 ff.
Servierarten 137
Servierbrigade 16, 112, 389
Servieren von
– Kannen/Kännchen 135
– Karaffen 135
– Portionsflaschen 135
Serviermethoden 136
Servierpersonal als Gastgeber 175
Servierregeln 132

Serviertemperaturen Getränke 164
Sherry 313
Sicherung des Getränkeangebots 461
Sicherungsschein 544
Sichtprüfung 445
Side Car* 457
Silberbesteck 116
Sizilien 310, 435
Skirtings 114
Smörgas 205
Smörrebröd 205
Soave 434
Software 19
Soleier 514
Solerasystem 313
Sonderkaufverträge 461
Sonderveranstaltungen 501
– Ablauf 523 ff.
– Abschlussarbeiten 525
– Geschäftsbedingungen 515
– Organisationsmittel 502 ff.
– Veranstaltungsanalyse 525
– Verkauf 515
– Verkaufsgespräch 515 ff.
– Vorbereitungsarbeiten 519 ff.
Soßen 213
Soßen für Süßspeisen 273
Soßenlöffel (Gourmetlöffel) 118
Sour* 458
Sous-Vide 100
Spargel 256
Spargelzange 118
Spätlese 298
Spätzle* 264
Speiseeissorten 274
Speisefette 45
– technologische Eigenschaften 46
Speisefolge klassisch 509
Speisekarten 400
– Gestalten, Erstellen 401 ff.
– Regeln 403
– Verordnungen 405
Speisen, ausgewählte (Marktangebot, Zubereitungen, ernährungsphysiologische Bedeutung, Qualitätsmerkmale) 201 ff.
– Eierspeisen 244 ff.
– Feinkost 283 ff.
– Fleisch-/Wurstwaren 281 ff.

Stichwörterverzeichnis

- Gemüse, Pilze und Salate 252 ff.
- Gerichte von Fischen, Krusten- und Schalentieren 222 ff.
- Hauptgerichte von Geflügel 237 ff.
- Hauptgerichte von Schlachtfleisch 226 ff.
- internationale Vorspeisen 205
- kalte Vorspeisen 202 ff.
- Sättigungsbeilagen 260 ff.
- Süßspeisen 268 ff.
- Suppen 207 ff.
- Soßen 213 ff.
- warme Vorspeisen 219 ff.

Sperrzeiten-Regelung 534
Spezialbestecke 118
Spezialbrote 267
Spezialgedecke 486 ff.
- Artischocke 493
- Austern 488
- Flusskrebse 490
- Hummer, Languste 491
- Kaviar 492
- Miesmuscheln 489
- Schnecken 487
Spezialsuppen 211
Spezielle Getränkekunde Wein 419
Spickzwiebel* 208
Spiegeleier* 101, 244
Spinat 256
Spinatpudding* 254
Spirituosen 320 ff.
- Begriffsbestimmungen 322
- Einteilung 323
- Herkunft 324
- Herstellung 320
- Service 452
- zum Flambieren 480
Spirituosen ABC 326
Spreizgriff 134
Sprossengemüse 256
Stablinienorganisation 393
Stabstellen 392
Stammwürze 291
Staphylokokken 23, 27
Stärke 41, 44
Stationsplan 398, 524
Steiermark 311, 444
Steinbutt 222
- filetieren 476
Steinobst 269
Stellenarten 391
Stellenbeschreibung/-anforderung
- Restaurantfachpersonal 388 ff.

Sterilisieren 96, 247
Stielgläser 121
Stimme 175
Stoffverteilungsplan 15
Stoffwechsel 63
Stopfleber 284
Stout 293
Strammer Max* 102
Strohwein 432, 441
Stubenküken 237, 239
Stühle 113
Südfrüchte 269
Südtirol 310
Südwest-Frankreich 429
Suppen 207, 481
Suppeneinlagen* 209
Suppenhuhn 237
Süßspeisen 268 ff.
- Arten 268
- Cremes 271 ff.
- Eis 274 ff.
- Gelees 271
- Obst und Früchte 269 ff.
- Sonstige 279 ff.
- Soßen 273
- Teige, Massen 277 ff.
- flambierte 483 ff.
Süßstoffe 535
Sympathie 175
Systembesteck 117

T
Tabakwaren
- Aufbewahrung, Service 495
Table d'hôte-Service 137
Tafelformen 504 ff.
Tafelgeräte 124
Tafelstellplan 506 ff.
Tafelwasser 152
Tatar* 485
Taube 237
T-bone-Steak 228
Teamarbeit 112
Teamarbeit Sonderveranstaltungen 523 ff.
Teamwork 393
Technologische Rohstoffkenntnisse 40 ff.
Tee 159
- Alkaloide, Inhaltsstoffe 157
- Blattgradbezeichnungen 161
- Wirkung 157, 169
- Zubereitung 169
Teeähnliche Erzeugnisse 161
Teeernte 159
Teemischungen 160
Teepunsch* 169,* 459
Teesorten 160
Teige 277 ff.
Teigwaren 264

- Zubereitung 264
Telefax 195
Telefon/Telefonieren 195
- Verhaltensregeln 195
Tellerservice 136
Temperaturkontrolle Warenannahme 190
Tenside 30
Teppiche 362
- Eignungsbereiche 362
Teppichsiegel 362
Terrinen 283
Textbausteine 407
Textilien 357
Thermenregion 443
Thrakien 442
Tiefgefrieren 95
Tiramisu* 278
Tisch-/Tafeltücher 114
- Auflegen/Aufdecken 127, 128
Tischbänder 521
Tischdeckenunterlagen 114
Tischdekoration 131
- einfache 131
Tische 113
- Eindecken 129, 130
Tischläufer 115, 521
Tischreservierungen 328
Tischwäsche 114
Toast Hawaii* 105
Tofusalat* 204
Tokajer 312
Tomaten 255
Tomatencocktail* 203
Tomatensoße 217
Tomatensuppe* 481
Topfenpalatschinken* 248
Torten-ABC 145
Toscana 310, 434
Traisental 443
Tranchieren 471 ff.
- Fisch* 478
- Geflügel* 472 ff.
- Käse* 494
- Krustentiere* 475
- Obst* 479
- Rinderrückensteak* 471
- Rücken und Hachsen* 474
Trauben 270
Tresterbrand 323
Trockenbeerenauslese 298
Trocknen 96
Truthahn/-henne 237, 239
Truthahnbrust* 239
Typenzahl bei Mehl 42

U
Überbacken 88
Überdruckgaren 82

Überzeugungskraft 176
Ultrahocherhitzen 247
Umbrien 310
Umgang mit Gästen 171 ff.
- Etage 372
Umschlagshäufigkeit 194
Umweltschutz 33, 372
- Aspekte 32
- Maßnahmen 32
Unfallgefahren 480
Unfallursachen 35
Unfallverhütung 36
Unlauterer Wettbewerb 539
Unternehmensgründung 530
Unternehmensphilosophie 337
Unterrichtsnachweis 532
Urheberrechte 537
Urlaubsplan 398

V
Vakuumieren 98
Valpolicella 434
Vanillesoße* 273
Vegetarier 68
Veloutés 213, 214
Veneto 310, 434
Venezia-Giulia 310
Veranstaltungsauftrag 518
Verbrauchsdatum 38
Verbrennungen 36
Verbundwerbung 344
Verdauung 64 ff.
Verhaltensweisen von Gästen 173
Verkaufsbüfett 143
Verkaufsförderung 341
Verkaufsgespräche und -techniken 178 ff.
- Ablauf 180, 515
- Fragestellung 179, 516
- Formulierungen 179, 516
- Phasen im Verkaufsgespräch 516 ff.
- Musterablauf à la Carte 180
- Servicebesprechung 468
- Verkauf von Wein 449
- Verkauf an der Bar 449
- Absprache Sonderveranstaltung 515 ff.
- gastgerechte Erklärungen von Speisen 329
Verkaufshemmende Eigenschaften 176
Verkaufstechniken

- siehe Verkaufsgespräche
Verkehrssicherungspflicht 537
Verluste 106, 107
Vermischungstechniken 76
Verpflichtungsgeschäft 383
Versanddosage 317
Verschnitt 304
Versendungsarten 197
Verträge 383
- Warenwirtschaft 383
- im Gastgewerbe 541 ff.
Vertretungsplan 398
Verwahrungsvertrag 542
Verwaltung von Schriftstücken 196
- Ablegen, Registrieren 196
- Archivieren 196
- Ordnungsprinzipien 196
- Vernichten 196
- zeitliche Wertigkeit 196
Vesperteller* 104
Vielfachzucker 41
Vin de pay 309, 419
Vin de table 309, 419
Vin jaune 432
Vinaigrette-Soße* 259
Vinho Verde 312, 439
Viskose 356
Vitamine 53
Vollkonserven 96
Vollwertkost/-ernährung 67
Vorbereitungsarbeiten Service
- Office 125
- Restaurant 126, 468
- Sonderveranstaltungen 519
Vorgefertigte Erzeugnisse 92
Vorratshaltung von Getränken 462 ff.
Vorspeisen kalte 202
- Anrichteweisen 204, 206
- Canapés 202
- Cocktails 203, 204
- internationale 205
- Salate 203, 204
Vorspeisen warme 219 ff., 481 ff.
- Anrichteweisen 219, 220
- Arten 220
- flambierte 481
- von Schlachtfleisch, Geflügel, Wild und Wildgeflügel 220

555

– von Eiern 221
– von Fischen, Krusten-/Schalentieren 221, 475
– von Gemüsen und Pilzen 221
– von Teigwaren, Reis 221, 481

W
Wachau 443
Wachtel 240, 473
Währungsrechnen 184, 385
Waldmeisterbowle* 459
Waldorffsalat 204
Waren 375 ff.
– Bedarfsermittlung 377
– Einkauf 377 ff.
– Warenwirtschaftssysteme 375
– Ziele, Aufgaben 375
Warenanforderung Büfett 162
Warenausgabe 192
Warenausgabe Büfett 162
Warenbeschaffung 187
Warenbestandskontrolle 193
Wareneingang 190
– Abnahme 190
– Auspacken, Prüfen 190
– Lieferschein/Rechnung 190
– Verbuchen 190
Wareneinsatzkontrolle 194
Warenlagerung 191

Warensendung 197
Warenwirtschaft 375
Wärmeübertragung 78
Wäsche 370
– Bereitstellung, Kontrollen 370
Wäschepflege 358
Waschmittel 359
Wasser 55
– technologische Eigenschaften 55
Wasserhärte 55
Weichkäse 249, 250
Wein 294 ff.
– Behandlungsstoffe 305
– Etiketten 306
– Fehler 305
– Geschmacksangaben 305
– Gütezeichen 306
– Herstellung 302
– Kategorien 295, 297, 309, 419
– Krankheiten 304
– Lagerung und Keller 308
– Mängel 305
– Siegel 306
Wein-Aperitif 315
Weinarten in Deutschland 301
Weinbau in Deutschland 295
Weinbau in Europa 419
Weinbaugemeinden 295
Weinbauländer/-gebiete
– Bulgarien 312
– Deutschland 296, 297
– Frankreich 309, 427 ff.

– Griechenland 312, 441 ff.
– GUS 312
– Italien 310, 433 ff.
– Österreich 311, 443 ff.
– Portugal 312, 439 ff.
– Schweiz 312
– Spanien 311, 436 ff.
– Ungarn 312
Weinbauzonen 294
Weinbergslage 295
Weinbergsrolle 295
Weinbrand 323
Weinhaltige Getränke 315
– ähnliche Getränke 315
Weinprobe 445
Weinschaumsoße* 273
Weinschorle* 170
Weinservice 327, 450
Weinviertel 443
Weinvokabular 445, 447
Weiße Grundsoße (Velouté)* 214
Weißherbst 301
Weißkohl 256
Weißwein 301
– Herstellung 303 ff.
Weizenbier 292
Werbebudget 343
Werbeträger 344
Werbung, Werbemittel 342 ff.
– direkt, indirekt 344
Werkstoffe 351 ff.
– natürliche 351
– synthetische 352
Werksvertrag 542
Whisky/Whiskey 323

White Lady* 457
Widerruf der Bestellung 188
Wiegen 75
Wien 311, 444
Wild 241
– Arten 241
– Garnituren 243
– Gerichte 241, 242, 243
– Jagdzeiten 241
Wildente 240
Wildgans 240
Wildgeflügel 240
– Arten 240
– Garnituren 240
– Gerichte 240
Wildklößchen* 209
Wildkraftbrühe* 208
Wildpastete* 283
Wildsoße 215
Windbeutel (Profiteroles)* 209
Winzersekt 316
Wirsing 256
Wirtschaftsdienst 349
Wodka Gimlet* 457
Wolle 355
Wurstwaren 281 ff.
Württemberg 297, 421
Würze 291
Wurzelgemüse 256

Z
Zabaione* 273
Zahlungsarten 381 ff.
Zahlungsmöglichkeiten 149, 381 ff.
– Risiken/Kosten 149
Zahlungsverkehr 381
Zahlungsverzug 189

Zander 222
Zangengriff 134
Zapfstörungen 165
Zechprellerei 541
Zentrifugieren 247
Zerkleinerungstechniken 73
Zielformulierungen – siehe am Anfang jeden Lernfeldes
Zielgruppen 338
Zielkauf (Kreditkauf) 189
Zierfandler 311, 443
Zigarettenservice 495
Zimmerpreis 542
Zimmerreinigung 367 ff.
– Checklisten 367, 368
– Musterablauf 368 ff.
Zubereitungstechniken 70
Zucchini 255
Zucchini gefüllt* 253
Zucker 43, 44
– technologische Eigenschaften 43
Zuger Kirschtorte 145
Zunge 236
Zusatzstoffe 38, 69, 405, 535
Zusatzstoff-Zulassungsverordnung 38, 405, 535
Zweigelt 311, 444
Zwetschgenwasser 324
Zwiebelgemüse 255
Zwiebelkuchen 145, 513
Zwiebeln 255
Zwiebelsuppe 212
Zykladen 441

Bildquellenverzeichnis

Achenbach Delikatessen Manufaktur, Sulzbach: Seite 201.1, 206.1-2
AID Infodienst, Bonn: Seite 225.-4
AKG Archiv für Kunst und Geschichte, Berlin: Seite 111.1, 116.1
Bartscher GmbH, Salzkotten: Seite 167.2
Bilderbox, Thening: Seite 68.1-3
Bildservice Marks, Köln: Seite 95.2
Bizerba BmbH und Co KG, Balingen: Seite 75.4, 98.1
BLE Bonn,Bundesarchiv Ökologischer Landbau: Seite 37.1
CMA, Bonn: Seite 236.1,-2, 251.1-11
Chambrair, Hamburg: Seite 143.1-2
Deutsche See, Bremerhaven: Seite 203.1, 224.2-3
Deutscher Fleischerverband, Frankfurt/M: Seite 49.4
Deutsches Teebüro, Hamburg: Seite 160.1
Deutsches Weininstitut, Mainz: Seite 299.1, 297.2-6, 300.1
Deutscher Textilreinigungs-Verband e.V, Bonn: Seite 360
Dirmeyer Kühl- und Schanktechnik, Oberviechtach: 160.1
dpa-infografik GmbH: Seite 32.1, 33.1, 133, 34.1 (1423),
Fotolia: Seite 18.1 Andrzej Puchta, 41.1 Wolfgang Jargstorff, 49.2 Holac, 50.1 LianeM, 849.3 contrastwerkstatt, 371.4 Christa Eder, 77.3 contrastwerkstatt, 270.3 Elena Schweitzer, 155.1 Elenathewise, 355.5 eyewave, 274 Elke Dennis, 77.1, 162.2 Ilan Amith, 183.2 patrimonio designs, 224.7 HLPhoto, 353.3 Lothar Drechsel, 222.7 Lucky Dragon, 495.1 Lucky Dragon, 258.2 manla, 459.1 Norman Kutz, 224.5 Ray, 273.1 Simone van den Berg, 114.2 Christian Schwier, 482.3 sumnersgraphicsinc, 419.1 supertramp88, 77.2 Torsten Schorn
Werner Fürst/Bildungsverlag EINS GmbH: Seite 11, 71.1-2, 90.1, 101.1-2, 102.1-3, 103.1-4, 104.1-4, 105.1-4, 106.1, 120.1-2, 121.1-2, 123.2, 124.1-2, 126.2, 131.1, 133.1-6, 136.1-3, 137.1, 140, 141.1 uwimages, 144.2, 146.2, 147.1, 167.1, 202.1-4, 203.1-2, 204.1-2, 210, 212, 224.1, 225, 237, 238.1, 242, 244, 245.1-2, 247, 252.1-2, 253, 254.1, 3, 258.1-6, 265.1, 270.4, 293.1, 308.1, 315, 400.1, 402.1, 406.1, 443.2, 444.2, 450.1, 462.1, 467, 473.2-9, 474.1-8, 475.1-8, 476.1-6, 478.1-6, 478.1-6, 479.1-8, 480, 482.2, 485.2, 486.1, 487.1-2, 488.1-2, 489.1-2, 490.1-2, 491.1-2, 492.1-2, 493.1, 501.1, 520.1, 521.1, 523.1
Getty Images: Seite 176.1 Stewart Cohen, 176.2 Judith Haeusler, 176.3 Zero Creatives, 387.1 Les and Dave Jacobs, 387.2 DreamPictures, 131.2 KOICHI SAITO
Hauptverband der gewerblichen Berufsgenosssenschaften, Berlin: Seite 371.1 Dave Jacobs, 353.1

Hukla-Werke, Gegenbach: Seite 363.1-3
Lindemann Fotodesign, Köln: Seite 77.7-9, 123.3, 132.2, 135.1-2, 328.2, 353.7, 451.1-3, 522.2-6
MasterCard Europe SPRL, Representative Office Germany, Frankfurt/Main: Seite 384.1
MaxiKass, at-on software gmbh, Krefeld: Seite 496
Molkerei Meggle Wasserburg GmbH & Co. KG, Wasserburg: Seite 218
MEV Verlag: Seite 40, 41.1-8, 48.1, 77.4, 198, 257.1-6, 267.2, 269, 270.1, 285.1-2, 337, 387.4, 56.4-6, 151.1-5
Volker Michealis, Hannover: Seite 91.1, 91.2
Hotelwäsche Erwin Müller, Wertingen: Seite 114.1
Paradies Betten, Neukirchen-Vluyn, Seite 370.1
Pictures alliance, Frankfurt: Seite 44.1, 370.1, 203.2, 144.1
Porzellanfabrik Weiden, Gebr. Bauscher: Seite 120.1-2, 120.1-2
Erik Schnauder: Seite 31.1, 86.1, 88.1, 113.1-2, 115.1-2, 117.1-2, 118.1-2, 122.1, 123.1, 125.1, 127.2, 128.2, 130.2-7, 132.2-3, 134.1-4, 135.3, 138.1-2, 165.1-6, 168, 208, 231, 254.2, 260.1, 262.1,-4, 263.1-2, 263.1, 271.1-2, 272.1-2, 277.1, 279.1, 328.1, 450.2, 452.1, 455.2, 471.1-6, 472.1-7, 475.5-6, 477.1-8, 481.1, 481.1-3, 482.1, 483.1-3, 484.1, 485.1 486.2, 495.2, 520.1,3-4
Schöller, Nürnberg: Seite 513.1-2
Schott-Zwiesel, Zwiesel: 121.1, 122.2-4, 455.1
Schultes Microcomputer - Vertriebs - GmbH & Co KG, Wuppertal: Seite 146.1
Sience Pictures, Berlin: Seite 22.1-5, 23.1-5
Steigenberger Hotels: Seite 175
Elke Stagat, Hamburg: Seite 273.1-2
Fa. Neumärker/Ernst Grimm Goßküchen- und Reinigungstechnik GmbH, Berlin: Seite
StockFood: 224.3 Peter Rees, 235 Harry Bischof
Teubner Foodfotos, Füssen: Seite 220.1, 221, 251.12, 276.1-3, 483.1, 483.3, 485.3, 512.1-2
Unilever Foodsolutions: Seite 484.2
Verband deutscher Sektkellereien, Wiesbaden: Seite 318.1
Villeroy & Boch: 518.2
Wanzl Metallwarenfabrik GmbH, Leipheim: Seite 367
WMF: 124.3-4
Wüsthof Dreizackwerk, Solingen: Seite 71.1
Zimmermann-Graff & Müller GmbH & Co. KG: Seite 306.1-2

Zeichnungen:

Angela Brauner, Hohenpeißenberg: Seite 294.1, 296, 311, 313, 324, 420, 425.1-2, 427, 428, 429, 430, 431, 432, 433, 434, 435, 436, 437, 438, 439, 440
BS Grafikdesigin, Birgitt Biermann-Schickling, Hannover: 54 Zeichnungen, Seite 23.2, 79.1, 81, 85.1